Englanti–suomi
Idiomisanakirja

Englanti–suomi
Idiomi-sanakirja

GUMMERUS

Kolmas painos

Kirjan aineisto perustuu Gummerus Kustannus Oy:n ja Kielikone Oy:n hallinnoimaan englanti–suomi-tietokantaan. Kirjan ovat toimittaneet Gummerus Kustannus Oy:n sanakirjatoimitus ja toimituskuntaan vuonna 2005 kuuluneet sanakirjatoimittajat.

COPYRIGHT © Gummerus Kustannus Oy ja Kielikone Oy
KUSTANTAJA Gummerus Kustannus Oy, Helsinki
PAINOPAIKKA Bookwell Oy, Juva 2014
ISBN 978-951-20-9659-6

ALKUSANAT

Gummeruksen *Englanti–suomi-idiomisanakirja* on suunnattu erityisesti niille englannin opiskelijoille ja englantia työelämässään sekä vapaa-aikanaan käyttäville, jotka hallitsevat kielen perusteet ja pyrkivät syventämään osaamistaan. Englannin kieli vilisee värikkäitä idiomeja, jotka moninaisuudessaan tuottavat päänvaivaa kokeneellekin kielenoppijalle. Idiomi on jo käsitteenä vaikea, sillä se ei asetu yhtenäiseen muottiin. Idiomi määritellään kiinteäksi ja kiteytyneeksi ilmaukseksi, jonka merkitys ei ole pääteltävissä sen yksittäisten osien merkityksen perusteella. Tämä määritelmä on kuitenkin joustava, sillä jotkut idiomit sietävät sanastollista variaatiota. Esimerkiksi idiomissa *to vanish into thin air* verbi *vanish* on korvattavissa verbillä *disappear*. Idiomeja *to give sth a facelift* ja *to be like painting the Forth Bridge* tarkastelemalla taas huomaa, että joskus idiomin merkitys on helposti pääteltävissä, joskus taas ei. Kolmas idiomia määrittävä tekijä on sen vahva kulttuurisidonnaisuus. Idiomi kääntyy harvoin suoraan kielestä toiseen, vaan sille on löydettävä vieraasta kielestä lähivastine. Esimerkkejä kielirajojen yli ulottuvista idiomeista kuitenkin löytyy. Esimerkiksi englannin *to buy a pig in a poke* ja suomen *ostaa sika säkissä* ovat sekä pintamerkitykseltään että merkityssisällöltään verrattain yhteneviä.

Idiomaattiset ilmaisut kuuluvat kielen perusolemukseen ja niiden hallitsemista pidetään todellisen kielitaidon mittarina. Idiomien omaksumiseen osaksi aktiivista kielitaitoa on oikeastaan vain yksi tapa: ulkoa opettelu. *Englanti–suomi-idiomisanakirjaan* on koottu yhteensä yli 10 000 idiomia ja idiomaattista yhdisteverbiä. Nämä idiomit on valikoitu suomalaisen kielenoppijan tarpeita silmällä pitäen. Sanakirja sisältää myös runsaasti aitoperäistä esimerkkiaineistoa suomennoksineen. Käyttöesimerkit perustuvat uusimpiin englanninkielisiin sanakirjalähteisiin ja tämän päivän parhaisiin tekstitietokantoihin, erityisesti *British National Corpus* –aineistoon. Sanakirja pohjautuu Gummerus Kustannus Oy:n ja Kielikone Oy:n englanti–suomi-tietokantaan, jonka idiomiaineistoa on tätä sanakirjaa varten kartutettu lukuisilla uusilla hakusanoilla ja esimerkkiaineistolla.

Sanakirjan toimituskuntaan ovat kuuluneet päätoimittajana kustannustoimittaja *Annamaaria Lujanen* Gummerus Kustannus Oy:stä sekä sanakirjatoimittajina fil. maist. *Sari Salmisuo*, fil. maist. *Merja Kälkäjä* ja fil. yo. *Martti Mery*. Sanakirjatietokannan teknisestä hallinnoinnista on vastannut *Ilkka Santtila* Kielikone Oy:stä ja sanakirjan on taittanut *Jouko Reponen* Gummerus Kirjapaino Oy:stä. Kirjan päällyksen on suunnitellut graafikko *Heikki Kalliomaa*. Kiitämme lämpimästi kaikkia sanakirjahankkeeseen osallistuneita yhteistyökumppaneitamme.

Helsingissä toukokuussa 2006
Gummerus Kustannus Oy:n sanakirjatoimitus

SANAKIRJAN KÄYTTÄJÄLLE

Hakusanavalikoima

Gummeruksen *Englanti–suomi-idiomisanakirja* sisältää yhteensä yli 10 000 idiomia ja idiomaattista yhdisteverbiä. Nämä idiomit on valikoitu suomalaisen kielenoppijan tarpeita silmällä pitäen yleisyytensä, ajanmukaisuutensa ja suomenkielisen vastinetietonsa perusteella, ja ne esitetään selkeästi ryhmiteltyinä aakkostettujen päähakusanojensa mukaan. Valikoimaan sisältyy myös yleisiä englannin idiomeja, joille ei suomen kielestä löydy vakiintunutta vastinetta. Tällaisissa tapauksissa idiomin ydinsisältö on määritelty suomeksi kulmasulkeissa.

Idiomien käyttö ei rajoitu englantia äidinkielenään puhuvien kohdalla pelkästään arki- ja puhekieleen, vaan idiomeja käytetään runsaasti myös yleiskielessä – sekä puhutussa että kirjoitetussa. Vierasta kieltä opettelevan on mahdotonta tietää, missä tyylilajissa mitäkin idiomia on soveliasta käyttää. *Englanti–suomi-idiomisanakirja* sisältääkin runsaasti tyylillisesti tärkeitä variantteja, jotka on merkitty käyttörekisterinsä mukaisesti lyhenteillä *ark, kirjak, sl, alat, halv, iron, last, run, leik* ja *vanh*. Kuvaannollista kielenkäyttöä ilmaiseva lyhenne *kuv* on jätetty aineiston ulkopuolelle, sillä kuvaannollisuus kuuluu idiomin perusolemukseen.

Vahvasti kulttuurisidonnaisina idiomit vaihtelevat kielialueittain. Tässä sanakirjassa esiintyvien britti-, amerikan- ja australianenglannin kielialueiden idiomaattiset ilmaisut on merkitty lyhenteillä (br), (am) ja (austr).

Hakusana-artikkelin rakenne

Päähakusanat esitetään lihavoituina kunkin hakusana-artikkelin alussa. Päähakusanan edessä oleva numero osoittaa, että saman kirjoitusasun mukaiset hakusanat (ns. homografiset ilmaukset) kuuluvat eri sanaluokkiin. Idiomaattiset ilmaukset on aakkostettu kunkin päähakusanan alle lihavoituina ja alkaen omalta riviltään. Kannen sisäsivuilla on esitetty hakusana-artikkelin rakennetta kuvaava pikaopas sanakirjan käyttäjälle.

Ääntämisohjeet

Ääntämisohjeet esitetään päähakusanan perässä hakasulkeissa. Ohjeet noudattavat brittienglannin ääntämystä ja perustuvat kansainväliseen IPA-merkistöön (International Phonetic Alphabet). Foneettiset merkit esimerkkisanoineen luetellaan sanakirjan sisäkansissa. Sanan pääpaino ['] on merkitty painollisen tavun alkuun, ja sivupainon merkki [,] on esitetty sivupainollisen tavun alussa. Kaksoispiste [:] vokaalin jäljessä osoittaa, että vokaali ääntyy pitkänä. Yläindeksiin [ʳ] tai kaarisulkeisiin [( )] merkityt äänteet osoittavat vaihtoehtoista ääntämistapaa: ne voidaan joko ääntää tai jättää ääntämättä.

Variantit

Britti- ja amerikanenglannin oikeinkirjoituserot esitetään päähakusanojen yhteydessä uusimpien yksikielisten sanakirjojen antamien ohjeiden mukaan brittienglannin kirjoitustavan ollessa oletusarvona. Amerikanenglannin kirjoitustavan tunnuksena käytetään lyhennettä *(am)*. Idiomaattisen ilmaisun variantit esitetään sulkeissa ko. idiomin perässä, esim. *shoot the breeze (myös shoot the bull)*, tai vinoviivaa apuna käyttäen, esim. *be frightened / nervous / scared of one's own shadow*. Eri kielialueiden variantit esitetään sulkeissa idiomin perässä kielialueen lyhenteellä varustettuna, esim. *run out of steam (myös (am) run out of gas)*.

Vastineet

Englannin idiomeille on pyritty kokoamaan merkityssisällöltään mahdollisimman yhtenevät suomenkieliset vastineet. Idiomit ulottuvat harvoin yli kielirajojen, eikä suomenkielinen vastine ole läheskään aina idiomaattinen. Joissain tapauksissa englanninkieliselle idiomille ei löydy suomen kielestä vakiintunutta vastinetta lainkaan. Tällaisissa tapauksissa idiomin ydinsisältö on selitetty suomeksi kulmasulkeissa, esim. *All aboard!* <*laivan, junan ym. Pikaisesta lähdöstä varoittava kuulutus*>. Kielenkäytön kannalta tärkeää lisätietoa merkitysvivahteista annetaan vastineita täsmentävissä lisätiedoissa. Näitä ovat mm. tyyliä kuvaavat lyhenteet, sulkeissa esitetyt merkitystäsmennykset ja kielenkäyttöä kuvaavat lukuisat esimerkkilauseet.

Esimerkkilauseet

Idiomien käyttöä kuvataan runsaan esimerkkiaineiston avulla. Nämä aitoperäiset käyttöesimerkit pohjautuvat englanninkielisiin tekstitietokantoihin (erityisesti *British National Corpus*) ja yksikielisiin sanakirjalähteisiin. Esimerkkilauseet on pyritty valitsemaan siten, että ne kuvaavat idiomien tyypillisiä kieliopillisia rakenteita, kollokaatioita ja käyttötilanteita.

Kaikki idiomisanakirjan käyttöesimerkit on käännetty suomeksi. Yksittäiset englanninkieliset lauseet ja virkkeet voidaan usein kääntää monin eri tavoin, ja kirjan suomennokset ovatkin vain yksi vaihtoehtoinen ilmaisutapa.

Erikoismerkinnät

Kaarisulkeissa ( ) esitetään merkityksen täsmennykset, kielialueiden lyhenteet ja vaihtoehtoiset kirjoitusasut. Hakasulkeisiin [ ] merkitään ääntämisohjeet ja sellaiset sanan tai ilmauksen osat, jotka voidaan jättää pois. Kulmasulkeisiin < > merkitään pidemmät suomenkieliset selitykset silloin, kun vakiintunutta suomen vastinetta ei ole olemassa englannin idiomille. Vinoviivaa / käytetään osoittamaan ilmaukseen liittyvää vaihtoehtoisuutta. Kaikki lyhenteet selityksineen on lueteltu näiden käyttöohjeiden lopussa.

Sanakirjaa koskevat palautteet

Gummeruksen *Englanti–suomi-idiomisanakirjasta* voi lähettää palautetta sähköpostitse osoitteeseen publishers@gummerus.fi tai kirjeitse osoitteeseen Gummerus Kustannus, Sanakirjat ja kielten kirjat, PL 749, 00101 Helsinki. Kiitämme etukäteen sanakirjan käyttöä ja sisältöä koskevista arvokkaista näkemyksistä.

LYHENTEET

Kielet

am	amerikanenglannissa
austr	australianenglannissa
br	britannianenglannissa

Tyyliarvo

alat	alatyyli
ark	arkikieli
euf	kiertoilmaisu
halv	halventava
iron	ironinen
kirjak	kirjakieli
last	lastenkieli
leik	leikillinen
run	runollinen
vanh	vanhentunut

Kielioppilyhenteet

a	adjektiivi
adv	adverbi
apuv	apuverbi
interj	interjektio
kielt	kieltolauseissa
konj	konjunktio
lyh	lyhenne
num	numeraali
prep	prepositio
pron	pronomini
s	substantiivi
v	verbi

Persoonapronominien lyhenteet

jhk	johonkin
jk	jokin
jkhun	johonkuhun
jklla	jollakulla
jklle	jollekulle
jklta	joltakulta
jkn	jonkun
jksik	joksikin
jkssa	jossakussa

jksta	jostakusta
jkta	jotakuta
jku	joku
jllak	jollakin
jssk / jssak	jossakin
jtk / jtak	jotakin

Yleiset lyhenteet

erit	erityisesti
esim	esimerkiksi
etc.	et cetera
jne	ja niin edelleen
t.	tai
tms	tai muuta sellaista
yl	yleensä
ym	ynnä muuta

a [ˈeɪ] *s*
from A to B paikasta toiseen, paikasta A paikkaan B *To Jane the car was just a means of getting from A to B.* Janelle auto oli vain keino liikkua paikasta toiseen.
from A to Z alusta loppuun, A:sta Ö:hön *This site contains health information from A to Z.* Tällä sivustolla on tietoa terveydenhoidosta A:sta Ö:hön.

aback [əˈbæk] *adv*
be taken aback tyrmistyä, häkeltyä, ällistyä *Jane was taken aback by the sudden change in his behaviour.* Jane tyrmistyi äkillisestä muutoksesta miehen käyttäytymisessä.

abandon [əˈbændən] *v*
abandon oneself to heittäytyä t. jättäytyä jnk valtaan, alistua jhk *He abandoned himself to grief.* Hän antautui surun valtaan.

ABC [ˌeɪ biː ˈsiː] *s*
[as] easy as ABC lastenleikkiä, helppoa *Ordering is easy as ABC.* Tilaaminen käy helposti.
the ABC[s] of alkeet, perusteet *Those who believe it, do not understand the ABC of economic science.* He jotka uskovat niin, eivät ymmärrä taloustieteen perusteita.

abeyance [əˈbeɪəns] *s*
hold / leave in abeyance *kirjak* jättää lepäämään, jättää odottamaan, pitää piilossa *A final decision was left in abeyance.* Lopullinen päätös jätettiin lepäämään.

aboard [əˈbɔːd] *adv, prep*
All aboard! <laivan, junan ym. pikaisesta lähdöstä varoittava kuulutus> *They heard the final 'All aboard' as they left the station.* He kuulivat junan viimeisen lähtökuulutuksen poistuessaan asemalta.

1 about [əˈbaʊt] *prep*
be [all] about tarkoittaa, merkitä jtak *I don't know what that was all about, and I'm not asking.* En tiedä, mitä se tarkoitti, enkä aio kysyä. *Work is all about responsibility.* Työnteko merkitsee vastuuta.

2 about *adv*
be about to do sth <ilmaisee tapahtumaisillaan olevaa toimintaa> *The fun was about to begin.* Hauskuus oli alkamassa.
be not about to do sth olla haluton *The salesperson is not about to waste his time.* Myyjä on haluton haaskaamaan aikaansa.
be quick / slow about it olla nopea / hidas *Go and get her then, and be quick about it.* Mene sitten hakemaan hänet, mutta nopeasti.
know what one is about *ark* olla tilanteen tasalla *The doctor seemed to know what he was about.* Lääkäri näytti tietävän mitä tekee.
that's about it siinä kaikki, se siitä *Unless there are any last questions I think that's about it.* Ellei teillä ole enää kysymyksiä, siinä taitaa olla kaikki.

while you're about it kun kerran olet tekemässä jtak, samalla kun teet jtak – *I'll be off, then. – And while you're about it, take the rubbish out with you.* – Minäpä tästä lähden. – Vie samalla roskat.

above [ə'bʌv] *prep, adv*
above all [else] ennen kaikkea, erityisesti *He is known above all for his landscapes.* Hän on tunnettu ennen kaikkea maisemakuvistaan.
above and beyond sth enemmän kuin, paremmin kuin *He carries out his job above and beyond the call of duty.* Hän tekee työnsä paremmin kuin edellytetään.
above oneself omahyväinen, ylimielinen *He was getting above himself.* Hän alkoi luulla itsestään liikoja.
from above ylhäältä *He hinted that the order came from above.* Hän vihjasi, että määräys tuli ylemmältä taholta.
not be above doing sth nöyrtyä t. alentua tekemään jtak, ei kaihtaa jtak (halpamaista ym.) *He was not above hiring gangsters to do his work for him.* Hän saattoi palkata gangstereita hoitamaan likaisen työn puolestaan.

absence ['æbsᵊns] *s*
Absence makes the heart grow fonder. Etäisyys yhdistää.
absence of mind hajamielisyys, keskittymiskyvyn puute *He was noted for his absence of mind.* Hän oli tunnettu hajamielisyydestään.
be conspicuous by one's absence loistaa poissaolollaan *She was conspicuous by her absence at the meeting.* Hänen poissaolonsa kokouksesta herätti huomiota.

absent ['æbsᵊnt] *a*
To absent friends! Malja ystäville, jotka eivät päässeet tulemaan paikalle!

acceptable [ək'septəbᵊl] *a*
the acceptable face [of] (jnk epämiellyttävän asian) hyvät puolet *Anger has its perfectly acceptable face.* Vihalla on hyvätkin puolensa.

accident ['æksɪdᵊnt] *s*
Accidents will happen [in the best regulated families]. Sellaista sattuu [paremmissakin piireissä].
an accident waiting to happen *ark* potentiaalinen onnettomuuspaikka t. onnettomuuden aiheuttaja *This car is an accident waiting to happen.* Tämä auto on todellinen riskitekijä liikenteessä.
more by accident than design [silkkaa] sattuman kauppaa, sattuman kaupalla *He stumbled into football more by accident than design.* Hänen jalkapallon peluunsa alkoi silkasta sattumasta.

accidentally [ˌæksɪ'dentᵊli] *adv*
accidentally on purpose *leik* muka vahingossa *They did it accidentally on purpose to get some publicity.* He toimivat näin muka vahingossa saadakseen julkisuutta.

acclamation [ˌæklə'meɪʃᵊn] *s*
elected by acclamation *1* valittu huutoäänestyksellä *2* (kan) valittu äänestyksettä ainoana ehdokkaana

1 accord [ə'kɔːd] *v*
accord with olla sopusoinnussa, olla yhtäpitävä jnk kanssa *This result accords with earlier preliminary findings.* Tämä tulos on yhtäpitävä aiempien, alustavien tulosten kanssa.

2 accord *s*
in accord with jnk mukainen, jnk mukaisesti *Libya is acting in accord with international laws and treaties.* Libyan toiminta noudattaa kansainvälisiä lakeja ja sopimuksia.

of one's own accord omasta tahdostaan, vapaaehtoisesti, itsestään *The door seemed to move of its own accord.* Ovi vaikutti liikkuvan itsestään.

with one accord *kirjak* yksissä tuumin, yhteisymmärryksessä *The women turned with one accord to stare at Molly.* Naiset kääntyivät yksissä tuumin tuijottamaan Mollya.

1 account [əˈkaʊnt] *s*

by / from all accounts kaikesta päätellen *Your visits were much appreciated, by all accounts.* Vierailujasi pidettiin kaikesta päätellen arvossa.

call / bring someone to account vaatia jku tilille, vaatia jklta selitystä (virheestä ym.) *Tories call banks to account.* Konservatiivit vaativat pankkeja tilille.

give a good / bad account of oneself tehdä hyvä t. huono vaikutus, selviytyä hyvin t. huonosti *She was reasonably cheerful during the interview and gave a good account of herself.* Hän oli kohtuullisen hyväntuulinen haastattelun aikana ja teki hyvän vaikutuksen.

leave sth out of account jättää jk huomiotta *The book leaves out of account the most important recent developments.* Kirja jättää huomiotta tärkeimmät viimeaikaiset kehityskulut.

on account of vuoksi, takia *The price is moderate on account of many competitive tradesmen.* Hinta on vaatimaton monien kilpailevien kauppiaiden takia.

on no account must / should sb do sth ei missään tapauksessa *On no account must you speak to him.* Et missään tapauksessa saa puhua hänelle.

on sb's account jkn puolesta *Don't trouble yourself on my account.* Älä vaivaudu minun takiani.

settle / square accounts with selvittää välinsä jkn kanssa, maksaa kalavelkoja, kostaa *Such men bear grudges, they wait years to settle accounts.* Sellaiset miehet kantavat kaunaa, he voivat odottaa vuosia päästäkseen maksamaan kalavelkojaan.

take sth into account / take account of sth ottaa huomioon, huomioida *In the long run ministers have to take account of public opinion.* Ajan mittaan ministerien on otettava huomioon yleinen mielipide.

turn / put sth to [good] account hyötyä, käyttää hyväksi *She put her skills to good account.* Hän käytti taitojaan hyväkseen.

2 account *v*

account for *1* selittää, antaa jllek selitys, panna jtak jnk tiliin *What accounts for the changes?* Mikä selittää muutokset? *2* (*be accounted for*) olla selitettävissä jllak, olla syynä jhk *The increase of population was accounted for by urbanization.* Väkiluvun kasvu oli selitettävissä urbaanistumisella. *3* olla jnk osuus jstak *Exports account for 85 per cent of Scotch whisky sales.* Viennin osuus on 85 prosenttia skottilaisen viskin myynnistä. *4* (*be accounted for*) olla selvillä jstak, olla jnk tiedossa (yl jkn olinpaikasta t. kohtalosta onnettomuuden jälkeen) *One child was still not accounted for.* Yksi lapsi on yhä kateissa. *5* voittaa, nujertaa, tappaa *A submarine accounted for the soldiers in the rubber raft with a Lewis gun.* Sukellusveneen Lewis-konekivääri tappoi kumilautalla olevat sotilaat.

There's no accounting for tastes. Makuasioista ei voi kiistellä.

1 ace [ˈeɪs] *s*

an ace up one's sleeve (*am* ace in the hole) ässä jkn hihassa *Veteran*

ace

trainer Bill Wightman still keeps an ace or two up his sleeve. Veteraanivalmentaja Bill Wightmanilla on vielä pari ässää hihassaan.

have / hold all the aces olla kaikki valtit käsissään *The Americans hold all the aces, controlling 85 per cent of the worldwide market.* Amerikkalaisilla on kaikki valtit käsissään 85 prosentin maailmanmarkkinaosuudellaan.

play one's ace lyödä valtit pöytään *Realising he was losing the argument, he played his ace.* Hän tajusi olevansa häviämässä väittelyn ja löi valtit pöytään.

within an ace of jnk partaalla, joutumaisillaan jhk t. jnk valtaan, olla onnistumaisillaan *Jane came within an ace of slapping her.* Jane oli vähällä läimäyttää häntä.

2 ace *v*

ace out (am) päihittää jku, kukistaa jku *His rival aced him out of a job.* Hänen kilpailijansa vei hänen työpaikkansa.

acquaintance [ə'kweɪntᵊns] *s*

a passing / nodding acquaintance vähäiset tiedot, vähäinen kokemus *A broad curriculum may contain nothing but a passing acquaintance with a variety of different subjects.* Laajakin opetussuunnitelma saattaa vain raapaista pinnalta eri oppiaineita.

make the acquaintance of / make sb's acquaintance tutustua, oppia tuntemaan *A pleasure to make your acquaintance, Miss Smith.* Miellyttävää tutustua teihin, neiti Smith.

acquire [ə'kwaɪə^r] *v*

acquire a taste for oppia, opetella pitämään jstak *Perhaps you could acquire a taste for decaffeinated coffee.* Kenties voisit opetella pitämään kofeiinittomasta kahvista.

acquired [ə'kwaɪəd] *adj*

an acquired taste jokin josta on vähitellen oppinut pitämään (vaikka ei siitä aluksi pitänyt) *Retsina is an acquired taste.* Retsinasta voi oppia pitämään.

acre ['eɪkə^r] *s*

acres of *ark* paljon, runsaasti *Acres of newsprint have been devoted to what went wrong with Labour's election campaign.* Metreittäin palstatilaa on käytetty työväenpuolueen vikaan menneen vaalikampanjan käsittelemiseen.

across [ə'krɒs] *adv, prep*

across the board (*myös* across-the-board) yleinen, kaikkia koskeva, yleisesti *Similar signs of progress can be found across the board.* Vastaavanlaisia kehityksen merkkejä voidaan havaita yleisesti.

1 act ['ækt] *v*

act out toteuttaa (unelmiaan ym.) *She acts out her fantasy.* Hän toteuttaa fantasiaansa.

act up *ark 1* reistailla, toimia huonosti *My car is acting up again.* Autoni reistailee taas. *2* kiukutella, oikutella *She acts up in classes.* Hän kiukuttelee oppitunneilla.

Act your age! Yritä nyt käyttäytyä aikuismaisesti!

2 act *s*

a balancing / juggling act tasapainoilu *Then the real juggling act begins – job, children, house and husband.* Sitten tasapainoilu vasta alkaakin työn, lasten, kodin ja aviomiehen välillä.

an act of God luonnonkatastrofi, luonnoneste *Famine caused by drought is not an unstoppable act of God.* Kuivuuden aiheuttama nälänhätä ei ole katastrofi, jota ei voitaisi estää.

be a hard / tough act to follow olla vaikea panna paremmaksi *She was* *a terrific group leader – she's a hard act to follow.* Hän oli mainio ryhmän johtaja – hänen suoritustaan on vaikea panna paremmaksi.

catch sb in the act yllättää jku itse teossa, jäädä kiinni verekseltään *The thief was caught in the act.* Varas yllätettiin itse teossa.

clean up one's act *ark* parantaa tapansa, ryhdistäytyä *He cleaned up his act and quit taking uppers and downers.* Hän paransi tapansa ja lopetti piristeiden ja rauhoittavien lääkkeiden käytön.

disappearing / vanishing act katoamistemppu *He did/staged/performed a disappearing act to boost his career.* Hän lavasti katoamistempun edistääkseen uraansa.

get in on the act *ark* yrittää päästä osingolle, mennä mukaan jhk t. olla mukana jssak hyötymisen toivossa *Every company is trying to get in on the act.* Jokainen yritys toivoo pääsevänsä osingoille tästä liiketoiminnasta.

get one's act together *ark* järjestää asiansa, ryhdistäytyä *She seemed to have got her act together and held down a steady job.* Hän näytti saaneen asiansa järjestykseen, ja hänellä oli vakituinen työpaikkakin.

action ['ækʃ(ə)n] *s*

a piece / slice of the action *ark* (am) (jnk toiminnan tuottama) voitto, hyöty *Do you want a piece of action?* Haluatko päästä osingolle?

Action stations! (br) Taisteluasemiin!, Valmiina toimimaan! *Action stations! The guests arrive in five minutes.* Kaikki valmiina! Vieraat saapuvat viiden minuutin päästä.

Actions speak louder than words. Antaa tekojen puhua puolestaan.

fight a rearguard action käydä jo etukäteen hävittyä sotaa *He is fighting a rearguard action against Jane's intended remodeling of their flat.* Hän käy jo etukäteen hävittyä sotaa Janen remonttisuunnitelmia vastaan.

in action toiminnassa, työn touhussa, tekemässä jtak jklle tyypillistä *He wanted to photograph a tennis player in action.* Hän halusi valokuvata tenniksen pelaajan pelin tiimellyksessä.

out of action rikki, epäkunnossa, kykenemätön tekemään jtak *She is out of action following a leg injury.* Hän on tällä hetkellä pois pelistä jalkavamman vuoksi.

put sth into action toteuttaa, panna toimeen *These ideas need to be put into action.* Nämä ideat täytyy toteuttaa.

take action ryhtyä toimiin *The police have taken action to combat the wave of car theft.* Poliisi on ryhtynyt toimiin autovarkausaallon saamiseksi kuriin.

where the action is siellä missä tapahtuu *The media people want to be where the action is.* Tiedotusvälineiden edustajat haluavat olla siellä missä tapahtuu.

Adam [ædəm] *s*

not know sb from Adam *ark* olla jklle tuiki tuntematon *I don't know him from Adam.* Hän on minulle tuiki tuntematon.

add ['æd] *v*

add fuel to the fire / flames lietsoa, provosoida *A scathing reply would only add fuel to the flames.* Pureva vastaus vain provosoisi tilannetta.

add insult to injury pahentaa tilannetta, kääntää veistä haavassa *Only 50 people turned up and, to add insult to injury, it started raining heavily.* Paikalle tuli vain 50 henkeä, ja kaiken kukkuraksi alkoi sataa kaatamalla.

add to lisätä, pahentaa, tehostaa *These preparations added to their nervousness.* Nämä valmistelut pahensivat heidän hermostuneisuuttaan.

adhere

add up *ark* täsmätä, pitää paikkansa, olla järkeä *The facts don't add up.* Tiedot eivät täsmää.

add up to merkitä, tarkoittaa *What does all this add up to?* Mitä tämä kaikki tarkoittaa?

adhere [əd'hɪəʳ] *v*
  adhere to *kirjak* noudattaa, pitää kiinni (ajatuksesta, sopimuksesta, uskosta ym.) *He adhered to the agreement.* Hän noudatti sopimusta. *They have adhered to Christian values.* He ovat pitäneet kiinni kristillisistä arvoista.

admission [əd'mɪʃ³n] *s*
  by one's own admission omien sanojensa mukaan *By his own admission he has led a charmed life.* Omien sanojensa mukaan hän on viettänyt miellyttävää elämää.

admit [əd'mɪt] *v*
  admit of *kirjak* jättää sijaa, antaa mahdollisuus *Those facts admit of no doubt.* Nuo tiedot eivät jätä epäilyn sijaa.

ado [ə'du:] *s*
  much ado about nothing paljon melua tyhjästä
  What's ado? *vanh* Mikä hätänä? *What's ado, my son, that you call so loud?* Mikä hätänä, poikani, kun noin kovaa huudat?
  without further / more ado [sen] pitemmittä puheitta, viivyttelemättä *Without further ado, I set to work.* Ryhdyin työhön sen pitemmittä puheitta.

advance [əd'vɑ:ns,] *s*
  in advance etukäteen, ennakolta *He booked the tickets in advance.* Hän varasi liput etukäteen.
  in advance of jnk edellä, ennen *She was in advance of her time.* Hän oli aikaansa edellä.

advanced [əd'vɑ:nst] *a*
  advanced in years *euf* iäkäs *She is very advanced in years.* Hän on hyvin iäkäs.

advantage [əd'vɑ:ntɪdʒ,] *s*
  be / work to one's advantage olla jklle eduksi t. hyödyksi *The co-operation worked to the advantage of staff in both organisations.* Yhteistyöstä oli hyötyä molempien laitosten henkilökunnalle.
  have the advantage of *vanh* olla etulyöntiasemassa *You have the advantage of me, Sir.* Te tiedätte kuka minä olen, mutta minä en tunne teitä.
  press home one's advantage käyttää hyväksi etulyöntiasemaansa *The visitors quickly pressed home their numerical advantage.* Vierasjoukkue käytti välittömästi hyväksi pelaajaylivoimaansa.
  take advantage of *1* käyttää hyödyksi, hyödyntää *She took full advantage of her opponents' weaknesses.* Hän käytti vastustajansa heikkouksia hyödykseen. *2* käyttää jkta hyväkseen *Her friends take advantage of her, persuading her to spend her savings on them.* Hänen ystävänsä käyttävät häntä hyväkseen ja suostuttelevat hänet tuhlaamaan säästönsä heihin.
  to good / best advantage parhaimmassa valossa, edullisimmillaan, hyödyllisimmillään *Does this picture show the subject to its best advantage?* Näyttääkö tämä kuva kohteensa parhaimmassa valossa?
  turn sth to [one's] advantage kääntää edukseen *He turned the situation to his advantage.* Hän käänsi tilanteen edukseen.

advice [əd'vaɪs] *s*
  on sb's advice / on the advice of sb jkn kehotuksesta *On the advice of a friend, she applied for the job.* Hän haki työpaikkaa ystävänsä kehotuksesta.
  take advice pyytää neuvoja (yl asiantuntijalta) *I think you need to*

take legal advice on your rights. Luulen, että sinun täytyy pyytää lainopillisia neuvoja oikeuksistasi.

take sb's advice noudattaa jkn neuvoja, uskoa jkta *Don't do it, dear! Take my advice, you won't like it.* Älä tee sitä, kultaseni! Usko minua, et tule pitämään siitä.

affair [ə'feə^r] *s*

be sb's affair olla jkn oma asia *What my Mum does is her affair.* Se mitä äiti tekee on hänen oma asiansa.

put one's affairs in order järjestää asiansa *Many people, as they approach the end of their lives, are concerned to put their affairs in order.* Monet ihmiset haluavat elämänsä ehtoopuolella järjestää asiansa.

state of affairs tilanne *This sad state of affairs does not have to continue.* Tämän surkean tilanteen ei tarvitse jatkua.

afraid [ə'freɪd] *a*

be afraid of your own shadow pelätä omaa varjoaankin, säikkyä *This dog is afraid of his own shadow.* Tämä koira pelkää omaa varjoaankin.

I'm afraid [that] *ark* ikävä kyllä, pelkäänpä, valitettavasti *I'm afraid I must ask you to leave.* Valitettavasti minun täytyy pyytää sinua poistumaan.

after ['ɑ:ftə^r] *prep*

after all loppujen lopuksi, kuitenkin *You were right after all.* Olit loppujen lopuksi oikeassa.

after hours työajan jälkeen, aukioloajan jälkeen *He would often stay behind after hours.* Hän jäi usein ylitöihin.

after you with saanko sen seuraavaksi *After you with the scissors, please.* Saisinko minä sakset seuraavaksi?

be after sb *1* etsiä jkta, jahdata jkta, olla jkn perässä *The police will be after you.* Saat vielä poliisit perääsi. *2* havitella jkta omakseen, olla iskenyt silmänsä jkhun *If I was twenty years younger, I'd be after him myself!* Jos olisin kaksikymmentä vuotta nuorempi, yrittäisin itse iskeä hänet.

be after sth etsiä jotakin, havitella *We didn't get the flat we were after.* Emme saaneet haluamaamme asuntoa.

again [ə'gen, ə'geɪn] *adv*

again and again / time and again yhä uudestaan, toistuvasti *He tells the same story again and again.* Hän kertoo saman tarinan yhä uudestaan.

Come again? Voisitko toistaa? *Come again? I didn't hear what you said.* Voisitko toistaa? En kuullut mitä sanoit.

half / twice as much again puolet enemmän, kaksi kertaa enemmän *He could earn half as much again in the private sector.* Hän voisi tienata puolet enemmän yksityisellä sektorilla.

age ['eɪdʒ] *s*

act one's age käyttäytyä ikänsä vaatimalla tavalla *Try to act your age!* Älä ole lapsellinen!

age of consent <ikä jonka saavuttanut voi lain mukaan ryhtyä sukupuolisuhteeseen> *The age of consent for a girl to have sexual intercourse is sixteen.* Kuusitoista on ikä, jonka jälkeen tyttö voi ryhtyä sukupuolisuhteeseen.

come of age *1* tulla täysi-ikäiseksi *This was his twenty-first birthday and he had finally come of age.* Hän täytti tänään 21 vuotta ja tuli vihdoinkin täysi-ikäiseksi. *2* kypsyä, saavuttaa huippunsa (kehityksestä ym.) *They claim that quantum chemistry came of age in 1970.* He

agree

väittävät, että kvanttikemia saavutti huippunsa vuonna 1970.
of an age *1* tarpeeksi vanha tekemään jtak *He is of an age to marry.* Hän on naimaiässä. *2* samanikäinen *They were of an age.* He olivat samanikäisiä.

sb of a certain age *leik* tietyn ikäinen (käytetään henkilöstä yl. naisesta, joka ei ole enää aivan nuori) *As a woman of a certain age, my tastes have shifted.* Tietyn ikäisenä naisena makuni on muuttunut.

seem [like] ages siitä on ikuisuus *It seems ages since we've driven down this road.* Siitä on ikuisuus, kun olemme ajaneet tätä tietä.

through the ages kautta historian *The place appears exactly as it has done through the ages.* Paikka on pysynyt aivan samannäköisenä kautta historian.

under age alaikäinen *Both the girls were under age for drinking.* Molemmat tytöt olivat alaikäisiä, eli heille ei saanut myydä alkoholia.

agree [ə'gri:] *v*
agree to differ / disagree hyväksyä se, että ollaan eri mieltä *If after discussion we agree to differ, both versions will be recorded.* Jos vielä keskusteltuamme asiasta olemme eri mieltä, molemmat mielipiteet merkitään muistiin.

I couldn't agree [with you] more olen täysin samaa mieltä – *We have to talk.* – *I couldn't agree more.* – Meidän on puhuttava. – Olen täysin samaa mieltä.

agreement [ə'gri:mənt] *s*
gentleman's / gentlemen's agreement herrasmiessopimus *They have a gentleman's agreement that the rest of the money will be split equally between them.* Heillä on herrasmiessopimus, jonka mukaan loput rahat jaetaan tasan.

ahead [ə'hed] *adv*
ahead of one's time aikaansa edellä *She was ahead of her time in advocating preventive medicine.* Hän oli aikaansa edellä, koska hän puhui ennalta ehkäisevän terveydenhuollon puolesta.

air ['eə^r] *s*
airs and graces teeskentely, tärkeily *She never put on airs and graces.* Hän ei koskaan teeskennellyt.

be off the air *1* ei lähetyksessä, ei enää ohjelmistossa *The series should be taken off the air.* Sarja pitäisi poistaa ohjelmistosta. *2* ei enää lähetä ohjelmaa *The radio station went off the air in 1990.* Radioasema lakkautettiin vuonna 1990.

be on the air *1* esiintyä tv:ssä t. radiossa *He went on the air on Channel 4.* Hän esiintyi Channel 4 -kanavalla. *2* lähettää ohjelmaa *The radio station is on the air from 6.00 a.m.* Radioasema lähettää ohjelmaa alkaen kello 6:sta aamulla.

be up in the air olla ratkaisematta, olla kesken[eräinen] *The matter is still up in the air.* Asia on vielä ratkaisematta.

by air lentokoneella, lentoteitse *Most passengers will travel to the continent by air.* Useimmat matkustajat matkustavat mannermaalle lentämällä.

disappear / vanish into thin air kadota kuin tuhka tuuleen *The man had vanished into thin air.* Mies oli kadonnut kuin tuhka tuuleen.

from / out of thin air tyhjästä *You can't just create money from thin air.* Et voi vain luoda rahaa tyhjästä.

hot air tyhjää puhetta *His talk is all hot air.* Hänen sanomisensa ovat pelkkää tyhjää puhetta.

in the air ilmassa *The night was sultry and there was thunder in the air.* Ilta oli hiostava, ja ilmassa oli uk-

kosta. *There was excitement in the air.* Ilmassa oli jännityksen tuntua.
put on airs teeskennellä, tärkeillä *My friends are people that I trust and I don't have to put on airs with them.* Ystäväni ovat ihmisiä, joihin luotan ja joiden kanssa minun ei tarvitse teeskennellä.
take the air mennä ulos, ulkoilla *I decided to take the air in the garden.* Päätin mennä ulos puutarhaan.
take to the air nousta lentoon *The bird took to the air.* Lintu nousi lentoon.
walk / float / tread on air olla ikionnellinen *I walked on air for a couple of days.* Olin ikionnellinen muutaman päivän ajan.

aisle ['aɪl] *s*
go / walk down the aisle *ark* mennä naimisiin *I'm not walking down the aisle with you, or any other woman.* En aio mennä naimisiin sinun tai kenenkään muun naisen kanssa.

aitch [eɪtʃ] *s*
drop one's aitches jättää sanan alussa olevat h-kirjaimet lausumatta (joidenkin murteiden tyypillinen piirre), kuulostaa rahvaanomaiselta *He spoke with a Cockney accent and dropped his aitches.* Hän puhui Cockneyn murretta ja kuulosti rahvaanomaiselta.

albatross ['ælbətrɒs] *s*
an albatross around / about one's neck myllynkivi jnk kaulassa *The poll tax is an albatross around the government's neck.* Kunnallisvero on myllynkivi hallituksen kaulassa.

1 alight [ə'laɪt] *v*
alight on / upon *1* keksiä, löytää (sattumalta) *She alighted upon the idea by chance.* Hän keksi ajatuksen sattumalta. *2* sattua, osua (katseesta) *My glance alighted on him, and I blushed.* Katseeni osui häneen ja punastuin.

alive

2 alight *a, adv*
set the world / place alight *ark* saavuttaa suurta menestystä *The film didn't set the world alight.* Filmi ei saavuttanut suurta menestystä.

align [ə'laɪn] *v*
align oneself with asettua jnk kannalle t. puolelle *He aligned himself with the opposition.* Hän asettui opposition kannalle.

alive [ə'laɪv] *a*
be alive and kicking / well *ark* elää ja kukoistaa, olla hyvissä voimissa *Unfortunately, racism is still alive and kicking in this country.* Valitettavasti rasismi elää ja kukoistaa yhä tässä maassa. *She was alive and kicking the last time I saw her.* Hän oli hyvissä voimissa, kun viimeksi näin hänet.
be alive with sth olla täynnä jtak, kuhista, vilistä *The lagoon was alive with fish.* Laguuni kuhisi kaloja.
bring sth alive elävöittää, tehdä kiinnostavaksi *Maps and illustrations bring the book alive.* Kartat ja kuvat elävöittävät kirjaa.
come alive *1* vilkastua *In the evening the town comes alive with plenty of discos and nightspots.* Iltaisin kaupunki herää eloon lukuisine diskoineen ja yökerhoineen. *2* muuttua kiinnostavaksi *Background information can make the exhibition come alive.* Taustatiedot voivat elävöittää näyttelyä.
eat sb alive *ark* syödä elävältä, antaa satikutia *She will eat the kids alive if they don't behave.* Hän antaa lapsille satikutia, jos nämä käyttäytyvät huonosti.
flay / skin sb alive *ark leik* nylkeä, antaa kuulla kunniansa *I'm dreadfully late and Sister Margaret will flay me alive.* Olen pahasti myöhässä, ja sisar Margaret nylkee minut elävältä.

1 all [ˈɔːl] *pron*

all and sundry kaikki (ihmisistä) *They invited all and sundry to the banquet.* He kutsuivat kaikki juhla-aterialle.

all in *1* (hinnasta) johon sisältyy kaikki *The holiday costs £475 all in.* Loma maksaa kaikkine kuluineen 475 puntaa. *2 ark vanh* lopen uupunut, rättiväsynyt *Sit down, you look all in.* Istu alas, näytät lopen uupuneelta.

all in all kaiken kaikkiaan *All in all, she has done well.* Hän on kaiken kaikkiaan suoriutunut hyvin.

all of sth kokonaista (kestosta, koosta ym.) *It took me all of five minutes.* Se vei minulta kokonaista viisi minuuttia.

all one to sb yhdentekevää jklle *It's all one to me where you go.* Minulle on yhdentekevää, minne menet.

all or nothing kaikki tai ei mitään *There can be no compromise. It's all or nothing.* Kompromissin sijaa ei ole. Se on kaikki tai ei mitään.

all together kaikki yhdessä / koossa, yhtä aikaa *The family is all together.* Perhe on koossa.

all told yhteensä *All told, twenty people died.* Yhteensä kaksikymmentä ihmistä kuoli.

All's well that ends well. Loppu hyvin, kaikki hyvin.

and all *1* ...neen kaikkineen, ja lisäksi *They are well dressed – hats, cloaks, sticks and all.* He ovat hyvin pukeutuneita hattuineen, viittoineen ja keppeineen kaikkineen. *2 ark* <korostavana> *She's a foreigner and all.* Hänhän on ulkomaalainenkin.

and all that *ark* ja sen sellaista *I found it stimulating, meeting authors and all that.* Kirjailijoiden tapaaminen ja sen sellainen oli minusta virkistävää.

be all sb can / could do [not] to do sth *ark* pystyä hädin tuskin tekemään / olemaan tekemättä jtak *It was all she could do not to burst into tears.* Hän pystyi hädin tuskin olemaan purskahtamatta itkuun.

be ... than all get out olla ... kuin mikä *The book is funnier than all get out.* Kirja on hauska kuin mikä.

for all huolimatta *For all her wealth, life had not been easy.* Varallisuudestaan huolimatta hänen elämänsä ei ollut ollut helppoa.

for all sb knows *ark* <korostettaessa että ei tiedetä asian oikeaa laitaa> *For all Abraham knows, he is dead.* Abraham ei tietäisi, vaikka hän olisi kuollut.

give / put one's all antaa kaikkensa *They gave their all in the struggle for democracy.* He antoivat kaikkensa kamppailussa demokratian puolesta.

in all yhteensä, kaikkiaan *Two hundred people in all died.* Yhteensä kaksi sataa ihmistä kuoli.

[not] at all lainkaan, ollenkaan, yhtään *I wasn't at all happy with the situation.* En ollut lainkaan tyytyväinen tilanteeseen. *He said nothing at all.* Hän ei sanonut yhtään mitään.

of all the cheek / nerve / stupid things to do <harmistumista ilmaisemassa> *Well, of all the nerve! To think they would come and ask you for the money!* No olipa heillä otsaa! Tulla nyt pyytämään rahoja sinulta.

2 all *adv*

all along koko ajan, alusta asti *He had known all along that it must be his fault.* Hän oli tiennyt alusta asti, että sen täytyy olla hänen vikansa.

all at once yhtäkkiä, odottamatta *All at once she heard a loud thump.* Yhtäkkiä hän kuuli kovan tömähdyksen.

all but *1* melkein *The plan was all but impossible.* Suunnitelma oli melkein mahdoton. *2* kaikki paitsi, jtak lukuun ottamatta *All but two employees resigned.* Kaikki irtisanoutuivat kahta työntekijää lukuun ottamatta.

all for *ark* jnk puolesta, jnk kannalla *I thought you were all for equality.* Luulin, että olit tasa-arvon kannalla.

all out (yl am) täysin lopussa *The product is all out.* Tuote on täysin lopussa.

all over *1* ohi, lopussa *It's all over between Linda and me.* Lindan ja minun suhde on ohi. *2 ark* kaikkialla, kaikkialle *She had travelled all over the world.* Hän oli matkustanut kaikkialla maailmassa. *3 ark* kauttaaltaan, kokonaan *Cecilia was shaking all over.* Cecilia vapisi kauttaaltaan. *4 ark* tyypillistä jklle *That's you all over, Howard.* Se on niin tyypillistä sinulle, Howard. *5 ark* jkhun kietoutuneena, jkn kimpussa (lemmenleikeistä) *Mick and Sophie were all over each other in the back seat of the car.* Mick and Sophie olivat toisiinsa kietoutuneina auton takapenkillä.

all over the map / place / shop *ark* *1* kaikkialla, kaikkialle *There were soldiers all over the place.* Kaikkialla oli sotilaita. *2* sekaisin, epäjärjestyksessä *His hair was all over the place.* Hänen hiuksensa olivat sekaisin.

all round (*myös* (am) all around) *1* kaiken kaikkiaan *It was a good day all round.* Se oli kaiken kaikkiaan hyvä päivä. *2* kaikille, kaikilta [osapuolilta] *He ordered drinks all round.* Hän tilasi kaikille juomat.

all there *ark* täysijärkinen, järjissään [oleva], terve *I'm not saying he's all there, but his heart is in the right place.* En ole varma onko hän ihan täysijärkinen, mutta hänellä on sydän paikallaan.

all very well <kiistettäessä se mitä toinen on sanonut> *That's all very well, but what are you going to do when you grow up?* Niin mutta mitä haluat sitten tehdä isona?

be all about *ark* käsitellä jtak, olla kyse jstak *Marketing is all about people.* Markkinoinnissa on kyse ihmisistä.

be all go *ark* (br) olla vilkasta, olla täysi rähinä päällä *It was all go from 8.00 am until we finally finished at 5.00 pm.* Meillä oli täysi rähinä päällä aamukahdeksasta viiteen illalla.

it's / they're all yours pidä hyvänäsi *That job is all yours and you're more than welcome to it.* Senkun pidät hyvänäsi sen työpaikan.

not all that good / well ei erityisen hyvä / hyvin jne. *The book is not all that good.* Kirja ei ole kummoinen.

not as ... as all that ei sentään niin ... *He's not as ugly as all that.* Ei hän nyt sentään niin ruma ole.

alley ['æli] *s*

right up one's alley *ark* (am) jkn heiniä, jnk [erikois]alaa *This job is right up my alley.* Tämä työ on minun heiniäni.

allow [ə'laʊ] *v*

allow for ottaa jtak huomioon, jättää sijaa jllek, varata aikaa jhk *This broad definition allows for multiple interpretations.* Tämä laaja määritelmä jättää sijaa moninaisille tulkinnoille. *This schedule does not allow for delays.* Tämä aikataulu ei jätä sijaa viivästymisille.

allow me saanko auttaa, sallikaa minun *"Allow me," he said as he reached over her shoulder to open the door.* "Sallikaa minun", hän sanoi ja kurkotti naisen olan yli ylettyäkseen avaamaan oven.

allow of *kirjak* hyväksyä, sallia *Here the facts are such as to allow of no other choice.* Näiden tosiasioiden valossa muut vaihtoehdot eivät ole mahdollisia.

allowance

allowance [ə'laʊəns] *s*
  make allowance[s] for ottaa jk huomioon (yl lieventävästä asianhaarasta) *We must make allowances for his old age.* Meidän täytyy ottaa huomioon hänen korkea ikänsä.

all right [ɔ:l'raɪt] *adv*
  be a bit of all right *ark* (br) olla puoleensavetävä *That blonde's a bit of all right.* Siinäpä vetävän näköinen blondi.
  It's / That's all right. *1* Ei se mitään. (vastaus anteeksipyyntöön) – *"I am sorry, perhaps I shouldn't have said that?" – "It's all right."* – "Anteeksi, minun ei varmaan olisi pitänyt sanoa noin." – "Ei se mitään." *2* Eipä kestä. (vastaus kiitokseen) *He thanked her for everything. "That's all right, Sam."* Hän kiitti naista kaikesta. "Eipä kestä, Sam."

almighty [ɔ:l'maɪti] *a*
  God / Christ Almighty! Voi herra jumala! *"Christ Almighty," he yelled, "this is bloody dangerous."* "Herra jumala", hän huusi, "tämähän on hiton vaarallista."

alone [ə'ləʊn] *a, adv*
  go it alone *ark* tehdä jtak yksin, toimia yksin *He wants to start a business, but lacks the confidence to go it alone.* Hän haluaa perustaa yrityksen, mutta on liian epävarma tehdäkseen sen yksin.
  let / leave sb / sth alone *1* jättää jku / jk rauhaan *Shut up and leave me alone!* Ole hiljaa ja jätä minut rauhaan! *2* antaa olla, jättää silleen, olla sekaantumatta jhk *There are some things best left alone.* Joidenkin asioiden on parasta antaa olla.

along [ə'lɒŋ] *adv*
  along about *ark* (am) noin, osapuilleen (kellonajasta, päivämäärästä) *It was along about six o'clock.* Kello oli osapuilleen kuusi.
  along with [yhdessä] jnk kanssa, jnk ohella, sekä *She sang along with the rest.* Hän lauloi muiden mukana. *Send your answers, along with your name and address, to the following address.* Lähetä vastauksesi sekä nimesi ja osoitteesi seuraavaan osoitteeseen.
  be / come along tulla, saapua *He'll be along soon.* Hän tulee pian.
  be getting / coming along edistyä *How are your studies coming along?* Miten opintosi edistyvät?

alpha ['ælfə] *s*
  alpha and omega *1* alku ja loppu *I am Alpha and Omega, the beginning and the ending, saith the Lord.* Minä olen A ja O, alku ja loppu, sanoo Herra Jumala. *2* (jnk asian) ydin, tärkeimmät ominaisuudet *The war on terrorism is the alpha and omega of foreign policy.* Terrorismin vastainen sota on ulkopolitiikan ydin.

altar ['ɔ:ltər] *s*
  lead sb to the altar mennä naimisiin jkn kanssa *Their love had not lessened since he led her to the altar.* Heidän rakkautensa ei ollut hiipunut siitä, kun he menivät naimisiin.
  sacrifice sb / sth on / at the altar of uhrata jnk vuoksi *Safety has been sacrificed on the altar of profit.* Turvallisuus on uhrattu liikevoittojen vuoksi.

altogether [,ɔ:ltə'geðər] *adv*
  in the altogether *leik* alasti *Both actors appeared in the altogether.* Molemmat näyttelijät esiintyivät alasti.

amen [eɪ'men, ɑ:'men] *interj*
  Amen to that! Pitää paikkansa!, Tehdään niin!

amends [ə'mendz] *s*
  make amends [for] hyvittää, sovittaa *He sensed an opportunity to make amends for his behaviour.* Hän vaistosi mahdollisuuden hyvittää käytöksensä.

amiss [ə'mɪs] *a, adv*
sth would not go / come amiss (br) jk ei olisi pahitteeksi *A cup of strong coffee wouldn't come amiss.* Kuppi vahvaa kahvia ei olisi pahitteeksi.
take sth amiss (br) panna pahakseen, loukkaantua jstak *The businessman did not seem to take the question amiss.* Liikemies ei näyttänyt panevan kysymystä pahakseen.

amok [ə'mɒk] *adv*
run amok raivota, riehua [raivoissaan] *The enemy troops ran amok in the city, killing everyone they could find.* Vihollisjoukot riehuivat kaupungissa ja surmasivat kaikki löytämänsä ihmiset. *Her feelings seemed to be running amok.* Tunteet näyttivät riehuvan hänen sisällään.

amount [ə'maʊnt] *s*
any amount of sth paljon, valtava määrä jtak *Any amount of people wanted that job.* Valtava määrä ihmisiä halusi sen työpaikan.
no amount of sth ei mikään määrä, ei mikään mahti maailmassa *No amount of explanation would convince her otherwise.* Mitkään selitykset eivät saisi häntä vakuuttuneeksi.

analysis [ə'nælɪsɪs] *s*
in the final / last / ultimate analysis loppujen lopuksi, lopulta *In the final analysis, only one conclusion can be drawn from this situation.* Loppujen lopuksi tästä tilanteesta voidaan tehdä vain yksi päätelmä.

angel ['eɪndʒəl] *s*
be on the side of the angels tehdä oikein, olla hyvän puolella *We are not in the business of polluting the environment. We are on the side of the angels.* Me emme saastuta ympäristöä. Olemme hyvän puolella.
the angel in the house *iron* kodinhengetär *She does not fit the Victorian image of a woman as the "angel in the house".* Hän ei vastaa viktoriaanista kuvaa naisesta kodinhengettärenä.

1 answer ['ɑːnsəʳ] *s*
have / know all the answers olla kaikkitietävä *He was a modest man who never gave the impression that he knew all the answers.* Hän oli vaatimaton mies, josta ei koskaan saanut kaikkitietävää vaikutelmaa.
not take no for an answer ei tyytyä kieltävään vastaukseen *You're coming with me and I'm not taking no for an answer.* Sinä tulet mukaani, eikä kieltäytyminen käy laatuun.
sb's answer to sth jkn vastine jllek *The Asterix theme park is France's answer to Disneyland.* Asterix-teemapuisto on Ranskan vastine Disneylandille.
the answer to sb's prayers vastaus jkn rukouksiin *The letter was an answer to her prayers.* Kirje tuli kuin vastauksena hänen rukouksiinsa.

2 answer *v*
answer back *ark* vastata nenäkkäästi, vastata samalla mitalla *Don't answer me back like that, young lady!* Älä vastaa minulle noin nenäkkäästi, nuori nainen!
answer for *1* vastata, huolehtia, olla vastuussa jstak *I will not answer for the consequences.* En vastaa seurauksista. *You have got a lot to answer for.* Sinulla on paljon pahaa kontollasi. *2* mennä takuuseen, taata *I can answer for her credibility.* Voin mennä takuuseen hänen luotettavuudestaan.
answer to *1* totella *The dog answers to her name.* Koira tottelee nimeään. *2* olla vastuussa jklle, olla tilivelvollinen jklle jstak *I answer to the Assistant Commissioner.* Minä olen vastuussa apulaispoliisipäällikölle.

ant

ant ['ænt] *s*
  have ants in your pants *ark* olla hermona, olla kuin tulisilla hiilillä, käydä ylikierroksilla *The kid had ants in his pants as he wouldn't sit down.* Lapsi kävi ylikierroksilla eikä suostunut istumaan alas.

ante ['ænti] *s*
  raise / up the ante pelata korkeammin panoksin *They decided to raise the ante in the trade war.* He päättivät pelata kauppasodassa korkeammin panoksin.

any ['eni] *pron*
  any old how *ark* summamutikassa, ihan miten sattuu *I made a choice any old how.* Tein valinnan summamutikassa.
  any time now / any day now / any moment now *ark* kohta, ihan pian, millä hetkellä hyvänsä *He'll be here any moment now.* Hän saapuu millä hetkellä hyvänsä.
  be not having any [of it] *ark* ei olla kiinnostunut *James tried to make some conversation, but Alice wasn't having any.* James yritti saada aikaan keskustelua, mutta Alicea ei kiinnostanut.
  not just any ei mikä t. mitä t. kuka tahansa *I was sipping some tea. And not just any tea, but Earl Grey, my favourite.* Siemailin teetä. Enkä mitä tahansa teetä, vaan Earl Greytä, suosikkiteetäni.

anyone ['eniwʌn] *pron* (*myös* anybody)
  anyone who is anyone kaikki merkittävät henkilöt *Anyone who's anyone was at their engagement party.* Kaikki merkittävät henkilöt olivat heidän kihlajaisjuhlissaan.
  be anyone's *ark* olla kaikkien kanssa, mennä sänkyyn kenen kanssa vain *Three beers and he's anyone's.* Kolmen oluen jälkeen hän on kenen kanssa vain.

anything ['eniθiŋ] *pron*
  anything but kaikkea muuta kuin *The T-shirt was anything but expensive.* T-paita oli kaikkea muuta kuin kallis.
  anything goes mikä vain on mahdollista, kaikki on sallittua *Anything goes as long as it sells papers.* Kaikki on sallittua, kunhan se lisää lehtien menekkiä.
  anything like *ark* ollenkaan, vähääkään *It doesn't taste anything like beer.* Se ei maistu vähääkään oluelle.
  as anything *ark* oikein, valtavan *I am as happy as anything.* Olen valtavan onnellinen.
  not for anything [in the world] *ark* ei mistään hinnasta *We wouldn't give up our dogs for anything.* Emme luopuisi koiristamme mistään hinnasta.
  or anything *ark* tai jotain sellaista, tai mitään sellaista *Have you got a girlfriend or a wife or anything?* Onko sinulla tyttöystävä tai vaimo tai jotain sellaista?

anywhere ['eniweəʳ] *adv*
  anywhere near *ark 1* läheskään, yhtään *He isn't anywhere near as clever as he thinks he is.* Hän ei ole läheskään niin älykäs kuin hän luulee olevansa. *2* lähelle[kään], lähellä[kään] *She didn't let the man anywhere near her child.* Hän ei päästänyt miestä lähellekään lastaan.
  not be getting / going anywhere *ark* ei edistyä *I don't have any ideas. I'm not getting anywhere!* Minulla ei ole lainkaan ideoita. En edisty yhtään!
  not get sb anywhere jk ei hyödytä jkta *Flattery won't get you anywhere.* Imartelu ei nyt auta.

apart [ə'pɑːt] *adv*
  be worlds / poles apart *s* olla täysin erilaisia, olla kuin kaksi eri maailmaa *The two places may share a zip*

code, but they are worlds apart. Näillä kahdella paikalla on yhteinen postinumero, mutta muuten ne ovat kuin kaksi eri maailmaa.
come / fall apart at the seams hajota käsiin *The book was falling apart at the seams.* Kirja oli hajoamassa käsiin.
tell / know apart pystyä erottamaan jtak toisistaan *I can't tell the twins apart.* En pysty erottamaan kaksosia toisistaan.

ape ['eɪp] *s*
go ape / apeshit *ark* (am) raivostua, pimahtaa *Mum went ape when she saw the mess.* Äiti pimahti kun näki sotkun.

apology [ə'pɒlədʒi] *s*
an apology for *ark* jnk surkea korvike, huono esimerkki jstak *He is an apology for a goalkeeper! He basically scored their first goal.* Hän on surkea maalivahti! Hän käytännössä teki heidän ensimmäisen maalinsa.
make / offer no apologies olla omasta mielestään oikeassa, ei pyydellä anteeksi jtak *I make no apologies for supporting the defence policy.* Kannatan mielestäni perustellusti puolustuspolitiikkaa.

appearance [ə'pɪərᵊns] *s*
keep up appearances ylläpitää kulisseja *Their marriage was falling apart but they tried to keep up appearances.* Heidän avioliittonsa oli hajoamassa, mutta he yrittivät ylläpitää kulisseja.
to / by all appearances kaikesta päätellen *To all appearances, they're good friends.* He ovat kaikesta päätellen hyviä ystäviä.

apple ['æpl] *s*
a rotten / bad apple *ark* mätämuna (petollinen, kelvoton yksilö) *The corrupt policeman was described as a rotten apple.* Lahjottua poliisia kuvailtiin mätämunaksi.
How do you like them apples! *ark* (am, austr) Mitäs siitä sanot! *I got that girl's number – How do you like them apples!* Sain sen tytön puhelinnumeron – Mitäs siitä sanot!
The apple never falls far from the tree. Ei omena kauas puusta putoa.
the apple of someone's eye jkn silmäterä *Her youngest daughter was the apple of her eye.* Hänen nuorin tyttärensä oli hänen silmäteränsä.

applecart ['æplkɑːt] *s*
upset the / sb's applecart *ark* sotkea [jkn] suunnitelmat *She is upsetting the applecart with her war against harmful pesticides.* Hän sotkee suunnitelmat vahingollisten hyönteismyrkkyjen vastaisella sodallaan.

apple pie ['æplpaɪ] *s*
as American as apple pie periamerikkalainen, tyypillinen amerikkalainen

approval [ə'pruːvᵊl] *s*
on approval kokeiltavaksi, palautusoikeudella *The goods are being sent on approval and may be returned to the manufacturer.* Tavarat lähetetään kokeiltaviksi, ja ne voidaan palauttaa valmistajalle.

apron string ['eɪprənstrɪŋs] *s*
tied to sb's apron strings jkn talutusnuorassa t. tossun alla *His mother kept him tied to her apron strings.* Hänen äitinsä piti hänet tiukasti talutusnuorassa.

area ['eərɪə] *s*
a no-go area (*myös* a no-go zone) vaara-alue, alue jota kannattaa välttää *Preservatives are a definite no-go zone.* Säilöntäaineita kannattaa välttää.

argue ['ɑːgjuː] *v*
argue sb out of / into sth (br) saada jku uskomaan jtak, taivutella jku

jhk *She argued Malcolm out of this crazy idea.* Hän taivutteli Malcomin luopumaan täysin hullusta ideasta. *They argued him into going back where he belonged.* He taivuttelivat hänet palaamaan sinne, minne hän kuului.

argue the toss *ark* (br) kiistellä selvästä asiasta, väitellä jstak jo päätetystä (joka ei ole erityisen tärkeä) *He had better things to do than argue the toss.* Hänellä oli parempaakin tekemistä kuin kiistellä selvästä asiasta.

ark ['ɑ:k] *s*
be out of / went out with the ark aataminaikainen, ammoinen *This computer equipment is out of the ark!* Nämä tietokonelaitteet ovat aataminaikaisia!

arm ['ɑ:m] *s*
cost / pay an arm and a leg *ark* maksaa hunajaa, maksaa maltaita *The car costs an arm and a leg to insure.* Autovakuutus maksaa maltaita.

hold / keep sb at arm's length pitää t. säilyttää välimatka jkhun *Her withdrawn manner kept most people at arm's length.* Hänen sulkeutuneisuutensa piti useimmat ihmiset etäällä.

twist someone's arm *ark* painostaa jkta, pakottaa jku jhk *I don't want to feel I've twisted your arm.* En halua ajatella, että olen painostanut sinua johonkin.

with open arms avosylin, sydämellisesti *They welcomed me with open arms.* He toivottivat minut sydämellisesti tervetulleeksi.

within arm's reach käden ulottuvilla *Success is within arm's reach.* Menestys on ihan käden ulottuvilla.

would give one's right arm for sth / to do sth antaa mitä tahansa *I'd give my right arm to marry her.* Antaisin mitä tahansa, jos voisin mennä hänen kanssaan naimisiin.

armed ['ɑ:md] *a*
armed to the teeth hampaisiin saakka aseistautuneena *They were armed to the teeth with dagger, sword, and throwing knives.* He olivat hampaisiin saakka aseistautuneita tikareineen, miekkoineen ja heittoveitsineen.

arms ['ɑ:ms] *s*
lay down [one's] arms laskea aseensa, antautua *The guerillas have agreed to lay down their arms.* Sissit ovat suostuneet laskemaan aseensa.

take up arms tarttua aseisiin, ryhtyä taisteluun *The peasants were driven to the point of taking up arms.* Talonpojat olivat pakotettuja tarttumaan aseisiin.

up in arms [about / over sth] sotajalalla, kuohuksissa[an] *Parents are up in arms about the closing of the school.* Vanhemmat ovat kuohuksissaan koulun sulkemisen vuoksi.

around [ə'raʊnd] *adv, prep*
has / have been around [a bit] *ark* olla kokenut monenlaista [elämässään] *Our new friend has been around.* Uusi ystävämme on nähnyt yhtä sun toista.
See you around! *ark* Nähdään!

arrears [ə'rɪəz] *s*
in arrears *1* maksamatta, rästissä, viivästynyt maksuissa[an] *The rent was three months in arrears.* Vuokra oli maksamatta kolmen kuukauden ajalta. *2* takautuvasti, jälkikäteen *You will be paid monthly in arrears.* Sinulle maksetaan kuukausittain takautuvasti. *3 urh* (voittajasta ym.) jäljessä *He finished second, eight seconds in arrears.* Hän tuli maaliin toisena, kahdeksan sekuntia voittajasta jäljessä.

arrive [ə'raɪv] *v*
arrive at saavuttaa jtak, päätyä jhk (tulokseen ym.) *After much consid-*

eration, we have arrived at a decision. Olemme tehneet päätöksen pitkän pohdinnan jälkeen.

arrive on the scene (*myös* come on the scene) astua kuvaan *It wasn't until she arrived on the scene that things began to go sour.* Kaikki alkoi mennä pieleen sen jälkeen kun hän astui kuvaan.

1 arse ['ɑːs] *s*

arse about face *alat* nurinkurinen, viturassa, perseestä *This approach is arse about face.* Tämä lähestymistapa on ihan nurinkurinen.

get your arse in gear *alat* pistää töpinäksi, vipinää kinttuihin *Even Chappie was yelling at him to get his arse in gear.* Jopa Chappie käski häntä pistämään töpinäksi.

my arse *alat* ja vitut, mitä vielä, ja paskat *Unfortunate, my arse. It's a total balls-up.* Vai valitettavaa, ja paskat. Oikea emämunaus se on.

2 arse *v*

arse about / around *alat* (br) lorvailla, hengailla, tuhlata aikaa *Stop arsing around and get to work!* Lopeta tuo lorvailu ja ryhdy hommiin!

can't be arsed *alat* (br) ei viitsiä *I can't even be arsed to find out where they live.* En viitsi edes ottaa selvää, missä he asuvat.

article ['ɑːtɪkᵊl] *s*

an article of faith uskonkappale *Communism was an article of faith for him.* Kommunismi oli hänen uskonkappaleensa.

as ['æz, əz] *konj*

as and when (*am* if and when) sitten kun, jos ja kun *Additional labour is brought in as and when required.* Lisätyövoimaa palkataan jos ja kun se on tarpeen.

as for sb / sth puolestaan, osaltaan, mitä jhk tulee *As for me, I'm sceptical of all myths.* Minä puolestani suhtaudun skeptisesti kaikkiin myytteihin.

as from / of (yl br) (jstak ajankohdasta) lähtien *As of today, I'm no longer working here.* Tästä päivästä lähtien en enää työskentele täällä.

as if! *ark* just joo, niin varmaan *– Maybe he likes you. – As if!* – Ehkä hän tykkää sinusta. – Just joo!

as if / though ikään kuin, aivan kuin *They stared at me as if I was crazy.* He tuijottivat minua ikään kuin olisin hullu.

as is (yl am) sellaisenaan *The equipment is sold as is.* Varusteet myydään sellaisenaan.

as [it] is *1* tosiasiassa, todellisuudessa *We were due to arrive at 9.30, but as it was we were late.* Meidän oli määrä saapua perille kello 9.30, mutta todellisuudessa myöhästyimme. *2* jo *I don't want to do it! I'm in enough trouble as it is.* En halua tehdä sitä! Olen jo pahemmassa kuin pulassa.

as it were tavallaan, ikään kuin *She was, as it were, a role model for me.* Hän oli minulle tavallaan esikuva.

as to jtak koskien, jtak koskeva, mitä jhk tulee *The incident provoked questions as to his honesty.* Tapahtuma herätti hänen rehellisyyttään koskevia kysymyksiä.

as you do *myös iron* kuten tapoihin kuuluu, kuten tavallista t. tyypillistä *We made small talk, as you do.* Me jutustelimme, kuten tapoihin kuuluu. *We tried to find the place, but got lost. As you do.* Yritimme löytää paikan, mutta eksyimme. Tyypillistä.

it is not as if / though vaikka, ei niin ettei, ei sillä *It's not as if I don't love Sam, because I do.* Ei sillä etten rakastaisi Samia, koska rakastan kyllä.

aside [ə'saɪd] *adv*

aside from *1* lukuun ottamatta, paitsi *The room was empty aside* *from a wooden chair.* Huone oli tyhjä lukuun ottamatta puista tuolia. **2** myös, paitsi; jnk lisäksi *Aside from being a great guy, he's also an excellent coach.* Hän on paitsi hyvä tyyppi myös erinomainen valmentaja.

ask ['ɑːsk] *v*
  ask for trouble / it *ark* kerjätä ikävyyksiä, kaivaa verta nenästä[än] *If we wear sexy clothes we're "asking for it".* Jos pukeudumme seksikkäästi, "kerjäämme hankaluuksia".
  ask me another (*myös* don't ask me) *ark* älä minulta kysy – *What on earth are they doing? – Ask me another!* – Mitä ihmettä he tekevät? – Älä minulta kysy!
  don't ask *ark* älä edes kysy, en halua puhua siitä – *How are you getting on with your mother-in-law? – Don't ask!* – Miten tulet toimeen anopin kanssa? – Älä edes kysy!
  I ask you! *ark* uskomatonta!, kuvittele! *Ringing me up on Christmas Day, I ask you!* Kuvittele että hän soitti minulle joulupäivänä!
  if you ask me *ark* minun mielestäni, jos minulta kysytään *If you ask me, he's a nasty piece of work.* Minun mielestäni hän on inhottava tyyppi.

asking ['ɑːskɪŋ] *s*
  be sb's for the asking saada jk, jos vain haluaa *The job was hers for the asking.* Työpaikka oli hänen, jos hän vain halusi sen.

ass ['æs] *s*
  be on sb's ass *ark* (am) olla jkn kimpussa *The boss is always on my ass.* Pomo on aina minun kimpussani.
  get your ass in gear (*myös* move your ass) *alat* (am) pistä töpinäksi, vipinää kinttuihin *If you get your ass in gear, you can make it out of here tonight.* Jos pistät töpinäksi, selviät täältä vielä tänään.
  make an ass of oneself *ark* tehdä itsestään pelle, tehdä itsensä naurettavaksi *Her father spends money to make an ass of himself over an actress.* Hänen isänsä tuhlaa rahojaan ja tekee itsensä naurettavaksi jonkun näyttelijättären takia.
  my ass *alat* (am) ja vitut, mitä vielä, ja kattia kanssa *Rustic pottery, my ass.* Talonpoikaiskeramiikkaa, ja kattia kanssa.

associate [əˈsəʊʃɪeɪt, əˈsəʊsɪeɪt] *v*
  associate oneself with antaa tukensa jllek, tuntea sympatiaa jtak kohtaan, tuntea kuuluvansa jhk *He associated himself with the ideas of the Frankfurt School.* Hän tunsi sympatiaa Frankfurtin koulukunnan ideoita kohtaan.

assured [əˈʃʊəd] *a*
  rest assured voida olla varma *Honey, you can rest assured I won't let anything to happen to you.* Kulta, voit olla varma, että en anna sinulle tapahtua mitään pahaa.

at ['æt, ət] *prep*
  at that lisäksi, sitä paitsi *The shirt is too expensive, and ugly at that.* Paita on liian kallis ja sitä paitsi ruma.
  be at it *ark* olla tekemässä t. harrastamassa jtak (yl jtak moitittavaa) *The school bully was at it again.* Koulukiusaaja oli taas vauhdissa. *Halfway through the night, they were at it again.* Keskellä yötä he alkoivat taas naida.
  where it's at *ark* in-juttu, in-paikka, muoti-ilmiö *This club is where it's at.* Tämä klubi on nyt in.
  while you're at it samalla *Make a copy for me while you're at it.* Ota samalla minulle kopio.

attendance [əˈtendəns] *s*
  be in attendance *kirjak* **1** läsnä, paikalla *Over 200 delegates were in attendance.* Yli 200 valtuutettua oli paikalla. **2** jkn seuralaisena, jnk palveluksessa *Mrs Wills was in attend-*

ance on Princess Margaret. Rouva Wills oli prinsessa Margaretin palveluksessa.

take attendance (am) pitää nimenhuuto *The teacher took attendance.* Opettaja piti nimenhuudon.

Auld Lang Syne [ˌɔːld læŋ 'saɪn] *s*
for auld lang syne vanhojen hyvien aikojen kunniaksi

authority [ɔː'θɒrɪti] *s*
have sth on good authority olla kuullut t. vahvistanut jtak luotettavasta lähteestä *I have it on good authority that your father is seriously considering selling.* Olen kuullut luotettavasta lähteestä, että isäsi harkitsee myymistä vakavasti.

automatic [ˌɔːtə'mætɪk] *a*
on automatic pilot (*myös* on autopilot) automaattisesti, mekaanisesti *She worked on automatic pilot, her brain active elsewhere.* Hän työskenteli mekaanisesti, ja hänen ajatuksensa olivat muissa asioissa.

avail [ə'veɪl] *v*
avail oneself of kirjak käyttää jtak hyväkseen, käyttää jtak edukseen *She availed herself of the opportunity to discuss the issues openly.* Hän käytti hyväkseen tilaisuuden keskustella asioista avoimesti.
of no / little avail kirjak turhaan, hyödyttömästi, turha, hyödytön *Direct negotiations proved of no avail.* Suorat neuvottelut osoittautuivat hyödyttömiksi.
to no / little avail kirjak turhaan, hyödyttömästi, turha, hyödytön *Everything has been tried, but to no avail.* Kaikkea on yritetty, mutta turhaan.

avoid [ə'vɔɪd] *v*
avoid sb / sth like the plague karttaa kuin ruttoa *Avoid cliches like the plague!* Karta kliseitä kuin ruttoa!

away [ə'weɪ] *adv*
away with you ark (br) mene nyt siitä *"Away with you, woman!" he shouted.* "Mene jo siitä, nainen!" mies huusi.
get away with you vanh (br; austr) älä hulluja puhu – *I never want to see the place again.* – *Get away with you! It's in your blood.* – En ikinä enää halua edes nähdä koko paikkaa. – Älä hulluja puhu. Se on sinulla verissä.

axe ['æks] *s*
get / give the axe saada t. antaa potkut, leikata, lakkauttaa, lakata *She got the axe.* Hän sai potkut.
have [got] an axe to grind ark olla oma lehmä ojassa *There is a need for an unbiased piece of advice from people who don't have an axe to grind.* Tarvitaan puolueettomia neuvoja henkilöiltä, joilla ei ole oma lehmä ojassa.

B

b ['biː] *s*
plan B vaihtoehtoinen suunnitelma, varasuunnitelma *Thank you for warning me. It's time I put plan B into action.* Kiitos varoituksesta. On aika toteuttaa varasuunnitelma.

babe ['beɪb] *s*
a babe in arms *vanh 1* sylivauva **2** avuton ihminen, untuvikko *He's a mere babe in arms at 23.* Hän on vielä 23-vuotiaana pelkkä untuvikko.

a babe in the woods (am) untuvikko <käytetään aikuisesta, joka on naiivi ja kokematon> *I don't want to play the dumb blonde, the babe in the woods character.* En halua näytellä tyhmän ja lapsellisen blondin osaa.

baby ['beɪbi] *s*
be left holding the baby jäädä t. joutua kantamaan vastuu jstak *He was left holding the baby after the buyout.* Yritysoston jälkeen vastuu jäi hänelle.

one's baby jkn [oma] luomus, jkn [oma] hengentuote *He has always seen this software as his baby.* Hän on aina pitänyt tätä ohjelmaa omana hengentuotteenaan.

throw the baby out with the bathwater heittää lapsi pesuveden mukana, menettää vähemmän tärkeän ohella myös pääasia *He threw the baby out with the bathwater by removing most of the narration.* Hän poisti kerronnan melkein kokonaan ja menetti samalla jotain ratkaisevan tärkeää.

1 back ['bæk] *s*
at / in the back of one's mind jkn alitajunnassa, jkn mielen syövereissä, jkn mielen perukoilla *A suspicion kept niggling at the back of her mind.* Epäilys jäyti yhä hänen mieltään.

back to back 1 selätysten, seläkkäin *The two boys stood back to back.* Pojat seisoivat selätysten. **2** (am) perä perää, peräkkäinen *The two crashes happened back to back.* Kolarit sattuivat perä perää.

behind sb's back jkn selän takana *I don't like talking about Jane behind her back.* Minusta ei ole mukava puhua Janesta hänen selkänsä takana.

get off sb's back *ark* jättää jku rauhaan, antaa jkn olla *Now, will you please get off my back!* Ja voisitko nyt ystävällisesti jättää minut rauhaan!

get / put sb's back up *ark* (br) ärsyttää, saada jku suuttumaan *You put my back up by interrupting everything I say.* Minua ärsyttää se, että keskeytät puheeni jatkuvasti.

know sth like the back of one's hand tuntea jk kuin omat taskunsa *She knows Soho like the back of her hand.* Hän tuntee Sohon (= alue Lontoossa) kuin omat taskunsa.

on sb's back *ark* hengittämässä jkn niskaan, alituisesti jkn kintereillä *You're always on my back about something.* Olet aina hengittämässä niskaani jonkun asian vuoksi.

on the back of pian jnk jälkeen *The robbery followed on the back of a* *break-in two weeks earlier.* Kaksi viikkoa murron jälkeen tapahtui ryöstö.

put one's back into sth yrittää parhaansa, paiskia töitä *He's a good worker: he puts his back into the job.* Hän on hyvä työntekijä: hän paiskii töitä.

see the back of päästä eroon *We are glad to see the back of him.* Olemme onnellisia päästessämme hänestä eroon.

the back of beyond *ark* Jumalan selän takana, korvessa *The place is really back of beyond.* Paikka on todella korvessa.

turn one's back on kääntää selkänsä jllek, luopua jstak *He turned his back on London and took his chances as an artist in his hometown.* Hän käänsi selkänsä Lontoolle ja kokeili onneaan taiteilijana kotikaupungissaan.

with one's back to / up against the wall selkä seinää vasten, lujilla *He prefers to have his back against the wall – he thrives on conflicts and risks.* Hän pitää haasteista – hän nauttii ristiriidoista ja riskien otosta.

2 back *v*

back away antaa periksi, luopua *She is apparently now backing away from her campaign promises.* Ilmeisesti hän on nyt luopumassa [vaali]kampanjan aikana tekemistään lupauksista.

back down perääntyä, antaa periksi, luopua *She refused to back down on a point of principle.* Hän ei suostunut luopumaan periaatteestaan.

back off *1* antaa periksi, luopua *The company has backed off from the venture.* Yritys on luopunut hankkeesta. *2 ark* lopettaa, antaa jnk olla *Just back off, will you?* Anna jo olla! / Lopeta jo!

back out perääntyä, antaa periksi, luopua *He decided not to back out of his promise.* Hän päätti olla rikkomatta lupaustaan.

back the wrong horse valita väärin, kannattaa epäonnistujaa *Ambitious younger employees fear they have ruined their prospects by backing the wrong horse.* Kunnianhimoiset nuoremmat työntekijät pelkäävät pilanneensa tulevaisuutensa olemalla uskollisia väärälle henkilölle.

back up *1* ruuhkautua *Traffic is starting to back up on the approach roads to coastal resorts.* Liikenne on alkanut ruuhkautua rantalomakohteisiin menevillä teillä. *2* jumiutua, tukkeutua (liikenteestä, viemäristä ym.) *The drain is backed up.* Viemäri on tukossa. *3* (am) palata jhk mainittuun asiaan *Back up, didn't you say you saw him yesterday?* Hetkinen, etkös sinä sanonut nähneesi hänet eilen?

back burner [ˌbækˈbɜːnəʳ] *s*

put sth on the back burner panna [asia ym.] hyllylle, jättää jk hautumaan *This plan should not be put on the back burner.* Tätä suunnitelmaa ei pitäisi panna hyllylle.

back door [ˌbækˈdɔːʳ] *s*

by / through the back door takaoven kautta, vilpillisin keinoin, salaisesti *One representative branded environmental controls as "socialism by the back door".* Eräs edustaja leimasi ympäristönsuojelun valvonnan "verhotuksi sosialismiksi".

back seat [ˌbækˈsiːt] *s*

a back seat driver *halv 1* <käytetään henkilöstä, joka puuttuu kuskin ajosuoritukseen häiritsevästi> *I told him I didn't need a back seat driver.* Sanoin hänelle, etten tarvitse mitään apukuskia. *2* <käytetään henkilöstä, joka puuttuu asioihin, jotka eivät hänelle kuulu> *Nobody likes a* *back seat driver.* Kukaan ei pidä siitä, että heidän asioihinsa puututaan jatkuvasti.

take a back seat olla taka-alalla, jäädä taka-alalle, vetäytyä taka-alalle *Foreign policy will have to take a back seat while the President sorts out domestic problems.* Ulkopolitiikan on jäätävä taka-alalle, kun presidentti keskittyy selvittämään kotimaan ongelmia.

backside ['bæksaɪd] *s*
get off your backside *ark* (br) lakkaa laiskottelemasta *Get off your backside and do something!* Lakkaa laiskottelemasta ja tee jotain!

backward ['bækwəd] *a*
not be backward in / at coming forward ei arkailla sanojaan, ei pitää kynttiläänsä vakan alla *If she doesn't like the idea, she'll tell you. She's not usually backward in coming forward.* Hän kyllä kertoo, jos hän ei pidä ajatuksesta. Hän ei yleensä arkaile sanojaan.

backwards ['bækwədz] *adv*
bend / fall / lean over backwards *ark* tehdä kaikkensa t. parhaansa *She bent over backwards to help us.* Hän teki kaikkensa auttaakseen meitä.
know sth backwards *ark* tuntea jk läpikotaisin *He knows computers backwards.* Hän tuntee tietokoneet läpikotaisin.

bacon ['beɪkən] *s*
bring home the bacon *1 ark* hankkia elanto, pitää perhe leivässä *2* onnistua [yrityksessä], saavuttaa menestystä

1 bad ['bæd] *a*
have got it bad *ark leik* olla kovasti rakastunut, olla ihan lätkässä / lääpällään *He's got it bad for Sara.* Hän on aivan lääpällään Saraan.
in a bad way *ark* huonossa jamassa, retuperällä *She was in a bad way financially.* Hän oli taloudellisesti huonossa jamassa.
[it's] too bad *ark 1* ikävä[ä], harmi[llista], vahinko *It's too bad you couldn't come.* Vahinko ettet päässyt tulemaan. *2* [sille] ei voi [sitten] mitään, ja sillä hyvä *If you don't like the idea, that's just too bad.* Jos et pidä ajatuksesta, niin sille ei voi mitään.
not [so] bad (*myös* not too bad) *ark* aika hyvä t. hyvin, ei hassumpi t. hassummin, mukiinmenevä[sti] *Well, she's not so bad really.* No, hän on loppujen lopuksi aivan mukiinmenevä.

2 bad *s*
take the bad with the good ottaa elämä vastaan sellaisena kuin se tulee, ei lannistua vastoinkäymisistä
to the bad tappiolla *He had been gambling and was £1000 to the bad.* Hän oli hävinnyt uhkapelissä 1000 puntaa.

badly ['bædli] *adv*
badly off *1* vähävarainen, köyhä *those who are badly off* vähävaraiset ihmiset *2* huonossa jamassa *I really don't think that we are that badly off right now, as a nation.* Meillä menee tällä hetkellä valtiona aika hyvin.
badly off for sth (br) vähän jtak, olla pulaa jstak *I'm rather badly off for money.* Olen vähän rahapulassa.

bag ['bæg] *s*
a bag lady *ark* kassialma
a bag of bones *ark* pelkkää luuta ja nahkaa (henkilöstä t. eläimestä) *She's just a bag of bones.* Hän on pelkkää luuta ja nahkaa.
a bag of nerves *ark* hermokimppu, jännittynyt ihminen *After a series of injuries, he was a bag of nerves.* Hän oli pelkkä hermokimppu loukkaannuttuaan usean kerran peräkkäin.
a bag of tricks temput, keinot, niksit *Hoteliers are using a whole new*

bag of tricks to keep their guests – and wallets – on the premises. Hotellinomistajat käyttävät ihan uusia keinoja pitääkseen vieraat – ja heidän lompakkonsa – hotellin tiloissa.

bag and baggage [jkn] koko omaisuus, kimpsut ja kampsut *What if he threw her out, bag and baggage?* Mitä jos mies heittäisi hänet ulos kimpsuineen kampsuineen?

bags I / [I] bags *(myös* (am) dibs on sth) *last ark* (br) apus, minä varaan *Bags I his jacket.* Takki minulle.

bags of *ark* (yl br) runsaasti, roppakaupalla, yllin kyllin *Don't worry, we've got bags of time.* Älä huolehdi, meillä on runsaasti aikaa.

in the bag *ark* varma, varmistettu, hanskassa *The first prize is in the bag!* Ensimmäinen palkinto on varmistettu!

[not] sb's bag *ark* ei jkn heiniä, ei jkn makuun *I don't listen to their records. They're not my bag.* En kuuntele heidän levyjään. Eivät ole minun makuuni.

pull sth out of the bag keksiä jotain, onnistua vastoin odotuksia *We'll see what miracle the team can pull out of the bag.* Jää nähtäväksi, millaisiin ihmeisiin joukkue pystyy.

bail ['beɪl] *v*

bail out *1* pelastaa, auttaa jkta selviytymään jstak (yl taloudellisesti) *He bailed my father out of financial difficulties a long time ago.* Hän auttoi isääni selviytymään taloudellisista vaikeuksista kauan aikaa sitten. *2* jättää jk, luopua jstak, livistää *She bailed out of answering the question.* Hän jätti vastaamatta kysymykseen. *3* (*myös* (br) bale out) pelastautua laskuvarjolla *The pilot baled out into the sea.* Lentäjä hyppäsi laskuvarjolla mereen.

bait ['beɪt] *s*

rise to the bait (br) kiihtyä t. suuttua [odotetusti] (jkn härnäyksen vuoksi), antaa takaisin samalla mitalla *Laura was too weary to rise to the bait.* Laura oli liian uupunut antaakseen takaisin samalla mitalla.

swallow / take the bait nielaista syötti, mennä ansaan *Many potential buyers are still reluctant to take the bait.* Monet ostajaehdokkaat eivät siltikään tahdo nielaista syöttiä.

baker ['beɪkər] *s*

a baker's dozen *vanh* kolmetoista *Here's a baker's dozen of reasons to quit smoking.* Tässä seuraa kolmetoista syytä lopettaa tupakointi.

balance ['bæləns] *s*

be / hang in the balance olla vaakalaudalla, olla epävarma[a] *His fate hung in the balance.* Hänen kohtalonsa oli vaakalaudalla.

hold the balance of power olla vaa'ankieliasemassa *The minor parties hold the balance of power.* Pienet puolueet ovat vaa'ankieliasemassa.

on balance kaiken kaikkiaan *On balance, this victory is a great step forward.* Tämä voitto on kaiken kaikkiaan huomattava askel eteenpäin.

strike a balance löytää kultainen keskitie, tehdä kompromissi *All democratic societies must strike a balance between order and freedom.* Kaikkien demokraattisten yhteiskuntien on löydettävä kultainen keskitie yhteiskuntajärjestyksen ja vapauden välillä.

throw / catch sb off balance hämmentää, saada jku pois tolaltaan *I was thrown off balance by his question.* Hänen kysymyksensä hämmensi minua.

1 ball ['bɔːl] *s*

a ball and chain *1* haitta, este *The less profitable businesses are regarded as a ball and chain.* Kannattamattomampia yrityksiä pidetään haittana. *2* vaimo t. aviomies *I better get home to the ball and chain.* Pitänee mennä kotiin vaimon luo.

ball

a ball of fire *ark* [varsinainen] tehopakkaus (henkilöstä) *The Little Ball Of Fire, they called her.* He kutsuivat häntä pikku tehopakkaukseksi.

a balls-up *ark* (br) munaus, moka *I'll make a balls-up of it, but I've got to try.* Munaan takuulla koko jutun, mutta on pakko yrittää.

be on the ball *ark* olla kärryillä, olla tehokas, hallita tilannetta *He is not on the ball to cope with the demands of the job.* Hän ei pysty vastaamaan työn haasteisiin.

carry the ball (am) olla vastuussa *We were left to carry the ball for poor planning on their part.* Vastuu heidän huonosta suunnittelustaan jäi meidän kontollemme.

get / set / start the ball rolling panna homma alulle, pistää asiat rullaamaan *Plastic recycling is little practised in this country, although Tesco has set the ball rolling.* Muovia ei maassamme juuri kierrätetä, vaikka Tesco onkin pannut homman alulle.

have a ball *ark* olla t. pitää hauskaa *The couple had a ball at the London nightclub.* Pariskunta piti hauskaa lontoolaisessa yökerhossa.

have / keep several balls in the air *ark* tehdä monta asiaa yhtä aikaa *The ideal candidate will need to keep several balls in the air.* Menestyäkseen työssä hakijan täytyy pystyä tekemään monta asiaa yhtä aikaa.

have sb by the balls *alat* pitää jkta vallassaan *We had him by the balls and he had no choice.* Hän oli meidän vallassamme, eikä hänellä ollut vaihtoehtoja.

pick up / take the ball and run with it (yl am) ottaa jk hoitaakseen, kehittää / viedä jtak eteenpäin *Somebody's got to take the ball and run with it.* Jonkun täytyy viedä asiaa eteenpäin.

play ball *ark* tehdä yhteistyötä jkn kanssa, mukautua [jhk tilanteeseen ym.] *Charlie Chaplin stoutly refused to play ball with Senator Joe McCarthy's communist witch-hunt.* Charlie Chaplin kieltäytyi päättäväisesti yhteistyöstä senaattori Joe McCarthyn kommunistivainojen aikana.

the ball is in sb's court pallo on nyt jklla *The ball's in your court.* Pallo on nyt sinulla.

2 ball *v*

ball up sekoittaa, hämmentää *Everything is all balled up.* Kaikki on ihan sekaisin.

ball game ['bɔːlgeɪm] *s*

a different ball game (myös a whole new ball game) [aivan] eri asia, [täysin] uusi tilanne, [aivan] oma lajinsa *Marketing on the Internet is a whole new ball game.* Markkinointi Internetissä on aivan oma lajinsa.

ballistic [bə'lɪstɪk] *a*

go ballistic *ark* räjähtää, menettää malttinsa *He confessed his infidelity to his wife and she went ballistic.* Hän tunnusti vaimolleen olleensa uskoton, ja vaimo sai raivokohtauksen.

balloon [bə'luːn] *s*

go down like a lead balloon *leik* ei upota, flopata *The joke went down like a lead balloon.* Vitsi ei uponnut yleisöön.

when the balloon goes up kun alkaa tapahtua, kun ongelmat alkavat *What should we do when the balloon goes up?* Mitä pitäisi tehdä, kun ongelmat alkavat?

ballpark ['bɔːlpɑːk] *s*

a ballpark figure arvio *The price is only a ballpark figure.* Hinta on vain arvio.

be in the [right / same] ballpark *ark* (yl am) osua lähelle, olla suurin piirtein oikea t. oikein, olla samaa tasoa kuin *I suppose this figure's in the ballpark.* Tämä luku on kai suurin piirtein oikea.

banana [bə'nɑːnə] *s*
a banana skin (br) kompastuskivi, harmin aiheuttaja *The match was a potential banana skin for us.* Ottelussa olisi voinut käydä meille nolosti.
go bananas *ark* seota, tulla hulluksi, raivostua *She'll go bananas when I tell her the news.* Hän menee varmasti ihan sekaisin, kun kerron uutiset hänelle.

band ['bænd] *v*
band together liittoutua, liittyä yhteen, lyöttäytyä yhteen *A handful of art gallery owners banded together to form a new association.* Pieni joukko taidegallerioiden omistajia lyöttäytyi yhteen uuden järjestön perustamiseksi.

bandwagon ['bændwægən] *s*
get / jump / leap on the bandwagon seurata muotivirtausta, lähteä mukaan jhk menestyvään *Competitors are certain to jump on the bandwagon with similar products.* Kilpailijat lähtevät varmasti trendiin mukaan vastaavilla tuotteilla.

bandy ['bændi] *v*
bandy words riidellä, kinata *But I am not here to bandy words with you.* Mutta en tullut tänne riitelemään kanssasi.

1 bang ['bæŋ] *v*
bang away at *ark 1* (yl am) pakertaa jtak, puurtaa jtak *He was banging away at his homework.* Hän pakersi kotitehtäviään. *2* (am) tentata, kuulustella *The media have banged away at the minister.* Tiedotusvälineet ovat tentanneet ministeriä.
bang on about *ark* (br) jauhaa, jahnata, vatvoa *Is she still banging on about her son?* Vieläkö hän jaksaa jauhaa pojastaan?

bang out *ark 1* suoltaa, tehtailla jtak, väsätä *Banging out press releases and sending them to everyone is a waste of time.* On ajanhukkaa suoltaa lehdistötiedotteita ja lähettää niitä kaikille. *2* pimputtaa [pianoa ym.], soittaa jtak epävireisesti *He was banging out blues songs.* Hän pimputti blueslauluja.
bang up *ark 1* (br) panna jku vankilaan, joutua telkien taakse *He was banged up for 20 years for a murder.* Hän joutui murhasta kahdeksikymmeneksi vuodeksi telkien taakse. *2* pamahtaa paksuksi, tulla raskaaksi *She was banged up by some American bloke.* Hän pamahti paksuksi jollekin amerikkalaispojalle.

2 bang *s*
bang for your buck *ark* (am) vastinetta rahoille *Where can I get best bang for my buck for whatever I buy?* Mistä saan parhaiten vastinetta rahoilleni riippumatta siitä mitä ostan?
[go off] with a bang *ark* vaikuttavasti, menestyksekkäästi *He debuted last week with a bang.* Hänen viime viikon debyyttinsä sujui varsin menestyksekkäästi.

3 bang *adv*
bang goes sth *ark* ja se jstak, ja siinä menee jk, ja se oli sitten jnk loppu *Oh well, bang goes my diet.* No joo, se oli sitten sen laihdutuskuurin loppu.
bang on (*myös* spot on) *ark* (br) [aivan] oikein, [ihan] nappiin *The answer's absolutely bang on!* Vastaus meni ihan nappiin!
bang to rights (*myös* (am) dead to rights) *ark* (br) <käytetään, kun rikollista vastaan on vedenpitävät todisteet> *He was caught bang to rights.* Häntä vastaan on vedenpitävät todisteet.

bank

1 bank ['bæŋk] *s*
break the bank *1* räjäyttää pankki, voittaa koko pelikassa (uhkapelissä ym.) *He broke the bank at Monte Carlo.* Hän räjäytti pankin Monte Carlossa. **2** *ark leik* maksaa omaisuuksia, viedä jku vararikkoon *Splash out on a luxury meal that won't break the bank!* Käy törsäämässä luksusateriaan, joka ei vie sinua vararikkoon!
laugh all the way to the bank *ark* kääriä suuret voitot, lyödä rahoiksi *Shrewd movie bosses are laughing all the way to the bank.* Terävät studiopomot käärivät melkoiset voitot.

2 bank *v*
bank on uskoa jhk, luottaa jhk, panna toivonsa jhk *I was banking on getting a hot cup of coffee on the train.* Luotin siihen, että saisin kupillisen kuumaa kahvia junassa.

banner ['bænə^r] *s*
under the banner of sth *1* jnk nimissä, jnk puolesta, jhk vedoten *He was campaigning under the banner of traditional family values.* Hän kampanjoi perinteisten perhearvojen puolesta. **2** (jnk organisaation ym.) alaisuudessa toimiva *The Middle-East oil-producing countries joined together under the banner of OPEC.* Lähi-Idän öljyntuottajamaat liittyivät yhteen OPECin alaisuuteen.

baptism ['bæptɪzəm] *s*
baptism of fire tulikaste *For the inexperienced in the team the campaign has been a baptism of fire.* Työryhmän kokemattomille jäsenille kampanja on ollut tulikaste.

1 bar ['bɑː^r] *s*
be all over bar the shouting (br) (kilpailun, ottelun ym.) tulos on selvillä, mutta ei virallisesti tms. vahvistettu *Swindon probably felt it was all over bar the shouting, but Proctor scored in the dying seconds of the first half.* Swindon kai luuli, että peli oli selvä, mutta Proctor teki maalin ensimmäisen puoliajan viimeisillä sekunneilla.
behind bars *ark* telkien takana, vankilassa *The charge, if proved, could put her behind bars.* Jos syytös näytetään toteen, hän voi joutua telkien taakse.

2 bar *adv*
bar none ehdottomasti, poikkeuksetta *She is the best living actress, bar none.* Hän on elossa olevista naisnäyttelijöistä ehdottomasti paras.

1 bare ['beə^r] *a*
lay sth bare paljastaa, tuoda jtak julkisuuteen *Every aspect of his private life has been laid bare.* Hänen yksityiselämästään on paljastettu kaikki mahdolliset seikat.
the bare bones [of sth] jnk ydin, aakkoset, perustiedot *She gave her sister the bare bones of the story.* Hän kertoi sisarelleen tarinan pääkohdat.
with one's bare hands paljain käsin, työkalutta, aseetta *He was capable of killing a man with his bare hands.* Hän pystyi tappamaan ihmisen paljain käsin.

2 bare *v*
bare all esiintyä alasti, riisuuntua *She bared all for Playboy.* Hän esiintyi alasti Playboy-lehdessä.
bare one's heart / soul paljastaa simpänsä *No-one is going to bare their soul to an uninterested, cool professional.* Kukaan ei paljasta sisimpäänsä välinpitämättömälle ja viileälle ammatti-ihmiselle.

1 bargain ['bɑːgɪn] *s*
drive a hard bargain panna [sopimukselle ym.] kovat ehdot, ajaa [peräänantamattomasti] omia etujaan *Their prowess in driving a hard bargain has placed severe financial*

pressure on suppliers. Heidän taitonsa asettaa sopimuksille kovat ehdot on pannut tavarantoimittajat taloudellisesti ahtaalle.

in[to] the bargain kaupanpäälliseksi, [kaiken] lisäksi *She has a presentable husband who is a surgeon into the bargain.* Hänellä on salonkikelpoinen aviomies, joka on kaiken lisäksi kirurgi.

keep one's side of the bargain tehdä oma osuutensa, menetellä sopimuksen mukaan, pitää lupauksensa *I've kept my side of the bargain and I expect you to keep yours.* Minä olen tehnyt oman osuuteni ja oletan sinun tekevän omasi.

2 bargain *v*

bargain away luopua jstak, menettää jtak *The author has bargained away her rights.* Kirjailija on luopunut oikeuksistaan.

bargain for / on ennakoida jtak, osata odottaa jtak, olla varautunut jhk *She hadn't bargained for a thunderstorm.* Hän ei ollut osannut odottaa ukonilmaa. *The mugger got more than he bargained for, as Mr Cox tripped him up with his walking stick.* Ryöstäjä koki yllätyksen, kun herra Cox kampitti hänet kävelykepillään.

bargepole ['bɑːdʒpəʊl] *s*

would not touch sb / sth with a bargepole *ark* (br) ei koskisi jkhun / jhk [pitkällä] tikullakaan *She would not touch him with a bargepole.* Hän ei koskisi mieheen pitkällä tikullakaan.

1 bark ['bɑːk] *s*

sb's bark is worse than their bite *ark* jku ei ole niin paha kuin miltä näyttää, ei haukkuva koira pure *Look, don't take what Niall said too much to heart. His bark is worse than his bite.* Älä kuule ota kovin raskaasti sitä, mitä Niall sanoi. Hän ei ole niin paha kuin miltä vaikuttaa.

2 bark *v*

be barking [mad] *ark* (br) olla seinähullu, olla [päästään] seonnut *You're barking mad if you think I'm staying here!* Olet seonnut, jos luulet, että jään tänne!

be barking up the wrong tree *ark* haukkua väärää puuta *Those who insisted that the Queen pay income tax were barking up the wrong tree.* Ne jotka vaativat, että kuningattaren pitäisi maksaa tuloveroa, haukkuvat väärää puuta.

Why keep a dog and bark yourself? Miksi tehdä itse sellaista, josta jo maksaa jollekulle?

barrel ['bærəl] *s*

get / have sb over a barrel *ark* kovilla, ahtaalla, selkä seinää vasten *You have them over a barrel on this issue.* Tässä asiassa heillä on selkä seinää vasten.

give sb both barrels *ark* ampua täyslaidallinen, antaa tulla täydeltä laidalta, antaa jkn kuulla kunniansa *I gave him both barrels and told him in no uncertain terms that I was against it.* Annoin tulla täydeltä laidalta, kun tein hänelle selväksi, että olin sitä vastaan.

not a barrel of laughs *ark* ei mitään ruusuilla tanssimista, ei mikään naurun paikka, ei mikään hupiveikko *Life's not exactly a barrel of laughs at the moment.* Elämä ei tällä hetkellä ole todellakaan mitään ruusuilla tanssimista.

base ['beɪs] *s*

be off base *ark* (am) *1* olla [pahasti] hakoteillä, olla [täysin] metsässä *You are completely off base about me.* Olet pahasti hakoteillä minun suhteeni. *2* valmistautumaton, jk tulee yllätyksenä *Don't get caught off base.* Älä anna yllättää itseäsi.

[not] get to first base [with sb / sth] (*myös* reach first base) *ark* (am) [ei] päästä edes alkuun *Our movie*

bash

never got to first base. Emme pääs999seet edes alkuun elokuvan teossa.
touch base [with sb] ottaa yhteyttä jkhun (vaihtaakseen kuulumisia) *I touched base with an old friend last week.* Otin viime viikolla yhteyttä vanhaan ystävääni.

1 bash ['bæʃ] *v*
  bash on *ark* jatkaa [jnk] puurtamista t. pakertamista *I'll have a cup of tea and then bash on with my essay.* Juon kupin teetä ja jatkan sitten esseen puurtamista.
  bash out *ark* väsätä jtak, kyhätä jtak, tehdä jtak puolihuolimattomasti *He has been bashing out song after song.* Hän on väsännyt lauluja yksi toisensa jälkeen.

2 bash *s*
  have a bash at [doing] sth *ark* (br) kokeilla jtak, yrittää *I'd always wanted to have a bash at acting.* Olin aina halunnut kokeilla näyttelemistä.

basics ['beɪsɪks] *s*
  get / go back to basics takaisin perusasioihin *Teachers are going back to basics to encourage pupils to learn English.* Opettajat palaavat perusasioihin kannustaessaan oppilaita englannin opinnoissa.

1 bat ['bæt] *s*
  an old bat *ark halv* (br) huuhkaja, ämmä *Silly old bat!* Senkin typerä vanha huuhkaja!
  have [got] bats in the belfry *ark vanh* olla päästään vialla *The neighbours thought she had bats in the belfry.* Naapurien mielestä hän oli päästään vialla.
  like a bat out of hell *ark* kuin viimeistä päivää, tuhatta ja sataa *He was driving like a bat out of hell.* Hän ajoi kuin viimeistä päivää.
  off one's own bat *ark* (br) vapaaehtoisesti, omasta aloitteestaan, omin päin *Instead, off her own bat, the girl went to see a solicitor.* Sen sijaan tyttö meni omin päin tapaamaan asianajajaa.
  [right] off the bat (am) heti, oikopäätä *He could not decide off the bat, but he was interested.* Hän ei osannut päättää heti mutta oli kiinnostunut.

2 bat *v*
  bat a thousand *ark* (am) menestyä *He is batting a thousand with this show.* Hän menestyy tällä show'llaan.
  bat around / about 1 *ark* (yl am) keskustella jstak (epävirallisesti), pohdiskella jtak, pähkäillä jtak *I've been batting around this idea for a while.* Olen pohdiskellut tätä ajatusta jo jonkin aikaa. **2** *ark* (am) matkustella *Batting about Britain.* Matkalla Isossa-Britanniassa.
  bat one's eyelashes / eyes räpytellä silmäripsiään, räpytellä silmiään *She was batting her long eyelashes at him.* Nainen räpytteli hänelle pitkiä silmäripsiään.
  bat out *ark* (am) väsätä, kyhätä, rustata *He batted out his essay.* Hän väsäsi esseensä.
  go to bat for sb *ark* (yl am) tulla jkn tueksi, asettautua jkn puolelle *Will the Secretary of State bat for the British coal industry?* Tuleeko valtiosihteeri Ison-Britannian hiiliteollisuuden tueksi?
  not bat an eye[lid] *ark* silmää räpäyttämättä, ei olla millänsäkään *She fell down and grazed her knees, but she didn't bat an eyelid.* Hän kaatui ja naarmutti polvensa eikä ollut millänsäkään.

bated ['beɪtɪd] *a*
  with bated breath henkeä[än] pidätellen *Yanto waited for a reply to his offer with bated breath.* Yanto odotti henkeään pidätellen vastausta tarjoukseensa.

bath [′bɑːθ] *s*
take a bath (am) menettää rahaa *A lot of stockholders really took a bath.* Monet osakkeenomistajat kärsivät pahoja tappioita.

baton [′bætən] *s*
pass [on] the baton siirtää vastuu jklle *She passed the baton for next year's teaching to a colleague.* Hän siirsi seuraavan vuoden opetusvelvollisuutensa kollegan vastuulle.
pick up / take up the baton ottaa vastuu jstak, ottaa jk vastuulleen *Our company has taken up the baton of the commercialisation of the technology.* Yrityksemme ottaa vastuulleen tämän teknologian kaupallistamisen.

batten [′bætⁿn] *v*
batten down the hatches varautua vaikeuksiin *We have to batten down the hatches financially this year.* Meidän täytyy varautua taloudellisiin vaikeuksiin tänä vuonna.

battle [′bætəl] *s*
a battle of wills henkien taistelu *Food can become the ammunition in a battle of wills between children and their parents.* Ruoasta voi tulla ase lasten ja vanhempien välisessä henkien taistelussa.
a battle of wits älyjen mittelö *The detective story invites the reader to a battle of wits in arriving at the solution.* Dekkari haastaa lukijan älyjen mittelöön ja keksimään ratkaisun.
do / join battle [with sb] taistella, kamppailla *The gardeners did battle with the bugs.* Puutarhurit taistelivat ötököitä vastaan.
fight a losing battle taistella turhaan *He has been fighting a losing battle against failing sight for the past year.* Hän on taistellut vuoden ajan näkönsä heikentymistä vastaan, mutta turhaan.

half the battle puoli voittoa *If you've made a woman laugh, you've won half the battle.* Jos olet saanut naisen nauramaan, niin se on jo puoli voittoa.
the battle lines are drawn määrittää t. ilmaista kantansa *The battle lines over animal research are being drawn in California.* Kalifornialaiset eläinkokeiden vastustajat ja kannattajat ilmaisevat kantansa.

1 bay [′beɪ] *s*
at bay nurkkaan ahdistettu (saaliseläin) *She reminds me of a small animal at bay.* Hän muistuttaa nurkkaan ahdistettua pikkueläintä.
keep / hold sth at bay pitää jk loitolla, työntää pois [mielestään ym.] *I tried to keep despair at bay.* Yritin karistaa epätoivon mielestäni.

2 bay *v*
bay for blood vaatia rangaistusta, vaatia oikeutta *The press was baying for blood, and Lord Harris told him he would have to resign.* Lehdistö vaati rangaistusta, ja lordi Harris käski hänen erota.

be [′biː] *v*
as / that was entinen, aikaisemmalta nimeltään *This is Mrs. Smith, Miss Steele as was.* Saanko esitellä: rouva Smith, entinen neiti Steele.
be at it *ark 1* puhua t.riidellä jatkuvasti t. kovaäänisesti, mekastaa *They have been at it again talking war.* He pauhaavat taas sodasta. **2** harrastaa seksiä jkn kanssa *They where at it the whole time!* He olivat koko ajan toistensa kimpussa!
be away lähteä, poistua *I'm away to my work.* Lähdenkin tästä tekemään töitä.
be off häipyä, mennä pois *Be off with you!* Häivy! *I'm off to work now.* Lähden tästä nyt töihin.
be oneself olla oma itsensä, käyttäytyä luontevasti *And what was style, but the courage to be yourself?*

beam

Ja mitäpä muuta tyyli on kuin rohkeutta olla oma itsensä.
been there, done that *ark* se on jo nähty, tuttu juttu. *This book is full of ideas from people who have already been there, done that.* Kirja on täynnä ideoita ihmisiltä, joille tämä on jo tuttua.
have been there before *ark* olla kokemusta jstak *Here are some helpful tips from mothers who've been there before.* Tässä on hyviä vinkkejä äideiltä, joilla on kokemusta.

beam ['bi:m] *s*
on beam *ark* oikeilla jäljillä, oikeassa *You're on beam to think I wouldn't want to go.* Olet oikeassa siinä, etten haluaisi lähteä.
on one's beam-ends olla [taloudellisessa] ahdingossa, olla [pahemmassa kuin] pulassa *He had just lost his job and was on his beam-ends.* Hän oli juuri menettänyt työpaikkansa ja oli ahdingossa.
put the low beams on (am) vaihtaa lähivalot päälle (autossa)
[way] off beam *ark* hakoteillä, väärässä *If you think I'm pining for my wife, you're a bit off beam there.* Jos luulet, että haikailen vaimoni perään, olet vähän hakoteillä.

bean ['bi:n] *s*
full of beans *ark* täynnä intoa, energinen, erinomaisessa vireessä *He said Jane had been chatting cheerfully and was full of beans.* Hänen mukaansa Jane oli jutellut iloisesti ja oli ollut täynnä intoa.
not be worth a hill of beans *ark* ei olla minkään arvoinen, ei olla mitään väliä *Their advice isn't worth a hill of beans.* Heidän neuvonsa eivät ole minkään arvoisia.
not cost a bean olla lähes ilmainen *The guitar didn't cost a bean.* Kitara oli lähes ilmainen.
not have a bean *ark* (br) olla rahaton *He doesn't have a bean, other than what we lend him.* Hänellä ei ole yhtään rahaa, paitsi meidän lainaamamme.
old bean *ark vanh* (br) vanha veikko *How are you, old bean?* Mitä kuuluu, vanha veikko?

1 bear ['beə^r] *v*
bear down *1* ponnistaa (synnyttäjästä) *Dinah was left alone, screaming, bearing down.* Dinah jäi yksin kirkumaan ja ponnistamaan. *2* (am) ponnistella ankarasti, yrittää kaikkensa *He bears down when he has a chance to score.* Hän yrittää kaikkensa, kun tulee tilaisuus tehdä maali.
bear down on lähestyä [nopeasti t. uhkaavasti] jtak *He turned and saw the waiter bearing down on him with an anxious look on his face.* Hän kääntyi ja näki tarjoilijan lähestyvän häntä kasvoillaan levoton ilme.
bear fruit kantaa hedelmää, tuottaa tuloksia *This observation was to bear fruit in later years.* Tämä huomio tuli ajan myötä osoittautumaan tuottoisaksi.
bear in mind muistaa, pitää mielessä, ottaa huomioon *I'll restate the things that you should bear in mind.* Toistan ne seikat, jotka olisi syytä pitää mielessä.
bear on / upon *1* liittyä jhk, koskea jtak, vaikuttaa jhk *Nothing you say bears on the issue.* Sanomasi ei liity asiaan mitenkään. *2* rasittaa, olla taakkana jklle *The burden of the tax bore most heavily on the poor.* Verotaakka rasitti eniten köyhiä.
bear out tukea, vahvistaa *The evidence bears out his hypothesis.* Todisteet tukevat hänen olettamustaan.
bring pressure / influence to bear on painostaa jkta jhk, taivutella jkta jhk *His powerful relatives brought pressure to bear on him to resign.* Hänen vaikutusvaltaiset su-

kulaisensa painostivat häntä eroamaan.

bring sth to bear käyttää, soveltaa jtak jhk *Her expertise could be brought to bear on these problems.* Hänen asiantuntemustaan voitaisiin käyttää näiden ongelmien ratkaisemiseen.

2 bear *s*

like a bear with a sore head *ark* (br) äkäinen kuin takapuoleen ammuttu karhu *He'll be like a bear with a sore head when he gets up.* Hän on herätessään äkäinen kuin takapuoleen ammuttu karhu.

bearing ['beərɪŋ] *s*

get / find one's bearings *1* määrittää sijaintinsa *When the path forked abruptly, she paused to get her bearings.* Kun polku haarautui odottamattomasti, hän pysähtyi määrittämään sijaintinsa. *2* tottua [uuteen tilanteeseen ym.] *I'll have got my bearings by tomorrow, so you won't need to stand in for me.* Olen huomenna taas tilanteen tasalla, joten sinun ei tarvitse olla sijaisenani.

lose one's bearings *1* eksyä, joutua eksyksiin *She had rapidly lost her bearings in the forest terrain.* Hän oli eksynyt nopeasti metsäisessä maastossa. *2* mennä [aivan] sekaisin, joutua ymmälleen *He has completely lost his bearings as an artist.* Hän on menettänyt täysin otteensa taiteilijana.

beat ['bi:t] *v*

a rod / stick to beat sb with jk jota käytetään aseena jkta vastaan/ rangaistuksena jklle *It occasionally comes back as a rod to beat me with.* Saan edelleen kärsiä siitä aika ajoin.

beat a [hasty] retreat paeta, ottaa jalat alleen, poistua [kiireesti] paikalta *He beat a hasty retreat when he saw me approaching.* Hän poistui kiireesti paikalta kun näki minun lähestyvän.

beat a path to sb's door juosta jkn perässä, jonottaa jkn luokse *The style-conscious are beating a path to their door.* Tyylitietoiset jonottavat heidän luokseen.

beat about / around the bush kierrellä ja kaarrella, kiertää kuin kissa kuumaa puuroa *Stop beating around the bush and tell us what you really think!* Lopeta se kierteleminen ja kaarteleminen ja kerro, mitä oikeasti ajattelet!

beat down *1* [paistaa] porottaa, paistaa täydeltä terältä (auringosta) *The sun was beating down on my back.* Aurinko paistaa porotti suoraan selkääni. *2* sataa kaatamalla, piiskata jtak (sateesta) *The rain beat down and the wind was picking up.* Satoi kaatamalla ja tuuli alkoi voimistua. *3* tinkiä, saada tingityksi (jnk hinnasta) *Do not try to beat the price down too much.* Älä yritä tinkiä hintaa liian alas.

Beat it! *ark* Ala vetää!, Häivy! *Now beat it! I'm busy!* Ala vetää siitä! Minulla on tekemistä!

beat one's brain out *ark* (am) miettiä päänsä puhki *He was beating his brains out all weekend to write a script for the BBC.* Hän yritti kuumeisesti saada kirjoitetuksi käsikirjoitusta BBC:lle koko viikonlopun.

beat one's breast *yl iron* katua, itkeä *He was beating his breast about the decision.* Hän katui päätöstä katkerasti.

beat sb / sth hollow voittaa jku helposti *I can beat you hollow at that!* Voitan sinut tuossa helposti!

beat sb to it ennättää jkn edelle, olla jkta nopeampi *He reached the South Pole only to find out that Amundsen had beaten him to it.* Hän saavutti etelänavan vain havaitakseen, että Amundsen oli ennättänyt hänen edelleen.

beat the clock / deadline pysyä aikataulussa, toimia nopeasti t. odotettua nopeammin *The company has managed to beat the clock on delivering its new workstations.* Yritys on onnistunut toimittamaan uudet työasemansa etuajassa.

beat the hell / shit out of *ark* hakata jku henkihieveriin, vetää jkta pahasti turpiin *You tell us who sent you or we're gonna beat the hell out of you.* Kerro kuka sinut lähetti, tai sinut hakataan henkihieveriin.

beat the rap *ark* (am) päästä kuin koira veräjästä *He beat the rap for murder.* Hän pääsi murhasyytteestä kuin koira veräjästä.

beat time lyödä tahtia *The song opens with a tambourine beating time.* Laulu alkaa tamburiinin tahdinlyönnillä.

beat up [on] (am) haukkua jkta, soimata jkta, sättiä jkta, syyttää jkta *There's no need to beat yourself up if you go wrong.* Ei ole mitään syytä soimata itseään, jos tekee virheen.

beat / win sb at their own game lyödä jku omilla aseillaan *What we must not do is take the bait and try to beat them at their own game.* Me emme saa tarttua syöttiin ja lähteä mukaan heidän peliinsä.

Can you beat it / that? *ark* Voitko uskoa!, Kuvitella! *Now he spells his name with a "c" instead of a "k". Can you beat it!* Nykyään hän kirjoittaa nimensä c:llä eikä k:lla. Voitko uskoa?

if you can't beat them, join them liittyä joukkoon tummaan, alkaa tehdä kuten muut, tehdä kuten kilpailijatkin *In the spirit of "if you can't beat them join them", the group is considering acquiring its own TV station.* Yhtymä harkitsee liittyvänsä joukkoon tummaan ja hankkivansa oman televisioaseman.

it beats me [why / how] *ark* en tajua, en voi käsittää *How you managed to find us in the blackout beats me.* En tajua, miten onnistuitte löytämään meidät pimennyksen aikana.

beaten ['bi:tᵊn] *a*
off the beaten track / path
1 syrjässä, syrjäseudulla *Our resorts are off the beaten track.* Matkakohteemme ovat syrjäisiä. *2* erikoinen, tavallisuudesta poikkeava *The recording is recommended to those looking for something that's a little off the beaten track.* Äänitettä voi suositella sellaisille, jotka etsivät jotain vähän erikoista.

beating ['bi:tɪŋ] *s*
take a beating *1* vahingoittua, kärsiä *The house took a beating during the recent storm.* Myrsky runteli taloa jokin aika sitten. *2* hävitä, kärsiä murskaava tappio *The party took a beating in the election.* Puolue kärsi vaaleissa murskaavan tappion. *3* menettää rahaa *If their results fall short of the expectations, shareholders take a beating.* Jos tulos jää odotettua pienemmäksi, osakkaat menettävät rahaa.

take some beating *ark* (br) olla vaikea ylittää, olla vaikea panna paremmaksi *As far as awful games go this one takes some beating.* Tämä peli on niin kamala, että siitä on vaikea panna huonommaksi.

beautiful ['bju:tɪfʊl] *a*
the beautiful people
1 [seurapiiri]kerma, kauniit ja rikkaat *2 vanh* hipit
the beautiful game (br) jalkapallo

beauty ['bju:ti] *s*
Beauty is in the eye of the beholder. Kauneus on katsojan silmissä.
Beauty is only skin-deep. Moni kakku päältä kaunis.
the beauty of [doing] sth hienous, erinomaisuus *The beauty of the system is all the options that are available with it.* Järjestelmän hienous

piilee siinä, että se tarjoaa niin paljon vaihtoehtoja.

beck ['bek]
be at sb's beck and call totella jkn pientäkin viittausta, olla aina täyttämässä jkn toiveita *She is at the beck and call of her snobbish guardians.* Hänen täytyy totella hienostelevien holhoojiensa pientäkin viittausta.

1 bed ['bed] *s*
a bed of nails [suuri] kärsimys, [valtava] tuska *Our love is a bed of nails.* Rakkautemme on yhtä suurta kärsimystä.
be brought to bed *vanh* synnyttää (lapsi) *She was brought to bed of a daughter.* Hän synnytti tyttölapsen.
get out of bed on the wrong side (*am* get up on the wrong side of the bed) nousta vuoteesta väärällä jalalla *Did you get out of bed on the wrong side this morning?* Onko sitä noustu tänään vuoteesta väärällä jalalla?
go to bed with sb *ark* mennä sänkyyn jkn kanssa, harjoittaa seksiä jkn kanssa *I would have gone to bed with him that night.* Olisin mennyt sänkyyn hänen kanssaan sinä yönä.
in bed sängyssä, seksikumppanina, harjoittamassa seksiä *What was he like in bed?* Millainen hän oli sängyssä?
in bed with olla kytköksiä *They are in bed with the oil industry.* Heillä on kytköksiä öljyteollisuuteen.
Life isn't always a bed of roses. Elämä ei ole pelkkää ruusuilla tanssimista. *I gather from your letters that army life is not a bed of roses?* Kirjeidesi perusteella armeija ei ole pelkkää ruusuilla tanssimista.
put sth to bed 1 tehdä [paino]valmiiksi *He's recently put a fourth book to bed.* Hän on juuri saanut neljännen kirjansa painovalmiiksi.
2 antaa olla, jättää sikseen *I'm hopeful we can put the matter to bed.* Toivon mukaan voimme jättää asian sikseen.
take to one's bed joutua vuoteenomaksi *His fever returned and he took to his bed.* Hänelle tuli taas kuumetta, ja hän meni vuoteeseen potemaan.
You've made your bed [and you'll have to lie in it]. Niin makaa kuin petaa.

2 bed *v*
bed down (br; austr) alkaa toimia, alkaa menestyä *When they became our main supplier, the relationship took time to bed down but their performance is excellent now.* Kun heistä tuli päähankkijamme, vei aikansa ennen kuin liikesuhde alkoi sujua, mutta nyt he suoriutuvat erinomaisesti.

bedpost ['bedpəʊst] *s*
between you and me and the bedpost *ark* näin meidän kesken *Between you, me and the bedpost, I think she's a little bossy.* Näin meidän kesken, minusta hän on vähän määräilevä.

bee ['bi:] *s*
have a bee in one's bonnet *ark* olla päähänpinttymä jstak *She's got a real bee in her bonnet about dieting.* Hänellä on todellinen päähänpinttymä laihduttamisesta.
think you're the bee's knees *ark* olla suuret luulot itsestään *He thought he was the bee's knees, he thought he knew everything about railways.* Hänellä oli suuret luulot itsestään ja hän luuli tietävänsä kaiken rautateistä.

beef ['bi:f] *v*
beef up *ark* vahvistaa, tehostaa, parannella *He quickly noticed that security had been beefed up.* Hän havaitsi nopeasti, että turvatoimia oli tehostettu.

beeline ['bi:laın] *s*
make a beeline for *ark* mennä suorinta tietä jhk, kiiruhtaa jhk *He made a beeline for the bar.* Hän meni suorinta tietä baaritiskille.

beer ['bɪəʳ] *s*
not be [all] beer and skittles *vanh* (br) jk ei ole pelkkää huvia t. rajatonta riemua *College life is not all beer and skittles.* Opiskelijaelämä ei ole pelkkää huvia.

beetle ['bi:tl] *v*
beetle off / away *ark* (br) häipyä, painua jhk, livistää [tiehensä] *They beetled off home.* He painuivat kotiinsa.

beg ['beg] *v*
be going begging *ark* olla vailla ottajaa *I'll have the last piece of cake if it's going begging.* Minäpä otan viimeisen kakkupalan, jos se on vailla ottajaa.

beg, borrow or steal (*myös* beg, steal or borrow) hankkia keinolla millä hyvänsä *Everyone with a taste for things English should beg, steal or borrow a copy.* Kaikkien anglofiilien on syytä hankkia itselleen kirjan kappale keinolla millä hyvänsä.

beg off *ark* perua jtak (aikaisemmin luvattua), jättää jtak tekemättä, poistua jstak *I have beg off making the changes myself.* En voikaan tehdä muutoksia itse.

beg the question *1* saa kysymään, johtaa kysymykseen, herättää kysymyksen *This, however, begs the question of what is democracy.* Tämä kuitenkin johtaa kysymykseen siitä, mitä demokratia on. *2 kirjak* pitää jtak liian itsestään selvänä, mennä asioiden edelle *The debate has been sterile because each side has begged the question by assuming itself to be correct.* Tämä keskustelu on ollut hedelmätöntä, koska osapuolet ovat olettaneet itsestäänselvästi olevansa oikeassa.

I beg to differ / disagree *kirjak* pyydän saada olla eri mieltä *I beg to differ with J Williams that Sunday is the first day of the week.* Pyydän saada olla eri mieltä J. Williamsin kanssa siitä, että sunnuntai on viikon ensimmäinen päivä.

I beg your pardon *1* anteeksi kuinka? (puhuja pyytää puhekumppaniaan toistamaan sanottavansa, koska ei kuullut sitä) – *I beg your pardon?* – *I think you heard what I said.* – Anteeksi kuinka? – Kuulitte kyllä mitä sanoin. *2* pyydän anteeksi, anna anteeksi *I beg your pardon for intruding.* Anteeksi tunkeiluni. *3* niinkö, että mitä, todellako (vastattaessa kysyvästi, ihmettelevästi jkn väitteeseen) – *You, Miss Bishop, are a fool.* – *I beg your pardon?* – Te olette typerys, neiti Bishop. – Anteeksi kuinka?

1 beggar ['begəʳ] *s*
beggars can't be choosers kaikki köyhälle kelpaa, köyhällä ei ole varaa valita *I could do with a suit that's a better fit, but beggars can't be choosers.* Puku voisi istua paremminkin, mutta köyhällä ei ole varaa valita.

2 beggar *v*
beggar belief olla mahdotonta uskoa jtak *It beggars belief that something like this could happen.* On mahdotonta uskoa, että jotain tällaista voisi tapahtua.

beggar description jtak ei voi sanoin kuvata *The deaths, brutality and destruction of property beggar description.* Tappamisia, raakuuksia ja omaisuuden tuhoamista ei voi sanoin kuvata.

begin [bɪ'gın] *v*
can't [even] begin ei pystyä *I can't even begin to imagine why you're*

here. En pysty edes kuvittelemaan, miksi olet täällä.

to begin with 1 aluksi, ensi alkuun *I was a very bad public speaker to begin with, wasn't I?* Ensi alkuun olin todella huono esiintyjä, eikö totta? **2** ensiksikin, ensinnäkin *To begin with, songwriters don't need managers as much as performing artists.* Lauluntekijät eivät ensinnäkään tarvitse managereita yhtä paljon kuin esiintyvät taiteilijat.

beginning [bɪ'gɪnɪŋ] *s*

the beginning of the end lopun alku *It marked the beginning of the end of our marriage.* Se merkitsi avioliittomme lopun alkua.

behalf [bɪ'hɑːf] *s*

in behalf of sb / in sb's behalf (am) jkta auttaakseen *They fight in behalf of Hurricane Katrina's victims.* He taistelevat hurrikaani Katrinan uhreja auttaakseen.

on behalf of / on sb's behalf jnk puolesta, jnk nimissä, jnk takia *On behalf of all the players, I'd like to thank him for what he's done.* Haluaisin kaikkien pelaajien puolesta kiittää häntä siitä, mitä hän on tehnyt.

behaviour [bɪ'heɪvɪə^r] *s* (am behavior)

be on one's best behaviour (am behavior) käyttäytyä mahdollisimman hyvin, käyttäytyä niin hyvin kuin osaa *I hope that Laura's children will be on their best behaviour for you.* Toivottavasti Lauran lapset käyttäytyvät nähtesi mahdollisimman hyvin.

behind [bɪ'haɪnd] *adv, prep*

be behind the eight ball *ark* (am, austr) olla umpikujassa / pattitilanteessa *We were behind the eight ball from the beginning.* Olimme alusta alkaen pattitilanteessa.

behind the times aikansa elänyt, jäljessä aikaansa *I may be a bit behind the times, but I've recently been experimenting with voice mail.* Saatan olla hieman ajasta jäljessä, mutta olen viime aikoina kokeillut puhepostin käyttöä.

right behind sb jkn tukena *We want you to know that we're right behind you all the way.* Haluamme sinun tietävän, että olemme tukenasi loppuun asti.

behove [bɪ'həʊv] *v* (am behoove)

it behoves sb to do sth (am behoove) *kirjak* jkn kuuluu, jkn velvollisuus on (tehdä jtak) *It behoves everybody to be honest.* Kaikilla on velvollisuus olla rehellinen.

belief [bɪ'liːf] *s*

beyond belief [aivan] uskomaton[ta] *Your rudeness is beyond belief!* Olet aivan uskomattoman töykeä!

pass [all] belief (br) olla [aivan] uskomatonta *His stupidity passes all belief.* Hän on aivan uskomattoman typerä.

to the best of your belief sikäli kuin jku tietää *To the best of my belief he never made a will.* Sikäli kuin tiedän, hän ei koskaan tehnyt testamenttia.

believe [bɪ'liːv] *v*

believe it or not *ark* usko tai älä *That's a Rembrandt, believe it or not.* Tuo on Rembrandt, usko tai älä.

believe [you] me *ark* usko pois *Believe me, you're doing it all wrong.* Teet sen aivan päin seiniä, usko pois.

can't believe one's eyes / ears *ark* ei olla uskoa silmiään t. korviaan *I couldn't believe my eyes when I saw you standing in the middle of the room.* En ollut uskoa silmiäni, kun näin sinun seisovan keskellä huonetta.

bell

don't you believe it *ark* ei ole totta, ei pidä paikkaansa – *He's too old. – Don't you believe it!* – Hän on liian vanha. – Ei pidä paikkaansa!

if you / they believe that, you'll / they'll believe anything *ark* olet typerä, jos otat sen todesta, olisi hölmöä uskoa

I'll believe it / that when I see it *ark* en usko ennen kuin näen

You('d) better believe it! Usko pois!, Usko huviksesi! *A fleece jacket for £25 – you better believe it.* Fleecetakki 25 punnalla – usko huviksesi.

Would you believe [it]! *ark* Kuvittele!, Aivan uskomatonta! *And then, would you believe it, she went and married him.* Ja sitten, voitko kuvitella, hän meni ja nai sen miehen.

bell ['bel] *s*

as sound as a bell terve kuin pukki, hyvässä kunnossa *Physically, she is sound as a bell.* Hän on fyysisesti terve kuin pukki.

bells and whistles pelit ja vehkeet, lisävarusteet, lisäominaisuudet *The company is putting bells and whistles on its notebook.* Yritys lisää muistikirjamikroonsa kiinnostavia ominaisuuksia.

give sb a bell *ark* (br) soittaa jklle (puhelimella) *Give them a bell and they'll send you their catalogues.* Soita heille, niin he lähettävät kuvastonsa.

ring a bell *ark* tuntua jollakin tavalla tutulta *The name rings a bell.* Nimi tuntuu jollakin tavalla tutulta.

saved by the bell pelastus tuli viime hetkellä *The phone rang just as he was asked an embarrassing question, and he was saved by the bell.* Pelastus tuli viime hetkellä puhelimen soidessa juuri, kun häneltä kysyttiin kiusallinen kysymys.

with bells on *1 ark* (am) [todella] innokkaasti *I'll be at the party with the bells on.* Olen innoissani päästessäni juhliin. *2 leik* (br) (myös with [brass] knobs on) ja vähän päälle, pitemmälle vietynä *C++ is C with bells on.* C++ on kehittyneempi versio C-kielestä.

1 belly ['beli] *s*

go belly up *ark* mennä konkurssiin *The company went belly up.* Yritys meni konkurssiin.

2 belly *v*

belly up to *ark* (am) siirtyä jhk, siirtyä lähemmäs jtak *He bellied up to the counter for a burger.* Hän siirtyi tiskille tilatakseen hampurilaisen.

bellyful ['beliful] *s*

have a bellyful of sth *ark* saada tarpeekseen jstak *I've had a bellyful of you.* Olen saanut sinusta tarpeekseni.

1 belt ['belt] *s*

aim / hit below the belt iskeä vyön alle, toimia häikäilemättömästi t. epärehellisti *Belittle the space program, and you hit every patriotic American below the belt.* Avaruusohjelman vähätteleminen on isku jokaisen isänmaallisen amerikkalaisen vyön alle.

belt and braces *ark* (br) varman päälle, varmistus *The envelope was sealed with Sellotape and staples, a real belt and braces job.* Kirjekuori oli suljettu oikein varman päälle sekä teipillä että niiteillä.

give sb the belt (*myös* take a belt to sb) *ark* antaa jklle selkäsauna *He'd probably take a belt to the poor boy.* Hän varmaan antaisi poikaparalle piiskaa.

tighten one's belt kiristää [nälkä]vyötä *The company will be forced to tighten its belt further.* Yrityksen on pakko kiristää vyötä vielä lisää.

under one's belt hallussa, saavutettuna, tehtynä *With 72 films under his belt, Caine has had an extraordi-*

narily successful career. 72 elokuvassa näytelleellä Cainella on takanaan poikkeuksellisen menestyksekäs ura.

2 belt *v*

belt down *1* sataa kaatamalla, ryöpytä (sateesta) *Rain was belting down.* Satoi kaatamalla. *2 ark* (am) ryypätä, kallistella laseja [nopeaan tahtiin] *She was belting down cocktails.* Hän veti cocktaileja.

belt out *ark* soitella, laulaa [lurauttaa], kajauttaa (laulu) *They were belting out one great song after another.* He laulaa lurauttivat hienon laulun toisensa perään.

[will you] belt up! kita kiinni, turpa tukkoon, ole hiljaa

1 bend ['bend] *v*

bend double kumartua, kyyristyä, mennä kipuraan *He bent double and vomited.* Hän kyyristyi ja oksensi.

bend one's elbow (am) ryypätä, kallistaa kuppia *He spent too much time bending his elbow in bars.* Hän vietti liikaa aikaa baareissa ryyppäämässä.

bend sb's ear [about sth] *ark* tilittää jtak jklle, rasittaa jkta [tylsillä] jutuillaan, touhottaa jstak *She regularly bent Minton's ear with her problems.* Hän tilitti Mintonille ongelmiaan säännöllisin väliajoin.

bend the truth kaunistella totuutta, esittää muunnettua totuutta *You've been known to bend the truth when it suits you.* Sinä tunnetusti olet kaunistellut totuutta silloin kun se sopii sinun tarkoitusperiisi.

bend your mind / efforts to sth keskittyä, vaivata päätään, yrittää kovasti *He visibly bent his mind to the question.* Hän selvästi keskittyi miettimään vastausta kysymykseen.

2 bend *s*

[a]round the bend *ark* hullu, poissa tolaltaan *It used to drive my wife round the bend.* Sillä oli tapana saada vaimoni aivan pois tolaltaan.

benefit ['benıfıt] *s*

for the benefit of sb jotakuta t. jotain varten, jonkun t. jonkin hyväksi *Health services exist for the benefit of patients, not doctors.* Terveydenhoitopalvelut ovat potilaita, eivät lääkäreitä varten.

give sb the benefit of the doubt uskoa jksta [pelkkää] hyvää, asettua jkn puolelle (pienistä epäilyksistä huolimatta) *They had given their only child the benefit of the doubt.* He olivat uskoneet ainoasta lapsestaan pelkkää hyvää.

bent ['bent] *v*

be bent on sth / on doing sth *ark* olla vakaasti päättänyt jtkin *The nation was bent on war.* Valtio oli päättänyt vakaasti ryhtyvänsä sotatoimiin.

berth ['bɜːθ] *s*

give sb / sth a wide berth *ark* karttaa jtak, pysytellä loitolla jstak *People generally gave him a wide berth because of the smell he carried with him.* Ihmiset yleensä karttoivat häntä hänen ympärillään leijuvan hajun takia.

beside [bı'saıd] *prep*

be beside yourself [with sth] järjiltään, suunniltaan (pelosta, hädästä ym.) *Rachel shouted, beside herself with fury.* Rachel karjui raivosta suunniltaan.

1 best ['best] *a*

at the best of times parhaimmillaan, parhaimmissa oloissa *He is not bright at the best of times.* Hän ei ole parhaimmillaankaan kovin fiksu.

put your best foot forward toimia niin nopeasti kuin pystyy *Let's put our best foot forward and show them what we are all about.* Toimitaan niin nopeasti kuin pystymme ja näytetään heille mistä meidät on tehty.

the best medicine paras lääke *Sleep is the best medicine.* Uni on parasta lääkettä.

the best of a bad bunch / lot (br) kaikista huonoista se vähiten huono *the best of a bad bunch of solutions* kaikista huonoista ratkaisuista se vähiten huono

the best part of melkein, liki *Doctors said it would take her the best part of a year to recover.* Lääkärit sanoivat, että hänen toipumisensa kestäisi melkein vuoden.

the best thing since sliced bread *ark* huippu, erinomainen *They think you're the best thing since sliced bread.* Heidän mielestään sinä olet huipputyyppi.

your best bib and tucker *leik* ykköset (vaatteista puhuttaessa) *She wore her best bib and tucker.* Hän oli laittanut ykköset päälle.

your / the best bet *ark* paras t. suositeltavin vaihtoehto *Your best bet is to ask a local.* Varminta on, jos kysyt joltain paikkakuntalaiselta.

with the best of them alan huippujen veroinen, yhtä hyvin kuin kuka tahansa *She can sing with the best of them.* Laulajana hän vetää vertoja kenelle tahansa.

with the best will in the world parhaalla tahdollakaan *But remember, even with the best will in the world, you can't do everything.* Muista, ettet parhaalla tahdollakaan pysty tekemään kaikkea.

2 best *adv*

as best you can parhaansa mukaan, parhaan kykynsä mukaan *We helped as best we could.* Autoimme parhaan kykymme mukaan.

had best do sth *ark* olla parasta [tehdä jtak] *You'd best be going.* Sinun olisi parasta lähteä.

3 best *s*

all the best kaikkea hyvää (kirjeen lopussa t. hyvästeltäessä)

at best parhaassakin tapauksessa, parhaimmillaankin *At best, the nanny was under great stress.* Parhaimmillaankin lastenhoitaja oli valtavan paineen alaisena.

at your best parhaimmillaan *At his best, he was as great as Peter Sellers.* Hän oli parhaimmillaan yhtä hyvä kuin Peter Sellers.

be [all] for the best parhaaksi *Perhaps it was all for the best you lost the baby, Helen.* Ehkä lapsen menetys oli loppujen lopuksi parhaaksi, Helen.

best of all [ja] mikä parasta *Best of all, he seems to enjoy himself.* Ja mikä parasta, hänellä näyttää olevan oikein hauskaa.

get the best of voittaa, päihittää, selviytyä parhaiten jstak *She got the best of me in the last match.* Hän päihitti minut viime kerran ottelussamme.

make the best of sth / things / a bad job [yrittää] selviytyä jstak parhaan kykynsä mukaan, [yrittää] saada kaikki irti jstak *You'll just have to make the best of the situation.* Sinun on vain yritettävä selviytyä tilanteesta parhaan kykysi mukaan.

1 bet ['bet] *v*

bet on toivoa, uskoa, odottaa *They were betting on a fall in prices.* He toivoivat hintojen laskevan.

don't bet on it (*myös* I wouldn't bet on it) *ark* älä ole siitä niin varma, en olisi siitä niin varma – *If I scream, people will come running. – I wouldn't bet on it.* – Jos huudan, ihmisiä ryntää katsomaan, mikä on hätänä. – Älä ole siitä niin varma.

I bet / I'll bet [that] *ark* varmasti, takuulla *I bet [that] Helen was pleased.* Helen oli varmasti mielissään.

You bet! *ark* Varmasti!, Totta kai! – *Are you coming, Francis? – You bet!* – Tuletko mukaan, Francis? – No aivan varmasti!

you can bet your life / your bottom dollar [on sth / that] ark voit olla vuorenvarma jstak *You can bet your life [that] we'll be here for hours.* Voit olla vuorenvarma siitä, ettemme pääse täältä tuntikausiin.

2 bet *s*

a good / safe bet varma t. hyvä valinta, varma tapaus *It is a safe bet that he won't make the same mistake again.* On aika varmaa, että hän ei tee samaa virhettä uudestaan.

all bets are off mitä tahansa voi tapahtua *All bets are off with small children.* Pienten lasten ollessa kyseessä mitä tahansa voi tapahtua.

the / sb's best bet paras t. suositeltavin vaihtoehto *Our best bet would be to take a taxi.* Meidän olisi varmaankin parasta ottaa taksi.

1 better ['betə^r] *a*

against your better judgement (*am* judgment) vastoin parempaa tietoaan *Against my better judgement I am engaging again.* Olen taas, vastoin parempaa tietoani, menossa kihloihin.

[all] the better for sth hyötynyt jstak, olla parempi jnk ansiosta *It's a good story and all the better for being true.* Se on hyvä tarina, ja todenmukaisuus tekee siitä vielä paremman.

Better luck next time! Parempi onni ensi kerralla!

have known / seen better days olla huonokuntoinen, olla kärsinyt *The car had seen better days.* Auto oli huonokuntoinen.

the better part of melkein, lähes *We don't have many holiday houses lying empty for the better part of the year.* Meillä ei ole kovinkaan monta loma-asuntoa, jotka olisivat tyhjillään melkein vuoden.

2 better *adv*

be better off *1* paremmin, paremmassa tilanteessa t. asemassa *Do you think you're better off alone?* Luuletko pärjääväsi paremmin yksin? *2* enemmän (rahasta), paremmassa taloudellisessa tilanteessa *The new tax and pension proposals would make her about £40 a year better off.* Uudet vero- ja eläke-esitykset toisivat toteutuessaan hänelle vuodessa noin 40 puntaa enemmän.

better safe than sorry parempi katsoa kuin katua *The path seemed to be washed away in places, so better safe than sorry.* Polku oli paikoitellen huuhtoutunut pois, joten oli parempi katsoa kuin katua.

do better to do sth kannattaisi tehdä jtak *Hotels would do better to install smoke detectors in all rooms.* Hotellien kannattaisi asentaa paloilmaisimet jokaiseen huoneeseen.

go one better panna paremmaksi, ylittää [jnk toisen saavutus ym.] *Microsoft Word can go one better, and scan text straight into your document.* Microsoft Word panee paremmaksi ja skannaa tekstin suoraan asiankirjaan.

had better do sth olla parasta, kannattaa (tehdä jtak) *You'd better go home now.* Sinun olisi parasta lähteä nyt kotiin.

that's [much] better niin sitä pitää *Just relax. That's much better.* Rentoudu. Niin sitä pitää.

3 better *s*

for better or [for] worse kävi miten kävi, myötä- ja vastoinkäymisissä *For better or worse, she had no choice.* Kävi miten kävi, hänellä ei ollut vaihtoehtoa.

get the better of sb *1* voittaa, päihittää, lyödä jku *He had to select his shots wisely to get the better of Sampras.* Hänen täytyi valita lyöntinsä viisaasti voittaakseen Samprasin. *2* ottaa jku valtoihinsa (tunteesta) *Anger got the better of him.* Viha otti hänet valtoihinsa.

betting

so much the better sen parempi *He had always liked intelligent women, and if they were pretty, then so much the better.* Hän oli aina pitänyt älykkäistä naisia, ja jos he olivat vielä sieviäkin, niin sen parempi.
the ... the better mitä ... sen parempi *The sooner the better!* Mitä pikemmin sen parempi!

betting ['betɪŋ] *s*
the betting is [that] (*myös* what's the betting) *ark* on todennäköistä [että] *What's the betting he's up to no good?* Hänellä on varmaan pahat mielessä.

between [bɪ'twiːn] *prep, adv*
between you and me / between ourselves [näin] meidän kesken, luottamuksellisesti sanottuna *Between you and me, I just can't stand him.* Näin meidän kesken, en vain voi sietää häntä.
in between siltä väliltä, välimailla *The right answer is likely to lie somewhere in between.* Oikea vastaus on todennäköisesti siltä väliltä.
[in] between times / whiles [aina] välillä, (kahden ajankohdan) väliaikoina *In between times he made furniture.* Väliaikoina hän teki huonekaluja.

betwixt [bɪ'twɪkst] *prep, adv*
betwixt and between *ark* siltä väliltä, välimailla *They get stuck betwixt and between, with poor mastery of both languages.* He jäävät johonkin välimaille eivätkä osaa kumpaakaan kieltä kunnolla.

beyond [bɪ'jɒnd] *s*
be beyond sb *ark* ylittää jkn käsityskyky t. kyvyt *How he managed an Oscar nomination is beyond me.* En pysty tajuamaan, miten hän onnistui saamaan Oscar-ehdokkuuden.

bidding ['bɪdɪŋ] *s*
do sb's bidding totella jkta [nöyrästi], tehdä mitä jku tahtoo *She had no choice but to do his bidding.* Hänellä ei ollut muuta mahdollisuutta kuin totella miestä.

bide ['baɪd] *v*
bide your time odottaa otollista hetkeä, odottaa hetkeään *Sandra was biding her time before she could move away from her mother.* Sandra odotti otollista hetkeä muuttaakseen pois äitinsä luota.

big ['bɪg] *a*
be big of sb *yl iron* sepä jaloa *You're saying you no longer think I'm devious? Well, that's very big of you.* Tarkoittaako tuo, ettet enää pidä minua katalana? Sepä jaloa.
be big on olla kiinnostunut jstak, pitää jtak tärkeänä *John is big on family.* Perhe on Johnille tärkeä.
be too big for one's boots / breeches *ark* olla täynnä itseään, olla [turhan] suuret luulot itsestään *She gets too big for her boots sometimes.* Hänellä on joskus turhan suuret luulot itsestään.
big brother [is watching you] isoveli valvoo *The user surfing the Internet has no idea that big brother is watching them.* Netin käyttäjä ei aavista, että isoveli valvoo.
big cheese / gun / name / noise / shot / wheel *ark* iso kiho, pamppu *He used to be a big cheese in the business world.* Hän oli talouselämän isoja kihoja.
big ticket (am) erittäin kallis *Travel is big ticket.* Matkustaminen on erittäin kallista.
big time **1** menestys, kuuluisuus *He hit the big time in Hollywood.* Hänestä tuli Hollywood-tähti.
2 kunnolla, perusteellisesti *We're in trouble, big time.* Olemme pahemmassa kuin pulassa.
in a big way *ark* kunnolla, komeasti, näyttävästi *Digital photography is now taking off in a big way.* Digi-

bird

taalinen valokuvaus on nyt saamassa kunnolla tuulta purjeisiinsa.

make a big thing [out] of sth *ark* tehdä suuri numero jstak, liioitella *She didn't make a big thing of being pregnant.* Hän ei tehnyt raskaudestaan suurta numeroa.

make it big *ark* menestyä, tulla kuuluisaksi *He had made it big in the financial world.* Hän oli onnistunut menestymään finanssimaailmassa.

me and my big mouth tuota minun ei olisi pitänyt sanoa, minun olisi pitänyt pitää suuni kiinni

talk big *ark* kerskua, olla suurisuinen *Like most successful entrepreneurs, he loves talking big about his company.* Kuten monet menestyneet yrittäjät, hän tykkää kerskua yrityksellään.

think big *ark* olla kunnianhimoinen, olla suuret ajatukset t. suunnitelmat *To trade in a heavyweight world market Britain must think big.* Käydäkseen kauppaa raskaan sarjan maailmanmarkkinoilla Britannialla on oltava suuret suunnitelmat.

bike ['baɪk] *s*
On your bike! *ark* (br) Ala vetää!, Lähde lätkimään!

1 bill ['bɪl] *s*
fit / fill the bill sopia [jhk tarkoitukseen ym.] mainiosti, täyttää odotukset t. vaatimukset *The new version of the software certainly fits the bill.* Ohjelman uusi versio täyttää kaikki vaatimukset.

give sb / sth a clean bill of health 1 todeta jku terveeksi, antaa terveen paperit (lääkärintarkastuksessa) *She was given a clean bill of health by doctors.* Lääkärit totesivat hänet terveeksi. 2 antaa jllek hyväksymyksensä, pitää jtak kelvollisena *The research centre was given a clean bill of health by the review.* Tutkimuskeskus läpäisi arvioinnin.

head / top the bill olla pääosassa (näytelmässä ym.), olla tähtikaartissa *She topped the bill at the show.* Hän oli show'n pääosassa.

the Old Bill *ark* (br) poliisi *Oh, he had greased a few of the Old Bill's palms over the years.* Olihan hän lahjonut muutamankin poliisin vuosien varrella.

2 bill *v*
bill and coo *vanh ark* kuherrella, kujertaa (rakastavaisista) *I saw many couples bill and coo.* Näin monia kuhertelevia pariskuntia.

billy-o ['bɪlɪəʊ] *s*
like billy-o *ark* (br) hurjasti, vimmatusti *I had to run like billy-o.* Minun täytyi juosta hurjaa vauhtia.

bind ['baɪnd] *s*
a double bind mahdoton tilanne *Girls are in a double bind – they have to decide whether to follow their inclinations or to make a "conventional" choice.* Tytöt ovat mahdottomassa tilanteessa: heidän täytyy päättää tehdäkö mieltymyksiensä mukaan vai toimiako perinteisten odotusten mukaisesti.

bird ['bɜːd] *s*
A bird in the hand is worth two in the bush. Parempi pyy pivossa kuin kymmenen oksalla.

a bird of passage kiertolainen *He is another bird of passage in the hope of getting a job here.* Hän on taas yksi kiertolainen, joka toivoo saavansa täältä töitä.

a bird's eye view 1 lintuperspektiivi *I've always wanted a bird's eye view of the garden.* Olen aina halunnut nähdä puutarhan lintuperspektiivistä. 2 yleiskuva *A good bibliography gives a bird's eye view of the subject literature.* Hyvä bibliografia antaa yleiskuvan aiheeseen liittyvästä lähdeaineistosta.

birth

a little bird told me *leik* pikkulinnut lauloivat [että] *A little bird told me it was your birthday.* Pikkulinnut lauloivat, että sinulla on syntymäpäivä.

be [strictly] for the birds *ark* olla aivan turhaa t. tyhjänpäiväistä [touhua] *Golfing's for the birds.* Golfaaminen on aivan tyhjänpäiväistä touhua.

Birds of a feather [flock together]. Vakka kantensa valitsee.

do [one's] bird *ark* (br) lusia, olla kiven sisässä *Most prisoners are prepared to cooperate with the staff and "do their bird".* Useimmat vangit ovat valmiit olemaan yhteistyöhaluisia ja lusimaan tuomionsa.

give / flip / shoot sb the bird *ark 1* (yl am) näyttää jklle keskisormea *He cursed the driver and gave him the bird.* Hän manasi kuskia ja näytti tälle keskisormea. *2 vanh* (br) buuata jklle, viheltää jklle (esiintyjälle ym.) *The audience gave him the bird.* Yleisö buuasi hänelle.

the bird has flown takaa-ajettu t. etsitty henkilö pääsi karkuun

the birds and the bees *leik* kukat ja mehiläiset (lapselle annettava sukupuolivalistus) *It is difficult for most parents to talk to their children about the birds and the bees.* Useimpien vanhempien on vaikea puhua lapsilleen kukista ja mehiläisistä.

birth ['bɜ:θ] v

strangle sth at birth tukahduttaa jk alkuunsa *The revolution was strangled at birth.* Vallankumous tukahdutettiin alkuunsa.

birthday ['bɜ:θdeɪ] s

in / wearing one's birthday suit *ark leik* nakuna, kelteisillään *He arrived in his birthday suit as a protest against society's "repression".* Hän saapui paikalle kelteisillään vastalauseena yhteiskunnan "sorrolle".

biscuit ['bɪskɪt] s

take the biscuit (*myös* (am) **take the cake**) *ark* (br) olla kaiken huippu *This idea really takes the biscuit!* Tämä idea on kyllä kaiken huippu!

bit ['bɪt] s

a bit of a *ark* (kielteisistä asioista puhuttaessa) hieman, pienoinen, hienoinen *Her solo album is a bit of a disappointment.* Hänen sooloalbuminsa on pienoinen pettymys.

a bit of all right *ark* (br) viehkeä t. vetävän näköinen [tyyppi] *That blonde's a bit of all right.* Tuo blondi on tosi vetävän näköinen.

a bit of how's your father *leik* (br) muhinointi *They were indulging in a bit of how's your father.* He muhinoivat keskenään.

a bit of skirt / fluff *ark* (br) [hyvä] kinkku t. liha (loukkaava ilmaisu seksuaalisesti viehättävästä naisesta) *You mustn't let a little bit of fluff spoil your marriage.* Älä anna kenenkään kinkun pilata avioliittoasi.

a bit thick / strong *vanh ark* (br) kohtuutonta, vähän liian paksua *It's a bit strong to say that...* On kohtuutonta väittää, että...

be champing / chomping at the bit odottaa malttamattomana *The scientists are champing at the bit to use the new supercomputer.* Tiedemiehet odottavat malttamattomina uuden supertietokoneen käyttöönottoa.

bit by bit vähitellen, pikkuhiljaa *She saved up the money bit by bit.* Hän säästi rahat pikkuhiljaa.

bit on the side *ark 1* syrjähyppy, (avioliiton ym. ulkopuolinen) suhde *He was having a bit on the side.* Hän oli tehnyt pienen syrjähypyn. *2* lisätienesti[t] *He earned a bit on the side.* Hän hankki hieman lisätienestejä.

bits and pieces / bobs *ark* kaikenlaiset tavarat t. hommat ym. *We have a* *few bits and bobs of furniture that your mother might find useful.* Meillä on muutamia huonekaluja, jotka saattaisivat olla äitisi mielestä hyödyllisiä.

do one's bit *ark* tehdä oma osuutensa, kantaa kortensa kekoon *Look, I've done my bit and I'll be off now!* Kuulehan nyt, olen tehnyt oman osuuteni, ja aion nyt lähteä.

get / take / have the bit between [in] one's teeth tarttua toimeen, ryhtyä päättäväisesti jhk *I'm just getting the bit between my teeth on this job.* Minähän olen vasta tarttumassa tähän työhön.

just a bit *iron* no vähän – *It's a bit chilly, isn't it? – Just a bit!* – Täällä on vähän viileää, eikö niin? – No vähän!

not a bit *ark* (br) ei yhtään, ei lainkaan *You're not a bit like your father.* Et ole lainkaan samanlainen kuin isäsi.

not a bit of it *ark* (br) ei lainkaan, ei sinne päinkään, kaikkea muuta *I thought she would be exhausted, but not a bit of it.* Ajattelin, että hän olisi varmasti aivan poikki, mutta ei sinne päinkään.

take a bit of doing olla melkoinen urakka, olla tekemistä *It took a bit of doing to convince her that it was a good idea.* Oli suuri työ saada hänet vakuuttuneeksi siitä, että ajatus oli hyvä.

to bits *1 ark* kovasti, valtavasti *I love you to bits.* Rakastan sinua valtavasti. *2* palasiksi, kappaleiksi *His car had been blown to bits.* Hänen autonsa oli räjäytetty kappaleiksi.

1 bite ['baɪt] *v*

be bitten by the ... bug *ark* saada ... kärpäsen purema *Five years ago, she was badly bitten by the sailing bug.* Hän sai viisi vuotta sitten pahan purjehduskärpäsen pureman.

bite back *1* niellä, tukahduttaa (tunteesta ym.) *He bit back his an-ger and left the room.* Hän nieli kiukkunsa ja poistui huoneesta. *2* vastata [samalla mitalla], ryhtyä t. käydä vastahyökkäykseen *A cricket club is biting back at persistent vandals.* Krikettiseura käy vastahyökkäykseen itsepintaisia vandaaleja vastaan.

bite me *ark* (am) haista home, haista paska

bite off more than you can chew [yrittää] haukata liian iso pala *By aiming to depict life in the 1990s, Kasdan has probably bitten off more than he can chew.* Pyrkiessään kuvaamaan elämää 1990-luvulla Kasdan on todennäköisesti haukannut liian ison palan.

bite sb's head off *ark* saada raivari, järjestää [hillitön] kohtaus (turhasta) *If I ask my boss for a raise, he'll sack me or bite my head off.* Jos pyydän pomoltani palkankorotusta, hän antaa minulle potkut tai järjestää hillittömän kohtauksen.

bite the bullet *ark* purra hammasta, tehdä jtak hammasta purren *We'll just have to bite the bullet and dive in!* Meidän täytyy vain purra hammasta ja ryhtyä toimeen!

bite the dust *ark 1* kuivua kokoon, huveta tyhjiin t. olemattomiin *His championship hopes eventually bit the dust.* Hänen mestaruustoiveensa hupenivat lopulta tyhjiin. *2 yl leik* kuolla (kupsahtaa), päästä hengestään *The bad guy bit the dust.* Roisto heitti veivinsä.

bite the hand that feeds you olla epälojaali, maksaa hyvä pahalla *Ridiculing her fans is biting the hand that feeds her.* Hän on epälojaali fanejaan kohtaan pilkatessaan heitä.

bite your lip purra huultaan (jottei ilmaisisi harmistumistaan) *Joe was beginning to get on her nerves but she bit her lip and said nothing.* Joe alkoi jo käydä hänen hermoilleen, mutta hän puri huultaan pysyäkseen hiljaa.

bite

bite your tongue hillitä kielensä, pitää kielensä kurissa *Benjamin was so pleased with himself that I bit my tongue.* Benjamin oli niin tyytyväinen itseensä, että minä pidin kieleni kurissa.
Once bitten, twice shy. Vahingosta viisastuu. *Once bitten, twice shy, and a man only tackles a hell-cat once in his life.* Vahingosta viisastuu, eikä mies kajoa naarastiikeriin toiste elämänsä aikana.
sb won't bite *ark leik* jku ei purematta niele, jkta ei tarvitse pelätä *Go on, just ask me. I won't bite.* Anna mennä, kysy vain. En minä purematta niele.

2 bite *s*
have a bite to eat *ark* syödä välipalaa, haukata jtak *I'm going to grab a bite to eat.* Aion haukata jotain syötävää.
put the bite on sb pyytää jtak *Tessa thought that putting the bite on people for money was a terrific idea.* Tessan mielestä rahan pyytäminen ihmisiltä oli loistava idea.
take a bite out of *ark* haukata suuri osa jstak, tehdä lovi [kukkaroon ym.] *Pollack certainly took a bite out of Blackburn's title hopes.* Pollack totisesti mursi ison osan Blackburnin mestaruustoiveista.

biter ['baɪtə^r] *s*
the biter bit jk sattuu omaan nilkkaan, kostautuu *The prank was a case of the biter bit.* Jekku osui tällä kertaa omaan nilkkaan.

bitter ['bɪtə^r] *a*
a bitter pill [for sb] [to swallow] karvas pala [nieltäväksi], karvasta kalkkia *The job cuts were a bitter pill to swallow.* Irtisanomiset olivat karvas pala nieltäväksi.
to / until the bitter end katkeraan loppuun saakka *They vowed to fight to the bitter end.* He vannoivat taistelevansa katkeraan loppuun saakka.

1 black ['blæk] *a*
a black day [for sb] murheen päivä *It was a black day for British boxing when you left the ring.* Kun jätit kehän, se oli murheen päivä Iso-Britannian nyrkkeilylle.
a black mark [against sb] tahra [jkn maineessa], jkin jka luetaan jklle virheeksi *It'll be another black mark against me.* Siitäpä saan taas tahran maineeseeni.
a black spot [ongelma]kohta, [ongelma]pesäke, vaarallinen tienkohta *The accident black spot was Derbyshire where four people died.* Kolareita sattui erityisesti Derbyshiressä, missä neljä ihmistä kuoli.
black and blue mustelmilla *He was beaten black and blue.* Hänet oli hakattu mustelmille.
not as black as one is painted *ark* mainettaan parempi *He is not so black as he is painted.* Hän on mainettaan parempi.

2 black *s*
in the black velaton (henkilöstä t. yrityksestä), plussan puolella (pankkitilistä) *His finances were well in the black.* Hänen pankkitilinsä oli mukavasti plussan puolella.

3 black *v*
black out *1* pyörtyä, menettää tajuntansa *He blacked out for a moment.* Hän menetti hetkeksi tajuntansa. *2* estää jnk esittäminen, sensuroida (yl televisio-ohjelmasta) *They want the program blacked out because of excessive violence.* He haluavat estää ohjelman esittämisen, koska se on liian väkivaltainen.
black sb's eye lyödä jkn silmä mustaksi *He blacked Tom's eye for calling her a "Four-eyed freak".* Hän löi Tomilta silmän mustaksi, koska tämä kutsui tyttöä silmälasikäärmeeksi.

black-and-white ['blæk ən waɪt] s
in black and white mustaa valkoisella, kirjallisesti sovittuna *You read our contract, didn't you? It's there in black and white.* Kai sinä luit sopimuksemme? Asiasta on mustaa valkoisella.

blame ['bleɪm] v
be to blame [for sth] olla syynä *High unemployment was to blame for the problem.* Korkea työttömyys oli syynä ongelmaan.

I don't blame you / him / her / them [for] *ark* en [kyllä] yhtään ihmettele, en moiti [jkta jstak] *I don't blame her for being angry.* En kyllä yhtään ihmettele, että hän on vihainen.

1 blank ['blæŋk] a
go blank lyödä tyhjää, ei muistaa, ei keksiä *My mind went blank. Had I said that?* Minulla löi tyhjää. Olinko sanonut niin?

2 blank s
be firing / shooting blanks *leik* ei onnistua tekemään raskaaksi, olla tuhkamuna *Since her husband is shooting blanks, Tom must be the father.* Koska hänen aviomiehensä ei pysty tekemään lapsia, isä on varmasti Tom.

draw a blank epäonnistua, vetää vesiperä *She tried to find some information on the Internet but drew a blank.* Hän yritti etsiä tietoa Internetistä, mutta veti vesiperän.

3 blank v
blank off *ark* (am) sulkea, tukkia *The air ducts are blanked off.* Ilmanvaihtokanavat on tukittu.

blank out *1* tukahduttaa (tunne ym.), torjua jtak mielestään *The experience was so traumatic that Molly just blanked it out.* Kokemus oli niin traumaattinen, että Molly vain torjui sen mielestään. **2** peittää [näkyvistä ym.] *Some of the names in the report had been blanked out.* Osa raportissa olevista nimistä oli vedetty yli.

blanket ['blæŋkɪt] s
a wet blanket *ark* ilonpilaaja *Oh Jenny darling, don't be a wet blanket!* Jenny-kulta, älä ole ilonpilaaja!

born on the wrong side of the blanket *vanh* avioliiton ulkopuolella syntynyt *How many of his children were born on the wrong side of the blanket?* Montako aviotonta lasta hänellä oli?

1 blast ['blɑːst] s
a blast from the past ['blɑːst, (am) blæst] *ark* tuulahdus menneisyydestä, nostalgian tunteen aikaan saava asia, esine t. henkilö *Seeing that old photo was a real blast from the past.* Kun näin sen vanhan valokuvan, nostalgia valtasi mieleni.

at / on full blast täysillä, täydellä teholla *The volume was on full blast.* Äänenvoimakkuus oli täysillä.

2 blast v
Blast [it]! *ark* (br) helkkari, piru vieköön *"Blast it!" he yelled in frustration.* "Helkkari soikoon!" hän huusi turhautuneena.

blast off lähteä (lähtöalustaltaan), nousta [ilmaan] (raketista ym.) *Atlantis blasts off with the first British male on board.* Atlantis nousee ilmaan ensimmäinen brittimies mukanaan miehistössään.

1 blaze ['bleɪz] s
Go to blazes! *vanh* Häivy!, Ala vetää!

like blazes *ark vanh* vimmatusti, kovasti, lujaa *It was raining like blazes.* Satoi kaatamalla.

what / why / who / how the [blue] blazes *ark vanh* mitä / miksi / kuka / miten hitossa t. helvetissä *Who the blazes are you?* Kuka hitossa sinä oikein olet?

blaze

2 blaze v

blaze a trail viitoittaa tietä, olla uranuurtaja *A recent survey concluded that small and medium-sized companies would blaze the trail for others to follow.* Tutkimus totesi äskettäin, että pienet ja keskisuuret yritykset viitoittaisivat tietä, jota toiset seuraisivat.

bleed ['bli:d] v

bleed someone dry / white kyniä jku putipuhtaaksi *My brother trusted you, and all you did was bleed him dry.* Veljeni luotti sinuun, mutta sinä vain kynit hänet putipuhtaaksi.

bless ['bles] v

bless her / him etc. (*myös* bless her etc. heart) <puhuttaessa jksta hellästi> *My dear wife bought it for my last birthday, bless her heart.* Rakas vaimoni osti sen minulle syntymäpäivälahjaksi.

bless her / his etc. [little] cotton socks *leik* (br; austr) <puhuttaessa jksta hellästi> *John did try his best, bless his white cotton socks.* Johnkulta kyllä yritti parhaansa.

bless me (*myös* bless my soul, well I'm blessed) *vanh* [sus] siunatkoon, varjelkoon, herranen aika *Bless my soul, I believe I dropped off for a while.* Siunatkoon, taisinpa torkahtaa hetkeksi.

bless you *ark* **1** terveydeksi (sanotaan kun jku on juuri aivastanut) **2** [voi] kiitos, paljon kiitoksia [sinulle] *Bless you for all your kindness.* Paljon kiitoksia kaikesta ystävällisyydestäsi.

blessing ['blesɪŋ] s

a blessing in disguise onni onnettomuudessa *Possibly his job could have led to gastric ulcers, so perhaps the change was a blessing in disguise.* Työ olisi voinut aiheuttaa hänelle mahahaavoja, joten ehkä muutos oli onni onnettomuudessa.

a mixed blessing jssak on sekä hyviä että huonoja puolia *Like most artists he regarded the opportunity to teach a mixed blessing.* Monien taiteilijoiden tavoin hän näki mahdollisuudessa opettaa sekä hyviä että huonoja puolia.

1 blind ['blaɪnd] a

a blind alley umpikuja *This type of research turned out to be a blind alley.* Tämän tyyppinen tutkimus johti umpikujaan.

a blind bit of *ark* ei yhtään, ei vähääkään *The government didn't take a blind bit of notice of the report.* Vallanpitäjät eivät kiinnittäneet minkäänlaista huomiota raporttiin.

a blind spot sokea piste, jk jota ei haluakaan nähdä t. ymmärtää *I have a blind spot for statistics.* Minulla on sokea piste tilastotieteen kohdalla.

[as] blind as a bat *leik* umpisokea, täysin sokea *I'm blind as a bat without my glasses.* Ilman silmälaseja olen umpisokea.

blind drunk *ark* kaatokännissä *She was blind drunk.* Hän oli kaatokännissä.

rob / cheat sb blind ryöstää jku putipuhtaaksi *The minute your back's turned, they'll rob you blind.* Heti kun silmä välttää, he ryöstävät sinut putipuhtaaksi.

the blind leading the blind sokea sokeaa taluttaa, auttaja ei osaa enempää kuin autettava *That was the blind leading the blind. I don't know how I passed myself.* Siinä sokea talutti sokeaa. En tiedä edes, miten itse onnistuin läpäisemään.

turn a blind eye to jättää [tahallaan] huomiotta, sivuuttaa [jk äänettömyydellä], unohtaa *I can no longer turn a blind eye to her behaviour.* En voi enää vain jättää hänen käytöstään huomiotta.

2 blind v

blind sb with science hämmentää erikoistermeillä t. erikoistietämyksellään *We give you the tips without blinding you with science.* Annamme vinkkejä selväkielellä.

1 blink ['blɪŋk] v

blink at *ark* hätkähtää jtak, kavahtaa jtak *She doesn't blink at the mess.* Hän ei sotkua hätkähdä.

without blinking an eye / eyelid / eyelash silmää räpäyttämättä, epäröimättä, kylmäverisesti *I can imagine you could stand up in court and say a thing like that without blinking an eye.* Voin kuvitella, että sinä voisit silmää räpäyttämättä sanoa oikeudessa jotain tuollaista.

2 blink s

in the blink of an eye *ark* silmänräpäyksessä, hetkessä *In the blink of an eye, he drew his gun and shot Henri between the eyes.* Silmänräpäyksessä hän veti aseensa ja ampui Henriä silmien väliin.

on the blink *ark* epäkunnossa (laitteesta) *My telephone's on the blink.* Puhelimeni on epäkunnossa.

blinkers ['blɪŋkəz] s

be wearing blinkers (*am* blinders) kulkea silmälaput silmillä, nähdä asiat yksipuolisesti *Remove those blinkers you seem determined to wear where I'm concerned.* Älä viitsi enää kulkea silmälaput silmillä minun suhteeni.

1 block ['blɒk] s

have been around the block [a couple of / a few times] *ark* olla kokenut *They've been around the block a few times and know their job.* Heillä on kokemusta, joten he osaavat työnsä.

knock sb's block off *ark* antaa jklle köniin, vetää jkta turpiin *If someone's been nasty to me, he'll want to rush away and knock their block off.* Jos joku on ollut minulle ilkeä, hän haluaa rynnätä antamaan tälle köniin.

on the [auction] block huutokaupattavana *On Wednesday in Paris, the original manuscript for Ravel's Bolero goes on the block.* Keskiviikkona Pariisissa huutokaupataan Ravelin Boleron alkuperäisnuotit.

put / lay one's head on the block asettaa maineensa t. asemansa vaakalaudalle, antaa päänsä pantiksi jstak *It is not in your nature to put your head on the block.* Ei ole sinulle ominaista asettaa asemaasi vaakalaudalle.

the new kid on the block *ark* [uusi] tulokas, keltanokka *As the new kid on the block, the company had to try to emulate the leaders in the Unix market.* Uutena tulokkaana yrityksen täytyi jäljitellä johtavia yrityksiä Unix-markkinoilla.

2 block v

block in *1* maalata, värittää, täyttää [paperi ym.] (piirroksin ym.) *I have intentionally blocked in the shape of the building with a cool colour.* Olen tarkoituksella värittänyt rakennuksen viileällä värillä.
2 hahmotella, luonnostella *In his spare time, he blocked in ideas for a book.*

blood ['blʌd] s

bad blood *vanh* [vanha] kauna, närä *There had always been bad blood between Robert and Edward.* Robert ja Erward olivat aina kantaneet kaunaa toisilleen.

be after / out for sb's blood *ark leik* olla jkn perässä, haluta kostaa t. rangaista *The girl's ex is out for his blood.* Tytön entinen poikaystävä on hänen perässään.

be like getting blood out of / from a stone olla kiven takana, olla tiukassa *Getting money out of her is like getting blood out of a stone.* Rahan kiskominen häneltä on kiven takana.

bloody and guts *ark* väkivalta, verta ja suolenpätkiä (viihteessä) *The film is long on romance and humour and short on blood and guts.* Elokuvassa on romantiikkaa ja huumoria, mutta ei väkivaltaa.

blood and thunder *ark* draama, dramaattiset tapahtumat (näytelmässä ym.) *Stoker garnished his tale with blood and thunder.* Stoker höysti tarinaansa dramaattisilla aineksilla.

Blood is thicker than water. Veri on vettä sakeampaa *There isn't much love lost between them but blood is thicker than water.* He inhoavat toisiaan, mutta veri on vettä sakeampaa.

blood, sweat and tears suuri työ, kova urakka, vaivannäkö *We've put blood, sweat and tears into this campaign!* Olemme nähneet paljon vaivaa tämän kampanjan eteen!

have [got] sb's blood on one's hands olla tahrannut kätensä jkn vereen, olla jkn kuolema tunnollaan *He has my son's blood on his hands.* Poikani kuolema on hänen tunnollaan.

in cold blood kylmäverisesti *He was shot in cold blood.* Hänet ammuttiin kylmäverisesti.

in one's blood jklla verissä (synnynnäisestä ominaisuudesta ym.) *Football is in my blood.* Jalkapallo on minulla verissä.

make sb's blood boil *ark* saada jkn veri kiehumaan, kuohuttaa jkn tunteita *His high-handedness made her blood boil.* Miehen omavaltaisuus sai hänen verensä kiehumaan.

make sb's blood run cold saada jkn veri hyytymään (säikähdyksestä ym.) *Whenever she passed the wood the tales rushed back into her mind and made her blood run cold.* Aina kun hän kulki metsän ohi, tarinat vyöryivät hänen mieleensä ja saivat hänen verensä hyytymään.

new / fresh blood uutta verta *It's time we injected some new blood into this company.* On jo aika palkata uutta verta tähän yritykseen.

one's blood is up (br) jkn veri kiehuu [raivosta] *Our blood is up. We are angry at the way Labour is being presented.* Meidän veremme kiehuu raivosta. Olemme vihaisia siitä, millainen kuva työväenpuolueesta annetaan.

spit blood olla raivoissaan *If he heard that John had tried to kill Bill, he would spit blood.* Jos hän kuulisi, että John oli yrittänyt tappaa Billin, hän raivostuisi.

there'll be blood on the carpet kiistellä verissä päin *There would be blood on the carpet over the choice of Chief Executive.* Pääjohtajan valinnasta kiisteltäisiin verissä päin.

bloody ['blʌdi] *a*

bloody / bloodied but unbowed kolhun kärsineenä mutta ei kukistettuna *The last thing they want is a Saddam bloody but unbowed.* He haluavat Saddamin kukistuvan, eivät vain hankaloittaa hänen asemaansa.

bloody hell *ark* helvetti[ä], helvetin [kuusessa] *Where the bloody hell have you been?* Missä helvetissä olet oikein ollut?

Bloody hell! *ark* Voi helvetin helvetti!

1 blot ['blɒt] *s*

a blot on the landscape maisemanpilaaja (rumasta rakennuksesta ym.) *Wind farms could become an unsightly blot on the landscape.* Tuulivoimalat voisivat pilata maiseman.

2 blot *v*

blot one's copybook *vanh ark* (br) tahrata maineensa *Garcia blotted his copybook with one major error.* Garcia pilasi maineessa tekemällä yhden suuren virheen.

blot out *1* peittää [näkyvistä] *Fog has blotted out the landscape.* Sumu oli peittänyt maiseman. *2* pyyhkiä mielestä[än], häivyttää mielestä[än] *She just wanted to sleep and blot out the terrifying events of the day.* Hän halusi vain nukkua ja pyyhkiä mielestään päivän pelottavat tapahtumat.

1 blow ['bləʊ] *v*

blow a fuse / gasket *ark* polttaa päreensä, menettää malttinsa *It was only a suggestion. There's no need to blow a fuse.* Se oli vain ehdotus. Ei tarvitse menettää malttiaan.

blow a hole in sth osoittaa jk vääräksi, saattaa jk huonoon t. epäedulliseen valoon *His speech blew holes in Mr Major's argument that Maastricht means no common foreign or defence policy.* Hänen puheensa osoitti vääräksi Majorin väitteen, että Maastrichtin sopimus ei merkitsisi yhteistä ulkomaan- tai puolustuspolitiikkaa.

blow apart paljastaa vääräksi *The book blew apart the myth of Charles and Diana's marrige.* Kirja paljasti vääräksi Charlesin ja Dianan avioliittoon liittyvät myytit.

blow away (am) *1 ark* ampua jku (kuoliaaksi) *He put a gun to the back of the her head and threatened to blow her away.* Hän tähtäsi aseella naista takaraivoon ja uhkasi ampua tästä ilmat pihalle. *2 ark* tehdä valtava vaikutus jkhun *When I first heard that song it blew me away.* Kun kuulin tuon laulun ensimmäisen kerran, se teki minuun valtavan vaikutuksen. *3 ark* hakata jku, päihittää jku (yl kilpailussa) *Smith blew him away in the final.* Smith päihitti hänet loppukilpailussa.

blow down kaataa, kaatua (tuulen ym. vaikutuksesta) *The old cedar tree had been blown down in the storm.* Se vanha setripuu oli kaatunut myrskyssä.

blow hot and cold jahkailla jtak loputtomasti, muuttaa jatkuvasti mieltään [jstak asiasta] *She kept blowing hot and cold about the idea of marrying him.* Hän jahkaili naimisiinmenoa loputtomasti.

blow in *ark* tulla käymään [kylässä], poiketa kylään [jkn luokse] (ilman erityistä asiaa) *James just blew in for a visit.* James tuli vain käymään kylässä.

blow me [down] (*myös* I'll be blowed, I'm blowed) *ark* (br) ihanko totta, kappas vain *Well, I'll be blowed – Jimmy, me lad!* Kappas vain, Jimmykö se siinä!

blow off *1 ark* (br) pieraista *Dave started blowing off.* Dave alkoi piereskellä. *2* (am) jättää jk väliin, olla tekemättä jtak *I decided to blow off the exam.* Päätin jättää tentin väliin. *3* (am) välittää vähät jstak, käyttäytyä koppavasti *He tried to get her attention, and she blew him off.* Hän yritti herättää tytön huomion, mutta tyttö vähät välitti hänestä.

blow one's own trumpet (*myös* (am) toot one's own horn) kehuskella itseään t. omia saavutuksiaan *Modesty forbids Geoff from blowing his own trumpet.* Geoff on liian vaatimaton kehuskellakseen itseään.

blow one's top (*myös* (am) blow one's stack) *ark* raivostua, menettää malttinsa *Jenkinson blew his top after missing a penalty.* Jenkinson raivostui laukaistuaan rangaistuspotkun ohi.

blow out *1* laantua (myrskystä) *The storm blew itself out.* Myrsky laantui. *2* pullistella (poskia) *He blew out his cheeks.* Hän pullisteli poskiaan. *3 ark* (yl am) päihittää, rökittää (yl kilpailussa) *Jones blew him out in three rounds.* Jones päihitti hänet kolmessa erässä. *4 ark* (br) tehdä oharit *It was all planned, but she blew him out.* Kaikki oli jo sovittu, mutta tyttö teki hänelle oharit.

blow

blow over *1* kaatua, kaataa (tuulen ym. vaikutuksesta) *One of those trees had blown over in a storm.* Myrsky oli kaatanut yhden noista puista. *2* laantua (myrskystä) *These storms usually blew over quickly.* Nämä myrskyt yleensä laantuivat nopeasti. *3* laantua, lieventyä, mennä ohi (epämiellyttävästä tilanteesta) *The crisis blew over.* Kriisi meni ohi.

blow sb's brains out (*myös* blow sb's head off) *ark* ampua kuula jkn kalloon, päästää jksta ilmat pihalle *If you don't give me the money, I'll blow your brains out.* Jos et anna rahoja, saat kuulan kalloosi.

blow sb's mind *ark* tehdä valtava vaikutus jkhun *The sound just blew my mind.* Soundi teki minuun valtavan vaikutuksen.

blow sth / sb out of the water *1* päihittää, tuhota perusteellisesti *We are confident we can blow the competitors out of the water.* Olemme luottavaisia sen suhteen, että pystymme päihittämään kilpailijat. *2* paljastaa vääräksi *Let me blow out of the water some of the common misconceptions about negotiations.* Saanen oikaista muutamia neuvotteluihin liittyviä yleisiä vääriä käsityksiä.

blow the gaff *vanh ark* (br) paljastaa jkun salaisuus *It has yet to be ascertained exactly who blew the gaff on her.* Vielä ei ole selvinnyt kuka oikeastaan paljasti hänen salaisuutenssa.

blow up *1* nousta (tuulesta, myrskystä) *That night a storm blew up.* Sinä yönä nousi myrsky. *2* nousta, kehkeytyä, sukeutua (riidasta ym.) *A major row blew up this week over his comments.* Hänen kommenteistaan sukeutui tällä viikolla lihava riita. *3* *ark* räjähtää, alkaa räyhätä *He just blew up at me.* Hän vain alkoi räyhätä minulle. *4* *ark* liioitella jtak, paisutella jtak *It was a domestic tiff which was blown up out of all proportion.* Se oli perheriita, jota on paisuteltu aivan suhteettomasti. *5* *ark* moittia t. nuhdella jkta *She blew me up several times for talking too much.* Hän moitti minua moneen kertaan siitä, että puhuin liikaa.

blow up in one's face mennä myttyyn, olla kohtalokkaat seuraukset *One of his dubious deals had blown up in his face.* Yksi hänen arveluttavista sopimuksistaan oli mennyt myttyyn.

I'm / I'll be blowed if en taatusti *I'm blowed if I want to meet Robert socially.* En taatusti halua joutua Robertin kanssa tekemisiin seuraelämässä.

2 blow *s*

at one blow (*myös* in a single blow) kertaheitolla *What, was she to strike from Benedict all his hopes at one blow?* Pitäisikö hänen pyyhkäistä olemattomiin Benedictin kaikki toiveet kertaheitolla?

blow-by-blow yksityiskohtainen, perinpohjainen *I was given a blow-by-blow account of his state of health.* Sain yksityiskohtaisen kuvauksen hänen terveydentilastaan.

come to blows alkaa tapella, ryhtyä tukkanuottasille *The boys came to blows over a toy.* Pojat alkoivat tapella lelusta.

soften / cushion the blow pehmentää iskua, lieventää pettymystä *To cushion the blow of price rises, wages and pensions were increased.* Hinnankorotusten iskua pehmennettiin palkkojen ja eläkkeiden korotuksilla.

strike a blow for sth osoittaa kannattavansa jtak (jnk teon avulla) *This election gives you a chance to strike a blow for democracy.* Nämä vaalit antavat sinulle tilaisuuden osoittaa, että kannatat demokratiaa.

1 blue ['blu:] a

blue-eyed boy *ark* lempilapsi, suosikki *Arkansas Governor Bill Clinton, the Democrats' blue-eyed boy, is still in the lead.* Arkansasin kuvernööri Bill Clinton, demokraattien lempilapsi, on edelleen johdossa.

do sth until / till one is blue in the face *ark* tehdä jtak loputtomasti (onnistumatta siinä) *You can argue with me until you're blue in the face, but I won't give in.* Voit riidellä kanssani loputtomasti, mutta minä en aio antaa periksi.

once in a blue moon *ark* ani harvoin, tuskin koskaan *So now he just comes round once in a blue moon.* Ja nyt hän tulee käymään ani harvoin.

turn the air blue (*myös* the air turns blue) kiroilla, käyttää rumaa kieltä *And the names he called me turned the air blue!* Ja hän nimitteli minua tosi rumasti!

2 blue s

out of the blue *ark* aivan yllättäen, kuin salama kirkkaalta taivaalta *Steve turned up out of the blue, asking to see Tony.* Steve ilmaantui paikalle aivan yllättäen ja halusi tavata Tonyn.

the blues *ark* depis, masennus, alakuloisuus *He's got the blues.* Hän on depiksessä.

the boys in blue *ark* jeparit, poliisi[t] *Poor old Shergold has had another visit from the boys in blue!* Poliisit ovat taas käyneet vanhan Shergoldparan luona!

bluff ['blʌf] s

call sb's bluff panna jku selkä seinää vasten, laittaa jku näyttämään sanansa toteen *She was tempted to call his bluff, hardly able to believe he'd carry out his threat.* Hänelle tuli kiusaus laittaa mies näyttämään sanansa toteen, koska ei oikein pystynyt uskomaan, että tämä tarkoittaisi totta uhkauksellaan.

blush ['blʌʃ] s

at first blush (yl am) ensi alkuun, ensi näkemältä *At first blush the analysis outlined above possesses considerable appeal.* Ensi näkemältä edellä mainittu analyysi näyttää hyvinkin houkuttelevalta.

spare / save sb's blushes pelastaa jku nöyryytykseltä *He scored at the last minute, and spared Scotland's blushes.* Hän teki maalin viime minuuteilla ja pelasti Skotlannin nöyryytykseltä.

board ['bɔ:d] s

be above board olla laillinen, olla kunniallinen *His name was linked to allegations that certain transactions were not totally above board.* Hänet yhdistettiin väitteisiin, joiden mukaan jotkut liiketoimet olivat melko hämäräperäisiä.

go by the board epäonnistua, mennä myttyyn, tulla hylätyksi t. unohdetuksi *My promotion went by the board.* Ylennykseni meni myttyyn.

on board *1* laivassa, junassa, lentokoneessa, bussissa (ym. kulkuvälineessä) *Airline officials agreed to let us on board.* Lentokenttävirkailijat suostuivat päästämään meidät koneeseen. *2* *ark* [mukana] joukossa, [mukaan] joukkoon *We hope to have a new teacher on board soon.* Toivomme saavamme uuden opettajan joukkoomme pian.

take sth on board *ark* **1** ottaa [jkn mielipide, kommentti ym.] huomioon, [alkaa] ymmärtää jtak *I will take on board the points that have been mentioned.* Aion ottaa mainitut asiat huomioon. **2** ottaa jtak vastuulleen, ottaa jtak tehtäväkseen *He discovered that he must take more work on board than he had intended.* Hän huomasi, että hänen täytyisi ottaa tehtäväkseen suurempi työ mitä oli luullut.

boat

tread the boards näytellä, esiintyä *He was 23 before he decided to tread the boards.* Hän oli 23-vuotias ennen kuin hän päätti ryhtyä näyttelijäksi.

boat ['bəʊt] *s*

be in the same boat *ark* olla samassa veneessä (yhteisestä pulmatilanteesta ym.) *Climate change could put both superpowers in the same boat.* Ilmastonmuutoksen seurauksena molemmat suurvallat saattavat olla pian samassa veneessä.

push the boat out *ark* (br) törsätä, hummata, panna elämä risaiseksi *They pushed the boat out for New Year.* He törsäsivät uudenvuoden juhlintaan.

rock the boat *ark* aiheuttaa häiriötä, saattaa asiat pois tolaltaan *He is careful not to rock the boat at Juventus with any ill-timed criticism.* Hän varoo aiheuttamasta Juventuksessa häiriötä huonosti ajoitetulla kritiikillä.

bob ['bɒb] *s*

Bob's your uncle! *ark* (br) Homma on hoidossa!, Asia on sillä selvä! *Nip out all this lace and Bob's your uncle.* Napsaiset nämä pitsit vain pois ja sillä selvä!

not be short of a bob or two *ark* (br) ei olla pienen rahan tarpeessa *She will never be short of a bob or two – she's worth an estimated £9.5 million.* Hän ei tule koskaan olemaan pienen rahan tarpeessa – hänen omaisuutensa arvo on noin 9,5 miljoonaa puntaa.

body ['bɒdi] *s*

a body blow takaisku *A tax on books would be a body blow for education.* Kirjavero olisi takaisku koulutukselle.

body and soul kokonaisvaltaisesti, koko sielullaan ja sydämellään *He dedicated himself to poetry, body and soul.* Hän omistautui runoudelle koko sielullaan ja sydämellään.

in a body ryhmässä, yhtenä joukkona *We rose in a body.* Nousimme seisomaan yhtenä joukkona.

keep body and soul together tulla [juuri ja juuri] toimeen, ansaita [niukka] elantonsa *She's struggling to keep body and soul together.* Hän joutuu pinnistelemään ansaitakseen niukan elantonsa.

over my dead body *ark* vain kuolleen ruumiini yli *You marry my daughter over my dead body.* Pääset naimisiin tyttäreni kanssa vain kuolleen ruumiini yli.

bog ['bɒg] *v*

bog standard *ark* (br) [ihan] tavallinen, tavanomainen *I actually like bog-standard goldfish.* Minä oikeastaan pidän ihan tavallisista kultakaloista.

1 boil ['bɔɪl] *v*

boil down tiivistää, kiteyttää (teksti ym.) *She had boiled down the definition to one sentence.* Hän oli tiivistänyt määritelmän yhteen virkkeeseen.

boil down to olla [loppujen lopuksi] kyse jstak, olla [loppujen lopuksi] jnk syynä *The problem boils down to one thing.* Ongelman syynä on loppujen lopuksi vain yksi asia.

boil over (tunteista) kuohua, kuohahtaa, kärjistyä *Tempers boiled over in the closing stages of the game.* Tunteet kuohuivat ottelun loppuvaiheilla.

boil up (tunteista) kuohahtaa *Anger boiled up inside her.* Kiukku kuohahti hänessä.

cannot boil an egg *leik* ei osata laittaa ruokaa *She can't boil an egg, and hat's why we don't let her play in the kitchen.* Hän ei osaa lainkaan laittaa ruokaa, eikä hän sen tähden saakaan häärätä keittiössä.

make sb's blood boil saada jkun veri kiehumaan, saada jku kiehumaan kiukusta *The thought made my blood boil.* Pelkkä ajatus sai vereni kiehumaan.

2 boil *s*

go off the boil (br) lässähtää, lopahtaa *The team went off the boil in the second half of the game.* Joukkueen peliote lässähti ottelun toisella puoliajalla.

on the boil (br) aktiivinen *Can he keep his enthusiasm on the boil?* Jaksaako hän pitää intoa yllä?

bold ['bəʊld] *a*

[as] bold as brass *ark* (br) röyhkeä, häpeämätön *She marched into his library bold as brass.* Hän marssi häpeämättömästi miehen kirjastohuoneeseen.

be / make so bold as to *1 kirjak* <erittäin kohteliaissa pyynnöissä ja ehdotuksissa> *If I may make so bold as to ask, where do you live?* Missä asutte, jos saan kysyä? *2 kirjak* olla otsaa *Some people were so bold as to suggest that he had lost his grip.* Joillakuilla oli otsaa väittää, että hän oli menettänyt otteensa.

bolt ['bəʊlt] *s*

a bolt from the blue *(myös a bolt out of the blue)* salama kirkkaalta taivaalta *The news hit me like a bolt from the blue.* Uutinen iski kuin salama kirkkaalta taivaalta.

bolt upright selkä suorana *Joanna sat bolt upright on her chair.* Joanna istui tuolillaan selkä suorana.

make a bolt / dash for sth *ark* rynnätä jhk, paeta jhk *Ellis made a bolt for the door.* Ellis ryntäsi ovelle.

shoot your bolt loppua paukut kesken, loppua puhti kesken *As the fight progressed, it became obvious that Johansson had shot his bolt.* Ottelun edetessä tuli selväksi, että Johanssonilta loppuivat paukut kesken.

bomb ['bɒm] *s*

go down a bomb *ark* (br) upota kuin kuuma veitsi voihin, olla [suuri] menestys *But those few gigs we did went down a bomb.* Ne muutamat keikkamme olivat suuri menestys.

go like a bomb *ark* (br) *1* olla [suuri] menestys *The show went like a bomb.* Show oli suuri menestys. *2* kiitää kuin raketti, päästellä tuhatta ja sataa *My new car can go like a bomb.* Uudella autollani voi päästellä tuhatta ja sataa.

look like a bomb's hit it *ark* olla kuin pommin jäljiltä (paikasta) *The kitchen looks like a bomb's hit it.* Keittiö on kuin pommin jäljiltä.

make a bomb [doing sth / out of sth] *ark* (br) lyödä rahoiksi jllak *I can make a bomb coaching movie stars in Palm Springs.* Minä voin lyödä rahoiksi valmentamalla filmitähtiä Palm Springsissä.

put a bomb under sb / sth hoputtaa / patistaa jkta t. jtak *I would urge them to put a bomb under their bureaucrats and start getting that money out.* Neuvoisin heitä patistamaan virkamiehiä, jotta raha saadaan liikkumaan.

1 bone ['bəʊn] *s*

bone idle *ark* patalaiska *He was apparently bone idle.* Hän näytti olevan patalaiska.

bone of contention kiistanaihe, kiistakapula *Poland had been a bone of contention between Russia and Germany.* Puola oli ollut Venäjän ja Saksan kiistakapula.

chilled / frozen to the bone kylmästä kankea *I'm frozen to the bone.* Olen kylmästä kankea.

cut / trim / pare sth to the bone supistaa t. vähentää jk minimiin *The costs will have to be cut to the bone.* Kulut täytyy nyt vähentää minimiin.

feel sth in one's bones tuntea luissaan *It's all going to be perfect! I*

bone

can feel it in my bones! Siitä tulee täydellistä! Tunnen sen luissani!

have a bone to pick with sb *ark* on jkn kanssa kana kynittävänä, olla jkn kanssa asioita selvittämättä *She has a bone to pick with her selfish ex-husband.* Hänellä on kana kynittävänä itsekkään ex-miehensä kanssa.

make no bones about sth ei peitellä jtak, ei yrittää salata jtak *Newcombe made no bones about his disappointment.* Newcombe ei yrittänyt salata pettymystään.

near / close to the bone *1* (epämiellyttävän) lähellä totuutta (kommentista ym.) *The headmaster was getting a little too close to the bone for my liking.* Minusta tuntui, että rehtori alkoi olla epämiellyttävän lähellä totuutta. *2* uskalias, rohkea (vitsistä ym.) *I've got a list of funny errors, some a bit too near the bone to repeat on the air.* Minulla on lista hauskoja virheitä, joista osa on liian uskaliaita toistaa lähetyksessä.

not have a / an ... bone in one's body ei olla lainkaan jtak *She doesn't have a mean bone in her body.* Hän ei ole tippaakaan ilkeä.

to one's bones / to the bone luita ja ytimiä myöten, kiireestä kantapäähän *He's a cop to the bone.* Hän on jepari kiireestä kantapäähän.

2 bone *v*

bone up on *ark* päntätä jtak [päähänsä], kerrata (tietoja jstak aiheesta) *She boned up on French pronunciation.* Hän kertasi ranskan ääntämistä.

book ['bʊk] *s*

be a closed book olla jklle täysi arvoitus, ei [voida] ymmärtää jtak *Geometry has always been a closed book to me.* En ole koskaan oikein ymmärtänyt geometriaa.

be on the books *1* olla jnk kirjoissa t. listoilla t. rekisterissä [ym.] *The playgroup currently has 30 children on the books.* Leikkikoulussa käy tällä hetkellä 30 lasta. *2* olla lakikirjoissa, olla laissa säädettynä

bring sb to book (br) rangaista jkta, vaatia jku tilille jstak *The alleged swindlers were difficult to bring to book.* Huijauksesta epäiltyjä oli vaikea saada tilille.

by the book sääntöjen mukaan *She always tries to do everything strictly by the book.* Hän yrittää aina tehdä kaiken tiukasti sääntöjen mukaan.

crack a book *ark* (am) avata kirja, alkaa opiskella *He would get straight A's. And he never cracked a book!* Hän sai aina kiitettäviä. Vaikka ei ikinä lukenut kokeisiin!

in my book minun mielestäni, minun käsitykseni mukaan *Navratilova is the greatest tennis player of all time, in my book.* Navratilova on minun mielestäni kaikkien aikojen paras tennispelaaja.

in sb's bad / good books *ark* jkn [epä]suosiossa *I'm back in her good books!* Olen taas hänen suosiossaan!

open / start a book on aloittaa vedonlyönti jstak *The betting boys opened a book on his successor.* Vedonlyöjät aloittivat vedonlyönnin hänen seuraajastaan.

read sb like a book lukea jkta kuin avointa kirjaa *He is so consistent you can read him like a book.* Hän on niin johdonmukainen, että häntä voi lukea kuin avointa kirjaa.

take a leaf out of sb's book ottaa jksta mallia t. esimerkkiä *Maybe I should take a leaf out of your book.* Ehkäpä minun pitäisi ottaa sinusta mallia.

throw the book at sb *ark* rangaista t. arvostella ankarasti *The judge threw the book at him and gave him fifteen years.* Tuomari valitsi ankaran linjan ja antoi miehelle viidentoista vuoden vankeusrangaistuksen.

You can't judge a book by its cover. Ei ole koiraa karvoihin katsomista.

boot [ˈbuːt] *s*

a bossy boots komentelija, määräilijä *Ooh, he's a bossy boots!* Hän on oikea komentelija.

die with one's boots on kuolla saappaat jalassa, kuolla taistellen t. työnsä ääreen *He died with his boots on and was out doing what he loved until he died.* Hän kuoli saappaat jalassa ja teki kuolemaansa saakka sitä mistä piti.

get the boot *ark* saada kenkää, saada potkut *You mean you've got the boot along with the rest of us?* Tarkoitatko, että sinäkin sait kenkää meidän muiden mukana?

give sb the boot *ark* antaa jklle kenkää, antaa jklle potkut *She should have been given the boot years ago.* Hänelle olisi pitänyt antaa kenkää jo vuosia sitten.

put / stick the boot in[to] *ark* lyödä lyötyä, käydä jkn kimppuun (yl asioiden ollessa jo ennestään huonosti) *The move was just another way of putting the boot in to the unions.* Tämä toimenpide oli vain uusi tapa käydä ammattiliittojen kimppuun.

the boot / shoe is on the other foot *ark* asia on kiepsahtanut päälaelleen, tilanne on [nyt] aivan toinen *Laura had always seemed the more dominant figure. But now, the boot was on the other foot.* Laura oli aina vaikuttanut hallitsevalta osapuolelta. Mutta nyt asia oli päinvastoin.

to boot *vanh t. leik* kaiken lisäksi, päälle päätteeksi *He's done it on a shoestring budget to boot.* Kaiken lisäksi hän on tehnyt sen niukalla budjetilla.

with one's heart in one's boots sydän syrjällään, tuska sydämessä[än] *I had no alternative but to follow her with my heart in my boots.* Minulla ei ollut muuta vaihtoehtoa kuin seurata häntä sydän syrjällään.

bootstrap [ˈbuːtstræp] *s*

pull / drag yourself up by the / your bootstraps *ark* menestyä omin avuin *The less well provided must pull themselves up by their own bootstraps.* Huonommin toimeentulevien on menestyttävä omin avuin.

bore [ˈbɔː^r] *v*

bore sb stiff / to death / to tears / out of their mind *ark* ikävystyttää jku kuoliaaksi *He would bore everyone to death with tales about how his daughter was going to university.* Hän ikävystyttäisi kaikki kuoliaaksi puheillaan tyttärestään, joka oli menossa opiskelemaan yliopistoon.

born [ˈbɔːn] *a*

born and bred paljasjalkainen, syntynyt ja kasvanut jssak *I'm a Londoner, born and bred.* Olen paljasjalkainen lontoolainen.

I wasn't born yesterday. En ole eilisen teeren poikia.

in all my born days *ark vanh* eläissäni *I've never heard anything like it in all my born days!* En ole eläissäni kuullut moista!

There's one / a sucker born every minute. *ark* Höynäytettäviä / hyväuskoisia [ihmisiä] riittää. *Behind their backs, the dealer would call his clients "suckers", saying: "There's one born every minute."* Asiakkaiden selän takana kauppias tapasi kutsua heitä hölmöiksi ja sanoa: "Höynäytettäviä riittää".

borrow [ˈbɒrəʊ] *v*

be / live on borrowed time elää odotettua kauemmin, jatkua odotettua kauemmin *He's already on borrowed time.* Hän on jo elänyt odotettua kauemmin. *The Government is living on borrowed time.* Hallitus on ollut vallassa odotettua kauemmin.

bosom

bosom ['bʊzəm] *s*
in the bosom of *kirjak* jnk helmassa, jkn huomassa *He should have stayed in the bosom of his family.* Hänen olisi pitänyt pysyä perheensä helmassa.

boss ['bɒs] *s*
show sb who's boss näyttää jklle, kuka on kuka *I felt threatened by him, so I decided to show him who was boss.* Koin hänet uhkana, joten päätin näyttää hänelle, kuka on kuka.

1 bother ['bɒðəʳ] *v*
be [all] hot and bothered *ark* olla aivan hermona, olla kuin tulisilla hiilillä *She didn't want him to touch her. It made her feel too hot and bothered.* Hän ei halunnut miehen koskevan häntä. Se sai hänet olemaan kuin tulisilla hiilillä.

can't be bothered *ark* (br) ei viitsiä, ei jaksaa, ei kiinnostaa *I can't be bothered to cook today.* En jaksa laittaa ruokaa tänään.

I'm not bothered *ark* (br) minulle on aivan sama *I'm not bothered one way or the other.* Minulle käy kumpi vain.

2 bother *s*
no bother ei kestä, ei siitä ole vaivaa *No, it's no bother, it's on my way home.* Ei, ei siitä ole vaivaa, se on matkani varrella.

1 bottle ['bɒtl] *s*
hit / take to the bottle (*myös* be on the bottle) ratketa ryyppäämään *His marriage broke up and he hit the bottle.* Hänen avioliittonsa kariutui, ja hän ratkesi ryyppäämään.

2 bottle *v*
bottle out *ark* (br) jänistää, perääntyä jstak *She bottled out at the last minute.* Hän jänisti viime hetkellä.

bottle up tukahduttaa, pitää sisällään (tunteista) *Try not to bottle up your emotions.* Yritä olla tukahduttamatta tunteitasi.

1 bottom ['bɒtəm] *s*
at bottom *kirjak* pohjimmiltaan, perimmältään *At bottom, the difficulty was psychological.* Pohjimmiltaan ongelma oli psykologinen.

be / lie at the bottom of olla jnk takana, olla jnk syynä *I'd love to know what lies at the bottom of these problems.* Haluaisin kovasti tietää, mikä näiden ongelmien syynä oikein on.

Bottoms up! *ark* Kippis!, Pohjanmaan kautta!

get to the bottom of selvittää jk perin pohjin *The inspector will get to the bottom of the mystery.* Komisario selvittää arvoituksen perin pohjin.

knock the bottom out of pudottaa jltak pohja pois *A shortfall in supplies of chromium would knock the bottom out of the engineering industry.* Kromivarastojen vaje pudottaisi pohjan pois konepajateollisuudelta.

the bottom falls / drops out of the market markkinoilta putoaa pohja, kuluttajat lakkaavat ostamasta jtak *The bottom fell out of the market for computer chips.* Mikrosirujen markkinoilta putosi pohja.

the bottom line *ark* [ratkaiseva] tosiasia, ratkaiseva tekijä *I really like you, but the bottom line is I'm still married to Denny.* Pidän sinusta todella paljon, mutta tosiasiassahan olen yhä naimisissa Dennyn kanssa.

2 bottom *v*
bottom out tasaantua, vakiintua (laskun jälkeen) *The property market is bottoming out.* Kiinteistömarkkinat tasaantuvat.

bounce ['baʊns] *v*
bounce around / off *ark* esittää, heitellä [ilmaan], vaihtaa (ajatuksista) *He was constantly bouncing new ideas off colleagues.* Hän heitteli

virkatoveilleen jatkuvasti uusia ideoita.

bounce back toipua, päästä jaloilleen *The Royal Family will bounce back from their terrible year.* Kuninkaallinen perhe toipuu kyllä kamalasta vuodestaan.

bounce into (br) taivuttaa jku jhk, painostaa jku jhk *He had been bounced into writing that article.* Hänet oli taivutettu kirjoittamaan se artikkeli.

1 bound ['baʊnd] *a*

be bound and determined (am) olla vakaasti päättänyt *I was bound and determined to make my dream a reality.* Olin vakaasti päättänyt toteuttaa unelmani.

be bound up in / with sth olla vahvasti sidoksissa jhk, olla läheisessä yhteydessä jhk *His whole life was bound up in this relationship.* Hänen koko elämänsä oli vahvasti sidoksissa tähän suhteeseen.

be / feel duty / honour bound to do sth *kirjak* olla velvollinen tekemään jtkin *I felt duty bound to write two or three chapters.* Tunsin, että olin velvollinen kirjoittamaan pari kolme kappaletta.

I'll be bound *vanh* panen pääni pantiksi, olen aivan varma

2 bound *s*

out of bounds [pääsy] kielletty, kielletyllä alueella *This place is out of bounds to both of you.* Tähän paikkaan on teiltä molemmilta pääsy kielletty.

within bounds sallitun rajoissa, kohtuuden rajoissa *During the war the national crisis kept discontent within bounds.* Sota-aikana kansallinen kriisi piti tyytymättömyyden kohtuuden rajoissa.

1 bow ['baʊ] *v*

bow and scrape [to] pokkuroida [jkn edessä] *The only bowing and scraping you'll be doing in future will be for the customers.* Jatkossa sinun ei tarvitse pokkuroida kuin asiakkaiden edessä.

2 bow *s*

have [got] another string / more strings to one's bow ei olla vielä keinot t. vaihtoehdot lopussa *At least he has other career strings to his bow.* Ainakin hänellä on muitakin uravaihtoehtoja.

bowel ['baʊəl] *s*

the bowels of jnk uumenet, jnk sisukset *The shaft descends 390 feet into the bowels of the earth.* Kuilu ulottuu maan uumeniin 116 metrin syvyyteen.

bowl ['bəʊl] *v*

bowl over *1* ällistyttää, viedä jklta jalat alta *He was bowled over by the beauty of the girl.* Tytön kauneus vei häneltä jalat alta. *2* kaataa jku [kumoon] *The explosion bowled us all over.* Räjähdys kaatoi meidät kaikki kumoon.

box ['bɒks] *v*

box clever toimia ovelasti *She had to box clever and let Adam think she had accepted what he said.* Oli toimittava ovelasti ja annettava Adamin uskoa, että hän hyväksyi, mitä tämä sanoi.

box in *1* tukkia jklta tie, estää jkn pääsy jhk *The car was boxed in.* Autolta oli tukittu tie. *2 kuv* ahdistaa jku nurkkaan, haitata, estää *Future development should not be boxed in by inflexible requirements.* Tiukkojen vaatimusten ei pitäisi antaa haitata tulevaa kehitystä.

box off erottaa väliseinällä *The bathroom is boxed off.* Kylpyhuone on erotettu erilliseksi tilaksi.

box sb's ears (*myös* give sb a box on the ears) antaa jklle korvapuusti *Don't you speak to me in that way, or I'll box your ears!* Älä puhu minulle noin, tai annan sinulle korvapuustin.

boy ['bɔɪ] *s*

a whipping boy syntipukki *Gaddafi's Libya had become a convenient whipping boy for Western governments.* Gaddafin Libyasta oli tullut länsimaiden hallituksille sopiva syntipukki.

a wide boy *ark* (br) huijari *He struck me as a wide boy.* Hän vaikutti minusta huijarilta.

boy meets girl [tavanomainen] rakkaustarina, ihastuminen *It's a basic boy meets girl story.* Se on tavallinen rakkaustarina.

mummy's boy (*myös* mother's boy) *halv* mammanpoika

brain ['breɪn] *s*

be out of one's brain *ark* kaatokännissä *He was out of his brain at the time.* Hän oli silloin kaatokännissä.

beat sb's brains out *ark* hakata jku henkihieveriin, vetää jkta pahasti turpiin *But I didn't tell you to beat his bloody brains out did I?* Mutta enhän minä hitto vie käskenyt sinun hakata häntä henkihieveriin.

brains and / versus brawn äly ja / tai voima *In sailing, brains and not just brawn is of the essence.* Purjehtimisessa olennaista on äly eikä pelkkä voima.

have [got] sb / sth on the brain *ark* pyöriä jkn mielessä, ajatella vain jtak *John has football on the brain.* Johnin mielessä pyörii vain jalkapallo.

sb's brainchild jkn luomus, jkn hengentuote *The valve was the brainchild of a private inventor.* Venttiili oli erään yksityisen keksijän luomus.

the brain drain aivovuoto, aivovienti (pitkälle koulutettujen ym. muutto ulkomaille) *A British team of chemists has joined the brain drain to the United States.* Britannia menettää ryhmän kemistejään Yhdysvaltoihin suuntautuvalle aivoviennille.

branch ['brɑːntʃ] *s*

hold out / offer an olive branch [to sb] tarjota rauhaa *Margaret Thatcher held out an olive branch to her former foe.* Margaret Thatcher tarjosi rauhaa vanhalle viholliselleen.

brass ['brɑːs] *s*

be brassed off *ark* (br) [aivan] kypsä, tympiintynyt, raivoissaan *I'm brassed off with him.* Olen raivona hänelle.

brass monkeys / brass monkey weather *ark* (br) jäätävä ilma, koiranilma *It's brass monkey weather out there tonight!* Ulkona on tänään tosi kylmä!

get down to brass tacks *ark* käydä t. päästä [itse] asiaan *Let's get down to brass tacks!* Käydäänpä asiaan!

the brass ring *ark* (am) menestys *He reached for the brass ring, the European championship.* Hän tavoitteli menestystä Euroopanmestaruuskisoissa.

Where there's muck, there's brass. (br) Kenen käsi paskassa, sen suu rasvassa., Likaisella työllä voi tehdä rahaa.

brave ['breɪv] *a*

brave new world *yl iron* uljas, uusi maailma *The brave new world of high technology industry was booming away.* Korkean teknologian uljas, uusi maailma kasvoi kasvamistaan.

put a brave face on / put on a brave face (*myös* (br) brave it out) niellä [urheasti] pettymyksensä, [yrittää] esittää jtak edullisessa valossa, esittää urheaa *The government tried to put a brave face on the mess.* Vallanpitäjät yrittivät esittää sotkun edullisessa valossa.

brazen [ˈbreɪzᵊn] *v*
brazen [it] out esiintyä t. olla muina miehinä (tehtyään jtak noloa tai väärää) *He tried to brazen it out as his list of scandals grew.* Hän yritti esiintyä muina miehinä, vaikka hänen syntilistansa vain piteni.

breach [ˈbriːtʃ] *s*
step into the breach *kirjak* toimia sijaisena, hoitaa toisen työtehtävät *I can't think of anyone who could step into the breach should I become ill.* En keksi ketään, joka voisi hoitaa työni, jos sattuisin sairastumaan.

bread [ˈbred] *s*
bread and butter leipä, elanto *Ailing animals are our bread and butter.* Sairaat eläimet ovat elantomme.

bread and circuses leipää ja sirkushuveja *There are the modern bread and circuses – the football games.* Jalkapallo-ottelut tarjoavat nykypäivän leipää ja sirkushuveja.

cast one's bread upon the waters tehdä hyviä tekoja, toimia epäitsekkäästi *Cast your bread upon the waters, and it will come back buttered.* Tee hyviä tekoja, niin ne palkitaan.

daily bread jokapäiväinen leipä, jokapäiväinen elanto *She earned her daily bread by working long hours at her sewing machine.* Hän ansaitsi jokapäiväisen leipänsä tekemällä pitkiä työpäiviä ompelukoneensa ääressä.

know which side one's bread is buttered [on] *ark* katsoa omaa etuaan *The employees know which side their bread is buttered.* Työntekijät katsovat kyllä omia etujaan.

take the bread out of / from sb's mouth viedä jklta leipä suusta *They're taking the bread out of honest folk's mouths.* He vievät kunnon ihmisiltä leivän suusta.

breadline [ˈbredlaɪn] *s*
on the breadline (br) hyvin köyhä, nälkärajalla [elävä] *That family is hardly on the breadline!* Se perhe tuskin elää nälkärajalla!

1 break [ˈbreɪk] *v*
Break a leg! Lykkyä tykö! (yl lavalle menevälle näyttelijälle, sillä jotkut uskovat 'good luck'-toivotuksen tuovan näyttelijälle epäonnea)

break even tehdä nollatulos, ei tehdä voittoa eikä tappiota *The company broke even for the first time only last year.* Yritys pääsi ensimmäisen kerran nollatulokseen vasta viime vuonna.

break for sth *ark* (am) syöksyä jtak kohti, paeta jhk *They broke for the border.* He pakenivat kohti rajaa.

break one's back *ark* raataa niska limassa *You're not a labourer, breaking your back in the fields all day.* Et ole mikään työläinen, joka raataa päivät pellolla niska limassa.

break the back of [onnistua] selvittää, päästä pahimman yli *The company has broken the back of the technical problem.* Yrityksen on onnistunut selvittää tekninen ongelma.

break the habit opetella uusille tavoille, hankkiutua eroon jstak [huonosta] tavasta *It's so difficult for smokers to break the habit.* Tupakoitsijoiden on todella vaikea opetella uusille tavoille.

break the news [to sb] kertoa huonot uutiset jklle *It was my unhappy duty to break the news of her son's death.* Ikävä velvollisuuteni oli kertoa hänelle hänen poikansa kuolemasta.

break wind pieraista *A guy on the front row broke wind.* Eturivissä istuva tyyppi pieraisi.

break

2 break s

break of day kirjak aamunkoitto, päivänkoitto *We must leave at the break of day.* Meidän täytyy lähteä aamun koittaessa.

Give me a break! ark No joo joo!, No niin varmaan!, Älä höpötä! *Give me a break! I'm not that gullible.* No niin varmaan! En minä niin hyväuskoinen ole.

give sb a break ark jättää jku rauhaan, antaa jkn olla [rauhassa] *Look, lady, give me a break. I just deliver the stuff.* Älkää rouva viitsikö. Minä vain toimitan tätä tavaraa.

make a break for paeta jhk, syöksyä jtak kohti *She made a break for the exit.* Hän syöksyi uloskäyntiä kohti.

make a clean break panna [hommalle ym.] piste, hankkiutua jstak eroon *This election will mark South Africa's first clean break with its racist past.* Nämä vaalit ovat ensimmäinen merkki Etelä-Afrikan pyrkimyksistä sanoutua irti rasistisesta menneisyydestään.

breakfast ['brekfəst] s

have / eat sb for breakfast 1 ark olla jklle vain suupala, päihittää jku helposti *His lawyers would eat us for breakfast.* Me olisimme pelkkä suupala hänen asianajajilleen. 2 höyhentää, haukkua *If I don't get this done, my teacher will eat me for breakfast.* Opettajani höyhentää minut, ellen saa tätä valmiiksi.

breath ['breθ] s

a breath of fresh air 1 ark [uusi,] raikas tuulahdus *Mike, my present husband, was a breath of fresh air.* Mike, nykyinen aviopuolisoni, toi elämääni uuden, raikkaan tuulahduksen. 2 raitis ilma, happi *She went outside for a breath of [fresh] air.* Hän meni ulos haukkaamaan raitista ilmaa / happea.

catch one's breath 1 haukkoa henkeään *A sound in the darkness made me catch my breath.* Pimeydestä kuuluva ääni sai minut haukkomaan henkeäni. 2 antaa hengityksen[sä] tasaantua (fyysisen rasituksen jälkeen) *When he reached Francis Street he paused to catch his breath.* Saavuttuaan Francis Streetille hän pysähtyi antaakseen hengityksensä tasaantua.

don't hold your breath ark älä innostu liikaa, älä nuolaise ennen kuin tipahtaa *Don't hold your breath waiting for a reply.* Älä odota vastausta kovinkaan pian.

get one's breath [back] saada hengityksensä tasaantumaan *He sat down and waited until he got his breath back.* Hän istui ja odotti, kunnes hänen hengityksensä tasaantui.

hold one's breath pidättää henkeään t. hengitystään *Emily held her breath, terrified that he might wake up.* Emily pidätti hengitystään pelätessään miehen heräävän.

in the same / next breath 1 samaan hengenvetoon *'Do you still love James?' he asked, in the same breath.* "Rakastatko yhä Jamesia?" hän kysyi samaan hengenvetoon. 2 samassa yhteydessä, rinnakkain *Mentioning Tolkien in the same breath as Shakespeare may seem rash.* Tolkienin ja Shakespearen mainitseminen samassa yhteydessä voi vaikuttaa hätiköidyltä.

out / short of breath hengästynyt *He was out of breath from climbing the stairs.* Hän oli hengästynyt portaiden kiipeämisestä.

take sb's breath away viedä jklta jalat alta, saada jkn henki salpautumaan *Erica Lucas took his breath away.* Erica Lucas vei häneltä jalat alta.

the breath of life henki ja elämä, elinehto *Politics has been the breath of life to her for over the last 50 years.* Politiikka on ollut hänelle henki ja elämä yli 50 vuoden ajan.

the / one's last breath viimeinen hengenveto *She would fight to the last breath to keep her heritage.* taistelisi viimeiseen hengenvetoon vaaliakseen perintöään.

under / below one's breath hiljaa, puoliääneen *'Oh boy,' Leila murmured under her breath.* "Voi pojat", Leila mumisi puoliääneen.

waste one's breath puhua kuuroille korville *You're wasting your breath trying to tell her anything.* Puhuu kuuroille korville, jos hänelle yrittää puhua mitään.

breathe ['bri:ð] *v*

breathe down sb's neck hengittää jkn niskaan *Her parents are breathing down her neck all the time.* Hänen vanhempansa ovat jatkuvasti hengittämässä hänen niskaansa.

breathe [easily / freely] again huokaista helpotuksesta, hengittää [taas] vapaammin *I breathed more easily now he'd changed the subject.* Huokaisin helpotuksesta, kun hän muutti puheenaihetta.

breathe [new] life into puhaltaa eloa jhk *He has breathed new life into the French film industry.* Hän on puhaltanut eloa Ranskan elokuvateollisuuteen.

breathe one's last *kirjak* kuolla, menettää henkensä *In the blue light of the morning he breathed his last.* Aamun sinisessä valossa hän kuoli.

breathe upon *kirjak t. vanh* mustata, tahrata (jkn maine ym.) *Her name was breathed upon.* Hänen maineensa sai tahran.

breathing space hengähdysaika, hengähdystauko *The delay gave him [a] breathing space.* Viive antoi hänelle hengähdysaikaa.

not breathe a word ei hiiskua sanaakaan *He would never breathe a word of anything that happened on that fateful night.* Hän ei koskaan hiiskuisi sanaakaan siitä, mitä tapahtui tuona kohtalokkaana yönä.

breed ['bri:d] *s*

a breed apart [aivan] oma lajinsa, aivan omanlaisiaan ihmisiä *Wrestlers are a breed apart.* Painijat ovat aivan omanlaisiaan ihmisiä.

a dying / rare breed katoava, joita ei ole enää monta *She is one of a dying breed – a housewife.* Hän on kotirouva, katoavan kansanosan edustaja.

1 breeze ['bri:z] *s*

be a breeze *ark* olla helppo nakki t. homma *Travelling through London was a breeze.* Matka Lontoon halki kävi helposti.

2 breeze *v*

breeze into saada helposti (tärkeä virka ym.) *He breezed into office, beguiling the voters with his grand talk of clean government.* Hän pääsi virkaan leikiten lumoamalla äänestäjät suurisuuntaisilla puheillaan rehellisestä hallinnosta.

breeze through *ark* hoitaa jk leikiten, selviytyä jstak helposti *Don't think for a second that you can breeze through this game.* Älä kuvittelekaan selviäväsi tästä pelistä ihan helposti.

brick ['brɪk] *s*

be banging / hitting one's head against a brick wall *ark* iskeä päätään seinään *Trying to convince them is like banging your head against a brick wall.* On kuin iskisi päätään seinään, kun heitä yrittää saada vakuuttuneiksi.

bricks and mortar rakennukset, kiinteistöt (yl sijoituskohteena) *I'd sooner invest in bricks and mortar.* Sijoittaisin mieluummin kiinteistöihin.

come up / be up against a brick wall (*myös* hit a brick wall) *ark* loppua t. pysähtyä kuin seinään, ajautua umpikujaan *We're up against a brick wall in the Stavanger case.* Olemme umpikujassa Stavangerin jutussa.

bridge

like a ton of bricks *ark* (am) ankarasti, tuntuvasti, voimakkaasti *Dejection hit her like a ton of bricks.* Masennus iski häneen kuin moukari.

make bricks without straw (br) yrittää työskennellä ilman tarvittavia välineitä, tietoja ym. *Without more resources, the organization is making bricks without straw.* Organisaatio tarvitsee lisää rahavaroja.

1 bridge ['brɪdʒ] *s*
build bridges [between / with] toimia sillanrakentajana [joidenkin välillä], parantaa suhteita [jkn kanssa] *Our vision is to build bridges between the church and the community.* Meillä on visio, jossa parannamme kirkon ja yhteisön välisiä suhteita.

cross that bridge when you come / get to it käsitellä ongelmaa sitten jos / kun se tulee eteen – *What if the leukaemia comes back? – We'll cross that bridge when we get to it.* – Mitä jos leukemia uusii? – Mietitään sitä sitten, jos niin käy.

2 bridge *v*
bridge a / the gap / gulf tasoittaa t. kaventaa [eroja ym.], olla siltana jnk välillä *How could we bridge the gap between Britain's best and worst schools?* Kuinka voisimme kaventaa Britannian parhaiden ja huonompien koulujen välistä kuilua?

bright ['braɪt] *a*
a bright spark *ark yl iron* (br) älypää *Some bright spark thought Windsor Castle was on fire and called the fire brigade!* Joku älypää luuli, että Windsorin linna palaa ja soitti palokunnan!

a bright spot valopilkku *His victory was the one bright spot in a night of dismal failure for his party.* Hänen voittonsa oli illan ainoa valopilkku puolueen kärsiessä murskatappion.

[as] bright as a button / new penny *ark 1* nopeaälyinen, pää [terävä] kuin partaveitsi *She's a canny little thing, as bright as a button.* Hän on ovela tapaus, ja hänellä on pää kuin partaveitsi. *2* iloinen kuin peipponen *Will loved that boy of his – redhaired, bright as a new penny, full of life.* Will rakasti poikaansa, joka oli punatukkainen, iloinen kuin peipponen, täynnä elämää.

bright and breezy reipas, eloisa *His music is bright and breezy.* Hänen musiikkinsa on reipasta.

bright and early aamuvarhaisella, varhain aamulla *I see you are out bright and early this morning.* Näytät olevan tänään liikkellä aamuvarhaisella.

look on the bright side [yrittää] nähdä jnk hyvät puolet, katsoa jtak valoisalta puolelta *Always look on the bright side of life!* Yritä toki nähdä elämän hyvät puolet!

the bright lights [suur]kaupungin humu t. huvitusten iloinen meno, [suur]kaupungin tarjoama loistokas elämä *I suppose you must miss the bright lights of London.* Kaipaat varmaankin loistokasta elämääsi Lontoossa.

bright-eyed ['braɪtaɪd] *a*
bright-eyed and bushy-tailed *ark* eloisa, innokas *Deborah's first job was as a bright-eyed teenager.* Deborah oli innokas teini, kun hän sai ensimmäisen työpaikkansa.

brimstone ['brɪmstəʊn] *s*
fire and brimstone *kirjak* tulta ja tulikiveä *His sermon was full of fire and brimstone.* Hänen saarnansa oli kuin tulta ja tulikiveä.

bring ['brɪŋ] *v*
bring oneself to do sth kyetä, saattaa, pakottaa itsensä jhk *Jinny could not bring herself to look at him.* Jinny ei kyennyt katsomaan häntä.

bring sth into play panna jk peliin, ottaa jk käyttöön *A fourth lamp is frequently brought into play to light the background.* Neljäs lamppu otetaan usein käyttöön valaisemaan taustaa.

bring sth to an end / a close / halt panna piste jllek, lopettaa, päättää *The meeting was brought to a close.* Kokous päättyi.

bring sth to mind tuoda jtak mieleen, johtaa ajatukset jhk, saada jku ajattelemaan jtak *Something about his eyes brings to mind an old friend of mine.* Hänen silmissään on jotakin, joka saa minut ajattelemaan erästä vanhaa ystävääni.

bring the house down saada yleisö hullaantumaan, saada valtavat suosionosoitukset *Her performance brought the house down.* Hänen esityksensä sai yleisön hullaantumaan.

broad [ˈbrɔːd] *a*
broad in the beam *ark* leveälanteinen *She is somewhat broad in the beam.* Hän on aika leveälanteinen.
in broad daylight keskellä kirkasta päivää *He committed a murder in broad daylight.* Hän teki murhan keskellä kirkasta päivää.
it's as broad as it's long *ark* (br) ei olla väliä, olla samantekevää

broke [ˈbrəʊk] *a*
be stone / stony / flat broke *ark* täysin auki, peeaa *They were flat broke and almost living hand to mouth.* He olivat täysin auki ja elivät melkein kädestä suuhun.
go for broke *ark* panna kaikki yhden kortin varaan *I decided to go for broke and turn professional.* Päätin panna kaikki yhden kortin varaan ja ryhtyä ammattilaiseksi.
if it ain't broke, don't fix it jos jokin toimii, miksi muuttaa sitä *There's nothing seriously wrong with the system. If it ain't broke, don't fix it.* Järjestelmässä ei ole mitään pahasti vialla. Miksi muuttaa sitä, jos se kerran toimii?

broom [ˈbruːm, ˈbrʊm] *s*
A new broom sweeps clean. Uudet luudat lakaisevat hyvin.

browned [ˈbraʊnd] *v*
browned off *ark* (br) ärsyttää, tympäistä, väsyttää *It's this bureaucratic idea they're trying out that's getting the older staff browned off.* He kokeilevat tätä byrokraattista ideaa, ja se ärsyttää vanhempaa henkilökuntaa.

brownie [ˈbraʊni] *s*
brownie points *ark* piste (suosioon lisäämiseen viittaavissa ilmaisuissa) *She's just trying to win some brownie points with her mother-in-law.* Hän vain yrittää kerätä pisteitä anopiltaan.

brush [ˈbrʌʃ] *v*
brush aside sivuuttaa, jättää jk huomiotta *He brushed aside the interruption.* Hän jätti välihuomautuksen huomiotta.
brush off kiistää, torjua [tylysti], sysätä syrjään *I asked her about it but she just brushed me off.* Kysyin häneltä siitä, mutta hän vain torjui minut tylysti.
brush past pyyhkäistä ohi, kiiruhtaa *She brushed past him and ran from the room.* Hän kiiruhti miehen ohitse ja juoksi ulos huoneesta.
brush up [on] parantaa, verestää, petrata (taitoja ym.) *She saw the trip as a great opportunity to brush up on her English.* Hän piti matkaa suurenmoisena mahdollisuutena petrata englannin kielen taitoaan.

1 bubble [ˈbʌbəl] *s*
prick / burst the bubble *1* pilata suotuisa tilanne *She refused to allow his surliness to burst her bubble of well-being.* Hän ei antanut miehen pahantuulisuuden pilata omaa

bubble

hyvää oloaan. **2** palauttaa maan pinnalle, herättää kuvitelmista *I hate to burst your royal bubble, Excellency, but I'm free to come and go as I please.* Anteeksi että palautan teidän korkeutenne maan pinnalle, mutta minä voin mennä ja tulla miten haluan.
the bubble bursts suotuisa tilanne loppuu *The bubble of the housing market burst and jobs were lost.* Asuntomarkkinoiden tilanne huononi ja työpaikkoja menetettiin.

2 bubble *v*
bubble [over] with pursuta, pulputa, olla täynnä jtak *She was bubbling [over] with enthusiasm.* Hän pulppusi tarmoa.
bubble up kiehua, kuohua, poreilla (tunteesta ym.) *She could feel the anger bubbling up inside her.* Hän saattoi tuntea sappensa kiehuvan [vihasta].

1 buck [ˈbʌk] *s*
a fast / quick buck *ark* helppo raha *Wouldn't you like to make a quick buck?* Etkö haluaisikin tienata hieman helppoa rahaa?
bang for the buck[s] *ark* rahoille vastinetta *They offer more bang for our buck.* Heiltä saamme rahoille enemmän vastinetta.
pass the buck *ark* siirtää vastuu jklle *Don't try to pass the buck to me!* Älä yritä siirtää vastuuta minulle!
The buck stops here / with us. *ark* Vastuu on meidän.

2 buck *v*
buck up *1 ark* piristää, piristyä *Buck up, Bill!* Pää pystyyn, Bill! *2 vanh* (br) hoputtaa *Buck up or we'll never get a seat.* Pidä kiirettä tai emme saa istumapaikkoja.
buck up one's ideas *ark* (br) olla tehokkaampi, saada enemmän tehdyksi *There's a lot of room for improvement. For God's sake, buck your ideas up.* Parantamisen varaa on paljon. Yrittäkää nyt herran tähden saada enemmän aikaan.

bucket [ˈbʌkɪt] *v*
bucket down *ark* (br) sataa kaatamalla t. kuin saavista kaataen *It's bucketing down.* Sataa kuin saavista kaataen.

bucketful [ˈbʌkɪtfʊl] *s*
by the bucketful *ark* tukuittain, roppakaupalla *We are losing votes by the bucketful.* Olemme häviämässä roppakaupalla ääniä.

buckle [ˈbʌkl] *v*
buckle down *ark* ryhtyä jhk, käydä käsiksi jhk (työhön, ongelmaan ym.) *He decided to buckle down to work.* Hän päätti käydä käsiksi työhön.
buckle up *ark* (yl am) kiinnittää turvavyö *She buckled up and turned the key in the ignition.* Hän kiinnitti turvavyön ja käänsi virta-avainta.

budge [ˈbʌdʒ] *v*
budge up / over *ark* siirtyä, tehdä tilaa jklle *Budge up, boys, make room for your uncle.* Siirtykääpä, pojat, tehkää tilaa sedällenne.

buff [ˈbʌf] *s*
in the buff *vanh* kelteisillään, ilkosen alasti *We went swimming in the buff in the river.* Uimme ilkosen alasti joessa.

buffer [ˈbʌfər] *s*
hit the buffers *ark* (br) mennä myttyyn *Her comeback trail hit the buffers yesterday when she lost 6–4.* Hänen come-back -kiertueensa meni myttyyn eilen, kun hän hävisi 6–4.

1 bug [ˈbʌg] *s*
get / have [got] the bug *ark* saada t. olla saanut ... kärpäsen purema *Bill got the stage bug at the age of three.* Bill sai teatterikärpäsen pureman kolmivuotiaana.

2 bug v
  Bug off! *ark* (am) Häivy!, Mene pois! *When anyone asked how she was, she answered "Bug off"*. Kun joku kysyi hänen vointiaan, hän vastasi: "Häivy."
  bug out *ark* (am) **1** häipyä, lähteä lipettiin *He bugged out of Washington*. Hän häipyi Washingtonista. **2** olla pudottaa silmät päästään *Mike's eyes bugged out when she walked past*. Mike oli pudottaa silmät päästään, kun nainen käveli ohi.

1 bugger [ˈbʌgəʳ] s
  bugger all *ark* (br) ei yhtään [mitään] *They've done bugger all about it*. He eivät ole tehneet asialle yhtään mitään.
  play silly buggers *ark* (br) törppöillä, käyttäytyä typerästi *Make sure nobody starts playin' silly buggers with the engine*. Katso ettei kukaan ala hölmöillä moottorin kanssa.

2 bugger v
  bugger about / around *ark* (br) **1** puuhastella, haaskata aikaa jhk *They've been buggering about with that radio system which they shouldn't do*. He ovat puuhastelleet sen radiojärjestelmän kanssa, vaikka ei pitäisi. **2** kiusata jkta, pitää jkta pilkkanaan *The workers buggered him about apparently*. Työntekijät ilmeisesti pitivät häntä pilkkanaan.
  bugger me (*myös* well I'm buggered) *ark* (br) voi hyvä ihme, voi hyvää päivää *Well, I'm buggered. Whoever would've thought a lad could leave such a pretty gal*. Voi hyvä ihme. Kuka olisi uskonut, että kukaan kaveri voisi jättää niin nätin tytön.
  bugger off *ark* (br) häipyä, lähteä [pois], liueta *Tell him to bugger off, Jane!* Käske hänen häipyä, Jane!

buggered [ˈbʌgəd] a
  I'm buggered if *ark* (br) ja minähän en kyllä, piru minut periköön jos *I'm buggered if I'm going to lend her any more money* Piru minut periköön, jos vielä lainaan hänelle lisää rahaa.

build [bɪld] v
  build up sb's hopes antaa jklle turhia toiveita, elätellä [mielessään] turhia toiveita *Don't build your hopes up, Juliet*. Älä elättele turhia toiveita, Juliet.
  build up to valmistella jtak, valmistautua jhk *He had been building up to their anniversary for several months*. Hän oli valmistellut heidän hääpäiväänsä useiden kuukausien ajan.

bulk [bʌlk] v
  bulk large *kirjak* olla tärkeä, olla keskeisessä asemassa jssak *These issues have always bulked large in the history of diplomacy*. Nämä tekijät ovat aina olleet keskeisessä asemassa diplomatian historiassa.

bull [bʊl] s
  hit the bulls-eye (*myös* score a bulls-eye) osua maaliin, olla napakymppi *The over-bright tone in her reply told him he'd scored a bull's-eye*. Naisen vastauksen tekoreipas sävy kertoi hänelle, että hän kysymyksensä oli osunut maaliinsa.
  like a bull at a gate nopeasti, harkitsematta, hätiköidysti *He tends to go at things like a bull at a gate*. Hänellä on tapana tehdä asioita sen kummemmin harkitsematta.
  like a bull in a china shop [kuin] norsu posliinikaupassa (kömpelöstä, tahdittomasta käytöksestä)
  take the bull by the horns tarttua härkää sarvista *When are you going to take the bull by the horns and tell him?* Milloin otat härkää sarvista ja kerrot hänelle?

bum

bum ['bʌm] *s*
a bum rap *ark* (am) epäreilu syytös t. rangaistus *Stepmothers get a bum rap.* Äitipuolilla on ansaittua huonompi maine.
a bum steer *ark* (am) huono neuvo, väärä tieto *We were given a bum steer and got on the wrong bus.* Meitä neuvottiin väärin ja nousimme väärään bussiin.
bums on seats *ark* (br) yleisö[määrä], maksavat asiakkaat *He is the type of player who will put bums on seats.* Hän on pelaaja, joka houkuttelee yleisöä.
get / give sb the bum's rush *1 ark* (am) hätistää pois, ajaa pois *They were given the bum's rush from the restaurant.* Heidät hätistettiin pois ravintolasta. *2 ark* (am) hankkiutua eroon *He was given the bum's rush while John was given his job.* Hänestä hankkiuduttiin eroon, ja John sai hänen työpaikkansa.

bump ['bʌmp] *v*
bump off *ark* tappaa jku, ottaa jklta nirri pois *You get thirty thousand quid if you bump him off.* Saat kolmekymmentätuhatta puntaa jos hoidat hänet pois päiviltä.
bump up *ark* nostaa, kohottaa, kasvattaa *I've done some teaching in the evenings to bump up my income.* Olen tehnyt iltaisin hieman opetushommia kasvattaakseni tulojani.

bun ['bʌn] *s*
have a bun in the oven *ark leik* olla pieniin päin

bunch ['bʌntʃ] *s*
a bunch of fives *vanh leik* nyrkinisku
the best of a bad bunch / lot ei yhtä paha t. huono kuin toiset, paras huonoista *Think twice before appointing the best of a bad bunch.* Harkitse tarkkaan ennen kuin palkkaat parhaan huonoista hakijoista.
thanks a bunch *yl iron* suurkiitos, kiitos paljon *Thanks a bunch! And what am I supposed to do? Stay locked in my room?* Kiitti vaan! Ja mitä minä muka sitten teen? Pysyn huoneessani lukkojen takana?
the best / pick of the bunch *ark* [joukon] paras *Nice chap, Dick. Best of the bunch.* Mukava tyyppi se Dick. Joukon paras.

1 bundle ['bʌndl] *s*
a bundle of fun / laughs *ark* ilopilleri, hauska kokemus t. tilanne *You haven't exactly been a bundle of laughs today.* Et ole tänään ollut mikään ilopilleri.
a bundle of joy *ark* käärö, vauva
a bundle of nerves *ark* hermokimppu *Poor guy, he's become a bundle of nerves.* Miesraukasta on tullut hermokimppu.
make a bundle *ark* kääriä rahaa, ansaita hyvin *He made a bundle on his investment.* Hän kääri rahaa sijoituksellaan.
not go a bundle on sth *ark* ei oikein jaksaa innostua jstak, ei olla kovasti kiinnostunut jstak *People round here don't go a bundle on fashion shows.* Täkäläiset eivät oikein jaksa innostua muotinäytöksistä.

2 bundle *v*
bundle off toimittaa, passittaa *The children were bundled off to bed.* Lapset toimitettiin nukkumaan.
bundle up pukea jku [lämpimästi], pukeutua [lämpimästi] *Hilary was bundled up in a thick sweater.* Hilary oli pukeutunut paksuun villapaitaan.

bung ['bʌŋ] *v*
be bunged up *1 ark* (br) olla tukkoinen olo, olla ihan tukossa (nenästä) *I'm all bunged up this morning.* Nenäni on ihan tukossa tänä aamuna. *2* vatsa on kovalla *The doctor said he was bunged up and gave him an enema.* Lääkäri sanoi, että hänellä on vatsa kovalla ja antoi hänelle peräruiskeen.

1 bunk [ˈbʌŋk] *v*
bunk off *ark* (br) lintsata, pinnata *He bunked off school.* Hän lintsasi koulusta.

2 bunk *s*
do a bunk *ark* (br) paeta, tehdä katoamistemppu *She's done a bunk.* Hän on tehnyt katoamistempun.

1 burn [ˈbɜːn] *v*
be burning a hole in your pocket haluta tuhlata rahojaan *Those with money burning a hole in their pocket might care to visit the casino.* Ne jotka haluavat tuhlata rahaa, haluavat ehkä käydä kasinolla.
burn one's bridges / boats polttaa sillat takanaan *He had burned his bridges in Hollywood.* Hän oli polttanut Hollywoodin sillat takanaan.
burn one's fingers / have/get your fingers burned/burnt *ark* polttaa näppinsä *Some lenders have already had their fingers burnt.* Jotkut lainanantajat ovat jo polttaneet näppinsä.
burn the candle at both ends polttaa kynttilää[nsä] molemmista päistä *You must watch your health and try not to burn the candle at both ends.* Sinun pitää pitää huolta terveydestäsi ja yrittää olla polttamatta kynttilääsi molemmista päistä.
burn the midnight oil lukea t. työskennellä myöhään yöhön *She burns the midnight oil studying for an HNC in chemistry.* Hän lukee myöhään yöhön kemian teknistä tutkintoa varten.

2 burn *s*
do a slow burn *ark* (yl am) tulla vähitellen vihaiseksi *When she realized what had happened, she did a slow burn.* Kun hän tajusi, mitä oli tapahtunut, häntä alkoi suututtaa yhä enemmän.

burst [ˈbɜːst] *v*
be bursting to do sth *ark* palaa halusta tehdä jtak *She was bursting to talk to him about the job.* Hän paloi halusta puhua miehelle työstä.
burst / bust a blood vessel *ark* 1 repiä, raataa, nähdä vaivaa *Well, don't try too hard, luvvie, or you'll burst a blood vessel.* Älä kulta yritä liikaa. 2 raivostua *It was no wonder he had been ready to burst a blood vessel when she'd borrowed the car.* Ei ihme, että mies oli raivostunut, kun hän oli lainannut autoa.
burst open lennähtää auki, ponnahtaa levälleen *The door burst open.* Ovi lennähti auki.
fit to burst 1 olla syönyt niin, että on haljeta *We ate fit to burst.* Söimme niin, että olimme haljeta. 2 pursuta, pakahtua *Rory was fit to burst with laughter.* Rory oli pakahtua nauruun.

bury [ˈberi] *v*
bury one's head in the sand ummistaa silmänsä tosiasioilta *If you can't afford to repay debts on time, don't bury your head in the sand.* Ellei sinulla ole varaa maksaa velkoja ajallaan, älä ummista silmiäsi tosiasioilta.
bury oneself in hautautua jhk, uppoutua jhk *She buried herself in work.* Hän uppoutui työhönsä.
bury the hatchet tehdä sovinto, haudata sotakirveensä *The two men met and buried the hatchet.* Miehet tapasivat ja hautasivat sotakirveensä.

business [ˈbɪznəs, -nɪs] *s*
be in business 1 olla pystyssä, toimia (yl liike-elämässä) *The company has been in business for 20 years.* Yritys on toiminut jo 20 vuoden ajan. 2 *ark* saada asiat luistamaan t. rullaamaan *All we need is a map and we'll be in business.* Tarvitsemme vain kartan, niin saamme asiat rullaamaan.

be none of someone's business / be no business of someone's ei kuulua jollekulle *My private life is none of your business.* Yksityiselämäni ei kuulu sinulle.

be not / not be in the business of doing something ei olla tarkoituksena, ei olla pienintäkään aikomusta *We are not in the business of becoming pop stars.* Tarkoituksenamme ei ole ryhtyä poptähdiksi.

be the business *ark* (br) olla huippuhyvä *I think BMW's are the business really!* Minusta Bemarit ovat huippuja!

business as usual tavalliseen tapaan, kuin mitään ei olisi tapahtunut *Apart from being under new management, it's business as usual in the department.* Asiat jatkuvat osastolla tavalliseen tapaan johtoportaan vaihtumisesta huolimatta.

business is business liikeasiat ovat liikeasioita

do the business *ark* (br) *1* hoitaa homma t. voitto kotiin *We've got some experienced players who are doing the business.* Meillä on kokeneita pelaajia, jotka hoitavat homman kotiin. *2* tehdä temput, harrastaa seksiä *I remember the first time we went to bed and did the business.* Muistan ensimmäisen kerran, kun menimme sänkyyn ja teimme temput.

funny business *ark* hämäräperäinen puuha *They wanted to make sure there were no funny business.* He halusivat varmistaa, ettei asiaan liity mitään hämäräperäistä.

get down to business käydä t. päästä asiaan *Let's get down to business.* Käydäänpä asiaan.

go about one's business tehdä jokapäiväisiä asioita, hoitaa jokapäiväisiä askareitaan *Bees were quietly going about their business.* Ampiaiset hoitivat kaikessa rauhassa jokapäiväisiä askareitaan.

go out of business lopettaa toimintansa (yrityksestä) *More and more shops go out of business.* Yhä useampi kauppa lopettaa toimintansa.

have [got] no business doing sth ei olla mitään oikeutta *Dick had no business telling you that.* Dickillä ei ollut mitään oikeutta kertoa sinulle tuota.

like nobody's business *ark* nopeasti t. hyvin kuin mikä *You could twist an ankle like nobody's business.* Täällä voi nyrjäyttää nilkkansa äkkiarvaamatta.

make it one's business to do sth ottaa jk asiakseen t. tehtäväkseen *She made it her business to get to know all her students.* Hän otti asiakseen tutustua kaikkiin oppilaisiinsa.

mean business olla tosissaan, tarkoittaa totta *They wrecked the car to make sure that I understood they meant business.* He romuttivat auton varmistaakseen, että ymmärsin heidän olevan tosissaan.

mind one's own business hoitaa omat asiansa *'Mind your own business!' she replied.* "Hoida sinä omat asiasi!" hän vastasi.

the business end of *ark* (veitsen, työkalun ym.) teräpää, (aseen) piippu (jne.) *From the business end it looked like a shotgun.* Edestä päin katsottuna se näytti haulikolta.

busman ['bʌsmæn] *s*

a busman's holiday *ark* työloma (loma jonka henkilö viettää tekemällä samoja asioita kuin työajallaan) *A fire crew's outing turned into a busman's holiday when their coach caught fire.* Palomiesten retki muuttui työlomaksi, kun heidän linja-autonsa syttyi palamaan.

1 bust ['bʌst] *v*

bust a gut doing sth / to do sth *ark* katkaista selkänsä *I'm not willing to bust a gut to get on the end of it.*

En aio katkaista selkääni vain saadakseni työn loppuun.
bust a gut laughing *ark* katketa / haljeta naurusta
... or bust *ark* ... tai ei mitään, kävi miten kävi *It's Hollywood or bust.* Se on Hollywood tai ei mitään.

2 bust *a*
go bust *ark* mennä nurin, joutua vararikkoon *The company went bust.* Yritys meni nurin.

busy ['bɪzi] *a*
a busy bee *vanh* reipas ja toimelias ihminen
be [as] busy as a bee erittäin kiireinen *I've been as busy as a bee this week.* Minulla on ollut tosi kiire tällä viikolla.
get busy *1* panna töpinäksi, panna hösseliksi *She got busy with her unpacking.* Hän pani töpinäksi ja purki tavaransa. *2 ark* (am) harrastaa seksiä, muhinoida *They got busy together in the tent.* He muhinoivat teltassa.
keep oneself busy keksiä itselleen tekemistä, olla toimelias *During those two weeks Patrick deliberately kept himself busy.* Niiden kahden viikon aikana Patrick keksimällä keksi itselleen tekemistä.

but ['bət] *konj*
but for sb / sth *1* lukuun ottamatta *The street was deserted but for one lonely figure.* Katu oli autio yhtä yksinäistä hahmoa lukuun ottamatta. *2* ilman jtak, jnk ansiosta *The game could be over but for you.* Ilman sinua peli voisi olla menetetty.
but then *ark* [mutta] toisaalta *She hates me, but then, who doesn't?* Hän vihaa minua, mutta kukapa toisaalta ei vihaisi?
no buts [about it] ja sillä hyvä, ei mitään muttia *No buts – just get out of here.* Ei mitään muttia – senkun häivyt täältä.

no doubt / question but that *kirjak* ei epäilystäkään [siitä], että *There is no question but that firms that expect recovery do not lay off workers.* Ei ole epäilystäkään siitä, että noususuhdanteeseen uskovat yritykset eivät lomauta työntekijöitä.

butcher ['bʊtʃəʳ] *s*
have / take a butcher's *ark* (br) katsoa, vilkaista *Go down to Bank tube station, will you, and have a butcher's.* Menepä Bankin metroasemalle vilkaisemaan.

1 butt ['bʌt] *v*
butt in *ark* keskeyttää jk, sekaantua jhk, puuttua [puheeseen ym.] *He kept on butting in with silly comments.* Hän puuttui jatkuvasti puheeseen typerillä huomautuksillaan.
butt out *ark* (yl am) pysyä erossa jstak, olla sekaantumatta jhk *Why don't you just butt out!* Älä sinä sekaannu tähän!

2 butt *s*
be the butt of olla jnk kohde *He became the butt of silly jokes.* Hänestä tuli typerän vitsailun kohde.
get your butt in / out of / over here *ark* (am) liikettä kinttuihin! *Get your butt in Hugh.* Sisään sieltä, Hugh.

1 butter ['bʌtəʳ] *s*
butter wouldn't melt in his / her mouth joku näyttää viattomalta (mutta ei ole sitä) *The detective added: "To look at him butter wouldn't melt in his mouth."* Etsivä lisäsi: "Hänestä luulisi päältä päin katsoen, että hän on viaton kuin karitsa."

2 butter *v*
butter up *ark* voidella jkta, imarrella jkta *People have a fine sense of who to butter up and who to ignore.* Ihmiset yleensä tietävät tarkkaan, ketä kannattaa imarrella ja ketä ei.

butterfly

butterfly [ˈbʌtəflaɪ] *s*
have butterflies [in one's stomach] *ark* olla perhosia vatsassa *He will have butterflies in his stomach when he goes on court.* Hänellä on perhosia vatsassa, kun hän menee kentälle.

1 button [ˈbʌtᵊn] *s*
on the button *ark* (yl am) *1* täsmällisesti, [täsmälleen] oikeaan aikaan *We arrived on the button.* Saavuimme täsmälleen oikeaan aikaan. *2* aivan t. täysin oikein *And of course she was right on the button.* Ja hän oli tietenkin täysin oikeassa.

push / press sb's buttons *1* ärsyttää jkta, saada jku suuttumaan *The remark definitely pressed his buttons.* Huomatus selvästi ärsytti häntä. *2* kiihottaa jkta (seksuaalisesti)

push / press the right buttons nykäistä t. vetää oikeasta narusta *The ads pressed the right buttons.* Mainokset vetivät oikeasta narusta.

2 button *v*
Button it! *ark* Suu suppuun!

buy [ˈbaɪ] *v*
buy the farm *ark leik* (yl am) kuolla
buy time yrittää voittaa aikaa *to buy time for development of a vaccine* yrittää voittaa aikaa rokotteen kehittämiseksi

[have] bought it heittää veivinsä *He nearly bought it when the horse kicked him.* Hän melkein heitti veivinsä, kun hevonen potkaisi häntä.

1 buzz [ˈbʌz] *v*
buzz off *ark* häipyä, painua [tiehensä] *Buzz off!* Alahan painua!

2 buzz *s*
give sb a buzz *ark* pirauttaa jklle, soittaa jklle *I'll give you a buzz tomorrow.* Pirautan sinulle huomenna.

get a buzz from [doing] sth nauttia jstak *There is no doubt that she gets a buzz from her work.* Ei ole epäilystäkään siitä, ettei hän nauttisi työstään.

by [ˈbaɪ] *adv*
by and by *kirjak* vähitellen, ennen pitkää *By and by the room became quite dark.* Vähitellen huone muuttui ihan pimeäksi.

by and large yleisesti ottaen, suurin piirtein *By and large the new arrangements have worked well.* Uudet järjestelyt ovat toimineet yleisesti ottaen hyvin.

by the by[e] *vanh* muuten, sivumennen sanottuna *Where are your parents now, by the bye?* Missä muuten vanhempasi ovat nyt?

bye-byes [ˈbaɪbaɪz] *s*
go [to] bye-byes *ark last* mennä tutimaan, mennä höyhensaarille *It's time for you to go to bye-byes.* Sinun on jo aika mennä tutimaan.

bygone [ˈbaɪgɒn] *a*
Let bygones be bygones. Se on ollutta ja mennyttä., Ei muistella menneitä.

C

caboodle [kəˈbuːdᵊl] s
the whole [kit and] caboodle ark koko hoito, koko roska *She loves modelling – the stylist fussing about, the clothes, the whole caboodle.* Hän nauttii mallina olosta – hiusmuotoilijan hössötyksestä, vaatteista, koko hoidosta.

cackle [ˈkækl] s
Cut the cackle! ark Asiaan!, Pulinat pois! *Cut the cackle you two.* Pulinat pois, te kaksi.

cahoots [kəˈhuːts] s
be in cahoots with sb ark olla yhteistoiminnassa [jkn kanssa], olla samassa juonessa [jkn kanssa] *The cops were in cahoots with the drug dealers.* Kytät olivat samassa juonessa huumekauppiaiden kanssa.

cake [ˈkeɪk] s
[a] piece of cake ark helppo nakki, helppo homma *The climb is a piece of cake – anyone can do it.* Reitin kiipeäminen on helppo homma – kuka tahansa pystyy siihen.
cakes and ale vanh nautinnot, huvit *He was a modest man, not given to cakes and ale.* Hän oli vaatimaton mies, joka ei ollut taipuvainen huvituksiin.
have one's cake and eat it saada molemmat, tehdä molempia *You have to make a decision! You can't have your cake and eat it.* Sinun täytyy päättää! Et voi saada molempia.
sell / go like hot cakes ark mennä kuin kuumille kiville *T-shirts and posters are selling like hot cakes.* T-paidat ja julisteet menevät kuin kuumille kiville.

1 call [ˈkɔːl] v
be / feel called to do tuntea kutsumusta jhk *When several Quakers were imprisoned in Ireland, she felt called to continue their mission.* Kun useita kveekareita vangittiin Irlannissa, hän tunsi kutsumusta heidän lähetystyönsä jatkamiseen.
call down 1 kirjak manata, rukoilla, kutsua jtak avuksi *The woman called down a curse on your great-grandmother.* Se nainen manasi kirouksen isoisoäitisi päälle. 2 (am) sättiä, moittia, haukkua *She became angry and called him down.* Hän suuttui ja sätti miestä.
call in a favour pyytää jklta vastapalvelusta *This was the first time Duncan had called in a favour.* Tämä oli ensimmäinen kerta, kun Duncan pyysi vastapalvelusta.
call in a loan sanoa laina irti, vaatia lainaa maksettavaksi *The bank can call in the loan at any time.* Pankki voi sanoa lainan irti koska tahansa.
call in[to] question / doubt kyseenalaistaa jk, saattaa jk kyseenalaiseksi *It is this very assumption which these writers call into question.* Juuri tämän olettamuksen nämä kirjoittajat kyseenalaistavat.
call off the / your dogs hellittää, lakata arvostelemasta *Call off your dogs and leave me alone!* Hellitä jo ja jätä minut rauhaan!

call sb names nimitellä jkta, haukkua jkta *She called us some terrible names.* Hän nimitteli meitä tosi rumasti.

call [sb's] attention to kiinnittää t. kohdistaa [jkn] huomiota jhk, herättää [jku] huomaamaan jtak *I wish to call your attention to the problems faced by the Derbyshire police force.* Toivoisin teidän kiinnittävän huomiota Derbyshiren poliisivoimien ongelmiin.

call sth into play vaatia jtak, edellyttää jtak *Our active participation was called into play.* Meiltä vaadittiin aktiivista osallistumista.

call sth one's own sanoa jtak omakseen *Now I'm looking for an apartment to call my own.* Nyt etsin omaa asuntoa.

call the tune / shots *ark* johtaa joukkoa, hallita tilannetta *It's the rich and powerful nations that call the tune around the world.* Rikkaat ja mahtavat valtiot ne määräävät tahdin koko maailmassa.

call to mind *1* tuoda jtak mieleen *This calls to mind my childhood.* Tästä tulee lapsuus mieleen. *2* muistaa *I cannot call to mind where I have seen you.* En muista, missä olen nähnyt sinut.

don't call us, we'll call you <sanotaan, kun ei olla kiinnostuneita työnhakijasta tai jkn tarjouksesta>

2 call *s*

[above and] beyond the call of duty <käytetään, kun joku on toiminut urheamminn t. nähnyt enemmän vaivaa kuin voisi edellyttää> *You did your job beyond the call of duty.* Teit työsi paremmin kuin mitä olisi uskaltanut odottaa.

be on call päivystää (yl lääkäristä) *Who's on call this weekend?* Kuka päivystää tänä viikonloppuna?

call of nature *ark leik* hätä, vessahätä *He stopped to answer the call of nature.* Hän pysähtyi käydäkseen vessassa.

close call / shave täpärä tilanne, täpärä pelastuminen *She had a close call, but she survived the assassination attempt against her.* Hän pelastui täpärästi häneen kohdistuneesta murhayrityksestä.

cold call <ensimmäinen yhteydenotto mahd. uuteen asiakkaaseen> *He had originally been contacted as a cold call.* Häneen oli alun perin otettu yhteyttä uutena asiakkaana.

have first call on sth olla etuoikeus jhk *Her children had first call on her time.* Hänen ajankäytössään hänen lapsillaan oli etusija.

no call for ei aihetta jhk, ei tarvetta jllek *There's no call for that kind of language.* Tuollaiseen kielenkäyttöön ei ole mitään aihetta.

pay sb a call käväistä jkn luona, käydä tapaamassa jkta *He paid his friend Tom a call.* Hän käväisi ystävänsä Tomin luona.

camera ['kæmərə] *s*

off camera <ei kameroiden edessä> *The incident occured off camera.* Tapaus ei tallentunut filmille.

on camera filmauksessa, kameroiden edessä *I did't know I was on camera!* En tiennyt, että minua kuvattiin!

camp ['kæmp] *v*

camp it up *ark* (br) ylinäytellä (tahallisesti) *Who remembers David Bowie camping it up as Ziggy Stardust?* Kuka muistaa, miten David Bowie keikaroi Ziggy Stardustina?

camp out norkoilla, jäädä kärkkymään t. norkoilemaan jhk *Those journalists have camped out in front of that house for days.* Nuo toimittajat ovat norkoilleet tuon talon edessä päiväkausia.

1 can ['kæn] *apuv, v*

can do *ark* onnistuu, selvä juttu *No can do!* Ei onnistu! / En suostu!

Can it! *ark* (am) turpa tukkoon! *Okay can it! I can't hear myself think.* Turvat tukkoon nyt! Eihän täällä kuule omia ajatuksiaankaan.

2 can *s*

a can of worms [melkoinen] soppa, muurahaispesä *We've opened a real can of worms with these questions.* Olemme näillä kysymyksillämme sohaisseet varsinaista muurahaispesää.

carry the can *ark* (yl br) ottaa syy niskoilleen *She carried the can for what had happened.* Hän otti syyn tapahtuneesta niskoilleen.

in the can *ark* valmis, purkissa (yl elokuvasta) *The next episode of Doctor Who is in the can.* Doctor Whon seuraava jakso on purkissa.

candle ['kænd°l] *s*

hold a candle for sb ihailla jkta, olla salaa ihastunut jkhun *He still holds a candle for her after all these years.* Hän on vieläkin ihastunut häneen kaikkien näiden vuosien jälkeen.

not [fit to] hold a candle to ei vetää vertoja jllek *In the end, nobody was able to hold a candle to her.* Loppujen lopuksi kukaan ei vetänyt vertoja hänelle.

[the game] is not worth the candle *ark* ei maksa vaivaa *Generally it's not worth the candle to try and dodge the revenue authorities.* Yleensä ei maksa vaivaa yrittää hämätä veroviranomaisia.

canter ['kæntər] *s*

in / at a canter (br) leikiten, helposti, vaivattomasti *They look likely to win every game they play at a canter.* Näyttää siltä, että he todennäköisesti voittavat jokaisen pelinsä leikiten.

1 cap ['kæp] *s*

go cap in hand to sb (*myös* (am) go hat in hand to sb) *ark* mennä lakki kourassa jkn luo (pyytämään lainaan ym.) *I won't even have to go cap in hand to Johnson's store.* Minun ei tarvitse edes mennä hattu kourassa Johnsonin kauppaan.

If the cap fits, wear it. (*myös* (am) If the shoe fits, wear it.) *ark* (br) Ota opiksesi!, Mene itseesi!, Se koira älähtää, johon kalikka kalahtaa *The cap fits, does it? They don't come much lower than you.* Se koira älähtää, vai? Sinua alhaisempaa oliota ei olekaan.

put on one's thinking cap panna mietintämyssy päähän

set one's cap at *vanh* yrittää saada [jku mies] pauloihinsa (naisesta) *She should buy herself a new frock and set her cap at someone else.* Hänen olisi syytä ostaa uusi mekko ja iskeä silmänsä johonkuhun toiseen.

2 cap *v*

to cap it all *s ark* kaiken kukkuraksi, kaiken huipuksi *And to cap it all you let a wanted man make good his escape.* Ja kaiken kukkuraksi sinä päästit etsintäkuulutetun henkilön karkuun.

caper ['keɪpər] *s*

cut a caper hypellä, hypähdellä *He cut a little caper as he walked along the corridor.* Hän hypähteli hillitysti kävellessään pitkin käytävää.

1 capital ['kæpɪt°l] *s*

make capital [out] of sth hyötyä jstak, käyttää jtak hyväkseen *I wanted to make capital out of the situation, but my conscience said no.* Halusin hyötyä tilanteesta, mutta omatuntoni kielsi sen.

2 capital *a*

with a capital ... isolla [kirjaimella] *She means Trouble, with a capital T.* Se nainen tuo tullessaan ongelmia isolla O:lla.

capture

capture ['kæptʃə^r] v
capture sb's heart voittaa jkn sydän, valloittaa jkn sydän *Gossip has it that Madonna has also captured Beatty's heart.* Huhu kertoo, että Madonna on myös valloittanut Beattyn sydämen.

card ['kɑːd] s
a wild card epävarmuustekijä *Saddam is the wild card in the Middle East.* Saddam on Lähi-idän epävarmuustekijä.

be on the cards (*am* be in the cards) *ark* olla todennäköistä, olla otaksuttavaa *We knew marriage was on the cards.* Tiesimme, että avioliitto oli todennäköinen.

be one card / several cards short of a full deck *leik* olla jokin ruuvi irti t. löysällä

get his / her cards *ark* (br) saada lopputili, saada lähtöpassit [työstä] *In most of the industries, the day she got married, she got her cards.* Useimmilla aloilla nainen sai lopputilin heti kun meni naimisiin.

give sb their cards *ark* (br) antaa jklle lopputili, antaa jklle lähtöpassit

have a card up one's sleeve olla ässä hihassaan

have / hold all the cards olla kaikki valtit käsissään *He held all the cards – there were other agencies who could handle his business.* Hänellä oli kaikki valtit käsissään – oli muitakin toimistoja, jotka pystyisivät hoitamaan hänen liikeasiansa.

play one's cards right / well pelata korttinsa oikein / hyvin / viisaasti *If you play your cards right, your job could still be waiting for you after that.* Jos pelaat korttisi oikein, sinulla on vielä työpaikka odottamassa sen jälkeen.

put / lay one's cards on the table paljastaa korttinsa *Then as soon as he put his cards on the table she'd tell him he was mistaken.* Ja heti kun mies paljastaisi korttinsa, hän sanoisi, että tämä oli väärässä.

1 care [keə^r] s
be beyond / past caring ei jaksa enää olla kiinnostunut t. välittää *By February they had rectified their mistake – but by then Sarah was past caring.* Helmikuuhun mennessä he olivat korjanneet virheensä, mutta Sarah ei enää jaksanut välittää koko asiasta.

care of sb c/o jkn luona (osoitteessa) *Ann Stevens c/o Mark Drummond* [ei käännetä]

Have a care! *vanh* (br) Ole varovainen!

in care (br) huostaan otettuna *The child, now 17 months old, was in care and very healthy.* Lapsi oli huostaan otettuna ja oli nyt noin puolitoistavuotias ja täysin terve.

not have / without a care in the world olla huoleton kuin taivaan lintu *The children all looked as if they didn't have a care in the world.* Kaikki lapset näyttivät huolettomilta kuin taivaan linnut.

Take care! *1* Ole varovainen! *Take care! You musn't be so reckless.* Ole varovainen! Älä ole niin uhkarohkea. *2* Pärjäile! (seurasta erottaessa) *Bye love! Take care!* Heippa sitten! Pärjäile!

2 care v
couldn't care less olla yksi lysti, vähät välittää *I couldn't care less about who won the game.* Minulle on yksi lysti, kuka voitti ottelun.

for all sb cares jkn puolesta, mitä jkhun tulee *He can go to Saudi Arabia for all I care.* Menköön minun puolestani vaikka Saudi-Arabiaan.

who cares on yhdentekevää, ketä kiinnostaa *Who cares about some stupid book.* Ketä kiinnostaa joku typerä kirja.

would you care for / to *1 kirjak* saisiko olla *Would you care for tea?* Saisiko olla teetä? *2 kirjak* voisitteko *Would you care to answer the question?* Voisitteko vastata kysymykseen?

career [kə'rıəʳ] *s*
in full career *vanh* täyttä vauhtia
make a career out of olla tunnettu jstak, tehdä jatkuvasti jtak *They are making a career out of sneering at people.* He tunnetusti naureskelevat ivallisesti kaikille.

careful ['keəfʊl] *a*
You can't be too careful. *ark* Koskaan ei voi olla liian varovainen. *You can't be too careful these days with all these burglaries.* Koskaan ei voi olla liian varovainen, kun murtoja tehdään niin paljon.

carpet ['kɑːpɪt] *s*
on the carpet *ark* nuhdeltavana, haukuttavana *We have been on the carpet for our behaviour.* Olemme olleet nuhdeltavana käytöksemme takia.
roll out the red carpet for sb (*myös*) give sb the red-carpet treatment) levittää punainen matto, antaa hieno vastaanotto *A group of Japanese customers were given the red-carpet treatment when they visited the company.* Ryhmä japanilaisia asiakkaita sai ruhtinaallisen vastaanoton vieraillessaan yrityksessä.
sweep sth under the carpet lakaista jtak maton alle *Refuse to sweep difficulties under the carpet.* Älä lakaise vaikeuksia maton alle.

carrot ['kærət] *s*
carrot and stick keppi ja porkkana, uhkailu ja houkutin *The carrot and stick argument of "work hard and you'll get a good job" is ridiculed by many youngsters.* Monet nuoret pitävät naurettavana keppi ja porkkana -väitettä "jos on ahkera, saa hyvän työpaikan".

carry ['kæri] *v*
be / get carried away riehaantua, innostua liikaa *We shouldn't get carried away because the victory is not certain yet.* Emme saisi innostua liikaa, koska voitto ei ole vielä varma.
carry all before one olla jymymenestys, voittaa kaikki esteet *For much of 1981 the party seemed to carry all before them.* Suuren osan vuotta 1981 puolue voitti kaikki esteet tieltään.
carry back tuoda mieleen, palauttaa mieleen *His thoughts carried him back to earlier in the afternoon.* Hän palasi ajatuksissaan aikaisempaan iltapäivän hetkeen.
carry off *1* suoriutua, selviytyä, onnistua *It's not an easy part but John carried it off successfully.* Se ei ole mikään helppo rooli, mutta John suoritui siitä mainiosti. *2* viedä, voittaa (palkinto) *Those were the years when Romania carried off the prizes.* Ne olivat niitä vuosia, jolloin Romania vei palkinnot. *3 kirjak* viedä jku hautaan (taudista) *Little Horace was carried off by pneumonia.* Keuhkokuume vei pikku Horacen hautaan.
carry on *1 ark* vaahdota, touhottaa, hössöttää *She was carrying on about some new detergent.* Hän hössötti jostain uudesta pesuaineesta. *2 ark* (br) olla suhde jkn kanssa (yl paheksuttava) *She is carrying on with her boss.* Hänellä on suhde pomonsa kanssa.
carry the day voittaa, saada kannatusta *This is the fourth time the Conservatives have carried the day.* Tämä on neljäs kerta, kun konservatiivit ovat voittaneet.
carry weight painaa paljon, olla tärkeä *His views carried little weight with the authorities.* Hänen näkemyksensä eivät paljon painaneet viranomaisten silmissä.

cart

1 cart ['kɑ:t] *s*

in the cart *ark* (br) pulassa, nalkissa *Not for anything was Dolly going to drop Joe in the cart.* Dolly ei mistään hinnasta jättäisi Joeta pulaan.

put the cart before the horse tehdä jtak väärässä järjestyksessä *Planning for the day when your job may end may sound like putting the cart before the horse.* Suunnitteleminen sen päivän varalta, jolloin työt loppuvat, voi kuulostaa asioiden tekemiseltä väärässä järjestyksessä.

2 cart *v*

cart off / away *ark* kuskata jku jhk, passittaa jku jhk (yl vankilasta, sairaalasta) *I was carted off to hospital, so I didn't manage to complete the work.* Minut passitettiin sairaalaan, joten en saanut työtä valmiiksi.

carte blanche [,kɑ:t 'blɑ:nʃ] *s*

give sb / get / have carte blanche antaa / saada / olla vapaat kädet *We had carte blanche to handle the newsletter as we feel fit.* Meillä oli vapaat kädet hoitaa tiedotuslehti oman mielemme mukaan.

1 case ['keɪs] *s*

as / whatever / whichever the case may be tapauksesta riippuen, asianhaarojen mukaan *People are at work – or not, as the case may be.* Ihmiset ovat töissä – tai sitten eivät.

be on the case hoitaa asiaa, tutkia tapausta (erit rikosta) *Scotland Yard is on the case.* Scotland Yard tutkii tapausta.

be the case olla kysymys jstak, olla asianlaita *Indeed, the opposite is the case.* Itse asiassa asia on juuri päinvastoin.

in case of jnk varalta, jnk sattuessa *In case of fire, you'll need to find your keys quickly.* Tulipalon sattuessa avainten on löydyttävä nopeasti.

in that case tällöin, näin ollen, siinä tapauksessa *In that case, no record need be kept.* Tällöin rekisteriä ei tarvitse pitää.

in which case jolloin, siinä tapauksessa *In which case, I would have to get rid of the flowers.* Siinä tapauksessa minun pitäisi hankkiutua kukista eroon.

[just] in case *1* siltä varalta [että], kaiken varalta *Take an umbrella, in case it starts to rain.* Ota sateenvarjo siltä varalta, että alkaa sataa. *2* mikäli *I can help, in case you need further information.* Voin auttaa, mikäli tarvitset lisätietoa.

make a federal case [out] of (am) tehdä iso numero jstak *I didn't hear you. There's no need to make a federal case out of it.* En kuullut sinua. Ei siitä tarvitse tehdä mitään isoa numeroa.

make out a case for puhua jonkin puolesta *They made out a case for the sale of the site.* He puhuivat paikan myymisen puolesta.

on / off sb's case *ark* jatkuvasti / ei enää jkn kimpussa *What does it cost to keep you off my case?* Millä saisin sinut pois kimpustani?

open-and-shut case selvä tapaus, helposti ratkaistava asia *The cancellation of exhibition was an open-and-shut case of censorship.* Näyttelyn peruuttaminen oli selvää sensuuria.

worst case scenario pahimmassa tapauksessa *The worst case scenario was that he would have to have an operation.* Pahimmassa tapauksessa hänet täytyisi leikata.

2 case *v*

case the joint *ark* tutkia mesta (ryöstöä ym. varten) *Like a thief casing the joint, he went from room to room again.* Hän kulki huoneesta toiseen kuin ryöstöpaikkaa tutkiva varas.

1 cash ['kæʃ] s

a cash cow lypsylehmä *The company is protecting their cash cow.* Yritys varjelee lypsylehmäänsä.

cash down / up front käteisellä *The price was £100 cash down.* Hinta oli sata puntaa käteisellä.

cash in hand ark (br) käteisenä *They want cash in hand with few questions asked.* He haluavat palkkansa käteisenä eikä liikoja kysymyksiä.

cash on the barrelhead (am) käteisellä (välittömästi ostotilanteessa maksettaessa) *The buyer must be prepared to pay cash on the barrelhead.* Ostajan on oltava valmis maksamaan (koko summa) käteisellä saman tien.

hard cash selvä käteinen, käteinen raha *He needs to raise some hard cash.* Hänen on hankittava jostain selvää käteistä.

2 cash v

cash in hyötyä, käyttää hyväkseen *They are trying to cash in on her success.* He yrittävät hyötyä hänen menestyksestään.

cash in one's chips ark potkaista tyhjää, heittää veivinsä *He has cashed in his chips at 72.* Hän on potkaissut tyhjää 72-vuotiaana.

cash up (br) laskea kassa *To cash up, the assistant adds up all the contents of the till.* Myyjä laskee kassan laskemalla yhteen kassan koko sisällön.

cast ['kɑ:st] v

be cast away olla haaksirikkoutunut *If you were cast away on a desert island, which book would you wish to have with you?* Jos haaksirikkoutuisit autiolle saarelle, minkä kirjan ottaisit mukaan?

be cast down olla masentunut *She was cast down by the news.* Hän masentui uutisista.

be cast in a / an ... mould olla tietynlainen *He was not cast in a common mould.* Hän ei ollut mikään tavallinen tyyppi.

cast a pall / cloud on / over sth varjostaa, pilata *News of his death cast a pall over the festivities.* Uutiset hänen kuolemastaan varjostivat juhlallisuuksia.

cast about / around for etsiä, etsiskellä, hakea *He was casting about for someone to blame.* Hän etsiskeli sopivaa syntipukkia.

cast aside hankkiutua eroon, heittää syrjään, hylätä, luopua *She has cast aside ambitions to be an actress.* Hän on luopunut toiveistaan tulla näyttelijäksi.

cast doubt on sth saada vaikuttamaan arveluttavalta t. epäilyttävältä, heittää epäilyksen varjo *The journalist cast doubt on the government actions.* Toimittaja sai hallituksen toimet vaikuttamaan arveluttavilta.

cast [new / fresh] light on antaa tietoa jstak, valaista jtak *Research may cast light on these questions.* Tutkimus saattaa valaista näitä kysymyksiä.

cast one's eyes / an eye over silmäillä jtak, katsastaa jk *Melissa cast interested eyes over Robyn's dishevelled figure.* Melissa silmäili kiinnostuneena Robynin epäsiistiä olemusta.

cast one's mind back muistella *He cast his mind back to his homecoming.* Hän muisteli kotiinpaluutaan.

cast sth from your mind karkottaa mielestään, lakata ajattelemasta jtak *He had tried to cast her from his mind.* Hän oli yrittänyt karkottaa naisen mielestään.

cast up *1* huuhtoa (rannalle) *From such a vantage point you can spot objects cast up by the tides.* Siitä näköalapaikalta voi nähdä esineitä, joita vuorovesi on huuhtonut rannalle. *2* ark muistuttaa (jstak epämiellyttävästä) *It was always cast up to me how good my sister was at* *school*. Minua aina muistutettiin siitä, miten hyvä siskoni oli koulussa.

the casting couch roolien jakaminen sängyn kautta *She was no stranger to the casting couch herself*. Hän oli itsekin saanut rooleja sängyn kautta.

castle ['kɑːsl] *s*
build castles in the air rakennella pilvilinnoja *He built castles in the air about owning a boat*. Hän rakenteli pilvilinnoja, että omistaisi veneen.

cat ['kæt] *s*
a cat may look at a king et sinä niin mahtava ole ettei katsoa saa, et sinä ole yhtään minua parempi

a fat cat *ark* porho, pamppu, iso kiho *He is a fat cat with a 50 million dollar company*. Hän on porho, jonka yritys on 50 miljoonan dollarin arvoinen.

fight like cat and dog *ark* olla kuin kissa ja koira, riidellä jatkuvasti *We fought like cat and dog the whole time we were together*. Olimme kuin kissa ja koira koko yhdessäolomme ajan.

Has the cat got your tongue? Mikä sinut niin hiljaiseksi veti?, Kissako kielesi vei?

let the cat out of the bag *ark* möläyttää, sanoa liian paljon, paljastaa salaisuus *She let the cat out of the bag about Jane's true intentions*. Hän tuli paljastaneeksi Janen todelliset aikeet.

like a cat on hot bricks / on a hot tin roof kuin kissa pistoksissa *Before the test she was like a cat on hot bricks*. Ennen koetta hän oli kuin kissa pistoksissa.

like the cat that's got the cream *ark* (yl br) itseensä tyytyväinen, ylpeä itsestään (yl jnk saavutuksen jälkeen) *Mr Barnes was sitting there smiling like the cat that's got the cream*. Herra Barnes istui siellä huulillaan itsetyytyväinen hymy.

look like sth the cat brought in *ark* olla kuin seinästä repäisty, näyttää ihan kamalalta

look what the cat's dragged in kukas sieltä tuleekaan (jostakusta, josta puhuja ei pidä)

not have a cat in hell's chance / not have a dog's chance *ark* (yl br) ei mitään mahdollisuutta *He didn't have a cat in hell's chance of succeeding*. Hänellä ei ollut mitään mahdollisuutta onnistua.

play cat and mouse [with sb] leikkiä kissaa ja hiirtä [jkn kanssa] *The saboteurs will play cat and mouse with the huntsmen*. Sabotöörit leikkivät kissaa ja hiirtä metsästäjien kanssa.

put / set the cat among the pigeons (br) aiheuttaa hämminkiä, sohaista [lausunnollaan ym.] muurahaispesää *He has set the cat among the pigeons with his statements*. Hän on sohaissut lausunnollaan muurahaispesää.

see which way the cat jumps *ark* jäädä odottavalle kannalle, katsoa ensin kuinka käy

the cat's mother <kun jäi epäselväksi ketä puhuja tarkoitti> *Who's "he"? The cat's mother?* Ja kuka se "hän" sitten on?

the cat's whiskers / pyjamas *ark yl iron* olla huippu, olla paras *I thought he was the cat's whiskers in your books*. Luulin että hän on sinun mielestäsi huipputyyppi.

When / while the cat's away, the mice will play. Kun kissa on poissa, hiiret hyppivät pöydällä.

catbird ['kætbɜːd] *s*
in the catbird seat *ark* (am) hyvissä asemissa *He's in the catbird seat with bids above asking price*. Hän on hyvissä asemissa, kun tarjoukset ylittävät lähtöhinnan.

catch [ˈkætʃ] v
be caught between ei osata valita, empiä kahden vaihtoehdon välillä *She was caught between two men.* Hän ei osannut valita kahden miehen väliltä.
be / get caught up in ajautua, sotkeutua *He got caught up in the drug trade.* Hän sotkeutui huumekauppaan.
catch-22 pattitilanne *This is a Catch-22: they cannot get a job until they have housing and they cannot get a mortgage until they have a job.* Tämä on pattitilanne: he eivät saa työtä ilman asuntoa eivätkä asuntolainaa ilman työtä.
catch-as-catch-can (am) sieltä mistä saa, silloin kun pystyy *The council will meet on a catch-as-catch-can basis.* Neuvosto tapaa silloin kun pystyy.
catch on *1* menestyä, saavuttaa suosiota t. menestystä *The trend is unlikely to catch on in Italy.* Trendi tulee tuskin saavuttamaan suosiota Italiassa. *2* tajuta, ymmärtää *They caught on to what was going on.* He tajusivat, mitä oli meneillään.
catch sb red-handed / at it saada joku kiinni itse teosta *The thief was caught red-handed.* Varas saatiin kiinni itse teosta.
catch sb's eye *1* sattua t. osua jnk silmiin, kiinnittää jnk huomio *As I looked round the room, a piece of paper caught my eye.* Kun katselin ympärilleni huoneessa, silmiini osui eräs paperi. *2* tavoittaa jkn katse *She caught my eye and shook her head.* Hän tavoitti katseeni ja pudisti päätään.
catch up with joutua kohtaamaan jtak, paljastua *His murky past caught up with him.* Hänen hämärä menneisyytensä paljastui.
catch you later *ark* nähdään pian, nähdään myöhemmin (yl saman päivän aikana)
catch your death [of cold] *ark* saat kuolemantaudin *Dry your hair, you'll catch your death.* Kuivaa hiuksesi ettet saa kuolemantautia.
What's the catch? Mikä juoni / ansa tässä on? *Everything you've said sounds marvellous! Where's the catch?* Kaikki mitä sanoit kuulostaa mahtavalta! Mikä juoni siinä on?
you'll catch it (myös (am) **you'll catch hell**) *ark* saat kunnon läksytyksen *Just you wait till mother sees you – you'll catch it.* Odotapas vain kuin äiti näkee sinut – saat kunnon läksytyksen.
you wouldn't catch sb doing sth *ark* ei tulisi jkn mieleenkään tehdä jtak *You wouldn't catch me going to that pub.* Ei tulisi mieleenikään mennä siihen pubiin.

cause [ˈkɔːz] s
a lost cause toivoton tapaus, tuhoon tuomittu yritys *It seems that their marriage is a lost cause.* Heidän avioliittonsa näyttää olevan tuhoon tuomittu yritys.
be [all] for / in a good cause hyvän asian puolesta *But the event was all in a good cause.* Mutta tapahtuma oli järjestetty hyvän asian puolesta.
cause and effect syy ja seuraus *The establishment of cause and effect in education is notoriously difficult.* Syyn ja seurauksen osoittaminen todeksi on koulutuksessa tunnetusti vaikeaa.
in the cause of jnk puolesta, jnk edistämiseksi *in the cause of peace* rauhan edistämiseksi
make common cause ajaa yhteistä asiaa, yhdistää voimansa *The new leadership makes common cause with the Liberal Democrats.* Uusi hallinto ja liberaalidemokraatit ajavat yhteistä asiaa.

caution [ˈkɔːʃən] s
throw caution to the wind[s] käyttäytyä varomattomasti, heittää

huolet sikseen *My friends dived so I threw caution to the winds and followed.* Ystäväni sukelsivat, joten heitin huolet sikseen ja menin perässä.

caviar ['kævɪɑːʳ] *s* (*myös* caviare)
  caviar to the general (*myös* caviare) helmiä sioille *His music is caviar to the general.* Hänen musiikkinsa on helmiä sioille.

cease ['siːs] *v*
  never cease to jatkuvasti, usein *Your subtlety never ceases to amaze me.* Sinun hienovaraisuutesi sitten jaksaa aina hämmästyttää minua.

cent ['sent] *s*
  not have a red cent (am) ei olla penninhyrrää / pyörylää, olla pennitön *I didn't have red cent at the moment.* Minulla ei sillä hetkellä ollut pennin pyörylää.

centre ['sentəʳ] *s* (*am* center)
  centre of attention (*am* center) huomion keskipiste *Andrew is used to being the centre of attention.* Andrew on tottunut olemaan huomion keskipisteenä.
  centre of excellence (*am* center) huippuyksikkö, huippulaitos *a centre of excellence in speech technology research* puheteknologian tutkimuksen huippuyksikkö

ceremony ['serɪməni] *s*
  stand on ceremony pitää kiinni muodollisuuksista *We don't stand on ceremony in this house.* Tässä talossa ei olla turhan muodollisia.
  without ceremony siekailematta, sumeilematta, kursailematta *He seized the bag and without ceremony upended it.* Hän nappasi laukun ja käänsi sen siekailematta ylösalaisin.

certain ['sɜːtⁿn] *a*
  for certain varmasti *Exactly what happened is not known for certain.* Ei tiedetä varmasti, mitä tarkkaan ottaen tapahtui.
  make certain / sure [that...] varmistaa jk, varmistua jstak *We'll make certain that he knows all the facts.* Varmistamme, että hän tietää kaikki tosiasiat.
  of a certain age *leik* ei enää ihan nuori (yl naisesta) *He appeals to women of a certain age.* Hän vetoaa ei enää ihan nuoriin naisiin.

certainly ['sɜːtⁿnli] *adv*
  Certainly not! *ark* Ei todellakaan!, Ei tietenkään! – *Have I hit a raw nerve? – Certainly not!* – Osuinko arkaan paikkaan? – Et tietenkään!

chaff ['tʃɑːf] *s*
  separate / sort the wheat from the chaff erottaa jyvät akanoista *An experienced antique dealer will have no difficulty sorting the wheat from the chaff.* Kokeneella antiikkikauppiaalla ei ole vaikeuksia erottaa jyviät akanoista.

chain ['tʃeɪn] *s*
  pull / yank sb's chain *ark* (am) kiusata jkta (yl uskottelemalla jtak) *He is just pulling your chain about being Swedish.* Hän vain kiusaa sinua ja uskottelee olevansa ruotsalainen.

1 chalk ['tʃɔːk] *s*
  as different as chalk and cheese (*myös* like chalk and cheese) *ark* (br) kuin yö ja päivä *They look alike but they're as different as chalk and cheese.* He ovat samannäköiset mutta muuten kuin yö ja päivä.
  chalk and talk (br) opettajakeskeinen opetusmetodi *Many departments were criticized for concentrating heavily on "chalk and talk".* Useita laitoksia arvosteltiin liian opettajakeskeisistä opetusmetodeista.
  not by a long chalk (br) ei läheskään, ei sinne päinkään *I'm not fin-*

ished yet, not by a long chalk. Minä en ole vielä läheskään valmis.

2 chalk *v*

chalk out hahmotella, luonnostella, suunnitella *We have chalked out an alternative strategy.* Olemme hahmotelleet vaihtoehtoisen toimintasuunnitelman.

chalk sth up to experience kokemus sekin, siitä voi ottaa opikseen *He figured that it was just money, and chalked up the loss to experience.* Hän tuumasi, että rahaa se vain oli ja että tappiosta voi ottaa opikseen.

chalk up *1* saavuttaa jtak, kirjata jtak tililleen *He chalked up his first win of the season.* Hän saavutti kauden ensimmäisen voittonsa. *2* (yl am) lukea jtak jnk syyksi, katsoa jnk johtuvan jstak *She chalked up her mistake up to sleeplessness.* Hän katsoi virheensä johtuneen unettomuudesta.

champ ['tʃæmp] *v*

champ / chafe at the bit olla kärsimätön, ei olla housuissaan pysyä *They are all champing at the bit to place their bets.* He kaikki odottavat kärsimättöminä päästäkseen lyömään vetoa.

1 chance ['tʃɑ:ns] *s*

a fighting chance olla [pieni] mahdollisuus *There is a fighting chance that the church can be saved.* On pieni mahdollisuus, että kirkko voidaan pelastaa.

a sporting chance melko hyvät mahdollisuudet *The theory seems to have at least a sporting chance of being right.* Näyttää hyvinkin mahdolliselta, että teoria osuu oikeaan.

any chance of ...? olisiko mahdollista saada ...? *Any chance of a lift?* Olisiko mahdollista saada kyyti?

as chance / luck would have it sattuman oikusta, kuinkas sattuikaan *As chance would have it, she met* her *ex-husband.* Ja kuinkas sattuikaan! Hän tapasi entisen aviomiehensä.

blow one's chance pilata mahdollisuutensa *She blew her chance to work for Yves Saint Laurent.* Hän pilasi mahdollisuutensa työskennellä Yves Saint Laurentille.

by any chance ehkä, mahdollisesti, mitenkään *Have you seen my socks by any chance?* Oletko kenties nähnyt sukkiani?

chance of a lifetime ainutlaatuinen mahdollisuus *It's a chance of a lifetime for any model and one Dana couldn't miss.* Se on ainutlaatuinen tilaisuus kenelle tahansa mallille, eikä Danalla ollut varaa päästää sitä käsistään.

chance would be a fine thing *ark* (br) sen kun näkisi, mutta tuskin niin käy *How I would have liked to play that harmonium, but chance would be a fine thing.* Olisin kovasti halunnut soittaa sitä harmonia, mutta tuskin niin kävisi.

fancy one's chances *ark* uskoa mahdollisuuksiinsa *I wouldn't fancy our chances in the play-offs.* En usko mahdollisuuksimme pudotuspeleissä.

given the / half a chance jos saisi tilaisuuden, heti tilaisuuden tullen *The opossum can inflict a painful bite, given half a chance.* Opossumi voi purra kipeästi heti tilaisuuden tullen.

in with a chance hyvät mahdollisuudet *He is in with a chance of winning the £10,000 first prize.* Hänellä on hyvät mahdollisuudet voittaa 10 000 punnan ensimmäinen palkinto.

jump at the chance tarttua innokkaasti tilaisuuteen *He jumped at the chance to play a part in the film.* Hän tarttui innokkaasti tilaisuuteen näytellä rooli elokuvassa.

on the [off] chance that jos vaikka onnistuisi, siltä varalta että *He rang*

chance

Celia on the off chance that Dougal had gone there. Hän soitti Celialle siltä varalta, että Dougal olisi mennyt sinne.

no chance ark ei onnistu, ei käy – *I think we had better go. – No chance.* – Meidän pitäisi varmaan lähteä. – Ei käy.

stand a chance olla mahdollisuus, olla toiveita *They don't stand a chance of winning.* Heillä ei ole mitään mahdollisuuksia voittaa.

take a chance on uskaltaa luottaa jhk t. jkhun, rohjeta luottaa jhk *Take a chance on success!* Usko menestykseesi!

take a / one's chance (*myös* take chances) ottaa riski, kokeilla onneaan *She took a chance and went for a swim.* Hän otti riskin ja meni uimaan.

[the] chances are that todennäköisesti *The chances are he was killed for the money.* Todennäköisesti hänet tapettiin rahojen takia.

2 chance *v*

chance one's arm / luck ark koettaa onneaan, riskeerata *He has been chancing his arm at a new sport.* Hän on koettanut onneaan uuden urheilulajin parissa.

chance [up]on / across tavata jku sattumalta, löytää jk sattumalta *I chanced upon him in the pub.* Tapasin hänet sattumalta pubissa.

1 change ['tʃeɪndʒ] *v*

change a baby vaihtaa vauva kuiviin, vaihtaa vaipat *Do you know how to change a baby?* Osaatko vaihtaa vaipat?

change address muuttaa, vaihtaa asuinpaikkaa *She may have changed address.* Hän on saattanut muuttaa.

change colour kalveta, punastua *Her face had changed colour.* Hänen kasvonsa olivat punehtuneet.

change down (br) vaihtaa pienemmälle (auton vaihdetta) *He accidentally changed down to first gear instead of third.* Hän vaihtoi vahingossa ykkösvaihteelle eikä kolmoselle.

change hands vaihtaa omistajaa *Many of the paintings have changed hands several times.* Moni maalauksista on vaihtanut omistajaa useaan kertaan.

change one's mind tulla toisiin ajatuksiin, muuttaa mielensä *Did you change you mind about helping us?* Tulitko toisiin ajatuksiin ja autat meitä sittenkin?

change one's tune ark olla toinen ääni kellossa, kääntää takkinsa *He'd soon change his tune if he thought she'd lost interest.* Miehellä olisi pian toinen ääni kellossa, jos tämä uskoisi, ettei nainen ollut enää kiinnostunut.

change one's ways muuttaa tapojaan *I've learned my lesson and changed my ways.* Olen ottanut opikseni ja muuttanut tapani.

change over siirtyä *to change over from inches to the metric system* siirtyä tuumista metrijärjestelmään

change places vaihtaa paikkaa, olla toisen housuissa *I wouldn't want to change places with him.* Enpä tahtoisi olla hänen housuissaan.

change round (tuulesta) muuttaa suuntaa *It was then that the wind changed round.* Silloin tuuli muutti suuntaa.

change the bed vaihtaa vuodevaatteet

change up (br) vaihtaa isommalle (auton vaihdetta) *She changed up and accelerated away.* Hän vaihtoi vaihteen isommalle ja kiihdytti matkoihinsa.

2 change *s*

A change is as good as a rest. Vaihtelu virkistää. (uudesta työpaikasta puhuttaessa)

a sea change kirjak suuri muutos, mullistus *We have had a sea change in the nature of employment in western societies.* Länsimaisissa yhteiskunnissa on tapahtunut suuri muutos työllisyyden laadussa.

a wind / the winds of change muutoksen tuulet *Through the corridors of Scotland Yard, a wind of change is blowing.* Scotland Yardin käytävillä puhaltavat muutoksen tuulet.

change of heart mielenmuutos *He could have a change of heart and settle down to family life.* Hän saattaisi muuttaa mielensä ja ryhtyä viettämään perhe-elämää.

for a change vaihteeksi *Try using the stairs for a change.* Kävele vaihteeksi portaita.

make a change olla yllättävää – *I'm buying the drinks.* – *That makes a change.* – Minä tarjoan juomat. – Jopas nyt jotakin.

not get much / any change out of (*myös* get no change out of) **ark** (br) ei saada tietoja jklta, jksta ei ole mitään apua *We hardly ever got any change out of the legal department.* Lakiosastosta ei yleensä ollut meille mitään apua.

ring the changes muuttaa tyyliä, tuoda virkistävää vaihtelua jhk *Ring the changes with a new hair colour!* Muuta tyyliäsi uuden hiusvärin avulla!

the change [of life] vanh vaihdevuodet *For decades, the "change of life" was something to be suffered in silence.* Vuosikymmenet vaihdevuosissa olevien oletettiin vain kärsivän hiljaa.

chapter ['tʃæptəʳ] *s*

a chapter of accidents (br) onnettomuuksien sarja, onnettomien sattumien sarja *The race was a chapter of accidents.* Kilpailut olivat yhtä onnettomuuksien sarjaa.

chapter and verse [hyvin] yksityiskohtaisesti, tarkasti *He gave us chapter and verse on his time in the army.* Hän kertoi meille hyvin yksityiskohtaisesti armeija-ajoistaan.

character ['kærɪktəʳ] *s*

in character jkn tapaista, jklle luonteenomaista *This outburst was entirely in character for de Gaulle.* Tämä purkaus oli täysin luonteenomainen de Gaullelle.

out of character jkn tapojen vastaista, ei luonteenomaista *It was very much out of character for him to drink and then drive.* Ei ollut lainkaan hänen tapaistaan ottaa ja ajaa.

charge ['tʃɑːdʒ] *s*

get a charge out of (am) olla jksta jännittävää, nauttia jstak *I get a real charge out of working hard and seeing good results.* Nautin suuresti kovasta työstä ja hyvistä tuloksista.

charity ['tʃærɪti] *s*

charity begins at home autettavia löytyy läheltäkin, oma perhe ensin, oma suu lähempänä

charlie ['tʃɑːli] *s*

feel / look a right / proper charlie vanh (br) tuntea itsensä täysin typeräksi, näyttää naurettavalta *He looked a right Charlie in those striped trousers.* Hän näytti ihan naurettavalta niissä raidallisissa housuissa.

charm ['tʃɑːm] *s*

work like a charm olla maaginen vaikutus jhk, toimia kuin unelma *The sales approach worked like a charm.* Se myyntitekniikka toimi kuin unelma.

charmed ['tʃɑːmd] *a*

lead / have a charmed life olla syntynyt onnellisten tähtien alla, olla onnekas *He leads a charmed life while others struggle.* Hän on syntynyt onnellisten tähtien alla, kun taas toiset joutuvat kamppailemaan.

chase

1 chase ['tʃeɪs] *v*
chase [around] after juosta jkn perässä, jahdata *She could not imagine him chasing after other women.* Hän ei osannut kuvitella, että mies juoksisi muiden naisten perässä.
chase the dragon polttaa heroiinia
chase up 1 selvittää, ottaa selvää *Consumers have been promised their cases will be chased up.* Kuluttajille on luvattu, että heidän tapauksensa selvitetään. **2** (yl br) tiukata jklta jtak, hoputtaa jkta *How would you chase up slow payers?* Miten hoputtaisit asiakkaita, joiden maksu viipyy?

2 chase *s*
give chase lähteä takaa-ajoon *The police gave chase but were shaken off by the robbers.* Poliisit lähtivät takaa-ajoon, mutta ryöstäjät karistivat heidät kannoiltaan.

chat ['tʃæt] *v*
chat up *ark* (br) yrittää iskeä *She was getting chatted up by the bloke who owned the place.* Paikan omistava kundi yritti kovasti iskeä häntä.

1 cheap ['tʃi:p] *a*
cheap and cheerful (br) huokea mutta hyvä[laatuinen] *I buy cheap and cheerful clothes and food.* Ostan vaatteita ja ruokaa, jotka ovat halpoja mutta hyviä.
cheap and nasty (br) halpa ja huono[laatuinen] *The fabric looks cheap and nasty.* Kangas näyttää halvalta ja huonolta.
cheap at half the price 1 (br) erittäin huokea *The admission is cheap at half the price and well worth it.* Pääsylippu on erittäin huokea ja hintansa väärti. **2** *iron* (br) erittäin kallis
cheap at the price (*am* cheap at twice the price) hintansa väärti *At £1 a sitting, it was cheap at the price.* Yksi ruokailuvuoro maksoi yhden punnan ja oli hintansa väärti.
on the cheap *ark* halvalla *Proper care cannot be provided on the cheap.* Hyvää hoitoa ei pystytä tarjoamaan halvalla.

2 cheap *adv*
dirt cheap *ark* pilkkahintaan *These electrical goodies are dirt cheap.* Nämä sähkötavarat myydään pilkkahintaan.
going cheap myytävänä halvalla *They've got coats going cheap.* He myyvät takkeja halvalla.
not come cheap olla kallis *His services do not come cheap.* Hänen palveluksensa tulevat kalliiksi.

1 check ['tʃek] *v*
check out (am) kuolla *He has checked out. He shot himself.* Hän on kuollut. Hän ampui itsensä.

2 check *s*
a rubber check *leik* (am) katteeton šekki *Someone wrote me a rubber check.* Eräs henkilö kirjoitti minulle katteettoman šekin.
checks and balances valtaa rajoittavat säännöt *Checks and balances guard against undue concentrations of power.* Säännöt varmistavat, ettei liikaa valtaa keskity yksiin käsiin.
hold / keep in check pitää jk hallinnassa t. kurissa *He tried to keep his imagination in check.* Hän yritti pitää mielikuvituksensa kurissa.

cheek ['tʃi:k] *s*
cheek by jowl [with sb / sth] vieri vieressä, kylki kyljessä *The hospital is cheek by jowl with a prison.* Sairaala on ihan vankilan vieressä.
turn the other cheek kääntää toinenkin poski

cheer ['tʃɪəʳ] *s*
a Bronx cheer *ark* (am) kielen päristys (halveksivasti) *The crowd gave*

him a Bronx cheer. Väkijoukko pä-
risti hänelle kieltään.
three cheers kolminkertainen elä-
köön-huuto *Three cheers for Her
Majesty!* Kolminkertainen eläköön-
huuto hänen majesteetilleen!
two cheers for (br) <jstak joka on
ihan hyvä, mutta voisi olla parem-
pikin> *Two cheers for the Budget.*
Talousarvio voisi olla parempikin.
What cheer? *vanh* Mitä kuuluu?

1 cheese ['tʃi:z] *s*
hard / tough cheese *yl iron* (br) paha
juttu, huono tuuri *So you didn't like
the car your father gave you. Well,
hard cheese.* Vai et tykännyt au-
tosta, jonka sait isältäsi. No, pa-
hempi juttu.
say cheese sano muikku (kehotus
hymyillä valokuvattaessa)

2 cheese *v*
Cheese it! *vanh 1* (br) Lopeta [se]!
2 Häivy!, Mene pois!
cheese off *ark* (br) kyllästyttää,
tympiä *I'm really cheesed off with
you.* Olen todella kyllästynyt si-
nuun.

cherry ['tʃeri] *s*
a bite at the cherry mahdollisuus
tehdä jtak, yritys tehdä jtak *Pay at-
tention, because you aren't going to
get a second bite at the cherry.* Ol-
kaa tarkkoina, sillä toista mahdolli-
suutta ei tule.
a bowl of cherries (*yl kielt*) herk-
kua, ihanaa *Life is no bowl of cher-
ries.* Elämä ei aina ole herkkua.
pop sb's cherry *ark* viedä jkn neit-
syys *Who popped your cherry?* Ke-
nen kanssa olit eka kerran?
the cherry on the cake jnk huippu,
jnk kruunu, piste i:n päällä *The
cherry on the cake, though, is the
low price.* Kaiken kruunaa kuiten-
kin huokea hinta.

Cheshire cat [,tʃeʃə 'kæt]
grin like a Cheshire cat virnistää
koko naamallaan, virnistää leveästi
*His voice indicated that he was cer-
tainly grinning like a Cheshire cat.*
Hänen äänestään kuuli, että hän to-
siaan virnisti leveästi.

chest ['tʃest] *s*
get sth off one's chest keventää sy-
däntään *Now I've got that off my
chest I feel much better.* Kun sain
tuon sanotuksi, niin tuntuu jo pal-
jon paremmalta.
**play / keep one's cards close to
one's chest** *ark* salata aikeensa, pi-
tää suunnitelmansa salassa *The
coach will be keeping his cards
close to his chest today.* Valmentaja
pitää tänään aikeensa salassa.

chestnut ['tʃesnʌt] *s*
old chestnut vanha vitsi, kulunut
juttu *The old chestnut of fire safety
came up again.* Se iankaikkinen
aihe, paloturvallisuus, tuli taas pu-
heeksi.

chew ['tʃu:] *v*
chew on *ark* pohdiskella, mietis-
kellä, pureskella, märehtiä *That
will give you something to chew on
during the day.* Siinä on sinulle
miettimistä täksi päiväksi.
chew out *ark* (am) ryöpyttää, hauk-
kua jku pataluhaksi *Her boss
chewed her out for being five min-
utes late.* Hänen pomonsa haukkui
hänet pataluhaksi, koska hän myö-
hästyi viisi minuuttia.
chew over *ark* pohdiskella, mietis-
kellä, pureskella, märehtiä, vatvoa
*He was still chewing over the prob-
lems they had discussed.* Hän vatvoi
yhä ongelmia, joista he olivat kes-
kustelleet.
chew the fat (*myös* chew the rag) *ark*
turista, jaaritella *Sure like to chew
the fat with you, but I got a busy day
on.* Mukava turista kanssasi, mutta
tänään on vähän kiire.

chick

chew up *ark* tuhota, hävittää, vahingoittaa *Landowners complained that the bikes were chewing up their paths.* Maanomistajat valittivat, että pyörät vahingoittivat heidän polkujaan.

chick ['tʃɪk] *s*
neither chick nor child (am) ei ollenkaan lapsia *She has neither chick nor child.* Hänellä ei ole ollenkaan lapsia.

1 chicken ['tʃɪkɪn] *s*
a chicken-and-egg situation <tilanteesta, jossa on mahdoton sanoa, kumpi tulee ensin t. mikä on syy ja mikä seuraus> *It is a chicken and egg situation – autonomy and responsibility are indivisible.* On mahdoton sanoa, kumpi tulee ensin – itsenäisyyttä ja vastuuta ei voi erottaa toisistaan.

chicken feed pikkusumma, yhtä tyhjän kanssa *Two hundred pounds was chicken feed for the work I put in.* Kaksisataa puntaa oli yhtä tyhjän kanssa verrattuna tekemääni työmäärään.

play chicken katsoa kumpi jänistää ensin (esim. väistämällä autolla)

run [a]round / about like a headless chicken juosta ympäriinsä kuin päätön kana

2 chicken *v*
chicken out *ark* jänistää jstak, luistaa jstak *He chickened out of his check-up again.* Hän luisti taas lääkärintarkastuksesta.

1 chief ['tʃiːf] *s*
too many chiefs and not enough Indians (br) liian monta käskijää eikä tarpeeksi käskettäviä

2 chief *a*
chief cook and bottle-washer *s ark leik* yleismies Jantunen, joka paikan höylä

child ['tʃaɪld] *s*
be like a child in a sweetshop (br) olla niin innoissaan, ettei tahdo mahtua nahkoihinsa, olla tohkeissaan *If you love clothes, you'll feel like a child in a sweetshop.* Jos pidät vaatteista, tulet olemaan tohkeissasi.

be with child *vanh t. kirjak* odottaa lasta, olla raskaana *My sister is with child.* Sisareni odottaa lasta.

Children should be seen and not heard. Lasten kuuluu näkyä, mutta ei kuulua.

child's play lastenleikki, helppo homma *A cheap lock is child's play for a thief.* Halvan lukon avaaminen on varkaalle lastenleikkiä.

childhood ['tʃaɪldhʊd] *s*
second childhood vanhuudenhöperyys, muuttua vanhana uudelleen lapseksi *She is in her second childhood.* Hän on muuttunut vanhana uudelleen lapseksi.

1 chill ['tʃɪl] *v*
chill out *ark* rentoutua, ottaa rennosti, levätä *It's time to chill out with DJ Phil.* On aika ottaa rennosti tiskijukka Philin tahdittamana.

chill sb to the bone / marrow (*myös* chill sb's blood) saada jkn veri hyytymään (pelosta, kauhusta ym.) *The sight chilled his blood.* Näky sai hänen verensä hyytymään.

2 chill *s*
send a chill down sb's spine (*myös* a chill runs down one's spine) karmia selkäpiitä, kylmät väreet karmivat selkäpiitä *Something in the tone of his voice sent a chill up Melissa's spine.* Jokin miehen äänensävyssä karmi Melissan selkäpiitä.

take the chill off lämmittää [hieman] *She turned on the heater to take the chill off the house.* Hän laittoi lämmittimen päälle karkottaakseen kylmyyden talosta.

chime ['tʃaɪm] *v*
chime in säestää, heittää väliin (kommenteista ym.), puuttua [puheeseen] *She was always ready to chime in.* Hän oli aina valmis puuttumaan puheeseen.
chime [in] with käydä yksiin, pitää yhtä jnk kanssa *The movie chimes [in] with our current world-view.* Elokuva käy yksiin nykyisen maailmankuvamme kanssa.

chin ['tʃɪn] *s*
keep one's chin up (*myös* (br) keep one's pecker up) *ark* pitää lippu korkealla, leuka pystyyn *Keep your chin up, we're not lost yet.* Leuka pystyyn, mitään ei ole vielä menetetty.
take sb on the chin *ark* kestää urheasti *He took the bad news on the chin.* Hän kesti huonot uutiset urheasti.

chink ['tʃɪŋk] *s*
a chink in sb's armour (*am* armor) akilleenkantapää, jkn heikko kohta *He spotted the chink in my armour.* Hän löysi heikon kohtani.

1 chip ['tʃɪp] *s*
be a chip off the old block *ark* olla tullut isäänsä / äitiinsä, olla ilmetty isänsä / äitinsä *He is a chip off the old block and one day he might be as good as his father.* Hän on tullut isäänsä ja hänestä voi jonain päivänä tulla yhtä hyvä kuin isästään.
be in the chips *ark* (am) olla rahoissaan *He can pay me back when he's in the chips.* Hän voi maksaa takaisin sitten kun on rahoissaan.
chips with everything *leik 1* <viittaa brittien tylsyyteen> *And the abundance of old people who have chips with everything...* Ja kaikki ne lukuisat tylsät ja jämähtäneet vanhukset... *2* <viittaa huonoon ruokalaruokaan> *The staff would be healthier and happier if they did not have chips with everything.* Henkilökunta voisi paremmin, jos työpaikkaruokalan ruoka olisi terveellisempää.
have a chip on one's shoulder *ark* tulistua helposti [jstak], jk on jklle arka paikka t. kohta *You've got a chip on your shoulder about James.* James taitaa olla sinulle arka paikka.
have had one's chips *ark 1* olla heikoilla, olla tyrinyt pahasti *2* olla heittänyt t. heittämäisillään veivinsä, potkaista t. olla potkaisemassa tyhjää *Mum demanded to know what she meant by saying Granny had had her chips.* Äiti tiukkasi mitä hän tarkoitti sanomalla, että mummi oli heittänyt veivinsä.
when the chips are down *ark* tiukan paikan tullen *When the chips are down, he will find work.* Tiukan paikan tullen hän kyllä löytää töitä jostakin.

2 chip *v*
chip away at sth jäytää, nakertaa, murentaa *The failures were beginning to chip away at his self-confidence.* Epäonnistumiset alkoivat murentaa hänen itseluottamustaan.
chip in *ark 1* (yl br) keskeyttää [jkn puhe], huomauttaa, heittää väliin t. esiin (kommentti ym.) *"That's just the trouble," Agnes chipped in.* "Sehän ongelmana juuri onkin", huomautti Agnes. *2* avustaa jtak (jllak rahasummalla), lahjoittaa *The company has pledged to chip in £38,000.* Yritys on lupautunut lahjoittamaan 38 000 puntaa.

chit ['tʃɪt] *s*
a chit of a girl *vanh* (br) nenäkäs tytönhupakko *She was incensed that this chit of a girl should dare to make a fool of her.* Hän oli raivoissaan siitä, että mokoma nenäkäs tytönhupakko uskalsi tehdä hänet naurunalaiseksi.

choice

choice ['tʃɔɪs] s
by / out of choice vapaaehtoisesti, omasta halustaan *She lived there by choice.* Hän asui siellä omasta halustaan.
of choice [for sb / sth] (yl am) mieluisin, paras, suosituin *Surgical treatment is the treatment of choice.* Leikkaushoito on paras hoitovaihtoehto.
of one's choice valinnan mukainen, jkn valitsema, haluama *Serve with biscuits of your choice.* Tarjoile haluamiesi keksien kanssa.

choose ['tʃu:z] v
cannot choose but do sth kirjak ei voida tehdä muuta kuin *I could not choose but feel sympathy for him.* En voinut muuta kuin tuntea myötätuntoa häntä kohtaan.
choose one's words [carefully] valita sanansa tarkkaan *He chose his words carefully, conscious of her influence with Stephen.* Hän valitsi sanansa tarkkaan, koska tiesi, millainen vaikutusvalta naisella oli Stepheniin.
there is little / nothing to choose between ei ole suurta eroa *There is little to choose between the two smoke alarms.* Näillä kahdella palohälyttimellä ei ole suurtakaan eroa.

1 chop ['tʃɒp] v
chop and change ark (br) soutaa ja huovata, muuttaa mieltään yhtenään *We oppose all the chopping and changing in education over the past 13 years.* Me vastustamme kaikkea sitä soutamista ja huopaamista, jota koulutuksessa on ollut viimeiset 13 vuotta.
chop logic halkoa hiuksia, saivarrella *You are chopping logic on this issue.* Sinä halot hiuksia tässä asiassa.

2 chop s
be for the chop ark (br) **1** saada todennäköisesti potkut *The minister will be next for the chop.* Ministeri on todennäköisesti seuraava, joka menettää paikkansa. **2** tulla todennäköisesti lakkautetuksi *Most of these projects are for the chop.* Useimmat näistä projekteista todennäköisesti lakkautetaan.
chop-chop ark (br) hopi hopi, vipinää kinttuihin *Come on, chop-chop!* Tule jo, hopi hopi!
get / be given the chop ark (br) **1** saada potkut *Hundreds have been given the chop.* Sadat työntekijät ovat saaneet potkut. **2** lakkauttaa jk, pistää jllek piste *The soap is to get the chop.* Saippuasarja lakkautetaan.

chord ['kɔ:d] s
strike / touch a chord synnyttää vastakaikua, herättää tunteita, vedota tunteisiin *Animal rights strike a chord with a lot of people.* Eläinten oikeudet herättävät tunteita monissa ihmisissä.

chosen ['tʃəʊzᵊn] v pp
the chosen few harvat ja valitut *His sense of humour is dry and acid, revealed only to a chosen few.* Hänen huumorinsa on kuivaa ja pisteliästä ja se avautuu vain harvoille ja valituille.

Christ ['kraɪst] s
Christ [alone] knows ark taivas [yksin] tietää *Christ knows if I will see them again.* Taivas tietää, näenkö heitä enää koskaan. *I haven't seen Billy for Christ knows how long.* En ole nähnyt Billyä ties miten pitkään aikaan.
for Christ's sake ark herran tähden, voi herra jumala *For Christ's sake, hurry up.* Pidä nyt herran tähden kiirettä.

chuck ['tʃʌk] v
chuck it all in / up luopua kaikesta, muuttaa elämänsä suuntaa [totaalisesti] *Janice felt like chucking it all*

in and finding something else to do. Janicen teki mieli jättää kaikki ja etsiä jotain muuta tekemistä.
 chuck it down *ark* sataa kaatamalla *It's still chucking it down.* Sataa vieläkin kaatamalla.
 chuck sb under the chin taputtaa jkta leuan alle (leikkisästi t. hellästi)
 chuck up *1 ark* heittää laattaa, yrjötä, oksentaa *He chucked his guts up.* Hän yrjösi rajusti. *2 ark* häipyä, jättää (työpaikkansa) *Why did he chuck up his job?* Miksi hän jätti työpaikkansa?

chump [ˈtʃʌmp] *s*
 off one's chump *ark* (br) päästään vialla, seonnut *I was beginning to think he'd gone off his chump.* Aloin jo ajatella, että hän oli seonnut.

church [ˈtʃɜːtʃ] *s*
 a broad church sekalainen seurakunta *The party is a broad church.* Puolueeseen on kertynyt varsin sekalaista seurakuntaa.

churn [ˈtʃɜːn] *v*
 churn out *ark* syytää, tehtailla, suoltaa (yl heikkolaatuisista tuotteista) *She churns out a new novel every year.* Hän tehtailee joka vuosi uuden romaanin.

circle [ˈsɜːkəl] *s*
 a vicious circle / cycle noidankehä *Stress and fatigue can create a vicious circle.* Stressistä ja väsymyksestä voi muodostua noidankehä.
 come / go / turn full circle palata lähtökohtaansa, tehdä täysi kierros *I had come full circle and lived in London again.* Olin palannut lähtökohtaani ja asuin taas Lontoossa.
 go [a]round in circles kiertää [samaa] kehää *It felt like we were going round in circles, so we broke up.* Tuntui kuin olisimme vain kiertäneet samaa kehää, joten erosimme.

circulation [ˌsɜːkjʊˈleɪʃən] *s*
 in circulation *ark* menossa mukana, ihmisten ilmoilla *Anne had made a good recovery from her illness and was back in circulation.* Anne oli toipunut hyvin sairaudestaan ja oli taas ihmisten ilmoilla.
 out of circulation *ark* poissa kuvioista, poissa ihmisten ilmoilta *The accident put him out of circulation for several months.* Onnettomuuden jälkeen hän oli monta kuukautta poissa kuvioista.

citizen [ˈsɪtɪzən] *s*
 citizen of the world maailmankansalainen

city [ˈsɪti] *s*
 a city slicker *ark* kaupunkilainen *I hear you're a city slicker these days.* Olet kuulemma kaupunkilainen tätä nykyä.

claim [ˈkleɪm] *s*
 claim to fame *yl leik* mistä jk t. jku on tunnettu, maineen perusta *The city's only claim to fame is that it is so old.* Kaupunki on tunnettu vain siitä, että se on niin vanha.
 have a claim on sth olla oikeus jhk *Resolving customer complaints has first claim on his time.* Asiakkaiden valitusten ratkaiseminen on hänen ajankäytössään etusijalla.
 lay claim to sth vaatia, esittää vaatimus jnk suhteen *She is laying claim to a large share of the collection.* Hän vaatii itselleen suurta osaa kokoelmasta.
 make no claim to be ei edes uskotella olevansa *I make no claim to be an expert.* En ole mikään asiantuntija.
 put in a claim for something vaatia jtak *Anybody who is owed money by the deceased person can put in a claim.* Kaikki, joille vainaja on velkaa, voivat vaatia rahojaan.

clam

1 clam ['klæm] *v*
clam up *ark* vaieta [kesken kaiken], pitää suunsa kiinni jstak, mykistyä *He clammed up whenever I asked him about his childhood.* Hän vaikeni aina, kun kysyin hänen lapsuudestaan.

2 clam *s*
shut up like a clam vaieta [kesken kaiken], pitää suunsa kiinni jstak, mykistyä *Jess knew he would shut like a clam at this direct question.* Jess tiesi, että hän vaikenisi, jos häneltä kysyttäisiin suoraan.

clamp ['klæmp] *v*
clamp down panna jk kuriin, tiukentaa jnk valvontaa *The police should clamp down on drink-drivers.* Poliisin pitäisi panna rattijuopot kuriin.

clap ['klæp] *s*
a clap on the back selkääntaputus, kehu, hyväksyntä *Well done, you deserve a clap on the back.* Hyvin tehty, ansaitset kehuja.

clapper ['klæpə^r] *s*
like the clappers *ark* (br) kuin viimeistä päivää, kovaa vauhtia *She ran off like the clappers.* Hän juoksi pois kuin viimeistä päivää.

class ['klɑ:s] *s*
chattering classes *halv* <koulutetut ihmiset, jotka osallistuvat yhteiskunnallisiin keskusteluihin>
in a class of one's/its own *(myös* be in a class by oneself or itself) aivan omaa luokkaansa *His work is in a class of its own.* Hänen työnsä on aivan omaa luokkaansa.

1 claw ['klɔ:] *s*
get one's claws into sb *ark* **1** saada jku kynsiinsä *Once that woman gets her claws into a man, she never lets go.* Jos tuo nainen saa miehen kynsiinsä, niin hän ei hevillä päästä irti. **2** (br) ottaa jku hampaisiinsa *Wait until the media gets its claws into you.* Odotas vain kunhan joudut tiedostusvälineiden hampaisiin.

2 claw *v*
claw back haalia jk takaisin *He might have to face a hostile majority committed to clawing back power from the president.* Hän saattaisi joutua vihamielisen enemmistön, joka on päättänyt haalia valtaa takaisin presidentiltä.
claw one's way back from onnistua selviytymään jstak *He still clawed his way back into the leading group.* Hän onnistui siltikin pääsemään takaisin kärkijoukkoon.

1 clean ['kli:n] *a*
a clean slate / sheet puhtaalta pöydältä *The team started with a clean slate.* Työryhmä aloitti puhtaalta pöydältä.
come clean *ark* kertoa totuus, tunnustaa (tehneensä jtak luvatonta) *He came clean about the broken window.* Hän tunnusti rikkoneensa ikkunan.
have [got] clean hands / one's hands are clean olla puhtaat jauhot pussissa *The statisticians are anxious to prove that their hands are clean.* Tilastotieteilijät rientävät todistamaan, että heillä on puhtaat jauhot pussissa.
make a clean breast of sth / it ripittää jklle tekosensa, tunnustaa kaikki (yl helpottaakseen syyllisyydentunteita) *He made a clean breast of it and returned the money.* Hän tunnusti kaiken ja palautti rahat.
make a clean job of sth *ark* tehdä jk perusteellisesti *The shark had made a clean job of it.* Hai oli purrut kunnolla.
make a clean sweep of 1 puhdistaa epätoivotut ainekset *Many Soviet communists wanted to make a clean sweep of the discredited old order.* Monet Venäjän kommunisteista halusivat puhdistaa järjestelmän van-

hoista, huonoon valoon joutuneista aineksista. **2** puhdistaa pöytä (voittaa sillä kertaa kaikki mahdollinen) *Their clean sweep of three trophies out of three was accomplished.* He onnistuivat putsaamaan pöydän ja voittivat kaikki kolme pokaalia.

2 clean *v*

clean house kitkeä pois [yl korruptio], hankkiutua eroon jstak tarpeettomasta

clean one's plate syödä lautanen tyhjäksi *At each meal she willingly cleaned her plate.* Aterioilla hän söi halukkaasti lautasensa tyhjäksi.

clean out *ark* putsata, ryöstää, tyhjentää *I was cleaned out during my holiday.* Minun ryöstettiin lomani aikana. *I can manage these bills, but after that I'll be cleaned out.* Pystyn maksamaan nämä laskut, mutta sen jälkeen tilini on tyhjä.

clean sb's clock (am) *1* peitota jku, näyttää jklle taivaan merkit *They cleaned our clock in the semifinal.* He peittosivat meidät semifinaalissa. **2** piestä jku, antaa jklle selkään *He would have cleaned his clock out in the parking lot.* Hän olisi antanut miehelle selkään parkkipaikalla.

clean up *1* puhdistaa, kitkeä *He is cleaning up his tarnished image.* Hän puhdistaa tahriutunutta mainettaan. *The government was threatening to send in the army to clean up the streets.* Hallitus uhkasi lähettää armeijan puhdistamaan kadut. **2** saada suurvoitto, panna rahoiksi *The film should clean up at the box office.* Elokuva on todennäköisesti kassamenestys.

clean up after sb siivota jkn jälkiä *He expects other people to clean up after him.* Hän olettaa, että toiset siivoavat hänen jälkensä.

clean up one's act *ark* ryhdistäytyä, parantaa tapansa *The industry has cleaned up its act in the last few years.* Tämä teollisuudenhaara on parantanut tapojaan viime vuosina.

cleaner ['kli:nər] *s*

take sb to the cleaners *ark* **1** kyniä jku putipuhtaaksi *They got taken to the cleaners in a local hostess bar.* Paikalliset baarin palkatut seuralaiset kynivät heidät putipuhtaiksi. **2** pestä jku, voittaa jku ylivoimaisesti *He was taken to the cleaners by the boy.* Poika voitti hänet ylivoimaisesti.

1 clear [klɪər] *a*

a clear head ajatukset kirkkaina, pää selvänä *Women are keeping a clear head by cutting their alcohol intake.* Naiset pitävät ajatukset kirkkaina vähentämällä alkoholin käyttöään.

all clear / all-clear *1* (yleisen hälytyksen ym. jälkeen annettu) vaara ohi -merkki *With morning light came the all clear, and I went home.* Aamun valjetessa kuului vaara ohi -merkki, ja menin kotiin. **2** [toiminta]lupa *The new school will get the all-clear this year.* Uusi koulu saa toimintaluvan tänä vuonna.

[as] clear as a bell kuuluva *It's coming from the right and I can hear it as clear as a bell.* Se tulee oikealta, ja minä kuulen sen aivan selvästi.

[as] clear as day päivänselvä *I remember it as clear as day.* Muistan sen päivänselvästi.

clear as crystal (*myös* crystal clear) selvä [kuin pläkki], [kiistattoman] selvä *Things which had bewildered him were clear as crystal.* Häntä hämmentäneet asiat olivat nyt täysin selviä.

clear-eyed (yl am) oikeaan osuva (arviosta ym.) *That film offers a clear-eyed dissection of myth.* Elokuva analysoi myytin osuvasti.

in the clear selvillä vesillä, selville vesille, pälkähästä päässyt *Legally, though, we were in the clear.* Lain

clear

mukaan olimme kuitenkin selvillä vesillä.

out of a clear sky aivan yllättäen, kuin salama kirkkaalta taivaalta *It was so unexpected. Out of a clear sky, or so it seemed.* Se tapahtui yllättäen. Kuin salama kirkkaalta taivaalta, tai siltä ainakin tuntui.

2 clear *v*

clear off 1 *ark* häipyä, lähteä nostelemaan, ottaa jalat alleen *Now clear off, will you.* Häivy nyt siitä. 2 maksaa pois (velka) *He requested £200 to enable him to clear off his debts.* Hän pyysi 200 puntaa saadakseen maksettua velkansa pois.

clear one's throat rykiä, kakistella kurkkuaan *Harrison cleared his throat nervously.* Harrison kakisteli kurkkuaan hermostuneesti.

clear out *ark* häipyä, lähteä nostelemaan *Just clear out of here!* Ala häipyä täältä!

clear the air puhdistaa ilmaa, puhua asiat selviksi *The row cleared the air.* Riita puhdisti ilmaa.

clear the deck[s] puhdistaa pöytä [jtak toimintaa varten], valmistautua [jhk toimintaan] *Hankin cleared the decks when in temporary charge.* Hankin valmistautui toimintaan ollessaan väliaikaisesti vastuussa.

clear the name of puhdistaa jkn maine *All I want is to clear my name.* Haluan vain puhdistaa maineeni.

clear the table korjata asiat pöydästä, korjata pöytä *The two girls' job was to clear the table between courses.* Kahden tytön tehtävä oli korjata astiat pöydästä ruokalajien välillä.

clear the way / path for raivata tietä jllek, pohjustaa jtak *The visit cleared the way for a summit meeting between the leaders of the two countries.* Vierailu pohjusti maiden johtajien huippukokousta.

clear up after sb korjata jkn jälkiä, siivota jkn jälkiä *I'm tired of cleaning up after you.* Olen kyllästynyt siivomaan sinun jälkiäsi.

leave the field clear for väistyä jkn tieltä *The field was left clear for their software.* Muut olivat väistyneet heidän ohjelmistonsa tieltä.

3 clear *adv*

stay / steer clear of välttää jtak, pysytellä erossa jstak *Steer clear of cream cheese and hard cheeses.* Vältä kermajuustoa ja kovia juustoja.

cleft ['kleft] *a*

be in a cleft stick (yl br) olla pahassa pinteessä, olla kahden tulen välissä *The PR person is very often in a cleft stick between the media and his client.* Suhdetoimintahenkilöt joutuvat usein kahden tulen väliin eli tiedotusvälineiden ja asiakkaansa.

clever ['klevə^r] *a*

[a] **clever Dick / clogs** *ark halv* (br) kaikkitietävä, älypää *How do you know, clever dick?* Mistäs sinä älypää sen tiedät?

clever-clever *ark halv* (br) välkky, älypää, joka yrittää liikaa olla fiksu *Lousy crossword today, clever-clever.* Tämän päivän sanaristikko oli huono, se yritti olla liian fiksu.

too clever by half / for one's own good *ark* (br) ärsyttävän itsevarma, liian varma itsestään *The man's a smart-arse, too clever by half!* Se mies on oikea viisastelija ja ärsyttävän itsevarma!

climb ['klaɪm] *v*

be climbing the walls *ark* hyppiä seinille *If it was me, I'd be climbing the walls!* Jos kyse olisi minusta, hyppisin seinille!

climb down (br) perääntyä, antaa periksi *The government has climbed down on / over plans to raise taxes.*

Hallitus on perääntynyt veronkorotussuunnitelmista.

have a mountain to climb olla vaikean tehtävän edessä *Labour will have an even higher mountain to climb come the next general election.* Työväenpuolue on entistä vaikeamman tehtävän edessä seuraavissa parlamenttivaaleissa.

1 clip ['klıp] s

a clip round / on the ear korvapuusti *If he didn't shut up he might get a clip round the ear.* Hän saattaisi saada korvapuustin, ellei tukkisi suutaan.

at a clip (am) yhteen menoon, kerralla *He played the game five hours at a clip.* Hän pelasi peliä viisi tuntia yhteen menoon.

at a fast / steady / good clip (am) reipasta vauhtia, nopeasti *We were following them at a good clip.* Seurasimme heitä reipasta vauhtia.

2 clip v

clip sb round the ear[hole] *ark* (br) antaa jklle korvapuusti *Maggie clipped him round the ear.* Maggie antoi hänelle korvapuustin.

1 clock ['klɒk] s

against the clock kilpaa ajan kanssa, kilpaa kellon kanssa *The ironing and altering had been done against the clock.* Silitys ja korjaukset oli tehty kilpaa kellon kanssa.

[a]round the clock vuorokauden ympäri, kellon ympäri *We partied around the clock.* Juhlimme kellon ympäri.

run out / kill the clock (am) pelata aikaa *The team ran out the clock to preserve the win.* Joukkue pelasi aikaa säilyttääkseen voiton itsellään.

the clock is ticking aika käy vähiin *The clock is ticking for the statute of limitations.* Aika alkaa käydä vähiin ja rikos saattaa vanhentua.

turn / put the clock back palata menneisyyteen, palata entiseen, siirtyä ajassa taaksepäin *If she could turn the clock back, would she change anything?* Jos hän voisi siirtyä ajassa taaksepäin, muuttaisiko hän mitään?

turn / put the clock forward miettiä tulevaisuutta, ennustaa tulevia *We are actually putting the clock forward not back.* Me itse asiassa mietimme tulevaisuutta, emme menneisyyttä.

watch the clock (*myös* clock-watch) *halv* kytätä kelloa, odottaa kärsimättömästi jnk päättymistä (yl työajasta) *She watched the clock, counting the hours until closing-time.* Hän kyttäsi kelloa ja laski tunteja sulkemisaikaan.

2 clock v

clock in / on tulla töihin, leimata kellokortti [töihin tullessa] *After clocking on for a night shift they did not start work immediately.* Tullessaan iltavuoroon he eivät aloittaneet työntekoa heti.

clock out / off lähteä töistä, leimata kellokortti [töistä lähtiessä] *He's clocking off at ten o'clock anyhow.* Hän lähtee joka tapauksessa töistä kymmeneltä.

clock up *ark* saada jk, saavuttaa jk, kirjata jk [tililleen] *She clocked up her third win of the year.* Hän sai tämän vuoden kolmannen voittonsa.

clockwork ['klɒkwɜ:k] s

as regular as clockwork säännöllinen kuin kello *I'm usually as regular as clockwork.* Kuukautiseni ovat yleensä säännölliset.

like clockwork 1 kuin rasvattu, sutjakasti *The display went / ran like clockwork.* Esitys sujui kuin rasvattu. **2** kuin kone, mekaanisesti *He worked like clockwork, doing it all automatically.* Hän työskenteli kuin kone, teki kaiken aivan automaattisesti.

1 close ['kləʊz] v

close in *1* muuttua kurjaksi, muuttua epävakaiseksi (säästä) *The weather closed in and it was misty and raining.* Sää muuttui kurjaksi, oli sumuista ja sateista. *2 kirjak* pimetä (illasta), laskeutua (pimeydestä) *The rain turned to snow, and darkness closed in.* Vesisade muuttui lumisateeksi, ja pimeys laskeutui. *3 kirjak* lyhetä (syyspäivistä) *The autumn leaves are falling and the days are closing in.* Syksyn lehdet putoavat ja päivät lyhenevät.

close out *1* (am) myydä halvalla [loppuun], pitää loppuunmyynti *He is closing out his inventory of this product.* Hän myy tämän tuotteen halvalla loppuun varastostaan. *2* (am) sulkea ulkopuolelle *I must close out everything except the fight.* Minun täytyy sulkea mielestäni kaikki muu paitsi nyrkkeilyottelu.

close the book on sth tehdä loppu jstak, lopettaa, laittaa piste jllek *Today we have closed the book on apartheid.* Tänään olemme tehneet lopun rotuerottelusta.

close up sulkeutua kuoreensa, [alkaa] jurottaa *His face closed up angrily.* Hänen ilmeensä muuttui vihaisen sulkeutuneeksi.

close up shop (am) lopettaa [toiminta], sulkea [ovensa] *The sporting goods store closed up shop Tuesday morning.* Urheiluvälineliike lopetti toimintansa tiistaiaamuna.

2 close a

a closed shop <yritys, joka käyttää vain tiettyyn ammattiyhdistykseen kuuluvaa työvoimaa> *Some unions seek to operate a "closed shop" so that only union members may be employed.* Jotkut yhdistykset pyrkivät siihen, että vain ammattiyhdistyksen jäseniä voidaan palkata.

Close, but no cigar. *ark* (am) Läheltä liippasi., Lähellä muttei ihan. (arvauksen osuessa melkein oikeaan ym.) – *Your name is Gabriel, isn't it?* – *Close, but no cigar.* – Gabrielhan nimesi oli? – Läheltä liippasi.

too close for comfort liian lähellä, epämiellyttävän lähellä (paikasta, tapahtumasta ym.) *The accident was too close to comfort.* Onnettomuus oli vielä liian tuoressa muistissa.

3 close adv

close by [hyvin] lähellä *Ample car parking is available close by.* Lähellä on hyvin parkkipaikkoja.

close on / to lähes, melkein *Both men were close on sixty.* Molemmat miehet lähentelivät kuuttakymmentä.

close up / to läheltä [katsottuna] *I didn't see her face close up.* En nähnyt hänen kasvojaan läheltä.

come close to lähennellä, hipoa *She comes close to perfection.* Hän lähentelee täydellisyyttä.

run sb close olla aivan jkn kannoilla, yltää melkein jkn tasolle, pitää jkta tiukoilla (kilpailussa ym.) *United ran them close both home and away.* United (= jalkapallojoukkue) piti heitä tiukoilla sekä koti- että vierasottelussa.

closet ['klɒzɪt] s

come out of the closet *ark* tulla ulos kaapista, tunnustaa [julkisesti] olevansa homoseksuaali *He came out of the closet about his sexuality.* Hän tunnusti seksuaalisen suuntautumisensa.

1 cloud ['klaʊd] s

a cloud hangs over sth / sb jk varjostaa jotakin t. jotakuta *This would be a black cloud hanging over her for the rest of her working life.* Tämä varjostaisi pahasti koko hänen loppua työelämäänsä.

a [small] cloud on the horizon ongelma t. vaikeuksia näköpiirissä *The only cloud on the immediate* *horizon is raising a mortgage.* Ainoa välitön ongelma näköpiirissä on kiinnelainan saaminen.

have one's head in the clouds *ark* leijailla pilvissä, jkn mieli on irti maasta *He seemed to have his head in the clouds, to be living in a dream of gold.* Hän näytti leijailevan pilvissä, elävän unelmoiden kullasta.

live in cloud-cuckoo land *ark halv* elää mielikuvitusmaailmassa *Anyone who believes that the Bill will be effective is living in cloud-cuckoo land.* Se joka uskoo, että lakialoite tehoaa, elää mielikuvitusmaailmassa.

on cloud nine / seven *ark* [kuin] seitsemännessä taivaassa *He is on cloud nine after scoring the winning goal.* Hän on kuin seitsemännessä taivaassa tehtyään voittomaalin.

under a cloud *1* epäsuosiossa *They are still under a cloud after their semi-final failure.* He ovat vielä epäsuosiossa epäonnistuttuaan semifinaalissa. *2* epäiltynä *We're all under a cloud until they find the real killer.* Olemme kaikki epäiltyjä, kunnes he löytävät oikean murhaajan.

2 cloud *v*

cloud over synketä (ilmeestä ym.) *Mary's expression clouded over.* Maryn ilme synkkeni.

clover ['kləʊvə^r] *s*

in clover *ark* kuin Herran kukkarossa, huolettomasti *If your sister married him, we could be in clover.* Jos sisaresi naisi hänet, eläisimme kuin Herran kukkarossa.

1 club ['klʌb] *s*

in the [pudding] club *ark vanh* (br) pieniin päin, raskaana *The girl was in the club.* Tyttö oli pieniin päin.

welcome to the club (*myös* join the club) *ark* sama täällä, samassa veneessä ollaan, tervetuloa joukkoon *– I'm just sick of everything. – Join the club. –* Olen kyllästynyt kaikkeen mahdolliseen. *–* Sama täällä.

2 club *v*

club together lyöttäytyä yhteen (yl rahankeruusta jtak varten) *We clubbed together to buy him a present.* Päätimme ostaa hänelle yhteisen lahjan.

1 clue ['klu:] *s*

not have a clue *1 ark* ei olla [harmainta] aavistustakaan *I haven't got a clue what I'll give Carl for his birthday.* Minulla ei ole aavistustakaan, mitä antaisin Carlille syntymäpäivälahjaksi. *2* olla ulalla, olla avuton *One whole wall was covered with certificates! And he hadn't got a clue!* Koko seinä oli täynnä tutkintotodistuksia! Ja hän oli täysi tumpelo!

2 clue *v*

clue in opastaa, johtaa jäljille, neuvoa *He clued me in to some strategies.* Hän neuvoi minulle joitain strategioita.

clued up / in olla perillä jstak, tietävä[inen] *But are you really clued up on modern skincare?* Mutta oletko todella perillä nykyaikaisesta ihonhoidosta?

coach ['kəʊtʃ] *s*

drive a coach and horses through sth (br) osoittaa jnk puutteet t. heikkoudet *He drives a coach and horses through postmodernism.* Hän osoittaa postmodernismin puutteet.

coal ['kəʊl] *s*

carry / take coals to Newcastle (br) <viedä jonnekin jotain, jota siellä on ennestään runsaasti> *Opening a new gentleman's outfitters in Savile Row is like taking coals to Newcastle.* Savile Row'lle tuskin tarvitsee avata enää uusia herrojen vaatetusliikkeitä.

coalface

rake / haul sb over the coals läksyttää jkta, antaa jklle sapiskaa, antaa jklle satikutia *Davey was really hauled over the coals by the boss.* Davey sai pomolta aika sapiskat.

coalface ['kəʊlfeɪʃ] *s*
at the coalface (br) käytännön hommissa, käytännön toteutuksen parissa *These findings echo feelings among social workers at the coalface.* Nämä tulokset ovat samansuuntaisia kuin käytännön sosiaalityötä tekevien mielipiteet.

coast ['kəʊst] *s*
the coast is clear reitti on selvä *Don't move an inch until you are sure that the coast is clear.* Älä liiku senttiäkään ennen kuin olet varma, että reitti on selvä.

coat-tail ['kəʊt teɪl] *s*
on sb's coat-tails jkn vanavedessä, jnk kustannuksella *He rose to fame on the coat-tails of his wife.* Hän nousi maineeseen vaimonsa vanavedessä.

cobble ['kɒbəl] *v*
cobble together *ark* väsätä, kyhätä [kokoon] *She cobbled together a rough draft.* Hän väsäsi karkean luonnoksen.

cobbler ['kɒblər] *s*
Let the cobbler stick to his last. Suutari pysyköön lestissään.

cobweb ['kɒbweb] *s*
blow / clear away the cobwebs virkistäytyä, selvittää päätään *I'll go out to blow away the cobwebs.* Lähden ulos selvittämään päätäni.

1 cock ['kɒk] *s*
a cock-and-bull story uskomaton tarina, perätön juttu *He fed me a cock and bull story about James being killed in a car crash.* Hän syötti minulle uskomattoman tarinan, että James olisi kuollut auto-onnettomuudessa.

at full cock (aseen) hana viritettynä *When ready to fire put the gun at full cock.* Kun olet valmis ampumaan, viritä aseen hana.

be the cock of the walk / roost / rock *ark* olla kukkona tunkiolla *He is under the illusion that he is the cock of the walk.* Hän kuvittelee olevansa kukkona tunkiolla.

2 cock *v*
cock an / one's ear at sb / sth höristää korviaan *She cocked her ears at his words.* Miehen sanat saivat hänet höristämään korviaan.

cock an / sth eye at sb / sth katsoa kysyvästi t. tietävästi, kohottaa kulmakarvojaan *He cocked a quizzical eye at her.* Mies katsoi häneen kysyvästi.

cock up *ark* (br) möhliä, munata, tyriä *Their travel agent had cocked up the reservations.* Heidän matkatoimistonsa oli tyrinyt heidän varauksensa.

cog ['kɒg] *s*
a cog in the machine / wheel pieni ratas koneistossa *He was just a small cog in the colonial machine.* Hän oli vain pieni ratas kolonialismin suuressa koneistossa.

mental cogs harmaat aivosolut *You may see something that will set your mental cogs turning.* Saatat nähdä jotain, joka saa harmaat aivosolusi toimimaan.

coil ['kɔɪl] *s*
shuffle off this / the mortal coil *leik* kuolla kupsahtaa *He had occasion to cry before he shuffled off his mortal coil.* Hänellä oli syytäkin itkeä ennen kuin kuolla kupsahti.

1 coin ['kɔɪn] *s*
pay sb back in their own coin maksaa samalla mitalla takaisin *Paying her back in her own coin always*

seemed to backfire. Se näytti aina kostautuvan, jos hänelle yritti maksaa samalla mitalla takaisin.

the other side of the coin mitalin toinen puoli *The other side of the coin is that firms may now be hiring workers more quickly.* Mitalin toinen puoli on se, että nyt yritykset voivat nyt palkata työntekijöitä nopeammin.

2 coin *v*

coin it [in] (*myös* coin money) kääriä rahaa, panna rahoiksi *He's been positively coining it since the season started.* Hän on tosiaan käärinyt rahaa kauden alusta lähtien.

to coin a phrase niin sanoakseni/ sanotusti *To coin an American phrase: "The buck must stop with the manager."* Vastuu on viime kädessä johtajan, niin sanoakseni.

1 cold ['kəʊld] *a*

a cold fish kylmäkiskoinen tyyppi *He is a bit of a cold fish.* Hän on aika kylmäkiskoinen tyyppi.

catch sb cold *ark* (am) yllättää jku *They caught us cold at the start of the second half.* He yllättivät meidät toisen puoliajan alussa.

cold as charity kylmä *He is as cold as charity.* Hän on kylmä tyyppi. *Sitting in a kitchen cold as charity, smoking.* Istuen kylmässä keittiössä tupakoiden.

cold as ice jääkylmä *His voice was sharp and cold as ice.* Hänen äänensä oli pureva ja jääkylmä.

cold comfort laiha lohtu *The drop in the inflation rate was cold comfort for the unemployed.* Inflaatiovauhdin pysähtyminen oli laiha lohtu työttömille.

cold steel teräaseet

cold turkey *1* pakkovieroitus, huumeiden käytön äkkilopetus *He was made to go cold turkey.* Hänet pakotettiin lopettamaan käyttö äkillisesti. *2* vieroitusoireet

get / have cold feet *ark* mennä pupu pöksyihin, alkaa arveluttaa *We're getting married next summer – that's if Hugh doesn't get cold feet!* Menemme naimisiin ensi kesänä – jos Hughilla ei mene pupu pöksyihin!

give sb / get the cold shoulder saada kylmä kohtelu, kohdella jkta kylmästi *She gave me the cold shoulder.* Sain häneltä kylmän kohtelun.

in the cold light of day jälkeenpäin ajatellen, tunteiden jäähdyttyä *In the cold light of day it all seemed so ridiculous.* Jälkeenpäin ajatellen koko juttu tuntui täysin naurettavalta.

leave sb cold jättää jku kylmäksi *The paintings left her cold.* Maalaukset jättivät hänet kylmäksi.

out cold tajuton *You were knocked out cold.* Sinut lyötiin tajuttomaksi.

throw / pour cold water on sth *ark* kaataa kylmää vettä jkn niskaan, hillitä intoa *He felt bound to pour some cold water on all this optimism.* Hänestä tuntui, että hänen oli hillittävä kaikkea tätä optimismia.

2 cold *s*

come in from the cold palata takaisin (jhk ryhmään t. jnk toiminnan pariin) *It was too early for South Africa to come in from the cold.* Oli liian aikaista lakata boikotoimasta Etelä-Afrikkaa.

leave sb out in the cold syrjiä jkta, sulkea jku ryhmän, yhteisön [ym.] ulkopuolelle *When my novelty as a new boy wore off, I was out in the cold.* Kun uutuudenviehätykseni karisi, minut suljettiin ulkopuolelle.

when ... sneezes, ... catches a cold yhden ongelmat aiheuttavat vielä suurempia ongelmia jollekulle toiselle *When one team sneezes, another catches a cold.* Kun yhdellä työryhmällä on ongelmia, niitä tulee vielä enemmän toiselle.

cold storage

cold storage [ˈkəʊld stɔːrɪdʒ] *s*
 put into cold storage panna jk jäihin *The project was put into cold storage.* Projekti pantiin jäihin.

collect [kəˈlekt] *v*
 collect one's thoughts / oneself koota ajatuksensa *Benjamin paused to collect his thoughts.* Hän vaikeni kootakseen ajatuksensa.

collision [kəˈlɪʒən] *s*
 on [a] collision course törmäyskurssilla *He was on a collision course with his parents.* Hän oli ajautunut törmäyskurssille vanhempiensa kanssa.

colour [ˈkʌləʳ] *s* (*am* color)
 add colour to (*am* color) piristää jtak, tuoda vaihtelua jhk, tehdä jk kiinnostavammaksi *The use of metaphors may add colour to your writing.* Metaforien käyttö saattaa tehdä kirjoituksen kiinnostavammaksi.
 change colour (*am* color) punastua, kalveta *She changed colour when she saw him.* Hän punastui nähdessään miehen.
 lend / give colour to (*am* color) saada vaikuttamaan todelta *His words lent colour to my story.* Hänen sanansa saivat tarinani kuulostamaan todelta.
 nail / hoist your colours to the mast (*am* color) ottaa kantaa, esittää mielipiteensä *Mr Major has clearly nailed his colours to this mast.* Major on tehnyt kantansa selväksi.
 off colour (*am* color) *1* (br) huonovointinen, huonokuntoinen *He visited his doctor when feeling at all off colour.* Hän kävi lääkärinsä luona aina, kun tunsi olonsa vähänkin huonoksi. *2* (hieman) hävytön, uskalias *The joke was slightly off-colour.* Vitsi oli vähän härski.
 sail under false colours (*am* color) salata oikea luontonsa t. tarkoituksensa *He feels that the waiters can see that he is sailing under false colours.* Hänestä tuntui, että tarjoilijat näkivät hänen lävitseen.
 see the colour of sb's money (*am* color) saada todisteet, että jku pystyy maksamaan *I want to see the colour of your money first.* Näytä ensin että pystyt maksamaan.
 show one's true colours (*am* color) paljastaa oikea karvansa *That bunch of skins showed their true colours with Nazi rallying cries.* Se skinijoukko paljasti oikean karvansa huutaessaan natsien iskulauseita.
 under colour of (*am* color) jnk varjolla *Crimes have been perpetrated under colour of religion.* Uskonnon varjolla on tehty rikoksia.
 with flying colours (*am* color) loistavasti *She passed the exam with flying colours.* Hän suoriutui kokeesta loistavasti.

comb [ˈkəʊm] *v*
 comb through tutkia jtak, käydä jtak läpi *Historians have combed through his letters and his private papers.* Historioitsijat ovat tutkineet hänen kirjeensä ja henkilökohtaiset paperinsa.

come [ˈkʌm] *v*
 as ... as they come ... kuin mikä *Sam was as ordinary as they come and proud of it.* Sam oli tavallinen kuin mikä ja ylpeä siitä.
 come a long way edistyä t. kehittyä valtavasti *We've come a long way in just five years.* Olemme edistyneet valtavasti niinkin lyhyessä ajassa kuin viisi vuotta.
 come across (*myös* come over)
 1 vaikuttaa jltak, antaa [itsestään] jk vaikutelma *She came across as a really nice person.* Hän vaikutti oikein mukavalta ihmiseltä. *2* olla ymmärrettävä t. vakuuttava, välittyä (kuulijalle t. lukijalle ym.) *The same emotion comes across in both books.* Molemmista kirjoista välit-

come

tyy lukijalle samanlainen tunne.
3 olla suostuvainen, suostua seksiin
come across with *ark* (br) antaa jklle jtak, tarjota jklle jtak (yl jstak saajalle hyödyllisestä asiasta) *There was one person I thought might come across with a few facts.* Yhdeltä henkilöltä voisin saada tietooni muutaman tosiasian.
come again? *ark* Anteeksi kuinka? – *I saw you this afternoon.* – *Come again?* – Näin sinut iltapäivällä. – Anteeksi kuinka?
come and go tulla ja mennä *Trends come and go.* Trendejä tulee ja menee.
come at 1 hyökätä jkta kohti *He came at the policeman with a knife.* Mies hyökkäsi poliisia kohti veitsi kädessään. **2** sadella, ryöpytä [jkn päälle] (kysymyksistä ym.) *I just stood there trying to answer all the questions coming at me.* Minä vain seisoin siellä ja yritin vastata pääleni sateleviin kysymyksiin.
come by löytää jtak, saada jtak (yl jtak vaikeasti saatavaa) *How did you come by such an interesting job?* Kuinka onnistuit löytämään niin mielenkiintoisen työn?
come, come (*myös* come now) *vanh 1* älä nyt, no no (lohdutettaessa jkta) *Come, come, let's kiss and make up.* No no, tehdään sovinto. **2** älä [nyt] narraa, höpö[n] höpö[n] (*myös* come now) *Come now, you can't be serious.* Älä narraa, et voi olla tosissasi.
come down in sb's estimation / opinion arvostus laskee jkn silmissä *Has he come down in your estimation then?* Onko hänen arvostuksensa sitten laskenut sinun silmissäsi?
come down on sb moittia jkta [ankarasti], kurittaa jkta ankaralla kädellä *I made the mistake of criticizing you and she came down on me.* Tein sen virheen, että arvostelin sinua, ja hän alkoi sättiä minua.

come down with sairastua, saada jk tauti *I hope you're not coming down with a fever.* Toivottavasti sinulle ei ole nousemassa kuume.
come easily / naturally etc. to sb jk on jollekulle helppoa t. ominaista ym. *Being economical comes naturally to Capricorns.* Säästäväisyys on ominaista kauriille.
come for sb hyökätä jkta kohti *He came for me with a knife.* Hän hyökkäsi minua kohti veitsi kädessään.
come from behind nousta voittoon [tappioasemasta] *The team came from behind to win its third contest.* Joukkue nousi kolmanteen voittoonsa altavastaajan asemasta.
come in for saada osakseen (kritiikkiä ym.), joutua jnk kohteeksi *The plans have come in for fierce criticism.* Suunnitelmat ovat joutuneet ankaran kritiikin kohteeksi.
come in useful / handy olla hyödyksi, osoittautua hyödylliseksi *I advise you to buy it – it may come in handy one day.* Kehoittaisin sinua ostamaan sen – se saattaa vielä jonakin päivänä osoittautua hyödylliseksi.
come into periä, saada jtak perintönä *I've just come into a bit of money.* Sain äskettäin perinnöksi pienehkön rahasumman.
come into it kuulua t. tulla mukaan kuvioihin, olla tekemistä asian kanssa, vaikuttaa asiaan *Sense doesn't come into it! I just can't change how I feel.* Tässä ei järki paljon paina! En voi noin vain muuttaa tunteitani.
come into its / one's own näyttää kyntensä, osoittaa hyödyllisyytensä *Hayward really came into his own on these two songs.* Hayward todella näytti kyntensä näissä kahdessa laulussa.
come it [with sb] *ark* huijata, huiputtaa *Don't come it with me!* Älä valehtele!

come off *1* toimia, sujua, onnistua *What if the plan doesn't come off?* Entä jos suunnitelma ei toimi? *2* selviytyä, suoriutua, pärjätä *I think you probably came off worst in this adventure.* Luulenpa, että pärjäsit tässä seikkailussa kaikista huonoiten. *3* päästä kuiville, lopettaa jnk käyttö (huumeista, lääkkeistä) *He came off cold turkey.* Hän lopetti käytön äkillisesti. *4* (am) vaikuttaa jltak, antaa [itsestään] jk vaikutelma *He came off as a nice guy.* Hän vaikutti mukavalta kaverilta. *5 ark* tapahtua *His trial came off on Monday.* Hänen oikeudenkäyntinsä oli maanantaina. *6 ark* (br) saada [orgasmi]

Come off it *ark 1* Lopeta! *2* Höpö höpö!, Älä hulluja puhu! *Oh come off it, I know men who do housework.* Hei höpö höpö, minä ainakin tunnen miehiä, jotka tekevät kotitöitä.

come on *ark* (am) antaa itsestään jk vaikutelma, vaikuttaa jltak *He comes on as nice.* Hän vaikuttaa mukavalta.

Come on! *1* Tule [nyt]!, Ala jo tulla!, Pidä kiirettä! *Come on, I'm ready!* Ala jo tulla, minä olen valmis! *2* Älä viitsi!, Höpö[n] höpö[n]! *Oh, come on, don't play me for a fool!* Älä nyt viitsi pitää minua ihan hölmönä! *3* Pää pystyyn!, Rohkeutta! *4* Pus kii!, Käy päälle vaan!

come on strong olla päällekäyvä, tyrkyttää itseään *On their date, she came on a bit strong.* Hän oli vähän päällekäyvä heidän treffeillään.

come on to *ark* ehdottaa, tyrkyttää itseään (seksuaalisessa mielessä) *He came on to her just because she's pretty.* Mies lähenteli häntä vain, koska hän on sievä.

come out *ark* tulla ulos kaapista, tunnustaa [julkisesti] olevansa homoseksuaali *She still hasn't come out.* Hän ei ole vieläkään tullut ulos kaapista.

come out / away with esittää, laukaista, laukoa *He came out with a dirty joke.* Hän laukaisi hävyttömän vitsin.

come out in (br) saada (näppylöitä, ihottumaa) *I came out in a terrible rash.* Sain aivan hirveän ihottuman.

come out of oneself tulla ulos kuorestaan, voittaa ujoutensa *She needs to come out of herself.* Hänen täytyy tulla ulos kuorestaan.

come out with tuoda markkinoille, lanseerata *Other manufacturers came out with similar products.* Muut valmistajat toivat markkinoille samanlaisia tuotteita.

come round *1* muuttaa mielensä, voittaa jku puolelleen *I'm sure she'll come round to our idea.* Olen varma, että hän vielä hyväksyy ideamme. *2* tointua, tulla tajuihinsa *When he came round, I had called the doctor.* Kun hän palasi tajuihinsa, olin jo kutsunut lääkärin.

come the ... *ark* näytellä jtak, teeskennellä jtak *Don't come the innocent with me!* Älä yritä näytellä viatonta!

come to nothing kuivua kokoon, ei olla mitään hyötyä *All my efforts had come to nothing.* Ponnisteluni olivat olleet täysin hyödyttömiä.

come to pass *run t. kirjak* tapahtua, sattua *Paul's wedding did finally come to pass.* Paulin häät toteutuivat viimeinkin.

come to rest pysähtyä *The lift came to rest at the first floor.* Hissi pysähtyi ensimmäisen kerroksen kohdalla.

come to that (*myös* if it comes to that) *1 ark* oikeastaan, itse asiassa *And what's the matter with him, come to that?* Ja mikäs häntä oikeastaan vaivaakaan? *2* jos niin käy *The soldiers must be able to defend themselves if it comes to that.* Sotilaiden on pystyttävä puolustautumaan tarvittaessa.

come together selvittää erimielisyydet, päästä yksimielisyyteen *The groups came together to form a single party.* Ryhmittymät pääsivät yksimielisyyteen ja yhdistyivät yhdeksi puolueeksi.

come up in the world menestyä, rikastua, saada vaikutusvaltaa *From what I've heard he's come up in the world.* Kuuleman mukaan hän on menestynyt.

come up with *1* keksiä jtak *Finally Sheila came up with a wonderful idea.* Lopulta Sheila keksi loistavan idean. *2* hankkia jtak, järjestää jtak, toimittaa jtak *Can we come up with the money?* Pystymmekö järjestämään rahat?

come what may *kirjak* mitä tahansa tapahtuukin *He could take care of himself, come what may.* Hän pystyisi huolehtimaan itsestään mitä tahansa tapahtuukin.

come within tulla näkyviin t. kantaman päähän ym. *She came within earshot of the group.* Hän tuli kuulomatkan päähän ryhmästä.

get one's come-uppance saada ansionsa mukaan *The villain gets his come-uppance in the end.* Roisto saa lopussa ansionsa mukaan.

have it coming [to one] *ark* ansaita jtak, [suorastaan] kerjätä jtak *She had it coming to her, that girl.* Se tyttöhän suorastaan kerjäsi sitä.

how come? *ark* miten [ihmeessä]?, miksi [ihmeessä]? *How come you've ended up here?* Miten ihmeessä sinä olet tänne päätynyt?

to come tuleva, odotettu *in years to come* tulevina vuosina

when it comes to mitä jhk tulee, jtak ajatellen, kun on kysymys jstak *When it comes to inventiveness, nature is hard to beat.* Mitä kekseliäisyyteen tuleen, luonto on aika ylivoimainen.

where sb is coming from *ark* <jonkun mielipiteiden, taustan ym. ymmärtämisestä> *I started doing cocaine to get close to him and understand where he was coming from.* Aloin käyttää kokaiinia päästäkseni lähelle häntä ja ymmärtääkseni häntä.

comfort ['kʌmfət] *s*
too close for comfort epämiellyttävän lähellä (paikasta, tapahtumasta ym.) *The accident was too close to comfort.* Onnettomuus oli vielä liian tuoreessa muistissa.

coming ['kʌmɪŋ] *s*
coming[s] and going[s] tulemiset ja menemiset *You don't want to lose track of your child's comings and goings.* On syytä pysyä selvillä lapsensa tulemisista ja menemisistä.

not know if one is coming or going *ark* olla ihan pihalla, olla pasmat sekaisin *I'm head over heels. I don't know whether I'm coming or going.* Olen korviani myöten rakastunut. Minulla on pasmat ihan sekaisin.

command [kə'mɑːnd] *s*
at sb's command jkn käytettävissä *I had at my command a whole hour.* Käytettävissäni oli kokonainen tunti.

be in command [of oneself / one's emotions] olla hillitty ja hallittu *Confident, competent, and totally in command of himself.* Itsevarma, pätevä ja täysin hillitty.

by sb's command jkn ohjeiden mukaisesti *He was acting by royal command.* Hän toimi kuningattaren käskystä.

comment ['kɒmənt] *s*
be a sad comment on sth kertoa jnk surullisesta tilasta *Many children are living on the streets. This is a sad comment on our society.* Monet lapset elävät kadulla. Tämä kertoo yhteiskuntamme surullisesta tilasta.

commission [kə'mıʃ°n] *s*
in commission toimintakunnossa, käytössä (koneesta, ajoneuvosta ym.) *The operating theatres are back in commission.* Leikkaussalit ovat taas käytössä.
out of commission epäkunnossa, poissa käytöstä, (ihmisestä) työkyvytön *He's out of commission for a couple of weeks.* Hän on työkyvytön pari viikkoa.

commit [kə'mıt] *v*
commit to memory painaa mieleen *He committed the Odes to memory.* Hän painoi oodit mieleensä.
commit to paper / writing kirjoittaa muistiin, kirjoittaa ylös *The first lines were committed to writing at the Bell Inn.* Ensimmäiset rivit kirjoitettiin ylös Bell Inn -pubissa.

common ['kɒmən] *a*
be on common ground olla samoilla linjoilla *We have similar backgrounds, so we're on common ground from the start.* Meillä on samanlainen tausta, joten olemme heti kättelyssä samoilla linjoilla.
common knowledge yleisesti tiedossa oleva asia *It is common knowledge that travel broadens the horizons.* On yleisesti tiedossa, että matkailu avartaa.
common-or-garden (*am* garden-variety) *ark* (br) tuiki tavallinen *Wasn't it common or garden cowardice which prevented me from ending the whole business?* Eikö se ollut tuiki tavallinen pelkuruus, joka esti minua lopettamasta koko juttua?
common property yleisesti tiedossa oleva asia *The theory of climate change has become common property.* Ilmastonmuutosteoriasta on tullut yleisesti tiedossa oleva asia.
the common good yhteinen etu t. hyvä, yhteishyvä *Revenues were expended for the common good.* Veroja käytettiin yhteiseksi hyväksi.
the common touch kyky vedota tavalliseen kansaan *That politician has the common touch.* Tuo poliitikko on oikea kansanmies.

company ['kʌmpəni] *s*
and company *ark* ja kumppanit, ja jkn kaverit *Harry Potter and company* Harry Potter ja kumppanit / Harry Potter ja hänen kaverinsa
in company (br) (muiden ihmisten) seurassa *He's slightly shy in company.* Hän on hieman ujo muiden seurassa.
in company with sb / sth *kirjak* yhdessä jnk kanssa *The US dollar went through a bad patch in 1986, in company with the oil market.* Yhdysvaltain dollarilla ja öljymarkkinoilla meni huonosti vuonna 1986.
in good company hyvässä seurassa (joka on tehnyt samoja virheitä) *If I make mistakes, at least I'm in good company.* Jos teen virheitä, olen ainakin hyvässä seurassa.
get into / keep bad company joutua huonoon seuraan, olla huonossa seurassa *Things began to go wrong when he got into bad company.* Asiat alkoivat mennä vikaan sen jälkeen, kun hän joutui huonoon seuraan.
keep / bear sb company *1* pitää jklle seuraa *I was hoping someone might come along and keep me company.* Toivoin, että joku tulisi mukaan ja pitäisi minulle seuraa. *2* tehdä jtak seuran vuoksi *I'll have a cup of tea, just to keep you company.* Otan kupin teetä ihan vain seuran vuoksi.
keep company with seurustella jkn kanssa, viettää aikaa jkn seurassa *He kept company with a crowd of painters.* Hän vietti aikaa taiteilijajoukon seurassa.
one's own company yksin, itsekseen *He was happy with his own*

company. Hän oli ihan tyytyväinen ollessaan yksin.
part company *1* erota, lähteä eri suuntiin t. omille teilleen (matkalaisista, jnk suhteen loppumisesta ym.) *After his mother's death, Crawford parted company with his stepfather.* Crawfordin ja hänen isäpuolensa tiet erkanivat Crawfordin äidin kuoleman jälkeen. *2* olla eri mieltä, käydä eri suuntiin (mielipiteistä) *He parts company with his father on the issue.* Siitä asiasta hän on eri mieltä isänsä kanssa.
the company sb keeps jkn ystävät/kaverit, ihmiset joiden kanssa jk viettää aikaansa *A person is judged by the company he keeps.* Ihmisiä arvioidaan hänen ystäviensä perusteella.

compare [kəm'peə^r] *v*
beyond / without compare *kirjak* vertaansa vailla, verraton *The diamond is beyond compare.* Timantti on vertaansa vailla.
compare notes [with sb] vaihtaa ajatuksia t. kokemuksia *The professors compared notes on current research.* Professorit vaihtoivat ajatuksia ajankohtaisesta tutkimuksesta.

comparison [kəm'pærɪs³n] *s*
bear / stand comparison kestää vertailu jnk/jkn kanssa *British TV-series bear comparison with the American ones anytime.* Brittiläiset TV-sarjat kestävät milloin hyvänsä vertailun amerikkalaisten sarjojen kanssa.
beyond comparison vertaansa vailla, verraton *The service is beyond comparison.* Palvelu on verratonta.
by comparison *kirjak* tähän verrattuna *By comparison, Edwards's task was child's play.* Tähän verrattuna Edwardin tehtävä oli lastenleikkiä.
by / in comparison nähden, verrattuna *Your house is huge in comparison with ours.* Teidän talonne on valtava meidän taloomme nähden. *The sequel pales in comparison.* Jatko-osa jää edeltäjänsä varjoon.
there's no comparison ei voi verratakaan, ei voi puhua samana päivänäkään *He's better-looking than you! There's no comparison!* Hän on paremman näköinen kuin sinä! Teitä ei voi verratakaan!

complement ['kɒmplɪmənt] *s*
the full complement täysi määrä, täysilukuisuus *We've taken our full complement of trainees this year.* Olemme tänä vuonna ottaneet täysilukuisen määrän harjoittelijoita.

complete [kəm'pli:t] *a*
complete with jllak varustettuna *The product comes complete with a full set of instructions.* Tuotteen mukana tulee täydellinen ohjeistus.
the complete ... täysiverinen *He was the complete, unashamed opportunist.* Hän oli täysiverinen, häpeämätön opportunisti.

complexion [kəm'plek[³n] *s*
put a different / new complexion on saada jk näyttäytymään uudessa valossa *What they had told me put quite a different complexion on the "mystery".* Se mitä he kertoivat sai "arvoituksen" näyttäytymään uudessa valossa.

1 compliment ['kɒmplɪmənt] *s*
backhanded compliment (*am* left-handed) kohteliaisuudeksi naamioitu loukkaus *That's a back-handed compliment if ever I heard one.* Tuo jos mikä oli kohteliaisuudeksi naamioitu loukkaus.
compliments of the season joulutervehdys, uudenvuoden tervehdys, hyvää joulua ja onnellista uutta vuotta (yl joulukorteissa)

compliment

fish for compliments kalastella kohteliaisuuksia *Do I detect someone fishing for compliments?* Joku taitaa kalastella kohteliaisuuksia.

return the compliment *1* vastata kohteliaisuuteen kohteliaisuudella *He returned the compliment by suggesting that she might have lost weight.* Hän vastasi kohteliaisuuteen vihjaamalla, että nainen oli tainnut hoikistua. *2* tehdä vastapalvelus, maksaa samalla mitalla *They didn't take a lot of notice of me, and I returned the compliment.* He eivät kiinnittäneet minuun juurikaan huomiota enkä minä heihin.

with sb's compliments (*myös* with the compliments of) lahjana, ilmaiseksi *You will also receive a kitchen knife with our compliments.* Saat lahjaksi myös keittiöveitsen.

2 compliment ['kɒmplɪmənt] *v*
compliment with *vanh* antaa jklle jtak, kunnioittaa jkta jllak *They complimented him with a handsome present.* He antoivat hänelle komean lahjan.

comport [kəm'pɔːt] *v*
comport with *vanh* sopia yhteen jnk kanssa, olla sopusoinnussa jnk kanssa *All verses comport with one another.* Kaikki jakeet ovat sopusoinnussa keskenään.

compulsive [kəm'pʌlsɪv] *a*
compulsive reading / viewing vangitsevaa luettavaa t. katsottavaa, todella mukaansatempaavaa luettavaa t. katsottavaa *This book makes compulsive reading.* Tämä kirja todellakin vangitsee lukijansa.

concentrate ['kɒnsəntreɪt] *v*
concentrate sb's / the mind selvittää jkn pää, kirkastaa jkn ajatukset *Her presence concentrated his mind wonderfully.* Naisen läsnäolo kirkasti mukavasti hänen ajatuksensa.

1 concern [kən'sɜːn] *v*
to whom it may concern arvoisa vastaanottaja (kirjeessä jonka vastaanottaja ei ole tiedossa)

2 concern *s*
a going concern toimiva [liike]yritys *He sold the business as a going concern.* Hän myi yrityksen toimivana.

have no concern with ei olla mitään tekemistä jnk kanssa *His words had no concern with truth.* Hänen sanoissaan ei ollut totuuden häivääkään.

concerned [kən'sɜːnd] *a*
as far as / so far as / where sth is concerned mitä jhk tulee, jnk puolesta t. kannalta *Where love is concerned, the more you give the more you get.* Mitä enemmän rakkaudessa antaa, sitä enemmän rakkaudelta saa.

as / so far as I'm concerned minä puolestani, minun puolestani, minun mielestäni [taas] (yl puhujan ollessa eri mieltä muiden kanssa) *As far as I'm concerned, her mother exploited her.* Minun mielestäni hänen äitinsä käytti häntä hyväkseen.

concert ['kɒnsət] *s*
in concert with sb yhteistuumin, yhteistyössä *Britain is committed to pursue policies in concert with other EU members.* Iso-Britannia on sitoutunut harjoittamaan yhteistä politiikkaa muiden EU-maiden kanssa.

conclusion [kən'kluːʒən] *s*
a foregone conclusion selviö, itsestään selvä lopputulos *His conviction seemed a foregone conclusion.* Pidettiin selviönä, että hänet tuomittaisiin.

jump / leap to conclusions tehdä hätiköityjä johtopäätöksiä *Don't assume the worst or jump to conclu-*

sions. Älä kuvittele pahinta tai tee hätiköityjä johtopäätöksiä.

try conclusions with *kirjak* mitellä taitoja jkn kanssa *The team had tried conclusions with the champions*. Joukkue oli mitellyt taitojaan mestareiden kanssa.

concrete ['kɒŋkriːt] *s*

be set in concrete olla lyöty lukkoon *The new plans are not set in concrete yet*. Uusia suunnitelmia ei ole vielä lyöty lopullisesti lukkoon.

concrete jungle kivierämaa, asfalttiviidakko, betonikylä *This area is a far cry from the city's concrete jungle*. Tämä alue on kaukana kaupungin asfalttiviidakosta.

in the concrete *kirjak* todellisuudessa, käytännössä

condition [kən'dɪʃ³n] *s*

in condition hyvässä kunnossa *We must keep in condition*. Meidän täytyy pitää kuntoa yllä.

out of condition huonossa [fyysisessä] kunnossa, rapakunnossa *"I'm out of condition," she panted*. "Olen rapakunnossa", hän huohotti.

confidence ['kɒnfɪd³ns] *s*

a confidence trick petkutus, huiputus *The scheme is a confidence trick on the part of the Government*. Suunnitelma on pelkkää hallituksen huiputusta.

in sb's confidence jkn uskottu, olla jkn luotettu *He was guarded, because she was never fully in his confidence*. Hän oli varautunut, koska hän ei ollut koskaan täysin luottanut naiseen.

take sb into one's confidence ottaa jku uskotukseen, uskoutua jklle *He takes his secretary into his confidence*. Hän ottaa sihteerinsä uskotukseen.

conjure ['kʌndʒəʳ] *v*

name to conjure with kova nimi (omalla alallaan ym.), vaikutusvaltainen nimi *On the merger scene his is a name to conjure with*. Yritysfuusioissa hän on kova nimi.

conk ['kɒŋk] *v*

conk out *ark 1* mennä epäkuntoon *Our car conked out on the way to school*. Automme meni epäkuntoon koulumatkalla. *2* simahtaa, sipata, nukahtaa, pyörtyä *I conked out on the bathroom floor*. Pyörryin kylpyhuoneen lattialle. *3* (yl am) kuolla

conquest ['kɒŋkwest] *s*

make a conquest of valloittaa [jku t. jkn sydän] *He made a conquest of her heart*. Mies valloitti hänen sydämensä.

conscience ['kɒnʃ³ns] *s*

have sth on one's conscience olla jtak omallatunnollaan, painaa jnk mieltä *I'm sure she has something on her conscience*. Olen varma, että jokin painaa hänen mieltään.

in [all] conscience / in [all] good conscience *kirjak* hyvällä omallatunnolla *In all conscience, I can't tell my staff that everything's all right*. En voi hyvällä omallatunnolla väittää henkilökunnalleni, että kaikki on hyvin.

prick sb's conscience jkn omatunto soimaa *His conscience pricked him as he told the lie to his wife*. Hänen omatuntonsa soimasi häntä, kun hän kertoi valheen vaimolleen.

with a clear conscience hyvällä omallatunnolla *Now they could dance with a clear conscience*. Nyt he voisivat tanssia hyvällä omallatunnolla.

consequence ['kɒnsɪkwəns] *s*

as a / in consequence *kirjak* johdosta, seurauksena *In consequence of his death the wedding was very quiet*. Hänen kuolemansa johdosta häät olivat hyvin hillityt.

consider

of no / little consequence merkityksetön, vähämerkityksinen *Time is of little consequence out here.* Ajalla ei ole täällä paljon merkitystä.

take / bear / suffer / accept / face the consequences vastata seurauksista *You must be man enough to take the consequences of your actions.* Sinun täytyy vastata tekojesi seurauksista kuin mies.

consider [kən'sɪdə^r] *v*

all things considered kaiken kaikkiaan *Mick's doing very nicely, all things considered.* Mickillä menee kaiken kaikkiaan oikein hyvin.

consider it done tapahtuu, teen sen heti – *Keep an eye on him.* – *Consider it done.* – Pidä häntä silmällä. – Tapahtuu.

consider one's position *kirjak* harkita työpaikan vaihtoa *If he can't do his job he should consider his position.* Ellei hän selviydy työstään, hänen pitäisi harkita työpaikan vaihtoa.

one's considered opinion jnk harkittu mielipide *It is my considered opinion that we should await further developments.* Harkittu mielipiteeni on, että meidän pitäisi odottaa, mitä seuraavaksi tapahtuu.

consideration [kən,sɪdə'reɪʃən] *s*

in consideration of sth *kirjak* 1 korvaukseksi jstak, jnk vastineeksi *In consideration of this service, the defendant promised the plaintiff £100.* Korvaukseksi tästä palveluksesta vastaaja lupasi kantajalle 100 puntaa. *in consideration of the sum of £8,000* 8000 punnan suuruisen summan vastineeksi 2 jk huomioon ottaen, jnk johdosta *He was released from jail in consideration of poor health.* Hänet vapautettiin vankilasta huonon terveytensä vuoksi.

take sth into consideration ottaa huomioon *The manager's opinion will be taken into consideration.* Johtajan mielipide otetaan huomioon.

consign [kən'saɪn] *v*

consign to 1 sysätä jk [syrjään], siirtää jk [sivummalle] *She consigned the letter to the wastepaper basket.* Hän sysäsi kirjeen paperikoriin. 2 toimittaa jku [pois tieltä], saattaa jku [hankalaan tilanteeseen ym.] *He consigned Edgar to prison.* Hän toimitti Edgarin vankilaan.

conspicuous [kən'spɪkjʊəs] *a*

be conspicuous by one's absence loistaa poissaolollaan *The police were conspicuous by their absence.* Poliisi loisti poissaolollaan.

conspiracy [kən'spɪrəsi] *s*

a conspiracy of silence vaitiolon muuri (sopimus olla paljastamatta mitään) *A conspiracy of silence surrounds his death.* Hänen kuolemaansa ympäröi vaitiolon muuri.

constitution [,kɒnstɪ'tjuːʃən] *s*

have the constitution of an ox olla terve kuin pukki *Leith remembered Mrs Green as a woman with a constitution of an ox.* Leith muisti rouva Greenin naisena, joka oli terve kuin pukki.

contempt [kən'tempt] *s*

beneath contempt kaiken arvostelun alapuolella, äärimmäisen halveksittava *Theft is beneath contempt.* Varkaus on äärimmäisen halveksittava teko.

content [kən'tent] *s*

to one's heart's content sydämensä kyllyydestä *You could write to your heart's content.* Voisit kirjoittaa sydämesi kyllyydestä.

contention [kən'tenʃən] *s*

be in contention kiistanalainen *This issue was apparently not even in contention.* Tämä kysymys ei ilmeisesti ollut edes kiistanalainen.

be in / out of contention olla t. ei olla mukana kilvassa, olla hyvät t. huonot mahdollisuudet menestyä *They are virtually out of contention for this year's title.* Heillä ei ole juurikaan mahdollisuuksia voittaa mestaruutta tänä vuonna.

1 contrary ['kɒntrəri] *a*
contrary to popular belief / opinion toisin kuin usein luullaan *Many adult cats, contrary to popular belief, actively dislike milk.* Monet aikuiset kissat, toisin kuin yleensä luullaan, nimenomaan eivät pidä maidosta.

2 contrary *s*
quite / on the contrary [aivan] päinvastoin *She is not a wicked person – quite the contrary, she is very kind.* Hän ei ole paha ihminen – päinvastoin, hän on hyvin kiltti.
to the contrary päinvastainen, vastakkainen *despite repeated assurances to the contrary* toistuvista päinvastaisista vakuutteluista huolimatta *The party was marvellous, despite reports to the contrary.* Juhlat olivat upeat päinvastaisista huhuista huolimatta.

contravention [ˌkɒntrə'venʃən] *s*
in contravention of (lain, sääntöjen) vastaisesti, ristiriidassa jnk kanssa *They lent money to firms in contravention of the banking laws.* He lainasivat rahaa yrityksille pankkilakien vastaisesti.

control [kən'trəʊl] *s*
be in control hallita, johtaa, olla vastuussa jstak *She is in control of this company.* Hän johtaa tätä yritystä.
be under control olla hoidossa, olla hanskassa *The Doctor's got it all under control.* Tohtorilla on homma hanskassa.
bring / get / keep sth under control saada jk hallintaan, hillitä jtak *Hoe the beds weekly to keep weeds under control* Kuoki penkit joka viikko hillitäksesi rikkaruohojen kasvua.
out of control ei hallinnassa, hallitsematon, hillitön *Fires are still raging out of control in California.* Kaliforniassa riehuu vielä tulipaloja, joita ei ole saatu hallintaan. *You get out of control at times, May.* Sinä olet joskus vähän hillitön, May.

convenience [kən'viːniəns] *s*
at one's earliest convenience *kirjak* ensi tilassa, mahdollisimman pian, heti kun jklle sopii *Could you please telephone me at your earliest convenience?* Voisitteko soittaa minulle mahdollisimman pian?
at your convenience *kirjak* milloin t. missä teille [parhaiten] sopii *Could you telephone me at your convenience?* Voisitteko soittaa minulle teille parhaiten sopivana ajankohtana?

1 cook ['kʊk] *v*
be cooked *ark* olla pulassa, olla liemessä *Let's get out of here or we're cooked!* Häivytään täältä tai ollaan liemessä!
be cooking *ark* (am) olla tekeillä, olla meneillään, olla suunnitteilla *I'll try and find out what's cooking.* Yritän selvittää, mitä on tekeillä.
cook sb's goose *ark* pilata jkn suunnitelmat *She cooked her goose when she lied.* Hän pilasi kaiken valehtelemalla.
cook the books *ark* väärentää tilit, kaunistella kirjanpitoa *An employee cooked the books to defraud six clients.* Eräs työntekijä väärensi tilit ja kavalsi rahaa kuudelta asiakkaalta.
cook up *ark* keksiä, keittää kokoon, tekaista *When that didn't work he cooked up this plan.* Kun se ei onnistunut, hän keksi tämän suunnitelman.

cook

2 cook s
Too many cooks spoil the broth. Mitä useampi kokki, sen huonompi soppa.

cookie ['kʊki] s
a smart cookie ark (am) nokkela, neuvokas *And I used to think you were one smart cookie.* Ja minä kun pidin sinua kovinkin nokkelana.
a tough cookie ark (am) kovanaama *She is one tough cookie.* Se tyttö on aika kovanaama.
that's the way the cookie crumbles ark (yl am) sellaista sattuu – *It's so unfair. – That's the way the cookie crumbles.* – Se on ihan epäreilua. – Sellaista sattuu.

cookie jar ['kʊkidʒɑ:ʳ] s
with one's hand in the cookie jar varastaa työnantajaltaan *She was caught with her hand in the cookie jar.* Hän joutui kiinni siitä, että varasti työnantajaltaan.

1 cool ['ku:l] a
a cool customer ark kylmäpäinen tyyppi *She's a cool customer who doesn't often lose control.* Hän on kylmäpäinen tyyppi, joka ei helposti menetä itsehillintäänsä.
a cool head pää kylmänä, rauhallinen *Campbell kept a cool head and handled things perfectly.* Campbell piti päänsä kylmänä ja hoiti asiat täydellisesti.
play it cool ark ottaa [asiat] rauhallisesti, relata *The band wanted a major deal, but were determined to play it cool.* Bändi halusi ison sopimuksen, mutta oli päättänyt ottaa asiat rauhallisesti.

2 cool v
cool it ark rauhoittua *Just cool it, sweetie!* Rauhoitu nyt, kullanmuru!

3 cool s
keep one's cool ark pitää päänsä kylmänä, säilyttää malttinsa *She managed to keep her cool.* Hän onnistui pitämään päänsä kylmänä.
lose one's cool ark menettää malttinsa *She lost her cool and screamed at the intruders.* Hän menetti malttinsa ja kiljui tunkeilijoille.

coon ['ku:n] s
for / in a coon's age ark vanh (am) pitkään aikaan *I haven't seen her in a coon's age.* En ole nähnyt häntä pitkään aikaan.

1 cop ['kɒp] s
it's a fair cop ark (br) myönnetään, kiinni jäin (sanotaan kiinni joutuessa) *It's a fair cop. I admit everything.* Myönnetään. Myönnän kaiken.
not much cop ark (br) ei häävi, ei kovin hääppöinen *They say he's not much cop as a coach.* Hän ei kuulemma ole mikään häävi valmentaja.

2 cop v
cop a feel ark (am) kähmiä, käpelöidä, hipelöidä *It looked like he was copping a feel.* Näytti siltä, että hän kähmi tyttöä.
cop a plea (am) tunnustaa (välttyäkseen vakavammilta syytteiltä) *They copped a plea on a charge of selling drugs.* He tunnustivat myyneensä huumeita.
cop it ark (br) **1** saada rangaistus *She copped it when she got home though.* Hän kyllä sai rangaistuksen, kun palasi kotiin. **2** heittää veivinsä *Did the chap who copped it have family?* Oliko se veivinsä heittänyt tyyppi perheellinen?
cop off ark harrastaa seksiä *He wanted to cop off with her.* Hän halusi seksiä naisen kanssa.
cop out ark lintsata, luistaa, vältellä *He has copped out of his responsibilities.* Hän on luistanut velvollisuuksistaan.
cop to (am) hyväksyä, myöntää *He never really copped to my past.* Hän

ei koskaan oikein hyväksynyt menneisyyttäni.

copper ['kɒpəʳ] *s*
copper-bottomed (br) idioottivarma, takuuvarma *It's a copper-bottomed sign of success.* Se on takuuvarma menestyksen merkki.

copy ['kɒpi] *s*
a carbon copy jäljennös, kaksoisolento, kopio *Our trip was more or less a carbon copy of the previous one.* Matkamme oli enemmän tai vähemmän kopio edellisestä matkasta.

cord ['kɔːd] *s*
cut the [umbilical] cord katkaista henkinen napanuoransa / riippuvuussuhteensa *She cut the cord that bound her to them cleanly and irrevocably.* Hän katkaisisi henkisen riippuvuussuhteensa heihin kerta kaikkiaan ja peruuttamattomasti.

core ['kɔːʳ] *s*
to the core läpikotaisin, läpeensä *He is a businessman to the core.* Hän luita ja ytimiä myöten liikemies.

1 corner ['kɔːnəʳ] *s*
back / box sb into a corner pistää ahtaalle, ahdistaa nurkkaan *He had outmanoeuvred her and backed her into the proverbial corner!* Mies oli päihittänyt hänet ja ahdistanut hänet nurkkaan, kuten tavataan sanoa!

fight one's corner puolustaa asemaansa t. etujaan *She fought her corner in the marriage crisis.* Hän puolusti omia etujaan avioliittokriisissä.

in sb's corner jkn puolella *I'm in your corner on this one.* Olen tässä asiassa sinun puolellasi.

just [a]round the corner nurkan takana, [aivan] lähellä *Winter is just around the corner.* Talvi on ihan lähellä.

on / at / in every corner joka kadunkulmassa, joka puolella *There was a pub on every corner.* Joka kadunkulmassa oli pubi.

paint oneself into a corner puhua itsensä pussiin, pistää itsensä ahtaalle *It's as if the writer had painted himself into a corner.* Kirjailija vaikuttaa kirjoittaneen itsensä pussiin.

the four corners of the earth / world / globe (*myös* every corner of the earth / world / globe) maailman joka kolkka *Youngsters come from the four corners of the world to study Italian culture.* Nuoria tulee maailman joka kolkasta opiskelemaan Italian kulttuuria.

turn the / a corner muuttua parempaan suuntaan, muuttua paremmaksi *The trade deficit has still not turned the corner.* Kauppavaje ei ole vieläkään pienentynyt.

2 corner *v*
corner the market vallata markkinat *They were trying to corner the market in coffee.* He yrittivät vallata kahvimarkkinat.

1 correct [kə'rekt] *a*
politically correct poliittisesti korrekti *It is not politically correct to laugh at speech impediments.* Puhevioille nauraminen ei ole poliittisesti korrektia.

2 correct *v*
correct me if I'm wrong voin olla väärässäkin (yl kun puhuja on melko varma, että on oikeassa) *Correct me if I'm wrong, but in the picture he's wearing foundation and eyeliner.* Voin olla väärässäkin, mutta hänellä on kuvassa peitevoidetta ja silmänrajauskynää.

I stand corrected olet oikeassa, minä olin väärässä *– Oh, no, this isn't Pam. – I stand corrected.* – Ei, tämä ei ole Pam. – Olin siis väärässä.

corridor

corridor [ˈkɒrɪˌdɔː] *s*
the corridors of power valtaapitävien salit *He knew the corridors of power from the angle of the politicians.* Hän tunsi valtaapitävien salit poliitikkojen näkökulmasta.

1 cost [ˈkɒst] *v*
cost a fortune / the earth / a bomb maksaa omaisuuden, maksaa maltaita, maksaa hunajaa *The carpet must have cost a fortune!* Matto on varmasti maksanut omaisuuden!
it will cost you *ark* se tulee sinulle kalliiksi *It will cost you if you want any more.* Jos haluat lisää, se tulee sinulle kalliiksi.
sth costs money jk on kallista *Lawyers cost money.* Asianajajan palkkaaminen tulee kalliiksi.

2 cost *s*
at all costs (*myös* at any cost) hinnalla millä hyvänsä, mihin hintaan tahansa, maksoi mitä maksoi *Repetition is something many students avoid at all costs.* Monet opiskelijat välttävät toistoa hinnalla millä hyvänsä.
at cost omakustannushintaan *All the contractors have agreed to do it at cost.* Kaikki urakoitsijat ovat luvanneet tehdä sen omakustannushintaan.
count the cost *1* ymmärtää miten huonosti on käynyt *He was counting the cost of the car theft which wrecked his hopes of competing.* Hän mietti autovarkautensa seurauksia ja sitä, miten se romutti hänen kilpailuhaaveensa. *2* harkita jnk huonoja puolia ennen päätöstä *Count the cost before you speak out.* Mieti seurauksia, ennen kuin avaat suusi.
to one's cost valitettavasti, omaksi vahingokseen, omakohtaisesti *He has learned to his cost that Tom can't be trusted.* Hän on joutunut omakohtaisesti kokemaan, ettei Tomiin voi luottaa.

cosy [ˈkəʊzi] *v* (*am* cozy)
cosy up to (*am* cozy) *ark 1* painautua jtak vasten *She cosied up to the heater.* Hän painautui lämmitintä vasten. *2* liehakoida jkta, mielistellä jkta (yl oman edun tavoittelun takia) *The Prime Minister cosied up to Germany.* Pääministeri liehakoi Saksaa.

couch [ˈkaʊtʃ] *s*
a couch potato *ark* sohvaperuna *If you're a couch potato or telly addict you'd better change your ways.* Jos olet sohvaperuna tai tv:n orja, sinun on syytä parantaa tapasi.
on the couch psykiatrin hoidossa, psykoanalyysissä *His suicidal fall was broken on the couch of his psychiatrist.* Hänen itsetuhokierteensä katkesi psykiatrin hoidossa.

cough [ˈkɒf] *v*
cough out tokaista jtak, sanoa napsauttaa, jaella (käskyjä ym.) *He coughed out orders to James.* Hän jakeli käskyjä Jamesille.
cough up *ark 1* pulittaa, maksaa *He had to cough up £200 for the wreck.* Hänen täytyi pulittaa autonromusta 200 puntaa. *2* (br) paljastaa, myöntää *He isn't coughing up the information.* Hän ei paljasta tietojaan.

counsel [ˈkaʊnsəl] *s*
a counsel of despair [viimeinen] epätoivoinen keino *Putting the project on ice would be a counsel of despair.* Projektin pistäminen jäihin olisi viimeinen, epätoivoinen keino.
a counsel of perfection erinomainen neuvo (mutta ei toteutettavissa) *Precise boundary measurements may be the counsel of perfection.* Rajojen tarkka mittaus saattaa olla erinomainen neuvo.
keep one's [own] counsel pitää aikeensa t. mielipiteensä omana tietonaan *He kept his own counsel,*

never discussing his thoughts with his wife. Hän piti mielipiteensä omana tietonaan eikä koskaan jakanut ajatuksiaan vaimonsa kanssa.

1 count ['kaʊnt] *v*
can count sth on the fingers of one hand jk voidaan laskea yhden käden sormin, jk on harvinaista *I can count on the fingers of one hand the days when the weather was pleasant.* Ne päivät, jolloin sää oli miellyttävä, saattoi laskea yhden käden sormin.
count against olla jllek haitaksi, olla jllek paha miinus t. hyvin epäedullinen seikka *Will my age count against me?* Onkohan ikäni haitaksi?
count on / upon *1* luottaa jkhun *You can count on me to look after her, Shelley.* Voit luottaa siihen, että huolehdin hänestä, Shelley. *2* luottaa jhk, olla varautunut jhk, odottaa jtak *The company is counting on big profits.* Yritys odottaa saavansa suuria voittoja.
count one's blessings olla kiitollinen elämän hyvistä hetkistä, [yrittää] nähdä oman elämänsä hyvät puolet *There are people worse off than you are, so count your blessings.* On ihmisiä, joilla menee huonommin kuin sinulla, joten ole vain kiitollinen.
count sheep laskea lampaita *Count sheep if you can't get to sleep.* Laske lampaita jos et saa unta.
don't count on it älä ole siitä niin varma *– My friends will be waiting for me. – Don't count on it.* – Ystäväni odottavat minua. – Älä ole siitä niin varma.
Don't count your chickens before they're hatched. Älä nuolaise ennen kuin tipahtaa.
make sth count ottaa kaikki irti jstak *Since every day could evidently be my last, I was going to make it count.* Koska jokainen päivä voisi ilmeisesti olla viimeiseni, päätin ottaa niistä kaiken irti.
who's counting? väliäkö hällä, kuka noita laskee *United went down 2–1, but who's counting.* United hävisi 2–1, muttä väliäkö hällä.

2 count *s*
keep count [of] pitää lukua jstak, pitää silmällä jnk määrää *Keep a count of how much you drink.* Pidä lukua siitä, paljonko juot.
lose count seota laskuissaan *I've lost count of how many boyfriends she has had.* Olen seonnut laskuissani siitä, kuinka monta poikaystävää hänellä on ollut.
on both / all / several / many etc. counts molemmissa kohdissa, monessa suhteessa *She told me she was a virgin and that she was in love with me. I believed her on both counts.* Hän sanoi olevansa neitsyt ja rakastunut minuun. Uskoin molemmat väitteet.
out for the count (*myös* down for the count) tajuton, syvässä unessa *Steve was obviously out for the count.* Steve oli selvästi syvässä unessa.

countenance ['kaʊntənəns] *s*
keep one's countenance pysyä vakavana *I have often difficulties in keeping my countenance when I see him.* Minulla on usein vaikeuksia pysyä vakavana kun näen hänet.
keep sb in countenance auttaa jkta pysymään rauhallisena *He smokes a cigarette to keep himself in countenance.* Hän polttaa savuketta pysyäkseen rauhallisena.
out of countenance hämilleen, hämillään, hämmennyksissä, hämmennyksiin *He puts me out of countenance just by staring at me.* Hän saa minut hämilleni pelkästään tuijottamalla minua.

counter

counter [ˈkaʊntəʳ] s
behind the counter tiskin takana *He wondered if the girl behind the counter recognised him.* Hän mietti, tunnistiko tiskin takana oleva tyttö häntä.

over the counter ilman reseptiä myytävä, käsikauppa- (lääkkeestä) *over-the-counter medicines* ilman reseptiä myytävät lääkkeet, käsikauppalääkkeet, *Many drugs will be available over the counter.* Monia lääkkeitä myydään ilman reseptiä.

sell / buy under the counter / table myydä t. ostaa tiskin alta *Hard porn is legally banned, but still available under the counter.* Kova porno on lain mukaan kiellettyä, mutta sitä voi silti ostaa tiskin alta.

country

country [ˈkʌntri] s
a country bumpkin / cousin *ark halv* maalaistollo, maalaisjuntti *He blushed at being taken for a country bumpkin.* Hän punastui, koska häntä luultiin maalaistolloksi.

a country pancake *leik* liukumiina, lehmänläjä

across country metsien ja peltojen poikki *Seb threw a saddle on Romni and rode off across country.* Seb heitti satulan Romnin selkään ja ratsasti metsien ja peltojen poikki.

go / appeal to the country (br) määrätä valtiolliset vaalit (pääministeristä, hallituksesta) *Attlee went to the country and lost the general election of October 1951.* Attlee määräsi valtiolliset vaalit ja hävisi lokakuun 1951 parlamenttivaalit.

it's a free country tämä on vapaa maa, voi tehdä mitä haluaa, sen ku[i]n – *Can I ask you a question? – It's a free country.* – Voinko kysyä sinulta jotakin? – Sen kun.

line of country (br) erikoisala *Anagrams are not my line of country.* Anagrammit eivät ole minun alaani.

the old country (yl am) (maastamuuttajan ym.) synnyinmaa (yl Euroopasta) *They often sent their children to be educated in the old country.* He lähettivät usein lapsensa synnyinmaahansa opiskelemaan.

up and down the country joka puolella maata *They played to packed houses up and down the country.* He soittivat täysille katsomoille joka puolella maata.

courage

courage [ˈkʌrɪdʒ] s
Dutch courage *ark* humalaisen rohkeus *I'll have a couple of drinks to give me Dutch courage.* Otan pari rohkaisuryyppyä.

have the courage of one's convictions uskaltaa, olla rohkeutta tehdä kuten kokee oikeaksi, olla ryhtiä toimia vakaumuksensa mukaan *They should have the courage of their convictions and turn down the offer.* Heillä pitäisi olla rohkeutta hylätä tarjous.

pluck up / screw up / take courage (*myös* summon up one's courage) rohkaista mielensä *She summoned up enough courage to give evidence in court.* Hän rohkaisi mielensä ja todisti oikeudessa.

take one's courage in both hands tarttua härkää sarvista *He took his courage in both hands and blurted out his invitation.* Hän tarttui härkää sarvista ja töksäytti kutsun.

course

course [kɔːs] s
a course of action toimintatapa, toimintasuunnitelma *Your next course of action is to gather yet more statistics.* Seuraava toimenpide on kerätä lisää tilastotietoja.

be on course for / to do sth olla saavuttamassa jtak, olla matkalla jhk *He is on course for a gold medal.* Hän on saamassa kultamitalin.

in / during / over the course of jnk aikana, jnk kuluessa *He made many friends in the course of his life.* Hän ystävystyi elämänsä aikana useiden ihmisten kanssa.

in the course of time ajan mittaan, ajan kuluessa, aikaa myöten *In the course of time they had a son.* Ajan kuluessa he saivat pojan.

in the ordinary / normal etc. course of events / things etc. tavallisesti, normaalisti *In the normal course of events, the registration continues unless it is cancelled.* Normaalisti rekisteröityminen on voimassa, ellei sitä peruuteta.

of course tietysti, tietenkin, totta kai – *You do remember him? – Of course!* – Kyllähän sinä hänet muistat? – Totta kai!

run / take its course *1* parantua omia aikojaan (taudista) *We just have to let the infection run its own course.* Infektion on vain annettava parantua omia aikojaan. *2* sammua, tulla tiensä päähän, hiipua omia aikojaan *The old regime had run its course.* Vanha hallintojärjestelmä oli tullut tiensä päähän.

stay the course jatkaa (jtak haastavaa t. aikaa vievää) *Most dieters fail to stay the course.* Useimmat laihduttajat lipsuvat kuurista.

court ['kɔ:t] *s*

get / have your day in court (am) saada tilaisuus ilmaista mielipiteensä t. puolustaa itseään *He had his day in court, but wasn't very convincing.* Hänellä oli tilaisuus ilmaista mielipiteensä, mutta hän ei ollut kovin vakuuttava.

go to court ryhtyä oikeustoimiin, viedä [jku] oikeuteen *You must decide whether to go to court or use arbitration.* Sinun täytyy päättää, ryhdytkö oikeustoimiin vai sovintomenettelyyn.

hold court *leik* pitää hovia, olla huomion keskipisteenä *Somewhere in the crowd the authoress was holding court.* Jossakin väkijoukon keskellä kirjailijatar piti hovia.

kangaroo court *halv* pikatuomioistuin, lynkkauskokous *He was tried by a kangaroo court and found guilty by his own accusers.* Hänet tuomittiin lynkkauskokouksessa, ja häntä syyttäneet myös totesivat hänet syylliseksi.

out of court *1* ilman oikeudenkäyntiä *The case was settled out of court.* Oikeusjuttu sovittiin ilman oikeudenkäyntiä. *2* merkityksetön, mahdoton *This explanation is ruled / put out of court.* Tämä selitys ei ole mahdollinen.

pay court to *kirjak* liehitellä, kosiskella *He pays court to Celia with serenades and sonnets.* Hän liehittelee Celiaa serenadein ja sonetein.

courtesy ['kɜ:tɪsi] *s*

[by] courtesy of *1* jkn käyttöön luovuttamana, jkn luvalla *Photo courtesy of John Smith.* Kuva painettu John Smithin luvalla. *2* *ark* jstak johtuen, jnk vuoksi, jnk ansiosta *The headache came courtesy of a gash in the scalp.* Päänsärky johtui päähaavasta.

do sb the courtesy of doing sth olla edes sen verran kohtelias / huomaavainen *Not until you do me the courtesy of telling the truth.* Ei ennen kuin kerrot totuuden.

have [got] the courtesy to do sth olla edes sen verran kohtelias / huomaavainen *Would you have the courtesy to answer me?* Voisitko edes vastata minulle?

Coventry [kɒvᵊntri] *s*

send sb to Coventry (yl br) pitää jklle mykkäkoulua, hyljeksiä jkta, vieroksua jkta *Since Rita has been sent to Coventry, she has not been invited.* Koska Ritasta on tullut hylkiö, häntä ei ole kutsuttu.

1 cover ['kʌvəʳ] *v*

cover all the bases (yl am) ottaa kaikki mahdollinen huomioon *Ask questions until you feel you have covered all the bases.* Tee kysymyksiä, kunnes uskot, että kaikki mahdolliset asiat on käsitelty.

cover for *1* toimia jkn sijaisena, tuurata jkta *I'm just covering for Mrs Smith.* Toimin vain rouva Smithin sijaisena. *2* suojella jkta (yl valehtelemalla) *Why do women cover for husbands who beat them?* Miksi naiset suojelevat aviomiehiä, jotka hakkaavat heitä?

cover / hide a multitude of sins *yl leik* kaunistella totuutta, peitellä [pikku]vikoja t. ongelmia *Jay was dressed in loose comfortable clothes that hid a multitude of sins.* Jay oli pukeutunut mukaviin, väljiin vaatteisiin, jotka kätkivät hänen vartalonsa pikku viat.

cover one's back (*am* cover one's ass) *ark* turvata selustansa *Oh, I'll cover my back, don't worry.* Voi minä kyllä turvaan selustani, ei huolta.

cover one's tracks peittää jälkensä *He covered his tracks to avoid possible arrest.* Hän peitti jälkensä välttääkseen joutumasta mahdollisesti pidätetyksi.

cover the waterfront (am) käsitellä t. tehdä perusteellisesti *He covered the waterfront on the problem.* Hän käsitteli ongelmaa perusteellisesti.

2 cover *s*

blow sb's cover paljastaa joku, paljastaa jonkun oikea henkilöllisyys (ym.) *My cover was blown.* Valehenkilöllisyyteni paljastui.

break cover lähteä liikkeelle, tulla ulos piilosta[an] (saaliseläimestä ym.) *The cat then breaks cover and makes a dash along the length of the jetty.* Silloin kissa tulee ulos piilostaan ja ryntää pitkin rantalaituria.

from cover to cover kannesta kanteen *She read every one of his books from cover to cover.* Hän luki kaikki hänen kirjansa kannesta kanteen.

under cover valehenkilöllisyyden turvin, peitetehtävissä *The reporter went under cover to spend a week as a down-and-out.* Reportteri eli viikon verran laitapuolen kulkijana.

under cover of jnk turvin, jnk varjolla *They crossed the river under cover of darkness.* He ylittivät joen pimeän turvin.

under plain cover kirjekuoressa t. paketissa, jossa ei ole tietoja lähettäjästä *All orders are sent under plain cover.* Kaikki tilaukset toimitetaan paketissa, jossa ei ole tietoja lähettäjästä.

under separate cover erillisessä kirjekuoressa *The information you requested is being sent under separate cover.* Pyytämänne tiedot lähetetään erillisessä kirjekuoressa.

cow ['kaʊ] *s*

have a cow *ark* (am) raivostua, saada hepuli *Don't have a cow, dude.* Älä nyt hepulia saa, hemmo.

sacred cow pyhä lehmä *This pricing philosophy owes little to that sacred cow, free market economics.* Tämä hinnoittelufilosofia ei ole juurikaan velkaa vapaan markkinatalouden pyhälle lehmälle.

till the cows come home *ark* iankaiken, loputtomiin, loputtomasti *You can talk till the cows come home, but I won't change my mind.* Voit jauhaa asia loputtomiin, mutta minä en muuta mieltäni.

1 crack ['kræk] *s*

at the crack of dawn aamun sarastaessa, päivän valjetessa, ani varhain *I've been up since the crack of dawn.* Olen ollut jalkeilla jo aamuvarhaisesta.

crack of doom tuomiopäivän koittaminen *If she had dusted till the crack of doom, it would have made no difference.* Vaikka hän olisi pyyhkinyt pölyjä tuomiopäivään asti, siitä ei olisi ollut mitään hyötyä.

fair crack of the whip *ark* (br) kunnon mahdollisuus, kunnon tilaisuus

My boss gave me a fair crack of the whip to show my skills. Pomoni antoi minulle kunnon tilaisuuden näyttää taitoni.

have / take a crack at *ark* kokeilla, yrittää *Perhaps you would prefer a crack at archery.* Ehkä kokeilisit mieluummin jousiammuntaa.

slip / fall through the cracks jäädä väliinputoajan asemaan *They might otherwise fall through the cracks of insurance coverage.* He saattaisivat muuten jäädä väliinputoajan asemaan, mitä vakuutussuojaan tulee.

what's the crack? *ark* (br) mitä on meneillään? *What's the crack with you?* Miten menee?

2 crack *v*

crack a bottle aukaista pullo *He likes nothing more than to crack a bottle of wine with his friends.* Mieluiten hän avaa pullon viiniä ystäviensä seurassa.

crack a crib *vanh ark* (br) murtautua taloon *They separated after they cracked a crib.* He hajaantuivat sen jälkeen, kun olivat murtautuneet erääseen taloon.

crack a joke murjaista vitsi *He cracked a rude joke about the old lady.* Hän murjaisi tuhman vitsin vanhasta naisesta.

crack down on ryhtyä ankariin toimenpiteisiin *The company is cracking down on drinking at work.* Yhtiö aikoo ryhtyä ankariin toimenpiteisiin työpaikkajuopottelun suhteen.

crack on *ark* (br) edetä ripeästi, jatkaa *We're cracking on with the work.* Työmme edistyy ripeästi.

crack the whip patistaa jkta (työskentelemään kovemmin) *He cracked the whip to get the film finished faster.* Hän patisti kuvausryhmää saattamaan kuvaukset nopeammin loppuun.

crack up *ark* purskahtaa nauruun *I cracked up when I heard his story.* Purskahdin nauruun kuultuani hänen tarinansa.

crack wise *ark* (am) vitsailla *He cracked wise about the President.* Hän vitsaili presidentistä.

get cracking *ark* toimia nopeasti, panna töpinäksi *You have to get cracking if you want to get tickets.* Sinun täytyy toimia nopeasti, jos haluat saada liput.

sth is not all / everything it's cracked up to be *ark* jk ei ole maineensa veroinen *She's not all the Iron Lady she's cracked up to be.* Hän ei ihan sellainen rautarouva kuin sanotaan.

cradle ['kreɪdl] *s*

cradle-snatcher (*am* cradle-robber) *halv t. leik* kehdonryöstäjä *She's ten years younger? Cradle-snatcher!* Hän on kymmenen vuotta nuorempi. Senkin kehdonryöstäjä!

from the cradle to the grave kehdosta hautaan *The state now provided something of a protective safety net from the cradle to the grave.* Valtio tarjosi nyt jonkinlaisen kehdosta hautaan ulottuvan turvaverkon.

cramp ['kræmp] *v*

cramp sb's style *ark* haitata menoa, rajoittaa jkn elämää, olla esteenä (jnk tekemiselle) *Don't let convention cramp your style.* Älä anna sovinnaisuuden haitata menoasi.

crank ['kræŋk] *v*

crank out *ark halv* (yl am) tuottaa, valmistaa, suoltaa (erityisesti heikkolaatuisia tuotteita) *He cranks out study after study.* Hän suoltaa tutkimuksia tutkimusten perään.

crank up *1* lisätä (jnk laitteen tehoa), laittaa kovemmalle *Crank up the volume!* Laita ääntä kovemmalle! *2 ark* ottaa huumepiikki, piikittää *He's been cranking up on heroin.* Hän piikittää heroiinia.

crap

1 crap ['kræp] *s*
be full of crap / shit *ark* puhua paskaa, olla paskanpuhuja *He's full of crap!* Hän on paskanpuhuja!
not take crap from sb ei sietää jkn huonoa ym. käytöstä *And they don't take any crap from anyone, I tell you.* Eivätkä he siedä mitä tahansa yhtään keneltäkään!

2 crap *v*
crap on *ark* puhua roskaa, jauhaa paskaa *He crapped on about coming from Oxford.* Hän jauhoi paskaa siitä, että oli kotoisin Oxfordista.

crash ['kræʃ] *v*
crash and burn (am) *1 ark* epäonnistua surkeasti, tehdä mahalasku *His acting career crashed and burned.* Hänen näyttelijän uransa epäonnistui surkeasti. *2* nukahtaa, sammahtaa *I got so tired I just crashed and burned.* Väsähdin niin, että vain nukahdin.
crash out *ark* nukahtaa, sammahtaa *I crashed out around nine on the sofa.* Nukahdin sohvalle kello yhdeksän aikoihin.

crazy ['kreɪzi] *a*
like crazy *ark* hullun lailla, kuin hullu *I was laughing like crazy.* Nauroin hullun lailla.
stir-crazy *ark* (yl am) mökkihöperö *She'd go stir-crazy if she had to look at the same four walls much longer.* Hän tulisi mökkihöperöksi, jos hänen täytyisi vielä kauan tuijottaa näitä neljää seinää.

1 cream ['kri:m] *s*
cream of the crop parhaimmisto, eliitti *He has always turned out teams who were the cream of the crop.* Hän on aina tuottanut joukkueita, jotka ovat olleet parhaimmistoa.

2 cream *v*
cream off *1* kuoria kerma päältä *They just want to cream off all the best players.* He haluavat valita joukkoihinsa vain pelaajien kerman. *2 ark* kuoria päältä (voitoista ym.) *He wondered how much she had creamed off on top of her percentage.* Hän mietti, paljonko nainen oli kuorinut päältä prosenttiosuutensa lisäksi.

crease ['kri:s] *v*
crease up / oneself *ark* (br) saada tikahtumaan naurusta, tikahtua naurusta *His jokes made me crease up.* Hänen vitsinsä saivat minut tikahtumaan naurusta.

creature ['kri:tʃəʳ] *s*
a creature of habit tapojensa orja *Viewers tend to be creatures of habit.* TV:n katsojat tahtovat olla tapojensa orjia.
creature comforts (*mon*) elämän mukavuudet, aineellinen hyvä *The room had several unexpected creature comforts.* Huoneessa oli monia odottamattomia mukavuuksia.

credence ['kri:dᵊns] *s*
give credence to sth uskoa jhk *The police seemed reluctant to give credence to his story.* Poliisi eivät oikein tahtoneet uskoa hänen kertomustaan.

credit ['kredɪt] *s*
all credit to sb kaikki kunnia jklle *All credit to Ireland, it was a magnificent performance.* Kaikki kunnia Irlannille, se oli erinomainen suoritus.
be in credit olla rahaa tilillä *The following services are free, whether your account is in credit or overdrawn.* Seuraavat palvelut ovat ilmaisia riippumatta siitä, onko tilillä rahaa vai ei.
credit where credit is due kunnia sille, jolle kunnia kuuluu *He was honest enough to give credit where credit is due.* Hän oli tarpeeksi re-

hellinen antaakseen kunnian sille, jolle se kuuluu.
do sb credit / do credit to sb / be to sb's credit tuottaa jklle kunniaa, olla jklle kunniaksi *Your good intentions do you credit.* Hyvä tarkoituksesi on sinulle kunniaksi.
give sb credit for <jkn kehumisesta vastoin ennakko-odotuksia> *He had more ability than the media gave him credit for.* Hänellä oli enemmän kykyjä kuin tiedotusvälineet uskoivatkaan. *Give me credit for some intelligence.* En minä sentään niin tyhmä ole.
have sth to one's credit olla saavuttanut jtak *He has three gold medals to his credit.* Hän on saavuttanut kolme kultamitalia.
on the credit side hyvänä puolena, ansioksi voidaan lukea, että *On the credit side, the text is highly readable.* Tekstin ansiona voidaan pitää sen helppolukuisuutta.
to one's credit jkn kunniaksi, jkn hyväksi, jkn ansioksi *To their credit, they were at least able to solve the biggest problem.* Heidän hyväkseen voidaan sanoa, että he onnistuivat ainakin ratkaisemaan suurimman ongelman.

creek ['kriːk] *s*
be up the creek (*myös* be up shit creek / be up the creek without a paddle) *ark 1* olla pulassa *With Sykes about to go at Christmas as well, they were really up the creek.* Kun Sykeskin oli vielä eroamassa jouluna, he olivat tosiaan pulassa. *2* (br) olla tyhmä, olla väärässä *He said that my idea of Catholicism was up the creek.* Hän sanoi, että käsitykseni katolisuudesta oli väärä.

1 creep ['kriːp] *v*
creep over alkaa hiipiä jkn mieleen, vallata *A slight feeling of despair crept over me.* Hienoinen epätoivo alkoi hiipiä mieleeni.

creep to sb kiemurrella jkn suosioon *He's being really nice to me at the moment, he's really creeping to me!* Hän on tällä hetkellä todella mukava minua kohtaan, hän tosiaan yrittää kiemurrella suosiooni.
creep up nousta, kiivetä *The marginal tax rate has crept up to 60 per cent.* Marginaalivero on noussut 60 prosenttiin.
creep up on *1* livahtaa jkn luo, hiipiä jkn selän taakse *Don't creep up on me like that, damn you.* Älä hitto vie hiiviskele tuolla tavalla minun selkäni taakse. *2* alkaa hiipiä jkn mieleen, vallata (huomaamatta) *Suspicion crept up on me.* Mieleeni hiipi epäilys. *3* tulla yllättäen (ajasta, tapahtumasta) *The recession has crept up on us.* Lama on tullut yllättäen.

2 creep *s*
give sb the creeps *ark* karmia [jkn selkäpiitä] *This place gives me the creeps.* Tämä paikka on karmiva.

crème ['krem] *s*
crème de la crème eliitti *He attends a school for the crème de la crème.* Hän käy eliittikoulua.

crest ['krest] *s*
on the crest of a wave aallonharjalla *Jamie is on the crest of a wave today after winning the title.* Jamien ura on tänään aallonharjalla hänen voitettuaan mestaruuden.

cricket ['krɪkɪt] *s*
not cricket *ark* (br) ei reilua [peliä] *No woman should be expected to bring up a large family on her own. It's just not cricket.* Ei olisi reilua odottaa kenenkään naisen kasvattavan isoa perhettä yksin.

crimp ['krɪmp] *s*
put a crimp in *ark* (am) estää, ehkäistä, rajoittaa *That puts a crimp in my plans.* Se rajoittaa suunnitelmiani.

crisp

crisp ['krɪsp] *a*
be burnt to a crisp *ark* palaa karrelle *The vegetables were burnt to a crisp.* Vihannekset olivat palaneet karrelle.

crock ['krɒk] *s*
crock of shit *ark* (am) paskapuhetta, sontaa *What a crock of shit! He was caught red-handed.* Paskapuhetta! Hän jäi kiinni itse teossa.

crocodile ['krɒkədaɪl] *s*
crocodile tears *(mon)* krokotiilin kyyneleet *It is the Labour Party who shed crocodile tears for the unemployed.* Juuri työväenpuoluehan vuodattaa krokotiilin kyyneleitä työttömien vuoksi.

crook ['krʊk] *a*
be crook on *ark* (austr) olla vihainen jklle *He is crook on me because I left him.* Hän on vihainen minulle, koska jätin hänet.
go crook *ark 1* (austr) suuttua jklle *She went crook at me.* Hän suuttui minulle. *2* sairastua *She went crook yesterday.* Hän sairastui eilen.

crop ['krɒp] *v*
crop out tulla esiin (kalliosta, kivestä) *Here and there the limestone cropped out among the heather.* Siellä täällä kalkkikivi tuli näkyviin kanervan keskeltä.
crop up putkahtaa, ilmaantua, tulla esiin *I can't come because some urgent business has cropped up unexpectedly.* En voi tulla, koska minulle tuli yllättäen tärkeitä liikeasioita.

cropper ['krɒpəʳ]
come a cropper *ark 1* epäonnistua surkeasti *Swedish investors have come a cropper in London.* Ruotsalaiset sijoittajat ovat epäonnistuneet surkeasti Lontoossa.
2 tömähtää maahan, kaatua, pudota *She came a cropper on the steps.* Hän kaatui askelmilla.

1 cross ['krɒs] *v*
cross one's fingers *(myös* keep one's fingers crossed) pitää peukkuja *Cross your fingers and hope he has another order for me.* Pidä peukkuja, että hänellä on minulle uusi tilaus.
cross one's heart [and hope to die] *ark* vannoa kautta kiven ja kannon *I promise, cross my heart.* Lupaan kautta kiven ja kannon.
cross one's mind käväistä mielessä, juolahtaa, muistua *The idea of failure never crossed her mind.* Hänelle ei koskaan edes tullut mieleen, että hän voisi epäonnistua.
cross oneself tehdä ristinmerkki *Beatie crossed herself quickly at the mention of the dead.* Beatie teki nopeasti ristinmerkin, kun kuolleesta puhuttiin.
cross sb's palm with silver maksaa jklle (yl povaamisesta) *Cross me palm and I'll tell your fortune.* Jos maksat, niin ennustan sinulle.
cross sb's path *(myös* their paths cross) tavata sattumalta, kohdata *If their paths crossed Bryony usually ignored her.* Jos he sattumalta tapasivat, Bryony yleensä ei ollut huomaavinaan häntä.
cross swords ottaa yhteen *I crossed swords with my friend.* Otin yhteen ystäväni kanssa.
cross the line mennä liian pitkälle (huonosta ym. käytöksestä) *He really crossed the line when he hit her.* Hän tosiaan meni liian pitkälle lyödessään häntä.
cross up hämätä, hämmentää *He crossed him up with a curved ball.* Hän hämäsi häntä kierrepallolla.
get one's wires / lines crossed
1 tulla väärin yhdistetyksi (puhelusta) *We got our lines crossed with someone else.* Puhelumme yhdistyi väärin. *2* ymmärtää väärin *I'm afraid Colin got his wires crossed, so I had better set the record straight.* Colin taisi valitettavasti

ymmärtää väärin, joten minun on paras kertoa, miten asia on.

2 cross s
have [got] a [heavy] cross to bear (*myös* bear / carry one's cross) olla jtak ristinään, jklla on oma ristinsä *We all have our crosses to bear.* Meillä kullakin on oma ristimme.
make the sign of the cross tehdä ristinmerkki *He began mumbling in Latin, and made the sign of the Cross.* Hän alkoi mutista jotain latinaksi ja teki ristinmerkin.

3 cross a
as cross as two sticks (br) ärsyyntynyt, karvat pystyssä *She is as cross as two sticks over the extra work.* Hän on karvat pystyssä, koska siitä on hänelle ylimääräistä työtä.
at cross purposes
1 väärinymmärrys, eri asioista puhuminen *I think we're talking at cross purposes.* Taidamme puhua eri asioista. **2** haluta vastakkaisia asioita, olla vastakkaiset päämäärät *They were at cross purposes with their allies.* Heillä ja heidän liittolaisillaan oli vastakkaiset päämäärät.

crossfire ['krɒsfaɪəʳ] s
be caught in the crossfire joutua ristituleen *I got caught in the crossfire of the fight between my friends.* Jouduin ristituleen, kun ystäväni riitelivät.

crossroads ['krɒsrəʊdz] s
at a crossroads tienhaarassa, tärkeän ratkaisun edessä *The company was clearly at a crossroads.* Yhtiö oli selvästi tienhaarassa.

crow ['krəʊ] s
as the crow flies linnuntietä, luotisuoraan *The distance between Avonmouth and Poole is only 65 miles as the crow flies.* Avonmouthin ja Poolen välinen etäisyys on vain 65 mailia linnuntietä.
eat crow ark (am) joutua myöntämään tappionsa / virheensä *The investigators had to eat crow.* Tutkijoiden oli pakko myöntää olleensa väärässä.

1 crowd ['kraʊd] s
follow / go with the crowd kulkea lauman mukana *All they get is sad sheep for fans who just follow the crowd.* Heillä on faneinaan pelkkiä onnettomia lampaita, jotka vain kulkevat lauman mukana.
stand out in a crowd erottua joukosta *Japanese never like to stand out in a crowd.* Japanilaiset eivät koskaan halua erottua joukosta.

2 crowd v
crowd in on kaatua päälle *Everything was crowding in on me and I couldn't cope.* Kaikki kaatui päälleni, enkä tiennyt miten selviäisin.
crowd out syrjäyttää, työntää jk tieltään, työntää jk sivuun *Saplings had quickly crowded out the original vistas.* Puuntaimet olivat nopeasti syrjäyttäneet alkuperäiset näkymät.

crown ['kraʊn] v
crowning glory 1 kohokohta, kruunu, piste i:n päällä, ylpeys *The hotel's crowning glory is a stunning roof garden.* Hotellin ylpeys on upea kattopuutarha. **2** leik tukka *He was very proud of his crowning glory.* Hän oli erittäin ylpeä hiuksistaan.
to crown it all kaiken kukkuraksi *To crown it all their king was captured in battle.* Kaiken kukkuraksi heidän kuninkaansa joutui vangiksi taistelussa.

cruel ['kru:əl] a
cruel to be kind sanoa t. tehdä jtak toiselle epämiellyttävää mutta hyödyllistä *You will have to be cruel to be kind or she'll never regain her*

stability. Sinun täytyy olla vähän julma, tai muuten hänestä ei ikinä enää tule tasapainoista.

cruise ['kru:z] *v*
be cruising for a bruising *ark* (yl am) kaivaa verta nenästään *He was out cruising for a bruising that night.* Hän kaivoi verta nenästään sinä iltana.

crumb ['krʌm] *s*
crumbs from sb's / a rich man's table pelkkiä muruja, riittämätön osuus *The information the public is tossed about royalty are crumbs from the table.* Yleisön kuninkaallisista saamat tiedot ovat riittämättömiä.

crunch ['krʌntʃ] *s*
if / when it comes to the crunch tosipaikan tullen *When it came to the crunch he couldn't leave the priesthood.* Tosipaikan tullen hän ei pystynyt jättämään papinvirkaansa.

1 cry ['kraɪ] *v*
be a crying shame olla synti ja häpeä *It would have been a crying shame if we had lost the game.* Olisi ollut synti ja häpeä hävitä ottelu.
cry down vähätellä *I don't want to cry down the value of cosmetics.* En halua vähätellä kauneudenhoitotuotteiden arvoa.
cry for the moon tavoitella kuuta taivaalta *He represses the part of himself which used to cry for the moon.* Hän tukahduttaa itsessään sen puolen, joka tavoitteli kuuta taivaalta.
cry foul esittää jyrkkä vastalause, protestoida jyrkästi *Deprived of the crushing victory it was expecting, the party cried foul.* Menetettyään odottamansa murskavoiton puolue protestoi jyrkästi.
cry like a baby itkeä hillittömästi *He broke down and cried like a baby.* Hän luhistui ja itki hillittömästi.
cry off *ark* perua *She cried off the whole thing just two days before the trip.* Hän perui koko jutun vain kaksi päivää ennen matkaa.
cry one's eyes / heart out itkeä silmät päästään *I cried my eyes out when she was killed.* Itkin silmät päästäni, kun hän kuoli.
cry out huudahtaa, parahtaa, huutaa *Sabine cried out in horror as the car plunged off the road.* Sabine huudahti kauhusta, kun auto syöksyi tieltä.
cry out against valittaa jstak, protestoida *Part of him cried out against the idea of her being someone else's wife.* Osa hänestä vastusti ajatusta, että hänestä tulisi jonkun toisen vaimo.
cry stinking fish (br) väheksyä omia saavutuksia t. tuotteita *I don't wish to cry stinking fish but I don't like it at all.* En halua vähätellä omia tuotteitani, mutten pidä siitä alkuunkaan.
cry up *vanh* ylistää jkta *She tried to cry up her beloved Thatcher.* Hän yritti ylistää rakasta Thatcheriaan.
for crying out loud *ark* taivaan tähden, hyvä ihme *Wake up, for crying out loud.* Herää nyt taivaan tähden jo.

2 cry *s*
be a far cry from olla kaukana jstak, olla kaikkea muuta kuin, poiketa huomattavasti jstak *My home is a far cry from the attic flat I lived in Bloomsbury.* Kotini on kaukana siitä ullakkohuoneistosta, jossa asuin Bloomsburyssa.
be in full cry *1* olla täydessä vauhdissa, ajaa jtak asiaa äänekkäästi, arvostella jtak suureen ääneen *The sellers of lottery tickets were in full cry.* Arpojen myyjät olivat täydessä vauhdissa. *2* (metsästyskoirista) ta-

kaa-ajossa (hurjasti, äänekkäästi haukkuen)
cry from the heart hätähuuto, vetoomus *The article is a cry from the heart to help the victims.* Artikkeli on hätähuuto uhrien puolesta.

cuckoo ['kʊku:] *s*
cuckoo in the nest käenpoikanen, kuokkavieras *It's a shock to find you're a stranger in your family, a cuckoo in the nest.* On järkytys huomata olevansa muukalainen omassa perheessään, kuokkavieras.

cucumber ['kju:kʌmbəʳ] *s*
[as] cool as a cucumber rauhallinen kuin viilipytty *She looks as cool as a cucumber.* Hän näyttää rauhalliselta kuin viilipytty.

cud ['kʌd] *s*
chew the cud harkita, miettiä *Having chewed the cud for a minute or two, they realised he was right.* Harkittuaan asiaa hetken he tajusivat, että hän oli oikeassa.

1 cudgel ['kʌdʒ°l] *s*
take up the cudgels taittaa peistä jkn t. jnk puolesta, puolustaa jkta t. jtak, kannattaa voimakkaasti jtak t. jkta *He invariably took up the cudgels on behalf of scientific rationalism.* Hänellä oli tapana taittaa peistä tieteellisen rationalismin puolesta.

2 cudgel *v*
cudgel one's brains miettiä päänsä puhki *She cudgelled her brains, trying to decide what had caused such an astounding about-face.* Hän mietti päänsä puhki yrittäessään ratkaista, mikä oli saanut aikaan niin hämmästyttävän täyskäännöksen.

cue ['kju:] *s*
[as if / right] on cue oikealla hetkellä, kuin tilauksesta *And in comes Goldie, right on cue.* Ja sisään astuu Goldie kuin tilauksesta.
take one's cue from sb ottaa esimerkkiä jksta, seurata jkn esimerkkiä, ottaa mallia jksta *Take your cue from the tone set by the interviewer.* Myötäile haastattelijan luomaa ilmapiiriä.

cuff ['kʌf] *s*
off the cuff *ark* valmistautumatta, suoralta kädeltä, kylmiltään *I am not sure whether I can confirm that off the cuff.* En ole varma, voinko vahvistaa tuota näin suoralta kädeltä.

culture ['kʌltʃəʳ] *s*
a culture shock kulttuurisokki *No film or lecture can prepare for the culture shock that awaits the tourists.* Mikään elokuva tai luento ei voi valmistaa turisteja siihen kulttuurisokkiin, joka heitä odottaa.
a culture vulture kulttuurinharrastaja, kulttuurisnobi *He admitted he was not in fact a culture vulture.* Hän myönsi, ettei itse asiassa ollut mikään kulttuurinharrastaja.

cup ['kʌp] *s*
in one's cups *ark* humalassa *He became morose in his cups.* Hänestä tuli yrmeä humalassa.
not one's cup of tea ei jkn makuun *Coffee is not my cup of tea.* Kahvi ei ole minun makuuni.

cupboard ['kʌbəd] *s*
cupboard is bare (br) rahat eivät riitä, rahat ovat vähissä *The advertising cupboard is pretty bare.* Rahat eivät oikein riitä mainontaan.
cupboard love (br) itsekäs rakkaus, rakkaus johon liittyy taka-ajatuksia *The dog's affection is cupboard love. You're the one who feeds him.* Koiran kiintymys on itsekästä. Sinähän sitä ruokit.

curate

curate ['kjʊərət] *s*
  [like] the curate's egg [, good in parts] (br) ei hyvä eikä huono, osittain hyvä ja osittain huono *This book is a bit of a curate's egg.* Tämä kirja on joiltain osin hyvä ja joiltain osin huono.

curiosity [ˌkjʊərɪˈɒsɪti] *s*
  curiosity killed the cat älä ole niin utelias, ei kannata olla liian utelias *They learned that curiosity killed the cat – you stayed indoors if there was trouble.* He oppivat, ettei kannattanut olla liian utelias – levottomuuksien aikana pysyttiin sisällä.

curl ['kɜːl] *v*
  curl up and die vajota maan alle, kuolla häpeästä *Roman looked at her in a way that made Claudia want to curl up and die.* Tapa jolla Roman katsoi häntä sai Claudian melkein kuolemaan häpeästä.
  make sb's hair / toes curl säikäyttää, pelästyttää, nostattaa hiukset pystyyn *I could tell you stories that would make your hair curl.* Voisin kertoa sellaisia tarinoita, että sinulta nousisivat hiukset pystyyn.
  make sb's toes curl (br) hävettää, nolottaa (jkn toisen puolesta) *It made her toes curl just listening to him.* Häntä hävetti jo miehen kuunteleminenkin.

current ['kʌrənt] *s*
  go / drift / swim against the current potkia tutkainta vastaan *He swims against the current of public opinion.* Hän uhmaa julkista mielipidettä.
  go / drift / swim with the current ajelehtia t. kulkea virran mukana *We need to go with the current of the times.* Meidän täytyy seurata ajan henkeä.

curry ['kʌri] *v*
  curry favour with (*am* curry favor with) liehakoida jktа, kosiskella jktа *Politicians are eager to curry favour with voters.* Poliitikot kosiskelevat innokkaasti äänestäjiä.

curtain ['kɜːtᵊn] *s*
  be curtains for *ark* olla jkn t. jnk loppu, tulee noutaja, tulee kiperät paikat *You have a time limit to complete the game or it's curtains for the Prince.* Peli pitää pelata loppuun määräajassa, tai prinssille tulee noutaja.
  bring / ring down the curtain on sth (*myös* bring the curtain down on sth) lopettaa *She will bring down the curtain on her incredible career next year.* Hän lopettaa upean uransa ensi vuonna.
  the curtain comes down / falls on sth loppua *The curtain came down on the 1992 Flat racing programme.* Vuoden 1992 kilparatsastusohjelma oli ohi.
  the final curtain *1* teatteriesityksen loppu *She went back to the dressing room after the final curtain.* Hän palasi pukuhuoneeseensa esityksen loputtua. *2* jnk loppu *It was final curtain for many cinemas.* Monta elokuvateatteria lakkautettiin.

curve ['kɜːv] *s*
  throw sb a curve [ball] *ark* (am) yllättää joku, järjestää [epämiellyttävä] yllätys jklle *Life threw me a curve when my husband died.* Elämä järjesti minulle melkoisen yllätyksen, kun aviomieheni kuoli.

cushy ['kʊʃi] *a*
  a cushy number (br) helppo työ, helpot oltavat *He's got a cushy number with great pay.* Hänellä on helppo työ, josta maksetaankin hyvin.

1 cut ['kʌt] *v*
  be cut out for sth (*myös* be cut out to be sth) olla omiaan jhk, olla kuin luotu jhk, sopia jhk *I'm not cut out*

for medicine. Lääketiede ei sovi minulle.

be cut to the bone olla leikattu t. vähennetty minimiin *Social service budgets are cut to the bone*. Sosiaalipalvelujen budjetti on leikattu minimiin.

be cut up *ark* olla poissa tolaltaan, olla järkyttynyt *His girlfriend is dying and he's really cut up about it*. Hänen tyttöystävänsä tekee kuolemaa, ja hän on aivan poissa tolaltaan sen takia.

cut a deal *ark* (yl am) tehdä sopimus, päästä sopimukseen *He has cut a deal that allows him to remain until he finds another job*. Hän on tehnyt sopimuksen, jonka mukaan hän voi jäädä kunnes löytää uuden työpaikan.

cut a ...figure näyttää jltak *He cut a fine figure in his dark dinner-jacket*. Hän näytti komealta tummassa smokissaan.

cut across *1* ylittää (jnk rajoista), esiintyä (eri ympäristöissä ym.) *This consensus cuts across party lines*. Tämä yhteisymmärrys ylittää puoluerajat. *2* oikaista, mennä oikotietä *He cut across the park*. Hän oikaisi puiston halki.

cut and dried sinetöity, ratkaistu, selvä[ä pässinlihaa] *Sex and gender are not a cut and dried business*. Sukupuoli ei ole niin selvä asia.

cut and run *ark* livistää, ottaa hatkat *She's cut and run, and Hugh's gone after her*. Hän on livistänyt, ja Hugh on lähtenyt hänen peräänsä.

cut both / two ways olla kaksiteräinen miekka *The truth can cut both ways*. Totuus voi olla kaksiteräinen miekka.

cut corners oikoa mutkia, mennä [yli] siitä missä aita on matalin *There are a few that try to cut corners to maximise profits*. Jotkut yrittävät oikoa mutkia voiton maksimoimiseksi.

cut down *kirjak* tappaa, haavoittaa (aseesta, luodista t. taudista) *He was cut down by a sniper's bullet*. Hänet kuoli sala-ampujan luodista.

cut from the same cloth olla samasta puusta veistetty *Don't assume all women are cut from the same cloth*. Älä oleta, että kaikki naiset ovat samanlaisia.

cut in *1* keskeyttää jku, puuttua puheeseen *"You are right," said Dr Jaffery, cutting in.* "Olet oikeassa", puuttui tohtori Jaffery puheeseen. *2* kiilata [jkn eteen] (autoilijasta) *Next moment a huge bus cut in front*. Seuraavassa hetkessä valtava bussi kiilasi eteen. *3* käynnistyä automaattisesti (laitteesta) *The generator cut in*. Generaattori käynnistyi automaattisesti. *4* keskeyttää toisten tanssi (pyytämällä jkta tanssimaan kanssaan) *May I cut in?* Saisinko minä vuorostani luvan? *5 ark* ottaa jku mukaan (hankkeeseen) *The company offered to cut him in*. Yhtiö tarjoutui ottamaan hänet mukaan hankkeeseen. *6* (am) sekoittaa (rasva jauhoihin)

cut into vähentää, olla pois jstak (käytettävästä ajasta ym.) *The recession cuts into company budgets*. Lama pienentää yritysten rahavaroja.

cut it *ark* (yl am) riittää, täyttää vaatimukset, menestyä *We had a drummer and he just couldn't cut it*. Meillä oli rumpali, eikä hänestä ollut mihinkään.

Cut it / that out! *ark* Lopeta [se]!
– *You're a sexy woman, Tiffany.*
– *Cut it out, Teddy.* – Sinä olet seksikäs nainen, Tiffany. – Lopeta nuo puheet, Teddy.

cut it / things fine *ark* (br) mennä tiukoille, tulla kova hoppu *Even with normal traffic, it was cutting it fine*. Ilman ruuhkiakin tiukoille menisi.

cut loose *ark 1* irrottautua jstak, pyrkiä irtiottoon jstak *It's about*

cut

time you cut loose from your parents. Sinun onkin jo korkea aika irroittautua vanhemmistasi. **2** (yl am) ottaa löysin rantein, heittää huolet huomiseksi *She felt like cutting loose a bit.* Hänen teki mieli ottaa löysin rantein.

cut no ice ei purra, ei tepsiä, ei olla mitään vaikutusta *Your flattery cuts no ice with me.* Imartelusi ei tepsi minuun.

cut off 1 keskeyttää [jkn puhe] *Johnny cut her off.* Johnny keskeytti hänet. **2** tehdä jku perinnöttömäksi *He cut his daughter off without a penny.* Hän ei jättänyt tyttärelleen penniäkään perinnöksi. **3** (am) kiilata [jkn eteen] (autoilijasta) *A car cut off right in front of him.* Auto kiilasi ihan hänen eteensä. **4 ark** (am) ei enää tarjoilla jklle (humaltuneesta asiakkaasta) *The bartender cut him off.* Baarimikko ei enää suostunut tarjoilemaan hänelle.

cut one's coat according to one's cloth / means elää varojensa mukaan *The Council must be prepared to cut its coat according to the cloth available.* Valtuuston on oltava valmis elämään saatavilla olevien rahavarojen mukaan.

cut one's losses häipyä hyvän sään aikana, vetäytyä [hankkeesta ym.] hyvän sään aikana *She could stay for the weekend, or she could cut her losses and head for home.* Hän voisi jäädä viikonlopuksi tai hän voisi häipyä hyvän sään aikana ja mennä kotiin.

cut one's own throat sahata omaa oksaansa *You cut your own throat when you yelled at the manager.* Sahasit omaa oksaasi kun huusit johtajalle.

cut one's teeth ottaa uransa ensi askeleet, aloittaa uransa jssak *She cut her teeth at her father's restaurant.* Hän aloitti uransa isänsä ravintolassa.

cut sb dead 1 ei olla näkevinään jkta *I cut her dead because I'd picked up the gossip about her.* En ollut näkevinäni häntä, koska olin kuullut hänestä kerrotut juorut. **2** (am) leikkiä mykkäkoulua

cut sb down to size ottaa jklta [turhat] luulot pois *Josh cut Hank down to size and made him more civil.* Josh otti Hankilta turhat luulot pois ja sai hänet käyttäytymään kohteliaammin.

cut short keskeyttää [yl jkn puhe], loppua ennen aikojaan *Nicola's laugh cut me short.* Nicolan nauru keskeytti puheeni.

Cut the crap! ark Älä puhu roskaa!, Älä jauha paskaa!, Asiaan! *Cut the crap and show me the pics.* Älä jauha paskaa, vaan näytä kuvat.

cut to the chase ark mennä asiaan, käydä asiaan *I'll cut to the chase and tell you why we're here.* Menen asiaan ja kerron, miksi olemme kokoontuneet tänne.

cut up 1 (br) kiilata [jkn eteen] (liikenteessä) *No-one will dare cut you up on the motorway.* Kukaan ei uskalla kiilata eteesi moottoritiellä. **2 ark** (am) arvostella jkta, repostella [toisten asioita ym.] *Critics cut up the remake.* Kriitikot lyttäävät uuden filmatisoinnin. **3 ark** (am) hölmöillä, pelleillä *He made a habit of cutting up during the filming.* Hän otti tavakseen pelleillä kuvauksissa.

cut up rough / nasty ark käyttäytyä hyökkäävästi t. vihaisesti *He can cut up rough and turn nasty if he's got a mind to.* Hän saattaa käydä hyökkääväksi ja ruveta ilkeäksi jos sille päälle sattui.

half cut / half-cut ark (br) kännissä, juovuksissa *His glazed eyes told her he was half cut.* Miehen lasittuneet silmät paljastivat hänelle, että mies oli kännissä.

have one's work cut out olla jssak työtä kerrakseen, olla täysi työ jssak *The firefighters had their work cut out to lift the animal out.* Palomiehillä oli täysi työ saada eläin nostetuksi ulos.

not cut the mustard *ark* ei pärjätä, ei olla mistään kotoisin, ei olla odotusten arvoinen *She did not cut the mustard as a singer.* Hän ei pärjännyt laulajana.

2 cut *s*

be a cut above *ark* ylittää [tavalliset mitat], olla omaa luokkaansa *She is a cut above the rest.* Hän on omaa luokkaansa.

short cut oikotie *There are few short cuts in any weight loss regime.* Missään laihdutustavoissa ei juuri ole oikoteitä.

the cut and thrust of *1* vilkkaus (keskustelun ym.) *He enjoys the cut and thrust of discussion.* Hän nautti vilkkaasta keskustelusta. **2** kilpailu[henkisyys] *Politicians and party activists face the normal cut and thrust of political life.* Poliitikot ja puolueaktivistit kohtaavat poliittisen elämän normaalin kilpailuhenkisyyden.

cute ['kjuːt] *a*

cute as a button (am) nätti kuin sika pienenä, söpö/sievä kuin mikä *As a baby, she was as cute as a button.* Hän oli pienenä söpö kuin mikä.

cutting ['kʌtɪŋ] *a*

[be at] the cutting edge [of] kärjessä, kärkeä *This shipyard is at the cutting edge of world shipbuilding technology.* Tämä telakka on maailman laivanrakennuksen kärkeä.

dab ['dæb] *s*
be a dab hand at (br) olla taituri/mestari *Doreen was a dab hand at needlework.* Doreen oli ompelutaituri.

daft ['dɑːft] *a*
[as] daft as a brush *ark* (br) aivan hölmö, täysin hömppä *She's daft as a brush.* Hän on aivan hölmö.

dagger ['dægəʳ] *s*
at daggers drawn [with] (br) sotajalalla [jkn kanssa] *Their friendship had been destroyed and they were now at daggers drawn [with each other].* Heidän ystävyytensä oli tuhoutunut, ja he olivat nyt sotajalalla [keskenään].
look daggers at katsoa murhaavasti jkta *She flung the fork down, looking daggers at him.* Hän heitti haarukan kädestään katsoen miestä murhaavasti.

daisy ['deɪzi] *s*
[as] fresh as a daisy [iloisen] raikas, energinen *'You look fresh as a daisy,' said John.* "Näytät iloisen raikkaalta", sanoi John.
be pushing up [the] daisies *ark leik* olla kuollut ja kuopattu *It's lucky I was sent here or I'd be pushing up daisies.* Olipa onni, että minut lähetettiin tänne, tai olisin kuollut ja kuopattu.
oops-a-daisy hupsis[ta]

damage ['dæmɪdʒ] *s*
The damage is done. Vahinko on jo tapahtunut.
What's the damage? *ark leik* Paljonko olen velkaa? *She had bought me a hardback. "What's the damage?" I asked.* Hän oli ostanut minulle kovakantisen kirjan. "Mitä olen velkaa?" minä kysyin.

1 damn ['dæm] *v*
as near as damn it *ark* melkein, lähes *You're there, near as damn it.* Olet jo melkein perillä.
Damn it! Voi helvetti!, Hitto vieköön! *Stop playing with your food, damn it!* Älä hitto vieköön leiki ruoalla!
damn sb with faint praise kehua innottomasti t. laimeasti *He damns our campaign with faint praise.* Hän kehuu kampanjaamme innottomasti.
damn the consequences / expense etc. seurauksista / kustannuksista jne. piittaamatta, viis seurauksista / kustannuksista jne. *Doesn't everyone just take what they want and damn the consequences?* Eivätkö kaikki vain ota haluamaansa seurauksista piittaamatta?

2 damn *a, adv*
damn all *ark* (br) [ei yhtään] mitään *I know damn all about it.* En tiedä siitä yhtään mitään.
damn straight *ark* (am) totta hitossa, totta helkkarissa − *Animals have rights.* − *Damn straight!* − Eläimillä on oikeuksia. − Totta hitossa!

damned ['dæmd] *a*
damned if you do and damned if you don't huonosti käy, teki mitä

tahansa, ei voi voittaa *This is a loaded question. Damned if you say yes and damned if you say no.* Tämä on arkaluonteinen kysymys. Huonosti käy, vastaa siihen kyllä tai ei.

I'm damned / I'll be damned ark Jopas [nyt] jotakin! *– He's got the money, all right. – Well, I'll be damned.* – Hänellä tosiaan on rahat. – Jopas nyt jotakin.

I'm / I'll be damned if I do / will! ark Takuulla en! *I'm damned if I'm losing my best friend.* En takuulla aio menettää parasta ystävääni.

damnedest ['dæmdɪst] *a*
do / try one's damnedest ark tehdä kaikkensa *They've done their damnedest to help you.* He ovat tehneet kaikkensa auttaakseen sinua.

Damocles ['dæməkli:z] *s*
a / the sword of Damocles Damokleen miekka (viitattaessa epävakaaseen tilanteeseen) *The possibility of another illness hung over her happiness like a Sword of Damocles.* Toisen sairauden mahdollisuus riippui hänen onnellisuutensa yläpuolella kuin Damokleen miekka.

damp ['dæmp] *a*
a damp squib pettymys *The women's singles final was a damp squib.* Naisten kaksinpelin loppuottelu oli pettymys.

damper ['dæmpəʳ] *s*
put a damper[s] / dampener on ark hillitä, latistaa [tunnelmaa] *The rain put the damper on the event.* Sade latisti tilaisuuden tunnelmaa.

damsel ['dæmzl] *s*
a damsel in distress leik neito pulassa *He's really the damsel in distress in this movie.* Hän on oikeastaan pulassa oleva neito tässä elokuvassa.

danger

1 dance ['dɑ:ns] *v*
dance attendance on tehdä [aina] jklle mieliksi, pokkuroida *He refuses to dance attendance on her in the hopes of a legacy.* Hän ei suostu pokkuroimaan naista perinnön toivossa.

dance the night away tanssia koko yö *Diana danced the night away in a disco.* Dianan tanssi diskossa koko yön.

dance to sb's tune tanssia jkn pillin mukaan *She had to stay on her best behaviour and dance to his tune.* Hän oli pakko käyttäytyä niin hyvin kuin osasi ja tanssia miehen pillin mukaan.

2 dance *s*
lead sb a [merry / right] dance (br) saattaa jku hämmennyksiin, aiheuttaa jklle [turhia] ongelmia, pompottaa jkta *He led me a pretty dance almost as if he was trying to lose me.* Hän hämäsi minua aivan kuin olisi halunnut eksyttää minut jäljiltään.

dander ['dændə] *s*
get one's dander up ark menettää malttinsa, hiiltyä *His attitude really got my dander up.* Hänen asenteensa sai minut menettämään malttini.

danger ['deɪndʒəʳ] *s*
on / off the danger list (*myös* (am) critical list) (br) kuolemanvaarassa / ei enää kuolemanvaarassa, hengenvaarassa / ei enää hengenvaarassa (sairauden, loukkaantumisen ym. takia) *Britain's most premature surviving child had come off the danger list.* Britannian pienimmällä eloon jäänellä keskosella ei ollut enää hengenvaaraa.

there's no danger of leik jk on hyvin epätodennäköistä *There's no danger of your brother ever getting up too early.* On hyvin epätodennäköistä, että veljesi nousee koskaan liian aikaisin.

dangerous

dangerous ['deɪndʒərəs] *a*
  on dangerous ground / territory vaarallisella maaperällä, arkaluonteisen aiheen parissa *We'd be treading on dangerous ground to use words like "alien"*. Olisimme arkaluonteisen aiheen parissa, jos käyttäisimme sellaisia sanoja kuin "vierasmaalainen".

dangle ['dæŋgl] *v*
  keep / leave sb dangling pitää jkta epävarmuudessa *She kept him dangling in case she didn't land another man*. Hän piti miestä epävarmuudessa siltä varalta, ettei onnistuisi saamaan ketään muuta.

dare ['deəʳ] *v*
  dare I say [it] *kirjak* rohkenenko mainita, että *You may, dare I say it, need the money*. Rohkenenko sanoa, että saatat tarvita niitä rahoja.
  don't you dare [do sth]! *ark* Uskallapas vain! *Don't you dare laugh at me!* Uskallapas vain nauraa minulle!
  how dare you / him etc. ettäs kehtaat / hän jne. kehtaa *How dare you spread such vicious lies*. Ettäs kehtaat levittää moisia ilkeitä valheita.
  I dare say (*myös* I daresay) uskallanpa väittää, luulenpa *I dare say you'll do very well without me*. Uskallanpa väittää, että pärjäät vallan mainiosti ilman minua.

1 dark ['dɑːk] *a*
  a dark horse (yl br) <henkilöstä joka pitää asiansa t. yllättävät kykynsä omana tietonaan> *Peter's such a dark horse. I had no idea he has published a book*. Peter se pitää kynttiläänsä vakan alla. En tiennytkään, että hän on julkaissut kirjan.
  keep it / sth dark pitää jk salassa *I happen to know of a supply in Siena but I'd rather you kept it dark*. Satun tietämään, että Sienassa sitä on

varastossa, mutta pidetään se mieluiten salassa.
  The darkest hour is just before the dawn. asiat ovat pahimmillaan juuri ennen kuin tilanne muuttuu parempaan suuntaan

2 dark *s*
  a shot / stab in the dark umpimähkäinen arvaus t. valinta t. toiminta *My comment was not a shot in the dark. I knew her well*. Huomautukseni ei ollut umpimähkäinen arvaus. Tunsin hänet hyvin.
  in the dark epätietoinen, tietämätön jstak *They have been kept in the dark about the changes*. Muutokset on salattu heiltä.

darken ['dɑːkən] *v*
  Never darken my door again! *vanh t. leik* Tähän taloon et jalallasi enää astu!

darling ['dɑːlɪŋ] *s*
  be a darling ole kiltti *Be a darling and give me a kiss*. Ole kiltti ja anna minulle suukko.

darn ['dɑːn] *v*
  Darn it / you / him etc.! *ark* (yl am) Hitto soikoon! *Darn it, why hadn't he thought of that himself?* Hitto soikoon, miksei hän ollut itse tullut sitä ajatelleeksi?

darned ['dɑːnd] *a*
  I'll be darned! *ark* (yl am) Jopas [nyt] jotakin! *Well, I'll be darned! I didn't know that*. Jopas nyt jotakin! Tuota en tiennytkään.

1 dash ['dæʃ] *v*
  dash it [all] *ark vanh* (br) pahus [soikoon], hemmetti *Dash it all, that's just what I was going to say!* Pahus soikoon, aioin juuri sanoa samaa!
  I must dash (*myös* I have to dash) *ark* täytyy lähteä, on kiire *Darling, I must dash, I'm late for a meeting*. Kulta, minun on pakko mennä, olen myöhässä kokouksesta.

2 dash s
cut a dash vanh säväyttää, herättää huomiota *James cut a dash in his black velvet suit.* James sävähdytti mustalla samettipuvullaan.

date ['deɪt] s
a blind date sokkotreffit *Denice tells us she's only been on a blind date once before.* Denice sanoo, että hän on ollut sokkotreffeillä vain kerran aikaisemmin.

a heavy date (am) tärkeät treffit *I've got a heavy date tonight.* Minulla on illalla tärkeät treffit.

be past one's sell-by date olla aikansa elänyt, olla käynyt hyödyttömäksi *The bus was well past its sell-by date.* Linja-auto oli selvästi aikansa elänyt.

make it a date sopia jtak jksik päiväksi *Shall we make it a date for Saturday?* Sopiiko lauantai?

out of date vanhanaikainen, vanha, vanhentunut *She felt that everything in her wardrobe was hopelessly out of date.* Hän koki, että kaikki hänen vaatteensa olivat auttamattoman vanhanaikaisia. *Your passport is out of date.* Passinne on vanhentunut.

up to date *1* ajanmukainen, uudenaikainen *The equipment is up to date.* Laitteisto on uudenaikainen. *2* ajan tasalla oleva *She brought him up to date with what had happened.* Hän saattoi miehen ajan tasalle siitä, mitä oli tapahtunut.

daunt ['dɔ:nt] v
nothing daunted kirjak (br) ei lannistunut, toiveikas, luottavainen *Nothing daunted, the people of Rapperswil built the castle again.* Rapperswilin asukkaat eivät lannistuneet, vaan rakensivat linnan uudelleen.

dawn ['dɔ:n] s
a false dawn <tilanne näyttää muuttuvan paremmaksi, mutta ei muutukaan> *Jordan was optimistic that the latest figures did not merely represent another false dawn.* Jordan oli toiveikas sen suhteen, että viimeisimmät luvut eivät olisi perusteettomasti merkki paremmasta.

at the crack of dawn aamun sarastaessa, kukonlaulun aikaan *I have to get up at the crack of dawn to get to work on time.* Minun täytyy herätä kukonlaulun aikaan ehtiäkseni töihin ajoissa.

dawn chorus lintujen aamukonsertti *The first birds were waking and the dawn chorus began.* Ensimmäiset linnut heräilivät ja aamukonsertti alkoi.

day ['deɪ] s
all day and every day jatkuvasti, lakkaamatta, päivät pitkät *The thought of being cooped up within four walls all day and every day was unthinkable.* Oli sietämätön ajatus, että istuisi neljän seinän sisällä päivät pitkät.

all in a / the day's work [aivan] jokapäiväistä *Oh, I didn't pay much regard to that, it's all in the day's work.* Ai, en kiinnittänyt siihen paljon huomiota, se on aivan jokapäiväistä.

by the day päivä päivältä *Every single one of us is getting older by the day.* Jokaikinen meistä vanhenee päivä päivältä.

carry / win the day auttaa onnistumaan, menestyä *He wouldn't trust the Tories to carry the day.* Hän ei usko konservatiivien menestykseen.

curse the day toivoa, ettei jotakin olisi koskaan tapahtunutkaan *I curse the day I met you.* Toivon etten olisi koskaan tavannutkaan sinua.

day after day (*myös* day in day out) päivästä toiseen, päivästä päivään *Day after day Charles sat waiting for something to happen.* Päivästä

day

toiseen Charles istui odottamassa, että jotain tapahtuisi.

day and night yötä päivää, koko ajan *Journalists rang her day and night.* Toimittajat soittivat hänelle yötä päivää.

day by day päivä päivältä *He grew weaker day by day.* Hänen tilansa huononi päivä päivältä.

don't give up the day job jatka sitä mitä osaat, parempi kun pysyt lestissäsi – *Could I make a living as a poet? – Don't give up the day job.* – Voisinko ansaita elantoni runoilijana. – Pysyttele vain siinä mitä osaat.

from day one [heti] alusta asti, alusta alkaen *We lived together virtually from day one.* Asuimme yhdessä käytännöllisesti katsoen alusta asti.

from day to day päivästä toiseen *People live from day to day in a world full of uncertainties.* Ihmiset elävät päivästä toiseen maailmassa, joka on täynnä epävarmuutta. *The delay varies from day to day.* Viive on joka päivä eri pituinen.

from one day to the next <jnk muuttumisesta äkkiarvaamatta> *I never knew from one day to the next how I was going to find her.* En koskaan tiennyt, missä kunnossa hän olisi.

give me ... any day [of the week] *ark* mieluimmin valitsen jnk, minusta jk on paras *Give me the train any day.* Mieluummin kuljen junalla.

halcyon days onnenpäivät, auvoisa aika *The rent was £2 per week in those halcyon days.* Niinä auvoisina aikoina vuokra oli 2 puntaa viikossa.

have a field day *ark* ottaa kaikki ilo irti *The media has a field day with the scandal.* Tiedotusvälineet ottavat kaiken ilon irti skandaalista.

have had its / one's day olla parhaat päivänsä nähnyt *The house has had its day.* Talo oli parhaat päivänsä nähnyt.

haven't got all day *ark* ei tässä ole koko päivää aikaa *Hurry it up, we haven't got all day.* Pidä kiirettä, ei tässä ole koko päivää aikaa.

he's / she's ..., if he's / she's a day olla vähintään / ainakin ...-vuotias *She's 60, if she's a day.* Hän on ainakin 60-vuotias.

in my day minun nuoruudessani, kun minä olin nuori *We thought of better excuses in my day.* Kun minä olin nuori, me keksimme parempia tekosyitä.

in this day and age nykyisin, nykyään *In this day and age things are made quite easy for a young mother.* Nykyisin nuoret äidit pääsevät aika helpolla.

Let's call it a day. Lopetetaan tältä päivältä. (työn tekemisestä ym.)

make sb's day *ark* pelastaa jkn päivä *The news made her day.* Uutiset pelastivat hänen päivänsä.

name the day sopia päivämäärä *Have you named the day yet?* Oletteko jo sopineet hääpäivän?

not sb's day ei jonkun päivä *This is not my day, really. I left my lunch at home.* Nyt ei taida olla minun päiväni. Jätin lounaani kotiin.

of the day aikansa, sen ajan *The upper classes wore the European fashions of the day.* Yläluokat pukeutuivat sen ajan eurooppalaisen muodin mukaisesti.

one day jonakin päivänä, eräänä päivänä *One day I'll learn to swim.* Opettelen vielä jonakin päivänä uimaan. *One day I was in the library and I came across this book.* Olin eräänä päivänä kirjastossa ja löysin tämän kirjan.

one day at a time päivä kerrallaan *He goes to meetings every week and takes one day at a time.* Hän käy kokouksissa joka viikko ja ottaa päivän kerrallaan.

one of these [fine] days [tässä] jonakin päivänä, lähitulevaisuudessa *I intend to read it one of these days.* Aion lukea sen tässä jonakin päivänä.

one of those days *ark* niitä päiviä kun kaikki menee pieleen *Instinct told me it was going to be one of those days.* Vaistoni sanoi, että tästä tulisi yksi niistä päivistä, kun kaikki menee pieleen.

rue the day katua *He will rue the day he turned down that offer.* Hän katuu vielä, ettei hyväksynyt tarjousta.

seize the day tarttua tilaisuuteen (kerätä kokemuksia)

some day [vielä] jonakin päivänä *Some day I'll live in the countryside.* Vielä jonakin päivänä muutan maalle.

sb's days in the sun jkn menestyksen t. kuuluisuuden päivät

sb's lucky day jkn onnenpäivä *It's your lucky day. You've won the first prize in our competition.* On onnenpäivänne. Olette voittanut ensimmäisen palkinnon kilpailussamme.

That will be the day! [Ja] sen kun näkisi! *– He's going to give up smoking. – That will be the day!* – Hän aikoo lopettaa tupakanpolton. – [Ja] sen kun näkisi!

the day of reckoning *1* ratkaisun hetki, tilinteon hetki, tilinteon päivä *Newcastle United face their day of reckoning at Leicester.* Newcastle Unitedilla on edessä ratkaisun hetki Leicesterissä. *2* tuomiopäivä

the good old days *ark* vanhat hyvät ajat *Sometimes, he longed for the good old days.* Joskus hän kaipasi vanhoja hyviä aikoja.

the happy day hääpäivä *Then she discovered she was pregnant and the happy day was brought forward.* Sitten hän huomasi olevansa raskaana, ja hääpäivää aikaistettiin.

the other day muutama päivä sitten, taannoin *We had lunch the other day.* Kävimme lounaalla muutama päivä sitten.

those were the days oi niitä aikoja *I remember when all this were nowt but fields. Those were the days, son.* Muistan, kun kaikki tämä oli pelkkää peltoa. Oi niitä aikoja, poika.

to the day päivälleen, täsmälleen (ajasta) *She died two years ago to the day.* Hän kuoli päivälleen kaksi vuotta sitten.

to this day vielä tänä päivänäkin, tähän päivään mennessä, yhä *I remember the feeling to this day.* Muistan sen tunteen vielä tänä päivänäkin.

daylight ['deɪlaɪt] *s*

beat / knock the [living] daylights out of sb *ark* piestä jku puolikuoliaaksi *I'll take you on, and what's more I'll beat the daylights out of you.* Ottelen kyllä sinua vastaan, ja sen lisäksi pieksen sinut puolikuoliaaksi.

frighten / scare the [living] daylights out of sb *ark* säikäyttää jku puolikuoliaaksi *'You frightened the living daylights out of me!' she gasped.* "Säikäytit minut puolikuoliaaksi!" hän henkäisi.

in broad daylight keskellä kirkasta päivää *He was robbed in broad daylight.* Hänet ryöstettiin keskellä kirkasta päivää.

see daylight alkaa ymmärtää, oivaltaa *When Jane explained it, he suddenly saw daylight.* Kun Jane selitti asian, se yhtäkkiä valkeni hänelle.

1 dead ['ded] *a*

a dead duck *ark* fiasko, pannukakku, munaus, kuolleena syntynyt ajatus *The project was a dead duck right from the start.* Projekti oli varsinainen pannukakku alusta asti.

a dead end umpikuja, umpiperä *Their relationship had reached a dead end.* Heidän suhteensa oli ajautunut umpikujaan.

a dead ringer for sb jkn kaksoisolento *He's a dead ringer for Elvis Presley.* Hän on Elvis Presleyn kaksoisolento.

be dead meat ark olla pahassa pinteessä, olla pahemmassa kuin pulassa *If you tell anyone about this, you're dead meat.* Jos kerrot tästä kenellekään, olet pahassa pinteessä.

be dead on one's feet olla lopen uupunut, olla rättiväsynyt *She felt dead on her feet and didn't have the energy to question them further.* Hän oli lopen uupunut eikä jaksanut enää kysellä heiltä enempää.

dead and buried unohdettu, kuollut ja kuopattu *As far as I'm concerned the matter's dead and buried.* Mitä minuun tulee, niin juttu on kuollut ja kuopattu.

dead as a doornail / dodo kuollut kuin kivi *The plant is dead as a doornail.* Kasvi on kuollut kuin kivi.

dead as a / the dodo ark aikansa elänyt, vanha[naikainen] *After a few years new sayings become as dead and as dated as the dodo.* Muutaman vuoden jälkeen uusista sanonnoista tulee vanhanaikaisia ja aikansa eläneitä.

dead cert ark varma voittaja t. menestyjä ym. *I put five pounds on the dead cert.* Löin viisi puntaa vetoa varman voittajan puolesta.

dead from the neck up ark leik idioottimainen, typerä *My mother-in-law is dead from the neck up.* Anoppini on täysi idiootti.

dead in the water [täysin] epäonnistunut, myttyyn mennyt *The business plan is dead in the water.* Liiketoimintasuunnitelma on täysin epäonnistunut.

dead letter kuollut kirjain (laki ym. jota kukaan ei enää noudata vaikka sitä ei ole virallisesti kumottu) *The act became a dead letter.* Tästä laista tuli kuollut kirjain.

dead loss hyödytön, toivoton tapaus *He might be a dead loss but he's still her husband.* Hän on ehkä toivoton tapaus mutta on silti hänen aviomiehensä.

Dead men tell no tales. Kuolleet eivät lavertele.

dead to the world ark [syvässä] unessa *Fifteen minutes later I was dead to the world.* Vartin päästä olin syvässä unessa.

dead wood tarpeeton henkilöstö t. tavara, turha painolasti *Cut all the dead wood out of your life and start afresh.* Poista kaikki turha painolasti elämästäsi ja aloita alusta.

Over my dead body! ark Vain kuolleen ruumiini yli!, Ei ikinä! *You marry my daughter over my dead body!* Pääset naimisiin tyttäreni kanssa vain minun kuolleen ruumiini yli!

the dead hand of sth kirjak jnk rajoitukset, jnk rajoittava vaikutus *The dead hand of bureaucracy is hindering their work.* Byrokratian rajoitukset haittaavat heidän työtään.

wouldn't be seen / caught dead ... ei suurin surminkaan tekisi jtak *He wouldn't be seen dead wearing such clothes.* Hän ei suurin surminkaan laittaisi päälleen tuollaisia vaatteita.

2 dead s

come back from the dead (*myös* rise from the dead) tehdä comeback, tulla uudelleen suosituksi, saavuttaa taas menestystä *The company came back from the dead as a library automation system specialist.* Yritys saavutti taas menestystä automatisoitujen kirjastojärjestelmien asiantuntijana.

the dead of night sydänyö, keskiyö *The stranger had arrived in the dead of night.* Muukalainen oli saapunut sydänyöllä.

the dead of winter sydäntalvi, keskitalvi *We are in the dead of winter.* Nyt on sydäntalvi.

deaf ['def] *a*

[as] deaf as a post umpikuuro *She's 85 and as deaf as a post.* Hän on 85 vuotta ja umpikuuro.

fall on deaf ears kaikua kuuroille korville *Her vituperative comments fell on deaf ears.* Hänen ilkeämieliset kommenttinsa kaikuivat kuuroille korville.

turn a deaf ear [to] sulkea korvansa jltak *The owners turned a deaf ear to such an expensive demand.* Omistajat sulkivat korvansa niin kalliilta vaatimukselta.

1 deal ['di:l] *v*

deal a blow to sb / sth (*myös* deal sb / sth a blow) olla kova isku jklle, olla takaisku jllek *The Swiss dealt another blow to the European union last night.* Sveitsi aiheutti eilen Euroopan unionille uuden takaiskun.

2 deal *s*

a big deal *ark* (*yl kielt*) iso asia, merkittävä asia *The woman gave a brief smile to show that it was no big deal.* Nainen hymyili hieman osoittaaksseen, että kyseessä ei ollut mikään iso asia. *In happy marriages the partners don't make a big deal of minor irritations.* Onnellisissa avioliitoissa elävät puolisot eivät pidä kovaa melua pienistä vastoinkäymisistä.

a deal of *vanh* paljon, runsaasti *Ten pounds a week is a deal of money.* Kymmenen puntaa viikossa on paljon rahaa.

a done deal *ark* lukkoon lyöty asia *The agreement is not a done deal yet.* Sopimusta ei ole vielä lyöty lukkoon.

a great / good deal paljon, runsaasti, huomattavasti *They had wasted a great deal of money.* He olivat tuhlanneet paljon rahaa. *She is feeling a great deal better.* Hän voi huomattavasti paremmin.

a raw / rough deal epäoikeudenmukainen kohtelu *I believe that pensioners have had a raw deal.* Minusta eläkeläisiä on kohdeltu epäoikeudenmukaisesti.

Big deal! Entä sitten!, Sillä ei ole mitään väliä! *I'm wearing make-up – big deal!* Entäs sitten, vaikka minulla onkin meikkiä!

It's a deal! *ark* Sovittu!, Selvä[n teki]! – *Lunch tomorrow? – It's a deal!* – Mennäänkö lounaalle huomenna? – Sovittu!

What's the deal? Mitä on tapahtunut?, Mitä on meneillään? *Why are we being kept outside? What's the deal?* Miksei meitä päästetä sisään? Mitä on tapahtunut?

dear ['dɪəʳ] *a*

a Dear John letter *leik* <naisen lähettämä erokirje miehelle> *I think Dear John letters are truly cruel.* Mielestäni suhteen lopettaminen kirjeitse on todella julmaa.

cost sb dear käydä jklle kalliiksi *Basic errors cost Manchester United dear.* Alkeelliset virheet kävivät Manchester Unitedille (jalkapallojoukkue) kalliiksi.

for dear life henkensä kaupalla *Run for your dear life!* Juokse henkesi edestä!

death ['deθ] *s*

at death's door *ark* kuoleman partaalla, kuolemaisillaan *He got sick and lay at death's door for 14 days.* Hän sairastui ja makasi kaksi viikkoa kuoleman partaalla.

be the death of sb koitua jkn kuolemaksi *Money will be the death of me.* Raha koituu [vielä] kuolemakseni.

do sb / sth death kuluttaa jk loppuun *That joke has been done to death.* Tuo on jo [loppuun] kulunut vitsi.

like death warmed up (*am* like death warmed over) *ark* kuolemanväsynyt, kuolemansairas *He felt like death warmed up.* Hän tunsi olonsa kuoleman väsyneeksi.

to catch one's death [of cold] *ark* saada kuolemantauti *You'll catch your death going out like that.* Saat vielä kuolemantaudin, jos menet ulos noin vähissä vaatteissa.

to death äärimmäisen, erittäin, lopen *I'm bored to death with revising for exams.* Olen lopen kyllästynyt kokeisiin pänttäämiseen.

to the death hamaan loppuun asti *We'll fight to the death!* Taistelemme hamaan loppuun asti!

deck ['dek] *s*

on deck *1* (am, austr) valmiina (tekemään jtak) *He told the players to get on deck.* Hän käski pelaajien valmistautua. *2 ark* (austr) elossa *Ryan was still on deck in 1968, but died in 1969.* Ryan eli vielä vuonna 1968, mutta kuoli 1969.

declare [dɪ'kleə^r] *v*

Well, I declare! Jopas nyt [jotakin]! (ilmaistaessa hämmästystä t. lievää ärtymystä)

1 deep ['di:p] *a*

be in too deep *ark* <olla niin syvällä tilanteessa, että siitä on vaikea päästä ulos> *I was in too deep to give up.* Olin liian pitkällä luovuttaakseni.

deep pockets varakkuus *It helps to have deep pockets.* Raha helpottaa elämää.

go [in] off the deep end *ark* raivostua, räjähtää *She went off the deep end yelling at me.* Hän alkoi huutaa minulle raivoissaan.

in deep water[s] *ark* [pahoissa] vaikeuksissa, hankaluuksissa *The oil company is in deep water.* Öljy-yhtiö on pahoissa vaikeuksissa.

throw sb in at the deep end <sysätä joku vaikeaan tilanteeseen valmistelematta> *I was thrown in the deep end with no real training.* Jouduin heti tarttumaan toimeen ilman sen kummempaa opastusta.

2 deep *adv*

deep down *ark* pohjimmiltaan, oikeasti *Deep down, I'm a selfish pig.* Olen pohjimmiltani itsekäs sika.

definition [ˌdefɪ'nɪʃ^ən] *s*

by definition sisimmältään, itsessään, sinänsä *Teenagers are, by definition, immature.* Teinit ovat sisimmältään kypsymättömiä.

degree [dɪ'gri:] *s*

by degrees asteittain, vähitellen *The hunger grew by degrees.* Nälkäni kasvoi vähitellen.

deliver [dɪ'lɪvə^r] *v*

deliver the goods *ark* täyttää odotukset t. lupaukset *Fine words, but will he deliver [the goods]?* Toteuttaako hän hienot lupauksensa?

demon ['di:mən] *s*

like a demon vimmatusti, hurjasti, kuin hullu *He worked like a demon.* Hän teki töitä vimmatusti.

den [den] *s*

a den of iniquity / vice synninpesä *The place was a real den of iniquity.* Paikka oli oikea synninpesä.

beard sb in their den <asioida tärkeän henkilön luona ikävissä merkeissä> *Someone had to be sent to beard the boss in his den.* Joku täytyisi lähettää kertomaan pomolle huonot uutiset.

dent [dent] *s*

make a dent / hole in sth tehdä lovi, vähentää, pienentää *The fees of two lawyers will make a nasty dent in the family finances.* Kahdet asianajajapalkkiot tekevät ikävän loven perheen budjettiin.

depart [dɪ'pɑːt] v
depart this life vanh kuolla *She departed this life on the 14th of April.* Hän nukkui ikuiseen uneen 14. huhtikuuta.

depend [dɪ'pend] v
That / it [all] depends. ark Se riippuu [kokonaan] tilanteesta.

depth ['depθ] s
be out of one's depth olla liian vaikean pulman edessä, liikkua vieraalla maaperällä *Parents, who recognize that they are out of their depth, should always seek help.* Vanhempien, jotka tuntevat olevansa liian vaikean pulman edessä, pitäisi aina etsiä apua.

description [dɪ'skrɪpʃ°n] s
beyond description sanoin kuvaamaton *Her beauty is beyond description.* Hän on sanoin kuvaamattoman kaunis.

deserts [dɪ'zɜːts] s
get / receive one's just deserts saada ansionsa mukaan *The offenders should get their just deserts.* Rikollisten tulisi saada ansionsa mukaan.

deserve [dɪ'zɜːv] v
deserve a medal leik ansaita mitali *I think he deserves a medal for bravery.* Mielestäni hänen kuuluisi saada urhoollisuusmitali.
get what one deserves saada ansionsa mukaan *The rapist got what he deserved.* Raiskaaja sai ansionsa mukaan.

design [dɪ'zaɪn] s
have designs on kirjak olla [pahoja] aikeita t. suunnitelmia jnk suhteen, olla taka-ajatuksia jnk suhteen *I'd be lying if I said I didn't have designs on you.* Valehtelisin jos väittäisin, ettei minulla ole taka-ajatuksia sinun suhteesi.

more by accident than [by] design enemmän tuuria kuin taitoa *It was more by accident than design that she ended up as one of Ireland's top stars.* Oli kiinni enemmänkin tuurista kuin taidosta, että hänestä tuli yksi Irlannin kirkkaimmista tähdistä.
[whether] by accident or design oli se sitten suunniteltua tai ei *The possibility that weapons will be used, either by accident or design, is real.* On olemassa riski, että aseita käytetään, oli se sitten suunniteltua tai ei.

desire [dɪ'zaɪəʳ] v
leave a lot to be desired olla / jättää paljon toivomisen varaa *His personal hygiene leaves a lot to be desired.* Hänen henkilökohtaisessa hygieniassaan on paljon toivomisen varaa.

despite [dɪ'spaɪt] prep
despite oneself aikomattaan, tahtomattaan, voimatta itselleen mitään *Laura laughed despite herself.* Laura nauroi tahtomattaan.

device [dɪ'vaɪs] s
leave sb to his own devices jättää jku omiin oloihinsa t. oman onnensa nojaan *Children were left to their own devices.* Lapset jätettiin omiin oloihinsa.

devil ['devl] s
a devil of a ark pahuksenmoinen, kova *I've had a devil of a job tracking you down.* Sinun löytämisesi oli kova urakka.
Be a devil! ark Siitä vaan!, Anna mennä [vain]!
be between the devil and the deep blue sea olla kahden tulen välissä, olla puun ja kuoren välissä
Better the devil you know [than the devil you don't]. Vanhassa vara parempi.
Go to the devil! Painu helvettiin!

have the devils own luck olla moukan tuuria *We had the devil's own luck – there might have been a much bigger problem.* Mukana oli kyllä moukan tuuria – ongelma olisi voinut kasvaa paljon suuremmaksi.

have the luck of the devil olla onnen suosikki *Italy had the luck of the devil in their opening game against Chile.* Italia oli onnen suosikki avauspelissä Chileä vastaan.

like the devil vimmatusti, hurjasti, kuin hullu *He drove like the devil.* Hän ajoi kuin hullu.

play devil's advocate tekeytyä vastakkaisen kannan edustajaksi (lähinnä mielenkiintoisen keskustelun herättämiseksi) *The interviewer played the devil's advocate.* Haastattelija tekeytyi vastakkaisen kannan edustajaksi.

sell one's soul to the devil myydä sielunsa paholaiselle

speak / talk of the devil *ark* siinä paha missä mainitaan – *Did you know that Molly has left him. – Oh, speak of the devil, here he is.* – Tiesitkö, että Molly on jättänyt hänet. – Oho, siinä paha, missä mainitaan, siinähän hän onkin.

the devil to pay piru merrassa, piru irti *If he catches us now, there'll be the devil to pay.* Jos hän yllättää meidät nyt, niin sitten on piru merrassa.

diamond ['daɪəmənd] *s*

a rough diamond hiomaton timantti *He's a rough diamond, a bit rough around the edges – but obviously he's got a heart of gold!* Hän on oikea hiomaton timantti, ensivaikutelma on aika karski, mutta sydän on täyttä kultaa!

dibs [dɪbz] *s*

have dibs on sth *ark* (am) olla varattu jklle, olla oikeus jhk *I have dibs on the bathroom.* Vessa on varattu minulle.

1 dice ['daɪs] *s*

no dice *ark* (am, austr) ei käy, ei onnistu, ei mitään jakoa *I'll do it if I feel like it, otherwise no dice.* Teen sen jos minua sattuu huvittamaan, muuten ei mitään jakoa.

the dice are loaded against sb olla tuomittu epäonnistumaan *The dice were loaded against the team.* Joukkue oli tuomittu epäonnistumaan.

2 dice *v*

dice with death pelata vaarallista uhkapeliä, riskeerata [uhkarohkeasti] *I wouldn't call sailing 'dicing with death'.* En kutsuisi purjehtimista vaaralliseksi uhkapeliksi.

dicky bird ['dɪkibɜːd] *s*

not a dicky bird *ark* (br) ei sanakaan, ei pihaustakaan – *Have you heard from her lately? – Not a dicky bird.* – Oletko kuullut hänestä mitään viime aikoina? – En sanaakaan.

1 die ['daɪ] *v*

curl up and die vajota maan alle, kuolla häpeästä *I could barely breathe and just wanted to curl up and die.* Tunsin hengitykseni salpautuvan ja halusin vain vajota maan alle.

die a death kuolla ja tulla kuopatuksi *That project died a death.* Se projekti kuoli ja kuopattiin.

die hard olla sitkeässä, olla lujassa *Old habits die hard.* Vanhat tottumukset ovat lujassa.

die laughing *ark* kuolla naurusta *We nearly died laughing when he told us about it.* Melkein kuolimme naurusta, kun kuulimme asiasta.

die with your boots on kaatua saappaat jalassa *I'm going to fight all the way and die with my boots on.* Aion taistella loppuun asti ja kaatua saappaat jalassa.

I nearly died! *ark* Olisin halunnut vajota [häpeästä] maan alle!, Häpesin silmät päästäni!

it's do or die se on kaikki tai ei mitään
Never say die. Älä [koskaan] anna periksi.
to die for *ark* [kerrassaan] upea, [hyvin] houkutteleva, [erittäin] herkullinen, hemaiseva *Now that's a man to die for.* No siinäpä vasta kerrassaan upea mies.

2 die *s*

be as straight as a die olla umpirehellinen *He gained a reputation for being as straight as a die.* Hän tuli kuuluisaksi umpirehellisyydestään.
straight as a die luotisuora *The road is as straight as a die.* Tie on luotisuora.
the die is cast arpa on heitetty, paluuta ei ole

difference ['dɪfr³ns] *s*

a world of difference olla todella positiivinen vaikutus jhk, olla suuri ero jhk verrattuna *There's a world of difference between truth and facts.* Totuuden ja tosiasioiden välillä on suuri ero.
make a [big] difference parantaa, olla vaikutusta jhk *A fifteen-minute walk each day can make a big difference to your state of health.* Viidentoista minuutin kävelylenkki päivittäin voi parantaa terveydentilaasi huomattavasti.
make all the difference olla [todella] hyvä t. piristävä t. positiivinen vaikutus jhk *The relationship made all the difference in his life.* Suhteella oli todella positiivinen vaikutus hänen elämäänsä.
make no difference ei olla väliä, ei muuttaa asiaa, olla yhdentekevää *Your age makes no difference to me.* Iälläsi ei ole minulle mitään väliä.
same difference ei sen niin väliä, samapa tuo *It's same difference whether they use mice or keyboards.* Samapa tuo käyttävätkö he hiirtä vai näppäimistöä.

tell the difference erottaa, havaita ero *I can't tell the difference between the twins.* En erota kaksosia toisistaan.
with a difference *ark* [todella] erilainen, [aivan] uudenlainen *a courtroom drama with a difference* uudenlainen oikeussalidraama

dig ['dɪg] *v*

dig deep (*myös* dig into your pocket) kaivaa kuvettaan, antaa rahaa [jhk tarkoitukseen] *Generous donors dug deep into their pockets and poured in £10 000.* Anteliaat lahjoittajat onnistuivat saamaan kokoon 10 000 puntaa.
dig the dirt kaivella esiin ikäviä asioita *He was digging the dirt on Janet's past.* Hän kaiveli esiin ikäviä asioita Janetin menneisyydestä.
dig your heels in *ark* pitää päänsä jnk asian suhteen, vastustaa jtk *She tried to convince me that I was doing it wrong, but I only dug my heels in deeper.* Hän yritti vakuuttaa minulle, että tein kaiken aivan väärin, mutta pidin pääni entistä tiukemmin.
dig your own grave kaivaa itselleen kuoppaa, tehdä itselleen hallaa *I know I'm digging my own grave by saying this.* Tiedän kaivavani vain itselleni kuoppaa kun sanon näin.
dig yourself [into] a hole saattaa itsensä vaikeaan tilanteeseen *I had no idea that I was digging myself a hole.* Minulla ei ollut aavistustakaan, että olin saattamassa itseäni tukalaan tilanteeseen.

dignity ['dɪgnɪti] *s*

beneath sb's dignity ei olla jonkun arvolle sopivaa *She thought it was beneath her dignity to answer the question.* Naisen mielestä kysymykseen vastaaminen ei ollut hänen arvolleen sopivaa.
stand on one's dignity muistaa arvonsa, vaatia arvonsa mukaista kohtelua *He stood on his dignity*

dim

and claimed the respect due to his position and years. Hän vaati arvolleen sopivaa kunnioitusta, vedoten ikäänsä ja asemaansa.

dim ['dɪm] *a*
take a dim view of suhtautua karsaasti jhk, olla huono käsitys jstak *He takes a dim view of this kind of behaviour.* Hän suhtautuu karsaasti tällaiseen käyttäytymiseen.

dime ['daɪm] *s*
a dime a dozen *ark* (am, austr) kolmetoista tusinassa *Men like him are a dime a dozen.* Hänen kaltaisia miehiä mahtuu kolmetoista tusinaan.

dine ['daɪn] *v*
dine out on *leik* (yl br) viihdyttää ihmisiä tarinalla t. tarinoilla (yl päivällisen aikana) *I dined out on that story for weeks.* Viihdytin ihmisiä sillä tarinalla useiden viikkojen ajan.

dint ['dɪnt] *s*
by dint of *kirjak* jnk avulla t. voimalla, jnk ansiosta *Every greyhaired person knows by dint of experience that there are no black-and-white issues.* Jokainen harmaahapsi tietää kokemuksesta, että yksioikoisia asioita ei ole olemassakaan.

dip ['dɪp] *v*
dip into your pocket kaivaa kuvetta, antaa rahaa [johonkin tarkoitukseen] *They are just going to have to dip into their pocket.* Heidän täytyy vain kaivaa kuvetta.
dip one's [head]lights (br) vaihtaa lähivalot (autossa)

1 dirt ['dɜ:t] *s*
do sb dirt *ark* tehdä jklle ruma t. ilkeä temppu *My boyfriend did me dirt.* Poikaystäväni teki minulle ruman tempun.

2 dirt *a*
dirt cheap *ark* sikahalpa
dirt poor *ark* rutiköyhä

1 dirty ['dɜ:ti] *a*
a dirty trick ruma temppu *He claimed that the party played dirty tricks on him.* Miehen mukaan puolue teki hänelle rumia temppuja.
do sb's dirty work tehdä likaiset työt jkn puolesta *I'm not going to do your dirty work for you!* Älä yritä teettää likaisia töitäsi minulla!
give / shoot sb a dirty look *ark* mulkaista vihaisesti *Julia shot me a dirty look.* Julia mulkaisi minua vihaisesti.
play dirty *ark* pelata likaista peliä *I'm not going to play dirty!* En aio pelata likaista peliä!
talk dirty *ark* puhua rivoja, puhua rivouksia
wash your dirty laundry / linen in public pestä likapyykkinsä julkisesti *For the first time companies are washing their dirty laundry in public.* Ensimmäistä kertaa yhtiöt pesevät likapyykkinsä julkisesti.

2 dirty *v*
dirty your hands liata kätensä *I won't dirty my hands with trash like you.* En likaa käsiäni sinunlaisessa roskasakissa.

3 dirty *s*
do the dirty on sb *ark* (br) tehdä jklle ruma t. ilkeä temppu *My boyfriend did the dirty on me.* Poikaystäväni teki minulle ruman tempun.

discretion [dɪ'skreʃ(ə)n] *s*
be the soul of discretion olla hyvä pitämään salaisuuksia *She had remained the soul of discretion.* Hän oli pitänyt salaisuuden itsellään.
Discretion is the better part of valour. Parempi katsoa kuin katua.

dish ['dɪʃ] *v*

dish out *1* tarjoilla, asettaa tarjolle, panna lautasille (ruokaa) *She's still busy dishing out the lunch.* Hän on yhä tarjoilemassa lounasta. *2 ark* jakaa, jaella *He's always ready to dish out advice.* Hän on aina valmis jakelemaan neuvoja.

dish the dirt *ark* vetää jkn maine lokaan, heittää lokaa jkn silmille, tehdä [sensaatiomaisia] paljastuksia *He is hired to dish the dirt on opponents.* Hänet on palkattu heittämään lokaa vastustajien silmille.

dish up tarjoilla, asettaa tarjolle, panna lautasille (ruokaa)

dispatch [dɪ'spætʃ] *s* (*myös* despatch)

with dispatch *kirjak* nopeasti, kiireellisesti *He should proceed with dispatch.* Hänen pitäisi edetä nopeasti.

dispense [dɪ'spens] *v*

dispense with *1* luopua jstak, unohtaa jtak, olla ilman jtak *Let's dispense with the formalities, shall we?* Unohdetaan muodollisuudet, eikö niin? *2* myöntää t. antaa erivapaus jhk

disposal [dɪ'spəʊzᵊl] *s*

at sb's disposal jkn käytettävissä, saatavilla *A car was placed at my disposal.* Käytettäväkseni annettiin auto.

dispose [dɪ'spəʊz] *v*

dispose of *1* hävittää, hankkiutua eroon, heittää pois *There were no plans to dispose of nuclear waste in this way.* Ydinjätteiden hävittämistä tällä tavalla ei oltu suunniteltu. *2* järjestää, selvittää, ratkaista *The problem was disposed of immediately.* Ongelma ratkaistiin välittömästi. *3* voittaa, kukistaa (kilpailussa ym.) *She disposed of her opponent in straight sets.* Hän kukisti vastustajansa erätappioitta. *4* myydä, luovuttaa, määrätä (omaisuutta ym.) *He disposed of his shares at just the right time.* Hän myi osakkeensa juuri oikeaan aikaan. *5 ark* tappaa, surmata, lahdata *6 ark* ahmia, pistellä poskeensa (ruokaa)

dispose to / towards *kirjak* tehdä taipuvaiseksi t. halukkaaksi jhk, saada suhtautumaan jhk jllak tavalla *His rudeness did not dispose me very kindly to / towards him.* Hänen töykeytensä ei saanut minua suhtautumaan häneen erityisen ystävällisesti.

dissolve [dɪ'zɒlv] *v*

dissolve in / into puhjeta t. purskahtaa (nauruun, itkuun ym.) *Francis and Christopher dissolved in laughter.* Francis ja Christopher purskahtivat nauruun.

distaff ['dɪstɑ:f] *s*

on the distaff side *vanh* äidin puolelta

distance ['dɪstəns] *s*

go the [full] distance *ark* kestää pitkään, jatkaa loppuun saakka *It's a really tough course. Do you think he'll be able to go the distance?* Kurssi on todella rankka. Luuletko, että hän jatkaa loppuun saakka?

in / within spitting distance aivan lähietäisyydellä, kivenheittämän päässä

distant ['dɪstənt] *a*

the [dim and] distant past muinainen menneisyys *from the dim and distant past to the present day* muinaisesta menneisyydestä nykypäivään

distraction [dɪ'stræk[ᵊn] *s*

drive sb to distraction tehdä joku hulluksi (yl liioitteleva ilmaisu) *Feelings of insecurity and powerlessness drove me to distraction.* Epävarmuuden ja voimattomuuden tunteet tekivät minut hulluksi.

dive ['daɪv] v
dive in *ark* käydä käsiksi jhk, ryhtyä [toimeen ym.], mennä mukaan jhk *Food's on the table, just dive in!* Ruoka on pöydässä, käykää käsiksi!

divide [dɪ'vaɪd] v
divide and rule / conquer hajota ja hallitse

1 do ['du:, dʊ] v
can / could do without *ark* ei kaivata, olla mieluummin ilman jtak *We all thought you could do without extra worries.* Me kaikki ajattelimme, että et kaipaa ylimääräisiä huolia.

could do sth with one arm / hand tied behind their back osata tehdä jtk vaikka yhdellä kädellä *I can do this with one hand tied behind my back – look!* Osaan tehdä tämän yhdellä kädellä – katso vaikka!

could do with *ark* jk tekisi terää, olla jnk tarpeessa *I could do with a pint of beer.* Tuoppi olutta tekisi terää.

do away with *1* tehdä loppu jstak, lakkauttaa, poistaa, vähentää *The invention of printing did away with the need for handwritten books.* Kirjapainotaidon keksiminen vähensi tarvetta tehdä käsin kirjoitettuja kirjoja. *2 ark* tappaa, toimittaa jk pois päiviltä *He had tried to do away with himself.* Hän oli yrittänyt tappaa itsensä.

do down *ark* (br) haukkua, puhua pahaa jksta, vähätellä *Stop doing yourself down.* Lakkaa vähättelemästä itseäsi.

do for *1 ark* tuhota, tehdä loppu jstak, tappaa *It was the drinking that did for her in the end.* Juominen tappoi hänet lopulta. *2 ark* (*be done for*) olla lopussa, olla tuhon oma *If the watchman recognizes any of us, we're done for.* Jos vartija tunnistaa jonkun meistä, olemme tuhon omia.

do in *ark 1* tappaa, ottaa nirri pois *He threatened to do me in.* Hän uhkasi tappaa minut. *2* (*yl be done in*) väsyttää, näännyttää, uuvuttaa *When I got back home I was completely done in.* Kun pääsin takaisin kotiin, olin aivan nääntynyt.

do it *ark euf* harrastaa seksiä

do out *ark* (br) *1* siivota (huone ym.) *I'll do out these cupboards.* Minä siivoan nämä komerot. *2* sisustaa, kalustaa *The restaurant is done out in Mediterranean style.* Ravintola on sisustettu Välimeren tyyliin.

do out of *ark* petkuttaa, keplotella, huijata jklta jtak *Mick was trying to do her out of her money.* Mick yritti huijata häneltä hänen rahansa.

do over *ark 1* (br) ryöstää, rosvota *His house had been done over.* Hänen talonsa oli rosvottu. *2* (br) hakata, mukiloida, piestä *He was done over by a gang of hooligans.* Huligaanijoukko hakkasi hänet. *3* (yl am) remontoida, kunnostaa, sisustaa *The old wall paper remained until I did the house over in 1958.* Vanha tapetti poistettiin vasta talon remontin yhteydessä vuonna 1958.

do up *1* mennä t. panna kiinni, napittaa, sitoa *He did up his shirt buttons.* Hän napitti paitansa. *Her hair was done up in a ponytail.* Hänen hiuksensa oli sidottu poninhännälle. *2* kääriä [paperiin], pakata, paketoida *The parcel was done up in brown paper.* Paketti oli kääritty ruskeaan paperiin. *3* (yl br) panna kuntoon, remontoida, sisustaa *It's a lovely old country house, but it needs doing up a bit.* Se on ihana vanha kartano, mutta se kaipaa pientä remonttia. *4* (*yl be done up*) pukeutua, laittaa [itseään] *She was done up in a silky black dress.* Hän oli pukeutunut mustaan, silkkiseen pukuun.

how do you do? hyvää päivää, hauska tutustua (kohtelias terveh-

dys jota käytetään erityisesti silloin, kun henkilöt on juuri esitelty toisilleen)
That will do! (*myös* That does it!) Nyt riittää!

2 do s

dos and don'ts (*mon*) [käyttäytymis]säännöt, käskyt ja kiellot *I'd like to tell you my own theory about grown-ups and their dos and don'ts.* Haluaisin kertoa sinulle oman teoriani aikuisista ja heidän käyttäytymissäännöistään.

dock ['dɒk] s

in the dock syytettynä oikeudessa, syytettyjen penkillä *He was in the dock on charges of murder.* Hän oli oikeudessa syytettynä murhasta.

doctor ['dɒktəʳ] s

be [just] what the doctor ordered *ark* olla juuri se mitä kaivattiin *Our holiday in Greece was just what the doctor ordered.* Kreikan lomamme oli juuri sitä, mitä kaivattiin.

dog ['dɒg] s

a dog in the magner tavaroiden rohmuaja, joka ei soisi muiden saavan mitään

a dog's breakfast / dinner *ark* (br) [seka]sotku, surkea tekele, floppi *The band was a right dog's breakfast.* Bändi oli aivan surkea.

be done like a [dogs] dinner *ark* kokea murskatappio *My team got done like a dog's dinner.* Joukkueeni koki murskatappion.

be like a dog with two tails olla onnensa kukkuloilla *I'm like a dog with two tails because I love him very much.* Olen onneni kukkuloilla, sillä rakastan häntä kovasti.

dog eat dog armoton kilpailu, kova maailma *It's dog eat dog in show-business.* Viihdeteollisuuden maailma on kova.

dressed [up] like dog's dinner *ark* (br) pukeutunut yliampuvasti

doldrums

Every dog has its / his day. Paistaa se aurinko risukasaankin.

go to the dogs *ark* mennä päin honkia, joutua t. mennä hunningolle *This country is going to the dogs.* Tämä maa on menossa täysin hunningolle.

It's a dog's life. *ark* Elämä on kovaa.

not a dog's chance *ark* ei pienintäkään mahdollisuutta *He hasn't a dog's chance of winning the match.* Hänellä ei ole pienintäkään mahdollisuutta voittaa ottelua.

put on the dog esittää varakkaampaa ja tärkeämpää kuin on *Lets go out to the nicest restaurant in town, and really put on the dog.* Mennään kaupungin hienoimpaan ravintolaan ja teeskennellään olevamme rikkaita ja tärkeitä.

the dog days kuumimmat hellepäivät *These are the dog days of july.* Nämä ovat nyt heinäkuun helteet.

You can't teach an old dog new tricks. Ei vanha koira uusia temppuja opi.

doghouse ['dɒghaʊs] s

be in the doghouse *ark* olla epäsuosiossa *Joe was in the doghouse after he was late for dinner.* Joe joutui epäsuosioon myöhästyttyään päivälliseltä.

doing ['duːɪŋz] s

be sb's doing olla jkn syytä *She did not come, and it's all your doing.* Hän ei tullut, ja se on kokonaan sinun syytäsi.

take some doing ponnistella, nähdä jonkin verran vaivaa *It will take some doing to make him change his mind.* Hänen käännyttämisekseen täytyy nähdä jonkin verran vaivaa.

doldrums ['dɒldrəmz] s

in the doldrums lamassa, vaikeuksissa, alamaissa *The company is in the doldrums.* Yritys on vaikeuksissa.

out of the doldrums ulos lamasta / vaikeuksista / masennuksesta *He lifted our spirits out of the doldrums of malaise.* Hän auttoi meidät ulos masennuksen syövereistä.

dollar ['dɒlər] *s*

dollar signs in sb's eyes (am, austr) dollarin kuvat silmissä *Investors were looking to the forest with dollar signs in their eyes.* Sijoittajat näkivät metsän vain dollarin kuvat silmissä.

dollars to doughnuts *ark* (am) <sanotaan, kun ollaan varmoja, että jokin asia pitää paikkansa> *I'd bet dollars to donughts that every one of them would agree!* Voisin vaikka lyödä vetoa, että he kaikki ovat yhtä mieltä!

look / feel like a million dollars näyttää häikäisevän upealta / tuntea olonsa häikäisevän upeaksi *She looked like million dollars in that dress.* Hän näytti häikäisevän upealta siinä asussa.

the million-dollar question (*myös* the sixty-four-thousand-dollar question) *ark* tuhannen taalan kysymys

1 done ['dʌn] *a*

a done deal (yl am) sovittu asia *There was an issue as to whether or not it was a done deal.* Kyse oli siitä, oliko asia sovittu vai ei.

done in / up *ark* rättiväsynyt, lopen uupunut *I feel absolutely done in.* Olen rättiväsynyt.

the done thing yleinen käytäntö, hyvien tapojen mukaista. *Smoking while somebody else is eating is not the done thing.* Tupakointi toisten syödessä ei ole hyvien tapojen mukaista.

2 done *v*

done and dusted *ark* ollutta ja mennyttä, kuollut ja kuopattu *Last season is done and dusted.* Viime kausi on ollutta ja mennyttä.

done to a turn (br) kypsennetty juuri sopivaksi (ruoasta) *The turkey was done to a turn.* Kalkkuna oli kypsennetty juuri sopivaksi.

get / be done for sth *ark* (br) jäädä kiinni ja saada rangaistus rötöksestä *He was done for speeding and had to pay over a grand.* Hän ajoi ylinopeutta ja sai yli tonnin sakot.

donkey ['dɒŋki] *s*

donkey work *ark* tylsä ja turruttava työ, hanttihomma *Graduates do the donkey work.* Vastavalmistuneet saavat kaikki tylsimmät työt.

donkey's years *ark* (br) pitkä aika, [pieni] ikuisuus *We've been close friends for donkey's years.* Olemme olleet läheisiä ystäviä jo pienen ikuisuuden.

doo-doo ['du:du:] *s*

in deep doo-doo *ark* kusessa, liemessä, pahassa pinteessä

doomsday ['du:mzdeɪ] *s* (*myös* Doomsday)

till / until doomsday *ark* tuomiopäivään asti, ikuisesti *Are we going to fight like this till doomsday?* Aiommeko riidellä tällä tavalla ikuisesti?

door ['dɔːʳ] *s*

by / through the back door kiertoteitse, takaoven kautta, epävirallista reittiä

close / shut the door on sth tehdä jk mahdottomaksi, luopua [kokonaan] jstak mahdollisuudesta ym. *The President added that he had not closed the door on negotiations.* Presidentti lisäsi, että hän ei ollut kokonaan luopunut neuvottelumahdollisuudesta.

lay sth at sb's door syyttää jkta jstak, panna jk jkn syyksi *The failure was laid at the door of the government.* Epäonnistuminen pantiin vallanpitäjien syyksi.

open the door to tehdä jk mahdolliseksi, avata uusia mahdollisuuksia

t. ulottuvuuksia jllek *She opened the door to a world of new opportunities.* Hänelle tarjoutui monia uusia mahdollisuuksia.

out of doors ulkona, ulkosalla, ulkoilmassa *You should spend more time out of doors.* Sinun pitäisi ulkoilla enemmän.

doorstep ['dɔːʳstep] *s*
on one's doorstep ihan lähellä, jkn kodin lähistöllä *You're lucky having the university on your doorstep.* Sinua on onnistanut, kun yliopisto on tässä ihan lähellä.

dose ['dəʊs] *s*
in small doses *ark* vähän [aikaa] kerrallaan, pienissä erissä *I can only put up with her in small doses.* Siedän häntä vain vähän aikaa kerrallaan.

like a dose of salts *ark vanh* (br) vauhdilla, pikaisesti, [hyvin] nopeasti *The legislation went through the House like a dose of salts.* Lakiesitys käsiteltiin hyvin nopeasti.

doss ['dɒs] *v*
doss about / around *ark* (br) oleilla, lorvia, vetelehtiä, hengailla *We spent the afternoon dossing about at home.* Lorvailimme kotona koko iltapäivän.

1 dot ['dɒt] *s*
on the dot *ark* tasan, täsmälleen (ajasta) *Matthew arrived on the dot at seven o'clock / on the dot of seven.* Matthew saapui tasan kello seitsemän.

since the year dot *ark* pitkän aikaa, pienen ikuisuuden *I've known her since the year dot.* Olen tuntenut hänet pienen ikuisuuden.

2 dot *v*
dot the i's and cross the t's *ark* olla [pikku]tarkka, viimeistellä jnk yksityiskohdat

dotted line ['dɒtɪdlaɪn] *s*
sign on the dotted line *ark* pistää nimensä paperiin, tehdä sopimus jkn kanssa *The band will sign on the dotted line with the record company next week.* Bändi tekee sopimuksen levy-yhtiön kanssa ensi viikolla.

1 double ['dʌbᵊl] *a*
a double whammy <tilanne, jossa kaksi negatiivista asiaa tapahtuu samanaikaisesti> *I was hit by a double whammy – a flu and chest infection.* Sairastuin flunssaan ja keuhkoputkentulehdukseen samanaikaisesti.

do a double take katsahtaa uudestaan, katsoa toisenkin kerran (yllättymisen vuoksi) *She did a double take at Preston. Without his beard he was quite transformed.* Hänen täytyi oikein katsoa Prestonia uudestaan. Mies näytti aivan toisenlaiselta ilman partaa.

do double duty as / for sth palvella kahta tarkoitusta *It does double duty as digital camera and scanner.* Se toimii sekä digitaalikamerana että skannerina.

double quick *ark* (br) todella nopea[sti], pikapikaa *They will be able to do it double quick.* He tekevät sen tuota pikaa.

in a double bind puun ja kuoren välissä *Working women were caught in a double bind, as they were being disciplined for going against gender norms.* Työssäkäyvät naiset olivat puun ja kuoren välissä, sillä heidän katsottiin käyttäytyvän sukupuolinormien vastaisesti.

2 double *s*
at the double (*am* on the double) *ark* pikavauhtia, [hyvin] nopeasti, [hyvin] rivakasti *We set off at the double.* Lähdimme matkaan pikavauhtia.

double Dutch *ark* (br) siansaksa *The note seemed written in double*

dutch to me. Näytti siltä, että viesti oli kirjoitettu siansaksaksi.
  double or quits (am. double or nothing) tupla tai kuitti

3 double *v*
  double back kääntyä takaisin, pyörtää ympäri, palata *He could have doubled back to Brighton later.* Hän on saattanut kääntyä takaisin Brightoniin myöhemmin.
  double up 1 jakaa huone jkn kanssa, nukkua samassa huoneessa jkn kanssa – *Where am I going to sleep? – You can double up with Susan. – Missä minä oikein nukun? –* Voit nukkua samassa huoneessa Susanin kanssa. **2** (*myös* double over) kipristyä, saada kipristymään, mennä kippuraan *She doubled up with laughter.* Hän nauroi aivan kippurassa.
  double [up] as toimia [jnk muun tehtävän] lisäksi, toimia myös jnak *The kitchen doubles as a dining room.* Keittiö toimii myös ruokailuhuoneena.

double-edged [ˌdʌbl'edʒd] *a*
  a double-edged sword *kuv* kaksiteräinen miekka (asiasta joka voi olla hyödyksi mutta myös vahingoksi) *Technology is a double-edged sword.* Tekniikka on kaksiteräinen miekka.

doubt ['daʊt] *s*
  without / beyond [a shadow of a] doubt ilman epäilyksen häivää, kiistattomasti, varmasti, ehdottomasti *The evidence proves beyond a shadow of a doubt that he is guilty.* Todistusaineisto osoittaa hänen olevan täysin varmasti syyllinen.

down ['daʊn] *a, adv, prep*
  be down to sb / sth *ark* **1** (br) jnk aiheuttama, jstak johtuva *All this trouble is down to him.* Kaikki nämä hankaluudet ovat hänen aiheuttamiaan. **2** olla jkun vastuulla *It's down to you to get the shopping.* Sinun vastuullasi on ostosten tekeminen.
  be down to sth jäljellä, käyttämättä *I'm down to my last ten pounds.* Minulla on enää kymmenen puntaa jäljellä.
  down and out koditon *Nolte stars as a down and out bum.* Nolte esittää koditonta pummia.
  down under *ark* puhuttaessa Australiasta tai Uudesta-Seelannista *Travelling down under is now a desire for more and more tourists each year.* Australian matkailu on vuosi vuodelta yhä suositumpaa.
  down with sth alas jk (mielenosoittajien huudoissa ym.) *Down with the government!* Alas hallitus!

downer ['daʊnə*r*] *s*
  have a downer on sb ei pitää jstk *I must admit that I had a downer on this game before I played it.* Täytyy myöntää, etten pitänyt tästä pelistä ennen kuin pelasin sitä.
  on a downer *ark* masentunut, alamaissa *He's really on a downer, isn't he?* Hän on todella masentunut, eikö totta?

downhill [ˌdaʊn'hɪl] *a*
  be [all] downhill (*myös* be downhill all the way) olla helppoa t. helpompaa, olla lastenleikkiä *Once we get the paperwork done, it'll be downhill all the way.* Kunhan ensin saamme paperityöt tehtyä, niin loppu on lastenleikkiä.
  go downhill olla alamäkeä, laskea kuin lehmän häntä, lässähtää *They had one good album, then it all went downhill.* He tekivät yhden onnistuneen levyn, jonka jälkeen kaikki olikin pelkkää alamäkeä.

dozen ['dʌzn] *s*
  by the dozen tusinoittain, suuria määriä, runsaasti *Letters arrived by the dozen from all parts of the coun-*

try. Kirjeitä tuli tusinoittain kaikkialta maasta.

draft ['drɑːft] *v*
draft sb in kutsua [paikalle], pyytää t. hankkia avuksi (jnk tehtävän suorittamiseen) *Police officers were drafted in to replace prison officers.* Poliiseja kutsuttiin paikalle korvaamaan vankilavirkailijoita.

drag ['dræg] *v*
drag / haul sb over the coals läksyttää jtkta *The reporter was dragged over the coals for a single mistake.* Toimittaja sai kunnon läksytyksen tehtyään yhden pienen virheen.
drag one's feet / heels hidastella, vitkastella *The existing EU countries have dragged their heels over enlargement.* EU:n nykyiset jäsenmaat ovat hidastelleet unionin laajentumisessa.
drag sb down *1* tuhota, turmella, viedä jk rappiolle *If you're not careful, he'll drag you down with him.* Jos et ole varovainen, hän vie sinutkin rappiolle. *2* masentaa, viedä jkn voimat *You drag me down, because you're so apathetic.* Sinä masennat minua, kun olet niin apaattinen.
drag sb in / into sth sotkea jku jhk, vetää jku mukaan [jhk tilanteeseen], ottaa jk [tarpeettomasti] puheeksi *Are they going to drag us into the war?* Aikovatko he vetää meidät mukaan sotaan?
drag sb's name through the mire / mud vetää jkn nimi / maine lokaan *They dragged the company's good name through the mud.* He lokasivat yrityksen hyvän maineen.
drag sth on venyä, pitkittyä, jatkua jatkumistaan *The meeting dragged on.* Kokous jatkui jatkumistaan.
drag sth out pitkittää, venyttää *This procedure can be dragged out for months.* Tätä menettelyä voidaan pitkittää kuukausikaupalla.

drag sth out of sb kiskoa [tieto ym.] irti jksta, pakottaa jku kertomaan jtak *I had to drag the truth out of her.* Minun täytyi suorastaan kiskoa totuus irti hänestä.

drain ['dreɪn] *s*
go down the drain *ark* mennä [täysin] hukkaan, tärvääntyä *All that money went down the drain!* Kaikki ne rahat menivät täysin hukkaan!

draw ['drɔː] *v*
draw a line under sth laittaa piste jllk asialle *He drew a line under the drugs rumours.* Hän laittoi pisteen huume-epäilyille.
draw blood suututtaa, saada jku raivostumaan *He drew blood with his jokes.* Hän sai ihmiset raivostumaan vitseillään.
draw fire saada kritiikkiä osakseen *Her blunt comments drew fire.* Hänen suorasukaiset kommenttinsa saivat osakseen kritiikkiä.
draw in lyhetä (päivistä), kallistua iltaan (päivästä) *It was November and the nights were drawing in fast.* Oli marraskuu, ja päivät lyhenivät nopeasti.
draw on sth (*myös* draw upon) käyttää [hyväkseen], hyödyntää jtak, turvautua jhk *As a poet, she often draws on her memories of childhood.* Runoilijana hän käyttää usein hyväkseen lapsuuden muistojaan.
draw out *1* saada jku vapautumaan t. puhumaan, vetää jku ulos kuorestaan *It's impossible to draw him out.* Häntä on aivan mahdotonta vetää ulos kuorestaan. *2* pidetä (päivistä) *The weather is milder, the days are drawing out.* Sää on leudompi, päivät pitenevät.
draw the line at sth vetää raja jhk, ei hyväksyä jtk *I draw the line at paying $100 for a concert ticket.* En aio maksaa sataa dollaria konserttilipusta.

draw the short straw vetää lyhyempi korsi *He drew the short straw at the Winter Olympics.* Hän veti talviolympialaisissa lyhyemmän korren.

draw up pysähtyä (yl kulkuneuvosta) *The bus drew up at the lights.* Bussi pysähtyi liikennevaloihin.

draw yourself up suoristautua, ryhdistäytyä *She drew herself up to her full height.* Hän suoristautui täyteen pituuteensa.

drawing board ['drɔ:ɪŋbɔ:d] s

go back to the drawing board aloittaa alusta, tehdä uusi suunnitelma

1 dream ['dri:m] s

a dream come true unelman täyttymys, toiveiden täyttymys *This holiday is a dream come true for me.* Tämä loma on minulle oikea toiveiden täyttymys.

beyond one's [wildest] dreams parempaa kuin jku olisi osannut toivoakaan *Being on stage in the West End was beyond my wildest dreams.* Näytteleminen West Endissä oli parempaa kuin olin osannut toivoakaan.

work like a dream toimia kuin unelma, sujua kuin rasvattu *Everything worked like a dream.* Kaikki sujui kuin rasvattu.

2 dream v

Dream on! *ark* Tuskinpa vain!, No sitä sopii toivoa!, No joo joo!

dream up keksiä, kehitellä, sepittää *He's been dreaming up new ideas for marketing the product.* Hän on kehitellyt uusia ideoita tuotteen markkinoimista varten.

would not dream of [doing] sth ei tehdä jotain mistään hinnasta *Most of the people wouldn't dream of being an astronaut.* Useimmat ihmiset eivät ryhtyisi astronautiksi mistään hinnasta.

dredge ['dredʒ] v

dredge sth up kaivaa esiin (yl epämiellyttäviä asioita menneisyydestä) *Details of his sordid past were dredged up by the media.* Toimittajat kaivoivat esiin yksityiskohtia hänen häpeällisestä menneisyydestään.

dress ['dres] v

dress down 1 pukeutua arkisesti, pukeutua tavallista vaatimattomammin *He was dressed down in jeans and a T-shirt.* Hän oli pukeutunut arkisesti farkkuihin ja T-paitaan. **2** *ark* haukkua [lyttyyn], sättiä *She dressed down her husband for his wisecracks.* Hän haukkui aviomiehensä lyttyyn tämän letkautusten takia.

dress up 1 pukeutua [hienosti t. muodollisesti], pukea jku [hienosti t. muodollisesti] *He was dressed up in a school uniform.* Hän oli pukeutunut koulupukuun. **2** pukea jku jksik, pukeutua jksik, naamioitua *She dressed up as a fairy.* Hän pukeutui keijuksi. **3** kaunistella, silotella, naamioida jk jksik *They renamed and dressed up the existing failing system.* He naamioivat epäonnistuneen järjestelmän nimeämällä sen uudestaan.

dressed to kill *ark* näyttävästi pukeutunut *She was dressed to kill for her date.* Hän oli pukeutunut treffejä varten parhaimpiinsa.

dressed [up] to the nines *ark* pukeutua viimeisen päälle, pukeutua edustavasti *He was dressed up to the nines for the photo shoot.* Hän oli pukeutunut parhaimpiinsa kuvausta varten.

dribs [drɪbz] s

in dribs and drabs *ark* pienissä erissä, vähän kerrallaan, tiputellen *The new students were arriving in dribs and drabs.* Uusia opiskelijoita saapui tiputellen.

1 drift ['drɪft] s
get [sb's / the] drift *ark* ymmärtää mitä joku / jokin tarkoittaa *They finally got the drift of my argument.* He ymmärsivät vihdoin ja viimein perusteluni.

2 drift v
drift off vaipua uneen *She drifted off [to sleep].* Hän vaipui uneen.
drift with the tide mennä virran mukana *The company is just drifting with the tide.* Yritys menee vain virran mukana.

drill ['drɪl] v
drill in / into takoa jtak jhk päähän, iskostaa jtak jkn mieleen *It was drilled into him at an early age that he should always be polite to everyone.* Hänen päähänsä iskostettiin varhaisessa iässä, että hänen tulisi aina olla kohtelias kaikille.

1 drink ['drɪŋk] v
drink [a toast] to juoda t. kohottaa malja jklle *He drank a toast to himself.* Hän kohotti maljan itselleen.
drink and drive ajaa [autoa ym.] humalassa, syyllistyä rattijuopumukseen
drink like a fish *ark* juoda kuin sieni *He eats like a horse and drinks like a fish.* Hän syö kuin hevonen ja juo kuin sieni.
drink sb under the table *ark* juoda jk pöydän alle *He could drink anyone under the table.* Hän pystyi juomaan kenet tahansa pöydän alle.
drink sth in nauttia täysin siemauksin jstak, imeä itseensä jtak *We drank in the silence.* Nautimme hiljaisuudesta täysin siemauksin.
drink up juoda jk loppuun *Just drink up your coffee and go.* Juo nyt vain se kahvisi loppuun ja ala painua.
I'll drink to that! *ark* Olen täysin samaa mieltä!, Kannatetaan!

2 drink s
can't hold his / her drink tulla helposti humalaan, omata huono viinapää *He can't hold his drink.* Hänellä on huono viinapää.

drive ['draɪv] v
drive a coach and horses through sth romuttaa jokin *He drove a coach and horses through the evidence of the expert witnesses.* Hän romutti asiantuntijoiden todistajanlausunnot.
drive a wedge between sb and sb iskeä kiilaa johonkin / joidenkin väliin *It would almost appear that you are trying to drive a wedge between the two groups.* Ihan kuin yrittäisit iskeä kiilaa näitten kahden ryhmän väliin.
drive at sth tähdätä, pyrkiä jhk, ajaa takaa *What are you driving at?* Mitä sinä oikein ajat takaa?
drive away / off / out ajaa pois, karkottaa, häätää *The bad weather has driven all the tourists away.* Huono sää on karkottanut kaikki turistit.
drive sb out of their mind / wits *ark* tehdä jku hullkuksi t. erittäin huolestuneeksi t. hermostuneeksi *She really drives me out of my wits sometimes.* Hän todella tekee minut joskus hulluksi.
drive sb round the bend saada jk raivostumaan, tehdä jk hulluksi *His fame drove him round the bend.* Kuuluisuus teki hänet hulluksi.
drive sb to drink *leik* saada jk erittäin ahdistuneeksi *My wife drives me to drink!* Vaimoni saa minut ahdistuksen valtaan!
drive sb up the wall *ark* tehdä joku hulluksi, saada jk kiipeämään pitkin seiniä *The kids drove me up the wall.* Lapset tekivät minut hulluksi.
drive yourself into the ground ajaa itsensä loppuun *He drove himself into the ground and got very sick.* Hän ajoi itsensä loppuun ja sairastui vakavasti.

driving

driving ['draɪvɪŋ] *a*
be in the driving seat olla johtavassa t. päättävässä asemassa *McLaren was in the driving seat in the German Grand Prix*. McLaren otti johtoaseman Saksan Grand Prix -kisassa.
the driving force behind sth jonkun / jonkin kantava voima *He was the driving force behind this project*. Hän oli tämän projektin kantava voima.

drone ['drəʊn] *v*
drone on *halv* turista, jaaritella *My father and Mrs Clamp droned on about this and that*. Isäni ja rouva Clamp turisivat joutavia.

1 drop ['drɒp] *v*
drop a brick / clanger *ark* (br) mölläyttää, mokata, tehdä virhe *The hospital authority dropped a clanger by getting rid of the ramps and putting steps in*. Sairaalan johto teki virheen korvaamalla rampit portailla.
drop a / the / his / her / ... bombshell pudottaa uutispommi *Then she dropped the bombshell by calling off their engagement*. Sitten hän pudotti uutispommin purkamalla heidän kihlauksensa.
drop dead kuolla äkillisesti *He dropped dead of a heart attack*. Hän kuoli äkillisesti sydänkohtaukseen.
Drop dead! *ark* Häivy!, Haista huilu, paska [ym.]!
drop everything lopettaa kesken, jättää kaikki sikseen *He dropped everything and joined the military*. Hän jätti kaiken sikseen ja liittyi armeijaan.
drop names <viljellä puheessaan {tapaamiensa / tuntemiensa} julkisuuden henkilöiden nimiä tehdäkseen vaikutuksen kuulijoihin> *Some people found it funny how he was dropping names*. Joidenkin mielestä tapa, jolla mies viljeli tuntemiensa kuuluisuuksien nimiä oli huvittava.
drop sb a line kirjoittaa jklle pari riviä, lähettää jklle viesti *Perhaps I should drop Ralph a line*. Kenties minun pitäisi kirjoittaa Ralphille pari riviä.
drop the ball *ark* (am) mokata, möhlätä, tehdä virhe *We dropped the ball by not doing anything*. Mokasimme, kun emme reagoineet asiaan.

2 drop *s*
a drop in the ocean (*myös* a drop in a bucket) [vain] pisara meressä *The sum is likely to be a drop in the ocean*. Summa tulee todennäköisesti olemaan vain pisara meressä.
at the drop of a hat *ark* heti, viivyttelemättä, epäröimättä *All change happens at the drop of a hat*. Kaikki muutos tapahtuu samantien..

drown ['draʊn] *v*
drown one's sorrows *ark yl leik* juoda suruunsa, hukuttaa surunsa [viinaan] *He was drowning his sorrows with whisky*. Hän hukutti surunsa viskiin.

drowned ['draʊnd] *a*
like a drowned rat *ark* [märkä] kuin uitettu koira *You look like a drowned rat*. Sinähän olet märkä kuin uitettu koira.

drugged ['drʌgd] *a*
drugged up to the eyeballs kovassa lääketokkurassa *She was drugged up to the eyeballs and just slumped in a chair*. Hän kyyhötti tuolissaan kovassa lääketokkurassa.

1 drum ['drʌm] *s*
beat / bang the drum of / for lyödä rumpua jstak t. jnk puolesta, mainostaa jtak innokkaasti *He bangs the drum for war*. Hän lyö rumpua sodan puolesta.

2 drum v

drum into takoa jtak jkn päähän, iskostaa jtak jkn mieleen *He kept repeating to himself a pearl of wisdom his mother had drummed into him.* Hän toisteli itsekseen suurta viisautta, jonka hänen äitinsä oli takonut hänen päähänsä.

drum out erottaa (toimesta ym.), karkottaa jstak *I was drummed out of the Boy Scouts.* Minut erotettiin partiosta.

drum up kerätä, houkutella, hankkia (asiakkaita ym.) *He hopes to drum up financial support for the project.* Hän toivoo saavansa projektille taloudellista tukea.

drunk ['drʌŋk] a

drunk as a lord / skunk ark kännissä kuin käki *He was drunk as a lord last night.* Hän oli viime yönä kännissä kuin käki.

1 dry ['draɪ] a

[as] dry as a bone rutikuiva, aivan kuiva *My throat is as dry as a bone.* Kurkkuni on rutikuiva.

[as] dry as dust 1 rutikuiva, aivan kuiva 2 huipputylsä, täysin mielenkiinnoton *The storyline is as dry as dust.* Tarinan juoni on tylsääkin tylsempi.

come up dry (am) kuivua kokoon, epäonnistua, vetää vesiperä *I checked elsewhere and came up dry.* Tarkistin vielä muualta, mutta vedin vesiperän.

there wasn't a dry eye in the house <{sanoa t. tehdä} jotain, mikä saa {yleisön t. kuulijat} kyynelehtimään> *There wasn't a dry eye in the house as she said "yes".* Läsnäolijoiden silmänurkat kostuivat, kun hän suostui kosintaan.

2 dry v

dry out ark päästä kuiville, parantua alkoholismista *She was trying to dry out after a five-year addiction to heroin.* Hän yritti päästä kuiville viisi vuotta kestäneestä heroiiniriippuvuudesta.

dry up 1 ehtyä, loppua, huveta *Funds have completely dried up.* Rahavarat ovat huvenneet tyhjiin. 2 ark vaieta, sulkea suunsa, unohtaa sanottavansa *I completely dried up and couldn't say anything.* En saanut enää sanaa suustani.

1 duck ['dʌk] s

be duck soup ark (am) olla lasten leikkiä / helppo nakki *The exam was duck soup.* Tentti oli lasten leikkiä.

play ducks and drakes with sb leikitellä jonkun t. jonkin kanssa, kohdella jkta kevytmielisesti, käyttää [rahoja ym] kevytmielisesti *They have played ducks and drakes with human lives.* He ovat leikitelleet ihmishengillä.

take to sth like a duck to water tehdä jtak kuin vanha tekijä, toimia jssak kuin kotonaan *He took to show business like a duck to water.* Hän työskenteli viihdeteollisuuden parissa kuin vanha tekijä.

water off a duck's back kuin kaataisi vettä hanhen selkään *All his attempts have not been water off a duck's back.* Kaikki hänen yrityksensä eivät ole valuneet hukkaan.

2 duck v

duck out häipyä, livahtaa pakoon, päästä livistämään *If I have a complicated problem to solve, I usually duck out and go for a run.* Jos minulla on ratkaistavanani monimutkainen ongelma, häivyn yleensä lenkille.

duck out of sth välttää, pinnata, luikerrella [irti] jstak (velvollisuuksista ym.) *You can't duck out of your responsibilities!* Et voi välttää velvollisuuksiasi!

dudgeon ['dʌdʒən] s

in high dudgeon kirjak, leik suutuksissaan, raivoissaan *She was in high* *dudgeon over my comment.* Hän raivostui huomautuksestani.

1 due ['dju:] *a*

in due course *kirjak* aikanaan, myöhempänä ajankohtana *Further details of the project will be announced in due course.* Lisätietoja projektista annetaan myöhempänä ajankohtana.

with [all] due respect [sanoa] kaikella kunnioituksella *With all due respect, he was not exactly the most suitable husband.* Sanon kaikella kunnioituksella, että hän ei kyllä ollut mikään ihanneaviomies.

2 due *s*

give sb their due tehdä jklle oikeutta, todeta jtak kohtuuden nimissä *To give him his due, he did try hard.* Kohtuuden nimessä on kuitenkin todettava, että hän kyllä yritti kovasti.

duff ['dʌf] *s*

up the duff *ark* paksuna, raskaana *Mike's wife is up the duff.* Miken vaimo on paksuna.

dull ['dʌl] *a*

[as] dull as dishwater / ditchwater *ark* rutikuiva, [todella] puiseva, huipputylsä *The film was as dull as dishwater.* Elokuva oli tylsääkin tylsempi.

dumb ['dʌm] *v*

dumb down *yl halv* (am) pelkistää, yksinkertaistaa, tehdä kansantajuisemmaksi (kirjasta ym.) *Some producers think that everything has to be dumbed down for audiences.* Jotkus tuottajat uskovat, että kaikki tuotanto pitää tehdä kansantajuisemmaksi.

1 dump ['dʌmp] *s*

down in the dumps *ark* alamaissa, masentunut *Most of us can feel down in the dumps at times.* Useimmat meistä tuntevat olonsa joskus masentuneeksi.

2 dump *v*

dump on sb *ark* (yl am) haukkua, vähätellä, kohdella jkta kaltoin *Life still keeps dumping on him.* Elämä kohtelee häntä jatkuvasti kaltoin.

dump sth in sb's lap sysätä ongelmallinen asia jkun harteille *I had a huge project dumped in my lap.* Valtava projekti sysättiin harteilleni.

1 dust ['dʌst] *s*

kick up a dust (*am* kick up dust) *ark* nostaa meteli jstak *She was only doing it to kick up a dust to hide her political intrigues.* Hän nosti asiasta metelin vain salatakseen poliittiset juonittelunsa.

let the dust settle antaa tilanteen rauhoittua, antaa pölyn laskeutua *They're just letting the dust settle a little bit from the last meeting,* He antavat vain pölyn hieman laskeutua viime kokouksen jälkeen.

not see sb for dust *ark* <käytetään henkilöstä, joka poistuu nopeasti paikalta yleensä vältelläkseen jtkin / jtkta> *I could tease him about that. Not that I'd see him for dust, of course.* Häntä voisi kiusata asiasta. Vaikka ei hän tietenkään jäisi moista kuuntelemaan.

2 dust *v*

dust down / off ottaa jtk [uudelleen] käyttöön, herättää [uudelleen] eloon, verestää [taitoaan ym.] *I needed half an hour to dust off my skating skills.* Tarvitsin puolituntisen verestääkseni luistelutaitojani.

Dutch ['dʌtʃ] *a*

a Dutch treat omakustanteinen, käytetään kun kaksi t. useampi henkilö jakavat kustannukset tasan *A Dutch treat breakfast will be held in the restaurant on Wednesday.*

Omakustanteinen aamiainen tarjoillaan ravintolassa keskiviikkona.

Dutch courage *leik* humalaisen rohkeus *The men, filled with Dutch courage, yelled across to the police officers.* Alkoholin rohkaisemat miehet huutelivat poliiseille.

go Dutch *ark* jakaa lasku t. kustannukset tasan [jkn kanssa] *He took her out to lunch and they went dutch.* Mies vei naisen lounaalle, mutta he puolittivat laskun.

in Dutch *ark vanh* (am) vaikeuksissa, pulassa

Dutchman ['dʌtʃmən] *s*

If ..., I'm a Dutchman (br) Panen pääni pantiksi siitä, että [jtak ei tehdä t. ei ole tehty ym.]. *If that piece of work was painted in the 18th century, I'm a Dutchman.* Panen pääni pantiksi siitä, että tuota teosta ei ole maalattu 1700-luvulla.

duty ['dju:ti] *s*

be duty bound to do sth olla velvollinen tekemään jtkin *We are duty-bound to comply with the decisions of the UN.* Meidän velvollisuutemme on noudattaa YK:n päätöksiä.

do duty as / for toimia jnk korvikkeena, olla käytössä t. tulla käyttöön jnk sijasta *My underskirt will have to do duty for a towel.* Alushameeni saa nyt toimia pyyhkeen korvikkeena.

duty calls velvollisuus kutsuu *Duty calls, I'm afraid.* Pelkäänpä, että minun on nyt mentävä.

dwell ['dwel] *v*

dwell on / upon sth viipyä [jssak puheenaiheessa ym.], puhua jstak t. ajatella jtak alinomaa, vatvoa [jtak asiaa] loputtomasti *He has never been a person to dwell on the past.* Hän ei ole koskaan ollut ihminen, joka vatvoo menneitä loputtomasti.

dying ['daɪɪŋ] *a*

be dying for sth / to do sth haluta jotain todella paljon *Mary was dying for a bar of chocolate.* Mary oli kuolla suklaanhimoon.

till / to / untill your dying day vaikka [hamaan] kuolemaan asti *I will stand by that statement until my dying day.* Seison sanojeni takana vaikka hamaan kuolemaan asti.

E

each [iːtʃ] *pron*
  each and every joka ikinen, joka ainoa *I welcome each an every one of you here tonight.* Toivotan teidät kaikki tervetulleiksi tänä iltana.
  each to his / her / their own jokainen tyylillään *Each to their own, but personally I find this ridiculous.* Jokainen tietysti tyylillään, mutta omasta mielestäni tämä on naurettavaa.

eagle [iːgᵊl] *s*
  an / sb's eagle eye haukankatse, haukansilmät *Nothing escaped her eagle eyes.* Hän näki haukansilmillään kaiken.

ear [ˈɪəʳ] *s*
  be all ears *ark* olla pelkkänä korvana, kuunnella korvat tarkkana *He was all ears to Tom's idea.* Hän kuunteli korvat tarkkana, kun Tom kertoi ideastaan.
  be out on your ear *ark* saada potkut *One wrong move and you're out on your ear.* Yksikin väärä liike ja olet työttömänä.
  be up to one's ears in *ark* olla korvia myöten jssak, hukkua jhk *She's up to her ears in debt.* Hän on korviaan myöten veloissa. *I'm up to my ears in work.* Hukun työhön.
  can do sth on ones's ear *ark* (austr) osata tehdä jtkin vaikka yhdellä kädellä *This essay only has to be three pages, so I think I can do it on my ear.* Tämä essee on vain kolme sivua, joten teen sen vaikka yhdellä kädellä.
  fall on deaf ears kaikua kuuroille korville *Her comments fell on deaf ears.* Hänen kommenttinsa kaikuivat kuuroille korville.
  go in [at] one ear and out [at] the other mennä toisesta korvasta sisään ja toisesta ulos *I tried talking to Ann, but it went in at one ear and out at the other.* Yritin puhua Annille järkeä, mutta kaikki meni toisesta korvasta sisään ja toisesta ulos.
  have a tin ear *ark* omata huono sävel- t. kielikorva / sävel- t. kielitaju *He simply has a tin ear for how to speak to people.* Hänen kielitajunsa on vain yksinkertaisesti huono.
  have an ear for sth omata hyvä sävel- t. kielikorva *She has an ear for languages.* Hänellä on hyvä kielikorva.
  have half an ear on sth kuunnella jtkin puolella korvalla *I only had half an ear on what you said.* Kuuntelin sinua vain puolella korvalla.
  have sb's ear olla vaikutusvaltaa jkhun, olla voittanut jkn luottamus *She has the Prime Minister's ear.* Hän on voittanut pääministerin luottamuksen.
  keep an ear to the ground pysytellä tilanteen tasalla, kuulostella / seurata tilannetta *We have kept an ear to the ground but have yet to hear of any problems.* Olemme seuranneet tilannetta, emmekä ole kuulleet minkäänlaisista ongelmista.
  lend an ear kuunnella jkn huolia *He lent me an ear and comforted me.*

Hän kuunteli huoliani ja lohdutti minua.
listen with half an ear kuunnella puolella korvalla
one's ears are burning jkn korvia kuumottaa *Amy's ears must have been burning as we all spoke highly of her.* Amyn korvia varmaan kuumotti, sillä me kaikki ylistimme häntä kilpaa.
play sth by ear *1* toimia tilanteen mukaan *Let's play it by ear.* Katsotaan mitä tapahtuu ja toimitaan sen mukaan. *2* soittaa jtak korvakuulolta *She learned to play music by ear.* Hän oppi soittamaan musiikkia korvakuulolta.
reach sb's ears kantautua jkn korviin *The rumours had reached her ears.* Huhut olivat kantautuneet hänen korviinsa.
smile / grin from ear to ear hymyillä leveästi, loistaa kuin Naantalin aurinko
turn a deaf ear to sth sulkea korvansa jltkin, ei ottaa jtkin kuuleviin korviinsa *The owners turned a deaf ear to such an expensive demand.* Omistajat sulkivat korvansa niin kalliilta vaatimukselta.

1 early [ˈɜːli] *a*
an early bath *ark* (br, austr) <käytetään kun jkin toiminta täytyy lopettaa ennen aikojaan> *The team lost their other four group games and took an early bath.* Joukkue hävisi neljä muuta peliään ja joutui jättämään leikin kesken.
an early grave varhainen kuolema, ennenaikainen kuolema *She met an early grave.* Kuolema korjasi hänet varhain.
an early night aikainen nukkumaanmeno *I had planned an early night.* Olin ajatellut mennä aikaisin nukkumaan.
at the earliest aikaisintaan *She won't be back till five at the earliest.* Hän palaa aikaisintaan viideltä.

It's early days. *ark* (yl br) Mitä tahansa voi vielä tapahtua., Asiasta on liian aikaista sanoa mitään varmaa.
The early bird catches the worm. Varhainen lintu madon nappaa.
the early hours aamuyö *In the early hours of Wednesday* aamuyöstä keskiviikkona

2 early *adv*
early on varhaisessa vaiheessa *He fell back early on in the race.* Hän jäi jälkeen kisan alkuvaiheessa.

earn [ˈɜːn] *v*
earn brownie points saada lisäpisteitä *He always did know how to earn brownie points.* Hän kyllä aina tiesi miten ansaita lisäpisteitä.
earn your crust *ark* (br) ansaita leipänsä *She earns her crust as costume designer.* Hän ansaitsee leipänsä vaatesuunnittelijana.
earn your keep maksaa itsensä takaisin, tuottaa enemmän kuin pelkästään kattaa aiheuttamansa kulut *That computer has earned its keep!* Tuo tietokone on kyllä maksanut itsensä takaisin!
earn your spurs / stripes (*myös* win your spurs) ansaita kannuksensa *He has truly earned his spurs as an author.* Hän on toden teolla ansainnut kannuksensa kirjailijana.

earnest [ˈɜːnɪst] *a*
in earnest *1* tosissaan, toden teolla *Work began again in earnest.* Työt alkoivat taas toden teolla. *2* vakavissaan, vilpittömästi *I didn't realize he was in earnest.* En tajunnut, että hän oli vakavissaan.

earth [ˈɜːθ] *s*
bring sb back [down] to earth palauttaa jku takaisin maan pinnalle. *His words brought me back to earth.* Hänen sanansa palauttivat minut maan pinnalle.
cost the earth *ark* (yl br) jk maksaa maltaita *The car looks like a Jaguar*

but doesn't cost the earth. Auto näyttää Jaguarilta, muttei maksa maltaita.

go to earth *1* kätkeytyä koloon (eläimestä) *2* painua maan alle, kätkeytyä *He had gone to earth after that meeting.* Sen kokouksen jälkeen hän oli kadonnut maan alle.

like nothing on earth todella omituinen, kuin ulkoavaruudesta *The melody was like nothing on earth.* Sävel oli todella omituinen.

on earth *1 ark* ihmeessä, kummassa [ym.] (painotettaessa hämmennystä, kiukkua ym. kysymyslauseissa) *What on earth do you mean?* Mitä ihmettä oikein tarkoitat? *2* maan päällä, maailmassa, maailman *Nothing on earth would stop him.* Mikään maailmassa ei pysäyttäisi häntä.

pay the earth *ark* maksaa jstak maltaita t. omaisuus *We paid the earth for the house.* Maksoimme talosta pienen omaisuuden.

run sb to earth (br, austr) löytää jk pitkän etsinnän jälkeen, jäljittää jk *I ran her to earth in this house.* Jäljitin hänet tästä talosta pitkän etsinnän jälkeen.

the earth moved *leik* saada orgasmi *Did the earth move for you?* Saitko [orgasmin]?

1 ease ['i:z] *s*

at ease lepo[asento] *Stand at ease! / At ease!* Lepo!

at [your] ease rento, mukava (olosta) *She soon put / set me at ease.* Hän sai minut pian tuntemaan oloni mukavaksi.

ill at ease vaivaantunut, epämukava (olosta) *He appeared jumpy and ill at ease.* Hän vaikutti hermostuneelta ja vaivaantuneelta.

2 ease *v*

ease off *1* lieventyä, hellittää *The pain began to ease off.* Kipu alkoi hellittää. *2* hidastaa, hiljentää (nopeutta) *3 ark* hellittää, löysätä, ottaa rennommin

ease out savustaa jku ulos, sysätä jku syrjään (työtehtävästä ym.) *After the scandal he was eased out of his job.* Skandaalin jälkeen hänet sysättiin syrjään työtehtävistään.

ease up *1* lieventyä, hellittää *Aches and pains usually ease up when the menopause is over.* Vaihdevuosien jälkeen kivut yleensä hellittävät. *2* (~ *on*) hellittää otetta jhk, löyhentää kuria *3 ark* hellittää, löysätä, ottaa rennommin *His doctor had told him to ease up* Lääkäri oli käskenyt hänen ottaa rennommin.

1 easy ['i:zi] *a*

[as] easy as ABC *(myös* [as] easy as pie, [as] easy as falling off a log) *ark* lastenleikkiä, helppoa kuin mikä *Riding a bike is as easy as falling off a log.* Pyörällä ajo on lastenleikkiä.

easy game helppo saalis, helppoa riistaa *Has she faced any problems with people who think she's easy game?* Onko hän kokenut ongelmia ihmisten kanssa, jotka luulevat häntä helpoksi saaliiksi?

easy money *(myös* easy pickings) helppoa rahaa *We thought there was easy money to be made.* Luulimme sen olevan helppoa rahaa.

easy on the ear *ark* mukava kuunnella *Her pronunciation, though foreign, is easy on the ear.* Vieraasta korostuksesta huolimatta hänen ääntämystään on mukava kuunnella.

easy on the eye *ark* ilo silmälle, ilo katsella *The painting's easy on the eye.* Sitä maalausta on ilo katsella.

get / be given an easy ride *ark* päästä helpolla *We do not expect the candidates to be given an easy ride.* Emme odotakaan ehdokkaiden pääsevän helpolla.

have an easy time of it *ark* (br) päästä helpolla, olla suotuisassa tilanteessa *She hasn't had an easy time* *of it in the business.* Hänellä ei aina ole ollut liike-elämässä helppoa.

I'm easy. *ark* Ihan miten vain., Kaikki käy.

It's easy to be wise after the event. Se on helppo sanoa näin jälkikäteen.

on easy street (am) helppoa elämää *Not everyone lives on Easy Street.* Kaikki eivät ole syntyneet kultalusikka suussa.

take the easy way out mennä siitä mistä aita on matalin *He regularly takes the easy way out of the situation.* Hän menee tilanteessa kuin tilanteessa siitä mistä aita on matalin.

2 easy *adv*

be easier said than done helpommin sanottu kuin tehty

Easy come, easy go. *ark* Mikä laulaen tulee, se viheltäen menee.

Easy does it! *ark* Hiljaa hyvä tulee!, Varovasti!

go easy on sb *ark* olla kiltti t. ystävällinen jklle *Go easy on him! He is very distressed.* Ole kiltti hänelle! Hän on hyvin ahdistunut.

go easy on / with sth *ark* välttää [jnk käyttöä], käyttää jtak [vain] vähän *Go easy on fatty foods.* Vältä rasvaisia ruokia.

take it easy *ark 1* ottaa rennosti t. rauhallisesti *Just take it easy!* Ota nyt vaan ihan rennosti! *2* levätä, huilata

eat ['i:t] *v*

eat away *1* tuhota, kuluttaa, syövyttää [vähitellen] (jstak materiaalista ym.) *The acid was eating away the floor.* Happo syövytti lattiaa vähitellen. *2* kalvaa [jkn mieltä], jäytää (epämiellyttävästä muistosta t. tunteesta) *Jealousy was eating away at him.* Mustasukkaisuus kalvoi hänen mieltään.

eat humble pie (br) myöntää olleensa väärässä *Our boss was forced to eat humble pie.* Pomon oli pakko myöntää olleensa väärässä.

eat into *1* tuhota, kuluttaa, syövyttää [vähitellen] (jstak materiaalista ym.) *2* syödä, niellä, kuluttaa (aikaa, rahaa ym.) *Specialist magazines eat into general category.* Erikoislehdet syövät muiden lehtien menekkiä.

eat like a bird *ark* syödä kuin lintu, syödä vain vähän

eat like a horse *ark* syödä kuin hevonen, syödä paljon

eat like a pig *ark* syödä kuin sika, syödä epäsiististi / paljon

eat one's heart out *ark leik* olla kateellinen, olla vihreänä kateudesta (yl verrattaessa omaa suoritusta jkn julkisuuden henkilön suoritukseen) *Eat your heart out, Eric Clapton!* Käykö kateeksi, Eric Clapton?

eat one's words *1* pakotettu peruamaan puheensa, koska on ollut väärässä *In the course of my life, I have often had to eat my words.* Minun on täytynyt elämäni aikana usein perua puheeni. *2* syödä sanansa *He is in the habit of eating his words.* Hänellä on tapana syödä sanansa.

eat sb for breakfast (*myös* eat sb alive) syödä joku elävältä *She'll eat you for breakfast if you cross her.* Hän syö sinut elävältä, jos uskallat vastustaa häntä.

eat sb out of house and home *ark leik* syödä jku vararikkoon, syödä jkn jääkaappi tyhjäksi

eat up *1* kaivaa jkn mieltä, painaa jkn mieltä *I'm eaten up by / with guilt.* Syyllisyys painaa mieltäni. *2* syödä, niellä, kuluttaa (aikaa, rahaa ym.) *Credit card payments are eating up my money.* Kaikki rahani menevät luottokorttimaksuihin.

have sb eating out of one's hand olla saanut jku syömään kädestään, olla saanut jkn täysin valtaansa *You had her eating out of your hand.* Hänhän oli täysin vallassasi.

I'll eat my hat *ark* syön [vanhan] hattuni *If he comes back, I'll eat my hat.* Jos hän tulee takaisin, syön vanhan hattuni.

What's eating you? *ark* Mikä sinun on?, Mikä sinua kaivelee?

ebb ['eb] *s*
be at [a] low ebb olla matalalla t. aallonpohjassa, olla rappiotilassa *Her spirits were at their lowest ebb.* Hänen mielialansa oli todella matalalla.

the ebb and flow [of sth] aaltoilu *the ebb and flow of emotions* tunteiden aaltoilu

1 echo ['ekəʊ] *s*
find an echo [in sth] saada t. synnyttää vastakaikua jkssa *This idea found an echo in many African countries.* Tämä ajatus sai vastakaikua monissa Afrikan maissa.

2 echo *v*
echo in one's mind / head kaikua jkn korvissa *His voice still echoed in my mind.* Hänen äänensä jäi kaikumaan korvissani.

economical [ˌiːkə'nɒmɪkəl] *a*
economical with the truth kertoa vain osatotuus (käytetään kun ei haluta sanoa jkun suoranaisesti valehtelevan) *The accused admitted to being 'economical with the truth'.* Syytetty myönsi kertoneensa vain osatotuuden.

1 edge ['edʒ] *s*
at / on the cutting edge olla jkin alan kärjessä / huipulla *The company is at the cutting edge of technology development.* Yritys on teknologiakehityksen kärjessä.

be on edge kireä, hermostunut *Aunt Margaret was on edge that day.* Margaret-täti oli sinä päivänä kireä.

have the edge on / over sb / sth olla yliote jkhun t. jhkin, olla etulyöntiasemassa *This company clearly has the edge over its competitors.* Tällä yrityksellä on selvästi yliote kilpailijoihinsa nähden.

live on the edge viettää hurjaa elämää, elää kuin viimeistä päivää

lose one's edge menettää paras teränsä *He was a good driver but has lost his edge now.* Hän oli hyvä kuljettaja, mutta on sittemmin menettänyt parhaan teränsä.

on the edge of *ark* jnk partaalla *She's on the edge of a nervous breakdown.* Hän on hermoromahduksen partaalla.

on the edge of one's seat *ark* olla tohkeissaan t. innostunut jstak, olla jkin otteessa / vallassa *The plot kept me on the edge of my seat for all four hours.* Juoni piti minut otteessaan kaikki neljä tuntia.

push / drive sb over the edge tehdä jku hulluksi, saada jku sekoamaan *Being fired had finally pushed him over the edge.* Potkujen saaminen oli se tekijä, joka sai hänet lopulta sekoamaan.

set sb's teeth on edge saada jku ärtymään *The abruptness of his tone set her teeth on edge.* Miehen tyly äänensävy sai naisen ärtymään.

take the edge off lievittää, vähentää *The painkiller will take the edge off your headache.* Särkylääke lievittää päänsärkyäsi.

2 edge *v*
edge out *1* syrjäyttää jku [vähitellen], raivata jku pois tieltään *Ginn more or less edged him out of the group.* Ginn oikeastaan raivasi hänet tieltään ryhmässä. *2 ark* voittaa täpärästi *Becker edged him out in the semifinals.* Becker voitti hänet täpärästi semifinaalissa.

edgeways ['edʒweɪz] *adv* (*myös* edgewise)
not get a word in edgeways ei saada suunvuoroa *You could not get a*

word in edgeways – *they just talked all the time.* Oli täysin mahdotonta saada suunvuoroa – he vaan puhuivat taukoamatta.

educated ['edjʊkeɪtɪd] *a*
an educated guess akateeminen arvaus *This is just an educated guess and could very well be wrong.* Tämä on vain akateeminen arvaus, ja se saattaa hyvinkin olla väärä.

education [,edjʊ'keɪʃən] *s*
be an education olla avartava t. valaiseva kokemus *It's been an education.* Tämä oli todella avartava kokemus.

effect [ɪ'fekt] *s*
bring / carry / put sth into effect toteuttaa, panna jk täytäntöön t. toimeen *The decisions will soon be put into effect.* Päätökset pannaan piakkoin täytäntöön.
come / go into effect tulla voimaan *The new regulations will come into effect in April.* Uudet säännökset tulevat voimaan huhtikuussa.
for effect tehokeinona, huomion herättämiseksi *She paused for effect.* Hän keskeytti puheensa hetkeksi tehostaakseen sanojensa vaikutusta.
in effect *1* voimassa *This law from the 18th century is still in effect.* Tämä 1700-luvulta peräisin oleva laki on yhä voimassa. *2* itse asiassa, oikeastaan *In form it is prose, but in effect it is a poem.* Se on yyliltään proosaa, mutta oikeastaan se on runo.
take effect *1* tulla voimaan *The new regulations take effect next year.* Uudet säännökset tulevat voimaan ensi vuonna. *2* tehota, [alkaa] vaikuttaa *The anaesthetic is beginning to take effect.* Nukute alkaa vaikuttaa.
to the effect that (*myös* to that effect) jotakin sinnepäin, siihen suuntaan että, jotain sellaista että (viitatessa jkun sanojen pääpiirteittäiseen sisältöön) *I wrote to the effect that I did indeed look forward to life with him.* Kirjoitin jotain sellaista, että todellakin odotin innokkaasti yhteistä elämäämme.
with effect from jstak lukien, jstak alkaen *He was appointed as a lecturer in philosophy with effect from 1 October.* Hänet nimitettiin filosofian lehtoriksi lokakuun 1. päivästä alkaen.

effing ['efɪŋ] *v*
effing and blinding *ark* (br) kiroilla, manata, huudella hävyttömyyksiä *The fans from other teams were effing and blinding at us.* Muiden joukkueiden kannattajat huutelivat meille hävyttömyyksiä.

egg ['eg] *s*
a bad egg *ark* (yl am) mätämuna
a good egg *leik vanh* kelpo kaveri, kunnon kansalainen
lay an egg *ark* (am) munata [raskaasti], mokata [pahasti] *I laid an egg – to play poorly was a very big disappointment.* Munasin pahemman kerran – epäonnistuminen pelissä oli valtava pettymys.
put all one's eggs in one basket panna kaikki yhden kortin varaan
with egg on one's face *ark* naurunalaiseksi joutunut, hölmöltä näyttävä *Don't underestimate us, or you'll be left with egg on your face.* Älä aliarvioi meitä, ettet joudu naurunlaiseksi.

eight ['eɪt] *s*
have had one over the eight *ark* (br) olla ottanut lasillisen liikaa *It looks like he's had one over the eight.* Näyttää siltä, että hän on ottanut lasillisen liikaa.

elbow ['elbəʊ] *s*
at one's elbow käden ulottuvilla, aivan jkn lähellä t. vieressä *Toby stood at my elbow.* Toby seisoi aivan vieressäni.

element

elbow-to-elbow kylki kyljessä *Professionals from competing companies were elbow-to-elbow discussing the latest trends.* Kilpailevien yritysten edustajat seisoivat kylki kyljessä keskustelemassa uusimmista suuntauksista.

give sb the elbow *ark* antaa jklle lähtöpassit *His girlfriend gave him the elbow.* Tyttöystävä antoi hänelle lähtöpassit.

element ['elɪmənt] s

be in one's element olla [oikeassa] elementissään *She was in her element on the stage.* Hän oli lavalla oikeassa elementissään.

be out of one's element olla vieraalla alueella *It was clear that he was out of his element using slang.* Näkyi selvästi, että slangin käyttö ei ollut hänen ominta aluettaan.

eleventh [ɪ'levənθ] num

the eleventh hour yhdestoista hetki, viime[inen] hetki *The decision was made at the eleventh hour.* Päätös tehtiin viime hetkellä.

else ['els] adv

if all else fails jos mikään muu ei auta *If all else fails, we could take legal action.* Jos mikään muu ei auta, voimme ryhtyä oikeustoimiin.

or else 1 tai [muuten] *I must go now or else I'll miss the bus.* Minun täytyy nyt lähteä tai [muuten] myöhästyn bussista. **2 ark** tai [muuten] tulee tupenrapinat, tai [muuten] ei hyvää seuraa *Shut up, or else!* Turpa kiinni tai tulee tupenrapinat!

something else omaa luokkaansa *Their players are all technically very good but he is something else.* Kaikki heidän pelaajansa ovat teknisesti hyviä, mutta hän on omaa luokkaansa.

embark [ɪm'bɑ:k] v

embark on / upon sth aloittaa jk, ryhtyä jhk *She embarked on a new career in the music business.* Hän aloitti uuden uran musiikkialalla.

embarrassment [ɪm'bærəsmənt] s

an embarrassment of riches *kirjak* runsaudenpula

employ [ɪm'plɔɪ] v

be employed [in] doing sth *kirjak* tehdä jtak, olla tekemässä jtak *You'd be far better employed taking care of your own affairs.* Sinun olisi vain parempi huolehtia omista asioistasi.

empty ['empti] a

Empty vessels make [the] most sound / noise. <käytetään kun tarkoitetaan, että omia mielipiteitään kovaäänisesti julki tuovat ihmiset ovat usein yksinkertaisia>

the empty nest syndrome <käytetään tilanteesta, jonka vanhemmat kohtaavat, kun aikuiset lapset lähtevät kotoa>

enchilada [,entʃɪ'lɑ:də] s

the big enchilada *ark* (am) iso kiho, pamppu

the whole enchilada *ark* (am) koko hoito, kaikki

1 end ['end] s

all ends up *ark* täysin *The goal had the defence beaten all ends up.* Maali yllätti puolustuksen täysin.

an end in itself itsetarkoitus *Wealth is a means and not an end in itself.* Varallisuus on keino, ei itsetarkoitus.

at the end of the day *ark* (br) loppujen lopuksi *At the end of the day, my husband is my best friend.* Loppujen lopuksi aviomieheni on paras ystäväni.

be at / come to an end päättyä, loppua, olla lopussa *The film was nearly at an end.* Elokuva oli juuri päättymässä. *All good things come to an end.* Kaikki hyvä loppuu aikanaan.

be at the end of *kirjak* olla loppumassa, olla loppumaisillaan *He was at the end of his patience.* Hänen kärsivällisyytensä oli loppumaisillaan.

be the end *ark* olla kaiken huippu *Honestly, he is the end.* Hän on tosiaan kaiken huippu.

come to / meet a sticky / bad end *ark* päättyä huonosti, käydä köpelösti *Behave yourself or you will come to a sticky end.* Käyttäydy kunnolla, tai sinulle käy köpelösti.

End of story. *ark* Piste. (käytetään, kun asiaan ei ole mitään lisättävää) *There's no question in my mind about that. End of story.* Siitä ei ole epäilystäkään. Piste.

end to end peräkkäin, perä perään *a path made of stones laid end to end* polku, joka on tehty peräkkäin asetelluista kivistä

get / have one's end away *ark* (br) saada [seksiä]

go to the ends of the earth matkustaa vaikka maailman ääriin *We will go to the ends of the world to please you.* Matkustamme vaikka maailman ääriin miellyttääksemme teitä.

in the end lopulta, loppujen lopuksi *But in the end he was like all the rest.* Mutta hän oli loppujen lopuksi samanlainen kuin kaikki muutkin.

keep / hold one's end up *ark* suoriutua hyvin (vaikeassa tilanteessa) *He kept his end up in a competitive situation.* Hän suoriutui hyvin kilpailutilanteessa.

make an end of tehdä loppu jstak *The majority wanted to make an end of the Republic.* Enemmistö halusi tehdä tasavallasta lopun.

make [both] ends meet tulla toimeen, saada rahat riittämään *He had a second job to make both ends meet.* Hän teki kahta työtä saadakseen rahat riittämään.

never / not hear the end of saada kuulla lopun ikäänsä jstak, tulla toistuvasti muistutetuksi jstak *If they lost, they'd never hear the end of it.* Jos he häviäisivät, he saisivat kuulla siitä lopun ikäänsä.

no end *ark* valtavasti, kovasti, suunnattomasti *He has caused us no end of problems.* Hän on aiheuttanut meille valtavasti ongelmia. *Michael annoyed David no end.* Michael ärsytti Davidia suunnattomasti.

on end *1* yhtäjaksoisesti *Sometimes I don't see you for weeks on end.* Joskus en näe sinua viikkokausiin. *2* pystyssä *The stories would make your hair stand on end.* Tarinat saisivat tukkasi nousemaan pystyyn.

put an end to sth tehdä loppu jstak *He wasn't ready to put an end to their affair.* Mies ei ollut valmis lopettamaan heidän suhdettaan.

the end-all lopullinen, ratkaiseva *Money is not the end-all of happiness.* Raha ei tuo lopullista onnea.

the end justifies the means tarkoitus pyhittää keinot

the end of one's tether (*am* rope) kärsivällisyytensä t. sietokykynsä rajoilla *He reached the end of his tether and ended his life.* Hän ei kestänyt enää, vaan riisti oman henkensä.

the end of the road / line *ark* tiensä pää *The project has reached the end of the road.* Projekti on tullut tiensä päähän.

the end of the world maailmanloppu *A row is not the end of the world.* Ei maailma yhteen riitaan lopu.

the sharp end *1* tärkein osuus, kärki *We offer our experience gained at the sharp end of applied reseach.* Tarjoamme saamaamme kokemusta soveltavan tutkimuksen kärjessä. *2* epämiellyttävin osuus, jstak eniten kärsivä *These people are at the sharp end of rising crime.* Nämä ihmiset kärsivät eniten rikollisuuden kasvusta. *3 leik* (br) (laivan) keula

without end loputon, päättymätön *Marriage is no longer regarded as a* *journey without end.* Avioliittoa ei enää pidetä päättymättömänä matkana.

2 end *v*

a ... to end all ...s kaikkien ... äiti *It was a breakfast to end all breakfasts.* Se oli kaikkien aamiaisten äiti.

end in tears päättyä huonosti, päättyä kyyneliin *This burst of expansion will end in tears.* Tämä laajentumisen puuska päättyy huonosti.

end it all päättää päivänsä *His life was meaningless without Coleen so he would end it all.* Ilman Coleenia hänen elämällään ei ollut merkitystä, joten hän päättäisi päivänsä.

end one's days / life viettää [elämänsä] loppuaika *He ended his days in Paris.* Hän eli elämänsä loppuajat Pariisissa.

end up päätyä *We ended up taking a taxi.* Päädyimme menemään taksilla. *Many people have ended up in prison for terrorist activities.* Monet ihmiset ovat päätyneet vankilaan osallisuudesta terroristi-iskuihin. *He ended up with malaria.* Hän sai lopulta malarian.

enemy ['enəmi] *s*

be one's own worst enemy olla itse pahin vihollisensa *In the fight against obesity you are your own worst enemy.* Taistelussa liikalihavuutta vastaan olette itse pahin vihollisenne.

Englishman ['ɪŋglɪʃmən] *s*

An Englishman's home is his castle. (br) Kotini on linnani.

engrave [ɪn'greɪv] *v*

be engraved on / in your heart / memory / mind olla piirtynyt muistiin *That picture is engraved in my mind.* Se kuva on piirtynyt muistiini.

enlarge [ɪn'lɑːdʒ] *v*

enlarge on / upon *kirjak* tarkastella, käsitellä yksityiskohtaisemmin *I would like to enlarge on this theme.* Haluaisin käsitellä tätä aihetta yksityiskohtaisemmin.

enough [ɪ'nʌf] *adv, pron*

Enough is as good as a feast. *vanh* (br) Ei makeaa mahan täydeltä.

enough is enough liika on liikaa, nyt riittää *I don't mind a joke, but enough is enough.* Vitsi vitsinä, mutta liika on aina liikaa.

enough said selvä, ymmärrän *Enough said, let's get to work!* Selvä, ryhdytään töihin!

have had enough olla saanut tarpeekseen *I'm tired, wet, and I've had enough!* Olen väsynyt, märkä, ja olen saanut tarpeekseni!

that's enough riittää jo, lopeta *That's enough of your cheek.* Äläpäs ole hävytön.

enter ['entə^r] *v*

enter into *1* ryhtyä *The government refused to enter into negotiations.* Hallitus kieltäytyi ryhtymästä neuvotteluihin. *2* olla osana jssak, sisältyä *Money doesn't enter into it at all.* Rahalla ei ole asian kanssa mitään tekemistä. *3* sitoutua, tehdä (sopimus) *She entered into a contract with the company.* Hän teki sopimuksen yhtiön kanssa.

enter on / upon *kirjak* ryhtyä jhk, antautua jllek *He entered upon a political career.* Hän antautui poliittiselle uralle.

enter sb's head pälkähtää päähän, juolahtaa mieleen *It never entered my head to leave my husband.* Mieleeni ei ikinä juolahtanut jättää miestäni.

envelope ['envələʊp] *s*

push the [edge of the] envelope *ark* viedä jk äärirajoille, rikkoa jnk rajoja *The film pushes the envelope of*

even

bad taste. Elokuva hipoo mauttomuuden rajoja.
the back of an envelope luonnosmainen, summittainen (suunnitelmista, laskelmista) *our back of an envelope calculations* summittaiset laskelmamme

1 equal ['i:kwəl] *a*
other / all things being equal tilanteen säilyessä ennallaan, jos kaikki menee suunnitelmien mukaisesti *All things being equal we should be in the A league next year.* Jos kaikki menee suunnitelmien mukaisesti, meidän pitäisi olla ykkössarjassa ensi vuonna.
Some [people, members etc.] are more equal than others. <käytetään, kun joku saa erityiskohtelua> *It seems that some students are more equal than others!* Näyttää siltä, että jotkut oppilaat ovat muita parempia!

2 equal *s*
[the] first among equals joukon paras *He was regarded as the first among equals by the other teachers.* Toiset opettajat pitivät häntä heistä parhaana.

err ['ɜːʳ] *v*
err on the right side pyrkiä minimoimaan virheet, pyrkiä aiheuttamaan mahdollisimman vähän vahinkoa *Hopefully I err on the right side.* Toivottavasti pystyn minimoimaan virheet.
err on the side of kallistua jhk suuntaan *It's better to err on the side of caution.* On parempi pelata varman päälle.
To err is human[, to forgive divine] erehtyminen on inhimillistä[, anteeksi antaminen jumalallista]

errand ['erənd] *s*
a fool's errand epäonnistumaan tuomittu yritys *It was a fool's errand to begin with.* Yritys oli alun alkaenkin tuomittu epäonnistumaan.
errand of mercy auttaminen, auttamistehtävä *The soldiers will be sent on errands of mercy.* Sotilaat lähetetään auttamaan ihmisiä.

error ['erəʳ] *s*
see the error of one's ways *kirjak t. leik* tunnustaa virheensä, parantaa tapansa *Perhaps wrongdoers can be made to see the error of their ways.* Ehkä väärintekijät saadaan parantamaan tapansa.

1 escape [ɪ'skeɪp] *s*
a narrow escape täpärä pelastuminen *They had a narrow escape at the hands of bandits.* He pelastuivat täpärästi rosvojen kynsistä.

2 escape *v*
escape sb's notice jäädä jlkta huomaamatta *It has not escaped my notice.* Asia ei ole jäänyt minulta huomaamatta.

essence ['esᵊns] *s*
of the essence olennaisen tärkeä, ratkaiseva *Time is of the essence.* Aikaa ei ole hukattavaksi.

1 even ['i:vn] *adv*
even as *kirjak* samalla kun *Even as he asked the question, he already knew the answer.* Jo kysyessään hän tiesi vastauksen.
even if vaikka *Smile, even if you don't feel like it.* Hymyile, vaikka ei huvittaisikaan.
even now 1 vielä nyt, nytkin *Even now they sometimes tease her.* Vielä nytkin he joskus kiusoittelevat häntä. **2** tälläkin hetkellä *The discussions continue even now.* Keskustelut jatkuvat tälläkin hetkellä.
even so silti, kuitenkin *Even so, it was wise to take care.* Silti oli viisasta olla varovainen.
even then 1 jo silloin *Even then she had found it difficult to get up in the*

morning. Jo silloin hänen oli ollut vaikea nousta aamuisin. **2** silti *And even then, there was no guarantee of success.* Siltikään mitään takeita onnistumisesta ei ollut.

even though vaikka, huolimatta siitä että *Her face was pretty, even though her hair was untidy.* Hänen kasvonsa olivat sievät, huolimatta hänen epäsiisteistä hiuksistaan.

2 even *a*

even stevens *ark* tasoissa *We will be even stevens after this.* Tämän jälkeen olemme tasoissa.

get even with sb *ark* antaa takaisin samalla mitalla, maksaa potut pottuina *I'll get even with you for this!* Tämä kostetaan!

get / give sb an even break saada t. antaa jklle [kunnon] mahdollisuus *He clearly had a better chance of gaining an even break than you.* Hän sai selvästi paremman mahdollisuuden kuin sinä.

have [got] an even chance [of doing sth] olla viidenkymmenen prosentin mahdollisuus *There is more / less than an even chance of succeeding.* Onnistumisen mahdollisuus on yli / alle viisikymmentä prosenttia.

on an even keel tasainen, seesteinen *I lead my life too much on an even keel.* Elämäni on liian seesteistä.

event [ɪ'vent] *s*

a / the happy event *leik* onnellinen perheenlisäys

in any event / at all events joka tapauksessa *In any event, our aim is to stimulate the imagination.* Joka tapauksessa päämäärämme on kiihottaa mielikuvitusta.

in that event siinä tapauksessa *In that event, you have the following options.* Siinä tapauksessa vaihtoehtosi ovat seuraavat.

in the event (br) itse asiassa, loppujen lopuksi, todellisuudessa *In the event, the announcement was pre-mature.* Loppujen lopuksi ilmoitus oli ennenaikainen.

in the event of sth (*myös* in the event that sth happens) jnk tapahtuessa t. sattuessa *In the event of a fire, we could not make our way out.* Tulipalon sattuessa emme pääsisi ulos.

ever ['evə^r] *adv*

ever since jstak lähtien, siitä lähtien *They had remained friends ever since their first meeting.* He olivat pysyneet ystävinä ensitapaamisestaan lähtien.

ever so / such *ark* (br) erittäin *Thank you ever so much.* Kiitos erittäin paljon. *She's ever such a funny woman.* Hän on erittäin hauska nainen.

if ever there was [one] *ark* jos sitä nyt edes siksi voi kutsua *The match was a disaster if ever there was one.* Matsi oli surkea, jos sitä nyt voi edes matsiksi kutsua.

yours ever / ever yours teidän (kirjeessä)

every ['evri] *pron*

every bit as sth aivan yhtä *Quality is every bit as important as price.* Laatu on aivan yhtä tärkeä kuin hinta.

Every cloud has a silver lining. Paistaa se päivä risukasaankin.

Every dog has its day. Paistaa se päivä risukasaankin.

every inch of sth olla jtkn kokonaan / läpikotaisin / joka solultaan *He is every inch of his father's son.* Hän on täysin isänsä poika.

every last / single joka ikinen, joka ainoa *We go out every single Saturday.* Menemme ulos joka ikinen lauantai.

every man has his price jokaisella on hintansa, kuka vain on lahjottavissa (kunhan lahjus on tarpeeksi houkutteleva)

every nook and cranny jokainen nurkka, jokainen neliösentti, joka kolkka *I know every nook and cranny of the city.* Tunnen tämän kaupungin joka kolkan.

every now and again (*myös* every now and then) silloin tällöin *We see each other every now and again.* Tapaamme silloin tällöin.

every other joka toinen *My mother phones me every other day.* Äitini soittaa minulle joka toinen päivä.

every so often silloin tällöin, välillä *Every so often she checked her pedometer.* Silloin tällöin hän vilkaisi askelmittaria.

every which way *ark 1* joka suuntaan, sikin sokin *His hair is every which way.* Hänen hiuksensa sojottavat joka suuntaan, sikin sokin. *2* kaikin tavoin, kaikin keinoin *I began thinking every which way of how to change the subject.* Yritin keksiä kaikin tavoin keinoa muuttaa puheenaihetta.

It's every man for himself. Jokainen huolehtikoon itsestään.

everything ['evrɪθɪŋ] *pron*

and everything *ark* ja kaikkea, ja sen sellaista *There was a Jacuzzi and everything.* Siellä oli poreallas ja kaikkea.

everything but the kitchen sink *leik* kaikki mahdollinen taivaan ja maan välillä *She bought everything but the kitchen sink!* Hän osti kaiken mahdollisen taivaan ja maan välillä!

everything's coming up roses [for sb] (*myös* everything in the garden is rosy) kaikki näyttää ruusuiselta

evidence ['evɪdᵊns] *s*

in evidence näkyvä, havaittavissa oleva, huomattava *Team spirit was much in evidence.* Joukkuehenki oli selvästi havaittavissa.

evil ['iːvl] *a*

a necessary evil välttämätön paha *Morning sickness is a necessary evil of pregnancy.* Aamupahoinvointi on välttämätön paha raskaudessa.

give sb the evil eye katsoa jtkta pahasti *He gave me the evil eye.* Hän katsoi minua pahasti.

put off the evil day / hour lykätä epämiellyttävä asia hamaan tulevaisuuteen *I've been putting off the evil day of dealing with the situation.* Olen lykännyt asian käsittelemistä hamaan tulevaisuuteen.

exactly [ɪgˈzæktli] *adv*

not exactly *ark 1* ei ollenkaan *Violence is not exactly a new phenomenon in society, is it?* Väkivalta ei ole mikään uusi ilmiö yhteiskunnassa, vai mitä? *2* ei ihan (mutta melkein) *If not exactly estranged, they were not close.* He eivät olleet täysin vieraantuneita toisistaan, mutta eivät läheisiäkään.

example [ɪgˈzɑːmpl] *s*

make an example of sb tehdä jstkin varoittava esimerkki *The judge made an example of him.* Tuomari teki hänestä varoittavan esimerkin.

exception [ɪkˈsepʃᵊn] *s*

take exception to paheksua, loukkaantua, protestoida *The women took exception to the candidacy of a renowned misogynist.* Naiset protestoivat tunnetun naistenvihaajan ehdokkuutta vastaan.

the exception [that] proves the rule poikkeus vahvistaa säännön

with the exception of lukuun ottamatta, paitsi *Her friends, with the exception of John, loathed her boyfriend.* Johnia lukuun ottamatta kaikki tytön ystävät inhosivat tämän poikaystävää.

without exception poikkeuksetta *Without exception, the show's directors are all under 30.* Ohjelman ohjaajat ovat poikkeuksetta alle 30-vuotiaita.

exclusion

exclusion [ɪksˈkluː(ʃ)ən] s
to the exclusion of jnk kustannuksella, pois sulkien jk *He concentrated on his job to the exclusion of all else.* Hän keskittyi työhönsä kaiken muun kustannuksella.

1 excuse [ɪksˈkjuːs] s
make one's excuses <kohtelias tapa ilmoittaa olevansa lähdössä t. ettei voi olla paikalla jssak> *I have to make my excuses now.* Minun on nyt lähdettävä.

2 excuse [ɪksˈkjuːz] v
excuse me *1* anteeksi *Excuse me, but are you Mr Jones?* Anteeksi mutta oletteko te herra Jones? *Excuse me, but I have to disagree.* Anteeksi, mutta minun on pakko olla eri mieltä. *2* (am) anteeksi?, en kuullut *Excuse me? Did you say 'push'?* Anteeksi? Sanoitko "työntää"?
be excused saada poistua *May I be excused?* Voinko poistua?

exhibition [ˌeksɪˈbɪʃ(ə)n] s
make an exhibition of oneself nolata itsensä julkisesti *He came in ranting and raving, making an exhibition of himself.* Hän tuli paikalle paasaamaan ja nolasi itsensä julkisesti.

expect [ɪkˈspekt] v
be expecting [a baby] ark odottaa lasta *Did you know that Lucy is expecting a baby?* Tiesitkö, että Lucy odottaa lasta?

expense [ɪkˈspens] s
at sb's expense jkn kustannuksella *Underprivileged children went on holidays at his expense.* Hän kustansi lomia vähäosaisille lapsille. *She cracked jokes at their expense.* Hän vitsaili heidän kustannuksellaan.

at the expense of jnk t. jkn kustannuksella *She furthered his career at the expense of her own.* Hän edisti miehen uraa omansa kustannuksella.

no expense is spared kuluja ei nyt säästellä

put sb to the expense of sth laittaa jk käyttämään rahaa / varoja jhkin *He put us to the expense of another tedious lawsuit.* Hän laittoi meidät käyttämään rahaa taas yhteen ikävään oikeusjupakkaan.

experience [ɪkˈspɪərɪəns] s
put sth down to experience laittaa jkin kokemattomuuden piikkiin *Let's put this disaster down to experience.* Laitetaan tämä epäonnistuminen kokemattomuuden piikkiin.

explain [ɪkˈspleɪn] v
explain oneself *1* selittää (tarkoitustaan) *Explain yourself in simple English.* Selitä mitä tarkoitat selvällä englannin kielellä. *2* puolustautua, puolustella itseään *You don't have to explain yourself to me.* Sinun ei tarvitse puolustella tekemisiäsi minulle.

expose [ɪkˈspəʊz] v
expose oneself paljastaa sukupuolielimensä julkisesti, paljastaa itsensä *Police are hunting a man who exposed himself to a schoolgirl.* Poliisi jahtaa miestä, joka paljasti itsensä koulutytölle.

extension [ɪkˈstenʃ(ə)n] s
by extension siten myös, jnk seurauksena *So much was happening to you and, by extension, to me.* Sinulle tapahtui paljon ja sen seurauksena myös minulle.

extra [ˈekstrə] a
be extra ei sisältyä hintaan *Drinks are extra.* Juomat eivät sisälly hintaan.

go the extra mile [for sb / sth] nähdä ylimääräistä vaivaa *She went the extra mile to help her stu-*

dents. Hän näki vielä ylimääräistä vaivaa auttaakseen oppilaitaan.

extreme [ɪk'striːm] *s*
in the extreme äärimmäisen *His manner was offensive in the extreme.* Hänen käytöksensä oli äärimmäisen loukkaavaa.

eye ['aɪ] *s*
a ...'s eye view jstak perspektiivistä, jnk näkökulmasta *I've always wanted a bird's eye view of the garden.* Olen aina halunnut nähdä puutarhan lintuperspektiivistä.

a twinkle / gleam in sb's eye vasta suunnitteluasteella oleva asia, vasta pilkkeenä jkn silmäkulmassa *The system is still a twinkle in the eye.* Järjestelmä on vasta suunnitteluasteella.

all eyes are on sb / sth <huomion kohteena olemisesta> *All eyes are on the elections.* Katseet kohdistuvat nyt vaaleihin.

an eye for an eye [and a tooth for a tooth] silmä silmästä [ja hammas hampaasta]

as far as the eye can see niin kauas kuin silmä kantaa *There was nothing but empty coastline as far as the eye could see.* Autio rantaviiva ulottui silmänkantamattomiin.

be all eyes seurata jtak silmä kovana, olla tarkkaavainen *The children were all eyes when the teacher showed them the device.* Lapset seurasivat silmä kovana, kun opettaja näytti heille laitteen.

before / in front of / under one's [very] eyes [aivan] jkn silmien edessä *The accident happened under my very eyes.* Onnettomuus tapahtui aivan silmieni edessä.

clap / lay / set eyes on *ark* nähdä (yl ensimmäistä kertaa) *I had never clapped eyes on the girl before.* En ollut nähnyt tyttöä koskaan aiemmin.

close / shut one's eyes to sth sulkea silmänsä jltak *She closed her eyes to the truth.* Hän sulki silmänsä totuudelta.

eyes out on stalks silmät selkoselällään hämmästyksestä, erittäin uteliaana *When I read about him being arrested my eyes popped out on stalks.* Kun luin hänen pidätyksestään, silmäni rävähtivät hämmästyksestä suuriksi.

get / keep one's eye in (br) harjaantua t. pitää taitoaan yllä (yl pallopeleissä) *He has got his eye in and we may put together a respectable score yet.* Hän on saanut pelinsä toimimaan ja voimme vielä yltää hienoon tulokseen.

give sb the eye silmäillä jkta kiinnostuneena t. ihastuneena, katsella jkta sillä silmällä *One of the lads gave me the eye.* Yksi pojista katseli minua sillä silmällä.

half an eye toisella silmällä, puolella silmällä *The teacher kept half an eye on her all the time.* Opettaja tarkkaili häntä toisella silmällä koko ajan.

have an eye for sth olla silmää jllek, olla jnk tajua *He has an eye for antiques.* Hänellä on silmää antiikille.

have an eye to / for / on the main chance (br) pyrkiä käyttämään tilanteita hyväkseen (yl taloudellisesti) *He is a conniving toady with an eye for the main chance.* Hän on vehkeilevä hännystelijä, joka pyrkii aina hyötymään kaikesta.

have eyes bigger than one's stomach *ark leik* ottaa liikaa ruokaa, silmät syövät enemmän kuin napa vetää

have eyes in the back of one's head *ark* olla silmät selässäänkin

have one's eye on sb / sth *1* pitää silmällä, tarkkailla *The police had their eye on him.* Poliisi piti häntä silmällä. *2* havitella, toivoa saavansa *He had his eye on a bigger* *apartment next door.* Hän havitteli isompaa naapuriasuntoa itselleen.

have / with an eye to sth jk tavoitteena, jtak silmällä pitäen *Contracts are drawn up with an eye to flexibility.* Sopimukset laaditaan joustavuutta silmällä pitäen.

hit sb in the eye (*myös* hit sb between the eyes) olla ilmiselvää *The truth hit him right between the eyes.* Totuus valkeni hänelle kaikessa kauheudessaan.

keep an / a sharp eye on sb / sth pitää silmällä, tarkkailla *Noreen kept a closer eye on Maria after that.* Noreen piti sen jälkeen Mariaa tarkemmin silmällä.

keep an eye out for sb / sth *ark* pitää silmänsä auki jonkin varalta, pitää jotakin silmällä *Keep an eye out for any pickpockets.* Pidä silmäsi auki taskuvarkaiden varalta.

keep one's eyes out / open / peeled (*br* keep one's eyes skinned) pitää silmänsä auki, tarkkailla *Keep an eye out for anything suspicious.* Pidä silmäsi auki kaiken epäilyttävän varalta.

make eyes at sb *ark* silmäillä jkta kiinnostuneena t. ihastuneena, katsella jkta sillä silmällä *She made eyes at him.* Nainen silmäili häntä kiinnostuneena.

my eye (*myös* all my eye and Betty Martin) *ark vanh* no jopas jotain, jestas sentään

one in the eye for sb / sth *ark* pettymys jklle, takaisku jklle (yl ansaittuna pidetty) *It's one in the eye for the crumbling class system.* Se on takaisku murenevalle luokkayhteiskunnalle.

[only] have eyes for sb / sth olla kiinnostunut vain jksta t. jstak *I only have eyes for you.* Näen vain sinut.

open sb's eyes avata jkn silmät, valaista asiaa *He opened our eyes to a lot of opportunities.* Hän avasi silmämme näkemään monia mahdollisuuksia.

see eye to eye olla samaa mieltä *We didn't see eye to eye on the matter.* Emme olleet asiasta samaa mieltä.

under the [watchful] eye of sb jkn valvovan katseen alla *The procedure is performed under the watchful eye of an anaesthesiologist.* Toimenpide suoritetaan nukutuslääkärin valvovan katseen alla.

up to the / one's eyes in sth *1 ark* erittäin kiireinen *She was up to her eyes in work.* Hänellä oli kova kiire töissä. *2* korviaan myöten *They must be up to their eyes in debt.* He ovat varmaan korviaan myöten veloissa.

What the eye doesn't see[, the heart doesn't grieve over]. Mitä silmä ei näe, sitä sydän ei sure.

with an eye to [doing] sth jtkn silmällä pitäen / tähtäimessä *She took the course with an eye to a political career.* Hän suoritti kurssin poliittinen ura tähtäimessään.

with one eye on sth kohdistaa osa huomiostaan jhk, toisella silmällä *I sat with one eye on the clock.* Istuin vilkuillen kelloa toisella silmällä.

with one's eyes open tietoisena seurauksista t. ongelmista *I suppose she married him with her eyes open.* Kaipa hän tiesi mitä teki, kun meni hänen kanssaan naimisiin.

with one's eyes shut / closed *1* vaikka silmät kiinni, helposti *He could fly the plane with his eyes closed.* Hän osaisi lentää konetta vaikka silmät kiinni. *2* silmät ummessa, sokeasti luottaen *Did she go into the marriage with eyes shut or open?* Tiesikö hän mitä teki, kun meni naimisiin?

would give your eye teeth for sth / to do sth *ark* antaa mitä tahansa [saadakseen jtkn] *I would give my eye teeth to go back in time.* Antaisin mitä tahansa voidakseni palata ajassa taaksepäin.

eyeball ['aɪbɔ:l] *s*
  eyeball to eyeball silmästä silmään (vihamielisestä tuijotuksesta ym.) *Both tall men, they were eyeball to eyeball.* Molemmat olivat pitkiä miehiä ja he tuijottivat toisiaan silmästä silmään.
  up to the / one's eyeballs *ark* korviaan myöten, tolkuttoman *He's drugged up to the eyeballs.* Hän on ihan lääkehumalassa.

eyebrow ['aɪbraʊ] *s*
  raise one's eyebrows / an eyebrow kohottaa kulmiaan *He raised an enquiring eyebrow.* Hän kohotti kulmiaan kysyvästi.

F

1 face ['feɪs] s

be in one's face *ark* olla provokatiivinen, ärsyttää tahallaan *Some might say his art is in your face.* Joidenkin mielestä hänen taiteensa on provokatiivista.

disappear / vanish off the face of the earth kadota jäljettömiin, kadota teille tietymättömille *He seemed to have vanished from the face of the earth.* Näytti siltä, että hän oli kadonnut jäljettömiin.

get out of sb's face *ark* (am) häipyä jkn silmistä *Get out of my face, Mike!* Häivy silmistäni, Mike!

have [got] a face like thunder näyttää synkältä *He had a face like thunder this morning.* Hän näytti kovin synkältä aamulla.

in [the] face of *1* jnk edessä, jnk läsnä ollessa *He felt powerless in the face of his father.* Isänsä edessä hän tunsi olevansa voimaton. *2* jstak huolimatta *I stayed hopeful in the face of it.* Säilytin toiveikkuuteni kaikesta huolimatta.

look / stare you in the face olla jnkn silmien edessä [tämän sitä kuitenkaan näkemättä] *The answer was staring you in the face.* Vastaus oli suoraan silmiesi edessä.

make / pull a face ilmehtiä, irvistellä *What are you pulling a face at now?* Mille sinä nyt oikein irvistelet?

on the face of it *ark* päällisin puolin, yksityiskohtiin tarkemmin kajoamatta, ensi näkemältä *On the face of it, they had very little in common.* Päällisin puolin heillä ei ollut juuri mitään yhteistä.

one's face falls (ilmeestä) synketä *Her face fell when I told her how much the rent was.* Hänen ilmeensä synkkeni, kun kerroin minkä verran vuokra oli.

put one's face on *ark* meikata, kaunistaa kasvojaan

sb's face fits (br) sopia joukkoon t. porukkaan (henkilöstä) *If your face didn't fit they would not have hired you.* Jos et sopisi porukkaan, niin sinua ei olisi palkattu.

set one's face against sb *kirjak* vastustaa jtak itsepintaisesti *I will set my face against them.* Tulen vastustamaan heitä ankarasti.

take sb / sth at face value hyväksyä jk / jkin sellaisena miltä se ensi näkemältä vaikuttaa *You have to learn not to take everything at face value.* Sinun täytyy oppia suhtautumaan asioihin kriittisesti.

to one's face suoraan, päin naamaa, vasten kasvoja *Now, tell me to my face that you don't want to come with me.* No niin, sano suoraan, että et halua tulla mukaani.

what's his / her face *ark* <viitaten henkilöön, jonka nimeä ei muista> *I told him that George – what's his face – knew all about it.* Kerroin hänelle, että George – mikä sen nimi nyt olikaan – tietää kyllä asiasta.

2 face *v*

can't face sth *ark* ei huvittaa t. kiinnostaa [tehdä jtak] *I can't face talk-*

ing to him today. Minua ei vain huvita puhua hänelle tänään.

face off (yl am) kiistellä jstak, olla napit vastakkain, ottaa yhteen *They face off over the money being spent on the war.* He ovat napit vastakkain sotaan käytettävistä varoista.

face sth down voittaa jk, nujertaa jk *He faced them down, one by one.* Mies nujersi heidät yksi kerrallaan.

face the music *ark* ottaa vastuu teoistaan, kantaa tekojensa seuraukset *We decided to face the music and tell his parents about it.* Päätimme ottaa vastuun teoistamme ja kertoa asiasta hänen vanhemmilleen.

face up to sth tunnustaa jk, katsoa jtak [suoraan] silmiin *It's time for you to face up to the truth.* Sinun on jo aika katsoa totuutta silmiin.

let's face it *ark* hyväksytään tosiasiat

facelift ['feɪslɪft] *s*

give sth a facelift kunnostaa jtkin t. jkin *He gave the room a facelift.* Hän kunnosti huoneen.

fact ['fækt] *s*

a fact of life [elämän] karu tosiasia, osa elämää *Nobody likes paying council tax but unfortunately its a fact of life.* Kukaan ei pidä kunnallisveroista, mutta se on valitettavasti osa elämää.

facts and figures [tarkat] yksityiskohdat, detaljit *I'll find out the facts and figures.* Otan selvää yksityiskohdista.

the fact of the matter totuus *The fact of the matter is that you have no choice.* Totuushan on, että sinulla ei ole valinnanvaraa.

the facts of life kukat ja mehiläiset (lapselle annettava sukupuolivalistus) *Mum told me the facts of life when I was twelve.* Äiti kertoi minulle kukista ja mehiläisistä, kun olin kaksitoistavuotias.

the facts speak for themselves tosiasiat puhuvat puolestaan

fade ['feɪd] *v*

fade in voimistaa, voimistua, alkaa kuulua t. näkyä (kuvasta t. äänestä elokuvassa ym.)

fade into insignificance (*myös* pale into insignificance) (merkityksestä) kalveta *The rest fades into insignificance compared to this.* Kaikki muu kalpenee tämän rinnalla.

fade out häivyttää, häipyä [näkymättömiin t. kuulumattomiin] (kuvasta t. äänestä elokuvassa ym.)

1 fail ['feɪl] *v*

if all else fails jos mikään [muu] ei auta *If all else fails, consult a vet.* Jos mikään ei auta, niin käänny eläinlääkärin puoleen.

words fail me olen sanaton

2 fail *s*

without fail *1* poikkeuksetta *He calls me every week without fail.* Hän soittaa minulle poikkeuksetta joka viikko. *2* ehdottomasti, välttämättä *I'll send you the picture, without fail.* Lähetän sinulle ehdottomasti sen kuvan.

faint ['feɪnt] *a*

not be for the faint hearted ei heikkohermoisille *The trip was not for the faint hearted.* Matka ei ollut heikkohermoisia varten.

not have the faintest [idea] (*myös* not have the foggiest [idea]) *ark* (br) ei olla harmainta aavistusta, ei olla mitään käsitystä *I don't have the faintest idea what it was.* Minulla ei ole aavistustakaan siitä, mikä se oli.

fair ['feəʳ] *a*

a fair crack of the whip *ark* (br) kunnon mahdollisuus t. tilaisuus *He was not given a fair crack of the whip.* Hänelle ei annettu kunnon mahdollisuutta.

faith

a fair shake *ark* (am) kunnon mahdollisuus, reilu kohtelu *He didn't think he was getting a fair shake in the media.* Hän ei mielestään saanut tiedotusvälineiltä reilua kohtelua.

All's fair in love and war. Sodassa ja rakkaudessa on kaikki sallittua.

by fair means or foul keinolla millä hyvänsä

fair and square *1* rehellisesti, rehellisellä pelillä *We won the match fair and square.* Voitimme ottelun rehellisellä pelillä. *2* suoraan (lyönnistä ym.) *He hit me fair and square on the nose.* Hän löi minua suoraan nenään.

fair enough *ark* selvä se, hyvä on

fair to middling *ark* keskinkertainen, keskitasoinen *It's a fair to middling film.* Se on keskinkertainen elokuva.

fair's fair (*myös* (br) fair dos / do's) reiluuden nimessä, reilu peli *Come on, it's my turn. Fair's fair!* Nyt on kyllä reiluuden nimessä minun vuoroni! *It's fair dos!* Reilu peli!

[more than] your fair share of sth [enemmän kuin] oman osansa *She's had more than her fair share of bad luck recently.* Hän on ollut viime aikoina kohtuuttoman epäonninen.

the fair[er] sex *vanh t. leik* kauniimpi sukupuoli, naiset

with one's own fair hand *leik* omilla pikku käsillä / kätösillä *I baked you an apple pie with my own fair hands.* Leivoin sinulle omenapiirakan omilla pikku kätösilläni.

faith ['feɪθ] *s*

break faith with sb rikkoa jklle antamansa lupaus

in bad faith < käytetään henkilöstä, joka toimii tietyllä tavalla, vaikka tietää sen olevan väärin > *I don't think he's acting in bad faith.* En usko, että hän toimii pahantahtoisesti.

in good faith hyvässä uskossa, vilpittömin mielin, luottavasti *The Senate acted in good faith.* Senaatti toimi hyvässä uskossa.

keep faith with sb pitää jklle antamansa lupaus *If Clinton is to keep faith with the electors, he will implement drastic tax reforms.* Jos Clinton pitää äänestäjille antamansa lupauksen, hän toteuttaa radikaaleja verouudistuksia.

faithfully ['feɪθfʊli] *adv*

yours faithfully *kirjak* (yl br) kunnioittavasti (kirjeen lopussa)

fall ['fɔːl] *v*

fall about [laughing / with laughter] *ark* (br) [nauraa] röhöttää, nauraa katketakseen *I was falling about laughing hysterically.* Nauroin hysteerisenä.

fall [all] over oneself to do sth *ark* tehdä kaikkensa *All those glorious hunks are just falling over themselves to be near you!* Nuo upeat miehethän tekevät kaikkensa päästäkseen lähellesi!

fall apart (*myös* fall to pieces) *1* hajota, mennä rikki *His shoes are falling apart.* Hänen kenkänsä ovat hajoamaisillaan. *2* hajota, särkyä, mennä kumoon (yrityksestä, avioliitosta ym.) *Their marriage is falling apart.* Heidän avioliittonsa on hajoamassa. *3* murtua, luhistua (henkilöstä) *I felt like I was totally falling apart.* Minusta tuntui, että olin murtumispisteessä.

fall back jäädä [jälkeen] (kilpailijajoukosta ym.) *Just after 15 miles, he fell back by about 50 yards.* Viidentoista mailin kohdalla hän jäi noin 50 jaardia jälkeen.

fall back on turvautua jhk, nojautua jhk *Molly fell back on the only excuse she was able to make.* Molly turvautui ainoaan selitykseen jonka pystyi keksimään.

fall behind jäädä [jälkeen] (kilpailijajoukosta, kehityksestä ym.) *I'm falling behind with my school work.* Jään läksyissä muista jälkeen. *He*

fall

started to fall behind with the rent. Hänen vuokransa alkoivat jäädä rästiin.

fall between two stools (br) jäädä kahden asian välimaastoon *Trying to be both teacher and parent, she fell between two stools.* Yrittäessään olla sekä vanhempi että opettaja, hän jäi jonnekin näiden kahden välimaastoon.

fall down *1* epäonnistua, olla epäonnistunut t. puutteellinen, mennä myttyyn *The strategy falls down on the following points.* Strategia on puutteellinen seuraavien seikkojen vuoksi. *2* ränsistyä, rappeutua (rakennuksesta) *It wasn't just a building falling down.* Kyse ei ollut vain ränsistyneestä rakennuksesta.

fall for *1 ark* ihastua jkhun, rakastua jkhun, joutua jkn lumoihin *She couldn't seriously be falling for him, could she?* Eihän hän nyt vakavissaan voinut olla rakastumassa sellaiseen mieheen? *2* ottaa jk todesta, mennä lankaan, niellä *They didn't fall for my excuse.* He eivät nielleet selitystäni.

fall foul of sb / sth *1* rikkoa [lakia t. sääntöjä] *They may fall foul of the law.* He saattavat rikkoa lakia. *2* ottaa yhteen jkn kanssa, joutua vaikeuksiin jkn kanssa *The two countries fell foul of each other in the 1960s.* Nämä kaksi maata ajautuivat erimielisyyksiin 1960-luvulla.

fall from favour (*myös* fall from grace) joutua epäsuosioon *He fell from favour the following year.* Seuraavana vuonna hän joutui epäsuosioon.

fall in alongside / beside sb tulla t. jättäytyä kävelemään jkn rinnalle t. vierelle *Dorian fell in beside her.* Dorian tuli kävelemään hänen vierelleen.

fall in with *1* hyväksyä jk, myöntyä jhk, alistua jhk *I had to persuade your father to fall in with my wishes.* Minun täytyi suostutella isäsi myöntymään toiveisiini. *2* ystävystyä jkn kanssa *He fell in with the wrong crowd.* Hän ystävystyi väärien ihmisten kanssa.

fall into ajautua, joutua jhk [tahtomattaan] *She fell into teaching by accident.* Hän ajautui opettajaksi sattumalta.

fall into place loksahtaa paikoilleen, alkaa vaikuttaa selvältä *The plan fell into place.* Suunnitelma alkoi vaikuttaa selvältä.

fall into sb's hands (*myös* fall into the hands of sb) joutua t. päätyä jonkun t. jonkin käsiin *It fell into the hands of the enemy.* Se päätyi vihollisen käsiin.

fall on / upon *1* käydä ruoan kimppuun *Lunch was beef burgers and chips, which we fell upon like wolves!* Lounaaksi tarjoiltiin hampurilaisia ja ranskalaisia, ja kävimme ruoan kimppuun kuin nälkäiset sudet. *2* hyökätä t. käydä jkn kimppuun *The army fell on the besiegers.* Sotajoukot kävivät piirittäjien kimppuun. *3* langeta, tulla jnk osaksi *A heavy burden fell on a handful of people.* Raskas taakka lankesi pienen joukon kannettavaksi.

fall out riitaantua, joutua riitoihin [jkn kanssa] *She had fallen out with her best friend.* Hän oli riitaantunut parhaan ystävänsä kanssa.

fall over oneself to do sth *ark* tehdä kaikkensa jonkun t. jonkin eteen *When I want something I fall over myself to get it.* Kun haluan jotain, teen kaikkeni saadakseni sen.

fall out sujua, tapahtua *Matters fell out as she arranged.* Asiat sujuivat niin kuin hän oli suunnitellut.

fall short of sth jäädä jstak, ei vastata t. saavuttaa jtak (tavoitetta, tasoa ym.) *The results fell short of our expectations.* Tulokset eivät vastanneet odotuksiamme.

fall to doing sth *kirjak* alkaa [tehdä jtak], ruveta [tekemään jtak] *He fell to thinking of Lisa.* Hän rupesi ajattelemaan Lisaa.

fall to sb langeta, tulla jkn osaksi *The task fell to me.* Tehtävä lankesi minulle.

fall through rauera, kariutua, epäonnistua *The project fell through due to lack of money.* Projekti raukesi puuttuvan rahoituksen vuoksi.

family ['fæmɪli] *s*
in the family way *ark vanh* raskaana, pieniin päin
the family jewels *ark leik* sukukalleudet (miehen sukupuolielimistä)

famous ['feɪməs] *a*
famous last words *ark leik* kuuluisat viimeiset sanat (yl vastauksena optimistiseen lausumaan, kun halutaan ilmaista, että jotakin epämiellyttävää voi kuitenkin tapahtua) *Famous last words: "This won't hurt a bit."* Kuuluisat viimeiset sanat: "Tämä ei satu ollenkaan."

fan ['fæn] *v*
fan out *1* levittäytyä, hajaantua *The search party fanned out to cover a wider area.* Etsintäpartio hajaantui laajemmalle alueelle. *2* levitä t. levittää jtak [viuhkamaisesti] *Her long hair fanned out across the pillow.* Hänen pitkät hiuksensa levisivät viuhkana tyynylle.
fan the flames [of sth] pahentaa vihan, suuttumuksen tms. tunnetta, levittäytyä *They admitted that it fanned the flames of hysteria.* He myönsivät, että tämä vain lisäsi hysteriaa.

1 fancy ['fænsi] *v*
Fancy [that]! *ark* (br) Jopas nyt jotakin!
fancy your / sb's chances olla ehkä liiankin varma omasta t. jkun onnistumisesta jsskin *She really fancied her chances as a model.* Hän todellakin uskoi menestyvänsä mallina.

2 fancy *s*
as / whenever the fancy takes you milloin vain huvittaa (tehdä jtkin), koska tahansa *at weekends, or whenever the fancy takes you* viikonloppuisin, tai milloin vain huvittaa
take a fancy to sb / sth (yl br) tykästyä t. ihastua jkin t. jkhun *I just took a fancy to him the first time I saw him.* Ihastuin häneen välittömästi, kun näin hänet.
take / catch / tickle sb's fancy *ark* miellyttää jkta, viehättää jkta *I looked at quite a few tops, but nothing really took my fancy.* Silmäilin useita puseroita, mutta mikään ei vain miellyttänyt.

far ['fɑːʳ] *adv*
a far cry from sth kaukana jostain, ei lähelläkään jotakin *It's a far cry from the real deal.* Se on kaukana alkuperäisestä.
as far as (*myös* so far as) *1* [aina] jhk asti, niin kauas kuin *They decided to walk as far as the village.* He päättivät kävellä kylään asti. *The fence stretched as far as she could see.* Aita ulottui niin kauas kuin hän saattoi nähdä. *2* sikäli kuin, mitä jkhun tulee *They are not engaged, as far as I know.* Sikäli kuin tiedän, he eivät ole kihloissa.
[by] far and away ehdottomasti, ylivoimaisesti *This is by far his most important victory.* Tämä on hänen ylivoimaisesti tärkein voittonsa.
far be it from / for me *ark yl leik* pois se minusta *Far be it from me to stand in the path of true love.* Pois se minusta, että asettuisin tosirakkauden tielle.
far from sth / doing sth kaukana jstak, kaikkea muuta kuin *The circumstances were far from ideal.* Olosuhteet olivat kaikkea muuta kuin ihanteelliset.

from far and wide läheltä ja kaukaa *People came from far and wide to see the performance.* Ihmiset tulivat läheltä ja kaukaa katsomaan esitystä.

go far 1 päästä pitkälle, menestyä *Everyone was sure she would go far.* Kaikki olivat varmoja, että hän pääsisi vielä pitkälle. **2** riittää [pitkään] *A pound doesn't go far these days.* Punta ei nykyään riitä juuri mihinkään.

how far missä määrin *How far do you agree with this statement?* Missä määrin yhdyt tähän väittämään?

[in] so far as / that kirjak sikäli kuin / että, siinä määrin kuin / että *in so far as it ought to be deemed true* siinä määrin kuin sitä voidaan pitää totena

so far 1 tähän mennessä, toistaiseksi *So far we have visited over 100 schools.* Tähän mennessä olemme vierailleet yli sadassa koulussa. **2** niin t. näin pitkälle, tiettyyn rajaan t. pisteeseen asti *She didn't go so far as to give me her telephone number.* Hän ei mennyt niin pitkälle että olisi antanut minulle puhelinnumeronsa.

So far so good. Tähän asti kaikki on hyvin.

fart ['fɑːt] *v*

fart about / around ark lorvehtia, haaskata aikaa *No more farting about wasting valuable time.* Nyt riittää ajan haaskaus.

fashion ['fæʃ°n] *s*

after a fashion jotenkuten, mitenkuten *She could read after a fashion.* Hän osasi lukea jotenkuten.

after / in the fashion of sb / sth kirjak jnk tapaan, jnk tyyliin *She took servants for granted, after the fashion of wealthy, pampered girls.* Varakkaiden ja pilalle hemmoteltujen tyttöjen tapaan hän piti palvelijoita itsestäänselvyytenä.

like it's going out of fashion ark kuin viimeistä päivää *She spend's money like it's going out of fashion.* Hän kuluttaa rahaa kuin viimeistä päivää.

fast ['fɑːst] *a*

a fast track oikotie *a fast track to happiness* oikotie onneen

as fast as your legs can carry you niin nopeasti kuin jaloistaan pääsee *I ran as fast as my legs could carry me.* Juoksin niin nopeasti kuin jaloistani pääsin.

life in the fast lane ark hektinen elämä, kiihkeästi sykkivä elämä

pull a fast one ark huijata t. sumuttaa jkta [pahemman kerran] *She has pulled a fast one on Mr Rowland.* Hän on huijannut herra Rowlandia pahemman kerran.

fasten ['fɑːs°n] *v*

fasten on / onto liimautua jkn kannoille, ripustautua jkhun *You've been fastened onto me for over two hours!* Olet seurannut minua ympäriinsä yli kaksi tuntia!

fasten on / upon 1 kiintyä, kiinnittyä, kohdistaa (katseesta, huomiosta ym.) *His eyes fastened on Laura.* Hän katseensa kiinnittyi Lauraan. **2** keskittyä, kohdistua *The critics fastened upon two sections of the report.* Arvostelijat keskittyivät erityisesti kahteen kohtaan raportissa.

1 fat ['fæt] *a*

[a] fat chance [of sth / doing sth] ark tuskinpa [vain], [se on] epätodennäköistä – *You might even enjoy yourself! – Fat chance [of that]!* – Sinullahan saattaisi jopa olla hauskaa! – Tuskinpa vain!

a fat lot of good / help / use ark paljonpa apua ym., ei juuri mitään apua ym. *A fat lot of help you are!* Paljonpa sinusta on apua!

It isn't over till the fat lady sings. ark Peli ei ole vielä pelattu.

fat

2 fat *s*

the fat is in the fire *ark* asiat ovat nyt hullusti, nyt on piru merrassa

fate ['feɪt] *s*

a fate worst than death *yl leik* kammottava kokemus t. kohtalo *Driving daily during rush hour is a fate worse than death.* Ruuhkassa ajaminen päivittäin on kamalaakin kamalampi kohtalo.

seal sb's fate sinetöidä jnk kohtalo, koitua jkn kohtaloksi *He had already sealed his fate.* Hän oli jo sinetöinyt kohtalonsa.

1 father ['fɑːðəʳ] *v*

father on pitää jkta jnk tekijänä t. alkuunpanijana *The plan was fathered on Sir John Bradbury.* Sir John Bradburya pidetään suunnitelman alkuunpanijana.

2 father *s*

like father, like son kyllä on isänsä poika

fault ['fɔːlt] *s*

be at fault [for / in] *1* olla syypää [jhk], olla syyllinen [jhk] *2* olla viallinen, olla väärillä jäljillä *He suspected that his calculator was at fault.* Hän epäili, että hänen laskimessaan oli jotain vikaa.

find fault with valittaa, arvostella, moittia *She finds fault with everything I do.* Hän arvostelee kaikkia tekemisiäni.

to a fault melkein liiankin *He is kind to a fault.* Hän on melkein liiankin kiltti.

1 favour ['feɪvəʳ] *s* (*am* favor)

be [all] in favour of [doing] sth puoltaa jotakin *She spoke in favour of contraception.* Hän puhui raskauden ehkäisyn puolesta.

Do me / us a favour! *ark* (br) Älä viitsi!, Ei kuuna kullan valkeana!

in favour [of] sb / sth (*myös* in sb's / sth's favour) jnk puolesta, jnk hyväksi, jnk eduksi *The events were now moving in my favour.* Tapahtumat kehittyivät nyt minun edukseni. *The court has decided in favour of the defendant.* Tuomioistuin on tehnyt päätöksen vastaajan hyväksi.

in favour [with] suosittu, jnk suosiossa oleva, pidetty *He is not in favour with the Bishop.* Hän ei nauti piispan suosiota.

out of favour [with sb] epäsuosiossa *This theory has fallen out of favour.* Tämä teoria ei ole enää suosittu.

2 favour *v* (*am* favor)

favour with antaa jklle jtak, osoittaa jklle jtak, suoda jklle jtak (katseesta, hymystä, vastauksesta ym.) *He favoured her with a fond look.* Hän loi naiseen rakastavan katseen.

1 fear ['fɪəʳ] *s*

for fear of [doing] sth (*myös* for fear [that]) jnk pelossa, siitä pelosta että *No one dared ask anything for fear of being thought stupid.* Kukaan ei typeräksi leimautumisen pelossa rohjennut kysyä mitään.

in fear and trembling [of sb / sth] *kirjak* jonkun t. jonkin pelossa *I was not exactly in fear and trembling of him.* En minä häntä varsinaisesti pelännyt.

No fear! *ark* (br) Ei pelkoa!, Ole huoleti!

put the fear of God in[to] sb *ark* pelästyttää jku pahanpäiväisesti, panna jkn housut tutisemaan [pelosta]

without fear or favour *kirjak* puolueettomasti, oikeudenmukaisesti

2 fear *v*

I fear pelkäänpä, pelkään pahoin, valitettavasti *I fear I cannot help you.* Pelkäänpä, etten voi auttaa sinua.

never fear ei pelkoa, ole huoleti *We shall meet again, never fear.* Tapaamme vielä, ole huoleti.

feast ['fi:st] *v*
  feast one's eyes [on sb / sth] katsella jtak ilokseen, antaa silmiensä levätä jssak

1 feather ['feðə^r] *s*
  a feather in one's cap sulka jkn hatussa *The fact that he had solved a mysterious murder series was a feather in his cap.* Salaperäisten murhien ratkaiseminen oli sulka hänen hatussaan.
  [as] light as a feather höyhenenkevyt *I feel as light as a feather.* Oloni on höyhenenkevyt.

2 feather *v*
  feather one's [own] nest katsoa omaa etuaan, rikastua kepulikonsteilla *I've always recognized the need to feather my own nest.* Olen katsonut aina tarpeelliseksi omista eduistani huolehtimisen.

feathered ['feðəd] *a*
  our feathered friends *leik* siivekkäät ystävämme (linnuista)

fed [fed] *v*
  fed up to the back teeth with sb / sth (*myös* **sick to the back teeth of sb / sth**) *ark* lopen kyllästynyt jhk, kurkkua myöten täynnä jtak *I'm fed up to the back teeth with trying.* Olen lopen kyllästynyt yrittämään.

1 feel ['fi:l] *v*
  feel for sb tuntea myötätuntoa jkta kohtaan *I feel for her.* Tunnen myötätuntoa häntä kohtaan.
  feel free [to do sth] *ark* [ihan] vapaasti *Feel free to ask any questions!* Kysykää ihan vapaasti mitä tahansa!
  feel like [doing] sth haluttaa, huvittaa, tehdä mieli *I don't feel like joking.* Eipä juuri huvita vitsailla. *I feel like a cup of coffee.* Mieleni tekee kahvikupposta.
  feel one's age tuntea itsensä vanhaksi *Are you beginning to feel your age?* Alatko jo tuntea itsesi vanhaksi?
  feel one's way *1* haparoida [eteenpäin], tunnustella tietä [käsillään] *She was feeling her way in the dark.* Hän haparoi eteenpäin pimeydessä. *2* haparoida, totutella [tilanteeseen]
  feel out *ark* ottaa [varovaisesti] selvää jstak, tunnustella (tilannetta ym.) *They wanted to feel out the situation.* He halusivat tunnustella tilannetta.
  feel the draught *ark* tuntea nahoissaan ympäristöstä aiheutuvat taloudelliset, sosiaaliset t. poliittiset muutokset *Pensioners feel the draught first.* Eläkeläiset tuntevat muutoksen nahoissaan ensimmäisinä.
  feel up to jaksaa, voida, kyetä *I don't feel up to eating anything.* En jaksa syödä mitään.
  not feeling oneself ei voida hyvin, ei olla kunnossa *She was not quite feeling herself.* Hän ei voinut kovin hyvin.

2 feel *s*
  get a / the feel of / for sth *ark* saada tuntuma jhk t. vaikutelma jstak *He wandered around the town, trying to get the feel of the place.* Hän vaelteli ympäri kaupunkia ja yritti saada paikasta jonkinlaisen vaikutelman.
  have a feel for *ark* olla [luontainen] taipumus jhk *She's really got a feel for tennis.* Hänellä on todellakin luontaista taipumusta tennikseen.

feeler ['fi:lə^r] *s*
  put out feelers (*myös* **have feelers**) tunnustella maaperää, koettaa kepillä jäätä *He had put out feelers about negotiating.* Hän oli tunnustellut maaperää neuvottelujen suhteen.

feeling

feeling ['fi:lɪŋ] s
bad / ill feeling närä, [vanha] kauna *There is no bad feeling between us.* Välillämme ei ole närää.
have a feeling for sth olla [luontainen] taipumus jhk *He had a natural feeling for poetry.* Hänellä oli luontaista taipumusta runouteen.
have mixed feelings [about sb / sth] suhtautua jhk sekavin tuntein *Her parents have mixed feelings about the decision.* Hänen vanhempansa suhtautuvat päätökseen sekavin tuntein.

feet [fi:t] s
at sb's feet ihailla ja kunnioittaa jkta, olla jkun jalkojen juuressa *They appear to have the whole world at their feet.* Heillä näyttää olevan koko maailma jalkojensa juuressa.
be run / rushed off one's feet *(myös* get run / rushed off one's feet*)* olla todella kiireinen *I was rushed off my feet until about 10pm.* Olin todella kiireinen iltakymmeneen asti.
fall / land on one's feet *ark* laskeutua jaloilleen, olla onni myötä *She always seems to fall on her feet.* Hänellä näyttää olevan aina onni matkassaan.
feet first *ark* jalat edellä, kuolleena t. tajuttomana *The only way I'm leaving my home is when they carry me out feet first.* Kotoani suostun lähtemään vain jalat edellä.
feet of clay yllättävä heikkous jkssa *Ministers, like all of us, have feet of clay.* Myös ministereissä on heikkouksia, kuten meissä muissakin.
have / keep both feet on the ground *(myös* have / keep one's feet on the ground*)* pitää jalat maassa *Keep your feet on the ground.* Pidä jalat tiukasti maassa.

fell ['fel] *a*
in / at one fell swoop kertaheitolla, yhdellä iskulla *They solved two problems at one fell swoop.* He ratkaisivat kaksi ongelmaa yhdellä iskulla.

fellow ['feləʊ] *a*
one's fellow man / men lähimmäiset, toiset ihmiset

1 fence ['fens] *s*
sit on the fence olla odottavalla kannalla, istua kahdella tuolilla *He's been sitting on the fence over it.* Hän on ollut odottavalla kannalla asian suhteen.

2 fence *v*
fence sb in vangita, ahdistaa jku nurkkaan

fetch ['fetʃ] *v*
fetch and carry [for sb] juosta toisen asioilla, olla jkn juoksupoikana *We have a helper to fetch and carry for us.* Meillä on apulainen hoitamassa asioitamme.
fetch up *ark* päätyä (jhk paikkaan) *We fetched up in LA.* Päädyimme Los Angelesiin.

1 few ['fju:] *a, pron*
as few as vain, ainoastaan *As few as 17 drivers were able to answer the questions correctly.* Ainoastaan 17 kuljettajaa osasi vastata kysymyksiin oikein.
every few days / weeks / months / years muutaman päivän / viikon / kuukauden / vuoden välein
few and far between harvassa, hyvin harvinainen *Thank goodness these incidents were few and far between.* Oli luojan lykky, että tällaiset tapaukset olivat hyvin harvinaisia.
no fewer than jopa, peräti *She broke no fewer than 27 world records during her distinguished career.* Menestyksekkään uransa aikana hän rikkoi peräti 27 maailmanennätystä.

quite a few (*myös* a good few, not a few) aika monta, koko t. melkoinen joukko *He was a good few years older than me.* Hän oli minua aika monta vuotta vanhempi. *Quite a few people want to be her friend.* Koko joukko ihmisiä haluaa olla hänen ystävänsä.

to name / mention but a few vain muutamia mainitakseni

2 few s

have had a few [too many] *ark* olla juonut paljon alkoholia *I had a few too many.* Taisin ottaa vähän liikaa.

fibre ['faɪbə^r] s (*am* fiber)

with every fibre of one's being joka solullaan *She wanted him with every fibre of her being.* Hän halusi miestä joka solullaan.

1 fiddle ['fɪdl] v

fiddle around / about roikkua, norkoilla *She fiddled around waiting for the others to leave.* Hän roikkui paikalla odottaen, että toiset lähtisivät.

fiddle while Rome burns ohittaa ongelma puuhastelemalla pikkuasioiden parissa *The government fiddles while Rome burns.* Hallitus ohittaa ongelman puuhastelemalla pikkuasioiden parissa.

2 fiddle s

[as] fit as a fiddle terve kuin pukki *At seventy, he is still fit as a fiddle.* Seitsemänkymmenvuotiaana hän on edelleen terve kuin pukki.

on the fiddle *ark* petkuttaa, huijata *I'll tell the tax people that you are on the fiddle.* Kerron verovirastolle, että petkutat.

play second fiddle to soittaa toista viulua, jäädä toiseksi *She played second fiddle to her husband's pastimes.* Hän jäi soittamaan toista viulua suhteessa miehensä harrastuksiin.

field ['fi:ld] s

hold the field hallita, vallita *This theory held the field.* Tämä teoria oli vallitseva.

in the field kentällä *He is responsible for commanding the army in the field.* Armeija on hänen komennossaan kentällä. *She worked in the field as a social worker.* Hän työskenteli kentällä sosiaalityöntekijänä.

keep the field *vanh* jatkaa taistelua *The army kept the field through the winter.* Armeija jatkoi taistelua läpi talven.

lead the field 1 johtaa, olla kärjessä *He leads the field by six strokes.* Hän johtaa kuudella lyönnillä. 2 olla paras t. suosituin *The paper led the field in the volume of ad pages.* Sanomalehti oli paras mainossivujen määrällä mitattuna.

play the field *ark* tapailla useampaa ihmistä *She played the field without getting too serious.* Hän tapaili useita miehiä ryhtymättä vakavaan suhteeseen.

fierce ['fɪəs] a

something fierce *ark* (yl am) kiihkeästi, rajusti, ankarasti, kiivaasti *Her knee hurt something fierce.* Hänen polveaan särki ankarasti.

fig ['fɪg] s

not give / care a fig [about / for sb / sth] ei välittää pätkääkään *I don't give a fig what you think.* En välitä pätkääkään siitä, mitä sinä ajattelet.

fight ['faɪt] v

fight a losing battle turha taistelu (jossa varmasti häviää) *The police is fighting a losing battle against rising crime.* Poliisi käy turhaa taistelua lisääntyvää rikollisuutta vastaan.

fight back pidätellä, tukahduttaa *She fought back tears.* Hän pidätteli kyyneliä.

fighting

fight down pidätellä, hillitä *She fought down the urge to scream.* Hän hillitsi haluaan kirkua.

fight fire with fire vastata tuleen tulella, vastata samalla mitalla *He fought fire with fire, accusing her in turn of wasting time.* Hän vastasi tuleen tulella ja syytti vuorostaan naista ajan tuhlaamisesta.

fight like cat[s] and dog[s] *ark* [tapella] kuin kissa ja koira

fight or flight taistele tai pakene *Rapid breathing is characteristic of the fight or flight reaction.* Hengityksen kiihtyminen on tyypillistä taistele tai pakene -reaktiolle.

fight sb / sth tooth and nail (*myös* fight tooth and nail for sb / sth) taistella kynsin ja hampain *They fought tooth and nail for the release of political prisoners.* He taistelivat kynsin ja hampain poliittisten vankien vapauttamiseksi.

fight shy of sb / doing sth olla haluton ryhtymään t. osallistumaan jhk *Many women fight shy of motherhood.* Monet naiset ovat haluttomia ryhtymään äideiksi.

make a fight of it tapella, kamppailla, taistella *You could hire a lawyer and make a fight of it.* Voisit palkata lakimiehen ja taistella.

fighting ['faɪtɪŋ] *a*

a fighting chance ['faɪt] jonkinlainen mahdollisuus *They still have a fighting chance on winning.* Heillä on vielä jonkinlainen mahdollisuus voittoon.

1 figure ['fɪgəʳ] *s*

a figure of fun naurettava ihminen *The band became a figure of fun in the music press.* Yhtyeestä tuli pilkan kohde musiikkilehdissä.

in round figures (*myös* in round numbers) pyöreinä lukuina, pyöristettynä

put a figure on sth antaa tarkka hinta t. luku *The farmer couldn't put a figure to his losses.* Maanviljelijä ei pystynyt arvioimaan tappiotaan tarkasti.

2 figure *v*

figure on *ark* (am) laskea jnk varaan *He figured on me being there.* Hän laski sen varaan, että olisin paikalla.

figure sb / sth out *ark* selvittää, saada selvää, saada selville, hoksata *Try to figure out what's wrong.* Yritä selvittää, mikä on vialla. *I can't figure you out.* En saa sinusta selvää.

file ['faɪl] *s*

in single file (*myös* in indian file) jonossa *We walked in single line, not saying a word.* Etenimme jonossa sanomatta sanaakaan.

1 fill ['fɪl] *v*

fill in 1 saattaa jku ajan tasalle *Fill me in on what has happened since I saw you last.* Kerro kaikki, mitä on tapahtunut sitten viime näkemän. **2** tuurata *Could you fill in for Susan as she's ill?* Voisitko tuurata Susania, kun hän on sairas?

fill out lihoa, pyöristyä *She had filled out a little.* Hän oli vähän lihonut.

fill sb's shoes / boots seurata jkun jalanjälkiä, jatkaa jkun työtä menestyksekkäästi *He fills the shoes of his illustrious predecessors.* Hän seuraa maineikkaiden edeltäjiensä jalanjälkiä.

fill up tankata (auto) *She filled the car up.* Hän tankkasi auton.

2 fill *s*

have had one's fill of sb / sth olla saanut tarpeekseen jostakin t. jostakusta *I have had my fill of you.* Olen saanut sinusta tarpeekseni.

find ['faɪnd] *v*

find favour saavuttaa suosiota, tulla hyväksytyksi *The painting found fa-*

vour with public opinion. Yleinen mielipide suhtautui maalaukseen myönteisesti.

find it in one's heart to do sth *kirjak* hennoa, raatsia, pystyä *He could not find it in his heart to criticize his brother.* Hän ei hennonut arvostella veljeään. *She cannot find it in her heart to love him.* Hän ei pysty rakastamaan miestä.

find one's feet *ark 1* päästä jaloilleen *She found her feet, staggered, and almost fell.* Hän pääsi jaloilleen, kompuroi ja melkein kaatui. *2* kotiutua, löytää paikkansa *It took a while to find my feet in the group.* Minulta kesti vähän aikaa löytää paikkani ryhmässä.

find one's way osata jhk, päätyä, kulkeutua, etsiytyä, hakeutua *The cat found its way home.* Kissa osasi palata kotiin. *The propaganda found its way into school books.* Propaganda päätyi koulukirjoihin.

find sb out paljastaa, saada selville *Many adults with learning disabilities live with fear of being found out.* Moni oppimishäiriöinen aikuinen elää paljastumisen pelossa.

find sth out selvittää, ottaa selvää *He found out everything he could about leukaemia.* Hän otti selville kaiken mahdollisen leukemiasta.

take sb as you find them hyväksyä jku omana itsenään *I don't want to know what's gone on in the past, I take him as I find him.* En halua tietää hänen menneisyydestään, hyväksyn hänet omana itsenään.

finder ['faɪndəʳ] *s*

finders keepers [losers weepers] löytäjä saa pitää

1 fine ['faɪn] *a*

fine feathers make fine birds vaatteet tekevät miehen

fine words butter no parsnips tyhjät lupaukset eivät paljon paina

not to put too fine a point on it suoraan sanottuna *Not to put too fine a point on it, she is a liar.* Suoraan sanottuna hän on valehtelija.

one fine day jonain päivänä, joku kaunis päivä *He wants to be a minister one fine day.* Joku kaunis päivä hän haluaa olla ministeri.

one's finest hour jkn tähtihetki *The tournament proved to be her finest hour.* Turnaus osoittautui hänen tähtihetkekseen.

...'s finest *ark* (am) jnk kaupungin poliisivoimat *New York's finest* New Yorkin poliisivoimat

the finer points of mutkikkaammat yksityiskohdat *They discussed the finer points of law.* He keskustelivat lain mutkikkaammista yksityiskohdista.

2 fine *adv*

cut it / things fine jättää viime tinkaan, onnistua nipin napin *Even with normal traffic, he was cutting it fine.* Ilman liikenneruuhkiakin hän ehtisi vain nipin napin.

do fine *1* sopia hyvin *An omelette will do [me] fine.* Munakas sopii [minulle] hyvin. *2* olla terve, voida hyvin *– How's your husband? – He's doing fine.* – Miten aviomiehesi voi? – Hän voi hyvin. *3* suoriutua hienosti *Carry on, you're doing fine.* Jatka samaa rataa, hyvin menee.

fine art [,faɪn'ɑːrt] *s*

have / get sth down to a fine art *ark yl leik* kehittää jk todelliseksi taiteeksi *He has got television performances down to a fine art.* Hän on kehittänyt televisioesiintymiset todelliseksi taiteeksi.

fine tooth [,faɪn'tuːθ] *a*

go over / through sth with a fine tooth comb *ark* tutkia jotakin erityisen tarkkaan t. tarkasti *The police have been over the place with a fine-tooth comb.* Poliisi on tutkinut paikan tarkkaan.

finger ['fɪŋgə{r}] *s*

be all fingers and thumbs *ark* (br) olla peukalo keskellä kämmentä, olla kömpelö *I can't tie it, I'm all fingers and thumbs.* En saa sitä sidotuksi, minulla on peukalo keskellä kämmentä.

get one's fingers burnt (*myös* burn one's fingers) polttaa näppinsä *They got their fingers burnt and lost a lot of money.* He polttivat näppinsä ja menettivät paljon rahaa.

get / pull / take one's finger out *ark* (br) ryhtyä paiskomaan töitä, yrittää *If they don't get their finger out, they will lose all their business.* Elleivät he ryhdy paiskomaan töitä, he menettävät kaikki asiakkaansa.

give sb the finger *ark* (am) näyttää jklle keskisormea

have a finger in every pie *ark* olla lusikka joka sopassa *He has a finger in every pie in that community.* Hän on pistänyt lusikkansa siinä yhteisössä joka soppaan.

have a finger in the pie pistää lusikkansa soppaan, sekaantua *The government too has a finger in the pie.* Hallituskin pistää lusikkansa soppaan.

have / keep one's finger on the pulse olla sormi ajan hermolla *He keeps his finger on the pulse of the market.* Hänellä on sormi ajan hermolla markkinoiden suhteen.

lay a finger on hipaista, kajota, koskea (yl vahingoittaakseen) *I never laid a finger on her.* En ole koskenutkaan häneen.

put one's finger on sth tietää tarkkaan, saada selville *I can't quite put my finger on what's wrong.* En osaa tarkkaan sanoa, mikä on vialla.

put the finger on sb *ark* ilmiantaa, antaa ilmi *He put the finger on seven members of the gang.* Hän ilmiantoi seitsemän jengin jäsentä.

the finger of suspicion syyttävä sormi *The finger of suspicion is pointed at him.* Syyttävä sormi osoittaa häneen.

fingertip ['fɪŋgətɪp] *s*

at one's fingertips ulottuvilla *He has all the facts at his fingertips.* Hänellä on kaikki tosiasiat käsien ulottuvilla.

by one's fingertips epätoivoisesti, työläästi *We are hanging on to the remains of our welfare state by our fingertips.* Roikumme epätoivoisesti kiinni hyvinvointivaltiomme rippeissä.

to one's fingertips (br) sormenpäitään myöten *He's a gentleman to his fingertips.* Hän on sormenpäitään myöten herrasmies.

finish ['fɪnɪʃ] *s*

a fight to the finish taistelu viimeiseen asti (toisen tappioon asti) *Six teams are rivals in what will be a fight to the finish.* Kuusi joukkuetta kamppailee toisiaan vastaan viimeiseen asti.

be in at the finish olla jsskin loppuun asti, olla mukana vielä jkin päättyessäkin *She was in at the finish when the prizes were handed out.* Hän oli sitkeästi mukana palkintojen jaossa.

1 fire ['faɪə{r}] *s*

breathe fire olla raivoissaan *He rushed there breathing fire and fury.* Hän ryntäsi sinne raivoissaan.

catch fire *1* syttyä palamaan *The factory caught fire.* Tehdas syttyi palamaan. *2* sytyttää, innostaa, kiinnostaa *His ideas didn't catch fire.* Hänen ideansa eivät innostaneet.

fire and brimstone tulta ja tulikiveä (puheesta) *Where churchgoing has fallen, fire and brimstone are losing their power to terrify.* Siellä missä kirkossa käynti on vähentynyt, kiivaat saarnat menettävät pelottavuuttaan.

fire in the / one's belly palava kunnianhimo t. päättäväisyys *All champion golfers have fire in the belly.* Kaikki mestarigolfaajat ovat kunnianhimoisia.

go through fire [and water] mennä vaikka läpi harmaan kiven *I would have gone through fire for him.* Olisin mennyt vaikka läpi harmaan kiven hänen vuokseen.

light a fire under sb (am) pistää vauhtia jkhun *The first goal lit a fire under the team.* Ensimmäinen maali pisti vauhtia joukkueeseen.

on fire *1* tulessa, palava *The car is on fire.* Auto on tulessa *2* kiihkeä, innostunut, intohimoinen *He is on fire with new ideas.* Hän on innostunut uusista ideoistaan.

set fire to sth (*myös* set sth on fire) sytyttää [palamaan] *He set fire to the flat.* Hän sytytti asunnon palamaan. *You'll set the house on fire!* Sytytät vielä talon palamaan!

set the world on fire (*myös* (br) set the Thames on fire) olla sensaatio *The film hasn't exactly set the world on fire.* Elokuva ei ollut mikään sensaatio.

take fire syttyä [palamaan] *Petrol from the upturned car took fire.* Katolleen kääntyneestä autosta valunut bensiini syttyi palamaan.

under fire *1* tulituksen kohteena *He came under fire at close range but survived.* Häntä tulitettiin lähietäisyydeltä, mutta hän selvisi.
2 arvostelun kohteena *He has come under fire for his report.* Hänen raporttinsa on joutunut arvostelun kohteeksi.

where's the fire *ark* Missä palaa?, Mihin on noin kiire?

2 fire *v*

fire away *ark* Anna kuulua!, Kysy pois! *I don't know anything useful, but fire away.* En tiedä mitään hyödyllistä, mutta kysy pois.

fire off lähettää (vihainen kirje) *He fired off angry memoranda.* Hän lähetteli vihaisia muistioita.

fire up innostaa, innoittaa, sytyttää *The team was fired up with enthusiasm.* Joukkue oli innoissaan.

firing on all [four] cylinders toimia täydellä teholla, olla täydessä vauhdissa *The company is firing on all four cylinders.* Yritys toimii täydellä teholla.

1 firm ['fɜːm] *a*

a firm hand tiukka kuri t. kontrolli *I think they need a firmer hand.* Mielestäni he tarvitsevat kovempaa kuria.

be on firm ground olla varma asiastaan *I'm on firm ground with this.* Olen aivan varma tästä asiasta.

2 firm *v*

firm sth up lyödä lukkoon, sopia *to firm up the policy* sopia politiikasta

first ['fɜːst] *num*

at first ensin, aluksi, alkuaan *At first we thought it was the flu.* Luulimme sitä aluksi flunssaksi.

first and foremost ennen kaikkea, ensi sijassa, ensisijaisesti *Language is, first and foremost, a social process.* Kieli on ennen kaikkea sosiaalinen prosessi.

first and last ennen kaikkea *They were educationalists first and last.* He olivat ennen kaikkea pedagogeja.

first come, first served saapumisjärjestyksessä *There are 30 places available on a first come, first served basis.* Paikkoja on 30, ja ne myydään saapumisjärjestyksessä.

first of all ensinnäkin *First of all, we have to learn how to trust one another.* Ensinnäkin meidän täytyy oppia luottamaan toisiimme.

first off *ark* (yl am) ensiksikin, ensinnäkin, ihan aluksi *First off, what's* *your name?* Ensiksikin, mikä on nimesi?

first past the post (br) yksinkertaisella äänienemmistöllä valittava *Elections are conducted by virtue of the 'first past the post system'.* Vaalit toimitetaan yksinkertaisella äänienemmistöllä.

first thing ensimmäiseksi aamulla *Take a brisk walk first thing in the morning.* Käy reippaalla kävelyllä heti aamusta.

first things first tärkeimmät asiat ensin *First things first: I needed a morning cup of coffee.* Tärkeimmät asiat ensin: tarvitsin aamukahvin.

first up ensimmäiseksi *First up, they were stopped at the US border.* Ensimmäiseksi heidät pysäytettiin USA:n rajalla.

from first to last alusta loppuun, kautta linjan *From first to last he kept himself out of the public limelight.* Hän pysytteli poissa julkisuuden valokeilasta kautta linjan.

from the [very] first alusta alkaen, heti *I always had my doubts from the very first.* Minulla oli epäilykseni alusta alkaen.

in the first place *1* ensinnäkin, ensiksikin *He is not, in the first place, a 'real' aristocrat.* Ensinnäkään hän ei ole "oikea" aristokraatti. *2* heti alussa, alun alkaen *How did you get into physics in the first place?* Miten alun alkaen kiinnostuit fysiikasta?

of the first order (*myös* of the first magnitude) ensiluokkainen, huippu- *The silk was of the first order.* Silkki oli ensiluokkaista.

first name [,fɜːstˈneɪm] *s* (*myös* forename)
on first name terms sinutteluväleissä, sinut, sinunkaupat *Staff and pupils were on first name terms.* Henkilökunta ja oppilaat olivat sinut keskenään.

1 fish [ˈfɪʃ] *s*
a big fish [in a little / small pond] iso kiho (mutta vain pienissä ympyröissä) *He came back, because he could be a big fish in a small pond.* Hän palasi, koska hän voisi olla iso kiho näissä pienissä ympyröissä.

all's fish that comes to the net kaikki, joka eteen tulee, voi t. pitää käyttää hyväksi

drink like a fish juoda kuin sieni *He drinks like a fish since his wife died.* Hän on juonut kuin sieni siitä lähtien kun hänen vaimonsa kuoli.

have other / bigger fish to fry *ark* olla muuta t. tärkeämpääkin tekemistä *The company has bigger fish to fry with new important clients.* Yrityksellä on tärkeämpääkin tekemistä uusien, tärkeiden asiakkaiden muodossa.

like a fish out of water *ark* kuin kala kuivalla maalla *In the city the villagers were like fish out of water.* Kaupungissa kyläläiset olivat kuin kalat kuivalla maalla.

neither fish nor fowl [nor good red herring] lintu vai kala *The hovercraft is neither fish nor fowl.* Ilmatyynyalus ei ole lintu eikä kala.

shooting fish in a barrel (*myös* be like taking candy from a baby) saavuttaa jtak erittäin helposti *Making fun of him is like shooting fish in a barrel.* Hänestä on helppo tehdä pilaa.

there are plenty more fish in the sea *ark* maailmassa on muitakin naisia t. miehiä (vaikka yksi suhde päättyi) *I'm sorry about the break-up, but there are plenty more fish in the sea.* Olen pahoillani, että teille tuli ero, mutta kyllä maailmassa miehiä riittää.

2 fish *v*
fish for compliments kalastella kohteliaisuuksia *He's always fishing for compliments.* Hän yrittää aina kalastella kohteliaisuuksia.

fish or cut bait *ark* (am) joko tee asialle jotain t. anna asian olla

fish sth out *ark* onkia ylös, kaivaa esiin *She fished out a handkerchief from her pocket.* Hän onki nenäliinan taskustaan.

fishing ['fıʃıŋ] *s*

fishing expedition (tiedon) kalastelu *The defendants wish to embark on a fishing expedition.* Vastaajat haluavat vain kalastella tietoja.

1 fit ['fıt] *v*

fit in *1* sopia joukkoon *It is incredible how she has fitted in.* On uskomatonta, miten hyvin hän sopii joukkoon. *2* sopia *The chairs fit in with the style of the room.* Tuolit sopivat huoneen tyyliin. *3* sovittaa, mahduttaa, saada sopimaan *I'll try to fit the meeting in.* Yritän saada kokouksen mahtumaan aikatauluuni.

fit out varustaa, kalustaa *The forces were fitted out with uniforms.* Joukot varustettiin univormuilla.

fit up *1* varustaa, kalustaa *The boat was fitted up in an elegant style.* Vene oli kalustettu tyylikkäästi. *2 ark* (br) lavastaa syylliseksi *He had been fitted up for burglary.* Hänet oli lavastettu syylliseksi murtoon.

2 fit *a*

[as] fit as a fiddle (*myös* [as] fit as a flea) *ark* terve kuin pukki *I feel fit as a fiddle.* Tunnen itseni terveeksi kuin pukki.

fit to be tied *ark* (am) vihainen kuin ampiainen, ärtyisä *He was fit to be tied and blames me for the whole thing.* Hän on vihainen kuin ampiainen ja syyttää minua koko jutusta.

fit to bust haljetakseen *They laughed fit to bust.* He nauroivat haljetakseen.

fit to drop (*myös* ready to drop) *ark* väsynyt, aivan poikki *We've been working so hard I'm fit to drop.* Olemme työskennelleet niin ahkerasti, että olen aivan poikki.

see / think fit [to do sth] *kirjak* pitää sopivana, katsoa parhaaksi *The social services people did not see fit to inform the police.* Sosiaalityöntekijät eivät katsoneet aiheelliseksi ilmoittaa poliisille.

3 fit *s*

give sb a fit *ark* suututtaa jku, järkyttää jkta *They gave me a fit, trying to see who was related to whom.* He todella raivostuttivat minua setviessään sukulaissuhteitaan.

have / throw a fit *ark* suuttua, pillastua *Mother would have a fit if she saw you dressed like that.* Äiti pillastuisi jos näkisi sinut noissa vaatteissa.

in / by fits and starts puuskittain, puuskittaisesti *Research continues by fits and starts.* Tutkimus jatkuu puuskittain.

in fits [of laughter] *ark* naurunpuuskan vallassa *The outrageous T-shirt had her in fits of laughter.* Hillitön t-paita sai hänet nauramaan kippurassa.

1 fix ['fıks] *v*

fix sb up [with sb] *ark* järjestää jklle treffit jkn kanssa *A friend fixed Jane up with his brother.* Eräs ystävä järjesti Janelle treffit veljensä kanssa.

fix sb with a look / stare / gaze naulita jku katseellaan *She fixed me with an angry look.* Hän naulitsi minut katseellaan.

how are you fixed [for sth]? *ark* <käytetään tiedustellessa onko jklla tarpeeksi jtkin t. ovatko jkun asiat kunnossa> *How are you fixed for cash?* Onko sinulla tarpeeksi käteistä?

2 fix *s*

be / get in a fix *ark* olla vaikeassa tilanteessa t. joutua vaikeaan tilanteeseen *We were in a bit of a fix.* Olimme aika kiperässä tilanteessa.

flag

flag ['flæg] *s*

fly the flag purjehtia jnk [maan] lipun alla *vessels flying the British flag* alukset, jotka purjehtivat Ison-Britannian lipun alla

keep the flag flying edustaa kunniakkaasti maataan, organisaatiotaan ym. (ulkomailla) *The cyclist kept the flag flying for the UK by finishing 2nd.* Pyöräilijä edusti kunniakkaasti Isoa-Britanniaa sijoittuen toiseksi.

put the flag[s] out juhlia *Put the flags out! I passed!* Nyt juhlitaan! Minä läpäisin tentin!

show / carry / wave the flag edustaa t. kannattaa maataan ym. *We hope he can carry the flag in the next Olympics.* Toivomme, että hän voi edustaa maataan seuraavissa olympialaisissa.

show the flag (laivaston aluksesta) käydä ulkomaansatamassa (voimannäyttötarkoituksessa) *The vessel showed the flag in Latin American ports.* Alus kävi Latinalaisen Amerikan satamissa.

wrap oneself in the flag (yl am) esiintyä yltiöisänmaallisesti *During the campaign, he wrapped himself in the flag.* Kampanjan aikana hän esiintyi yltiöisänmaallisesti.

flagpole ['flægpəʊl] *s*

run sth up the flagpole [to see who salutes] testata uuden idean t. ehdotuksen suosiota *Various proposals were run up the flagpole.* Useiden ehdotusten suosiota testattiin.

flake ['fleɪk] *v*

flake out *ark* simahtaa, sammua *She was flaked out.* Hän oli simahtanut.

flame ['fleɪm] *s*

an old flame vanha heila, entinen rakastettu *She's an old flame of mine.* Hän on entinen heilani.

go up in flames leimahtaa liekkeihin, palaa maan tasalle *The factory went up in flames.* Tehdas paloi maan tasalle.

1 flash ['flæʃ] *v*

flash back palata mielessään jhk *Her thoughts flashed back to last night.* Hän palasi ajatuksissaan edellisiltaan.

2 flash *s*

flash in the pan tähdenlento *She is no short-term flash in the pan.* Hän ei ole mikään lyhytikäinen tähdenlento.

in / like a flash hujauksessa, vilauksessa *The lesson seemed to pass in a flash.* Oppitunti tuntui olevan ohi hujauksessa.

quick as a flash siinä silmänräpäyksessä *Quick as a flash, the boy darted past her.* Siinä silmänräpäyksessä poika ryntäsi hänen ohitseen.

1 flat ['flæt] *a*

that's flat se on varma, ja sillä hyvä *He won't go into a Home and that's flat.* Hoitokotiin hän ei mene ja sillä hyvä.

2 flat *s*

fall flat [on one's face] *ark* epäonnistua, mennä mönkään *His attempts at jokes fell flat.* Hänen yrityksensä vitsailla menivät mönkään.

flat out (*myös* flat-out) *1* täysillä, täyttä vauhtia, täysi *They have been working flat out for six months.* He ovat työskennelleet täysillä puoli vuotta. *flat-out speed* täysi vauhti *2 ark* (yl am) epäröimättä, selkeä *evidence of flat-out perjury* todisteita selkeästä väärästä valasta

flaunt ['flɔːnt] *v*

if you've got it, flaunt it älä ole turhan vaatimaton

flavour ['fleɪvəʳ] *s*

flavour of the month (yl br) tämän hetken suosikki *It's not a flavour of* *the month.* Se ei ole kovin suosittua tällä hekellä.

flea ['fli:] *s*
a flea in one's ear ankara toru, nuhtelu *The reporter was sent away with a flea in her ear.* Reportteri sai kuulla kunniansa, ennen kuin hänet lähetettiin matkoihinsa.
fit as a flea terve kuin pukki *He was looking fit as a flea.* Hän näytti terveeltä kuin pukki.

flesh ['fleʃ] *s*
all flesh ihmiset ja eläimet
go the way of all flesh kuolla, loppua *Their beloved pet went the way of all flesh and died.* Heidän rakas lemmikkinsä kuoli.
in the flesh ilmielävänä, luonnossa *He is just as charming in the flesh.* Hän on luonnossa aivan yhtä hurmaava.
make someone's flesh creep / crawl saada kylmiä väreitä jstak *His smile made her flesh creep.* Miehen hymy sai kylmät väreet kulkemaan hänen selkäpiissään.
one's [own] flesh and blood samaa lihaa ja verta, sukulaisia *He is your own flesh and blood – your own brother!* Hän on samaa lihaa ja verta – oma veljesi!
put flesh on [the bones of] something täydentää, lisätä yksityiskohtia *Parliament will soon put flesh on the bones of the principle.* Parlamentti täydentää periaatetta pian.
put on flesh lihoa *You've put on flesh a bit.* Olet vähän lihonut.

flies [flaɪz] *s*
die / fall / drop like flies kaatua kuin heinää (kuolla t. sairastua suuria määriä) *Men were dropping like flies.* Miehiä kaatui kuin heinää.
[there are] no flies on sb *ark* jku ei ole hyväuskoinen, jku on hyvä jssak *There are no flies on me as far as I'm concerned on that issue.* Älä yritä huijata minua tässä asiassa.

flight ['flaɪt] *s*
a flight of fancy mielikuvituksen lento, mielikuvituksen tuote *She cut across Myra's flight of fancy in which she danced with John.* Hän tuhosi Myran haavekuvan, jossa tämä tanssi Johnin kanssa.
in full flight 1 pakenemassa täyttä vauhtia *The enemy was in full flight.* Vihollinen pakeni täyttä vauhtia. **2** täydessä vauhdissa *The races were in full flight.* Kisat olivat täydessä vauhdissa.
in the first flight (*myös* in the top flight) yksi parhaista *The team was in the top flight.* Joukkue oli yksi parhaita.
put sb / sth to flight ajaa pakoon, saada pakenemaan *They put the adversary to flight.* He ajoivat vastustajan pakoon.
take flight (*myös* take to flight) paeta, lähteä pakoon, karata *Many took flight to woods at the air-raid warning.* Monet pakenivat metsään kuullessaan ilmahälytyksen.

flip ['flɪp] *v*
flip one's lid (*myös* (am) flip one's wig) *ark* pimahtaa, polttaa päreensä *She flipped her lid and attacked the neighbour's dog.* Hän pimahti ja kävi naapurin koiran kimppuun.

float ['fləʊt] *v*
float around / about olla liikkeellä (huhusta) *There is a strange rumour floating around.* Liikkeellä on outo huhu.

flog ['flɒg] *v*
flog a dead horse *ark* (br) ajanhukkaa, turha yritys *Trying to make her change her mind is like flogging a dead horse.* On ajanhukkaa yrittää saada häntä muuttamaan mielensä.

1 flood [ˈflʌd] *s*
be in floods [of tears] *ark* itkeä valtoimenaan
in [full] flood täydessä vauhdissa *Discussion was already in full flood.* Keskustelu oli jo täydessä vauhdissa.

2 flood *v*
flood out (*yl be flooded out*) joutua lähtemään kodistaan tulvan vuoksi *The families were flooded out.* Perheet joutuivat jättämään kotinsa tulvan vuoksi.

floodgate [ˈflʌdgeɪt] *s*
open the floodgates murtaa padot *The decision would open the floodgates to redundancies.* Päätös murtaisi padot ja johtaisi irtisanomisten ryöppyyn.

floor [ˈflɔːʳ] *s*
from the floor yleisöltä, yleisön keskuudesta *We will now take questions from the floor.* Yleisö voi nyt esittää kysymyksiä.
take the floor *1* käyttää puheenvuoro *The foreign minister took the floor to explain his earlier remarks.* Ulkoministeri käytti puheenvuoron selittääkseen aikaisempia huomautuksiaan. *2* mennä tanssimaan (tanssilattialle) *The bride and groom took the floor.* Morsiuspari aloitti tanssin.

flotsam [ˈflɒtsəm] *s*
flotsam and jetsam *1* roina, romu, hylkytavara *2* yhteiskunnan väliinputoajat

1 flow [ˈfləʊ] *v*
flow from sth johtua, seurata jstak *The innovation flowed from the 1976 crisis.* Innovaatio oli seurausta vuoden 1976 kriisistä.

2 flow *s*
go with the flow *ak* ajelehtia virran mukana *She went with the flow, with what her friends were doing.* Hän ajelehti virran mukana ja teki samoin kuin ystävänsäkin.
in full flow täydessä vauhdissa *She listened to Smith, who was in full flow.* Hän kuunteli Smithiä, joka oli täydessä vauhdissa.

flower [ˈflaʊəʳ] *s*
the flower of sth *kirjak* kukka, valioyksilöt *The flower of youth was wasted in war.* Nuoret valioyksilöt heitettiin hukkaan sodassa.

flush [ˈflʌʃ] *v*
flush out savustaa, ajaa, pakottaa (ulos t. esiin) *The dogs flushed out the fox.* Koirat ajoivat ketun ulos.

flutter [ˈflʌtəʳ] *v*
flutter one's eyelashes (naisesta) räpytellä silmäripsiään, käyttää viehätysvoimaansa (saadakseen miehen tekemään jtak) *'Could you help?' she asked, fluttering her eyelashes at him.* "Voisitko auttaa?" hän kysyi räpytellen silmäripsiään miehelle.

1 fly [ˈflaɪ] *v*
fly a kite *ark* (br) testata, kokeilla *I thought I would fly a kite for a less-fashionable theory.* Ajattelin testata epämuodikkaampaa teoriaa.
fly at sb /sth hyökätä jkn kimppuun *Something snapped inside her and she flew at him.* Hän pimahti ja hyökkäsi miehen kimppuun.
fly high menestyä, kukoistaa *The company is flying high.* Yritys menestyy.
fly in the face of sth *kirjak* uhmata jtak, toimia vastoin jtak *He likes to fly in the face of convention.* Hän uhmaa mielellään sovinnaistapoja.
fly into a rage / temper raivostua *Elinor, used to being obeyed, flew into a rage.* Elinor raivostui, koska oli tottunut siihen, että häntä toteltiin.
fly off the handle *ark* saada raivokohtaus, menettää malttinsa *She*

follow

saw the mess and flew off the handle. Hän näki sotkun ja raivostui.

fly the coop *ark* karata, livistää, ottaa hatkat *He was five when his father flew the coop.* Hän oli viiden vanha, kun hänen isänsä otti hatkat.

fly the nest lentää pesästä *Her only daughter flew the nest last year.* Hänen ainoa tyttärensä lähti kotoa viime vuonna.

[go] fly a / your kite *ark* (am) häivy!

on the fly *ark* lennossa, liikkeessä, ohimennen, kiireessä *I grabbed some lunch on the fly.* Haukkasin ohimennen vähän lounasta.

2 fly *s*

a / the fly in the ointment *ark* mutka matkassa, ongelma *The fly in the ointment is that you haven't got a thousand pounds.* Ongelmana on, että sinulla ei ole tuhatta puntaa.

die / drop like flies kuolla kuin kärpäsiä *The men were dying like flies, of fever.* Miehiä kuoli kuumeeseen kuin kärpäsiä.

fly on the wall kärpäsenä katossa *I'd love to be a fly on the wall during their meeting.* Haluaisinpa tarkkailla kärpäsenä katossa heidän tapaamistaan.

like a blue-arsed fly *alat* (br) tuli perseen alla *He's been running around like a blue-arsed fly all morning.* Hän on juossut ympäriinsä tuli perseen alla koko aamun.

wouldn't hurt / harm a fly ei tekisi pahaa kärpäsellekään *My dog wouldn't hurt a fly.* Koirani ei tekisi pahaa kärpäsellekään.

flying ['flaɪŋ] *a*

a flying visit lyhyt vierailu *She paid a flying visit to London last week.* Hän käväisi pikaisesti Lontoossa viime viikolla.

get off to a flying start päästä hyvään alkuun *I got off to a flying start in my new job.* Pääsin hyvään alkuun uudessa työssäni.

go flying *ark* (br) kompastua, kaatua *It looked as though the woman was going to go flying if she lost her grip on her partner.* Näytti siltä, että nainen menisi nurin, jos hänen otteensa hänen paristaan kirpoaisi.

with flying colours suurella menestyksellä, kirkkaasti *She passed the test with flying colours.* Hän läpäisi testin kirkkaasti.

foam ['fəʊm] *v*

be foaming at the mouth *ark* raivota suu vaahdossa *The staff are foaming at the mouth because of the weekend working.* Henkilökunta on raivoissaan viikonlopputöistä.

foggy ['fɒgi] *a*

not have the foggiest [idea / notion] *ark* ei olla harmainta aavistustakaan *I haven't the foggiest what you're talking about.* Minulla ei ole harmainta aavistustakaan, mistä sinä puhut.

follow ['fɒləʊ] *v*

follow in sb's footsteps seurata jkun esimerkkiä *I am pleased to say neither of my children has followed in my footsteps.* Voin tyytyväisenä todeta, ettei kumpikaan lapsistani ottanut minusta mallia.

follow one's nose *1* luottaa vaistoihinsa *You are on the right track so follow your nose.* Olet oikeilla jäljillä, joten luota vaistoihisi. *2* seurata tuoksua *I smelled the coffee and followed my nose.* Haistoin kahvin ja seurasin sen tuoksua. *3* kulkea suoraan eteenpäin, kulkea sinne minne nenä näyttää

follow suit *1* tunnustaa maata (korttipeleissä) *2* seurata esimerkkiä *He emptied his glass and I followed suit.* Hän tyhjensi lasinsa, ja minä seurasin esimerkkiä.

food

food ['fu:d] *s*

food for thought ajattelemisen aihetta, pureskeltavaa *The exhibition provides food for thought.* Näyttely antaa ajattelemisen aihetta.

1 fool ['fu:l] *s*

a fool and his money are soon parted hölmö pääsee pian rahoistaan

be no / nobody's fool ei olla mikään typerys *Being no fool, he must know what he's doing.* Fiksuna miehenä hän kyllä tietää mitä tekee.

fools rush in [where angels fear to tread] parempi katsoa kuin katua (läh)

make a fool of sb / yourself tehdä naurunalaiseksi *She made a fool of herself by running after him.* Hän teki itsensä naurunalaiseksi juoksemalla miehen perään.

more fool you / them / ... *ark* olipa ... typerä *I believed him. More fool me.* Uskoin häntä. Olinpa typerä.

play / act the fool pelleillä, hullutella, toimia typerästi *He played the fool to lighten the mood.* Hän pelleili keventääkseen tunnelmaa.

[there's] no fool like an old fool vanha hölmö se vasta hölmö onkin

2 fool *v*

you could have fooled me! Ihanko totta?, eipä uskoisi – *My brother is not a thief.* – *You could have fooled me.* – Veljeni ei ole varas. – Ihanko totta?

foot ['fʊt] *s*

be rushed / run off one's feet olla erittäin kiireinen *Our schedule is hectic and we'll be rushed off our feet.* Aikataulumme on tiukka, ja meille tulee hirveä hoppu.

feet of clay savijalka, heikkous *Most heroes would have feet of clay if studied closely.* Lähempi tarkastelu paljastaisi, että sankareilla on heikkoutensa.

get one's feet under the table (yl br) saada jalansijaa, varmistaa asemansa *The new boss wasted no time in getting her feet under the table.* Uusi pomo ryhtyi heti varmistelemaan asemaansa.

get one's feet wet alkaa, osallistua ensi kertaa *Once he got his feet wet, he realized that bowling was fun.* Kokeiltuaan keilailua ensi kertaa hän tajusi, että se oli hauskaa.

get / start off on the right / wrong foot *ark* aloittaa hyvin / huonosti *He got off on the wrong foot with the new commander.* Hänen ja uuden komentajan yhteistyö alkoi huonosti.

have a foot in both camps *ark* istua kahdella tuolilla, toimia kahtaalla *He has a foot in both camps: he teaches and writes crime fiction.* Hän toimii kahtaalla: hän sekä opettaa että kirjoittaa rikosromaaneja.

have / get a foot in the door saada jalka ovenrakoon *In this profession one is lucky to have a foot in the door.* Tällä alalla on onnea, jos saa edes jalkansa ovenrakoon.

have / keep one's / both feet on the ground pitää jalat maassa *The film star keeps her feet on the ground.* Tämä filmitähti pitää jalat maassa.

have one foot in the grave *ark leik* olla toinen jalka haudassa

have sth at one's feet valloittaa jk *He has the cricket world at this feet.* Hän on valloittanut krikettimaailman.

my foot! *ark* katin kontit *Artistic disagreement – my foot!* Taiteellisia erimielisyyksiä – katin kontit!

not / never put a foot wrong (*myös* not / never set a foot wrong) *ark* olla aina oikeassa, ei ikinä tehdä virheitä *She rarely puts a foot wrong and never makes the same mistake twice.* Hän tekee harvoin virheitä eikä tee koskaan samaa virhettä kahdesti.

on / by foot jalan, jalkaisin *They followed on foot.* He tulivat perässä jalkaisin.

on one's feet pystyssä, jalkeilla *You'll be back on your feet soon.* Pian olet taas jalkeilla.

put one's best foot forward tehdä parhaansa *You could make it if you put your best foot forward.* Onnistut, jos teet parhaasi.

put one's feet up *ark* levätä, levähtää *I feel guilty if I put my feet up and do nothing.* Tunnen syyllisyyttä, jos lepään tekemättä mitään.

put one's foot down *ark 1* toimia päättäväisesti *She put her foot down and said no.* Hän sanoi päättäväisesti ei. *2* (br) painaa kaasu pohjaan *She put her foot down on the motorway.* Hän painoi kaasun pohjaan moottoritiellä.

put one's foot in it (*myös* put one's foot in one's mouth) *ark* mokata, möhlätä *He put his foot in his mouth with tactless remarks.* Hän mokasi puhumalla tahdittomasti.

set foot on / in astua jalallaan *I'll never set foot in that place again.* Siihen paikkaan en enää jalallani astu.

sweep sb off their feet hurmata *He had swept her off her feet with honeyed words.* Mies oli hurmannut hänet hunajaisilla puheillaan.

think on one's feet reagoida tehokkaasti ja nopeasti *She can think on her feet and react well under stress.* Hän osaa reagoida nopeasti ja toimii hyvin paineen alla.

under foot maassa *It is dry under foot.* Maa on kuiva.

under one's feet tiellä, jaloissa *The cat get's under my feet all the time.* Kissa on jaloissani koko ajan.

footsie ['fʊtsi] *s*

play footsie *1* pitää jalkapeliä *He played footsie with Jane under the table.* Hän piti jalkapeliä Janen kanssa pöydän alla. *2* vehkeillä *Their government played footsie with the neighbouring country.* Heidän hallituksensa vehkeili naapurimaan kanssa.

footstep ['fʊtstep] *s*

follow / tread in sb's footsteps seurata jkn [jalan]jälkiä *Tom followed in his father's footsteps by becoming a missioner.* Tom seurasi isänsä jalanjälkiä ryhtymällä lähetyssaarnaajaksi.

for ['fɔːʳ, fəʳ] *prep*

be for it *ark* (br) olla vaikeuksissa *Now you are for it!* Nyt olet vaikeuksissa!

be for sb to do sth olla jkn asia t. velvollisuus tehdä jtak *It is not for me to offer them advice.* Ei ole minun asiani neuvoa heitä.

oh for... voi kun saisi, olisipa *Oh for a camera!* Olisipa nyt kamera mukana!

there's / that's...for you *iron* onpa siinä ... kerrakseen, siinäpä vasta ... *So you've remembered her at last? There's appreciation for you.* Muistit siis viimein hänet? Siinäpä arvostusta kerrakseen.

forbid [fə'bɪd] *v*

God / Heaven forbid Luoja / Taivas varjelkoon *God forbid that it should happen to my child.* Luoja varjelkoon, ettei sellaista tapahdu minun lapselleni.

forbidden [fə'bɪdn] *a*

forbidden fruit kielletty hedelmä, kielletty nautinto *Alcohol is a forbidden fruit for teenagers.* Alkoholi on teineille kielletty hedelmä.

the forbidden degrees avioliiton estävä sukulaisuusaste *They couldn't marry, because they are within the forbidden degrees.* He eivät voisi mennä naimisiin, koska ovat liian läheisiä sukulaisia.

1 force ['fɔːs] *s*

be a force to be reckoned with jku t. jkin jolla on paljon [vaikutus]valtaa *She is a force to be reckoned with in the women's ranks.* Hän on vahva kilpailija naisten sarjassa.

force of habit tottumuksen voima, vanha tottumus *Perhaps it's force of habit.* Ehkä kyse on vanhasta tottumuksesta.

in force suurin joukoin *The mosquitoes arrived in force.* Sääskiä saapui suurin joukoin.

2 force *v*

force sb's hand pakottaa jku tekemään jtak *Circumstances forced her hand.* Hän toimi olosuhteiden pakottamana.

force the issue pakottaa tekemään päätös nopeasti *Don't force the issue until your investigations are complete.* Älä tee päätöstä, ennen kuin olet tutkinut asiaa.

fore ['fɔːʳ] *s*

be / come to the fore olla esillä t. etualalla / tuoda esille t. etualalle *His competitive streak came to the fore.* Hänen kilpailuviettinsä tuli esille.

forelock ['fɔːlɒk] *s*

take time by the forelock *kirjak* ottaa tilaisuudesta vaari[n]

touch / tug one's forelock osoittaa kunnioitusta (viemällä käsi otsalle) *He touched his forelock in salute.* Hän tervehti viemällä käden lippaan.

foreseeable [fɔː'siːəbᵊl] *a*

for the foreseeable future toistaiseksi, näillä näkymin *The gardens are closed for the foreseeable future.* Puutarhat ovat toistaiseksi kiinni.

in the foreseeable future lähitulevaisuudessa *The market will continue to grow in the foreseeable future.* Markkinat jatkavat kasvua lähitulevaisuudessa.

forewarn [fɔː'wɔːʳn] *v*

forewarned is forearmed ei vara venettä kaada

forget [fə'get] *v*

and don't you forget it paina se mieleesi, muistakin se *You're a suspect, and don't you forget it.* Painahan mieleesi, että olet epäilty.

forget it *1* ei se mitään – *I'm sorry. – Forget it.* – Olen pahoillani. – Ei se mitään. *2* ei tule kuuloonkaan, turha luulo – *You've got to come with us. – Forget it!* – Sinun on pakko tulla mukaan. – Turha luulo!

forget oneself *1* käyttäytyä sopimattomasti, menettää itsehillintänsä *You are right to rebuke him when he forgets himself so.* Teet ihan oikein moittiessasi häntä, kun hän käyttäytyy sopimattomasti. *2* unohtaa itsensä, unohtaa omat murheensa *He must forget himself in his work.* Hänen täytyy hukuttaa murheensa työhön.

not forgetting unohtamatta, mukaan lukien *Love to Anne and Susan, not forgetting Megan.* Terveisiä Annelle ja Susanille, Megania unohtamatta.

forgive [fə'gɪv] *v*

forgive and forget antaa jklle anteeksi *I'm sure they'll just forgive and forget.* Olen varma, että he sopivat riitansa.

one could be forgiven for (*myös* one may be forgiven for) on ymmärrettävää, että *The visitor could be forgiven for being disappointed.* On ymmärrettävää, jos kävijä on pettynyt.

forked ['fɔːkt] *a*

with forked tongue petollisesti, kavalasti *Politicians speak with forked tongues.* Poliitikkojen puheisiin ei voi luottaa.

forth ['fɔːθ] *adv*

and so forth ja niin edespäin *Philosophy, history, sociology, and so* *forth.* Filosofia, historia, sosiologia ja niin edespäin.

fortune ['fɔːtʃ°n] *s*

a small fortune *ark* pieni omaisuus *The trip cost a small fortune.* Matka maksoi pienen omaisuuden.

fortune favours the brave onni suosii rohkeaa

fortune smiles on sb onni hymyilee jklle *At last, fortune smiled on him.* Onni hymyili hänelle vihdoinkin.

make a / one's fortune ansaita omaisuutensa *He made his fortune from the building industry.* Hän ansaitsi omaisuutensa rakennusteollisuudessa.

tell sb's fortune ennustaa, povata *A gypsy told my fortune.* Mustalainen povasi minulle.

forty ['fɔːti] *num*

forty winks *ark* nokoset, päiväunet *After I'd had forty winks, I felt a lot better.* Nokosten jälkeen voin paljon paremmin.

four ['fɔːʳ] *num*

on all fours nelinkontin *The monkeys walk on all fours.* Apinat kävelevät nelinkontin.

the four corners of the earth kaukaisimmat maankolkat t. maailman kolkat *They came from the four corners of the earth.* He saapuivat kaikista maailman kolkista.

these four walls näiden seinien sisäpuolella (puhuttaessa salaisuuden säilymisestä paikallaolijoiden keskuudessa) *The data is confidential: it goes no further than these four walls.* Aineisto on luottamuksellista ja pysyy näiden seinien sisäpuolella.

frame ['freɪm] *s*

frame of mind mielentila *He was in a distressed frame of mind.* Hän oli ahdistuneessa mielentilassa.

fray ['freɪ] *v*

fray at / around the edges (*myös* fray at / around the seams) osoittaa väsymisen t. kulumisen merkkejä *Usually confident, she is starting to fray at the edges.* Hänen luontainen itseluottamuksensa alkaa murentua.

free ['friː] *a*

a free hand vapaat kädet *The manager had a free hand to implement reforms.* Johtajalla oli vapaat kädet toteuttaa uudistuksia.

a free ride siipeily, jnk siivellä pääseminen jhk *He expects to get a free ride.* Hän on varsinainen siipeilijä.

[as] free as [the] air (*myös* [as] free as a bird) vapaa kuin taivaan lintu *I'm free as the air* Olen vapaa kuin taivaan lintu.

free and easy rento ja huoleton, rento ja luonteva *She was intrigued by their free and easy lifestyle.* Häntä kiehtoi heidän rento ja huoleton elämäntyylinsä.

free, gratis, and for nothing *leik* [ihan] ilmaiseksi

it's a free country tämä on vapaa maa *It's a free country, and I can go anywhere I like.* Tämä on vapaa maa, ja voin mennä ihan minne haluan.

make free with käyttää kuin omaansa *Does he know you are making free with his belongings?* Tietääkö hän, että käytät hänen tavaroitaan kuin omiasi?

freeze ['friːz] *v*

freeze out *ark* savustaa jku [ulos] jstak *They tried to freeze me out of the project.* He yrittivät savustaa minut projektista.

freeze sb's blood / one's blood freezes hyytää, karmia selkäpiitä *The scream froze my blood.* Huuto oli verta hyytävä.

freight

freight ['freɪt] *v*
be freighted with täynnä jtak, jnk painama *Each word was freighted with bitterness.* Jokainen sana oli täynnä katkeruutta.

French ['frentʃ] *s*
[if you'll] pardon / excuse my French *leik* anteeksi kiroiluni *I wish I'd never come to this bloody place, if you'll pardon my French.* Anteeksi kiroiluni, mutta toivon, etten olisi koskaan tullut tähän helvetin paikkaan.

fresh ['freʃ] *adv*
[as] fresh as a daisy raikas kuin aamukaste *She looks as fresh as a daisy.* Hän näyttää raikkaalta kuin aamukaste.

be fresh out of sth *ark* juuri loppunut, äsken loppuunmyyty *I'm fresh out of milk.* Minulta loppui juuri maito.

get fresh [with sb] *ark* <käytetään jskta, jonka käytöksessä on kunnioituksen puutetta ja liiallista itsevarmuutta> *Don't get fresh with me!* Älä käy nenäkkääksi!

friend ['frend] *s*
a friend in need is a friend indeed hädässä ystävä tutaan

have friends in high places olla arvovaltaisia ystäviä *The family had friends in high places, including the powerful Lord Burghley.* Perheellä oli arvovaltaisia ystäviä, muiden muassa vaikutusvaltainen lordi Burghley.

make friends [with sb] ystävystyä *He makes friends easily.* Hän ystävystyy helposti. *I made friends with Sarah.* Ystävystyin Sarahin kanssa.

my honourable friend (br) <toisesta samaan puolueeseen kuuluvasta parlamentin alahuoneen jäsenestä>

what are friends for (*myös* that's what friends are for) sitä vartenhan ystävät ovat

what's sth between friends? *ark* <käytetään kun kieltäydytään ottamasta jlkta pientä rahasummaa, jonka tämä on velkaa> *What's a few pennies between friends?* Ei sinun tarvitse noin pientä summaa maksaa takaisin.

fright ['fraɪt] *s*
look a fright *ark* näyttää epäsiistiltä, näyttää linnunpelättimeltä *You look a fright!* Näytät ihan linnunpelättimeltä!

take fright [at sb] *kirjak* säikähtää, pelästyä *Investors took fright at threatened tax increases.* Sijoittajat säikähtivät mahdollisia veronkorotuksia.

the fright of one's life pelästyä puolikuoliaaksi *It gave me the fright of my life.* Se pelästytti minut puolikuoliaaksi.

frightener ['fraɪtᵊnə] *s*
put the frighteners on [sb] *ark* (br) uhkailla *The criminals had put the frighteners on him.* Rikolliset olivat uhkailleet häntä.

fro ['frəʊ] *adv*
to and fro edestakaisin, sinne tänne *The lion paced to and fro in its cage.* Leijona käveli edestakaisin häkissään.

frog ['frɒg] *s*
frog in one's throat *ark* ääni käheänä, limaa kurkussa *Sorry, I've got a frog in my throat.* Anteeksi, minulla on limaa kurkussa.

front ['frʌnt] *s*
front and center (am) keskeisessä asemassa oleva *The customer is always front and center.* Asiakas on aina keskeisessä asemassa.

in the front line [of sth] etulinjassa, etunenässä *They are in the front line of research relating to the effects of global climatic change.* He ovat ilmastonmuutosta käsittelevän tutkimuksen etunenässä.

up front *ark* etukäteissuorituksena (rahasta) *I had to pay them up front.* He halusivat maksun etukäteen.

frost ['frɒst] *s*
Jack Frost (*myös* Grandfather Frost) pakkasukko

froth ['frɒθ] *v*
froth at the mouth raivota suu vaahdossa *He is frothing at the mouth at the thought.* Pelkkä ajatuskin saa hänet raivoamaan suu vaahdossa.

fruit ['fru:t] *s*
bear fruit kantaa hedelmää *The economic reform bore fruit.* Talouden uudistus kantoi hedelmää.
the fruit[s] of sth jkin hedelmä[t] *the fruit[s] of my labours* työni hedelmät

fruitcake ['fru:tkeɪk] *s*
[as] nutty as a fruitcake *ark leik* pähkähullu *She's nutty as a fruitcake.* Hän on pähkähullu.

frying pan ['fraɪɪŋ pæn] *s*
out of the frying pan into the fire ojasta allikkoon

fuel ['fju:əl] *s*
add fuel to the fire (*myös* add fuel to the flames) lietsoa, provosoida *A scathing reply would only add fuel to the fire.* Pureva vastaus vain provosoisi tilannetta.

full ['fʊl] *a*
at full stretch täydellä teholla *They have been working at full stretch since April.* He ovat työskennelleet täydellä teholla huhtikuusta lähtien.
be at / below full strength toimia täydellä miehityksellä / alimiehityksellä *We are below full strength due to several players missing in action this week.* Pelaamme alimiehityksellä useiden pelaajien ollessa poissa tällä viikolla.

come / go full circle sulkeutua (ympyrästä) *His life came to full circle when he died in Eisleben, the city where he also was born.* Ympyrä sulkeutui, kun hän kuoli Eislebenissä, syntymäkaupungissaan.
full marks [to sb for doing sth] täydet pisteet jklle jstak *Full marks to everybody for their efforts.* Täydet pisteet kaikille vaivannäöstä.
full of oneself täynnä itseään, omahyväinen *He's so full of himself.* Hän on täynnä itseään.
full steam / speed ahead täydellä höyryllä, täyttä vauhtia [eteenpäin] *They should go full steam ahead with the plan.* Heidän pitäisi mennä täysillä eteenpäin suunnitelman kanssa.
the full monty [tehdä jtkin] koko rahan edestä
to the full täysin siemauksin, täysillä, perusteellisesti *He lived his life to the full.* Hän eli täysillä.

fullness ['fʊlnəs] *s* (*myös* fulness)
in the fullness of time *kirjak* kun aika on kypsä *If he knows something, he'll tell us in the fullness of time.* Jos hän tietää jotakin, hän kertoo meille, kun aika on kypsä.

fun ['fʌn] *s*
for [the] fun [of it] huvin vuoksi, pilanpäiten *I believe that killing animals for fun is wrong.* Mielestäni eläinten tappaminen huvin vuoksi on väärin.
fun and games *1 ark* pelleily, toilailu, ilonpito, hauskuus *There are organised fun and games during weekends.* Viikonlopuiksi on järjestetty kaikkea hauskaa. *2 leik* hauskaa, kivaa (tarkoitettaessa ongelmia t. vaikeuksia) *We had fun and games trying to get my ADSL connection working.* Olipa meillä kivaa, kun yritimme saada ADSL-yhteyteni toimimaan.

in fun leikillään, piloillaan *She didn't mean what she said, it was all in fun.* Hän sanoi niin vain leikillään, hän ei tarkoittanut sitä.

make fun of sb / sth (*myös* poke fun at sb / sth) pitää pilkkanaan, laskea leikkiä jkn kustannuksella, tehdä pilaa jstak *The boys at school made fun of his looks.* Pojat koulussa tekivät pilaa hänen ulkonäöstään.

not much fun / not a lot of fun ei ole mukavaa, on epämiellyttävää *Moaners are not much fun to have around.* Valittajat eivät ole mukavaa seuraa.

sb's idea of fun jkn mielestä hauskaa *Kicking a ball up and down a pitch isn't my idea of fun.* Pallon potkiminen pitkin kenttää ei vastaa minun käsitystäni hauskanpidosta.

what fun! Kuulostaa hauskalta! *We're going to build a snowman. What fun!* Teemme lumiukon. Siitä tulee hauskaa!

fund ['fʌnd] *s*

a fund of paljon jtak, runsas varasto jtak *He had a fund of stories about his boyhood.* Hänellä oli runsas varasto tarinoita lapsuudestaan.

funeral ['fju:nərəl] *s*

it's your funeral *ark* omapahan on ongelmasi

funny ['fʌni] *a*

I'm not being funny, but ... sanon vakavissani, olen tosissani *I'm not being funny, but she can't stick up for herself.* Sanon vakavissani, että hän ei osaa pitää puoliaan.

see the funny side [of sth] nähdä jnk hauskat, koomiset puolet *He has always been able to see the funny side of life.* Hän on aina pystynyt näkemään elämän koomiset puolet.

[oh] very funny! *ark iron* olipa hauskaa, olipa hyvä vitsi

fur ['fɜ:r] *s*

the fur will fly (*myös* the feathers / sparks will fly) *ark ark* nousee rähinä, nousee kova meteli *The fur will fly when she finds out the truth!* Kun totuus selviää hänelle, nousee kova metakka!

furniture ['fɜ:nɪtʃər] *s*

part of the furniture *ark* vakiokalustoon kuuluva henkilö *I worked for him for so long I became part of the furniture.* Olin hänellä töissä niin kauan, että kuuluin lopulta vakiokalustoon.

further ['fɜ:ðər] *adv*

further along / down the road tulevaisuudessa *You might minimize losses further down the road.* Saatat välttyä suuremmilta menetyksiltä tulevaisuudessa.

not go any further (*myös* go no further) pysyä salaisuutena, pysyä joidenkin välisenä asiana *I know that whatever I say won't go any further.* Tiedän, että se mitä sanon pysyy meidän välisenämme asiana.

furthest ['fɜ:ðɪst] *adv* (*myös* farthest)

at the furthest kaukaisimmillaan, etäisimmillään, korkeintaan *We are five miles from the river at the furthest.* Olemme korkeintaan viiden mailin päässä joesta.

fury ['fjʊəri] *s*

like fury *ark* raivoisasti ponnistellen, raivokkaasti *Although not very big, the trout fought like fury.* Vaikka taimen ei ollut kovin suuri, se kamppaili raivokkaasti.

fuse ['fju:z] *s*

be on / have a short fuse *ark* olla lyhyt pinna, olla lyhytjänteinen *You seem to be on a short fuse all the time.* Sinulla näyttää olevan jatkuvasti pinna kireällä.

blow a fuse polttaa päreensä *It's enough to make me blow a fuse.* Tuo kyllä saa minut polttamaan päreeni.

fuss [ˈfʌs] *s*

make a fuss ärsyyntyä, tehdä numero jstak, valittaa *I was disappointed, but didn't make a fuss.* Olin pettynyt, mutta en tehnyt siitä numeroa.

make a fuss over / of sb / sth hössöttää, hyysätä *I made a fuss of him when we got married.* Naimisiin mentyämme hyysäsin häntä.

fussy [ˈfʌsi] *a*

not be fussy (*myös* not be fussed about sb / sth) *ark* (br) olla jklle sama[ntekevää] – *Do you want pizza?* – *I'm not fussy.* – Haluatko pizzaa? – Aivan sama.

future [ˈfjuːtʃəʳ] *s*

in future (*myös* (am) in the future) vastedes, jatkossa, tulevaisuudessa *He must avoid that sort of mistake in future.* Hänen täytyy vastedes varoa tekemästä sellaista virhettä.

fuzzy [ˈfʌzi] *a*

warm [and] fuzzy *ark* tunteellisuus, (tunteisiin) vetoavuus *Puppies give me a warm and fuzzy feeling.* Koiranpennut vetoavat tunteisiini.

G

gab [ˈgæb] *s*
 the gift of [the] gab *ark* hyvät puhelahjat, sana hallussaan *She always had the gift of the gab.* Hänellä oli aina sana hallussaan.

gaff [ˈgæf] *s*
 blow the gaff [on sb / sth] *ark, vanh* (br) paljastaa salaisuus, kieliä, antaa ilmi *He hasn't blown the gaff on my war wound, has he?* Eihän hän ole paljastanut salaisuutta sotavammastani?

gallery [ˈgæləri] *s*
 play to the gallery kosiskella yleisöä, yrittää tehdä yleisöön vaikutus *He insists he hasn't played to the gallery.* Hän väittää, ettei ole yrittänyt mielistellä.

game [ˈgeɪm] *s*
 a shell game (am) <jnk siirtely paikasta toiseen harhauttamistarkoituksessa>, huiputus *Analysts see shell game in war fund.* Analyytikkojen mukaan sotaa rahoitetaan määrärahoja siirtelemällä.

 a whole new ball game (*myös* a totally different ball game) täysin uusi, usein vaikea tilanne *He's playing a whole new ball game.* Hän toimii kokonaan uudella tavalla.

 ahead of the game muita edellä *This investment is needed if we are to stay ahead of the game.* Tämä sijoitus on tarpeellinen, mikäli aiomme pysyä muita edellä.

 all part of the game (*myös* all in the game) pelin henkeen kuuluva *It's all part of the game.* Se kuuluu pelin henkeen.

 be new to the game olla vailla kokemusta tietystä toiminnasta *If you're new to the game and want to start a business, they will help you.* He auttavat, jos haluat perustaa yrityksen etkä tunne alaa.

 be on the game *ark* (br) olla ilotyttö *They think I'm on the game.* He luulevat, että olen ilotyttö.

 beat / play sb at their own game (*myös* play sb at their own game, play the same game [as sb]) lyödä jku hänen omilla aseillaan *An English vineyard is trying to beat French wine makers at their own game.* Englantilainen viinitarha yrittää lyödä ranskalaiset viininvalmistajat näiden omalla alalla.

 blow / sod this / that for a game of soldiers *alat* (br) <kun ei haluta tehdä jtak, joka tuntuu liian vaivalloiselta tai ikävältä>, antaa olla, ei maksa vaivaa

 easy game helppo uhri, henkilö jota on helppo arvostella *He was too generous with his money and was therefore easy game for tricksters.* Hän oli liian antelias rahojensa suhteen ja siitä syystä helppo uhri huiputtajille.

 fair game vapaata riistaa, vapaasti arvosteltavissa *Some people think that tax evasion is fair game.* Jotkut pitävät veronkiertoa oikeutettuna.

 give the game away paljastaa korttinsa *Her expression gave the game away.* Hänen ilmeensä paljasti hänet.

play the game pelata sääntöjen mukaan *Older people easily learn to play the game according to the rules.* Iäkkäät ihmiset oppivat helposti toimimaan sääntöjen mukaan.

sb's [little] game *ark* juoni, aikomukset *Do you think I don't see through your little game?* Luuletko, etten huomaa juoniasi?

That was a game and a half! <jstak hyvin yllättävästä, hyvästä tai joka kesti odotettua pitempään>

the game is up peli on menetetty, suunnitelma on paljastunut

the only game in town ainoa vaihtoehto, ainoa mahdollisuus *The fact that it was the only game in town, didn't mean it was worth following.* Vaikka se olikin ainoa mahdollisuus, se ei välttämättä ollut toteuttamisen arvoinen.

What's sb's game? *ark* <tiedusteltaessa, mistä syystä jku käyttäytyy tietyllä tavalla>

gamut ['gæmət] *s*
run the gamut käydä läpi koko kirjo, käydä läpi koko asteikko *Possible reasons for non-approval run the gamut from the usual to the astounding.* Mahdolliset hylkäämissyyt vaihtelevat tavanomaisesta ällistyttävään.

gangbuster ['gæŋbʌstə] *s*
come on like gangbusters *ark* (am) tehdä jtak erittäin innokkaasti ja energisesti, erit. puhua tai esiintyä *Sometimes mothers come on like gangbusters in their new parenting role.* Joskus uudet äidit ovat roolissaan yli-innokkaita.

like gangbusters *ark* (am) hyvin menestyksekkäästi *Her career took off like gangbusters.* Hänen uransa eteni vauhdikkaasti.

gap ['gæp] *s*
a credibility gap luottamusvaje *Nations must unite to close the credibility gap.* Kansakuntien on yhdistyttävä luottamuksen aikaan saamiseksi.

a gap in the market markkinarako *What he spotted and exploited was a huge gap in the market.* Hän huomasi valtavan markkinaraon ja käytti sitä hyväkseen.

a generation gap sukupolvien välinen kuilu *Turgenev's novel Fathers and Children is about the generation gap.* Turgenevin romaani Isät ja lapset kertoo sukupolvien välisestä kuilusta.

garden ['gɑ:dn] *s*
everything in the garden is lovely / rosy *us iron* (br) kaikki on mitä parhaiten

gas ['gæs] *s*
a gas guzzler *ark* (am) bensannielijä, auto, joka kuluttaa paljon polttoainetta *He steps out of a big white gas guzzler.* Hän astuu isosta valkoisesta bensannielijästä.

be cooking with / on gas *ark* (am, br) onnistua hyvin, menestyä *This new deal has our company cooking on gas.* Uuden kaupan ansiosta yhtiömme kukoistaa.

run out of gas loppua puhti *I feel like I am running out of gas.* Tuntuu siltä, että minulta alkaa loppua puhti.

step on the gas *ark* (yl am) kaasuttaa, kiihdyttää *Time to step on the gas.* On aika nopeuttaa asioiden etenemistä.

1 gasp ['gɑ:sp] *v*
be gasping for *ark* haluta kovasti, himoita *I'm gasping for a cup of tea!* Haluaisin kovasti kupillisen teetä!

2 gasp *s*
the last gasp of sth *kirjak* ajanjakson tai prosessin viime hetket *It may be the last gasp of imperialism in the face of decline.* Kyseessä saattavat olla imperialismin viime hetket ennen rappiota.

gate

gate ['geɪt] *s*
get the gate (*myös* be given the gate) *ark* (am) saada potkut *She is given the gate, and she just can't understand why.* Hän sai potkut eikä ymmärrä miksi.

gatepost ['geɪtpəʊst] *s*
between you and me and the gatepost näin meidän kesken (sanottaessa jtak, mikä on tarkoitus pitää salassa) *Let's keep it between you and me and the gatepost.* Pidetään tämä meidän keskeisenä.

gather ['gæðəʳ] *v*
gather dust pölyttyä, olla pitkään käyttämättä *The proposals were doomed to gather dust unless they were backed by Treasury money.* Ehdotukset jäisivät väistämättä toteutumatta, ellei niihin saataisi valtion rahoitusta.
gather in korjata (sato) *Sow the pots with beans to gather in September.* Kylvä pavut ruukkuihin, jotta ne voi korjata syyskuussa.
gather oneself koota itsensä *Go and sit down and gather yourself back together again.* Istu alas ja kokoa voimasi.

gauntlet ['gɔːntlɪt] *s*
run the gauntlet joutua hyökkäyksen kohteeksi *They had to run the gauntlet of television cameras and reporters.* He joutuivat televisiokameroiden ja toimittajien hyökkäyksen kohteeksi.
take up the gauntlet ottaa haaste vastaan *One of the big supermarkets says it's happy to take up the gauntlet to recycle.* Yksi isoista supermarketeista sanoi ottavansa mielellään vastaan kierrätyshaasteen.
throw down the gauntlet haastaa *Democrats throw down the gauntlet for change.* Demokraatit esittävät haasteen muutoksen aikaan saamiseksi.

gaze ['geɪz] *s*
the public gaze julkisuus, julkinen kiinnostus *In his last years, Stalin lived almost entirely secluded from the public gaze.* Viimeisinä vuosinaan Stalin eli miltei kokonaan julkisuudesta eristäytyneenä.

1 gear ['gɪəʳ] *s*
get in / into gear aloittaa tehokas ja energinen työskentely *Disorganised French industry was slow to get into gear.* Järjestäytymätön ranskalainen teollisuus pääsi hitaasti vauhtiin.
get your brain in gear *ark* selvittää ajatuksensa, ajatella kirkkaasti ja tehokkaasti *The game will get your brain in gear.* Peli saa aivosi toimimaan.
move / step up a gear työskennellä t. toimia entistä tehokkaammin t. nopeammin *United stepped up a gear and regained the lead.* United pani ison vaihteen päälle ja meni uudelleen johtoon.
[slip / be thrown] out of gear sekaisin (tilanne tai tunteet) *The whole country was thrown out of gear.* Koko maa meni sekaisin.

2 gear *v*
gear for valmistautua, varustautua, varustaa *We are geared for action.* Olemme valmistautuneet toimintaan.
gear to / towards sovittaa, suunnata, suuntautua *When nearly all services are geared to young males, young women are inevitably marginalised.* Kun lähes kaikki palvelut on suunnattu nuorille miehille, nuoret naiset jäävät väistämättä sivuun.
gear up valmistautua, varustautua, varustaa *The hotel was geared up to receive 500 conference guests.* Hotelli oli valmistautunut ottamaan vastaan 500 kokousvierasta.

gem ['dʒem] *s*
a gem of a sth oikea helmi *Hidden behind a plain exterior is a gem of a hotel.* Karu julkisivu kätkee taakseen hotellien helmen.

genie ['dʒi:ni] *s*
let the genie out of the bottle muuttaa tilanne peruuttamattomasti *With the Internet, we really let the genie out of the bottle.* Internet muuttaa elämämme kokonaan.

get ['get] *v*
can't get over sth *ark* <ilmaistaessa hämmästystä, järkytystä, huvittuneisuutta> *They can't get over how high the tower is.* Tornin korkeus ihmetytti heitä.

get about / around (yl br) *1* käydä ulkona, matkustella, päästä liikkumaan *You will need a car to get around.* Tarvitset auton päästäksesi liikkumaan. *2* päästä leviämään, levitä (uutisista, huhuista)

get across tulla ymmärretyksi, saada jku ymmärtämään jtak, mennä perille *I don't think my idea got across to them.* En usko, että he ymmärsivät mitä tarkoitin.

get ahead menestyä *I want to get ahead in life.* Haluan menestyä elämässä.

get along *1* (yl am) tulla toimeen (ihmisten väleistä) *I get along with her very well.* Tulen hänen kanssaan oikein hyvin toimeen. *They don't get along.* He eivät tule toimeen [keskenään]. *2* pärjätä, selviytyä, tulla toimeen *She seemed to get along quite well.* Hän näytti pärjäävän melko hyvin.

get an eyeful [of sth] *ark* (br) katsoa tarkkaan jtak yllättävää *We got an eyeful of the soaring Alps.* Loimme kunnon silmäyksen edessämme kohoaviin Alppeihin.

get at *1* päästä käsiksi, yltettyä *We can't get at that data.* Emme pääse käsiksi tiedostoon. *2* saada selville *I want to get at the truth in this matter.* Haluan saada totuuden selville tämän asian suhteen. *3 ark* vihjailla *What are you getting at?* Mitä sinä vihjailet? *4 ark* (yl br) nälviä, näykkiä, naljailla *She was always getting at me.* Hän naljaili minulle jatkuvasti.

get away with selviytyä jstak (seuraamuksitta), päästä kuin koira veräjästä *She always gets away with it.* Hän pääsee aina kuin koira veräjästä.

get bent out of shape *ark* (am) raivostua, järkyttyä *I'm bent out of shape because nobody knows it's unique!* Minua raivostuttaa, ettei kukaan tiedä sen olevan ainutlaatuinen.

get by pärjätä, selviytyä, tulla toimeen *She gets by on a very small salary.* Hän pärjää erittäin hyvin pienellä palkalla.

get / catch sb's / the drift *ark* ymmärtää, mitä jku sanoo (vihjattaessa jhk, mitä ei suoraan sanota) *Do you catch my drift?* Tajuatko mitä tarkoitan?

get fresh with sb (am, austr) puhua tai käyttäytyä hävyttömästi, lähennellä, pyrkiä seksiin *He had a few drinks and got fresh with the girls.* Hän otti muutaman ryypyn ja alkoi lähennellä tyttöjä.

get going panna töpinäksi, panna hösseliksi *Let's get going.* Pannaan töpinäksi.

get in on *ark* päästä mukaan t. osalliseksi, osallistua *I want to get in on the action.* Tahdon mukaan toimintaan.

get in with veljeillä, päästä hyviin väleihin *He got in with the wrong crowd.* Hän veljeili väärien ihmisten kanssa.

get it [in the neck] *ark* saada kuulla kunniansa, saada rangaistus *He got it in the neck for alleged sexism.* Mies sai kuulla kunniansa väitetystä seksismistään.

get it on *ark* panna töpinäksi *Let's get it on.* Pannaan töpinäksi.

get it on [with sb] *alat* (yl am) muhinoida *I've got a girl I'm dying to get it on with.* Tiedän tytön, jonka kanssa haluaisin ehdottomasti sänkyyn.

get it together *1 ark* aloittaa sukupuolisuhde *I began to wonder if the hero and heroine are ever going to get it together.* Aloin jo ihmetellä, pääsisivätkö sankari ja sankaritar koskaan itse asiaan. *2 ark* onnistua järjestämään jtak *I can't seem to get it together at present.* En tunnu nyt saavan sitä toimimaan.

get it up *ark* saada erektio *Probably a child molester, who couldn't get it up for anything normal.* Luultavasti pedofiili, joka ei saisi sitä seisomaan normaalitilanteessa.

get off sb's case *ark* lopettaa jkn arvostelu *Get off my case!* Jätä minut rauhaan!

get off your arse *alat* liikkeelle siitä!, lopeta laiskottelu!

get off with *ark* (br) olla suhde jkn kanssa *She got off with a guy called Nigel.* Hänellä oli suhde jonkun Nigelin kanssa.

get on sb's case *ark* arvostella jkta hänen teoistaan ärsyttävällä tavalla *She's always on my case about being late.* Hän nalkuttaa jatkuvasti siitä, että myöhästelen.

get on to (yl br) ottaa yhteyttä jkhun *I'll get on to you later.* Otan sinuun myöhemmin yhteyttä.

get one's own back *ark* (br) kostaa *Get your own back!* Kosta hänelle!

get round to (*myös* (am) get around to) ehtiä, saada aikaiseksi, päästä [lopulta] tekemään jtak *Some day I'll get round to organizing my papers.* Jonakin päivänä aion vielä järjestää paperini.

get sb's ass *alat* (am) etsiä joku ja rangaista tätä jstak *I will definitely get his ass.* Pistän takuuvarmasti hänet poseen.

get [the] flak *ark* (*myös* take [the] flak) joutua voimakkaan arvostelun kohteeksi *I got the flak as the lady was forced to wait.* Sain haukut, kun rouva joutui odottamaan.

get there *ark* päästä perille, saavuttaa päämääränsä *Without a student grant I would never have got there.* Ilman opiskelija-apurahaa en olisi koskaan onnistunut.

get through (yl br) kuluttaa, käyttää *He gets through three pairs of shoes in one performance.* Hän kuluttaa yhden näytännön aikana kolmet kengät.

get up (br) pukeutua, pukea *She got herself up for the party.* Hän pukeutui juhlia varten.

get-up-and-go *ark* energia *Cereal, yoghurt, fresh fruit and wholemeal toast will give you lots of get-up-and-go.* Murot, jogurtti, tuoreet hedelmät ja kokojyväpaahtoleipä antavat sinulle paljon energiaa.

get up to *ark* (yl br) puuhailla, touhuta *What did you get up to over the weekend?* Mitä puuhailit viikonloppuna?

[not] get somewhere / nowhere / anywhere [ei] edistyä *We shall get nowhere if we do not acknowledge this.* Emme edisty, ellemme tunnusta tätä.

getting ['getɪŋ] *v*

be getting on *1 ark* ikääntyä (ihmisistä) *He looks like he's getting on a bit.* Hän näyttää vähän vanhentuneen. *2 ark* tulla myöhä (ajasta) *Though time was getting on, I needed my coffee.* Vaikka alkoi olla myöhä, tarvitsin kahvini.

there's no getting away from it *ark* siitä ei pääse yli eikä ympäri

there is no getting away from sth (*myös* you can't get away from sth) ei voi kieltää jtak *There's no getting away from it, he's a real looker.* Ei

voi kieltää, etteikö hän olisi todella komea.
what is sb getting at <kysyttäessä, mitä jku vihjailee t. mihin pyrkii> *"What are you getting at?" she snapped.* Mihin oikein pyrit? hän tiuskaisi.

ghost ['gəʊst] *s*
give up the ghost *1* hylätä, luopua *Ferguson has not given up the ghost of trying to land the Championship.* Ferguson ei ole luopunut mestaruustoiveista. *2 leik* lakata toimimasta *Finally the engine gave up the ghost completely.* Lopulta moottori lakkasi kokonaan toimimasta. *3 vanh* kuolla *What if she should give up the ghost before I got home?* Mitä jos hän kuolisi ennen kuin ehtisin kotiin?
lay the ghost of sth / sb [to rest] lakata huolehtimasta jstak jo pitkään askarruttaneesta *First he has to lay the ghost of history.* Ensin hänen on jätettävä mielestään menneet tapahtumat.
not stand a ghost of a chance *ark* ei olla pienintäkään mahdollisuutta *She doesn't have a ghost of a chance of winning.* Hänellä ei ole pienintäkään mahdollisuutta voittaa.
the ghost / spectre at the feast *kirjak* ilonpilaaja *The ghost at the feast may be protectionism* Peikkona saattaa olla protektionismi.

giddy ['gɪdi] *a*
play the giddy goat *vanh* pelleillä *He was playing the giddy goat with the viewer's perception of reality.* Hän pelleili katsojien todellisuudentajun kustannuksella.

gift ['gɪft] *s*
Don't look a gift horse in the mouth. Ei lahjahevosen suuhun katsota.

gild ['gɪld] *v*
gild the lily parannella t. koristella tarpeettomasti (jtak muutenkin kaunista) *We just can't seem to stop ourselves from wanting to gild the lily.* Emme malta olla liioittelematta koristeellisuutta.

gill ['gɪl] *s*
to the gills kurkkua myöten täynnä, tupaten *She was stuffed to the gills with chocolate cake.* Hän oli kurkkua myöten täynnä suklaakakkua. *The place was packed to the gills.* Paikka oli tupaten täynnä.

gingerbread ['dʒɪndʒəbred] *s*
take the gilt off the gingerbread viedä hohto jstak, pilata jtak *He knocks some gilt off the gingerbread by pointing out how easy it all was.* Hän vähensi asian hohdokkuutta huomauttamalla, kuinka helppoa se oli.

gird ['gɜːd] *v*
gird [up] one's loins (*myös* gird oneself) *leik* valmistautua, varustautua, koota voimansa *The party girded itself up to meet the forthcoming General Election.* Puolue valmistautui tuleviin parlamenttivaaleihin.

girl ['gɜːl] *s*
a big girl's blouse *ark, leik* <miehestä, jonka katsotaan käyttäytyvän naismaisesti> *Don't be such a big girl's blouse!* Älä ole mammari!
a girl / man / person Friday *1* konttorin yleismies, <henkilö, joka tekee toimistossa erilaisia ei kovin kiinnostavia työtehtäviä> *Girl friday was pestered by her boss.* Konttorityttö joutui pomonsa ahdistelun kohteeksi. *2* luotettava ja uskollinen apulainen *He was the Party's man Friday.* Hän oli puolueen uskollinen apulainen.

give ['gɪv] *v*
be given to sth / to doing sth *kirjak* tehdä jtak usein t. säännöllisesti *He was given to sudden spurts of activity.* Hän sai usein toimintapuuskia.

give

don't give me that *ark* älä selitä

give and take molemminpuoliset myönnytykset, kompromissi *a sense of rightful give and take* oikeudenmukaisen kompromissin tunne

give as good as one gets *ark* antaa takaisin samalla mitalla *The justice of society was the "eye for an eye" concept – you give as good as you get.* Yhteiskunnan oikeus perustui "silmä silmästä" -periaatteeseen: maksat samalla mitalla kuin sinulle annetaan.

Give it to me straight! *ark* puhu suoraan, älä kiertele

give it to sb *ark* (br) haukkua jku, rangaista jkta *Give it to him, both barrels!* Rökitä hänet kunnolla!

give it up *ark* (am) taputtaa, antaa aplodit

give me five! *ark* <sanotaan kun halutaan tervehtiä kättä lyömällä>

give me sth *ark* ottaa t. tehdä mieluummin jtak muuta kuin juuri mainittua *I don't like wine but give me vodka any time.* En pidä viinistä, juon mieluummin vodkaa.

give oneself airs olla olevinaan, teeskennellä *Don't give yourself airs!* Älä snobbaile!

give or take *1* kutakuinkin, suunnilleen, jnk tarkkuudella *I think he's forty, give or take a few years.* Luulen että hän on suunnilleen nelikymppinen. *2* lukuun ottamatta *Give or take a few minor exceptions, all members have the same number of solutions.* Muutamaa pientä poikkeusta lukuun ottamatta kaikilla jäsenillä on sama määrä ratkaisuja.

give rise to aiheuttaa, synnyttää, saada aikaan *That may give rise to problems.* Se voi aiheuttaa ongelmia.

give sb a hard time *1 ark* arvostella ja syyllistää jkta teoistaan *I'm trying to get my act together and all he does is give me a hard time!* Yritän parantaa tapani, mutta hän vain arvostelee minua! *2 ark* aiheuttaa hankaluuksia t. vaikeuksia *They knock me up in the middle of the night and give me a hard time.* He koputtavat ovelleni keskellä yötä ja kiusaavat minua.

give sb a rocket *ark* (br, austr) moittia vihaisesti *He looks like he's ready to give you a rocket.* Hän näyttää siltä kuin aikoisi haukkua sinut pystyyn.

give sb an earful *ark* haukkua jku *He gave me an earful.* Hän haukkui minut pystyyn.

give sb carte blanche *kirjak* antaa jkn tehdä mitä haluaa *She had carte blanche to bring home as many friends as she liked.* Hänellä oli lupa tuoda kotiin niin monta ystävää kuin halusi.

give sb one *alat* naida, panna jkta (miehestä)

give sb / sth short drift kiinnittää vain vähän huomiota jhk t jkh *The application was given short drift by the jury.* Raati ei kiinnittänyt hakemukseen paljoakaan huomiota.

give sb the heebie-jeebies *ark* pelottaa, hermostuttaa *Hearing this would give anyone the heebie-jeebies.* Tämän kuuleminen hermostuttaisi ketä tahansa.

give sb the [old] heave ho *ark* antaa potkut, lopettaa suhde *Give hay fever the heave ho this summer.* Pääse eroon heinänuhasta tänä kesänä.

give sb [the right of] first refusal (*myös* give sb the right to first refusal) tarjota ostomahdollisuus jklle ennen kaikkia muita *I would like to buy your practice – have first refusal, in any case.* Haluaisin ostaa praktiikkasi – tarjoa sitä joka tapauksessa ensin minulle.

give sb the runaround *ark* hankaloittaa, tehdä monimutkaiseksi *She can carry on giving me the runaround.* Hän voi edelleen hankaloittaa toimiani.

give sb the shits *alat* suututtaa jku *Christ that used to give me the shits.* Helkkari että se suututti minua.

give sb their marching orders antaa lähtöpassit *I've been given my marching orders.* Sain potkut.

give sb their walking papers (am) antaa potkut *The evaluation dictates who will get their walking papers.* Arvioinnista riippuu, ketkä saavat lähtöpassit.

give sb to understand antaa jkn ymmärtää jtak *We were given to understand that you asked for this article.* Meidän annettiin ymmärtää, että pyysit tätä artikkelia.

give sb what for (br) antaa jkn kuulla kunniansa *Give him what for!* Läksytä hänet!

give sth full play (*myös* allow sth full play) käyttää jtak täysimääräisesti *People could give full play to their energy and abilities.* Ihmiset voisivat täysin hyödyntää tarmoaan ja kykyjään.

give your eye teeth for sth / to do sth *ark* antaisi mitä vain saadakseen t voidakseen tehdä jtak *There are people who'd give their eye teeth for this sort of data.* On ihmisiä, jotka antaisivat mitä vain tämän tyyppisistä tiedoista.

I'll give you that *ark* olet oikeassa *He might need a little more encouragement than normal, I'll give you that.* Olet oikeassa, hän saattaa tarvita hieman ylimääräistä kannustusta.

not give a damn / hoot ei välittää vähääkään *I don't give a hoot!* Siitä minä viis veisaan!

What gives? *ark* Mitä uutta?, Mitä on tekeillä?

glamour ['glæmə] *s*

a glamour girl / puss (*myös* (am) glamor) *vanh* kansikuvatyttö, seksikäs nainen, joka on erittäin kiinnostunut ulkonäöstään ja vaatteista *She had thighs like those of an athlete rather than a glamour girl.* Hänen reitensä olivät enemmänkin urheilijan kuin kansikuvatytön.

1 glance ['glɑ:ns] *v*

glance at / through lukaista [läpi], silmäillä *Surkov glanced through the menu.* Surkov lukaisi ruokalistan.

glance off kimmota, heijastua *He saw a stone fall and glance off a crag.* Hän näki kiven putoavan ja kimpoavan kallionkielekkeestä.

2 glance *s*

at first glance ensi näkemältä, ensi silmäyksellä *At first glance her remark seems true enough.* Ensi tuntumalta hänen huomautuksensa vaikutti todelta.

without a backward glance (lähteä) surua tuntematta *He'll be cheering himself up in one or the other place by now without a backward glance.* Hän piristää jo itseään jossain muualla ilman murheita.

glass ['glɑ:s] *s*

people [who live] in glass houses shouldn't throw stones ei pitäisi arvostella muita kun ei itsekään ole virheetön

glaze ['gleɪz] *v*

glaze over lasittua, tulla poissaolevaksi (katseesta) *Her eyes glazed over.* Hänen katseensa lasittui.

glitter ['glɪtə^r] *v*

all that glitters is not gold ei kaikki kultaa, mikä kiiltää (käytetään kun jk näyttää paremmalta kuin todellisuudessa on)

glory ['glɔ:ri] *s*

bathe / bask in reflected glory saada mainetta jkn muun tekojen ansiosta *I shall bask smugly in your reflected glory.* Paistattelen omahyväisesti sinun maineessasi.

glory be *ark* herranen aika (ilmaistaessa hämmästystä)

gloss 214

go to glory kuolla, tuhoutua *It's an epitaph for those who went to glory for its sake.* Se on muistokirjoitus niille, jotka kuolivat sen vuoksi.

in [all] one's glory *ark* kaikessa loistossaan *Experience nature in all its glory.* Koe luonto kaikessa loistossaan.

gloss ['glɒs] *v*

gloss over sivuuttaa (kiusallinen asia t. ongelma) *You can't just gloss this over.* Et sinä voi noin vain sivuuttaa tätä.

glove ['glʌv] *s*

fit like a glove sopia kuin valettu *That dress fits you like a glove.* Tuo mekko sopii sinulle kuin valettu.

the gloves are off (*myös* with the gloves off / take the gloves off) käsitellä kovakouraisesti *One minister recently warned that the gloves were off in the fight against town halls.* Eräs ministeri varoitti äskettäin, että kuntia käsiteltäisiin nyt armottomasti.

glowing ['gləʊɪŋ] *a*

in glowing terms / colours (kuvata jtak) erittäin myönteisesti *It is not unknown for a salesman to describe the product in glowing terms.* Myyntimiehet kuvaat yleensä tuotteitaan erittäin myönteisesti.

glue ['glu:] *v*

be glued to kiinnittää kaikki huomionsa jhk, olla liimautuneena jhk *They were glued to the television.* He olivat liimautuneet televisioon.

glutton ['glʌtᵊn] *s*

a glutton for punishment *leik* <henkilö, joka nauttii raatamisesta t. asioista, jotka useimpien mielestä ovat epämiellyttäviä>, itsensä kiduttaja *Being a glutton for punishment, a few days later we walked another 20 miles on those rough roads.* Masokisteina kävelimme muutaman päivän kuluttua toiset 20 mailia noilla kivisillä teillä.

gnash ['næʃ] *v*

gnash one's teeth olla hyvin vihainen ja järkyttynyt (koska ei saa mitä haluaa) *It makes you gnash your teeth that we're not getting the credit.* Suututtaa, kun emme saa ansaittua tunnustusta.

gnaw ['nɔ:] *v*

gnaw [away] at kalvaa, kaivertaa, jäytää, nakertaa *Fear is gnawing at my heart.* Pelko nakertaa sydäntäni.

1 go ['gəʊ] *v*

all systems go! *ark, leik* kaikki valmiina! (valmistelut tehty jtak toimintaa varten), aloitetaan! *One week from today it will be all systems go for community care implementation.* Viikon kuluttua kaikki on valmiina yhteisön hoivajärjestelmän käyttöönottoa varten.

as ... go *ark* ollakseen jtak, mitä jhk tulee *He's all right, as lawyers go.* Hän on lakimieheksi ihan mukava.

from the word go alusta alkaen, alusta asti *They had flirted from the word go.* He flirttailivat alusta alkaen.

go all out *ark* tehdä kaikkensa *She went all out for the team.* Hän teki kaikkensa joukkueen puolesta. *I went all out to help him.* Tein kaikkeni auttaakseni häntä.

go down that road päättää tehdä jtak tietyllä tavalla *The committee recommends that we do not go down that road.* Komitea suosittelee, ettemme toimisi niin.

go down well / badly [with sb] (*myös* go off well / badly) onnistua hyvin t. huonosti [jkn mielestä] (esim. puheessa tai esityksessä) *The exotic dishes did not go down well.* Eksoottiset ruoat eivät saaneet suosiota.

go downhill huonontua asteittain *Glover's year began badly and went downhill from there.* Gloverin vuosi alkoi huonosti ja paheni asteittain.

go figure! *ark* (am) usko tai älä!

Go fly a kite! *ark* (am) Häivy!

go for it! *ark* anna mennä!, yritä kaikkesi!

go for nothing mennä hukkaan *All our work went for nothing.* Koko työmme meni hukkaan.

go halves / shares jakaa tasan *If we go halves each?* Pantaisiinko tasan?

go haywire *ark* lakata toimimasta oikein, toimia omituisesti *She just went haywire as soon as she saw the instructor.* Hän meni ihan sekaisin heti kun näki ohjaajan.

go head to head kilpailla jkn kanssa suoraan *The party leader went head to head with his challenger.* Puoluejohtaja kilpaili suoraan haastajaansa vastaan.

go mental *ark* raivostua *His dad would absolutely go mental.* Hänen isänsä raivostuisi täysin.

go off on / at a tangent vaihtaa yhtäkkiä puheenaihetta *It's so easy to forget the question and go off at a tangent* On helppoa unohtaa kysymys ja vastata asian vierestä.

go on *ark* **1** anna mennä!, siitä vaan! **2** (br) älä viitsi!, en usko!

go pear-shaped *ark* (br, austr) epäonnistua *when things go pear-shaped* kun asiat menevät pieleen

Go piss up a rope! *alat* (am) Häivy! (erittäin epäkohtelias ilmaisu)

go postal *alat* (am) suuttua mielettömästi, tulla yhtäkkiä väkivaltaiseksi *He went absolutely postal.* Hän suuttui aivan järjettömästi.

go south *ark* (am) menettää arvonsa, menettää tasonsa *The company went south.* Yhtiö menetti arvonsa.

go [to] it *ark* (br) tarttua toimeen *You go it!* Anna palaa!

go to show / prove todistaa, olla todisteena jstak *That just goes to show how much people judge each other on how they look.* Tuo vain todistaa, miten paljon ihmiset arvioivat toisia ulkonäön perusteella.

go to the ends of the earth tehdä mitä tahansa saavuttaakseen jtak *We would go to the ends of the earth to ensure customer satisfaction.* Teemme kaikkemme asiakastyytyväisyyden takaamiseksi.

go to the stake tehdä mitä vain jnk aatteen vuoksi *She went to the stake for her own view of the universe.* Hän meni äärimmäisyyksiin puolustaessaan omaa näkemystään maailmankaikkeudesta.

have ... going for one olla jtak puolellaan *The film has a lot going for it.* Moni asia puhuu elokuvan puolesta.

What goes around comes around. Minkä taakseen jättää, sen edestään löytää.

Where do we go from here? Mitäs sitten?, Mihin tästä jatketaan?

Who goes there? Kuka siellä? (vartijan sanomana)

2 go *s*

at a go / at one go yhdellä iskulla, kertaheitolla *Come on, drink it, all at one go.* Anna mennä, juo se kaikki kerralla.

be touch-and-go [whether] *ark* olla epävarmaa, olla riskialtista *It was touch-and-go whether she could reach the pram before it overturned.* Oli siinä ja siinä, ehtisikö hän lastenvaunuille ennen kuin ne kaatuisivat kumoon.

have a go at sb *ark* (yl br) haukkua, arvostella *She had a go at me.* Hän haukkui minua.

have a go at sth / doing sth *ark* yrittää tehdä tai saavuttaa jtak *I'm going to have to have a go at doing the outline again from memory.* Minun on pakko yrittää tehdä luonnos uudelleen ulkomuistista.

goal

make a go of *ark* onnistua, menestyä *She vowed to make a go of their marriage.* Hän vannoi, että saisi heidän avioliittonsa onnistumaan.

no go *ark* mahdotonta, ei onnistu *I attempted an engine restart – no go.* Yritin käynnistää moottoria uudelleen – mahdotonta.

on the go *ark* menossa, työn touhussa *I'm on the go all spring.* Olen koko kevään työn touhussa.

goal ['gəʊl] s

an own goal (br) <yritettäessä saada etua, mutta tulos onkin päinvastainen> *It turned out to be an own goal.* Asia osoittautui meille itsellemme haitalliseksi.

goalpost ['gəʊlpəʊst] s

move the goalposts muuttaa sääntöjä omaksi eduksi *The answer to failure is not to move the goalposts but to try again.* Epäonnistumista ei voi poistaa sääntöjä muuttamalla vaan yrittämällä uudelleen.

goat ['gəʊt] s

act / play the goat *ark* tarkoituksella käyttäytyä typerästi *He was always acting the goat.* Hän käyttäytyi aina tarkoituksellisen typerästi.

get [on] sb's goat *ark* ärsyttää, tehdä vihaiseksi *He gets my goat.* Hän raivostuttaa minua.

gobble ['gɒbᵊl] v

gobble up *ark* niellä, kahmia, ahmia *The mortgage gobbles up all my money.* Asuntolaina nielee kaikki rahani.

God ['gɒd] s

a God-given right [to do sth] <jklla on omasta mielestään oikeus tehdä jtak muiden tahdon vastaisesti> *Nobody has a God-given right to take life.* Ei kellään ole oikeutta riistää toisen elämää.

a [little] tin god *kirjak* tärkeilijä *What petty little tin god had been respon-sible for this I do not know.* En tiedä, mikä tärkeilijä on saanut tämän aikaan.

God bless Jumalan siunausta

God damn piru vieköön *God damn you!* Piru sinut periköön!

God [only] knows mistä minä tietäisin, Luoja tietää

God willing jos Luoja suo *One day he would succeed, God willing.* Joskus hän vielä onnistuisi, jos luoja suo.

God's acre *vanh* hautausmaa, kirkkomaa

God's gift to sb / sth *iron* <yl miehestä, joka pitää itseään erityisen hyvänä tai komeana> *a romantic comedy about a man who thinks he's God's gift to women* romanttinen komedia miehestä, joka luulee olevansa oikea luojan lahja naisille

honest to God <korostettaessa, että puhutaan totta>, takuulla! *Honest to god, I'm not joking.* En todellakaan pilaile.

in God's name Herran tähden *What in God's name is going on?* Mitä herran tähden täällä tapahtuu?

play God leikkiä jumalaa *Some of us play God through our use of language.* Jotkut meistä leikkivät jumalaa kielen käytön kautta.

to God Luoja, Luojan tähden *I wish to God it were that simple.* Luoja, kunpa se olisikin niin yksinkertaista.

with God Jumalan tykönä, taivaassa *He's with God now.* Hän on nyt taivaassa.

godliness ['gɒdlɪnəs] s

Cleanliness is next to godliness. Puhtaus on puoli ruokaa.

1 going ['gəʊɪŋ] v

be going on [for] sth (br) lähestyä (tiettyä ikää, aikaa jne.) *He is going on for 57.* Hän on pian 57.

enough / sth to be going on with (br) aluksi riittävä *Will that be* *enough to be going on with?* Riittääkö tämä ensi alkuun?

get going panna töpinäksi, panna hösseliksi *Let's get going.* Pannaan töpinäksi.

going!, gone! myyty! (huutokaupanpitäjän sanomana)

have [got] a lot / sth / nothing going for you *s* olla puolellaan paljon / joitakin / ei yhtään etuja *If you're a kid, people sometimes think you've got nothing going for you.* Ihmiset ajattelevat joskus, ettei lapsilla ole mitään etuja puolellaan.

have sth going with sb (*myös* have a thing going with sb) *ark* olla sukupuolisuhteessa jhkh *It was plain she had a thing going with Frank.* Oli ilmeistä, että hänellä ja Frankilla oli suhde.

like it's going out of fashion *ark* (käyttää jtak) paljon ja nopeasti *I eat bread like it's going out of fashion* Ahmin leipää älyttömiä määriä.

2 going *s*

be good going (*myös* be not bad going) *ark* edistyä hyvin *Given the equipment of the time it was good going.* Sen ajan varusteet huomioon ottaen edistyttiin hyvin.

when the going gets rough / tough kun tilanne muuttuu hankalaksi t. epämiellyttäväksi *Most of them do need our help in various ways when the going gets rough.* Useimmat heistä tarvitsevat apuamme eri tavoin, kun tilanne muuttuu hankalaksi.

while the going is good hyvän sään aikaan *Leave while the going is good.* Lähde hyvän sään aikana.

gold ['gəʊld] *s*

[as] good as gold (lapsista) erittäin hyvin käyttäytyvä *All you have to do is be as good as gold for a week.* Sinun tarvitsee vain käyttäytyä oikein kiltisti viikon ajan.

go gold myydä kultaa (saavuttaa kultalevyrajaa) *The family's first album went Gold with UK sales of 170,000.* Perheen ensimmäinen LP myi kultaa Britannian myynnin ollessa 170 000.

like gold dust <vaikeasti saatava, koska erittäin haluttu> *High quality clinical researchers are like gold dust.* Korkeatasoiset kliiniset tutkijat ovat kultaakin kalliimpia.

pot / crock of gold haaveissa oleva rikastuminen *Some people want to believe there's a pot of gold at the end of the rainbow.* Jotkut haluavat uskoa sateenkaaren päässä odottavaan aarteeseen.

strike gold *ark* osua kultasuoneen, saada onnea, vaurautta tms. (juuri sitä mitä tarvitsee) *Researchers strike gold in cancer detection.* Tutkijat edistyivät loistavasti syövän havaitsemisessa.

golden ['gəʊldən] *a*

a golden boy / girl jssk erittäin hyvin menestynyt nuori *First full season for Formula One's new golden boy* Ensimmäinen täysi kausi formula ykkösten uudelle kultapojulle

a golden handshake kultainen kädenpuristus, suuri eroraha *The reward for dismissal is a golden handshake of several years' pay.* Palkkio erottamisesta on usean vuoden palkkaa vastaava eroraha.

a golden mean kultainen keskitie *The most effective child rearing practices appear to represent a golden mean between the extremes.* Tehokkain lastenkasvatustapa näyttää sijoittuvan äärimmäisyyksien keskiväliin.

kill the goose that lays the golden egg tappaa kultamunia muniva hanhi, hävittää hyvä rahanlähde

gone ['gɒn] *a*

be gone on sb *ark* olla hulluna jkhun, olla ihastunut jkhun *Do you think one of the partners was gone*

good

on her? Luuletko, että joku yhteistyökumppaneista oli ihastunut häneen?

1 good ['gʊd] *a*

a good word kehu, suosittelu *I'll be happy to put in a good word for you.* Suosittelen sinua mielelläni.

all in good time *ark* kaikki ajallaan

as good as käytännöllisesti katsoen, melkein *You've as good as admitted you're pleased about his engagement.* Olet käytännöllisesti katsoen myöntänyt, että olet hyvillään hänen kihlauksestaan.

as good as it gets mitä parhain *This comedy is as good as it gets.* Tämä komedia on mitä parhain.

as good as one's word sanansa mittainen *She was as good as her word.* Hän oli sanansa mittainen.

be good enough to do sth (*myös* be so good as to do sth) olisitko ystävällinen ja, tekisitkö jtak (kohteliaissa pyynnöissä) *Would you be so good as to make the tea?* Olisitko ystävällinen ja keittäisit teetä?

do sb good olla hyväksi jklle, hyödyttää jkta *It would do you good to read this book.* Tämän kirjan lukemisesta olisi sinulle hyötyä.

good and ... *ark* todella, täysin, kunnolla (vahvistussanana adjektiivin t. adverbin edellä), täysin *It'll be good and dark by then.* Silloin on jo pilkkopimeää.

good and proper *ark* perusteellisesti *I've learnt a lesson good and proper.* Sain kunnon opetuksen.

Good for / on you! *ark* Hienoa!, Hyvin tehty!, Sepä hyvä! (yl kannustettaessa toista ihmistä)

good for sth pystyä maksamaan t. tarjoamaan jtak, riittää jhk *Is she good for the money that you lent her?* Pystyykö hän maksamaan sinun hänelle lainaamasi rahat takaisin?

good / right and proper sosiaalisesti ja moraalisesti hyväksyttävä *Death is a good and proper part of life.* Kuolema on elämän hyväksyttävä osa.

if sb knows what's good for them jos ymmärtää omaa parastaan (uhkauksissa) *Stay at home tonight if you know what's good for you.* Pysy kotona tänään, jos ymmärrät omaa parastasi.

in good time hyvissä ajoin *I arrived in good time.* Saavuin hyvissä ajoin.

make good [on] toteuttaa jk, täyttää jk (lupauksesta ym.) *She made good on her threat.* Hän toteutti uhkauksensa.

make good sth hyvittää, korvata *You have to make good the damage you have caused.* Sinun on korvattava aiheuttamasi vahingot.

make [it] good *ark* menestyä, onnistua [elämässään t. urallaan] *If you can't make it good, at least make it look good.* Jos et menesty, yritä ainakin näyttää menestyvältä.

take sth in good part olla loukkaantumatta jstak *She took the joke in good part.* Hän ei suuttunut vitsistä.

2 good *s*

all to the good parhain päin *This popularity has not been all to the good.* Suosio ei ole ollut yksinomaan hyväksi.

be sth to the good olla jkn verran voitolla *I'm still £20 to the good.* Olen yhä kaksikymmentä puntaa voitolla.

do no good (*myös* not do any good) olla hyödytöntä, olla turhaa *It won't do any good to anyone.* Siitä ei ole kenellekään mitään hyötyä.

for good [and all] lopullisesti, pysyvästi *He has left for good.* Hän on häipynyt lopullisesti.

for one's [own] good omaksi hyväkseen (jk epämiellyttävä) *I'm only saying this for your own good.* Sanon tämän omaksi hyväksesi.

up to no good *ark* pahat mielessä *He was obviously up to no good.* Hänellä oli selvästi pahat mielessään.

goodbye [,gʊd'baɪ] *s* (*myös* (am) goodby)

say / kiss / wave goodbye to sth *ark* heittää hyvästit jllek *If the result of your test is positive, you can say goodbye to your competitive career.* Jos testituloksesi on positiivinen, voit heittää hyvästit kilpaurallesi.

goodness ['gʊdnɪs] *s*

out of the goodness of your heart hyvästä sydämestään, epäitsekkäästi *You've helped her out of the goodness of your heart.* Autoit häntä hyvästä sydämestäsi.

goods ['gʊdz] *s*

come up with the goods (*myös* deliver the goods) *ark* täyttää odotukset t. lupaukset *At the end of the day they couldn't come up with the goods.* Loppujen lopuksi he eivät kuitenkaan onnistuneet tehtävässä.

have the goods on sb *ark* olla todisteet jkta vastaan *Marketers have the goods on you.* Markkinoijilla on sinua koskevat tiedot.

sell sb a bill of goods (am) uskotella *They try to sell me a bill of goods that there was such a thing as the good old days.* He yrittävät uskotella, että "vanhat hyvät ajat" olivat todellisuutta.

your goods and chattels *kirjak* koko omaisuus, irtaimisto *We've got plenty of things – goods and chattels and land – but very little money because we can't sell anything.* Meillä on paljon kaikenlaista – irtainta ja maata – mutta vain vähän rahaa, koska emme voi myydä mitään.

goose ['gu:s] *s*

a wild goose chase turha etsintä (etsittäessä jtak jota ei ole t. jsta on annettu väärää tietoa) *He lied to the police and took them on a wild goose chase.* Hän valehteli poliisille ja johdatti nämä harhaan.

wouldn't say boo to a goose *ark* (br) ujostella, olla ihmisarka *I picture some self-effacing little creature who won't say boo to a goose.* Kuvittelin mielessäni syrjään vetäytyvän pikku raukan, joka ujosteli kaikkia.

gooseberry ['gu:zbᵊri] *s*

play gooseberry *ark, leik* (br) olla kolmantena pyöränä (yl kahden rakastavaisen seurassa) *I always get to play gooseberry.* Joudun aina olemaan kolmantena pyöränä.

gorge ['gɔ:ʳdʒ] *s*

your gorge rises jkn sappi kiehuu, jkta inhottaa t. kuvottaa *The thought of mass killers makes the gorge rise in the throat.* Ajatus massamurhaajista on kuvottava.

gory ['gɔ:ri] *a*

the gory details *leik* likaiset yksityiskohdat *He wanted all the gory details about how the film was made.* Hän halusi kuulla kaikki hurjat yksityiskohdat siitä, miten elokuva tehtiin.

gospel [gɒspᵊl] *s*

take sth as / for gospel [truth] *ark* uskoa kyselemättä *You don't mean me to take this idiotic interpretation of events as gospel truth, do you?* Et kai tarkoita, että minun olisi pidettävä noin idioottimaista tulkintaa tapahtumista totuutena?

the gospel truth koko totuus *Is this the gospel truth about the situation?* Onko tämä koko totuus tilanteesta?

1 grab ['græb] *v*

how does sth grab you? *ark* kiinnostaisiko jk? *How does a week in Helsinki grab you?* Kiinnostaisiko viikko Helsingissä?

2 grab s

a grab bag (am, austr) <erilaisten asioiden yhdistelmä> *He offered a grab bag of reasons for me to stay home.* Hän esitti kirjavan valikoiman syitä, joiden takia minun pitäisi pysyä kotona.

up for grabs *ark* vapaasti saatavilla *Regional prizes will also be up for grabs.* Myös alueellisia palkintoja jaetaan.

grace ['greɪs] s

a saving grace ominaisuus, jonka ansiosta jku / jk ei ole kokonaan huono *Parker is the film's one saving grace.* Parker on elokuvan ainoa pelastava tekijä.

be in sb's bad graces *kirjak* olla jkn epäsuosiossa, olla huonoissa kirjoissa *My brother often finds himself in others' bad graces due to his tendency to act without thinking.* Veljeni joutuu usein muiden epäsuosioon, koska hänellä on taipumuksena toimia ajattelematta.

be in sb's good graces *kirjak* olla jonkun suosiossa *He earned his way back into my mother's good graces by volunteering to mow the lawn.* Hän pääsi takaisin äitini suosioon tarjoutumalla leikkaamaan nurmikon.

fall from grace joutua epäsuosioon *She fell from grace in the Royal Family.* Hän joutui epäsuosioon kuninkaallisessa perheessä.

have [got] the [good] grace to do sth olla riittävän kohtelias t. hienotunteinen tehdäkseen jtak *He has the good grace to keep his religious beliefs to himself.* Hän on riittävän hienotunteinen pitääkseen uskonasiansa omana tietonaan.

there but for the grace of God [go I] niin minullekin olisi voinut käydä

with bad grace vastahakoisesti, innottomasti, haluttomasti *He noted our view with bad grace.* Hän pani näkemyksemme merkille vastahakoisesti.

with good grace tyynesti, mukisematta, nurkumatta, reippaasti *They accept his habitual interruptions with good grace.* He suhtautuvat hänen tavanomaisiin keskeytyksiinsä tyynesti.

grade ['greɪd] s

make the grade *ark* onnistua, yltää vaaditulle tasolle *Sex manuals soon flooded the market to help people make the grade.* Pian markkinoille tulvi seksioppaita, jotka auttoivat ihmisiä selviämään vaatimuksista.

grain ['greɪn] s

go against the grain olla vastoin periaatteita *Nature conservation runs against the grain of current political doctrine.* Luonnonsuojelu sotii nykyisiä poliittisia oppeja vastaan.

grand ['grænd] a

the grand old man of (jnk alan) suuri vanhus, mestari *He was regarded as the grand old man of Impressionism.* Häntä pidettiin impressionismin mestarina.

grandmother ['grænmʌðəʳ] s

teach your grandmother to suck eggs *ark* (br, austr) <neuvottaessa jkta asiassa, jonka tämä tuntee neuvojaa paremmin> *Don't teach your grandmother to suck eggs.* Älä yritä neuvoa etevämpääsi.

grandstand ['grænstænd] s

a grandstand view aitiopaikka, näköalapaikka *In the daytime our top balcony gave us a grandstand view of the arena.* Päiväsaikaan parvekkeellamme oli aitiopaikat areenalle.

grant ['grɑːnt] v

take sb / sth for granted pitää jkta t. jtak itsestään selvänä *He took it for granted that he would get the job.* Hän piti itsestään selvänä, että saisi paikan.

grape ['greɪps] *s*
sour grapes happamia, sanoi kettu pihlajanmarjoista *It's clear it's sour grapes.* Hän on selvästi vain kateellinen sinulle.

grapevine ['greɪpvaɪn] *s*
hear sth on / through the grapevine kuulla huhupuheena *I'm surprised I haven't heard about you on the grapevine.* Ihme, etten ole kuullut sinusta juoruja.

1 grass ['grɑ:s] *s*
a grass widow *leik* kesäleski, nainen, jonka mies viettää paljon aikaa toisella paikkakunnalla, usein työn takia
be like watching grass grow <jstak jk on äärimmäisen tylsää> *Watching this movie is like watching grass grow.* Tämä elokuva on äärimmäisen tylsä.
not let the grass grow under one's feet ei aikailla yhtään, toimia viivyttelemättä *Keep a keen eye and do not let the grass grow under your feet.* Ole tarkkana äläkä viivyttele!
the grass is always greener [on the other side of the fence] ruoho on aina vihreämpää aidan toisella puolen
the grass roots ruohonjuuritaso *You can often do more good at grass roots level than as a Backbench opposition MP.* Usein toiminta ruohonjuuritasolla on hyödyllisempää kuin parlamentissa opposition jäsenenä.

2 grass *v*
put / turn / send sb out to grass pakottaa jku luopumaan työstään (erit vanhuuseläkkeelle) *Thomas should have kept John on his payroll rather than turn him out to grass.* Thomasin olisi pitänyt pitää John palkkalistoillaan eikä lähettää häntä eläkkeelle.

grasshopper ['grɑ:s,hɒpəʳ] *s*
knee-high to a grasshopper *ark, leik* (lapsesta) hyvin pieni, polvenkorkuinen

grave ['greɪv] *s*
an early grave ennenaikainen hauta t. kuolema *His mother was drinking herself into an early grave.* Hänen äitinsä oli hyvää vauhtia juomassa itseään hengiltä.
[as] silent as the grave haudanhiljainen *The huge room was as silent as the grave.* Valtava huone oli haudanhiljainen.
dig one's own grave tehdä jtak typerää omaksi vahingokseen *You are just going to be digging your own grave if you go there now.* Aiheutat vain itsellesi hankaluuksia, jos menet sinne nyt.
take the / one's secret to the grave viedä salaisuus mukanaan hautaan *She died and took her secret to the grave.* Hän kuoli ja vei salaisuuden mukanaan hautaan.
turn in one's grave (*myös* (am) roll in one's grave) kääntyä haudassaan *Of course George has lived a life that would make his father turn in his grave.* Georgehan on viettänyt sellaista elämää, että se saisi hänen isänsä kääntymään haudassaan.

gravy ['greɪvi] *s*
the gravy train helppo tapa tehdä rahaa *Some see welfare programmes as a gravy train for low income migrants.* Joidenkin mielestä toimeentuloturvaohjelmat ovat matalatuloisille siirtolaisille helppo tapa ansaita rahaa.

1 grease ['gri:s, 'gri:z] *v*
grease sb's palm *vanh ark* voidella jkta *I had to grease the palm of the bouncer to get in.* Minun piti voidella ovimiestä päästäkseni sisään.
grease the wheels (am) saada pyörät pyörimään, saada jk sujumaan [kuin rasvattu] *We grease the wheels of commerce.* Panemme kaupan pyörät pyörimään.

grease

2 grease ['gri:s] *s*
elbow grease *leik* lihasvoima (erit siivouksessa) *I handed him a sheet of sandpaper, telling him to use plenty of elbow grease.* Ojensin hänelle hiekkapaperin ja käskin käyttää kunnolla lihasvoimaa.

1 great ['greɪt] *a*
be a great one for [doing] sth olla innostunut jstak *I never was a great one for sport.* En ollut ikinä innostunut urheilusta.

be no great shakes *ark* ei olla kovin hyvä jssk, ei olla kaksinen jssk *I'm no great shakes as a scientist.* En ole tiedemiehenä kovin kaksinen.

go great guns *ark* mennä vauhdilla eteenpäin *Hyundai is going great guns in this market.* Hyundai porskuttaa vauhdilla eteenpäin näillä markkinoilla.

Great Scott! Hyvänen aika!

2 great *s*
the great and the good *yl iron* ylhäiset, silmäätekevät *The great and the good of the City spoke.* Kaupungin silmäätekevät puhuivat.

Greek ['gri:k] *s*
it's all Greek to me *ark* Se on minulle täyttä hepreaa.

green ['gri:n] *a*
give sb / get the green light saada / antaa jklle t. jllk lupa jhk *The project got the green light.* Hanke sai hyväksynnän.

green about / around the gills pahoinvoivan näköinen, merisairas *They look a bit green about the gills.* He näyttävät vähän pahoinvoivilta.

green fingers (*myös* (am) green thumb) viherpeukalo *Orchids are the supreme test for green fingers.* Orkideat ovat viherpeukalon koetinkivi.

green with envy kateudesta vihreä[nä] *Other women took one look at them, and went green with envy.* Toiset naiset vain vilkaisivat heitä ja olivat heti kateudesta vihreitä.

greener pastures parempi t. jännittävämpi työpaikka t. paikka *He was looking for greener pastures.* Hän etsi parempaa työpaikkaa.

have the rub of the green olla onnekas (erit urheilukilpailuissa) *We seem to get the rub of the green in the cup at the moment.* Meillä tuntuu tällä hetkellä olevan onnea cupissa.

the green-eyed monster *leik* mustasukkaisuus, kateus *Is the green-eyed monster threatening your relationship?* Uhkaako mustasukkaisuus suhdettasi?

greeting ['gri:tɪŋ] *s*
Season's Greetings Hyvää joulua (joulukorteissa)

grey ['greɪ] *a* (am gray)
a grey area aihe tai tilanne, jolla ei ole selkeitä sääntöjä *The judgment leaves a large grey area.* Tuomiossa jätetään avoimeksi suuri joukko asioita.

grey matter *ark* harmaat aivosolut, äly *I only wish I had half your grey matter.* Olisipa minulla puoletkaan sinun älystäsi.

[men in] grey suits valtaa pitävät miehet kulisseissa *Some ascribed it to a plot by the men in grey suits.* Jotkut pitivät sitä taustavaikuttajien juonena.

grief ['gri:f] *s*
come to grief *ark* **1** epäonnistua, joutua vaikeuksiin *The plan came to grief.* Suunnitelma epäonnistui.
2 loukkaantua, kariutua, joutua onnettomuuden uhriksi, tuhoutua *Many a ship has come to grief along this shore.* Moni laiva on ajautunut karille tällä rannikolla.

get grief *ark* joutua haukutuksi *I get grief from my teacher if I've put a comma in the wrong place.* Saan haukut opettajaltani, jos olen pannut pilkun väärään paikkaan.

give sb grief about / over sth *ark* haukkua, arvostella vihaisesti *She gave me grief about just about everything.* Hän arvosteli minua lähes kaikesta.

good grief! *ark* herranjestas!, hyvänen aika!

grim ['grɪm] *a*
  hold / hang on like grim death pitää lujasti kiinni jstak *She hung on to the bag like grim death.* Hän piti kiinni laukusta kaikin voimin.
  the Grim Reaper *kirjak* viikatemies (kuolema)

grin ['grɪn] *v*
  a shit-eating grin *alat* (am) ärsyttävän omahyväinen virnistys *He plastered a shit-eating grin on his face.* Hän jähmetti kasvoilleen omahyväisen virnistyksen.
  grin and bear it *ark* koettaa kestää *You have no choice but to grin and bear it.* Koeta vain kestää, muuta vaihtoehtoa sinulla ei ole.
  grin like a Cheshire cat virnuilla omahyväisesti, virnuilla typerästi *He was certainly grinning like a Cheshire cat.* Hän ainakin virnuili leveästi.

grind ['graɪnd] *v*
  grind away *1 ark* huhkia, ahertaa *He began to grind away in a job as a research assistant.* Hän alkoi huhkia tutkimusassistenttina.
  2 päntätä, pingottaa *She was already sick of grinding away at her books.* Hän oli jo kyllästynyt kirjojen pänttäämiseen.
  grind down musertaa, nujertaa *He likes to grind people down.* Hän musertaa mielellään ihmisiä.
  grind on jatkua jatkumistaan *The trial ground on through the long hot summer.* Oikeudenkäynti jatkui jatkumistaan koko pitkän kuuman kesän.

grind out suoltaa (erit. heikkolaatuisia tuotteita) *He grinds out detective stories at an astonishing rate.* Hän suoltaa dekkareita hämmästyttävää vauhtia.

grind to a halt (*myös* come to a grinding halt) pysähtyä vähitellen, pysähtyä kirskuen *Without their support some of the giants of our business would quickly grind to a halt.* Ilman heidän tukeaan jotkin talousjäteistämme lamaantuisivat nopeasti.

grindstone ['graɪndstəʊn] *s*
  keep your nose to the grindstone *ark* jatkaa raadantaa tauotta *I intend to keep your nose to the grindstone.* Aion saada sinut pysymään työn ääressä.

grip ['grɪp] *s*
  be in the grip of sth *kuv* olla jnk kourissa *Britain and Sweden are already in the grip of recession.* Britannia ja Ruotsi ovat jo laman kourissa.
  get a grip [on oneself] *ark* ryhdistäytyä, hillitä itseään, koota itsensä *I had to get a grip on myself and put this whole wretched business behind me.* Minun oli koottava itseni ja unohdettava koko tämä kurja homma.
  get / come to grips with *1* käydä käsiksi, ryhtyä toimiin *Isn't it time the council got to grips with this problem?* Eikö neuvoston ole jo aika käydä tähän ongelmaan käsiksi?
  2 joutua taisteluun, käydä käsiksi *They were keen to get to grips with the enemy.* He olivat halukkaita käymään käsiksi viholliseen.
  get / take a grip on ottaa haltuunsa, saada ote jstak *The home side took a grip on the game.* Kotijoukkue otti pelin haltuunsa.
  lose one's grip *ark* menettää ote *Are you starting to lose your grip on reality?* Oletko menettämässä otteesi todellisuudesta?

grist

grist ['grıst] s
[all] grist to the mill (*myös* (am) grist for your mill) hyöty, etu *All this free publicity was grist to his mill.* Kaikki tämä ilmainen julkisuus oli hänelle hyödyksi.

grit ['grıt] v
grit one's teeth purra hammasta, olla antamatta periksi vaikeassa tilanteessa *I've told him to grit his teeth and hang on.* Käskin häntä pysymään lujana.

groan ['grəʊn] v
groan under the weight of sth *kirjak* jtak on paljon t. liikaa *Suburban schools groan under the weight of thousands of new students.* Tuhannet uudet oppilaat ylikuormittavat esikaupunkikouluja.

groove ['gru:v] s
be [stuck] in a groove (br) juuttunut jhkn puuduttavaan tilanteeseen tai työhön *Sometimes a person may get stuck in a groove* Joskus ihminen voi jämähtää paikoilleen.
in the groove hyvässä vedossa, huippukunnossa *I feel back in the groove.* Olen taas hyvässä vedossa.

gross ['grəʊs] v
gross out ällöttää, kuvottaa *The whole idea grosses me out.* Pelkkä ajatuskin ällöttää minua.

ground ['graʊnd] s
a happy hunting ground paikka, josta löytää kaiken haluamansa *The film festival was a happy hunting ground for producers looking for new talent.* Filmifestivaali oli tuottajille hyvä paikka löytää uusia kykyjä.
be / come / get in on the ground floor *ark* päästä mukaan jhk heti alusta (jhk tulevaisuudessa mahdollisesti tuottoisaan hankkeeseen) *I saw a great opportunity to get in on the ground floor, and make money.* Näin loistavan mahdollisuuden päästä mukaan heti alussa ja tehdä rahaa.
be thick on the ground olla paljon *Huts are thick on the ground in this area.* Majoja on tiheässä tällä alueella.
be thin on the ground olla vähän, olla harvassa *Bears are exceedingly thin on the ground in European forests.* Karhuja on Euroopan metsissä erittäin vähän.
break fresh / new ground aukoa uusia uria, olla uranuurtaja *The next book must break new ground, provide new insights.* Seuraavan kirjan on avattava uusia uria, tarjottava uusia näkemyksiä.
cut the ground from under sb's feet viedä pohja jltak, kaivaa maata jkn jalkojen alta *Such an outcome seems to cut the ground from under this year's model.* Tällainen tulos näyttäisi vievän tämän vuoden mallilta pohjan.
drive / run / work oneself into the ground raataa itsensä uuvuksiin, näännyttää itsensä (työllä) *Don't drive yourself into the ground.* Älä raada itseäsi ihan uuvuksiin.
fall on stony ground jäädä huomiotta *His declarations of love fall on stony ground.* Hänen rakkaudentunnustuksensa eivät herätä vastakaikua.
from the ground up juurta jaksain, perusteellisesti *The 556/V is a new design from the ground up.* 556/v on täysin uusi malli.
gain ground [on sth] vallata alaa, saada jalansijaa, saada entistä isompi osuus verrattuna muihin *The view is gaining ground across Europe.* Näkemys valtaa alaa ympäri Eurooppaa. *Fire crews gain ground on Southern California fires.* Palomiehet ovat saamassa Etelä-Kalifornian tulipalot hallintaansa.
get [sth] off the ground päästä vauhtiin, lähteä liikkeelle *The*

project got off the ground. Projekti pääsi vauhtiin.

give / lose ground [to sb / sth] *1* antaa periksi, perääntyä *He refused to give ground on this issue.* Hän kieltäytyi antamasta periksi tässä asiassa. *2* menettää asemiaan *Heathrow is going to lose ground to other international airports.* Heathrow menettää asemiaan kilpailussa muiden kansainvälisten lentokenttien kanssa.

go to ground piiloutua, painua maan alle *He went to ground and wasn't heard of again until 1975.* Hän painui maan alle, eikä hänestä kuultu ennen vuotta 1975.

hold / stand one's ground pitää kiinni kannastaan, pysyä lujana, pitää pintansa *She stood her ground for what she believed in.* Hän piti kiinni siitä, mihin uskoi.

on one's own ground omalla maaperällään, kotikentällään *He was able to prove himself on his own ground.* Hän pystyi todistamaan arvonsa omalla erikoisalallaan.

on the ground [tapahtuma]paikalla, kentällä, tavallisten ihmisten joukossa *They had no knowledge of the country and no people on the ground who could prepare the initiative.* He eivät tunteneet maata eikä heillä ollut ketään paikan päällä valmistelemassa aloitetta.

prepare the ground valmistella maaperää, tehdä valmisteluja *Perhaps this was a good time to prepare the ground for even more spectacular growth.* Ehkä nyt oli hyvä aika valmistella vieläkin merkittävämpää kasvua varten.

run sb to ground löytää jku pitkän etsiskelyn jälkeen *Jack hadn't been there all week and now Jane had run him to ground in the café.* Jackia ei ollut näkynyt koko viikkoon, mutta nyt Jane löysi hänet kahvilasta.

sb's stamping / stomping ground kantapaikka, lempipaikka *You're infringing upon his stamping ground, and he won't take it too kindly.* Loukkaat hänen ominta aluettaan eikä hän suhtaudu siihen suosiollisesti.

the middle ground <asiakokonaisuuden se osa, jsta riitelevät osapuolet voivat sopia> *The Court ignored our suggestions that the middle ground could be found.* Tuomioistuin ei kuunnellut ehdotustamme yhteisen näkemyksen löytämisestä.

grow ['grəʊ] *v*

grow like Topsy kasvaa erittäin nopeasti *Expertise in Community law does not simply grow like Topsy.* Yhteisön lainsäädännön tuntemus ei lisäänny kovin nopeasti.

grow on alkaa miellyttää enemmän jotakuta *This house has began to grow on me.* Olen alkanut pitää tästä talosta.

grow on trees kasvaa puissa *Money doesn't grow on trees.* Ei raha puussa kasva.

guard ['gɑ:d] *s*

catch / take sb off guard yllättää jku tekemällä t. sanomalla jtak odottamatonta *His question caught me off guard.* Hänen kysymyksensä yllätti minut.

drop / lower one's guard lakata varomasta, vapautua *I'm not trying to make him drop his guard.* En yritä saada häntä luopumaan puolustusasemistaan.

mound / stand / keep guard [over sth] olla vartiossa *The troops stood guard over bridges.* Sotilaat vartioivat siltoja.

on guard (*myös* on one's guard) varuillaan, valppaana *One must be ever on guard against rumour.* Aina on oltava varuillaan huhujen suhteen.

guess

raise one's guard ottaa suojaava t. puolustava asento *Before Seb could raise his guard John swung a wild punch.* Ennen kuin Seb ehti suojautua, John antoi hänelle kovan tällin.

the old guard vanhat parrat (vanhat t. alkuperäiset, muutosta vastustavat jäsenet jssak organisaatiossa) *The old guard is pushed into oblivion.* Vanhat parrat painetaan unohduksiin.

1 guess ['ges] *v*

guess what! *ark* arvaa mitä!

I guess *ark* kai, varmaan, luultavasti *I guess you're right.* Olet kai oikeassa. *I guess so.* Niin kai.

second-guess sb / sth *1* yrittää arvata, mitä tapahtuu t. mitä jku tekee *This sounds like an attempt to second-guess market opinion.* Kuulostaa yritykseltä arvailla markkinoiden näkemystä. *2* arvostella jtak t. jkta jälkikäteen *He respects experts, never trying to second-guess or out-argue them.* Hän kunnioittaa asiantuntijoita, eikä koskaan yritä arvostella heitä tai voittaa heitä väittelyssä.

2 guess *s*

an educated guess valistunut arvaus (tosiasioihin perustuva) *It's my guess and it's an educated guess.* Se on minun arvaukseni, joka perustuu tosiasioihin.

anyone's / anybody's guess *ark* mahdoton tietää *It's anybody's guess what really happened.* On mahdoton tietää, mitä todella tapahtui.

at a guess karkeasti arvioiden *John was taller than Frank but at a guess about nine years old.* John oli Frankia pitempi, mutta karkeasti arvioiden noin yhdeksänvuotias.

I give you three guesses saat arvata kolmesti

your guess is as good as mine en tiedä asiasta yhtään sinua enempää

guessing ['gesɪŋ] *v*

keep sb guessing pitää epätietoisena, pitää jkta jännityksessä *I suspect you'll always keep me guessing, keep me on my toes.* Taidat aina pitää minua jännityksessä ja varpaillaan.

no prizes for guessing sth (br, austr) <kun jk on hyvin helppo arvata> *Enclosed is his picture – no prizes for guessing his breed.* Mukaan on liitetty kuva – rotu on siis helppo arvata.

guest ['gest] *s*

be my guest *ark* ole / olkaa hyvä (annettaessa lupa), siitä vaan

guilt ['gɪlt] *s*

a guilt trip *ark* voimakas syyllisyyden tunne *She is on a guilt trip for having left her family.* Hän tuntee valtavaa syyllisyyttä perheensä hylkäämisestä.

send sb on a guilt trip *ark* syyllistää *Don't try and send me on a guilt trip.* Älä yritä syyllistää minua.

1 gum ['gʌm] *s*

by gum *vanh ark* (br) kylläpä, jukra (korostavana huudahduksena)

2 gum *v*

gum up the works *ark* sotkea, panna sekaisin *He gummed up the whole system.* Hän sotki koko järjestelmän.

1 gun ['gʌn] *s*

a big gun *ark* iso herra *He's a big gun.* Hän on iso kiho.

a smoking gun todiste, joka osoittaa vääjäämättä rikollisen syyllisyyden *We have been asked to produce a smoking gun.* Meitä pyydettiin esittämään pitävät todisteet.

be under the gun olla stressaantunut määräajan tms takia *He's under the gun to get a solution to the problem.* Hän on kovan paineen alla yrittäessään ratkaista ongelman.

go great guns *ark* toimia täydellä teholla, tehdä jtk nopeasti ja menestyksekkäästi *The entertainment world was going great guns.* Huvimaailma pyöri täydellä teholla.

hold / put a gun to sb's head pakottaa uhkauksin jku tekemään jotain vastoin tahtoaan *Nobody put a gun on your head to buy this!* Ei kukaan pakottanut sinua ostamaan tätä.

jump the gun ottaa varaslähtö, hätiköidä *You can't jump the gun.* Ei pidä mennä asioiden edelle.

stick to one's guns *ark* pitää pintansa *You have to know when to give in and when to stick to your guns.* On tiedettävä, milloin pitää antaa periksi, milloin ei.

top gun (jnk alan t. ryhmän) huippu, paras *No we haven't gone all Top Gun in our approach to PCs.* Emme me kaikki ole mestareita tietokoneiden kanssa.

with all guns blazing täyttä höyryä, tarmokkaasti *He proceeded with all guns blazing as if victory was but a boundary away.* Hän eteni täyttä höyryä, ikään kuin voittoon riittäisi yksi rajalle lyönti.

2 gun *v*

gun for *ark 1* yrittää aiheuttaa jklle vaikeuksia *We all gunned for each other in the boardroom.* Yritimme kaikki aiheuttaa toisillemme vaikeuksia johtoryhmän kokouksessa. **2** jahdata, tavoitella *Eddie is gunning for top job.* Eddie tavoittelee huippuvirkaa.

gut ['gʌt] *s*

a gut-bucket *ark* erittäin lihava (henkilöstä) *His son was a real gut-bucket.* Hänen poikansa oli varsinainen läski.

bust a gut [laughing] *ark* nauraa katketakseen *You might bust a gut laughing if you read it.* Nauraa varmaan katketaksesi, jos luet sen.

bust / rupture a gut *ark* paiskia töitä, raataa *We did bust a gut on the report.* Teimme tosiaan töitä sen raportin eteen.

guts ['gʌts] *s*

a misery guts *ark* ikuinen valittaja *In the letter she does come across as a misery guts.* Kirjeessä hän vaikuttaa ainaiselta valittajalta.

hate sb's guts *ark* ei voida sietää jkta *I hate his guts.* En voi sietää häntä.

have [got] the guts [to do sth] *ark* olla tarpeeksi rohkea [tekemään jtak], olla sisukas *Who has the guts to take the fair decision?* Kenellä on sisua tehdä oikeudenmukainen päätös?

have sb's guts for garters *ark* rangaista jkta kovalla kädellä *I shall have your guts for garters one day.* Kerran vielä rankaisen sinua kunnolla.

slog / sweat / work one's guts out *ark* raataa, paiskia töitä *You would work your guts out for a fairly modest salary.* Paiskisit töitä melko vaatimatonta palkkaa vastaan.

gutter ['gʌtər] *s*

the gutter press *halv* skandaalilehdistö, juorulehdet *Could you leave the insults to the gutter press please?* Voisitko jättää herjaukset roskalehdille?

guy ['gaɪ] *s*

a fall guy *ark* (am) syntipukki *He was being made the fall guy for breaches of the law he had no control over.* Hänestä tehtiin syntipukki rikkomuksiin, joihin hän ei mitenkään pystynyt vaikuttamaan.

a wise guy *ark, halv* (am) kaikkitietävä *He always seemed to me to be a bit of wise guy.* Minusta hän vaikutti aina vähän näsäviisaalta.

habit ['hæbɪt] s
 break / kick the habit *ark* muuttaa tapojaan, päästä eroon tavasta *Only one smoker in 100 is able to kick the habit without help.* Vain yksi tupakoija sadasta pystyy lopettamaan ilman apua.
 force of habit tottumuksen voima *He looked around from force of habit.* Hän katsahti ympärilleen vanhasta tottumuksesta.
 habit of mind mielenlaatu *Stagnation has become a habit of mind to him.* Pysähtyneisyydestä on tullut hänelle mielentila.
 make a habit of sth tehdä jtk säännöllisesti *You cannot make a habit of coming here.* Et saa jatkuvasti tulla tänne.
 Why break a habit of a lifetime? *leik* (br, austr) (läh) Ei vanha koira opi uusia temppuja.

hack ['hæk] v
 hack around (am) lorvailla, vetelehtiä, maleksia *We spent all day hacking around.* Lorvailimme koko päivän.
 hack off *ark* (yl br) ärsyttää, raivostuttaa jkta *They are getting hacked off with being patient.* He alkavat kyllästyä olemaan kärsivällisiä.

hackle ['hækᵊl] s
 make sb's hackles rise (*myös* raise sb's hackles) nostattaa jkn niskakarvat pystyyn, suututtaa jku *The movie raised feminist hackles.* Elokuva sai feministien niskakarvat nousemaan pystyyn.

hail ['heɪl] v
 hail from olla kotoisin, olla lähtöisin *Joan hails from Newcastle.* Joan on kotoisin Newcastlesta.
 within hail huutoetäisyydellä, kuuloetäisyydellä, lähellä *The enemy is within hail.* Vihollinen on kuuloetäisyydellä.

hair ['heə^r] s
 a bad hair day *ark, leik* huono päivä (jolloin kaikki menee pieleen) *I complained about another bad hair day.* Valitin, että minulla oli taas huono päivä.
 a hair's breadth karvan verran, hyvin vähän *You escaped death by a hair's breadth.* Vältyit täpärästi kuolemalta.
 get / have sb by the short hairs *ark* saada jk tekemään jtk pakkotilanteessa *They've got you by the short hairs!* He saivat sinut kiikkiin.
 get in / out of sb's hair *ark* ärsyttää t. lakata ärsyttämästä jkta, käydä t. lakata käymästä hermoille *I want you out of this office, out of my hair.* Häivy työhuoneestani ja lakkaa ärsyttämästä minua.
 hair of the dog [that bit you] *ark* krapularyyppy *Being an alcoholic starts when you need a hair of the dog the next morning.* Krapularyyppy on ensimmäinen alkoholisoitumisen merkki.
 keep your hair on (*myös* keep your shirt on) *ark* (br) älä hermostu *All right, all right, keep your hair on! I'm sorry!* Hyvä on, hyvä on, älä hermostu! Anteeksi!

let one's hair down *ark* rentoutua, vaihtaa vapaalle, vapautua *You've earned the chance to let your hair down with friends.* Olet ansainnut tilaisuuden rentoutua ystävien kanssa.

make sb's hair curl *ark, leik* järkyttää, herättää levottomuutta *The things he could tell you about Mona would make your hair curl.* Hän voisi kertoa sinulle Monasta asioita, jotka järkyttäisivät sinua.

make sb's hair stand on end *ark* saada jkn hiukset nousemaan pystyyn *Some of the stories would make your hair stand on end.* Jotkut tarinat saisivat hiuksesi nousemaan pystyyn.

not a hair out of place (viimeisen päälle) huoliteltu *I never saw her with a hair out of place.* Hän oli aina erittäin huoliteltu.

not harm / touch a hair of sb's head ei katkaista hiuskarvaakaan jkn päästä *I beg that you will not touch a hair of that woman's head.* Rukoilen sinua olemaan vahingoittamatta tuota naista.

not turn a hair ei hätkähtää vähääkään, silmää räpäyttämättä *She didn't turn a hair when she saw the body.* Hän ei hätkähtänyt vähääkään, kun näki ruumiin.

put hairs on your chest *ark, leik* saa tuntemaan voimakkaaksi (vars alkoholijuomien ansiosta) *Take some gin. Put hairs on your chest!* Ota giniä, se vahvistaa!

split hairs halkoa hiuksia *On paper this may sound like splitting hairs.* Paperilla tämä saattaa kuulostaa hiusten halkomiselta.

wear a hair shirt pukeutua jouhipaitaan, elää askeettisesti, kieltäytyä nautinnoista *The food certainly does not wear a hair shirt.* Ruoka ei ole todellakaan askeettista.

hale ['heɪl] *a*
hale and hearty terve ja reipas (vanhuksista) *Tom Smith, hale and hearty at 74.* Tom Smith on 74-vuotiaana terve ja reipas.

half ['hɑːf] *s*

a ... and a half *ark* aikamoinen, aika, melkoinen *The stage was a shock and a half. It was vast.* Näyttämö oli aikamoinen sokki. Se oli valtava.

be half the ... one used to be ei ole enää niin hyvä jk kuin ennen oli *I am half the runner I used to be.* En ole enää niin hyvä juoksija kuin ennen.

Cheap at half the price! *iron* (br, austr) <ihmeteltäessä jnk erityisen kallista hintaa> *Pay £50 a year on your insurance – cheap at half the price!* Maksa vakuutuksestasi 50 puntaa vuodessa – törkykallista!

given half a chance *ark* heti tilaisuuden tullen *The goat will eat almost anything given half the chance.* Vuohet syövät melkein mitä vain heti tilaisuuden tullen.

half a loaf is better than none / no bread (läh) parempi pyy pivossa kuin kymmenen oksalla

half a minute / tick / second / ... (odottaa) hyvin pienen hetken *It only took half a second to realize that I was on camera.* Kesti vain hetken tajuta, että minua kuvattiin.

half and half [with sb] *ark* panna puoliksi, jakaa kustannukset *They chose to split the work half and half.* He päättivät jakaa työn puoliksi.

half the battle puoli voittoa *Half the battle is having the confidence to try.* Se että uskaltaa yrittää, on jo puoli voittoa.

half the fun / trouble / ... of sth suuri osa jkn hauskuudesta / vaivasta /... *Half the fun of viewing them is that subjects come up at random.* Niiden katselemisessa hauskinta on se, että kohteet tulevat näkyviin sattumanvaraisesti.

half-cock

half the time *ark* suurimman osan aikaa *He's away half the time.* Hän on poissa suurimman osan aikaa.

have half a mind to do sth *1* harkita vakavasti jtk *In fact, I've half a mind to join you two tomorrow.* Itse asiassa harkitsen vakavasti, että liityn seuraanne huomenna. *2* uhattaessa jkta (yl lasta)rangaistuksella *That's a very serious offence, I've half a mind to charge you!* Kyseessä on hyvin vakava rike, voisin asettaa sinut syytteeseen!

how the other half lives kuinka toinen puoli ihmisistä elää (ne, joiden elämäntapa on täysin erilainen kuin sinun, hyvin köyhät t. hyvin rikkaat) *I wanted to understand better how the other half lives.* Halusin paremmin ymmärtää, kuinka toinen puoli ihmisistä elää.

in half the time paljon odotettua lyhyemmässä ajassa *A smart worker will learn how to do that in half the time.* Fiksu työntekijä oppii tekemään sen paljon nopeammin.

no half measures (br) ei mitään puolinaista (korostettaessa, että jk on tehtävä todella hyvin) *Do the job properly – no half measures.* Tee työ kunnolla – ei mitään puolinaista.

not do things by halves ei jättää puolitiehen, tehdä kaikki huolella ja hyvin *She never does things by halves.* Hän ei koskaan jätä mitään puolitiehen.

not half *1* ei puoliksikaan *She is not half as good as I expected.* Hän ei ole puoliksikaan niin hyvä kuin odotin. *2 ark* ei ollenkaan, ei lainkaan *The food was not half bad.* Ruoka ei ollut lainkaan hassumpaa. *3 ark* (br) aivan, ihan, täysin, täysillä *She banged her head, didn't half cry!* Hän löi päänsä ja itki hirveästi!

Not half! *ark* (br, austr) Tosi on! (oltaessa täysin samaa mieltä toisen kanssa t. halukas ottamaan jkn tarjous vastaan) *Fancy a beer? Not half!* Ottaisitko oluen? Tosi mielelläni!

the half of it *ark* puoliakaan *You don't know the half of it.* Et tiedä siitä puoliakaan.

too ... by half aivan liian *He was too clever by half.* Hän oli aivan liian nokkela.

half-cock ['hɑ:fkɒk] *s*

go off at half-cock (*myös* go off half-cocked) *ark* hätiköidä, tehdä puolivalmiiksi (ja siksi epäonnistua) *The attack went off at half-cock.* Hyökkäys tehtiin hätiköidysti.

halfway [,hɑ:fweɪ] *s*

a halfway house kompromissi, välimuoto *But there is a halfway house between the two.* Mutta myös välimuoto on olemassa.

meet sb halfway tulla puolitiehen vastaan, haluta tehdä kompromissi sopimukseen pääsemiseksi *I will be willing to meet him halfway and accept that.* Haluan tulla puolitiehen vastaan ja hyväksyä sen.

halt ['hɔ:lt, hɒlt] *s*

call a halt pysäyttää, keskeyttää, lopettaa, lakkauttaa (esim. toiminta) *The ministers called a halt to the negotiations.* Ministerit keskeyttivät neuvottelut.

ham ['hæm] *v*

ham it up ylinäytellä, näytellä liioitellen *He was hamming it up in a commercial.* Hän ylinäytteli mainoksessa.

1 hammer ['hæmə^r] *s*

be / go at sb /sth hammer and tongs *ark* tehdä jtk innokkaasti / raivokkaasti / kiihkeästi / vimmatusti *They went at it hammer and tongs.* He riitelivät raivokkaasti.

come / go under the hammer olla myytävänä huutokaupassa, joutua myytäväksi huutokaupassa, joutua vasaran alle *The painting went under the hammer for £500 at an auction.* Maalaus huutokaupattiin 500 punnalla.

2 hammer *v*

hammer away ahertaa (jnk kimpussa), paiskia töitä *Keep on hammering away at achieving this goal.* Jatka vain ahertamista saavuttaaksesi tämän tavoitteen.

hammer in / into takoa (päähän), iskostaa, juntata *The ideological message had been hammered into Germans for years.* Tätä ideologista sanomaa oli taottu saksalaisten päähän vuosia.

hammer out saada aikaan (pitkällisten keskustelujen jälkeen, työläästi) *A compromise was hammered out.* Kompromissi saatiin aikaan.

hammering ['hæmərɪŋ] *s*

give sb / get a hammering *ark* (br) hakata jku t. saada selkäänsä, rangaista t. joutua rangaistuksi, arvostella ankarasti *Reality TV gets a hammering from him.* Hän arvostelee ankarasti tosi-tv:tä.

1 hand ['hænd] *s*

a firm / steady hand on the tiller tilanne hallinnassa *The new Executive looks forward to the future, with a firm hand on the tiller.* Uusi johtaja suhtautuu tulevaisuuteen toiveikkaasti pitäen tilanteen tiukasti hallinnassaan.

a safe pair of hands pätevä t. luotettava henkilö *Colleagues regard Dick as a safe pair of hands who can be relied to step in.* Kollegat luottavat siihen, että Dick tarttuu asiaan.

all hands on deck (*myös* all hands to the pump) *leik* kaikkien työpanosta tarvitaan *It was all hands on deck as they worked throughout the weekend.* Kaikkien työpanosta tarvittiin, kun he työskentelivät koko viikonlopun.

at / by the hand[s] of jnk t. jkn taholta, jnk t. jkn käsissä *He suffered humiliation at the hands of the media.* Hän joutui tiedotusvälineiden nöyryyttämäksi.

[at] first hand ensi käden tietoa, omasta kokemuksesta *You have to see them first hand.* Sinun on nähtävä ne itse.

at hand lähellä, käsillä, saatavilla *He kept the books at hand.* Hän piti kirjat käsillä.

[at] second / third hand toisen käden tietoa *Until now, information about his death has been second or third hand.* Toistaiseksi tiedot hänen kuolemastaan ovat huhupuhetta.

be good with one's hands olla kätevä käsistään *If you are good with your hands, then make things for yourself.* Jos olet kätevä käsistäsi, voit tehdä tavaroita itsellesi.

bind / tie sb hand and foot sitoa jkn kädet ja jalat *He was bound hand and foot.* Hänen kätensä ja jalkansa olivat sidotut.

bite the hand that feeds you kohdella huonosti jkta, joka on auttanut (vars rahallisesti) *Don't bite the hand that feeds you and that is your employees.* Älä pure ruokkivaa kättä eli työntekijöitäsi.

dirty one's hands sotkeutua toimintaan, joka mustaa maineen *I am free to dirty my hands politically as I see fit.* Voin tärvellä maineeni poliittisesti niin kuin haluan.

get / keep one's hand in harjaantua, pitää taitoaan yllä *I like to keep my hand in by catering for private functions.* Yritän pitää taitoani yllä hoitamalla yksityistilaisuuksien tarjoilua.

get one's hands dirty tehdä ruumiillista työtä *I don't like getting my hands dirty.* En pidä ruumiillisesta työstä.

give / lend sb a hand [with sth] auttaa jkta *Can I give you a hand with*

hand

that bag? Voinko auttaa sinua kantamaan tuota laukkua?

give sb a big hand *ark* taputtaa jklle äänekkäästi ja innostuneesti *So give him a big hand, please* Annetaanpa hänelle kunnon aplodit

go hand in hand [with sth] rinnakkainen, yhteen liittyvä *Drugs go hand in hand with crime.* Huumeet ja rikollisuus kuuluvat yhteen.

hand in glove [with sb] tiiviissä yhteistyössä *I work hand in glove with him.* Olen hänen kanssaan tiiviissä yhteistyössä.

have one's hands full olla kädet täynnä työtä *He had his hands full with the upcoming conference.* Hänellä oli kädet täynnä työtä tulevan konferenssin takia.

have one's hands tied kädet ovat sidotut, toimintavapautta on rajoitettu *The school has its hands tied by the rules.* Säännöt rajoittavat koulun toimintavapautta.

have / take a hand in [doing] sth puuttua jhk, puuttua jnk kulkuun (us. jhk väärään), osallistua jhk (us jhk väärään) *The government took a hand in the affair.* Hallitus puuttui asiaan.

heavy hand tarpeettoman ankara käsittely *The young unfortunate was being escorted for questioning by the heavy hand of the police.* Epäonnekas nuori saatettiin poliisin kovaotteiseen kuulusteluun.

hold sb's hand tukea jkta vaikeuksissa *You're real lucky if you have a daddy who holds your hand while you go through the hell of it.* Olet onnekas, jos sinulla on isukki, joka tukee sinua, kun käyt läpi sen helvetin.

in hand *1* vireillä, tekeillä, tehtävänä oleva *We have a big project in hand.* Meillä on iso projekti vireillä. *2* varalla *They had funds in hand.* Heillä oli rahavaroja varalla. *3* hallinnassa, hanskassa *You seem to have the situation in hand.* Sinulla näyttää olevan tilanne hallinnassa.

in safe hands hyvissä käsissä, luotettavissa käsissä *Your luggage is in safe hands.* Matkatavaranne ovat hyvissä käsissä.

lay a hand on sb satuttaa jkta *He did not lay a hand on her, he just growled in fury.* Mies ei satuttanut häntä, ainoastaan murisi raivosta.

live [from] hand to mouth elää kädestä suuhun *He was unemployed and living from hand to mouth.* Hän oli työtön ja eli kädestä suuhun.

make etc. sth with your own fair hand *leik* tehdä jtk omin pikku kätösin *Ham pie, made by my own fair hand* omin pikku kätösin tekemääni kinkkupiirakkaa

make / lose / spend money hand over fist *ark* ansaita / menettää / kuluttaa rahaa nopeasti *Banks have been losing money hand over fist.* Pankit ovat menettäneet rahaa nopeasti.

many hands make light work kaikkien avulla työ sujuu nopeasti

not do a hand's turn *ark* ei panna tikkua ristiin *She's never done a hand's turn for her father.* Hän ei ole koskaan pannut tikkuakaan ristiin isänsä hyväksi.

off sb's hands pois käsistä *People ask us to take animals off their hands.* Ihmiset pyytävät meitä ottamaan eläimiä huostaamme.

on either / every hand *kirjak* joka puolella, joka puolelta *New services are springing up on every hand.* Uusia palveluja ilmestyy kuin sieniä sateella.

on hand *1* käsillä, saatavilla, käytettävissä, esillä *Staff will be on hand to answer questions.* Henkilökunta on paikalla vastaamassa kysymyksiin. *2* hoidettavana, ratkaistavana *He had a major case on hand.* Hänellä oli tärkeä tapaus tutkittavana.

on sb's hands *1* ratkaistavana, hoidettavana *We have a big problem on our hands.* Meillä on paha ongelma ratkaistavanamme. *2* jkn syytä *He has my son's blood in his hands.* Poikani kuolema on hänen syytään. *3* käytössään *He was a retired man with time on his hands.* Hän oli eläkeläinen, jolla oli aikaa.

on [the] one hand ... on the other [hand] toisaalta *The traditional choice was between the senses on the one hand, and the mind on the other.* Valinta on perinteisesti tapahtunut yhtäältä aistien ja toisaalta järjen välillä.

out of hand *1* ei hallinnassa, ei hanskassa *The jollities were getting out of hand.* Hauskanpito oli ryöstäytymässä hallinnasta. *2* suoralta kädeltä, ilman muuta *The offer was rejected out of hand.* Tarjous hylättiin suoralta kädeltä.

[ready] to hand käsillä, saatavilla *You won't necessarily have scissors to hand.* Saksia ei välttämättä ole käsillä.

reveal / show one's hand (*myös* (am) tip ones' hand) paljastaa korttinsa *Mary was careful not to show her hand too soon.* Mary varoi paljastamasta korttejaan liian aikaisin.

sb's hands are tied jku ei ole vapaa toimimaan haluamallaan tavalla *All you want to know is what I cannot tell you – my hands are tied.* Haluat tietää vain sen, mitä en voi kertoa.

set / put one's hand to käydä työhön *I set my hand to introducing the reforms.* Ryhdyin ottamaan uudistuksia käyttöön.

stay sb's hand estää jkta *He reached for the key, but Rosie stayed his hand.* Hän oli tarttumassa avaimeen, mutta Rosie esti häntä.

the dead hand of sth *kirjak* rajoittava vaikutus *The dead hand of the past presses heavily on the head of the present.* Menneisyyden varjot rajoittavat raskaasti nykyisyyttä.

The devil makes work for idle hands. joutilaisuus vie pahoille teille

The hand that rocks the cradle [rules the world.] naisella on kodin kautta paljon valtaa

The left hand doesn't know what the right hand is doing. *ark* organisaation yksi osa ei tiedä, mitä toinen osa tekee

throw one's hand in *ark* luopua jstk (erit epäonnistumisen takia) *They are not going to throw their hand in.* He eivät aio luovuttaa.

turn one's hand to ryhtyä (ensi kertaa jhk) *He is willing to turn his hand to anything.* Hän on halukas ryhtymään mihin vain.

wait on sb hand and foot passata jkta orjallisesti, täyttää jkn pieninkin toive *They expect to be waited on hand and foot.* He odottavat, että heitä passataan orjallisesti.

win [sth] / beat sb hands down voittaa jtk tai jku erittäin helposti *He won hands down in a verbal fight.* Hän voitti sanasodat leikiten.

with one hand [tied] behind one's back *ark* pystymättä käyttämään kaikkia voimavarojaan *The police are having to fight crime with one hand tied behind their backs.* Poliisin täytyy taistella rikollisuutta vastaan rajallisin voimavaroin.

with your hand on your heart (*myös* hand on heart) käsi sydämellä, <kerrottaessa jtk erittäin rehellisesti> *I couldn't say, hand on heart, that you're wrong.* En voi rehellisesti väittää, että olet väärässä.

2 hand *v*

have to hand it to sb *ark* täytyä antaa tunnustusta jklle, täytyy nostaa hattua jklle *You have to hand it to the band for their professionalism.* Yhtyeelle täytyy antaa tunnustusta heidän ammattitaidostaan.

handle

1 handle ['hændl] v

handle / treat sb with kid gloves kohdella / käsitellä jkta silkkihansikkain *The reporter handled her with kid gloves.* Toimittaja kohteli häntä silkkihansikkain.

too hot to handle (*myös* [too] hot for sb) *ark* liian vaikea t. vaarallinen *The issue seemed too hot to handle for them.* Aihe näytti olevan heille liian vaikea käsiteltäväksi.

2 handle s

get / have a handle on sb / sth *ark* oppia tuntemaan ja ymmärtämään *He must get a handle on his debt.* Hänen täytyy oppia tajuamaan velkansa.

handy ['hændi] a

come in handy *ark* osoittautua hyödylliseksi *The dishwasher came in handy.* Tiskikone osoittautui hyödylliseksi.

1 hang ['hæŋ] v

and hang the cost / expense maksoi mitä maksoi *Buy the best and hang the cost.* Osta parasta, maksoi mitä maksoi.

hang a left / right *ark* (yl am) kääntyä vasemmalle / oikealle *I saw the Sierra hang a left.* Näin Sierran kääntyvän vasemmalle.

hang about (*am* [a]round) **1** *ark* maleksia, norkoilla, palloilla, vetelehtiä *Don't hang about / [a]round, the boss wants us.* Älä jää maleksimaan, pomo haluaa meidät puheilleen. **2** (~ *with*) hengata, hillua jkn kanssa *You shouldn't hang about / [a]round with them.* Sinun ei pitäisi hengata niiden kanssa.

Hang about! Odota!, Hetkinen!

hang back jättäytyä jälkeen, viivytellä, vitkastella, hidastella *She hung back from them.* Hän jättäytyi jälkeen heistä. *Don't hang back on / from the decision any longer.* Älä viivyttele päätöstä pidempään.

hang fire (*myös* hold fire) edistyä hitaasti, viivytellä *We should hang fire for things to cool off.* Meidän pitäisi edetä hitaasti, että tilanne ehtii rauhoittua.

hang in *ark* (yl am) koettaa sinnitellä, pitää pintansa, koettaa kestää *Just hang in there a second or two.* Koeta kestää vielä pari sekuntia.

hang in the air jäädä ratkaisematta, jäädä ilmaan leijumaan *One burning question was left hanging in the air.* Yksi polttava kysymys jäi ilmaan leijumaan.

hang on 1 *ark* odottaa hetki *Hang on a minute.* Odota vähän. **2** kuunnella tarkkaan *She hung on his every word.* Hän kuunteli tarkkaan kaikkea, mitä mies sanoi. **3** syyttää (yl virheellisesti) *The police hung the crime on an innocent person.* Poliisi syytti rikoksesta syytöntä. **4** pitää pintansa, selviytyä, selvitä *These species have managed to hang on.* Nämä lajit ovat onnistuneet selviytymään.

hang [on] in there *ark* älä luovuta *Please, sweetheart, hang on in there.* Koeta jaksaa, kulta.

hang one's hat *ark* (am) asua *She was looking for somewhere to hang her hat after the divorce.* Hän etsi asuinpaikkaa avioeron jälkeen.

hang onto pitää itsellään, säilyttää, kieltäytyä myymästä t. heittämästä pois *Hang onto your shares.* Älä myy osakkeitasi.

hang out *ark* palloilla, norkoilla, hengata, hillua *I was hanging out with friends.* Hengailin kavereiden kanssa.

hang sb out to dry *ark* (yl am) jättää jku pulaan *Blair was hung out to dry over Iraqi nuclear claims.* Blair ajautui ahdinkoon Irakin väitettyjen joukkotuhoaseiden takia.

hang sth *ark* (br) <käytetään kun jstk ei piitata>, viis siitä! *Hang the expense, she thought.* Viis kuluista, hän ajatteli.

hang together *1* pitää yhtä, pysytellä yhdessä *They continued to hang together.* He pitivät edelleen yhtä. *2* pysyä koossa, olla yhdenmukainen, pitää paikkansa *We've checked his story against the girl's and it hangs together.* Olemme verranneet hänen kertomustaan tytön versioon ja ne ovat yhdenmukaiset.

hang tough (am) pysyä kovana *He knows when to hang tough and when to cut a deal.* Hän tietää milloin pysyä kovana ja milloin tehdä kaupat.

hang up *1* sulkea puhelin, lopettaa puhelu *He hung up [the phone].* Hän sulki puhelimen. *She hung up on me.* Hän löi luurin korvaani. *2* lopettaa (välineeseen t. vaatteeseen liittyvä toiminta, esim. urheilulaji t. harrastus) *She hung up her skates for good.* Hän lopetti luistelemisen kokonaan.

hang up one's hat jättää työpaikka lopullisesti *Dave's decided to hang up his hat on his regular column.* Dave on päättänyt lopettaa säännöllisen palstansa kirjoittamisen lopullisesti.

I'll be / I'm hanged if *vanh* (br) en varmasti *I'll be hanged if I set foot in there again!* En varmasti astu sinne enää jalallanikaan!

let it all hang out *ark* vaihtaa vapaalle, ottaa rennosti *He lets it all hang out on the beach.* Hän ottaa rennosti uimarannalla.

time hangs heavy [on sb's hands] aika kuluu hitaasti, aika matelee *Time hung heavy during those weeks.* Aika mateli noina viikkoina.

You may / might as well be hanged for a sheep as for a lamb jos kahdesta rikoksesta saa saman rangaistuksen, voi yhtä hyvin tehdä niistä vakavamman, erit jos siitä hyötyy enemmän

2 hang *s*

get the hang of sth *ark* päästä jyvälle jstak, tajuta, käsittää (miten jk tehdään) *I was getting the hang of this programme.* Aloin päästä jyvälle tästä ohjelmasta.

not care / give hang *ark* ei piitata tippaakaan, ei välittää vähääkään *I don't care a hang what you think.* En piittaa tippaakaan mielipiteestäsi.

happen ['hæpən] *v*

as it happens kuinka ollakaan, sattumalta *As it happens, I believe you.* Satun uskomaan sinua.

happen on / upon *kirjak* löytää sattumalta, tavata sattumalta *He happened upon an article about the poet.* Hän löysi sattumalta runoilijaa käsittelevän artikkelin.

these things happen sellaista sattuu *It is not a nice situation to be in but I am afraid these things happen.* Se ei ole mukava tilanne, mutta valitettavasti sellaista sattuu.

happy ['hæpi] *a*

a happy accident suunnittelematon, miellyttävä tapahtuma t. tilanne *Occasionally, there's a happy accident that leads me in a nice direction.* Joskus onnekas sattuma johdattaa minut oikeaan suuntaan.

a / the happy event *leik* iloinen perhetapahtuma, lapsen syntymä *Preparing for the happy event expectant moms and dads can learn all about the big day at our childbirth classes.* Iloiseen perhetapahtumaan valmistautuessaan odottavat vanhemmat voivat oppia kaiken tärkeästä päivästä synnytysvalmennuksessamme.

a / the happy medium kultainen keskitie, järkevä tasapaino äärimmäisyyksien välillä *He always believed in striking a happy medium.* Hän uskoi aina löytävänsä kultaisen keskitien.

[as] happy as the day is long (*myös* as happy as a clam, as happy as Larry) *ark* erittäin onnellinen t. iloinen *He seemed as happy as Larry.* Hän vaikutti ikionnelliselta.

not be a happy camper (*myös* (br) not be a happy bunny) *leik* (br, am) olla ärsyyntynyt jstk *Emails go unanswered. I'm not a happy bunny!* Sähköposteihin ei vastata. Olen tyytymätön!

1 hard ['hɑ:d] *a*

a hard nut to crack kova pähkinä purtavaksi (henkilöstä, asiasta) *He was one hard nut to crack.* Hän oli kova pähkinä purtavaksi.

be hard on sb *1* olla ankara jkta kohtaan, olla tyly jklle *Don't be too hard on yourself.* Älä ole liian ankara itsellesi. *2* olla vaikeaa jklle, olla raskasta jklle, olla rasittavaa *This uncertainty is hard on the nerves.* Tämä epävarmuus käy hermoille.

be hard put [to do sth] olla vaikeaa, olla hankalaa *He would be hard put to it to win the election.* Hänen olisi vaikeaa voittaa vaaleja.

be hard up for sth *ark* olla jtk liian vähän *The media are obviously hard up for stories.* Tiedotusvälineillä on selvästi juttupulaa.

do / learn sth the hard way oppia kantapään kautta *He learnt his skills the hard way, by trial and error.* Hän oppi taitonsa kantapään kautta, yrityksen ja erehdyksen kautta.

fall on hard times köyhtyä *We know what it's like to fall on hard times.* Tiedämme, miltä tuntuu köyhtyä.

give sb a hard time *ark* hankaloittaa jkn tilannetta *Don't give me a hard time, just do it.* Älä ole hankala, sen kun teet sen.

hard and fast tiukka, ehdoton *There are no hard and fast rules about clothing.* Mitään tiukkoja vaatetusta koskevia sääntöjä ei ole.

hard cash käteinen raha (ei sekkejä tai arvopapereita) *At the root of the crisis was a shortage of hard cash.* Kriisin ydin oli käteisen rahan puute.

hard going vaikea, rankka, vaikeatajuinen *He found the selling hard going.* Hän huomasi, että myyntityö oli vaikeaa.

hard luck / lines *ark* (br, austr) huono tuuri *I'll be away, so hard lines.* En ole paikalla, joten huono tuuri.

hard of hearing huonokuuloinen *One third of those over 65 are hard of hearing.* Kolmannes yli 65-vuotiaista on huonokuuloisia.

hard on / upon lähellä, jnk kintereillä, heti jnk perään *The event followed hard upon the death of the king.* Tapaus sattui välittömästi kuninkaan kuoleman jälkeen.

hard to swallow vaikea uskoa, vaikea hyväksyä *I found this a bit hard to swallow.* Sitä oli mielestäni vähän vaikea uskoa. *This compromise was hard to swallow.* Tätä kompromissia oli vaikea hyväksyä.

hard up *ark* rahapulassa, tiukilla *The paper sacked me and I found myself hard up.* Sain potkut sanomalehdestä ja huomasin olevani rahapulassa.

make hard work of sth tehdä jstk monimutkaisempaa t. vaikeampaa kuin olisi tarpeen *You can make hard work of an easy job.* Helpostakin työstä voi tehdä vaikeaa.

no hard feelings ei kantaa kaunaa *There were no hard feelings on my part.* Minä en kantanut kaunaa.

play hard to get leikkiä vaikeasti tavoiteltavaa, teeskennellä välinpitämätöntä *If you play hard to get, she'll come running.* Jos teeskentelet välinpitämätöntä, hän tulee luoksesi juosten.

the hard stuff *ark* väkevää alkoholia *I'd ease up on the hard stuff if I were you.* Sinuna joisin vähemmän väkeviä.

2 hard *adv*

be / feel hard done by (yl br) kaltoin kohdeltu *He felt hard done by.* Hän tunsi tulleensa kaltoin kohdelluksi.

be hard pressed (*myös* (br) be hard pushed) *ark* olla vaikeuksia tehdä jtk (erit ajan tai rahan puutteen vuoksi) *Japanese contractors are hard pressed to find workers and keep costs down.* Japanilaisilla urakoitsijoilla on vaikeuksia löytää työntekijöitä ja pitää kustannukset alhaalla.

hard at it *ark* työn touhussa, jnk kimpussa *At weekends she's hard at it doing research.* Viikonloppuisin hän on työn touhussa tehden tutkimusta.

hard by *vanh* (aivan) lähellä *He lived hard by the cathedral.* Hän asui aivan katedraalin lähellä.

hard hit kärsinyt kovasti *The school was hard hit by the budget cuts.* Koulu joutui kärsimään kovasti budjetin leikkauksista.

take sth hard olla poissa tolaltaan jnk takia, järkyttynyt *She took the news very hard.* Hän järkyttyi uutisesta.

hardball ['hɑ:d'bɔ:l] *s*

play hardball (am, austr) käyttää kovia otteita (erit liike-elämässä) *Anti-smoking activists play hardball with congressmen.* Tupakointia vastustavat aktivistit kovistelivat kongressin jäseniä.

hare ['heəʳ] *s*

[as] mad as a March hare *vanh* pähkähullu *You were as mad as a March hare.* Olit ihan pähkähullu.

run with the hare and hunt with the hounds *vanh* (br) palvella kahta herraa, pysytellä hyvissä väleissä kaikkien kanssa (kiistatilanteessa ym.)

start a hare *vanh* (br) ottaa jk puheeksi, aloittaa keskustelu jstak

hark ['hɑ:k] *v*

hark at sb *leik* kuulkaas tuota, pata kattilaa soimaa (kun jku on sanonut jtak hassua t. on syyttänyt jstak johon on itse syyllistynyt) *Hark at him! He doesn't take his own advice.* Kuulkaas tuota! Hän ei noudata edes omia neuvojaan.

hark back *1* palata (mielessään), muistella *It is pointless to hark back to how things used to be.* On turhaa muistella, miten asiat olivat ennen. *2* muistuttaa, tuoda mieleen, olla jstak peräisin (malliltaan, tyyliltään) *The newest styles hark back to the 1970s.* Uusimmat tyylit tuovat mieleen seitsenkymmenluvun.

harm ['hɑ:m] *s*

come to no harm ei vahingoittua, ei kärsiä vahinkoa *Make sure no one comes to any harm.* Pidä huolta, ettei kenellekään käy huonosti.

do more harm than good olla enemmän haittaa kuin hyötyä *The quest for thinness has done far more harm than good.* Laihuuden tavoittelusta on ollut enemmän haittaa kuin hyötyä.

no harm done mitään [vahinkoa] ei sattunut – *I'm sorry. – It's all right. No harm done.* – Anteeksi. – Ei se mitään. Ei käynyt kuinkaan.

out of harm's way turvassa *These copies should be put in a safe place, well out of harm's way.* Nämä kappaleet pitäisi laittaa turvalliseen paikkaan, ettei niille vain satu mitään.

there's no harm in [sb's] doing sth (*myös* it does no harm [for sb] to do sth) ei siitä haittaakaan ole (todettaessa, että esitetty ajatus on itse asiassa hyvä) *There's no harm in window shopping.* Ikkunaostokset ovat harmittomia.

harness ['hɑ:nɪs] *s*

in harness *1* työnsä ääressä, työssä, hommissa *It is good to be back in harness.* On kiva olla taas takaisin hommissa. *He died in harness.* Hän kuoli työnsä ääreen. *2* yhdessä *Local and central government worked in*

harp

harness. Kunnallishallinto ja keskushallinto tekivät yhteistyötä.

harp ['hɑːp] *v*

harp on *ark* jauhaa, vatvoa, jankata *He kept harping on economic themes.* Hän jauhoi koko ajan talousasioista.

1 hash ['hæʃ] *s*

make a hash of *ark* möhliä, tunaroida *He made a hash of a simple penalty.* Hän möhli yksinkertaisen rangaistuspotkun.

2 hash *v*

hash out keskustella, päästä sopimukseen jstak *The ministers gathered to hash out the issue.* Ministerit kokoontuivat keskustelemaan kysymyksestä.

haste ['heɪst] *s*

more haste, less speed (br) hiljaa hyvä tulee *Let's not rush. More haste, less speed.* Ei kiirehditä. Hiljaa hyvä tulee.

hat ['hæt] *s*

be wearing one's teacher's / lawyer's / ... hat (*myös* have one's teacher's (etc.) hat on) käyttäytyä opettajan / lakimiehen / ... tapaan *Wearing my lawyer's hat, I am worried that the Bill does not define object per se.* Lakimiehenä olen huolissani siitä, ettei lakiesityksessä määritellä kohdetta sellaisenaan.

keep sth under one's hat *ark* pitää jk omana tietonaan, pitää jk salassa *Chefs keep culinary secrets under their hat.* Keittiömestarit pitävät ruoanlaittotaitonsa salaisuudet omana tietonaan.

old hat vanhanaikainen, ei enää kiinnostava *Being young and talented in the theatre is old hat.* Nuoruus ja lahjakkuus on teatterissa vanhanaikaista.

pass the hat [a]round (*am* pass the hat) kerätä rahaa (esim. lahjaa varten) *We passed the hat round to get her a present.* Keräsimme rahaa ostaaksemme hänelle lahjan.

pick sth out of the hat *ark* valita umpimähkään *The winner was picked out of the hat.* Voittaja arvottiin umpimähkään.

take one's hat off to sb / hats off to sb (*myös* (am) tip your hat to sb) *ark* (br) nostaa hattua jklle *I take my hat off to anyone who succeeds in this business.* Nostan hattua sille, joka menestyy tällä alalla. *Hats off to her for organizing this event.* Hän ansaitsee kiitokset tämän tilaisuuden järjestämisestä.

throw / toss one's hat in[to] the ring (am, austr) osallistua kilpailuun, asettua ehdokkaaksi *He threw his hat into the presidential ring.* Hän asettui presidenttiehdokkaaksi.

hatch ['hætʃ] *s*

batten down the hatches valmistautua vaikeuksiin, suojautua *A natural tendency in times of recession is to batten down the hatches and look after our own needs.* Lama-aikoina on luonnollista valmistautua vaikeuksiin ja huolehtia omista tarpeistaan.

down the hatch *ark* pohjanmaan kautta *'Down the hatch!' said John, raising his glass.* "Pohjanmaan kautta!" sanoi John ja kohotti lasiaan.

1 haul ['hɔːl] *s*

a long haul *ark* pitkä ja vaikea tehtävä t. matka *He underwent three operations on the long haul back to fitness.* Hänelle tehtiin pitkän ja vaikean kuntoutumisen aikana kolme leikkausta.

2 haul *v*

haul ass *ark* (am) häippä[i]stä, panna liikettä kinttuihin

have ['hæv] *v*

and what have you *ark* ja mitä kaikkea sitä onkaan *She has this allergy* *to cow's milk and what have you.* Hän on allerginen lehmän maidolle ja ties mille kaikelle.

have a nice day (yl am) hyvää päivän jatkoa *Thank you and have a nice day!* Kiitos ja hyvää päivän jatkoa!

have at hyökätä kimppuun, käydä käsiksi *Have at you, spalpeen!* Siitä saat, roisto!

have got it bad[ly] *ark 1* olla jnk tunteen, yl rakkauden, vallassa – *Gosh, she's got it bad. – Yes, even I would fall for him.* – Juku, hän on pahasti pihkassa. – Niin, jopa minä voisin rakastua tuollaiseen mieheen. *2* olla kaltoin kohdeltu, joutua riistetyksi

have [got] it in for *ark* tuntea vastenmielisyyttä jkta kohtaan, kantaa kaunaa jklle, olla jtak hampaankolossa jkta kohtaan *You're just saying it because you've got it in for him!* Sanot noin vain koska et pidä hänestä!

have [got] it in you [to do sth] *ark* pystyä, kyetä, taitaa *I didn't know she had it in her to make such a brilliant career.* En tiennyt, että hän pystyisi luomaan niin loistavan uran.

have [got] nothing on ei olla läheskään yhtä hyvä *Sexy underwear's got nothing on thermal britches in the winter.* Seksikkäät alusvaatteet eivät ole talvella läheskään yhtä hyvät kuin lämpöalushousut.

have [got] sth to oneself olla jtak vain omassa käytössään *We had the carriage to ourselves.* Saimme olla yksin koko vaunussa.

have had it *ark 1* olla huonossa kunnossa, olla parhaat päivänsä nähnyt, jtak ei voi enää korjata, olla mennyttä [miestä t. kalua], rättiväsynyt *If you get a direct hit, you have had it.* Jos sinuun osuu täysosuma, olet mennyttä miestä. *2* olla saanut tarpeekseen, mitta on täysi *I have had it with you!* Olen saanut tarpeekseni sinusta! *3* joutua kokemaan jtk epämiellyttävää *"You've had it now. I'll get my brother on to you!" he shouted.* "Nyt sinun käy huonosti. Usutan veljeni kimppuusi!" hän huusi.

have it *1* (esim. huhun) mukaan *Rumour has it that it is not his child.* Huhun mukaan lapsi ei ole hänen. *2* voittaa (yl äänestys) *The ayes have it.* Jaa-äänet voittavat. *3* keksiä vastaus t. ratkaisu *'I have it!' she exclaimed suddenly.* "Nyt minä keksin!" hän huudahti äkkiä.

have it away / off with sb *alat* (br) kiksauttaa, muhinoida *He did not have it away with her.* Hän ei kiksauttanut naista.

have it away [on one's toes] *ark* (br) häippäistä, lueta *We had it away on our toes to the nearby town.* Me häippäistiin läheiseen kaupunkiin.

have it out with sb *ark* puhua asiat selviksi *He's hiding something and I'm going to have it out with him tomorrow.* Hän salaa jotakin, ja huomenna aion puhua asiat selviksi hänen kanssaan.

have nothing / sth on sb [ei] olla todisteita jkta vastaan, [ei] tietää jtak raskauttavaa t. huonoon valoon saattavaa jksta *The police have got nothing on me.* Poliisilla ei ole mitään todisteita minua vastaan.

have on *ark* (br) narrata, naruttaa, juksata *You're kidding, aren't you? You're having me on!* Oliko tuo vitsi? Nyt narraat!

have out poistattaa, leikkauttaa (jtak kehostaan) *She had a tooth out this morning.* Häneltä poistettiin hammas tänä aamuna.

have up (*yl be had up*) haastaa oikeuteen *You can be had up for blackmail.* Sinut voidaan haastaa oikeuteen kiristyksestä.

[not] have [got] a lot / anything /... [ei] olla kiire *I'm sure your mum and dad have got a lot!* Olen varma, että äidilläsi ja isälläsi on kiireitä!

having

having [ˈhævɪŋ] v
  sb isn't having any [of it] *ark* jku ei ole halukas kuuntelemaan t. uskomaan jtk *He pretends to visit Paula, but instead he's interested in Kate. Paula isn't having any, though.* Mies uskotteli vierailevansa Paulan luona, vaikka oli kiinnostunut Katesta. Paula ei kuitenkaan mennyt halpaan.

havoc [ˈhævək] s
  play havoc with sth (*myös* wreak havock with sth) sotkea, panna sekaisin, romuttaa *Gambling played havoc with his budget.* Uhkapelaaminen sotki hänen raha-asiansa.

haw [ˈhɔː] s
  hem and haw (*myös* hum and haw) *ark* jahkailla, "hmm, tota" <haluttaessa saada lisää aikaa vastauksen miettimiseen> *He could do nothing but hum and haw in response.* Hän vain jahkaili vastaukseksi.

hawk [ˈhɔːk] s
  have [got] eyes like a hawk nähdä kaikki haukansilmillään *He is old but he has eyes like a hawk.* Hän on vanha, mutta näkee kaiken haukansilmillään.
  watch sb / sth like a hawk tarkkailla haukankatseella, vahtia tarkasti *If she is not watched like a hawk she will be in trouble.* Jos häntä ei vahdi tarkasti, hän joutuu vaikeuksiin.

hay [ˈheɪ] s
  hit the hay *ark* (am) painua pehkuihin *Let's hit the hay.* Painutaan pehkuihin.
  make hay [while the sun shines] takoa kun rauta on kuuma *Seize the opportunity to buy, make hay while the sun shines.* Käytä tilaisuus hyväksesi ja osta, tao kun rauta on kuumaa.

head [ˈhed] s
  a head start etulyöntiasema, etumatka *The deposits give the area a head start in the production of pig-iron.* Alue saa esiintymillä etulyöntiaseman harkkoraudan tuotannossa.
  an old / wise head on young shoulders pikkuvanha *His mother would often comment that he had an old head on young shoulders.* Hänen äitinsä sanoi häntä usein pikkuvanhaksi.
  bang / knock peoples' heads together nuhdella, läksyttää (yl riitelyn lopettamiseksi) *I could happily bang their heads together, but I've got to help them.* Tekisi mieleni läksyttää heitä, mutta minun on pakko auttaa heitä.
  be banging / knocking one's head against a brick wall iskeä päätään seinään, yrittää jääräpäisesti *I've tried to get him back, but I'm banging my head against a brick wall.* Olen yrittänyt saada hänet takaisin, mutta isken vain päätäni seinään.
  be / go soft in the head *ark, halv* olla sekaisin, seota päästään *She is very old and a bit soft in the head.* Hän on hyvin vanha ja vähän sekaisin päästään.
  be hanging over sb's head uhata, olla uhkana, odottaa *The charges were hanging over his head.* Häntä uhkasi syytteeseen joutuminen.
  be on sb's [own] head olla [yksin] jkn vastuulla *Your conduct is on your own head.* Käytöksesi on yksin sinun vastuullasi.
  bite / snap sb's head off *ark* tiuskaista, kivahtaa, ärähtää *If I ask for a raise he'll bite my head off.* Jos pyydän palkankorotusta, hän tiuskii minulle.
  bring sth to a head (*myös* come to head) huipentua, kehittyä ratkaisuvaiheeseen, kärjistyä *The crisis came to a head in September.* Kriisi huipentui syyskuussa.

head

build / get / work up a head of steam saada aikaan riittävästi energiaa, tukea t. innostusta jnk asian tekemiseksi tehokkaasti *He keeps up a fine head of steam throughout the full three acts.* Hän vetää kaikki kolme näytöstä läpi loistavasti.

do sb's head in *ark* (br) ottaa jkta hermoon, hämmentää, turhauttaa *The sight of him did my head in.* Hänen näkemisensä otti minua hermoon.

from head to toe / foot päästä varpaisiin, kiireestä kantapäähän *The models were clad from head to toe in leather.* Mallit olivat pukeutuneet nahkaan päästä varpaisiin.

get one's head [a]round sth *ark* kässätä, tajuta, ymmärtää, hyväksyä jk *They can't get their heads round the notion of patient-centred medicine.* He eivät pysty käsittämään ajatusta potilaskeskeisestä lääketieteestä.

get one's head down *1 ark* (br, austr) koisata, ottaa nokoset *I'm tired, I'm going to get my head down for a while.* Minua väsyttää, aion koisia vähän aikaa. *2 ark* (br, austr) keskittyä tekeillä olevaan asiaan *All I can do is get my head down and work.* Voin vain keskittyä työhön.

get sth into one's / sb's [thick] head *ark* hoksata, tajuta, saada jku tajuamaan *Get it into your head that we're engaged.* Koeta tajuta, että olemme kihloissa.

get / take it into one's head that ... saada päähänsä jtk, uskoa jtk (us erheellisesti) *He might get it into his head that Helen was jealous.* Mies voisi saada päähänsä, että Helen on mustasukkainen.

give sb head *ark* imeä, nuolla, antaa jklle suuseksiä *My boyfriend wants me to give him head.* Poikaystäväni haluaa suuseksiä.

give sb his / her head antaa jkn tehdä mielensä mukaan *He gave the mare her head and she brought him safely home.* Hän antoi tamman kulkea mielensä mukaan, ja se vei hänet turvallisesti kotiin.

go head to head kilpailla suoraan jkn kanssa *I would have preferred to win by going head to head with him.* Olisin mieluummin voittanut ottelemalla suoraan hänen kanssaan.

go to sb's head mennä t. nousta jklle päähän *The wine went to my head.* Viini nousi päähäni. *The success went to his head.* Menestys nousi hänelle päähän.

hang one's head [in shame] (*myös* hang one's head for shame) hävetä, olla nolona *As an American I can only hang my head in shame over the Clinton sex scandal.* Amerikkalaisena voin vain hävetä Clintonin seksiskandaalia.

have [got] a [good] head for figures olla hyvä numeropää, olla hyvä laskemaan *Let Mike help you, he always did have a good head for figures.* Anna Miken auttaa, hänellä on aina ollut hyvä numeropää.

have [got] a [good] head for heights kestää hyvin korkeita paikkoja *To do this work you need to have a good head for heights.* Tässä työssä on kestettävä hyvin korkeita paikkoja.

have [got] a good head on your shoulders olla älykäs *Fortunately, you have a very good head on your shoulders.* Onneksi olet hyvin älykäs.

have one's head [stuck] up one's arse *alat* (br, austr) tuijottaa omaan napaansa *Mike doesn't have his head up his arse, and is a top bloke.* Mike on huippujätkä, eikä mikään omaan napaan tuijottaja.

head and shoulders above *ark* päätään pitempi, paljon parempi *Their designs were head and shoulders above the rest.* Heidän muotoilunsa olivat huomattavasti paremmat kuin muiden.

head first *1* pää edellä, päistikkaa *He fell head first into the hole.* Hän putosi kuoppaan pää edellä. *2* päätä pahkaa, harkitsemattomasti *They rushed head first into marriage.* He ryntäsivät päätä pahkaa naimisiin.

head over heels *1* päistikkaa, pää edellä *He tumbled head over heels down the steps.* Hän putosi päistikkaa askelmat alas. *2* korviaan myöten *They fell head over heels in love.* He rakastuivat korviaan myöten.

heads I win, tails you lose voitan joka tapauksessa *This is not a heads I win tails you lose situation.* Tämä ei ole tilanne, jossa minä voitan joka tapauksessa.

heads will roll ihmisiä sanotaan irti, päitä putoaa *We don't know how many will get the sack, but heads will roll.* Emme tiedä, moniko saa potkut, mutta päitä tulee putoamaan.

hold one's head up [high] olla pystypäin, rohkeasti, ylpeästi *Whatever would people say? I'd never be able to hold up my head again!* Mitähän ihmisetkin sanoisivat? En ikinä enää voisi kulkea pystypäin!

hold / put a gun / pistol to sb's head pakottaa uhkaamalla jku tekemään jtak *You chose it. Nobody held a gun to your head.* Se oli oma valintasi. Kukaan ei pakottanut sinua.

in one's head päässään, mielessään *She counted to a hundred in her head.* Hän laski mielessään sataan.

in over one's head sotkeutunut jhk liian vaikeaan *Fixity of opinion is a way for a man who is in over his head to make sense of a complex world.* Ihminen turvautuu jähmeisiin mielipiteisiin, kun maailma tuntuu liian monimutkaiselta ymmärtää.

keep a level head pysyä rauhallisena ja järkevänä vaikeassakin tilanteessa *I could still keep a level head on that subject.* Pystyin silti pysymään rauhallisena sen asian suhteen.

keep one's head pitää päänsä kylmänä, säilyttää malttinsa *She kept her head under pressure.* Hän piti päänsä kylmänä paineen alaisena.

keep one's head above water sinnitellä, selviytyä juuri ja juuri (yl rahallisesti) *He earns enough to keep his head above water.* Hän ansaitsee tarpeeksi selviytyäkseen.

keep one's head down *1* pitää matalaa profiilia, pysytellä huomaamattomana (vaaran t. vaikeuksien uhatessa) *I'm supposed to keep my head down and stay out of sight.* Minun oletetaan pysyvän huomaamattomana ja poissa näkyvistä. *2* tehdä lujasti työtä *He kept his head down for the last few months and had the work done.* Hän teki lujasti töitä viime kuukaudet ja sai työn valmiiksi.

knock sth on the head tehdä loppu jstak *The recession knocked on the head any idea of expanding the company.* Lama teki lopun ajatuksesta laajentaa yritystä.

lose one's head menettää malttinsa, joutua paniikkiin *She lost her head and struck back.* Hän menetti malttinsa ja löi takaisin.

make head or tail of saada tolkkua jstak *I can't make head nor tail of these instructions.* En saa näistä ohjeista mitään tolkkua.

need / want / ... one's head examined / examining (*myös* (br) need one's head testing) *leik* <kun jku tekee jtk hölmöä> *What he needs is his head examined!* Hänen pitäisi tutkituttaa päänsä!

off one's head (*myös* out of one's head) *ark 1* (br, austr) päästään vialla *He's gone completely off his head.* Hän on täysin päästään vialla. *2* (br, austr) (*myös* out of one's head) kännissä, huumeessa *He was tripping out of his head on acid.* Hän oli LSD-tripillä.

off the top of one's head *ark* tarkistamatta, sen enempää harkitsematta, muitta mutkitta, valmistelematta *I can't remember the numbers off the top of my head.* En muista lukuja tarkistamatta.

on sb's [own] head be it *kirjak* jku vastaa jstk täysin yksin, olkoon tämä jkn vastuulla (us varoituksena) *If the person who is drunk causes harm, on his own head be it.* Jos henkilö aiheuttaa juopuneena häiriötä, hän vastaa siitä itse.

... one's head off mahdottomasti, ylettömästi, kovasti, kuollakseen *He laughed his head off.* Hän nauroi kuollakseen.

over sb's head 1 (*myös* above sb's head) yli hilseen, yli ymmärryksen *I can't deny a lot of it was over my head.* Ei käy kieltäminen, että minulta meni suuri osa yli hilseen. 2 sivuuttaa jku *She went over his head and appealed directly to the manager.* Hän sivuutti miehen ja vetosi suoraan johtajaan.

put one's head in the lion's mouth tarkoituksella asettua vaaraan *Should he talk to mother? No, that would be a bit like putting his head into the lion's mouth.* Pitäisikö puhua äidille? Ei, se olisi sama kuin laittaisi päänsä leijonan kitaan.

put sth into sb's head saada jku ajattelemaan jtak *Whatever put that idea into your head?* Mikä sai sinut ajattelemaan noin?

put sth out of one's head lakata ajattelemasta t. haluamasta jtk *She remembered something she'd utterly put out of her head for that six-year span.* Hän muisti jotain, jonka oli työntänyt täysin pois mielestään noiden kuuden vuoden ajaksi.

put their / our / your heads together lyödä viisaat päät yhteen *We put our heads together and came up with the answer.* Löimme viisaat päämme yhteen ja keksimme vastauksen.

rear / raise its [ugly] head ilmestyä uudelleen oltuaan unohduksissa tai piilossa (puhuttaessa jstk epämiellyttävästä) *Another problem will begin to raise its ugly head, in the form of parasites.* Toinen ongelma tulee taas esiin, nimittäin loiset.

sb's head on a plate / platter (vaatia) jkn pää vadille, olla hyvin vihainen jklle ja haluta tälle rangaistusta *He was recently asking for my head on a plate.* Äskettäin hän vaati päätäni vadille.

scream / shout / laugh / ... one's head off *ark* kiljua / huutaa / nauraa / ... päänsä punaiseksi, katketakseen *If anyone dared to say no, he shouted his head off.* Jos joku uskalsi sanoa ei, hän huusi päänsä punaiseksi.

stand / turn sth on its head kääntää [asia] päälaelleen *The scheme stood the policy on its head.* Suunnitelma käänsi politiikan päälaelleen.

standing on one's head helposti, leikiten *I can do it standing on my head.* Pystyn siihen helposti.

take it into one's head to do sth saada päähänsä tehdä jtak *She took it into her head to dye her hair red.* Hän sai päähänsä värjätä tukkansa punaiseksi.

the head honcho *ark* (am) pomo, vastuuhenkilö *The Volvo group's head honcho is a rare show visitor.* Volvo-konsernin pääjohtaja on harvinainen näyttelyvieras.

turn sb's head nousta päähän, ylpistää *Has success turned their heads?* Onko menestys noussut heille päähän?

win / lose /... by a short head voittaa / hävitä / ... täpärästi *The United States was still leading by a short head.* Yhdysvallat johti edelleen täpärästi.

headline

headline ['hedlaın] *s*
grab / hit / make the headlines *ark* olla tärkeä uutinen, etusivun juttu *The single currency continue to grab the headlines.* Yhtenäisvaluutta pysyy edelleen uutisotsikoissa.

health ['helθ] *s*
Your [good] health! Terveydeksenne!

1 heap ['hi:p] *s*
at the bottom / top of the heap olla pohjalla / korkealla [yhteiskunnallisessa arvoasteikossa] *Those with grand hereditary titles remain at the top of the heap.* Ne, joilla on hienot perityt arvonimet pysyvät korkealla yhteiskunnan hierarkiassa.

be struck all of a heap *ark* olla hämmentynyt, olla ymmällä *I was struck all of a heap when I saw you in his arms.* Olin hämmentynyt, kun näin sinut hänen sylissään.

collapse / fall in[to] a heap *ark* luhistua, puhjeta kyyneliin, menettää itsehillintänsä *Was I supposed to fall in a heap when he made a pass at me?* Olisiko minun pitänyt joutua pois tolaltani, kun hän lähenteli minua?

in a heap velttona, hervottomana (henkilöstä) *He fell in a heap in the road.* Hän kaatui velttona tielle.

on the scrap heap *ark* tarpeeton *They start their young lives by being thrown on the scrap heap at 16, 17 or 18.* He joutuvat heti nuoren elämänsä alussa syrjään tarpeettomina, 16-, 17- tai 18-vuotiaina.

2 heap *v*
heap coals of fire on sb's head (br) koota tulisia hiiliä jkn pään päälle, saattaa jku kiusalliseen tilanteeseen vastaamalla pahaan hyvällä *Harris heaped coals of fire on my head by calling me "a great and unerring critic".* Harris kokosi tulisia hiiliä pääni päälle kutsumalla minua "suureksi ja erehtymättömäksi kriitikoksi".

heap on / upon vuodattaa (esim. ihailua t. arvostelua) *Richard heaped praise on him.* Richard vuodatti ylistystä hänelle.

hear ['hıə^r] *v*
can't hear yourself think *ark* ei kuulla omia ajatuksiaankaan (melun t. kovan musiikin takia) *The music was so loud that they could hardly hear themselves think.* Musiikki oli niin kovalla, että oli vaikea kuulla omia ajatuksiaankaan.

[do] you hear me! Kuunteletko sinä? (vihaisena, vaadittaessa tottelemaan) *You go to school, do you hear me?* Kyllä sinä menet kouluun, kuuletko?

Hear! Hear! Hyvä! Kannatetaan!
– *Will these factors please be taken into account.* – *Hear! Hear!* – Otettakoon nämä tekijät huomioon. – Hyvä!

hear say that (*myös* hear tell of sth) *kirjak t. vanh* kuulla kerrottavan *She had heard tell of him.* Hän oli kuullut kerrottavan miehestä. *I've heard say that Grandad used to rise at five o'clock.* Olen kuullut kerrottavan, että pappa tapasi nousta viideltä.

not hear of sth ei haluta kuulla puhuttavankaan, ei tulla kuuloonkaan, ei ottaa kuuleviin korviinsa *I suggested that we turn back, but Dennis wouldn't hear of it.* Ehdotin, että kääntyisimme takaisin, mutta Dennis ei ottanut sitä kuuleviin korviinsa.

heart ['hɑ:t] *s*
after one's own heart mieluinen, olla jkn mieleen, samanmielinen *You are a man after my own heart!* Sinä olet mies minun mieleeni!

at heart *1* pohjimmiltaan, sisimmältään *You are a perfectionist at heart.* Olet pohjimmiltasi täydellisyyden tavoittelija. *2* sydämellään,

sydämen asiana *He's got your best interests at heart.* Hän ajattelee vain sinun parastasi.
be all heart olla erittäin ystävällinen ja jalomielinen *He's all heart.* Hän on todella kiltti.
break sb's heart *1* särkeä t. murtaa jkn sydän *It broke her heart when he left.* Naisen sydän särkyi, kun mies lähti. *2 iron* olla piittaamatta jstk – *She's broke.* – *It's breaking my heart!* – Hän on varaton. – Mitäpä minä siitä piittaan!
close / dear / near to one's heart lähellä jkn sydäntä *Mozart is close to my heart.* Mozart on lähellä sydäntäni.
Cross my heart [and hope to die] Lupaan ja vannon (että jk on totta jne.) *Promise? Cross my heart and hope to die, he stated solemnly.* Lupaatko? Lupaan ja vannon, hän totesi juhlallisesti.
cry / sob one's heart out itkeä lohduttomasti *Don't cry your heart out.* Älä itke noin hillittömästi.
do sb's heart good tehdä jku iloiseksi, toiveikkaaksi jne. *You do my heart good.* Teet minut iloiseksi.
from the [bottom of one's] heart (*myös* straight from the heart) koko sydämestään, täydestä sydämestään *I thank you from the bottom of my heart.* Kiitän sinua koko sydämestäni.
give / lose one's heart to menettää sydämensä jklle, rakastua jkhun *Nicholas lost his heart to this young girl.* Nicholas menetti sydämensä tälle nuorelle tytölle.
harden one's heart *kirjak* kovettaa sydämensä *You have to harden your heart to pain and suffering.* Sinun täytyy olla piittaamatta kivusta ja kärsimyksestä.
have a heart *ark* antaa armon käydä oikeudesta *Please have a heart and give her another try.* Anna armon käydä oikeudesta ja anna hänen yrittää uudelleen.

have a heart of gold olla kultainen sydän, olla hyväsydäminen *He's a nice bloke and he's got a heart of gold.* Hän on mukava kaveri ja hänellä on kultainen sydän.
have a heart of stone sydän on kivestä t. kiveä, sydämetön *Only a heart of stone would not be moved.* Vain sydämetön ihminen ei liikuttuisi.
have one's heart in one's mouth *ark* olla sydän kurkussa t. syrjällään *She followed, her heart in her mouth, creeping nervously along the path.* Hän seurasi sydän kurkussa, hiipien hermostuneesti pitkin polkua.
have one's heart in the right place olla sydän paikallaan *His heart's in the right place. He wants to look after his people.* Hänellä on sydän paikallaan. Hän haluaa huolehtia omistaan.
have / put one's heart in olla mukana jssak koko sydämellään, paneutua jhk koko sydämellään *Someone had put their heart into building this place.* Joku oli paneutunut koko sydämellään tämän paikan rakentamiseen.
have the heart to do sth (*yl kielt*) hennoa tehdä jtak, olla sydäntä tehdä jtak *She didn't have the heart to tell him.* Hänellä ei ollut sydäntä kertoa miehelle.
heart and soul energisesti ja innokkaasti *They could commit themselves heart and soul to what we were doing.* He pystyivät sitoutumaan täysipainoisesti siihen, mitä olimme tekemässä.
hearts and flowers sentimentaalisuus, ylitunteellisuus, sentimentaalinen *You'd be forgiven for thinking that 'Lovers on the Pont-Neuf' would be all hearts and flowers.* Voisi luulla, että "Ponf-Neufin rakastavaiset" olisi täysin sentimentaalinen.

hearts and minds <jnk kannattamisesta sekä tunteen että järjen tasolla> *Clinton won the hearts and minds of the American people.* Amerikkalaiset kannattivat Clintonia sekä tunne- että järkisyistä.

in good heart (br) iloinen, hyväntuulinen *He was in good shape and in good heart.* Hän oli hyvässä kunnossa ja hyväntuulinen.

in one's heart of hearts sisimmässään *In her heart of hearts she knew that he was already dead.* Sisimmässään hän tiesi, että mies oli jo kuollut.

know / learn sth [off] by heart oppia jtk ulkoa *He knows the passage by heart and recites it word for word.* Hän osaa kappaleen ulkoa ja voi toistaa sen sanasta sanaan.

let one's heart rule one's head tehdä päätöksiä pikemmin tunteen kuin järjen perusteella *Don't let your heart rule your head.* Älä anna tunteidesi viedä sinua.

lose heart menettää uskonsa omaan onnistumiseensa *They have lost heart and told themselves they were never really writers anyway.* He menettivät uskonsa itseensä ja totesivat, etteivät oikeasti mitään kirjailijoita olleetkaan.

lose one's heart to sb *kirjak* rakastua jkh *He had lost his heart to his neighbour.* Hän oli rakastunut naapuriinsa.

[off] by heart ulkoa, ulkomuistista *She knows the poem by heart.* Hän osaa runon ulkoa.

one's heart bleeds for sb *iron* tuntea sääliä, myötätuntoa jkta kohtaan *My heart bleeds for them.* Tunnen sääliä heitä kohtaan.

one's heart goes out to sb tuntea suurta sääliä t. sympatiaa jkta kohtaan *My heart goes out to them.* Tunnen suurta sympatiaa heitä kohtaan.

one's heart sinks tulla surulliseksi t. masentuneeksi *When I read the title my heart sank.* Masennuin, kun luin otsikon.

one's heart's desire harras toive *Her heart's desire was a baby.* Hänen harras toiveensa oli saada lapsi.

open one's heart [to sb] uskoutua [jklle] *He speculated whether he should open his heart to the friar, and tell him his secrets.* Hän harkitsi, voisiko uskoutua munkille ja kertoa tälle salaisuutensa.

pour one's heart out [to sb] vuodattaa [jklle] salaiset tunteensa ja huolensa *He had never had a friend who he could pour his heart out to.* Hänellä ei ollut koskaan ollut ystävää, jolle vuodattaa murheitaan.

sb's heart isn't in sth ei olla kovin kiinnostunut jstak *Don't go into teaching if your heart isn't in it.* Älä aloita opettajana, ellet ole todella innostunut siitä.

take heart [from sth] rohkaistua *Take heart from others' achievements.* Ime rohkaisua muiden saavutuksista.

take sth to heart 1 ottaa jk raskaasti *He took your criticism very much to heart.* Hän otti arvostelusi hyvin raskaasti. **2** kiinnittää suurta huomiota jhk *He had taken to heart my advice.* Hän otti neuvostani vaarin.

wear one's heart on one's sleeve näyttää tunteensa [avoimesti] *She is a private person, not the kind of character to wear her heart on her sleeve.* Hän on varautunut luonne, joka ei näytä tunteitaan.

with a heavy / sinking heart raskain mielin t. peloissaan *She was leaving her country with a heavy heart.* Hän lähti maastaan raskain mielin.

with a light heart kevein mielin, helpottuneena *He sat down to his dinner with a light heart.* Hän istui illalliselle kevein mielin.

with all one's heart / with one's whole heart koko sydämestään, täydestä sydämestä *I loved him with* *all my heart.* Rakastin häntä koko sydämestäni.

heartbeat ['hɑːtbiːt] *s*
a heartbeat [away] from jnk partaalla, lähellä jtak, -llaan, -llään *She was a heartbeat away from tears.* Hän oli itkemäisillään.

heartstrings ['hɑːtstrɪŋz] *s*
tug at sb's heartstrings koskettaa sydänjuuria myöten *It's a nostalgic story that tugs at the heartstrings.* Se on nostalginen tarina, joka koskettaa sydänjuuria myöten.

heat ['hiːt] *s*
if you can't stand the heat, get out of the kitchen jos ei kestä ikäviä t. hankalia tilanteita, ei pidä hankkiutua sellaisiin

in the heat of the moment hetken huumassa *Much was said in the heat of the moment.* Hetken huumassa tuli sanotuksi kaikenlaista.

put the heat on sb *1* yrittää pakottaa t. painostaa jku tekemään jtk *His parents put the heat on him to make him study harder.* Hänen vanhempansa painostivat häntä opiskelemaan ahkerammin. *2* (am, austr) panna jku lujille (kilpailussa) *The guests have won two games, which puts the heat on our team.* Vieraat ovat voittaneet kaksi ottelua, mikä luo meidän joukkueellemme paineita pelata entistä paremmin.

take the heat out of sth lieventää, vähentää (jännitystä, vaaraa, tunnetta, ...) *Business parks may take the heat out of office rental costs.* Bisnespuistot saattavat alentaa liiketilojen vuokrahintoja.

the heat is on olla hyvin kiire t. vaikea tilanne *When the heat is on, take time to chill out.* Löydä aikaa rauhoittumiselle kiireenkin keskellä.

turn on the heat *ark* painostaa t. hiillostaa (jkta tekemään jtk) *The state prosecutor turned on the heat against the prime minister.* Valtionsyyttäjä alkoi hiillostaa pääministeriä.

heaven ['hevn] *s*
a heaven on earth täydellinen paikka t. tilanne *For me it was a heaven on earth.* Minulle paikka oli täydellinen.

a marriage / match made in heaven täydellinen avioliitto t. pari *Her friends all thought that theirs was a match made in heaven.* Kaikki hänen ystävänsä ajattelivat, että he olivat täydellinen pari.

in seventh heaven seitsemännessä taivaassa, onnensa kukkuloilla *He was in seventh heaven after another election success.* Hän oli seitsemännessä taivaassa uuden vaalivoiton jälkeen.

move heaven and earth panna liikkeelle taivaat ja maat [jnk asian eteen], tehdä kaikkensa *He would move heaven and earth to win.* Hän panisi liikkeelle taivaat ja maat voittaakseen.

stink / smell to high heaven *ark* *1* löyhkätä *They smelt to high heaven of disinfectant.* He löyhkäsivät desinfiointiaineelta. *2* vaikuttaa moraalisesti arveluttavalta t. epärehelliseltä *His fund-raising activities smell to high heaven.* Hänen rahankeräystoimintansa vaikuttaa moraalisesti arveluttavalta.

the heavens open *kirjak* alkaa sataa rankasti *The heavens opened and it started to pour.* Alkoi sataa kaatamalla.

heavy ['hevi] *a*
get heavy *ark* muuttua hyvin vakavaksi (voimakkaiden tunteiden takia) *The situation got very heavy.* Tilanne muuttui vakavaksi.

hang / lie heavy [on sb / sth] painostaa jkta, vaikuttaa jhk *Their influence hang heavy on my personality.* Heidän vaikutuksensa luonteeseeni on voimakas.

heavy going hankala, tylsä, ikävystyttävä *The book was heavy going.* Kirja oli raskaslukuinen.

heavy on ylen määrin jtak *The tourist centre is heavy on souvenir shops.* Matkailukeskuksessa on ylen määrin matkamuistomyymälöitä.

heavy with *kirjak* täynnä *Their branches were heavy with fruit.* Niiden oksat olivat täynnä hedelmiä.

make heavy weather of [doing] sth saada jk näyttämään vaikeammalta kuin mitä se on *She always made heavy weather of mothering.* Hän sai äitiyden näyttämään vaikeammalta kuin mitä se onkaan.

time hangs / lies heavy [on your hands] aika kuluu hitaasti, on ikävystyttävää *I find the time hangs heavy on my hands.* Mielestäni aika kuluu kovin hitaasti.

heck ['hek] *interj*

for the heck of it *ark* huvin vuoksi *He meant to keep his hat on all day long just for the heck of it.* Hän aikoi pitää hatun päässään koko päivän ihan vain huvin vuoksi.

what the heck *ark* mitä hittoa *I don't normally do this, but what the heck, it's only money!* En yleensä tee näin, mutta hitot, rahaahan se vain on!

hedge ['hedʒ] *v*

hedge your bets *ark* pelata varman päälle *They hedged their bets by saying they might apply for party membership.* He pelasivat varman päälle sanomalla, että saattaisivat anoa puolueen jäsenyyttä.

heed ['hi:d] *s*

give / pay heed [to] (*myös* take heed of) *kirjak* kiinnittää tarkkaa huomiota *Will you stop interrupting and pay heed to me?* Lakkaa keskeyttämästä ja kuuntele tarkoin, mitä sanon.

heel ['hi:l] *s*

at / on the heels of aivan jnk t. jkn kannoilla *On the heels of fellow passengers we crossed the tarmac.* Kanssamatkustajien kannoilla me kuljimme kiitoradan poikki. *Hot on the heels of that thought came another.* Tätä ajatusta seurasi välittömästi toinen.

at / to heel kannoilla (koirasta) *She walked up the drive with a spaniel at heel.* Hän käveli ajotietä pitkin spanieli kannoillaan.

bring / call sb to heel saada jku tottelemaan, panna jku ojennukseen *We are going to bring you to heel and stop your troublemaking.* Me panemme sinut ojennukseen ja teemme lopun häiriköinnistäsi.

come to heel totella, palata ruotuun *Come to heel!* Seuraa! (käsky koiralle), *Sometimes they succeed in pressuring others to come to heel.* Joskus he onnistuvat palauttamaan muut ruotuun.

cool one's heels (*myös* (br) kick one's heels) *ark* istua t. odottaa kädet ristissä, joutua odottamaan t. rauhoittumaan *The delegates were left to kick their heels in the anteroom.* Delegaatit jätettiin etuhuoneeseen istumaan kädet ristissä.

dig one's heels in kieltäytyä toimimasta muiden haluamalla tavalla *I'd dig my heels in to defend myself.* Linnoittautuisin asemiini puolustaakseni itseäni.

down at heel köyhän näköinen, nukkavieru, ränsistynyt *Our car was getting a bit down at heel.* Automme alkoi olla nukkavierun näköinen.

hard / hot on sb's heels jahdata *I am also alarmed to find the enemy so hard on my heels.* Olen myös hädissäni siitä, että vihollinen jahtaa minua niin lähellä.

hard / hot on the heels of sth välittömästi jnk jälkeen *Their success follows hard on the heels of their performance.* Heidän esitystään seurasi välitön menestys.

kick up one's heels (am, austr) pitää hauskaa *This is your chance to kick up your heels.* Nyt sinulla on tilaisuus pitää hauskaa.

set / rock sb back on their heels ällistyttää, hämmentää *She said something that rocked me back on my heels.* Hän sanoi jotakin, joka löi minut ällikällä.

show [sb] a clean pair of heels ark paeta, päästä jkn edelle kilpailussa *Japan has shown all the other rich countries a clean pair of heels.* Japani on ohittanut kaikki muut rikkaat maat.

take to one's heels paeta, lähteä pakoon, pötkiä pakoon *They did not wait to be caught, but took to their heels.* He eivät jääneet odottamaan kiinni jäämistä, vaan pötkivät pakoon.

turn / spin on one's heel kääntyä kannoillaan *He turned on his heel and left the room.* Hän kääntyi kannoillaan ja lähti huoneesta.

under the heel of kirjak jkn komennossa, jkn alaisuudessa *The Greeks spent several centuries under the heel of the Ottoman empire.* Kreikkalaiset olivat monen vuosisadan ajan osmanien valtakunnan alaisuudessa.

hell ['hel] s

[a] hell on earth (*myös* a living hell) erittäin epämiellyttävä paikka t. tilanne *It certainly sounds my idea of Hell on Earth.* Paikka kuulostaa todella epämiellyttävältä.

a / one hell of a ... ark helvetinmoinen, hitonmoinen *It must have been one hell of a party.* Ne taisivat olla hitonmoiset pirskeet.

all hell breaks loose ark helvetti on irrallaan, puhkeaa sekasorto *All hell broke loose when Phil came running saying that his dad had been shot.* Puhkesi täysi sekasorto, kun Phil juoksi paikalle ja sanoi, että hänen isäänsä oli ammuttu.

[as] ... as hell ark helvetin, hemmetin, pahuksen *I'm angry as hell.* Olen helvetin vihainen.

be hell on ark olla tuhoisaa jllek, olla pirullista jllek *The chemicals are hell on the skin.* Kemikaalit ovat pahasta iholle.

be hell on wheels ark (am) käyttäytyä vihaisesti t. ikävästi *I was hell on wheels and I only cared about myself.* Käyttäydyin ikävästi enkä piitannut muista kuin itsestäni.

beat / knock / kick the hell out of sb ark hakata / lyödä / potkia jku pahanpäiväisesti *They beat the hell out of him.* He hakkasivat hänet pahanpäiväisesti.

catch / get hell ark (am, austr) saada kuulla kunniansa *He got hell from his old man for breaking the radio.* Hänen isäukkonsa antoi hänen kuulla kunniansa radion rikkomisesta.

come hell or high water vaikka mikä olisi *She would say her piece, come hell or high water.* Hän sanoisi sanottavansa, vaikka mikä tulisi.

frighten / scare the hell out of sb ark säikyttää jku pahanpäiväisesti *The alarm bells went off and scared the hell out of me.* Hälyttimet alkoivat soida ja säikäyttivät minut pahanpäiväisesti.

... from hell ark pirullinen *She plays a nanny from hell.* Hän esittää pirullista lastenhoitajaa.

get the hell out [of] ark häipyä tiehensä *Now get the hell out of here.* Painu nyt tiehesi täältä.

give sb hell 1 ark haukkua jku pystyyn, antaa jkn kuulla kunniansa *Caroline would give me hell if I'd ill-treat her best friend.* Carole antaisi minun kuulla kunniani, jos kohtelisin hänen parasta ystäväänsä huonosti. **2** tehdä jkn olo tukalaksi, saada jku kärsimään *The bank used to give me hell every time I had to cash a cheque.* Pankki hankaloitti elämääni joka kerta, kun piti lunastaa sekki.

Give them hell! Näytä niille! (kannustettaessa kilpailuissa)

Go to hell! *ark* painu helvettiin! *'Go to hell!' she yelled.* "Painu helvettiin!" hän huusi.

go to hell in a handbasket / handcart *ark* (am) mennä päin helvettiä, huonontua nopeasti *The world is going to hell in a handbasket.* Maailma on menossa päin helvettiä.

go to / through hell and back *ark* joutua kiirastuleen *He has gone to hell and back since he was publicly blamed for the defeat.* Hän joutui aikamoiseen kiirastuleen sen jälkeen kun häntä syytettiin julkisesti tappiosta.

hell for leather *vanh ark* (br) kuin viimeistä päivää, päätä pahkaa *Then we drive hell for leather to the airport.* Sitten ajamme lentokentälle kuin viimeistä päivää.

Hell hath no fury [like a woman scorned] (br) nainen kostaa kärsimänsä vääryydet

Hell's bells! *vanh* hitto soikoon!, piru vieköön! *Hell's bells! It's broken.* Hitto soikoon! Se on rikki.

[just] for the hell of it *ark* huvin vuoksi, piruuttaan *He probably wrestled with sharks just for the hell of it.* Hän paini haiden kanssa kaiketi ihan huvin vuoksi.

like hell *ark 1* vimmatusti, hemmetisti *I ran like hell.* Juoksin vimmatusti. *It hurts like hell.* Sattui niin hemmetisti. *2* ei varmasti – *I'll go myself. – Like hell you will!* – Menen itse. – No et varmasti mene!

not have a chance / hope in hell *ark* olla täysin vailla mahdollisuuksia / toivoa onnistua *Their marriage doesn't have a hope in hell.* Heidän avioliitollaan ei ole minkäänlaisia mahdollisuuksia onnistua.

play [merry] hell *1 ark* sotkea jk pahanpäiväisesti *The storm played hell on their plans.* Myrsky sotki heidän suunnitelmansa pahanpäiväisesti. *2* valittaa kovasti *Joan phoned the taxi firm and played merry hell with them.* Joan soitti taksiyhtiöön ja valitti heille.

put sb through hell laittaa jku kärsimään *He has put me through hell.* Hän pani minut kärsimään.

see sb in hell first *ark* ei ikinä tekisi jtk (erit jtk mitä jku on pyytänyt tekemään) *She told him she would see him in hell before she would pay him a cent.* Hän sanoi miehelle, ettei ikinä maksaisi tälle senttiäkään.

The road to hell is paved with good intentions. pelkät hyvät aikomukset eivät riitä, tarvitaan myös tekoja

there will be hell to pay *ark* tulee olemaan vakavat seuraukset, tulee tupen rapinat *There'll be hell to pay if you betray him.* Sinulle tulee tupen rapinat, jos petät hänet.

to hell hitto, pahus *Damn it to hell, I've never been able to think straight where you're concerned.* Hitto vie, en koskaan ole pystynyt ajattelemaan järkevästi, kun sinä olet kyseessä.

to hell with sb / sth *ark* jku t. jk joutaa hemmettiin *If he is like that, to hell with him!* Jos hän on tuollainen, hän joutaa hemmettiin.

until / till hell freezes over *ark* ikuisesti *You can wait until hell freezes over, because I am not coming.* Voit odottaa vaikka iankaiken, sillä minä en lähde.

what the hell *ark* vähät siitä, väliäkös sillä, olkoon *I can't really afford it, but what the hell.* Minulla ei oikeastaan ole siihen varaa, mutta väliäkös sillä.

helm ['helm] *s*
at the helm olla jnk organisaation johdossa *He has been at the helm for six weeks.* Hän on ollut johdossa kuusi viikkoa.

take [over] the helm tulla jnk organisaation johtoon (toisen hlön seuraajana) *A truly professional manager can take over the helm of any type of business.* Todella ammattimainen johtaja pystyy johtamaan mitä tahansa yritystä.

1 help ['help] *v*

can't help [doing] sth (*myös* can't help but do sth) ei voi olla tekemättä jtk *They just can't help it.* He eivät voi sille mitään.

help off with (br) auttaa riisumaan pois päältä *She helped me off with my coat.* Hän auttoi minua riisumaan takkini.

help on with (br) auttaa pukemaan päälle *Her mother helped her on with her coat.* Hänen äitinsä auttoi takin hänen ylleen.

not if I can help it ei mikäli se minusta riippuu *You'll get used to it. – Not if I can help it.* Totut kyllä siihen. – Ei, mikäli se minusta riippuu.

so help me [God] kunniasanalla, totisesti *I will not forget, so help me God.* En unohda, kunniasanalla.

2 help *s*

there is no help for it (yl br) ei voi mitään *Since there was no help for it, she admitted to being who she was.* Koska hän ei voinut muuta, hän tunnusti kuka oli.

hen ['hen] *s*

a hen night / party (br, austr) naisten kutsut, polttarit *We also have loads of ideas to help plan your hen night.* Meillä on myös tukuittain ideoita polttareitasi varten.

[as] rare / scarce as hen's teeth *vanh* erittäin harvinainen, ani harvinainen *Competent cornettists were as rare as hen's teeth.* Osaavat kornetinsoittajat olivat ani harvinaisia.

here ['hɪə^r] *adv*

be out of here *ark* (yl am) häipyä jstak *These people are boring. I'm out of here.* Nämä tyypit ovat tylsiä. Meikä häipyy.

here and now [tässä ja] nyt, tällä hetkellä *I tell you here and now, I find the whole idea revolting.* Sanon tässä ja nyt, että minusta koko ajatus on vastenmielinen.

here and there siellä täällä, sieltä täältä, paikka paikoin, paikoitellen, paikoittain, sinne tänne *I only understood a word here and there.* Ymmärsin vain sanan sieltä täältä.

here goes (*myös* here we go) nyt se alkaa, tämä on menoa nyt, antaa mennä vaan *'Here goes,' she muttered and walked on to the stage.* "Tämä on menoa nyt", hän mutisi ja käveli lavalle.

here goes nothing (am) <aloitettaessa jtk, jossa onnistumista epäillään>, ainahan sitä voi yrittää *Well, here goes nothing, she said cheerfully, and jumped in.* No, ainahan sitä voi yrittää, hän sanoi iloisesti ja hyppäsi mukaan.

here's to sb / sth jkn t. jnk malja *Here's to Anna and Steven.* Annan ja Stevenin malja. *Here's to friendship!* Ystävyyden malja!

here, there, and everywhere sinne [sun] tänne, joka paikassa, joka paikkaan

here today, gone tomorrow lyhytikäinen, lyhytaikainen *Company managers are faceless men, here today, gone tomorrow.* Yritysjohtajat ovat kasvottomia ja lyhytaikaisia.

here we are *ark* perillä ollaan (saavuttaessa määränpäähän)

here we go again *ark* siinä sitä taas ollaan, joko taas

here you are (*myös* here you go) *ark* [tässä,] ole hyvä, [tässä,] olkaa hyvä (ojennettaessa jklle jtak) *Here you are, my dear, and Merry Christmas.* Tässä, ole hyvä, kultaseni, ja hyvää joulua.

neither here nor there yhdentekevä, jonninjoutava *Art was neither here nor there. Money was the issue.* Taide oli yhdentekevää. Kyse oli rahasta.

hesitate ['hezɪteɪt] *v*
he who hesitates [is lost] viivyttelyllä voi olla vakavat seuraukset

hewer ['hju:ə] *s*
hewers of wood and drawers of water raatajat, halpa-arvoisen ruumiillisen työn tekijät

hey ['heɪ] *interj*
hey presto (tehdä jtk) käden käänteessä, kuin taikaiskusta *Just add some glitter and, hey presto, you've created a master piece.* Vähän hilettä ja taideteos on valmis kuin taikaiskusta.
hey up *ark* (br) hei *Hey up, Kath!* Hei, Kath!
what the hey *ark* (am) mitä hittoa, mitä helskuttia *What the hey is going on?* Mitä hittoa on meneillään?

1 hide ['haɪd] *v*
hide one's head kätkeä kasvonsa (yl häpeästä) *Dolores hides her head and turns away.* Dolores kätkee kasvonsa ja kääntää selkänsä.
hide one's light under a bushel pitää kynttiläänsä vakan alla *Don't hide your light under a bushel – we need your expertise.* Älä pidä kynttilääsi vakan alla – me tarvitsemme asiantuntemustasi.

2 hide *s*
hide or hair of sb ei jälkeäkään *No one has seen hide or hair of him.* Kukaan ei ole nähnyt hänestä jälkeäkään.
save one's hide pelastaa nahkansa, selvitä ehjin nahoin *You lied to me to save your hide.* Valehtelit minulle pelastaaksesi oman nahkasi.
tan / whip sb's hide pehmittää jkn selkänahka, hakata, piestä jku *I'll tan his hide when he comes back.* Pehmitän hänen selkänahkansa, kun hän palaa.

hiding ['haɪdɪŋ] *s*
be on a hiding to nothing *ark* (br) vailla mahdollisuuksia *Without their goodwill you're on a hiding to nothing.* Ilman heidän hyvää tahtoaan sinulla ei ole mitään mahdollisuuksia.

1 high ['haɪ] *a*
a high old... *ark, vanh* erittäin *We were having a high old time.* Me tosiaan pidimme hauskaa.
a high roller (am, austr) tuhlari *A high roller walked into the luxury car dealership and announced he wanted to buy a Ferrari.* Tuhlari käveli luksusautoliikkeeseen ja ilmoitti haluavansa ostaa Ferrarin.
be for the high jump *ark* (br) saada ankarat haukkumiset, saada kova rangaistus *If caught, they would be for the high jump.* He olisivat saaneet rangaistuksen, jos olisivat jääneet kiinni.
high and mighty *ark* leuhka, pöyhkeä, kopea, ylimielinen *She can be high and mighty at times.* Hän osaa joskus olla leuhka.
high days and holidays juhlat ja juhlapäivät *Our guide to enjoying summer's high days and holidays starts right here.* Tästä alkaa oppaamme, jonka avulla nautit kesän juhlista.
high, wide, and handsome laaja ja vaikuttava *The landscape is high, wide, and handsome.* Maisema on laaja ja komea.
it is high time that on jo aika, on jo syytä *It's high time you went home.* Sinun on jo aika lähteä kotiin.
leave sb high and dry *ark* jättää jku pulaan *Your family would be left high and dry if you died.* Perheesi jäisi pulaan, jos sinä kuolisit.

on high 1 *kirjak* korkealla, korkealle *A statue of the Virgin Mary was being carried on high.* Neitsyt Marian patsasta kannettiin korkealla. **2** *leik* korkeassa asemassa (organisaatiossa) *The memo came down from on high.* Muistio tuli ylemmältä taholta. **3** taivaassa *Many people are saying that this disaster is a message from on high.* Monen mielestä tämä katastrofi on viesti korkeimmalta taholta.

on one's high horse *ark* olla olevinaan, olla ylemmyydentuntoinen *Don't get on your high horse with me.* Älä ole yhtään olevinasi.

take the high road in (yl am) toimia moraalisesti t. eettisesti oikein *She took the high road in not criticizing her husband during the divorce.* Hän toimi moraalisesti oikein eikä arvostellut aviomiestään avioeron aikana.

the high ground etuyöntiasema, ylemmyys, paremmuus *From their position on the moral high ground, they denounced drinking and dancing.* Moraalisen ylemmyytensä turvin he tuomitsivat alkoholin käytön ja tanssimisen.

the high point / spot of sth kohokohta *Market day is the high point of the week.* Toripäivä on viikon kohokohta.

2 high *adv*
high and low kaikkialta, joka paikasta *I searched high and low for reference material.* Etsin lähdeaineistoa kaikkialta.

hightail ['haɪteɪl] *v*
hightail it *ark* (yl am) lähteä kiireesti *I hightailed it back southwards, annoyed that I had gone so far north.* Suuntasin kiireesti takaisin kohti etelää harmistuneena siitä, että olin eksynyt niin kauas pohjoiseen.

high wire ['haɪwaɪəʳ] *s*
high wire [balancing] act nuorallakävely, nuorallatanssi *They are masters of the political high-wire act.* He ovat poliittisen nuorallatanssin mestareita.

hike ['haɪk] *s*
Take a hike! *ark* (yl am) Ala vetää!

hill ['hɪl] *s*
a hill of beans *vanh ark* (am) minkään arvoinen, merkityksetön *Our problems don't amount to a hill of beans.* Meidän ongelmamme ovat merkityksettömiä.

over the hill *ark* aikansa elänyt, parhaat päivänsä nähnyt, yli-ikäinen *Many employers regard staff over the age of 45 as over the hill.* Monet työnantajat pitävät yli 45-vuotiaita työntekijöitä yli-ikäisinä.

up hill and down dale siellä täällä, kaikkialla *The walk was a bit up hill and down dale.* Kävelimme siellä sun täällä.

hilt ['hɪlt] *s*
[up] to the hilt 1 viimeiseen asti, täydellisesti *I'd defend my point of view to the hilt.* Puolustaisin näkökantaani viimeiseen asti. **2** (olla veloissa) korviaan myöten, yli omien kykyjen *The estate was mortgaged up to the hilt.* Kiinteistö oli kiinnitetty suurimmasta mahdollisesta summasta.

hinge ['hɪndʒ] *v*
hinge on / upon riippua, olla jonkun varassa, olla riippuvainen jstak *A lot will hinge on their decision.* Paljon riippuu heidän päätöksestään.

hint ['hɪnt] *s*
take a / the hint ymmärtää vihje *He refused to take the hint and leave.* Hän ei ymmärtänyt vihjettä, vaan jäi.

hip

hip ['hɪp] *s*
be joined at the hip olla kuin paita ja peppu *We see each other every now and again, but we aren't joined at the hip.* Tapaamme silloin tällöin, emme ole kuin paita ja peppu.

his ['hɪz] *pron*
his and hers <esineparista, jossa on yksi miehelle tarkoitettu esine ja toinen vaimolle t. tyttöystävälle> *They got his and hers pillowcases as a gift.* He saivat samanlaiset tyynyliinat lahjaksi.

history ['hɪstəri] *s*
be history 1 olla historiaa, olla ollutta ja mennyttä *We made up and the fight is now history.* Teimme sovinnon, ja riita on nyt ollutta ja mennyttä. **2 ark** olla mennyttä *An inch either way and you'd be history.* Pari senttiä suuntaan tai toiseen, ja olisit ollut mennyttä.

go down in history jäädä historiaan *He will go down in history as a great songwriter.* Hän jää historiaan suurena lauluntekijänä.

make history tehdä historiaa *She made history by winning three times in a row.* Hän teki historiaa voittamalla kolme kertaa peräkkäin.

the rest is history loppu onkin historiaa, lopun kaikki tietävätkin *A record mogul heard them play and the rest is history.* Levymoguli kuuli heidän soittoaan ja lopun kaikki tietävätkin.

1 hit ['hɪt] *v*
hit and / or miss laadultaan vaihteleva *The result could be hit and miss.* Tulos voisi olla hyvä tai huono.

hit it *ark* Anna palaa! (kehotuksena alkaa esim. soittaa musiikkia)

hit [it] big *ark* menestyä erittäin hyvin *His new novel has hit big in the US.* Hänen uusi romaaninsa menestyy USA:ssa erittäin hyvin.

hit it off [with sb] *ark* synkata, tulla hyvin toimeen *We hit it off immediately.* Meillä synkkasi heti. *She hit it off with Caroline right away.* Hänellä ja Carolinella synkkasi heti.

hit on sb *ark* (am) yrittää iskeä jku, yrittää hankkia seuraa *Some guy was hitting on her.* Joku tyyppi yritti iskeä häntä.

hit out (hit, hit) hyökätä, arvostella *She hit out at rap music.* Hän arvosteli rap-musiikkia.

hit sb hard loukata jkta pahasti *The elopement must have hit him hard.* Karkaaminen varmaan koski häneen kovasti.

hit sb when they're down lyödä lyötyä *It's easy to hit a man when he's down* Lyötyä on helppo lyödä.

hit sb where it hurts [most] loukata jkta [mahdollisimman] paljon *She hit him where it hurt most – in the wallet.* Hän iski siihen, missä se tuntui eniten – miehen lompakkoon.

hit the bottle *ark* sortua ryyppäämään *When big problems arose, he would hit the bottle.* Hän sortui ryyppäämään aina kun ongelmia ilmaantui.

hit the buffers *ark* tyssätä kuin seinään (suunnitelma, ura tms.) *His plan hit the buffers when the service was terminated.* Kun palvelu keskeytettiin, hänen suunnitelmansa tyssäsi kuin seinään.

hit the ceiling / roof *ark* raivostua ja alkaa huutaa *He hit the roof as soon as Peter came in.* Hän alkoi raivota heti, kun Peter tuli sisään.

hit the deck / dirt *ark* (am, austr) kaatua maahan nopeasti, mennä maihin *He hit the deck, moulding himself into the shadow.* Hän meni maihin ja sulautui varjoon.

hit the ground running *ark* panna töpinäksi, panna tuulemaan *The president promised to hit the ground running.* Presidentti lupasi käydä toimeen.

hit the mark osua oikeaan, onnistua (arvauksessa ym.) *His reaction confirmed the guess had hit the mark.* Hänen reaktionsa paljasti, että arvaus oli osunut oikeaan.

hit the nail on the head ark osua naulan kantaan *You have hit the nail on the head with your reference.* Osuit viittauksellasi naulan kantaan.

hit the road / trail ark lähteä [reissuun] *They hit the road for the weekend.* He lähtivät reissuun viikonlopuksi.

hit the streets / shops / stores ark tulla yleisesti myyntiin *The first issue hit the streets on Monday October 29th 1984.* Ensimmäinen numero tuli myyntiin maanantaina 29.10.1984.

hit up ark (am) pyytää *She hit him up for money.* Nainen pyysi häneltä rahaa.

not know what hit you olla tyrmistynyt t. järkyttynyt jstk *His opponent looked desperate, not knowing what hit him.* Hänen vastustajansa näytti epätoivoiselta, tyrmistyneeltä.

2 hit s

a hit list 1 ark tappolista, luettelo ihmisistä t. järjestöistä, joita vastaan suunnitellaan epämiellyttäviä toimia *Some banks also have a hit list of people whom they threaten to sue for damages.* Joillakin pankeilla on myös luettelo ihmisistä, jotka ne uhkaavat haastaa vahingoista oikeuteen. 2 tappolista *Police said the gunman carried a hit list with the names of 15 women.* Poliisin mukaan pyssymiehellä oli mukanaan 15 naisen tappolista.

a smash hit ark superhitti (elokuva, levy, näytelmä, ...) *Movies that are a smash hit at the box-office still end up losing millions.* Myös elokuvat, jotka ovat kassamagneetteja, tuottavat miljoonien tappioita.

be / make a [big] hit with sb 1 tehdä hyvä ensivaikutelma jkhn, tulla pidetyksi *He made a big hit with his fellow players.* Hän teki vaikutuksen pelitovereihinsa. 2 tehdä hyvä ensivaikutelma jkhn, tulla pidetyksi *He made a big hit with his fellow players.* Hänen pelitoverinsa olivat ihastuneita häneen.

hitch ['hɪtʃ] v

get hitched ark mennä naimisiin *Rebecca and Damon got hitched.* Rebecca ja Damon menivät naimisiin. *He got hitched to a fashion model.* Hän meni naimisiin mallin kanssa.

hitch one's wagon to a star / sb / sth yrittää menestyä solmimalla suhteita menestyjiin *The firm is hitching its wagon to Microsoft.* Firma yrittää menestyä solmimalla suhteen Microsoftin kanssa.

hitch up vetäistä ylös, kiskaista ylös *He hitched up his pants.* Hän kiskaisi housunsa ylös.

hither ['hɪðəʳ] adv

hither and thither / hither and yon yl kirjak sinne tänne *He ran hither and thither.* Hän juoksi sinne tänne.

hitter ['hɪtəʳ] s

heavy / big hitter raskassarjalainen *a big hitter in the banking business* pankkimaailman raskassarjalainen

hob ['hɒb] s

play / raise hob (am) aiheuttaa hankaluuksia, sotkea *The weather played hob with his plans.* Sää sotki hänen suunnitelmansa.

hobbyhorse ['hɒbihɔːs] s

on one's hobbyhorse mieliaiheessaan (aihe, josta voi puhua loputtomiin, riippumatta siitä, kiinnostaako se muita) *You are again jumping on your hobbyhorse here.* Vaihdat taas mieliaiheeseesi.

Hobson ['hɒbsən] *s*
 Hobson's choice näennäinen valinnanvapaus, tilanne, jossa todellisia vaihtoehtoja ei ole *We are faced with a Hobson's choice.* Meillä on vähän todellisia vaihtoehtoja.

hock ['hɒk] *v*
 be in hock [to sb] *ark* veloissa, velkaa *The company is still in hock to its lenders.* Yhtiö on edelleen veloissa lainanantajilleen.

hog ['hɒg] *s*
 a road hog *ark, halv* liikennehurjastelija (muiden turvallisuudesta piittaamaton) *One could never accuse me of being a road hog.* Minua ei koskaan voisi syyttää holtittomuudesta liikenteessä.
 go hog wild *ark* villiintyä, hössöttää liikaa *Sometimes you just need to go hog-wild.* Joskus pitää saada villiintyä.
 go the whole hog *ark* tehdä jtak koko rahan edestä, ei jättää puolitiehen *You could go the whole hog and hire a chauffeur-driven car.* Voisit nauttia koko rahan edestä ja vuokrata auton kuljettajineen.
 live high on / off the hog *ark* (am) rypeä rahassa, elää ylellisesti *They travel the world, living high on the hog.* He matkustavat ympäri maailmaa ja elävät ylellisesti.

hoist ['hɔɪst] *v*
 be hoist / hoisted by / with your own petard *kirjak* langeta omaan ansaansa *She was hoist with her own petard.* Hän lankesi omaan ansaansa.

1 hold ['həʊld] *v*
 cannot hold a candle to sb / sth ei vetää vertoja jklle / jlkin *He is not fit to hold the candle to you.* Hän ei vedä vertoja sinulle.
 hold fast to sth pitää kiinni (periaatteesta, uskomuksesta ym.), säilyttää *We hold fast to the principle.* Me pidämme kiinni periaatteesta.
 hold forth [about sth] (*myös* hold forth on sth) *halv* paasata *The newspapers and television hold forth about football hooligans.* Sanomalehdet ja televisio paasaavat jalkapallohuliganismista.
 hold good / true päteä, pitää paikkansa *The same holds true for the Church.* Sama pätee kirkkoon.
 hold hard (br) odota *Hold hard, you'll never find it without us.* Odota, et ikinä löydä sitä ilman meitä.
 hold it odota *Hey, hold it, wait for us!* Hei, odottakaa meitä!
 hold no brief for sb / sth *kirjak* ei kannattaa t. suosia jkta / jtk *I hold no brief for Britain in this war.* En kannata Britanniaa tässä sodassa.
 hold one's horses *ark* hetkinen, odota *Hold your horses, I'm coming, I'm coming.* Hetkinen, tullaan tullaan.
 hold one's own pysyä lujana, pitää puolensa *He could hold his own with any boy of his age.* Hän pärjäsi kenen tahansa ikäisensä pojan kanssa.
 hold one's peace / tongue *vanh* hillitä kielensä, pitää kielensä kurissa *Hold your tongue, Sarah!* Hillitse kieles, Sarah!
 hold sb's hand lohduttaa, tukea jkta *She held my hand when our dog died.* Hän lohdutti minua, kun koiramme kuoli.
 hold sb / sth cheap *vanh* halveksia, väheksyä *She holds herself cheap.* Hän väheksyy itseään.
 hold sb / sth dear *kirjak* arvostaa, pitää arvokkaana *She had to sell everything she held dear.* Hänen täytyi myydä kaikki mitä piti arvokkaana.
 hold the fort (*myös* (am) hold down the fort) *ark* (br) olla vastuussa toisen poissaollessa, pitää putiikki pystyssä *Roycroft held the fort until*

a successor could be found. Roycroft kantoi vastuun, kunnes seuraaja löydettiin.

hold the line ei antaa periksi, kestää *Bristol held the line and took the match 16–12.* Bristol ei antanut periksi, vaan voitti ottelun 16–12.

hold water *ark* olla vedenpitävä, päteä, pitää paikkansa *The alibi holds water.* Alibi on vedenpitävä.

hold with (*yl kielt*) hyväksyä *I don't hold with lies.* En voi hyväksyä valehtelua.

2 hold *s*

get hold of *1* (yl br) saada selko jstak, päästä selvyyteen jstak *I can't get hold of this definition.* En saa selkoa tästä määritelmästä. *2 ark* saada käsiinsä *I've got hold of two tickets.* Sain käsiini kaksi lippua. *3* saada jku kiinni, saada yhteys jkhun *I couldn't get hold of Desmond.* En saanut Desmondia kiinni.

on hold *1* odottamassa, jonossa (puhelimessa) *He was put on hold.* Hänet jätettiin linjalle odottamaan. *2* sivussa, sivuun, odottamassa, odottamaan *Until then, exports are on hold.* Siihen asti vienti on jäissä.

take [a] hold vaikuttaa, vallata *She felt excitement taking hold of her.* Hän tunsi jännityksen valtaavan mielensä.

[with] no holds barred ilman rajoituksia, ei kiellettyjä otteita (painissa) *They can say anything they like, no holds barred.* He voivat sanoa mitä tahansa ilman rajoituksia.

holding ['həʊldɪŋ] *v*

there is no holding / stopping sb jku on pitelemätön, jkta ei voi estää *Once Eva had found her calling there was no holding her.* Kun Eva oli löytänyt kutsumuksensa, häntä ei voinut estää mikään.

hole ['həʊl] *s*

a hole card (am) salainen ase, kortti hihassa, valtti *The president had a hole card which proved devastating to the competition* Pääjohtajalla oli valttikortti, joka tyrmäsi vastustajan.

a hole in the wall (am) pieni pimeä kauppa t. ravintola *Finally I have found an Indian restaurant which is not over the top expensive or a hole in the wall affair.* Lopultakin olen löytänyt intialaisen ravintolan, joka ei ole ylettömän kallis eikä mikään kellariluola.

be in a hole *ark* (br, austr) olla vaikeassa t. nolossa tilanteessa *I'm in a hole because I tried to protect him.* Olen pulassa, koska yritin puolustaa häntä.

blow a hole in vesittää, mitätöidä *The amendment could blow a hole in the legislation.* Muutos saattaisi vesittää lainsäädännön.

dig / get sb out of a hole *ark* (br, austr) auttaa jkta pulassa olevaa *I am trying to help him find some motivation and dig him out of a hole.* Yritän auttaa häntä motivoitumaan ja pääsemään pulasta.

dig oneself [into] a hole *ark* (br, austr) nolata itsensä, joutua vaikeaan tilanteeseen *He once again managed to dig himself into a hole.* Hän onnistui jälleen kerran nolaamaan itsensä.

in the hole *ark* (am) veloissa *The company is $2 million in the hole.* Yrityksellä on kahden miljoonan dollarin velat.

make a hole in sth *ark* tehdä lovi jhk *The fee made a hole in our money.* Palkkio teki loven rahavaroihimme.

need sth like a hole in the head *leik* ei tarvita, ei haluta *I need this conversation like a hole in the head just now!* En halua juuri nyt käydä tätä keskustelua!

pick holes in sth etsiä virheitä jstk, mitä jku on sanonut t. tehnyt *Pick holes in the other person's ideas.* Etsiä virheitä toisen ihmisen ajatuksista

hollow

hollow [ˈhɒləʊ] *a*
  beat sb hollow (br, austr) lyödä täysin laudalta, peitota pahanpäiväisesti *The team was beaten hollow.* Joukkue peitottiin pahanpäiväisesti.
  ring / sound hollow (*myös* have a hollow ring) kuulostaa epäuskottavalta t. epäaidolta *When did her story begin to ring hollow?* Missä vaiheessa hänen tarinansa alkoi kuulostaa epäuskottavalta?

holy [ˈhəʊli] *a*
  holier-than-thou hurskastelija *All governments are holier-than-thou in this respect.* Kaikki hallitukset hurskastelevat tämän asian suhteen.
  the holy of holies *leik* kaikkein pyhin *His bedroom soon became known as the holy of holies.* Hänen makuuhuoneensa tuli pian tunnetuksi kaikkein pyhimpänä.

home [ˈhəʊm] *s*
  a home bird kotihiiri (kotona viihtyvästä henkilöstä) *I'm a home bird.* Viihdyn hyvin kotona.
  a home from home (*myös* (am, austr) a home away from home) toinen koti *The theatre was a home from home for her.* Teatteri oli hänelle toinen koti.
  bring sth home to sb saada jku ymmärtämään jtak *The series brings home the horrors of war.* Sarja saa ymmärtämään sodan kauhut.
  close / near to home kiusallisen t. epämiellyttävän oikeaan t. lähelle osuva *What he said struck unpleasantly close to home.* Hän osui epämiellyttävän oikeaan sanoessaan niin.
  come home to sb tajuta *Suddenly it came home to me that this was my last chance.* Yhtäkkiä tajusin, että tämä oli viimeinen tilaisuuteni.
  drive / hammer / press / ram sth home takoa päähän, saada menemään perille *Now he has a chance to drive that message home.* Nyt hänellä on tilaisuus saada se viesti menemään perille.
  hearth and home *kirjak* perhe ja koti *They focus on the spiritual values of hearth and home.* He keskittyvät perheen ja kodin hengellisiin arvoihin.
  hit / strike home *1* osua maaliin *He hit the penalty home.* Rangaistuspotku meni maaliin. *2* (asiasta puhuttaessa) osua maaliin, mennä perille *His satirical barbs hit home.* Hänen satiiriset piikkinsä osuivat maaliinsa.
  home and dry (*myös* (am) home free, (austr) home and hosed) selvillä vesillä *A £100 loan will see me home and dry.* Jos saan 100 puntaa lainaksi, olen selvillä vesillä.
  home is where the heart is siellä koti, missä sydän
  home, James [and don't spare the horses]! *vanh leik* <humoristinen kehotus kuljettajalle ajaa nopeasti>
  home sweet home oma koti kullan kallis
  keep the home fires burning pitää koti siistinä ja kotoisana (erit ihmisille, jotka ovat poissa, esim sodassa) *You've got to keep the home fires burning, make him feel welcome.* Sinun täytyy pitää koti kunnossa ja saada hänet tuntemaan itsensä tervetulleeksi.
  make oneself at home olla kuin kotonaan *Sit down, make yourself at home.* Istu alas ja ole kuin kotonasi.
  on the home front kotona, omassa kotimaassa *Not much to report this week on the home front.* Kotona ei tällä viikolla ole tapahtunut mitään erikoista.
  play away from home *ark* (br, austr) käydä vieraissa *I began to suspect that my husband may be playing away from home.* Aloin epäillä, että mieheni käy vieraissa.
  the home straight (*myös* the home stretch) loppusuora, pitkän t. vai-

kean tehtävän viimeinen osuus *It is the home straight to privatization.* Ollaan yksityistämisen loppusuoralla.

when ...'s at home *leik* (br) mikä ... on miehiään, kukas ... oikein on – *It's a poem by Jeremiah John Callanan. – Who's he when he's at home?* – Se on Jeremiah John Callananin runo. – Mikäs hän on miehiään?

homework ['həʊmwɜːk] *s*
do one's homework [on sth] perehtyä *I did my homework on the party leadership before going round to dinner.* Perehdyin puolueen johtohenkilöihin, ennen kuin menin päivällisille.

honest ['ɒnɪst] *a*
earn / turn an honest penny ansaita vaatimaton toimeentulo, ansaita rahaa rehellisesti t. kunniallisesti *He earned an honest penny by teaching the New Testament to undergraduates.* Hän ansaitsi vaatimattoman toimeentulon opettamalla Uutta testamenttia opiskelijoille.
honest! *ark* Ihan tosi! *Honest I don't.* En takuulla.
make an honest woman of *vanh t leik* tehdä jksta kunniallinen nainen, mennä naimisiin jkn kanssa (aikaisemmin varsinkin skandaalin välttämiseksi) *The whole neighbourhood is expecting me to make an honest woman of you.* Koko naapurusto odottaa minun tekevän sinusta kunniallisen naisen.
to be as honest as the day [is long] olla täysin rehellinen *Even his rivals regarded him as being as honest as the day is long.* Jopa hänen kilpailijansa pitivät häntä täysin rehellisenä.

honesty ['ɒnɪsti] *s*
honesty is the best policy rehellisyys maan perii
in all honesty rehellisesti sanoen *I think in all honesty it will be cheap for us.* Rehellisesti sanottuna se on mielestäni halpaa.

honour ['ɒnə^r] *s* (*am* honor)
a point of honour kunnia-asia *It is a point of honour among men to keep some time for attending sporting events with their mates.* Miehille on kunnia-asia saada seurata urheilua kavereidensa kanssa.
do sb an honour (*myös* do sb the honour [of doing sth]) *kirjak* <tehdä jtk, josta hlö tulee hyvin iloiseksi t. ylpeäksi> *You'll do me the honour of dancing?* Saanko luvan?
do the honours *yl leik* toimia isäntänä juhlissa, toimia emäntänä juhlissa *She did the honours, making coffee.* Hän toimi emäntänä ja keitti kahvia.
have the honour of sth / doing sth *kirjak* olla kunnia *I really do think that someone else should have the honour of captaining the team.* Olen tosiaan sitä mieltä, että jonkun muun pitäisi ottaa joukkueen kapteenin kunniatehtävä.
honour bright *vanh* (br) kunniasanalla *Honour bright, I did not harm him.* Kunniasanalla, en vahingoittanut häntä.
honours are even tilanne on tasan (kilpailussa) *Honours are even with three wins each.* Tilanne on tasan, kun molemmilla on kolme voittoa.
in honour bound olla kunnia-asia *He is in honour bound to stand by his wife.* Hänelle on kunnia-asia seisoa vaimonsa rinnalla.
on one's honour *vanh 1* olla kunnia-asia *They are on their honour to serve their country.* Heille on kunnia-asia palvella maataan. *2* kunniasanalla *I promise on my honour to try.* Lupaan kunniasanallani yrittää.
there's honour among thieves epärehellisillä ihmisilläkin on periaatteensa

1 hoof ['hu:f] *s*
on the hoof *ark* (br) noin vain, enemmän harkitsematta *Decisions are made on the hoof.* Päätöksiä tehdään enemmän harkitsematta.

2 hoof *v*
hoof it *ark* kävellä jnnk *Don't hoof it! Take the bus!* Älä kävele! Mene bussilla!

hook ['hʊk] *s*
by hook or by crook keinoja kaihtamatta, keinolla millä hyvänsä *She is determined to get the money back by hook or by crook.* Hän on päättänyt saada rahat takaisin keinoja kaihtamatta.

get / give sb the hook *ark* (am) saada potkut, antaa jklle potkut *She got the hook from the company.* Hän sai potkut yhtiöstä.

get one's hooks into *ark* saada kynsiinsä, saada koukkuun *She got her hooks into him and married him.* Hän sai miehen koukkuunsa ja meni tämän kanssa naimisiin.

get sb off the hook *ark* pelastaa jku pulasta, kiipelistä *His lawyer got him off the hook.* Hänen asianajajansa pelasti hänet pulasta. *It was her fault, so he is off the hook.* Se oli naisen vika, joten mies pääsi kiipelistä.

hook, line, and sinker karvoineen päivineen, täysin *He fell for the ruse hook, line, and sinker.* Hän nieli juonen karvoineen päivineen.

on one's own hook *ark vanh* (yl am) itse, itsekseen, omasta aloitteestaan *He decided to do a little hunting on his own hook.* Hän päätti käydä metsällä itsekseen. *He would not have done it on his own hook.* Hän ei olisi tehnyt sitä omasta aloitteestaan.

on the hook for *ark* (am) vastuussa (rahallisesti) *The company is on the hook for $5 million of the affiliate's debt.* Yritys on vastuussa tytäryhtiön viiden miljoonan dollarin veloista.

sling one's hook *ark, vanh* (br; *yl imperat*) häipyä *Sling your hook, boy.* Häivy, poika.

hookey ['hʊki] *s* (*myös* hooky)
play hookey *ark* (am) pinnata, lintsata (koulusta)

hoop ['hu:p] *s*
put sb / go through [the] hoops (*myös* jump through hoops) panna jku koville, joutua koville *These people went through the hoops and got their visas.* Nämä ihmiset joutuivat koville, ennen kuin saivat viisumin.

hoot ['hu:t] *s*
don't care / give a hoot / two hoots viis veisata *I don't care a hoot about football.* Minä viis veisaan jalkapallosta.

1 hop ['hɒp] *v*
hop it! *ark* (br) häivy! *Hop it, you little scoundrel!* Häivy, senkin pikku lurjus!

hop the twig / stick *ark* (br) lähteä äkisti, heittää veivinsä *I want to see the world before I hop the twig.* Haluan nähdä maailmaa ennen kuin heitän veivini.

hop to it *ark* (am) pitää kiirettä, tehdä jtk nopeasti *If I'm going to meet him for lunch I'd better hop to it.* Jos aion tavata hänet lounaalla, minun on paras pitää kiirettä.

2 hop *s*
hop, skip / step, and jump *ark* lähellä *The place is just a hop, skip, and jump away.* Paikka on ihan lähellä.

on the hop *1* (br) valmistautumattomana *He was caught on the hop, not knowing she was coming.* Hän ei ollut valmistautunut, koska ei tiennyt naisen olevan tulossa. *2* menossa, liikkeellä, touhussa *He is always on the hop.* Hän on aina menossa.

hope ['həʊp] *v*

beyond hope [of sth] toivoton tilanne *Much of the decoration was shredded beyond hope of repair.* Suuri osa koristeista oli riekaleina ja mahdottomia korjata.

build up / raise sb's hopes rohkaista, herättää toivoa *It would be folly to raise his hopes.* Olisi hullua herättää hänen toiveitaan.

dash / shatter sb's hopes murskata jkn toiveet *Don't shatter my hopes and dreams.* Älä murskaa toiveitani ja unelmiani.

hope against hope [that...] toivoa kaikesta huolimatta *We hope against hope that war can be avoided.* Toivomme kaikesta huolimatta, että sota voidaan välttää.

Hope springs eternal [in the human breast] toivossa on hyvä elää

not a hope (*myös* some hope[s]) *ark* turha toivo *They'll never catch me! Not a hope!* He eivät koskaan saa minua kiinni! Turha toivo!

hopping ['hɒpɪŋ] *adv*

hopping mad about / over sth *ark, vanh* suunniltaan raivosta *Christmas dinner ruined and so on – she's hopping mad.* Jouluateria piloilla ynnä muuta – hän on suunniltaan raivosta.

horizon [həˈraɪzᵊn] *s*

broaden / widen sb's horizons laajentaa jkn elämänpiiriä, kokemuksia *I decided to widen my horizons.* Päätin hankkia uusia kokemuksia.

on the horizon näköpiirissä, näkyvissä *Are there new taxes on the horizon?* Onko näköpiirissä uusia veroja?

1 horn ['hɔːn] *s*

blow / toot one's own horn *ark* (am) lyödä rumpua itsestään, kehua itseään *He is blowing his own horn, but undoubtedly his book is good.* Hän lyö rumpua itsestään, mutta hänen kirjansa on kieltämättä hyvä.

on the horn *ark* (am) puhelimessa *He is on the horn now, talking to a potential client.* Hän on juuri puhelimessa mahdollisen asiakkaan kanssa.

on the horns of a dilemma joutua valitsemaan kahdesta pahasta *She is in the horns of a dilemma: should she postpone having children or risk losing her job?* Hän joutuu valitsemaan kahdesta pahasta: lykätäkö lapsentekoa vai riskeerata työpaikkansa.

pull / draw in one's horns toimia varovaisemmin, kiristää kukkaronnyörejään *The royals have pulled in their horns to save public money.* Kuninkaalliset ovat kiristäneet kukkaronnyörejään säästääkseen julkisia varoja.

2 horn *v*

horn in tuppautua, sekaantua *He horned in on our conversation.* Hän sekaantui keskusteluumme.

hornet ['hɔːnɪt] *s*

a hornet's nest *kuv* muurahaispesä *The decision stirred up a hornet's nest of controversy.* Päätöksellä sohaistiin muurahaispesää ja se synnytti kiivaan väittelyn.

horror ['hɒrəʳ] *s*

horrors / horror of horrors *leik* hirvityksen kauhistus *I got out of the lake and, horror of horrors, my clothes were gone!* Nousin järvestä ja, hirvityksen kauhistus, vaatteeni olivat kadonneet!

shock horror *ark, yl leik* (br) kauhistuksen kauhistus *Shock horror! You've actually cleaned your room.* Kauhistuksen kauhistus! Olet tosiaan siivonnut huoneesi.

1 horse ['hɔ:s] s

a horse of another / a different color (am) jk on erilaista kuin miltä ensin näytti *That's a horse of a different color.* Se on kokonaan eri asia.

don't change / swap horses in midstream älä muuta mieltäsi kesken kaiken (kesken jtak tärkeää) *He urged voters not to change horses in midstream.* Hän kehotti äänestäjiä olemaan muuttamatta mieltään kesken kaiken.

don't spare the horses *ark* (austr) pidä kiirettä *Get home and don't spare the horses!* Äkkiä kotiin!

horses for courses (br) jokainen menestyy parhaiten omalla alallaan, eri henkilöt sopivat eri tehtäviin *The changes in the team were a case of horses for courses.* Työryhmän muutoksissa oli kyse sopivan henkilön sijoittamisesta sopivaan tehtävään.

[straight] from the horse's mouth *ark* suoraan alkuperäislähteestä, ensi käden tietona *The information came straight from the horse's mouth.* Tieto on peräisin suoraan alkuperäislähteestä.

you can take / lead a horse to water [but you can't make it drink] voit antaa jklle mahdollisuuden tehdä jtk, mutta et voi pakottaa tätä ottamaan tilaisuudesta vaarin

2 horse v

horse around / about pelehtiä, pelleillä *We were just horsing around.* Me vain pelleilimme.

hostage ['hɒstɪdʒ] s

a hostage to fortune *kirjak* epäviisas toiminta, joka voi kääntyä tekijää vastaan t. osoittautua vaikeaksi *He gave a hostage to fortune by making the promise.* Hänen lupauksensa kääntyy häntä vastaan, jos hän ei voi pitää sitä.

hot [hɒt] a

go / feel hot and cold [all over] *ark* (br, austr) tuntea kylmiä t. kauhun väreitä *I go hot and cold just thinking about what could have happened.* Kylmät väreet kulkevat selkäpiissä, kun vain ajattelenkin, mitä olisi voinut tapahtua.

have done / had / seen / ... more sth than sb has had hot dinners (br, austr) olla enemmän kokemusta jstk *He's had more jobs than I've had hot dinners.* Hän on ollut paljon useammassa työpaikassa kuin minä.

hot and heavy *ark* (am) intensiivinen, kiihkeä *The argument got hot and heavy.* Väittely yltyi kiihkeäksi.

hot to trot *ark* (yl am) kiihkoissaan, aivan tohkeissaan *He is hot to trot to move to Nicaragua* Hän on aivan tohkeissaan Nicaraguaan muutosta.

hot under the collar *ark* raivoissaan, nolona *Some people got hot under the collar about the new law.* Jotkut raivostuivat uudesta laista.

in hot pursuit aivan jkn kannoilla *They ran home, with a bear in hot pursuit.* He juoksivat kotiin karhu aivan kannoillaan.

in hot water *ark* kuumat paikat, kuumat oltavat *He is in hot water over the fiasco.* Hänellä on kuumat paikat fiaskon takia.

make it / things hot for sb *ark* järjestää jklle kuumat oltavat

hotfoot ['hɒtfʊt] v

hotfoot it *ark* kävellä t. juosta nopeasti jnnk *Hotfoot it back* Kipitä nopeasti takaisin

hots ['hɒts] s

have the hots for *ark* olla pihkassa jkhun *She's got the hots for you.* Hän on pihkassa sinuun.

hour ['aʊə^r] s

after hours sulkemisajan jälkeen *They adjusted the rules sufficiently* to allow themselves a drink after hours. He venyttivät sääntöjä tarpeeksi voidakseen ottaa drinkin sulkemisajan jälkeen.

all hours kaikkina vuorokaudenaikoina *They ran the streets till all hours.* He juoksentelivat ulkona vaikka kuinka myöhään.

at an unearthly / ungodly hour *ark* ärsyttävän varhain t. myöhään *I used to do a job which involved getting up at an unearthly hour while the rest of the world slept.* Olin työpaikassa, jossa piti nousta ylös älyttömään aikaan, kun kaikki muut nukkuivat.

hour after hour tuntikausia *To lie awake hour after hour became unbearable.* Kävi sietämättömäksi maata hereillä tuntikausia.

in one's hour of need *us leik* hädän hetkellä *Help him in his hour of need.* Auta häntä hädän hetkellä.

keep late / regular hours valvoa myöhään t. mennä nukkumaan yl samaan aikaan *He kept late hours, seeming to need little sleep.* Hän valvoi yleensä myöhään ja näytti pärjäävän lyhyillä yöunilla. *Keep regular hours, getting up at the same time.* Mene nukkumaan ja nouse aina samaan aikaan.

out of hours (yl br) työajan t. anniskeluajan ulkopuolella *Out of hours he is a keen footballer.* Työajan ulkopuolella hän on innokas jalkapalloilija.

the small / early hours (*myös* the wee [small] hours) aamuyö, pikkutunnit *She was often out all evening and did not reappear until the small hours.* Hän oli usein ulkona koko illan ja ilmestyi takaisin vasta pikkutunneilla.

house ['haʊs] s

a house divided cannot stand ristiriitojen repimä ryhmä ei kestä ulkoisia paineita

as safe as houses (br) täysin turvallinen, täysin turvassa *His job is as safe as houses.* Hänen työpaikkansa on täysin turvattu.

bring the house down *ark* saada kaikki nauramaan t. osoittamaan suosiotaan *The act'll bring the house down.* Näytös saa suosionosoitukset koko salilta.

eat sb out of house and home *leik* syödä jku vararikkoon *Don't all these pets eat you out of house and home?* Eivätkö kaikki nämä lemmikkieläimet syö teitä vararikkoon?

get on / along like a house on fire *ark* tulla hyvin toimeen keskenään *Selina and I get on like a house on fire.* Selina ja minä tulemme hyvin toimeen keskenämme.

go [all] round the houses *1* kiertää, mennä kiertotietä *The six thirty bus goes a bit round the houses.* Se 18.30 lähtevä bussi menee kiertotietä. *2* puhua kierrellen ja kaarrellen *You didn't tell me how much you earn, you just went round the houses.* Et kertonut paljonko tienaat, vaan kiertelit ja kaartelit.

house of cards korttitalo *British power is fragile: one false move and the house of cards could come tumbling down.* Ison-Britannian valta on hauras: yksikin väärä liike voisi romahduttaa koko korttitalon.

not give sth / sb house room kieltäytyä olemasta tekemisissä jnk t. jkn kanssa *We must take care not to give him house room.* Meidän on varottava olemasta tekemisissä hänen kanssaan.

on the house ilmainen, ilmaiseksi *The drinks are on the house.* Talo tarjoaa juomat.

put / set / get one's [own] house in order järjestää asiansa *Get your financial house in order.* Järjestä raha-asiasi kuntoon.

housetop ['haʊstɒp] s
shout sth from the housetops / rooftops *ark* julistaa kaikille *He wanted to shout his love from the housetops.* Hän halusi julistaa kaikille olevansa rakastunut.

how [haʊ] *adv*
and how! *ark* (am, austr) tietäisitpä vain, valtavasti – *So you like him? – And how!* – Sinä siis pidät hänestä? – Valtavasti!

here's how! *vanh* kippis, sen kunniaksi *'Here's how!' he said, upending his glass.* "Kippis!" hän sanoi ja kumosi lasinsa.

how do? *ark* terve, hei – *This is Pam. – How do?* – Tässä on Pam. – Terve!

how do you do? *vanh* hyvää päivää, hauska tutustua *And you are Mrs Smith? How do you do?* Ja te olette rouva Smith? Hyvää päivää.

how now? *vanh* mitä nyt, mitäs tämä tarkoittaa *How now? What has befallen?* Mitä nyt? Mitä on tapahtunut?

how's this / that for ...? eikö olekin...? *I was watching you through the curtains – how's that for snooping?* Katselin sinua verhojen lomasta – eikö ollutkin aikamoista nuuskimista?

the how and why miten ja miksi jtak tehdään *They discussed the how and why of film-making.* He keskustelivat siitä, miten ja miksi elokuvia tehdään.

huddle ['hʌdl] s
get / go into a huddle [with sb] *ark* kerääntyä neuvottelemaan, pitää neuvoa (muiden kuulematta) *The guerillas went into a huddle, obviously discussing their captives.* Sissit kokoontuivat selvästikin neuvonpitoon keskustelemaan vangeistaan.

hue ['hju:] s
a hue and cry äänekäs vastustus, vastalause *If I don't clean the place up there'll be a hue and cry.* Jos en siivoa paikkaa, siitä syntyy kova meteli.

huff ['hʌf] s
huff and puff ärhennellä *The Labour party is always huffing and puffing about privatisation.* Työväenpuolue pitää aina kovaa meteliä yksityistämisestä.

in a huff *ark* pahalla tuulella, kiukkuinen *Why is she in a huff?* Miksi hän on pahalla tuulella?

hum ['hʌm] *v*
hum and haw / ha (br) epäröidä, olla kahden vaiheilla *I was humming and hawing over buying it.* Epäröin ostaako sen vai ei.

humble ['hʌmb⁽ə⁾l] *a*
eat humble pie (br) niellä ylpeytensä *She had been right, so he had to eat humble pie.* Hän oli ollut oikeassa, joten miehen oli nieltävä ylpeytensä.

humour ['hju:mə(r)] s (am humor)
out of humour huonolla, pahalla tuulella *She is out of humour and sulky.* Hän on pahalla tuulella ja murjottaa.

hump ['hʌmp] *v*
get / have the hump *ark* (yl br) närkästyä, ärsyyntyä, tykätä kyttyrää *Fans get the hump when the team loses.* Fanit närkästyvät kun joukkue häviää.

give sb the hump *ark* (br) ärsyttää, närkästyttää *She was just trying to give him the hump.* Hän yritti vain ärsyttää miestä.

over the hump *ark* pahimman t. vaikeimman yli *We are over the hump of recession.* Olemme selviytyneet pahimman laman yli.

hundred ['hʌndrəd, 'hʌndrɪd] *num*
a hundred and one [things to do] *ark* tosi t. liian paljon [tehtävää] *When it comes to choosing paper, there*

are a hundred and one options. Paperin valinnassa on tosi paljon vaihtoehtoja.
a / one hundred per cent *1* ehdottomasti, ehdottoman, sataprosenttisesti *I agree with you a hundred per cent.* Olen ehdottomasti samaa mieltä kanssasi. *2* täysin terve ja hyväkuntoinen *He did not feel one hundred per cent.* Hän ei tuntenut oloaan oikein hyväksi. *3* kaikkensa *He always gives one hundred per cent.* Hän antaa aina kaikkensa.

hurry ['hʌri] *s*
in a hurry *ark* (*yl kielt*) ihan heti *That was an experience I won't forget in a hurry.* Sitä kokemusta en ihan heti unohda.
in a hurry to do sth on kärsimätön tekemään jtk *I was in a hurry to get things done.* Halusin saada asiat nopeasti tehdyiksi.

in no hurry [to do sth] (*myös* not in any hurry [to do sth]) *1* olla runsaasti aikaa *Take your time, we're in no hurry.* Älä turhaan kiirehdi, meillä on runsaasti aikaa. *2* olla haluton [tekemään jtk] *They are in no hurry to lift the ban on beef imports.* He ovat haluttomia purkamaan naudanlihan tuontikieltoa.

hurt ['hɜːt] *v*
it won't / wouldn't hurt sb to do sth jkn on / olisi hyväksi tehdä jtk *It won't hurt her to get remarried.* Hänelle on hyväksi mennä uudelleen naimisiin.

hysterics [hɪ'sterɪks] *s*
have hysterics *ark* suuttua ja järkyttyä mielettömästi *Everybody who heard this remark had hysterics.* Jokainen, joka kuuli tämän huomautuksen, raivostui.

ice ['aɪs] *s*

break the ice murtaa jää, keventää tunnelmaa *Those games certainly helped to break the ice.* Ne leikit kevensivät ehdottomasti tunnelmaa.

cut no ice with sb ei olla mitään vaikutusta jkhun *Janet's plea is likely to cut no ice with him.* Janetin vetoomus tuskin hetkauttaa häntä mitenkään.

on thin ice hataralla pohjalla, heikoilla *Her reputation has been on thin ice for some time.* Hänen maineensa on horjunut jo jonkin aikaa.

put sth on ice panna jäihin, lykätä toteutusta *Major projects have had to be put on ice.* Suuria hankkeita on jouduttu panemaan jäihin.

iceberg ['aɪsbɜ:g] *s*

tip of the iceberg jäävuoren huippu *These fatalities represent only the tip of the iceberg.* Nämä kuolemantapaukset ovat vasta jäävuoren huippu.

icing ['aɪsɪŋ] *s*

the icing on the cake piste i:n päällä, loppusilaus, viimeinen silaus *It's an added bonus, the icing on the cake.* Se on lisäetu, piste i:n päällä.

idea [aɪ'dɪə] *s*

get ideas kuvitella turhia *Don't get any ideas.* Älä rupea kuvittelemaan turhia.

get the idea *ark* ymmärtää *I'm sure you get the idea.* Ymmärrät varmaan, mitä tarkoitan.

give sb ideas (*myös* put ideas into sb's head) saada jk kuvittelemaan turhia *She wanted me to give him ideas.* Hän halusi minun saavan miehen kuvittelemaan turhia.

have [got] no idea (*myös* not have the first idea, not have the slightest idea) ei olla aavistustakaan *Police have no idea why the lorry went out of control.* Poliisilla ei ole aavistustakaan, miksi kuorma-auto karkasi hallinnasta.

not sb's idea of ei jkn käsitys jstak *It's not my idea of a happy ending.* Ei se ole minusta järin onnellinen loppu.

put ideas in sb's head yllyttää jkta *I don't want to put ideas into your head.* En halua yllyttää sinua.

that's an idea *ark* aika hyvä ajatus

that's the idea *ark* aivan, niin juuri

the [very] idea! *vanh, ark* mikä ajatus!

what's the big idea? mitä tämä on olevinaan?

you have [got] no idea *ark* et voi kuvitellakaan *You have no idea what has happened.* Sinulla ei ole aavistustakaan, mitä on tapahtunut.

idle ['aɪdl] *v*

idle sth away kuluttaa, haaskata (aikaansa) *I had idled away a year on full pay.* Olin haaskannut vuoden ja nostanut siitä täyttä palkkaa.

if ['ɪf] *konj*

if and when jos ja kun *Arrange repairs if and when necessary.* Järjestä korjaukset jos ja kun on tarpeen.

if anything pikemminkin *I didn't hate him. If anything, I liked him.* En vihannut häntä. Pikemminkin pidin hänestä.

if ever [jos] koskaan, jos kuka *If ever there was the right person in the right job it was her.* Hän oli työssään totisesti oikealla paikalla. *If ever a child was bright, she was.* Hän jos kuka oli terävä lapsi.

if I were you sinuna minä ... (ehdotettaessa jklle jtk) *I'd be careful if I were you, Rose.* Sinun pitäisi olla varovainen, Rose.

if it wasn't / weren't for ... <todettaessa, että jk esti jtk tapahtumasta> *Life would be easy if it weren't for other people.* Ilman muita ihmisiä elämä olisi helppoa.

if not ellei [jopa] *tens if not hundreds of millions of pounds* kymmeniä, ellei satoja miljoonia puntia

if only 1 vaikkakin vain, vaikka edes *A meeting was necessary, if only for an exchange of views.* Tapaaminen oli tarpeen, vaikka edes mielipiteiden vaihtoa varten. **2** kunpa *If only she had realized in time what was happening.* Kunpa hän olisi tajunnut ajoissa, mitä oli tekeillä.

no ifs and buts (*myös* (am) no ifs, ands and buts) ei mitään mukinoita *There are no ifs and buts about our position.* Asemastamme ei ole mitään mukinoita.

ignorance ['ɪgnərəns] *s*
ignorance is bliss tieto lisää tuskaa

1 ill ['ɪl] *adv*
can ill afford ei olla varaa jhk *We can ill afford another scandal.* Meillä ei ole varaa enää yhteenkään skandaaliin.

2 ill *a*
for good or ill *kirjak* meni syteen tai saveen *For good or ill, she belonged to him.* Meni syteen tai saveen, nainen kuului hänelle.

it's an ill wind [that blows nobody any good] ei niin pahaa ettei jotain hyvääkin

image ['ɪmɪdʒ] *s*
be the [living] image of sb / sth (*myös* be the spitting image of, be the very image of) olla aivan jkn näköinen *The baby was the image of his father.* Vauva oli kuin ilmetty isänsä.

imagination [ɪˌmædʒɪ'neɪʃ³n] *s*
a figment of sb's imagination mielikuvituksen tuote *This is not a figment of imagination.* Tämä ei ole mielikuvituksen tuotetta.

importance [ɪm'pɔːt³ns] *s*
full of one's own importance täynnä itseään, turhantärkeä *He was the butler, a gentleman full of his own importance and not usually given to conversing with the lower servants.* Hän oli hovimestari, herrasmies täynnä itseään, joka ei yleensä alentunut jutustelemaan alempien palkollisten kanssa.

impression [ɪm'preʃ³n] *s*
be under the impression that olla siinä käsityksessä *He had apparently been under the impression that...* Hän oli ilmeisestikin ollut siinä käsityksessä, että...

impulse ['ɪmpʌls] *s*
on impulse hetken mielijohteesta *We all buy goods on impulse sometimes.* Ostamme kaikki joskus tavaroita hetken mielijohteesta.

1 in ['ɪn] *prep*
anything / nothing / something in it sanotussa on yhtään / ei yhtään / jonkin verran totta *I didn't know there was anything in it.* En tiennyt, että siinä oli mitään perää.

anything / nothing / something in it for sb yhtään / ei yhtään / jonkin verran etua jklle (erit taloudellista etua) *There's nothing in it for the* *family.* Perheelle ei ole siitä mitään etua.

be in at sth olla läsnä, kun jtk tapahtuu *He was in at the beginning and he was there at the end.* Hän oli mukana alussa ja myös lopussa.

be in for it ark *(myös* (br) be for it) joutua vaikeuksiin t. rangaistuksi *When I saw the lip of the top of the wave coming over ahead of me, I knew I was in for it.* Kun näin aallon harjan yläpuolellani, tiesin olevani vaikeuksissa.

be in for sth *1* olla odotettavissa (yl jtak epämiellyttävää) *She was in for an unpleasant surprise.* Häntä odotti ikävä yllätys. *2* osallistua jhk (esim kilpailuun), tavoitella jtk *Some cat was in for a good supper.* Joku kissa tavoitteli hyvää illallista.

be / get in on sth ark olla mukana jssak, olla remmissä *Jeff was in on the design of the car.* Jeff oli mukana suunnittelemassa autoa.

be / keep [well] in with sb ark pysyä hyvissä väleissä jkn kanssa (hyödyn tavoittelemiseksi) *She is trying to keep well in with the committee so that she'll be elected regional head.* Hän yrittää pysyä hyvissä väleissä komitean kanssa, jotta hänet valittaisiin aluepäälliköksi.

have it in for sb ark kantaa kaunaa jklle, olla jtak t. jkta vastaan *Fate really had it in for me.* Kohtalo oli totisesti minua vastaan.

in absentia kirjak jkn poissaollessa *They all have ungergone a short seremony, either in person or in absentia.* Heihin on kaikkiin kohdistettu pieni seremonia, joko henkilökohtaisesti tai poissaolevina.

in and out of <usein toistuvista käynneistä t. oleskeluista> *I've been in and out of a lot of jails.* Olen istunut vankiloissa vähän väliä.

in flagrante [delicto] leik itse teossa, rysän päältä *He caught her in flagrante delicto with her lover.* Hän sai naisen kiinni rysän päältä rakastajansa kanssa.

in loco parentis kirjak olla vastuussa lapsesta vanhempien poissaollessa *Local authorities stand in loco parentis to the children for whom they are responsible.* Paikalliset viranomaiset toimivat vanhempien sijaisina niille lapsille, joista he ovat vastuussa.

in that sikäli [että], koska *Jack stood out in that he's not stupid.* Jack erosi muista sikäli, ettei hän ole tyhmä. *I'm lucky in that I have a sister.* Olen onnekas, koska minulla on sisko.

2 in *s*

the ins and outs kaikki [yksityiskohdat], läpikotaisin *Gordimer knows the ins and outs of South Africa.* Gordimer tuntee Etelä-Afrikan läpikotaisin.

inch ['ɪntʃ] *s*

by inches nipin napin, vähä vähältä *The shot missed her head by inches.* Laukaus meni aivan hänen päänsä vierestä. *You can't let him die by inches like this.* Et saa antaa hänen kuolla tällä tavoin, vähä vähältä.

every inch kokonaan, kiireestä kantapäähän *Laura is every inch a star.* Laura on tähti kiireestä kantapäähän. *Mosaic pictures cover every inch of wall.* Seinä on kauttaaltaan mosaiikkien peitossa.

give sb an inch and [s]he will take a mile jos antaa pirulle pikkusormen, se vie koko käden

inch by inch vähä vähältä

not budge / give / move an inch ei antaa tuumaakaan periksi *Richard would not budge an inch: I began to think he must be mad.* Richard ei antanut tuumaakaan periksi ja aloin jo ajatella, että hänen täytyy olla hullu.

not trust sb an inch (br, austr) ei luottaa jkh vähääkään *He knew he* *could not trust her an inch.* Mies tiesi, ettei voisi luottaa häneen vähääkään.

within an inch of [doing] sth hiuskarvan päässä, aivan lähellä *Her nose was within an inch of Mike's chin.* Hänen nenänsä oli hiuskarvan päässä Miken leuasta.

within an inch of one's life (*myös* to an inch of one's life) henkihieverissä *I thrashed him within an inch of his life.* Pieksin hänet henkihieveriin.

Indian ['ɪndɪən] *a*

an Indian summer *1* lämmin jakso varhaissyksyllä, intiaanikesä *We had an Indian summer that year, very warm until October.* Sinä vuonna oli intiaanikesä, hyvin lämmintä lokakuuhun asti *2* menestyksekäs ajanjakso elämässä (erit sen loppupuolella) *Thanks to her we enjoyed an Indian summer for a good few years.* Hänen ansiostaan meillä meni todella hyvin monen vuoden ajan.

influence ['ɪnflʊəns] *s*

under the influence *ark* humalassa *He admits to having had a drink but he says he was by no means under the influence.* Hän myöntää ottaneensa drinkin, mutta hän sanoo, ettei millään muotoa ollut juovuksissa.

information [ˌɪnfə'meɪʃ(ə)n] *s*

for sb's information jkn tiedoksi *This report is primarily for the information of our staff.* Tämä raportti on tarkoitettu ensisijaisesti henkilökuntamme luettavaksi.

for your information *1 FYI* Tiedoksi (kirjoitetaan jaettaviin tiedotteihin yms) *2* ettäs tiedät (korjattaessa jkn väärää käsitystä) *And, for your information, my life isn't chock-full of boys, as you seem to imply.* Ja tiedoksi, ettei minun elämäni ole pullollaan poikia, kuten näytät vihjailevan.

initiative [ɪ'nɪʃ(ɪ)ətɪv] *s*

on one's own initiative oma-aloitteisesti *Few believed that he had been acting on his own initiative.* Harvat uskoivat, että hän oli toiminut oma-aloitteisesti.

take the initiative (*myös* seize the initiative) olla aloitteentekijänä, ottaa aloite käsiinsä *Britain had taken the initiative in founding WEU.* Iso-Britannia oli aloitteentekijänä WEU:n perustamisessa.

injury ['ɪndʒəri] *s*

do sb / oneself an injury *us leik* loukata jkta / itsensä *Better tie his hands, or he might do himself an injury.* Viisainta sitoa hänen kätensä, ennen kuin hän loukkaa itsensä.

injustice [ɪn'dʒʌstɪs] *s*

do oneself / sb an injustice tehdä itselleen / jklle vääryyttä, arvioida väärin *To reject the whole of his work on the basis of these early writings would be doing him an injustice.* Olisi väärin häntä kohtaan hylätä koko hänen tuotantonsa näiden varhaisten kirjoitusten nojalla.

inner ['ɪnə^r] *a*

the inner man / woman *1* henki t. sielu *It reveals a primitive beauty, a true nakedness of the inner woman.* Se paljastaa primitiivisen kauneuden, naisen sielun todella paljaana. *2 leik* ruokahalu *We sent out a nip of something warming for the inner man.* Lähetimme vähän lämmittävää naposteltavaa hengen pitimiksi.

innings ['ɪnɪŋz] *s*

sb has had a good innings *ark* (br) jklla on ollut hyvä elämä, jku on saanut urallaan paljon aikaan

inroad

inroad ['ɪnrəʊd] s
make inroads in / into / to saada jalansijaa, vallata alaa *Christianity had made inroads into both ethnic groups.* Kristinusko oli vallannut alaa molemmissa etnisissä ryhmissä.

insane [ɪn'seɪn] a
drive sb insane ärsyttää t. raivostuttaa yhä enemmän *A fly, whose buzzing had been driving me insane* Kärpänen, jonka surina oli ärsyttänyt minua yhä enemmän ja enemmän

inside [,ɪn'saɪd] *prep, adv*
an inside job rikos, jonka on tehnyt jku talossa työskentelevä *The police suspected that it was an inside job and promptly arrested the dismissed worker.* Poliisi epäili, että tekijä oli joku talon sisältä ja pidätti heti erotetun työntekijän.
have the inside track *yl am* olla etuoikeutetussa asemassa (jssk organisaatiossa t. jkh nähden) *If you are not on the inside track, then decisions are taken over which you have no influence.* Jos et kuulu sisäpiiriin, niin et voi vaikuttaa kaikkiin päätöksiin.
know sb / sth inside out tuntea jk t. jku läpikotaisin
turn sth inside out *1* kääntää päälaelleen, panna uuteen uskoon *Our priorities turned inside out.* Tärkeysjärjestyksemme kääntyi päälaelleen. *2* panna mullin mallin, penkoa, etsiä *Every drawer was turned inside out.* Kaikki laatikot oli pengottu.

insignificance [,ɪnsɪg'nɪfɪkəns] s
fade / pale into insignificance muuttua merkityksettömäksi (jnk muun, tärkeämmän rinnalla) *Every weapon in the war against narcotics pales into insignificance compared to the need to reduce demand.* Kaikki keinot huumeiden torjunnassa ovat merkityksettömiä verrattuna tarpeeseen vähentää kysyntää.

instance ['ɪnstəns] s
in the first instance ensisijaisesti, ensiksi *They concentrate, in the first instance, on how things could be done.* He keskittyvät ensisijaisesti siihen, miten asiat voitaisiin hoitaa.

insult ['ɪnsʌlt] s
add insult to injury pahentaa asiaa entisestään *Then, to add insult to injury, it started raining heavily.* Sitten alkoi kaiken huipuksi sataa rankasti.

intent [ɪn'tent] s
to all intents and purposes (*myös* (am) for all intents and purposes) käytännöllisesti katsoen *She was to all intents and purposes a child.* Hän oli käytännöllisesti katsoen lapsi.

interest ['ɪntrɪst] s
in the interest[s] jkn etujen mukaista, jkn parhaaksi *It is in the interests of both sides to avoid retaliation.* On molempien osapuolten edun mukaista välttää kostotoimia.
have [got] a vested interest [in sth] olla oman edun mukaista *The agent also has a vested interest in keeping the event's costs at a minimum.* On myös asiamiehen oman edun mukaista pitää tapahtuman kustannukset mahdollisimman pieninä.
have [got] sb's [best] interests at heart toivoa jkn onnea (vaikka ei siltä näyttäisi) *Believe me, it was all done with your best interests at heart.* Usko minua, kaikki tehtiin sinun omaksi parhaaksesi.
pay sth back with interest (*myös* return sth with interest) maksaa takaisin korkojen kera *The insults were skilfully paid back with inter-*

est. Solvaukset maksettiin taitavasti takaisin korkojen kera.

interesting ['ɪntrestɪŋ, 'ɪntrɪstɪŋ] *a*
in an interesting condition *vanh* raskaana

interval ['ɪntəvᵊl] *s*
at intervals *1* ajoittain, aika ajoin *They pause at intervals for prayers.* He pysähtyvät aika ajoin rukoilemaan. *2* välein *at hourly intervals* tunnin välein, *at intervals of about six inches* noin kuuden tuuman välein

into ['ɪntʊ] *prep*
be into sth *ark* harrastaa jtk aktiivisesti *She's into horse riding.* Hän on innokas ratsastaja.

inveigle [ɪn'veɪgl] *v*
inveigle oneself (*myös* inveigle one's way into) ujuttautua jhk asemaan *Adrian tried to inveigle himself into her good books.* Adrian yritti ujuttautua hänen suosioonsa.

inverted [ɪn'vɜːtɪd] *v*
in inverted commas *ark* (br, austr) lainausmerkeissä (käytettäessä ilmausta, jota ei todella tarkoiteta), niin sanotusti *You could say that was a bit of "luck", in inverted commas!* Voisi sanoa, että olipa "onni", lainausmerkeissä.

1 iron ['aɪən] *s*
an iron fist in a velvet glove huomaamattoman rautainen ote *An iron fist in a velvet glove: he was known as a jolly nice chap in 1980.* Hänellä oli huomaamattoman rautainen ote, hänet tunnettiin vuonna 1980 tosi mukavana kaverina.
have many irons in the fire olla monta rautaa tulessa *He had so many irons in the fire that he was seldom there.* Hänellä oli niin monta rautaa tulessa, että hän oli harvoin paikalla.
pump iron *ark urh* nostella puntteja

rule sb / sth with an iron hand / fist (*myös* rule with a rod of iron) rautainen ote *The general has ruled with an iron fist.* Kenraali on hallinnut rautaisella otteella.
strike while the iron is hot takoa kun rauta on kuumaa

2 iron *v*
iron out selvittää, tasoittaa *Early problems have been ironed out.* Varhaiset ongelmat on saatu selvitettyä.

issue ['ɪʃuː, 'ɪsjuː] *s*
at issue kyseessä oleva, kiistanalainen *Meredith was not to be led away from the point at issue.* Meredith ei suostunut eksymään itse asiasta.
make an issue of tehdä suuri numero jstak, suurennella *I chose not to make an issue of the blunder.* Päätin, etten tee munauksesta suurta numeroa.
take issue with *kirjak* olla eri mieltä, asettaa kyseenalaiseksi *I must take issue with one or two of his conclusions.* Joudun olemaan eri mieltä hänen parista johtopäätöksestään.

it ['ɪt] *pron*
that's it *1* juuri niin, siinäpä se *But that's just it, don't you see, we're falling into a trap.* Siinäpä se, etkö tajua, että joudumme ansaan? *2* nyt riittää, selvän teki *That's it, we can't afford to pay this.* Nyt riittää, meillä ei ole varaa tähän. *3* siinä kaikki *That's it for now.* Siinä kaikki tällä erää.
this is it *1* nyt se tapahtuu *When I fell off I just kept thinking this is it.* Kun putosin, ajattelin vain, että se on nyt menoa. *2* nyt riittää, selvän teki *This is it, I'm going.* Nyt riittää, minä lähden.

itch ['ɪtʃ] *s*
the seven year itch *ark, leik* halu löytää uusi seksipartneri (oltuaan pit-

itchy

kään saman partnerin kanssa), kyllästyminen *It seems to be separation caused by the seven year itch.* Ero näyttää johtuneen kyllästymisestä.

itchy ['ɪtʃi] *a*
get itchy feet (*myös* have itchy feet) *ark* olla vaellushaluinen *Her children had got itchy feet and left school.* Hänen lapsiinsa oli iskenyt vaellushalu, ja he olivat lopettaneet koulunsa kesken.

item ['aɪtəm] *s*
be an item *ark* olla pariskunta *We'll always be an item.* Pysymme aina yhdessä.

itself [ɪt'self] *pron*
be patience / honesty / simplicity / ... itself olla itse kärsivällisyys / rehellisyys / yksinkertaisuus / ... *He is patience itself.* Hän on itse kärsivällisyys.

by itself *1* (*myös* in itself) itsessään, sinänsä *The land by itself could not support the population.* Maa ei itsessään voinut elättää väestöä. *2* itsestään, yksinään *The wound will heal up all by itself.* Haava paranee aivan itsestään. *I want cream cheese all by itself.* Haluan kermajuustoa ihan pelkältään.

ivory ['aɪvəri] *s*
an ivory tower *halv* norsunluutorni, etäällä todellisesta elämästä *a scholar who lived in an ivory tower* akateemikko, joka asui norsunluutornissa
tickle / tinkle the ivories *leik* soittaa pianoa *It is not clear where he learned to tickle the ivories.* Ei tiedetä tarkkaan missä hän oppi pimputtamaan pianoa.

J

1 jack ['dʒæk] *s*

before one can say Jack Robinson *vanh* [siinä] silmänräpäyksessä, ennen kuin ehdit suutasi avata *I'll be back before you can say Jack Robinson.* Palaan siinä silmänräpäyksessä.

every man jack *ark* joka iikka *Every man jack has to work ten days for nothing.* Joka iikan on työskenneltävä kymmenen päivää ilmaiseksi.

I'm all right, Jack *ark* (yl br) [muista viis,] minulla pyyhkii hyvin

jack of all trades [and master of none] yleismies Jantunen

2 jack *v*

jack in *ark* (br) lopettaa, luopua jstak yrityksestä (erit. työstä) *He would not be surprised if Rantona jacked in football altogether.* Hän ei olisi lainkaan hämmästynyt, jos Rantona päättäisi kokonaan luopua jalkapallosta.

jack in / into kirjautua, ottaa yhteys (tietokoneeseen t. elektroniseen laitteeseen)

jack up *1* nostaa jtak tunkilla *2* nostaa, korottaa (jkn hintaa ym.) *They've jacked up their prices.* He ovat nostaneet hintojaan *3 ark* piikittää (huumeita)

jackboot ['dʒækbu:t] *s*

under the jackboot pakkovallan alla *They have been under the jackboot of the IRA for over 20 years.* He ovat eläneet IRA:n pakkovallan alla yli 20 vuotta.

jackpot ['dʒækpɒt] *s*

hit the jackpot onnistua, menestyä, osua napakymppiin *Attempts to harness cheap solar energy may finally have hit the jackpot.* Halvan auringoenergian valjastaminen on saattanut vihdoinkin onnistua.

1 jam ['dʒæm] *v*

jam on the brake[s] (*myös* jam the brake[s] on) lyödä jarrut pohjaan *Most people imagine the car will stop immediately when they jam the brakes.* Useimmat ihmiset kuvittelevat, että auto pysähtyy heti kun jarrut lyödään pohjaan.

2 jam *s*

be in a jam *ark* olla vaikeuksissa *And then everybody's in a jam, because somebody died.* Ja sitten kaikki olivat vaikeuksissa, koska joku kuoli.

jam tomorrow (br) tyhjät lupaukset *It's not enough to promise jam tomorrow.* Tyhjät lupaukset eivät riitä.

Jane ['dʒeɪn] *s*

a plain Jane *halv* ruma tyttö t. nainen *He'd never give a plain Jane like you a second's thought.* Hän ei koskaan vilkaisisikaan sinun kaltaiseesi rumilukseen.

Jane Doe (am) tuntematon nainen, nainen, jonka henkilöllisyys on pidettävä salassa *They told the story of a young woman they called Jane Doe.* He kertoivat tarinan nuoresta naisesta, jota he kutsuivat nimellä "neiti X".

jaw

jaw ['dʒɔː] s
one's jaw drops suu aukeaa ällistyksestä *His father's jaw dropped at the sight of his son's face.* Hänen isänsä suu aukesi ällistyksestä poikansa kasvot nähdessään.

the jaws of death / defeat / ... *kirjak* läheltä piti -tilanne *Who would boldly walk into the jaws of Death Himself?* Kuka kävelisi uhkarohkeasti suoraan kuolemaan?

1 jazz ['dʒæz] s
and all that jazz *ark* ynnä muu [sellainen], kaikki muu [sellainen] *Oh, love, life and all that jazz.* No, rakkaus, elämä, kaikki muu sellainen.

2 jazz v
jazz up *ark* piristää, antaa jllek piristävä sävävs *Red tiles would jazz up your all-white kitchen.* Punaiset kaakelit piristäisivät täysin valkoista keittiötäsi.

jetsam ['dʒetsəm] s
flotsam and jetsam sattumanvaraiset tavarat, pikkuesineet *He was always collecting the flotsam and jetsam that was washed ashore with every tide.* Hän keräili aina sekalaista tavaraa, jota huuhtoutui rantaan jokaisen vuoroveden mukana.

jewel ['dʒuːəl] s
jewel in sb's crown helmi jonkun kruunussa, sulka jonkun hatussa *The agreement is a jewel in his crown.* Sopimus on sulka hänen hatussaan.

the jewel in the crown of sth jnk ylpeys, jnk tärkein ja paras osa *Privatisation is now the jewel in the crown of reform.* Yksityistäminen on nyt uudistusten tärkein osa.

jitter ['dʒɪtə] s
get / have the jitters *ark* hermoilla (ennen jtk tärkeää tapahtuma tms), täristä *I still get the jitters every night before I go to bed because I'm afraid of that nightmare.* Alan edelleen täristä joka ilta, ennen kuin menen nukkumaan, koska pelkään sitä painajaista.

job ['dʒɒb] s
a job lot (br, austr) <kokoelma esineitä, jotka ostetaaan t. myydään ryhmänä> *Even kitchen utensils are being sold along with a job lot of washing machines and dryers.* Jopa keittiötyövälineet myydään yhdessä pesukoneiden ja kuivausrumpujen kanssa.

a job of work *vanh t. kirjak* (br) työ tehtävänä (josta maksetaan t. joka on pakko tehdä) *He said she had a job of work to do for which she was paid.* Mies sanoi, että hänellä on työ tehtävänä, josta hänelle maksetaan.

a put-up job *ark* (br) juoni *Hadn't it occurred to him that the whole thing could be a put-up job to get his wife over to Ireland?* Eikö hänen mieleensä ollut juolahtanut, että koko juttu saattoi olla juoni hänen vaimonsa saamiseksi Irlantiin?

[and] a good job, too *ark* hieno homma (erit jstk kauan odotetusta), jo oli aikakin, onneksi *I was dressed warmly, and a good job, too, otherwise I would have frozen to death.* Olin onneksi pukeutunut lämpimästi, muutoin olisin jäätynyt hengiltä.

be just the job *ark* (br) olla juuri se mitä tarvitaan, sopia tarkoitukseen erinomaisesti *Careers Service is just the Job.* Uraneuvontaa todella tarvitaan.

do a good / bad / ... job [on sth] (*myös* make a good, bad, ... job of sth) tehdä jtk hyvin / huonosti / ... *Someone had made a good job of disguising the fact.* Joku oli salannut seikan huolella.

do a job on sb / sth *ark* (yl am) tehdä vahinkoa, loukata *Prolonged subfreezing temperatures did a job on it.* Pitkittyneet pakkaset tekivät siitä selvää. *My ex really did a job on me.* Eksäni todella loukkasi minua.

do the job *ark* sopia t. kelvata jhk hommaan, tehdä tehtävänsä, tepsiä *Here, these scissors should do the job.* Tässä, nämä sakset sopivat hommaan varmasti.

fall down on the job jättää tekemättä jtk mitä pitäisi *They fall down on the job of keeping the streets clean.* He epäonnistuvat tehtävässään pitää kadut siisteinä.

give sb / sth up as a bad job *ark* heittää pyyhe kehään, lopettaa turha ajanhaaskaus *I gave that up as a bad job years ago.* Luovuin siitä ajanhaaskauksena jo vuosia sitten.

Good job! *ark* (am) Hyvää työtä!, Hyvin tehty!

have a [hard / difficult] job doing / to do sth olla kova homma jssk, jk on vaikeaa *I had a job getting up this morning.* Tänä aamuna oli tosi vaikea nousta ylös.

it's a good job [that] *ark* (yl br) onpa hyvä homma t. kiva juttu

jobs for the boys *halv* (br) virkojen t. työpaikkojen järjestely kavereille, hyvä veli -järjestelmä *Council worker was suspended over jobs for the boys claim.* Kunnan työntekijä pidätettiin virasta hyvä veli -syytöksen takia.

just the job *ark* juuri mitä tarvitsee *while looking I found this and it's just the job.* etsiessäni löysin tämän ja se on juuri mitä tarvitsen.

lie down on the job työskennellä laiskasti *He was being paid to work, wasn't he, not to lie down on the job?* Hänellehän maksettiin työstä eikä laiskottelusta, vai mitä?

more than one's job's worth *ark* (br, austr) ei ole (potkujen saamisen) riskin arvoista *Orders are orders, it's more than your job's worth to challenge them.* Määräykset ovat määräyksiä, ei maksa vaivaa uhmata niitä.

on the job *1* työssä, työn touhussa, työn aikana *He learned his trade on the job.* Hän oppi hommansa työtä tehdessään. *2 ark* hommissa, seksipuuhissa

walk off the job (am) aloittaa lakko *Women across Iceland walked off the job to protest wage differences between men and women.* Naiset eri puolilla Islantia menivät lakkoon vastalauseena miesten ja naisten välisille palkkaeroille.

Joe [dʒəʊ] s

Joe Bloggs *ark* (*myös* (am, austr) Joe Blow) kadunmies, tavallinen Virtanen *If he was Joe Bloggs in the street nobody would listen to what he was saying.* Jos hän olisi tavallinen kadunmies, kukaan ei kuuntelisi häntä.

Joe Public *ark* (br) (*myös* (am) John Q. Public) suuri yleisö *Fashion dictates what a lot of the manufacturers make and try to sell to Joe Public.* Muoti sanelee, mitä monet valmistajat tekevät ja yrittävät myydä suurelle yleisölle.

jog ['dʒɒg] v

jog sb's memory virkistää jkn muistia *The photo jogged his memory.* Valokuva virkisti hänen muistiaan.

John [dʒɒn] s

John Doe (am) herra X, <mies, jonka henkilöllisyyttä ei tunneta tai se on pidettävä salassa> *The law agency began having his fingerprints matched with every deceased John Doe.* Lakifirma alkoi verrata hänen sormenjälkiään jokaiseen kuolleeseen tuntemattomaan.

John Hancock *leik* (am) allekirjoitus *I don't put my John Hancock on things I don't understand.* En laita allekirjoitustani sellaiseen, mitä en ymmärrä.

Johnny [dʒɒni] s

a Johnny-come-lately *vanh* <hlö, joka on äskettäin aloittanut jkn työn tai toiminnan ja menestyy siinä heti>

Johnny-on-the-spot *ark* (am) aina valmiina jhk (erit auttamaan jkta) *Troopers were johnny on the spot throughout the trip, helping folks in need.* Poliisit olivat valmiita auttamaan koko matkan ajan ja auttoivat hädässä olevia ihmisiä.

join ['dʒɔɪn] *v*
join forces alkaa toimia yhdessä *Individuals may survive better when they join forces with others.* Yksilöt saattavat selviytyä paremmin kun he alkavat toimia yhdessä toisten kanssa.
join hands [with sb] tehdä yhteistyötä *Education will join hands with business in the future.* Koululaitos alkaa tehdä yhteistyötä yritysten kanssa tulevaisuudessa.
join up (br) liittyä armeijaan *Her beloved just joined up.* Hänen rakastettunsa liittyi juuri armeijaan.

joint ['dʒɔɪnt] *v*
[put] out of joint *1* saada sijoiltaan *Her hip is out of joint.* Hänen lonkkansa on sijoiltaan. *2* pielessä *The time is out of joint, she thought.* Jotain on pielessä, hän ajatteli.

joke ['dʒəʊk] *s*
be / get / go beyond a joke *ark* mennä liian pitkälle *His behaviour is getting beyond a joke.* Hänen käytöksensä alkaa mennä liian pitkälle.
be no joke *ark* leikki kaukana *This is no joke!* Tästä on leikki kaukana!
cannot take a joke ei ymmärrä leikkiä *Jeff can't take a joke.* Jeff ei ymmärrä leikkiä.
make a joke of sth laskea leikkiä jstak, lyödä jk leikiksi *He looked so hurt that she tried to make a joke of it.* Mies näytti niin loukkaantuneelta, että hän yritti lyödä asian leikiksi.
the joke is on sb *ark* joutua naurunalaiseksi *The joke's on you.* Sinulle tässä nauretaan.

joker ['dʒəʊkə^r] *s*
the joker in the pack [ennalta] arvaamaton tekijä *The joker in the pack is, of course, the political situation.* Poliittista tilannetta ei tietenkään voi arvata etukäteen.

1 joking ['dʒəʊkɪŋ] *v*
you're joking (*myös* you must be joking) *ark* lasket varmaan leikkiä, et voi olla tosissasi

2 joking *s*
joking apart / aside (br) leikki sikseen, vakavasti puhuen *Joking apart, they do a really remarkable job.* Vakavasti puhuen he tekevät todella loistavaa työtä.

1 jolly ['dʒɒli] *v*
jolly along pitää jkta hyvällä tuulella *I was only trying to jolly her along.* Minä yritin vain pitää häntä hyvällä tuulella.
jolly up piristää, virkistää *We need to jolly up the celebrations.* Meidän täytyy hieman piristää juhlia.

2 jolly *a*
be jolly hockey sticks *leik* (br) tekopirteä (ylempään yhteiskuntaluokkaan kuuluva nainen t. tilanne) *She was very sort of jolly hockey sticks and friendly.* Hän oli sellainen hyvin tekopirteä ja ystävällinen.

3 jolly *adv*
jolly well *vanh* (br) vallan hyvin, todellakin *You know it jolly well.* Tiedät sen vallan hyvin.

jot ['dʒɒt] *s*
not a / one jot *ark* ei hiukkaakaan *Older he undoubtedly is, but he is not a jot wiser.* Vanhempi hän epäilemättä on, mutta ei hiukkaakaan viisaampi.

joy ['dʒɔɪ] *s*
be full of the joys of spring olla haljeta onnesta, olla täynnä huoletonta elämäniloa, olla sydän riemua tul-

villaan *You're full of the joys of spring at the moment, so make the most of it.* Tällä hetkellä olet täynnä elämäniloa, joten nauti siitä täysin siemauksin.

get / have no joy [from sb] *ark* epäonnistua saamaan mitä haluaa *They'll be writing to the transport Minister, and if they get no joy from him they'll demonstrate outside the Commons.* He kirjoittavat liikenneministerille, ja jos he eivät saa häneltä mitä haluavat, he osoittavat mieltään parlamenttitalon ulkopuolella.

wish sb joy *yl iron* (br) onnitella jkta jstak *I wish you joy of your solitude, since that's what you seem to prefer.* Toivottavasti viihdyt yksinäisyydessäsi, kun sitä kerran näytät haluavan.

judge ['dʒʌdʒ] *v*
Don't judge a book by it's cover. Ei ole koiraa karvoihin katsomista.

judgement ['dʒʌdʒmənt] *s* (*am* judgment)
a judgment call (am) ratkaisu, joka on tehtävä omien ajatusten ja mielipiteiden perusteella *Setting priorities is a judgment call* Asioiden asettaminen tärkeysjärjestykseen perustuu omiin näkemyksiin.

against one's better judgement vastoin parempaa tietoaan *Against her better judgement, Tilly had agreed to the party.* Vastoin parempaa tietoaan Tilly oli suostunut juhliin.

pass judgement [on / about sb / sth] tuomita *They passed judgement on the thief.* Varas tuomittiin. *He just sits in his office, passing judgement on us.* Hän vain istuu toimistossaan ja tuomitsee meitä muita.

sit in judgement *1* tuomita *2* asettua jnk tuomariksi *What right do you have to sit in judgement on somebody you hardly know?* Mitä oi-

keutta sinulla on tuomita ihmistä jota tuskin tunnet?

jugular ['dʒʌgjʊləʳ, 'dʒʌgjələʳ] *a*
go for the jugular *ark* iskeä sinne missä tuntuu, pistää säälittä jkn heikkoon kohtaan *Apparently his wife has some lawyer who intends to go for the jugular.* Ilmeisesti hänen vaimollaan on joku lakimies, joka aikoo iskeä säälittä heikkoihin kohtiin.

1 jump ['dʒʌmp] *v*
go [and] jump in a / the lake *ark* suksi suohon, häivy
jump at tarttua, hyväksyä (innokkaasti) *The firm jumped at the offer.* Firma tarttui innokkaasti tarjoukseen.

jump down sb's throat *ark* hyökätä jkn kurkkuun, reagoida vihaisesti *When I said he was wrong, he jumped down my throat.* Kun sanoin hänen olevan väärässä, hän hyökkäsi kurkkuuni.

jump in *1* toimia (nopeasti) *The firm jumped in with the deal.* Firma toimi nopeasti sopimuksen kanssa. *2* keskeyttää *'It's time you left,' she jumped in.* "Sinun on aika lähteä", hän keskeytti.

jump into bed *ark* hypätä sänkyyn *Good girls don't jump into bed with bad boys.* Kiltit tytöt eivät mene sänkyyn pahojen poikien kanssa.

jump on *ark 1* sättiä, haukkua *She jumps on me for the smallest mistake.* Hän sättii minua pienimmästäkin virheestä. *2* käydä kimppuun, hyökätä *Hooligans jumped on an old granny.* Huligaanit hyökkäsivät vanhan mummelin kimppuun.

jump out erottua joukosta *Your essay jumped out at me.* Esseesi erottui joukosta.

jump out of your skin *ark* hypätä nahoistaan, hätkähtää *Ready to jump out of your skin?* Oletko hermona?

jump sb's bones *alat* (am) naida jkta

jump ship paeta uppoavasta laivasta, jättää jk *He could have jumped ship, but he's been really loyal.* Hän olisi voinut jättää meidät, mutta hän on ollut tosi uskollinen.

jump the gun *ark* ottaa varaslähtö *We're only jumping the gun by six days.* Otamme vain kuuden päivän varaslähdön.

jump the queue (*myös* (am) jump the line) etuilla, ohittaa (epäreilusti muut hakijat ym.) *He slept with the manager and jumped the queue.* Hän sai ylennyksen makaamalla johtajan kanssa. *I hate people who jump the queue.* Inhoan ihmisiä, jotka etuilevat jonossa.

jump the rails / track suistua raiteilta *A train jumped the rails late yesterday evening.* Juna suistui raiteilta myöhään eilisillalla. *The finances of the most powerful country in the world jumped the rails this week.* Maailman voimakkaimman valtion talous romahti tällä viikolla.

jump through hoops ponnistella, tehdä kaikenlaista vaikeaa tavoitteen saavuttamiseksi *We jumped through hoops to make things work.* Ponnistelimme, jotta saisimme homman toimimaan.

jump to conclusions tehdä hätiköityjä johtopäätöksiä *Don't jump to conclusions!* Älä tee hätiköityjä johtopäätöksiä.

Jump to it! Pane töpinäksi!, Vauhtia!

2 jump *s*

get / have the jump on sb *ark* (yl am) saada / olla etu puolellaan (aloittamalla ennen muita) *Retailers try to get a jump on the holiday shopping season.* Jälleenmyyjät yrittävät saada varaslähdön jouluostoskauteen.

one jump ahead askeleen edellä *They were one jump ahead of the us in this.* Tässä he olivat meitä askeleen edellä.

jumping ['dʒʌmpɪŋ] *v*

be jumping up and down *ark* hyppiä, olla suunniltaan (yl raivosta, innosta) *He's probably jumping up and down with fury.* Hän luultavasti hyppii raivosta.

jungle ['dʒʌŋgl] *s*

the law of the jungle viidakon laki *It's the law of the jungle, son, and you'd better know it.* Täällä vallitsee viidakon laki, poikaseni, ja sinun on parempi tietää se.

jury ['dʒʊəri] *s*

the jury is [still] out ei ole vielä päätetty *The jury is still out on what measures we should take.* Ei ole vielä päätetty, mitä toimenpiteitä meidän pitäisi tehdä.

just ['dʒʌst] *adv*

just a minute / second / moment *ark* **1** hetki vain *Just a second, I'll come downstairs.* Hetki vain, tulen alakertaan. **2** hetkinen *Just a moment, may I say something?* Hetkinen, saanko sanoa jotain?

just about *ark* suunnilleen, melkein, jokseenkin *He can do just about anything.* Hän voi tehdä melkein mitä vain.

just as well ihan hyvä *It is just as well I didn't see him.* On ihan hyvä, etten nähnyt häntä.

just in case varmuuden vuoksi *Do you want to check into a hostel just in case it rains?* Haluatko kirjoittautua retkeilymajaan siltä varalta, että sataa?

just like that noin vain, niin vain *She left me just like that.* Hän jätti minut noin vain.

just now hetki sitten *I saw her just now.* Näin hänet hetki sitten.

just on (yl br) jokseenkin tarkalleen *It was just on seven o'clock.* Kello oli jokseenkin tarkalleen seitsemän.

just so *1* viimeisen päälle, siististi *Polish the furniture and make everything just so.* Kiillota huonekalut ja tee kaikki viimeisen päälle. *2 kirjak* aivan niin (ilmaisemassa yksimielisyyttä)

just then sillä hetkellä *It was unfortunate that Paul came home just then.* Oli harmillista, että Paul tuli kotiin sillä hetkellä.

not just yet ei ihan vielä *He told me he would come for me soon, but not just yet.* Hän kertoi tulevansa hakemaan minua pian, mutta ei ihan vielä.

that's just it (*myös* that's just the trouble) **ark** siinäpä se (se juuri on ongelman ydin) *You fancy you're smart – that's just it!* Kuvittelet olevasi fiksu – siinä vika juuri piileekin!

justice ['dʒʌstɪs] *s*

bring sb to justice tuoda oikeuden eteen *It took police 13 years to bring him to justice.* Poliisilta vei 13 vuotta saada hänet oikeuden eteen.

do justice to sb / sth (*myös* do sb / sth justice) tehdä oikeutta jllek *The photo does not do her justice.* Valokuva ei tee hänelle oikeutta.

do oneself justice päästä oikeuksiinsa, esiintyä edukseen *I didn't really do myself justice in the interview.* En todellakaan esiintynyt edukseni haastattelussa.

keel [ˈkiːl] s
on an even keel tasapainossa *Try and get her back on an even keel.* Yritä auttaa hänet taas tasapainoon.

keen [ˈkiːn] a
[as] keen as mustard (br) innokas kuin mikä *That girl's as keen as mustard when it comes to performing.* Tuo tyttö on innokas kuin mikä, kun on kyse esiintymisestä.
mad keen *ark* (br) (erittäin) innostunut, aivan hulluna jhk *Some men are mad keen on football.* Jotkut miehet ovat aivan hulluna jalkapalloon.

1 keep [ˈkiːp] v
keep at it ahertaa [työnsä ääressä] sitkeästi, tehdä työtä hellittämättä *Learning to play tennis is hard work – you have to keep at it.* Tenniksen opetteleminen on kovaa työtä – on aherrettava sitkeästi.
keep in with sb pysytellä hyvissä väleissä jkn kanssa
keep it down olla hiljempaa, pitää pienempää ääntä
keep it up jatkaa yhtä hyvin kuin tähänkin asti, jatkaa samaan malliin *Keep it up and I'll consider promoting you.* Jatka samaan malliin, niin harkitsen ylentämistäsi.
keep on at sb olla jatkuvasti jkn kimpussa, vaivata t. haukkua jkta koko ajan
keep oneself to oneself pysytellä omissa oloissaan *He wasn't very communicative, kept himself to himself.* Hän ei ollut erityisen puhelias, pysytteli paljolti omissa oloissaan.
keep sb going *ark* pitää jku vauhdissa, kunnes tämä saa odottamansa, auttaa jkta tulemaan toimeen *They will issue a temporary cheque book to keep you going until your new one is ready.* He antavat väliaikaisen sekkivihon, jolla tulet toimeen, kunnes uusi on valmis.
keep sth to oneself pitää jk salassa, pitää jk [vain] omana tietonaan *Don't keep problems to yourself.* Älä pidä ongelmia vain omana tietonasi.
keep up with the Joneses *ark halv* kilpailla elintasosta *The adverts try to cajole us into keeping up with the Joneses.* Mainokset yrittävät houkutella meidät mukaan elintasokilpaan.
You can't keep a good man / woman down. *leik* Kunnon mies / nainen ei pienistä lannistu.

2 keep s
for keeps *ark* pysyvästi, ikuisiksi ajoiksi, omaksi *Can I have this for keeps?* Saanko tämän ihan omaksi?
play for keeps *ark* (am, austr) tehdä jtk vakavissaan (ei vain huvin vuoksi) *Workers play for keeps – in strike for the fifth week.* Työntekijät ovat tosissaan – lakossa jo viidettä viikkoa.

keeping [ˈkiːpɪŋ] s
in keeping with olla sopusoinnussa jnk kanssa *His acts are in keeping*

with his promises. Hän tekee niinkuin lupaa.

in sb's keeping jkn hallussa *Her secrets were safe in his keeping.* Hänen salaisuutensa olivat turvassa miehen hallussa.

out of keeping with olla ristiriidassa *His clothes were quite out of keeping with his surroundings.* Hänen vaatteensa olivat ristiriidassa ympäristön kanssa.

kettle ['ketl] *s*

a fine / pretty kettle of fish *ark* (yl am) melkoinen soppa, kinkkinen juttu t. tilanne *That'll be a fine kettle of fish.* Siitä kehkeytyy vielä melkoinen soppa.

another / a different kettle of fish *ark* aivan eri juttu, aivan toista maata *She was clearly a different kettle of fish from the other deaconess he'd met.* Nainen oli selvästi aivan toista maata kuin toinen hänen tapaamansa diakonissa.

1 key ['ki:] *s*

hold the key antaa selitys t. ratkaisu jhk *A bag of muddied human bones and hair could hold the key to one of the greatest mysteries of the 20th century.* Kassillinen mutaisia ihmisluita ja hiuksia saattaa tarjota selityksen yhdelle 1900-luvun suurimmista arvoituksista.

in key with sopusoinnussa jnk kanssa *The decor was in key with the age of the premises.* Sisustus oli sopusoinnussa huoneiston iän kanssa.

out of key with ristiriidassa *Their action seemed out of key with their age.* Heidän toimintansa näytti olevan ristiriidassa heidän ikänsä kanssa.

2 key *v*

key into / in with olla samalla aaltopituudella [jkn kanssa], ymmärtää jtak, tavoittaa *Her jokes key into other women's insecurities.* Hänen vitsinsä syntyvät toisten naisten epävarmuuden tunteiden ymmärtämisestä.

key to (yl am) sitoa, kytkeä, sovittaa jk [jnk mukaan] *This optimism is keyed to the fact that...* Tämä optimismi on kytköksissä siihen, että...

1 kick ['kık] *v*

kick back *ark* (am) levätä, rentoutua *Mike kicked back in Hawaii.* Mike rentoutui Havajilla.

kick in *ark 1* [alkaa] vaikuttaa (lääkkeestä ym.) *The local anaesthetic kicks in 10 minutes after it was injected.* Paikallispuudutus alkaa vaikuttaa kymmenessä minuutissa. *2 ark* (am) antaa jtak (yl rahaa), kantaa kortensa kekoon *How much money is the city going to kick in?* Minkä verran rahaa kaupunki aikoo lahjoittaa?

kick one's heels *ark* (br) maleksia, vetelehtiä [joutilaana] *For a guy like me to hang around kicking my heels ain't natural.* Minun kaltaiselleni kaverille vetelehtiminen joutilaana ei ole luontevaa.

kick oneself *ark* olla vihainen itselleen *Afterwards, I could've kicked myself for remaining silent.* Jälkeenpäin minua harmitti vietävästi, kun en saanut suutani auki.

kick sb in the teeth *ark* tuottaa pettymys jklle, aiheuttaa jklle vastoinkäymisiä *I couldn't kick him in the teeth after three years of living together.* En voinut tuottaa hänelle pettymystä kolmen yhteisen vuoden jälkeen.

kick sb upstairs *ark* <siirtää jku työhön, joka vaikuttaa tärkeämmältä kuin entinen, mutta on itse asiassa vähemmän vaikutusvaltainen> *He was kicked upstairs when a replacement was hired.* Hän sysättiin yläportaaseen heti kun hänen työlleen löytyi jatkaja.

kick sb when they are down lyödä lyötyä *Because he's a coward, he* *will try to kick her when she's down.* Koska hän on pelkuri, hän yrittää lyödä lyötyä.

kick sb's ass *alat* (am) näyttää jklle taivaan merkit *If he gives you any problems, I'll kick his ass.* Jos hän aiheuttaa sinulle ongelmia, näytän hänelle taivaan merkit.

kick some ass / butt *alat* (am) panna haisemaan, näyttää [niille] taivaan merkit *I really want to go out and kick some ass one last time for the people who come to see us.* Haluan tosiaan vielä viimeisen kerran panna kaiken likoon niitä ihmisiä varten, jotka tulevat katsomaan meitä.

kick the bucket *ark* potkaista tyhjää, kuolla *James' computer kicked the bucket.* Jamesin tietokone lakkasi toimimasta. *He kicked the bucket last week.* Hän kuoli viime viikolla.

kick the shit out of sb *alat* antaa jklle köniin, vetää jkta [pahasti] turpaan *I'll kick the shit out of the fellows who did it.* Annan turpiin niille tyypeille, jotka tekivät tämän.

kick up *ark* nostaa (riita, meteli ym.) *He'll kick up a fuss when he discovers they've gone.* Hän nostaa metelin, kunhan huomaa heidän häipyneen.

2 kick *s*

a kick in the pants (*myös* a kick up the backside) *ark* piristysruiske *Many conservatives think that their party needs a kick in the pants.* Useat konservatiivit ajattelevat, että heidän puolueensa tarvitsee piristysruiskeen.

a kick in the teeth *ark* [kova] pettymys, isku vasten kasvoja *These job losses are a kick in the teeth.* Näiden työpaikkojen menetys on isku vasten kasvoja.

for kicks *ark* huvin, jännityksen vuoksi (erit jtk rikollista t. kiellettyä) *The murderer was a lunatic who kills for kicks.* Murhaaja oli hullu, joka tappoi huvin vuoksi.

get a kick out of sth *ark* tuntea jännitystä, iloa, nautintoa jstk *I still get a kick out of listening to records.* Nautin edelleen levyjen kuuntelemisesta.

kick-off ['kɪkɒf] *s*

for a kick-off *ark* ensinnäkin (lueteltaessa jtk)

1 kid [ˈkɪd] *s*

be like a kid in a candy store (am, austr) olla hupsulla tavalla onnellinen ja innostunut jstk *When we started out, I was like a kid in a candy store.* Kun lähdimme matkaan, olin lapsellisen innostunut.

handle / treat with kid gloves kohdella jkta silkkihansikkain *'Treat Hayley with kid gloves today,' Judy went on.* "Kohtele Hayleytä tänään silkkihansikkain", Judy jatkoi.

kid's stuff *ark* lastenleikkiä *That was kid's stuff compared with the later assignments.* Se oli lastenleikkiä verrattuna myöhempiin tehtäviin.

our kid *ark* (br) pikkuinen (yl jkn pikkuveli t. -sisko) *Come here, our kid!* Tule tänne, pikkuinen!

2 kid *v*

I kid you not *leik* vannon ja vakuutan, sanon ihan vilpittömästi

kidding [ˈkɪdɪŋ] *v*

Are you kidding? *ark* Oletko tosissasi?, Lasketko leikkiä?

no kidding *ark* usko pois, ihan totta *No kidding, Dinah left him.* Ihan totta, Dinah jätti miehensä.

1 kill [ˈkɪl] *v*

if it kills one *ark* vaikka henki menisi *I'm going to finish this assignment tonight if it kills me.* Minä teen tämän tehtävän valmiiksi tänään, vaikka henki menisi.

kill oneself doing sth *ark* ponnistella kovasti tehdäkseen jtk *Dont kill* *yourself working for people who dont care* Älä raada sellaisten ihmisten eteen, jotka eivät välitä

kill oneself laughing *ark* tikahtua nauruun *The film was so funny we nearly killed ourselves laughing.* Filmi oli niin hauska, että olimme tikahtua nauruun.

kill or cure (br) joko onnistua t. epäonnistua täysin, olla joko menestys t. fiasko *The Budget will be kill or cure.* Budjetti joko onnistuu tai epäonnistuu täysin.

kill sth stone dead *ark* tuhota täysin *The wrong music can kill a commercial stone dead.* Väärä musiikki voi tuhota mainoksen täysin.

kill the fatted calf toivottaa jku pitkään poissa ollut tervetulleeksi kotiin järjestämällä isot juhlat *How good it is to have you home. Kill the fatted calf!* Kuinka hyvä, kun olet taas kotona. Nyt juhlitaan!

kill time / a couple of hours / ... kuluttaa aikaa / pari tuntia / ... *He had to meet Martin at four o'clock and he had to kill time till then.* Hän tapaisi Martinin neljältä, ja hänen olisi tapettava aikaa siihen asti.

kill two birds with one stone tappaa kaksi kärpästä yhdellä iskulla

kill with / by kindness hukuttaa liialliseen ystävällisyyteen, hemmotella piloille *He'd kill me with kindness. With chocolates and food and flowers.* Hän hemmottelisi minut piloille. Suklaalla ja ruoalla ja kukilla.

2 kill *s*

be in at the kill olla mukana ratkaisevalla hetkellä (jnk epäonnistuessa tai päättyessä) *I managed to be in at the kill.* Onnistuin olemaan mukana ratkaisevalla hetkellä.

go / close / move in for the kill valmistautua kukistamaan jku, valmistautua voittamaan *She moved in for the kill to claim a 6–4 victory.*

Hän valmistautui viimeistelemään voittonsa numeroin 6–4.

killing ['kılıŋ] *s*

make a killing *ark* lyödä rahoiksi, äkkirikastua *They're a safe investment, you can make a killing overnight.* Ne ovat turvallinen sijoitus, voit lyödä rahoiksi yhdessä yössä.

kilter ['kıltər] *s*

out of kilter *1* epätasapainossa, epäkunnossa *The American and Japanese economies have been out of kilter.* Amerikan ja Japanin taloudet ovat olleet epätasapainossa. *2* ei enää samanlainen, ei vertailukelpoinen *The proposed tax will make London out of kilter with the rest of England.* Ehdotetun veron takia Lontoo ei enää olisi samassa asemassa muun Englannin kanssa.

kind ['kaınd] *s*

in kind *1* samoin, samalla mitalla *If he responded positively to their initiative, they would respond in kind.* Jos hän suhtautuisi positiivisesti heidän aloitteeseensa, he menettelisivät samoin. *2* luonnossa, luontoissuorituksena (maksusta ym.) *to pay in kind* maksaa luonnossa, maksaa luontoissuorituksena, *A car is a benefit in kind.* Auto on luontoisetu.

kind of (*myös* sort of) *ark* jokseenkin, tavallaan, aika *I thought he was kind of cute.* Minun mielestäni hän oli aika söpö.

nothing of the kind *ark* ei vähääkään, ei sinne päinkään, ei mitään sellaista *He has done nothing of the kind before.* Hän ei ole koskaan ennen tehnyt mitään sellaista.

of a kind (*myös* of a sort) *yl halv* jonkinlainen, jnk tapainen *The ceremony was a tribute of a kind.* Seremonia oli jonkinlainen kunnianosoitus.

one of a kind ainutlaatuinen, aivan omanlaisensa *My girlfriend is one of* *a kind.* Tyttöystäväni on aivan ainutlaatuinen.

one's [own] kind omat, lajitoverit *We stick with our own kind.* Me pysymme omiemme joukossa. *These fish are aggressive towards their own kind.* Nämä kalat ovat aggressiivisia lajitovereitaan kohtaan.

sb's kind jonkunlainen *His kind use people like us, remember that.* Hänenlaisensa käyttävät meikäläisiä hyväkseen, muista se.

sth of the / that kind jotain sellaista *I had expected something of the kind might happen.* Olin odottanutkin, että jotain sellaista voisi sattua.

two / three / four etc. of a kind kaksi / kolme / neljä jne. samanlaista *She and her sister are two of a kind.* Hän ja hänen sisarensa ovat kuin kaksi marjaa.

kindly ['kaɪndli] *adv*

look kindly on suhtautua suopeasti jhk *The city is more inclined to look kindly on the film trade.* Kaupunki on taipuvaisempi suhtautumaan suopeasti elokuva-alaan.

not take kindly to ei pitää jstak *People do not take kindly to being parted from their most precious possession.* Ihmiset eivät pidä siitä, että heidät erotetaan kaikkein kallisarvoisimmasta omaisuudestaan.

take sth kindly pitää jstak *Anya took kindly to the developments.* Anya piti kehityksestä.

thank sb kindly kiittää jkta kovasti *Please thank your captain most kindly for his consideration.* Kiittäkää kapteenianne kovasti hänen huomaavaisuudestaan.

1 king ['kɪŋ] *s*

a king's ransom *kirjak* erittäin suuri summa rahaa *They paid a king's ransom for the painting.* He maksoivat maalauksesta erittäin suuren summan rahaa.

[be] the uncrowned king [of sth] [olla] paras, menestyksekkäin, kuuluisin [jssk], kruunaamaton kuningas *He's the uncrowned king of boxing.* Hän on nyrkkeilyn kruunaamaton kuningas.

king of the castle (*myös* (am) king of the hill) jnk ryhmän menestyksekkäin hlö, valtaa pitävä *Mike is king of the castle.* Mike on ryhmän johtaja.

live like a king elää herroiksi *And all this while, Hatton had been living like a king.* Ja Hatton oli elänyt herroiksi koko sen ajan.

2 king *v*

king it *vanh* mahtailla, pröystäillä

kingdom ['kɪŋdəm] *s*

blast / blow sth to kingdom come *ark* räjäyttää säpäleiksi, tuusan nuuskaksi *The truck was blown to kingdom come.* Rekka räjähti kappaleiksi.

till / until kingdom come *vanh* iankaiken, iän kaiken

1 kiss ['kɪs] *v*

kiss and make up *leik* sopia [riita], tehdä sovinto *We kissed and made up afterwards and everything is fine now.* Sovimme riidan ja kaikki on nyt hyvin.

kiss and tell kerskailla valloituksella t. valloituksillaan, tehdä paljastuksia rakkauselämästään *I can promise you, Dr Blake, I never kiss and tell.* Voin taata teille, tohtori Blake, että en ikinä kerro valloituksistani kenellekään.

kiss sb's arse *alat* nuolla jkn persettä, näyttää persettä (käyttäytyä halveksuvasti) *If you kiss his arse, he'll give you a million dollars.* Jos nuolet hänen persettään, hän antaa sinulle miljoona dollaria. *Then he turns around and tells the fans to kiss his arse.* Sitten hän kääntyy ympäri ja näyttää ihailijoilleen persettä.

kiss sth better puhaltaa (poistaa kipu) *Do you want mummy to kiss it better?* Haluatko, että äiti puhaltaa?

kiss sth goodbye (*myös* kiss goodbye to sth) *ark* sanoa jäähyväiset jllek, heittää jäähyväiset jllek *If I got married, I could kiss my career goodbye.* Jos menisin naimisiin, saisin heittää uralleni hyvästit.

2 kiss *s*

kiss of life *1* (*the* ~) tekohengitys *His girlfriend was trying to give him the kiss of life.* Hänen tyttöystävänsä yritti antaa hänelle tekohengitystä. *2* piristysruiske (jnk elvyttävästä tekijästä)

the kiss of death kuolinisku, tappotuomio *The overblown excesses have given Paris couture the kiss of death.* Yletön liioittelu on ollut Parisin huippumuodille kuolinisku.

kit ['kɪt] *s*

get one's kit off *ark* (br) riisua vaatteensa, ottaa vaatteet pois *Where to get your kit off. Nudist guide.* Missä voit ottaa vaatteet pois. Nudistiopas.

kitchen ['kɪtʃɪn] *s*

[everything but] the kitchen sink *leik* jkn lähes koko maallinen omaisuus

kite ['kaɪt] *s*

as high as a kite *ark* ympäripäissään, aivan pilvessä *Your son's as high as a kite.* Poikasi on ympäripäissään.

kitten ['kɪtᵊn] *s*

have kittens *ark* (br) olla hermona, saada [hysteerinen] kohtaus *A leading biologist who has kittens at the sight of a snake* johtava biologi, joka tulee hysteeriseksi käärmeen nähdessään

knee ['niː] *s*

at one's mother's / father's knee pienenä, lapsena *Some things we pick up at our mother's knee.* Joitakin asioita opimme jo pienenä.

bend one's / the knee [to sb] *1* polvistua jkn eteen t. edessä (alamaisuuden, kunnioituksen ym. merkiksi) *And every man bent his knee to Robin Hood.* Ja kaikki osoittivat Robin Hoodille kunniaa polvistumalla hänen eteensä. *2* ryömiä polvillaan jkn edessä, nöyrtyä jkn edessä

bring sb / sth to their / its knees panna jk polvilleen, pakottaa jk nöyrtymään, lamaannuttaa jk *The war brought the economy to its knees.* Sota lamaannutti talouselämän.

on bended knees polvillaan *Did he propose on bended knee?* Kosiko hän polvillaan?

on one's knees retuperällä, [todella] huonolla mallilla, perikadon partaalla *The British economy was on its knees.* Ison-Britannian talous oli retuperällä.

one's / sb's knees are knocking *ark* polvet tutisevat hermostuneisuudesta t. pelosta *My knees are knocking in fear.* Polveni tutisevat pelosta.

knickers ['nɪkəz] *s*

get one's knickers in a twist (*myös* (austr) get your knickers in a knot) *ark* saada hepuli, menettää malttinsa, hikeentyä *Don't get your knickers in a twist!* Älähän hikeenny!

knife ['naɪf] *s*

before you can say knife *ark* ennen kuin ehdit kissaa sanoa, ennen kuin huomaatkaan

get / stick the knife into / in *ark* hyökätä jkta vastaan, yrittää vahingoittaa jkta *Anybody who tries to stick the knife into him, deserves to be criticised themselves.* Jokainen, joka yrittää hyökätä häntä vastaan, ansaitsee itse kritiikkiä.

go under the knife *ark* joutua leikkaukseen *My brother went under* *the knife yesterday.* Veljeni joutui eilen leikkaukseen.

have one's knife into sb *ark* (br, austr) yrittää aiheuttaa ongelmia, ottaa hampaisiinsa *She has his knife to me.* Hän yrittää jatkuvasti aiheuttaa minulle ongelmia. *He has his knife into The Enlightenment.* Hän on ottanut valistuksen ajan hampaisiinsa.

like a [hot] knife through butter kuin [kuuma] veitsi voihin *These bullets would go through the bulletproof vest like a knife through butter.* Nämä luodit lävistäisivät luodinkestävän liivin kuin veitsi voin.

not the sharpest knife in the drawer *leik* ei mikään välkky, ei kovin älykäs *If you are not the sharpest knife in the drawer, you probably won't do very well.* Jos et ole kovin älykäs, et luultavasti menesty kovin hyvin.

the knives are out for sb *ark* jku on joutunut tulilinjalle, jk on kääntynyt jkta vastaan *The knives are out for the party leader.* Puolue on kääntynyt johtajaansa vastaan.

twist / turn the knife [in the wound] kiertää puukkoa t. veistä haavassa *He was humiliated, and Louis did not hesitate to turn the knife in the wound.* Häntä oli jo nöyryytetty, eikä Louis epäröinyt kiertää puukkoa haavassa.

you could cut the air / atmosphere with a knife <käytetään kun kuvaillaan kireää ilmapiiriä> *At worst, you could cut the air with a knife.* Pahimmillaan ilmapiiri oli todella kireä.

knifepoint ['naɪfpɔɪnt] *s*

at knifepoint puukolla t. veitsellä uhaten *A petrol station assistant has been held up at knifepoint.* Bensa-aseman apulainen on ryöstetty puukolla uhaten.

knight ['naɪt] *v*

knight in shining armour / on a white charger pelastava ritari, ritari peloton ja nuhteeton (yl ritarillisesta miehestä) *She's still waiting for her knight in shining armour.* Hän odottaa edelleen pelastavaa ritariaan.

knit ['nɪt] *v*

knit one's brows rypistää otsaansa *He knitted his brows.* Hän rypisti otsaansa.

knitting ['nɪtɪŋ] *s*

stick to one's knitting *ark* pysyä omalla alallaan *The company has better stick to its knitting and not expand to other areas.* Yhtiön kannattaa pysyä omalla alallaan eikä laajentaa toimintaansa.

knob ['nɒb] *s*

with [brass] knobs on *ark* (br) *1* ja vähän päälle, pidemmälle viety versio *Conservatism with knobs on* vanhoillisuutta vähän pidemmälle vietynä *2* itse olet, samat sanat (vastauksena loukkaukseen) – *You fat lazy tyke! – Fat and lazy yourself with brass knobs on!* – Senkin lihava, laiska vintiö! – Itse olet lihava ja laiska!

1 knock ['nɒk] *s*

take a knock olla kova kolaus *I took a knock on the knee but it's not serious.* Sain kovan kolauksen polveeni, mutta ei se ole vakavaa.

2 knock *v*

knock about / around *ark 1* oleilla, matkustella, hengailla *They have been knocking around the Mediterranean.* He ovat matkustelleet Välimeren maissa. *On Saturday I knocked around with my mates.* Lauantaina hengailin ystävieni seurassa. *2* lojua, ajelehtia (esineestä) *I've got a pen knocking around somewhere.* Täällä jossakin pitäisi olla kynä. *3* nakella, potkiskella, leikitellä (pallolla)

knock back *ark 1* tehdä lovi jnk kukkaroon, maksaa jklle suuri summa

That car must have knocked him back a bit. Se auto on takuulla tehnyt melkoisen loven hänen kukkaroonsa. **2** kiskoa jtak, kaataa jk kurkkuunsa (yl alkoholista) *He knocked back his gin.* Hän kaatoi ginin kurkkuunsa. **3** (br) torjua (tarjous ym.), tehdä tyhjäksi (toiveet ym.) *He knocked back my offer of £5000 for his car.* Hän torjui 5000 punnan tarjouksen, jonka tein hänen autostaan. **4** (br) järkyttää [jkn sielunrauhaa], sokeerata jkta *This knocked me back big time.* Tämä todella järkytti minua valtavasti.

knock down alentaa jnk hintaa, saada jnk hinta tingityksi *He knocked down the price of the ring.* Hän alensi sormuksen hintaa. *I knocked him down to £100.* Sain tingittyä hinnan sataan puntaan.

knock it off! *ark* lopeta [jo]!

knock off *ark* **1** lopettaa työt *What time do you knock off today?* Mihin aikaan lopetat työt tänään? **2** vähentää (yl hinnasta), nipistää (ennätyksestä ym.) *She knocked ten seconds off the world record!* Hän sai nipistettyä maailmanennätyksestä kymmenen sekuntia! **3** tekaista, pyöräyttää *She knocked off a novelette in a week.* Hän tekaisi pienoisromaanin viikossa. **4** tappaa jku, toimittaa jku pois päiviltä **5** (br) pölliä, varastaa **6** (am) ryöstää (kauppa ym.) **7** (am) rökittää, päihittää, voittaa (kilpailussa) *CL South knocks off Grayslake in overtime.* CL South voittaa Grayslaken jatkoajalla.

knock out 1 lyödä jku tajuttomaksi (tappelussa ym.), tainnuttaa jku, viedä jklta taju (lääkkeestä ym.) *The nurse gave me some medicine which totally knocked me out.* Hoitaja antoi minulle jotakin lääkettä, joka vei minulta tajun aivan totaalisesti. **2** *ark* raataa otsa hiessä, raataa itsensä hengiltä *Don't knock yourself out with a big exercise routine.* Älä aja itseäsi ihan piippuun liian tiukalla kunto-ohjelmalla. **3** *ark* tyrmätä, tehdä jkhun valtava vaikutus *We were all really knocked out by the film.* Elokuva teki meihin kaikkiin valtavan vaikutuksen. **4** *ark* tekaista, tuottaa jtak nopeasti, pyöräyttää (jk teksti ym.)

knock sb dead *ark* viedä jklta jalat alta, tehdä jkhun valtava vaikutus *You'll knock 'em dead tonight.* Viet niiltä takuulla jalat alta tänä iltana.

knock sb into the middle of next week *ark* vetää jkta [pahasti] turpaan, vetää jkta päin pläsiä *I'll knock you into the middle of next week.* Nyt saat kyllä turpaan niin, että tuntuu.

knock sb sideways *ark* hämmästyttää t. järkyttää jku toimintakyvyttömäksi, tehdä jkhun valtava vaikutus *This music is gonna knock you sideways* Tämä musiikki vei sinulta jalat alta.

knock sb / sth into a cocked hat (br) olla jkta/jtk paljon parempi *I'm absolutely certain you'd knock this into a cocked hat.* Olen aivan varma, että päihittäisit kaikki muut tässä.

knock spots off *ark* (br) päihittää, viedä voitto *Geoff's new bike knocks spots off everyone else's.* Geoffin uusi pyörä vie voiton kaikista muista.

knock sth on the head *ark* (br) panna jllek piste, lopettaa jk, keskeyttää jk *The project was knocked on the head.* Projektille pantiin piste.

knock the stuffing out of sb *ark* tehdä jku heikoksi (fyysisesti t. henkisesti) *An unresolved clash with a colleague can knock the stuffing out of anybody.* Ratkaisematon riita kollegan kanssa voi viedä mehut kenestä tahansa.

knock together *ark* kyhätä, tekaista *We could just knock together a newsletter, if you like.* Voisimme tekaista tiedotteen, jos vain haluat.

You could have knocked me down / over with a feather! *ark* Olin lentää hämmästyksestä pyllylleni / selälleni!, Leukani loksahtivat auki hämmästyksestä!

1 knot ['nɒt] *s*
at a rate of knots *ark* (br) kovalla vauhdilla *He disappeared into the house at a rate of knots.* Hän katosi sisään taloon kovalla vauhdilla.
tie oneself [up] in knots *1 ark* mennä sekaisin, pyörälle päästään *They tied themselves up in knots over what to call their baby girl.* He menivät ihan sekaisin yrittäessään keksiä tyttövauvalleen nimeä. *2* (br, austr) seota sanoissaan
tie the knot *ark* mennä naimisiin *The princess plans to tie the knot with her former bodyguard.* Prinsessa aikoo mennä naimisiin entisen henkivartijansa kanssa.

2 knot *v*
get knotted *ark* (br) painua hiiteen *Would they tell me to get knotted if I telephoned them now?* Käskisivätköhän he minun painua hiiteen, jos soittaisin heille nyt?

know ['nəʊ] *v*
all one knows *ark* jku tietää vain jtak, kaikki mitä jku tietää *All I know is that she is a student.* Tiedän vain, että hän on opiskelija. *All I know is that I am cold and hungry!* Tiedän vain, että minulla on kylmä ja nälkä!
be in the know *ark* olla asioiden t. tilanteen tasalla, olla selvillä asiasta t. tilanteesta *She knew everyone and was always in the know.* Hän tunsi kaikki ja oli aina asioiden tasalla.
be not to know ei voida mitenkään tietää *You weren't to know that he was about to die.* Ethän sinä voinut mitenkään tietää, että hän oli kuolemaisillaan.
before one knows where one is *ark* (*myös* before one knows it) ennen kuin jku huomaakaan *We'll be there before you know it.* Olemme perillä ennen kuin huomaatkaan.
Don't I know it! *ark* Niin kuin en tietäisi!, Tiedän! – *She's coming today.* – *Don't I know it!* – Hän tulee tänään. – Niin kuin en tietäisi!
don't you know *ark vanh* tiedätkös *I was, don't you know, a star in those days.* Tiedätkös, olin siihen aikaan tähti.
goodness / God / Heaven knows *1* vain taivas yksin tietää *Goodness only knows what will happen next.* Vain taivas yksin tietää, mitä seuraavaksi tapahtuu. *2* voi taivas, luojan tähden *Heaven knows I'm miserable now.* Voi taivas miten onneton olenkaan nyt.
I know *1* tiedän, niin minustakin – *This food tastes funny.* – *I know.* – Tämä ruoka maistuu oudolta. – Eikö maistukin. *2* (*myös* I know what) minäpä keksin, minulla on ehdotus *I know, let's play cards.* Minäpä keksin: pelataan korttia.
it takes one to know one *ark, halv* kyllä koira koiran tuntee *A gold-digger, is she? Well, I suppose, it takes one to know one...* Vai on hän onnenonkija? No, kaipa koira koiran tuntee...
know a thing or two [about] *ark* tietää jksta / jstk paljon oman kokemuksen perusteella, tietää yhtä sun toista jksta / jstk *I know a thing or two about dogs.* Tiedän koirista yhtä sun toista.
know best tietää parhaiten *Mummy always thinks she knows best.* Äiti luulee aina tietävänsä parhaiten.
know better [than to] pitäisi tietää, pitäisi tajuta *You should know better than to ask questions like that.* Kyllähän sinun pitäisi tajuta, ettei tuollaisia kysytä.
know different / otherwise *ark* tietää oikea asianlaita *Actually, I know different.* Itse asiassa minä tiedän, ettei asia ole niin.

know no bounds olla rajaton *Their love knows no bounds.* Heidän rakkautensa on rajaton.

know of tietää jk, tuntea jk, olla tietoinen jstak *Do you know of a shop selling maternity wear?* Tiedätkö kauppaa, josta saa äitiysvaatteita?

know one's own mind tietää mitä tahtoo *She really knows her own mind.* Hän todellakin tietää, mitä tahtoo.

know one's place tietää oma paikkansa *I'm a modest man, I know my place in life.* Olen vaatimaton mies ja tiedän paikkani elämässä.

know one's stuff ark osata asiansa, olla homma hanskassa *He's a good man and knows his stuff.* Hän on hyvä mies ja osaa asiansa.

know one's way about / around [sth] tuntea jk paikka, miten jk tehdään, olla kokemusta jstk, olla oikea tekijä [alallaan ym.] *Do you know your way about the city?* Osaatko kulkea kaupungissa? *She knows her way around the kitchen.* Hän on oikea taituri keittiössä.

know sb by sight tuntea jku ulkonäöltä *Because they didn't live far from me, I did know her by sight.* Tunsin hänet kyllä ulkonäöltä, sillä he eivät asuneet kaukana minusta.

know sb in the biblical sense ark leik maata jkn kanssa, harrastaa seksiä jkn kanssa *I've known a lot of women in my time – And in the biblical sense, no doubt!* Olen tuntenut paljon naisia aikoinani – Ja varmaan maannutkin heidän kanssaan!

know sb / sth backwards [and forwards] ark tuntea jku / osata jk läpikotaisin *My friend forgets one minor detail, I know him backwards.* Ystäväni unohtaa yhden pikku seikan, sen että tunnen hänet läpikotaisin. *I've done this job for 10 years and know it backwards and forwards.* Olen tehnyt tätä työtä kymmenen vuotta ja osaan sen läpikotaisin.

know sth full / perfectly / very well tietää varsin hyvin (ilmaistaessa jklle, että tämä jo tietää asian, josta puhutaan) *You know full well you're not allowed in here.* Tiedät varsin hyvin, ettei sinulla ole lupaa olla täällä.

know sth like the back of one's hand ark tuntea kuin omat taskunsa *You must know the moor like the back of your hand.* Tunnet varmaan nummen kuin omat taskusi.

know the ropes ark osata asiansa, olla homma hanskassa *He is a manager who knows the ropes.* Hän on johtaja, jolla on homma hanskassa.

know what it is to be / do sth olla omaa kokemusta jstk *He knows what it is to be poor.* Hän tietää, millaista on olla köyhä.

know what one is doing / about ark olla kokemusta jstk, jonka siitä syystä hallitsee *When you embark on any journey, you must know what you're about.* Mille tahansa matkalle lähdettäessä on tiedettävä mitä tekee.

know what one is talking about ark tuntea jk asia hyvin *Time to turn to someone who knows what he's talking about.* On aika kääntyä jonkun sellaisen puoleen, joka tuntee asian.

know what's what ark osata asiansa, osata hommat *You guys seem like you know what's what!* Te kaverit tunnutte osaavan hommanne.

know where one is going tietää tarkkaan, mitä haluaa *A modern woman knows where she's going.* Nykyajan nainen tietää mitä haluaa.

know where one stands tietää oma asemansa, tietää, mitä muut ajattelevat ja odottavat *You never know where you stand with her.* Hänestä ei koskaan tiedä, mitä hän sinusta ajattelee.

know who's who tuntea ihmiset, tuntea paikalla olijat *Do you know who's who?* Tunnetko sinä jo kaikki?

make oneself known to sb esittäytyä jklle *The first time I saw him, I made myself known to him..* Esittäydyin hänelle, kun näin hänet ensimmäisen kerran.

not know any better käyttäytyä huonosti tms, koska ei ole saanut kasvatusta t. koulutusta *He breaks rules simply because he doesn't know any better.* Hän rikkoo sääntöjä yksinkertaisesti siitä syystä, että ei tunne niitä.

not know if / whether one is coming or going ei osaa päättää mitä tekisi (koska on niin paljon asioita hoidettavana)

not know one is born *ark* (br) ei tiedä, kuinka helppoa hänen elämänsä on *Kids today don't know they're born.* Nykypäivän lapset eivät tiedä, kuinka helppoa heillä on.

not know one's arse from one's elbow *alat* (br) olla hyvin tyhmä t. täysin kykenemätön jhk *When it comes to computers he doesn't know his arse from his elbow.* Tietokoneista hän ei tajua hölkäsen pöläystä.

not know sb from Adam *ark* ei tiedä, kuka jku on, ei tunne jkta *He and I were quickly becoming business partners, and yet, I realized that I didn't know him from Adam.* Tajusin, että meistä oli kovaa vauhtia tulossa liikekumppanit enkä kuitenkaan tuntenut häntä lainkaan.

not know the first thing about ei olla harmainta aavistusta, ei tajuta tuon taivaallista *He didn't know the first thing about you, did he?* Hän ei ymmärtänyt sinua lainkaan, vai mitä?

not know what one is missing ei tietää mistä jää paitsi *You never know what you're missing, 'til you try.* Ei voi tietää mistä jää paitsi, ennen kuin kokeilee.

not know what to do with oneself ei tietää mitä tehdä, olla ihan ulalla t. pihalla *When he died I didn't know what to do with myself.* Kun hän kuoli, en tiennyt, mitä tehdä.

not know where to put oneself *ark* olla hyvin hämillään *I never felt so embarrassed, I didn't know where to put myself.* En ole koskaan ollut niin nolona, en tiennyt miten päin olisin ollut.

not know whether to laugh or cry *ark* ei osata päättää miten reagoida jhk ikävään, ei tietää itkeäkö vai nauraa *She didn't know whether to laugh or cry, so she settled for sarcasm.* Hän ei tiennyt, itkeäkö vai nauraa, joten hän tyytyi sarkasmiin.

not know which way / where to look *ark* ei tietää, miten käyttäytyä nolossa tilanteessa *I was just confused. I didn't know which way to look.* Olin todella hämilläni. En oikein tiennyt mihin olisin katsonut.

not that I know of ei minun tietääkseni *– Did he ever meet Mr Jones? – Not that I know of.* – Tapasiko hän koskaan herra Jonesia? – Ei minun tietääkseni.

not want to know *ark* ei haluta tietää, ei lotkauttaa korvaansakaan *I complained about it, but he didn't want to know.* Valitin asiasta, mutta hän ei lotkauttanut korvaansakaan.

What do you know [about that]! *ark* (yl am) Kappas vain!, Jopas [nyt] jotakin!

what does ... know *ark* mitä jku muka jstak tietää, jku ei tiedä mistään mitään *She says I'm vain, but what does she know, anyway?* Hänen mielestään olen turhamainen, mutta mitä hän muka minusta tietää?

What you don't know won't hurt you mistä ei tiedä, siitä ei tarvitse murehtia

wouldn't know sth if it hit one in the face (*myös* wouldn't know sth if one fell over one) ei huomata jtk täysin selvää asiaa *You wouldn't know a* *just cause if it hit you in the face!* Sinä et ymmärtäisi, mikä on oikeutettua, vaikka se olisi päivänselvää! **you know** *ark 1* kuule *I was there, you know.* Minä olin kuule siellä. **2** tiedäthän *It is in the red box, you know, on top of the cupboard.* Se on siinä punaisessa laatikossa, tiedäthän, kaapin päällä. **3 ark** tota, niinku *I think the show was, you know, great.* Minusta näytös oli niinku upea.

you know as well as I do <vakuutettaessa, että jk on totta> *You know as well as I do that you cannot take a pet.* Tiedät yhtä hyvin kuin minäkin, ettet voi ottaa lemmikkiä.

you know sth / what *ark* tiedätkö mitä *You know what? I love her.* Tiedätkö mitä? Minä rakastan häntä.

you never know *ark* eihän sitä koskaan t. milloinkaan tiedä *You never know what will happen.* Eihän sitä koskaan tiedä, mitä tapahtuu.

knowing ['nəʊɪŋ] *s*
there is no knowing on mahdotonta tietää *There is no knowing when we will see each other again.* On mahdotonta tietää, milloin tapaamme taas.

knowledge ['nɒlɪdʒ] *s*
come to one's knowledge *kirjak* tulla jkn tietoon *It has come to my knowledge that you are thinking about leaving the company.* Tietooni on tullut, että harkitset lähteväsi yrityksestä.

have [got] a working knowledge of sth osata jk tarpeeksi hyvin voidakseen käyttää sitä *A good working knowledge of the Building Regulations is necessary.* Rakennussäännökset on tunnettava riittävän hyvin.

to [the best of] one's knowledge tietääkseen *To the best of my knowledge, the answer is yes.* Minun tietääkseni vastaus on kyllä.

1 knuckle ['nʌkəl] *s*
a knuckle sandwich *leik* lyönti *You askin' for a knuckle sandwich?* Kerjäätkö turpaasi?

go the knuckle *ark* (austr) tapella nyrkein

near the knuckle *ark* (br) säädyllisyyden rajoilla *Some of the designs might be a bit near the knuckle.* Toiset mallit saattavat olla melko lailla säädyllisyyden rajoilla.

rap sb over the knuckles (*myös* give sb a rap over the knuckles) *ark* arvostella jkta, koska tämä on tehnyt jtk väärin *The company received a rap over the knuckles from the Food and Drug Administration.* Elintarvikehallinto arvosteli yhtiötä.

2 knuckle *v*
knuckle down *ark* käydä käsiksi jhk, paneutua jhk (tehtävään ym.) *We'd better knuckle down to the task.* Meidän on parasta käydä työhön.

knuckle under *ark* nöyrtyä, alistua jhk, taipua jhk *The council had to knuckle under.* Neuvoston oli pakko alistua.

L

1 labour [ˈleɪbəʳ] *s* (*am* labor)

a labour of love sydämen asia, huvin vuoksi tehty asia *The film is a labour of love for its director.* Elokuva on ohjaajalleen todellinen sydämen asia.

fruits of one's labour työnsä hedelmät *The fruits of his labour have come late in his career.* Hän on saanut nauttia työnsä hedelmistä vasta uransa loppuvaiheessa.

2 labour *v*

labour the point jauhaa, jankuttaa *I don't want to labour the point, but I still don't understand why the secrecy.* En halua jankuttaa, mutten vieläkään ymmärrä syytä tähän salamyhkäisyyteen.

labour under 1 kärsiä *The population was labouring under injustices.* Kansa kärsi vääryyksistä. **2** olla harhakäsitysten vallassa *John still labours under the idea that Jane loves him.* John on yhä sen harhakäsityksen vallassa, että Jane rakastaa häntä.

lace [leɪs] *v*

lace one's fingers together ristiä kätensä *He raised his arms to bend them back and lace his fingers together behind his head.* Hän nosti kätensä ristiin niskan taakse.

ladder [ˈlædəʳ] *s*

at the bottom of the ladder alimpana organisaatiossa *He started at the bottom of the ladder.* Hän aloitti uransa pohjalta.

at the top of the ladder ylimpänä organisaatiossa *Socially, he was at the top of the ladder.* Hän oli yhteiskunnallisesti korkeassa asemassa.

ladle [ˈleɪdl] *v*

ladle out syytää, jakaa ympäriinsä (harkitsematta) *to ladle out money to his friends* syytää rahaa ystävilleen

lady [ˈleɪdi] *s*

a bag lady *ark* kassi-Alma, koditon nainen

It isn't over till the fat lady sings. Peli ei ole vielä pelattu.

Lady Bountiful <nainen, joka näyttää rikkauttaan ja hyvyyttään harjoittamalla hyväntekeväisyyttä> *I didn't want to arse around playing Lady Bountiful I wanted to do real work.* En halunnut leikkiä rouva Armeliasta, halusin tehdä oikeaa työtä.

Lady Muck <turhantärkeä nainen, joka odottaa, että häntä kohdellaan paremmin kuin muita> *It's that Sheila Jones – Lady Muck herself. Who does she think she is?* Se on se Sheila Jones – oikea tärkeilijä. Kuka hän oikein luulee olevansa?

the lady of the house talon emäntä

lager [ˈlɑːgəʳ] *s*

a lager lout (br) häirikkö, <nuori mies, joka juo liikaa ja aiheuttaa häiriötä> *Police said he acted like a lager lout and hit an officer.* Poliisi sanoi hänen häiriköineen ja lyöneen poliisia.

lake ['leɪk] *s*
  go / jump in a / the lake! *ark* suksi suolle!

lam ['læm] *s*
  on the lam *ark* (yl am) käpälämäessä, pakosalla, piilossa *I went on the lam.* Lähdin käpälämäkeen.

lamb ['læm] *s*
  like a lamb / lambs [to the slaughter] lauhkea kuin lammas, rauhallinen ja pahaa aavistamaton *She walked into the room, like a lamb to the slaughter.* Hän käveli huoneeseen lauhkeana kuin lammas.

lame ['leɪm] *a*
  a lame duck vaikeuksissa oleva (henkilöstä t. yhtiöstä) *They know that your Company is not a lame duck.* He tietävät, ettei yhtiönne ole vaikeuksissa.

1 land ['lænd] *s*
  a / the land of milk and honey (*myös* the promised land) paratiisi, luvattu maa *It has to be remembered that Britain of the 1920s was not a land of milk and honey.* On muistettava, ettei Britannia 1920-luvulla ollut mikään luvattu maa.
  how the land lies (br) millä tolalla asiat ovat *We'll keep it to ourselves until we see how the land lies.* Pidämme sen omana tietonamme, kunnes näemme, millä tolalla asiat ovat.
  in the land of the living *leik* elävien kirjoissa *Oh we're all well. Still all in the land of the living.* No, me voimme kaikki hyvin. Kaikki vielä elävien kirjoissa.
  the lie of the land (*myös* (am) the lay of the land) *1* maan pinnan muodostus, maasto *They navigate by the stars and by the lie of the land.* He suunnistavat tähtien ja maan pinnan muotojen perusteella. *2* tilanne nyt ja sen tuleva kehitys, asianlaita *She was also beginning to see the lie of the land with her in-laws.* Hän alkoi myös ymmärtää, mikä oli tilanne appivanhempien suhteen.

2 land *v*
  land a punch (*myös* land a blow) lyödä, iskeä (nyrkillä) *Ridge landed a punch on Bill's nose.* Ridge iski Billiä nenään.
  land on one's feet *ark* pudota jaloilleen, onnistua vaikeuksien jälkeen *After some ups and downs, young Mr Davison has landed on his feet.* Nuori herra Davison pääsi jaloilleen koettuaan hyviä ja huonoja aikoja.
  land sb in saattaa vaikeuksiin, aiheuttaa vaikeuksia *His words landed him in trouble.* Hänen sanansa saattoivat hänet vaikeuksiin.

lane ['leɪn] *s*
  in the fast lane *ark* <käytetään menestyksekkäiden ihmisten vauhdikkaasta, jopa uhkarohkeasta elämäntavasta> *His widow said: He was always in the fast lane.* Hänen leskensä sanoi, että hän eli aina vauhdikasta elämää.
  in the slow lane edistyä hitaammin kuin muut, olla taloudellisesti heikossa asemassa *Would you buy a used car from this shifty-looking guy in the slow lane?* Ostaisitko sinä käytetyn auton tältä epäluotettavan näköiseltä sivukatujen tallaajalta?

language ['læŋgwɪdʒ] *s*
  mind / watch one's language varoa sanomisiaan *Watch your language!* Älä käytä tuollaista kieltä!
  speak / talk the same / a different language puhua samaa / eri kieltä, [ei] ymmärtää toisiaan *We speak the same language.* Me ymmärrämme toisiamme. *R&D people talk a different language than the business people.* Tutkimusalan ihmiset puhuvat eri kieltä kuin liikemiehet.

1 lap ['læp] *s*
  drop / dump sth in sb's lap *ark* sysätä jk toisen hlön vastuulle *Too*

much work has been dropped in my lap. Harteilleni on sysätty liikaa työtä.
drop / fall in sb's lap *ark* saada ponnistuksitta *an opportunity that dropped in his lap* hän sai mahdollisuuden noin vain
in the lap of luxury yltäkylläisyydessä *children growing up in the lap of luxury* yltäkylläisyydessä kasvavat lapset
in the lap of the gods kohtalon huomassa, herran hallussa *What will happen to me after I die? – It is in the lap of the gods.* Mitä minulle tapahtuu sitten, kun kuolen? – Se on herran hallussa.

2 lap *v*
lap up ahmia, niellä *His jokes were lapped up by the enthusiastic crowd.* Innostunut yleisö tuntui suorastaan ahmivan hänen vitsejään.

large ['lɑ:dʒ] *a*
at large 1 yleensä ottaen *This project is designed to serve the public at large.* Tämän hankkeen on tarkoitus palvella suurta yleisöä. **2** karkuteillä, vapaana *The fugitive is still at large.* Karkuri on yhä vapaana.
by and large *ark* pääpiirteissään, enimmältä osin *Doctors were, by and large, a hateful species.* Lääkärit olivat enimmälti vihattu laji.

lark ['lɑ:k] *s*
be up / rise with the lark nousta ylös kukonlaulun aikaan *She retired very early and got up with the lark.* Hän meni aikaisin nukkumaan ja nousi ylös kukonlaulun aikaan.
blow / sod that for a lark *alat* (br) ei maksa vaivaa

lash ['læʃ] *v*
lash down (br) sataa kaatamalla *The rain lashed down on the athletes.* Sade piiskasi kilpailijoita.

lash out hyökätä, käydä päälle *The cat lashes out with its claws extended.* Kissa hyökkää kynnet ojossa. *She had lashed out physically as well as verbally.* Hän oli hyökännyt sekä fyysisesti että sanallisesti.

1 last ['lɑ:st] *a*
a last hurrah (yl am) viimeinen toimi ennen kuin työ tai toiminta päättyy *The sense of a last hurrah before war was equally strong.* Lopun ajan tunnelma ennen sotaa oli yhtä lailla voimakas.
every last jokaikinen *argue over every last penny* riidellä jokaikisestä pennistä
last in, first out viimeksi tulleet saavat ensimmäisenä lähteä (erit työpaikoilla irtisanottaessa väkeä) *"Last in, first out" is a selection procedure frequently agreed with trade unions.* "Viimeksi tulleet saavat ensimmäisinä lähteä" on valintamenettely, josta usein sovitaan ammattiliittojen kanssa.
last thing [at night] juuri ennen nukkumaanmenoa, iltamyöhällä *He likes a cup of cocoa last thing at night.* Hän juo mielellään kupin kaakaota juuri ennen nukkumaanmenoa.
the last I heard *ark* kun viimeksi kuulin *The last I heard was that he's on the run from the authorities.* Kun viimeksi kuulin, hän pakoili viranomaisia.
the last lap viime vaihe *The presidential elections are on the last lap.* Presidentinvaalit ovat loppuvaiheissaan.
the last of the big spenders *leik* meillähän ei nuukailla (kun asia on juuri päin vastoin) *The "engagement ring" was the gold foil wrapper from the champagne bottle – He is the last of the big spenders!* "Kihlasormus" oli tehty sampanjapullon

kultaisesta foliokääreestä – Hän ei tosiaankaan nuukaile!
to the last man viimeiseen mieheen *They fought to the last.* He taistelivat viimeiseen mieheen.

2 last *adv*
at [long] last lopulta, vihdoin *Success, at long last!* Vihdoinkin menestys!
last but not least (*myös* last but by no means least) sokerina pohjalla

3 last *s*
hear /see the last of sb / sth nähdä jku t. jk viimeistä kertaa, kuulla jksta t. jstk viimeistä kertaa *It was a relief to see the last of them.* Oli helpotus nähdä heidät viimeistä kertaa.
to / till the last viimeiseen asti *The Finnish soldiers became famous for their heroic resistance to the last.* Suomalaisista sotilaista tuli kuuluisia, koska he taistelivat sankarillisesti viimeiseen asti.

latch ['lætʃ] *v*
latch on to *1 ark* ripustautua, roikkua jkn kimpussa *This guy kept trying to latch on to me.* Yksi kundi yritti koko ajan ripustautua seuraani. *2* kiinnostua *to latch on to Eastern philosophy* kiinnostua itämaisesta filosofiasta *3 ark* tajuta, alkaa ymmärtää *I quickly latched on to Jack's black humour.* Aloin pian ymmärtää Jackin mustaa huumoria.
on the latch (*myös* off the latch) (br) lukitsematta (ovesta) *Leave the door with the lock on the latch so you can get back again.* Jätä ovi lukitsematta, jotta pääset takaisin sisään.

1 late ['leɪt] *a*
late in the day / game liian myöhään t. myöhäistä *Your offer came a little late in the day.* Tarjouksesi tuli hieman liian myöhään.
late of *kirjak* vastikään (jssak asunut t. työskennellyt), vielä äskettäin *My brother, late of University College, Oxford* Veljeni, vielä äskettäin työssä Oxfordin yliopistossa

2 late *adv*
as late as vielä (niinkin myöhään kuin) *This system was still in use in western Europe as late as the sixteenth century!* Tämä järjestelmä oli käytössä Länsi-Euroopassa vielä 1500-luvulla!
Better late than never. Parempi myöhään kuin ei milloinkaan.
of late *kirjak* hiljattain, viime aikoina *I have not seen her of late.* En ole nähnyt häntä viime aikoina.

lather ['lɑːðəʳ, 'læðəʳ] *s*
in a lather *ark* (br) kiihdyksissään *You got me all in a lather.* Sait minut aivan kiihdyksiin.
work oneself into a lather (*myös* get into a lather) saada itsensä kuohuksiin t. tuohduksiin. *I've managed to work myself into a lather typing this.* Tätä kirjoittaessani olen onnistunut saattamaan itseni täysin tuohduksiin.

1 laugh ['lɑːf, 'læf] *s*
a barrel / bundle of laughs *ark, us iron* erittäin huvittava t. hauska juttu *And today hasn't exactly been a barrel of laughs.* Tämä päivä ei ole ollut mitenkään huippuhauska.
a bit of a laugh *ark* aikamoinen vitsi, hauska juttu *Dad calls Sunday the day of rest, which is a bit of laugh.* Isä kutsuu sunnuntaita lepopäiväksi, mikä on aikamoinen vitsi.
a good laugh *ark 1* (yl br) erittäin hauska asia *He was a stout man, who enjoyed a good laugh.* Hän oli tanakka mies, joka piti hauskoista jutuista. *2* (yl br) ilopilleri *I like Peter – he's a good laugh.* Pidän Peteristä – hän on oikea ilopilleri.

laugh

be a laugh a minute *ark yl iron* olla ratkiriemukasta (tilanteesta), olla oikea ilopilleri (henkilöstä) *It's a laugh a minute when I get together with my dad.* Tiedossa on ratkiriemukkaita hetkiä, kun pääsen yhteen isäni kanssa.

for a laugh (*myös* for laughs) *ark* huvin vuoksi, pilan päiten *We did it for a laugh.* Teimme sen pilan päiten.

get a laugh (*myös* raise a laugh) *ark* (yl br) herättää naurua *The actors were trying to think of a way to get a laugh.* Näyttelijät yrittivät keksiä keinoa saada ihmiset nauramaan.

have a [good] laugh [about sth] *1* nauraa makeasti *I'm sure he'll have a good laugh at the joke.* Olen varma, että hän nauraa vitsille makeasti. *2* olla hauskaa *We all had a good laugh on that holiday.* Meillä kaikilla oli hauskaa sillä lomalla.

have the last laugh [olla se joka] nauraa viimeksi, vetää pisin korsi

the laugh is on sb pilkka sattuu jkn nilkkaan *The laugh is on me.* Pilkka sattuu omaan nilkkaan.

2 laugh *v*

don't make me laugh *ark* älä nauruta *Work for nothing? Don't make me laugh!* Tehdäkö työtä ilmaiseksi? Älä nauruta!

He who laughs last laughs longest se parhaiten nauraa, joka viimeksi nauraa

laugh in sb's face *ark* nauraa vasten jkn kasvoja, pitää jkta pilkkanaan *She'd wanted to laugh in his face.* Hän olisi halunnut nauraa miehelle päin naamaa.

laugh like a drain (br) nauraa hohottaa, nauraa äänekkäästi *I told her I was in love with her – and she laughed like a drain.* Kerroin hänelle olevani rakastunut häneen – ja hän nauraa hohotti ääneen.

laugh on the other side of one's face *ark* (br) [kyllä] hymy hyytyy, itku pitkästä ilosta *He will be laughing on the other side of his face when he sees this.* Kyllä hänen hymynsä hyytyy, kun hän näkee tämän.

laugh one's head off nauraa katketakseen, nauraa kovasti *The old man would laugh his head off if I put reasons like that to him.* Vanhus nauraisi katketakseen, jos esittelisin hänelle tuollaisia syitä.

laugh out of court tehdä jstak pilkkaa *The pupils stumbled in their answers, and were laughed out of court.* Oppilaat takeltelivat vastauksissaan, ja heistä tehtiin pilkkaa.

laugh up one's sleeve nauraa partaansa, nauraa salaa *They laughed up their sleeves at him.* He nauroivat hänelle salaa.

you have [got] to laugh *ark* joka asiassa on hauska puolensa *Well, you have to laugh about things like this, don't you.* Tällaisille asioille on osattava nauraa, vai mitä.

laughing ['lɑːfɪŋ] *v*

a laughing stock naurunalainen hlö (koska on tehnyt jtk typerää) *She'll just become a laughing stock if she's not that already.* Hän tekee vain itsensä naurunalaiseksi, ellei jo ole sitä.

be laughing *ark* olla hyvässä asemassa *If this development continues, our company will be laughing.* Jos tämä kehitys jatkuu, yrityksemme on hyvässä asemassa.

no laughing matter ei naurun asia *Happiness is no laughing matter.* Onnellisuus ei ole naurun asia.

laughter ['lɑːftə^r] *s*

Laughter is the best medicine. nauru on parasta lääkettä, nauru pidentää ikää

laundry ['lɔːndri] *s*

a laundry list [of] (yl am) pitkä luettelo *The cast reads like a laundry* *list of Hollywood's finest.* Näyttelijäluettelo on kuin pitkä luettelo Hollywoodin parhaimmistoa.

laurel ['lɔːrəl] *s*
look to one's laurels vilkuilla sivuilleen, pitää varansa *So look to your laurels, there's an equally good new kid on the block.* Pidä varasi, uusi tulokas on aivan yhtä lahjakas.
rest on one's laurels levätä laakereillaan *A good start, boys, but don't rest on your laurels.* Hyvä alku, pojat, mutta älkää jääkö lepäämään laakereillanne.

law ['lɔː] *s*
be a law unto oneself tehdä täysin oman mielensä mukaan *You're a law unto yourself, aren't you?* Sinä teet ihan mitä haluat, vai kuinka?
go to law (yl br) nostaa kanne *So we've been left with no other avenue but to go to law.* Meille ei siis jää muuta vaihtoehtoa kuin nostaa kanne.
have the law on sb *ark* (br) ilmiantaa jku poliisille (us uhkauksena) *I'll have the law on you for this, mate.* Ilmiannan sinut poliisille tästä, kaveri.
lay down the law *ark, halv* määräillä *Who d'you think you are, to lay down the law?* Kuka sinä luulet olevasi määräilemään?
Parkinson's law *leik* työhön menee aina niin paljon aikaa kuin sitä on (Parkinsonin laki) *One can avoid Parkinson's Law by eliminating task due dates.* Parkinsonin lain toteutuminen voidaan estää poistamalla tehtäväkohtaiset määräajat.
take the law into one's own hands ottaa oikeus omiin käsiinsä *There are times when you have to take the law into your own hands.* Joskus oikeus on otettava omiin käsiinsä.
the law of averages tilastollinen todennäköisyys *By the law of averages, one of the applications must succeed.* Tilastollisen todennäköisyyden mukaan yhden hakemuksista täytyy tuottaa tulosta.
the law of the jungle viidakon laki *In the international arena, the law of the jungle more or less prevails.* Kansainvälisellä näyttämöllä vallitsee enemmän tai vähemmän viidakon laki.
the long arm of the law lain pitkä käsi (poliisin kyky ottaa kiinni rikolliset) *Stretching the long arm of the law to the "innocent" hacker could escalate rather than curb serious crime.* Lain pitkän käden ulottaminen "viattomiin" hakkereihin saattaisi pikemminkin kiihdyttää kuin vähentää törkeää rikollisuutta.
there's no law against sth *ark* ei sitä ole missään kielletty (puolustauduttaessa arvostelua vastaan) *There's no law against having fun.* Ei hauskanpitoa ole missään kielletty.

lay ['leɪ] *v*
lay about *1 vanh* (br) hakata, hyökätä kimppuun *2 vanh* (br) huitoa, sohia *He was laying about with his right arm.* Hän huitoi ympärilleen oikealla kädellään.
lay back *ark* hellittää, ottaa rennosti
lay before esittää, tehdä ehdotus *Let me lay before you my own ideas.* Anna minun esittää sinulle ajatukseni.
lay down one's arms laskea aseensa *They have laid down their arms to enter politics.* He ovat laskeneet aseensa lähteäkseen mukaan politiikkaan.
lay down one's life for sb / sth *kirjak* uhrata elämänsä jnk asian puolesta *We ought to lay down our lives for our brothers.* Meidän pitäisi uhrata elämämme veljiemme puolesta.
lay hold of *1* saada jtak käsiinsä *to lay hold of classified information* saada käsiinsä salaista tietoa *2* tarttua jhk

lay into *ark 1* arvostella, läksyttää *A lot of people have been laying into the report on London's health services.* Monet ihmiset ovat arvostelleet raporttia Lontoon terveyspalveluista. *2* käydä kimppuun *I saw him laying into a man.* Näin hänen hyökkäävän miehen kimppuun.

lay it on the line *ark* kertoa jklle jtk rehellisesti, suoraan ja vakuuttavasti *But soon I am going to have to lay it on the line, tell them what really has been happening.* Pian minun on puhuttava suoraan, kerrottava heille, mitä todella on tapahtunut.

lay it on thick (*myös* lay it on with a trowel) *ark* saada jk tunne t. kokemus näyttämään todellista tärkeämmältä *Everyone likes flattery and when you come to Royalty you should lay it on with a trowel* Kaikki pitävät imartelusta, ja kuninkaalliset haluavat sitä kaksin verroin.

lay odds (*myös* lay money) (br) lyödä vetoa *We'll lay odds Peter won't show up.* Lyömme vetoa, että Peter ei ilmesty paikalle.

lay off *ark* lopettaa, pysyä erossa *Lay off the wine.* Pysy erossa viinistä.

lay on *ark* (yl br) järjestää, tarjota *to lay on a superb party* järjestää hienot juhlat

lay one's hands on sb saada kiinni jku, joka on tehnyt jtk väärää (us uhkauksissa) *I know exactly where to lay my hands on them.* Tiedän tarkalleen, mistä heidät löydän.

lay one's hands on sth *ark* saada käsiinsä jtk haluttavaa *And all because you wanted to lay your hands on seventy acres of his land.* Ja kaikki vain sen tähden, että halusit saada 70 eekkeriä hänen maitaan.

lay open to sth saattaa alttiiksi jllek *That statement could lay him open to ridicule.* Tuo lausunto voi saattaa hänet naurunalaiseksi.

lay sb low *ark* saattaa jku vuoteenomaksi *Janet was laid low for the whole weekend.* Janet joutui vuoteenomaksi koko viikonlopun ajaksi.

lay to rest *1* saattaa viimeiseen lepoon *2* saada pois päiväjärjestyksestä, unohtaa *He expressed the hope that future good relations would help lay to rest the mistakes of the past.* Hän esitti toiveen, että tulevaisuudessa hyvät suhteet auttaisivat unohtamaan menneet virheet.

lay up *ark* olla vuoteenomana *He was laid up with the flu.* Hän makasi flunssassa.

layman ['leɪmən] *s*

in layman's terms maallikon ymmärtämällä kielellä, selkokielellä

1 lead ['li:d] *s*

give a lead [on sth] kannustaa tekemään jtk näyttämällä itse esimerkkiä *Is it not about time that we gave a lead on this matter and banned smoking throughout these premises?* Eikö olisi jo aika meidän näyttää hyvää esimerkkiä ja kieltää tupakointi kaikkialla näissä tiloissa?

2 lead *v*

be easily led olla helposti johdateltavissa, olla herkkäuskoinen *My Mum said I was too easily led.* Äitini sanoi, että olen liian herkkäuskoinen.

lead from the front toimia aktiivisesti jssk johtaen toimintaa, näyttää mallia *It's the duty of any prime minister to lead from the front.* Pääministerin velvollisuus on toimia keulakuvana muille.

lead on johtaa harhaan, saattaa väärään käsitykseen *I loved him, but he was just leading me on.* Rakastin häntä, mutta hän vain johti minua harhaan.

lead sb astray johtaa jku harhapoluille, saattaa jku vaikeuksiin *The* *older boys lead little Nicky astray.* Vanhemmat pojat saattoivat pikku Nickyn vaikeuksiin.

lead sb by the nose saada jku tekemään aivan mitä tahdot, hallita jkta täysin *She was not prepared to be led by the nose to the altar.* Hän ei ollut valmis marssimaan kenenkään talutusnuorassa alttarille.

lead sb down / up the garden path *ark* hämätä jkta, johtaa jkta harhaan *That scoundrel has led you up the garden path!* Se kelmi on johtanut sinua harhaan!

lead [sb] nowhere olla tuloksetonta *I have a suggestion for you, which may lead nowhere, but may at least be worth a try.* Minulla on sinulle ehdotus, joka ei ehkä johda mihinkään, mutta sitä ehkä kannattaa ainakin yrittää.

lead sb to believe [that ...] uskotella, saada jku uskomaan jtk *Paula's classmates lead her to believe that her college professor has a crush on her.* Paulan luokkatoverit uskottelivat hänelle, että hänen opettajansa oli ihastunut häneen.

lead the way 1 näyttää tietä, opastaa **2** näyttää muille mallia *Finland leads the way in equality issues.* Suomi näyttää muille mallia tasa-arvoasioissa.

1 leaf ['li:f] *s*

shake / tremble like a leaf vapista kuin haavanlehti *I shake like a leaf when I'm up on stage.* Vapisen kuin haavanlehti, kun olen näyttämöllä.

2 leaf *v*

leaf through selata *She began to leaf through the pages of the photo album.* Hän alkoi selata valokuva-albumin sivuja.

league ['li:g] *s*

in a different league paljon parempi *These telephones are in a different league than the old ones.* Nämä puhelimet ovat paljon parempia kuin entiset.

in a league of one's own aivan omaa luokkaansa *As a singer, Elvis Presley was in a league of his own.* Elvis Presley oli laulajana aivan omaa luokkaansa.

in league [with sb] [sala]liitossa *He thinks that the entire world is in league against him.* Hän luulee koko maailman olevan salaliitossa häntä vastaan.

out of sb's league ulottumattomissa, saavuttamaton *The attractive millionaire was obviously out of her league.* Komea miljonääri oli selvästi hänen saavuttamattomissaan.

leak ['li:k] *s*

take a leak *alat* virtsata

lean ['li:n] *v*

lean on *ark* painostaa, pakottaa *Don't lean on me.* Älä painosta minua.

lean towards olla kallellaan jhk suuntaan, tuntea mieltymystä jhk aatteeseen *As a student he leaned towards the Right.* Kun hän oli opiskelija, hän oli kallellaan oikeistoon.

1 leap ['li:p] *v*

leap at sth tarttua välittömästi (tilaisuuteen, mahdollisuuteen) *Some employers will leap at the chance of employing staff with language skills.* Jotkut työnantajat tarttuvat välittömästi tilaisuuteen palkata kielitaitoista henkilökuntaa.

leap out pistää silmään *The picture just leaps out.* Kuva vain pistää silmään.

2 leap *s*

a leap in the dark hyppy tuntemattomaan *It was only afterwards that I saw I had taken quite a step – a leap in the dark, in fact.* Vasta jälkeenpäin tajusin, että olin ottanut

melkoisen askeleen – itse asiassa hypyn tuntemattomaan.
in leaps and bounds (*myös* by leaps and bounds) aimo harppauksin, kovaa vauhtia *Charles was recovering in leaps and bounds.* Charles toipui kovaa vauhtia.

learn ['lɜːn] *v*
learn [off] by heart (*myös* learn off) oppia t. opetella jtak ulkoa *Students are no longer required to learn irregular verbs by heart.* Oppilaiden ei tarvitse enää opetella ulkoa epäsäännöllisiä verbejä.
learn one's lesson ottaa opikseen, oppia läksynsä *He had already learned his lesson by painful experience.* Hän oli jo oppinut läksynsä tuskallisen kokemuksen kautta.

lease ['liːs] *s*
a new lease of life (*myös* (am) a new lease on life) uusi elämä, uusi elinaika, uusi puhti *The organ transplant would give Claire a new lease of life.* Elinsiirto antaisi Clairelle uuden elämän.

leash ['liːʃ] *s*
have / keep sb on a short / tight leash pitää jku tiukassa komennossa *He doesn't go out with the lads so much these days. Sarah keeps him on a tight leash.* Hän ei nykyään käy paljon ulkona kavereiden kanssa. Sarah pitää hänelle kovaa kuria.
strain at the leash haluta kuollakseen, puhkua intoa *Helen was straining at the leash to get into the team.* Helen halusi kuollakseen päästä joukkueeseen.

least ['liːst] *a, pron*
at least *1* vähintään (lukumäärästä) *The film had cost at least $25 million.* Elokuva oli maksanut vähintään 25 miljoonaa dollaria. *2* ainakin, kuitenkin, kumminkin *My wife had an affair but at least she admitted it.* Vaimollani oli suhde, mutta ainakin hän myönsi sen. *3* edes, sentään *You could at least say you're sorry.* Voisit edes sanoa olevasi pahoillasi.
at the [very] least *1* vähintään (lukumäärästä) *It will be £100 at the very least.* Se tulee maksamaan vähintään 100 puntaa. *2* edes, ainakin, vähintään[kin] *At the very least the interviewer will expect you to take an interest in the job.* Haastattelija odottaa vähintään, että osoitat kiinnostusta työtä kohtaan.
least of all kaikkein vähiten *You can't trust men, least of all husbands.* Miehiin ei voi luottaa, aviomiehistä puhumattakaan.
not in the least ei vähääkään, ei vähintäkään, ei lainkaan *I'm not in the least hungry.* En ole lainkaan nälkäinen.
not least *kirjak* erityisesti *For most it's a temporary phase, caused by a variety of factors – not least tiredness.* Useimpien kohdalla on kyseessä väliaikainen vaihe, jonka aiheuttavat monet eri tekijät, erityisesti väsymys.
to say the least [of it] lievästi sanoen *The move was bizarre, to say the least.* Se oli lievästi sanoen omituinen veto.

1 leave ['liːv] *v*
be left to oneself *1* olla yksin *He wanted to be left to himself.* Hän halusi olla yksin. *2* saada vapaat kädet, saada tehdä mitä vain haluaa *Left to himself, Paul would live on cake.* Jos Paul saisi vapaat kädet, hän eläisi pelkällä kakulla.
leave a lot to be desired (*myös* leave much to be desired) jättää paljon toivomisen varaa
leave be jättää jku/jk rauhaan *She would not leave us be.* Hän ei jättänyt meitä rauhaan.
leave for dead (*yl* be left for dead) jättää kuolemaan *She was left for*

dead by her attacker. Pahoinpitelijä jätti hänet kuolemaan.
leave go [of sth] *ark* (br) päästää irti *Leave go of this gentleman or I will have no alternative but to use force on you.* Päästä irti herrasta tai minun on pakko käyttää voimaa.
leave it at that *ark* jättää asia silleen, jättää asia sikseen *I wish I could just leave it at that.* Kunpa voisin jättää asian sikseen.
leave it out *ark* (br) lopeta *Terry jumped on my back. – Leave it out, I said sternly, pushing him away.* Terry hyppäsi selkääni. –Lopeta, sanoin tylysti ja työnsin hänet pois.
leave sb cold jättää kylmäksi *The novel left its reader cold.* Romaani jätti lukijansa kylmäksi.
leave sb holding the baby *ark* sysätä vastuu t. syyllisyys jstk jkn toisen niskoille *I've been left here holding the baby, worrying how I'm going to meet mortgage repayments.* Kiinnelaina jätettiin hoidettavakseni, enkä tiedä kuinka selviydyn maksuista.
leave sb in the lurch *ark* jättää jku pulaan *It is no wonder that he has been tempted to leave me in the lurch.* Ei ihme, että hän on tuntenut houkutusta jättää minut pulaan.
leave sb / sth in the dust (am) jättää kauas taakse *Leave him in the dust. And don't give up looking for Mr. Right.* Jätä mies kauas taaksesi. Äläkä luovu etsimästä sitä oikeaa.
leave sb / sth standing *ark* olla paljon parempi *In arithmetics he leaves the others standing.* Aritmetiikassa hän on paljon muita parempi.
leave sb to it *ark* antaa jkn jatkaa jtk ilman apua *Next time you are in distress I will know to leave you to it.* Seuraavalla kerralla, kun olet hädässä, tiedän jättää sinut selviytymään itseksesi.
leave the door open [for / on sth] jättää mahdollisuus jhk *Congress did leave the door open on how to implement these standards.* Kongressi jätti avoimeksi sen, miten näitä standardeja sovelletaan.
not leave sb's side pysyä jkn rinnalla *I will help you in any way that I can, and I will not leave your side.* Autan sinua kaikin mahdollisin tavoin ja pysyn rinnallasi.
take it or leave it *1* ota tai jätä *That's our price, take it or leave it.* Tämä on meidän hintamme, ota tai jätä. *2 ark* ei välittää jstk *I'm not so keen on chocolate cakes – I can take it or leave it.* En juurikaan välitä suklaakakusta –ihan sama onko sitä vai ei.

2 leave *s*
take French leave *vanh t. leik* (br) poistua ilman lupaa (työstä tms), poistua ilmoittamatta *Let's take French leave and get out of here.* Häivytään täältä salaa.
take leave of one's senses *ark, leik* käyttäytyä hullusti *When he bought the place, some people thought he took leave of his senses.* Kun hän osti paikan, jotkut pitivät sitä pähkähulluna tekona.
take one's leave (*myös* take leave of sb) *kirjak* hyvästellä jku *Now we take leave of one another and return to our homes.* Nyt hyvästelemme toisemme ja palaamme koteihimme.

left ['left] *a*
be out in left field *1 ark* (am) olla täysin väärässä *You're way out in left field.* Olet täysin väärässä. *2* olla kummallinen, olla erilainen kuin muut *Truly innovative research is exciting and often pays back in recognition from the research community – or you could just be out in left field.* Todella innovatiivinen tutkimus on jännittävää ja tuottaa usein tunnustusta tutkimusyhteisöltä – ellei sinua sitten pidetä kummajaisena.
have two left feet olla kömpelö *Perhaps with two left feet I should*

leg

never have volunteered to take part. Olen niin kömpelö, ettei minun ehkä olisi ikinä pitänyt ilmoittautua osallistumaan.

left, right and centre (*myös* (am) left and right) *ark* (br) joka puolella, joka suunnassa *He was giving orders left, right and centre, just like a general.* Hän jakeli käskyjä ympäriinsä kuin kenraali.

leg ['leg] *s*

as fast as one's legs can carry one niin nopeasti kuin mahdollista *He will be off as fast as his legs can carry him.* Hän poistuu paikalta niin nopeasti kuin jaloistaan pääsee.

get one's leg over *alat* päästä pukille, päästä sänkyyn *Hello Ladies I just wanna get my leg over* Hei typykät, haluan vain päästä pukille

give sb a leg up *ark* auttaa jkta eteenpäin, auttaa menestymään *This couldn't have happened without the help of mentors who gave me a leg up when I needed it.* Menestys ei olisi ollut mahdollista ilman tukijoita, jotka auttoivat, kun tarvitsin apua.

have a leg up on sb (am) olla etulyöntiasemassa jkh toiseen nähden *She clearly has a leg up on her rival.* Hän on selvästi etulyöntiasemassa kilpailijaansa nähden.

have legs (yl am) pysyä pitkään esillä *Why productivity gains may have legs?* Miksi tuottavuuden lisäykset saattavat olla pitkäkestoisia?

not have a leg to stand on ei olla mitään todisteita, ei pystyä perustelemaan (esim mielipidettään) *You can't sue me – you don't have a leg to stand on!* Et voi haastaa minua oikeuteen – sinulla ei ole mitään todisteita!

on its last legs *ark* huonokuntoinen (koneesta tms), romu *How do you sell a car on its last legs?* Miten myydä huonokuntoinen auto?

on one's last legs *1 ark* toinen jalka haudassa, kuolemaisillaan *Charlie is on his last legs, has been for years.* Charliella on toinen jalka haudassa, ollut jo vuosikausia. *2* rättiväsynyt *By the time I saw the finish from more than six miles away, I was on my last legs.* Olin jo rättiväsynyt, kun maaliin oli vielä yli kuusi mailia matkaa.

leisure ['leʒəʳ] *s*

at [one's] leisure kaikessa rauhassa *You can spend the afternoon at leisure wandering around the estate.* Voit vaellella lopun iltapäivän vapaasti tilalla.

gentleman of leisure *leik* vapaaherra, joutilas mies *When I worked abroad, I lived like a gentleman of leisure.* Kun työskentelin ulkomailla, elin kuin vapaaherra.

lady of leisure *leik* vapaaherratar, joutilas nainen *I could be married – a housewife – a lady of leisure ...* Voisin mennä naimisiin – olla kotirouva – vapaaherratar ...

lend ['lend] *v*

lend an ear [to] kuunnella *Take a look at the audio book – or maybe lend an ear.* Vilkaise äänikirjaa – tai pikemminkin kuuntele.

lend itself to soveltua, olla sopiva *His logical way of thinking lent itself superbly to maths.* Matematiikka sopi loistavasti hänen loogiseen ajattelutapaansa.

lend one's name to *kirjak* antaa julkisen tukensa jhk, antaa käyttää nimeään jssak yhteydessä *The film star agreed to lend his name to the campaign.* Filmitähti suostui antamaan julkisen tukensa kampanjalle.

lend [sb] a hand [with sth] auttaa *Could you lend a hand with the laundry this morning?* Voisitko auttaa pyykin kanssa tänä aamuna?

lend support / weight / credence / ... to sth saada jk vaikuttamaan todelta t. aidolta *He picked up the empty suitcase she had given them to lend credence to their story.* Hän otti tyhjän matkalaukun, jonka nainen oli antanut heille, jotta heidän tarinansa olisi uskottavampi. *These findings lend support to the view that ...* Nämä havainnot tukevat sitä näkemystä, että ...

length ['leŋθ] s

at length *1* yksityiskohtaisesti *He wrote fluently and seriously, often at length.* Hän kirjoitti sujuvasti ja vakavasti, usein yksityiskohtaisesti. *2 kirjak* vihdoin, viimein *At length, the largest workman rose and came to our table.* Lopulta suurin työmiehistä nousi ja tuli meidän pöytäämme.

go to any lengths to do sth tehdä mitä tahansa, käyttää mitä tahansa keinoa saavuttaakseen jtk *She was prepared to go to any lengths to get what she wanted.* Hän oli valmis tekemään mitä tahansa saadakseen haluamansa.

go to great lengths nähdä paljon vaivaa *He has gone to great lengths to deceive me.* Hän on nähnyt paljon vaivaa pettääkseen minua.

the length and breadth of ristiin rastiin *We travelled the length and breadth of the country.* Matkustimme maata ristiin rastiin.

leopard ['lepəd] s

A leopard can't / doesn't change its spots. Minkäs ihminen luonnolleen mahtaa.

less ['les] a

in less than no time heti, viipymättä *In less than no time the weeks passed.* Viikot vierähtivät ohi vilauksessa.

less and less yhä vähemmän *It matters less and less.* Sillä on yhä vähemmän merkitystä.

less than ei alkuunkaan, kaikkea muuta kuin *Helen seemed less than enthusiastic about her job.* Helen ei ollut alkuunkaan innostunut työstään.

much / even / still less saati, puhumattakaan *I couldn't imagine myself moving in with him, much less marrying him.* En voisi kuvitellakaan muuttavani hänen kanssaan yhteen, saati meneväni hänen kanssaan naimisiin.

no less *us iron* itse *That guy was Liam Gallagher, no less.* Se oli itse Liam Gallagher.

no less than peräti, jopa *Our exports rose by no less than 50 per cent last year.* Vientimme nousi peräti 50 prosenttia viime vuonna.

lesser ['lesəʳ] a

the lesser of two evils (*myös* the lesser evil) pienempi paha *At least they chose the lesser of two evils.* Ainakin he valitsivat kahdesta pahasta pienemmän.

to a lesser degree (*myös* to a lesser extent) vähäisemmässä määrin *Modern helicopters suffer from these changes to a lesser degree.* Nykyaikaiset helikopterit kärsivät näistä muutoksista vähäisemmässä määrin.

lesson ['les³n] s

learn a lesson (*myös* draw a lesson) ottaa opikseen, oppia läksynsä *We need to learn a lesson from the past.* Meidän täytyy oppia menneisyydestä.

learn one's lesson ottaa opikseen, oppia läksynsä *He had already learned his lesson by painful experience.* Hän oli jo oppinut läksynsä tuskallisen kokemuksen kautta.

teach sb a lesson antaa jklle opetus *Little did he know that the experienced dealers were about to teach him a lesson.* Vähänpä hän arvasi, että kokeneet kauppiaat olivat aikeissa antaa hänelle opetuksen.

let ['let] *v*

let alone saati, puhumattakaan *You wouldn't hurt an earthworm, let alone a dog.* Sinä et satuttaisi edes kastematoa, saati sitten koiraa.

let bygones be bygones antaa menneiden olla

let drop (*myös* let fall) paljastaa, lipsahtaa jklta *They let drop the codename.* He paljastivat koodinimen.

let fly *1* hyökätä, käydä kimppuun *The boxer let fly at his opponent with his fists.* Nyrkkeilijä kävi nyrkein vastustajansa kimppuun. *2* antaa tulla täydeltä laidalta *When my girlfriend gets angry, she really lets fly!* Kun tyttöystäväni suuttuu, hän antaa todellakin tulla täydeltä laidalta!

let in on (*myös* let into) *ark* paljastaa *Don't let Peter in on the secret!* Älä paljasta salaisuutta Peterille!

let it go [at that] jättää asia sikseen *He was changing the subject and I let it go at that.* Hän vaihtoi puheenaihetta, ja jätin asian sikseen.

let me see (*myös* let me think) annas kun mietin

let me tell you *ark* usko pois *Let me tell you, that's the way it is.* Näin se asia on, usko pois.

let on *1 ark* paljastaa *He knows more than he lets on.* Hän tietää enemmän kuin paljastaa. *2* teeskennellä *It appears to me he's just letting on.* Vaikuttaa ihan siltä, että hän vain teeskentelee.

let oneself go *1 ark* rentoutua täysin, pitää hauskaa, käyttäytyä estottomasti *Everybody should let themselves go once in a while.* Kaikkien tulisi repäistä silloin tällöin. *2* laiminlyödä ulkonäkönsä *He has really let himself go since he started drinking.* Hän on todellakin päästänyt itsensä rappiolle sen jälkeen, kun hän ratkesi juomaan.

let oneself in for *ark* sotkeutua, sekaantua *I had no idea of what I was letting myself in for.* Minulla ei ollut aavistustakaan siitä, mihin olin sotkeutumassa.

let sb be antaa jkn olla rauhassa *Let me be!* Anna minun olla rauhassa!

let sb down gently kertoa jklle huono uutinen hellävaraisesti

let sb have it *ark* antaa jkn kuulla kunniansa, rangaista jkta *He let her have it... spitting in her face.* Hän antoi naisen kuulla kunniansa... sylki roiskuen.

let sth pass / rest / go / drop antaa asian olla, ei kiinnittää huomiota jhk *He would let it pass for now.* Hän antaisi toistaiseksi asian olla.

let the chips fall where they may *ark* (am) tulkoon mitä tulee *The highest duty of the artist is to remain true to himself and to let the chips fall where they may.* Taiteilijan ylin velvollisuus on pysyä uskollisena itselleen, tulkoon mitä tulee.

let up laantua, hellittää *The storm is letting up.* Myrsky on laantumassa. *You just never let up, do you?* Sinä vain et koskaan hellitä, vai mitä?

let up on *ark* päästää jku helpommalla *The teacher should let up on the children.* Opettajan pitäisi päästää lapset helpommalla.

let us say sanokaamme (ehdotettaessa jtk) *Let us say tomorrow?* Kävisikö huomenna?

let's face it totta puhuen *Let's face it, you should never have married him.* Totta puhuen sinun ei olisi koskaan pitänyt mennä hänen kanssaan naimisiin.

letter ['letə\[r\]] *s*

the letter of the law *kirjak* lain kirjain *They are obeyers of the letter of the law, but seem to have overlooked its spirit.* He noudattavat lain kirjainta mutta eivät näytä välittäneen sen hengestä.

to the letter *läh kirjak* kirjaimellisesti *You will have to follow my instructions to the letter.* Teidän täytyy seurata ohjeitani kirjaimellisesti.

1 level ['levl] *a*
do one's level best tehdä parhaansa, yrittää parhaansa *You owe it to me to do your level best to win this competition.* Olet minulle velkaa sen, että teet kaikkesi voittaaksesi tämän kilpailun.
level pegging (br) edistyä samaa tahtia muiden kanssa *The two neighbours were level pegging after three heats.* Naapurukset olivat kolmen erän jälkeen tasoissa.

2 level *s*
on the level (*myös* (am) **on the up and up**) *ark* vilpitön, rehellinen, todenmukainen *His story seems to be on the level.* Hänen tarinansa vaikuttaa olevan todenmukainen.
sink to sb's level vajota jkn tasolle (alkaa käyttäytyä yhtä huonosti kuin jku toinen) *You'd feel bad later for having sunk to his level.* Sinusta tuntuisi myöhemmin kurjalta, jos vajoaisit hänen tasolleen.

3 level *v*
level the playing field luoda kaikille samanlaiset mahdollisuudet
level with *ark* olla rehellinen jkta kohtaan, kertoa totuus *I'll be level with you.* Olen nyt rehellinen sinulle.

liberty ['lıbəti] *s*
be at liberty [to do sth] *kirjak* olla lupa *I am not at liberty to reveal the name of the suspect to the press.* Minulla ei ole lupaa paljastaa epäillyn nimeä lehdistölle.
take liberties [with sb / sth] ottaa vapauksia, toimia omavaltaisesti *to take liberties with the truth* ottaa vapauksia totuuden suhteen
take the liberty of doing sth *kirjak* rohjeta *I had finally taken the liberty of asking her out on a date.* Olin vihdoin rohjennut pyytää häntä treffeille.

licence ['laɪs³ns] *s* (*am* license)
a licence to print money rahasampo *People see music publishing as a licence to print money.* Ihmisten mielestä musiikin tuottaminen on rahasampo.
artistic / poetic licence *us iron* taiteilijan vapaus, taiteellinen vapaus *Wilde took poetic licence to the extreme.* Wilde vei taiteilijan vapauden äärimmäisyyksiin.

1 lick ['lɪk] *s*
at a [fair] lick *ark* nopeasti *You came up that last bit at a fair lick.* Nousit tuon viimeisen osuuden tosi nopeasti.

2 lick *v*
lick one's lips hekumoida [jllak ajatuksella], odottaa jtak innokkaasti *She licked his lips at the thought of kissing him.* Hän hekumoi ajatuksella miehen suutelemisesta.
lick one's wounds nuolla haavojaan
lick sb's boots nuolla jkn saappaita, mielistellä jkta

lid ['lɪd] *s*
keep a lid on 1 *ark* hallita, hillitä *At that point I was no longer able to keep a lid on my anger.* Siinä vaiheessa en voinut enää hillitä suuttumustani. **2** pitää salassa *Mary always keeps a very tight lid on her love affairs.* Mary pitää rakkaussuhteensa aina hyvin salassa.
lift / blow / ... the lid off sth *ark* paljastaa jotain epämiellyttävää t. järkyttävää *I would be the one to blow the lid off.* Minun pitäisi tehdä paljastus.
put the [tin] lid on sth lopettaa, murskata toiveet t. suunnitelmat *It's time to put the lid on all the talk.* On aika lopettaa höpinät.

take the lid off (*myös* lift the lid on) tuoda päivänvaloon, paljastaa *I decided that it was best to take the lid off this horrible secret.* Päätin, että oli parasta paljastaa tämä hirveä salaisuus.

1 lie ['laɪ] *v*

Let sleeping dogs lie älä herätä nukkuvaa karhua (varoa tulehduttamasta tilannetta)

lie at sb's door *kirjak* kuulua jklle (vastuu jstk) *The blame will lie at my door, no-one else's.* Syy on minun, ei kenenkään muun.

lie heavy on *kirjak* painaa, vaivata *Guilt lay heavy on him.* Syyllisyys painoi häntä.

lie in state olla julkisesti nähtävillä (vainajasta) *Tens of thousands of people filed past her body which lay in state at the headquarters.* Kymmenet tuhannet ihmiset kulkivat hänen ruumiinsa ohi sen ollessa julkisesti nähtävillä päämajassa.

lie in store [for sb] odottaa *It frightens me what could lie in store for this team.* Minua pelottaa ajatella, mikä tätä joukkuetta saattaa odottaa.

lie in wait vaania, väijyä *Then they realised what terrible danger would lie in wait for the pilot of the plane.* Sitten he tajusivat, mikä kauhea vaara vaanisi koneen lentäjää.

lie low *ark* piileskellä *You lie low for a while.* Pysyttele vähän aikaa piilossa.

lie one's way into / out of sth valehdella päästäkseen jnnk / pois jstk *So you plan on lying your way out of it?* Aiot siis päästä pälkähästä valehtelemalla?

lie through one's teeth *ark* valehdella häpeämättömästi *You're lying through your teeth.* Valehtelet häpeämättömästi.

take sth lying down olla väittämättä vastaan, niellä vastalauseita *We won't take similar attacks lying down.* Emme niele tuollaisia hyökkäyksiä vastalauseitta.

2 lie *s*

a lie in nukkua myöhään *We had a lie in this morning.* Nukuimme tänään myöhään.

a pack of lies *ark* joukko valheita, valeryöppy *I've told you nothing but a pack of lies.* Olen kertonut sinulle pelkkiä valheita.

a tissue of lies *kirjak* pelkkää valhetta, valheiden verkko *At least he hasn't told her a tissue of lies about his background.* Ainakaan mies ei ollut valehdellut hänelle taustastaan.

a white lie valkoinen valhe *Why hadn't she told a white lie and claimed she had a licence?* Miksei hän ollut pikkuisen valehdellut ja väittänyt, että hänellä on lupa?

give the lie to *kirjak* osoittaa vääräksi *All those facts give the lie to the Government's claim.* Kaikki nuo seikat osoittavat hallituksen väitteen vääräksi.

I tell a lie korjaan *No, I tell a lie, I did dream when I was little.* Ei, korjaan, näin unia kun olin pieni.

live a lie elää valheessa *I am going to file for divorce because I no longer want to live a lie.* Aion hakea avioeroa, koska en halua enää elää valheessa.

lieu ['lju:] *s*

in lieu [of sth] *kirjak* jnk sijasta, jnk asemesta *She used to send cheeses in lieu of Christmas cards to her friends.* Hänen oli tapana lähettää ystävilleen juustoja joulukorttien sijasta.

life ['laɪf] *s*

[as] large as life *leik* (*myös* (am) as big as life) ilmielävänä *Here we are large as life and twice as handsome.* Tässä me olemme ilmielävinä ja kahta komeampina.

be another / one of life's great mysteries *leik* mahdotonta ymmärtää *Sleep is one of life's great mysteries.* Uni on yksi elämän suurista arvoituksista.

be sb's life olla jklle henki ja elämä *My family is my life.* Perheeni on minulle kaikkein tärkein.

breathe [new] life into sth puhaltaa uutta eloa jhk *They were determined to breathe new life into a tradition that had started in 1892.* He olivat päättäneet luoda uutta eloa perinteeseen, joka oli alkanut 1892.

bring sb /sth to life tuoda lisää eloa, herättää henkiin *The annual arts festival brought the little village to life.* Vuosittainen taidefestivaali toi pieneen kylään eloa.

come to life muuttua entistä jännittävämmäksi t. vilkkaammaksi *Make your music come to life.* Elävöitä musiikkiasi.

for dear life (*myös* for one's life) *ark* henkensä edestä *Hold on to that for dear life, because once you've lost it, you've lost everything.* Pidä siitä kiinni kaikin voimin, sillä jos menetät sen, menetät kaiken.

for the life of one *ark* millään, kuollakseenkaan *I cannot for the life of me remember what my teacher's name was.* En millään muista, mikä opettajani nimi oli.

Get a life! *ark* Hanki elämä! (hanki vaihtelua)

give life to elävöittää *Use your own phrases to give life to your writing.* Käytä omia sanojasi elävöittääksesi kirjoitelmaasi.

[have] a life of its own elää omaa elämäänsä (esineestä) *The ball seemed to have acquired a life of its own.* Pallo näytti elävän omaa elämäänsä.

it is a matter of life and death *ark* nyt on tosi kyseessä

larger than life (*myös* (am) bigger than life) *1* todellinen persoonallisuus *She is like most actors, larger than life.* Hän on kuten suurin osa näyttelijöistä, todellinen persoonallisuus. *2* todellista merkittävämpi *All problems appear larger than life when you are lying in your bed at night.* Kaikki ongelmat vaikuttavat pahemmilta yöllä, kun makaat sängyssäsi.

lay down one's life [for sb / sth] (*myös* give one's life) *kirjak* antaa henkensä [jkn / jnk puolesta] *A man who was prepared to lay down his life for his friends.* Mies, joka oli valmis antamaan henkensä ystäviensä puolesta.

lead / live the life of Riley *ark* viettää helppoa elämää *No flexibility for workers but CEOs live the life of Riley.* Ei joustoa työntekijöille, mutta toimitusjohtajat viettävät helppoa elämää.

life in the raw elämä karuimmillaan *Dissatisfied with work he went on the streets to experience life in the raw.* Tyytymättömänä työhönsä hän lähti kadulle maistamaan karua elämää.

life is cheap elämälle ei anneta arvoa *Life is cheap to them.* He eivät pidä elämää minkään arvoisena.

Life is just a bowl of cherries. Elämä on kuin silkkiä vaan.

life's too short elämä on liian lyhyt murehtimiseen

lose one's life menettää henkensä

low life yhteiskunnan pohjasakka *a novel of Parisian low life* romaani Pariisin pohjasakan elämästä

not on your life *ark* ei ikimaailmassa *Go away and let civilised people sleep. – Not on your life! I need your help.* Häivy ja anna sivistyneiden ihmisten nukkua. – En ikinä! Tarvitsen apuasi.

put one's life on the line vaarantaa henkensä saavuttaakseen jtk *My values have remained unchanged, values for which I've put my life on the line.* Arvoni, joiden vuoksi olen

lifetime

vaarantanut henkeni, eivät ole muuttuneet.

see life nähdä elämää, kokea uusia asioita (erit matkustamalla ja tapaamalla uusia ihmisiä) *Take time to see life.* Ota itsellesi aikaa nähdä maailmaa.

set sb up for life *ark* antaa jklle rahaa loppuelämäksi *He was wealthy, set up for life.* Hän oli rikas, hänellä oli rahaa loppuiäksi.

Such is life. (*myös* That's life.) Sellaista elämä on. (kommentoitaessa ikäviä asioita)

take one's life in / into one's hands panna henkensä alttiiksi *He took his life in his hands on their behalf.* Hän vaaransi henkensä heidän puolestaan.

take one's own life tehdä itsemurha

take sb's life tappaa jku, ottaa jku hengiltä

the life and soul [of the party] (yl br) seuran keskipiste *Caroline was the life and soul of the party.* Caroline oli seuran keskipisteenä.

There's life in the old dog yet. *leik* Vanhassakin on vielä elämää

This is the life! Tämäpä vasta on elämää! (olen onnellinen)

to save one's life *ark* vaikka kuinka yrittäisi *He can't sleep to save his life.* Hän ei pysty nukkumaan, vaikka kuinka yrittäisi.

to the life (maalauksesta, kuvauksesta jne.) aivan kuin mallinsa, aivan näköinen *This portrait really is the President to the life.* Presidentin muotokuva on aivan näköisensä.

What a life! Elämä on kovaa

Where there's life[, there's hope] niin kauan kuin on elämää, on toivoa

lifetime ['laɪftaɪm] *s*

a legend in one's own lifetime legenda jo eläessään

of a lifetime kaikkien aikojen paras *It was the holiday of a lifetime!* Se oli kaikkien aikojen paras loma!

lift ['lɪft] *v*

lift a finger panna tikkua ristiin *You don't lift a finger to save your friends.* Sinä et pane tikkua ristiin pelastaaksesi ystäväsi.

1 light ['laɪt] *s*

a leading light tärkeä ja kunnioitettu hlö, merkkihenkilö *She is a leading light in a local women's team.* Hän on merkkihenkilö paikallisessa naisten joukkueessa.

according to one's lights kykyjensä mukaan *He was conscientious as a priest according to his lights.* Hän oli pappina tunnollinen kykyjensä mukaan.

be / go out like a light *ark* nukahtaa välittömästi *She returned to bed and went out like a light.* Hän palasi vuoteeseen ja nukahti heti.

be in sb's light olla jkn valon edessä *You're in my light. I can't read.* Olet valon edessä. En näe lukea.

be light years away from sth olla valovuosien päässä, olla hyvin kaukana, olla kehittynyt hyvin paljon alkuperäisestä *Those late 1940s now seem light years away from the customs prevailing in present day society.* Nuo 1940-luvun vuodet tuntuvat olevan valovuosien päässä yhteiskunnassamme nykyisin vallitsevista tavoista.

be the light of sb's life olla jklle rakkain *He was the light of my life one time.* Hän oli yhteen aikaan minulle rakkain.

bring to light tuoda päivänvaloon, saattaa yleiseen tietouteen *The case is becoming more and more complicated as new evidence is brought to light.* Tapaus tulee yhä monimutkaisemmaksi sitä mukaa, kun uutta todistusaineistoa tuodaan päivänvaloon.

cast / shed / throw [new] light on sth valaista, tuoda selvyyttä *New investigations have failed to shed light on the events of that night.*

light

Uudet tutkimukset eivät ole onnistuneet tuomaan selvyyttä kyseisen illan tapahtumien kulkuun.

come to light tulla päivänvaloon, tulla yleiseen tietoisuuteen *Part of the scandal only came to light when...* Osa skandaalista tuli yleiseen tietoisuuteen vasta, kun...

first light *kirjak* aamunkoitto *at first light* aamunkoiton aikaan

give sb / get the green light *ark* antaa jklle / saada lupa aloittaa jtak *Then she should get the green light to go home.* Sitten hänen pitäisi saada lupa mennä kotiin.

in the light of (*myös* (am, austr) in light of) jnk valossa, jnk perusteella *His problem behaviour can be easily understood in the light of his traumatic childhood.* Hänen häiriökäytöksensä on helppo ymmärtää hänen traumaattisen lapsuutensa valossa.

jump the lights *ark* ajaa päin punaisia (liikennevaloissa) *Two motorists jumped the lights.* Kaksi moottoripyöräilijää ajoi päin punaisia.

light at the end of the tunnel *ark* valoa tunnelin päässä *Few see light at the end of the tunnel, whatever the election result.* Harvat uskovat tilanteen parantuvan, olipa vaalitulos mikä hyvänsä.

light dawns kirkastua, selvitä *Suddenly light dawns as to what we are fighting for.* Yhtäkkiä selvisi, miksi taistelemme.

see the light *1* oivaltaa, keksiä *I now understand the system. I see the light.* Nyt ymmärrän järjestelmän, oivalsin sen. *2* tulla uskoon, valaistua *He might see the light and be received into the Faith.* Hän saattaisi tulla uskoon.

see the light of day *1* syntyä, saada alkunsa *The first merger will see the light of day early next year.* Ensimmäinen fuusio toteutui ensi vuoden alussa. *2* tulla päivänvaloon, tulla yleiseen tietoisuuteen *It was a lively piece, but sadly, it would never see the light of day.* Se oli eloisa teos, mutta valitettavasti se ei koskaan pääsisi julkisuuteen.

set light to sth (yl br) sytyttää palamaan

The lights are on but nobody's / no-one's home. *leik* Siellä ei ole kaikki kamarit lämpimänä. (sanotaan jksta, jota pidetään tyhmänä)

trip the light fantastic *leik* tanssia *One more time we tripped the light fantastic.* Tanssimme vielä kerran.

2 light *a*

a light touch kyky käsitellä asioita hienotunteisesti ja herkästi *He ruled his staff with a light touch.* Hän hallitsi henkilöstöään hienotunteisesti.

[as] light as air / a feather höyhenenkevyt *She had been as light as a feather to carry.* Hän oli höyhenenkevyt kantaa.

be light on sth olla liian vähän jtk *We seem to be light on topics.* Meillä näyttää olevan vähänlaisesti puheenaiheita.

in a good / bad / favourable / ... light suhtautua jhk hyvin / huonosti / suotuisasti / ... *It wasn't a story that put anyone in a good light.* Siinä tarinassa kukaan ei näyttäytynyt hyvässä valossa. *It was interpreted in a favourable light.* Se tulkittiin myönteisesti.

light on one's feet kevytliikkeinen *The first essential is to be light on your feet.* Ensinnäkin sinun on oltava ehdottoman kevytliikkeinen.

light relief kevennys, hupihetki *The funny things her young pupils say provide her with a little light relief, but teaching isn't all fun.* Nuorten oppilaiden hupsut kommentit keventävät hänen työtään, mutta opettaminen ei ole pelkkää huvia.

make light of väheksyä, vähätellä *I didn't mean to make light of your problems.* Ei ollut tarkoitus vähätellä ongelmiasi.

light

make light work of tehdä jk asia käden käänteessä *Make light work of cooking with the help of this food processor.* Tällä yleiskoneella ruuanlaitto käy käden käänteessä.

3 light *v*

light upon (*myös* light on) *kirjak* huomata vahingossa, osua sattumalta (katseesta) *His eyes lit upon the letter on the table.* Hänen katseensa osui pöydällä olevaan kirjeeseen.

lightly ['laɪtli] *adv*

get off / be let off lightly *ark* päästä vähällä *Soft sentencing is letting criminals get off lightly.* Kevyiden rangaistusten ansiosta rikolliset pääsevät vähällä.

lightning ['laɪtnɪŋ] *s*

a lightning rod (am) syntipukki, <jku, joka ottaa syyt niskoilleen> *The agreement became a lightning rod for debate.* Sopimuksesta tehtiin kiistan syntipukki.

lightning does not strike twice (*myös* lightning never strikes twice [in the same place]) salama ei iske kahta kertaa samaan paikkaan (sama onnettomuus ei tapahdu kahta kertaa samalle hlölle)

like [greased] lightning (*myös* at lightning speed, with lightning speed) salamannopeasti *They disappeared like lightning.* He katosivat salamannopeasti.

1 like ['laɪk] *a*

anything like jotain sellaista, sen tapaista *I'd never done anything like that before.* En ollut koskaan ennen tehnyt mitään sellaista.

[as] like as not (*myös* like enough, most like, very like) *ark* luultavasti *She would be in bed by now, like as not.* Hän on nyt luultavasti sängyssä.

[just] like that epäröimättä, noin vain *Is she giving him up just like that?* Luopuuko hän miehestä noin vain?

like anything *ark* hirveästi, kovasti *We've been gossiping like anything.* Olemme juorunneet hirveästi.

like – like millainen – sellainen *Like father, like son.* Millainen isä, sellainen poika.

like so tällä tavalla, tuolla tavalla *The ratio change is worked out like so.* Suhdeluvun muutos lasketaan tällä tavalla.

more like pikemminkin, ennemminkin *It sounded more like a truce than the end of the conflict.* Se kuulosti ennemminkin aselevolta kuin ristiriidan päättymiseltä.

nothing like ei alkuunkaan *Berlin was nothing like I had expected.* Berliini ei ollut alkuunkaan sellainen, mitä odotin.

something like suunnilleen, vähän niin kuin *There were something like 30 people in the room.* Huoneessa oli suunnilleen 30 ihmistä.

that's more like it nyt alkaa näyttää paremmalta

2 like *v*

I like that! (*myös* I like your nerve / cheek) *ark, iron* <ilmaistaessa, että jkun käytös on epäreilua t. kohtuutonta>, onpa otsaa *You want me to wash your car while you take a nap? I like that!* Haluat, että pesen autosi sillä aikaa, kun otat nokoset? Onpa sinulla otsaa!

if you like *ark 1* jos niin haluat *2* sanotaan vaikka, vaikkapa *It is more like a down payment, or a deposit, if you like.* Se on pikemminkin käsiraha, tai sanotaan vaikka takuumaksu.

like it or not (*myös* whether sb likes it or not) tahtoi tai ei *You have to visit your father at the hospital, like it or not.* Sinun täytyy vierailla isäsi luona sairaalassa, tahdoit tai et.

3 like s

and the like *ark* ynnä muuta sellaista **like attracts like** vakka kantensa valitsee

likes and dislikes sympatiat ja antipatiat, mielihalut

the likes of sb *ark* jkn kaltainen *I wouldn't want to be seen with the likes of you.* En haluaisi, että minut nähdään sinun kaltaisesi kanssa.

1 likely ['laɪkli] *a*

a likely story *ark, iron* onpa uskottavaa (kun et usko tarinaa) *That's not a likely story!* Tuo ei ole kovin uskottavaa!

2 likely *adv*

as likely as not (*myös* most likely, very likely) todennäköisesti, luultavasti *If you sit on a cliff edge to enjoy your pack lunch, as likely as not you will be joined by these birds.* Jos istut kallionkielekkeellä nauttimassa eväitäsi, saat todennäköisesti seuraa näistä linnuista.

more than likely hyvin todennäköistä *The police are more than likely to ban the march.* Poliisi kieltää marssin hyvin todennäköisesti.

not likely (*myös* **alat** not bloody likely) *ark* ei missään nimessä, ei todellakaan *Are you going to buy it? – Not likely.* Aiotko ostaa sen? – En missään nimessä.

liking ['laɪkɪŋ] *s*

for sb's liking jkn mielestä *The weather's too hot for my liking.* Minun mielestäni on liian kuuma.

take a liking to mieltyä, alkaa pitää *Occasionally, they take a liking to a European or American artist.* Satunnaisesti he mieltyvät johonkin eurooppalaiseen tai amerikkalaiseen taiteilijaan.

to sb's liking *kirjak* jkn mielen mukainen, jkta miellyttävä *The food wasn't really to my liking.* Ruoka ei ollut oikein mieleeni.

limb ['lɪm] *s*

out on a limb *1 ark* (am) vailla tukea, altavastaajan asemassa *She found herself out on a limb in a man's world.* Hän löysi itsensä miesten maailmasta vailla tukea. *2* eristyksissä *The island is out on a limb from the rest of Great Britain.* Saari on eristyksissä muusta Isosta-Britanniasta.

risk life and limb vaarantaa henkensä ja terveytensä *This meant I didn't have to risk life and limb to get a good close up shot.* Tämä merkitsi sitä, ettei minun tarvinnut vaarantaa henkeäni ja terveyttäni saadakseni hyvän lähikuvan.

tear limb from limb repiä kappaleiksi, raadella *The mob rushed through the city and tore limb from limb the people living there.* Roskaväki ryntäsi kaupungin läpi ja repi kappaleiksi kaupungissa asuvat ihmiset.

limbo ['lɪmbəʊ] *s*

in limbo epävarmuudessa, välitilassa *You may well be better off without him instead of living in limbo, not knowing what he's thinking.* Sinun saattaa hyvinkin olla parempi ilman häntä kuin elää epävarmuudessa tietämättä, mitä hän ajattelee.

limelight ['laɪmlaɪt] *s*

in the limelight julkisuuden valokeilassa *Everybody wanted to get in the limelight.* Jokainen halusi päästä huomion keskipisteeksi.

out of the limelight jäädä pois julkisuuden valokeilasta *He dropped out of the limelight after moving to the countryside.* Maaseudulle muutettuaan hän jäi pois julkisuuden valokeilasta.

steal the limelight varastaa huomio itselleen *She stole the limelight at the film festival.* Hän varasti kaiken huomion elokuvajuhlilla.

limit ['lɪmɪt] *s*

be over the limit (br) syyllistyä rattijuopumukseen *He was well over the limit and was banned from driving for a year.* Hän syyllistyi rattijuopumukseen ja sai vuoden ajokiellon.

off limits kielletty *This area is off limits to ordinary citizens.* Tälle alueelle on tavallisilta kansalaisilta pääsy kielletty.

push to the limit[s] panna koetukselle *The child pushed me to the limits of my patience.* Lapsi pani kärsivällisyyteni koetukselle.

within limits *1* jossakin määrin *Some people are lucky enough to be able, within limits, to control their salary.* Jotkin ihmiset ovat niin onnekkaita, että voivat jossakin määrin määrätä omasta palkastaan. *2* kohtuuden rajoissa *His proposal aimed at confining the danger within limits.* Hänen ehdotuksensa pyrki siihen, että vaara pysyisi kohtuuden rajoissa.

within the limits of puitteissa, rajoissa *The object is to keep the skier within the limits of his or her capability.* Tavoitteena on pitää hiihtäjä omien kykyjensä rajoissa.

line ['laɪn] *s*

all down / all along the line (*myös* right down the line, all the way down the line) *ark* koko ajan, jatkuvasti *Our fans have been very loyal to us all along the line.* Fanimme ovat olleet meille koko ajan hyvin uskollisia.

be in line for olla jkn vuoro saada jtak *They say that Rachel is next in line for a promotion.* Sanotaan, että seuraavaksi on Rachelin vuoro saada ylennys.

be on the right lines olla oikeilla jäljillä, tehdä jtk tuloksekkaasti *Any book on London that opens with Dickens must be on the right lines.* Lontooaiheinen kirja, joka alkaa Dickensillä, on varmasti oikeilla jäljillä.

bring into line yhdenmukaistaa *Car prices are brought into line with those in Europe.* Autojen hinnat yhdenmukaistetaan Euroopan hintojen kanssa.

cross the line ylittää sopivaisuuden rajat *Women crossed the line and chose to do things on their own.* Naiset ylittivät sopivaisuuden rajat ja päättivät tehdä asioita omin voimin.

get a line on *ark* saada vihje jstak *Get a line on new bankruptcy ramifications.* Hanki tietoa uusista konkurssin seuraamuksista.

in line *1* hallinnassa, kontrollissa *It is not that easy to keep the football fans in line after the match.* Ei ole kovin helppoa pitää jalkapallofanit hallinnassa ottelun jälkeen. *2* yhdenmukainen, samanlainen *The costs were in line with what they had expected.* Kustannukset vastasivat odotuksia.

in the line of duty työssä ollessaan, palveluksessa ollessaan *Many police officers are killed every year in the line of duty.* Moni poliisi kuolee joka vuosi virantoimituksessa.

in the line of fire *1* tulilinjalla *I'm standing in the line of fire.* Seison tulilinjalla. *2* kritiikin kohteena *Politicians often find themselves in the line of fire.* Poliitikot joutuvat usein kritiikin kohteeksi.

on / along the lines of sth (*myös* on the same lines as sth, along the same lines as sth) *1 ark* samanlainen, samalla lailla *We would organise the party along the lines of other large events.* Järjestäisimme kutsut samaan tapaan kuin muut isot tapahtumat. *2* tiivistettynä *His understanding of the poetic function is along the lines of "existing somewhere between fact and imagination".* Hänen käsityksensä mukaan runouden voi tiivistää siten,

että se "sijoittuu jonnekin toden ja mielikuvituksen välimaastoon".
on the line vaarassa *He knows now his job is on the line.* Hän tietää nyt työpaikkansa olevan vaarassa.
out of line *1* sopimaton, röyhkeä *The child got out of line in class.* Lapsi käyttäytyi sopimattomasti luokassa. *Now you've stepped out of line!* Nyt menit liian pitkälle! **2** jstak poikkeava *UK competition law remains out of line with EU directives.* Ison-Britannian kilpailulaki poikkeaa yhä Euroopan unionin direktiiveistä.
somewhere down / along the line *ark* jossain vaiheessa *I knew that somewhere down the line there would be some formal identification.* Tiesin, että jossain vaiheessa tehtäisiin virallinen tunnistus.

1 link ['lɪŋk] *s*
a link in the chain prosessin yksi vaihe *Y Ltd. is only a buyer and reseller, i.e. only a link in the chain of distribution.* Y Ltd on vain ostaja ja jälleenmyyjä, ts. vain yksi lenkki jakeluketjussa.

2 link *v*
link arms panna kädet käsikoukkuun

lion ['laɪən] *s*
feed / throw sb to the lions saattaa jku tukalaan tilanteeseen *Could I ask you not to throw me to the lions until I've got my accounts in order?* Voisinko pyytää, ettet saattaisi minua pulaan, ennen kuin olen saanut tilini järjestykseen?
the lion's den leijonanluola, tukala paikka
the lion's share leijonanosa, suurin osa

lip ['lɪp] *s*
bite one's lip purra huultaan (vihasta, naurun pidättämiseksi ym.), hillitä itsensä *He slipped and fell on his backside, cursing so loudly I had to bite my lip to keep my face straight.* Hän liukastui ja kaatui selälleen kiroten niin kovaa, että minun oli purtava huultani pitääkseni naamani peruslukemilla.
curl one's lip mutristaa huuliaan, virnistää ivallisesti *He curled his lip in distaste.* Hän mutristi huuliaan inhosta.
on everyone's lips kaikkien huulilla *The question was on everyone's lips.* Kysymys oli kaikkien huulilla.
pass one's lips *1* lausua [ääneen], sanoa *That night the word 'love' passed our lips for the first time.* Sinä yönä lausuimme sanan 'rakkaus' ensimmäistä kertaa. **2** kostuttaa kurkkuaan, juoda (yl alkoholia) *It's been many years since a drink passed my lips.* Monta vuotta on kulunut siitä, kun viimeksi juopottelin.
pay lip service ladella tyhjiä korulauseita jnk asian puolesta (tekemättä mitään asian hyväksi) *So far he's only paid lip service to racial equality.* Tähän mennessä hän on vain ladellut tyhjiä korulauseita rotujen välisen tasa-arvon puolesta.

liquid ['lɪkwɪd] *s*
a liquid lunch *leik* kostea lounas (nautittaessa alkoholia ruuan asemesta) *He had turned up late after a liquid lunch.* Hän tuli myöhässä kostean lounaan jälkeen.
liquid refreshment *leik* (yl alkoholipitoinen) juoma, kostuke *What we need is a little liquid refreshment.* Tarvitsemme vähän kostuketta.

list ['lɪst] *s*
a list as long as one's arm hyvin pitkä luettelo *He came in waving a list as long as his arm.* Hän tuli sisään heilutellen hyvin pitkää luetteloa.

listen ['lɪsᵊn] *v*

listen here kuule (painottavana ilmauksena) *Listen here, Bill, this is not our hotel.* Kuule Bill, tämä ei ole meidän hotellimme.

1 little ['lɪtl] *a*

a little horror *leik* kauhukakara *She was a little horror when Paul took her over.* Hän oli oikea kauhukakara, kun Paul otti hänet vastuulleen.

a little something *ark* jotakin pientä *But perhaps you might like a little something to eat.* Mutta ehkä haluaisit syödä jotakin pientä.

as little as vain, pelkästään *It may be as little as a century old.* Se saattaa olla vain sata vuotta vanha.

make little of *1* vähätellä, väheksyä *She can't stand anybody making little of her darling.* Hän ei kestä sitä, että kukaan vähättelee hänen kullannuppuaan. *2* ymmärtää tuskin mitään *Peasants could make little of the young radicals' propaganda.* Talonpojat eivät ymmärtäneet juuri mitään nuorten radikaalien propagandasta.

quite a little aikamoinen, aika *Their home was quite a little way from the hospital.* Heidän kotinsa oli aikamoisen matkan päässä sairaalasta.

quite the little *iron* aikamoinen, aika *You've become quite the little horseman.* Sinusta on tullut aikamoinen hevosmies.

too little, too late liian vähän liian myöhään (jklle annetusta avusta tms.) *Japan has done too little, too late about tightening money policy.* Japani on tehnyt liian vähän liian myöhään tiukentaakseen rahapolitiikkaansa.

twist / wind / wrap sb around one's little finger *ark* kiertää jku pikkusormensa ympärille *He boasted to his friends that he'd wrapped her around his little finger.* Hän kerskui ystävilleen kiertäneensä naisen pikkusormensa ympärille.

2 little *adv*

little by little vähitellen, hiljalleen *These things became little by little private property.* Näistä esineistä tuli vähitellen yksityistä omaisuutta.

little or no tuskin ollenkaan *His aunt had little or no English.* Hänen tätinsä osasi tuskin lainkaan englantia.

little or nothing tuskin mitään *He thought little or nothing about law.* Hän ei juuri arvostanut lakia.

more than a little excited / shocked / etc. hyvin kiihtynyt / järkyttynyt / tms. *He appeared to be more than a little frightened by what he saw.* Hän näytti olevan näkemästään hyvin peloissaan.

1 live ['laɪv] *a*

a live wire *ark* eloisa ja energinen ihminen *He is very much a live wire, and he has great courage.* Hän on hyvin energinen ihminen, ja hänellä on paljon rohkeutta.

2 live *adv*

go live (uudesta järjestelmästä) alkaa toimia, tulla käyttöön *The new information system went live on time and within budget.* Uusi tietojärjestelmä alkoi toimia ajoissa ja budjetin mukaisesti.

live ['lɪv] *v*

as I live and breathe *vanh* ei voi olla totta

live and breathe sth olla jklle henki ja elämä *My sister lived and breathed horses.* Hevoset olivat sisarelleni henki ja elämä.

live and let live antaa kaikkien kukkien kukkia, elää ja antaa toistenkin elää

live down päästä yli, jättää taakseen *The Germans have lived down* *their past.* Saksalaiset ovat jättäneet menneisyytensä taakseen.

live from day to day elää päivä kerrallaan *People live from day to day in a world full of uncertainties.* Ihmiset elävät päivä kerrallaan epävarmassa maailmassa.

live happily ever after elää onnellisena elämänsä loppuun saakka

live it up *ark* nauttia elämästä, elää täysillä *I am determined to live it up and have a good time.* Olen päättänyt elää täysillä ja pitää hauskaa.

live off / on the fat of the land *ark* olla paljon rahaa tuhlattavaksi hyvään ruokaan, juomaan, huvituksiin ym. *Even though the economy was inefficient, many officials lived off the fat of the land.* Vaikka talouselämä oli tehotonta, monet virkamiehet elivät leveästi.

live off the land elää maan antimista *This is country where it is easy to live off the land.* Täällä maaseudulla on helppoa elää maan antimista.

live out toteuttaa *You should live out your dreams.* Sinun pitäisi toteuttaa unelmasi.

live rough elää kodittomana *Many young people leave home to live rough.* Monet nuoret lähtevät kotoa ja elävät taivasalla.

live to fight another day selviytyä jstak *She'd live to fight another day.* Hän selviytyisi päivästä toiseen.

live to regret sth saada vielä katua katkerasti jtak *Those who put their work before their family life often live to regret it.* Ne, jotka asettavat työnsä perheen edelle, saavat usein katua sitä katkerasti.

live to tell the tale *leik* säilyä hengissä kaameasta kokemuksesta *In order to survive the jungle and live to tell the tale it is important to have the best available equipment.* Jotta viidakosta selviäisi hengissä, on tärkeää hankkia parhaat mahdolliset varusteet.

live up to täyttää toiveita, lunastaa odotuksia *Sometimes it is difficult for writers to live up to expectations.* Joskus kirjailijoiden on vaikea lunastaa ihmisten odotuksia.

live up to one's / its reputation olla juuri sellainen kuin jkun sanotaankin olevan *I lived up to my reputation for being clumsy by falling into a pothole in the street.* Todistin olevani yhtä kömpelö kuin sanotaankin kaatumalla kadussa olevaan kuoppaan.

live with hyväksyä *People should learn to live with their faults.* Ihmisten tulisi oppia hyväksymään virheensä.

long live eläköön *The king is dead, long live the king!* Kuningas on kuollut, eläköön kuningas!

never live sth down ei elää niin pitkään, että jk ikävä asia unohtuisi *Her screams were heard for miles around. I should never live it down.* Hänen kiljuntansa kuului mailien päähän. En koskaan pystyisi unohtamaan sitä.

you haven't lived *leik* sanotaan kun jku ei ole kokeillut jtk hauskaa ja jännää *You haven't lived until you've tasted freshly grated Parmesan.* Sinun pitäisi ehdottomasti maistaa juuri raastettua parmesaania.

You live and learn *(myös* (am) live and learn) aina oppii jotain uutta

1 living ['lıvıŋ] *a*

a living death <elämä on niin kurjaa, että kuolemakin olisi parempi> *Life without hope is a living death.* Elämä vailla toivoa on kuolemaakin kurjempi.

be the living proof *(myös* be the living example) olla hyvä esimerkki jstak *It was the living proof that anybody can make a hit record.* Se oli hyvä esimerkki siitä, että kuka tahansa voi tehdä menestyslevyn.

living

in living memory (*myös* within living memory) miesmuistiin *This has been one of the coldest winters in living memory.* Tämä on ollut yksi kylmimmistä talvista miesmuistiin.

the living image of ilmetty *With his black hair and dark eyes, he was the living image of his father.* Mustine hiuksineen ja tummine silmineen hän oli ilmetty isänsä.

2 living *s*

scrape a living (*myös* scratch a living) raapia elantonsa, tulla juuri ja juuri toimeen *He scraped a living as a waiter in a bar.* Hän tuli juuri ja juuri toimeen työskentelemällä tarjoilijana baarissa.

[think] the world owes one a living *halv* luulla, että yhteiskunta on velvollinen elättämään *She believes the world owes her a living.* Hän uskoo, että yhteiskunta on velvollinen elättämään hänet.

lo ['ləʊ] *interj*

lo and behold *leik* kas, kappas vain *Lo and behold, it's been blue skies two days in a row.* Kappas vain, aurinko on paistanut kirkkaalta taivaalta kaksi päivää peräkkäin.

1 load ['ləʊd] *s*

a load of (*myös* loads of) *ark 1* runsaasti, roppakaupalla *a load of luggage* paljon matkatavaroita **2** täyttä *These reports are a load of rubbish.* Nämä raportit ovat täyttä roskaa.

a load of [old] nonsense / rubbish pelkkää arvotonta roskaa *Tell me a load of old rubbish!* Koitahan puhua minulle puppua!

Get a load of that! *alat* <ilmaistaessa seksuaalista ihastusta> *Get a load of that! What a body!* Katsokaas tuota! Mikä vartalo!

Get a load of that / this! *alat* <ilmaistaessa hämmästystä t. hyväksyntää *"Get a load of that," she said. "It's the most amazing looking plane I've ever seen."* "Katsokaa tuota", hän sanoi. "Upein kone, jonka olen koskaan nähnyt."

lighten sb's / the load keventää jkn taakkaa, lievittää vaikeaa t. järkyttävää tilannetta *We will continue working together to lighten Sue's load.* Suen painolastia keventääksemme jatkamme yhdessä työskentelyä.

take a load off sb's mind rauhoittaa jkn mieltä, saada kivi putoamaan jkn sydämeltä *Talking with him will take a load off your mind.* Jutteleminen hänen kanssaan saa kiven putoamaan sydämeltäsi.

2 load *v*

loaded for bear *ark* (am) valmiina ja innokkaana käymään jnk haasteen kimppuun *Hunters loaded for bear make a beeline for Maine's woods.* Innokkaat metsästäjät suuntaavat suorinta tietä Mainen metsiin.

the dice are loaded against sb olosuhteet ovat jkta vastaan *When he stands alone confronted by several police officers, the dice are loaded against him.* Kun hänellä on yksin vastassaan useita poliiseja, olosuhteet ovat häntä vastaan.

loaf ['ləʊf] *s*

half a loaf is better than none / no bread parempi vähän kuin ei mitään

use one's loaf *ark* käyttää järkeään, ajatella *You've got to use your loaf, boy!* Sinun pitää käyttää järkeäsi, poika!

1 lock ['lɒk] *v*

lock horns with sb ottaa yhteen jkn kanssa, kilpailla jkn kanssa *The band has locked horns with their record company about their new album.* Yhtye on kiistellyt uudesta albumistaan levy-yhtiönsä kanssa.

lock sb in one's arms sulkea jku syliinsä *He locked her in his arms.* Mies sulki naisen syliinsä.

2 lock s

lock, stock, and barrel kaikki tyynni, koko helahoito *I'd love to own the pub – lock, stock and barrel.* Haluaisin kovasti omistaa pubin – koko helahoidon.

under lock and key *1* lukkojen takana *The exhibits have been carefully kept sealed and under lock and key ever since.* Todistuskappaleet on sinetöity ja pidetty huolellisesti lukkojen takana aina siitä lähtien. *2* vankilassa *I will not rest until we have the murderer under lock and key.* En lepää, ennen kuin murhaaja on lukkojen takana.

lodging ['lɒdʒɪŋ] s

board and lodging täysihoito *Cost for a course including full board and lodging is £175.* Kurssin hinta, johon sisältyy täysihoito, on 175 puntaa.

log ['lɒg] s

as easy as falling off a log lastenleikkiä, naurettavan helppoa *Riding a bike is as easy as falling off a log.* Pyörällä ajaminen on lastenleikkiä.

loggerhead ['lɒgəhed] s

be at loggerheads olla riidoissa, olla napit vastakkain

logic ['lɒdʒɪk] s

defy logic olla epäjohdonmukaista *Critics say it defies logic.* Asian vastustajien mielestä se on epäjohdonmukaista.

1 long ['lɒŋ] a

a long face surullisen näköinen *She pulled a long face.* Hän oli surullisen näköinen.

be long in the tooth *leik* (erit br) olla liian vanha t. vanhentunut *A real character, but getting a bit long in the tooth.* Todellinen persoona, mutta tulossa vähän liian vanhaksi. *My encyclopedia's a bit long in the tooth.* Tietosanakirjani on vähän vanhentunut.

for the long haul s *ark* loppuun saakka *We're going to be here for the long haul.* Aiomme olla täällä loppuun saakka.

go a long way towards (*myös* go a long way to) olla suuri edistysaskel, olla suureksi avuksi *This last reform goes a long way towards solving the unemployment problem.* Viimeisin uudistus on suuri edistysaskel työttömyysongelman ratkaisemisessa.

go back a long way olla tuntenut toisensa pitkään *Victor and I go back a long way.* Victor ja minä olemme tunteneet toisemme jo pitkään.

have come a long way päästä pitkälle *He has come a long way since his early days as a security guard.* Hän on päässyt pitkälle sitten niiden aikojen, jolloin hän työskenteli turvamiehenä.

have [got] long way to go on edistyttävä vielä paljon *The country says its security forces have a long way to go to deal with insurgency.* Valtion mukaan sen turvallisuusjoukoilla on vielä paljon tehtävää, ennen kuin kapinointi saadaan loppumaan.

How long is a piece of string? *ark* (br) Kuinka paljon on liikaa? (vastattaessa kysymykseen, johon ei tiedä vastausta)

in the long run ajan mittaan, pitkällä aikavälillä, aikaa myöten *To succeed in the long run, they have to grow big.* Jotta he menestyisivät pitkällä aikavälillä, heidän yrityksensä on kasvettava.

long on sth and short on sth liikaa yhtä ja liian vähän toista *Our new product is long on quality and short on price.* Uusi tuotteemme on korkealaatuinen, mutta edullinen hinnaltaan.

long 318

long time no see *ark* pitkästä aikaa (tervehdyksenä) *Long time no see, eh, Carol?* Pitkästä aikaa, vai mitä Carol?

not be long for this world *vanh* kuolla pian *This price may not be long for this world.* Tämä hinta varmasti muuttuu pian. *He may not be long for this world.* Hän ei ehkä enää elä kauan.

not by a long shot *ark* ei alkuunkaan, kaikkea muuta *You haven't told me everything, not by a long shot.* Et ole kertonut minulle vielä läheskään kaikkea.

over the long haul ajan mittaan, pitkällä aikavälillä, aikaa myöten *It is the one approach that can maintain competitive performance over the long haul.* Juuri tämä lähestymistapa voi ylläpitää kilpailukykyä pitkällä aikavälillä.

take the long view [of sth] suunnitella tulevaisuutta varten, keskittyä tulevaisuuteen *If you take the long view, you can regard staff training as an investment for the company.* Jos tähtäätte tulevaisuuteen, voitte pitää henkilöstön koulutusta sijoituksena yritykseen.

think long and hard harkita huolellisesti *You should think long and hard before deciding whether or not to accept the offer.* Sinun pitäisi harkita huolellisesti, ennen kuin päätät, hyväksytkö tarjouksen.

2 long ['lɒŋ, (am) 'lɔːŋ] *adv*

as long as (*myös* so long as) *1* kunhan vain *Anyone could walk in as long as he were not carrying a suspicious-looking package.* Kuka tahansa saattoi kävellä sisään kunhan hän ei vain kantanut epäilyttävältä näyttävää pakettia. *2* niin kauan kuin *As long as she stayed in London she wouldn't speak to anyone.* Hän ei puhuisi kenellekään, niin kauan kuin pysyisi Lontoossa.

not any longer ei enää *These negative effects of direct taxation cannot any longer be ignored.* Näitä välittömän verotuksen kielteisiä vaikutuksia ei voida enää jättää huomiotta.

so long [for now] *ark* hei sitten (hyvästelynä)

3 long *s*

before long ennen pitkää, jonkin ajan kuluttua *Before long, a young woman appeared.* Jonkin ajan kuluttua nuori nainen ilmestyi.

for [so] long kauan, pitkään *This was the day he had waited for so long.* Tätä päivää hän oli odottanut pitkään.

the long and [the] short of it lyhyesti sanottuna *The long and the short of it is that he's not going to be working for us any more.* Lyhyesti sanottuna hän ei enää työskentele meillä.

1 look ['lʊk] *v*

[be unable to] look sb in the eye / eyes / face ei pysty katsomaan suoraan silmiin *She stared down at the carpet, unable to look him in the eye.* Nainen tuijotti mattoa eikä kyennyt katsomaan häntä silmiin.

I'm just looking. *ark* Minä vain katselen. (Sanotaan kaupassa myyjälle, kun ei haluta ostaa mitään erikoista.)

look after *1* huolehtia, pitää huolta *The child is well looked after.* Lapsesta pidetään hyvää huolta. *Emma is old enough to look after herself.* Emma on tarpeeksi vanha huolehtiakseen itse itsestään. *2* hoitaa jtak, vastata jstak *My father looked after the bar.* Isäni hoiti baaria.

look ahead valmistautua jhk, ajatella jtak tulevaisuuden kannalta *Bill looks ahead to the final.* Bill valmistautuu finaaliin.

look back muistella *I look back on those emotions with wry amuse-*

look

ment. Muistelen noita tunteita ironisen huvittuneena.

look bad (*myös* not look good) *1* antaa huonon vaikutelman *If you're late it looks bad on you.* Antaa huonon vaikutelman, jos olet myöhässä. *2* vaikuttaa pahalta (ennakoi epäonnistumista, ongelmia tms) *It looks bad and everybody's worried.* Pahalta vaikuttaa ja kaikki ovat huolissaan.

Look before you leap. Parempi katsoa kuin katua., Harkitse tarkkaan ennen kuin toimit.

look down on ylenkatsoa jtak, halveksia jtak *Her mother looked down on her because she was single.* Hänen äitinsä ylenkatsoi häntä, koska hän ei ollut naimisissa.

look down one's nose at sb / sth *ark* katsoa pitkin nenänvarttaan *Next time the sales clerk looks down his nose at you, tell him...* Seuraavan kerran, kun myyjä katsoo sinua pitkin nenän varttaan, sano hänelle...

look forward to odottaa jtak innolla t. innokkaasti *He looks forward to his birthday.* Hän odottaa innolla syntymäpäiväänsä.

look good vaikuttaa hyvältä (ennakoi menestystä tms) *The future looks good.* Tulevaisuus vaikuttaa lupaavalta.

look in pistäytyä jkn luona, käydä jkn luona *I might look in on Mike when I'm in London.* Saatan pistäytyä Miken luona Lontoossa ollessani.

look into tutkia jtak, ottaa selvää jstak *The union representative is looking into the case.* Ammattijärjestön edustaja tutkii tapausta.

look on (*myös* look upon) pitää jtak jnak, suhtautua jhk jnak *I suppose I can look on her as a sister?* Voin kai pitää häntä siskonani?

look one's age näyttää ikäiseltään *In his mid-60s, he hardly looks his age.* Puolivälissä kuuttakymmentä hän ei tosiaankaan näytä ikäiseltään.

look one's / its best näyttää parhaimmaltaan *Help the groom dress and ensure he looks his best.* Auta sulhasta pukeutumaan, jotta hän näyttäisi mahdollisimman hyvältä.

Look out! Varo!, Varovasti nyt!

look out for *1* yrittää löytää jk, pitää silmällä jtak *Stuart looked out for a parking space.* Stuart yritti löytää parkkipaikan. *2* huolehtia jksta, pitää huolta jksta

look out for number one välittää vain itsestään

look right / straight through sb ei olla näkevinään *In the lift they look right through him as if he did not exist.* Hississä he eivät ole näkevinäänkään häntä, ikään kuin häntä ei olisikaan.

look sb up and down *ark* katsoa jkta päästä varpaisiin *He looked me up and down, not sure what to make of me.* Hän katsoi minua päästä varpaisiin tietämättä, mitä ajatella minusta.

look sharp / lively *ark vanh* (br) pitää kiirettä, kiirehtiä *Look lively, lads.* Pitäkää kiirettä, pojat.

look the other way katsoa jtak läpi sormien *The police looked the other way when they came across drug dealers.* Poliisit katsoivat huumekauppiaiden toimia läpi sormien.

look to luottaa jkhun, turvautua jkhun *He looked to his sister for support.* Hän turvautui sisarensa tukeen.

look to the future katsoa tulevaisuuteen, suunnitella tulevaisuutta *She could now look to the future with confidence again.* Hän voi jälleen suunnitella tulevaisuutta luottavaisin mielin.

look up *1* ottaa yhteyttä jkhun, käydä tapaamassa jkta *Look me up next time you come to London.* Ota yhteyttä, kun seuraavan kerran tu-

look 320

let Lontooseen. **2** parantua, tulla paremmaksi *Things were looking up.* Asiat olivat menossa parempaan suuntaan.

look up to ihailla jkta, kunnioittaa jkta *We all look up to Jimi Hendrix.* Me kaikki ihailemme Jimi Hendrixiä.

never / not look back *ark* menestyä hyvin (uranvaihdoksen tms. jälkeen) *Right after high school, he left his sleepy home town and never looked back.* Heti lukion jälkeen hän lähti unisesta kotikaupungistaan menestyäkseen muualla.

not be much to look at *ark* ei juuri minkään näköinen *He's not much to look at.* Hän ei ole juuri minkään näköinen.

[not] look oneself [ei] olla oma itsensä *He just didn't look himself at all.* Hän ei näyttänyt ollenkaan olevan oma itsensä.

2 look *s*

a black look synkeä ilme *He shot a black look at her.* Hän vilkaisi naista vihaisesti.

by the look[s] of sth (*myös* to look at) *ark* kaikesta päätellen, jnk ulkonäön perusteella *By the look of him, his father was furious.* Kaikesta päätellen hänen isänsä oli raivoissaan.

exchange looks vaihtaa katseita, katsoa toisiinsa *Jack and I exchanged looks again and we both started laughing.* Jack ja minä vaihdoimme taas katseita ja purskahdimme kumpikin nauruun.

get a look in *ark* (br, austr) saada mahdollisuus (menestyä jssak) *Unattractive workers don't get a look in.* Rumat työntekijät eivät saa mahdollisuutta menestyä.

give / shoot sb a dirty look katsoa jkta vihaisesti *Everybody in the room gave me a dirty look.* Kaikki huoneessa olijat katsoivat minua vihaisesti.

if looks could kill jos katse voisi tappaa

take a long, hard look at sth tutkia jtk tarkkaan, jotta sitä voisi parantaa *The next stage is to take a long, hard look at yourself.* Seuraavaksi sinun on tarkoin tutkiskeltava itseäsi.

looker ['lukəʳ] *s*

a good looker *ark* herkkupala, namupala (hyvännäköisestä miehestä t. naisesta)

lookout ['lʊkaʊt] *s*

be on the lookout [for sb / sth] (*myös* keep a lookout) **1** tähyillä, etsiskellä *Molly stood on the terrace and kept a lookout.* Molly seisoi terassilla ja tähyili. **2** pitää silmällä, olla varuillaan *They were always tense and on the lookout for danger.* He olivat aina jännittyneitä ja varautuneita vaaraan.

be sb's own lookout *ark* (br) olla jkn oma ongelma, koska on itse aiheuttanut sen *If her carefulness made her life less rich, then that was entirely her own lookout.* Jos hänen varovaisuutensa köyhdytti hänen elämäänsä, se oli kokonaan hänen oma ongelmansa.

loom ['lu:m] *v*

loom large 1 olla suuri merkitys *He has also pointed out that the future did not loom so large for them.* Hän on myös korostanut, että tulevaisuudella ei ollut heille niin suurta merkitystä. **2** olla hyvin todennäköinen *He was deeply concerned as a trade war loomed large.* Hän oli syvästi huolestunut, koska kauppasota oli hyvin todennäköinen.

loop ['lu:p] *s*

in the loop *ark* (yl am) sisäpiirissä, tietoinen jstak asiasta *He was in the loop at the time.* Siihen aikaan hän kuului sisäpiiriin.

knock / throw sb for a loop ark (am) järkyttää t. hämmentää yllättäen *It threw me for a loop when I saw him walking into the movie theater with that stupid girl.* Järkytyin pahan kerran, kun näin hänen kävelevän elokuviin sen typerän tytön kanssa.

loop the loop tehdä surmansilmukka (lentokoneella) *Helicopters haven't been able to do loop the loop.* Helikoperit eivät ole pystyneet tekemään surmansilmukkaa.

out of the loop ark (yl am) ulkona jstak asiasta, ei tietoinen jstak asiasta *The President takes him out of the loop on national security.* Presidentti pitää hänet ulkona kansalliseen turvallisuuteen liittyvistä asioista.

loose ['lu:s] *a*

a loose cannon kävelevä aikapommi (arvaamattomasti käyttäytyvä ihminen) *Of course the Palace can't afford to leave her as a loose cannon.* Tietenkään hovilla ei ole varaa antaa hänen vapaasti häriköidä.

a loose tongue liukas kieli, varomaton puhetapa *Her loose tongue could lead the police straight to their lair.* Hänen varomattomat puheensa voisivat johtaa poliisit suoraan heidän piilopaikkaansa.

at a loose end (*myös* (am) be at loose ends) ark (br, austr) toimettomana, vailla tekemistä *The reason we drink is that we're at a loose end.* Syy juomiseemme on se, että olemme toimettomia.

break / cut loose *1* päästä irti, irrota *Sooner or later the wheel would break loose.* Ennemmin tai myöhemmin pyörä irtoaisi. *2* päästä[ä] valloilleen *Pent-up emotions broke loose.* Patoutuneet tunteet pääsivät valloilleen.

come loose (*myös* work loose) irrota, irtautua, hellitä *The steel bolts had worked loose.* Teräspultit olivat irronneet.

cut loose (*myös* (br) let loose) ark (am) rentoutua *This is where everyone cuts loose.* Täällä kaikki rentoutuvat.

hang loose (*myös* stay loose) ark (erit am; *yl imperat*) ottaa rennosti *Hang loose!* Ota rennosti!

on the loose *1* karkuteillä, vapaalla jalalla *A murderer was on the loose in the vicinity.* Murhaaja oli karkuteillä lähiseudulla. *2* vapaalla (vailla tavanomaisia rajoituksia t. velvollisuuksia) *I am on the loose this weekend.* Olen tämän viikonlopun vapaalla.

tie up the loose ends / threads saattaa päätökseen yksityiskohtia myöten *We always like to tie up the loose ends in this court.* Haluamme aina tässä tuomioistuimessa saattaa asiat päätökseen yksityiskohtia myöten.

turn loose päästää irti, päästää vapaaksi *The dogs were turned loose.* Koirat päästettiin irti.

loosen ['lu:sᵊn] *v*

loosen sb's tongue irrottaa kielenkantimet *A bottle of wine had loosened her tongue.* Pullo viiniä oli irrottanut hänen kielenkantimensa.

loosen up *1* ark ottaa rennosti *2* verrytellä *A short walk gives you a chance to loosen up your legs.* Lyhyt kävelyretki antaa mahdollisuuden jalkojen verryttelyyn.

1 lord ['lɔ:d] *s*

Good Lord Hyvänen aika! Herranjestas!

live like a lord elää herroiksi

Lord knows taivas tietää, herra ties *Lord knows what she's cooking.* Taivas tietää, mitä ruokaa hän laittaa.

my lord (br) Teidän armonne (puhuteltaessa tuomaria, piispaa t. lordia)

your lord and master *leik* herrasi ja isäntäsi (jku, jota on toteltava) *As your lord and master, I command you to obey me.* Herranasi ja isäntänäsi käsken sinua tottelemaan minua.

2 lord *v*
lord it over komennella, määräillä *In the office Carol lorded it over her assistants.* Toimistossa Carol määräili avustajiaan.

lorry ['lɒri] *s*
have fallen off the back of a lorry *ark, leik* (br) olla laittomasti hankittu *How do we know that everything here hasn't fallen off the back of a lorry?* Mistä tiedämme, ettei kaikki täällä ole laittomasti hankittua?

lose ['lu:z] *v*
lose face menettää kasvonsa, menettää maineensa *She felt she hadn't altogether lost face amongst her fellow students.* Hänestä tuntui, ettei hän ollut täysin menettänyt mainettaan opiskelijatovereidensa silmissä.

lose heart lannistua *Ringo never loses heart.* Ringo ei koskaan lannistu.

lose it *ark* menettää malttinsa, raivostua *She completely lost it and was just plain screaming.* Hän raivostui täysin ja karjui suoraa huutoa.

lose no opportunity käyttää jokainen tilaisuus hyväkseen *She lost no opportunity to diminish Miss Hatherby.* Hän käytti jokaisen tilaisuuden hyväkseen vähätelläkseen neiti Hatherbya.

lose no time ei hukata aikaa, tehdä jtak välittömästi *The government will lose no time in holding fresh elections.* Hallitus pitää uudet vaalit välittömästi.

lose one's breath hengästyä

lose one's mind (*myös* lose one's marbles) tulla hulluksi, menettää järkensä *I think you must have lost your mind.* Olet tainnut tulla hulluksi.

lose one's touch menettää taito, jonka on osannut hyvin *Don't lose your touch.* Pidä yllä taitoasi.

lose oneself in sth *1* uppoutua täysin *Yet she couldn't lose herself in the story.* Kuitenkaan hän ei voinut uppoutua täysin tarinaan. *2* kadota *Their eyes followed the two figures out until they lost themselves in the bush.* He seurasivat katseellaan kahta hahmoa, kunnes ne katosivat pensaikkoon.

lose sleep over menettää yöunensa jnk takia, huolehtia liiaksi jstak *I shouldn't lose too much sleep over it.* Minä en huolehtisi siitä liiaksi.

lose the way (*myös* lose one's way) eksyä *We were so exhausted one night that we lost our way.* Eräänä iltana olimme niin näännyksissä, että eksyimme.

nothing to lose ei mitään menetettävänä *We've nothing to lose and everything to gain.* Meillä ei ole mitään menetettävänä vaan kaikki voitettavana.

losing ['lu:zɪŋ] *a*
on the losing side alakynnessä, tappiolla *Constantine found herself on the losing side in the debate.* Constantine huomasi olevansa väittelyssä alakynnessä.

loss ['lɒs] *s*
a dead loss *ark* (br) toivoton tapaus, täysi nolla *He might be a dead loss but he's still Stephanie's husband.* Hän saattaa olla täysi nolla, mutta hän on silti Stephanien aviomies.

at a loss *ark* neuvoton, epätietoinen *His father was never at a loss.* Hänen isänsä ei ollut koskaan neuvoton.

at a loss for words sanaton *The record genuinely leaves you at a loss* *for words.* Levy todella jättää kuulijansa sanattomaksi.

cut one's losses lopettaa huonosti menestyvä toiminta, ennen kuin tilanne pahenee *There was nothing for him to do now but cut his losses, and trust to a return of his luck.* Hän ei voinut tehdä muuta kuin lopettaa ja odottaa onnensa palaamista.

loss of life kuolonuhri[t] *The police captured the terrorists without loss of life.* Poliisi otti terroristit kiinni, mutta kuolonuhreilta vältyttiin.

lost ['lɒst] *a*

all is not lost kaikkea ei ole menetetty

be / feel lost without olla hukassa ilman, ei tietää mitä tehdä ilman *She's my friend and I'd be lost without her.* Hän on ystäväni, enkä tiedä mitä tekisin ilman häntä.

be lost in sth uppoutua jhk *He is lost in a daydream.* Hän on uppoutunut unelmiinsa.

be lost on sb mennä yli jkn ymmärryksen, jäädä huomaamatta jklta *Some of the jokes are probably lost on children.* Osa vitseistä menee varmasti yli lasten ymmärryksen.

be lost to the world olla omissa maailmoissaan, uppoutua jhk *He sat apart, apparently lost to the world.* Hän istui erillään, omissa maailmoissaan.

get lost 1 eksyä, joutua kadoksiin, kadota *I went for a walk in the woods and got lost.* Menin metsään kävelylle ja eksyin. **2 ark** *(yl imperat)* häipyä, antaa vetää *Get lost!* Häivy!

give sb / sth up for lost *kirjak* lopettaa etsiminen toivottomana *His family gave him up for lost.* Hänen perheensä menetti toivonsa hänen löytymisestään elävänä.

lost for words sanaton *She was momentarily lost for words.* Hän oli hetken ajan sanaton.

lost in the shuffle (am, austr) jäädä liian vähälle huomiolle *A major event is lost in the shuffle.* Tärkeä tapahtuma jää liian vähälle huomiolle.

make up for lost time ottaa takaisin menetetty aika *Just because your train leaves the station late does not mean it will arrive late. Trains sometimes make up for lost time.* Vaikka junasi lähtisikin asemalta myöhässä, se ei välttämättä tule perille myöhässä. Junat ottavat joskus kiinni menetetyn ajan.

lot ['lɒt] *s*

by lot arvalla *It was chosen by lot.* Se valittiin arvalla.

cast / draw lots [for sth / to do sth] arpoa, ratkaista arvalla *Then we drew lots to decide the order in which we should perform.* Sitten arvoimme, missä järjestyksessä esiintyisimme.

lot in life jkn osa [elämässä], jkn kohtalo *Education only made him discontented with his lot in life.* Koulutus teki hänet vain tyytymättömäksi osaansa.

throw / cast in one's lot with hypätä jkn kelkkaan, liittyä joukkoon *All you have to do is throw in your lot with me.* Sinun täytyy vain hypätä minun kelkkaani.

1 loud ['laʊd] *a*

be loud in one's support kannattaa voimakkaasti *Everybody was loud in his support of one side or the other.* Kaikki kannattivat voimakkaasti jompaa kumpaa puolta.

2 loud *adv*

for crying out loud *ark* <ilmaistaessa suuttumusta t. turhautumista> *Forget it, Roxette, for crying out loud forget it.* Unohda se Roxette, herran tähden.

loud and clear 1 selvästi, selkeästi *Your views on everything came across loud and clear.* Mielipiteesi kaikesta kävi selväksi. **2** kuuluvalla ja selkeällä äänellä *You've got to speak up loud and clear.* Sinun pitää puhua kuuluvalla ja selkeällä äänellä.

out loud ääneen *This story is written to be read out loud.* Tämä tarina on kirjoitettu ääneen luettavaksi. *I'm just thinking out loud.* Puhun vain itsekseni.

lounge ['laʊndʒ] s

a lounge lizard (yl am) salonkileijona (läh; mies, joka käyttää aikansa baareissa ja kutsuilla tavatakseen rikkaita ihmisiä, etenkin naisia) *A lounge lizard reveals his secrets of wooing women.* Salonkileijona paljastaa salaisuutensa naisten vikittelyssä.

love ['lʌv] s

be a love olisitko kiltti, viitsisitkö (pyynnöissä) *Peter, be a love and pass me my bag, would you?* Peter, olisitko kiltti ja antaisit minulle laukkuni.

[do sth] [just] for love / for the love of sth [tehdä jtk] ilmaiseksi, vastikkeetta, vain koska pitää siitä *She plays the piano just for the love of it.* Hän soittaa pianoa ilman korvausta, koska pitää siitä.

for the love of God Jumalan tähden, herran tähden *For the love of God, get me out of here.* Päästä minut Jumalan tähden ulos täältä.

for the love of Mike vanh Jumalan tähden, herran tähden *For the love of Mike take off those shoes!* Ota herran tähden nuo kengät pois jalastasi!

give / send my love to sb ark kerro terveisiä

love at first sight rakkautta ensi silmäyksellä *It was love at first sight for me and Joelle.* Minä ja Joelle rakastuimme ensi silmäyksellä.

love from ark (myös **lots of love [from]**) (kirjeessä, läheiselle ystävälle) terveisin *Love from Annie* terveisin Annie, *Lots of love* Paljon terveisiä

love handles leik pelastusrengas (rasvakerros vatsan ympärillä), jenkkakahvat *How to lose your love handles?* Miten pääset eroon pelastusrenkaastasi?

love is blind rakkaus on sokeaa

love you and leave you ark, leik pakko lähteä, vaikka olisi ollut mukava jäädä

make love rakastella *You've made love to many, many women.* Olet rakastellut hyvin monen naisen kanssa.

not for love [n]or money ark ei mistään hinnasta, ei millään *Poor Karen couldn't get gravid for love or money.* Karen-parka ei tullut millään raskaaksi.

the love of one's life jkn elämän keskipiste, jkn suuri rakkaus *When I was young rugby was the love of my life.* Kun olin nuori, rugby oli elämäni keskipiste.

There is no love lost between them. ark He inhoavat toisiaan.

low ['ləʊ] a

be / run low on sth olla jtk vain vähän jäljellä *We take the narrow country road and we are low on fuel.* Käännymme kapealle maalaistielle ja meillä on vain vähän polttoainetta jäljellä.

lower ['ləʊəʳ] v

lower oneself vajota, alentua *He thought he would lower himself by doing so.* Hän ajatteli alentavansa itsensä, jos tekisi niin.

lower the tone [of sth] tehdä jstk (esim näytelmästä) luonteeltaan vähemmän kohtelias t. kunnioittava, madaltaa *He always has to go and lower the tone of a conversation.* Aina hänen on pakko madaltaa keskustelun tasoa.

lowest ['ləʊɪst] *a*
the lowest common denominator
suuri määrä ihmisiä, jotka hyväksyvät ala-arvoisen laadun *I know there's a recession, but seeking the lowest common denominator is no answer.* Tiedän, että on lama, mutta huonolaatuiseen massatuotantoon pyrkiminen ei ole vastaus.
the lowest of the low [yhteiskunnan] pohjasakka *Child molesters are the lowest of the low, even to other criminals.* Lapsiinsekaantujat ovat pohjasakkaa jopa toisten rikollisten mielestä.

luck [lʌk] *s*
a stroke / piece of luck onnenpotku *In another room they had a stroke of luck when they came across a large paper bag of fruit.* Toisessa huoneessa heitä potkaisi onni, kun he löysivät suuren paperikassin täynnä hedelmiä.
any luck? *ark* Onnistiko?
as luck would have it *1* onneksi *As luck would have it the letter had not been sent.* Onneksi kirjettä ei ollut lähetetty. *2* pahaksi onneksi *As luck would have it we've chosen a bad day to join him.* Pahaksi onneksi olemme valinneet väärän päivän liittyä hänen seuraansa.
bad / hard / tough / rotten luck *ark* ikävä juttu, sepä ikävää
be down on one's luck *ark* mennä huonosti *We mustn't let this old friend of yours know we're down on our luck.* Emme saa antaa vanhan ystäväsi huomata, että meillä menee huonosti.
be out of luck olla huonoa onnea *Others just continued borrowing until they ran out of luck or excuses.* Toiset vain jatkoivat lainaamista, kunnes onni kääntyi tai tekosyyt loppuivat.
beginner's luck aloittelijan tuuria *With hard work, and some beginner's luck he is able to reveal a double murderer.* Kovalla työllä ja pienellä määrällä aloittelijan tuuria hän pystyy paljastamaan kaksoismurhaajan.
bring bad / good luck tuottaa huonoa / hyvää onnea *Why does a black cat bring bad luck?* Miksi musta kissa tuo huonoa onnea?
do sth for luck *1* tehdä jtk, koska sen uskotaan tuovan hyvää onnea *You're supposed to touch the cross for luck.* Ristiä pitää koskettaa, koska se tuo onnea. *2* tehdä jtk muuten vain, ilman mitään syytä
good luck to sb *ark* lykkyä tykö vain (kun jk on samantekevää, mutta toivotat silti onnea) *If you can find her, good luck to you, but there's nothing I can do.* Lykkyä tykö vain, jos löydät hänet, mutta minä en voi auttaa.
good luck [with sth] *ark* (toivotettaessa) hyvää onnea *Good luck with the project!* Menestystä hankkeeseen!
just my / his / ... luck *ark* tyypillistä meikäläisen (huonoa) tuuria *Just my luck to have left the passports in the hotel.* Tyypillistä meikäläisen huonoa tuuria: olin jättänyt passit hotelliin.
luck is on sb's side onni suosii jkta *Luck was on your side for once.* Onni suosi kerrankin sinua.
more by luck than judgment sattumalta eikä ansiosta (saatua) *They won the game more by luck than judgment.* He voittivat pelin tuurilla eikä ansiosta.
no such luck *ark* valitettavasti ei *Time to start your holidays? – No such luck.* Aloitatko jo loman? – Ei valitettavasti.
one is in luck (*myös* one's luck is in) olla onni myötä, onnistaa *If you are a minor, then your luck is in, because entrance will be free!* Jos olet alaikäinen, sinulla on onnea, sillä sisäänpääsy on ilmainen.

the luck of the devil / the Irish todella hyvä onni *He has the luck of the devil and wins more than he deserves.* Hänellä on satumaisen hyvä onni, ja hän voittaa enemmän kuin ansaitsisi.

the luck of the draw kohtalon oikusta, sattumalta *It's merely been the luck of the draw that Mary has seen to you every time.* On ollut pelkkää sattumaa, että Mary on palvellut sinua joka kerta.

tough / bad luck 1 *ark* huono tuuri (osoitettaessa myötätuntoa toisen epäonnesta) *My car wouldn't start. – Tough luck!* Autoni ei startannut. – Olipa huonoa tuuria! **2** *ark, iron* (myös *alat* tough shit) tosi kovaa (osoitettaessa, että ei piittaa toisen ongelmista) *If they don't love me for what I am that's just tough shit!* Jos he eivät rakasta minua sellaisena kuin olen, sen pahempi heille!

try one's luck koettaa onneaan *Try your luck at the lottery!* Koeta onneasi arvonnassa!

with [any / a bit of] luck *ark* toivottavasti *With a bit of luck the three of us should be able to get together tonight.* Toivottavasti me kolme voimme tavata tänä iltana.

worse luck valitettavasti, ikävä kyllä *I have to go to secretarial school, worse luck.* Minun täytyy valitettavasti mennä sihteeriopistoon.

lucky ['lʌki] *a*

get lucky *ark* löytää seksikumppani *You never know, I might get lucky.* Ei sitä koskaan tiedä, ehkä minä saan jonkun.

lucky devil *ark* onnenmyyrä, onnenpekka *Lucky devil, I've been trying to get in for eight years.* Sinä onnenmyyrä, minä olen yrittänyt päästä sisään kahdeksan vuoden ajan.

lucky you / me / ... *ark* onnen pekka *Lucky me – I was given the best of both worlds.* Olin onnen pekka – sain parhaat puolet molemmista.

one'll be lucky (*myös* one should be so lucky) *ark* se mitä odottaa t. toivoo tapahtuvaksi, on epätodennäköistä *Would you buy a used car from this man? – You should be so lucky.* Ostaisitko tältä mieheltä käytetyn auton? – Turha luulo.

1 lump ['lʌmp] *s*

a lump in one's throat pala kurkussa *There were tears in my eyes and a lump in my throat.* Silmissäni oli kyyneliä ja minulle nousi pala kurkkuun.

take one's lumps *ark* (am) ottaa vastaan epämiellyttävät asiat nurkumatta *I'm willing to take my lumps.* Olen valmis alistumaan kohtalooni.

2 lump *v*

like it or lump it *ark* (yl br) ota tai jätä

lunatic ['lu:nətɪk] *a*

the lunatic fringe *halv* äärimmäinen ääriryhmä *Books are still being published by the lunatic fringe.* Kirjoja julkaisevat edelleen äärimmäiset ääriryhmät.

lunch ['lʌntʃ] *s*

be out to lunch *ark* käyttäytyä oudosti t. typerästi *The administration is out to lunch.* Hallinto käyttäytyy todella typerästi.

do lunch *ark* (am) lounastaa, käydä lounaalla

There is no such thing as a free lunch. Kaikella on hintansa.

lurch ['lɜ:tʃ] *s*

give a lurch 1 keikahtaa, kallistua, nytkähtää *The train gave a lurch.* Juna nytkähti eteenpäin. **2** hypähtää kurkkuun *For years afterwards, Jay's heart gave a lurch every time she passed the place.* Vielä monen vuoden jälkeen Jayn sydän hypähti kurkkuun joka kerta, kun hän kulki paikan ohi.

leave sb in the lurch *ark* jättää jku pulaan *He left you in the lurch when you needed him most.* Hän jätti sinut pulaan silloin, kun tarvitsit häntä eniten.

lurgy [lɜːgi] *s*
the dreaded lurgy *ark, leik* kammottava vitsaus (esim. flunssa) *We're still not completely over the dreaded lurgy.* Me emme ole vielä täysin toipuneet siitä kammottavasta vitsauksesta.

lying [laɪŋ] *v*
take sth lying down *ark* ottaa vastaan loukkaus t. hyökkäys provosoitumatta *We wouldn't take similar attacks lying down.* Me emme ottaisi vastaan samanlaisia hyökkäyksiä reagoimatta niihin.

lyrical [ˈlɪrɪkᵊl] *a*
wax lyrical about hehkuttaa [innokkaasti], vaahdota *Respected journalists wax lyrical about the band.* Arvostetut toimittajat hehkuttavat

mad ['mæd] *a*

[as] mad as a hatter *ark* pähkähullu *From what I can gather he was as mad as a hatter.* Minusta vaikutti, että hän oli pähkähullu.

as mad as a hornet (am) kiukkuinen kuin ampiainen *He was as mad as a hornet when Paula woke him up.* Hän oli kiukkuinen kuin ampiainen, kun Paula herätti hänet.

Don't get mad, get even. suuttumisesta ei ole hyötyä, tee jotain

go mad *ark* villiintyä, riehaantua, äityä *I'm gonna go mad and tidy up I think.* Taidanpa villiintyä siivoamaan.

like mad *ark* kuin hullu, hullun lailla *I've been working like mad.* Olen huhkinut kuin hullu.

mad keen *ark* tavattoman innostunut jstak *Giles was mad keen on planes from an early age.* Giles oli nuoresta pitäen ollut tavattoman innostunut lentokoneista.

1 magic ['mædʒɪk] *a*

a magic moment ihana hetki (jolloin tapahtuu jtk tavanomaisesta poikkeavaa) *Magic moment: Little Jessica throws her arms around Princess Diana.* Taianomainen hetki: pikku Jessica kietoo kätensä prinsessa Dianan kaulaan.

a magic wand taikakeino, erittäin helppo tapa tehdä jtk *No magic wand can resolve the problems.* Ei ole mitään taikatemppua, jolla ongelmat voitaisiin ratkaista.

a / the magic touch erittäin taitava jssk *It's magic touch you've got to have with cars.* Autojen kanssa pitää olla erittäin taitava.

What's the magic word? (br, austr) Mitä sanotaan? (lapselle, kun halutaan lapsen sanovan kiitos)

2 magic *s*

like magic hyvin nopeasti t. tehokkaasti *A passage was cleared through the crowd like magic.* Väkijoukon halki raivattiin väylä hyvin tehokkaasti.

weave one's magic punoa juoniaan, lumota, saada jku toimimaan haluamallaan tavalla *What chance does any man have, once you start to weave your magic?* Mitä mahdollisuuksia on yhdelläkään miehellä, kun alat punoa juoniasi?

work one's / its magic parantaa tilannetta huomattavasti, tehdä jku onnelliseksi *The lucky charm of literacy often fails to work its magic.* Lukutaito ei aina ole se onnekalu, joka parantaisi tilannetta huomattavasti.

main ['meɪn] *s*

in the main pääasiallisesti *In the main, the college has produced little radical comment or research.* Oppilaitos on pääasiallisesti tuottanut vain vähän radikaaleja kommentteja tai tutkimusta.

the main drag *ark* (am, austr) kaupungin pääkatu *The very end of the main drag leads straight to the ocean.* Kaupungin pääkatu päättyy suoraan valtamereen.

the main squeeze *ark* (am) rakastettu

make

1 make ['meɪk] *v*

be made for sb / sth olla täysin sopiva jklle / jhk *He is made for ski jumping.* Hän on kuin luotu mäkihyppääjäksi. *Jim is made for Annie.* Jim sopii Annielle täydellisesti.

be made of money *ark* kylpeä rahassa, olla upporikas *Everyone knows that he is made of money.* Kaikki tietävät, että hän on upporikas.

be made up *ark* (br) olla mielissään, olla innoissaan *The pregnancy came as a surprise, but now we're made up about the baby.* Raskaus tuli yllätyksenä, mutta nyt olemme innoissamme vauvasta.

Do you want to make something of it? Haastatko riitaa vai?

have [got] it made *ark* menestyä varmasti, olla pullat hyvin uunissa *He's got it made – big house, big firm, pots of cash.* Hänellä on pullat hyvin uunissa – iso talo, suuri yritys, rahaa kuin roskaa.

make a day / night of it tehdä jtak koko päivä t. yö, viettää koko päivä t. yö jssak *Imagine how lovely it would be – you could take the whole family and make a day of it.* Kuvittele, kuinka ihanaa se olisi – voisit ottaa perheen mukaan ja viettää siellä koko päivän.

make a go of sth *ark* menestyä jssk *She vowed to make a go of their marriage.* Hän vannoi, että saisi heidän avioliittonsa onnistumaan.

make after *vanh* ajaa takaa, lähteä jkn perään

make as if to do sth *kirjak* olla tekevinään jtak *She made as if to protest.* Hän oli protestoivinaan.

make away with 1 varastaa, häipyä jk mukanaan *He has made away with the trophy.* Hän on häipynyt palkinto mukanaan. **2** tappaa, surmata *She decided to make away with him.* Hän päätti tappaa miehen.

make do [with sth] (*myös* make [sth] do) selviytyä, tulla toimeen jllak *She had to make do with a tiny pension.* Hänen täytyi tulla toimeen pienellä eläkkeellä.

make headway edistyä *The firm is finally beginning to make headway.* Firma alkaa lopultakin menestyä.

make it 1 menestyä *He made it as an actor.* Hän menestyi näyttelijänä. **2** ehtiä, päästä *She'd never make it if she tried to go by bus.* Linja-autolla hän ei ehtisi millään. *Something came up and I can't make it tonight.* Minulle tuli menoa, joten en pääse illalla. **3** selviytyä, selvitä *She is going to make it but she is still seriously ill.* Hän selviytyy kyllä, mutta on edelleen erittäin sairas.

make it up to sb hyvittää *I'll make it up to you.* Minä hyvitän sen sinulle.

make it with sb *slat* (am) rakastella jkn kanssa *He spent the night there after taking her home, but didn't make it with her.* Hän jäi yöksi vietyään naisen kotiin, mutta ei rakastellut tämän kanssa.

make like *ark* (am) matkia jtak, leikkiä, olla olevinaan jtak *Make like I'm a customer.* Leiki, että olen asiakas.

make much of sth *kirjak* pitää jkta / jtk tärkeänä *Feminists make much of the social disadvantage under which women suffer.* Feministit pitävät tärkeänä sitä sosiaalisesti epäedullista asemaa, josta naiset kärsivät.

make nothing of sth pitää helppona t. vähäpätöisenä *She made nothing of the incident.* Hän piti välikohtausta merkityksettömänä.

make of 1 ajatella, olla jtak mieltä, ymmärtää *What do you make of the idea?* Mitä mieltä olet ideasta? *Can you make anything of it?* Ymmärrätkö siitä mitään? **2** pitää jnak, suhtautua tietyllä tavalla *Mrs Thatcher* *has made much of Britain's scientific brilliance.* Rva Thatcher on korostanut Ison-Britannian etevyyttä tieteen alalla.

make off häipyä, lähteä tiehensä *The waitress made off again.* Tarjoilija häipyi taas.

make off with varastaa, häipyä jk mukanaan *The thieves made off with £700 in cash.* Varkaat veivät mukanaan 700 puntaa käteistä.

make or break (*myös* make or mar) ratkaista jkn t. jnk kohtalo *They were aware that large scale investment would make or break the company.* He olivat tietoisia siitä, että laajamittainen investointi tulisi ratkaisemaan yrityksen kohtalon.

make out erottaa (pystyä havaitsemaan aistein), ymmärtää, saada selvää *I could just make out his face in the light from the doorway.* Saatoin juuri erottaa hänen kasvonsa oviaukosta tulevassa valossa. *I couldn't make out what he was saying.* En saanut selvää hänen puheestaan.

make over *1* luovuttaa, siirtää *He made over the farm to his newly married elder son.* Hän luovutti maatilan vastanaineelle vanhimmalle pojalleen. *2* uudistaa, saattaa uuteen uskoon *He had the kitchen made over for Joan.* Hän uudisti keittiön Joania varten. *I'd like to make her over.* Haluaisin uudistaa hänen ulkonäkönsä.

make sail *1* lähteä matkaan *2* levittää purje[et] *The two vessels made sail.* Alukset levittivät purjeet.

make sb's day pelastaa jkn päivä *You've just made my day.* Pelastit juuri päiväni.

make sth of oneself menestyä elämässä *His willful mother saw to it that he made something of himself.* Hänen voimakastahtoinen äitinsä varmisti, että hän menestyi elämässä.

make the most of oneself yrittää näyttää mahdollisimman viehättävältä *At sixteen Sarah was quite beautiful, but she didn't make the most of herself.* Kuusitoistavuotiaana Sarah oli melko kaunis, mutta ei tehnyt kaikkeaan näyttääkseen mahdollisimman viehättävältä.

make the most of sth käyttää jk mahdollisimman tarkoin hyödyksi *On nice days we made the most of the sunshine.* Kauniina päivinä nautimme täysipainoisesti auringonpaisteesta.

make time [to do sth] varata aikaa *Be sure to make time for a shopping trip.* Muista varata aikaa ostosmatkalle.

make up *1* sopia, tehdä sovinto *She made up with her mother.* Hän teki sovinnon äitinsä kanssa. *2* meikata, ehostaa, naamioida, maskeerata *Her eyes were made up with black eyeliner.* Hän silmänsä oli meikattu mustalla rajausvärillä.

make up for korvata, hyvittää *What they lack in brawn they make up for in skill.* He korvaavat voimanpuutteen taidolla.

make up leeway (br) selviytyä huonosta tilanteesta, johon on joutunut (erit ajanhukan takia), korvata menetys *Having lost part of their profits in Europe, the company is quite capable to make up leeway in the US.* Menetettyään osan voitoistaan Euroopassa, yritys pystyy hyvin korvaamaan menetyksen USA:ssa.

make up one's mind päättää *I made up my mind to stop smoking.* Päätin lopettaa tupakoinnin.

make up to sb *ark* mielistellä, liehitellä, hännystellä *He's always making up to the boss.* Hän on aina mielistelemässä pomoa.

make way *1* tehdä tilaa, väistyä jnk tieltä *He stepped aside to make way for his son.* Hän astui syrjään tehdäkseen tilaa pojalleen. *2* edetä, kulkea, matkata *He made his way back to his native area.* Hän matkasi takaisin synnyinseudulleen.

make with *ark* (am) ottaa käyttöön *to make with the feet* ottaa jalat alleen

2 make *s*

on the make *ark, halv* **1** voitonhimoinen *Jackie was a young man on the make, not so much for fame but for money.* Jackie oli voitonhimoinen nuori mies, joka ahnehti ei niinkään mainetta vaan rahaa. **2** miestä tai naista iskemässä *She was a woman on the make.* Nainen oli miestä iskemässä.

put the make on *alat* (am) iskeä, lähennellä jkta *What she has is a boss who keeps trying to put the make on her.* Hänen pomonsa yrittää jatkuvasti lähennellä häntä.

maker ['meɪkəʳ] *s*

meet one's Maker *leik* kuolla *He was convinced he was going to meet his maker there and then.* Hän oli vakuuttunut siitä, että hän kuolla kupsahtaisi siihen paikkaan.

making ['meɪkɪŋ] *s*

be the making of sb olla jonkun menestyksen takana *This voyage is the making of him.* Tämä matka vei hänet menestykseen.

have [all] the makings of sth olla [kaikki] edellytykset jhk *A transfer of power took place that has all the makings of a revolution.* Tapahtui vallansiirto, joka täytti kaikki vallankumouksen edellytykset.

in the making tekeillä, työn alla, kehittymässä jksik *It is a disaster in the making.* Katastrofi on syntymässä. *A master is in the making.* Mestari on syntymässä.

of one's own making omaa tekoa, omaa syytä, omaa ansiotaan *The achievement was not entirely of my own making.* Saavutus ei ollut kokonaan omaa ansiotani.

malice ['mælɪs] *s*

with malice aforethought *leik* vakaasti harkiten, tahallisesti *Whoever was leaking that information, was doing it with malice aforethought.* Kuka tiedon sitten vuotikin, teki sen vakaasti harkiten.

man ['mæn] *s*

a hatchet man *ark* saneeraaja, <hlö, joka tekee organisaatiossa muutoksia, joista ihmiset eivät pidä> *The hatchet man has already closed one office down.* Saneeraaja on jo sulkenut yhden toimiston.

a man for all seasons *kirjak* monilla eri aloilla menestynyt *If there ever was a man for all seasons it is the redoubtable Mr Smith.* Kunnioitettava herra Smith, jos kuka, on menestynyt monilla aloilla.

a man of God / the cloth *kirjak* pappi, pappismies

a man of letters *kirjak* oppinut mies, [mies]kirjailija *He is also a man of letters, having a degree in history.* Hän on myöskin oppinut mies, hänellä on tutkinto historiasta.

a man of straw (*myös* a straw man) heikko hlö t. idea *I am now a man of straw, I own nothing.* Olen nyt heikko mies, en omista mitään.

a man of the moment tämän hetken sankari

a man of the people kansan mies, kansan ystävä *Whatever his increasingly evident misdeeds, he remains to many a man of the people.* Huolimatta hänen yhä ilmeisimmistä väärinkäytöksistään, hän on monien mielestä edelleen kansan ystävä.

A man's got to do what a man's got to do. *leik* <vitsinä, aiottaessa tehdä jtk epämiellyttävää>

a man's man miesten mies, tosi mies

a / the man about town menevä mies *He was well known as a man about town.* Hänet tunnettiin hyvin menevänä miehenä.

a / the man of honour kunnian mies *He is a redoubtable foe and a man of honour.* Hän on pelätty vihollinen ja kunnian mies.

Are you a man or a mouse? oletko mies vai hiiri? (kannustettaessa jkta, joka pelkää tehdä jtk)

as ... as the next man yhtä ... kuin kuka tahansa muukin *I'm as ambitious as the next man.* Olen yhtä kunnianhimoinen kuin kuka tahansa muukin.

as one man yhtenä miehenä, yksissä tuumin *Then, as one man, the boys began to eat.* Sitten pojat alkoivat yksissä tuumin syödä.

be man enough olla tarpeeksi miestä *I thought he'd be man enough to deal with the problem.* Luulin, että hänessä olisi tarpeeksi miestä käsittelemään ongelmaa.

be no good / use to man or beast *ark, leik* olla täysin hyödytön *You're no good to man or beast.* Sinusta ei ole mitään hyötyä kenellekään.

be one's own man / woman olla oma herransa, määrätä itse asioistaan *Your mother had learned to be independent in Paris – her own woman.* Äitisi oli Pariisissa oppinut olemaan itsenäinen – hän määräsi itse asioistaan.

be sb's man / woman (*myös* be the man) olla oikea mies jhk *We've got just the man for the job.* Meillä on juuri oikea mies työhön.

be twice the man / woman [that sb is] olla paljon parempi tms kuin jku toinen *It made me feel twice the woman that I was.* Se sai minut tuntemaan itseni kahta paremmaksi.

Every man has his price. (*myös* everyone has their price) jokaisella on hintansa (kaikki voidaan rahalla taivuttaa tekemään jtk vastoin periaatteitaan)

go to see a man about a dog <kun ei haluta kertoa, mihin on menossa> (erit vessaan mentäessä)

make a man [out] of sb tehdä jksta mies *The navy made a man out of me.* Laivasto teki minusta miehen.

man and boy *vanh* lapsesta saakka, nuoresta saakka *The Headmaster has been at Albion House for fifty years, man and boy.* Rehtori on ollut Albion Housessa 50 vuotta, nuoresta saakka.

Man cannot live by bread alone. Ihminen ei elä yksin leivästä.

man to man miesten kesken, kuin mies miehelle *We discussed it man to man.* Puhuimme siitä miesten kesken.

man's best friend ihmisen paras ystävä (koira)

my [dear / good] man *vanh* (br) kaveri, hyvä mies (puhuttelusanana)

One man's meat is another man's poison. makunsa kullakin

separate the men from the boys (*myös* sort out the men from the boys) erottaa miehet pojista, erottaa jyvät akanoista

the man and / woman in the street (*myös* (br) the man on the Clapham omnibus) (*am* the man on the street) tavallinen ihminen, kadunmies *Who knows what uses the man on the Clapham omnibus will find for new technology.* Kuka tietää, mitä käyttöä kadunmies keksii uudelle tekniikalle.

the man in the moon kuu-ukko

the man of the house isäntä, perheenpää

the man of the match (br) ottelun paras pelaaja

the men's (*myös* the men's room) miesten vessa, miestenhuone

to a man *kirjak* yhtenä miehenä, joka ainoa, viimeiseen mieheen *The intruders were slaughtered to a man.* Tunkeilijat tapettiin viimeiseen mieheen.

manner ['mænə^r] *s*

all manner of kaikenlaisia *There were all manner of people.* Siellä oli kaikenlaisia ihmisiä.

in a manner of speaking niin sanoakseni, tavallaan, ikään kuin – *Are you his girlfriend? – In a manner of speaking, yes.* – Oletko sinä hänen tyttöystävänsä? – Kyllä, tavallaan.

in the manner of sb / sth *kirjak* jkn / jnk tyyliin *He never ruled in Germany in the manner of his illustrious forebear.* Hän ei koskaan hallinnut Saksassa kuuluisan edeltäjänsä tapaan.

to the manner born *kirjak* kuin syntynyt jhk, kuin luotu jhk *Each member of Antonio's company danced as to the manner born.* Antonion seurueen kaikki jäsenet tanssivat kuin olisivat syntyneet tanssijoiksi.

what manner of *kirjak* minkälainen *Why shouldn't she know what manner of man she married?* Miksi hän ei saisi tietää, minkälaisen miehen kanssa on mennyt naimisiin?

manoeuvre [məˈnuːvə] *s* (*am* maneuver)

room for manoeuvre (*myös* freedom of manoeuvre) liikkumavara *The company's financial room for manoeuvre is becoming limited.* Yrityksen taloudellinen liikkumavara on alkanut kaveta.

many [ˈmeni] *s*

a good / great many sangen monta, suuri joukko *I lack a good many things, but money ain't one of 'em.* Minulta puuttuu sangen monta asiaa, mutta raha ei kuulu niihin.

as many as niinkin monta (ilmaistaessa hämmästystä) *In some countries as many as one child in three dies before reaching the age of five.* Joissakin maissa niinkin moni kuin yksi lapsi kolmesta kuolee ennen viiden vuoden ikää.

have one too many ottaa lasillinen liikaa (juopua) *He usually behaved like a gentleman even when he did have one too many.* Hän käyttäytyi yleensä kuin herrasmies, vaikka olisikin ottanut lasillisen liikaa.

in as many days / weeks / years / etc. yhtä monessa päivässä / viikossa / vuodessa / tms. *He has written five books in as many years.* Hän on kirjoittanut viisi kirjaa viidessä vuodessa.

1 map [ˈmæp] *s*

[be] off the map olla syrjässä, kaukana muista paikoista *The town, of course, was off the map.* Kaupunki oli tietenkin syrjässä.

blow / bomb / wipe sth off the map pyyhkäistä jk pois kartalta, tuhota jk täysin *He's got enough explosives to wipe half the island off the map.* Hänellä on tarpeeksi räjähteitä pyyhkäisemään puoli saarta pois kartalta.

put sth / sb on the map tehdä jku t. jk tunnetuksi, tuoda maailmankartalle *They have put Ingleton on the map and brought a measure of prosperity to the village.* He ovat tehneet Ingletonin tunnetuksi ja tuoneet vaurautta kylälle.

2 map *v*

map out suunnitella, kartoittaa *We have to map out every tiny detail.* Meidän on suunniteltava jokainen pieni yksityiskohta.

marble [ˈmɑːbəl] *s*

lose one's marbles *ark* menettää järkensä, tulla hulluksi *The old boy had lost his marbles somewhere along the line.* Äijä oli jossain vaiheessa tullut hulluksi.

pick one's marbles [and leave] (*myös* pick up one's marbles and go home) lähteä yhtäkkiä *He picked up his marbles and went home.* Hän lähti yhtäkkiä.

march [ˈmɑːtʃ] *s*

on the march marssimassa eteenpäin *In the hockey world the City of Oxford are on the march.* Jääkiekkomaailmassa Oxford on menossa eteenpäin.

quick march kävele nopeammin (kehotus)
steal a march on sb viedä jtak jkn nenän edestä, päästä jkn edelle *The company has stolen a march on its rivals.* Yritys on päässyt kilpailijoidensa edelle.

mare ['meə] *s*
a mare's nest 1 kiinnostavalta vaikuttava löytö, joka osoittautuu arvottomaksi *He discovered a mare's nest.* Hänen löytönsä osoittautui merkityksettömäksi. 2 sekava tilanne *There is a mare's nest of wiring running everywhere.* Johtoja kulkee ympäriinsä sekavana vyyhtinä.

marine [mə'ri:n] *s*
[go] tell it / that to the marines puhu pukille, älä uskottele minulle

1 mark ['mɑ:k] *s*
be quick off the mark ymmärtää nopeasti, reagoida nopeasti, käyttää tilaisuudet nopeasti hyödykseen *But UK firms will have to be quick off the mark to benefit.* Mutta Britannian firmojen on nopeasti hyödynnettävä tilaisuus.
be slow off the mark ymmärtää hitaasti, reagoida hitaasti, ei hyödyntää tilaisuuksiaan *Governments are slow off the mark to combat growing threats of cybercrime.* Hallitukset reagoivat hitaasti kyberrikollisuuden kasvaviin haasteisiin.
get off the mark (br, austr) päästä alkuun, lähteä liikkeelle *They may have a relatively long wait before they get off the mark.* He saattavat joutua odottamaan melko kauan ennen kuin pääsevät liikkeelle.
hit / miss the mark onnistua / epäonnistua jnk saamisessa t. arvaamisessa *It was a guess, and his reaction confirmed it had hit the mark.* Se oli arvaus, ja hänen reaktionsa vahvisti, että se oli osunut oikeaan.
a theory that missed the mark teoria, joka osui harhaan
leave / make a / its / one's mark jättää jälki *A year in the gaols had left its mark.* Vuosi tyrmässä oli jättänyt jälkensä.
make one's mark tulla tunnetuksi, kunnostautua *The film has deservedly made its mark in festivals around the world.* Elokuva on oikeutetusti tullut tunnetuksi festivaaleilla ympäri maailmaa.
near / close to the mark melkein oikein, lähellä totuutta *His guess was all too close to the mark.* Hänen arvauksensa osui aivan liian lähelle totuutta.
of mark *vanh* merkittävä, tärkeä *a man of mark* merkittävä mies
on the mark oikea[ssa] *You are right on the mark.* Olet täysin oikeassa.
on your marks paikoillenne (käsky urheilukilpailuissa) *On your marks, get set, go!* Paikoillenne, valmiina, nyt!
overstep the mark mennä liian pitkälle *If you overstep the mark, you may find yourself involved in a costly legal fight.* Jos menet liian pitkälle, saatat joutua kalliiseen oikeustaisteluun.
up to the mark 1 tyydyttävä 2 hyvävointinen *Johnny's not feeling up to the mark at the moment.* Johnny ei voi tällä hetkellä hyvin.
[way] off the mark (*myös* wide of the mark) väärä, [pahasti] pielessä, kaukana totuudesta *The speech he had been given was way off the mark.* Hänelle pidetty puhe oli kaukana totuudesta.

2 mark *v*
mark my words *vanh* sano minun sanoneen
mark out for valita, määrätä *Throughout his reign he trod in paths already marked out for him by his father.* Valtakautensa ajan

hän kulki isänsä hänelle määräämiä polkuja.

mark time kuluttaa aikaa *Yet computer cuts in the services sector mean that it can do little more than mark time.* Kuitenkin leikkaukset tietokoneiden määrässä merkitsevät palvelualalla sitä, että ala ei voi tehdä juuri muuta kuin kuluttaa aikaa.

mark you *vanh*, *ark* (yl br) ota huomioon, pane merkille

marked ['mɑːkt] *a*
  a marked man merkitty mies *I know I'm going to be a marked man but I like it when people are tight on me.* Tiedän, että minusta tulee merkitty mies, mutta pidän siitä, että ihmiset suhtautuvat minuun tiukasti.

market ['mɑːkɪt] *s*
  a cattle market (*myös* a meat market) *ark* (am, austr) iskupaikka (jossa etsitään seksikumppania) *Seriously it's just a cattle market.* Se on tosiaan pelkkä iskupaikka.
  be in the market for sth olla kiinnostunut ostamaan jtak *If you are in the market for a new car, read the round-up on page 47.* Lue yhteenveto sivulta 47, jos olet kiinnostunut ostamaan uuden auton.
  corner the market vallata markkinat *It was a fast move to corner the market, and it worked.* Se oli nopea yritys vallata markkinat, ja se toimi.
  on the market kaupan, markkinoilla *It came on the market two months ago.* Se tuli markkinoille kaksi kuukautta sitten.
  on the open market saatavana yleisesti, myynnissä rajoituksetta *The sale of these lands on the open market did not solve the social aspects of the agrarian problem.* Näiden maiden myynti rajoituksetta ei ratkaissut maatalousongelman sosiaalisia näkökohtia.
  play the market keinotella osakkeilla *He is interested in playing the market.* Häntä kiinnostaa osakekeinottelu.
  the black market musta pörssi *Even for some government cars, diesel is only available on the black market.* Jopa joihinkin hallituksen autoihin saadaan polttoainetta vain mustasta pörssistä.

marrow ['mærəʊ] *s*
  to the marrow luita ja ytimiä myöten, luihin ja ytimiin *The sight chilled her to the marrow.* Näky kauhistutti häntä luita ja ytimiä myöten.

marry ['mæri] *v*
  Marry in haste, repent at leisure. Kun menee liian kiireesti naimisiin, joutuu katumaan.
  marry money *ark* naida rahaa

marrying ['mærɪɪŋ] *a*
  not be the marrying kind *leik* ei olla naimisiin menevää tyyppiä *I guess I'm not the marrying kind.* En taida olla naimisiin menevää tyyppiä.

martyr ['mɑːtəʳ] *s*
  be a martyr to sth kärsiä jstak *Kathleen was a martyr to her migraine at the time.* Kathleen kärsi niihin aikoihin migreenistään.
  make a martyr of oneself tehdä vaikeita ja ikäviä asioita, vaikka se ei olisi välttämätöntä *There's no sense in making a martyr of yourself.* Ei ole mitään järkeä tehdä marttyyria itsestään.
  make a martyr of sb kohdella jkta niin huonosti, että muut alkavat sääliä häntä *His parliamentary enemies were once again making a martyr of him – handing him another grand political opportunity.* Hänen vastustajansa parlamentissa tekivät taas hänestä marttyyrin – ja lahjoittivat hänelle uuden hienon poliittisen mahdollisuuden.

mask ['mɑ:sk] *s*

sb's mask slips näyttää todellinen luontonsa *His mask slipped just for a second and a brief look of rage flicked across his face.* Hetken hän näytti todellisen luontonsa, kun raivo välähti hänen kasvoillaan.

mass ['mæs] *s*

be a mass of sth olla [täpö]täynnä jtak *In spring the meadow is a mass of flowers.* Niitty on keväisin kauttaaltaan kukkien peitossa.

master ['mɑ:stə^r] *s*

be a past master olla mestari jssak *He's a past master at keeping his whereabouts secret.* Hän on mestari pitämään olinpaikkansa salassa.

be one's own master olla oma herransa *I chose to be my own master.* Päätin olla oma herrani.

mat ['mæt] *s*

go to the mat *ark* puolustaa kiivaasti, taistella sitkeästi *He went to the mat over this issue.* Hän puolusti tätä kysymystä kiivaasti.

lay / put / roll the welcome mat [for sb] (erit am) saada jku tuntemaan itsensä tervetulleeksi, houkutella vierailijoita *US Congress encouraged to lay out the welcome mat for skilled foreigners.* USA:n kongressi kannusti toivottamaan ammattitaitoiset ulkomaalaiset tervetulleiksi.

on the mat *ark* saada haukut, olla nuhdeltavana *He didn't like my constant unexplained absences from class and put me on the mat.* Hän ei pitänyt jatkuvista selittämättömistä poissaoloistani tunneilta ja nuhteli minua siitä.

1 match ['mætʃ] *s*

a shouting match (*myös* a slanging match) äänekäs riita *The men are having a shouting match.* Miehillä on äänekäs riita.

be no match for ei vetää vertoja jllek, ei olla vastusta *He is no match for his father.* Hän ei vedä vertoja isälleen.

find / meet one's match [in sb] kohdata vertaisensa *He knew he had met his match.* Hän tiesi kohdanneensa vertaisensa.

put a match to sth tuikata jk tuleen, panna palamaan *He put a match to the small cigar he'd been holding.* Hän sytytti pitelemänsä pikkusikarin.

2 match *v*

match sb with sb *vanh* naittaa jku jklle

matter ['mætə^r] *s*

a matter of course itsestään selvä asia, itsestäänselvyys *Representatives ask for a full written decision as a matter of course.* Edustajat pyytävät rutiininomaisesti täydellistä kirjallista päätöstä.

a matter of life and / or death hengenvaarallinen tilanne, hätätilanne, elintärkeä kysymys *It was very much a matter of life and death as far as the industry was concerned.* Teollisuuden kannalta kysymys oli elintärkeä.

as a matter of fact *ark* itse asiassa *My skiing isn't too bad, as a matter of fact.* Itse asiassa hiihdän hyvin.

as a matter of urgency / priority kiireellisesti *The anti-terror law must be changed as a matter of urgency.* Terrorismin vastaista lakia on muutettava kiireellisesti.

be a matter of opinion olla jtk, josta on useita mielipiteitä *He was a very likable, amusing man. – That's a matter of opinion, she thought.* Hän oli hyvin miellyttävä, hauska mies. – Siitä voidaan olla eri mieltä, nainen ajatteli.

be a matter of record olla mustaa valkoisella *His adherence to the Liberal party in the 1920s is a matter of record.* Hänen kuulumisestaan liberaalipuolueeseen 1920-luvulla on mustaa valkoisella.

be another / a different matter olla aivan erilainen, aivan eri asia *Real art is another matter.* Todellinen taide on aivan eri asia.

be the matter [with sb / sth] olla hätänä *Whatever is the matter with you two?* Mikä ihme teitä kahta vaivaa?

[do sth] as a matter of form [tehdä jtk] kohteliaisuudesta, muodollisuutena *They may be consulted as a matter of form but their views never change anything.* Heidän mielipidettään saatetaan muodon vuoksi kysyä, mutta se ei kuitenkaan vaikuta päätöksiin.

for that matter *ark* muuten, totta puhuen, mitä siihen tulee *Why did you come here, for that matter?* Miksi muuten tulit tänne?

in the matter of jstak puheen ollen, jnk ollessa kyseessä *In the matter of contract, drunkenness is regarded as having the same effect as insanity.* Sopimusasioissa juopumuksella katsotaan olevan sama vaikutus kuin mielisairaudella.

take matters into one's own hands tehdä jtk itse *H decides to take matters in his own hands to do what's right.* Hän päättää ottaa asiat omiin käsiinsä tehdäkseen oikein.

the fact / truth of the matter rehellisesti sanottuna *The fact of the matter is that you have no choice.* Rehellisesti sanottuna sinulla ei ole valinnanvaraa.

the heart of the matter asian ydin *They are trained to ask questions that get straight to the heart of the matter.* Heidät on koulutettu tekemään kysymyksiä, jotka menevät suoraan asian ytimeen.

the matter in hand (*myös*) (am) the matter at hand) *kirjak* käsiteltävä asia *We're letting ourselves be distracted from the matter in hand.* Annamme johtaa itsemme pois käsiteltävästä asiasta.

to make matters worse pahentaa tilannetta *And to make matters worse I took an instant dislike to the wife.* Tilannetta pahensi vielä se, että inhosin vaimoa heti.

mature [mə'tjʊə] *a*

on mature reflection / consideration *kirjak* huolellisen ja pitkän harkinnan jälkeen *On mature reflection, though, he may acknowledge that...* Pitkään harkittuaan hän saattaa kuitenkin myöntää, että...

max ['mæks] *s*

to the max *ark* (am) mahdollisimman paljon

may ['meɪ] *apuv*

be that as it may (*myös* that's as may be) *kirjak* olipa miten tahansa, saattaa olla niin (vähäpätöisestä asiasta puhuttaessa) *Be that as it may, he had his suspicions.* Olipa miten tahansa, hänellä oli epäilyksensä.

McCoy [mə'kɔɪ]

the real McCoy *ark* aito, aitoa tavaraa *Walter stayed in the North, so his books are authentic – the real McCoy.* Walter pysyi pohjoisessa, joten hänen kirjansa ovat autenttisia – aitoa tavaraa.

meal ['miːl] *s*

a meal ticket *ark* rahanlähde (käytetään asiasta t. henkilöstä) *There were times when he suspected he was just a meal ticket to her.* Joskus hän epäili olevansa naiselle pelkkä rahanlähde.

a square meal kunnon tukeva ateria *How long is it since you had a square meal?* Koska olet viimeksi saanut kunnon aterian?

make a meal [out] of *ark* (br) tehdä kärpäsestä härkänen *I do not want to make a meal of this, but the point has obviously been well made.* En halua suurennella asiaa, mutta näkökohta on kieltämättä hyvin perusteltu.

1 mean ['mi:n] v

be meant to be sth pidetään yleisesti jnak *Their teacher is meant to be amusingly boring.* Heidän opettajaansa pidetään yleisesti ikävystyttävänä.

I mean *ark* siis *Do you have any paper? I mean, toilet paper.* Onko sinulla paperia? Siis vessapaperia.

mean business *ark* olla tosissaan *She knows I mean business.* Hän tietää, että olen tosissani.

mean [sb] no harm (*myös* not mean [sb] any harm) ei ole tarkoitusta vahingoittaa *I mean no harm.* En tarkoita pahaa.

mean to say <korostettaessa sanomaansa t. tarkennettaessa toisen sanomaa> *I mean to say you should know what to chat in front of certain people, right?* Pitäähän sinun sentään tietää, mitä päästät suustasi tiettyjen ihmisten edessä, vai mitä? *You don't mean to say they're sleeping together?* Et kai tarkoita, että he harrastavat seksiä keskenään?

mean well *us halv* tarkoittaa hyvää *Just a bit stupid, but you mean well, don't you?* Olet vähän typerä, mutta tarkoitat hyvää, vai mitä?

2 mean a

be no mean sth *ark* ei hullumpi *You are no mean cook yourself.* Et ole hullumpi kokki sinäkään.

mean streets huonomaineinen alue

meaning ['mi:nɪŋ] s

get sb's meaning *ark* tajuta, mitä jku tarkoittaa *I get your meaning.* Ymmärrän, mitä tarkoitat.

not know the meaning of the word *halv* ei tietää mitä sana edes tarkoittaa *He doesn't know the meaning of the word "polite".* Hän ei edes tiedä, mitä kohteliaisuudella tarkoitetaan.

means ['mi:nz] s

a man / woman of means varakas *He was also a man of means.* Hän oli myös varakas mies.

a means to an end välikappale, keino jnk saavuttamiseen *It should help you if you think of discipline as a means to an end, not an end in itself.* Sinua auttaisi, jos ajattelisit kuria välineenä, ei päämääränä.

beyond one's means yli varojensa *He found the cost of engraving his plates far beyond his means.* Hän huomasi, että laattojen kaiveruttaminen oli hänelle aivan liian kallista.

by all means kaikin mokomin *Go and see it by all means, but don't expect too much.* Mene kaikin mokomin katsomaan sitä, mutta älä odota liikoja.

by any means ollenkaan, mitenkään, lainkaan *We weren't convinced by any means.* Emme olleet ollenkaan vakuuttuneita.

by means of sth *kirjak* jnk avulla *He had escaped there by means of an underground network.* Hän oli paennut sieltä maanalaisen verkoston avulla.

by no means (*myös* not by any means / by no manner of means) ei suinkaan *The problem is by no means solved.* Ongelmaa ei missään nimessä ole ratkaistu.

1 measure ['meʒəʳ] v

measure one's length *vanh* kaatua pitkin pituuttaan *He tripped and measured his length on the floor.* Hän kompastui ja kaatui lattialle pitkin pituuttaan.

measure up täyttää (vaatimukset), vastata (odotuksia ym.) *Did we measure up to their standards?* Täytimmekö heidän vaatimuksensa?

medicine

2 measure s
  beyond measure *kirjak* valtavasti, ylenpalttisesti *It annoyed me beyond measure.* Se harmitti minua valtavasti.
  for good measure [kaiken] lisäksi, kaupanpäällisiksi *Throw in a bit of garlic for good measure.* Pieni ripaus valkosipulia antaa ruoalle hyvän säväyksen.
  get / have / take the measure of sb (*myös* take sb's measure) *kirjak* muodostaa mielipide jksta, mittailla jkta *He was quick to take the measure of his new acquaintance.* Hän muodosti nopeasti käsityksen uudesta tuttavastaan.
  in some / ... measure *kirjak* jssak tietyssä määrin *All heroes are in some measure anti-heroes.* Kaikki sankarit ovat jossain määrin antisankareita.
  make sth to measure (br) tehdä mittojen mukaan *Those suits were made to measure.* Nuo puvut tehtiin mittojen mukaan.

meat ['miːt] s
  be meat and drink to sb *1* olla jklle nautinto, antaa voimaa jklle *It was meat and drink to him.* Se oli hänelle nautinto. *2* olla helppoa t. rutiinia jklle *Such questions may be alien to science, but they are meat and drink to the humanities.* Tällaiset kysymykset ovat ehkä vieraita luonnontieteille, mutta humanisteille ne ovat jokapäiväistä leipää.
  be the meat in the sandwich (br, austr) olla ikävässä välikädessä *She was thoroughly fed up with being the meat in the sandwich of everyone's feud.* Hän oli perin juurin kyllästynyt olemaan ikävässä välikädessä kaikkien riidoissa.
  easy meat *ark* helppo saalis (jksta helposti huijattavasta t. päihitettävästä) *He figured on me being easy meat.* Hän piti minua helppona saaliina.
  meat and two veg *ark* (br) perinteinen ateria *The food is very much meat and two veg, but glorious.* Ruoka on sellaista perusruokaa, mutta todella hyvää.
  one's meat and two veg *leik* (br) miehen sukuelimet *They were featuring a naked bloke with his meat and two veg on display on the cover.* He esittivät kannessa alastoman kaverin sukuelimet esillä.
  the meat and potatoes *ark* (am) perusasiat *the meat and potatoes of rock'n'roll* rockin perusasiat

medal ['medl] s
  deserve a medal *leik* ansaita mitali (ihailtaessa jkta vaikean tilanteen hoitamisesta hyvin) *Anyone who can work with you deserves a medal!* Jokainen, joka pystyy työskentelemään kanssasi, ansaitsee mitalin!

medallion [mɪ'dæljən] s
  a medallion man *leik* (br) <mies, joka pukeutuu naisia miellyttääkseen ja esittelee rintakarvojaan> *Mike has never had to worry that Sarah might allow herself to be swept away in a Ferrari by a medallion man.* Miken ei ole koskaan tarvinnut murehtia sitä, että Sarah haksahtaisi jonkun lipevän Ferrarimiehen matkaan.

medicine ['medˡsɪn] s
  give sb a dose / taste of their own medicine antaa jkn maistaa omaa lääkettään *Tired of the humiliation my husband's affairs imposed on me, I decided to give him a taste of his own medicine.* Kyllästyin mieheni rakkausjuttujen aiheuttamiin nöyryytyksiin ja päätin antaa hänelle takaisin samalla mitalla.
  take one's medicine [like a man] *yl leik* hyväksyä seuraamukset, alistua kohtaloonsa *His lawyer said he had no choice but to plead guilty and take his medicine like a man.* Hänen asianajansa sanoi, ettei hänellä ol-

meet

lut muuta mahdollisuutta kuin myöntää syyllisyytensä ja kestää seuraukset kuin mies.

the best medicine paras lääke johonkin ongelmaan *Recovery is the best medicine for the market.* Elpyminen on paras lääke markkinoille.

meet ['mi:t] *v*

meet one's Waterloo hävitä lopulta, kohdata voittajansa *I believe my brother has met his Waterloo.* Uskon, että veljeni on kohdannut voittajansa.

meet sb halfway tulla jotakuta puolitiehen vastaan, tehdä kompromissi

meet sb's eye / eyes / gaze katsoa jkta silmiin *He looks over my head, cannot meet my eyes.* Hän katsoo pääni yli, ei pysty katsomaan minua silmiin.

meet the case riittää, olla riittävä, sopia *Do you think an income of two hundred a year would meet the case?* Luuletko, että kahdensadan vuositulo olisi riittävä?

meet the / one's eye[s] tulla nähdyksi *She never met my eye.* En koskaan nähnyt häntä.

there's more to sb / sth than meets the eye jk t. jku ei ole niin yksinkertainen kuin miltä näyttää *There is obviously more to Froggy's murder than meets the eye.* Froggyn murha ei selvästikään ole niin yksinkertainen kuin miltä se näyttää.

melt ['melt] *v*

melt in one's mouth olla suussa sulavan hyvää *Sophie makes these cakes that just melt in your mouth.* Sophie tekee kerta kaikkiaan suussa sulavan hyviä kakkuja.

melt into sulautua jhk t. jksik, muuttua jksik *She melted into the crowds.* Hän sulautui väkijoukkoon. *Irritation melted into pity.* Ärtymys muuttui sääliksi.

melting pot ['meltɪŋpɒt] *s*

in the melting pot (yl br) muutostilassa, uudistumassa *The future of the Railway in North Wales is still in the melting pot.* Pohjois-Walesin rautateiden tulevaisuus on edelleen kehittymässä.

memory ['meməri] *s*

be engraved / etched on / in one's memory muistaa ikuisesti *Every denigrating phrase has been engraved in my memory.* Jokainen halventava lause on syöpynyt muistiini ikuisesti.

[do sth] in memory of sb [tehdä jotakin] jkn t. jnk muistoksi *She had decided to name the child John in memory of her father.* Hän oli päättänyt antaa lapselle nimeksi John isänsä muistoksi.

from memory ulkoa, ulkomuistista *He had to recite from memory in front of his headmaster fifty Greek lines from the play Medea.* Hänen piti lausua rehtorin edessä ulkomuistista 50 riviä kreikkaa näytelmästä Medeia.

have a memory like an elephant olla norsun muisti

take a trip / walk down memory lane vaipua muisteloihin, muistella (jtak miellyttävää) *The president took a trip down memory lane, recollecting childhood in...* Presidentti muisteli lapsuuttaan...

within living memory (*myös* in living memory) miesmuistiin *This has been one of the coldest winters within living memory.* Tämä on ollut yksi kylmimmistä talvista miesmuistiin.

1 mend ['mend] *v*

least said soonest mended ei se puhumalla parane (paha tilanne unohtuu nopeammin, kun siitä ei puhuta)

mend [one's] fences [with sb] sopia riitansa *Is it too late to mend fences with your ex-wife?* Onko liian myöhäistä sopia riita ex-vaimosi kanssa?

mend one's manners käyttäytyä paremmin *I wasn't instantly told to mend my manners, so I knew she felt guilty.* Minua ei heti kehotettu käyttäytymään paremmin, joten tiesin, että hän tunsi syyllisyyttä.

mend one's ways parantaa tapansa *He was informed that if he did not mend his ways he would be discharged.* Hänelle ilmoitettiin, että jos hän ei parantaisi tapojaan, hänet erotettaisiin.

2 mend *s*

be on the mend *ark* (erit br) olla toipumaan päin, paranemaan päin *She smiled a brave, convalescent smile, not yet well, but on the mend.* Hän hymyili urhoollista toipilaan hymyä, ei vielä terveenä, mutta paranemaan päin.

make do and mend korjata itse sen sijaan että ostaisi uutta *They were encouraged to form make do and mend clubs where basic sewing skills and repair techniques were taught.* Heitä kannustettiin muodostamaan kunnosta ja korjaa -kerhoja, joissa opetettiin perusompelutaitoja ja -kunnostustekniikoita.

mental ['mentəl] *a*

make a mental note of sth / to do sth painaa jtak mieleensä *Make a mental note of where the emergency alarm is.* Paina mieleesi, missä hälytin on.

mention ['menʃ(ə)n] *v*

Don't mention it. *ark* Eipä kestä. (vastattaessa kiitokseen)

mention sb in one's will ottaa jku testamenttiinsa

mention sb / sth in the same breath verrata jtk jhk paljon parempaan *How can you mention this rubbish and Shakespeare in the same breath?* Miten voit verratakaan tätä roskaa Shakespeareen?

not to mention puhumattakaan *We've lost some much needed greenery not to mention wildlife.* Olemme menettäneet kovasti tarvitsemaamme vehreyttä villieläimistä puhumattakaan.

merchant ['mɜ:tʃənt] *s*

a merchant of doom *ark* pahanilmanlintu, pessimisti *I do not want to be a merchant of doom, but...* En halua olla pahanilmanlintu, mutta...

mercy ['mɜ:si] *s*

at the mercy of jnk t. jkn armoilla *They were no longer at the mercy of the environment.* He eivät ollet enää ympäristön armoilla.

be grateful / thankful for small mercies iloita pienistä asioista *We should be grateful for small mercies.* Meidän pitäisi iloita pienistä asioista.

have [got] sb at one's mercy saada jku täysin hallintaansa *She was entirely at his mercy.* Nainen oli täysin hänen armoillaan.

have mercy on / upon sb armahtaa jk, sääliä jkta *God have mercy on him!* Jumala häntä armahtakoon!

leave sb / sth to the mercy / mercies of jättää jk t. jku jkn armoille *She had sworn never to expose herself to the mercy of a man's rough treatment.* Hän oli vannonut, ettei koskaan jättäisi itseään miehen väkivaltaisen käytöksen armoille.

throw oneself on sb's mercy jättäytyä jkn armoille *He began to compromise, even threw himself on my mercy.* Hän alkoi sovitella, jopa heittäytyi armoilleni.

merge ['mɜ:dʒ] *v*

merge into the background käyttäytyä huomaamattomasti *The researcher tried to merge into the background so that her presence would not be felt.* Tutkija yritti käyttäytyä huomaamattomasti,

merit

jotta hänen läsnäolollaan ei olisi vaikutusta.

merit ['merit] *s*

judge / consider sth on its merits arvioida jtak objektiivisesti *Each case has to be considered on its merits.* Jokaista tapausta on arvioitava objektiivisesti.

merry ['meri] *a*

go on one's merry way mennä menojaan *The doctor thanked the farmer and went on his merry way.* Tohtori kiitti maanviljelijää ja meni menojaan.

make merry *vanh* pitää hauskaa

the more the merrier mitä useampi, sitä hauskempaa

1 mess ['mes] *s*

a mess of sth *ark* (am) paljon *You need a mess of help to stand alone.* Tarvitset paljon apua selvitäksesi yksin.

make a mess of sth / doing sth (*myös* make a hash of) *ark* tehdä jtk hyvin huonosti *My last chance and I've made a mess of it.* Viimeinen mahdollisuuteni ja pilasin sen.

2 mess *v*

mess around / about *1* puuhastella, tappaa aikaa, vetelehtiä *He was just messing around with the papers.* Hän vain puuhasteli paperien kanssa. *2* pelleillä, sekoilla *Stop messing about!* Lakkaa pelleilemästä! *3* pompotella jkta, kohdella jkta huonosti

mess around / about with *1* näpelöidä, räpeltää, leikkiä *Don't mess around with the settings.* Älä näpelöi asetuksia. *2 ark* muhinoida jkn kanssa, olla suhteessa jkn kanssa *She found out that her husband was messing around with his secretary.* Hän sai selville, että hänen miehellään oli suhde sihteerinsä kanssa.

mess up *1 ark* sählätä, möhliä *Luke messed up his chance at starring in the school play.* Luke möhli mahdollisuutensa näytellä koulun näytelmässä. *2 ark* saada jku sekaisin t. tolaltaan *My childhood messed me up.* Lapsuuteni sai minut sekaisin. *3* (yl am) mukiloida, piestä jku *They messed him up pretty bad.* He pieksivät hänet melko pahoin. *4 ark* tärvellä, pilata *An error like that could easily mess up an entire day's work.* Sellainen virhe voisi hyvinkin tärvellä koko päivän työn.

mess with sotkeutua, sekaantua, olla tekemisissä jnk kanssa *Stop messing with things you don't understand.* Lakkaa sekaantumasta asioihin, joita et ymmärrä.

mess with sb's head sekoittaa jkn ajatukset *They lied and tried to mess with my head.* He valehtelivat ja yrittivät sekoittaa ajatukseni.

message ['mesɪdʒ] *s*

get the message *ark* ymmärtää, oivaltaa, tajuta *Maybe people might just get the message.* Ehkä ihmiset ymmärtäisivät yskän.

get the message across saada sanoma perille *We'll simply must keep trying to get the message across.* Meidän on vain sinnikkäästi yritettävä saada viesti menemään perille.

on / off message puhua puolueen virallisen kannan mukaisesti t. sitä vastaan (poliitikosta) *His comments were often painfully blunt and sometimes off message.* Hänen kommenttinsa olivat usein tuskallisen suorasukaisia ja joskus vastoin virallista kantaa.

messenger ['mesɪndʒəʳ] *s*

shoot / kill the messenger *leik* ampua viestintuoja (kohdella huonojen uutisten kertojaa kuin tämä olisi syypää asiaan) *Don't shoot the messenger.* Älä ammu viestintuojaa.

messing ['mesɪŋ] *v*

no messing *ark* rehellisesti sanottuna[ko?] *No, no messing, I mean I* *did that ages ago.* Ei, ihan todella, tarkoitan, että minä tein sen aikoja sitten.

metaphor ['metəfəʳ, 'metəfɔːʳ] *s*
mixed metaphor epäselvä kielikuva, ontuva vertaus *If a mixed metaphor can be forgiven, Pandora's box remains black.* Jos epäselvät kielikuvat annetaan anteeksi, Pandoran lipas pysyy salassa.

method ['meθəd] *s*
there's method in / to sb's madness (am) oudolle käytökselle on looginen syy *I arise each day at 5:30 am. There's method in my madness, namely to hurry to work before the rush-hour traffic.* Nousen joka aamu klo 5.30. Tähän on looginen syy, nimittäin että kiirehdin töihin ennen ruuhkaliikennettä.

mettle ['metl] *s*
be on one's mettle yrittää parhaansa *He had been on his mettle throughout.* Hän oli koko ajan yrittänyt parhaansa.
prove / show one's mettle *kirjak* osoittaa olevansa hyvä onnistumalla vaikeassa tilanteessa *He proved his mettle by scoring 22 points.* Hän osoitti taitonsa tekemällä 22 pistettä.
put sb on their mettle panna jku koetukselle, panna jku yrittämään parhaansa *It put him on his mettle for the future.* Se pani hänet yrittämään jatkossa parhaansa.

mickey ['mɪki]
take the mickey / mick [out of] *ark* (br) pitää pilkkanaan *They all take the mickey out of me.* He pitivät kaikki minua pilkkanaan.

microcosm ['maɪkrəkɒzəm] *s*
in microcosm pienoiskoossa *He painted a picture of an organisation, which in microcosm, contained all the same evils as the colonial system.* Hän kuvaili organisaatiota, joka sisälsi pienoiskoossa kaikki samat paheet kuin siirtomaajärjestelmä.

microscope ['maɪkrəskəʊp] *s*
under the microscope suurennuslasin alla *The effectiveness of the system was put under the microscope.* Järjestelmän toimivuus pantiin suurennuslasin alle.

mid-air [,mɪd'eəʳ] *a*
in mid-air ilmassa *The planes collided in mid-air.* Lentokoneet törmäsivät ilmassa.

1 middle ['mɪdl] *a*
be sb's middle name *ark* olla jtk ominaisuutta paljon *Optimism is my middle name.* Olen erittäin optimistinen.
follow / steer / take a middle course (*myös* find a middle way, find the middle way) kulkea keskitietä, välttää äärimmäisyyksiä *I usually steer a middle course which avoids both waste and effort.* Vältän yleensä äärimmäisyyksiä ja säästyn samalla paljolta.

2 middle *s*
[be] pig / piggy in the middle (*myös* be caught in the middle) *ark* olla pahassa välikädessä (riitelevien henkilöiden t. ryhmien välillä) *I'm going to be piggy in the middle between Guido and Silvia.* Joudun pahaan välikäteen Guidon ja Silvian riidassa.
in the middle of kesken jnk *He was in the middle of planting roses.* Hänellä oli ruusujen istutus kesken.
split sth down the middle puoliksi, kahtia *Philip split his sausage down the middle.* Philip leikkasi makkaransa kahtia.
the middle of nowhere *ark* korpi, syrjäseutu *We were left in the middle of nowhere.* Meidät jätettiin korpeen.

midnight ['mɪdnaɪt] *s*
burn the midnight oil tehdä töitä yömyöhään *Her loyal friends spent long hours burning the midnight oil with her.* Hänen uskolliset ystävänsä tekivät hänen kanssaan töitä yömyöhään.

midst ['mɪdst] *s*
in our / your / their midst kirjak joidenkin keskuudessa, joidenkin parissa *In their midst was a man who would certainly catch any eye in nearly any crowd.* Heidän parissaan oli mies, joka pistäisi kenen tahansa silmään melkein missä joukossa tahansa.
in the midst of sth / doing sth kesken jnk, jnk keskellä *We are in the midst of a world recession.* Olemme maailmanlaajuisen laman keskellä.

midstream [,mɪd'stri:m] *s*
in midstream kesken kaiken *I was cut off in midstream.* Minut keskeytettiin kesken kaiken.

1 might ['maɪt] *apuv*
I might add / say saanen sanoa, saanen lisätä
might as well voida yhtä hyvin tehdä jtak *Now that I'm here, I might as well have a look round.* Kun nyt kerran olen täällä, voin yhtä hyvin katsella paikkoja.
might have guessed / known olisi pitänyt arvata *I might have known it was you.* Olisi pitänyt arvata, että se olit sinä.

2 might *s*
Might is right. (*myös* Might makes right.) vahvemman oikeus *In the world they inhabit, might is right.* Maailmassa, jossa he asuvat, vallitsee vahvemman oikeus.
with all one's might kaikin voimin *He struck again with all his might.* Hän iski uudelleen kaikin voimin.
with might and main hartiavoimin, väellä ja voimalla *The government is working with might and main to promote the economic and social well-being of our people.* Hallitus työskentelee hartiavoimin edistääkseen kansamme taloudellista ja yhteiskunnallista hyvinvointia.

mildly ['maɪldli] *adv*
to put it mildly (*myös* putting it mildly) lievästi sanoen *To describe her treatment as barbaric would be putting it mildly.* Hänen kohteluaan voitaisiin kuvata lievästi sanoen barbaariseksi.

mile ['maɪl] *s*
a mile a minute ark erittäin nopeasti *Her heart was beating a mile a minute.* Hänen sydämensä hakkasi vimmatusti.
be miles apart kaukana toisistaan, ei lähelläkään (esim. sovintoa kiistassa) *The two sides are still miles apart over all the disputed problems.* Kiistan kaksi osapuolta eivät ole vielä lähelläkään sovintoa.
be miles away ark olla ajatuksiinsa vaipuneena *You could see she was miles away.* Hänestä näki, että hän oli ajatuksiinsa vaipuneena.
by a mile (*myös* by miles) (voittaa) helposti, reippaasti *This is my favourite film of the week by a mile.* Tämä on selkeästi minun tämän viikon suosikkifilmini.
go the extra mile ponnistella (saavuttaakseen jtak), tehdä kaikkensa *I shall go the extra mile.* Teen kaikkeni.
miles from anywhere / nowhere ark kaukana korvessa *It's miles from anywhere but the view is great.* Paikka on kaukana korvessa, mutta maisemat ovat upeat.
not a hundred / thousand / million miles away from here leik <nimettäessä jku t. jk epäsuorasti> *A member of staff in the school, who teaches not a million miles from here, had a hernia operation.* Eräälle koulun henkilöstön jäsenelle, joka opettaa

tietyssä nimeltä mainitsemattomassa koulussa, tehtiin tyräleikkaus.

run a mile ark juosta karkuun, kiertää jku kaukaa *You could run a mile, but you're too disciplined and responsible for that.* Voisit juosta karkuun, mutta olet siihen liian kurinalainen ja vastuuntuntoinen.

see / tell / spot sth a mile off ark huomata jtak heti t. helposti *He's a crook! I can spot them a mile off.* Hän on konna! Tunnistan sellaiset tapaukset heti.

stand / stick out a mile ark erottua kaukaa *A letter in his distinctive handwriting would stand out a mile.* Hänen erikoisella käsialallaan kirjoitettu kirje erottuisi jo kaukaa.

milk ['mɪlk] s

It's no use crying over spilt / spilled milk. ei kannata surra jtak jo tapahtunutta

milk of human kindness kirjak inhimillinen lämpö *Dear old Martha had much of the milk of human kindness about her.* Vanhassa kunnon Marthassa oli paljon inhimillistä lämpöä.

1 mill ['mɪl] s

go through the mill kokea kovia, käydä kova koulu *We went through the mill together, Frank.* Olemme kokeneet kovia yhdessä, Frank.

put sb through the mill pistää jku kokemaan kovia, pistää jku kovan prässin läpi *We have been put through the mill again at training this week.* Meidät on jälleen tällä viikolla pantu harjoituksissa kovan prässin läpi.

2 mill v

mill about / around tungeksia, pyöriä *People leapt to their feet and milled around excitedly.* Ihmiset ponkaisivat jaloilleen ja tungeksivat innostuneina.

million ['mɪljən] num

a million and one erittäin moni, tuhat ja yksi *A million and one things can go wrong.* Tuhat ja yksi asiaa voi mennä pieleen.

feel like a million dollars / bucks ark tuntea olonsa hyväksi *I feel like a million dollars.* Tunnen oloni todella hyväksi.

look like a million dollars / bucks ark näyttää hyvältä *You look like a million dollars.* Näytät tosi hyvältä.

not / never in a million years ark ei ikimaailmassa *I would not in a million years go and see that film.* En ikimaailmassa menisi katsomaan sitä elokuvaa.

one in a million 1 häviävän pieni *We've got a one in a million chance.* Meillä on häviävän pieni mahdollisuus. 2 ainutlaatuinen, ainoa lajiaan *He was one in a million!* Hän oli ainutlaatuinen!

millstone ['mɪlstəʊn] s

a millstone around one's neck myllynkivi kaulassa *You have to untie yourself from this man who's been like a millstone around your neck for the last four years.* Sinun on irrottauduttava tästä miehestä, joka on ollut kuin myllynkivi kaulassasi viimeiset neljä vuotta.

mince ['mɪns] v

not mince [one's] words sanoa suorat sanat, olla kaunistelematta *Commenting on the figures, he did not mince his words.* Lukuja kommentoidessaan hän ei säästellyt sanojaan.

mincemeat ['mɪnsmiːt] s

make mincemeat of sb ark tehdä hakkelusta jksta *She'll make mincemeat of them in no time.* Hän tekee heistä hakkelusta tuossa tuokiossa.

1 mind ['maɪnd] s

a meeting of minds kirjak keskinäinen yhteisymmärrys *He hopes that* *there will be a meeting of minds on how to deal with traffic problems.* Hän toivoo, että liikenneongelmien käsittelystä päästään yhteisymmärrykseen.

an open mind avoin mieli *As a detective, I have to keep an open mind.* Etsivänä minun on pidettävä mieleni avoimena.

be all in sb's / the mind olla kuvitelmaa *I never wanted to hurt you, it was all in your mind.* En koskaan tarkoittanut loukata sinua, se oli pelkkää kuvitelmaa.

be engraved / etched on / in one's mind muistaa ikuisesti *The picture she had just seen was engraved in her mind like a photograph.* Kuva, jonka hän oli juuri nähnyt, tallentui hänen mieleensä kuin valokuva.

be in / of two minds olla kahden vaiheilla *I am in two minds whether to change the engine or repair it.* Olen kahden vaiheilla, pitäisikö moottori vaihtaa vai korjata.

be of like / one mind *(myös* be of the same mind) olla samaa mieltä, olla yhtä mieltä *The people of the village are of like mind.* Kylän ihmiset ovat yhtä mieltä.

bear / keep sb / sth in mind *(myös* bear in mind that, keep in mind that) pitää jku / jk mielessä *It is important to bear in mind the power of symbols.* On tärkeää muistaa symbolien voima.

bring / call sb / sth to mind palauttaa mieleen *What does it call to mind?* Mitä se tuo mieleen?

change one's mind muuttaa mieltään *What made you change your mind?* Mikä sai sinut muuttamaan mielesi?

change sb's mind saada jku muuttamaan mieltään *You changed my mind.* Sait minut muuttamaan mieltäni.

close / shut one's mind to sth sulkea mielensä jltak, kieltäytyä ajattelemasta jtak *He managed to close his mind to what he didn't want to know.* Hän onnistui sulkemaan pois mielestään sen mitä ei halunnut tietää.

come / spring to mind juolahtaa mieleen, muistua mieleen, tulla mieleen *Examples that spring to mind illustrate how this can save time and money.* Mieleen tulee esimerkkejä, jotka osoittavat kuinka tällä voidaan säästää aikaa ja rahaa.

cross one's mind käväistä jkn mielessä *The thought had crossed my mind.* Ajatus oli käväissyt mielessäni.

get one's mind around sth onnistua ymmärtämään jtk vaikeaa t. kummallista *I tried to get my mind around something intangible.* Yritin ymmärtää jotakin käsittämätöntä.

get sb / sth out of one's mind saada jku t. jk pois mielestä *I can't get her out of my mind.* En saa häntä mielestäni.

give one's mind to sth ajatella ankarasti jtk *Edward gave his mind to his wife.* Edward keskittyi ajattelemaan vaimoaan.

give sb a piece of one's mind *ark* antaa jkn kuulla kunniansa, sanoa jklle suorat sanat *Boy, am I going to give him a piece of my mind when I see him.* Voi veljet, annan hänen kuulla kunniansa, kun näen hänet.

go over sth in one's mind käydä jtk läpi mielessään *She could remember very little about the event, no matter how many times she went over it in her mind.* Hän pystyi muistamaan tapahtumasta vain hyvin vähän, kävipä hän sitä läpi mielessään kuinka monta kertaa tahansa.

have a [good] mind to do sth / have half a mind to do sth *1* <käytetään, kun paheksutaan jkn tekemisiä ja haluttaisiin tuoda tämä julki> *I've a good mind to tell them what I really think of them.* Minun tekisi kovasti mieli sanoa heille, mitä heistä oikein ajattelen. **2** aikoa mahdollisesti tehdä jtk *I've got half a mind to sell the place and move.* Aion ehkä myydä asuntoni ja muuttaa jonnekin muualle.

have [got] a mind like a steel trap olla terävä-älyinen, pystyä ajattelemaan hyvin nopeasti ja selkeästi, olla pää [terävä] kuin partaveitsi *Even in his last years, Granddad had a mind like a steel trap.* Isoisällä oli terävä äly jopa viimeisinä vuosinaan.

have [got] a mind of one's own **1** olla oma tahto *Wouldn't you rather have a woman with a mind of her own?* Etkö haluaisi mieluummin naisen, jolla on oma tahto? **2 leik** (koneista) toimia odottamattomalla tavalla *My computer seems to have a mind of its own.* Tietokoneellani tuntuu olevan oma tahto.

have [got] a mind to do sth haluta tehdä t. saavuttaa jtk *Do you think that a woman can attract any man if she has a mind to?* Luuletko, että nainen voi viehättää ketä tahansa miestä, jos hän vain haluaa?

have [got] a one-track mind ajatella yhtä asiaa, omistautua yhdelle asialle *I was a fully equipped birdwatcher, very inexperienced, but with a one-track mind.* Olin täysin valmis lintuharrastaja, hyvin kokematon, mutta täysin asialle omistautunut.

have [got] it in mind to do sth (*myös* have [got] sth in mind) aikoa *He has it in mind to move to France.* Hän aikoo muuttaa Ranskaan.

have [got] one's mind on other things (*myös* one's mind is on other things) ajatella muita asioita *The driver looked mystified, his mind on other things.* Kuljettaja oli hämmentyneen näköinen ja ajatteli muita asioita.

have [got] sb / sth in mind [for sth] olla mielessä, ajatella *What sort of budget do you have in mind for your project?* Millainen budjetti sinulla on mielessä projektiasi varten?

have [got] sth on one's mind (*myös* sth is on one's mind) olla huolissaan jstk *He had a problem on his mind.* Hänellä oli ongelma.

in one's mind's eye sielunsa silmin *He saw in his mind's eye a specific event which had occurred in his life.* Hän näki sielunsa silmin tietyn tapahtuman elämästään.

in one's right mind [täysissä] järjissään, tolkuissaan *No one in his right mind would leave this city unless forced.* Ei kukaan järjissään oleva lähtisi tästä kaupungista, ellei olisi pakko.

it's all in one's mind ark se on vain mielikuvitusta *You're not ill, it's all in your mind.* Et sinä ole sairas, sinä vain kuvittelet.

keep one's mind on sth (*myös* one's mind is on sth) keskittyä jhk *When I have problems with my wife, I have to make considerable effort to keep my mind on work.* Jos minulla on ongelmia vaimoni kanssa, vaatii huomattavia ponnistuksia keskittyä työhöni.

lose one's mind menettää järkensä *If you don't dream you will lose your mind.* Ellet unelmoi, tulet hulluksi.

make up one's mind päättää *He had practically made up his mind that he would never go back.* Hän oli käytännössä päättänyt olla koskaan menemättä takaisin. *She was unable to make up her mind whether to scream in rage or to burst into laughter.* Hän ei osannut päättää, huutaako raivosta vai purskahtaako nauruun.

mind over matter hengen voitto aineesta *But mind over matter, I can do it if I really want to, and I will.* Mutta hengen voitto aineesta, pystyn tekemään sen, jos todella haluan, ja teenkin.

not pay sb / sth any mind (am) olla välittämättä jksta t. jstak *Don't pay any mind to me and my dog.* Älä välitä minusta ja koirastani.

on one's mind mieltä painamassa, mielessä *The quarrel was on my mind all the time.* Riita painoi mieltäni koko ajan.

open one's mind avata sydämensä *He opened his mind to the sounds of the city.* Hän avasi sydämensä kaupungin äänille.

out of one's mind 1 järjiltään *Father must have been out of his mind to employ him.* Isä oli varmaan järjiltään, kun otti hänet töihin. **2** suunniltaan (huolesta, järkytyksestä tms) *He's out of his mind in case you've had an accident or something.* Hän on suunniltaan huolesta, jos vaikka olet joutunut onnettomuuteen tai jotain.

play / prey on sb's mind painaa mieltä *I expect I'll lose my job for telling you. But it's preyed on my mind.* Menetän varmaan työpaikkani, kun kerron sinulle, mutta se on painanut mieltäni pitkään.

put sb in mind of *ark* muistuttaa jklle, tuoda jkn mieleen *Doesn't she put you in mind of anybody?* Eikö hän tuo sinulle ketään mieleen?

put sb / sth out of one's mind unohtaa jk t. jku *Be sensible and put him out of your mind.* Ole järkevä ja unohda hänet.

put / set sb's mind at ease / rest huojentaa jkn mieltä tekemällä t. sanomalla jtk *I just wish there was something I could do to put his mind at ease.* Toivon vain, että voisin jotenkin huojentaa hänen mieltään.

put / set / turn one's mind to paneutua, päättää lujasti *You can visit a lot of pubs in an hour, if you put your mind to it.* Tunnissa ehtii käydä monessa pubissa, jos oikein yrittää.

read sb's mind *leik* lukea jkn ajatuksia *The boss expects me to read his mind.* Pomo odottaa, että luen hänen ajatuksiaan.

slip one's mind unohtaa, unohtua *It's just slipped my mind for a moment.* Se unohtui vain hetkeksi mielestäni.

speak one's mind kertoa mielipiteensä suoraan *He is a tough politician who speaks his mind sometimes in a blunt way.* Hän on kova poliitikko, joka kertoo mielipiteensä joskus suorasukaisesti.

stick in one's / the mind jäädä mieleen *The images of the victims stuck in his mind.* Kuvat uhreista jäivät hänen mieleensä.

take a load / weight off one's mind saada kivi putoamaan sydämeltä *He told me that he will take full responsibility for this and that took a weight off my mind.* Hän sanoi kantavansa asiasta täyden vastuun, ja se sai kiven putoamaan sydämeltäni.

take sb's mind off viedä ajatukset muualle *It'll help to take his mind off the tragedy.* Se saa hänen ajatuksensa pois tragediasta.

the last thing on one's mind viimeinen asia jkn mielessä *Food was the very last thing on her mind right now.* Ruoka oli vihoviimeinen asia hänen mielessään juuri nyt.

the mind boggles [at sth] (*myös* it boggles the mind) *ark* vaikea kuvitella jtk (koska se on niin yllättävää, outoa t. monimutkaista)

to my mind *ark* minun mielestäni *To my mind, Niki was the better driver.* Minun mielestäni Niki oli parempi kuski.

with sth / sb in mind jk t. jku huomioon ottaen, jkn t. jnk kannalta, jtak silmällä pitäen *The bedrooms have all been redesigned with comfort in mind.* Makuuhuoneet on suunniteltu uudelleen mukavuutta silmällä pitäen.

2 mind v
do you mind [if...]? *1* saanko... *Do you mind if I join you? she asked.* Saanko liittyä seuraasi, hän kysyi. *2 iron* <ilmaistaessa närkästystä> *There's this corpse lying on the table with his guts laid open... – Do you mind. I am just going to have my lunch.* Siinä se ruumis makasi pöydällä sisälmykset levällään... – Älä viitsi. Menen juuri syömään lounasta.

don't mind me *1* älkää antako minun häiritä *Don't mind me. Carry on with the work.* Älkää minusta välittäkö, jatkakaa vain työtänne. *2 iron* <ilmaistaessa suuttumusta ulkopuolelle jättämisestä> *They were all heading out to have a cup of coffee together. – Don't mind me, I'm just doing my job.* He olivat kaikki menossa ulos juomaan kupposen kahvia yhdessä. – Älkää minusta välittäkö, minä teen vain työtäni.

I don't mind admitting / telling you / ... <korostettaessa sanomaansa> (erit jstk nolosta asiasta) *I don't mind admitting I don't know when I don't.* Myönnän kyllä, jos en tiedä jotain.

I don't mind if I do *ark* kiitos mielihyvin (otettaessa esim. tarjottua ruokaa)

if you don't mind (*myös* if you wouldn't mind) *1 ark* jos se sopii sinulle *Just another thought if you don't mind.* Vielä yksi ajatus, jos sopii. *2 ark us iron* <ilmaistaessa, että vastustaa jtk, mitä toinen on tehnyt t. sanonut> *If you wouldn't mind, don't call me mama's little girl.* Älä sanoa minua äidin pikku tytöksi, jos sopii. *3 ark* kiitos ei (kohtelias kieltäytyminen) *Would you come to the cinema with me tonight? – No, if you don't mind, I've got lots of things to do.* Lähtisitkö kanssani elokuviin tänään? – Ei kiitos, minulla on paljon tekemistä.

if you don't mind me / my saying so jos saan sanoa *If you don't mind my saying so, this conversation is getting a little strange.* Tämä keskustelu on kääntymässä hieman outoon suuntaan, jos saan sanoa.

I wouldn't mind *ark* (tekisin jtk) ihan mielelläni *I wouldn't mind going to the movies.* Menisin mielelläni elokuviin.

mind how you go *1 ark* pärjäile, koeta pärjätä (sanotaan tutulle seurasta erottaessa) *Mind how you go now, have a nice day!* Pärjäile, hyvää päivän jatkoa! *2 ark* ole varovainen *Mind how you go on that bike.* Ole varovainen sen pyörän kanssa.

mind one's language / tongue siistiä kielenkäyttöään *I was encouraged to mind my tongue and remain close to the church.* Minua kannustettiin siistimään kielenkäyttöäni ja pysymään lähellä kirkkoa.

mind one's manners käyttäytyä kunnolla *Make sure you mind your manners.* Katsokin, että käyttäydyt kunnolla.

mind one's own business *ark* hoitaa omat asiansa, huolehtia omista asioistaan *Keep your mouth shut and mind your own business.* Pidä suusi kiinni ja huolehdi omista asioistasi.

mind one's p's and q's käyttäytyä soveliaasti *Being in the public eye, I really must mind my p's and q's.* Julkisuuden valokeilassa minun on todellakin käyttäydyttävä soveliaasti.

mind the shop (br) (*myös* (am) mind the store) vastata jstk sillä aikaa, kun toinen on hetken poissa *I'll just go and tell Paul to mind the shop and we'll be on our way.* Sanon vain Paulille, että huolehtii asioista, sillä aikaa kun olemme poissa, ja sitten lähdemme.

mind you *1 ark* <vähäteltäessä jtk, jota on juuri sanottu> *Most of her energy went in talk (on an intellectual level, mind you) so she had very *little left to use on work.* Suurin osa hänen energiastaan kului jutusteluun (vaikkakin älylliseen), joten häneltä jäi sitä vain vähän työhön. **2 ark** <korostettaessa jtk sanaa> *You're mental. Lovable, mind you, but mental.* Olet seonnut. Rakastettava kylläkin, mutta seonnut.

mind your backs! *ark* pois tieltä *Mind your backs! I've got a full tray of drinks here.* Pois tieltä! Minulla on tässä täysi tarjottimellinen juomia.

never mind 1 älä välitä (sanotaan lohdutukseksi) **2** ei se mitään, ei sen ole väliä *That's getting off the subject a bit but never mind.* Tässä eksytään vähän aiheesta, mutta ei se mitään. **3** saati, jstak puhumattakaan *She couldn't raise a guinea pig never mind a child.* Hän ei pystyisi kasvattamaan edes marsua lapsesta puhumattakaan.

never mind [about] [doing] sth älä sinä siitä huolehdi (minä teen sen), ei se ole tärkeää *I'm really sorry about the party.* – *Never mind about that.* Olen pahoillani kutsuista. – Älä siitä murehdi.

never you mind *ark* ei kuulu sinulle (vastauksena kysymykseen)

mine ['maɪn] *s*

a gold mine oikea kultakaivos, tuottoisa toiminta *This place is potentially a gold mine.* Tämä paikka voi olla oikea kultakaivos.

a mine of information [about / on sb / sth] hyvä tietolähde *The diary was a mine of information.* Päiväkirja oli hyvä tietolähde.

minority [maɪ'nɒrɪti] *s*

be in a minority of one *us leik* olla yksin eri mieltä, olla yksin vähemmistönä *Britain may well again find itself in a minority of one when the subject is debated.* Britannia voi hyvinkin jäädä taas yksin, kun asiasta keskustellaan.

be in a / the minority kuulua vähemmistöön *Male students are numerically in a minority.* Miesopiskelijoita on lukumääräisesti vähemmistö.

1 mint ['mɪnt] *s*

make / earn / ... a mint [of money] *ark* tehdä paljon rahaa *Rock n' roll stars earn a mint from costly souvenirs.* Rock-tähdet tienaavat rutkasti kalliista muistoesineistä.

2 mint *a*

in mint condition kuin uusi *An old car stolen 21 years ago has been returned to its owner in mint condition.* Vanha 21 vuotta sitten varastettu auto on palautettu omistajalleen loistokunnossa.

minting ['mɪntɪŋ] *v*

be minting it *ark* (br, austr) (*myös* (am, austr) be minting money) ansaita paljon rahaa nopeasti *He isn't just good at saving money, he's good at minting it.* Hän ei pelkästään osaa säästää rahaa, hän osaa myös tehdä rahaa paljon ja nopeasti.

minute ['mɪnɪt] *s*

any minute (*myös* at any minute) millä hetkellä hyvänsä *I have to be hitting the road any minute now.* Minun täytyy lähteä minä hetkenä hyvänsä.

at the minute *ark* (br) parhaillaan, juuri tällä hetkellä *It's very difficult to get rooms at the minute.* Tällä hetkellä on hyvin vaikea saada huonetta.

by the minute hetki hetkeltä *Matters grew worse by the minute.* Asioiden tila huononi hetki hetkeltä.

just / wait a minute hetkinen

not for a / one minute *ark* ei vähääkään, ei hetkeäkään *I don't believe it for a minute.* En usko sitä vähääkään.

not have a minute to call one's own olla äärimmäisen kiireinen *Ever* *since my cousins came to stay with me, I have not had a minute to call my own.* Aina siitä lähtien kun serkkuni muuttivat asumaan kanssani, olen ollut tosi kiireinen.

the minute [that] heti kun, sillä hetkellä kun *I fell in love with her the minute I saw her.* Rakastuin häneen heti nähdessäni hänet.

this [very] minute *1* heti paikalla, saman tien *Stop that this minute!* Lopeta tuo heti paikalla! *2* (br) äskettäin, hetki sitten

to the minute täsmälleen *The train pulled out to the minute.* Juna lähti täsmälleen aikataulussa.

up to the minute *1 ark* muodikas, nykyaikainen *The Jaguar was long, sleek, and up to the minute.* Jaguar oli pitkä, sulavalinjainen ja muodikas. *2 ark* viime hetken tieto *To get up to the minute information on both departures and arrivals from your local airport ring...* Saadaksesi ajantasaista tietoa sekä lähtevistä että tulevista lennoista paikallisella lentokentälläsi soita...

miracle ['mɪrək^əl] *s*

work / do / perform miracles [for / on with] tehdä ihmeitä *They have worked miracles with limited resources.* He ovat tehneet ihmeitä rajallisin resurssein.

mire ['maɪə] *s*

drag sb's name through the mire vetää jkn nimi t. maine lokaan *This morning's paper is trying to drag his name through the mire by claiming he was back on the booze.* Tämän aamun lehti yrittää loata hänen mainettaan väittämällä, että hän on taas sortunut juomaan.

mischief ['mɪstʃɪf] *s*

do oneself a mischief *leik* (br, austr) loukata itsensä *Slow down, you'll do yourself a mischief!* Hidasta vähän tai loukkaat itsesi!

do sb a mischief tehdä jklle pahaa, aiheuttaa vahinkoa jklle *I wouldn't miss a chance to do him a mischief.* En jättäisi käyttämättä tilaisuutta tehdä hänelle vahinkoa.

misery ['mɪzəri] *s*

make sb's life a misery (*myös* make life a misery for sb) tehdä jkn elämä ikäväksi *She is trying to make my life a misery.* Hän yrittää tehdä elämästäni surkeaa.

Misery loves company. Masentuneet haluavat toistenkin masentuvan.

put sb out of their misery *ark* päästää jku piinasta kertomalla tälle jtak, mitä tämä haluaa tietää *Oh, come on, Robin, put me out of my misery. You met someone, didn't you?* Voi Robin, kerro jo! Tapasit jonkun, eikö niin?

put sb / sth out of their / its misery päästää jku t. jk tuskistaan (tappaa), lopettaa *No wonder calls are growing for the show to be put out of its misery once and for all.* Ei ihme, että show'n lopettamista kertaheitolla vaaditaan yhä enemmän.

1 miss ['mɪs] *v*

miss the boat / bus *ark* menettää hyvä tilaisuus *He suddenly realised he had missed the boat in a rapidly expanding market sector.* Hän tajusi yhtäkkiä menettäneensä hyvän tilaisuuden nopeasti laajentuvalla markkinasektorilla.

not miss a trick (*myös* not miss much) *ark* ei jättää yhtään mahdollisuutta käyttämättä *When it comes to promotion, they don't miss a trick.* Mitä ylennyksiin tulee, he eivät jätä yhtään mahdollisuutta käyttämättä.

2 miss *s*

a miss is as good as a mile tyhjän saa tekemättäkin, pienikin epäonnistuminen on epäonnistuminen

missing

a near miss läheltä piti -tilanne *Their airliner was involved in a near miss with another air-craft over London yesterday.* Heidän lentokoneensa oli joutunut läheltä piti -tilanteeseen toisen koneen kanssa eilen Lontoon yläpuolella.

give sth a miss *ark* (erit br) jättää väliin *I think I'd better give the coffee a miss.* Taidanpa jättää kahvin väliin.

missing ['mɪsɪŋ] v

without missing a beat (am) keskeyttämättä, omaan tahtiinsa *Without missing a beat, she whipped off her shirt.* Henkeä vetämättä hän riuhtaisi yltään paitansa.

mist ['mɪst] s

the mists of time / history historian hämärä

1 mistake [mɪsˈteɪk] s

and no mistake *vanh* (erit br) epäilemättä *This is one of his jokes, and no mistake.* Tämä on epäilemättä yksi hänen piloistaan.

by mistake vahingossa, epähuomiossa *Had she picked up someone else's photos by mistake?* Oliko hän ottanut vahingossa jonkun muun valokuvat?

make no mistake [about it] *ark* älä yhtään epäile, siitä voit olla varma

2 mistake v

there is no mistaking sb / sth siitä ei voi erehtyä *There is no mistaking his superiority.* Hänen ylivoimaisuudestaan ei voi erehtyä.

mitt ['mɪt] s

get one's mitts on sth saada jtak käsiinsä *This is the white man's greatest achievement: he has learned how to get his mitts on the money.* Tämä on valkoisen miehen suurin saavutus: hän on oppinut tekemään rahaa.

mitten ['mɪtᵊn] s

get the mitten saada rukkaset, saada potkut

give / hand sb the mitten antaa jklle rukkaset, antaa potkut jklle

mix ['mɪks] v

be a mixed bag / bunch *ark* joukko erilaisia ihmisiä, kirjava joukko *They were a mixed bag, which became a lot more mixed after sampling Doris's noxious black Punch.* He olivat kirjavaa joukkoa ja tulivat vieläkin kirjavammiksi maisteltuaan Doriksen myrkyllistä mustaa punssia.

be / get mixed up in sth sekaantua jhk, sotkeutua jhk *He got mixed up in some gang fight outside the pub.* Hän sotkeutui johonkin jengitappeluun pubin ulkopuolella.

be / get mixed up with sb ystävystyä jkn kanssa, siten että toiset eivät hyväksy *I told you getting mixed up with that boy was trouble.* Sanoinhan, että tuon pojan kanssa seurustelu tietäisi ikävyyksiä.

mix and match yhdistellä *It means most of my clothes mix and match really well.* Se tarkoittaa, että useimpia vaatteitani on helppo yhdistellä.

mix it (*myös* mix it up) *ark* (am, austr) tapella, riidellä *Some couples mix it, some don't.* Jotkut parit tappelevat, toiset eivät.

mixer ['mɪksəʳ] s

a good / bad mixer hyvä / huono seuraihminen *She must be friendly and patient, a good mixer.* Hänen on oltava ystävällinen ja kärsivällinen, hyvä seuraihminen

mo ['məʊ] s

half / just a mo (*myös* hang on a mo) *ark* hetki pieni

mob ['mɒb] s

the heavy mob (*myös* the heavy brigade) *ark* (br) pahat pojat, gangsterit

They wouldn't bring in the heavy mob for me, I'm not important enough. Eivät he usuttaisi gorillojaan kimppuni, en ole tarpeeksi tärkeä.

mocker ['mɒkər] *s*
put the mockers on *ark* (br) **1** estää, pilata *All these reality shows have put the mockers on so much telly drama.* Tosi-tv-ohjelmat ovat pilanneet monta televisionäytelmää. **2** tuoda huonoa onnea *Will I put the mockers on him if I start watching?* Tuonko hänelle huonoa onnea, jos alan katsella?

mockery ['mɒkəri] *s*
make a mockery of pitää pilkkanaan *They make a mockery of the moral values they purport to uphold.* He pitävät pilkkanaan niitä moraalisia arvoja, joita he väittävät vaalivansa.

mod ['mɒd] *a*
[with] all mod cons *ark* (br) kaikilla mukavuuksilla

1 model ['mɒdl] *s*
be a / the model of sth olla mallikelpoinen *The 1922 constitution approved by Britain was considered a model of libertarian democracy.* Britannian 1922 hyväksymää perustuslakia pidettiin ajatuksenvapautta kannattavan demokratian mallikappaleena.

2 model *v*
model oneself on sb jäljitellä jkta, pitää jkta esikuvanaan *He modelled himself on Mussolini.* Hän piti Mussolinia esikuvanaan.

moderation [,mɒdə'reɪʃ(ə)n] *s*
Moderation in all things. kohtuus kaikessa

modesty ['mɒdɪsti] *s*
in all modesty *leik* kaikessa vaatimattomuudessaan *In all modesty he considers himself above average.* Kaikessa vaatimattomuudessaan hän pitää itseään keskitasoa parempana.

molehill ['məʊlhɪl] *s*
make a mountain out of a molehill tehdä kärpäsestä härkänen

moment ['məʊmənt] *s*
a moment of weakness (*myös* a weak moment) heikkona hetkenään *You took advantage of me at a moment of weakness.* Käytit minua hyväksesi heikkona hetkenäni.

any moment [now] millä hetkellä hyvänsä *I'll start working any moment now.* Alan tehdä töitä minä hetkenä hyvänsä.

at the / this moment tällä hetkellä, juuri nyt *I'm really rather busy at the moment.* Olen melko kiireinen juuri nyt.

for the moment tällä hetkellä *music for the moment* musiikkia tähän hetkeen

have one's / its moments olla hyvät hetkensä *I know he has had his moments in the past.* Tiedän, että hänellä on ollut hyvät hetkensä menneisyydessä.

in a moment heti, käden käänteessä, tuossa tuokiossa *He was back in a moment.* Hän palasi tuossa tuokiossa.

just a moment (*myös* one moment) hetkinen [vain]

live for the moment elää nykyhetkessä

moment of truth totuuden hetki

not a moment too soon ei hetkeäkään liian aikaisin

not for a / one moment ei hetkeäkään *I did not believe him for a moment.* En uskonut häntä hetkeäkään.

of moment (substantiivin jäljessä) hyvin tärkeä *He requested the courtesy of a meeting to discuss matters of moment between them.* Hän pyysi kokousta, jotta he voisivat keskustella tärkeistä asioista keskenään.

of the moment päivän, tämän hetken suosituin *the name of the moment* päivän nimi, *the actor of the moment* tämän hetken suosituin näyttelijä

pick / choose one's moment valita huolella oikea aika tehdä jtk *He was scanning around the room for any potential competition when he eventually chose his moment to approach her.* Hän etsiskeli katseellaan mahdollisia kilpailijoita, kunnes valitsi lopulta hetken lähestyä naista.

the moment heti kun *The moment I saw her I knew she was the one.* Heti kun näin hänet, tiesin, että hän oli se oikea.

the next moment seuraavassa hetkessä (yhtäkkiä) *One moment I was poor, the next moment I was wealthy.* Yhtenä hetkenä olin köyhä, seuraavana yhtäkkiä rikas.

the psychological moment oikea hetki (tehdä jtk) *He is a great one for identifying the psychological moment.* Hän osaa hyvin valita oikean hetken.

this very moment hetimmiten *Is it important that you should know at this very moment?* Onko tärkeää, että saisit tietää sen hetimmiten?

money ['mʌni] *s*

be in the money *ark* olla rahoissaan *All at once, he seemed to be in the money – he had a new BMW and a boat.* Yhtäkkiä hän näytti olevan rahoissaan – hänellä oli uusi bemari ja vene.

for my money *ark* minun mielestäni, minun kannaltani katsoen *For my money, he is one of the greatest comedians of all time.* Mielestäni hän on yksi kaikkien aikojen parhaita koomikoita.

get / have one's money's worth saada vastinetta rahoilleen *If he was going for the excitement, he got his money's worth.* Jos hän halusi jännitystä, hän sai vastinetta rahoilleen.

good money paljon rahaa, kovalla työllä ansaittua rahaa *If there are more in a household earning good money, they will pay more.* Jos taloudessa on useampia hyvin ansaitsevia, he maksavat enemmän.

have [got] money to burn olla rahaa kuin roskaa *The brothers had money to burn.* Veljeksillä oli rahaa kuin roskaa.

have [got] more money than sense olla paljon rahaa, jota tuhlailee turhuuksiin *a group of young people with more money than sense, buying temporary pleasures* ryhmä nuoria, joilla on rahaa enemmän kuin tarvitsevat ja jotka ostavat tilapäisiä huvituksia

I'm not made of money *ark* en minä ole rahasta tehty (ei ole ylimääräistä rahaa)

make / lose money hand over fist *ark* tehdä t. menettää paljon rahaa nopeasti *He must be losing money hand over fist.* Hän ilmeisesti menettää rutkasti rahaa.

money burns a hole in sb's pocket raha polttaa taskussa, olla tuhlaileva asenne rahaan

money for old rope (*myös* money for jam) *ark* (br) helppo raha, helposti ansaittu raha *I felt a passing regret at the thought of losing so much money for old rope.* Tunsin ohimenevää mielipahaa siitä, että menettäisin niin paljon helppoa rahaa.

Money [is] no object. ei väliä, kuinka paljon jk maksaa

Money talks. *ark* Raha on valtaa.

pay good money for sth *ark* maksaa jstak kovalla työllä ansaitsemallaan rahalla, maksaa jstak kallis hinta *I'll need a survey, but I'm not going to pay good money for it unless they bring the price down.* Tarvitsen tutkimuksen, mutta en aio laittaa rahojani siihen, elleivät he laske hintaa.

pin money *ark* taskurahaa *It helped when I used to do a bit of coal-bag carrying in my spare time to earn some pin money.* Auttoi, kun kannoin hiilisäkkejä vapaa-aikanani ansaitakseni vähän taskurahaa.

put money into sth sijoittaa rahaa jhk *Investors continue to put money into mutual funds.* Sijoittajat sijoittavat edelleen rahaa keskinäisiin rahastoihin.

put [one's] money on *ark 1* lyödä vetoa (rahasta) *I put my money on two horses, and they both lost.* Löin vetoa kahden hevosen puolesta, ja ne molemmat hävisivät. *2* panna päänsä pantiksi jstak, lyödä vetoa [jstak asiasta] *She'll leave her husband. I'd put money on it.* Hän jättää miehensä. Panen siitä pääni pantiksi.

put one's money where one's mouth is *ark* ryhtyä t. siirtyä sanoista tekoihin *It is time to put our money where our mouth is.* Meidän on aika siirtyä sanoista tekoihin.

[right] on the money *ark* (yl am) aivan nappiin, tismalleen oikein *His comments were right on the money.* Hänen kommenttinsa osuivat nappiin.

spend money like water tuhlata liikaa *The biggest problem in his life is his daughter who spends money like water.* Suurin ongelma hänen elämässään on tytär, joka tuhlailee liikaa.

the smart money is on sb / sth älykäs lyö vetoa jkn / jnk puolesta *Among younger MPs John Doe remains possible but the smart money is on John Smith.* Nuoremmista parlamentin jäsenistä John Doe on edelleen mahdollinen, mutta viisas lyö vetoa John Smithin puolesta.

throw good money after bad syytää rahaa Kankkulan kaivoon, jatkaa epäonnistumassa olevan toiminnan rahoittamista

throw money at sth syytää rahaa jhk *You can't solve problems by throwing money at them.* Ongelmia ei ratkaista syytämällä niihin rahaa.

throw one's money about / around *ark* tuhlailla rahaa joutaviin, syytää rahaa turhuuksiin

You pays your money [and you takes your chances] riski on hyväksyttävä *You pays your money and you takes your chance – that was war.* Riski oli hyväksyttävä – sellaista sota oli.

You pays your money [and you takes your choice] jokaisen on tehtävä omat valintansa *You pays your money and you takes your choice when it comes to drawing up a list of front-runners.* Jokaisen on tehtävä omat valintansa ja laadittavat omat listansa johtavista ehdokkaista.

1 monkey [mʌŋki] *s*
a monkey on sb's back (am, austr) vakava ja sitkeä ongelma *Your first failure may be a monkey on your back for the rest of life.* Ensimmäinen epäonnistumisesi saattaa aiheuttaa sinulle vakavia ongelmia koko loppuiäksesi.

make a monkey [out] of sb *vanh* nolata jku, saattaa jku naurunalaiseksi

monkey business *ark* epärehellistä t. typerää käytöstä *No room for monkey business here.* Täällä ei ole tilaa törttöilylle.

not give a monkey's *alat* (br, austr) ei välittää vähääkään

2 monkey *v*
monkey about / around temppuilla
monkey with raplata, näpelöidä

monopoly [mə'nɒpəli] *s*
monopoly money leikkirahaa (rahaa, jolla on vähän t. ei ollenkaan arvoa)

month

month ['mʌnθ] s
  a month of Sundays ark kokonainen iäisyys
  month after month useiden kuukausien ajan *Our salaries were not paid, month after month.* Palkkojamme ei maksettu moniin kuukausiin.
  month by month kuukausi kuukaudelta *Month by month, the chances of saving anything from the wreckage grow less.* Mahdollisuudet pelastaa jotakin raunioista pienenevät kuukausi kuukaudelta.

mooch ['mu:tʃ] v
  mooch about / around (br) hortoilla, vetelehtiä, maleksia

mood ['mu:d] s
  in a mood (*myös* in one of one's moods) huonolla tuulella *What puts you in a mood?* Mikä saa sinut huonolle tuulelle?
  in the mood for (*myös* in the mood to do sth) sopivalla tuulella, oikeassa vireessä *I'm not really in the mood for work.* En ole oikein työtuulella.

1 moon ['mu:n] s (*myös* Moon)
  ask / cry / wish for the moon (*myös* want the moon) ark (br) pyytää t. toivoa kuuta taivaalta *I can't own her, I may as well wish for the moon.* En voi omistaa häntä. Yhtä hyvin voin toivoa kuuta taivaalta.
  many moons ago kirjak kauan, kauan sitten *He left Derby many moons ago.* Hän lähti Derbystä kauan sitten.
  over the moon ark (erit br) ikionnellinen *She is over the moon about her prize.* Hän on ikionnellinen palkinnostaan.

2 moon v
  moon around / about vetelehtiä, lorvia
  moon over sb haikailla jkn perään

moonlight ['mu:nlaɪt] s
  do a moonlight flit ark (br) livistää (lähteä salaa erit velkojen tms takia) *I did a moonlight flit.* Lähdin lipettiin.
  not be all moonlight and roses ei pelkkää ruusuilla tanssimista *You think love is all moonlight and roses.* Luulet, että rakkaus on pelkkää ruusuilla tanssimista.

moot ['mu:t] s
  a moot point / question kiistanalainen kysymys *This is a moot point which requires further study before it can be resolved.* Tämä on kiistanalainen kysymys, joka vaatii lisätutkimusta, ennen kuin se voidaan ratkaista.

moral ['mɒrəl] a
  [give sb] moral support olla moraalisena tukena *Friends were important, if for nothing else but moral support.* Ystävät olivat tärkeitä, ellei muuten niin moraalisena tukena.

more ['mɔ:r] a, pron
  bite off more than one can chew ark haukata liian iso pala
  more and more yhä useampi, yhä enemmän *More and more people are using the Internet.* Yhä useammat käyttävät Internetiä.
  more or less jossain määrin, jotakuinkin *They knew their business, more or less.* He jotakuinkin osaavat hommansa.
  more ... than pikemmin, enemmän jtak kuin jtak *He's more a scientist than a businessman.* Hän on pikemminkin tieteilijä kuin liikemies.
  more than 1 yli *more than $200* yli 200 dollaria **2** enemmän kuin *It's more than a song, it's a symbol of freedom.* Se on enemmän kuin laulu – se on vapauden symboli.
  no more ei enää, ei enempää *No more notes, he wrote.* Ei enää muistiinpanoja, hän kirjoitti.

no more than vain, ei enempää kuin *It is still no more than a performance.* Se on silti vain esitys.

no / nothing / little more than vain, ainoastaan, pelkästään *The academy had become little more than a rubber stamp.* Akatemiasta oli tullut pelkkä kumileimasin.

morning ['mɔ:nɪŋ] s

a Monday morning quarterback (am) jälkiviisas *It's easy to be a Monday morning quarterback. But we need someone who can tell us what's ahead in business.* Jälkiviisaus on helppoa, mutta me tarvitsemme jonkun, joka kertoo, mitä liike-elämässä on edessä.

morning, noon and night kaiken aikaa, koko ajan, yötä päivää *We used to fight, morning, noon and night.* Me taistelimme kaiken aikaa.

that Monday morning feeling *ark* maanantaiaamun masennus *I never have that Monday morning feeling.* Minulla ei koskaan ole maanantaiaamun masennusta.

the morning after [the night before] *ark* krapula *It's more a case of the morning after the night before.* Kyseessä on pikemminkin krapula.

most ['məʊst] *a, pron*

at [the] most enintään, korkeintaan *Shouldn't take more than a couple of weeks at most.* Ei sen pitäisi viedä paria viikkoa enempää.

for the most part enimmäkseen, enimmiten, enimmälti, suureksi osaksi *For the most part, they are self-taught.* He ovat enimmäkseen itseoppineita.

make the most of hyödyntää maksimaalisesti, käyttää hyväkseen parhaalla mahdollisella tavalla *He must make the most of limited resources.* Hänen pitää hyödyntää rajalliset resurssit parhaalla mahdollisella tavalla.

most of all kaikkein eniten *She didn't want to move or speak – most of all, she didn't want to think.* Hän ei halunnut liikkua eikä puhua – eikä varsinkaan ajatella.

moth ['mɒθ] s

like a moth to the flame (läh) kuin magneetti *He attracts women like a moth to a flame.* Hän vetää naisia puoleensa magneetin tavoin.

mothball ['mɒθbɔ:l] s

in mothballs naftaliiniin pantu *We're putting our operation here in mothballs, he said.* Panemme toimintamme täällä naftaliiniin, hän sanoi.

mother ['mʌðəʳ] s

a mother lode of sth suuri kokoelma jtk *And that's where I found a mother lode of information.* Ja sieltä löysin rutkasti tietoa.

be mother *vanh, ark t leik* (br, austr) kaataa teetä, hoitaa tarjoilu *Shall I be mother?* Tarjoilenko minä?

like mother, like daughter sellainen tytär, millainen äiti

the mother [and father] of [all] sth *ark* <korostettaessa, että jk on hyvin suuri, tärkeä jne> *He saw the mother of all waves rear up out of the water.* Hän näki kaikkien aikojen aallon kohoavan vedestä.

the mother country synnyinmaa, kotimaa (maa, johon on vahvat tunnesiteet) *Whole communities were being lifted out of the mother country and planted down in villages already prepared for them.* Kokonaisia yhteisöjä siirrettiin pois kotimaastaan ja sijoitettiin heille valmisteltuihin kyliin.

motion ['məʊʃ(ə)n] s

go through the motions *1* suorittaa pakolliset kuviot *They were just going through the motions of what had worked before.* He kävivät vain läpi niitä pakollisia kuvioita, jotka olivat toimineet aiemmin. *2* olla tekevinään *He shrugged shoulders, not even going through the motions of denying her accusation.* Mies kohautti hartioitaan, eikä edes vaivautunut kieltämään naisen syytöstä.

mould ['məʊld] *s (am* mold)
break the mould rikkoa vanhat kaavat *Only a fraction of us really break the mould.* Vain murto-osa meistä todella rikkoo vanhoja kaavoja.

they broke the mould when they made sb / sth jku / jk on ainutkertainen *They broke the mould when they made that man.* Tuo mies on ainutlaatuinen.

mount ['maʊnt] *v*
mount guard [over sb / sth] olla vartiossa, vartioida jkta t. jkn

mountain ['maʊntɪn] *s*
a mountain to climb (br, austr) hyvin vaikea haaste *We gave ourselves a mountain to climb and didn't quite make it.* Annoimme itsellemme hyvin vaikean haasteen emmekä aivan selvinneet siitä.

If Mohammed will not go to the mountain, the mountain must go to Mohammed. Jos Muhammed ei mene vuoren luo, vuoren on mentävä Muhammedin luo.

move mountains *1* tehdä ihmeitä *Faith can move mountains.* Usko voi tehdä ihmeitä. *2* tehdä kaikkensa *We'll move mountains to qualify.* Teemme kaikkemme päästäksemme jatkoon.

mouth ['maʊθ] *s*
a mouth to feed suu ruokittavana, elätettävä *She has three mouths to feed at home.* Hänellä on kotona kolme suuta ruokittavanaan.

be all mouth (*myös* (br) be all mouth and no trousers) *ark* olla pelkkää puhetta *She's all mouth and no trou-*

sers so far. Kaikki on ollut tähän asti hänen osaltaan pelkkää puhetta.

down in the mouth *ark* allapäin *I wished I could help him, he looked so down in the mouth.* Kunpa voisin auttaa häntä, hän näytti olevan niin allapäin.

give mouth haukkua (koirasta)

keep one's mouth shut *ark* pitää suunsa kiinni, tukkia suunsa *Why can't you keep your mouth shut?* Miksi et voi pitää suutasi kiinni?

make sb's mouth water saada jklle vesi kielelle *Crunchy apples make my mouth water.* Rouskuvat omenat saavat veden kielelleni.

open one's mouth avata suunsa (ryhtyä puhumaan) *He hasn't opened his mouth at all.* Hän ei ole avannut suutaan ollenkaan.

Out of the mouths of babes [and sucklings]. Lasten [ja imeväisten] suusta kuullaan totuus.

watch one's mouth pitää pienempää suuta, varoa sanojaan *You'd better watch your mouth.* Sinun olisi paras varoa sanojasi.

mouthful ['maʊθfʊl] *s*
give sb a mouthful *ark* (br) antaa jkn kuulla kunniansa *Brian gave me a mouthful, calling me everything under the sun.* Brian haukkui minut nimitellen minua kaikeksi mahdolliseksi auringon alla.

say a mouthful *ark* (am) sanoa jtak merkittävää *Sugar industry wants to say a mouthful.* Sokeriteollisuus haluaa sanoa painavan sanansa.

1 move ['muːv] *v*
get moving *ark* aloittaa, lähteä jne. nopeasti *You'd better get moving if you're going to meet the deadline.* Sinun olisi paras aloittaa, jos haluat pysyä määräajassa.

get sth moving *ark* saada aikaan edistystä *The new leaders really got the project moving.* Uudet johtajat saivat todella aikaan edistystä projektissa.

move house muuttaa (asumaan muualle) *These days many people move house frequently.* Nykyään monet ihmiset muuttavat usein.

move it *ark* kiirehtiä, pitää kiirettä

move one's ass *alat* kiirehtiä *You'll be in trouble if you don't move your ass.* Joudut vaikeuksiin, ellet pidä kiirettä.

move with the times muuttua maailman mukana *We've got to move with the times.* Meidän on muututtava maailman mukana.

not move an inch ei antaa tuumaakaan periksi *She mustn't move an inch.* Hän ei saa antaa tuumaakaan periksi.

2 move *s*

Get a move on! *ark* Pidä kiirettä!

make a move *1* tehdä siirtonsa (jnk saavuttamiseksi) *He was going to have to make a move, one way or the other.* Hänen oli tavalla tai toisella tehtävä ratkaiseva siirto. *2 ark* (br) lähteä [liikkeelle] *She could make a move in about twenty minutes.* Hän voisi lähteä liikkeelle noin 20 minuutin kuluttua.

make a move on sb *ark* (yl am) yrittää iskeä jku, lähennellä jkta *Someone wants to make a move on Megan.* Joku haluaa iskeä Meganin.

[make] a / one false move *ark* virheliike *If you unknowingly make a false move, your daughter will leave immediately.* Jos teet tietämättäsi virheliikkeen, tyttäresi lähtee heti.

make the first move tehdä aloite, ottaa ensimmäinen askel *If he was at all interested it was up to him to make the first move.* Jos hän oli yhtään kiinnostunut, oli hänen asiansa tehdä aloite.

on the move liikekannalla, liikkeellä *I was pleased to be on the move again.* Minusta oli hauskaa olla taas liikkeellä.

mover ['muːvəʳ] *s*

a mover and shaker vaikutusvaltainen henkilö *He's one of the movers and shakers in the community.* Hän on vaikutusvaltainen hahmo yhteisössä.

moving ['muːvɪŋ] *a*

the moving spirit liikkeelle paneva voima *They were the nominal leaders, but he was the moving spirit.* He olivat nimellisiä johtajia, mutta hän oli liikkeelle paneva voima.

mow [məʊ] *v*

mow down tappaa, niittää maahan *He was mowed down by a lone gunman.* Yksinäinen ampuja tappoi hänet.

Mr ['mɪstəʳ] *s*

Mr Big *ark, halv* tärkein henkilö ryhmässä, alueella jne *He allegedly became Washington's Mr Big.* Hänestä väitetään tulleen Washingtonin mahtimies.

Mr Nice guy hyvin rehellinen ja hyväntahtoinen mies *No more Mr Nice Guy.* Hyvänahkaisuus loppui tähän.

Mr Right se oikea (naiselle aviopuolisona) *She was searching for Mr Right.* Hän etsi sitä oikeaa.

much ['mʌtʃ] *a, pron*

a bit much *ark* vähän paksua, kohtuutonta *I thought it was a bit much that his mother couldn't be there.* Minusta oli vähän paksua, ettei hänen äitinsä voinut olla paikalla.

as much niin paljon, yhtä paljon *We try to drink as much water as possible.* Yritämme juoda niin paljon vettä kuin mahdollista.

as much as niinkin paljon kuin, jopa *The brokers may earn as much as $200,000 a year.* Meklarien ansiot saattavat olla jopa 200 000 dollaria vuodessa.

as much as sb can / could do [not] to do sth jk on vaikeaa tehdä *Every* *man has as much as he can do to protect himself.* Jokaisella on tarpeeksi tekemistä itsensä suojelussa.

how much paljonko, kuinka paljon *How much is this?* Paljonko tämä maksaa?

much as / though niin mielellään kuin, vaikka kuinka *Much as we would like to help you, we have no authority to do so.* Niin mielellämme kuin sinua auttaisimmekin, meillä ei ole siihen valtuuksia. *Much as I love you, I cannot condone this behaviour.* Vaikka kuinka rakastan sinua, en voi hyväksyä tällaista käytöstä.

not be up to much (br, austr) ei olla kovin hyvää laatua *As entertainment, though, it's not up to much.* Viihteenä siinä ei kuitenkaan ole kehumista.

not much in it pieni ero (kilpailutuloksessa tms) *Rab won the first game, not much in it, to lose the next.* Rab voitti ensimmäisen pelin niukin naukin ja hävisi seuraavan.

not much of a ei erityisen hyvä *It wasn't much of a game.* Eipä ollut erityisen hyvä peli.

not so much ei niinkään *The question was not so much one of safety as of timing.* Kysymys ei ollut niinkään turvallisuudesta kuin ajoituksesta.

not so much as (*myös* without so much as) ei edes *He'd left her at the inn without so much as a word.* Mies oli jättänyt hänet majataloon sanomatta sanaakaan.

not so much sth as sth <olla jonkinlainen, mutta myös enemmän toisenlainen> *The distance between them is not so much great as unbridgeable.* Ero heidän välillään on suuri, mutta ennen kaikkea ylitsepääsemätön.

nothing much ei[pä] juuri mitään, ei paljon mitään *Nothing much grows in winter.* Talvella ei kasva juuri mitään.

so much for *ark* se jstak *So much for that!* Se siitä!

so much so that siinä määrin, että *Physically both had changed – so much so that Jason didn't recognise Kylie at first.* Fyysisesti molemmat olivat muuttuneet – jopa siinä määrin, että Jason ei aluksi tunnistanut Kylieta.

so much the better sitä parempi *If you can get it off in one piece, so much the better.* Jos saat sen irti yhtenä kappaleena, niin sitä parempi.

so much the worse sitä huonompi *If the senses give impressions contrary to reason, so much the worse for the senses.* Jos aistit välittävät järjenvastaisia vaikutelmia, sen pahempi aisteille.

this much <kerrottaessa jtk myönteistä t. lopullista> *I'll tell you this much: she'll have to spend most of her time with you.* Sanonpa vain, että hänen on vietettävä suurin osa ajastaan sinun kanssasi.

very much so <korostettaessa sanaa "kyllä"> *Yes, Erika had enjoyed it, very much so.* Kyllä, Erika oli tosiaan nauttinut siitä.

muchness ['mʌtʃnəs] *s*

be much of a muchness olla aivan samanlainen *Private houses in London are apt to be much of a muchness.* Asuintalot ovat yleensä Lontoossa hyvin samanlaisia.

1 muck ['mʌk] *s*

as common as muck *v ark* alempisäätyinen, rahvaaseen kuuluva *I'm as common as muck, me.* Minä kuulun rahvaaseen.

make a muck of *ark* töpeksiä, munata *The taximan made a muck of it – took me next door instead.* Taksikuski töpeksi ja vei minut vahingossa naapuriin.

treat sb like muck *ark* kohdella jkta epäkunnioittavasti t. tylysti *They*

murder

would spit at him like he had no rights, treat him like muck. He sylkivät hänen päälleen ikään kuin hänellä ei olisi mitään oikeuksia, kohtelivat kuin saastaa.

2 muck *v*

muck about / around with *ark* (yl br) touhuta jnk kimpussa (vahingoittavasti) *The president's wife doesn't muck about with policy.* Presidentin vaimo ei touhua politiikan parissa.

muck around / about *ark* (yl br) sekoilla, pelleillä

muck in *ark* (yl br) antaa oma panoksensa, ottaa osaa (yhteisiin töihin), lyöttäytyä yhteen

muck sb around / about *ark* (br) pompotella jkta

muck up *1 ark* töpätä, pilata *I've mucked up their dirty little plan.* Olen pilannut heidän likaisen pikku suunnitelmansa. *2* sotkea, liata

mud ['mʌd] *s*

as clear as mud *ark* täysin epäselvä *What this really means, of course, is still as clear as mud.* Mitä tämä todella merkitsee, on tietenkin edelleen täysin epäselvää.

drag sb through the mud vetää jkn maine lokaan *The unfortunate Empress has been so dragged through the mud that one feels almost compelled to defend her.* Epäonnisen keisarinnan maine on mustattu niin perusteellisesti, että häntä on melkein pakko puolustaa.

fling / throw / sling mud at sb heittää lokaa jkn kasvoille, mustata jkn mainetta *They are trying to sling mud at me to cover up the defeat.* He yrittävät mustata maineeni peittääkseen tappion.

mud sticks (*myös* if you throw enough mud, some of it will stick) joka kerran keksitään, se aina huomataan (ikävät asiat jäävät mieleen, vaikka ne eivät olisi tosiakaan)

sb's name is mud jkn nimi on vedetty lokaan *Your name is mud.* Nimesi on vedetty lokaan.

muddy ['mʌdi] *v*

muddy the waters *halv* tehdä sekavaksi *The government is obviously trying to muddy the waters.* Hallitus yrittää selvästi hämärtää asioita.

1 mug ['mʌg] *s*

a mug's game *ark* (br) hölmön hommaa

2 mug *v*

mug up *ark* (br) päntätä *She mugged up a few facts about Japan.* Hän pänttäsi päähänsä muutaman faktan Japanista.

multitude [ˈmʌltɪtjuːd] *s*

cover / hide a multitude of sins *leik* peittää paljon virheitä t. ongelmia *This term can cover a multitude of sins.* Tällä termillä voidaan kätkeä monia ongelmia.

mum ['mʌm] *a*

keep / stay mum *ark* olla hiiskumatta *I was told to keep mum about it.* Minun käskettiin olla hiiskumatta siitä sanaakaan.

mum's the word *ark* ei hiiskahdustakaan (kehotettaessa pysymään vaiti jstak asiasta)

munchies ['mʌntʃiːz] *s*

have [got] the munchies (*myös* get the munchies) *ark* olla yhtäkkiä nälkä *Lend me a couple of quid, I've got the munchies.* Lainaa pari puntaa, minulla on yhtäkkiä nälkä.

1 murder ['mɜːdəʳ] *s*

be murder *ark* olla kärsimystä, olla tappavaa, olla varsinainen riesa *Those robes are murder to swim in.* Uiminen noissa kaavuissa on yhtä kärsimystä.

murder

get away with murder *ark* saada tehdä rankaisematta mitä tahansa *They get away with murder because of their buying power.* Ostovoimansa takia he voivat tehdä rankaisematta mitä tahansa.

murder will out rikoksella on lyhyet jäljet, rikos tulee ilmi

scream / yell blue murder (*am* bloody) *ark* nostaa kova meteli *The frustration and worry she felt were enough to make her want to scream blue murder!* Hän olisi halunnut kiljua ääneen turhautumisesta ja huolesta.

2 murder *v*

could murder sth *s ark* (br) haluta jtak (syötävää t. juotavaa) *I could murder a lager.* Voisin juoda oluen.

sb will murder you (varoituksena) jku raivostuu *Your dad will murder you when he sees your hair.* Isäsi raivostuu, kun näkee tukkasi.

murmur ['mɜ:məʳ] *s*

[do sth] without a murmur [tehdä jtkn] mukisematta *He payed without a murmur.* Hän maksoi mukisematta.

muscle ['mʌsl] *s*

flex one's muscles pullistella lihaksiaan, näytellä voimiaan *He was a very successful movie actor, but he's decided to flex his muscles on the stage for a while.* Hän oli menestynyt elokuvanäyttelijä, mutta hän on päättänyt esitellä voimiaan näyttämöllä jonkin aikaa.

not move a muscle olla liikauttamatta eväänsäkään *The conductor bawled, Fares please! in his ear but he did not move a muscle.* Matkaliput, olkaa hyvä! konduktööri huusi hänen korvaansa, mutta hän ei liikauttanut eväänsäkään.

music ['mju:zɪk] *s*

face the music hyväksyä kritiikki t. rangaistus *It is to his credit that he returned to face the music.* On hänelle kunniaksi, että hän palasi kärsimään tekonsa seuraukset.

music to one's ears musiikkia korville *Chairman, all I've heard so far is music to my ears.* Puheenjohtaja, kaikki mitä olen tähän mennessä kuullut, on musiikkia korvilleni.

must [mʌst] *v*

if you must [do sth] ok, jos on pakko *Can I smoke? – If you must.* Voinko polttaa? – No jos kerran on pakko.

mustard ['mʌstəd] *s*

[not] cut the mustard [ei] olla tarvittavan hyvä *It was whispered that he couldn't cut the mustard.* Kuiskailtiin, ettei hän ollut tarpeeksi hyvä.

mutton ['mʌtⁿn] *s*

dead as mutton kuollut kuin kivi *The maid was dead right enough – dead as mutton.* Palvelustyttö oli takuulla kuollut – kuollut kuin kivi.

mutton dressed as lamb *ark halv* (br) liian nuorekkaasti pukeutunut (yl naisesta) *Look at her – mutton dressed as lamb.* Katso häntä – mikä tytönheitukka hän luulee olevansa.

myself [maɪ'self] *pron*

all by myself **1** yksin *You left me there all by myself.* Jätit minut sinne aivan yksin. **2** ihan itse ilman apua *I invented that all by myself.* Keksin sen ihan itse ilman apua.

[all] to myself vain itselleni, omaan käyttöön *I want to have you all to myself.* Haluan sinut kokonaan itselleni.

feel myself tuntea olonsa normaaliksi *I don't feel myself.* En tunne oloani normaaliksi.

N

1 nail ['neɪl] *s*

a nail in [sb's / sth's] coffin viimeinen naula arkkuun *Many believe the book was the nail in the coffin of the royal marriage.* Monet uskovat, että kirja oli viimeinen naula kuninkaallisen avioliiton arkkuun.

[as] hard as nails kivikova, säälimätön *I can fight for whatever I want and I'm hard as nails.* Pystyn taistelemaan haluamastani ja olen kivikova.

on the nail heti *Not paying on the nail could be extremely expensive.* Maksun viivästyminen voi tulla erittäin kalliiksi.

2 nail *v*

nail down *1* saada selville *I can't nail it down, but it makes me uneasy.* En pääse siitä perille, mutta se huolestuttaa minua. *2* lyödä lukkoon *to nail down an agreement* lyödä lukkoon sopimuksen sisältö

nail sb to the wall *ark* panna jku kärsimään *With any little mistake, everyone is ready to nail him to the wall.* Jokainen on valmis ristiinnaulitsemaan hänet pienimmästäkin virheestä.

naked ['neɪkɪd] *a*

naked of ilman jtak *The young are naked of hair.* Poikaset ovat karvattomia.

stark naked (*myös* (am) **buck naked**) täysin alasti, ilkosillaan *He was still stark naked but had decided to get dressed.* Hän oli edelleen ilkosillaan, mutta oli päättänyt pukeutua.

the naked eye paljas silmä *The mite is just visible to the naked eye.* Punkki näkyy juuri ja juuri paljaalla silmällä. *The eggs are so small they cannot be seen with / by the naked eye.* Munat ovat niin pieniä, etteivät ne näy paljaalla silmällä.

the naked truth karu totuus *To tell you the naked truth, they look absolutely awful.* Karu totuus on, että ne näyttävät kerta kaikkiaan kaameilta.

1 name ['neɪm] *s*

a big name *ark* tärkeä henkilö *He was a big name at the time.* Hän oli siihen aikaan tärkeä henkilö.

a household name erittäin hyvin tunnettu *He became a household name after his role as...* Hänestä tuli yleisesti tunnettu sen jälkeen, kun hän oli esiintynyt roolissa...

by name nimeltä *He addressed me by name.* Hän puhutteli minua nimeltä.

by / of the name of *kirjak* niminen *He married a lady by the name of Sarah Hunt.* Hän nai Sarah Hunt -nimisen naisen.

call sb names nimitellä, haukkua *Instead of giving constructive criticism we often call people names.* Rakentavan kritiikin asemesta me usein nimittelemme ihmisiä.

drop names mainita kuuluisuuksia, jotta tekisi vaikutuksen muihin *Just because the guy can drop names we have all heard of doesn't give him the right to bore us every week.* Vaikka hän tunteekin kuuluisuuksia, joista olemme kaikki kuulleet, se ei anna hänelle oikeutta ikävystyttää meitä joka viikko.

enter sb's / one's name [for sth] (*myös* put one's name down) kirjoittautua jhk, ilmoittautua osallistumaan jhk *He entered his name for Polytechnic.* Hän kirjoittautui tekniseen opistoon.

go by the name of esiintyä toisella nimellä, käyttää toista nimeä *In the 1970s, when she went by the name of Ricki, she was a successful model.* 1970-luvulla, jolloin hän käytti nimeä Ricki, hän oli menestynyt malli.

have sb's name written all over it *ark* jklla on kaikki edellytykset jhk (erit työpaikkaan) *I cannot emphasize to you, how important it is for you to hold on to a business which has your name written all over it.* En voi kyllin korostaa, kuinka tärkeää on pitää kiinni firmasta, johon sinulla on kaikki edellytykset.

have / see sb's name in lights olla kuuluisa (työstään teatterissa, musiikissa jne) *Country girl with dreams comes to the city and gets to see her name in lights.* Maalaistyttö tulee unelmineen kaupunkiin ja tulee kuuluisaksi.

have to one's name *ark* omistaa *He hadn't a penny to his name.* Hän ei omistanut penniäkään.

in all but name käytännössä (mutta ei virallisesti) *His first marriage had ceased to exist in all but name.* Hänen ensimmäinen avioliittonsa oli käytännössä ohi.

in God's / heaven's name herran tähden / taivaan tähden *What in God's / heaven's name are you doing?* Mitä herran / taivaan tähden sinä oikein teet?

in name [only] [vain] nimellisesti *He will be my husband in name only.* Hänestä tulee aviomieheni vain nimellisesti.

in sb's name jonkun nimissä *All their property was in her name.* Heidän koko omaisuutensa oli naisen nimissä.

in the name of jkn puolesta, jkn nimissä *Much violence has been perpetrated in the name of religion.* Uskonnon nimissä on usein syyllistytty väkivaltaan.

in the name of God / heaven herran tähden / taivaan tähden *What in the name of God / heaven are you doing?* Mitä herran / taivaan tähden sinä oikein teet?

lend one's name to antaa tukensa jollekin *Jacques Cousteau was among those who lent his name to the protest.* Jacques Cousteau oli yksi vastalauseelle tukensa antaneista henkilöistä.

make a name for oneself (*myös* make one's name) hankkia mainetta *She made a name for herself as an artist.* Hän hankki mainetta taiteilijana.

put a name to sb / sth muistaa jkn nimi, kyetä ilmaisemaan sanoina jtk *You recognize all the faces. But you're not sure you can put a name to them.* Tunnistat kaikki kasvot, muttet ole varma, muistatko heidän nimensä. *She couldn't put a name to that emotion.* Hän ei kyennyt pukemaan tunnetta sanoiksi.

sth has sb's name on it 1 jk on tarkoitettu jklle, jk on jkn kohtalo *The next shell could have your name on it.* Seuraava ammus saattaa koitua kohtaloksesi. **2** *ark* jku pitää jstk hyvin paljon *Cheer up, Paula, I have here this ice cream cone with your name on it.* Piristy, Paula, tässä on tuutti lempijäätelöäsi.

the name of the game *ark* pelin henki, homman nimi *Survival was the name of the game.* Selviytyminen oli pelin henki.

2 name *v*

name names paljastaa nimiä, paljastaa henkilöllisyys [erit syyllisten] *He was silenced before he could* *name names.* Hänet vaiennettiin ennen kuin hän ehti paljastaa syyllisiä.

you name it *ark* vaikka mitä *You name it, we've got it.* Meiltä löytyy vaikka mitä.

nameless ['neɪmlɪs] *a*

sb, who will / shall remain / be nameless *leik* nimeltä mainitsematon taho *A male singer who shall remain nameless moved in on me.* Eräs nimeltä mainitsematon mieslaulaja yritti iskeä minut.

nanny ['næni] *s*

the nanny state (yl br) holhousyhteiskunta *The British people would not accept nanny state meddling.* Britit eivät hyväksyisi holhousyhteiskunnan sekaantumista asioihin.

nap ['næp] *v*

catch sb napping *ark* yllättää jku, saada kiinni itse teosta *We're not going to be caught napping a second time.* Meitä ei yllätetä toiste.

1 narrow ['nærəʊ] *a*

a narrow escape / squeak läheltä piti -tilanne, täpärä pelastus *The firemen who came to put out the fire had a narrow escape when the roof fell in.* Tulipaloa sammuttamaan tulleet palomiehet pelastuivat täpärästi, kun katto romahti.

2 narrow *v*

narrow down rajoittaa, vähentää *They narrowed the number of suspects to two.* He rajoittivat epäiltyjen määrän kahteen.

nasty ['nɑːsti] *a*

a nasty one *ark* hankala kysymys tai tehtävä *This question was a nasty one.* Tämä oli hankala kysymys.

a nasty piece / bit of work *ark* (br, austr) inhottava tyyppi *He's a nasty piece of work.* Hän on inhottava tyyppi.

get / turn nasty *1* alkaa käyttäytyä uhkaavasti ja väkivaltaisesti *It is likely that the attackers turn nasty.* On todennäköistä, että hyökkääjät alkavat käyttäytyä väkivaltaisesti. *2* muuttua ikäväksi, muuttua epämiellyttäväksi *Normally harmless bacteria can turn nasty in a person who is injured.* Tavallisesti harmittomat bakteerit voivat muuttua vahingollisiksi, jos henkilö on loukkaantunut.

native ['neɪtɪv] *s*

go native *leik* omaksua paikalliset tavat, elää maassa maan tavalla *Few anthropologists go completely native.* Harvat antropologit omaksuvat paikalliset tavat täysin.

naturally ['nætʃ°rəli] *adv*

come naturally [to] käydä luonnostaan *Being economical comes naturally to Capricorns.* Säästäväisyys käy kauriilta luonnostaan.

nature ['neɪtʃəʳ] *s*

a call of nature *ark* vessahätä *He answered a call of nature.* Hän kävi vessassa.

against / contrary to nature luonnonvastainen *It is against nature that he should wish harm to his kingdom.* Olisi häneltä luonnonvastaista toivoa pahaa kuningaskunnalleen.

back to nature takaisin luontoon *a return to pre-industrial forms and back to nature* paluu esiteollisiin tapoihin ja takaisin luontoon

be [in] the nature of the beast olla erottamaton osa jtk (jstk ikävästä ominaisuudesta) *Producing a magazine by traditional methods is, simply because of the nature of the beast, a time consuming operation.* Lehden tuottaminen perinteisin keinoin on jo pelkästään menetelmän luonteesta johtuen aikaa vievää.

in a state of nature ilkosen alasti *He was seen frying bacon in a state of nature.* Hänet nähtiin paistamassa pekonia ilkosen alasti.

in the nature of eräänlainen, tapainen, kaltainen *It was something in the nature of a misunderstanding.* Se oli väärinkäsityksen tapainen.

in the nature of things luonnostaan, väistämättä *But, in the nature of things, old people spend much more time indoors.* Mutta vanhukset ovat väistämättä paljon enemmän sisällä.

let nature take its course antaa asioiden sujua omalla painollaan *In the case of any other industry, we probably would have let nature take its course.* Minkä muun tahansa toimialan ollessa kyseessä olisimme luultavasti antaneet asioiden sujua omalla painollaan.

sb's better nature jkn parempi minä *Can we appeal to the better nature of politicians?* Voimmeko vedota poliitikkojen parempaan minään?

second nature toinen luonto, veressä *Word-games are second nature to him. / Word-games are his second nature.* Sanaleikit ovat hänellä veressä.

naught ['nɔːt] *pron*

bring to naught *vanh* tehdä tyhjäksi *His plans were brought to naught.* Hänen suunnitelmansa tehtiin tyhjiksi.

come to naught epäonnistua (esim. yrityksestä) *His efforts may come to naught.* Hänen yrityksensä saattavat epäonnistua.

set at naught vähät välittää, halveksia *The setting at naught of their own plans for themselves is an insult.* Heidän omien tulevaisuudensuunnitelmiensa väheksyminen on loukkaavaa.

nauseam [,æd 'nɔːziæm]

ad nauseam kyllästymiseen saakka *One had been doing all these things, ad nauseam.* Kaikkea tätä oli tehty kyllästymiseen saakka.

navel ['neɪvəl] *s*

gaze at / contemplate one's navel *leik* tuijottaa omaan napaansa *You should spend less time contemplating your navel.* Sinun pitäisi tuijottaa vähemmän omaan napaasi.

near ['nɪər] *adv, prep*

as near as dammit (*myös* as near as makes no difference) *ark* (br) melkein sama *It may not be a perfect match, but from what I can gather, it's as near as dammit.* Ehkei se ole tismalleen sama, mutta käsittääkseni melkein.

near at hand käsillä *An effective treatment may be at hand.* Tehokas hoitokeino saattaa olla käsillä.

near enough *ark* (br) ainakin melkein *It is new, well, near enough.* Se on uusi, tai ainakin melkein.

nowhere near / not anywhere near ei läheskään *It is nowhere near as easy as it looks.* Se ei ole läheskään niin helppoa kuin näyttää.

pretty near *ark* (am) melkein, lähes *We ran for pretty near a mile.* Juoksimme melkein mailin.

so near and yet so far <tilanne, jossa jku on lähellä onnistumista, mutta kuitenkin lopulta epännistuu> *So near and yet so far – that sums Saturday up for all three of our teams.* Voitto oli lähellä ja kuitenkin kaukana – siinä tiivistetysti lauantai kaikkien kolmen joukkueemme osalta.

nearest ['nɪərɪst] *a*

nearest and dearest *s ark, us leik* rakkaimmat (henkilöt) *They worried about the safety of their nearest and dearest.* He olivat huolissaan rakkaimpiensa turvallisuudesta.

nearly ['nɪəli] *adv*
  not nearly ei läheskään *It was not nearly so simple.* Se ei ollut läheskään niin yksinkertaista.
  pretty nearly *ark* (br) melkein, lähes *She had died instantaneously, or pretty nearly so.* Hän oli kuollut välittömästi tai ainakin melkein.

necessarily ['nesɪserɪli] *adv*
  not necessarily ei välttämättä (vastauksena) *Is he right? Not necessarily.* Onko hän oikeassa? Ei välttämättä.

necessity [nɪ'sesɪti] *s*
  of necessity välttämättä, olosuhteiden pakosta *The analysis was of necessity extensive.* Analyysi oli olosuhteiden pakosta laaja.
  Necessity is the mother of invention. Hätä keinot keksii.

neck ['nek] *s*
  break one's neck [doing / to do sth] *ark* yrittää kaikkensa *What am I breaking my neck for?* Miksi oikeastaan rehkin niska limassa?
  by a neck (voittaa kilpailu tms) päänmitalla, täpärästi *But sales in comparable shops are currently ahead of last year, if only by a neck.* Myynti vastaavissa kaupoissa on nyt viimevuotista parempi, vaikkakin täpärästi.
  get it in the neck *ark* (br, austr) joutua haukutuksi jostain tekemästään *I shall be getting it in the neck because of you!* Minut haukutaan sinun takiasi!
  have the neck to do sth *ark* olla otsaa tehdä jtak *I don't know how he's got the neck to come back.* Että hänellä onkin otsaa tulla takaisin.
  neck and neck tasoissa *They were neck and neck until just yards from the finishing line.* He olivat tasoissa melkein maaliviivaan asti.
  neck of the woods *ark* kulmakunta, tienoo, seutu, kolkka *You haven't been in this neck of the woods for years.* Et ole käynyt tällä seudulla vuosiin.
  put one's neck on the line asettua alttiiksi (kritiikille t. rahanmenetykselle) *Board's neck on the line.* Hallintoneuvosto on tulilinjalla.
  up to one's neck *ark* korviaan myöten *She was up to her neck in debt.* Hän oli korviaan myöten veloissa.

1 need ['ni:d] *v*
  that's all I need *ark* tämä tästä vielä puuttui
  Who needs it / them kuka sitä / niitä kaipaa (ilmaistaessa, että jstk t. jksta on harmia) *Men, she thought, who needs them?* Miehet, nainen ajatteli. Kuka niitä kaipaa?

2 need *s*
  if need[s] be tarvittaessa *I can stay if need be.* Voin jäädä tarvittaessa.
  in one's hour of need *us leik* hädän hetkellä *You've always been there in my hour of need.* Olet aina ollut tukenani hädän hetkellä.
  Needs must [when the devil drives] (tehdä jtk) vain välttämättömyyden pakosta *I thought you didn't like manual labour. – Needs must when the devil drives.* Luulin, ettet pidä ruumillisesta työstä. – Teen sitä vain välttämättömyyden pakosta.

needle ['ni:dl] *s*
  a needle in a haystack neula heinäsuovassa *It's like looking for a needle in a haystack.* Kuin etsisi neulaa heinäsuovasta.
  the eye of a needle neulansilmä *to pass through the eye of a needle* kulkea neulansilmän läpi

needless ['ni:dlɪs] *a*
  needless to say kuten odottaa sopii *Needless to say, nobody turned up.* Kuten odottaa sopi, kukaan ei ilmestynyt paikalle.

neighbourhood

neighbourhood ['neɪbəhʊd] *s* (*am* neighborhood)

in the neighbourhood of (*am* neighborhood) paikkeilla *The amount is in the neighbourhood of 42 million.* Summa on 42 miljoonan paikkeilla.

nelly ['neli] *s*

not on your nelly *vanh, ark* (br) ei varmasti *No, not on your nelly.* Ei, ei varmasti.

nerve ['nɜːv] *s*

a bag / bundle of nerves *ark* hermoraunio, erittäin hermostunut *I'll be a bag of nerves!* Minusta tulee hermoraunio!

get / grate on sb's nerves *ark* hermostuttaa, käydä hermoille, ottaa aivoon *He was getting on her nerves.* Mies alkoi käydä hänen hermoilleen.

have nerves of steel olla hyvät hermot, ei pelästyä t. järkyttyä helposti *You have to have nerves of steel.* Siinä vaaditaan hyviä hermoja.

have the nerve (*myös* have a nerve) *ark* iljetä, kehdata, olla otsaa *And he has the nerve to complain.* Ja hän vielä kehtaa valittaa.

live on one's nerves (*myös* live on one's nerve ends) (br, austr) olla erittäin hermostunut t. jännittynyt *Claire lives more on her nerves.* Claire on paljon hermostuneempi.

strain every nerve ponnistella kaikin voimin *Kings were straining every nerve to increase their power.* Kuninkaat tekivät kaikkensa lisätäkseen valtaansa.

touch a [raw] nerve (*myös* hit a [raw] nerve) osua arkaan kohtaan / paikkaan *His revelation touched a nerve among viewers.* Hänen paljastuksensa osui katselijoiden arkaan paikkaan.

war of nerves (*myös* a battle of nerves, nerve war) hermosota *We must fight a war of nerves against / with the enemy.* Meidän täytyy käydä hermosotaa vihollisen kanssa.

nest ['nest] *s*

a nest egg pesämuna *Put a nest egg by for a rainy day.* Pistä säästöön pesämuna pahan päivän varalle.

fly / leave the nest lähteä kotoa (ensi kertaa, aikuistuttaessa) *That was a wonderful Christmas. It is so rarely when all the fledglings have left the nest, to have them all together again.* Se oli ihana joulu. Kaikki lapset ovat lähteneet kotoa, ja heidät saa kaikki koolle enää vain harvoin.

the empty nest tyhjä koti (johon vanhemmat jääneet kaksin lasten lähdettyä kotoa) *Writers about midlife are fond of referring to the empty nest syndrome.* Keski-iästä kirjoittavat viittaavat mielellään tyhjän kodin oireyhtymään.

net ['net] *s*

cast / spread one's net wide[r] laajentaa etsintöjään *We must cast our net wider in search of evidence.* Meidän täytyy etsiä todisteita laajemmalta.

slip / fall through the net joutua väliinputoajan asemaan *They support people who currently slip through the net of care services.* He tukevat ihmisiä, jotka tällä hetkellä ovat hoitopalvelujen ulkopuolella.

nettle ['netl] *s*

grasp the nettle (br) tarttua härkää sarvista, käydä rohkeasti käsiksi [jhk ongelmaan]

network ['netwɜːk] *s*

the old boy network *ark* (br) hyvä veli -järjestelmä, <samaa koulua käyneet miehet auttavat toisiaan eteenpäin uralla> *Managers have been chosen by the old boy network.* Johtajat on valittu hyvä veli -järjestelmällä.

neutral [nju:trᵊl,] s
on neutral ground / territory puolueettomalla maaperällä *Two rival football clubs were ordered to play on neutral ground.* Kaksi kilpailevaa jalkapalloseuraa määrättiin pelaamaan puolueettomalla maaperällä.

never ['nevəʳ] adv
never a one ei yksikään *Never a one has had a report of a missing child.* Yhteenkään ei ole tehty katoamisilmoitusta lapsesta.
well I never [did]! *ark* ohoh! *Well I never! It's not like you to be offensive!* Ohoh! Ette yleensä ole noin loukkaava!

never-never [,nevə'nevəʳ] a, s
a never-never land satumaa, utopia *I am not making promises of a vague future, a never-never land that exists only in dreams.* En anna lupauksia epämääräisestä tulevaisuudesta, satumaasta, joka on olemassa vain unelmissa.
on the never-never *leik* (br) osamaksulla *He bought a car on the never-never.* Hän osti auton osamaksulla.

new ['nju:] a
a new broom [sweeps clean] uusi johtaja jne saa muutoksia aikaan *The company seemed set to make a fresh start under a new broom.* Yhtiö näytti olevan valmis aloittamaan alusta uuden johdon alaisuudessa.
a new man (br) moderni mies (joka osallistuu kotitöihin ja lastenhoitoon), pehmomies *I'm not a New Man, I'm a failed house-husband, moans Walter.* En ole mikään moderni mies, olen epäonnistunut koti-isä, valittaa Walter.
[as] good as new (*myös* like new) uuden veroinen *Here's how to make your book look as good as new.* Näin saat kirjasi näyttämään uuden veroiselta.
That's a new one on me. *ark* Enpä ole tuota ennen kuullut.
what's new? *1 ark* Mitä kuuluu? *2* kuten tavallista *Mum and Dad argued again, but then what's new?* Äiti ja isä riitelivät taas kuten tavallista.

news ['nju:z] s
be bad news [for] aiheuttaa ongelmia *Dry weather is always bad news for gardeners.* Kuiva sää aiheuttaa aina ongelmia puutarhureille.
be good news for olla jklle hyvä uutinen, olla eduksi t. hyödyksi jklle *Competition among retailers is good news for the customer.* Asiakas hyötyy vähittäiskauppiaiden keskinäisestä kilpailusta.
be news to sb *ark* jk on jklle uutta – *John is writing a book about sparrows.* – *Really? That's news to me!* – John kirjoittaa kirjaa varpusista. – Ihanko totta? Se on minulle aivan uutta!
break the news [to sb] kertoa ensimmäisenä huonot uutiset *Thank God, it wasn't me who had to break the news to the woman that her husband had been killed in a car crash.* Luojan kiitos, minun ei tarvinnut kertoa naiselle, että hänen miehensä oli kuollut auto-onnettomuudessa.
No news is good news. Kun mitään ei kuulu, kuuluu hyvää.

1 next ['nekst] a, pron
as the next person / one / man siinä missä muutkin *He's as ambitious as the next man.* Hän on kunnianhimoinen siinä missä muutkin.
next door to *1* jnk vieressä *The pub is next door to the post office.* Pubi on postitoimiston vieressä.
2 melkein *She is next door to an angel.* Hän on melkein enkeli.
one's next of kin *kirjak* lähin elossa oleva sukulainen t. sukulaiset *If there is no Will, the next of kin*

next 370

should decide. Jos testamenttia ei ole, lähisukulaisten pitäisi päättää.

the boy / girl next door ihan tavallinen poika / tyttö *The young Kylie Minogue was just like a girl next door.* Kylie Minogue oli nuorena ihan tavallinen tyttö.

the next best thing toiseksi paras vaihtoehto *The next best thing to flying is gliding.* Lentämisen jälkeen toiseksi paras vaihtoehto on liitäminen.

the next thing I knew *ark* ennen kuin tajusinkaan, seuraavassa hetkessä *The next thing I knew there was a police van outside.* Ennen kuin tajusinkaan, ulkona oli poliisiauto.

the next world tuonpuoleinen, kuolemanjälkeinen elämä *The paintings portray the life in the next world.* Maalaukset kuvaavat elämää tuonpuoleisessa.

2 next *adv*

in next to no time *ark* äärettömän nopeasti *We show you how a flash of inspiration and a little cash can transform your house in next to no time.* Näytämme sinulle, miten voit muuntaa talosi hetkessä apunasi ripaus inspiraatiota ja vähän käteistä.

next in line seuraavana vuorossa *Robert was next in line to the throne.* Robert oli seuraavana kruununperimysjärjestyksessä.

next to nothing tuskin mitään *He knew next to nothing about it.* Hän tiesi siitä tuskin mitään.

what[ever] next mitähän seuraavaksi, mitähän vielä (hämmästyksen ilmauksena) *Needles stuck in people's bellies to cure cholera, whatever next!* Tökkiä neuloja ihmisten mahoihin koleran parantamiseksi, mitähän ne vielä keksivät!

nice ['naɪs] *a*

a nice little earner *ark* (br, austr) työ t. yritys, joka tuottaa paljon rahaa *The pub's been owned by a church charity since the 17th century and a nice little earner it is too.* Kirkon hyväntekeväisyysjärjestö on omistanut pubin 1600-luvulta lähtien, ja se tuottaakin hyvin rahaa.

make nice (*myös* make nice-nice) *ark* (am) teeskennellä ystävällistä t. kohteliasta *He made nice with the boss.* Hän teeskenteli ystävällistä pomolle.

nice and ... mukavan, sopivan *It's nice and warm in here.* Täällä on mukavan lämmintä.

nice one *ark* (br) [voi kun] kiva, aika hyvin! *Your dad gave you that? Nice one.* Saitko tuon isältäsi? Aika hyvin.

nice work *ark* (erit br) hyvää työtä, hyvin tehty *Nice work, James.* Hyvää työtä, James.

nice work if you can get it *ark, leik* onpa tyyppiä lykästänyt, häntä on onni potkinut (ilmaistaessa kateutta jnk suorituksesta ym.) *Inside the car sat Princess Anne on her way to some lavish dinner. Nice work if you can get it.* Autossa istui prinsessa Anne matkalla joillekin ylellisille illallisille. Häntä on onni potkinut.

nicely ['naɪsli] *adv*

do nicely 1 edistyä hyvin *How is the patient? – He's doing nicely.* Kuinka potilas voi? – Hän edistyy hyvin. 2 olla tyydyttävä, kelvata *Find out what gives you pain relief – hot baths or cold packs.* Tutki, mikä helpottaa kipujasi – kuumat kylvyt vai kylmät kääreet.

nicety ['naɪsɪti] *s*

to a nicety täsmälleen, tarkkaan *The effect must be judged to a nicety.* Vaikutus pitää harkita tarkkaan.

nick ['nɪk] *s*

in ... nick *ark* (br) [jssak] kunnossa *He was in good / fine nick.* Hän oli hyvässä kunnossa.

in the nick of time *ark* viime hetkellä / tingassa *She arrived in the nick of time.* Hän saapui viime tingassa.

nickel ['nɪkᵊl] *s*

nickel and dime sb *ark* (am) periä jklta pientä lisämaksua jstk *After staying at different places in the country I found that they nickelled and dimed you for everything and it wasn't cheap.* Oleskeltuani eri puolilla maata huomasin, että he perivät lisämaksua kaikesta eikä se ollut halpaa.

nigh ['naɪ] *a*

nigh on *vanh* lähes *You've been in the Army for nigh on twenty years now.* Olet nyt ollut armeijassa lähes kaksikymmentä vuotta.

well nigh *vanh* lähes *The task is well nigh impossible.* Tehtävä on lähes mahdoton.

night ['naɪt] *s*

a night out (huvitella) ilta ulkona *You want to know when we last had a night out?* Haluatko tietää, koska viimeksi vietimme illan ulkona?

a night owl *ark* yökukkuja *If you are a night owl this really is the place to come to.* Jos olet yökukkuja, tämä on sinulle aivan oikea paikka.

have a good / bad night nukkua hyvin / huonosti *He just had a bad night.* Hän vain nukkui huonosti.

have an early / a late night mennä aikaisin / myöhään nukkumaan *You should have an early night.* Sinun pitäisi mennä aikaisin nukkumaan.

it'll be all right in the night lopussa kiitos seisoo

make a night of it *ark* päättää nauttia jstk koko illan *Make a night of it and dine in style.* Juhli koko ilta ja illasta tyylikkäästi.

night and day (*myös* day and night) koko ajan, yötä päivää *She had to work night and day.* Hänen täytyi tehdä töitä yötä päivää.

Night night hyvää yötä (lasten kieltä)

nine ['naɪn] *num*

dressed [up] to the nines *ark* parhaimpiinsa pukeutunut *She was dressed up to the nines.* Hän oli pukeutunut parhaimpiinsa.

have [got] nine lives olla onnekas vaarallisissa tilanteissa *Does this suggest that his nine lives are up?* Merkitseekö tämä, että hänen onnensa on lopussa?

nine tenths melkein kaikki *Nine tenths of the road is finished.* Tie on melkein kokonaan valmis.

nine times out of ten (*myös* ninety-nine times out of a hundred) melkein aina, yhdeksässä tapauksessa kymmenestä *Nine times out of ten they are wrong!* He ovat melkein aina väärässä!

nine to five tavanomainen virastoaika *I could have got a nine to five job but I never wanted one.* Olisin voinut saada tavanomaisen päivätyön mutta en koskaan halunnut sitä.

ninepins ['naɪnpɪnz] *s*

go down / drop / fall like ninepins *1 ark* kaatua kuin heinää (sairastumisesta ym.) *Men are going down like ninepins.* Miehiä kaatuu kuin heinää. *2* mennä nurin, kaatua (liikeyrityksistä jne) *The dot.com companies were down like ninepins* Verkkoyrityksiä kaatui kuin heinää.

1 nip ['nɪp] *s*

a nip and [a] tuck *1* (am) kasvojenkohotus *This is what she might look after a nip and tuck.* Tällaiselta hän ehkä näyttäisi kasvojenkohotuksen jälkeen. *2* (am) pieniä parannuksia *The museum gets a nip and tuck.* Museoon tehdään pikku parannuksia.

a nip in the air ilma on kylmä *There was a nip in the air, and she pulled* *her cloak more closely round her.* Ilma oli kylmä, ja hän kietoi viittansa tiiviimmin ympärilleen.

nip and tuck [with sb] *ark* (erit am) olla tasoissa (kilpailussa yms) *The opponents cheer nip-and-tuck vote.* Vastustajat ovat innoissaan tasaisesta äänestyksestä.

2 nip *v*

nip sth in the bud tukahduttaa jk alkuunsa, tehdä jstak loppu heti alkuunsa *His school problems were nipped in the bud.* Hänen ongelmiinsa koulussa puututtiin heti kun niitä ilmeni.

nit ['nɪt] *s*

pick nits (am) syynätä, saivarrella, arvostella pikkuasioista *He is the sort of person who's ready to pick nits.* Hän on juuri sellainen saivartelija.

1 no ['nəʊ] *interj*

not take no for an answer ei ottaa kieltäytymistä kuuleviin korviinsa, ei hyväksyä kieltävää vastausta *She wouldn't take no for an answer.* Hän ei ottanut kieltäytymistä kuuleviin korviinsa.

2 no *pron*

in no time [at all] *ark* hetkessä, äärettömän nopeasti *Your house will be sold in no time at all!* Talosi myydään hetkessä.

no can do *ark* ei onnistu, en pysty tekemään jtak *– Try harder. – No can do, chief. –* Yritä kovemmin. *–* Ei onnistu, päällikkö.

no longer ei enää *He no longer wishes to emigrate.* Hän ei halua enää muuttaa maasta.

no man ei kukaan *There was no man is sight.* Ketään ei ollut näkyvissä.

no place (am) ei missään, ei mihinkään *Where are you going? – No place.* Mihin sinä olet menossa? – En mihinkään.

no through road pussikatu, läpikulku kielletty

no two ways about it ei epäilystäkään *No two ways about it, I shall have to get in touch with them.* Ei epäilystäkään, minun on otettava yhteyttä heihin.

no way *ark* ei ikinä, ei ikimaailmassa, ei ikipäivinä *I'm not quitting, no way!* Minä en luovuta, en ikimaailmassa!

or no oli jtak tai ei, jstak huolimatta *They played tennis every afternoon, exams or no exams.* He pelasivat tennistä joka iltapäivä, oli tenttejä tai ei. *She is still stunning, wrinkles or no.* Hän on vieläkin upea rypyistä huolimatta.

3 no *s*

the noes have it ei-äänet voittavat

nod ['nɒd] *s*

a nod is as good as a wink [to a blind man] *leik* ymmärrän kyllä vihjeestäkin (ei tarvitse sanoa suoraan)

get the nod *ark* saada hyväksyntä, tulla valituksi *Other players were considered, but he just got the nod.* Muitakin pelaajia harkittiin, mutta hänet valittiin juuri.

give sb / sth the nod (*myös* give the nod to sb / sth) *ark* antaa jklle / jllek hyväksyntänsä *All three judges gave him the nod.* Kaikki kolme tuomaria antoivat hänelle hyväksyntänsä.

on the nod *ark* (br) ilman keskustelua, nuijan kopautuksella *The bill can go through on the nod.* Lakialoite voi mennä läpi nuijan kopautuksella.

nodding ['nɒdɪŋ] *v*

a nodding acquaintance hyvänpäiväntuttu *I had a nodding acquaintance with the girl.* Olin hyvänpäiväntuttu sen tytön kanssa. *You will now have at least a nodding acquaintance with the reference*

nose

books. Tunnette lähdekirjat nyt ainakin pintapuolisesti.
 be on nodding terms olla hyvänpäiväntuttu *The girls were not even on nodding terms with each other.* Tytöt eivät olleet edes hyvänpäiväntuttuja.

noise ['nɔɪz] *s*
 a big noise ark mahtihenkilö *I recognised his face off the telly, but didn't realise he was such a big noise.* Tunnistin hänen naamansa telkkarista, mutta en älynnyt hänen olevan niin iso kiho.
 make a [lot of] noise (*myös* make noises) metelöidä, nostaa meteli, valittaa *If there was a grievance, the students would make a noise.* Jos opiskelijoilla olisi valittamista, he nostaisivat metelin.
 make [all] the right noises ark käyttäytyä ikään kuin tukisi jkta t. olisi jkn kanssa samaa mieltä (erit koska se on muodissa t. eduksi) *Though they make all the right noises about fairness and equality, their real commitment remains dubious.* Vaikkakin he väittävät tukevansa oikeudenmukaisuutta ja tasa-arvoa, heidän todellinen sitoutumisensa on edelleen hämärän peitossa.

none ['nʌn] *pron*
 have / want none of it / that ark ei ottaa kuuleviin korviinsa, kieltäytyä tekemästä t. hyväksymästä jtk, kieltäytyä osallistumasta jhk *It was something he didn't own and he wanted to buy it. But she was having none of it.* Se oli jotain, jota hän ei omistanut ja jonka hän halusi ostaa. Mutta nainen ei ottanut sitä kuuleviin korviinsa.
 none but kirjak vain, ainoastaan, pelkästään, ei kukaan muu kuin *None but James knew about it.* Vain James tiesi siitä.
 none other than kukapa muu kuin *The voice belonged to none other than Allison.* Ääni kuului kenellepä muullekaan kuin Allisonille.
 none too ei erityisen *He was none too happy.* Hän ei ollut erityisen tyytyväinen.
 will / would have none of sth (*myös* be having none of sth) ark ei suvaita jtak *He wanted to go out, but his Mum would have none of it.* Hän halusi mennä ulos, mutta hänen äitinsä ei suvainnut moista.

nonsense ['nɒnsᵊns] *s*
 make [a] nonsense of tehdä tyhjäksi, romuttaa, saattaa / tehdä jk naurunalaiseksi *Those factors made a nonsense of their plans.* Ne tekijät romuttivat heidän suunnitelmansa.

nook ['nʊk] *s*
 every nook and cranny / corner ark joka nurkka *The Party's tentacles reached into every nook and cranny of people's lives.* Puolueen lonkerot ulottuivat ihmisten elämän joka sopukkaan.

north [nɔːθ] *s* (*myös* North)
 up north ark pohjoiseen, pohjoisessa (yl Pohjois-Englantiin, Pohjois-Englannissa) *She went up north somewhere.* Hän meni jonnekin pohjoiseen.

1 nose ['nəʊz] *s*
 by a nose 1 turvanmitalla *His horse won by a nose.* Hänen hevosensa voitti turvanmitalla. **2** täpärästi *First over the line is WindowWorks, but only by a nose.* Paras on WindowWorks, mutta vain täpärästi.
 count noses ottaa luku, laskea läsnäolijat *The chairman counted noses.* Puheenjohtaja laski läsnäolijat.
 cut off one's nose to spite one's face sahata oksaa jolla itse istuu, tehdä hallaa itselleen *They are cutting off their noses to spite their own faces by supporting the pro-*

posal. Kannattamalla ehdotusta he vain tekevät hallaa itselleen.

get a bloody nose saada nenilleen *The Prime Minister is going to get a bloody nose.* Pääministeri saa nenilleen.

get one's nose in front päästä johtoon, kärkeen *The Irish girls champion got her nose in front.* Irlannin tyttöjen mestari pääsi johtoon.

get up sb's nose *ark* (br, austr) ottaa päähän, ärsyttää jkta *I think I'm getting up his nose.* Minusta tuntuu, että ärsytän häntä.

give sb a bloody nose näyttää jklle taivaan merkit, antaa nenille *Opponents of the Prime Minister had already called on Labour supporters to give him a bloody nose.* Pääministerin vastustajat olivat jo kehottaneet työväenpuolueen kannattajia näpäyttämään tätä.

have a nose [round] *ark* (br, austr) katsella ympärilleen, tutkia paikka *I'll have to have a nose round the shops near work and see what I can find.* Katselen työpaikan lähellä olevia kauppoja ja katson, mitä löydän.

have [got] a nose for sth *ark* olla hyvä löytämään jtk *He must have a nose for money better than any hound for any fox.* Hän haistaa varmasti rahan paremmin kuin mikään ajokoira ketun.

have one's nose in a book *ark* olla nenä [kiinni] kirjassa, olla lukemassa *He always had his nose in a book.* Hän istui aina nenä kirjassa.

it's no skin off one's / sb's nose *ark* ei liikuttaa, ei välittää jstk *It's no skin off my nose if Sue's going out with that guy!* Ei se minua liikuta, jos Sue menee ulos sen kaverin kanssa.

keep one's nose clean *ark* pysyä kaidalla tiellä, pysyä erossa hankaluuksista, käyttäytyä kunnolla *I want to keep my nose clean.* Haluan pysyä erossa hankaluuksista.

keep one's nose out of sth *ark* pysyä erossa [toisten asioista] *Keep your nose out of my business.* Pysy erossa minun asioistani.

nose to tail (br) puskuri puskurissa, lähellä toisiaan (ajoneuvoista) *Three buses stood nose to tail.* Kolme bussia seisoi puskuri puskurissa.

not see further than one's nose (*myös* not see further than the end of one's nose) ei nähdä nenäänsä pitemmälle *He usually cannot see further than the end of his nose.* Hän ei yleensä näe nenäänsä pitemmälle.

on the nose *ark* (yl am) täsmälleen (us rahasummasta t. kellonajasta) *I was home at 7 o'clock on the nose.* Olin kotona tasan seitsemältä.

put sb's nose out of joint *ark* antaa jkta nenille, näpäyttää jkta *She had her nose put out of joint.* Hän sai nenälleen.

rub sb's nose in it (*myös* rub sb's nose in the dirt) *ark* sanoa t. tehdä jtk, joka muistuttaa toisen virheestä *Never need to rub anyone's nose in their weaknesses.* Ei ketään kannata muistuttaa heidän heikkouksistaan.

turn up one's nose at *ark* nyrpistää nenäänsä jllek *I don't turn up my nose at a good meal.* Minä en nyrpistä nenääni hyvälle aterialle.

under sb's nose nenän edessä *Her car was taken almost from under her nose.* Hänen autonsa vietiin melkein hänen nenänsä edestä.

with one's nose in the air *ark, halv* nenä pystyssä, koppavasti *Sticking her nose in the air she hurried past.* Hän nosti nenänsä pystyyn ja kiiruhti ohitse.

2 nose *v*

nose about / around penkoa, tonkia, nuuskia (jssak paikassa) *Someone's been nosing around my office!* Joku on käynyt nuuskimassa työhuoneessani!

nose into sekaantua, pistää nokkansa jhk *I don't want you nosing into my business!* En halua, että pistät nokkasi minun asioihini!

not ['nɒt] *adv*

be not on ei olla oikein *It's not on to be fast and loose with personal information.* Henkilötietoja ei pidä käsitellä huolimattomasti.

not a thing ei yhtään mitään *There's not a thing we can do about it.* Emme voi asialle yhtään mitään.

not at all *1* ei lainkaan, ei laisinkaan, ei alkuunkaan, ei ollenkaan *He is not at all happy.* Hän ei ole lainkaan tyytyväinen. *2* eipä kestä, ei se mitään (vastauksena kiitokseen) – *Thank you for your help.* – *Not at all.* – Kiitos avustasi. – Eipä kestä.

not but what *vanh* kuitenkin *Not but what it is trouble enough that they must needs be gone.* Siitä aiheutuu kuitenkin ihan tarpeeksi hankaluuksia, että heidän on mentävä.

not that ei silti että, ei toisaalta *I didn't see it. Not that I was looking for it.* En nähnyt sitä. En toisaalta etsinytkään sitä.

notch ['nɒtʃ] *v*

notch up *ark* saavuttaa, kirjata tililleen *He notched up 20 goals.* Hän kirjasi tililleen 20 maalia.

1 note ['nəʊt] *s*

hit / strike a right / wrong note (erit br) luoda oikea / väärä vaikutelma, vaikuttaa jltak, tuntua jltak *Occasionally, the film strikes the right note.* Toisinaan elokuva tavoittaa oikean sävyn.

make a note of merkitä muistiin, panna muistiin, kirjoittaa muistiin *Make a note of your doctor's answers.* Kirjoita lääkärin vastaukset muistiin.

of note huomattava, tärkeä, merkittävä *He is a businessman of note.* Hän on huomattava liikemies

sound / strike a false note vaikuttaa epäaidolta t. teeskennellyltä, ei sopia tilanteeseen *She greeted him gushingly, and that struck a false note.* Hän tervehti miestä ylitsevuotavan innokkaasti, mikä tuntui epäaidolta.

strike / sound a note of ilmaista jtak, ilmaista mielipiteensä jstak *He sounded a note of caution about the technique.* Hän varoitti menettelytavasta.

take note panna merkille, havainnoida, huomata *Take note of the elegance of the outline.* Pankaa merkille luonnoksen aistikkuus.

2 note *v*

note down panna muistiin, merkitä muistiin *She noted down the number on a piece of paper.* Hän merkitsi numeron muistiin paperinpalalle.

nothing ['nʌθɪŋ] *pron*

be / have nothing to do with *1* ei olla mitään yhteyttä *My reasons have nothing to do with money.* Minun perusteluillani ei ole mitään tekemistä rahan kanssa. *2* kieltää yhteys t. kieltäytyä yhteydestä jkh t. jhk *They would have nothing to do with recognised sinners.* He kieltäytyivät olemasta tekemisissä syntisiksi tiedettyjen ihmisten kanssa.

for nothing *1* ilmaiseksi *I can't afford to work for nothing.* Minulla ei ole varaa tehdä töitä ilmaiseksi. *2* turhaan *All her effort had been for nothing.* Kaikki hänen vaivannäkönsä oli ollut turhaa.

like nothing on earth hyvin outo *It looks like smoked salmon and tastes like nothing on earth.* Se näyttää savulohelta ja maistuu hyvin oudolta.

no nothing *ark* ei yhtään mitään (lueteltaessa jtak) *No money, no furniture, no nothing.* Ei rahaa, ei huonekaluja, ei yhtään mitään.

not for nothing ei turhaan, syystäkin *Not for nothing are they called wise.* Heitä ei sanota turhaan viisaiksi.

nothing but vain, ei muuta kuin, ei muu kuin *She could think of nothing but her son.* Hän ei pystynyt ajattelemaan muuta kuin poikaansa.

nothing doing *1 ark* ei käy, unohda koko juttu, ei tule kuuloonkaan – *Can I borrow your car? – Nothing doing!* – Voinko lainata autoasi? – Ei tule kuuloonkaan! **2** mitään ei tapahdu *There's nothing doing just at the moment.* Juuri nyt ei tapahdu yhtään mitään.

nothing for it ei auta muu kuin, ei ole muuta vaihtoehtoa kuin *There was nothing for it but to try again.* Ei auttanut muu kuin yrittää uudelleen.

nothing if not sth *ark* hyvin (korostettaessa jtk ominaisuutta) *I am nothing if not efficient.* Olen hyvin tehokas.

nothing less than suoranainen, todellinen, suorastaan *The present trend is nothing less than alarming.* Nykyinen suuntaus on suorastaan huolestuttava.

nothing more than ainoastaan (korostettaessa) *The X-ray showed nothing more than bruising.* Röntgenkuvista ei tullut ilmi mitään mustelmia kummempaa.

nothing much ei juuri mikään, ei juuri mitään *Nothing much has changed.* Juuri mikään ei ole muuttunut.

sweet nothings (*mon*) hempeät sanat, lemmenluritukset *Ned was whispering sweet nothings in her ear.* Ned kuiskaili hempeitä sanoja hänen korvaansa.

there is nothing to it se ei ole temppu eikä mikään – *I wouldn't have had the nerve. – Oh, there was nothing to it.* – Minä en olisi uskaltanut. – No, ei se ollut temppu eikä mikään.

there's nothing [else] for it [but to do sth] on vain yksi mahdollinen tapa toimia, ei ole muuta tehtävissä kuin *There's nothing for it but to stop and start again!* Ei voi muuta kuin lopettaa ja aloittaa uudelleen!

[there's] nothing in it *1 ark* ei ole eroa (puhuttaessa tasaväkisestä kilpailusta) *It was 14–12 to Gloucester and win or lose there'll be nothing in it tomorrow.* Tulos oli 14–12 Gloucesteria vastaan ja huomenna he voivat joko voittaa tai hävitä, mahdotonta sanoa. **2** ei siinä ole mitään perää *People talk but there's probably nothing in it.* Huhuja liikkuu, mutta ei niissä luultavasti mitään perää ole.

there's nothing like sth mikään ei ole niin hauskaa (yms) kuin *There's nothing like a little pressure to help me learn something new.* Mikään ei niin tehokkaasti auta minua oppimaan uutta kuin pikkuinen stressi.

think nothing of *1* väheksyä, ei pitää minään *He would think nothing of flying to the other side of the world.* Hän pitäisi pikkujuttuna lentää toiselle puolelle maapalloa. **2** ei se mitään, ei tarvitse pyydellä anteeksi / kiittää – *I'm sorry I was short with you. – Think nothing of it.* – Anteeksi, että olin töykeä sinulle. – Ei se mitään. – *Very nice of you. – Think nothing of it.* – Sepä ystävällistä. – Ei kestä kiittää.

you ain't seen nothing yet *ark* ei tämä vielä mitään (verrattuna siihen, mitä on tulossa), odotapa vain *It you think that was bad, you ain't seen nothing yet.* Jos luulit, että tuo oli paha, niin odotapa vain.

notice ['nəʊtɪs] *s*

at short notice (*myös* at a moment's notice) lyhyessä ajassa, lyhyellä varoitusajalla *The school is to be closed at short notice.* Koulu aiotaan sulkea lyhyellä varoitusajalla.

give notice of defects reklamoida *The customer shall give notice of defects in writing.* Asiakkaan on tehtävä reklamaatio kirjallisesti.

make sb sit up and take notice saada joku yhtäkkiä huomaamaan jtk ja kiinnostumaan siitä *The power in her writing made me sit up and take notice.* Hänen kirjoitustensa voima sai minut kiinnostumaan.

put sb on notice (*myös* serve notice) antaa (virallinen) varoitus *Employers are put on notice that there are steps they should be taking.* Työnantajille annetaan varoitus, että heidän täytyy ryhtyä toimenpiteisiin.

take no notice vähät välittää, ei kiinnittää huomiota *Take no notice of him.* Älä kiinnitä häneen mitään huomiota.

take notice kiinnittää huomiota *The media took notice of him.* Tiedotusvälineet kiinnittivät häneen huomiota.

nought ['nɔːt] *num*

come to nought ei onnistua, epäonnistua (esim. yrityksestä, asiasta) *Their efforts came to nought.* Heidän yrityksensä epäonnistuivat.

now ['naʊ] *adv*

any minute / day / time / ... now lähiminuutteina, lähipäivinä, lähiaikoina, ... *She should be in at any time now.* Hänen pitäisi tulla minä hetkenä hyvänsä.

as of now tästä lähtien, tästä hetkestä eteenpäin *It's official... as of now.* Se on virallista... tästä hetkestä eteenpäin.

[every] now and again (*myös* [every] now and then) aina välillä, joskus, silloin tällöin, ajoittain *He still calls me up now and again.* Hän soittaa minulle edelleenkin silloin tällöin.

for now toistaiseksi *For now it is only talk.* Toistaiseksi se on ollut pelkkää puhetta.

it's now or never nyt tai ei koskaan *It was now or never to test her skills.* Hänen olisi testattava taitojaan, nyt tai ei koskaan.

now for sb / sth <vaihdettaessa puheenaihetta> *And now for something completely different.* Ja nyt jotakin aivan erilaista.

now now 1 *ark* no no, so so (lievänä moitteena) *Now now, that's not nice!* So so, tuo ei ollut kauniisti tehty! **2** *ark* älähän nyt (lohduteltaessa) *Now now, don't cry. Your parents will soon be here.* No älähän nyt itke. Vanhempasi tulevat pian.

now ..., now ... milloin ..., milloin ... *She turned now this way, now that way.* Hän kääntyi milloin sinne, milloin tänne.

now then 1 *ark* no niin (keskustelun avauksena tai lopetuksena / puheenaiheen vaihtuessa) *Now then, tell me about yourselves.* No niin, kertokaa vähän itsestänne. **2** <yritettäessä muistella jtk> *Now then, let me think.* No niin, antakaas kun mietin.

now what? *ark* **1** mikä nyt on? (ärsyynnyttäessä keskeytyksestä tms) (*myös* what is it now?) **2** mitä seuraavaksi? (etsittäessä ratkaisua jhk ongelmaan)

now you're talking nyt päästiin asiaan – *Shall we go to the cinema?* – *Now you're talking!* – Mennäänkö elokuviin? – No nyt puhut asiaa!

nowhere ['nəʊweə(r)] *adv*

be / come / finish nowhere jäädä hännille (kilpailussa) *The horse went nowhere.* Hevonen jäi hännille.

from / out of nowhere kuin tyhjästä *A car came from nowhere / out of nowhere.* Auto ilmaantui kuin tyhjästä.

get / go nowhere polkea paikallaan, olla jumissa *He was getting nowhere with his screenplay.* Hänen käsikirjoituksensa polki paikallaan.

get sb nowhere ei olla mitään hyötyä [jklle] *Flattery will get you nowhere.* Imartelusta ei ole sinulle mitään hyötyä.

nowhere near ei läheskään, ei likimainkaan *It is nowhere near as easy as it looks.* Se ei ole läheskään niin helppoa kuin miltä näyttää.

nth ['enθ] *a*

for the nth time *ark* ties kuinka monennen kerran *I reread it for the nth time.* Luin sen uudelleen ties monennenko kerran.

to the nth degree *ark* äärimmäisen *He could be fastidious to the nth degree.* Hän saattoi olla äärimmäisen turhantarkka.

nude ['nju:d] *s*

in the nude alasti, vaatteitta *He slept in the nude.* Hän nukkui alasti.

nudge ['nʌdʒ] *s*

Nudge nudge [wink wink] (*myös* a nudge and a wink) <ilmaisemassa, että edellinen lause oli kaksimielinen, pikkutuhma> *Was your honeymoon nice? Nudge nudge wink wink.* Oliko mukava kuherruskuukausi? Tajuat kai mitä tarkoitan?

nuisance ['nju:sns] *s*

make a nuisance of oneself olla häiriöksi *The boys sat in the front row and made a nuisance of themselves.* Pojat istuivat eturivissä ja häiritsivät muita.

null ['nʌl] *s*

null and void *kirjak* mitätön (oik sopimuksesta), pätemätön *The contract was declared null and void.* Sopimus todettiin pätemättömäksi.

1 number ['nʌmbəʳ] *s*

a / the numbers game numeroiden pyörittely, numeroiden käyttö perusteluna usein harhauttavasti *The numbers game does not tell the whole story.* Numeroiden pyörittely ei kerro koko totuutta.

any number of vaikka kuinka monta, vaikka miten paljon (monikkomuotoisen sanan edessä) *There were any number of possibilities.* Mahdollisuuksia oli vaikka kuinka paljon.

by numbers (yksinkertaisten) ohjeiden mukaan, mekaanisesti, kaavamaisesti *The last thing we want is teaching by numbers.* Mekaanista opetusta me emme ainakaan halua.

do a number on *ark* (am) tehdä ruma temppu jklle (esim. pettämällä, nöyryyttämällä) *Some girl must have done a number on him.* Joku tyttö on varmaan tehnyt hänelle joskus ruman tempun.

have [got] sb's number *ark* päästä perille jkn aikeista, päästä selville jksta *Now that I have her number, she can't get at the money.* Nyt kun olen päässyt perille hänen aikeistaan, hän ei pääse käsiksi rahoihin.

have sb's number on it *ark* koitua jkn kohtaloksi (luodista, pommista ym.) *If a bullet has his name on it, there's not much he can do.* Jos jonkin luodin on määrä koitua hänen kohtalokseen, hän ei voi sille oikein mitään.

number one 1 *ark* tärkein t. paras hlö t. asia *She was clearly number one for Paul.* Hän oli selvästi Paulille kaikkein tärkein. **2** *ark, us halv* oma itse *Everything was absorbed by Number One, by Me.* Kaikki huomioni pyöri oman itseni ympärillä.

one's opposite number kollega (jku joka on samassa asemassa toisessa organisaatiossa, maassa jne) *Georgian president meets with his Russian opposite number.* Georgian presidentti tapaa venäläisen kollegansa.

one's / sb's [lucky] number comes up *ark* olla onnea kilpailussa jne

Robert's lucky number comes up in draw. Robert voittaa arvonnassa.

one's / sb's number two toiseksi tärkein (hlö organisaatiossa jne) *The company is number two in the UK computer services league.* Yritys on toiseksi tärkein Britannian tietokonepalvelualalla.

sb's number is up *ark* jkn hetki on koittanut, on jkn vuoro (kuolla t. kokea takaisku) *His number is up.* Hänen hetkensä on koittanut.

without number lukematon, hyvin moni *I have crossed the river times without number.* Olen ylittänyt joen lukemattomia kertoja.

2 number *v*

sb's / sth's days are numbered jkn t. jnk päivät ovat luetut *His days are numbered.* Hänen päivänsä ovat luetut.

nut ['nʌt] *s*

a tough / hard nut *ark* hankala tyyppi *She gives the impression of being a tough nut.* Hän vaikuttaa hankalalta tyypiltä.

a tough / hard nut to crack *ark* kova pähkinä purtavaksi, vaikea ongelma t. vastustaja *West Ham will be a tough nut to crack.* West Ham on kova pähkinä purtavaksi.

be nuts about / on olla hulluna jkhun *He is nuts about you.* Hän on hulluna sinuun.

do one's nut *ark* (br) saada hepuli, saada raivari *Your mum is going to do her nut!* Äitisi saa raivarin!

nuts and bolts *ark* [asian] käytännön puoli *The nuts and bolts of running an airline were not his strength.* Lentoyhtiön johtaminen käytännön tasolla ei kuulunut hänen vahvuuksiinsa.

off one's nut *ark* hullu *He was going off his nut.* Hän oli tulossa hulluksi.

use / take a sledgehammer to crack a nut *ark* ampua tykillä hyttysiä, käyttää turhan järeitä menetelmiä *Complex procedures would be like using a sledgehammer to crack a nut.* Mutkikkaat menetelmät olisivat kuin ampuisi tykillä hyttysiä.

nutshell ['nʌtʃel] *s*

[put sth] in a nutshell *ark* pähkinänkuoressa, tiiviissä muodossa *To put it in a nutshell, they behaved like spoiled kids.* Lyhyesti sanottuna, he käyttäytyivät kuin hemmotellut kakarat.

nutty ['nʌti] *a*

[as] nutty as a fruitcake *ark* täysin kaheli, ihan hullu *She's nutty as a fruitcake.* Hän on täysin kaheli.

be nutty about olla hulluna jhk t. jkhun *He's nutty about Elvis.* Hän on hulluna Elvikseen.

oak [′əʊk] s
great / tall / mighty oaks from little acorns grow <suuret ja menestyksekkäät organisaatiot ym. kasvavat pienestä alusta>

oar [′ɔː^r] s
put / stick one's oar in *ark* (br) sekaantua (asiaan) *We were sorting it out quite nicely until you stuck your oar in.* Me pärjäsimme ihan hyvin, ennen kuin sinä pistit nokkasi asiaan.

oats [′əʊts] s
feel one's oats *ark* (am) olla iloinen, reippaalla tuulella *I seem to be much better. I'm beginning to feel my oats once again.* Oloni tuntuu paljon paremmalta, alan olla taas reippaalla tuulella.
get one's oats *ark* (br) harrastaa seksiä [säännöllisesti], saada [säännöllisesti] *He didn't get his oats today.* Hän ei saanut seksiä tänään.
sow one's wild oats *ark* viettää villiä nuoruutta *He had never sowed his wild oats with wine, women, and song.* Hän ei ollut koskaan viettänyt villiä nuoruutta, johon kuuluivat viini, laulu ja naiset.

obedience [ə′biːdɪəns] s
in obedience to jnk mukaisesti t. vaatimuksesta *Production lines function in obedience to the laws of physics.* Tuotantolinjat toimivat fysiikan lakien mukaisesti.

obedient [ə′biːdɪənt] a
your obedient servant kunnioittavasti, kunnioittaen (virallisten kirjeiden lopussa)

object [′ɒbdʒɪkt] s
an object lesson malliesimerkki *It's an object lesson for all writers.* Se on malliesimerkki kaikille kirjoittajille.
no object ei mikään este *And money's no object, I want something really special.* Hinnalla ei ole merkitystä, haluan jotain todella erityistä.
the object of the exercise (toiminnan) päätarkoitus *The object of the exercise is to ensure the wise and efficient use of natural resources.* Tarkoituksena on varmistaa luonnonvarojen järkevä ja tehokas käyttö.

occasion [ə′keɪʒ^ən] s
a sense of occasion tietoisuus tilanteen tärkeydestä *The laying of the foundation stone was greeted with great fanfare and a sense of occasion.* Peruskiven muuraamista säestettiin komein fanfaarein tietoisina tilanteen tärkeydestä.
have occasion to do sth *kirjak* täytyä, olla välttämätöntä *The police have had occasion to deal with him twice.* Hän on joutunut kahdesti poliisin puheille.
on occasion[s] joskus, silloin tällöin *Humans can on occasion forget details which may be vital.* Ihmiset voivat toisinaan unohtaa jopa elintärkeitä yksityiskohtia.

rise to the occasion päästä tilanteen tasalle, suoriutua vaikeasta tilanteesta voittajana *Heroes are usually frightened men who rise to the occasion.* Sankarit ovat useimmiten pelokkaita miehiä, jotka suoriutuvat vaikeista tilanteista voittajina.

ocean [ˈəʊʃᵊn] *s*
an ocean of sth (*myös* (br, ark) oceans of sth) suuri määrä jtk *The smaller house was an ocean of coolness and quiet.* Pienempi talo oli erittäin viileä ja rauhallinen.

odd [ˈɒd] *a*
odd jobs tilapäistyöt, pienet remonttityöt yms *He did all sorts of odd jobs to earn a living.* Hän teki kaikenlaisia hanttihommia elääkseen.

the odd man / one out joukkoon kuulumaton, ulkopuolinen *Among the circle of people, Lewis was beginning to feel an odd man out.* Ihmisten ympäröimänä Lewis alkoi tuntea olonsa ulkopuoliseksi. *Which is the odd one out: cod, trout, sardine or lorry driver?* Mikä ei kuulu joukkoon: turska, taimen, sardiini vai kuorma-autonkuljettaja?

odds [ˈɒdz] *s*
against all [the] odds vaikeuksista t. odotuksista huolimatta *She won the case against all odds.* Hän voitti jutun vaikeuksista huolimatta. *He has won against all the odds.* Hän voitti vastoin odotuksia.

at odds riidoissa, ristiriidassa *He is at odds with them.* Hän on riidoissa heidän kanssaan. *The two were at odds on many issues.* He kaksi olivat eri mieltä monista asioista. *The Pope stated that hostility towards Jews was at odds with the Christian faith.* Paavi ilmoitti, että juutalaisiin kohdistuva vihamielisyys on ristiriidassa kristinuskon kanssa.

it makes no odds *ark* (yl br) sillä ei ole väliä *It makes no odds to me if he should see me.* Sillä ei ole mitään väliä, vaikka hän näkisikin minut.

odds and ends (*myös* (br) odds and sods) *ark 1* sekalaista pikku krääsää, rihkamaa, pikku ostoksia *It contained mainly socks, papers, a few odds and ends like hairbrushes.* Se sisälsi pääasiassa sukkia, papereita ja jonkin verran pikkukrääsää, kuten hiusharjoja. *I do my big shopping on Tuesday, but I go for odds and ends every day.* Teen isot ostokset tiistaisin, mutta käyn joka päivä kaupassa hakemassa jotakin pientä. *2* pikku hommia *I did a few odds and ends in the garden on Saturday.* Tein sekalaisia pikku hommia puutarhassa lauantaina.

over the odds *ark* (yl br) (maksaa) ylimääräistä *A collector may be happy to pay over the odds for such interesting issues.* Keräilijä saattaa mielellään maksaa ylihintaa niinkin mielenkiintoisista esineistä.

short / long odds suuret t. pienet voitonmahdollisuudet *We will probably be at long odds to win.* Meillä on luultavasti pienet voitonmahdollisuudet.

the odds are against sth / sb doing sth on hyvin epätodennäköistä *The loss of the majority was not impossible but the odds are rather against it.* Enemmistön menettäminen ei ollut mahdotonta, mutta melko epätodennäköistä.

the odds are [that] (*myös* [it's] odds-on [that]) on hyvin todennäköistä[, että] *The odds are that barely one in three voters will bother to cast a ballot.* On hyvin todennäköistä, että vain yksi kolmesta äänestäjästä vaivautuu vaaliuurnille.

What's the odds? *ark* (br) mitä väliä sillä on?

odour [ˈəʊdəʳ] *s* (*am* odor)
be in good / bad odour with sb *kirjak* olla jkn suosiossa t. epäsuosiossa

The party does not want to be in bad odour with the United States. Puolue ei halua olla huonoissa väleissä Yhdysvaltojen kanssa.

off ['ɒf] *adv*

be off for sth olla t. omistaa tietty määrä jtak *How are we off for coffee?* Kuinka paljon meillä on kahvia?

on and off / off and on silloin tällöin, aina välillä *It rained on and off all day.* Koko päivän ajan satoi aina välillä.

off-chance [,ɒf"tʃɑːns] *s*

on the off-chance jos vaikka sattuisi *The hedgehogs are wandering about on the off-chance of finding a meal.* Siilit vaeltelevat edestakaisin, jos vaikka sattuisivat löytämään ruokaa.

off-colour [,ɒfˈkʌlə] *a (myös* (am) off-color)

be off-colour olla huonovointinen, ei oma itsensä *You're looking a bit off-colour, to be honest.* Näytät totta puhuen vähän huonovointiselta.

off-colour jokes / remarks / ... härskit vitsit / huomautukset / ... *There were some things funny but sort of off-colour.* Jotkut jutut olivat hauskoja, mutta vähän härskejä.

offence [əˈfens] *s (am* offense)

no offence *(am* offense) *ark* ei millään pahalla *Sorry, no offence meant.* Sori, ei millään pahalla. *No offence meant, I'm sure, and none taken.* Et tarkoittanut sillä varmaankaan mitään pahaa, enkä minä pahastunut siitä.

offensive [əˈfensɪv] *s*

be on the offensive olla hyökkäyskannalla *The culture wars are as violent as ever, and the right is on the offensive.* Kulttuurisodat riehuvat edelleen yhtä kiivaina, ja oikeisto on hyökkäyskannalla.

go on [to] / take the offensive ryhtyä hyökkäykseen *MacKenzie went on the offensive.* MacKenzie ryhtyi hyökkäykseen.

offer ['ɒfəʳ] *s*

have [got] sth to offer olla jtak annettavaa *Brighton has much to offer the visitor.* Brightonilla on paljon tarjottavaa kävijöille.

on offer *1* tarjolla, kaupan *The activity holidays on offer are really best suited to groups.* Tarjolla olevat toimintalomat sopivat parhaiten ryhmille. *One of the priciest works on offer will be 'Zodiaque'.* Yksi kalleimmista kaupan olevista töistä on "Zodiaque". *2* (yl br) tarjouksessa *Selected wines to go on special offer.* Valikoidut viinit tulevat olemaan erikoistarjouksessa.

open to offers ottaa tarjouksia vastaan *The receivers, who still own the building, are open to offers.* Vastaanottajat, jotka yhä omistavat rakennuksen, ottavat vastaan tarjouksia.

under offer (br) jstk on tehty ostotarjous *Two of the farms were sold last year and a third is also under offer.* Kaksi tiloista myytiin viime vuonna ja kolmannestakin on tehty ostotarjous.

office ['ɒfɪs] *s*

[through sb's] good offices *kirjak* myötävaikutus, apu *Good offices of the PM helped [to] get the Bill through.* Pääministerin myötävaikutuksella lakialoite saatiin läpi. *Through my father's good offices, I was able to obtain gunpowder.* Onnistuin saamaan ruutia isäni avustuksella.

offing ['ɒfɪŋ]

in the offing *ark* tulossa, tiedossa *A currency reform is in the offing.* Valuuttauudistus on tulossa. *Any more holidays in the offing?* Onko tiedossa enää muita lomia?

off-the-cuff [ˌɒfðə'kʌf] *a*
 an off-the-cuff remark tokaisu, harkitsematon huomautus *The nearest that we have had to a declaration so far is an off-the-cuff remark to journalists last week.* Lähimpänä julkilausumaa on toistaiseksi harkitsematon tokaisu lehtimiehille viime viikolla.

often ['ɒfn, 'ɒftən] *adv*
 as often as not varsin usein *She would as often as not weep during the song.* Varsin usein hän saattoi itkeskellä laulun aikana.
 every so often silloin tällöin *Every so often they drove down to spend an afternoon with Gran.* Aina silloin tällöin he lähtivät viettämään iltapäivää mummon seurassa.
 more often than not tavallisesti, usein *More often than not the victims have serious medical problems.* Tavallisesti uhreilla on vakavia terveydellisiä ongelmia.

oh ['əʊ] *interj*
 oh boy voi pojat (ilmaistaessa hämmästystä t. jännitystä) *Oh boy, look at him now!* Voi pojat, katsokaas häntä nyt!
 oh well olkoon menneeksi *Oh well, maybe it's for the best.* No olkoon, ehkä on parempi niin.
 oh yeah? niinkö luulet? – *I can run faster than you any day! – Oh yeah?* – Juoksen milloin tahansa sinua nopeammin! – Ai niinkö muka luulet?

1 oil ['ɔɪl] *s*
 be [like] oil and water olla eroa kuin yöllä ja päivällä, olla täysin erilaisia t. yhteensopimattomia *We're like oil and water.* Meillä on eroa kuin yöllä ja päivällä.
 be no oil painting *ark* (br) ei olla kuvankaunis (henkilöstä) *She's no oil painting, but she's pretty in her way.* Ei hän ole mikään kuvankaunis, mutta sievä omalla tavallaan.

2 oil *v*
 oil the wheels (*am* grease the wheels) rasvata rattaita, saada jk sujumaan [kuin rasvattu], vauhdittaa jtak *Compliments oil the wheels of life.* Kohteliaisuudet saavat elämän sujumaan.

old ['əʊld] *a*
 an old bag *halv* vanha akka (ärsyttävästä ja epämiellyttävästä vanhasta naisesta) *She was definitely an old bag.* Hän oli ehdottomasti ärsyttävä vanha akka.
 an old bat *ark, halv* (br) vanha kääkkä (ärsyttävästä ja epämiellyttävästä vanhasta hlöstä) *She was an old bat and everyone was scared of her.* Hän oli vanha kääkkä, jota kaikki pelkäsivät.
 an old fogey / fogy *yl halv* (yl vanhahkosta hlöstä) vanha jäärä (hyvin vanhanaikaisesti ajatteleva) *They need all the help they can get. – I expect so – even an old fogey like me, he laughed.* He tarvitsevat kaiken mahdollisen avun. – Niinpä kai – jopa minun kaltaiseni vanhan jäärän, hän nauroi.
 an old hand kokenut työntekijä *You are quite an old hand at Christmas video making.* Olet jo vanha tekijä jouluvideoiden toteuttamisessa.
 an old wives' tale vanhaa taikauskoa, uskomus vailla tosiasiapohjaa *According to this old wives' tale, if I looked pregnant from behind, it'll be a girl.* Tämän vanhan uskomuksen mukaan jos raskaus näkyy takaapäin, lapsi on tyttö.
 any old *ark* mikä hyvänsä, mikä tahansa *Any old room would do.* Mikä tahansa huone kelpaa.
 any old how *ark* miten sattuu, hujan hajan *They've dropped things just any old how, he thought.* He ovat ripotelleet tavaroita aivan hujan hajan, hän ajatteli.
 as old as the hills *s* (*myös* as old as Methuselah) ikivanha *A mother can*

seem both ageless and as old as the hills to her child. Äiti saattaa lapsensa silmissä näyttää sekä iättömältä että ikivanhalta.

for old times' sake vanhojen hyvien aikojen muistoksi *I still send her a Christmas card each year, for old times sake.* Lähetän edelleen hänelle joka vuosi joulukortin vanhojen hyvien aikojen muistoksi.

[have] an old head on young shoulders <lapsesta t. nuoresta, joka käyttäytyy vanhemman ja kokeneemman ihmisen tavoin> *He has an old head on young shoulders.* Hän vaikuttaa ikäistään vanhemmalta.

in the old days ennen vanhaan *Life was happier in the old days.* Ennen vanhaan elämä oli onnellisempaa.

of old 1 *kirjak* muinainen, mennyt *the prophets of old* muinaiset profeetat, *the stories of old* muinaisten aikojen tarinat 2 pitkältä ajalta, pitkään *I know him of old.* Olen tuntenut hänet jo pitkään.

of the old school hyvin konservatiivinen, vanhanaikainen *He is very much of the old school – thinks women need to be protected and all that.* Hän on hyvin vanhanaikainen – ajattelee, että naisia pitää suojella ja niin edelleen.

old boy / girl 1 *ark* vanhahko mies / nainen 2 *ark* koulun entinen oppilas

old enough to be sb's father / mother *ark* huomattavasti vanhempi kuin toinen (yl romanttisen suhteen ollessa kyseessä) *Her husband was old enough to be her father.* Hänen aviomiehensä olisi ikänsä puolesta voinut olla hänen isänsä.

Old Nick *vanh, leik* (br, austr) paholainen *He has the charm and the luck of Old Nick himself.* Hänellä on itsensä paholaisen viehätysvoima ja hyvä onni.

the good / bad old days vanhaan hyvään t. huonoon aikaan *In the good old days, he said, the living was easy, the fish popped out of the ice.* Vanhoina hyvinä aikoina elämä oli helppoa, hän sanoi, kalatkin hyppivät jään alta.

the old school tie hyvä veli -järjestelmä saman hienostokoulun entisten oppilaiden välillä *In Whitehall one gets too reliant on the old school tie to open doors for one.* Whitehallissa oppii liiaksi luottamaan siihen, että hyvä veli -järjestelmä avaa ovet kaikkialle.

You can't teach an old dog new tricks. Ei vanha koira uusia temppuja opi.

olive ['ɒlɪv] *s*

hold out an olive branch [to sb] (*myös* offer an olive branch [to sb]) hieroa sovintoa t. rauhaa, tarjota sovinnon kättä *In his inaugural speech he held out an olive branch to his political enemies.* Virkaanastujaispuheessaan hän hieroi rauhaa poliittisten vastustajiensa kanssa.

omelette ['ɒmlɪt] *s* (*am* omelet)

One can't make an omelette without breaking eggs. Tärkeitä muutoksia ei voi tehdä ilman, että tuottaa harmia aina jklle.

on ['ɒn] *adv*

be on about *ark* 1 (*myös* go on about, keep on about) (br) puhua jstak [pitkään t. pitkäveteisesti] *She's always on about doing one's duty.* Hän jaksaa aina puhua siitä, miten jokaisen on tehtävä velvollisuutensa. 2 tarkoittaa jtak *I dunno what you're on about.* En tajua, mitä tarkoitat.

be on at sb *ark* (br) nalkuttaa t. mäkättää t. jankuttaa jklle *He's always on at Sheila not to trust anybody.* Hän jankuttaa aina Sheilalle, ettei pidä luottaa kehenkään.

be on to sb / sth *ark* olla jkn ihmisen t. jnk asian jäljillä *The two cheaters are unaware he's onto them.* Kumpikaan pettureista ei tiedä, että hän on heidän jäljillään. *I think he's on to something, with his theories of* *the immune system.* Luulen, että hänen teoriansa immuunijärjestelmästä ovat oikeilla jäljillä.

it's [just] not on *ark* se ei käy t. sovi, semmoinen peli ei vetele *It's not on that your hubby just watches football.* Ei kerta kaikkiaan käy, että siippasi vain töllöttää jalkapalloa.

on and off aina välillä, silloin tällöin *This lasted on and off, for a hundred years.* Tätä kesti aina ajoittain sata vuotta.

on and on jatkuvasti, loputtomiin, aina vain *He went on and on about it.* Hän jaaritteli siitä [asiasta] loputtomiin.

on the hour tasatunnein *Now she'll transmit in code every hour, on the hour.* Hän lähettää nyt tietoa koodattuna joka tunti, tasatunnein.

what are you on? *ark* mitä sinä oikein olet vetänyt? (ihmeteltäessä jkn käytöstä, viitaten mahdollisuuteen, että ko. ihminen olisi huumeiden vaikutuksen alaisena)

you're on *1 ark* kiinni veti (vetoa lyötäessä) *2* sovittu

once [wʌns] *adv*

all at once *1* yhtäkkiä *All at once there was a loud crashing sound.* Yhtäkkiä kuului kova, räsähtävä ääni. *2* yhtä aikaa, kerralla *You need the money all at once.* Tarvitsette kaikki rahat kerralla. *She said it would be difficult to do it all at once.* Hän sanoi, että olisi vaikeaa tehdä kaikki yhtä aikaa.

at once *1* heti, viipymättä, oitis *I knew at once that I'd like it here.* Tiesin heti, että viihtyisin täällä. *2* yhtaikaa *They were all talking at once.* He puhuivat kaikki yhtaikaa.

[every] once in a while silloin tällöin, aika ajoin *You should change your shampoo and conditioner once in a while.* Sampoota ja hoitoainetta kannattaisi vaihtaa aika ajoin.

[just] for once / just this once *ark* [vain] tämän kerran, kerrankin *Shut up and just for once listen to me!* Suu kiinni ja kuuntele nyt kerrankin minua! *OK then, but just this once.* Hyvä on sitten, mutta vain tämän kerran.

once a ..., always a ... kerran ..., aina ... *As they say, once a misfit, always a misfit!* Kuten sanotaan: kerran sopeutumaton, aina sopeutumaton!

once again / once more uudestaan, vielä kerran *I would like once again to thank you for the major contribution you've made.* Haluaisin vielä kerran kiittää teitä suuresta panoksestanne.

once and for all (*myös* once for all) lopullisesti, kerta kaikkiaan *The horrors must be stopped everywhere once and for all.* [Nämä] kauheudet täytyy kerta kaikkiaan lopettaa kaikkialla. *Let's just get this sorted out once and for all.* Hoidetaanpa tämä asia nyt lopullisesti käsistä pois.

once or twice kerran pari, muutaman kerran *I happened to have met Billy once or twice before.* Olin sattunut tapaamaan Billyn muutaman kerran aiemminkin.

once too often <käytetään kun jku on ylittänyt puhujan sietokyvyn> *You've disgraced yourself once too often, Ursula.* Olet häpäissyt itsesi nyt viimeisen kerran, Ursula.

once upon a time olipa kerran *Once upon a time there were three little piggies.* Olipa kerran kolme pientä porsasta.

once-over [,wʌns'əʊvəʳ] *s*

give sth the once-over *1 ark* vilkaista, silmäillä jtak *Quick, give the list the once-over!* Silmäile lista nopeasti läpi! *2 ark* tehdä pikasiivous *Would you mind giving the carpet a once-over with the vacuum cleaner?* Viitsisitkö imuroida maton pikaisesti?

one [ˈwʌn] *pron*

and one [more] for luck yksi kaupan päälle (lisättäessä yksi kpl jtk ilman erityistä syytä) *I decided to walk five miles – and one more for luck.* Päätin kävellä viisi mailia – ja yhden kaupan päälle.

as one [man] *kirjak* yhtenä miehenä *The crowd rose to their feet as one man.* Yleisö nousi seisomaan yhtenä miehenä.

at one *kirjak* samaa mieltä, osa jtak *He longs to escape to the country and be at one with nature.* Hän haluaisi paeta maaseudulle ja olla yhtä luonnon kanssa.

be [a] one for [doing] sth *kirjak* jnk ystävä, tehdä jtk mielellään *I've never been one for staying out late.* En ole koskaan oikein halunnut olla myöhään ulkona.

be / get / have one up [on sb] *ark* olla niskan päällä, olla toista parempi *He always wants to be one up on his brothers.* Hän haluaa aina olla veljiään parempi.

come one, come all *kirjak* kaikki otetaan mukaan *The seminar includes an intensive workshop – Come one, come all.* Seminaarin sisältyy intensiivinen työpaja – kaikki mukaan.

for one puolestaan, osaltaan *I, for one, am against it.* Minä olen puolestani sitä vastaan.

from one moment to the next (asiat voivat muuttua) hetkessä, hetki hetkeltä *Her feelings for him changed from one moment to the next.* Hänen tunteensa miestä kohtaan muuttuivat hetki hetkeltä.

get / put one over [on] sb / sth *ark* saada etu jkhun t. jhk nähden *I'm not going to let them get one over on me!* En anna heidän hyötyä minusta!

get sth in one *ark* tajuta heti, ymmärtää t. oivaltaa välittömästi *'Got it in one,' said Prentice smugly.* "Minä tajusin sen heti", sanoi Prentice omahyväisesti.

got it in one oikein arvattu

in one yhdessä (yksissä kansissa) *a game and a utility in one* peli ja hyötyohjelma yhdessä, *a radio, CD player and cassette deck all in one* radio, CD-soitin ja kasettidekki kaikki yhdessä

in ones and twos vähin erin, pienissä ryhmissä *In ones and twos parents made their entrances.* Vanhemmat tulivat sisään vähin erin.

it's a hundred / ... to one that sb / sth will do sth on melkein varmaa, että jku / jk tekee jtk *It's a hundred to one that I shall never see her again.* On melko varmaa, etten näe häntä enää koskaan.

land / sock sb one *ark* lyödä jkta lujaa *He landed me one in the face.* Hän iski minua lujasti kasvoihin.

one after the other / another peräkkäin, yksi toisensa jälkeen *The trees had been felled one after another for building and firewood.* Puut oli kaadettu yksi toisensa jälkeen rakennustarpeiksi ja polttopuiksi.

one and all *kirjak* kaikki *The news of his resignation came as a surprise to one and all.* Uutinen hänen erostaan tuli kaikille yllätyksenä.

one and only se ainoa oikea, ainutlaatuinen *the one and only Muhammad Ali* ainoa oikea Muhammad Ali

one by one yksitellen, erikseen, yksi kerrallaan *She picked off the dead leaves one by one.* Hän poimi kuolleet lehdet yksi kerrallaan pois.

One man's meat is another man's poison. Makuasioista ei voi kiistellä.

one of the lads (*myös* (am) one of the boys) *ark* (br, austr) yksi meistä (miehisessä kaveriporukassa) *I'd told him not to worry and that he was one of the lads.* Olin käskenyt häntä olemaan huolehtimatta ja kertonut, että hän oli yksi meistä.

one on one (*myös* one to one) kasvokkain *It can be well worth gain-*

ing one to one advice on your material. Voisi olla kannattavaa hankkia aineistoasi koskevaa henkilökohtaista opastusta.

one or another (*myös* one or the other) jokin, jompikumpi *one or another of the two* jompikumpi niistä kahdesta

one or two *ark* pari, muutama *I know most of the songs, but there's one or two I don't.* Tunnen suurimman osan lauluista, mutta on pari, joita en tunne.

put one over on sb *ark* huijata jkta *They were trying to put one over on us.* He yrittivät huijata meitä.

There's more than one way to skin a cat. *leik* Saman asian voi tehdä monella tapaa.

When you've seen / ... one, you've seen / ... them all. kun olet nähnyt yhden, olet nähnyt kaikki (tusinatavarasta) *When you've heard one of those speeches, you've heard them all.* Kun on kuullut yhden noista puheista, on kuullut ne kaikki.

[with] one thing and another *1* monestakin syystä, syystä jos toisestakin *What with one thing and another, I forgot to phone you yesterday.* Monestakin syystä unohdin soittaa sinulle eilen. *2* sitä sun tätä *They were having a little chat about one thing and another.* He juttelivat niitä näitä.

one-horse ['wʌn,hɔːs] *a*

a one-horse race yksipuolinen kilpailu, jonka lopputulos on ennalta arvattava *This election has been a one-horse race right from the start.* Näiden vaalien voittaja on ollut selvillä alusta asti.

a one-horse town *ark* kyläpahanen, tuppukylä *We lived in a one-horse town where everybody knows everybody.* Asuimme tuppukylässä, jossa kaikki tunsivat toisensa.

one-off [,wʌn'ɒf] *s*

a one-off (br) *1* yksittäinen tapahtuma *Lets hope this was just a one-off.* Toivotaan, että tämä oli vaan yksittäinen tapahtuma. *2* ainoa laatuaan *He is a one-off and we will stay friends for life.* Hän on ainutlaatuinen, ja pysymme ikuisesti ystävinä.

onion ['ʌnjən] *s*

know one's onions *ark* osata asiansa *He knew his onions in technology.* Hän hallitsi tekniset asiat.

only ['əʊnli] *adv*

not only ... but [also] sekä ... että *Van Gogh is famous not only for his art, but for his writing.* Van Gogh on kuuluisa sekä taiteensa että kirjoitustensa vuoksi.

only if vain jos *You pay the registration fee only if you continue to use them.* Maksat rekisteröintimaksun vain, jos jatkat niiden käyttöä.

only just *1* nipin napin, hädin tuskin, juuri ja juuri *We arrived in time for our flight, but only just.* Saavuimme nipin napin ajoissa lennollemme. *It's alive, but only just.* Se on vain hädin tuskin elossa. *2* vastikään, äsken, vasta, juuri *I've only just got up and I'm not feeling too brilliant.* Olen juuri noussut ylös enkä tunne oloani kovinkaan hehkeäksi. *But the story has only just begun.* Mutta tarina on vasta alussa.

only to do sth *kirjak* vain tehdäkseen jtk *I run to the bus station, only to find out that I had missed my bus.* Juoksin bussiasemalle vain huomatakseni, että olin myöhästynyt bussista.

only too *1* liiankin *He was only too eager.* Hän oli liiankin innokas. *2* erittäin *We are only too pleased to help them.* Autamme heitä erittäin mielellämme.

onside

onside [ˌɒnˈsaɪd] *adv*
  get / keep sb onside saada t. säilyttää jkn tuki *The Franco-German alliance recently summoned Tony to their table – in an attempt to try and get him onside prior to enlargement.* Ranskalais-saksalainen liittoutuma kutsui äskettäin Tonyn pöytäänsä – pyrkimyksenään saada hänet puolelleen ennen laajentumista.

onto [ˈɒntʊ] *prep* (*myös* on to)
  be onto sb *1* tietää jtk, mitä jku on tehnyt väärin *Someone is onto you.* Joku tietää, mitä olet tehnyt. *2* puhua jklle, yl kysyäkseen t. kertoakseen jtk (*myös* get onto sb) *I've got a client who is onto me about posting large attachments to his board.* Minulla on asiakas, joka valittaa minulle isojen liitteiden lähettämisestä tälle ilmoitustaululle.
  be onto sth tietää jtk t. olla tilanteessa, joka johtaa itselle edulliseen tulokseen *She believes she is onto a sex scandal.* Hän uskoo olevansa seksiskandaalin jäljillä.

1 open [ˈəʊpən] *a*
  an open book avoin kirja *You're an open book to me.* Luen sinua kuin avointa kirjaa.
  an open invitation [to sb] *1* kutsu vierailla milloin tahansa *There is an open invitation to anyone interested to come along to the committee meetings.* Kaikki asiasta kiinnostuneet voivat milloin tahansa osallistua komitean kokouksiin. *2* (esim. rikokseen) yllyttäminen *If you leave valuable hand-tools in unlocked sheds, you're giving a criminal an open invitation.* On rikollisen yllyttämistä jättää arvokkaita työkaluja lukitsemattomiin vajoihin.
  an open letter (julkisuuden hlölle) avoin, julkinen kirje *In an open letter to the government, the scientists gave warning of severe economic and social consequences.* Hallitukselle osoitetussa avoimessa kirjeessä tiedemiehet varoittivat vakavista taloudellisista ja yhteiskunnallisista seuraamuksista.
  an open marriage vapaa suhde (osapuolilla voi olla useampia seksisuhteita) *Do Jane and Bill have an open marriage?* Onko Janella ja Billillä vapaa suhde?
  be open to sth olla valmis harkitsemaan jtk *Why is one man open to a bribe, while another is utterly staunch?* Miksi toinen on valmis harkitsemaan lahjusta, kun taas toinen pysyy ehdottoman lujana?
  have / keep an open mind about / on sth olla valmis harkitsemaan uusia ajatuksia t. vaihtoehtoja *I have an open mind on the matter.* Olen valmis kuuntelemaan myös muita vaihtoehtoja tässä asiassa.
  in the open air ulkona, poissa sisätiloista *Spend as much time as possible in the open air.* Ulkoile mahdollisimman paljon.
  keep one's ears / eyes open [for sth] olla nopea huomaamaan t. kuulemaan asioita, olla tarkkaavaisena *Keep your eyes open for signs of fatigue.* Pidä silmällä väsymyksen merkkejä.
  [keep] open house olla vieraanvarainen *They kept open house, and in the evenings half a dozen neighbours regularly visited them.* He olivat vieraanvaraisia, ja iltaisin puolisen tusinaa naapuria vieraili säännöllisesti heidän luonaan.
  open and shut selvä tapaus, helppo ratkaista
  open season ajanjakso, jolloin jku on vapaata riistaa (vapaasti arvosteltavissa) *It is open season for criticising them for lack of planning.* Heitä saa nyt vapaasti arvostella suunnittelun puutteesta.
  open sesame *leik* helppo pääsy jhk, joka tavallisesti on vaikeaa *The graduates are finding that academic success is not an automatic open sesame to the job market.* Tutkin-

non suorittaneet huomaavat, ettei akateeminen menestys itsestään selvästi tarjoa oikotietä työmarkkinoille.

[out] in[to] the open *1* ulkosalla, taivasalla, ulkosalle *I was relieved to be out in the open again.* Minusta oli helpotus olla taas ulkosalla. *2* yleisesti tiedossa *Now the opposition to the Members' Club was out in the open.* Nyt jäsenkerhon vastustus oli yleisesti tiedossa.

with one's eyes open (*myös* with open eyes) tietoisena mahdollisista riskeistä t. vaaroista, varuillaan *I suppose she married him with her eyes open.* Luulen, että mennessään naimisiin miehen kanssa hän tiesi, mitä tuleman pitää.

2 open *v*

open fire [on sb / sth] alkaa tulittaa, alkaa ampua *Paramilitary police here have opened fire with pistols for the past two nights on rioting farmers.* Puolisotilaalliset poliisijoukot ovat kahtena viime yönä avanneet pistoolitulen mellakoivia tilallisia vastaan.

open one's / sb's eyes [to sth] tajuta t. saada jku tajuamaan totuus jstk *This project opened my eyes to personal ethics issue.* Tämä projekti avasi silmäni henkilökohtaisen etiikan suhteen.

open out to (br) avautua, uskoutua *He was very reserved and only opened out to her slowly.* Mies oli hyvin varautunut ja uskoutui hänelle vasta ajan myötä.

open the way for sb / sth [to do sth] mahdollistaa *This historic event opened the way for exploration of the outer solar system.* Tämä historiallinen tapahtuma mahdollisti ulkoaurinkokunnan tutkimuksen.

opener ['əʊpᵊnəʳ] *s*

for openers *ark* (erit am) alkajaisiksi *Not bad for openers!* Ei hassumpaa näin alkajaisiksi! *For openers we* *chose lobster.* Alkuruoaksi valitsimme hummeria.

operation [ˌɒpəˈreɪʃᵊn] *s*

come into operation käynnistyä, tulla voimaan *The system did not come into operation until the 1930s.* Järjestelmä tuli voimaan vasta 1930-luvulla.

in operation toiminnassa *There are several reactors of the type in operation at the moment.* Tällä hetkellä on käytössä useita samantyyppisiä reaktoreita.

put sth into operation käynnistää, panna jk täytäntöön, ottaa käyttöön, laittaa päälle *All the security measures had been put into operation.* Kaikki turvallisuustoimenpiteet oli otettu käyttöön.

operative ['ɒpərətɪv] *a*

the operative word pääpaino, tärkein näkökohta *He was a painter – 'was' being the operative word because he died last week.* Hän oli taidemaalari – pääpaino sanalla "oli", sillä hän kuoli viime viikolla.

opinion [əˈpɪnjən] *s*

a matter of opinion makuasia *Beauty is, of course, a matter of opinion, but her big, black eyes made her extremely attractive.* Kauneus on tietenkin makuasia, mutta hänen suuret, mustat silmänsä tekivät hänestä äärimmäisen viehättävän.

be of the opinion that olla jtak mieltä *He was of the opinion that things would sort themselves out.* Hän oli sitä mieltä, että asiat järjestyisivät itsestään.

have a high opinion of sb / sth pitää jkta t. jtak suuressa arvossa *He has a very high opinion of himself.* Hän pitää itseään (turhan) suuressa arvossa.

opposed

opposed [ə'pəʊzd] *a*
as opposed to eikä, toisin kuin *I'd prefer to go on holiday in May, as opposed to September.* Menisin mieluummin lomalle toukokuussa kuin syyskuussa.

opposite ['ɒpəzɪt] *s*
opposites attract vastakohdat vetävät toisiaan puoleensa

opposition [ˌɒpə'zɪʃ³n] *s*
in opposition vastustuskannalla *The unions are in opposition to the government over the issue of privatization.* Ammattiyhdistykset vastustavat hallitusta yksityistämiskysymyksessä.

option ['ɒpʃ³n] *s*
keep / leave one's options open olla sitoutumatta mihinkään, pitää vaihtoehdot avoimina *Many young people want to keep their options open.* Monet nuoret haluavat pitää vaihtoehtonsa avoimina.

the easy / soft option helppo ratkaisu *He decided to take the easy option and give them what they wanted.* Hän päätti toimia helpoimman kautta ja antaa heille, mitä he halusivat.

or ['ɔːʳ] *konj*
or else muuten, muussa tapauksessa, tai muuten *We must be there by six, or else we'll miss the beginning.* Meidän täytyy olla siellä kuuteen mennessä, muussa tapauksessa emme näe alkua.

or no / not olla sitten jtak tai ei *Naive or not, it is a blockbuster.* Oli se sitten lapsellinen tai ei, se on suurmenestys. *Victory or no victory, tomorrow's another day.* Tuli voitto tai ei, huomenna on uusi päivä.

or so noin, suunnilleen *a week or so* noin viikon verran, *a dozen or so people* kymmenkunta ihmistä

or something tai jotain [sinnepäin t. sellaista] *Why don't you go to a movie or something?* Etkö menisi elokuviin tai jotain?

orbit ['ɔːbɪt] *s*
[go] into orbit *ark* nousta pilviin, kohota äärimmäisyyksiin *Prices have gone into orbit this year.* Tänä vuonna hinnat ovat kohonneet pilviin. *Her fury with the diabolical man nearly went into orbit.* Hänen raivonsa pirullista miestä kohtaan kohosi miltei äärimmäisyyksiin.

order ['ɔːdəʳ] *s*
be in / take holy orders toimia pappina, saada pappisvihkimys *He took holy orders in 1960.* Hän sai pappisvihkimyksen vuonna 1960.

in order *1* (tietyssä) järjestyksessä *2* kunnossa *Is everything in order?* Onko kaikki kunnossa? *3* säännönmukainen, sääntöjenmukainen *4* asiaankuuluvaa, paikallaan *I think a drink would be in order now.* Luulenpa, että drinkki olisi nyt paikallaan.

in order for jotta *In order for the computers to trace my records, they need my name.* He tarvitsevat nimeni, jotta tietokone löytäisi tietoni.

in order that jotta *in order that we could sleep* jotta voisimme nukkua

in order to do sth jotta, tehdäkseen jotain *She arrived early in order to get a good seat.* Hän tuli aikaisin saadakseen hyvän paikan.

in running / working order toimintakunnossa

of the order of noin, suunnilleen *The savings were thought to be of the order of £30.5 million at the most.* Säästöjen uskottiin olevan enimmillään 30,5 miljoonan punnan luokkaa.

on the order of *1* noin, suunnilleen *2* (am) samantyyppinen kuin *a singer on the order of Janis Joplin* Janis Joplinin tyyppinen laulaja

Order! (*myös* Order! Order!) Hiljaisuus salissa! (pyydettäessä hiljaisuutta virallisessa kokouksessa tms.)

order to view (br) virallinen lupa nähdä myynnissä oleva asunto

orders are orders käsky on käsky (käskyjä on toteltava, vaikka se olisikin epämiellyttävää)

out of order *1* rikki *The coffee machine is out of order.* Kahvinkeitin on rikki. *2 ark* (br) sopimaton (käytöksestä) *You were well out of order taking it without asking.* Toimit sopimattomasti ottaessasi sen ilman lupaa.

the order of the day *1* yleinen asioiden tila, päivän sana *On certain TV channels, quiz shows and repeats are becoming the order of the day.* Tietyillä tv-kanavilla tietokilpailut ja uusinnat alkavat olla päivän sana. *2* asiaankuuluva *On Sundays, a black suit was the order of the day.* Sunnuntaisin musta puku kuului asiaan. *3* (päivän) ohjelma, aikataulu

to order tilaustyönä [tehty] *Pullovers were knitted to order.* Villapuserot tehtiin tilaustyönä.

1 ordinary ['ɔ:dɪnəri] *a*

in the ordinary way *s ark* (yl br) [kuten] tavallisesti, tavalliseen tapaan *We got the report in the ordinary way.* Saimme raportin tavalliseen tapaan.

out of the ordinary erilainen, epätavallinen, tavallisuudesta poikkeava *Anything out of the ordinary aroused suspicion.* Kaikki tavallisuudesta poikkeava herätti epäilyksiä.

2 ordinary *s*

in ordinary (br) vakinainen *a painter in ordinary to Her Majesty* hänen majesteettinsa vakinaisessa palveluksessa oleva maalari

original [ə'rɪdʒɪnəl] *s*

in the original alkuperäiskielellä *Hardy undoubtedly read Virgil in the original.* Epäilemättä Hardy luki Vergiliusta alkuperäiskielellä.

other ['ʌðər] *a, pron*

among others / other things muun muassa *He brought with him, among others, the new Transport Minister.* Hän toi mukanaan muun muassa uuden liikenneministerin.

no other *s vanh* ei mitään muuta *We can do no other.* Emme voi tehdä mitään muuta.

other than muu kuin, paitsi, lukuunottamatta *There's nothing on TV tonight, other than rubbish.* Televisiosta ei tule tänään muuta kuin roskaa.

someone / something / somehow or other joku, jokin t. jotenkin (ilmaistaessa tarkemmin määrittelemätöntä asiaa, henkilöä, tapaa ym.) *I must get the information on some pretext or other.* Minun täytyy saada se tieto jollain tekosyyllä. *Somehow or other Pikey managed to find his glasses.* Jotenkin Pikey onnistui löytämään silmälasinsa.

the other day muutama päivä sitten *We had lunch the other day.* Lounastimme yhdessä muutama päivä sitten.

the other way [a]round toisinpäin *He found me, not the other way round.* Hän oli se, joka löysi minut, ei toisinpäin.

otherwise ['ʌðəwaɪz] *adv, a*

or / and otherwise <ilmaisee vastakohtaa> *Hand in your exam papers, finished or otherwise.* Tuokaa koepaperinne, olivatpa ne valmiit tai keskeneräiset.

out ['aʊt] *adv, a, prep*

at outs (*am* on the outs) riidoissa *He was at outs with my sister.* Hän oli riidoissa sisareni kanssa.

be [all] out for sth / to do sth haluta, himoita jtak, aikoa *I'm not out for revenge.* Aikomukseni ei ole kostaa. *The company is out to capture the*

Canadian market. Yhtiö tavoittelee Kanadan markkinoiden valtaamista.

out and about *1* (br) jälkeillä, ulkona sairauden jälkeen *Patients are out and about for the first time today.* Potilaat ovat tänään jälkeillä ensi kertaa. *2* matkustella ympäriinsä *He travels to the US at least once a month and enjoys getting out and about.* Hän käy USA:ssa ainakin kerran kuussa ja nauttii siitä, kun saa matkustella ympäriinsä.

out of it ark *1* ulkopuolinen *We've only just moved here so we feel a little out of it.* Olemme vasta muuttaneet tänne, joten tunnemme olomme hieman ulkopuolisiksi. *2* sekaisin väsymyksestä t. päihteistä, tietämätön *He was out of it from all of the alcohol he had consumed.* Hän oli sekaisin kaikesta viinasta, jota oli ottanut.

out with it kakista ulos vain (mitä ajattelet)

outline ['aʊtlaɪn] *s*
in outline pääpiirteittäin *The scheme is, in outline at least, straightforward.* Suunnitelma on ainakin pääpiirteiltään suoraviivainen.

outset ['aʊtset] *s*
at / from the outset alussa, alusta alkaen, alusta pitäen *I told him at the outset I wasn't interested.* Kerroin hänelle jo alussa, ettei minua kiinnostanut.

outside [,aʊt'saɪd] *s*
at the outside korkeintaan, enintään, viimeistään *I'll give you an hour, two at the outside.* Saat aikaa tunnin tai enintään kaksi.

on the outside *1* ulospäin *On the outside he was coolly polite, but underneath he was smouldering with rage.* Ulospäin hän oli tyynen kohtelias, mutta hänen sisällään kyti raivo. *2* ulkona, jnk ulkopuolella *Now Dave is coming to terms with life on the outside.* Nyt Dave totuttautuu elämään vankilan ulkopuolella.

1 over ['əʊvə^r] *prep*
over and above lisäksi, ohella *exceptional service over and above what normally might be expected* poikkeuksellisen hyvää palvelua sen lisäksi mitä normaalisti voisi odottaa

2 over *adv*
[all] over again uudelleen *We had to start all over again.* Meidän täytyi aloittaa taas uudelleen.

get sth over with (*myös* get sth over and done with) saada jk käsistä pois *She wanted to get it over with quickly.* Hän halusi saada sen pois käsistään nopeasti.

over and done with lopullisesti valmis t. poissa päiväjärjestyksestä *I'm glad it's over and done with.* Olen iloinen, että se on poissa päiväjärjestyksestä.

over and over [again] yhä uudelleen, monta kertaa *I've told you over and over again not to do that.* Olen kieltänyt sinua monta kertaa tekemästä noin.

overboard ['əʊvəbɔːd] *adv*
go overboard *1* mennä liian pitkälle *Maybe I went overboard.* Taisin mennä liian pitkälle. *2* olla hyvin innokas *There's no need to go overboard.* Ei ole tarpeen innostua.

throw sth overboard hylätä jk *'Throw Stalinism overboard!' he declared.* "Hylätkää stalinismi!" hän julisti.

overdo [,əʊvə'duː] *v*
overdo it / things rasittaa liikaa, tehdä liikaa *After a heart attack you have to be careful not to overdo it.* Sydänkohtauksen jälkeen täytyy varoa rasittamasta itseään liikaa.

overdrive ['əʊvədraɪv] *s*
  go into overdrive käydä ylikierroksilla *As the wedding approached, the whole family went into overdrive.* Häiden lähestyessä koko perhe alkoi käydä ylikierroksilla.

over-egg [,əʊvə'eg] *v*
  over-egg the pudding mennä liian pitkälle, pilata jk lisäämällä liikaa jtak *If you're telling lies, keep it simple – never over-egg the pudding.* Jos valehtelet, pidä valhe yksinkertaisena – älä mene siinä liian pitkälle.

overflow ['əʊvəfləʊ] *s*
  full to overflowing tupaten täynnä *The room was full to overflowing.* Huone oli tupaten täynnä.

overplay [,əʊvə'pleɪ] *v*
  overplay one's hand yliarvioida mahdollisuutensa, pilata mahdollisuutensa liialla itsevarmuudella *I didn't want to overplay my hand.* En halunnut pilata mahdollisuuksiani liialla itsevarmuudella.

overshoot [,əʊvə'ʃuːt] *v*
  overshoot the mark ylittää suunnitellun t. hyväksyttävän raja *Entertainment can overshoot the mark, just as food does.* Viihde voi mennä kohtuuttomuuksiin, samoin kuin ruoka.

overstep [,əʊvə'step] *v*
  overstep the mark / line mennä liian pitkälle *Child abuse campaigners overstep the mark in making their case.* Lasten väärinkäytöstä kampanjoivat menevät asiaansa esittäessään liian pitkälle.

overtime ['əʊvətaɪm] *s*
  be working overtime *ark* käydä ylikierroksilla *Your imagination is working overtime.* Mielikuvituksesi käy ylikierroksilla.

overture ['əʊvətʃʊə**ʳ**] *s*
  make overtures [to sb] yrittää ystävystyä jkn kanssa, solmia suhteita, yrittää päästä liikesuhteeseen jne *In an increasingly desperate search for peace some pacifists were even prepared to make overtures to Fascist organizations.* Pyrkiessään yhä epätoivoisemmin rauhaan jotkin pasifistit olivat jopa valmiita solmimaan suhteita fasistisiin järjestöihin.

owe ['əʊ] *v*
  owe it to oneself olla itselleen velkaa *Take a few days off work – you owe it to yourself.* Ota muutama päivä vapaata töistä, olet sen itsellesi velkaa.
  owe sb one olla jklle palveluksen velkaa *Thanks, I owe you one [for this].* Kiitos, olen sinulle palveluksen velkaa [tästä hyvästä].

1 own ['əʊn] *a, pron*
  [all] on one's own omillaan, yksin, omin päin, omin neuvoin *I had done it all on my own.* Olin tehnyt sen aivan itse.
  be one's own man / woman / person olla oma herransa *Nobody tells me how to live my life – I'm my own man.* Kukaan ei määrää minun elämästäni – olen oma herrani.
  come into one's / its own päästä oikeuksiinsa, näyttää kyntensä *I lived only for the day when I would come into my own.* Elin vain sitä päivää varten, jolloin voisin näyttää kynteni.
  get one's own back [on sb] *ark* maksaa samalla mitalla [takaisin] *I'll get my own back on her one day.* Jonain päivänä maksan vielä hänelle takaisin samalla mitalla.
  hold one's own [against sth / sb] puolustaa itseään, pysyä omillaan, pitää pintansa *Business isn't good but we're managing to hold our own.* Liiketoimet eivät suju hyvin, mutta onnistumme pitämään pintamme.

own 394

2 own *v*
as if / like one owns the place ikään kuin omistaisi paikan *He acts like he owns the place.* Hän käyttäytyy kuin omistaisi paikan.
own up to sth / to doing sth myöntää, tunnustaa (tehneensä jtak luvatonta) *I'm still waiting for someone to own up to the breakages.* Odotan yhä jonkun tunnustavan rikkoneensa tavaroita.

oyster [ˈɔɪstə^r] *s*
the world is sb's oyster koko maailma on avoinna jklle, kaikki ovet aukeavat jklle *With a talent like that, the world is her oyster.* Koko maailma on avoinna noin lahjakkaalle ihmiselle.

pace ['peɪs] *s*

change of pace (yl am) poikkeus, vaihtelu *The opencast mine is a change of pace amidst peaceful peaks.* Avokaivos on poikkeus rauhallisten huippujen maisemassa.

force the pace (erit br) saada jk tapahtumaan nopeammin, saada jku tekemään jtk nopeammin *They tried to force the pace of future change.* He yrittivät nopeuttaa tulevaa muutosta.

go through one's paces (*myös* show one's paces) näyttää mihin pystyy *I went through my paces on stage.* Näytin, mihin pystyin näyttämöllä.

keep pace with pysyä jnk tahdissa *Pensions have not risen to keep pace with inflation.* Eläkkeet eivät ole nousseet inflaation tahdissa.

[not] stand / stay the pace [ei] pysyä jkn tahdissa, [ei]kestää paineita *While he soldiered on, wife Norma was unable to stand the pace.* Kun hän puursi eteenpäin, Norma-vaimo ei pystynyt pysymään hänen tahdissaan.

off the pace voittajasta t. ensimmäisistä jäljessä *He was two seconds off the pace.* Hän jäi kaksi sekuntia voittajasta.

put through its / their paces *1* panna jk / jku näyttämään mihin pystyy *He put the car through its paces.* Hän katsoi, mihin auto pystyy. *2* teettää harjoituksia *The Prince put the horse through its paces on the gallops.* Prinssi ratsasti hevosellaan harjoitukset laukkaradalla.

set the pace *1* tahdittaa, määrätä tahti *Sci-fi has set the pace for the development of special effects.* Scifi on tahdittanut erikoistehosteiden kehitystä. *2* vetää (urheilukilpailussa) *Cremonini set the pace for eight laps.* Cremonini veti kahdeksan kierrosta.

1 pack ['pæk] *v*

pack a punch *1* pystyä lyömään lujaa *Little Joe really can pack a punch.* Pikku-Joe pystyy tosiaan lyömään lujaa. *2* vaikuttaa tuntuvasti *The wine packed quite a punch.* Viini meni tosiaan päähän.

pack away *ark* syödä *She can really pack away an impressive amount of food.* Hän voi tosiaan syödä huikean määrän ruokaa.

pack heat *ark* (am) kantaa asetta *He packed heat when he went to Afghanistan.* Hän kantoi asetta kun meni Afganistaniin.

pack in *1 ark* (br) lopettaa (jnk tekeminen) *I'd just packed in a job the day before.* Olin juuri päivää aikaisemmin lopettanut työn. *2 ark* (br) jättää jku *Did you hear Sue packed Mike in?* Kuulitko, että Sue jätti Miken?

pack it in *1 ark* (erit br) lopettaa jnk tekeminen *Did you get the sack or did you just pack it in?* Saitko potkut vai lopetitko vain? *2 ark* lopeta *Pack it in!* Lopeta jo!

pack off *ark* passittaa, lähettää *The children were packed off to boarding school.* Lapset passitettiin sisäoppilaitokseen.

pack

pack one's bags *ark* valmistautua lähtemään lopullisesti (erit riidan jälkeen) *I've got to pack my bags this time.* Tällä kertaa minun on lähdettävä lopullisesti.

pack them in (*myös* pack the house) *ark* saada talo täyteen yleisöä, vetää katsomot täyteen *Movies like Rin Tin Tin still pack them in.* Rin Tin Tinin kaltaiset elokuvat saavat edelleen talon täyteen yleisöä.

pack up *1 ark* (br) pysähtyä, tehdä tenä *Our car packed up.* Automme pysähtyi. *2 ark* panna pillit pussiin *I usually pack up early on Fridays.* Yleensä panen perjantaisin pillit pussiin aikaisin. *3 ark* (br) lopettaa *He packed up work to look after his parents.* Hän lopetti työnteon huolehtiakseen vanhemmistaan.

2 pack *s*

a pack rat (am) keräilijä, hamsteri, hlö, joka keräilee kaikkea turhaa *Stop being a pack rat!* Lakkaa keräilemästä kaikkea turhaa kräasää!

be ahead of the pack olla muita samaan tavoitteeseen pyrkiviä parempi *He likes to be one step ahead of the pack.* Hän haluaa olla aina yhden askeleen edellä muita.

go to the pack *ark* (austr) mennä hunningolle *Everything went to the pack when he left.* Kaikki meni hunningolle sen jälkeen kun hän lähti.

packed ['pækt] *v*

packed out (br) täpötäysi *The stadium was packed out.* Stadion oli täpötäysi.

packet ['pækɪt] *s*

make / lose / spend / ... a packet *ark* tehdä / menettää / tuhlata / ... iso määrä rahaa *He's made a packet from that factory.* Hän on tehnyt tehtaan avulla rutkasti rahaa.

packing ['pækɪŋ] *v*

send sb packing *ark* antaa jklle lähtöpassit *You must tell Rose to send him packing.* Sinun täytyy käskeä Rosea antamaan miehelle lähtöpassit.

pad ['pæd] *v*

pad down *ark* (am) olla yötä jkn luona (paikassa, missä normaalisti ei yöpyisi) *You can pad down at our house tonight, if you like.* Voit olla tänään meillä yötä, jos haluat.

pad out panna täytteeksi, käyttää täytteenä *The pastor padded out his sermon with his favourite quotations.* Pappi käytti saarnansa täytteenä lempilainauksiaan.

paddle ['pædl] *v*

paddle one's own canoe *ark* hoitaa omat asiansa, tulla toimeen omin avuin *She would paddle her own canoe, as she always had done.* Hän hoitaisi omat asiansa niin kuin oli aina tehnyt.

1 page ['peɪdʒ] *s*

turn the page alkaa käyttäytyä myönteisemmin vaikeuksien jälkeen *Turn the page and we'll help turn your dream into a reality.* Aloita uusi elämä, niin me autamme sinua tekemään unelmistasi totta.

2 page *v*

page through lehteillä, selailla *Seth was paging through a book.* Seth lehteili kirjaa.

paid ['peɪd] *a*

put paid to *ark* (br, austr) tehdä tyhjäksi, tehdä loppu jstak *He put paid to my hopes of winning.* Hän teki tyhjäksi voitontoiveeni.

paid-up [,peɪd'ʌp] *a*

a [fully] paid-up member / ... *ark* voimakas ja innostunut kannattaja tms *As a paid-up green, he has not always been comfortable in the Government.* Innokkaana vihreänä hän ei ole aina tuntenut itseään kotoisaksi hallituksessa.

pain ['peɪn] *s*

a pain in the arse / bum / backside (*myös* (am) a pain in the ass / butt) *alat* (br) kiusankappale, oikea maanvaiva, riesa *It was a pain in the arse.* Se oli todellinen riesa.

a pain in the neck *ark* riesa, kiusankappale *Some clients are are a pain in the neck.* Jotkut asiakkaat ovat oikeita kiusankappaleita.

be at [great] pains to do sth ponnistella oikean tiedon välittämiseksi *We're at pains to stress this isn't a protest.* Haluamme kovasti korostaa, että tämä ei ole protesti.

for one's pains *ark, us iron* (erit br) vaivanpalkaksi *All she got for her pains was a slight smile.* Hän sai vaivanpalkakseen vain vaisun hymyn.

go to / take great pains to do sth yrittää jtak kovasti *He had taken great pains to make sure he was protected.* Hän oli ponnistellut kovasti varmistaakseen, että häntä suojeltiin.

growing pains kasvukivut, alkuvaiheessa esiintyvät ongelmat *The event demonstrates only the growing pains of a young republic.* Tapahtuma on vain esimerkki nuoren tasavallan alkuvaikeuksista.

no pain, no gain *ark* (yl am) taito on tuskan takana, ei ole oikotietä onneen

on / under pain of *kirjak* jnk uhalla *Inspectors were forbidden to speak to the press on pain of disciplinary action.* Tarkastajia kiellettiin puhumasta lehdistölle kurinpitorangaistuksen uhalla.

spare no pains [to do sth / doing sth] vaivojaan (rahaansa tms.) säästämättä *They spare no pains to render their best service to the customer.* He eivät säästä vaivojaan antaakseen asiakkaalle parasta mahdollista palvelua.

1 paint ['peɪnt] *v*

paint a terrible / depressing / rosy / ... picture [of] kuvata jk tietyllä tavalla (kamalana, masentavana, ruusuisena, ...) *He painted a depressing picture of the ability of local industry to cope.* Hän antoi masentavan kuvan paikallisen teollisuuden selviytymismahdollisuuksista.

paint sth with a broad brush kuvailla yleisluontoisesti, yksityiskohdista piittaamatta *We can only paint answers with a broad brush.* Voimme antaa vain yleisluontoisia vastauksia.

paint the town red *ark* hurvitella, panna elämä risaiseksi *Tonight we're going to paint the town red!* Tänään pannaan elämä risaiseksi!

2 paint *s*

a lick of paint *ark* kerros tuoretta maalia *She thought all she'd need to do to the kitchen was give it a lick of paint.* Hän luuli, että keittiö tarvitsisi vain uuden maalikerroksen.

be like watching paint dry maistua puulta *Watching tennis on television is about as interesting as watching paint dry.* Tenniksen katsominen televisiosta maistuu puulta.

painting ['peɪntɪŋ] *v*

be like painting the Forth Bridge (br) <parannus t. korjaus kestää niin kauan, että kun se on saatu loppuun, se on aloitettava alusta> *Cleaning is a bit like painting the Forth Bridge.* Siivoaminen on työ, jota ei saa koskaan valmiiksi.

pair ['peəʳ] *s*

a pair of hands *ark* ihminen, henkilö *Colleagues regard him as a safe pair of hands.* Kollegat pitävät häntä luotettavana ihmisenä. *Do you need an extra pair of hands?* Tarvitsetko apua?

have a fine / good / ... pair of lungs *leik* (lapsesta) olla hyvät keuhkot (jaksaa huutaa lujaa) *She has a good pair of lungs to her, she can scream good and proper.* Hänellä on hyvät keuhkot, hän jaksaa kiljua kunnolla.

in pairs pareittain *We tested children in pairs.* Testasimme lapsia pareittain.

I've only got one pair of hands *ark* en ehdi nyt tekemään mitään muuta

1 pale ['peɪl] *a*

pale beside / next to sth (*myös* pale in comparison [with / to], pale by comparison [with / to], pale into insignificance) vaikuttaa vähemmän tärkeältä verrattuna jhk toiseen *All other American historical figures pale by comparison to him.* Kaikki muut Amerikan historian hahmot vaikuttavat vähäpätöisiltä verrattaessa häneen.

2 pale *s*

beyond the pale täysin sopimaton *He has put himself beyond the pale.* Hän on käyttäytynyt sopimattomasti.

1 palm ['pɑ:m] *s*

grease sb's palm lahjoa *They tried greasing the palm of minor officials.* He yrittivät lahjoa alempia virkamiehiä.

have / hold sb in the palm of one's hand (*myös* have sb eating out of the palm of one's hand) olla jkn vallassa, pitää jkta vallassaan, olla jkn käsissä *They held his fate in the palms of their hands.* Hänen kohtalonsa oli heidän käsissään.

read sb's palm ennustaa jkn kädestä, povata jkn kädestä *Let me read your palm.* Anna minun ennustaa kädestäsi.

2 palm *v*

palm off *1* sysätä *I couldn't keep palming her off on friends.* En voinut jatkuvasti sysätä häntä ystävieni vaivaksi. *2* huijata *He made sure that he was never palmed off with such inferior stuff.* Hän huolehti siitä, ettei häntä koskaan huijattu sellaisella roskalla. *3 ark* tarjota jnak *He tried to palm the painting off as an original.* Hän yritti myydä maalausta alkuperäisenä työnä. *4* hiljentää jllak *He was palmed off with a series of excuses.* Hänet hiljennettiin erilaisilla tekosyillä.

pan ['pæn] *s*

go down the pan *alat* (br) mennä nurin, kariutua, mennä myttyyn, romahtaa *It is likely that the economy will go down the pan.* On todennäköistä, että talous romahtaa.

out of the frying pan [and] into the fire ojasta allikkoon *He may find himself jumping out of the frying pan into the fire.* Hän saattaa huomata joutuneensa ojasta allikkoon.

pancake ['pænkeɪk] *s*

[as] flat as a pancake *ark* litteä kuin pannukakku, täysin tasainen *She's flat as a pancake.* Hän on muodoiltaan kuin lauta.

Pandora [pæn'dɔ:rə] *s*

open Pandora's box tehdä jtk, jolla aiheuttaa paljon ennalta arvaamattomia ongelmia *Helping others can sometimes open Pandora's box.* Muiden auttaminen voi joskus johtaa ennalta arvaamattomiin ongelmiin.

panic ['pænɪk] *s*

hit / press the panic button *ark* joutua paniikkiin *He is refusing to press the panic button, despite the worrying situation.* Hän ei suostu hätääntymään, vaikkakin tilanne on huolestuttava.

panic stations *ark* (br) hälytystila *The team were at panic stations as the best pitcher was forced to drop out because of flu.* Joukkue oli lähes hälytystilassa, koska paras syöttäjä joutui jäämään kotiin flunssan takia.

pants ['pænts] s

bore the pants off sb *ark* pitkästyttää jku [miltei] kuoliaaksi *This documentary will bore the pants off you.* Tämä dokumentti ikävystyttää sinut kuoliaaksi.

catch sb with their pants / trousers down *ark* yllättää jku itse teossa, yllättää jku pahemman kerran, yllättää jku [kiusallisesta tilanteesta] *He was not going to be caught with his pants down.* Häntä ei yllätettäisi valmistautumattomana.

fly / drive by the seat of one's pants *ark* luottaa vaistoihinsa, toimia intuitiivisesti *He made his decisions by the seat of his pants.* Hän teki päätöksensä vaistonvaraisesti.

scare the pants off sb *ark* pelästyttää jku pahanpäiväisesti, säikyttää jku puolikuoliaaksi *You scared the pants off me!* Säikytit minut puolikuoliaaksi!

1 paper ['peɪpə^r] s

a paper chase (am, austr) paperisota *The modern world is built upon endless bureaucracy – a paper chase.* Nykymaailma perustuu loputtomaan byrokratiaan – paperisotaan.

a paper tiger paperitiikeri (vaikuttaa voimakkaalta mutta ei ole) *I'll prove that he's just a paper tiger.* Todistan, että hän on pelkkä paperitiikeri.

a paper trail (am, austr) asiakirjatodisteet (asiakirjoista voi todeta, mitä jku on tehnyt) *They called for a paper trail to back up electronic voting.* He vaativat asiakirjatodisteita sähköisen äänestyksen tueksi.

be not worth the paper it's / they're printed / written on ei olla minkään arvoinen, ei olla mistään kotoisin, olla täysin mitätön *His tenancy agreement may not be worth the paper it's written on.* Voi olla, että hänen vuokrasopimuksensa ei ole minkään arvoinen.

make the papers päästä lehtiin *His clothes made the papers, such was the allure of the show.* Ohjelma oli niin suosittu, että hänen vaatteensa pääsivät lehtiin.

on paper 1 kirjallinen, paperille, paperilla *I began to put down some of my ideas on paper.* Aloin panna paperille joitakin ideoitani. **2** paperilla, teoriassa *On paper, the players were evenly matched.* Teoriassa pelaajat olivat tasaveroiset.

paper over the cracks peitellä jtak, lakaista jk maton alle *He did his best to paper over the cracks in the relationship.* Hän teki parhaansa peitelläkseen heidän suhteensa ongelmia.

2 paper v

paper over peittää, salata, lakaista maton alle *The distrust between him and Jack must have been papered over.* Hänen ja Jackin välinen epäluottamus on ilmeisesti lakaistu maton alle.

par ['pɑ:^{r}] s

above par odotettua parempi *The current price is above par.* Nykyhinta on odotettua parempi.

below / under par odotettua huonompi, ei normaalissa vedossa *His tennis playing was well below par.* Hänen tenniksenpeluunsa oli paljon odotettua huonompaa.

on a par with yhdenvertainen, samalla tasolla *Christine is on a par with Lizzie for grammar.* Christine on kieliopissa Lizzien tasolla.

par for the course *halv* odotettavissa, normaalia, tavallista *Long hours are par for the course in catering.* Pitkät työpäivät ovat tavallisia pitopalvelutoiminnassa.

up to par odotetulla tasolla *I can promise that the grades will be up to par.* Voin luvata, että arvosanat ovat odotetulla tasolla.

paragon

paragon ['pærəgən] s
a paragon of virtue täydellinen, virheetön yksilö *Nobody expects a paragon of virtue.* Kukaan ei odota täydellisyyttä.

parallel ['pærəlel] s
in parallel [with sb / sth] yhtä aikaa, rinnakkain *The old and new systems will be running in parallel.* Uusi järjestelmä toimii rinnakkain vanhan järjestelmän kanssa.

parapet ['pærəpɪt] s
keep one's head below the parapet (yl br) välttää riskiä *They kept quiet because they all wanted to keep their heads below the parapet.* Kaikki pysyivät hiljaa, koska he halusivat välttää riskejä.
put / stick one's head above the parapet (yl br) ottaa riski (erit. joutua arvostelun kohteeksi) *It is time the company put its head above the parapet.* Yhtiön on aika ottaa riski.

1 pardon ['pɑːdn] v
pardon me *1 ark* (erit am) Anteeksi kuinka? (pyydettäessä toistamaan) *2 ark* anteeksi (pyydettäessä anteeksi jtk, mitä on tehnyt)
pardon me for doing sth (närkästyneenä jstak, mitä toinen on sanonut) anteeksi vain *Pardon me for existing!* Anteeksi, että olen olemassa!

2 pardon *interj*
I beg your pardon *1 kirjak* (erit br) Anteeksi kuinka? (esim. silloin kun ei ole kuullut t. ei ole varma siitä, mitä toinen on sanonut t. tarkoittaa) *2* anteeksi (pyydettäessä anteeksi jtk, mitä on tehnyt) *I beg your pardon for intruding, she said.* Anteeksi tunkeiluni, hän sanoi. *3* (erit br) Anteeksi kuinka? (närkästyneenä)

parrot-fashion ['pærət,fæʃ°n] *adj*
learn / repeat / ... sth parrot-fashion *halv* (br) oppia / toistaa / ... jtk kuin papukaija (ymmärtämättä sisältöä) *Do not try to learn the answers parrot-fashion.* Älä yritä oppia vastauksia papukaijan tapaan.

1 part ['pɑːt] s
a man of many parts monilahjakkuus (miehestä) *He was a man of many parts – writer, literary critic, historian.* Hän oli monilahjakkuus – kirjailija, kirjallisuusarvostelija, historioitsija.
be [all] part of life's rich pageant / tapestry *kirjak* olla osa elämää (kovatkin kokemukset kuuluvat elämään) *For her it's all part of life's rich pageant.* Hänelle tämä kaikki oli osa elämää.
be part and parcel of olla olennainen osa jtak, kuulua erottamattomasti jhk *Painkillers had become part and parcel of my life.* Kipulääkkeistä oli tullut olennainen osa elämääni.
for one's [own] part puolestaan, osaltaan *I for my part find the story fascinating.* Minä puolestani pidän tarinaa kiehtovana.
for the most part enimmäkseen, suurimmaksi osaksi *For the most part, they are self-taught.* He ovat enimmäkseen itseoppineita.
have [got] a part to play [in sth] pystyä auttamaan *The church does have an important part to play in a family's life.* Kirkolla on tärkeä tehtävä perheen elämässä.
have / play / take / want no part in / of sth ei osallistua jhk, kieltäytyä osallistumasta jhk *We simply had no part in this.* Meillä ei ollut kerta kaikkiaan mitään tekemistä sen kanssa.
in large part (*myös* in no small part) *kirjak* suurelta osin *The increase was in large part caused by the rising costs of social security.* Lisäys johtui suurelta osin sosiaaliturvan kasvavista kustannuksista.
in part osaksi, osittain, jssak määrin *In part, this is raw flattery.* Osittain se on pelkkää liehittelyä.

look / dress the part näyttää oikeanlaiselta, näyttää siltä miltä pitääkin (jnk ulkonäöstä) *It was, she discovered, easier to look the part than to feel it.* Hän huomasi, että oli helpompaa näyttää siltä miltä pitääkin kuin tuntea niin.

on sb's part (*myös* on the part of sb) jkn osalta, jkn puolelta *It showed a lack of understanding on her part.* Se oli osoitus hänen ymmärtämättömyydestään. *It was an oversight on the part of the bank.* Se oli pankin erehdys.

play a / one's part [in sth] osallistua jhk, olla syy jhk *Personality and temperament play a part in the attitudes people hold.* Persoonallisuudella ja luonteella on merkitystä ihmisten asenteissa.

take sb's part (br) puolustaa jkta t. jkun näkökantaa *I had to take his part.* Minun oli pakko yhtyä hänen kantaansa.

the better / best part of sth suurin osa *She calculated that it would take the best part of an hour to reach them on foot.* Hän laski, että menisi lähes tunti päästä niiden luo.

2 part *v*

part company 1 erota, lähteä omille teilleen *He has parted company with his coach.* Hän ja hänen valmentajansa ovat lähteneet omille teilleen. **2** *leik* irtaantua, erkaantua omille teilleen *Bike and biker parted company.* Pyörä ja pyöräilijä erkaantuivat toisistaan. **3** olla eri mieltä *They part company in their interpretation of what happens.* He ovat tulkinnoissaan eri mieltä siitä, mitä tapahtuu.

part with antaa jk pois, luopua jstak, erota jksta *I am regrettably forced to part with this family treasure.* Joudun valitettavasti luopumaan tästä perhekalleudesta.

particular [pə'tɪkjʊləʳ] *s*

in particular 1 etenkin, erityisesti, eritoten *The British delegation in particular were reluctant to agree to the proposal.* Eritoten brittiläinen delegaatio ei halunnut suostua ehdotukseen. **2** tietty, erityinen *Are you doing anything in particular tonight?* Teetkö tänä iltana mitään erityistä?

parting ['pɑːtɪŋ] *s*

a parting shot (ikävä) loppurepliikki (järkyttävä huomautus ennen eroa) *As her parting shot she told me never to phone her again.* Loppusanoikseen hän kielsi minua enää koskaan soittamasta hänelle.

a / the parting of the ways teiden erkaneminen (riidan ym. vuoksi), paikka, jossa tiet eroavat, eron hetki *The old friends reached the parting of the ways.* Pitkäaikaiset ystävykset erkaantuivat omille teilleen.

partner ['pɑːtnəʳ] *s*

sleeping partner (*myös* (am, austr) silent partner) äänetön yhtiökumppani *Effectively he had been a sleeping partner for over ten years.* Tosiasiassa hän oli yli kymmenen vuoden ajan ollut äänetön yhtiökumppani.

partners in crime *leik* rikostoverit *Public-sector unions and their government bosses: partners in crime.* Julkisen sektorin ammattiliitot ja niiden hallituspomot: rikostovereita.

party ['pɑːti] *s*

a party animal *ark* innokas juhlija *She's actually quite a party animal when she gets going!* Hän on itse asiassa melkoisen kova juhlija kun pääsee vauhtiin.

a party pooper ilonpilaaja (mököttää juhlissa t. kieltäytyy osallistumasta) *Don't be a party pooper this Christmas.* Älä ole tänä jouluna ilonpilaaja.

pass 402

be [a] party to sth *kirjak* olla osallisena jssak, olla mukana jssak *She was a party to the deception, he felt certain.* Hän oli varma, että nainen oli osallisena petoksessa.

be the life and soul of the party (*myös* (am, austr) be the life of the party) juhlien keskipiste *She was clearly the life and soul of the party.* Hän oli selvästikin juhlien keskipiste.

the party line puolueen kanta *And on the subject of artificial insemination, what is the party line?* Ja mikä on puolueen kanta keinohedelmöityksen suhteen?

the party piece *ark* (br) laulu, temppu tms, jota käytetään juhlissa vieraiden viihdyttämiseen *The partypiece of this grand show was a gigantic gâteau.* Tämän hienon shown viihdykkeenä toimi jättiläismäinen kakku.

the party's over vapauden, nautinnon tms aika päättyy ja on aika palata arkeen

1 pass ['pɑːs] *v*

let sth pass olla reagoimatta jhk (koska ei haluta arvostella t. riidellä) *He didn't agree, but he would let it pass for now.* Hän ei ollut samaa mieltä mutta päätti antaa asian toistaiseksi olla.

pass as / for käydä jstak, sekoittaa jhk *He wishes to pass as / for a local.* Hän toivoo käyvänsä paikallisesta asukkaasta.

pass away 1 *euf* kuolla, nukkua pois *Your father passed away a few minutes ago.* Isäsi nukkui pois muutama minuutti sitten. **2** *kirjak* kadota, lakata *The time of gold-diggers has long since passed away.* Kullankaivajien aika on kadonnut kauan sitten.

pass down ['pɑːs, (am) 'pæs] jättää perinnöksi, jättää jälkipolville, kulkea, kertoa *Folklore has been passed down from generation to generation.* Kansanperinteet ovat kulkeneet sukupolvelta toiselle.

pass off as esiintyä jnak, uskotella *He passed himself off as a scientist.* Hän esiintyi tiedemiehenä.

pass on *euf* kuolla, nukkua pois *Your father has passed on.* Isäsi on nukkunut pois.

pass on to (br; austr) siirtyä seuraavaan aiheeseen *Let's pass on to the next item on our agenda.* Siirrytään esityslistan seuraavaan aiheeseen.

pass one's eyes over silmäillä *He passed his eyes over the room.* Hän silmäili huonetta.

pass out 1 pyörtyä, menettää tajuntansa *She almost passed out with the pain.* Hän melkein pyörtyi kivusta. **2** sammua (humalaisesta)

pass the / one's time [doing sth] viettää aikaa[nsa] [tekemällä jtk], kuluttaa aikaa *I was writing only to pass my time.* Kirjoitin vain kuluttaakseni aikaa.

pass up päästää käsistään (esim. tilaisuus) *I can't believe he passed up the chance to go to New Zealand.* Uskomatonta, että hän päästi käsistään tilaisuuden mennä Uuteen-Seelantiin.

pass water *kirjak* virtsata *You may find that you want to pass water more often.* Voit huomata joutuvasi virtsaamaan entistä useammin.

2 pass *s*

come to a pretty pass *vanh t. leik* päästä pahaksi *Things have come to a pretty pass if the tabloids are influencing selection policy.* Tilanne on päässyt pahaksi, jos tabloidit vaikuttavat valintaperiaatteisiin.

cut / head off at the pass kampata kalkkiviivalla *He made that up just to cut me off at the pass.* Hän keksi sen vain kampatakseen minut kalkkiviivalla.

make a pass at sb *ark* lähennellä *Did he make a pass at you?* Yrittikö hän lähennellä sinua?

sell the pass (br) myydä maansa, pettää asiansa *I have every confidence that my friend will not sell the pass on those vital issues.* Luotan täysin siihen, ettei ystäväni petä asiaansa noissa elintärkeissä kysymyksissä.

passage ['pæsɪdʒ] *s*
work one's passage tehdä töitä aluksella matkalippunsa verran, maksaa matkansa työllä *He worked his passage to Lisbon.* Hän teki aluksella töitä kattaakseen matkalippunsa, kun hän matkusti Lissaboniin.

passing ['pɑːsɪŋ] *s*
in passing ohimennen, sivumennen sanoen *He mentioned in passing that you had a lot of visitors.* Hän mainitsi ohimennen, että sinulla kävi paljon vieraita.

1 past ['pɑːst] *s*
the [dim and] distant past kauan sitten, kaukana menneisyydessä *For him the affair was in the dim and distant past.* Hänelle suhde oli jo pitkään ollut historiaa.

2 past *prep, adv*
be past its sell-by date *ark* ei enää hyödyllinen t. arvokas *The bus was well past its sell-by date.* Bussi oli nähnyt parhaat päivänsä aikoja sitten.

be past one's / its best olla parhaat päivänsä nähnyt, vanhentunut *Your five senses tell you when food is a bit past its best.* Aistisi ilmoittavat, koska ruoka on vanhentunutta.

not put it past sb voida uskoa jtak jksta *I wouldn't put it past him to say yes just to spite me.* Voin uskoa, että hän hyväksyy tarjouksen vain ärsyttääkseen minua.

past it *1 ark* (br) (ihmisestä) yli-ikäinen, liian vanha *Middle age doesn't mean you're past it.* Keski-ikäinen ei ole vielä ikäloppu. *2* (esineestä) ikäloppu *My coat is past it. I need a new one.* Takkini on ikäloppu. Tarvitsen uuden.

pasting ['peɪstɪŋ] *s*
give sb / get a pasting *1 ark* (erit br) voittaa jku / tulla voitetuksi hyvin helposti *The Germans were certainly getting a pasting.* Saksalaiset hävisivät reippaasti. *2 ark* (erit br) arvostella jkta hyvin voimakkaasti / saada kovaa arvostelua *She decided to give him a pasting.* Hän päätti sanoa miehelle suorat sanat.

pasture ['pɑːstʃə] *s*
pastures new uusi työpaikka, asuinpaikka, elämäntapa jne *By moving to pastures new, successful managers can negotiate themselves a new package of options.* Siirtymällä uuteen työpaikkaan menestyksekkäät johtajat voivat neuvotella itselleen uuden optiopaketin.

put out to pasture *1* panna laitumelle (eläimistä) *2 ark* siirtää eläkkeelle *They are putting me out to pasture.* Minut siirretään vanhana syrjään.

1 pat ['pæt] *v*
pat sb on the back onnitella jkta, ihailla jkta *His father patted him on the back for a job well done.* Hänen isänsä onnitteli häntä hyvin tehdystä työstä.

2 pat *s*
a pat on the back onnittelut, kehut *Pupils received a pat on the back for their work.* Oppilaat saivat kehuja työstään.

3 pat *a*
have / know / get sth off pat (*myös* (am) have sth down pat, know sth down pat) sanoa suoralta kädeltä, osata ulkoa *I haven't got an answer off pat.* En osaa vastata suoralta kädeltä.

stand pat (*myös* sit pat) pysyä kannallaan, olla taipumaton *The old*

patch

farmers stood pat, but the younger ones agreed. Vanhat viljelijät pysyivät kannassaan, mutta nuoremmat suostuivat.

1 patch ['pætʃ] *s*
go through / hit / ... a bad / sticky patch kohdata vaikeuksia työssä, avioliitossa jne *The relationship is going through a sticky patch.* Suhde on vaikeuksissa.
not be a patch on *ark* (br) ei voida verratakaan jkhun / jhk *He is not a patch on Jake.* Häntä ei voi verratakaan Jakeen.

2 patch *v*
patch through yhdistää *Patch me through to number two.* Yhdistä minut kakkoseen.
patch together kyhätä *They patched together a small hut.* He kyhäsivät pienen majan.
patch up sopia, tehdä sovinto *He has now patched up his differences with her.* Hän on nyt sopinut erimielisyydet hänen kanssaan.

path ['pɑːθ] *s*
tread a difficult / solitary / ... path tehdä jtk tietyllä tavalla, valita tietty elämäntapa *Some governments tread a difficult path.* Joidenkin maiden hallitukset ovat valinneet vaikean tien.

patience ['peɪʃ³ns] *s*
the patience of a saint / Job erittäin suuri kärsivällisyys *You'd try the patience of a saint!* Sinun kanssasi vaaditaan todella pitkää pinnaa!

patter ['pætəʳ] *s*
the patter of tiny feet *ark t. leik* pienten jalkojen töminää, lapsi *I quite fancy hearing the patter of tiny feet.* Minusta olisi mukavaa kuulla pienten jalkojen töminää. (Minusta olisi mukavaa saada lapsi.)

pattern ['pætən] *s*
set a pattern [for] luoda malli jllek, laskea pohja jllek, näyttää mallia t. esimerkkiä *This book set the pattern for historical romances.* Tämä kirja loi mallin historialliselle rakkausromaanille.

pause ['pɔːz] *s*
give pause to sb (*myös* give pause for thought) *kirjak* panna jku miettimään *The figures should give pause for thought.* Lukujen pitäisi saada ihmiset miettimään.

pave ['peɪv] *v*
pave the way for viitoittaa tietä jllek, tasoittaa tietä jllek *Our findings pave the way for new drugs and treatments.* Tutkimustuloksemme viitoittavat tietä uudenlaisille lääkkeille ja hoitokeinoille.
the streets are paved with gold jssak ryvetään rahassa ja yltäkylläisyydessä, jllak alueella / kaupungissa [ym.] haisee raha *Some people still believe that the streets of London are paved with gold.* Jotkut uskovat yhä vieläkin, että Lontoossa ryvetään rahassa ja yltäkylläisyydessä.

pawn ['pɔːn] *v*
pawn off työntää jllek *Companies are trying to pawn off their old equipment on poorer countries.* Yhtiöt yrittävät työntää vanhoja laitteitaan köyhempiin maihin.

1 pay ['peɪ] *v*
he who pays the piper calls the tune se joka maksaa viulut määrää tahdin *How far should he who pays the piper call the tune?* Kuinka pitkälle viulujen maksaja saa määrätä tahdin?
hell / the devil to pay tupen rapinat, vakavia vaikeuksia *If he finds out, there'll be hell to pay.* Jos hän saa tietää, tulee tupen rapinat.

If you pay peanuts, you get monkeys. Halvalla ei saa hyvää työvoimaa. (vain hölmöt tekevät töitä halvalla)

it always / never pays to do sth kannattaa aina / ei koskaan kannata tehdä jtk *It always pays to stick as closely to the truth as possible.* Kannattaa aina pysytellä mahdollisimman lähellä totuutta. *It never pays to treat people as servants.* Ei koskaan kannata kohdella ihmisiä palvelijoina.

pay a visit vierailla, kyläillä *The Marshal decided it was time to pay a visit to Headquarters.* Marsalkka päätti, että oli aika vierailla päämajassa.

pay an arm and a leg *ark* maksaa kalliisti, maksaa paljon *It doesn't mean you should pay an arm and a leg for a single room.* Ei sinun silti pidä maksaa omaisuutta yhden hengen huoneesta.

pay back *kuv* maksaa, kostaa *I'll pay you back for this.* Tämä kostetaan.

pay dearly for maksaa kalliisti jstak *He is going to pay dearly for his mistakes.* Hän tulee maksamaan kalliisti virheistään.

pay for itself maksaa itsensä takaisin *The new server will pay for itself in a month or two.* Uusi palvelin maksaa itsensä takaisin kuukaudessa tai parissa.

pay its / one's way kustantaa itse menonsa, kattaa kulunsa *You must convince the publisher that the book will pay its way.* Sinun täytyy vakuuttaa kustantaja siitä, että kirja kattaa kulunsa.

pay off 1 antaa lopputili *All 600 employees were paid off.* Kaikki 600 työntekijää saivat lopputilin. **2** lahjoa, maksaa *The key witnesses had been paid off.* Avaintodistajat oli lahjottu.

pay one's last respects osallistua jkn hautajaisiin, esittää viimeinen tervehdys *It is only natural that he wants to pay his last respects to his sister.* On vain luonnollista, että hän haluaa osallistua sisarensa hautajaisiin.

pay one's respects *kirjak* käydä tervehtimässä jkta, lähettää terveisiä jklle *I'll pay my respects to him.* Käyn tervehtimässä häntä.

pay the price / penalty [for] kärsiä huonon onnen t. omien tekojen seurauksena *He has to pay the price for his illegal action.* Hänen on kärsittävä laittoman tekonsa seuraukset.

pay through the nose *ark* maksaa itsensä kipeäksi *I can't rebuild without paying through the nose for the privilege.* En voi jälleenrakentaa maksamatta itseäni kipeäksi siitä ilosta.

You pays your money and you takes your choice. *ark* Valintojensa kanssa on vain elettävä.

2 pay *s*

hit / strike pay dirt löytää kultasuoni, onnistua yhtäkkiä (erit rikastumaan) *Mining equipment makers hit pay dirt.* Kaivosvarusteiden valmistajat ovat iskeneet kultasuoneen.

in sb's / sth's pay (*myös* in the pay of) *yl halv* jkn palkkalistoilla, jkn palveluksessa *It has been claimed that the murderer was in the pay of the Mafia.* On väitetty, että murhaaja oli mafian palkkalistoilla.

pea ['piː] *s*

like [two] peas in a pod kuin kaksi marjaa *They were like two peas in a pod, both with the same high cheekbones.* He olivat kuin kaksi marjaa, molemmilla samanlaiset korkeat poskipäät.

peace ['piːs] *s*

a peace offering hyvitys, rauhantarjous, sovinnon ele *He left a plate of chocolate biscuits as a peace offering.* Hän jätti lautasellisen suklaakeksejä sovinnon eleenä.

peach

a / the peace dividend raha, jonka hallitukset säästävät olemalla ostamatta aseita *The defence industry's not the only victim of the peace dividend.* Puolustusteollisuus ei ole ainoa, joka on kärsinyt puolustusmäärärahojen leikkauksesta.

be at peace *1* sovussa, rauhassa *The empire was at peace and trade was flourishing.* Imperiumissa vallitsi rauha ja kauppa kukoisti. *2* rauhallinen, sopusoinnussa, tyyni *Sue is at peace with herself.* Sue on sopusoinnussa itsensä kanssa. *3 euf* päässyt [ikuiseen] rauhaan (kuollut) *He's finally at peace.* Hän on viimeinkin päässyt rauhaan.

bound over to keep the peace saada ehdollinen tuomio *He got bound over to keep the peace for punching the guy.* Hän sai ehdollisen tuomion täräytettyään kaveria.

hold one's peace *vanh* pysyä hiljaa *You should have held your peace.* Olisit pysynyt hiljaa.

keep the peace *1* ylläpitää järjestystä, turvata rauhaa (esim. rauhanturvajoukoista) *The police were called in to keep the peace.* Poliisi kutsuttiin ylläpitämään järjestystä. *2 kirjak* olla loukkaamatta yleistä järjestystä *They expressed deep regret and promised henceforth to keep the peace.* He ilmaisivat syvää katumusta ja lupasivat vastedes noudattaa yleistä järjestystä.

make [one's] peace tehdä sovinto *Make your peace with God, my son.* Tee sovinto Jumalan kanssa, poikani.

peace and quiet rauhallinen ajanjakso (erit stressaavan jakson jälkeen) *She'd been longing for peace and quiet.* Hän oli kaivannut rauhallista hetkeä.

peace of mind mielenrauha *Good work could only arise out of peace of mind.* Hyvää työtä syntyy vain rauhallisin mielin.

there's no peace for the wicked *yl leik* <valitettaessa, että töitä on liian paljon>

peach ['piːtʃ] *s*
peaches and cream persikkaiho, persikkainen *a peaches and cream complexion* persikkaiho

pearl ['pɜːl] *s*
pearl of wisdom *yl iron t. leik* viisauden jyvänen, viisaus *That comment was a real pearl of wisdom, ha ha.* Olipa se kommentti melkoisen viisauden jyvänen, hah haa.
pearls before swine helmiä sioille *Talking to her is casting pearls before swine.* Hänelle puhuminen on ajan haaskausta.

pearly ['pɜːli] *a*
pearly gates *leik* taivaan portit (kuolema) *No dogs were allowed behind the pearly gates.* Koirat eivät päässeet taivaaseen.
pearly whites *ark* (br) hampaat *taking better care of adult pearly whites* parempaa hammashuoltoa aikuisille

pear-shaped ['peəʃeɪpt] *a*
go pear-shaped *ark* (br, austr) epäonnistua, mennä mönkään *England were one-nil up until the 90th minute when everything went pear-shaped.* Englanti oli yksi-nolla johdossa 90. peliminuuttiin asti, jolloin kaikki meni mönkään.

pebble ['pebᵊl] *s*
not be the only pebble on the beach ei ainoa tärkeä hlö tilanteessa t. ryhmässä *It's time she learned that she's not the only pebble on the beach.* Hänen on jo aika oppia, että muutkin ovat tärkeitä kuin hän.

pecker ['pekəʳ] *s*
Keep your pecker up! *ark* (br) Pää pystyyn!

pecking ['pekɪŋ] v
a / the pecking order *ark, us leik* nokkimisjärjestys, hierarkia *Sub-committees can develop a pecking order.* Alakomiteoissa saatetaan kehittää nokkimisjärjestys.

pedal ['pedl] s
with the pedal to the metal *ark* (am) lusikka pohjassa *Cruise the track with the pedal to the metal.* Kierrä rataa lusikka pohjassa.

pedestal ['pedɪstl] s
knock sb off their pedestal paljastaa, ettei jku ole täydellinen *It's about time someone knocked her off her pedestal.* On jo aika, että joku paljastaa, ettei hän ole täydellinen.
put / set / place sb on a pedestal uskoa, että jku on täydellinen *Did I put him on a pedestal because he was my father?* Uskoinko hänen olevan täydellinen, koska hän oli isäni?

pee ['piː] v
peed off ärsyyntynyt, ärsytetty *He's just peed off with his father.* Hän on vain ärsyyntynyt isäänsä.

peel ['piːl] v
peel out *ark* (am) lähteä pois vauhdikkaasti *He peeled out down the street.* Hän lähti pois vauhdikkaasti katua pitkin.

peeping ['piːpɪŋ] v
a peeping Tom tirkistelijä *Embarrassed, feeling too like a Peeping Tom for comfort, he left.* Hämillään ja tuntien itsensä liiaksi tirkistelijäksi hän lähti.

peer ['pɪəʳ] s
without peer vertaansa vailla *As a chef he is without peer.* Kokkina hän on vertaansa vailla.

1 peg ['peg] s
a peg to hang sth on (*myös* a peg on which to hang sth) syy, jonka varjolla voi käsitellä jtak *The Act pro-vided a convenient peg upon which to hang the reform.* Asetus tarjosi syyn, jonka varjolla voi kätevästi käsitellä uudistusta.
a square peg [in a round hole] väärä mies t. nainen väärässä paikassa *Low self-esteem can be exacerbated by a sense of being a square peg in a round hole.* Alhaista itsetuntoa voi pahentaa se, jos tuntee olevansa väärä henkilö väärässä paikassa.
bring / take sb down a peg or two palauttaa jku maan pinnalle *It was high time someone took him down a peg or two.* Oli jo aikakin palauttaa hänet maan pinnalle.
off the peg (yl br) (vaatteista) valmis-, tehdasvalmisteinen *Most of us buy clothes off the peg.* Suurin osa meistä ostaa valmisvaatteita.

2 peg v
peg away *ark* puurtaa, uurastaa *She pegs away at her work.* Hän uurastaa työnsä parissa.
peg back ottaa etumatka kiinni *Celtic only have a 1–0 first leg loss to peg back.* Celticillä on vain 1–0 etumatka ensimmäiseltä kierrokselta kiinni otettavana.
peg out *1 ark* (yl br) kuolla, heittää veivinsä *2* (br; austr) lakata toimimasta *My car pegged out one mile from home.* Autoni lakkasi toimimasta mailin päässä kotoa.

pegged ['pegd] v
have sb pegged (yl am) tietää tarkalleen, mikä jku on miehiään t. naisiaan *If you didn't know who he was, you'd never have him pegged for a politician.* Ellet tietäisi, kuka hän on, et ikinä olisi pitänyt häntä poliitikkona.

1 pelt ['pelt] v
pelt down *ark* sataa (kaatamalla) *The rain is pelting down.* Sataa kaatamalla.

pelt

2 pelt *s*
[at] **full pelt** *ark* täyttä vauhtia *Matt had covered the homeward journey at full pelt.* Matt oli tullut kotimatkan täyttä vauhtia.

pen ['pen] *s*
put pen to paper kirjoittaa, alkaa kirjoittaa, tarttua kynään *If you have any suggestions, please put pen to paper.* Kirjoittakaa meille, jos teillä on ehdotuksia.
The pen is mightier than the sword. Kynä on miekkaa mahtavampi.

1 pencil ['pensᵊl] *s*
lead in one's pencil *leik* (br) (miehen) seksuaalinen kyky, potenssi *Had a lot of lead in his pencil, that boy.* Sillä pojalla riitti potenssia.

2 pencil *v*
pencil in *1* värittää jk alue kynällä *The outlines should be pencilled in.* Ääriviivojen sisäpuoli pitäisi värittää kynällä. *2* merkitä alustavasti *Pencil in May 15 for the date.* Merkitse alustavasti toukokuun 15. päivä tapaamiselle. *He was pencilled in for surgery in April.* Hänen leikkauksensa sovittiin alustavasti huhtikuulle.

penny ['peni] *s*
A penny for your thoughts. (*myös* A penny for them.) *ark* mitä mietit, penni ajatuksistasi
A penny saved is a penny earned. Penni on markan alku. (säästäminen kannattaa)
be two / ten a penny (yl br) olla joka puolella, olla rutosti t. ylen määrin *Blondes are two a penny in Hollywood.* Vaaleaverikköjä on Hollywoodissa joka puolella.
count one's pennies (*am* pinch one's pennies) pitää rahapussin nyörejä tiukalla *I have to count my pennies and watch where my money goes.* Minun on pidettävä rahakukkaron nyörit tiukalla ja katsottava, mihin rahani menevät.
In for a penny, in for a pound. (br, austr) Joka leikkiin ryhtyy, se leikin kestäköön.
penny ante (am) vähäarvoinen, vähämerkityksinen *Are online payments promising or penny ante?* Ovatko verkkomaksut lupaavia vai vähämerkityksisiä?
spend a penny *ark, euf* (br, austr) mennä vessaan *I've got to spend a penny.* Minun on käytävä istunnolla.
the penny drops *ark* (yl br) jklla sytyttää, kaikki valkenee jklle, jku oivaltaa tilanteen *I was about to ask Jack about it, when the penny dropped.* Olin juuri kysymässä siitä Jackilta, kun kaikki valkeni minulle.
turn up like a bad penny *ark* ilmaantua säännöllisesti väärään aikaan *Just when you thought you got rid of me, I turn up like a bad penny.* Juuri kun luulit päässeesi minusta eroon, ilmannun taas paikalle kutsumatta.

people ['pi:pl] *s*
of all people <korostettaessa, että hlö on olosuhteet huomioon ottaen kaikkein epätodennäköisin> *You, of all people, have nothing to feel guilty about.* Sinulla nyt kaikista vähiten on syytä tuntea syyllisyyttä.

pep ['pep] *s*
a pep talk kannustuspuhe *US Defense Secretary served up a pep talk to US troops.* USA:n puolustusministeri piti USA:n joukoille kannustuspuheen.

per ['pɜːʳ] *prep*
as per sth jnk (päätetyn) pohjalta *Make up pasta as per packet instructions.* Tee pasta paketin ohjeiden mukaan.
as per usual / normal tavalliseen tapaan *You've missed the point as per usual.* Tavalliseen tapaasi et tajunnut jutun ydintä.

percentage [pə'sentɪdʒ] *s*
play the percentages (*myös* play the percentage game) *ark* pelata varman päälle *We were playing a percentage game and won.* Pelasimme varman päälle ja voitimme.

perch ['pɜːtʃ] *s*
knock sb off their perch *ark* (yl br) syöstä jku vallasta t. valta-asemasta *"Narnia" knocks "King Kong" off his perch.* Narnia syöksee King Kongin valta-asemastaan.

perfection [pə'fekʃ°n] *s*
to perfection täydellisesti, mestarillisesti *The pure silk violet dress fitted to perfection.* Täyssilkkinen violetti mekko istui täydellisesti.

peril ['perɪl] *s*
at one's [own] peril omalla vastuullaan *You provoke me at your peril!* Ärsytät minua omalla vastuullasi!
in peril of 1 vaarassa *The movement is in peril of dying.* Liike on vaarassa kuolla. **2** hengenvaarassa *Anybody linked with the Republicans would be in peril of their life.* Kaikki republikaaneihin yhdistetyt olisivat hengenvaarassa.

period ['pɪərɪəd] *s*
a / the honeymoon period kuherruskuukausi (kaikki ovat tyytyväisiä eikä kukaan valita mistään) *All the votes would take place well within the new president's honeymoon period.* Kaikki äänestykset pidettäisiin uudelle presidentille suotuisassa alkuvaiheessa.
put a period to *vanh* panna piste, tehdä loppu jstak *Drought puts a period to plant activity.* Kuivuus tekee lopun kasvien toiminnoista.

perish ['perɪʃ] *v*
perish the thought *ark, us leik* pois se minusta *Me, get engaged? Perish the thought!* Minäkö menisin kihloihin? Pois se minusta!

perpetuity [,pɜːpɪ'tjuːɪti] *s*
in / for perpetuity *kirjak* ikuisesti, ikuisiksi ajoiksi *They were banished from the country in perpetuity.* Heidät karkotettiin maasta ikuisiksi ajoiksi.

person ['pɜːs°n] *s*
about / on one's person *kirjak* mukanaan (us piilotettuna vaatteisiin) *He was unused to concealing money about his person.* Hän ei ollut tottunut piilottamaan rahaa vaatteisiinsa.
be one's own person olla oma herransa, päättää itse omista asioistaan *He's got to be his own person.* Hänen on saatava itse päättää omista asioistaan.
in person itse, henkilökohtaisesti *He told me about it in person last night.* Hän kertoi asiasta minulle henkilökohtaisesti eilisiltana.
in the person of *kirjak* jkn henkilön muodossa, jku jossa jk henkilöityy *Luckily, help was at hand in the person of a Norwegian journalist.* Norjalaisesta toimittajasta oli meille kaikeksi onneksi suuri apu.

personally ['pɜːsnəli] *adv*
take sth personally ottaa jtak henkilökohtaisesti *Everyone has the right to say no, so don't take it personally.* Kaikilla on oikeus sanoa ei, joten älä ota sitä henkilökohtaisesti.

perspective [pə'spektɪv] *s*
in perspective oikeissa mittasuhteissa *All this has to be put in perspective.* Kaikki tämä täytyy panna oikeisiin mittasuhteisiin.
out of perspective väärissä mittasuhteissa, väärässä perspektiivissä *Caroline got everything out of perspective.* Caroline näkee kaiken väärissä mittasuhteissa.

persuasion

persuasion [pə'sweɪʒən] s
of a / the persuasion *kirjak t leik* jnk tyyppinen *They have produced ideologists of liberal persuasion.* Ne ovat tuottaneet liberaaleja ideologeja.

pervert ['pɜːvɜːt] v
pervert the course of justice johtaa harhaan oikeutta (poliisia, rikostutkintaa jne) *They are also charged with attempting to pervert the course of justice.* He saavat syytteen myös yrityksestä johtaa oikeutta harhaan.

pet ['pet] s
pet hate (br, austr) (*myös* (am) **pet peeve**) inhokki (jk, josta ei pidä lainkaan) *My pet hate is embroidery.* Inhoan koruompeleita.

petard [pe'tɑːd]
be hoist / hoisted with / by one's own petard (br) mennä omaan ansaansa *He discovered that he was being hoist with his own petard.* Hän tajusi olevansa menossa omaan ansaansa.

Pete ['piːt] s
for Pete's sake (br) <korostettaessa olevan tärkeää tehdä nopeasti jtk> *For Pete's sake, stop this madness now!* Taivaan tähden, lopettakaa tuo hulluus heti!

pew ['pjuː] s
Take a pew. *leik* (br, austr) Paina puuta.

phase ['feɪz] s
in phase (br) samassa tahdissa *The cabling should be carried out in phase with the building work for the extension.* Kaapelointi pitäisi toteuttaa samassa tahdissa laajennusosan rakennustyön kanssa.

out of phase (br) eri tahdissa, epätahdissa *Liberalism is out of phase with a rapidly changing society.* Liberalismi on eri tahdissa nopeasti muuttuvan yhteiskunnan kanssa.

phoenix ['fiːnɪks] s
rise like a phoenix from the ashes nousta kuin feeniks-lintu tuhkasta *Even though our main street has deteriorated, it can rise like a phoenix from the ashes.* Vaikka pääkatumme onkin rappeutunut, se voi nousta kuin feeniks-lintu tuhkasta.

phrase ['freɪz] s
a ... turn of phrase ilmaisutapa *He uses little arrogant turns of phrases.* Hän käyttää lähes huomaamattomia ylimielisiä ilmaisutapoja.

physical ['fɪzɪkəl] a
get physical *1* raivostua, ryhtyä väkivaltaiseksi *There's no need to get physical!* Ei ole tarvetta ryhtyä väkivaltaiseksi! *2* ryhtyä hommiin (seksistä) *The characters get physical in the film.* Henkilöhahmot ryhtyvät hommiin elokuvassa.

1 pick ['pɪk] v
pick a fight / quarrel with sb haastaa riitaa jkn kanssa *Are you trying to pick a fight?* Yritätkö haastaa riitaa?

pick a lock tiirikoida lukko [auki] *He had taught them how to pick a lock.* Hän oli opettanut heille, kuinka lukko tiirikoidaan.

pick a winner *ark* tehdä erittäin hyvä valinta *Pick a winner with strawberries.* Valitse hyviä mansikoita.

pick and choose valikoida [parhaat] *She can pick and choose her customers.* Hän pystyy valikoimaan asiakkaista parhaat.

pick and mix (br) yhdistellä asioita, jotka eivät sovi yhteen *Students tended to get a pick and mix of short courses.* Opiskelijoilla oli taipumus kasata sekalainen kokoelma yhteen sopimattomia kursseja.

pick at näykkiä (ruokaa t. juomaa haluttomasti) *She only picked at her food.* Hän vain näykki ruokaansa.

pick holes in *ark* löytää vikaa t. vikoja *It was impossible to pick holes in the idea.* Ajatuksesta oli mahdotonta löytää minkäänlaista vikaa.

pick on kiusata jkta *I was picked on at school.* Minua kiusattiin koulussa.

pick one's way kulkea varovasti *He picked his way along the muddy track.* Hän kulki varovaisesti mutaista polkua pitkin.

pick oneself up nousta pystyyn, ponnistautua jaloilleen (kaatumisen jälkeen ym.)

pick out *1* valaista, kohdistua jhk (valosta) *Two gorgeous showgirls were picked out by spotlights.* Valonheittimet kohdistuivat kahteen upeaan tanssityttöön. *2* korostaa (tehdä jk selvemmin havaittavaksi) *The walls have been painted pink with mouldings picked out in white.* Seinät on maalattu vaaleanpunaisiksi, ja listoja on korostettu valkoisella värillä.

pick over penkoa, tonkia (jtak asiaa) *Japanese magazines have picked over the details of the imperial engagement.* Japanilaiset lehdet ovat penkoneet kaikki keisarillisen kihlauksen yksityiskohdat.

pick sb / sth to pieces / apart *ark* riepotella, teilata, suomia *I resisted the urge to pick him to pieces.* Vastustin mielihaluni teilata hänet kokonaan.

pick sb's brain[s] *ark* hyödyntää jkn osaamista, konsultoida jkta jstak *I wanted to pick your brains about computers.* Halusin hyödyntää tietokoneosaamistasi.

pick sb's pocket[s] tyhjentää jkn taskut, varastaa *He taught youngsters to pick pockets.* Hän opetti nuoria tyhjentämään ihmisten taskut.

pick sth clean kaluta paljaaksi, syödä kaikki lihat luista *The lions picked the zebra's carcass clean.* Leijonat kalusivat seepran ruhon paljaaksi.

pick through tonkia, penkoa *He was picking through other people's rubbish.* Hän tonki toisten ihmisten jätteitä.

pick up *1* oppia *He picked up a little Spanish from her mother.* Hän oppi hieman espanjaa äidiltään. *2* kasvaa, parantua, kohentua, vahvistua *House sales have started to pick up again.* Asuntojen myyntiluvut ovat alkaneet taas kasvaa. *3* havaita, huomata *The dog must have picked up his scent.* Koiran on täytynyt haistaa hänen tuoksunsa. *Copy editors should pick the errors up.* Kustannustoimittajien tulisi huomata virheet. *4 ark* ostaa, hankkia jtak [halvalla] *I picked up half-price shoes.* Sain kengät puoleen hintaan. *5 ark* voittaa, saada [palkinto] *Nicole Kidman picked up the award for best actress.* Nicole Kidman voitti parhaan naisnäyttelijän palkinnon. *6 ark* iskeä, pokata *She picked up a man in the pub.* Hän iski pubista miehen. *7 ark* maksaa, pulittaa *Who will pick up the bill for its repair?* Kuka maksaa sen kunnostuksen?

pick up after sb / sth (yl am) siivota jkn jäljet *I'm sick and tired of picking up after you!* Olen todella kyllästynyt siivoamaan jälkiäsi!

pick up on *1* keskustella jstak tarkemmin, palata [jhk asiaan] *I'd like to pick up on a point that you made earlier.* Haluaisin keskustella tarkemmin asiasta, jonka mainitsit aikaisemmin. *2* havaita jtak, tarttua jhk, reagoida jhk *Good referees are quick to pick up on offenses.* Hyvät tuomarit havaitsevat rikkeet nopeasti. *3* korjata, huomauttaa jklle jstak *My English teacher always picks me up on my pronunciation.* Englanninopettajani on jatkuvasti korjaamassa ääntämystäni.

pick up speed / steam lisätä vauhtia *The car began to pick up speed.* Auto alkoi lisätä vauhtia.

pick up the pieces saada asiansa taas kuntoon, päästä jaloilleen *Could she pick up the pieces of her life again?* Pystyisikö hän saamaan elämänsä taas kuntoon?

pick up the threads jatkaa jtak (keskeytynyttä) *He had to pick up the threads of work he had done 15 years before.* Hänen täytyi jatkaa työtä, jonka hän oli aloittanut 15 vuotta sitten.

2 pick *s*

take / have one's pick of voida valita mitä tahansa *That actress can have her pick of any part.* Se näyttelijätär voi valita minkä tahansa osan.

the pick of sth parhaat jstk ryhmästä t. ihmisistä *the pick of the wines for summer* parhaat viinit kesäksi

pickle ['pɪkᵊl] *s*

in a [real / right / ...] pickle *ark* vaikeassa tilanteessa *If you are in a pickle, don't worry about it.* Jos joudut vaikeaan tilanteeseen, älä murehdi.

picnic ['pɪknɪk] *s*

be no picnic *ark* ei olla leikintekoa *Working as a freelancer is no picnic.* Freelancerina työskentely ei ole mitään leikintekoa.

make sth seem like a picnic saada vaikea asia vaikuttamaan helpolta (koska jk toinen asia on vielä vaikeampi) *We'll slide head first into a depression that will make the 1930's seem like a picnic.* Liu'umme päistikkää lamaan, joka saa 1930-luvun vaikuttamaan lastenleikiltä.

picture ['pɪktʃər] *s*

a / the picture of sth jnk perikuva *He is a picture of health.* Hän on terveyden perikuva.

[as] pretty as a picture kuvankaunis *Francesca was as pretty as a picture.* Francesca oli kuvankaunis.

be a picture *1* <olla huvittavan yllättyneen t. vihaisen näköinen> *Her face was a picture.* Hänen ilmeensä oli näkemisen arvoinen. *2* (yl br) olla kaunis (*myös* look a picture) *Cindy is a picture.* Cindy on kaunis.

be in pictures (yl am) *1* näytellä elokuvissa *2* työskennellä elokuvateollisuudessa

get the picture *ark* tajuta tilanne *Do you get the picture?* Tajuatko tilanteen?

in the picture *ark* ajan tasalla, kuvassa mukana *Kimberly will keep me in the picture about what's happening while I'm abroad.* Kimberly pitää minut ajan tasalla, kun olen ulkomailla.

out of the picture *ark* *1* tarpeeton *New systems will cut humans out of the picture.* Uudet järjestelmät tekevät ihmiset tarpeettomiksi. *2* ulkona kuvioista *Keep the press out of the picture.* Pidä lehdistö ulkona kuvioista.

picture postcard maalauksellinen *My home town will probably never be any picture postcard village.* Kotikaupunkini ei luultavasti koskaan tule olemaan mikään maalauksellinen kylä.

the big picture *ark* (erit am) kokonaistilanne *We need to seize the big picture.* Meidän on ymmärrettävä kokonaistilanne.

piddle ['pɪdl] *v*

piddle about / around lorvia *He piddles about all day long.* Hän lorvii kaikki päivät.

pie ['paɪ] *s*

a piece / share / slice of the pie (am) osuus jstak *They eliminated all competitors to get a bigger piece of the pie.* He eliminoivat kaikki kilpailijat saadakseen suuremman osan voitosta.

[as] ... as pie *ark* erittäin *It's as easy as pie.* Se on helppoa kuin mikä.

She was as pretty as a pie. Hän oli hyvin kaunis.

[as] nice / sweet as pie ark erittäin mukava *I met him once, he is as nice as pie.* Tapasin hänet kerran, hän on erittäin mukava.

pie in the sky ark kuuta taivaalta *Do not throw away a decent offer in pursuit of pie in the sky.* Älä hylkää kunnon tarjousta tavoitellessasi kuuta taivaalta.

piece ['pi:s] s

a piece of cake (*myös* (br) a piece of piss, alat) ark helppo nakki, helppo homma *My task was a piece of cake.* Minun tehtäväni oli tosi helppo homma.

[all] in one piece ehjä, vahingoittumaton, yhtenä kappaleena *He wanted to go back home in one piece.* Hän halusi päästä takaisin kotiin yhtenä kappaleena.

be all of a piece [with] kirjak olla yhdenmukainen [jnk kanssa], olla yhtenäinen [jnk kanssa] *This film is all of a piece with his earlier work.* Tämä elokuva jatkaa hänen aikaisempien elokuviensa linjaa.

go / fall to pieces 1 ark luhistua (henkisesti) *She went to pieces when she heard the news.* Hän luhistui kuullessaan uutiset. **2** romahtaa, epäonnistua täydellisesti *At last the empire fell to pieces.* Lopulta imperiumi romahti.

pick up the pieces palata normaaliin elämään katastrofin tms jälkeen *He's trying to pick up the pieces of his life.* Hän yrittää saada elämänsä jälleen raiteilleen.

piece by piece 1 pala palalta *He unscrewed the bookcase piece by piece.* Hän purki kirjahyllyn osiin pala palalta. **2** vähin erin, kohta kohdalta *I intend to approach this problem piece by piece.* Aion tarkastella tätä ongelmaa kohta kohdalta.

say one's piece puhua suunsa puhtaaksi, kertoa mielipiteensä *I've said my piece, it's up to you.* Olen kertonut mielipiteeni, ja loppu riippuu sinusta.

take a piece out of sb ark (austr) nuhdella jkta *I took a piece out of Dan on one of his bluffs.* Nuhtelin Dania yhdestä hänen bluffeistaan.

tear / pick / pull to pieces ark arvostella ankarasti, suomia, teilata *I knew he would tear my paper to pieces.* Tiesin, että hän teilaisi artikkelini.

pierce ['pıəs] v

pierce sb's heart viiltää sydäntä *The anguish of love pierced her heart.* Rakkauden tuska viilsi hänen sydäntään.

1 pig ['pıg] s

a pig of a sth vaikea t. epämiellyttävä asia t. tehtävä *That is a pig of a road.* Se on tosi ikävä tie.

bleed like a stuck pig vuotaa verta kuin pistetty sika *Kevin came in, bleeding like a stuck pig.* Kevin tuli sisälle vuotaen verta kuin pistetty sika.

eat like a pig ark mässäillä, syödä äänekkäästi maiskutellen *I ate like a pig again.* Mässäilin taas.

in a pig's eye ark (yl am) niin varmaan, just joo (epäuskoisesti)

make a pig of oneself ark mässäillä, ylensyödä *They drove out to a delightful restaurant, and Alicia made a pig of herself.* He ajoivat viehättävään ravintolaan, ja Alicia mässäili kuin sika.

make a pig's ear [out] of sth ark (br) tunaroida *He's made a real pig's ear of that bookcase.* Hän tunaroi täysin tuon kirjahyllyn kanssa.

pig in a poke sika säkissä *Buying from a catalogue can mean a pig in a poke.* Katalogista ostaminen voi olla sian ostamista säkissä.

Pig's arse! alat (austr) Älä höpötä! (en usko)

pig

pigs might fly (*myös* (am) when pigs fly) *iron* (br) sitten kun lehmät lentävät, älä hulluja puhu, ei ikimaailmassa – *I believe you.* – *Yeah, and pigs might fly.* – Minä uskon sinua. – Just, niin varmaan.

sweat like a pig *ark* hikoilla ihan sikana, uida t. kylpeä hiessä

2 pig *v*

pig out *ark* mässäillä *I pigged out on pizza.* Mässäilin pizzalla.

pigeon ['pɪdʒən] *s*
be sb's pigeon *ark, vanh* (br) olla jkn asia, olla jkn vastuulla *That's not my pigeon anymore.* Se asia ei kuulu enää minulle.

piggy ['pɪgi] *s*
piggy in the middle puun ja kuoren välissä, kahden tulen välissä (kahden riitelevän henkilön välissä ym.) *I'm going to be piggy in the middle between Guido and Silvia.* Olen Guidon ja Silvian välissä kuin puun ja kuoren välissä.

pike ['paɪk] *s*
come down the pike *ark* (am) ilmaantua *Weak children will catch any disease that comes down the pike.* Heikot lapset saavat jokaisen vastaan tulevan taudin.

down the pike (am) (jnk ajan) kuluttua *June is two months down the pike.* Kesäkuuhun on enää kaksi kuukautta.

1 pile ['paɪl] *s*
make a / one's pile *ark* tienata isot rahat, rikastua *The family made its pile from oil.* Suku rikastui öljyllä.

the bottom of the pile *ark* ruohonjuuritaso, pohjalla oleva, huono-osaiset, alin yhteiskuntaluokka *Welfare cuts have reduced the income of those at the bottom of the pile.* Avustusten leikkaukset ovat pienentäneet huono-osaisten tuloja entisestään.

the top of the pile *ark* silmäätekevä, huipulla oleva, hyväosaiset, ylin yhteiskuntaluokka *It's been 20 years since a British player was top of the pile.* Siitä on 20 vuotta, kun brittipelaaja viimeksi oli huipulla.

2 pile *v*
pile in ahtautua jhk, tunkea jhk, tunkeutua jhk *He opened the car door and five of us piled in.* Hän avasi auton oven, ja me viisi ahtauduimme sisään.

pile into törmätä *Ten cars piled into each other on A1.* Kymmenen autoa törmäsi toisiinsa A1:llä.

pile it on liioitella, paisutella, lyödä yli, syyllistää *She called the police, which was piling it on a bit thick.* Hän soitti poliisit, mikä oli aikamoista liioittelua.

pile it / them high and sell it / them cheap (yl br) myydä paljon tavaraa halvalla *It has opened a dozen shops with an intriguing new concept – pile it high and sell it cheap.* Se on avannut tusinan uudenlaisia kiehtovia myymälöitä – myydään paljon ja halvalla.

pile on *1* kasata (syyllisyyttä, paineita ym.), liioitella jtak sanomaansa, paisutella *He keeps piling on the guilt.* Hän kasaa syyllisyyttä päälleni. *2* kertyä (kiloista), lihoa *She has piled on the pounds again.* Hänelle on taas kertynyt kiloja.

pile on the agony kasata paineita, pahentaa tilannetta *Woosnam piled on the agony with four successive birdies.* Woosnam kasasi muille paineita neljällä peräkkäisellä birdiellä.

pile out purkautua, rynnätä *The doors opened and a crowd of people piled out onto the platform.* Ovet avautuivat ja joukko ihmisiä purkautui laiturille.

pile up *ark* (yl am) törmätä *Seven cars and a bus piled up in fog on the interstate.* Seitsemän autoa ja bussi törmäsivät sumussa valtatiellä.

pill ['pɪl] *s*

a bitter pill [for sb] [to swallow] karvas pala nieltäväksi, karvas kalkki nieltäväksi *Failure to become a doctor was a bitter pill to swallow.* Epäonnistuminen lääkäriopinnoissa oli karvas pala nieltäväksi.

be on the pill käyttää ehkäisypillereitä

pop pills popsia pillereitä (käyttää liikaa lääkkeitä) *Patients in pain keep popping pills.* Kipupotilaat popsivat liikaa lääkkeitä.

sugar / sweeten the pill (*myös* (am) sugar-coat the pill) kaunistella *Plans to improve public services are a way of sweetening the pill of increased taxation.* Suunnitelmat parantaa julkisia palveluita ovat tapa kaunistella lisääntynyttä verotusta.

pillar ['pɪləʳ] *s*

a pillar of society yhteiskunnan tukipylväs *He was a pillar of society in this small town.* Hän oli tässä pikkukaupungissa yhteiskunnan tukipylväitä.

from pillar to post paikasta toiseen, sinne tänne *The refugees were pushed from pillar to post.* Pakolaisia heiteltiin paikasta toiseen.

pillion ['pɪljən] *s*

ride pillion istua takana (moottoripyörän selässä) *Jim rode pillion on Jack's motor bike.* Jim istui Jackin moottoripyörän kyydissä.

pillow ['pɪləʊ] *s*

pillow talk *ark* sänkykamarikeskustelu, rakastavaisten välinen lepertely ja pienet salaisuudet *That's the last time you hear my pillow talk!* Oli viimeinen kerta, kun kuulet minun henkilökohtaisia salaisuuksiani!

pimp ['pɪmp] *v*

pimp on sb *ark* (am) vasikoida jksta, antaa jku ilmi

1 pin ['pɪn] *s*

as clean / neat as a new pin tahrattoman puhdas, putipuhdas *He kept the house as clean as a new pin.* Hän piti talon tahrattoman puhtaana.

be on pins and needles (yl am) olla kuin tulisilla hiilillä *She is on pins and needles waiting to hear from him.* Hän on kuin tulisilla hiilillä odottaessaan kuulevansa miehestä.

for two pins *vanh* (br) pienimmästäkin syystä, sopivan tilaisuuden tullen *For two pins he'd tell the police.* Hän puhuisi poliisille pienimmästäkin syystä.

have [got] pins and needles pistellä, tuntua pistelevää kipua *I have pins and needles in my toes.* Varpaitani pistelee.

You could have heard a pin drop. Oli niin hiljaista, että olisi voinut kuulla neulan putoavan.

2 pin *v*

pin down *1* puristaa [irti], kiskoa jksta jk [irti], painostaa (tiedoista ym.) *I haven't managed to pin him down to a decision.* En ole saanut puristettua häneltä minkäänlaista päätöstä. *2* selvittää, päästä selvyyteen jstak *It was impossible to pin down the truth.* Totuuden selvittäminen oli mahdotonta. *3* ymmärtää jtak, käsittää jtak, tajuta jtak *Arguments of that kind are always hard to pin down.* Tuonkaltaisia perusteita on aina hankala ymmärtää.

pin on vierittää [yl syy] jkn niskoille, panna jtak jkn syyksi *He tried to pin the blame on me.* Hän yritti vierittää syyn minun niskoilleni.

pin one's ears back (br) kuunnella tarkasti, olla pelkkänä korvana *Pin back your ears!* Kuuntele nyt tarkasti!

pin one's hopes / faith on panna toivonsa jhk *They're pinning their hopes on the new prime minister.* He panevat toivonsa uuteen pääministeriin.

pin sth on sb panna jk jkn syyksi (erit syyttä) *They pinned the blame for the loss of jobs on the trade unions.* He syyttelivät työpaikkojen menetyksestä ammattiliittoja.

pinch ['pɪntʃ] *s*

at a pinch (*am* in a pinch) *ark* tiukan paikan tullen *Her appointments for the following week could, at a pinch, be postponed.* Tiukan paikan tullen hänen seuraavan viikon tapaamisiaan voitaisiin lykätä.

feel the pinch *ark* olla ahtaalla (taloudellisesti) *Charities feel the pinch as gifts plummet.* Hyväntekeväisyysjärjestöt ovat ahtaalla, kun lahjoitukset romahtavat.

1 pink ['pɪŋk] *a*

a pink slip irtisanomiskirje *He clearly deserves his pink slip.* Hän selvästikin ansaitsee irtisanomiskirjeensä.

go / turn pink punastua *Both the girls had started to turn pink.* Molemmat tytöt olivat alkaneet punastua.

the pink pound (*myös* (am) the pink dollar) <homoseksuaalien huvituksiinsa käyttämä raha> *Pink pound boom as companies cash in on gay weddings.* Yritykset tahkovat rahaa samaa sukupuolta olevien häillä.

2 pink *s*

in the pink *ark vanh* loistokunnossa, hyvissä voimissa (henkilöstä) *She was in the pink enough to return to work on Tuesday.* Hän oli tiistaina jo niin hyvässä kunnossa, että pystyi palaamaan töihin.

1 pip ['pɪp] *s*

give sb the pip *ark vanh* ottaa päähän, ärsyttää jkta *The war gives me the pip.* Sota todella ottaa minua päähän.

squeeze sb until the pips squeak *ark* (br) imeä jku kuiviin, kyniä jku putipuhtaaksi *The British were squeezed by the tax-man until the pips squeaked.* Verottaja kyni britit putipuhtaaksi.

2 pip *v*

pip sb at / to the post *ark* (br) viedä voitto jkn nenän edestä, voittaa jku viime hetkellä *Her younger sister has pipped her at the post.* Hänen nuorempi sisarensa vei voiton hänen nenänsä edestä.

1 pipe ['paɪp] *s*

a pipe dream toteutumaton unelma *The organisation of entire courses using multi-media facilities is still a pipe dream in most cases.* Kokonaisten kurssien järjestäminen multimedialaitteiden avulla on edelleen useimmissa tapauksissa toteutumaton unelma.

put that in your pipe and smoke it *ark* revi siitä, sulata se

2 pipe *v*

pipe down *ark* (*yl imperat*) pitää pienempää ääntä *Pipe down! I'm trying to read!* Pitäkää pienempää ääntä! Yritän lukea!

pipe up sanoa jtak [yht]äkkiä *'Walls have ears,' piped up a white-haired old lady.* "Seinillä on korvat", sanoi valkohiuksinen vanha rouva äkisti.

pipeline ['paɪplaɪn] *s*

in the pipeline tekeillä, valmisteilla *The new Maserati was in the pipeline but still one year away.* Uusi Maserati oli tekeillä mutta valmistuisi vasta vuoden päästä.

1 piss ['pɪs] *v*

not have a pot to piss in *alat* (am) olla rutiköyhä *I don't have a pot to piss in.* Olen rutiköyhä.

piss about / around *alat* (br) **1** lorvailla, haaskata aikaa *He's just pissing around on his computer.* Hän vain haaskaa aikaa tietokoneensa ääressä. **2** pelleillä, käyttäytyä kakaramaisesti **3** kusettaa jkta, sortaa jkta

piss away *alat* tuhlata, heittää jtak hukkaan, törsätä (rahoista, mahdollisuuksista ym.)

piss down *alat* sataa kaatamalla *It's pissing down [with rain].* Sataa kaatamalla.

piss off *alat 1* painua hiiteen t. helvettiin, häipyä *Piss off, Jamie!* Painu helvettiin, Jamie! *2* ärsyttää, ottaa pattiin, vituttaa *You really piss me off!* Sinä saat minut kiehumaan!

piss on sb's party *alat* (br, austr) pilata jkn suunnitelmat *That really pissed on my party.* Se pilasi suunnitelmani kokonaan.

piss oneself [laughing] *alat* (br) nauraa katketakseen *My dad almost pissed himself laughing at it.* Isäni nauroi sille katketakseen.

Piss or get off the can / pot! *alat* (am) Päätä jo!, Älä jahkaile!

2 piss *s*

a piece of piss *alat* (br) helppo nakki, helppo homma *It's a piece of piss really.* Se on itse asiassa helppo homma.

be [out] on the piss *alat* (br) olla ryyppäämässä, olla [ryyppy]putki päällä *a night on the piss with friends* ilta ryyppäämässä kavereiden kanssa

take the piss *1 alat* (br, austr) kiusata, pilkata, pitää jkta pilkkanaan *She said you were both taking the piss out of me.* Hän sanoi, että te molemmat pilkkasitte minua. *2 alat* (br, austr) kusettaa (kohdella jkta huonosti saadakseen haluamansa) *Stop taking the piss, lad.* Älä poika kuseta.

pissed ['pɪst] *a*

as pissed as a newt *alat* (br) (*myös* as pissed as a fart, pissed out of one's head / mind / skull) kännissä kuin käki *He's as pissed as a newt.* Hänhän on kännissä kuin käki.

piss-up ['pɪs,ʌp] *s*

couldn't organize a piss-up in a brewery *alat* (br, austr) tumpelo, täysin järjestelykyvytön *The dickheads that organized this war couldn't organize a piss up in a brewery.* Tämän sodan järjestäneet pölkkypäät ovat täysiä tumpeloita.

1 pit ['pɪt] *s*

a bottomless pit [of sth] pohjaton kuilu *Pleasure-seeking is a bottomless pit, never satisfied.* Mielihyvään pyrkiminen on pohjaton kuilu, jota ei voida koskaan tyydyttää.

be the pits *ark* olla pohjanoteeraus *The dinner was the pits.* Päivällinen oli pohjanoteeraus.

dig a pit for kaivaa kuoppaa jklle, virittää ansa jklle *We should dig a pit for him.* Meidän pitäisi virittää hänelle ansa.

make a pit stop *ark* (erit am) pysähtyä hetkeksi pitkällä matkalla syömään jne *You know you need gas, but you don't want to make a pit stop.* Tiedät tarvitsevasi bensaa, mutta et halua pysähtyä.

the pit of one's / the stomach vatsanpohja *A ball of fear nestled in the pit of my stomach.* Tunsin pelon vellovan vatsanpohjassani.

2 pit *v*

pit against (*yl* be pitted against) panna vastakkain, panna ottelemaan (pelaajista kilpailussa ym.) *He will be pitted against Pete Sampras in tomorrow's game.* Hän kohtaa Pete Samprasin huomisessa ottelussa.

pit-a-pat ['pɪtəpæt] *adv*

go / beat pit-a-pat pamppailla (sydämestä) *My heart goes pit-a-pat.* Sydämeni pamppailee.

1 pitch ['pɪtʃ] *s*

make a pitch for sth yrittää saada tukemaan jtk, yrittää saada antamaan jtk *You can still make a pitch*

pitch

for a coalition. Voit edelleen yrittää saada tukea liittoutumalle.

2 pitch *v*

pitch against *ark* (*yl be pitched against*) panna vastakkain, panna ottelemaan (kilpailijoista) *He will be pitched against Pete Sampras in tomorrow's game.* Hän kohtaa Pete Samprasin huomisessa ottelussa.

pitch camp / a tent leiriytyä, pystyttää telttä

pitch in *ark* **1** osallistua, tulla auttamaan *Everyone pitched in to complete the task.* Kaikki tulivat auttamaan työn loppuun saattamisessa. **2** antaa, tarjota (neuvoja ym.) *Thanks to all who pitched in with advice.* Kiitokset kaikille, jotka antoivat neuvoja.

pitch into *ark* **1** käydä jkn kimppuun, soimata jkta **2** käydä jhk käsiksi (ongelmaan ym.)

pitch up *ark* saapua, ilmestyä *Sam pitched up.* Sam ilmestyi paikalle.

pitched [pɪtʃt] *a*

a pitched battle 1 taistelu, jossa sotilailla etukäteen osoitetut paikat *But if it came to a pitched battle, the phalanx of heavily armed knights was a formidable weapon.* Mutta ryhmitetyssä taistelussa raskaasti aseistettujen ritarien rivistö oli mahtava ase. **2** taistelu, johon osallistuu suuri määrä ihmisiä, kiivas riita *After a pitched battle, no less than 29 of the gang were arrested.* Joukkotappelun jälkeen jengistä pidätettiin 29 jäsentä.

pity ['pɪti] *s*

for pity's sake *ark* herran tähden, luojan tähden *For pity's sake, Steve, you loved the girl!* Herran tähden, Steve, sinähän rakastit sitä tyttöä!

have / take pity on sääliä jkta *The couple took pity on him and gave him bread.* Pariskunta sääli häntä ja antoi hänelle leipää.

more's the pity *ark* (br) ikävä kyllä *They don't make films like that anymore – more's the pity.* Ikävä kyllä tuollaisia elokuvia ei enää tehdä.

pivot ['pɪvət] *v*

pivot on riippua, olla riippuvainen *The project pivoted on the minister's response.* Projekti oli riippuvainen ministerin vastauksesta.

place ['pleɪs] *s*

a place in the sun (hlöstä) suotuisassa asemassa (erit ammatillisesti) *They need to help his search for a place in the sun.* Heidän on autettava hänen pyrkimyksiään päästä hyvään asemaan.

all over the place 1 *ark* siellä sun täällä, kaikkialla, sinne sun tänne *The ball flies all over the place.* Pallo lentää sinne tänne. **2** epäsiististi, hujan hajan, miten sattuu *Statistics are all over the place.* Tilastot on laadittu miten sattuu.

change / swap places [with sb] vaihtaa paikkoja *For instance, Bon Jovi and Alice Cooper might easily swap places.* Esimerkiksi Bon Jovi ja Alice Cooper voisivat helposti vaihtaa paikkoja.

fall / drop / slide / ... into place 1 eri asioiden yhteydet selvenevät yhtäkkiä *Things were beginning to fall into place in her mind.* Asiat alkoivat selvetä hänen mielessään. **2** päästä tyydyttävään lopputulokseen *You can't just go away and hope everything will fall into place.* Et voi vain lähteä ja toivoa, että kaikki päättyy hyvin.

give place to *kirjak* tehdä tilaa jllek, väistyä jnk / jkn tieltä *Benjamin, you must give place to the younger generation.* Benjamin, sinun on tehtävä tilaa nuoremmalle sukupolvelle. *Ancient oak gave place to modern pine forest.* Ikiaikainen tammimetsä väistyi modernin mäntymetsän tieltä.

go places *ark* **1** matkustella **2** päästä pitkälle, menestyä *What a team – we could go places!* Mikä joukkue – me voisimme päästä pitkälle!

if I was / were in your place jos minä olisin sinun asemassasi (annettaessa neuvoja)

in high places vaikutusvaltaiset, korkealla taholla *I know people in high places.* Tunnen vaikutusvaltaisia ihmisiä.

in one's place jkn asemassa *I wouldn't want it in his place.* Minä en hänen asemassaan haluaisi sitä.

in place 1 käytössä *What does the legislation in place in Finland say?* Mitä Suomessa käytössä oleva lainsäädäntö sanoo tästä? **2** (am) paikalla, paikallaan, paikoillaan *They stood in place.* He seisoivat paikallaan.

in place of (*myös* in sb's, sth's place) jnk asemesta, jnk sijasta *rock music in place of classical* rokkia klassisen sijasta

in the first place 1 ensinnäkin (lueteltaessa) *In the first place, everyone travels by car.* Ensinnäkin, kaikki matkustavat autolla. **2** alun perin[kään] *Why did saving collapse in the first place?* Miksi säästämisessä alun perin tapahtui romahdus?

keep sb in one's place pitää jku kurissa ja nuhteessa, ottaa jklta [turhat] luulot pois *Young Harry must be kept in his place.* Nuori Harry on pidettävä kurissa ja nuhteessa.

know one's place *leik* tietää paikkansa, ymmärtää asemansa *'Know your place, woman!' shouted Lloyd.* "Ymmärrä asemasi, nainen!" Lloyd huusi.

[not] be sb's place to do sth [ei] olla jkn oikeus t. asia tehdä jtk *It's not my place to tell you whom you should or shouldn't invite.* Ei ole minun asiani päättää, kenet sinun pitäisi kutsua.

out of place 1 pois paikoiltaan *The books are out of place.* Kirjat ovat poissa paikoiltaan. **2** sopimaton (käytöksestä) *His behaviour was rude and out of place.* Hänen käytöksensä oli töykeää ja sopimatonta.

place in the sun paikka auringossa *Britain's solar powered car takes its place in the sun.* Brittiläinen aurinkovoimalla toimiva auto ottaa paikkansa auringossa.

put oneself in sb's place asettua jkn asemaan, katsoa asiaa jkn kannalta *Put yourself in her place, Fay!* Katso asiaa hänen kannaltaan, Fay!

put sb in one's place osoittaa jklle hänen paikkansa *The remark had been intended to put him in his place.* Huomautuksen oli ollut tarkoitus osoittaa hänelle hänen paikkansa.

scream the place down *ark* huutaa lujaa *I just wanted to scream the place down!* Halusin vain kiljua ääneni käheäksi!

take one's place ottaa paikkansa *He took his place on the throne.* Hän otti paikkansa valtaistuimella.

take place tapahtua *The last meeting of the year took place on 15th December.* Vuoden viimeinen kokous pidettiin 15.12.

take second place jäädä toiselle sijalle, soittaa toista viulua, väistyä jnk tieltä *My family has had to take second place to my career.* Perheeni on jäänyt toiselle sijalle urani vuoksi.

take the place of (*myös* take sb's place) korvata, tulla jnk / jkn tilalle *That dishwater will never take the place of vintage wine.* Tuo litku ei ikinä korvaa vuosikertaviiniä.

placed ['pleɪst] *v*

be well / ideally / better / ... placed for sth / to do sth 1 olla hyvässä jne asemassa jtk varten / tehdäkseen jtk, olla hyvä mahdollisuus jhk *Unions*

plain

should be particularly well placed to advise employers on that. Ammattiliitot lienevät erityisen hyvässä asemassa antaakseen siitä neuvoja työnantajille. **2** olla sijainniltaan edullinen jne. *They may move because their old location is not well placed for transport facilities.* He ehkä muuttavat, koska heidän vanha sijaintinsa ei ole hyvä liikenneyhteyksien kannalta.

plain ['pleɪn] *a*

a plain Jane tavallisen näköinen tyttö t. nainen, harmaa hiirulainen *I was a plain Jane compared to my best friend.* Parhaan kaverini rinnalla olin harmaa hiirulainen.

as plain as the nose on one's face *ark vanh* ilmiselvää *His love was as plain as the nose on his face.* Hänen rakkautensa oli ilmiselvää.

be [all] plain sailing olla hyvin helppoa *It was far from plain sailing.* Se oli kaikkea muuta kuin helppoa.

in plain English selkeästi ja yksinkertaisesti ilmaistuna *The expert should be asked to write in plain English.* Asiantuntijaa olisi pyydettävä kirjoittamaan selkeästi ja yksinkertaisesti.

plain and simple *ark* helppoa ja yksinkertaista *It is as plain and simple as that.* Niin helppoa ja yksinkertaista se on.

plain as day (*myös* plain as a pikestaff) *ark* päivänselvää *You can see the pattern plain as day.* Kuvion näkee päivänselvästi.

1 plan ['plæn] *s*

go according to plan mennä suunnitelmien mukaan *Everything is going according to plan.* Kaikki menee suunnitelmien mukaan.

plan of action toimintasuunnitelma, menettelytapa, toimintaohjelma *A new plan of action started to take shape.* Uusi toimintasuunnitelma alkoi muotoutua.

the best plan järkevintä, parasta *Perhaps the best plan is to enter when Jeffrey does.* Ehkäpä järkevintä on mennä sisään silloin kun Jeffreykin.

2 plan *v*

plan out suunnitella yksityiskohtaisesti *He planned out the production.* Hän suunnitteli tuotannon yksityiskohtaisesti.

planet ['plænɪt] *s*

be [living] on another planet *ark* olla omissa maailmoissaan *He said he was always on another planet.* Hän sanoi olevansa aina omissa maailmoissaan.

what planet is sb on? *ark* (br) jku on etääntynyt todellisuudesta *If Mike seriously believes this, what planet is he on?* Mike on kyllä vieraantunut todellisuudesta, jos vakavissaan ajattelee noin.

1 plank ['plæŋk] *s*

walk the plank 1 kävellä lankkua pitkin *The pirates made him walk the plank.* Merirosvot panivat hänet kävelemään lankkua pitkin. **2 ark** menettää työnsä t. asemansa *After financial losses the manager walked the plank.* Taloudellisten tappioiden jälkeen firman toimitusjohtaja menetti työnsä.

2 plank *v*

plank oneself down istua lätsähtää, istua lässähtäen *I planked myself down in front of the TV.* Lätsähdin istumaan TV:n eteen.

plant ['plɑ:nt] *v*

have / keep one's feet firmly planted on the ground pitää jalat maassa *The player has his feet firmly planted on the ground.* Pelaajalla on jalat tukevasti maassa.

plaster ['plɑ:stə^r] *v*

plaster over esittää näyttävästi [sanoma]lehdessä *His picture was* *plastered all over the newspapers.* Hänen kuvansa komeili kaikissa sanomalehdissä.

plate ['pleɪt] *s*
 be handed to sb on a plate *ark* saada kuin tarjottimella, tulla kuin Manulle illallinen *We handed them the medal on a plate.* He saivat meiltä mitalin kuin tarjottimella.
 have a lot / enough on one's plate (*myös* have one's plate full) *ark* (yl br) olla paljon tekemistä *I know you've got a lot on your plate.* Tiedän, että sinulla on paljon tekemistä.
 plates of meet jalat (Cockneyn slangia, tulee riimistä sanojen "a person's feet" kanssa)

platter ['plætəʳ] *s*
 give / hand sth to sb on a [silver] platter *ark* tuoda jtak jklle kuin tarjottimella, tarjota jtak jklle hopealautasella *They certainly don't give everything to you on a silver platter.* He eivät varmastikaan anna sinulle kaikkea kuin tarjottimella.

1 play ['pleɪ] *v*
 have [got] money / time / ... to play with *ark* olla paljon rahaa / aikaa / ... jhk *There's no more money to play with anyway.* Rahaa ei joka tapauksessa ole enää tuhlattavaksi.
 play a joke / trick on sb tehdä jekkua jklle, pilailla jkn kustannuksella *I decided to play a trick on Michael and told him Jane was keen on him.* Päätin tehdä Michaelille jekun, ja kerroin hänelle, että Jane on lätkässä häneen.
 play away *ark* käydä vieraissa, tehdä syrjähyppy[jä]
 play by sb's [own] rules noudattaa jkn asettamia ehtoja (liike- tai ihmissuhteessa) *I've got to play by his rules.* Minun on noudatettava hänen ehtojaan.
 play by the rules noudattaa [yhteisiä t. yhteiskunnan] pelisääntöjä, noudattaa tapoja *You win if you play by the rules.* Voitat, jos noudatat pelisääntöjä.
 play Cupid toimia Amorina, yrittää saattaa kaksi ihmistä lemmensuhteeseen *Indian mobile telephone companies decide to play cupid.* Intian matkapuhelinyhtiöt päättävät toimia Amorina.
 play fair / straight [with sb] toimia rehellisesti ja suoraan *I trust they play fair, but who knows?* Luotan siihen, että he toimivat rehellisesti, mutta kuka tietää?
 play fast and loose *vanh* leikitellä jllak, pelata epärehellistä peliä *He played fast and loose with my feelings.* Hän leikitteli tunteillani.
 play favorites (yl am) suosia jkta, pitää jkta suosikkinaan *God does not play favorites.* Jumalalla ei ole suosikkeja.
 play for time pelata aikaa, viivytellä [tahallaan] *His only plan at this moment was to play for time.* Hänen ainoa suunnitelmansa sillä hetkellä oli pelata aikaa.
 play it cool *ark* ottaa rennosti, ottaa rauhallisesti *He was determined to play it cool.* Hän oli vakaasti päättänyt ottaa rauhallisesti.
 play it safe pelata varman päälle *I decided to play it safe in the sun and protect my skin.* Päätin pelata varman päälle ja suojata ihoni auringolta.
 play it straight (*myös* play a straight bat) olla rehellinen *OK, then, if you want me to play it straight, I'll introduce you tomorrow.* Ok sitten, jos haluat minun toimivan avoimesti, esittelen sinut huomenna.
 play oneself in (br) rutinoitua, päästä sisälle [jhk asiaan], tottua jhk *First I have to play myself in the game.* Ensin minun on päästävä peliin sisälle.
 play [right] into sb's hands pelata jkn pussiin, koitua jklle hyödyksi *Such action would have played into*

the hands of my enemies. Sellainen toiminta olisi koitunut hyödyksi vastustajilleni.

play sb false petkuttaa jkta, vetää jkta höplästä *If I play you false, you may break my teeth.* Jos vedän sinua höplästä, saat lyödä hampaani sisään.

play sb's game (*myös* play the same game [as sb], play sb at their own game) käyttää samaa menetelmää kuin kilpailija *They should not play the same game as their enemies.* Heidän ei pitäisi käyttää samoja keinoja kuin vihollisensa.

play [silly] games [with sb] pelleillä (erit hämäämistarkoituksessa), suhtautua jhk vakavaan leikitellen *Don't play games with me.* Älä pelleile minun kanssani.

play the [stock] market keinotella pörssissä *They know just how to play the market – and win.* He tietävät tarkalleen, kuinka keinotella pörssissä – ja kuinka voittaa.

play to the gallery käyttäytyä liioitellusti ihmisten huomion herättämiseksi *his strained efforts to play to the gallery by evoking a 'liberatory science'* hänen väkinäiset ponnistelunsa herättää huomiota vetoamalla "vapauttavaan tieteeseen"

play up *1 ark* reistailla, konstailla (laitteesta, ruumiinosasta ym.) *The compass was playing up.* Kompassi reistaili. *His back has been playing him up again.* Hänen selkänsä on taas reistaillut. *2 ark* (br) kiukutella, äksyillä

play up to liehakoida, yrittää tehdä vaikutus jkhun *She always plays up to men.* Hän on aina liehakoimassa miehiä.

play with fire *1* leikkiä tulella, ottaa tarpeettomia riskejä *The government must not play with fire.* Hallitus ei saa ottaa tarpeettomia riskejä. *2* leikkiä tulella (vaarallisella asialla) *Failure to stick to the safety rules is simply playing with fire.* Suojaohjeiden laiminlyönti on silkkaa tulella leikkimistä.

2 play *s*

bring / call / put sth into play alkaa käyttää jtk apunaan *Additional sources of power have been brought into play.* Lisävoimanlähteitä on otettu käyttöön.

come into play [alkaa] toimia t. olla aktiivinen, vaikuttaa *But other factors come into play.* Mutta muutkin tekijät alkavat vaikuttaa.

make a [great] play of (*myös* make a big play of / with) tehdä [suuri] numero jstak *He made a great play of me being late.* Hän teki suuren numeron siitä, että olin myöhässä.

make a play for *ark* (erit am) tavoitella jtak *If I was John, I'd definitely make a play for her.* Jos olisin John, yrittäisin ehdottomasti iskeä tuon naisen.

playing ['pleɪɪŋ] *v*

What's sb playing at? Mitä jku oikein pelleilee?, Mitä jku oikein luulee tekevänsä?

please ['pli:z] *v*

as ... as you please *ark* kuin mikä *He's as bold as you please.* Hän on röyhkeä kuin mikä.

if you please *1 vanh kirjak* ole t. olkaa hyvä (kohteliaissa pyynnöissä) *Follow me, if you please!* Seuratkaa minua, olkaa hyvät! *2 vanh* (erit br) kuvitella, kaiken huipuksi *She made them wait, if you please!* Kuvitella, että hän antoi heidän odottaa!

please oneself (*myös* do as one pleases) voida tehdä mitä haluaa *Until I get there, I can please myself.* Siihen asti kunnes pääsen sinne, voin tehdä mitä haluan.

please the eye miellyttää silmää *These buildings please the eye.* Nämä rakennukset miellyttävät silmää.

please yourself *ark* tee mitä lystäät (ilmaistaessa ärtymystä toisen tekemisistä)

pleased ['pliːzd] *a*

[as] pleased as Punch *ark* tyytyväisyydestä hykertelevä, hyvin tyytyväinen *He's as pleased as Punch about the news.* Uutiset saivat hänet hykertelemään tyytyväisyydestä.

[I'm] pleased to meet you *kirjak* hauska tavata – *This is my husband. – Pleased to meet you.* – Tämä on aviomieheni. – Hauska tavata.

none too pleased ei mielissään, vihainen *The military is none too pleased about the results of their experiment.* Armeija ei ole ollenkaan tyytyväinen kokeensa tuloksiin.

only too pleased [to do sth] hyvin iloinen [voidessaan tehdä jtk], innokas [tekemään jtk] *I was only too pleased to be of some assistance.* Olin hyvin iloinen voidessani auttaa.

pleasure ['pleʒər] *s*

at Her / His Majesty's pleasure vankila, vankilassa, vankilaan *The Judge sentenced them to be detained at Her Majesty's pleasure for 'very very many years'.* Tuomari tuomitsi heidät vankilaan "moniksi, moniksi vuosiksi". *He escaped from Her Majesty's Pleasure.* Hän karkasi vankilasta.

at one's / sb's pleasure *kirjak* silloin kun jku haluaa *The landlord could terminate the tenancy at his pleasure.* Vuokraisäntä saattoi päättää vuokrasuhteen silloin kun itse haluaa.

have had the pleasure *kirjak* olla jo esitelty *I don't think I have had the pleasure.* En usko, että meitä on esitelty.

have the pleasure of sth *kirjak* <muodollisissa pyynnöissä ja kuvauksissa> *May I have the pleasure of dancing with you?* Soisittteko minulle tanssin?

my pleasure eipä kestä – *Thanks for the ride. – My pleasure.* – Kiitos kyydistä. – Eipä kestä.

take pleasure in nauttia, iloita, tuntea mielihyvää *He takes pleasure in the simplest things.* Hän iloitsee yksinkertaisimmistakin asioista.

what's your pleasure? mitä saisi olla? – *What's your pleasure? – A latte, please.* – Mitä saisi olla? – Yksi latte, kiitoksia.

with pleasure *kirjak* mielellään, mielihyvin, mieluusti, kernaasti – *Could you post this for me? – With pleasure.* – Postittaisitko tämän puolestani? – Mielelläni.

pledge ['pledʒ] *s*

sign / take the pledge *leik vanh* tehdä raittiuslupaus *Thousands took the pledge.* Tuhannet tekivät raittiuslupauksen.

plenty ['plenti] *adv*

There are plenty more where they / that came from. kyllä niitä / sellaisia riittää (menetetyn tilalle löytää helposti uuden)

plod ['plɒd] *v*

plod through puurtaa *They plodded through their material.* He puursivat materiaalinsa läpi.

plop ['plɒp] *v*

plop down 1 jysäyttää jtak [maahan ym.], pudottaa jtak **2** lysähtää [tuolille ym.] (*myös* plop oneself down) *He plopped himself down on the nearest chair.* Hän lysähti lähimmälle tuolille.

plot ['plɒt] *s*

lose the plot 1 *ark* (br) ei ymmärtää, ei pystyä käsittelemään tilannetta *He's really lost the plot.* Hän on ihan pihalla. **2** käyttäytyä omituisesti, käyttäytyä hassusti *They seem to think I have lost the plot.* Heidän mielestään ilmeisesti käyttäydyn omituisesti.

The plot thickens. *us leik* Jännitys tiivistyy. (kun outo tilanne muuttuu yhä merkillisemmäksi)

1 plough ['plaʊ] *s* (*am* plow)
put one's hand to the plough tarttua auraan, ryhtyä toimeen *Jock put his hand to the plough and started hoovering.* Jock tarttui toimeen ja alkoi imuroida.

2 plough *v* (*am* plow)
plough a lonely furrow *kirjak* kulkea omaa latuaan *He is happy working alone, ploughing a lonely furrow.* Hän on onnellinen työskennellessään yksin, kulkiessaan omaa latuaan.
plough back (*yl* be ploughed back) sijoittaa (voitto takaisin yritykseen) *Profits are being ploughed back into the investment programme.* Voitot sijoitetaan takaisin sijoitusohjelmaan.
plough into *1* törmätä (jhk) *The bus ploughed into the truck.* Bussi törmäsi rekkaan. *2* sijoittaa (rahaa) *Europe ploughed $26 billion into Airbus.* Eurooppa sijoitti 26 miljoonaa dollaria Airbusiin.
plough on *ark* jatkaa jääräpäisesti *He ploughs on with stupid policies.* Hän jatkaa jääräpäisesti typerää politiikkaa.
plough through *1* kahlata läpi (iso tieto- t. tekstimäärä) *It took me two weeks to plough through the first 1000 pages.* Minulla meni kaksi viikkoa ensimmäisten 1000 sivun läpi kahlaamiseen. *2* rämpiä, kahlata, raivata (tiensä läpi) *We had to plough through deep snow.* Meidän oli kahlattava syvän lumen läpi. *3* syöksyä (jnk läpi) *The car ploughed through the garden.* Auto syöksyi puutarhan läpi.
plough up kyntää esiin *I ploughed up old coins.* Kynnin esiin vanhoja kolikoita.

pluck ['plʌk] *v*
pluck sth out of the air vetäistä [jtak hatusta t. hihasta] *You plucked those figures out of the air.* Sinä vetäisit nuo luvut hatusta.

plug ['plʌg] *v*
plug away *ark* jatkaa sitkeästi, puurtaa *Determination to prove she could do the job kept her plugging away at it.* Hän jatkoi sitkeästi työssä, koska oli päättänyt osoittaa pystyvänsä siihen.
plug into olla kiinnostunut, yrittää ymmärtää, olla kosketuksissa jhk *She is plugged into the thinking of the people who matter.* Hän yrittää ymmärtää tärkeiden ihmisten ajatusmaailmaa.
plug on (austr) puurtaa *I'm going to have to plug on with this essay.* Minun on jatkettava puurtamista tämän esseen parissa.

plughole ['plʌghəʊl] *s*
go down the plughole *ark* (br, austr) mennä hukkaan *Your life goes down the plughole if you stay here.* Elämäsi menee hukkaan, jos jäät tänne.

plum ['plʌm] *s*
have a plum in one's mouth *halv* (br) puhua yläluokkaisella korostuksella *some affable dilettante with a plum in his mouth* joku kamala yläluokkaisella korostuksella puhuva dilettantti
like a ripe plum kuin kypsä hedelmä, helposti *The city will fall into the enemy's hand like a ripe plum.* Vihollisella ei ole mitään vaikeuksia valloittaa kaupunkia.

1 plumb ['plʌm] *a*
out of plumb vinossa *Those boards are out of plumb.* Nuo laudat ovat vinossa.

2 plumb *v*
plumb the depths of sth saavuttaa alhaisin t. äärimmäisin piste *His prime goal is to to plumb the depths of his psyche.* Hänen ensisijainen tavoitteensa on päästä syvälle omaan psyykeensä.

plump ['plʌmp] v
 plump for *ark* valita, [päättää] ottaa (ehdolla olevien joukosta) *Yvonne finally plumped for a Scotch.* Yvonne päätti lopulta ottaa viskin.

plunge ['plʌndʒ] s
 take the plunge *ark* ottaa ratkaiseva askel *He is going to take the plunge and get married.* Hän aikoo ottaa ratkaisevan askeleen ja mennä naimisiin.

ply ['plaɪ] v
 ply for hire / trade / business (br) etsiä asiakkaita *The music was drowned by the yells of porters all plying for business.* Asiakkaita etsivien kantajien huudot hukuttivat musiikin alleen.
 ply one's trade *kirjak* tehdä työnsä, hoitaa liikeyritystään *He plied his trade around the Sunningdale area.* Hän teki työnsä Sunningdalen alueella.

poacher ['pəʊtʃəʳ] s
 poacher turned gamekeeper (br) takinkääntäjä

pocket ['pɒkɪt] s
 be / live in each other's pockets (br) olla kuin paita ja peppu, elää (liian) tiiviisti yhdessä *We do anything for each other, but we certainly do not live in each other's pockets.* Teemme mitä vain toistemme puolesta, mutta emme todellakaan ole kuin paita ja peppu.
 dig / dip into one's pocket maksaa jtk omasta taskustaan, kaivaa kuvettaan *If money had been the only problem, Eddie would have dipped into his pocket and sent the boy off to Maryland.* Jos raha olisi ollut ainoa ongelma, Eddie olisi kaivanut kuvettaan ja lähettänyt pojan Marylandiin.
 in pocket (erit br) voitolla *Even after paying the bill, we should still be in pocket.* Laskun maksamisenkin jälkeen meidän pitäisi olla voitolla.
 in sb's pocket *ark 1* jkn vallassa *The bloody woman has the governor completely in her pocket.* Kuvernööri on kokonaan sen helkutin naisen vallassa. *2* toisissaan kiinni *I'm tired of housing where everyone lives in everyone else's pocket.* Olen kyllästynyt asumismuotoon, jossa kaikki ovat toisissaan kiinni.
 line one's [own] pocket[s] *ark* saada paljon rahaa epärehellisesti (erit varastamalla työnantajalta) *You people really need to stand up for yourselves, unless this really is all a plot to line your own pockets.* Teikäläisten on tosiaan noustava puolustamaan omia etujanne, ellei tämä sitten tosiasiassa ole pelkkä juoni helpon rahan saamiseksi.
 out of pocket (erit br) tappiolla, köyhempi *The last time I went to the pub with you, I ended up seriously out of pocket!* Viime kerralla kun lähdin pubiin kanssasi, palasin kotiin huomattavasti köyhempänä!
 pay out of pocket (am) maksaa suoraan omalla rahalla *This is what you pay out of pocket for health care.* Nämä terveydenhoitokulut jäävät sinun itsesi maksettaviksi.
 put one's hand in one's pocket *1* kaivella omia taskujaan, käyttää omaa rahaansa *He rarely has to put his hand in his pocket.* Hänen harvemmin täytyy kaivella omia taskujaan. *2* antaa rahaa (erit hyväntekeväisyyteen) *He has offered to put his hand in his pocket to fund another loan.* Hän on tarjoutunut rahoittamaan toisen lainan.

poetic [pəʊ'etɪk] a
 poetic justice ansaittu rangaistus t. palkkio *The noise was deafening and it was poetic justice when the amplifiers stalled.* Melu oli korvia huumaavaa ja oli aivan oikein, että vahvistimet mykistyivät.

1 point ['pɔɪnt] s

a case in point [valaiseva] esimerkki, malliesimerkki *Some girls of that age are very independent, my own sister was a case in point.* Jotkin tuon ikäiset tytöt ovat hyvin itsenäisiä, oma siskoni on malliesimerkki.

a point of departure 1 matkan lähtöpiste *They decided to use Strasbourg as a point of departure for this attempt.* He päättivät käyttää Strasbourgia tämän yrityksen lähtöpisteenä. **2 kirjak** lähtökohta *The business plan was used as a point of departure.* Liiketoimintasuunnitelmaa käytettiin lähtökohtana.

at all points kautta linjan, joka kohdassa t. suhteessa *armed at all points against the possible disappointments of her life* kaikilta osin varustautuneena elämänsä mahdollisia pettymyksiä vastaan

be on the point of doing sth olla tekemäisillään jtk *He was on the point of signing before his better judgement saved him.* Hän oli allekirjoittamaisillaan, ennen kuin hänen arvostelukykynsä pelasti hänet.

beside the point asiaankuulumaton, asian vierestä *His comments were beside the point.* Hänen kommenttinsa olivat asiaankuulumattomia.

come / get [straight] to the point mennä suoraan asiaan *If I may come straight to the point, sir.* Saanko mennä suoraan asiaan, sir.

get the point [of sth] tajuta *The kids get the point at once.* Lapset tajuavat jutun heti.

have [got] a point [there] olla hyvä ehdotus, olla hyvä idea *You might have a point here somewhere.* Tuossa saattaa olla ideaa.

have [got] one's good / plus / ... points olla hyvät puolensa *She had to admit he had his good points.* Hänen oli myönnettävä, että miehellä oli hyvätkin puolensa.

if / when it comes to the point kun siihen tullaan, kun jk on ajankohtaista *I am convinced that he will not face the enemy when it comes to the point.* Olen vakuuttunut siitä, ettei hän uhmaa vihollista, sitten kun siihen tullaan.

in point of fact tosi asiassa *We have to treat them as if they were intelligent, when in point of fact they're just idiots.* Meidän on kohdeltava heitä ikään kuin he olisivat älykkäitä, vaikka tosi asiassa he ovat pelkkiä idiootteja.

make a point of katsoa jk asiakseen, pitää tärkeänä, huolehtia (siitä, että tekee jtak) *She made a point of spending every spare minute with the child.* Hän piti tärkeänä jokaisen vapaahetken viettämistä lapsen kanssa.

make one's point tehdä asia selväksi, todistaa väitteensä oikeaksi *All right, you've made your point.* Hyvä on, olet tehnyt asian selväksi.

miss the point ei ymmärtää olennaista jstk *Sometimes they missed the point altogether.* Joskus heiltä jäi jutun ydin kokonaan ymmärtämättä.

more to the point olennaisempaa (jhk nähden), mikä tärkeämpää *There is a hotel and, more to the point, a wonderful view over the village.* Siellä on hotelli, ja mikä tärkeämpää, ihastuttava näköala kylään.

off the point asiaankuulumaton, asian vierestä *Frank's reply was rather off the point.* Frankin vastaus oli aika asiaankuulumaton.

point blank 1 (kertoa t. pyytää jtk) hyvin suoraan, tylysti *He told us, point blank, what he sent it for.* Hän kertoi meille aivan suoraan, minkä takia hän lähetti sen. **2** kerta kaikkiaan, kokonaan *He refused point blank.* Hän kieltäytyi kerta kaikkiaan.

point of contact yhteyspiste *It is likely that your first point of contact for most medical services will be your Family Doctor.* Todennäköisesti ensimmäinen yhteyspisteesi useimpiin sairaanhoitopalveluihin on perhelääkärisi.

point of view näkökanta, näkökulma, perspektiivi *Try to see it from my point of view.* Yritä ajatella asiaa minun näkökulmastani. *From a historical point of view, our capital is one of Europe's most important cities.* Historian perspektiivistä katsottuna pääkaupunkimme on yksi Euroopan tärkeimmistä kaupungeista.

score points nälviä jkta, naljailla jklle *Harry was continually seeking ways to score points off him.* Harry etsi jatkuvasti tilaisuutta nälviä häntä.

take sb's point ymmärtää ja hyväksyä jkn esittämä ajatus (erit väittelyssä) *Still, I take your point about London.* Ymmärrän kuitenkin näkökantasi Lontoosta.

the point of no return <määräkohta jonka jälkeen paluuta entiseen ei ole> *The greenhouse effect may reach the point of no return in the near future.* Kasvihuoneilmiö saattaa lähitulevaisuudessa saavuttaa pisteen, jonka jälkeen paluuta entiseen ei ole.

to the point asiaankuuluva, ytimekäs, naseva *His comments were completely to the point.* Hänen kommenttinsa olivat täysin asiaankuuluvia.

to the point of [doing] sth <niin suuressa määrin, että voitaisiin käyttää voimakkaampaakin ilmausta> *Such a proceeding is arbitrary to the point of being ridiculous.* Tällainen menettely on umpimähkäinen, ellei peräti naurettava.

up to a [certain] point jossain määrin, tiettyyn rajaan asti *I think you're right up to a point.* Olet mielestäni jossain määrin oikeassa.

2 point *v*

point a / the finger [at sb] osoittaa jkta syyttävällä sormella, syyttää jkta *After much speculation we all started to point the finger at Dan.* Pitkällisen spekuloinnin jälkeen aloimme kaikki osoittaa Dania syyttävällä sormella.

point the way [to / towards sth] olla esimerkki tulevasta, osoittaa, kuinka asiat kehittyvät *The article does point the way towards more effective reconstruction of tissues.* Artikkelissa osoitetaan, että kudoksia voidaan rekonstruoida entistä tehokkaammin.

poison ['pɔɪzən] *s*

a poison pen letter allekirjoittamaton solvauskirje *She encouraged a schoolfriend to write her prospective stepmother a poison pen letter.* Hän kannusti koulutoveriaan kirjoittamaan mahdolliselle tulevalle äitipuolelleen solvauskirjeen.

What's your poison? / Name your poison. *ark leik* Mitä haluat juoda?

poisoned ['pɔɪzənd] *a*

a poisoned chalice <jk, joka aluksi vaikuttaa hyvältä mutta muuttuu pian epämiellyttäväksi> *Many conservatives are wondering whether they are inheriting a poisoned chalice by taking over the government at this time.* Monet konservatiivit epäilevät saavansa ikävän yllätyksen, jos menevät nyt hallitukseen.

1 poke ['pəʊk] *v*

poke about (*am* around) *ark* penkoa, kaivella *Mom is poking about in the wardrobe.* Äiti penkoo vaatekaappia. *It serves him right for poking around in other people's affairs.* Se on hänelle ihan oikein, mitäs kaiveli toisten ihmisten asioita.

poke

poke fun at pitää pilkkanaan, panna jkta / jtak halvalla, laskea leikkiä jkn kustannuksella *Newspapers started to poke fun at him*. Sanomalehdet alkoivat pitää häntä pilkkanaan.

poke one's nose into *ark* pistää nenänsä jhk *She pokes her nose in where she's no business!* Hän pistää nenänsä asioihin, joihin hänellä ei ole osaa eikä arpaa!

2 poke *s*

take a poke at sb *1* motata jkta *John took a poke at Shelby!* John mottasi Shelbyä! *2 ark vanh* (am) kritisoida jkta

1 pole ['pəʊl] *s*

be in pole position (br, austr) olla paalupaikalla, olla parhaalla paikalla kilpailijoihin nähden *The Daily Express was by this time in pole position.* Daily Express oli tässä vaiheessa parhaassa asemassa kilpailijoihinsa nähden.

up the pole *ark vanh 1* (br) hullu *The workload can drive you up the pole.* Tämä työmäärä voi tehdä sinut hulluksi. *2* (br) vaikeuksissa *Taxes can be enough to drive you up the pole.* Verot voivat jo pelkästään johtaa vaikeuksiin. *3* (yl irl) raskaana

2 pole *s*

be poles apart olla täysin erilaiset, olla aivan eri aaltopituudella *Susan's own friends were poles apart from Mike's.* Susanin ystävät olivat täysin erilaisia kuin Miken.

polish ['pɒlɪʃ] *v*

polish off *1 ark* tehdä selvää (ruoasta, juomasta) *He's just polished off two pizzas.* Hän teki juuri selvää kahdesta pizzasta. *2* (yl am; austr) tappaa *Mr Grant is accused of polishing off his former partner.* Herra Grantia syytetään entisen partnerinsa tappamisesta.

polish up hioa, petrata *I really must polish up my French before we go to Paris.* Minun täytyy hioa ranskaani ennen kuin menemme Pariisiin.

political [pə'lɪtɪkᵊl] *a*

a political football poliittinen keppihevonen *Gas supplies are also very much a political football.* Myös kaasuvarantoja käytetään paljon poliittisena keppihevosena.

politically [pə'lɪtɪkᵊli] *adv*

politically correct *PC* poliittisesti korrekti (kielenkäyttö), joka ei loukkaa ketään *their other half or I always say partner instead of, nowadays that's politically correct I think* heidän parempi puoliskonsa tai sanon aina sen sijaan kumppani, nykyään se on kai poliittisesti korrektia

politics ['pɒlɪtɪks] *s*

play politics pelata t. toimia omaan pussiin, vehkeillä [itsekkäästi] *You don't play politics with people's jobs!* Kun kyseessä ovat toisten ihmisten työpaikat, niin silloin ei vehkeillä turhan itsekkäästi!

pomp ['pɒmp] *s*

with due pomp and circumstance asiaankuuluvin juhlamenoin *The funerals of very famous people are conducted with due pomp and circumstance.* Erittäin kuuluisien ihmisten hautajaiset järjestetään asiaankuuluvin juhlamenoin.

ponce ['pɒns] *v*

ponce around / about *ark* (br) hienostella *He ponced around in front of the mirror.* Hän hienosteli peilin edessä.

ponce up tehdä jhk tarpeettomia, mutkikkaita muutoksia *You just had to ponce up the plan.* Sinun oli sitten vaan päästävä tekemään muutoksia suunnitelmaan.

pond ['pɒnd] s
  across the pond *ark* toisella puolen Atlanttia *I decided to try my hand across the Pond.* Päätin koettaa onneani toisella puolella Atlanttia.

pony ['pəʊni] v
  pony up *ark* (am) pulittaa *They can't afford to pony up for movie tickets.* Heillä ei ole varaa pulittaa elokuvalipuista.

poor ['pʊəʳ, pɔːʳ] a
  as poor as a church mouse *vanh* köyhä kuin kirkonrotta *They'll take one look at my clothes and know I'm as poor as a church mouse.* He huomaavat jo vaatteistani, että olen köyhä kuin kirkonrotta.
  be / come a poor second / third / ... (erit br) jäädä kauas voittajan taakse *For a long time, margarine ran a poor second to butter in both sales and esteem.* Margariini jäi pitkään kauas voin taakse niin myynniltään kuin arvostukseltaan.
  poor little rich boy / girl rikas poikarukka / tyttörukka *Kate is a poor little rich girl with her own private rink.* Kate on rikas tyttörukka, jolla on oma yksityinen luistinrata.
  poor old sb / sth *ark* vanha kunnon, parka (käytetään ilmaistaessa myötätuntoa) *Poor old Mrs White looked as if she didn't quite understand what was going on.* Rouva White -parka näytti siltä, kuin ei olisi oikein ymmärtänyt mistä on kyse.
  poor relation alempiarvoinen, huonompi *Applied art is still considered the poor relation of painting.* Taideteollisuutta pidetään yhä maalaustaidetta alempiarvoisena.
  take a poor view of suhtautua karsaasti *Harold took a poor view of popular music.* Harold suhtautui karsaasti populaarimusiikkiin.
  the poor man's ... köyhän miehen jtak *Herring is the poor man's salmon.* Silli on köyhän miehen lohi.

1 pop ['pɒp] v
  make sb's eyes pop s (am make sb's eyes pop out) *ark* saada jku pudottamaan silmänsä, saada jkn silmät rävähtämään suuriksi (hämmästyksestä) *Catherine was something to make your eyes pop.* Kuka tahansa oli pudottaa silmänsä Catherinen nähdessään.
  pop off 1 *ark t. leik* kuolla kupsahtaa, päästää päiviltä *When I pop off, everything will come to you.* Kun minä kuolla kupsahdan, sinä saat kaiken. 2 *ark* mennä ulos, lähteä, käydä *She's just popped off to get a newspaper.* Hän meni ulos hakemaan sanomalehden. 3 *ark* (am) puuskahtaa, mölyttää (vihoissaan)
  pop on *ark* vetäistä päälle, heittää ylleen (vaatteesta)
  pop one's clogs *ark leik* (br) heittää veivinsä, oikaista koipensa *Old Ian has popped his clogs.* Vanha Ian on heittänyt veivinsä.
  pop out lipsahtaa *The words popped out before she could stop them.* Sanat lipsahtivat hänen suustaan ennen kuin hän tajusikaan.
  pop the question *ark* kosia *Tim finally plucked up the courage to pop the question.* Tim rohkaisi vihdoinkin mielensä ja kosi.
  pop up *ark* tupsahtaa, putkahtaa (esiin) *I've noticed he pops up when I'm not expecting him.* Olen huomannut, että hän tupsahtaa esiin silloin, kun häntä ei odota.

2 pop s
  ... a pop *ark* (am) jtak kipaleelta, kerralta *The rings are $100 a pop.* Sormukset maksavat sata dollaria kipaleelta.
  have / take a pop at *ark 1* hyökätä jkn kimppuun sanoin t. teoin *Take a pop at them.* Hyökkää heidän kimppuunsa. 2 yrittää jtk *He took a pop*

at goal. Hän yritti tehdä maalin.
3 yrittää lyödä jktä *I was so mad, I took a pop at him!* Olin niin vihainen, että yritin lyödä häntä.

pope ['pəʊp] *s*
Is the Pope [a] Catholic? *ark* Eikö se ole itsestään selvää?

popular ['pɒpjʊləʳ] *a*
by popular demand yleisön pyynnöstä *They make paella almost every day by popular demand.* He tekevät melkein joka päivä paellaa yleisön pyynnöstä.

pore ['pɔːr] *s*
every pore joka solu t. huokonen, koko olemus *He oozes charm from every pore.* Hänen koko olemuksensa huokuu charmia.

porridge ['pɒrɪdʒ] *s*
do porridge (br) *ark* istua vankilassa *They ended up doing porridge.* He päätyivät vankilaan.

port ['pɔːt] *s*
a port of call yksi pysähdyspaikka useiden joukossa *Their last port of call was a large, unmodernised house.* Heidän viimeinen käyntipaikkansa oli suuri vanhanaikainen talo.
any port in a storm hätä ei lue lakia

possessed [pə'zesd] *v*
like a man / woman possessed (*myös* like one possessed) hyvin tarmokas t. energinen *He came at me like a man possessed.* Hän kävi päälle kuin yleinen syyttäjä.
What possessed sb to do sth? *ark* Mikä ihme sai jkn tekemään jtak? *What possessed you to come here?* Mikä ihme sai sinut tulemaan tänne?

possession [pə'zeʃən] *s*
leave sb in possession of the field jättää jk alue vapaaksi kilpailijoille, jättää kenttä kilpailijan haltuun, antaa vapaat kädet *This law will leave the rich in possession of the field.* Tämä laki antaa rikkaille vapaat kädet.
Possession is nine points / tenths / parts of the law. <jos jk on jo hallinnassa, muiden on vaikea viedä sitä pois edes laillisesti>
take possession [of sth] *kirjak* saada jkn omistus *Buyer could take possession of the goods only by paying the bill.* Ostaja voi saada tavaroiden omistusoikeuden vain maksamalla laskun.

possum ['pɒsəm] *s*
play possum 1 olla nukkuvinaan, tekeytyä kuolleeksi *He's not asleep, he's playing possum.* Ei hän ole unessa, hän on nukkuvinaan. **2** tekeytyä tietämättömäksi *The vendor plays possum and says there is no new news.* Myyjä tekeytyy tietämättömäksi ja sanoo, ettei kuulu mitään uutta.

postal ['pəʊstəl] *a*
go postal *slat* (am) saada raivokohtaus *Because of bureaucracy, I nearly went postal at the post office.* Melkein sain raivarin postitoimistossa byrokratian takia.

posted ['pəʊstɪd] *v*
keep sb posted [on / about sth] *ark* pitää jku ajan tasalla *I'll keep you posted about the autumn training.* Pidän sinut ajan tasalla syysvalmennuksesta.

pot ['pɒt] *s*
A watched pot never boils. Odottavan aika on pitkä.
for the pot ruuanlaittoon, ruuaksi *At the age of fifteen weeks the snails are ready for the pot.* Viidentoista viikon iässä etanat ovat valmiita pataan.
go [all] to pot *ark* joutua / mennä hunningolle *He let the club go to pot.* Hän antoi klubin joutua hunningolle.

in the melting pot (erit br) muuttumassa *The Railway in North Wales is still in the melting pot.* Pohjois-Walesin rautatiet ovat edelleen muutoksen kourissa.

pots of money *ark* iso kasa rahaa, sievoinen omaisuus *I spent pots of money.* Tuhlasin ison kasan rahaa.

put sb's pot on *ark* (austr) vasikoida jksta *One of my son's mates wrote a virus, and I put his pot on.* Yksi poikani kavereista ohjelmoi viruksen, ja minä ilmiannoin hänet.

take pot luck *ark* valita t. tehdä jtk summamutikassa *He just couldn't make up his mind which to choose and so in the end he decided to take pot luck.* Hän ei osannut päättää, minkä valitsisi, ja lopuksi hän vain nappasi jonkun summamutikassa.

the pot calling the kettle black pata kattilaa soimaa *Ellen said that I'm selfish. Talk about the pot calling the kettle black!* Ellen sanoi, että olen itsekäs. Siinä kyllä pata kattilaa soimaa!

throw sth into the pot ehdottaa jtk keskustelunaihetta *The far left threw its own policies into the pot of educational change.* Äärivasemmisto toi omat politiikkansa mukaan keskusteluun koulutusmuutoksesta.

potato [pə'teɪtəʊ] *s*
a hot potato *ark* kuuma peruna, arkaluontoinen aihe *The case became a hot potato for the government.* Tapauksesta tuli hallitukselle kuuma peruna.

potshot ['pɒtʃɒt] *s*
take a potshot / potshots [at sb / sth] *1 ark* ampua [jkta / jtk] tähtäämättä *He took potshots at the dock with his Luger.* Hän ampui laiturille umpimähkään Lugerillaan.
2 ark arvostella äkillisesti ja harkitsematta *The Prime Minister took potshots at her rival today.* Pääministeri arvosteli tänään äkillisesti kilpailijaansa.

potter ['pɒtər] *v*
potter about / around (br) puuhailla sitä sun tätä *I'll just potter about here.* Minä vain puuhailen sitä sun tätä täällä.

pound ['paʊnd] *s*
one's pound of flesh oma osuus (jstak, johon on oikeus mutta jonka ottaminen on kohtuutonta) *The Government are still after their pound of flesh.* Hallitus haluaa yhä oman osuutensa.

pounding ['paʊndɪŋ] *s*
take a pounding *ark 1* kärsiä rökäletappio, saada takkiinsa *They took a pounding.* He kärsivät rökäletappion. *2* saada haukkumiset, saada takkiinsa *He took a pounding in the press.* Hänet haukuttiin lehdistössä.

pour ['pɔːr] *v*
it never rains but it pours (*myös* (am) when it rains, it pours) vahinko tulee harvoin yksinään

pour forth *kirjak* pulppuilla, vuodattaa *He knelt down, pouring forth praises to God.* Hän polvistui ja vuodatti ylistystä Jumalalle.

pour into kylvää, syytää (rahaa ym.) *The Government continues to pour billions of pounds into its road-building programme.* Hallitus kylvää edelleen miljardeja puntia tienrakennusohjelmaansa.

pour oil on troubled water[s] valaa öljyä laineille *Patrick tried to pour oil on troubled waters but the row continued.* Patrick yritti valaa öljyä laineille, mutta riita vain jatkui.

pour out kertoa, vuodattaa (tunteitaan, ongelmiaan ym.) *The patients can pour out their problems and we can help.* Potilaat voivat kertoa ongelmistaan, ja me voimme auttaa heitä. *He poured out his heart to the* *priest.* Hän kevensi sydäntään papille.

1 powder ['paʊdə^r] *s*
a powder keg ruutitynnyri, tulenarka tilanne *The country right now is a powder keg.* Maa on juuri nyt ruutitynnyri.
keep one's powder dry *vanh* pysyä varuillaan, olla valmiina jnk varalta *She was keeping her powder dry.* Hän pysyi varuillaan.
take a powder *ark* (am) livistää tiehensä *Couldn't we just take a powder?* Emmekö voisi vaan livistää tiehemme?

2 powder *v*
powder one's nose *vanh t. leik* käydä puuteroimassa nenänsä (käydä vessassa) *Excuse me, but I have to powder my nose.* Anteeksi, mutta minun on käytävä puuteroimassa nenäni.

power ['paʊə^r] *s*
do sb a power of good *ark vanh* tehdä jklle hyvää *A holiday would do her a power of good.* Loma tekisi hänelle erittäin hyvää.
in the power of vallassa *The decision is in the power of the marketing director.* Päätös on markkinointijohtajan vallassa.
More power to your elbow! *(myös* (am, austr) More power to you!) *vanh* Niin sitä pitää!, Lykkyä tykö!
power behind the throne taustavoimat, kulissien takainen vaikuttaja *The company is the real power behind the throne.* Varsinainen kulissien takainen vaikuttaja on se yritys.
the powers that be *us iron* vallanpitäjät *It's just that the powers that be treat us teachers like dirt.* Vallanpitäjät vain kohtelevat meitä opettajia kuin roskaa.

practical ['præktɪk^əl] *a*
for [all] practical purposes tosi asiassa, todellisuudessa *The nickel content does not, for all practical purposes, make any difference to the hardness.* Nikkelipitoisuus ei todellisuudessa vaikuta kovuuteen.
[play] a practical joke [on sb] [tehdä] kepponen *A snake was sent to an inmate as a practical joke.* Hoidokille lähetettiin kepposena käärme.

practice ['præktɪs] *s*
in practice *1* käytännössä *In practice this is never the case.* Käytännössä näin ei koskaan ole asian laita. *2* kunnossa *It is important to try and keep in practice.* On tärkeää yrittää pysyä kunnossa.
make a practice of sth ottaa tavakseen tehdä jtk, tehdä jtk säännöllisesti *Distinguished people make a practice of visiting the opera.* Hienostuneet ihmiset ottavat tavakseen käydä oopperassa.
out of practice ei kunnossa, ei [pitkään aikaan] harjoitellut *Experienced pilots can go much longer without becoming badly out of practice.* Kokeneet lentäjät voivat olla kauemmin lentämättä ilman, että heidän lentotaitonsa rapistuu.
practice makes perfect harjoitus tekee mestarin
put sth into practice toteuttaa käytännössä *It is easy to say, much more difficult to put into practice.* Se on helppo sanoa, paljon vaikeampi toteuttaa käytännössä.

practise ['præktɪs] *v* (*am* practice)
practise what one preaches noudattaa omaa neuvoaan, tehdä mitä saarnaakin, elää puheittensa mukaan *In most areas of life, he tries to practise what he preaches.* Hän yrittää useimmilla elämän aloilla elää puheittensa mukaan.

1 praise ['preɪz] *v*
praise sb / sth to the skies ylistää jkta / jtk maasta taivaisiin *Yet now he was praising her to the skies.* Nyt

mies kuitenkin ylisti häntä maasta taivaisiin.

2 praise s
sing the praises of ark ylistää jkta maasta taivaaseen, kehua, ylistää *Aunt Jenny never stops singing her daughter's praises.* Jenny-täti se jaksaa ylistää tytärtään.

prayer ['preəʳ] s
not have a prayer ark ei mitään toivoa *He does not have a prayer of winning.* Hänellä ei ole mitään toivoa voittaa.

preach ['priːtʃ] v
preach to the converted käännyttää kääntyneitä (yrittää saada jku tukemaan aatetta, jota tämä jo tukee) *The danger here is that personnel's time can be taken up preaching to the converted.* Vaarana on, että henkilöstön aika kuluu kääntyneiden käännyttämiseen.

precious ['preʃəs] a
precious few / little ark hyvin harvat / vähän *Precious few people knew where she was at this present moment in time.* Hyvin harvat tiesivät, missä hän tällä hetkellä oli. *She had no qualifications and precious little experience.* Hänellä ei ollut mitään pätevyyttä ja vain hyvin vähän kokemusta.

precise [prɪˈsaɪs] a
to be [more] precise (*myös* more precisely) tarkemmin sanottuna *There was only one, to be precise.* Tarkemmin sanottuna heitä oli vain yksi.

preference ['prefʳrəns] s
give [a] preference to sb / sth asettaa jku / jk etusijalle *Members were given preference initially.* Jäsenet asetettiin alun perin etusijalle.

in preference to sb / sth mieluummin kuin jku / jk *White bread was once eaten in preference to brown.* Valkoista leipää syötiin aiemmin mieluummin kuin tummaa.

prejudice ['predʒʊdɪs] s
without prejudice to kirjak tuottamatta haittaa jklle, ketään vahingoittamatta *without prejudice to their rights* heidän oikeuksiinsa vaikuttamatta

premium ['priːmɪəm] s
at a premium 1 korkeassa kurssissa, arvossaan *Building land in cities is at a premium.* Rakennusmaa kaupungeissa on arvossaan.
2 ylihintaan *He sold the tickets at a premium.* Hän myi liput ylihintaan.
place / put a premium on panna painoa jllek, antaa suurta arvoa jllek *We do put a premium on common sense.* Me arvostamme tervettä maalaisjärkeä.

preparatory [prɪˈpærətʳri] a
preparatory to ennen, ennen kuin (myönteisen päälauseen jälkeen) *She cleared her throat preparatory to speaking.* Hän karaisi kurkkuaan ennen kuin alkoi puhua.

presence ['prezns] s
in the presence of sb (*myös* in sb's presence) jkn läsnäollessa *A bride is expected to cover her head in the presence of her parents-in-law.* Morsiamen odotetaan peittävän päänsä appivanhempien läsnäollessa.
make one's presence felt tuoda itseään esille *Bishop made his presence felt with goals in the 21st and 31st minutes.* Bishop toi itsensä esiin maaleilla 21. ja 31. minuuteilla.
presence of mind maltti, mielenmaltti, harkintakyky *I'm glad she had the presence of mind to help you.* Olen iloinen siitä, että hän piti päänsä kylmänä ja pystyi auttamaan sinua.

1 present ['prezᵊnt] a

all present and correct (myös (am) all present and accounted for) *ark* (br) kaikki paikalla *Missiles are there, all present and correct as listed by the Pentagon.* Ohjukset ovat kaikki siellä, aivan kuten Pentagon on listannut.

on present form tätä nykyä, nykyisellään (päätellen tämänhetkisestä suorituksesta t. käytöksestä) *On present form he is likely to be the next Prime Minister of Great Britain.* Tämänhetkisen arvion perusteella hänestä tulee Britannian seuraava pääministeri.

present company excepted (myös excepting present company, (am) present company excluded) *leik* läsnäolijoita lukuun ottamatta *Men are no good, present company excepted.* Miehistä ei ole mitään iloa, läsnäolijoita lukuun ottamatta.

the present day nykyhetki, nykyaika *music dating from the 11th century to the present day* musiikkia 1000-luvulta nykypäivään

2 present s

at present nykyään, nykyisin, tällä hetkellä *At present we have 3,000 members.* Tällä hetkellä meillä on 3000 jäsentä.

for the present toistaiseksi, tältä erää *For the present, it may be observed that he had omitted to include these cases.* Toistaiseksi voidaan todeta, että hän oli unohtanut ottaa nämä tapaukset mukaan.

no time like the present nyt on paras hetki toimia *There's no time like the present for beautiful skin.* Nyt on paras hetki toimia kauniin ihon hyväksi.

1 press ['pres] s

get / have a good / bad / ... press saada hyvää / huonoa / ... julkisuutta *The Association had a good press.* Yhdistys sai myönteistä julkisuutta.

hot off the press kuuma uutinen, tuoreena painosta *This story is hot off the press.* Tämä juttu on kuuma uutinen.

2 press v

be pressed for time olla kova kiire *I am terribly pressed for time.* Minulla on kova kiire.

be pressed to do sth olla vaikeaa *We may be pressed to keep our promise to them.* Meidän saattaa olla vaikeaa pitää heille antamaamme lupausta.

press home one's advantage käyttää tilaisuutta hyväkseen, ottaa kaikki irti tilaisuudesta *Simmons saw her uncertainty, and pressed home his advantage.* Simmons näki hänen epävarmuutensa ja käytti tilaisuutta hyväkseen.

press on tyrkyttää, tuputtaa *I pressed money on his reluctant mother.* Tyrkytin rahaa hänen vastahakoiselle äidilleen.

press sb / sth into service käyttää jkta / jtk tälle kuulumattomaan tarkoitukseen t. tehtävään *Even an old enamel bathtub may be pressed into service as a cleaning tank.* Jopa vanhaa emaliammetta voidaan käyttää puhdistusaltaana.

press sth home painottaa jtk, korostaa jtk näkökohtaa *Jonathan Swift satirically pressed this political idea home in Gulliver's Travels.* Jonathan Swift toi tämän poliittisen aatteen esiin satiirisesti Gulliverin matkoissa.

press the flesh *ark* (yl am) tervehtiä kättelemällä (poliitikosta, julkisuuden henkilöstä) *She pressed the flesh with dozens of activists in the senate.* Hän kätteli tusinoittain aktivisteja senaatissa.

pressed [prest] v

be pressed for money / time / space / ... olla hyvin vähän rahaa / aikaa / tilaa / ... *Well, since he's not pressed for time, perhaps one more.*

No, koska hänellä ei ole kiire, ehkä vielä yhdet.

pressure [ˈpreʃəʳ] s
put pressure on sb [to do sth] (*myös* bring pressure to bear [on sb] [to do sth]) painostaa jkta [tekemään jtk] *They put pressure on the record company to sell those extra seats.* He painostivat levy-yhtiötä myymään lisäpaikat.
under pressure 1 paineen alainen (hlö) *He performs better when under pressure.* Hän suoriutuu paremmin paineen alaisena. **2** painostettu tekemään jtk *The Irish ministers will be under pressure to obtain greater concessions.* Irlannin ministereitä painostetaan hankkimaan lisää myönnytyksiä.

presume [prɪˈzjuːm] v
presume on / upon *kirjak* käyttää väärin t. hyväkseen, luottaa liiaksi jhk *He presumes upon his own ability.* Hän luottaa liiaksi omiin kykyihinsä.

pretence [prɪˈtens] s (*am* pretense)
by / on / under false pretences vilpillisesti, väärin perustein *He had married her under false pretences.* Mies oli mennyt hänen kanssaan naimisiin väärin perustein.

1 pretty [ˈprɪti] a
a pretty penny *ark vanh* sievoinen summa *She earned a pretty penny that summer.* Hän ansaitsi sinä kesänä sievoisen summan.
not just a pretty face *leik* <korostettaessa, että jklla on erityistaitoja t. -lahjoja> *I'm not just a pretty face.* Osaan minä muutakin kuin olla kaunis.
pretty please <käytetään maanittelevissa pyynnöissä> *Can I have some chocolate? Pretty please.* Saanko vähän suklaata, saanko?

2 pretty *adv*
be sitting pretty *ark* olla hyvät oltavat, olla pullat hyvin uunissa *You'd be sitting pretty now if you'd married him.* Sinulla olisi nyt hyvät oltavat, jos olisit nainut hänet.
pretty much / well / nearly (*myös* (am) pretty near) *ark* melkein, jokseenkin *The affair is pretty much over.* Suhde on melkein ohi.

prevail [prɪˈveɪl] v
prevail on / upon taivuttaa jku, suostutella jku *Sometimes he was even prevailed upon to stay for dinner.* Joskus hänet suostuteltiin jopa jäämään päivälliselle.

prevention [prɪˈvenʃ°n] s
prevention is better than cure (*myös* (am) an ounce of prevention is better than a pound of cure) parempi katsoa kuin katua

prey [preɪ] s
fall / become prey to sth *kirjak* joutua jnk valtaan *He fell prey to melancholy.* Hän joutui melankolian valtaan.

1 price [praɪs] s
a price on sb's head jkn hengestä luvattu palkkio *They have put a price on his head.* Hänen hengestään on luvattu palkkio.
at a price 1 korkeaan hintaan *His offer comes at a price.* Hänen tarjouksellaan on korkea hinta. **2** kalliisti *He knew that friendship came at a price.* Hän tiesi joutuvansa maksamaan ystävyydestä kalliisti.
at any price mihin hintaan hyvänsä, hinnalla millä hyvänsä *Most people want peace at any price.* Useimmat ihmiset haluavat rauhaa hinnalla millä hyvänsä.
beyond / without a price *kirjak* korvaamattoman arvokas *Good staff are pearls without a price these days.* Hyvä henkilökunta on näinä päivinä mittaamattoman arvokasta.

price 436

not at any price ei mistään hinnasta *She wouldn't put up with the man, not at any price.* Hän ei sietäisi miestä mistään hinnasta.

put a price on mitata rahassa *You can't put a price on friendship and loyalty.* Ystävyyttä ja uskollisuutta ei voi mitata rahassa.

what price *ark* (br) **1** mitä hyötyä, mitä väliä *What price justice if he hires a lawyer and walks free?* Mitä väliä on oikeudella, jos hän palkkaa lakimiehen ja pääsee vapaaksi? **2** näinköhän *What price cricket at the Olympics?* Näinköhän kriketistä tulee olympialaji?

2 price *v*

price oneself out of the market pyytää jstak liian suurta hintaa, hinnoitella itsensä ulos markkinoilta *Supermodels price themselves out of the market.* Supermallit hinnoittelevat itsensä ulos markkinoilta.

1 prick ['prɪk] *v*

prick up one's ears höristää korviaan, valpastua *The guards pricked up their ears as the car approached.* Vartijat valpastuivat auton lähestyessä.

2 prick *s*

kick against the pricks *kirjak* (br, austr) potkia tutkainta vastaan, tehdä turhaa vastarintaa *He was a young actor who kicked against the pricks.* Hän oli nuori näyttelijä, joka potki tutkainta vastaan.

pride ['praɪd] *s*

one's pride and joy jkn ilon ja ylpeyden aihe, jkn suuri ilonaihe *The cottage was Anthea's pride and joy.* Mökki oli Anthean ilon ja ylpeyden aihe.

Pride comes before a fall. (*myös* (am) Pride goes before a fall.) Ylpeys käy lankeemuksen edellä.

pride of place kunniapaikka *The statue of Henry VIII takes pride of place above the gate.* Henry VIII:n patsas on kunniapaikalla portin yläpuolella.

swallow one's pride niellä ylpeytensä, nöyrtyä tekemään jtk *The very least he must do is to swallow his pride and seek advice.* Hänen on vähintäänkin nieltävä ylpeytensä ja pyydettävä neuvoa.

take pride in sb / sth olla ylpeä jksta / jstk *There was one job he took pride in.* Yhdestä työstä hän oli ylpeä.

prim ['prɪm] *a*

prim and proper sovinnainen, sievistelevä *We had to entertain a very prim and proper lady the other day.* Meidän piti viihdyttää hyvin sievistelevää rouvaa tässä eräänä päivänä.

1 prime ['praɪm] *s*

in the prime of [one's] life elämänsä kunnossa, elämänsä parasta aikaa elävä, kukoistava *A young man in the prime of his life is dead.* Elämänsä parasta aikaa elävä nuori mies on nyt kuollut.

2 prime *a*

a prime mover keskeinen vaikuttaja *Gratitude never was a prime mover in politics.* Kiitollisuus ei ole koskaan ollut keskeinen vaikuttaja politiikassa.

3 prime *v*

prime the pump (yl am) nostaa jk jaloilleen *The money was intended to prime the community health care pump.* Raha oli tarkoitettu nostamaan kunnan terveydenhoito jaloilleen.

primrose ['prɪmrəʊz] *s*

the primrose path [to ruin / destruction / ...] *kirjak* lavea tie (helppo elämä, joka johtaa vaikeuksiin) *We can't have you sliding down the Primrose Path to the everlasting bonfire, can we now?* Emmehän voi antaa sinun liukua alas laveaa tietä helvetin tuleen.

Prince ['prɪns] *s*
  Prince Charming *yl leik* täydellinen poikaystävä t. aviomies, unelmien prinssi *You ain't likely to pick up Prince Charming in a bar.* Tuskinpa löydät unelmiesi prinssiä baarista.

principle ['prɪnsɪpl] *s*
  in principle *1* periaatteellisesti, periaatteessa *acceptance of a proposition in principle and rejection of it in practice* ehdotuksen hyväksyminen periaatteessa ja sen hylkääminen käytännössä *2* yleisesti, mutta ei kaikissa yksityiskohdissa *Although agreeing in principle with the views expressed by him...* Vaikka yleisesti olenkin hänen esittämiensä näkemysten kanssa samaa mieltä...
  on principle periaatteessa, periaatesyistä *He was given six months' hard labour after he refused on principle to pay the fine.* Hän sai kuusi kuukautta pakkotyötä kieltäydyttyään periaatesyistä maksamasta sakkoa.

print ['prɪnt] *s*
  appear in print julkaista *These diaries will never appear in print.* Näitä päiväkirjoja ei tulla koskaan julkaisemaan.
  get into print saada teoksiaan julkaistuksi (ensi kertaa) *Maybe we can encourage more people to put pen to paper and get into print.* Ehkä voimme kannustaa useampia ihmisiä kirjoittamaan ja saamaan teoksiaan julkaistuksi.
  in print *1* saatavilla (painotuotteesta) *This book has been in print for 30 years.* Tämä kirja on ollut saatavilla 30 vuoden ajan. *2* painettuna *He did not live to see his book in print.* Hän ei elänyt tarpeeksi kauan nähdäkseen kirjansa painettuna.
  out of print loppunut (painoksesta) *The books I want are out of print.* Haluamani kirjat ovat loppuneet.

printed ['prɪntɪd] *v*
  the printed word / page painettu sana *Is the Internet the end of the printed word?* Onko Internet painetun sanan loppu?

priority [praɪ'ɒrɪti] *s*
  get one's priorities right / straight tehdä asiat tärkeysjärjestyksessä, laittaa asiat tärkeysjärjestykseen *The experience gave me the chance to get my priorities straight.* Kokemus antoi minulle mahdollisuuden laittaa asiat oikeaan tärkeysjärjestykseen.

prisoner ['prɪznə^r] *s*
  take no prisoners pyrkiä saavuttamaan jtk muiden tunteista piittaamatta, ei tuntea sääliä *Their report takes no prisoners.* Heidän raporttinsa ei tunne sääliä.

private ['praɪvɪt] *a*
  a private eye *ark* yksityisetsivä *He's a former policeman who is now a private eye.* Hän on entinen poliisi, joka on nyt yksityisetsivä.
  in private kahden kesken, luottamuksellisesti *I want to talk to you in private.* Haluan puhua kanssasi kahden kesken.
  private parts *euf* sukupuolielimet *His clothes are in rags, and do not even cover his private parts.* Hänen vaatteensa ovat riekaleina eivätkä peitä edes hänen intiimejä osiaan.

prize ['praɪz] *s*
  [there are] no prizes for guessing what ... / who ... (br, austr) ei ole vaikea arvata vastausta *No prizes for guessing what she was wearing.* Helppo arvata, mitä hänellä oli päällään.

pro ['prəʊ] *s*
  pros and cons edut ja haitat, hyvät ja huonot puolet, plussat ja miinukset *He weighed up the pros and cons of the situation.* Hän punnitsi tilanteen hyviä ja huonoja puolia.

probability

probability [ˌprɒbə'bɪlɪti] *s*
in all probability *kirjak* kaiken todennäköisyyden mukaan *In all probability he threw the basket out with the rest of the junk.* Todennäköisesti hän heitti korin pois muun rojun mukana.

problem ['prɒbləm] *s*
Do you have a problem with that? *ark* Onko siinä muka jokin ongelma?
have a problem with *ark* olla ongelmia jnk kanssa, ei hyväksyä jtak, vastustaa jtak *I have a problem with Sunday shopping.* Minä vastustan kauppojen sunnuntaiaukioloa.
it's / that's not my problem *ark* ei se minua liikuta (en välitä muiden ongelmista)
no problem *1 ark* ilman muuta, ei [mitään] hätää, sopii kyllä – *Can you repair it? – No problem.* – Saatko sen korjattua? – Ei hätää. – *Is it all right if I go out? – No problem.* – Sopiiko jos lähden ulos? – Sopii kyllä. *2 ark* (*myös* not a problem) ei kestä, ei se mitään (vastattaessa kiitokseen t. anteeksipyyntöön)
that's your / his / her problem *ark* se on sinun ongelmasi / hänen ongelmansa – *He doesn't like you. – That's his problem.* – Hän ei pidä sinusta. – Se on hänen ongelmansa.
What's your problem? *ark* Mikä sinua vaivaa? (pidettäessä toisen käytöstä kohtuuttomana), Mikä sinua nyppii?

probs ['prɒbs] *s*
no probs *ark* ei ongelmia *I'll find it, no probs.* Löydän sen kyllä, ei mitään ongelmaa.

process ['prəʊses] *s*
in process of time ajan kuluessa *Many daughters may find themselves, in process of time, caring for their elderly parents.* Moni tytär saattaa ajan kuluessa joutua huolehtimaan iäkkäistä vanhemmistaan.
in the process siinä sivussa *She married again, acquiring four grown-up stepchildren in the process.* Hän meni uusiin naimisiin ja sai siinä sivussa neljä aikuista lapsipuolta.
in the process of doing sth *1* tehdä parhaillaan jtk *A tray of stamps was in the process of being sorted.* Tarjottimella oli postimerkkejä, joita lajiteltiin parhaillaan. *2* tehdessään jtk *In the process of examining how routine policing works, they may find it doesn't.* Tutkiessaan, kuinka rutiinipoliisityö toimii, he saattavat havaita, ettei se toimi.

prodigal ['prɒdɪɡəl] *a*
a / the prodigal son *kirjak halv t. leik* tuhlaajapoika *The prodigal son came back and became the accepted son, again.* Tuhlaajapoika palasi kotiin ja oli taas hyväksytty poika.

produce [prə'dju:s] *v*
produce the goods (*myös* come up with / deliver the goods) *ark* tehdä mitä odotetaan t. mitä on luvannut, täyttää odotukset *For the first time in his career he had failed to produce the goods.* Ensimmäistä kertaa urallaan hän ei pystynyt täyttämään odotuksia.

production [prə'dʌkʃən] *s*
make a production of tehdä suuri numero jstak, tehdä jk turhan monimutkaisesti *Why should she make a production of it?* Miksi hänen pitäisi tehdä siitä suuri numero?
on production of sth *kirjak* näytettäessä jtk, esitettäessä jtk *Expenditure will be refunded on production of receipts.* Kulut korvataan kuitteja vastaan.

profession [prə'feʃən] *s*
the oldest profession [in the world] *leik* maailman vanhin ammatti (prostituoitu)

profile ['prəʊfaɪl] s
adopt / keep / ... a high / low profile pitää korkeaa / matalaa profiilia, yrittää kiinnittää / olla kiinnittämättä ihmisten huomiota itseensä *Opponents kept a low profile.* Vastustajat pitivät matalaa profiilia. *Evaluation of the scheme is given a high profile.* Järjestelmän arviointia pidetään näkyvästi esillä.

in profile sivulta katsottuna, sivukuvassa *Five yards away a woman sat almost in profile.* Viiden jaardin päässä istui nainen melkein sivuittain minuun nähden.

program ['prəʊgræm] s (br programme)
get with the program *ark* (am) vaihtaa uusiin tuuliin, saattaa ajan tasalle *When will they get with the program?* Koska he oikein vaihtavat uusiin tuuliin?

prolong [prə'lɒŋ] v
prolong the agony pitkittää kärsimystä (tarpeettomasti) *I do not wish to prolong the agony, but...* En halua pitkittää kärsimystä tarpeettomasti, mutta...

1 promise ['prɒmɪs] v
I [can] promise you *ark* usko pois (uhkailtaessa t. kannustettaessa) *I'm not joking, I promise you.* En vitsaile, usko pois.

he / it / ... promises well vaikuttaa lupaavalta *It is worth trying as an experiment because it promises well.* Sitä kannattaa yrittää kokeellisesti, koska se vaikuttaa lupaavalta.

promise the earth / moon *ark* luvata kuu taivaalta, luvata liikoja *Other parties promise the earth.* Muut puolueet lupaavat kuun taivaalta.

2 promise s
promises, promises *ark* pelkkää puhetta, tyhjiä lupauksia, höpö[n] höpö[n]

promised ['prɒmɪst] v
the promised land luvattu maa *Italy – the promised land for any musician* Italia – kaikkien muusikoiden luvattu maa

proof ['pruːf] s
proof positive vakuuttava todiste, pitävä todiste *A witness gives proof positive of the felon's guilt.* Todistaja antaa pitävän todisteen rikollisen syyllisyydestä.

the proof of the pudding [is in the eating] käytäntö sen vasta osoittaa *Plans and models are all very well, but the proof of the pudding is in the eating.* Suunnitelmat ja mallit ovat ihan hyviä, mutta käytäntö sen vasta osoittaa.

prop ['prɒp] v
prop up the bar *ark halv* kuluttaa runsaasti aikaa pubissa *Now Johnny will continue to prop up the bar.* Nyt Johnny viettää edelleen runsaasti aikaa pubissa.

prophet ['prɒfɪt] s
A prophet is not without honour save in his own country. Kukaan ei ole profeetta omassa maassaan.

a prophet of doom tuomiopäivän profeetta (jku joka aina odottaa pahinta) *It would be easy to be a prophet of doom in these difficult times.* Näinä vaikeina aikoina olisi helppoa olla tuomiopäivän profeetta.

proportion [prə'pɔːʃən] s
keep sth in proportion pitää oikeissa mittasuhteissa, reagoida kohtuullisesti *Let us keep things in proportion.* Pidetäänpä asiat oikeissa mittasuhteissa.

out of [all] proportion [to sth] suhteeton, suhteettoman suuri, kohtuuton *The problem has grown out of all proportion.* Ongelma on kasvanut suhteettoman suureksi.

propose

propose [prə'pəʊz] v
  propose a toast [to sb] (*myös* propose sb's health) ehdottaa maljaa *I want to propose a toast to an absent friend.* Haluan ehdottaa maljaa poissaolevalle ystävälle.

1 protest [prə'test] v
  protest too much *kirjak* väittää liian innokkaasti jtk (jolloin se muuttuu epäuskottavaksi) *Insurers protest too much on disclosure.* Vakuutusyhtiöt pitävät liikaa ääntä ilmoittamisesta.

2 protest ['prəʊtest] s
  under protest vastustellen, vastentahtoisesti *She gave in under protest.* Hän antoi periksi vastentahtoisesti.

proud ['praʊd] a
  do sb proud (*myös* do oneself proud) *1 ark* antaa jklle aihetta olla ylpeä, tuottaa kunniaa jklle *He's done us proud.* Saamme olla ylpeitä hänestä. *2 vanh* kestitä jkta ruhtinaallisesti

prowl ['praʊl] s
  be / go on the prowl (ihmisistä) vaania, hiipiä (koska haluaa saada jkn kiinni t. tehdä rikoksen), väijyä *You're after an excuse to go on the prowl round those fashion-shops again.* Etsit vain tekosyytä päästäksesi taas saalistamaan noihin muotikauppoihin.

pub ['pʌb] s
  a pub crawl *ark* (br, austr) pubikierros *They spent the evening on a pub crawl.* He kiersivät illan pubeja.

public ['pʌblɪk] a
  be public knowledge olla yleisesti tiedossa (erit jssk yhteisössä) *He didn't want it to become public knowledge.* Hän ei halunnut sen tulevan yleiseen tietoon.
  be public property olla kaikkien tiedossa t. huulilla *I keep forgetting our lives are public property.* Unohdan aina, että elämämme on julkista.
  for the public good yleishyödyllinen *an association for the public good* yleishyödyllinen yhteisö
  go public *1* julkistaa jtak *They went public with the news at the press conference.* He julkistivat uutisen lehdistötilaisuudessa. *2* mennä pörssiin (yhtiöstä)
  in the public domain julkisesti tiedossa, yleisesti tiedossa *Only the costs of last year's storms are in the public domain.* Vain viime vuoden myrskyjen kulut ovat yleisesti tiedossa.
  public enemy number one yhteiskunnan vihollinen numero yksi (jku, josta monet eivät pidä t. jota eivät hyväksy) *Since 1980 a new environmental public enemy number one has replaced nuclear power.* Vuoden 1980 jälkeen uusi ympäristön vihollinen numero yksi on korvannut ydinvoiman.
  the public eye julkisuus *I'm tired of being in the public eye.* Olen kyllästynyt olemaan julkisuudessa.

pudding ['pʊdɪŋ] s
  in the pudding club *ark vanh* (br) raskaana
  over-egg the pudding (br) pilata jk liialla yrittämisellä, liioitella *The ornamentation in particular over-eggs the pudding to an extreme degree.* Erityisesti koristelu on äärimmäisen liioiteltua.

1 puff ['pʌf] s
  in all one's puff *ark* (yl br) koko ikänsä aikana *I've never been so insulted in all my puff!* Minua ei ole ikänäni loukattu näin!

2 puff v
  puff and pant / blow *ark* ähkiä ja puhkua (rasituksesta) *He puffed and panted behind the others.* Hän ähki ja puhki muiden takana.

puff out (*myös* up) pullistaa, pullistua *He sucked his stomach in and puffed his chest out.* Hän veti vatsansa sisään ja pullisti rintaansa.

puff up *1* turvota (ruumiinosasta) *2* ylpistyä *His success has not puffed him up.* Hänen menestyksensä ei ole saanut häntä ylpistymään.

puffed ['pʌft] *v*
be puffed up with pride / etc. puhkua ylpeyttä / tms., olla täynnä ylpeyttä / tms. *Don't be so puffed up with your own perfections.* Älä ole niin täynnä omaa täydellisyyttäsi.

1 pull ['pʊl] *s*
on the pull *alat* (br) etsimässä seksikumppania *The eligible bachelor on the pull?* Tavoiteltu poikamies etsimässä seksikumppania?

2 pull *v*
pull a rabbit out of the hat *ark* esittää nopeasti ratkaisu jhk ongelmaan, tehdä hattutemppu *He can pull a few more rabbits out of the hat.* Hänellä on vielä monta ässää hihassaan.

pull a trick / stunt *ark* tehdä jklle jekkua, tehdä [typerä] temppu *Is he smart enough to pull a trick like that?* Onko hän tarpeeksi fiksu tehdäkseen tuollaisen jekun?

pull ahead / away ohittaa jku, mennä jkn ohi *He pulled ahead on the final lap.* Hän ohitti muut viimeisellä kierroksella.

pull apart *1* masentaa, riipoa jkn sydäntä *That look in your eyes pulls me apart.* Tuo katseesi riipoo sydäntäni. *2* murskata jk, kritisoida jtak armottomasti

pull away *1* lähteä liikkeelle (kulkuneuvosta) *The van pulled away.* Pakettiauto lähti liikkeelle. *2* irrota jstak, lähteä irti jstak *The radiator has started to pull away from the wall.* Patteri on alkanut irrota seinästä.

pull down *1* purkaa, repiä [alas] (yl rakennuksesta) *The church was pulled down in 1830.* Kirkko purettiin vuonna 1830. *2* (am) masentaa jku, lannistaa jku *The divorce really pulled her down.* Avioero masensi hänet täysin. *3 ark* tienata, ansaita

pull for *ark* (am) tukea, kannustaa

pull in *1* pysähtyä, pysäyttää (kulkuneuvosta), saapua [asemalle] (junasta) *A black car pulled in opposite the building.* Musta auto pysähtyi rakennusta vastapäätä. *2 ark* pidättää jku, ottaa jku säilöön *3 ark* tienata, ansaita

pull into pysäköidä (ajoneuvosta), saapua [asemalle] (junasta) *He pulled the car into the car park.* Hän pysäköi auton pysäköintialueelle.

pull off *1* onnistua, suoriutua jstak hyvin *The team pulled off a significant victory.* Joukkue onnistui saamaan merkittävän voiton. *2* kääntyä (ajoneuvosta) *We pulled off the motorway at Orleans.* Käännyimme moottoritieltä Orleansin kohdalla. *3* pysähtyä [tien ym. laitaan] (ajoneuvosta) *4* lähteä liikkeelle (ajoneuvosta) *I watched as his car pulled off and sped up the road.* Katselin, kuinka hänen autonsa lähti liikkeelle ja lisäsi vauhtia.

pull one's punches *ark* säästellä sanojaan *Your teacher doesn't pull his punches.* Opettajasi ei tosiaankaan säästele sanojaan.

pull one's weight tehdä oma osuutensa, kantaa kortensa kekoon *The others complained that Sheila wasn't pulling her weight.* Toiset valittivat, että Sheila ei tehnyt omaa osuuttaan.

pull oneself together ryhdistäytyä, koota itsensä *He pulled himself together with an effort.* Hän onnistui vaivalloisesti kokoamaan itsensä.

pull out *1* lähteä liikkeelle (yl junasta) *The train pulled out.* Juna lähti liikkeelle. *2* vaihtaa kaistaa (ohittaakseen), siirtyä ohituskaistalle (ajoneuvosta)

pull over *1* pysähtyä [tien laitaan ym.], pysäyttää [auto ym.] (ajoneuvon kuljettajasta) *2* pysäyttää (jkn ajoneuvo) *He was pulled over by police for speeding.* Poliisi pysäytti hänet ylinopeuden takia.

pull round (yl br) toipua (sairaudesta), tervehtyä

pull sb's leg *ark* vetää jkta nenästä t. huulesta, juksata jkta *The other children pulled his leg.* Muut lapset juksasivat häntä.

pull strings [for sb] (*myös* (am) pull wires) käyttää vaikutusvaltaa[nsa] *Francis pulled strings to get him out of trouble.* Francis käytti vaikutusvaltaansa saadakseen hänet pois vaikeuksista.

pull the carpet / rug out from under sb's feet *ark* vetää jklta matto jalkojen alta *They should not be pulling the carpet out from under the coalition.* Heidän ei pitäisi vetää mattoa pois liittoutuman alta.

pull the other leg / one [it's got bells on] *ark* (br) puhu pukille, älä yritä

pull the plug on sth *ark* lopettaa jk, keskeyttää jk, tehdä loppu jstak *The management pulled the plug on the project.* Johto keskeytti projektin.

pull the strings olla ohjissa, johtaa jtak [kulissien takana] *For generations they have been led to believe that Britain and America secretly pull the strings in their country.* Heille on sukupolvien ajan uskoteltu, että Britannia ja Amerikka johtavat salassa heidän maataan.

pull through *1* selvitä (vaikeuksista ym.), selviytyä [hengissä] (sairaudesta ym.) *2* auttaa jkta selviämään jstak *It was Rosemary who pulled me through the bad times.* Rosemary auttoi minut selviämään huonoista ajoista.

pull together *1* vetää yhtä köyttä, tehdä yhteistyötä *He asked Americans to pull together in the name of patriotism.* Hän pyysi amerikkalaisia vetämään yhtä köyttä isänmaallisuuden nimissä. *2* yhdistää, nivoa [kokonaisuudeksi] (ajatuksia ym.)

pull up *1* pysähtyä, seisahtua (ajoneuvosta) *The car pulled up outside the house.* Auto pysähtyi talon eteen. *2* siirtää lähemmäksi (yl huonekalusta) *She pulled up a chair and patted it invitingly.* Hän siirsi tuolin lähemmäksi ja taputti sitä kutsuvasti. *3* pysähtyä, pysäyttää jku *The thought pulled her up short.* Ajatus pysäytti hänet. *4* moittia jkta, paheksua jkta *I pulled him up on his hostile comments.* Moitin häntä hänen vihamielisistä kommenteistaan.

pulp ['pʌlp] *s*

beat to a pulp *ark* tehdä hakkelusta *My brother wants to beat my boyfriend to a pulp.* Veljeni haluaa tehdä poikaystävästäni hakkelusta.

pulse ['pʌls] *v*

feel / take sb's pulse tunnustella jkn mielipidettä *This is an opportunity to feel the pulse of those working in the field.* Tämä on mahdollisuus tunnustella kentällä toimivien mielipidettä.

quicken one's / the pulse kiihdyttää, innostaa *I have read this book over a hundred times and it never fails to quicken my pulse.* Olen lukenut tämän kirjan sata kertaa ja aina se innostaa minua.

1 pump ['pʌmp] *s*

all hands to the pump kaikkia tarvitaan avuksi (erit hätätilanteessa)

2 pump *v*

pump in / into panna [rahaa], sijoittaa [rahaa] *He has pumped too much money into his campaign.* Hän on pannut liian paljon rahaa kampanjaansa.

pump iron *ark* nostella painoja *They pump iron for hours every morning.* He nostelevat painoja tuntikausia joka aamu.

pump out *ark* suoltaa, syytää *The company pumps out new products every year.* Yritys syytää uusia tuotteita markkinoille joka vuosi.

pump sb full of sth ahtaa jku täyteen jtk *They pumped her full of drugs.* He ahtoivat hänet täyteen huumeita.

pump sb's hand vatkata jkn kättä, ravistella jkn kättä (yl käteltäessä) *Harry pumped her hand vigorously.* Harry ravisteli hänen kättään tarmokkaasti.

pump sb's stomach tehdä vatsahuuhtelu *She was released from hospital yesterday after having her stomach pumped.* Hänet päästettiin eilen sairaalasta, sen jälkeen kun hänelle oli tehty vatsahuuhtelu.

pump up *ark* **1** lisätä jtak, kasvattaa jtak *a desperate attempt to pump up sales* epätoivoinen yritys lisätä myyntiä **2** (yl am) innostaa, sytyttää (yleisö ym.)

1 punch ['pʌntʃ] *v*

one couldn't punch one's way out of a paper bag *ark, leik* ei olla vastusta, olla saamaton, nyhverö *The Governor couldn't punch her way out of a paper bag, let alone fix this situation.* Kuvernööristä ei ole vastusta kellekään, saati että hän pystyisi korjaamaan tämän tilanteen.

punch above one's weight *s ark* ylittää jkn kyvyt *His starting in that race is punching above his weight.* Osallistuminen kilpailuun ylittää hänen kykynsä.

punch sb's lights out *ark* vetää jklta taju kankaalle *It's amazing to me that some woman hasn't punched his lights out yet.* On ihme, ettei yksikään nainen ole vielä vetänyt häneltä tajua kankaalle.

punch the [time] clock (am) tehdä tavallista työtä virka-aikana *Sometimes you feel your career has turned into a punch-the-time-clock job.* Joskus tuntuu siltä, että ura on muuttunut rutiinityöksi.

punch up piristää *It's the same song but punched up with a new arrangement.* Se on sama kappale, mutta sitä on piristetty uudella sovituksella.

2 punch *s*

[as] pleased as Punch *ark* tyytyväisyydestä hykertelevä, hyvin tyytyväinen *He's as pleased as Punch about the news.* Uutiset saivat hänet hykertelemään tyytyväisyydestä.

beat sb to the punch *ark* (am) ehtiä jkn edelle, olla jkta ripeämpi *The Conservatives may beat Labour to the punch with their own version of PR.* Konservatiivit saattavat ehtiä työväenpuolueen edelle omalla PR-aineistollaan.

punch-drunk [,pʌntʃ'drʌŋk] *a*

be punch-drunk olla sekaisin, hämmennyksissä (erit vaikean tilanteen jälkeen) *punch-drunk with love* sekaisin rakkaudesta

pup ['pʌp] *s*

sell / buy a pup *vanh ark* (br) myydä jklle täyttä roskaa *She now claims she was sold a pup by clever officials.* Hän väittää, että ovelat virkamiehet myivät hänelle täyttä roskaa.

puppy ['pʌpi] *s*

puppy fat (br, austr) vauvamainen pyöreys *She lost her puppy fat.* Hän menetti vauvamaisen pyöreytensä.

puppy love teinirakkaus *Was it puppy love?* Oliko se teinirakkautta?

pure ['pjʊər] *a*

be as pure as the driven snow *us leik* puhtoinen kuin pulmunen (moittee-

purely

ton) *Perhaps she was as pure as the driven snow.* Ehkä hän oli puhtoinen kuin pulmunen.
pure and simple silkkaa, pelkkää *It's envy, pure and simple.* Se on silkkaa kateutta.

purely ['pjʊəli] *adv*
purely and simply puhtaasti, pelkästään, ainoastaan *It is purely and simply a hospital.* Se on pelkästään sairaala.

1 purple ['pɜ:pl] *a*
purple prose tarpeettoman monimutkainen ja muodollinen tyyli *Just quoting the purple prose of the travel brochures.* Lainaan vain matkaesitteiden mahtipontista tyyliä.

2 purple *s*
born in / to the purple syntyä kuninkaalliseen sukuun

purpose ['pɜ:pəs] *s*
on purpose tahallaan *You did that on purpose.* Sinä teit tuon tahallasi.
to little / some purpose *kirjak* vain vähän / jonkin verran vaikutusta t. tulosta *The English spent large sums on the war, but to little purpose.* Englantilaiset kuluttivat sotaan runsaasti rahaa, lähes tuloksetta.
to no purpose tuloksetta, tarpeetonta *I twisted his hand to no purpose.* Väänsin hänen kättään tuloksetta.
to the purpose tarpeellista, paikallaan, asiaankuuluva *Have you heard anything which is to the purpose?* Oletko kuullut mitään asiaan liittyvää?

purse ['pɜ:s] *s*
hold the purse strings päättää raha-asioista *The Government gives power only to those who hold the purse strings.* Hallitus antaa valtaa vain niille, jotka päättävät raha-asioista.
loosen the purse strings hellittää kukkaronnyörejä *Government will loosen the purse strings next year.* Hallitus hellittää kukkaronnyörejä ensi vuonna.
tighten the purse strings kiristää kukkaronnyörejä *Councils are set to tighten the purse strings.* Valtuustot ovat aikeissa kiristää kukkaronnyörejä.

pursuance [pə'sju:əns]
in pursuance of jnk yhteydessä, samalla kun *I saw him in pursuance of my investigation into the death of Mr Trueman.* Näin hänet herra Truemanin kuoleman tutkimisen yhteydessä.

1 push ['pʊʃ] *v*
push around / about *ark* määräillä, komennella *Stop pushing me around!* Lopeta se komentelu!
push aside karkottaa jk mielestään *She pushed the thought aside.* Hän karkotti ajatuksen mielestään.
push at an open door saada haluamansa helposti, koska muut ovat samaa mieltä t. auttavat *They are pushing at an open door, we in the industry are already working for change.* He saavat haluamansa helposti, koska me teollisuudessa teemme jo töitä muutoksen eteen.
push for vaatia *Health experts are pushing for a ban on smoking.* Terveysasiantuntijat vaativat tupakointikieltoa.
push in *ark* (br) etuilla, kiilata (jonossa)
push off *1* työntää vene vesille *2 ark* häipyä, lähteä pois *Push off!* Häivy!
push on *1* jatkaa matkaa *Next day we pushed on towards Dublin.* Seuraavana päivänä jatkoimme matkaa kohti Dubliniä. *2* jatkaa jtak *I doggedly pushed on with my work.* Jatkoin sinnikkäästi työtäni.
push one's luck (*myös* push it, push things) *ark* olla tyhmänrohkea, luot-

taa liiaksi onneensa *He pushed his luck too far.* Hän luotti liiaksi onneensa.

push oneself forward kerjätä huomiota, tehdä itseään tykö *She was always pushing herself forward.* Hän kerjäsi koko ajan huomiota.

push over kaataa [kumoon], kellistää *One of the big kids pushed him over.* Yksi isommista lapsista kaatoi hänet.

push sth to the back of one's mind yrittää työntää jk mielestään *I managed to push the incident to the back of my mind.* Onnistuin työntämään välikohtauksen pois mielestäni.

push through ajaa jk läpi (uudistuksista ym.) *He had promised to push the bill through Parliament by November.* Hän oli luvannut ajaa lakiehdotuksen läpi parlamentissa marraskuuhun mennessä.

2 push *s*

at a push *ark* (br) tarvittaessa, jos on pakko *There is room for five people, at a push.* Tarvittaessa siellä on tilaa viidelle.

get / give the push *ark* (br) *1* saada t. antaa potkut, saada t. antaa kenkää *They hope he will now get the push from the cabinet.* He toivovat, että hän saa nyt kenkää hallituksesta. *2* panna välit poikki [jkn kanssa], antaa jklle lähtöpassit (tyttö- t. poikaystävästä) *She'd given him the push.* Hän oli pannut välit poikki.

if / when push comes to shove *ark* tiukan paikan tullen *When push comes to shove, mom will lend me the money.* Tiukan paikan tullen äiti lainaa minulle rahat.

pushed ['puʃt] *a*

be hard pushed to do sth olla vaikeuksia tehdä jtak, olla täysi työ *I'm hard pushed to teach him anything.* Minulla on täysi työ opettaa hänelle mitään.

be pushed for money / time / space / ... olla vain vähän rahaa / aikaa / tilaa / ... *I am very pushed for money.* Minulla on hyvin vähän rahaa.

pusher ['puʃəʳ] *s*

a pen pusher (*myös* (am) a pencil pusher) konttorirotta *I didn't join the police to be a pen pusher.* En liittynyt poliisiin päätyäkseni konttorirotaksi.

pushing ['puʃɪŋ] *v*

be pushing 40 / 50 / ... *ark* lähestyä 40:n / 50:n / ... ikää *Jim Hendrix would be pushing 50 this year.* Jim Hendrix täyttäisi tänä vuonna 50.

put ['pʊt] *v*

not know where to put oneself *ark* (br) olla nolona t. hämillään, mennä aivan noloksi *I didn't know where to put myself when he started to sing.* Menin aivan noloksi, kun hän alkoi laulaa.

put back *ark* juoda, kitata, kumota (yl alkoholista) *He put back whisky like it was mother's milk.* Hän kittasi viskiä kovaa tahtia.

put down *1* nöyryyttää, panna matalaksi, väheksyä *Don't put yourself down!* Älä väheksy itseäsi! *2* lopettaa (sairaasta eläimestä) *We had to have the poor horse put down.* Meidän oli pakko viedä hevosparka lopetettavaksi. *3* jättää jku [kyydistä], pysäyttää (kulkuneuvosta) *Can you put me down by the bus station?* Voitko jättää minut bussiaseman kohdalle? *4* panna jku nukkumaan (yl lapsesta)

put down to syyttää jtak jstak, panna t. lukea jk jnk syyksi, pitää jtak jkn aiheuttamana *Esther put her suspicions down to jealousy.* Esther ajatteli epäluulojensa johtuvan mustasukkaisuudesta.

put in for hakea jtak, anoa jtak *She put in for a job as a secretary.* Hän haki sihteerin paikkaa.

put it about 1 *alat* (br) harrastaa irtoseksiä *He's just a randy little shit, putting it about all over town.* Hän on vain himokas pikku paskiainen, joka harrastaa irtoseksiä ympäri kaupunkia. **2** levittää väärää tietoa (*myös* put it around / round) *He is putting it about that he is in favour of one of America's most important trade demands.* Hän uskottelee kaikkialla, että hän kannattaa yhtä Amerikan tärkeimmistä kauppavaatimuksista.

put it on teeskennellä (vihaa, kipua, tms.) *Well, she needn't put it on to me.* No, ei hänen minulle tarvitse teeskennellä.

put it there *ark* kättä päälle, tuohon käteen (kättelykehotus lupausta, sopimusta ym. tehtäessä)

put it to *kirjak* sanoa jtak jklle, vakuuttaa jtak jklle *My companion put it to me that an initiative must now be taken.* Seuralaiseni vakuutti minulle, että toimenpiteisiin on ryhdyttävä nyt.

put off 1 häiritä jkta t. jkn keskittymistä, kääntää jkn huomio toisaalle *Stop that! I'm trying to concentrate and you're putting me off.* Lopeta! Yritän keskittyä, mutta sinä häiritset minua. **2** ärsyttää jkta, tympäistä jkta, puistattaa jkta *His attitude really puts me off.* Hänen asenteensa ärsyttää minua suunnattomasti. **3** (br, austr) jättää jku kyydistä (kulkuneuvosta) *I'll put you off at the end of the street.* Jätän sinut kyydistä kadun päässä.

put on 1 näytellä, teeskennellä, ottaa jk ilme *She's just putting on an act.* Hän vain teeskentelee. *Don't put on that innocent look.* Älä teeskentele viatonta. **2** lihoa *I've put on six pounds.* Olen lihonut kaksi ja puoli kiloa. **3** pyytää jku puhelimeen *Can you put James on?* Voitko pyytää Jamesin puhelimeen?

put on to neuvoa jku jhk, suositella jklle jtak (hyvästä kampaajasta, ravintolasta ym.) *She put me on to an excellent podiatrist.* Hän suositteli minulle todella hyvää jalkahoitajaa.

put one over on sb *ark* jymäyttää jkta, petkuttaa jkta *They're just trying to put one over on us!* He yrittivät vain petkuttaa meitä!

put one's hands together antaa aplodit *Put your hands together for the winner!* Antakaa aplodit voittajalle!

put one's heart and soul into sth / doing sth tehdä jotain tarmokkaasti ja innostuneesti *Put your heart and soul into achieving your dreams.* Tee kaikkesi toteuttaaksesi unelmasi.

put oneself in sb's shoes / place asettua jkn toisen asemaan *Try to put yourself in my shoes.* Yritä ajatella asiaa minun kannaltani.

put out 1 aiheuttaa vaivaa jklle, nähdä vaivaa *Would it put you out if I came for a visit?* Olisiko sinulle vaivaksi, jos tulisin vierailulle? *I put myself out for others.* Näen vaivaa toisten puolesta. **2** nyrjäyttää, venähdyttää *She fell from her horse and put out her wrist.* Hän putosi hevosensa selästä ja nyrjäytti ranteensa. **3** (*yl* be put out) järkyttää, ärsyttää *She was put out by the experience.* Kokemus oli järkyttänyt häntä.

put sb off their stride / stroke johtaa huomio pois, häiritä keskittymistä *Her presence also put him off his stroke on the phone.* Naisen läsnäolo esti miestä keskittymästä puheluun.

put sb through sth pakottaa jku tekemään jtk epämiellyttävää t. vaikeaa *I don't want to put him through any more tests.* En halua pakottaa häntä enää lisätesteihin.

put the word out *ark* panna sana kiertämään

put together yhteensä (verrattaessa jkta t. jtk joihinkin muihin) *This is* the most commonly used kick, scoring more full points than all the other kicks put together. Tämä on eniten käytetty potku, jolla saa enemmän pisteitä kuin kaikilla muilla potkuilla yhteensä.

put up majoittaa, majoittua *I was hoping Kenny could put me up for a few days.* Toivoin, että Kenny voisi majoittaa minut muutamaksi päiväksi.

put up for panna jk [tarjolle], antaa *Two guitars once owned by Jerry Garcia will be put up for auction.* Kaksi Jerry Garcian omistuksessa ollutta kitaraa myydään huutokaupalla. *Do you want to put the baby up for adoption?* Haluatko antaa lapsen adoptoitavaksi?

put up or shut up pane toimeksi tai ole hiljaa (kyllästyttäessä toisen jatkuvaan aikomukseen tehdä jtk)

put up to yllyttää jkta jhk, usuttaa jku jhk *Did Shirley put you up to this?* Yllyttikö Shirley sinut tähän?

put up with sietää jtak, kestää jtak *She's impossible! How do you put up with her?* Hän on aivan mahdoton! Kuinka sinä kestät häntä?

putty ['pʌti] *s*
  be [like] putty in sb's hands *ark* olla kuin [sulaa] vahaa jkn käsissä *Craig was like putty in Sophie's hands from the beginning.* Craig oli kuin sulaa vahaa Sophien käsissä heti alusta asti.

put-up ['pʊt,ʌp] *a*
  a put-up job *ark* (br) hämäysyritys, petosyritys *The whole disappearance could be a put-up job.* Koko katoaminen saattaisi olla pelkkää hämäystä.

puzzle ['pʌzl] *v*
  puzzle out ratkaista, selvittää *I'll leave you to puzzle out the problem.* Jätänkin sinut ratkaisemaan ongelmaa.

Pyrrhic ['pɪrɪk] *a*
  a Pyrrhic victory Pyrrhoksen voitto (voitto, joka ei ole hintansa arvoinen) *It may prove to be a Pyrrhic victory.* Se saattaa osoittautua Pyrrhoksen voitoksi.

quake ['kweɪk] *v*
quake in one's boots / shoes tutista housuissaan, polvet tutisevat *I was on my way to law school, and I was quaking in my boots.* Olin menossa oikeustieteelliseen, ja polveni tutisivat pelosta.

quandary ['kwɒndəri] *s*
in a quandary hämmennyksissään, epävarma *The parties were in a quandary about gay marriage.* Puolueet olivat hämmennyksissään homoliitoista.

quantity ['kwɒntɪti] *s*
unknown quantity tuntematon tekijä *Her younger sister was much more of an unknown quantity.* Hänen nuorempi sisarensa oli paljon tuntemattomampi tekijä.

quantum ['kwɒntəm] *s*
a quantum leap (*myös* (harv) a quantum jump) äkillinen suuri edistysaskel *There has been a quantum leap in the range and quality of wines marketed in the UK.* Britanniassa kaupan olevien viinien määrässä ja laadussa on tapahtunut äkkiharppaus eteenpäin.

quarrel ['kwɒrəl] *s*
have no quarrel with sth ei olla eri mieltä jstak *I have no quarrel with the thesis.* En ole eri mieltä väitteen kanssa.

quart ['kwɔːt] *s*
get / pour / put a quart into a pint pot yrittää mahdotonta (erit yrittää saada jhk mahtumaan enemmän kuin siihen mahtuu) *Not all groups will meet their targeted expectations primarily because it is impossible to put a quart into a pint pot.* Kaikki ryhmät eivät pääse niille asetettuihin tavoitteisiin, etupäässä sen takia, että mahdottomia ei voida vaatia.

quarter ['kwɔːtə^r] *s*
at close quarters läheltä, lähellä *You wish to see the mountains at close quarters?* Haluatko nähdä vuoret läheltä?
close quarters *1* ahdas paikka *2* lähitaistelu

1 queen ['kwiːn] *s*
[be] the uncrowned queen [of sth] [olla] paras t. menestynein [jssk] *Ida Cox was billed as the "Uncrowned Queen of the Blues" back in the 1920s.* Ida Coxia mainostettiin 1920-luvulla bluesin kruunaamattomana kuningattarena.

2 queen *v*
queen it over sb ylvästellä, pitää itseään parempana, käyttäytyä alentuvasti *She queened it over her sister.* Hän käyttäytyi alentuvasti siskoaan kohtaan.

queer ['kwɪə^r] *v*
queer sb's pitch (*myös* queer the pitch [for sb]) pilata jkn suunnitelmat t. mahdollisuudet saada jtk *Did you try to queer my pitch?* Yrititkö pilata minun mahdollisuuteni?

question [ˈkwestʃ³n] s

a leading question johdatteleva kysymys *He came to see my new apartment: Now, where can I put my toothbrush? – Now there's a leading question.* Hän tuli katsomaan uutta asuntoani: No niin, mihin voin laittaa hammasharjani? – Siinäpä johdatteleva kysymys.

a question mark hangs over sb / sth (*myös* there's a question mark [hanging] over) jstk t. jksta on epäilyksiä *There is a question mark hanging over the basis and reasons why we went to war.* Sodan syistä ja perusteista on epäilyksiä.

a vexed question hankala kysymys, riidanalainen kysymys *All these matters show that it is a vexed question when there will be a change in the regime.* Kaikki nämä seikat osoittavat, että hallinnon vaihtumisen ajankohta on riidanalainen kysymys.

be a question of time olla ajan kysymys *Divorce is just a question of time.* Avioero on vain ajan kysymys.

beyond / without question ei epäilystäkään *Staffing costs are, without question, too high and must be reduced.* Henkilöstökustannukset ovat epäilyksettä liian korkeat ja niitä on alennettava.

bring / call / throw sth into question saattaa kyseenalaiseksi, nostaa puheenaiheeksi *Hospital security measures were brought into question.* Sairaaloiden turvatoimet asetettiin kyseenalaisiksi.

come into question nousta puheenaiheeksi *Its suitability for the car engine has now come into question.* Sen sopivuus auton moottoriksi on nyt noussut puheenaiheeksi.

Good question! Siinäpä kysymys! (vastauksena kysymykseen, johon ei tiedetä vastausta)

in question *1 kirjak* kyseinen, käsiteltävänä oleva, puheenalainen *This has nothing to do with the matter in question.* Tällä ei ole mitään tekemistä käsiteltävän asian kanssa. *2* kyseenalainen, kyseenalaiseksi *His very manhood is in question.* Hänen miehuutensa on asetettu kyseenalaiseksi.

it's [just] a question of koskee jtk, on itseasiassa jtk *It's not a question of compromise, it's just a question of clarity.* Kyseessä on pelkästään selkeys, ei kompromissi.

no question of ei tulla kyseeseen, ei tulla kysymykseen, ei olla mahdollista *I love my job and there is no question of me quitting.* Pidän työstäni, eikä irtisanoutuminen tule kysymykseenkään.

open to question (*myös* an open question) olla kyseenalainen *His actions are open to question.* Hänen toimintansa on kyseenalaista.

out of the question ei tulla kyseeseen, ei tulla kuuloonkaan *She wanted to go home, but it was out of the question.* Hän halusi mennä kotiin, mutta se ei tullut kuuloonkaan.

put the question panna asia äänestykseen *I have put the question on new clause 6.* Olen pannut uuden lauseke kuuden äänestykseen.

the million dollar question (*myös* the sixty-four thousand dollar question) hyvin tärkeä kysymys (johon on vaikea t. mahdoton vastata) *The million dollar question: Why aren't there more women in IT?* Miljoonan taalan kysymys: Miksi tietotekniikassa on niin vähän naisia?

there's some / no question of sth / doing sth on olemassa mahdollisuus / on mahdotonta *There's some question of conflict of interests.* On olemassa eturistiriidan mahdollisuus. *There's no question of my making a decision today.* Ei tule kysymykseen, että tekisin päätöksen tänään.

1 quick [ˈkwɪk] *a*

a quick fix *ark* nopea, usein tilapäinen ratkaisu jhk ongelmaan, pika-

quick

lääke *Seeking a quick fix for your anxiety, you knock back a couple of brandies.* Kun etsit ahdistukseesi pikalääkettä, nappaat pari brandya.

a quick one ark (br) yhdet (yl alkoholipitoinen juoma, joka ehditään nopeasti nauttia ennen kuin tehdään jtk muuta) *Go for a quick one before it closes.* Mene ottamaan yhdet, ennen kuin paikka suljetaan.

a quick study ark (am) nopea oppimaan *In today's business scene, anyone who is a quick study has a competitive edge.* Tämän päivän liike-elämässä jokaisella, joka on nopea oppimaan, on kilpailuetu.

as quick as a flash / wink (*myös* as quick as lightning) salamannopeasti *As quick as lightning, Toby climbed up and pulled Oliver after him.* Toby kiipesi ylös salamannopeasti ja veti Oliverin perässään.

be quick on the draw ark tajuta nopeasti, reagoida nopeasti *But Andy, quick on the draw, intervenes.* Mutta Andy, joka reagoi nopeasti, puuttuu asiaan.

double quick ark (br) hyvin nopea[sti] *Now you get upstairs double quick.* Nyt painut yläkertaan tosi nopeasti.

have [got] a quick temper olla äkkipikainen *He appears to have a quick temper.* Hän näyttää olevan äkkipikainen.

2 quick s

cut sb to the quick kirjak, vanh loukata jkta syvästi *She knew it would cut him to the quick.* Hän tiesi sen loukkaavan miestä syvästi.

quid ['kwɪd] s

be quids in ['kwɪds] ark (br) tulla pääsemään voitolle, olla voitolla (rahallisesti) *If he is prepared to take the risk, he could be quids in.* Jos hän on valmis ottamaan riskin, hän saattaa päästä voitolle.

quiet ['kwaɪət] a

as quiet as a mouse hiljainen kuin hiiri, rauhallinen *Mary was as quiet as a mouse and Ruth hardly knew she was there.* Mary oli hiljaa kuin hiiri, ja Ruth tuskin huomasi hänen olevan paikalla.

keep quiet about sth (*myös* keep sth quiet) pitää jk salassa *Normally, airlines and governments keep quiet about terrorist threats.* Yleensä lentoyhtiöt ja hallitukset pitävät terroriuhkaukset salassa.

on the quiet ark salaa, vaivihkaa *They pretend to be married but do their own thing on the quiet.* He teeskentelevät olevansa naimisissa mutta tekevät vaivihkaa omia asioitaan.

quite ['kwaɪt] adv

be not quite there ark ajatella hitaasti tyhmyyden, sairauden t. päihteiden vuoksi *He's not quite there yet but he keeps on improving.* Hän ei vielä ole täysissä sielun voimissa mutta paranee koko ajan.

not quite the thing *1* ei ole (sosiaalisesti) hyväksyttävää, ei ole sopivaa *It would not be quite the thing to wear a raincoat.* Ei olisi aivan sopivaa pukeutua sadetakkiin. *2 vanh* ei aivan terve t. normaali *I'm not quite the thing today.* En ole aivan kunnossa tänään.

quite a lot / bit aika lailla, melko tavalla *She had caused them quite a lot of trouble.* Hän oli aiheuttanut heille aika lailla huolta.

quite a / some sb / sth ark melko paljon, melkoinen, melkoisesti *He is quite a character.* Hän on melkoinen persoonallisuus. *It is quite some distance away.* Se on melkoisen kaukana.

quite so kirjak (br) aivan niin, ymmärrän

quite some time melko pitkään *He was silent for quite some time.* Hän oli pitkään vaiti.

quite the best / worst / ... *ark* ehdottomasti paras / huonoin / ... *quite the best way to travel* ehdottomasti paras tapa matkustaa

quits [ˈkwɪts] *s*
 be quits [with sb] *1 ark* olla kuitit (kumpikaan osapuoli ei ole mitään velkaa) *I think we're just about quits now, don't you?* Emmekö me nyt ole jotakuinkin kuitit, vai mitä? *2* olla tasoissa, maksanut samalla mitalla *I told him this and he laughed and said that he had done it too. "We're quits then," he said.* Kerroin asiasta hänelle, ja hän nauroi ja sanoi, että hänkin oli tehnyt niin. "Sittenhän olemme tasoissa", hän sanoi.
 call it quits lopettaa (esim. korttipeli) *It's late, we have to call it quits.* On myöhä, meidän täytyy lopettaa.
 double or quits tupla tai kuitti

quiver [ˈkwɪvəʳ] *s*
 an arrow in the quiver varalla oleva voimavara t. suunnitelma *We can choose which skills to learn, and each skill becomes an arrow in the quiver that we can use when needed.* Voimme valita, mitä taitoja opettelemme, ja kustakin taidosta tulee voimavara, jota voimme tarvittaessa käyttää.

quote [ˈkwəʊt] *v*
 quote [... unquote] *ark* <ilmaistaessa, että puheessa alkaa [ja päättyy] lainaus> *(myös* (am) quote ... end quote) *He was quote ill unquote.* Hän ilmoitti olevansa "sairas".

R

R ['ɑːr] *s*

the three Rs (reading, writing, and arithmetic) oppimisen kulmakivet (lukeminen, kirjoittaminen ja laskuoppi) *In some countries many of the population are not formally educated in the three Rs.* Monissa maissa merkittävä osa väestöstä ei saa muodollista opetusta.

the R months paras aika syödä ostereita (kuukaudet, joiden nimessä on r-kirjain, eli aika syyskuusta huhtikuuhun) *There's an old saying that states you should only eat shellfish in the R months.* Vanhan sanonnan mukaan äyriäisiä kannattaa syödä vain syyskuun ja huhtikuun välisenä aikana.

rabbit ['ræbɪt] *s*

breed like rabbits *ark* lisääntyä räjähdysmäisesti *It made the viruses breed like rabbits.* Se sai virukset lisääntymään räjähdysmäisesti.

race ['reɪs] *s*

a one-horse race kilpailu, jossa vain yhdellä kilpailijalla tai joukkueella on mahdollisuus voittoon *This election has been a one-horse race right from the start.* Näiden vaalien lopputulos on ollut selvillä jo alusta lähtien.

a race against time / the clock kilpajuoksu ajan kanssa *The pilot began a race against time to land the plane.* Lentäjä aloitti kilpajuoksun ajan kanssa saadakseen koneen maahan.

a rat race oravanpyörä *More and more women want to quit the rat race to stay at home and raise their children.* Yhä useammat naiset haluavat päästä irti oravanpyörästä ja jäädä kotiin hoitamaan lapsiaan.

1 rack ['ræk] *s*

go to rack and ruin *1* ränsistyä, rapistua (rakennuksesta ym.) *The truth of it was that the buildings were going to rack and ruin.* Todellisuudessa rakennukset oli jätetty ränsistymään. *2* joutua hunningolle, jättää jk retuperälle t. hunningolle

on the rack ahtaalla, piinapenkissä *Australia had us on the rack for the last 15 minutes.* Australia piti meitä ahtaalla viimeisen vartin ajan.

2 rack *v*

rack one's brain[s] miettiä [jtak] päänsä puhki *Rack his brains as he might, he could not remember who it was.* Vaikka hän mietti päänsä puhki, ei hän muistanut, kenestä oli kyse.

rack up saada, kerätä (pisteitä ym.) *He has racked up a record number of wins.* Hän on kerännyt ennätysmäärän voittoja.

racket ['rækɪt] *v*

racket about / around hummata, viettää hurjastelevaa t. vauhdikasta elämää *He was racketing around the Mediterranean.* Hän vietti vauhdikasta elämää Välimeren maissa.

raft ['rɑːft] *s*

a raft of *ark* roppakaupalla, kasapäin *a raft of problems* roppakaupalla ongelmia

rag ['ræg] s
a rags-to-riches story tuhkimotarina *My uncle is a real rags to riches story.* Setäni menneisyys on varsinainen tuhkimotarina.
be on the rag *ark* olla kuukautiset *She was on the rag.* Hänellä oli kuukautiset.
lose one's rag *ark* (br) menettää malttinsa *John lost his rag in the pub.* John menetti malttinsa pubissa.

rage ['reɪdʒ] s
all the rage *ark* erittäin suosittua, muotia *Short hair is all the rage at the moment.* Lyhyt tukka on juuri nyt muotia.

ragged ['rægɪd] a
run sb ragged *ark* juoksuttaa jku uuvuksiin *Roger ran him ragged at some stages in the game.* Roger juoksutti hänet muutaman kerran uuvuksiin ottelussa.

rail ['reɪl] s
go off the rails joutua väärille raiteille, suistua raiteiltaan *He went off the rails after his sister's death.* Hän suistui raiteiltaan siskonsa kuoleman jälkeen.
on the rails [oikeilla] raiteillaan, kunnossa *Keegan got Newcastle back on the rails.* Keegan sai Newcastlen (= jalkapallojoukkue) takaisin raiteilleen.

1 rain ['reɪn] s
be as right as rain *ark* olla terve kuin pukki, olla loistokunnossa *You'll be as right as rain by that time.* Tulet olemaan loistokunnossa siihen mennessä.
[come] rain or shine satoi tai paistoi *The working week begins every Monday, rain or shine.* Uusi työviikko alkaa joka maanantai, satoi tai paistoi.

2 rain v
rain cats and dogs sataa [kuin saavista] kaatamalla *Yesterday afternoon it rained cats and dogs.* Eilen iltapäivällä satoi kaatamalla.
rain off / out peruuttaa jk sateen vuoksi, keskeyttää jk sateen vuoksi *The game was rained off.* Peli peruutettiin sateen takia.
rain on sb's parade *ark* (yl am) pilata jkn suunnitelmat, pilata jkn tärkeä hetki *Robin rained on her parade by ignoring her.* Robin pilasi hänen suunnitelmansa sivuuttamalla hänet.
when it rains, it pours vahinko tulee harvoin yksinään *But, as ever, it never rains but it pours.* Vahingolla kun on tapana tulla harvoin yksinään.

rainbow ['reɪnbəʊ] s
chase rainbows / a rainbow tavoitella mahdotonta, tavoitella sateenkaarta *I certainly couldn't afford to waste petrol chasing rainbows as far as Leeds and back.* Minulla ei mitenkään ollut varaa tuhlata bensaa ajamalla Leedsiin asti ja takaisin mahdotonta tavoitellen.

rain check ['reɪntʃek] s
take a rain check [on sth] *ark* miettiä jtak yön yli, tehdä jtak joskus toiste *We need to take a rain check on our meeting tomorrow.* Meidän pitää tavata jonain toisena päivänä huomisen sijaan.

rainy ['reɪni] a
save / keep money for a rainy day säästää pahan päivän varalle *I believe he was saving up for a rainy day.* Uskoaksesi hän säästi rahaa pahan päivän varalle.

raise ['reɪz] v
raise hell (*myös* raise Cain) *ark* nostaa meteli, suuttua *They didn't refund the price of the ticket until I raised hell.* He palauttivat maksa-

rake

mani rahat lipusta vasta, kun nostin metelin asiasta.
raise one's glass kohottaa malja jklle *I raise my glass to Victor.* Kohotan maljan Victorille.
raise one's hand against / to sb lyödä jkta, olla lyömäisillään jkta *I would never raise my hand against a child.* En koskaan löisi lasta.
raise sb's spirits piristää, rohkaista jkta *That did nothing to raise his spirits.* Se ei rohkaissut häntä lainkaan.
raise the roof elämöidä, pitää [kovaa] ääntä *The applause raised the roof.* Aplodit olivat korviahuumaavat.
raise the spectre of sth (*myös* (am) raise the specter of sth) luoda uhkakuva jostakin *The attack has raised the spectre of another war.* Hyökkäys on luonut uhkakuvan uuden sodan syttymisestä.

1 rake ['reɪk] *s*
[as] thin as a rake langanlaiha *In spite of all this food I remained as thin as a rake.* Ruokamäärästä huolimatta pysyin langanlaihana.

2 rake *v*
rake and scrape pihistää, kitsastella *My father has had to rake and scrape to get to where he is today.* Isäni on joutunut elämään kitsaasti saavuttaakseen nykyisen elintasonsa.
rake in *ark* kääriä rahaa, tienata [kasoittain rahaa] *I thought his company was raking it in.* Luulin, että hänen firmansa tekee rutkasti rahaa.
rake over [old] coals (*myös* rake over the ashes) (yl br) kaivella menneitä, kaivella vanhoja asioita *I have no desire to rake over old coals.* En tahdo kaivella menneitä.
rake up / over kaivella, kaivaa esiin (epämiellyttäviä asioita jkn menneisyydestä) *Don't rake up the past.* Älä kaivele menneitä.

raking ['reɪkɪŋ] *s*
muck-raking <epämieluisten tietojen kaiveleminen ihmisistä julkaisutarkoituksessa> *These reports are nothing but muck-raking.* Nämä lausunnot ovat pelkkää loan heittoa.

ram ['ræm] *v*
be rammed *ark* (br) olla tupaten täynnä ihmisiä *The pub was so rammed we could hardly move.* Pubi oli niin tupaten täynnä, että liikkuminen oli miltei mahdotonta.
ram sth home painottaa, tähdentää (jtak seikkaa) *This latest incident has rammed home to us the importance of stability in the region.* Viimeisin yhteenotto on alleviivannut alueellisen vakauden tärkeyttä.

ramp ['ræmp] *v*
ramp up kasvattaa, lisätä *All manufacturers have ramped up production.* Kaikki valmistajat ovat lisänneet tuotantoaan.

ramrod ['ræmrɒd] *s*
ramrod straight (*myös* [as] straight as a ramrod) tikkusuora[na] *Josh stood ramrod straight.* Josh seisoi tikkusuorana.

ranch ['rɑːntʃ] *s*
bet the ranch (am) jättää kaikki yhden kortin varaan *This is a bet-the-ranch deal for us.* Laskemme kaiken tämän sopimuksen varaan.

range ['reɪndʒ] *v*
range against sb / sth asettua jtak vastaan, asettua vastustamaan jtak *The leaders of the alliance ranged against him.* Liittoutuman johtajat asettuivat häntä vastaan.
range with sb / sth asettua jkn puolelle, asettua kannattamaan jtak

1 rank ['ræŋk] *s*

break rank[s] nousta vastarintaan, toimia jnk vastaisesti *Romania broke ranks with Kremlin policies and sent an Olympic team to America.* Romania toimi Kremlin politiikan vastaisesti ja lähetti olympiajoukkueen Amerikkaan.

close ranks tiivistää rivinsä, vetää yhtä köyttä *They were now forced to close ranks with their former enemies.* Heidän oli nyt pakko vetää yhtä köyttä entisten vihollistensa kanssa.

pull rank [on sb] käyttää asemaansa hyväkseen, käyttää asemaansa väärin *He tried to pull rank on me on everything.* Hän yritti käyttää asemaansa hyväkseen kustannuksellani joka asiassa.

rise through / from the ranks (*myös* come up through the ranks) saada ylennys, yletä (organisaatiossa) *He rose rapidly through the ranks to become managing director.* Hän yleni nopeasti toimitusjohtajan asemaan.

[the] rank and file rivijäsenet *The new owners intend to impose wage cuts across the rank and file of the company.* Uudet omistajat aikovat leikata yrityksen rivityöntekijöiden palkkoja.

2 rank *a*

a rank outsider musta hevonen *She had at first been considered a rank outsider and was thus largely ignored by the media.* Hänet oli alunperin nimetty mustaksi hevoseksi, ja tämän takia media jätti hänet lähes huomiotta.

ransom ['rænsəm] *s*

a king's ransom *ark* omaisuus, sievoinen rahasumma *I believe he paid a king's ransom for the painting.* Uskoakseni hän maksoi sievoisen summan taulusta.

hold sb / sth to ransom kiristää jkta jllak *The company is held to ransom by the union.* Ammattiyhdistys kiristää yritystä.

rant ['rænt] *v*

rant and rave paasata (huutaen) *It was never her style to rant and rave when things went wrong.* Hänen tyyliinsä ei koskaan kuulunut raivoaminen asioiden mennessä pieleen.

1 rap ['ræp] *v*

rap out laukoa, [sanoa] paukauttaa, tiuskaista *'What's your name?' he rapped out suddenly.* "Mikä sinun nimesi on?" hän sanoa paukautti yhtäkkiä.

rap sb on / over the knuckles *ark* moittia jkta, arvostella jkta, näpäyttää jkta *The minister's remarks earned her a sharp rap across the knuckles from the president.* Presidentti moitti ministeriä kärkevästi tämän kommenttien johdosta.

2 rap *s*

a rap sheet *ark* (am) rikosrekisteri *His rap sheet is longer than most people's complete biographies.* Hänen rikosrekisterinsä on pitempi kuin useimpien ihmisten henkilöhistoria.

beat the rap *ark* (am) päästä pälkähästä, vapautua syytteestä *He admitted to perjury and still beat the rap.* Hän myönsi vannoneensa väärän valan ja silti vapautui syytteestä.

take the rap *ark* ottaa syy niskoilleen *Someone else took the rap for his demeanours.* Joku muu otti syyn niskoilleen hänen rikkomuksistaan.

rapture ['ræptʃər] *s*

go into raptures [about sb / sth] paasata jostakin hurmioituneena *She went into raptures about the climate of Portugal.* Hän paasasi hurmioituneena Portugalin ilmastosta.

rare ['reər] *a*

a rare bird outo lintu (henkilöstä), epätavallinen ihminen, asia *He's a* *realist, and they're rare birds.* Hän on realisti ja siten varsinainen outo lintu.

raring ['reərɪŋ] *a*
raring to go puhkua intoa *I awoke refreshed and raring to go.* Heräsin virkeänä ja intoa puhkuen.

1 rat ['ræt] *s*
like a drowned rat *ark* kuin uitettu koira *You look like a drowned rat.* Näytät märältä kuin uitettu koira.
smell a rat *ark* haistaa palaneen käryä *I smelled a rat when he invited me to his home for dinner.* Haistoin palaneen käryä, kun hän kutsui minut kotiinsa päivälliselle.

2 rat *v*
rat on *ark* (am myös rat out) *1* ilmiantaa jku, kannella jksta *2* laistaa, rikkoa [sopimus t. lupaus] *They ratted on the deal.* He rikkoivat sopimuksen.

ratchet ['rætʃɪt] *v*
ratchet up / down lisätä t. vähentää, nostaa t. laskea *Every year, we expect public service standards to be ratcheted up.* Joka vuosi odotamme, että julkisten palvelujen tasoa nostettaisiin.

rate ['reɪt] *s*
at a rate of knots *ark* (br, austr) pikavauhtia *She backed at a rate of knots.* Hän peräántyi pikavauhtia.
at any rate *ark* ainakin, ainakaan, joka tapauksessa *He was glad, at any rate, that he had shown up.* Hän oli kuitenkin tyytyväinen, että oli tullut paikalle.
at this rate tätä menoa, tätä vauhtia *We'll never get home at this rate.* Tätä vauhtia emme koskaan pääse kotiin.
the going rate [for sth] käypä hinta, markkinahinta *It's the going rate.* Se on markkinahinta.

rather ['rɑːðəʳ] *adv*
rather you than me siitä vain, eipä käy kateeksi

rathole ['ræthəʊl] *s*
down the rathole *ark* (am) Kankkulan kaivoon, hukkaan *We must stop pouring funds down the rathole of nuclear power.* Meidän täytyy lopettaa varojen tuhlaaminen ydinvoiman tukemiseen.

rattle ['rætl] *v*
rattle off ladella, sanella *He rattled off some instructions.* Hän lateli määräyksiä.
rattle on / away *ark* löpistä, jaaritella, [puhua] papattaa *Zoya rattled on about the appalling queue.* Zoya papatti hurjasta jonosta.
rattle sabres kalistella aseita, esiintyä uhkaavasti *The two countries rattle sabres with joint war games.* Nämä kaksi maata kalistelevat aseita yhteisen sotaharjoituksen merkeissä.
rattle sb's cage *ark* ärsyttää jkta, suututtaa jku *I'm not sure what rattled his cage.* En ole varma, mikä häntä oikein ärsytti.
rattle through *ark* (yl br) tehdä jtak pikapikaa, hoitaa jk nopeasti *He rattled through the song list.* Hän kävi nopeasti läpi kappalelistan.

raw ['rɔː] *a*
in the raw *1* sellaisenaan, kaunistelematta *2 ark* alasti, ilkosillaan *She slept in the raw.* Hän nukkui alasti.
touch a raw nerve (*myös* (br) touch sb on the raw) osua arkaan paikkaan, sohaista [sanoillaan] jkta arkaan paikkaan *Hey, have I touched a raw nerve?* Hei, osuinko arkaan paikkaan?

ray ['reɪ] *s*
catch / bag some rays *ark* (yl am) ottaa aurinkoa *The beach was perfect to bag some rays.* Hiekkaranta oli kuin luotu auringon ottoon.

ray of sunshine *ark* päivänsäde, ilopilleri *She is a ray of sunshine and never stops talking.* Hän on oikea ilopilleri ja puhuu taukoamatta.

the one / a ray of hope toivon pilke *They have started to talk again, so perhaps there is a ray of hope after all.* He ovat puheväleissä, joten ehkäpä tilanteessa on toivon pilkahdus.

razor edge ['reɪzəʳedʒ] *s*
on a razor edge (*myös* on a knife edge, razor's edge) veitsen terällä, vaikeassa tilanteessa *Politically we are on a razor's edge.* Olemme poliittisesti vaikeassa tilanteessa.

razzle [ræzl] *s*
be / go out on the razzle *ark* (br) bilettää, mennä bailaamaan t. olla bailaamassa *Are you going out on the razzle again?* Oletko taas menossa bailaamaan?

1 reach ['riːtʃ] *v*
reach for the stars yrittää onnistua jossain vaikeassa asiassa, kurkottaa tähtiin *It's never too late to reach for the stars and go after cherished dreams.* Koskaan ei ole liian myöhäistä yrittää saavuttaa unelmiaan.

reach out to *1* tarjota jklle apua[an], auttaa jkta *We will continue to reach out to those who are suffering.* Jatkamme kärsivien auttamista. *2* pyytää jklta apua t. tukea *Couldn't you see that I was reaching out to you?* Etkö ymmärtänyt, että pyysin vain tukeasi?

2 reach *s*
beyond / out of reach tavoittamattomissa, saavuttamattomissa *London houses are beyond the reach of the average earner.* Keskivertopalkansaajalla ei ole varaa ostaa taloa Lontoosta.

within [easy] reach [of sth] jnk lähellä, jnk läheisyydessä *places to visit within reach of London* näkemisen arvoisia paikkoja Lontoon läheisyydessä

read ['riːd] *v*
read between the lines lukea rivien välistä *One had to read between the lines to find the book's full meaning.* Kirjan oikea merkitys avautui vasta rivien välistä lukemalla.

Read my lips. *ark* (am) Kuuntele nyt tarkkaan.

read sb like a book *ark* lukea jkta kuin avointa kirjaa

read sb's mind / thoughts *ark* ymmärtää mitä jku ajattelee t. tuntee, lukea jkn ajatukset *Had John read her mind, somehow?* Oliko John jotenkin kyennyt lukemaan hänen ajatuksensa?

take sth as read pitää jtak varmana *You can take it as read that you have the contract.* Voit olla varma, että teemme sopimuksen.

1 ready ['redi] *a*
make ready [for sth] *kirjak* valmistautua, varautua *He was told to make ready for the journey home.* Hänen käskettiin valmistautua kotimatkaan.

ready, steady, go (*myös* (get) ready, (get) set, go) paikoillenne, valmiit, hep

ready to hand (br) käsillä, käden ulottuvilla, saatavilla *Amazingly, she always has her digital camera ready at hand.* Ällistyttävää kyllä, hänellä on aina digitaalinen kamera kätensä ulottuvilla.

ready to roll *ark 1* valmis aloittamaan t. alkamaan *Good times are ready to roll.* Onnen päivät ovat edessä. *2* (am) valmiina lähtöön *Call me when you are ready to roll.* Soita minulle, kun olet valmiina lähtöön.

ready when you are olla valmiina ja odottaa muita, jotta he aloittaisivat *When would you like me to begin? – Ready when you are.* Milloin aloitan? – Minä olen valmiina.

ready

2 ready *s*
at the ready [käyttö]valmiina, valmiusasennossa, käden ulottuvilla *The detective had his notebook at the ready.* Etsivä piti muistikirjaansa käden ulottuvilla.

real ['ri:ᵊl] *a*
for real *ark* tosissaan, oikeasti *Is she for real?* Onko hän ihan tosissaan?

Get real! *ark* (yl am) Palaa maan pinnalle!, Älä hulluja kuvittele!

in real life tosielämässä *In real life nothing is ever perfect.* Tosielämässä mikään ei ole täydellistä.

in real terms todellisuudessa (usein arvosta) *In real terms the value of this discovery is vast.* Todellisuudessa tämän löydön arvo on mittaamaton.

real live *leik* ihka oikea, ilmielävä *a real live princess* ihka oikea prinsessa

real money *ark* isot rahat *Many companies sense that real money remains to be made in publishing.* Monet yritykset vaistoavat, että kustannustoiminnalla voi todella lyödä rahoiksi.

the real McCoy *ark* alkuperäinen ja oikea *It's a Cuban cigar, the real McCoy.* Se on ihka-aito kuubalainen sikari.

the real thing *ark* aitoa tavaraa, totta *This is the real thing!* Tässä on sitä jotakin!

the real world todellisuus, tosielämä *You just don't want to face up to the real world.* Sinä et vain halua kohdata todellisuutta.

realign [,ri:ᵊ'laın] *v*
realign oneself with tarkistaa kantaansa (jkn t. jnk mukaiseksi), omaksua jkn näkemykset *Some ministers realigned themselves with the opposition.* Jotkut ministerit asettuivat opposition näkemysten kannalle.

reality [ri'æləti] *s*
reality check <tilanne jossa joudutaan kohtaamaan tosiasiat mielipiteiden tai uskomusten sijaan> *This measure will bring a reality check to Washington.* Tämä toimenpide saa Washingtonin punnitsemaan tosiasioita.

really ['ri:əli] *adv*
really and truly todella, vilpittömästi *You have to believe I really and truly love her.* Sinun täytyy uskoa, että todella rakastan häntä vilpittömästi.

realm ['relm] *s*
the realms of possibility mahdollisuuksien rajat *It is beyond the realms of possibility.* Se on mahdotonta.

ream ['ri:m] *v*
ream out *ark* haukkua [pystyyn] *The boss reamed them out for being late.* Pomo haukkui heidät pystyyn, koska he olivat myöhässä.

ream sb's ass / butt *ark alat* (am) haukkua, sättiä jkta *I reamed his ass for not calling me.* Haukuin hänet pystyyn, koska hän ei soittanut minulle.

reap ['ri:p] *v*
reap the benefit [saada] hyötyä *She studied hard and reaped the benefit in the exam.* Hän opiskeli ahkerasti ja hyötyi siitä kokeessa.

reap the harvest / fruits of sth kärsiä jnk seuraukset, saada tuta jnk seuraukset *We are now reaping the harvest of neglect.* Kärsimme nyt välinpitämättömyytemme seurauksista.

you reap what you sow niin makaa kuin petaa, minkä taakseen jättää sen edestään löytää *Europe is now about to reap the seeds it has sown during the past several decades.* Eurooppa löytää nyt edestään sen, minkä taakseen jätti viimeisten vuosikymmenten kuluessa.

1 rear ['rɪəʳ] *s*
bring up the rear pitää perää, olla viimeisten joukossa *I wish my country would stop bringing up the rear in the parade of intellectualism.* Toivoisin maani jo siirtyvän perältäpitäjän paikalta intellektualismin kulkueessa.

2 rear *v*
rear its [ugly] head nostaa päätään *Racism rears its ugly head.* Rasismi nostaa päätään.

rear up suuttua, kimpaantua *He reared up and started shouting at me.* Hän kimpaantui ja alkoi huutaa minulle.

rearrange [ˌriːəˈreɪndʒ] *v*
rearrange / move the deckchairs on the Titanic <tehdä jotain hyödytöntä, mikä ei auta vaikean ongelman ratkaisemisessa> *Is was rather like trying to rearrange the deckchairs on the Titanic.* Se tuntui täysin hyödyttömältä (siinä tilanteessa).

1 reason ['riːzn] *s*
for one reason or another syystä tai toisesta, jostain syystä *The product's appeal to the public has faded for one reason or another.* Tuotteen suosio on hiipunut syystä tai toisesta.

for reasons best known to oneself (*myös* for some reason) jostain [kumman] syystä *For reasons best known to himself, he doesn't like dogs.* Jostain [kumman] syystä hän ei pidä koirista.

it stands to reason that on itsestään selvää että *It stands to reason that in such vast space there must be some other beings.* On itsestään selvää, että äärettömässä avaruudessa täytyy olla muitakin olentoja.

listen to reason kuunnella järkipuhetta *They're not prepared to listen to reason.* He eivät kallista korvaansa järkipuheelle.

[with]in reason järjen t. kohtuuden rajoissa *The decision should, within reason, be left entirely to them.* Päätöksen pitäisi kuulua yksinomaan heille, kohtuuden rajoissa.

2 reason *v*
be no reasoning with sb on mahdotonta saada jku muuttamaan mieltään *He was absolutely determined to come and there's just no reasoning with him.* Hän aikoo ehdottomasti tulla, eikä hänen mieltään saa muutetuksi.

theirs / ours not to reason why ei ole heidän tehtävänsä t. meidän tehtävämme kyseenalaistaa asiaa *Ours is not to reason why he didn't appear.* Ei ole meidän asiamme kyseenalaistaa hänen poissaoloaan.

rebound [rɪˈbaʊnd] *s*
on the rebound korvikkeeksi, lohdutukseksi *After the divorce, she married another man on the rebound.* Avioeron jälkeen hän nai lohdukseen toisen miehen.

recall [rɪˈkɔːl] *s*
beyond recall peruuttamaton, peruuttamattomasti, lopullisesti *Our love is gone beyond recall.* Rakkautemme on lopullisesti sammunut.

receive [rɪˈsiːv] *v*
be at / on the receiving end [of sth] *ark* joutua ottamaan vastaan, olla jnk kohteena (negatiivisista asioista) *Nobody wants to be at the receiving end of insulting remarks.* Kukaan ei halua olla loukkaavien huomautusten kohteena.

recharge [ˌriːˈtʃɑːdʒ] *v*
recharge one's batteries *ark* ladata akkujaan, levätä *We get people who simply want to recharge their batteries.* Tänne tulee paljon ihmisiä, jotka haluavat vain levätä.

recipe ['resɪpi] s
a recipe for disaster, success, etc.
<lisätä onnettomuuden, menestyksen jne. todennäköisyyttä> *Sky-high interest rates are a recipe for disaster.* Pilviä hipovat korot tuovat ikävyyksiä.

reckon ['rekən] v
a force to be reckoned with varteenotettava, huomattava, [sellainen,] jota ei pidä unohtaa *He is a force to be reckoned with.* Hänenlaistaan vaikuttajaa ei pidä unohtaa.

reckoning ['rekənɪŋ] s
in / into / out of the reckoning (br) 1 <todennäköinen / epätodennäköinen voittaja t. onnistuja (erit. urh.)> *Phelan is fit again and could come into the reckoning.* Phelan on kuntoutunut ja voi nousta ratkaisijaksi. 2 ottaa laskuihin, tulla kuvioihin *This was where money entered into the reckoning.* Tässä vaiheessa raha tuli kuvioihin.

recognition [ˌrekəg'nɪʃ(ə)n] s
change beyond [all] recognition muuttua tunnistamattomaksi t. tuntemattomaksi *He had changed beyond all recognition since I last saw him.* Hänestä oli tullut aivan eri ihminen.

recoil [rɪ'kɔɪl] v
recoil on (*myös* recoil upon) kääntyä itseä vastaan, osua omaan nilkkaan, kostautua *Her stubbornness has recoiled on her.* Hänen jääräpäisyytensä on kääntynyt häntä itseään vastaan.

recollection [ˌrekə'lekʃ(ə)n] s
to the best of my recollection jos [vain] muistan oikein, muistaakseni *To the best of my recollection, very little happened that night.* Muistaakseni sinä yönä ei tapahtunut juuri mitään.

record ['rekɔːd] s
a matter of record tunnettu tosiasia *This announcement appears as a matter of record only.* Ilmoitus vaikuttaa päivänselvältä asialta.
be / go on record (*myös* put sth on record) sanoa jtak virallista, sanoa julkisesti jtak *No one is willing to go on record with their feelings about Pete's behaviour.* Kukaan ei ole valmis kommentoimaan Peten käytöstä julkisesti.
[just] for the record [ihan vain] tiedoksi [että] *Just for the record, I'm not going to see him anymore.* Ihan vain tiedoksi, etten aio tavata häntä enää.
off the record epävirallisesti (sanomisesta), pöytäkirjan ulkopuolella *He said it off the record.* Hän sanoi sen epävirallisesti.
on [the] record 1 julkisuudessa, julkisesti *place on record one's thanks* ilmaista kiitoksensa julkisesti 2 (virallisesti) tiedossa oleva, ennätyksellinen, kaikkien aikojen *the hottest summer on record* kaikkien aikojen kuumin kesä 3 [ääni]levyllä
put / set the record straight *ark* korjata väärinkäsitys *This interview had been granted to set the record straight.* Tämä haastattelu annettiin väärinkäsityksen korjaamiseksi.

1 red ['red] a
a red herring hämäys, harhautus, <tosiseikka tms. joka tuodaan keskusteluun vain huomion suuntaamiseksi pois pääasiasta> *Piracy is the red herring of the digital music distribution debate.* Piratismi on vain harhautusta keskusteltaessa digitaalisesta musiikkijakelusta.
[as] red as a beet[root] punainen kuin paloauto, voimakkaasti punastunut *She blushed as red as a beet and giggled.* Hän punastui voimakkaasti ja hihitti.

[like] a red rag to a bull punainen vaate *My plan was like a red rag to a bull to him.* Suunnitelmani oli hänelle [kuin] punainen vaate.

not have a red cent *ark* (am) olla puilla paljailla *They claim not to have a red cent on them.* He väittävät olevansa puilla paljailla.

on red alert hälytysvalmiudessa *Something about him set my senses on red alert.* Jokin hänessä viritti aistini hälytysvalmiuteen.

red in tooth and claw täysin häikäilemätön *Nature is often called red in tooth and claw.* Luontoa kutsutaan usein täysin häikäilemättömäksi.

2 red *s*

be in the red *ark* olla miinuksella (saldosta) *His bank account is in the red.* Hänen pankkitilinsä on miinuksella.

see red *ark* nähdä punaista, suuttua [yhtäkkiä] *She saw red when she opened her electricity bill.* Hän näki punaista avattuaan sähkölaskunsa.

redeeming [rɪ'diːmɪŋ] *a*

redeeming feature ainoa hyvä puoli muuten huonossa asiassa t. henkilössä *His only redeeming feature was that he knew his job.* Hänen ainoa hyvä puolensa oli se, että hänellä oli homma hanskassa.

redemption [rɪ'dempʃ³n] *s*

beyond / past redemption mennyttä kalua, hukassa, mahdoton korjata t. pelastaa *Treachery destroyed his character beyond redemption.* Kavaluus tuhosi hänen henkilökuvansa peruuttamattomasti.

red-handed [ˌred'hændɪd] *a*

catch sb red-handed jäädä kiinni itse teosta, tulla yllätetyksi housut kintuissa *The thief was caught red-handed.* Varas jäi rysän päältä kiinni.

red-letter ['redletə^r] *a*

a red-letter day ikimuistoinen päivä, merkittävä päivä *It was a red-letter day for all of us.* Se oli meille kaikille ikimuistoinen päivä.

redress [rɪ'dres] *v*

redress the balance palauttaa tasapaino, korjata epäoikeudenmukainen tilanne *Her remarks were clearly designed to redress the balance.* Hänen kommenttinsa olivat selvästi tarkoitettu tilanteen korjaamiseksi.

reduce [rɪ'djuːs] *v*

reduce sb to silence vaientaa jku *I will not let myself be reduced to silence!* Minuahan ei vaienneta!

reduce sb to tears saada jku purskahtamaan itkuun *That night the audience was reduced to tears of laughter.* Sinä iltana yleisö itki naurusta.

reduced [rɪ'djuːst] *a*

live in reduced circumstances elää [aiempaa] tiukemmissa oloissa (köyhtyneestä rikkaasta) *They were forced to live in reduced circumstances after their father's death.* He suistuivat köyhyyteen isänsä kuoleman jälkeen.

reed ['riːd] *s*

broken reed epäluotettavaksi t. heikoksi osoittautunut henkilö t. asia *The police proved a broken reed to defend the rights of the working class.* Poliisi osoittautui kykenemättömäksi puolustamaan työväenluokan oikeuksia.

mere reeds in the wind heikkoja, häilyväisiä (henkilöistä) *They shouldn't be mere reeds in the wind of public whim.* He eivät saisi olla yleisön oikkujen riepoteltavina.

reel ['riːl] *v*

reel off luetella, lasketella *She reeled off a long list of names and*

reference

dates. Hän luetteli pitkän listan nimiä ja päivämääriä.

reference ['refərəns] s
for future reference myöhempää tarvetta varten *She lodged this idea in the back of her mind for future reference.* Hän painoi tämän ajatuksen mieleensä myöhempää tarvetta varten.
with / in reference to *kirjak* viitaten jhk *I write with reference to your article.* Kirjoitan teille artikkelinne johdosta.

reflect [rɪ'flekt] v
reflect well / badly / ... on sb / sth antaa vaikutelma, tuottaa (kunniaa t. häpeää) *This reflects well / badly on us.* Tämä antaa meistä hyvän / huonon vaikutelman.

reflected [rɪ'flektɪd] a
bathe / bask in reflected glory <saada huomiota ja julkisuutta muiden henkilöiden menestyksen kautta> *Her husband's success gave her the opportunity to bask in reflected glory.* Hänen miehensä menestys soi hänelle tilaisuuden paistatella julkisuudessa.

refresh [rɪ'freʃ] v
refresh sb's / one's memory virkistää muistia *I was able to refresh her memory on many points.* Kykenin virkistämään hänen muistiaan useiden asioiden osalta.

regard [rɪ'gɑ:d] s
as regards sb / sth *kirjak* jnk suhteen, mitä jhk tulee *They provide nothing new as regards protection.* Mitä turvallisuuteen tulee, niin he eivät tarjoa mitään uutta.
in / having / with regard to mitä jhk tulee, jnk suhteen, jtak kohtaan *In regard to money, it is not a problem.* Mitä rahaan tulee, se ei ole ongelma. *a negative attitude with regard to alcohol use* kielteinen asenne alkoholin käyttöä kohtaan
in that / this regard siinä t. tässä mielessä, siinä t. tässä suhteessa *I admit that in that regard you are right.* Myönnän, että siinä mielessä olet oikeassa.

region ['ri:dʒən] s
in the region of noin, suunnilleen *It is worth in the region of £50 million.* Se on noin 50 miljoonan punnan arvoinen.

regular ['regjʊləʳ] a
a regular guy *ark* (am) kunnon heppu, tavallinen rehti mies *He seemed so laid-back, so much the regular guy.* Hän vaikutti erittäin rennolta, keskivertokaverilta.
[as] regular as clockwork täsmällinen kuin kello *The fleet of buses served the public every day as regular as clockwork.* Linja-autot palvelivat julkista liikennettä kellon tarkkuudella.
keep regular hours pitää elämänrytmi säännöllisenä, elää säännöllistä elämää *He had always kept regular hours and eaten healthily.* Hän oli aina elänyt säännöllistä elämää ja syönyt terveellisesti.

1 reign ['reɪn] v
reign supreme olla ylivoimainen, vallita t. hallita täydellisesti *Once upon a time England reigned supreme.* Ennen muinoin Englanti hallitsi maailmaa.

2 reign s
reign of terror hirmuvalta *His reign of terror lasted from 1973 to 1989.* Hänen hirmuvaltansa kesti vuodesta 1973 aina vuoteen 1989.

rein ['reɪn] s
allow / give [a] free rein to *1* antaa jklle vapaat kädet, antaa jklle vapaus [tehdä jtak] *He was given free rein to do whatever he wanted.* Hänelle annettiin vapaus tehdä mitä tahansa. *2* antaa jllek valta, antaa jnk laukata [vapaasti] *She gave her*

religion

imagination free rein. Hän antoi mielikuvituksensa laukata vapaasti.

draw rein (br) pysäyttää [hevonen] *Suddenly, the driver drew rein.* Kuljettaja pysäytti hevoset äkkipäätä.

hold the reins of sth olla ohjakset käsissä *Who hold the reins of government?* Ketkä ohjaavat hallituksen toimintaa?

keep a tight rein on sb / sth pitää jk aisoissa t. ohjaksissa, pitää jku [kovassa] kurissa *He kept a tight rein on his daughter.* Hän piti tytärtänsä kovassa kurissa.

take the reins ottaa ohjat käsiinsä *He took the reins of the country with a coup.* Hän otti maan ohjat käsiinsä vallankaappauksessa.

reinvent [ˌriː.ɪnˈvent] *v*

reinvent the wheel <tuhlata aikaa jo olemassa olevan ja toimivan asian luomiseen> *Why reinvent the wheel when there's a solution to your problem?* Miksi tuhlata aikaa, kun ratkaisu ongelmaan on jo olemassa.

rejoice [rɪˈdʒɔɪs] *v*

rejoice in the name of *iron* olla osuva nimi *Their cat rejoices in the name of Rogue.* Heidän kissallaan on osuva nimi – Konna.

relation [rɪˈleɪʃən] *s*

bear no relation to *1* olla täysin erilainen kuin *The food was good, even if it bore no relation to anything I knew as French cuisine.* Ruoka oli hyvää, vaikkakin täysin erilaista kuin käsitykseni ranskalaisesta keittiöstä. **2** olla [täysin] kohtuuton suhteessa jhk, ei olla missään yhteydessä jhk *The fee bears no relation to the service.* Maksu on täysin kohtuuton suhteessa palveluun.

relative [ˈrelətɪv] *s*

the poor relative of (*myös* the poor relation of) alempiarvoinen korvike, kehno jäljitelmä, vähemmän kehittynyt muoto *Psychiatry has at times been seen as the poor relative of other medical specialties.* Psykiatriaa on toisinaan pidetty muiden lääketieteen erikoisalojen vähemmän kehittyneenä muotona.

relatively [ˈrelətɪvli] *adv*

relatively speaking suhteellisesti mitattuna, suhteellisesti arvioituna *Relatively speaking, it's a low salary.* Se on muihin verrattuna matala palkka.

relief [rɪˈliːf] *s*

bring / throw into relief tuoda [voimakkaasti] esiin, korostaa *This text brings into relief many social problems.* Tämä teksti tuo esiin monia yhteiskunnallisia ongelmia.

live on relief (am) elää toimeentulotuen varassa *the sick who live on relief* toimeentulon varassa elävät sairaat

stand out in relief erottua selvästi, korostua, muodostaa vastakohta *The mountains stand out in [sharp] relief against the sky.* Vuoret erottuvat selvästi taivasta vasten.

relieve [rɪˈliːv] *v*

relieve of *1 kirjak euf* (*yl* be relieved of) erottaa, vapauttaa, siirtää pois (työtehtävistä) *He was relieved of his duties because of the scandal.* Hänet erotettiin skandaalin vuoksi tehtävistään. *2 leik* varastaa, pihistää, vapauttaa (omaisuudestaan) *The pickpocket relieved him of his money.* Taskuvaras pihisti hänen rahansa.

relieve one's feelings purkaa suuttumustaan, tuulettaa tunteitaan *She relieved her feelings with a scornful sniff.* Hän purki suuttumustaan pilkallisella tuhahduksella.

religion [rɪˈlɪdʒən] *s*

get religion <ryhtyä tekemään jotain vakavasti ja huolellisesti> *I get* *religion each time I do my income tax.* Suhtaudun tuloverojeni selvittämiseen hartaasti.

remedy ['remədi] *s*
beyond / past remedy toivoton, korjaamaton *His position is beyond remedy.* Hänen tilanteensa on auttamaton.
no remedy but muu ei auta kuin *He had no remedy but tolerate the pain.* Hänen ei auttanut muu kuin kestää kipua.

remember [rɪ'membə⁽ʳ⁾] *v*
be remembered as / for sth tulla kuuluisaksi jollain teolla, muistaa jku t. jkin *He will be remembered as the president who bankrupted the country.* Hänet tullaan muistamaan presidenttinä, joka ajoi maan konkurssiin.
remember sb to sb viedä terveiset jklle *Remember me to John.* Vie Johnille terveiset [minulta].
sth to remember sb by *ark* sapiska, satikuti *I'll give you something to remember me by.* Annan sinulle kunnolla sapiskaa.

remote [rɪ'məʊt] *a*
not the remotest idea ei harmainta aavistusta *I have not the remotest idea what you mean.* Minulla ei ole harmaintakaan aavistusta, mitä tarkoitat.

1 remove [rɪ'muːv] *v*
be far / further / furthest removed from sth olla keskenään hyvin erilaisia, hyvin kaukana toisistaan *The reality is far removed from his speech.* Hänen puheensa on kaukana todellisuudesta.

2 remove *s*
at one remove jkn välityksellä, epäsuorasti *be linked at one remove to the world* olla yhteydessä ulkomaailmaan jkn välityksellä

renaissance [rɪ'neɪsns] *s*
a Renaissance man tuhattaituri *a true Renaissance man* oikea tuhattaituri

renounce [rɪ'naʊns] *v*
renounce the world *1* hylätä maalliset arvot ja omistautua henkistyneemmälle elämälle *Is the right answer then, to renounce the world and live a life of isolation?* Onko siis maallisten arvojen hylkääminen ja eristäytyminen oikea vastaus? *2* kääntää selkänsä maailmalle *He was unable to renounce the world he knew.* Hän ei pystynyt kääntämään selkäänsä tuntemalleen maailmalle.

reopen [ˌriː'əʊpən] *v*
reopen old wounds avata vanhat haavat, muistuttaa ikävästä tapahtumasta *A trial now could reopen old wounds.* Oikeudenkäynti tässä vaiheessa voisi repiä auki vanhoja haavoja.

repair [rɪ'peə⁽ʳ⁾] *s*
beyond repair korjauskelvoton *The carpet is damaged beyond repair.* Kokolattiamatto on vaurioitunut korjauskelvottomaksi.
in good / bad /... repair (*myös* in a bad state of repair) *kirjak* hyvässä / huonossa / ... kunnossa *Most of the cars were in bad repair.* Suurin osa autoista oli huonossa kunnossa.

reputation [ˌrepju'teɪʃ⁽ə⁾n] *s*
live up to one's / its reputation olla maineensa veroinen *The prestigious Hilton name more than lives up to its reputation.* Arvovaltainen Hilton-hotelliketju on vielä mainettaankin parempi.
make / establish / build a reputation for oneself hankkia [hyvää] mainetta *He established a reputation for himself as an expert.* Hän hankki mainetta asiantuntijana.

repute [rɪˈpjuːt] *s*
house of ill repute ilotalo, pahamaineinen paikka *A house of ill-repute was being run from our backyard.* Takapihallamme toimi ilotalo.

resemblance [rɪˈzembləns] *s*
a passing resemblance vähäinen yhdennäköisyys t. samankaltaisuus *Their music possesses more than just a passing resemblance to Lou Reed.* Heidän musiikkinsa muistuttaa aika lailla Lou Reedin tuotantoa.

reside [rɪˈzaɪd] *v*
reside in piillä, sisältyä, olla *Happiness does not reside in money.* Onnellisuus ei piile rahassa.
reside with kuulua *Power resides with the people.* Valta kuuluu kansalle.

residence [ˈrezɪdəns] *s* (*myös* residency)
in residence määräajaksi palkattu, vieraileva (yliopiston palveluksessa esim. opettajana olevasta taiteilijasta) *She works as a writer in residence at the University of Baltimore.* Hän työskentelee vierailevana kirjailijana Baltimoren yliopistossa.

resign [rɪˈzaɪn] *v*
resign oneself to alistua, tyytyä, myöntyä *He resigned himself to watching the games on television.* Hän alistui katselemaan kisoja televisiosta.

resistance [rɪˈzɪstəns] *s*
pièce de résistance huipentuma, sarjan tärkein ja upein *the pièce de résistance of his collection* hänen kokoelmansa ehdoton helmi
take / follow the line of least resistance (*myös* take / follow the path of least resistance) mennä yli siitä mistä aita on matalin *Many parents prefer to take the path of least resistance.* Monet vanhemmat menevät mielellään yli siitä, mistä aita on matalin.

resolve [rɪˈzɒlv] *v*
resolve into sth 1 pelkistää, jakaa osiin, analysoida *He studied 450 fairy tales and resolved them into a single core tale.* Hän tutki 450 satua ja pelkisti ne yhteen ydintarinaan. 2 (*resolve itself into sth*) muuttua jksik *The terrible dissonance started to resolve itself into music.* Kamalat riitasoinnut alkoivatkin kuulostaa musiikilta.

resort [rɪˈzɔːt] *s*
in the last resort (br) viime kädessä, loppujen lopuksi *In the last resort there is nothing he admires.* Hän ei viime kädessä arvosta mitään.

resource [rɪˈsɔːs] *s*
leave sb to their own resources jättää jku omilleen, jättää jku oman onnensa nojaan *Students are essentially left to their own resources and initiative.* Opiskelijat jätetään periaatteessa oman onnensa ja omaaloitteellisuutensa varaan.

respect [rɪˈspekt] *s*
give my respects to sb kertokaa t. viekää terveiset jklle *Give my respects to your father and family.* Vie terveiset isällesi ja perheellesi.
pay one's last respects to esittää viimeinen tervehdys jklle *Pilgrims streamed into Rome to pay their last respects to the late Pope.* Pyhiinvaeltajia virtasi Roomaan esittämään viimeisen tervehdyksen edesmenneelle Paaville.
pay one's respects to käydä tervehtimässä *Our guide paid his respects to the old man.* Oppaamme kävi tervehtimässä vanhusta.

respecter [rɪˈspektəʳ]
be no respecter of sb / sth 1 ei kantaa huolta, ei arvostaa *The party is no respecter of human rights.* Puolue ei kanna huolta ihmisoikeuk-

respond

sista. **2** ei tehdä eroa joidenkin välillä *He is no respecter of persons.* Hän ei tee eroa ihmisten välillä. / Hän kohtelee kaikkia samalla tavalla.

respond [rɪ'spɒnd] *v*
 respond to reagoida (hoitoon) *He responds to treatment.* Hän reagoi hoitoon.

1 rest ['rest] *v*
 I rest my case <käytetään kun ollaan todistettavasti oikeassa eikä itsellä ole asiasta enempää sanottavaa> *She's late, as usual. It's already nine o'clock! I rest my case.* Hän on taas myöhässä. Kello on jo yhdeksän! Siinä se taas nähtiin.

 rest easy (*myös* rest assured) olla huolehtimatta, ei murehtia *You can rest easy knowing nobody can access your files.* Voit olla huoletta, sillä kukaan ei pääse käsiksi tiedostoihisi.

 rest in (*myös* rest on) panna (toivonsa, luottamuksensa) *I rest my hopes in him.* Panen toivoni häneen.

 rest on (*myös* rest upon) **1** perustua, perustaa *Her study rests on wrong assumptions.* Hänen tutkielmansa perustuu vääriin oletuksiin. *He rests his claim on these facts.* Hän perustaa väitteensä näihin tosiseikkoihin. **2** riippua, olla riippuvainen *The future rests on our success.* Tulevaisuus riippuu menestyksestämme. **3 kirjak** viipyä (katseesta) *Jill's eyes rested briefly on her husband.* Jillin katse viipyi hetken hänen miehessään.

 rest with olla jkn [harteilla], olla jkn [käsissä] *The responsibility rests with her.* Vastuu on hänen [harteillaan]. *The final decision rests with him.* Lopullinen päätös on hänen [käsissään].

2 rest *s*
 and [all] the rest [of it] ja niin edelleen *They were ordinary men, flesh and blood and all the rest.* He olivat tavallisia ihmisiä, lihaa ja verta ja niin edelleen.

 and the rest *ark* huomattavasti enemmän (luvuista) – *It cost 250 euros.* – *And the rest!* – Se maksoi 250 euroa. – Se oli kyllä paljon enemmän!

 at rest (kuolleesta) levätä *Many oldtimers declared for years she was at rest in an unmarked grave.* Monet vanhukset paasasivat vuosia siitä, että hän lepäisi nimettömässä haudassa.

 come to rest pysähtyä *The car finally came to rest 152 feet from the point of impact.* Auto pysähtyi lopulta 45 metrin päähän törmäyspaikasta.

 for the rest (br) muuten, muun osalta, mitä muuhun tulee *I am satisfied with my home, for the rest I care very little.* Olen onnellinen kotona enkä juuri muusta välitä.

 give it a rest *ark* anna jo olla, lopeta jo

 put sth to rest tehdä loppu jstak, saattaa jk lopullisesti pois päiväjärjestyksestä *It's time to put that argument to rest.* Nyt on aika tehdä tuosta kiistasta loppu.

 the rest is gravy *ark* (am) loppu onkin lasten leikkiä *If you can live with the answer to that question, then all the rest is gravy.* Jos voit elää tuon kysymyksen vastauksen kanssa, niin loppu on lasten leikkiä.

restrict [rɪ'strɪkt] *v*
 restrict oneself to sth pidätt[äyt]yä, sallia itselleen (rajoitettu määrä jtak) *He restricted himself to one glass of wine.* Hän salli itselleen vain yhden viinilasillisen.

retrace [rɪ'treɪs] *v*
 retrace one's steps palata samaa tietä takaisin *He retraced his steps to the office.* Hän palasi samaa tietä toimistoon.

retrace sth in one's mind kerrata t. käydä läpi jtak mielessään, muistella jtak *He mused, retracing the journey in his mind.* Hän pohdiskeli ja muisteli matkaansa.

1 return [rɪ'tɜːn] *v*

return thanks (br) pitää kiitospuhe, esittää kiitoksensa *She returned thanks in a very emotional speech.* Hän piti erittäin tunteikkaan kiitospuheen.

return the compliment tehdä vastapalvelus *He returned the compliment by offering to take the photos.* Hän tarjoutui vastapalveluksena toimimaan valokuvaajana.

return to the fold *kirjak* palata jkn helmaan, omien joukkoon *That year he returned to the fold.* Sinä vuonna hän palasi omiensa joukkoon.

2 return *s*

by return [of post] (br) lähettää paluupostissa, mahdollisimman pian *Miss Johnston replied almost by return of post.* Neiti Johnston lähetti vastauksensa välittömästi.

in return [for sth] vastapalvelukseena, korvaukseksi, kiitokseksi *She didn't want anything in return [for her help].* Hän ei halunnut mitään kiitokseksi [avustaan].

many happy returns [of the day] [paljon] onnea! (syntymäpäivätervehdys)

rev ['rev] *v*

rev up *ark 1* kiihdyttää (esim. jtak tilannetta) *He plans to rev up publicity.* Hän aikoo saada yhä enemmän julkisuutta. *2* valmistautua, lämmitellä *He is revving up for retirement.* Hän valmistautuu jäämään eläkkeelle.

revelation [ˌrevə'leɪʃən] *s*

come as a revelation [to sb] (*myös* be a revelation [to sb]) tulla täysin yllätyksenä, olla odotusten vastaista *Depeche Mode came as a reve-lation to him.* Depeche Moden musiikki oli täysin erilaista kuin mitä hän odotti.

revenge [rɪ'vendʒ] *s*

revenge is a dish best served / eaten cold kosto on suloisimmillaan vasta myöhemmin [toteutettuna] *I did swear vengeance but, believe me, revenge is a dish best served cold.* Vannoin kostoa, mutta sanokaa minun sanoneen, kosto on suloisimmillaan pitkitettynä.

1 reverse [rɪ'vɜːs] *v*

reverse arms kääntää kiväärinpiiput alaspäin (hautajaisten kunniavartiossa) *The reversed arms is a symbol of respect for the dead and mourning.* Kiväärinpiippujen alaspäin kääntäminen on kunnianosoitus kuolleille ja sureville.

reverse [the] charges (br) soittaa vastapuhelu *I'm going to phone home and reverse the charges.* Soitan vastapuhelun kotiin.

2 reverse *s*

in reverse päinvastaiseen suuntaan, päinvastaisessa järjestyksessä, päinvastoin *The same thing happened in reverse.* Sama tapahtui päinvastaisessa järjestyksessä.

Quite the reverse! Päinvastoin!

revert [rɪ'vɜːt] *v*

revert to type palata ennalleen, palata entisiin uomiinsa *The World Cup has reverted to type after several strange matches.* Maailmanmestaruuskilpailut ovat palanneet entisiin uomiinsa usean omituisen ottelun jälkeen.

revolving [rɪ'vɒlvɪŋ] *a*

revolving door <ihmisten liike eri instituutioiden ja järjestöjen välillä, etenkin julkisen ja yksityisen sektorin välillä> *Washington's revolving door between Capitol Hill and the lobbying world has spun out of control.* Washingtonissa ihmisten siirtyminen kongressin ja lobbaajien välillä on ryöstäytynyt käsistä.

reward [rɪˈwɔːd] *s*
go to one's reward lähteä viimeiselle tuomiolle, kuolla *He went to his reward peacefully.* Hän siirtyi ajasta ikuisuuteen rauhallisesti.

rhinoceros [raɪˈnɒsərəs] *s*
have [got] a hide / skin like a rhinoceros *ark* olla paksunahkainen, kestää kritiikkiä *You must have the stamina of an ox and a hide like a rhinoceros.* Sinun pitää olla vahva kuin härkä ja paksunahkainen kuin sarvikuono.

rhyme [ˈraɪm] *s*
without rhyme or reason (*myös* no rhyme nor reason) ei päätä eikä häntää, ei mitään tolkkua t. järkeä *His mood would change without rhyme or reason.* Hänen ailahtelussaan ei ollut päätä eikä häntää.

rib [ˈrɪb] *s*
stick to the ribs *ark* (ruoasta) olla tukevaa [ja maittavaa] *It may not be health food but steak really sticks to the ribs.* Pihvi on tukevaa ja maittavaa muttei mitään terveysruokaa.

rich [ˈrɪtʃ] *a*
be a rich seam to mine täynnä hyviä ideoita käytettäväksi *They have to be a rich seam to mine for anyone interested in human development.* He ovat taatusti hyvä idealähde kaikille ihmisen kehityksestä kiinnostuneille.
mine a rich seam of sth <hyödyntää tiettyyn tilanteeseen liittyvää voimakasta tunnetta> *The Government's current encouraging approach is mining a rich seam of environmental opinion.* Hallituksen nykyinen, rohkaiseva lähestymistapa ratsastaa ympäristömielipiteillä.
that's rich *ark* (erit. br) naurettavaa, onpa paksua *That's rich, coming from you!* Aika paksua sinun suustasi!

riddance [ˈrɪdəns] *interj*
good riddance [to bad rubbish] *ark* tervemenoa, hyvä että siitä t. hänestä päästiin *I said good riddance to all that.* Sanoin sille kaikelle tervemenoa.

riddle [ˈrɪdl] *v*
be riddled with sth olla täynnä (jtak epämiellyttävää) *This document is riddled with errors.* Tämä asiakirja on täynnä virheitä. *His body was riddled with holes.* Hänen ruumiinsa oli täynnä reikiä.
riddle me this / sth selitä tämä / jk *Riddle me this and riddle it fast.* Selitä minulle tämä ja vähän vikkelästi.

1 ride [ˈraɪd] *v*
be riding for a fall *ark* sahata oksaa altaan, kaivaa omaa hautaansa, kerjätä verta nenästään *I agree: she was riding for a fall, driving nails in her own coffin, only herself to blame.* Olen samaa mieltä: hän kaivoi omaa hautaansa, löi nauloja arkkuunsa ja voi syyttää vain itseään.
let it ride *ark* anna asian olla *Do you want to let it ride until there's a real problem?* Haluatko antaa asian olla, kunnes siitä tulee ongelma?
ride again *ark* olla taas voimissaan, olla taas palannut [kehiin] *The city's coolest rock and roll band rides again.* Kaupungin paras rock and roll -bändi on taas palannut kehiin.
ride herd on sb / sth *ark* (am) valvoa, pitää silmällä, paimentaa *The President said he would ride herd on the peace process.* Presidentti sanoi aikovansa valvoa rauhanprosessia.
ride high mennä lujaa (jklla), menestyä *He is riding high.* Hänellä menee lujaa.
ride on riippua, olla riippuvainen, olla kiinni (jstak, jssak) *Everything*

rides on their judgment. Kaikki riippuu heidän tuomiostaan. *I have a lot of money riding on that horse.* Minulla on paljon rahaa kiinni tuossa hevosessa.

ride out selviytyä, selvitä, toipua *He will ride this out.* Hän selviää tästä kyllä.

ride roughshod over sb / sth (yl br) tallata jalkoihinsa, jyrätä [alleen], tyrmätä [täysin] *He rode roughshod over everyone else's opinions.* Hän jyräsi alleen kaikkien muiden mielipiteet.

ride shotgun (yl am) *1* **ark** matkustaa pelkääjän paikalla (autossa) *I've rode shotgun with him through Tokyo.* Olen matkustanut pelkääjän paikalla hänen autossaan läpi Tokion. *2* toimia suojelijana, suojella *Someone has to ride shotgun for the weak.* Jonkun täytyy suojella heikkoja.

ride the crest of sth ratsastaa jllak *The company is riding the crest of its popularity.* Yritys ratsastaa suosiollaan.

ride the rods / rails ark (kan) matkustaa salaa tavarajunalla (pummilla) *To ride the rods requires nerve, and skill, and daring.* Pummilla matkustaminen tavarajunissa vaatii taitavuutta, rämäpäisyyttä ja kylmiä hermoja.

ride to hounds (yl br) lähteä ratsain ketunmetsästykseen *Why is it unacceptable to ride to hounds?* Miksi ketunmetsästys ei ole hyväksyttävää?

ride up nousta ylös (vaatteesta) *My underskirt had ridden up around my hips.* Alushameeni oli noussut ylös lanteilleni.

2 ride *s*

a bumpy ride ark kivinen tie, paljon vastoinkäymisiä *The president has had a bumpy ride to the top.* Presidentin tie huipulle on ollut kivinen.

a rough / easy ride ark vaikea t. helppo aika, vaikeat t. helpot ajat *He is facing a rough ride.* Hänellä on edessään vaikeat ajat.

come / go / be along for the ride ark *1* olla mukana [ihan vain] huvin vuoksi *He wasn't really interested in the plan but enjoyed being along for the ride.* Ei hän ollut oikeasti kiinnostunut suunnitelmasta, mutta hänestä oli mukava olla mukana [ihan vain] huvin vuoksi. *2* olla sivustakatsojana, tarkkailla sivusta *She ended up just going along for the ride in the project.* Hän päätyi hankkeessa vain sivustakatsojan rooliin.

take sb for a ride ark petkuttaa, huijata, jymäyttää (jkta) *The public is being remorselessly taken for a ride by the pharmaceutical industry.* Lääketeollisuus huijaa ihmisiä säälimättä.

riffle ['rɪfᵊl] *v*

riffle through penkoa, tonkia *He riffled through the bag, looking for his money.* Hän penkoi laukkua etsien rahojaan.

1 rig ['rɪg] *v*

rig out ark pukea, vaatettaa *I rigged myself out in jeans.* Puin ylleni farkut. *I was rigged out in a suit.* Olin pukeutunut pukuun.

rig up kyhätä [kokoon], kasata *He rigged up a shelter.* Hän kyhäsi kokoon suojan.

2 rig *s*

in full rig ark juhlatamineissa, pyntättynä, parhaimpiinsa pukeutuneena *Everybody was in full rig at the party.* Kaikki olivat juhlissa parhaimpiinsa pukeutuneina.

1 right ['raɪt] *a*

a right one ark (br) oikea hölmö[läinen], oikea typerys *We've got a right one here.* Tässä meillä on varsinainen typerys.

get sth right / straight *ark* ymmärtää selkeästi *Let's get something straight between us! I once loved you.* Ymmärrämmeköhän me nyt toisiamme. Minä rakastin sinua. *Have I got this right?* Olenko nyt ymmärtänyt oikein?

keep on the right side of sb pysytellä hyvissä väleissä jkn kanssa *Try to keep on the right side of your teachers.* Yritä pysytellä hyvissä väleissä opettajiesi kanssa.

not in one's right mind päästään vialla, mielenvikainen, hullu *He can't be in his right mind.* Hänen täytyy olla päästään vialla.

not right in the head *ark* ei aivan täysijärkinen, vähän päästään sekaisin *I think she's not right in the head.* Luulen, ettei hän ole aivan täysijärkinen.

put / set sb right *1* parantaa, saada tervehtymään *Three or four days' rest should put him right again.* Kolme neljä päivää lepoa saanee hänet taas tervehtymään. *2* saada tajuamaan tosiasiat, takoa järkeä päähän *This should put her right with the life.* Tämän pitäisi saada hänet tajuamaan elämän tosiasiat.

put sth right korjata, oikaista *You should put matters right.* Sinun pitäisi oikaista asioiden laita.

she's / she'll be right *ark* (austr) älä huol[ehd]i, kaikki järjestyy kyllä *Just relax, she'll be right.* Rauhoitu, kaikki järjestyy kyllä.

2 right *adv*

right away / off *ark* heti, saman tien, suoraa päätä *I'll do it right away.* Teen sen saman tien.

right enough *ark* taatusti, aivan varmasti, kieltämättä *Yeah, it's pretty good right enough.* Joo, se on kieltämättä aika hyvä.

right, left and centre (*myös* right and left, left and right) *ark* joka puolelle *He has been squandering money right and left, without sensible reasons!* Hän on tuhlannut rahaa joka puolelle ilman perusteltuja syitä!

3 right *s*

as of right (*myös* by right) laillisen oikeuden nojalla *Neither parent is entitled to it as of right.* Kumpikaan vanhemmista ei ole oikeutettu siihen.

be in the right olla jklla oikeus puolellaan, toimia oikein t. oikeutetusti, olla oikealla asialla *I am convinced that he is in the right on this issue.* Olen vakuuttunut, että hänellä on tässä asiassa oikeus puolellaan.

by rights oikeastaan, varsinaisesti *He does work which by rights should be done by his boss.* Hän tekee töitä, jotka oikeastaan kuuluisivat hänen pomolleen.

do right by kohdella oikeudenmukaisesti *I'm trying to do right by my children.* Yritän kohdella lapsiani oikeudenmukaisesti.

in one's own right omasta ansiosta, itse ansaitusti, riippumatta muista *He is famous in his own right.* Hän on kuuluisa omasta ansiostaan.

put / set sth to rights pistää kuntoon, palauttaa ennalleen *the attempts to put the economy to rights* yritykset pistää talous kuntoon

4 right *interj*

right on *ark* kyllä, joo, ilomielin *– Do you want to see some photos? – Right on.* – Haluatko nähdä vähän valokuvia? – Ilomielin.

right you are *ark* selvä, se sopii *Right you are. Let's try it!* Selvä, kokeillaan sitä!

too right *ark* aivan niin, ihan tosi, totta puhut *Too right, my friend.* Totta puhut, toverini.

1 right-hand ['raɪthænd] *s*

be at sb's right hand olla jkn apuna *Michael has been at his right hand throughout the upheaval.* Michael on ollut hänen apunaan koko mullistuksen ajan.

2 right-hand *a*
one's right hand man *ark* oikea käsi, luotettava avustaja *He has been my right-hand man during the year.* Hän on toiminut luotettavana avustajanani läpi vuoden.

1 ring ['rɪŋ] *s*
give sb a ring *ark* (br) soittaa puhelimella *Do you want to give her a ring?* Haluatko soittaa hänelle?

have a hollow ring kuulostaa epärehelliseltä t. valheelta *Accusations made without evidence have a hollow ring.* Syytökset vailla todisteita kuulostavat tekaistuilta.

have a ring to it *ark* vaikuttaa mielenkiintoiselta t. houkuttelevalta *It has a certain ring to it, don't you think.* Se kuulostaa houkuttelevalta, eikö vain.

hold the ring *ark* tarkkailla [sivusta], olla sivustakatsojana *They didn't want to get involved in the conflict and just held the ring.* He eivät halunneet mukaan konfliktiin, vaan tyytyivät tarkkailemaan sitä sivusta.

run / make rings [a]round sb *ark* peitota t. päihittää jku mennen tullen *For sheer cleverness she could run rings around them all.* Hän pystyi pelkällä nokkeluudellaan päihittämään heidät kaikki.

2 ring *v*
ring off the hook (am) soida jatkuvasti, soida luuri pöydälläkin (puhelimesta) *Your phone is not exactly ringing off the hook with job offers.* Puhelimesi ei kylläkään soi jatkuvasti työtarjousten merkeissä.

ring out kajahtaa *A shot rang out in the night.* Yössä kajahti laukaus.

ring out the old [year] and ring in the new <juhlia vuoden loppumista ja uuden alkamista> *It was a minute to midnight when the bells began to ring out the old year.* Minuuttia ennen puoltayötä kellot alkoivat soida loppuvalle ja alkavalle vuodelle.

ring up *1* lyödä kassakoneeseen *The sales assistant rang up $100 instead of $10.* Myyjä löi kassakoneeseen 100 dollaria 10 dollarin sijasta. *2* (am) tuottaa (voittoa t. tappiota), saada [aikaan] *The company rang up a huge profit last year.* Yhtiö tuotti valtavasti voittoa viime vuonna.

ring up / down the curtain nostaa / laskea esirippu *The peace rang down the curtain on five years of warfare.* Rauha päätti viisivuotisen sodan.

ring with *1* (*myös* ring to) kajahdella, kaikua *The whole place was ringing with music.* Koko paikka kajahteli musiikista. *2* olla täynnä jtak, olla jnk leimaama, olla selvästi jonkinlainen *This song rings with freshness and vitality.* Tämä laulu on täynnä raikkautta ja elinvoimaa.

ringside ['rɪŋsaɪd] *s*
have [got] a ringside seat / view *ark* olla aitiopaikka, päästä seuraamaan jtkin hyvin läheltä *They've had ringside seats for both the joy of business victory and the agony of its defeat.* He olivat päässeet seuraamaan lähietäisyydeltä sekä yhtiön menestystä että tappiota.

1 riot ['raɪət] *s*
read sb the riot act antaa jkn kuulla kunniansa, lukea lakia jklle *He had no intention of reading the riot act to his players.* Hänellä ei ollut aikomustakaan läksyttää pelaajiaan.

run riot *1* villiintyä, riehaantua, riehua *Fans ran riot after the match burning cars.* Fanit riehuivat ottelun jälkeen ja polttivat autoja. *2* toimia villisti, laukata *His imagination run riot.* Hänen mielikuvituksensa laukkasi. *3* lisääntyä hallitsemattomasti, levitä hallitsemattomasti *Rumours about his death ran riot.* Huhut hänen kuolemastaan levisivät hallitsemattomasti.

riot

2 riot *v*

riot away tuhlata *She has rioted away a lot of money.* Hän on tuhlannut paljon rahaa. *He has rioted away his life.* Hän on tuhlannut elämänsä.

rip ['rɪp] *v*

let it / her rip *ark* kaasu pohjaan, nasta lautaan *I couldn't see any cars on the highway so I let her rip.* Moottoritie oli tyhjä, joten painoin kaasun pohjaan

let sth rip *ark 1* antaa mennä [menojaan], päästää valloilleen, toimia esteittä *The inflation is let rip.* Inflaation annetaan laukata vapaasti. *She let her feelings rip.* Hän päästi tunteensa valloilleen. *2* kiljua, päästää ilmoille *He let rip a loud 'yippee'.* Hän päästi ilmoille äänekkään jippii-huudon. *3* raivota, vaahdota *He let rip about the wastage of scarce resources.* Hän vaahtosi niukkojen resurssien tuhlauksesta.

rip into *ark* sättiä, räyhätä, käydä kimppuun (sanallisesti) *My boss ripped into me for missing the deadline.* Pomoni sätti minua siitä, etten saanut työtä ajoissa valmiiksi.

rip off *ark 1* varastaa, varastella *He used to rip stuff off from supermarkets.* Hän varasteli ennen tavaraa supermarketeista. *2* kopioida, plagioida, matkia *That singer just rips off other people's music.* Tuo laulaja vain kopioi muiden musiikkia. *3* huijata (maksamaan liikaa), ryöstää *Taxi drivers often rip off foreigners.* Taksikuskit huijaavat usein ulkomaalaisia. *Some customers feel that expensive restaurants rip them off.* Jotkut asiakkaat tuntevat, että kalliit ravintolat vain ryöväävät heidän rahansa.

rip through raivota, edetä raivoisasti t. tuhoisasti *The hurricane ripped through the area.* Pyörremyrsky eteni raivoisasti alueen halki.

ripe ['raɪp] *a*

ripe for plucking / picking helposti saatava *It is a treasure ripe for plucking.* Kyseessä on helposti saatava aarre.

ripe old age kunnioitettava ikä, vanhuus *She died at the ripe old age of 98.* Hän kuoli kunnioitettavassa 98 vuoden iässä.

1 rise ['raɪz] *v*

rise above *1* ylittää, päihittää, olla parempi kuin *This article rises above the level of a gossip column.* Tämä artikkeli ylittää juorupalstatason. *2* nousta yläpuolelle, jättää omaan arvoonsa *to rise above one's problems* nousta ongelmiensa yläpuolelle, *to rise above the criticism* jättää kritiikki omaan arvoonsa

his / her star is rising hänen tähtensä nousee, hänen menestyksensä t. suosionsa kasvaa *His star is rising fast.* Hänen suosionsa on nopeassa nousussa.

rise and shine *leik* nyt ylös, ulos ja lenkille, herätys *This would be the proper time for me to rise and shine.* Tämä olisi minulle oikea aika herätä.

rise from the ashes nousta tuhkasta, toipua tappiosta tai tuhosta ja tulla suositusti t. voimakkaaksi *We want to see our youth rise from the ashes of war.* Haluamme nähdä kansamme nuorten toipuvan sodan tuhoista ja kasvavan voimakkaiksi.

rise to vastata, tarttua, lähteä mukaan *He rose to the challenge.* Hän vastasi haasteeseen. *He didn't rise to my bait.* Hän ei tarttunut syöttiini.

rise to the occasion päästä tilanteen tasalle *Heroes are usually frightened men who rise to the occasion.* Sankarit ovat useimmiten pelokkaita miehiä, jotka nousevat tilanteen tasalle ja voittavat itsensä.

rise up nousta kapinaan, kapinoida, nousta vastaan *The people rose up* *against the government.* Kansa nousi hallitusta vastaan.

2 rise *s*

get / take a rise out of *ark* saada ärsyyntymään, saada aikaan vihainen reaktio *I'm surprised at how quickly he got a rise out of me.* Olen hämmästynyt siitä, kuinka nopeasti hän sai minut ärsyyntymään.

give rise to sth aiheuttaa *Their racial myopia gave rise to fiery riots.* Kiivaat mellakat johtuivat heidän rotu-likinäköisyydestään.

riser ['raɪzəʳ] *s*

a late riser aamu[n]torkku, aamuuninen [ihminen] *He was a late riser, as a rule.* Hän oli parantumaton unikeko.

an early riser aamuvirkku *I am a chronic early riser, but otherwise sleep well.* Olen krooninen aamuvirkku mutta muuten nukun sikeästi.

1 risk ['rɪsk] *s*

a good risk turvallinen asia t. henkilö, riskitön tapaus *That company is a good risk.* Tuo yhtiö on turvallinen sijoituskohde.

run a risk (*myös* take a risk) ottaa riski *He ran the risk of losing his house.* Hän otti sen riskin, että voisi menettää talonsa. *He ran many risks.* Hän otti paljon riskejä.

2 risk *v*

risk one's neck *ark* panna henkensä likoon, vaarantaa henkensä *They don't want to risk their neck, so they fall back on something proven.* He eivät halua vaarantaa henkeään, joten he turvautuvat johonkin toimivaksi osoitettuun.

ritz ['rɪts] *s*

put on the ritz *ark* leveillä, makeilla, prameilla rikkaudellaan *Car dealers put on the ritz to lure buyers.* Autokauppiaat prameilevat tiloillaan asiakkaiden houkuttelemiseksi.

river ['rɪvəʳ] *s*

sell sb down the river pettää, kavaltaa, jättää oman onnensa nojaan *I felt I was sold down the river by lack of support.* Tunsin, että minut oli jätetty oman onneni nojaan, koska en saanut tukea.

up the river *ark* (*yl am*) vankilassa, vankilaan *Could he be sent up the river?* Voisiko hän joutua vankilaan?

road ['rəʊd] *s*

a road hog *ark* holtiton tienkäyttäjä *Why are we the cautious drivers not protected from road hogs?* Miksei meitä varovaisia autoilijoita suojella holtittomilta tienkäyttäjiltä?

down the road *ark* (*yl am*) tulevaisuudessa *Either this month or somewhere down the road, they'll lose.* He häviävät joko tässä kuussa tai lähitulevaisuudessa.

go down that road <päättää tehdä jotain tietyllä tavalla> *If we do go down that road, we will destroy what we have created.* Jos hoidamme asiat tällä tavalla, tuhoamme kaiken rakentamamme.

hog the road *ark* ajaa keskellä tietä, ajaa leveästi, tukkia koko tie *I'm not hogging the road, I'm hugging the road.* En aja leveästi, vaan myötäilen tietä.

in the / one's road *ark* tiellä, esteenä *There are a few obstacles standing in my road to success.* Menestykseni tiellä on muutama este.

off the road *ark* (autosta) käyttökelvoton ja huollon tarpeessa *My car's off the road so I had to take the train.* Autoni on rikki, joten minun piti kulkea junalla.

on the road 1 matkoilla, tien päällä, kiertueella *Sales reps and musicians are always on the road.* Kaupparatsut ja muusikot ovat aina tien päällä. **2** kiertolaisena, kulkurina, kodittomana *After living on the road for some time, he found himself in Paris.* Elettyään kiertolaisena

jonkin aikaa hän päätyi Pariisiin.
3 käytössä, ajettavissa (autosta) *It will be a few weeks before my car is on the road again.* Autoni on taas ajokunnossa vasta muutaman viikon päästä.
one for the road *ark* viimeinen lasillinen [ennen kotiinmenoa], lähtöryyppy *'One for the road,' he said.* "Vielä yksi ja sitten lähdetään", hän sanoi.
take [to] the road lähteä matkaan, lähteä matkoille *So, at the age of twenty-six, he took to the road.* Niinpä hän lähti matkustamaan 26 vuoden iässä.

roaring ['rɔːrɪŋ] *a*
a roaring success jymymenestys
do a roaring trade / business [in sth] *ark* tehdä tuottoisaa bisnestä, käydä kuin siimaa (kaupasta) *The food-sellers are doing a roaring trade in spiced sausages.* Ruokakauppiaat tekevät tuottoisaa bisnestä maustetuilla makkaroilla.
roaring drunk umpikännissä *We got roaring drunk on gin.* Tulimme umpikänniin juotuamme giniä.

roasting ['rəʊstɪŋ] *s*
give sb / get a roasting *ark* arvostella tai tulla arvostelluksi kitkerästi *Will I get a roasting for saying this?* Tullaanko minua arvostelemaan avattuani suuni?

rob ['rɒb] *v*
rob Peter to pay Paul varastaa t. lainata yhdeltä maksaakseen toiselle *They rob Peter to pay Paul and rob someone else to pay Peter.* He lainaavat yhdeltä maksaakseen toiselle ja varastavat kolmannelta maksaakseen ensimmäiselle.

robbery ['rɒbəri] *s*
daylight robbery hävytön kiskonta, ylihinnoittelu, ryöstöhinnat *The fuel tax that makes the cost of fuel so high is nothing short of daylight robbery.* Polttoainevero, joka nostaa bensiinin hinnan taivaisiin, on silkkaa ryöväystä.

robin ['rɒbɪn] *s*
a round robin <monen ihmisen allekirjoittama valitus- t. vaatimuskirje> *Former ambassadors signed a round robin criticising the war.* Joukko entisiä suurlähettiläitä allekirjoittivat valituskirjeen, jossa arvosteltiin sotaa.

rock ['rɒk] *s*
between a rock and a hard place *ark* kahden tulen välissä, puun ja kuoren välissä *She was caught between a rock and a hard place, with no obvious way out.* Hän jäi kahden tulen väliin ilman selvää pakoreittiä.
get one's rocks off *ark 1* saada tyydytystä, saada kiksejä *This CD is great for driving, working out, or anything you get your rocks off doing.* Tätä CD:tä on hieno kuunnella ajaessa, treenatessa, tai tehden mitä vain, mistä saa tyydytystä. *2 alat* saada seksiä, saada orgasmi *He appeared to be mostly concerned with getting his rocks off.* Hän näytti olevan lähinnä kiinnostunut saamaan seksiä.
on the rocks *ark 1* jäillä, jäiden kera *A whisky on the rocks, please.* Viski jäillä, kiitos. *2* karilla *Her marriage was on the rocks.* Hänen avioliittonsa oli karilla.
run into the rocks haaksirikkoutua, ajaa karille *The vessel ran into the rocks just after midnight.* Alus ajoi karille heti puolenyön jälkeen.

rock bottom ['rɒkbɒtəm] *s*
hit / reach / be at rock bottom olla masentuneempi kuin koskaan, olla aivan siipi maassa, olla murheen murtama *I reached rock bottom, which I always said would never happen.* Olin murheen murtama, vaikka sanoinkin jatkuvasti, ettei niin kävisi.

rocker ['rɒkəʳ] s
be off one's rocker *ark* olla päästään vialla, olla ruuvi löysällä (jklla) *Well, he was slightly off his rocker to start with.* No, ensinnäkin hän oli hieman päästään vialla.

rocket ['rɒkɪt] s
give sb a rocket *ark* (br) <moittia jkta ankarasti virheestä> *They got a rocket for not being more tolerant.* Heitä moitittiin ankarasti suvaitsevaisuuden puutteesta.

it's not rocket science *ark* <painotetaan toiminnan t. asian helppoutta> *It's not exactly rocket science to figure it out for yourself.* Asian ymmärtämiseen ei vaadita maisterin tutkintoa.

put a rocket under sb / sth saada vauhtia jhk *The announcement put a rocket under the company's share price.* Tiedotus sai yrityksen osakehinnan vahvaan nousuun.

rise like a rocket [and fall like a stick] nousta kuin raketti [ja laskea kuin lehmän häntä] *He may rise like a rocket, but he will fall like the stick, if he be not supported.* Hän voi nousta kuin raketti mutta laskea kuin lehmän häntä, jollei häntä tueta.

rod ['rɒd] s
a lightning rod <henkilö t. asia, josta tulee syntipukki, vaikka muitakin syyllisiä on> *The World Bank will be a lightning rod for social activists.* Kansalaisaktivistit tulevat syyttämään Maailmanpankkia aivan kaikesta.

make a rod for one's own back hankkia itselleen ikävyyksiä, hankkiutua hankaluuksiin *He made a rod for his own back by forever arguing with everyone else.* Hän hankki itselleen ikävyyksiä riidellen aina kaikkien kanssa.

spare the rod and spoil the child joka vitsaa säästää se lastaan vihaa, joka kuritta kasvaa se kunniatta kuolee *I grew up in an era when "spare the rod and spoil the child" was a parental battle cry.* Kasvoin aikakaudella, jolloin sanonta "joka kuritta kasvaa se kunniatta kuolee" oli vanhempien taisteluhuuto.

rogue ['rəʊg] s
rogue's gallery 1 *ark* rikollisten valokuvat (poliisilla) **2** ei-toivotut henkilöt *The police has been criticized for publishing a "rogues gallery" of suspected rioters.* Poliisia on arvosteltu siitä, että se julkisti kuvat ei-toivotuista henkilöistä, joita epäiltiin mellakoitsijoiksi.

role ['rəʊl] s
play a role in myötävaikuttaa, olla osasyynä *Climate change played a role in the collapse of ancient societies.* Ilmastonmuutos myötävaikutti muinaisten yhteiskuntien romahdukseen.

play the role of tekeytyä, heittäytyä *He wants to play the role of a victim and blame others.* Hän haluaa tekeytyä uhriksi ja syyttää muita.

1 roll ['rəʊl] v
be rolling in it (*myös* be rolling in money) *ark* kieriskellä rahassa, olla ökyrikas *He's rolling in it, he's even going to build a house with it.* Hän kierisskelee rahassa ja rakentaa vielä talonkin sen turvin.

be rolling in the aisles *ark* nauraa kippurassa (yl yleisöstä) *The only problem was that her remarks had knowledgeable economists practically rolling in the aisles.* Ainoa ongelma oli siinä, että hänen sanansa saivat asioista perillä olevat taloustieteilijät nauramaan kippurassa.

roll about (*myös* roll around) **1** hoiperrella, horjahdella, kiemurrella *They were rolling about drunk in the streets.* He hoipertelivat humalassa kadulla. **2** nauraa kippurassa, nauraa katketakseen, nauraa hohottaa *We spent the next ten minutes* *rolling about [laughing].* Me nauroimme kippurassa seuraavat kymmenen minuuttia.

roll around (*myös* roll round) tapahtua [taas], tulla [taas], olla [taas] jnk aika *Summer rolls around [again].* Kesä tulee taas. *Elections roll around.* On taas vaalien aika.

roll back *1* heikentää [asemaa], vähentää [merkitystä] *The new antiterror[ist] law rolls back human rights.* Uusi terrorismin vastainen laki heikentää ihmisoikeuksia. *2* kääntää kasvu t. leviäminen laskuun *attempts to roll back malaria* yritykset kääntää malarian leviäminen laskuun

rolled into one yhtä aikaa, yhdistettynä *She has to be a lover, cook and cleaning lady rolled into one.* Hänen täytyy olla yhtä aikaa rakastajatar, kokki ja siivooja.

roll off *1* valmistua, tulla *The first vehicle is scheduled to roll off the production line in October.* Ensimmäisen ajoneuvon on määrä valmistua tuotantolinjalta lokakuussa. *His book rolled off the press.* Hänen kirjansa tuli painosta. *2* soljua, tulla vaivattomasti (puheesta) *The words rolled off her lips.* Sanat soljuivat hänen huuliltaan.

roll on...! *ark* (br) tulisipa jo...! *The winter's nearly over – roll on summer!* Talvi on miltei ohi – tulisipa jo kesä!

roll on *1* kulua, vierähtää, vieriä (ajasta) (*myös* roll by) *Years rolled on, but nothing changed really.* Vuodet vierivät, mutta mikään ei oikeastaan muuttunut. *2* jatkua [aina vaan], mennä rataansa *The war rolls on, and more and more soldiers are killed.* Sota jatkuu aina vaan, ja yhä enemmän sotilaita kuolee.

roll out *ark* (yl am) värvätä, pestata (avuksi), pistää kehiin *Without doubt, clubs roll out their best athletes for this competition.* Seurat pistävät tässä kilpailussa epäilemättä kehiin parhaat urheilijansa.

roll up *ark* ilmestyä paikalle, saapua, tulla *She rolled up in time.* Hän ilmestyi ajoissa paikalle. *'Roll up, roll up!' shouted the ringmaster.* "Kaikki mukaan, kaikki mukaan!" sirkustirehtööri huusi.

roll up one's sleeves kääriä hihat ylös, valmistautua työhön t. tappeluun

roll with the punches *1* väistellä iskuja (nyrkkeilyssä) *2* sopeutua vaikeaan tilanteeseen *We all must roll with the punches that mother nature throws our way.* Meidän pitää kaikkien sopeutua luonnonolojen aiheuttamiin vaikeisiin olosuhteisiin.

2 roll *s*

a roll in the hay / sack *ark* nainti, pano, rakastelu *It's all one hears these days – who's rolling in the hay, who's rolling in the muck.* Muusta ei nykyään puhutakaan – kuka muhinoi ja kuka rypee loassa.

be on a roll *ark* olla jatkuvasti onnea (jklla), elää menestyskauttaan *E-commerce is clearly on a roll.* Sähköinen kaupankäynti elää selvästi menestyskauttaan.

call / take the roll pitää nimenhuuto *The teacher took the roll and then we started the lesson.* Opettaja piti nimenhuudon, ja sitten aloitimme tunnin.

Rome ['rəʊm] *s*

all roads lead to Rome kaikki tiet vievät Roomaan, samaan lopputulokseen voi päästä monella eri tavalla *All roads lead to Rome could be the conclusion of this paper.* Tämän artikkelin yhteenvedoksi voisi tiivistää sen, että samaan lopputulokseen on monta tietä.

Rome was not built in a day Ei Roomaa[kaan] rakennettu yhdessä päivässä, maltti on valttia *Rome was* *not built in a day and neither will your bank account be.* Maltti on valttia säästämisessäkin.

when in Rome [do as the Romans do] maassa maan tavalla *It's time I learn how to behave when in Rome.* On aika oppia, miten maassa käyttäydytään maan tavalla.

romp ['rɒmp] *v*

romp home (*myös* romp to victory, romp in) *ark* (yl br) voittaa helposti *He romped home with 141 votes.* Hän voitti helposti ja sai 141 ääntä.

romp through *ark* selviytyä vaivatta, suoriutua helposti, läpäistä helposti *He romped through his exams.* Hän selviytyi tenteistään vaivatta.

roof ['ru:f] *s*

go through the roof *ark* nousta jyrkästi, nousta pilviin *Ticket prices for concerts have gone through the roof.* Konserttilippujen hinnat ovat nousseet pilviin.

hit the roof (*myös* go through the roof) *ark* saada sätky, menettää malttinsa, raivostua *He hit the roof when he heard the news.* Hän sai sätkyn, kun kuuli uutiset.

the roof caves / falls in (yl am) <jotain hyvin ikävää tapahtuu yllättäen> *We weren't going to beat them unless the roof fell in.* Emme olisi pystyneet voittamaan heitä, ellei heidän pelinsä olisi romahtanut täysin.

the roof of the world maailman katto, Himalaja *The impression is one of being on the roof of the world.* Tuntuu siltä kuin olisi maailman katolla. *the railway across the roof of the world* Himalajan läpi kulkeva rautatie

room ['ru:m, rʊm] *s*

elbow room *1* tilaa liikkua *Nowadays there's more elbow room and less cigar smoke in restaurants.* Nykyään ravintoloissa on enemmän tilaa ja vähemmän sikarin savua. *2* vapaus tehdä jtk mielensä mukaan *It is a fact that many teachers have precious little elbow room.* On tosiasia, että monilla opettajilla on liian vähän päätösvaltaa.

take a room majoitt[aut]ua, ottaa [hotelli]huone *He took a room in a small village.* Hän majoittautui pieneen kylään.

there is no room to swing a cat *leik* täällä ollaan kuin sillit suolassa, täällä ollaan kuin sardiinit purkissa *The stage is small and the band are crammed onto it with no room to swing a cat.* Esiintymislava on pieni, ja yhtye joutuu olemaan sillä kitarankaulat ristissä.

roost ['ru:st] *v*

come home to roost kostautua, sattua omaan nilkkaan, saada maksaa jstak *Your mistakes will come home to roost.* Saat vielä maksaa virheistäsi.

[curses like] chickens come home to roost paha saa aina palkkansa, pilkka sattuu omaan nilkkaan, minkä taakseen jättää, sen edestään löytää *Curses, like chickens, come home to roost, and bring their friends with them.* Paha saa aina palkkansa, ja usein palkankorotuksen.

1 root ['ru:t] *s*

at root pohjimmiltaan, ennen kaikkea *It is a moral question at root.* Se on ennen kaikkea moraalikysymys.

put down roots kotiutua, alkaa viihtyä *He seldom lives in the same place long enough to put down roots.* Hän asuu harvoin samassa paikassa niin kauan, että ehtisi kotiutua.

root and branch (*am* roots and all) (br) *1* perinpohjainen, perusteellinen *a root and branch reform of taxation* verotuksen perusteellinen uudistaminen *2* perusteellisesti, perin juurin, henkeen ja vereen *Terrorism must be eliminated, root and* *branch.* Terrorismi on kitkettävä perin juurin. *He opposes the plan root and branch.* Hän vastustaa suunnitelmaa henkeen ja vereen.

strike at the root[s] of sth nakertaa perustaa, osua arkaan paikkaan *Corruption strikes at the root of national security and stability.* Lahjonta nakertaa kansakunnan turvallisuuden ja vakauden perustaa.

take root saada jalansijaa, juurtua, vakiintua *Some new ideas have taken root in the society.* Jotkin uudet ideat ovat saaneet jalansijaa yhteiskunnassa.

2 root *v*

root for *ark* pitää peukku[j]a, tukea, kannustaa *We are all rooting for you to beat them in the last game.* Pidämme kaikki peukkuja, että voitatte heidät viimeisessä pelissä.

root on *ark* (am) kannustaa, kirittää, huutaa kannustushuutoja *The spectators rooted him on to victory.* Katsojat kannustivat hänet voittoon.

root out *1* kitkeä juurineen, poistaa perinpohjaisesti *We have to root out corruption.* Meidän on kitkettävä korruptio juurineen. *2 ark* kaivaa esiin, löytää (penkomalla) *She rooted out some old photos.* Hän kaivoi esiin vanhoja valokuvia.

1 rope ['rəʊp] *s*

a rope of sand *kirjak* näennäinen turva t. järjestely, harha, hämäys *Human rights shouldn't be a mere rope of sand.* Ihmisoikeuksien ei pitäisi olla pelkkää harhaa.

give a man enough / plenty of rope and he will hang himself liika vapaus on pahasta, liika vapaus johtaa ongelmiin *After all, he is a teenager, and I don't want to give him enough rope to hang himself.* Hän on kuitenkin teini-ikäinen, enkä halua antaa hänelle liikaa vapautta, koska se aiheuttaa ongelmia.

on the ropes toivottomassa jamassa, tuhon tms. partaalla *The company is on the ropes.* Yhtiö on konkurssin partaalla.

show / learn the ropes *ark* opettaa / opetella hommat *Fly fishing is popular in these parts and your boat skipper will show the ropes.* Lentokalastus on suosittua näillä tienoilla, ja laivan kapteeni näyttää sinulle, miten homma hoituu. *Developing countries are now learning the ropes of regulation.* Kehitysmaat ovat nyt oppimassa säännöstelyn saloja.

2 rope *v*

rope in (*myös* rope into) *ark* houkutella [mukaan], suostutella *He was roped in for potato picking.* Hänet houkuteltiin perunannostoon. *Staff from both companies were roped into working as a team.* Molempien yritysten työntekijät suostuteltiin työskentelemään yhdessä.

rose ['rəʊz] *s*

come up / out smelling of roses päästä kuin koira veräjästä, selviytyä puhtain paperein *Everyone came up smelling of roses [from the episode].* Kaikki selvisivät [episodista] puhtain paperein.

come up roses sujua loistavasti, mennä oikein hyvin *His life is coming up roses.* Hänen elämänsä sujuu loistavasti.

not be roses ei sujua hyvin, ei mennä hyvin, ei olla helppoa *All is not roses for the industry.* Teollisuudella ei kaikki mene hyvin.

rot ['rɒt] *s*

stop the rot estää tilannetta pahenemasta *The government needs to take drastic action to stop the rot.* Hallituksen on ryhdyttävä äärimmäisiin toimenpiteisiin estääkseen tilanteen tulehtumista.

the rot sets in tilanne pahenee *The rot really set in when Washington* *clearly took sides against democracy.* Tilanne paheni erityisesti silloin, kun Washington asettui selkeästi poikkiteloin demokratiaa vastaan.

1 rough ['rʌf] *a*
a rough ride vastoinkäyminen, koettelemus, vaikeat ajat *They'll give you a rough ride.* He pistävät sinut koville. *He is facing a rough ride.* Hänellä on edessään vaikeat ajat.

rough and ready (*myös* rough-and-ready) *1* mukiinmenevä, viimeistelemätön mutta toimiva *a rough-and-ready guide to business terms* mukiinmenevä liiketerminologian opas *2* sivistymätön, karkeakäytöksinen, kursailematon (henkilöstä) *He is a bit rough and ready, but he's got a heart of gold.* Hän on vähän karkeakäytöksinen, mutta hänen sydämensä on puhdasta kultaa.

rough and tumble *1* <tilanne, jossa ihmiset kilpailevat kiivaasti keskenään> *He was altogether too courteous for the rough and tumble of politics.* Hän oli aivan liian kohtelias osallistumaan poliittiseen kyynärpäätaktikointiin. *2* <äänekäs muttei vakava tappelu> *She managed to endure the rough and tumble of four children, two cats and a dog.* Hänen onnistui kestää neljän lapsen, kahden kissan ja yhden koiran keskinäiset rähinät.

rough around the edges viimeistelyä kaipaava, jossa on vielä hiomista *This song is rough around the edges.* Tämä laulu kaipaa vielä viimeistelyä.

rough edges pienet epätäydellisyydet, pikku virheet, parantamisen vara *A man has his rough edges knocked off by a woman.* Nainen häivyttää miehen pienet epätäydellisyydet.

rough justice *1* omavaltainen lain tulkinta, oman käden oikeus, epäoikeudenmukainen kohtelu *We provide assistance to citizens who have suffered rough justice at the hands of the state.* Me tarjoamme apua niille kansalaisille, joita valtio on kohdellut epäoikeudenmukaisesti. *2* huono tuuri, huono onni (*myös* rough luck) *It was rough justice for the Ireland team who deserved a draw.* Irlannin maajoukkueella oli epäonnea, mutta he olisivat ansainneet tasapelin.

rough stuff riehuminen, hulinointi, väkivalta *I'm sure they wouldn't have stood for any rough stuff.* Olen varma, etteivät he olisi sietäneet riehumista alkuunkaan.

sleep rough asua ulkona t. kaduilla *I ran away and spent two days in Paris, sleeping rough, before hitchhiking home.* Karkasin kotoa ja vietin kaksi päivää yöpyen Pariisin kaduilla ennen kuin liftasin takaisin kotiin.

the rough edge / side of sb's tongue haukut, moitteet, satikuti *If you don't stop that, you'll get the rough edge of my tongue!* Jos ette lopeta tuota, saatte kuulla kunnianne!

2 rough *s*
a bit of rough *ark* raju[otteinen] rakastaja, peto sängyssä (miehestä) *She always liked a bit of rough in her bed, for a while anyway.* Hän piti aina karskeista rakastajista sängyssä, ainakin jonkin aikaa.

in the rough *1* luonnosvaiheessa [oleva], alustava *plans in the rough* alustavia suunnitelmia *2* hiomaton mutta täynnä piileviä kykyjä t. arvoa *Who among the contestants turns up to be a diamond in the rough?* Kuka kilpailijoista osoittautuu piileviä kykyjä omaavaksi? *3* vaikeuksissa *This company is in the rough.* Tämä yhtiö on vaikeuksissa.

take the rough with the smooth ottaa elämä vastaan sellaisena kuin se tulee, ei lannistua vastoinkäymisistä *These setbacks continued throughout his life, but he became* *quite resilient and took the rough with the smooth.* Hän kohtasi näitä vastoinkäymisiä läpi elämänsä, mutta kasvoi sitkeäksi eikä lannistunut niistä.

3 rough *v*
rough in hahmotella, lisätä hahmotellen (kuvaan) *The painter roughed in two trees next to the lake.* Maalari hahmotteli järven kupeeseen kaksi puuta.

rough it elää vaikeissa oloissa, tinkiä mukavuudesta *You may feel safer watching nature on the television, and would find it hard to rough it in an uncharted forest.* Sinun lienee turvallisempaa kohdata luonto television välityksellä, sinun olisi vaikea tinkiä mukavuudesta keskellä korpimetsää.

rough out luonnostella, hahmotella *I quickly roughed out a drawing of the house.* Luonnostelin nopeasti piirroksen talosta. *rough a plan* hahmotella suunnitelma

rough up *ark* hakata, mukiloida *A gang of youths roughed him up.* Nuorisojengi hakkasi hänet.

1 round ['raʊnd] *s*
do / make the rounds vierailla t. soittaa paikat t. ihmiset läpi *Some evenings he made the rounds of the bars as if looking for someone.* Joinain iltoina hän kolusi kaikki baarit läpi, aivan kuin hän olisi etsinyt jotakuta.

go the round[s] olla liikkeellä, kiertää (suullisesta tiedosta) *A piece of juicy gossip is going the round[s].* Liikkeellä on herkullinen juoru.

in the round kaikista näkökulmista [tarkasteltu], perinpohjaisesti [käsitelty] *The system must be seen in the round.* Järjestelmää on tarkasteltava kaikista näkökulmista.

round and round (kiertää tms.) kehää, joka puolella *A prolonged clap of thunder echoed round and round the building.* Pitkällinen ukkosenjyrähdys kaikui rakennuksen joka sopessa.

2 round *adv, prep*
all round *1* kaikki, kaikilla, kaikille (henkilöistä) *Expectations are high all round.* Kaikkien odotukset ovat korkealla. *2* kaikkialla *Visibility was good all round.* Näkyvyys oli hyvä kaikkialla. *3* joka suhteessa *It's been a good year all around.* Vuosi on ollut joka suhteessa hyvä.

round about *1* kaikkialla ympärillä, joka puolella [ympärillä] *a garden with rows of trees round about* puutarha, jota ympäröivät joka puolelta puurivit *2* noin, tienoilla, paikkeilla *round about forty per cent* noin 40 prosenttia, *round about 1936* vuoden 1936 tienoilla

3 round *v*
round off päättää, lopettaa (tekemällä jtak) *round off a meal with a toast / by proposing a toast* päättää ateria kohottamalla malja / ehdottamalla maljaa

round on (*myös* round upon) hyökätä, käydä kimppuun (sanallisesti), alkaa sättiä *She rounded on us angrily.* Hän alkoi sättiä meitä vihaisesti.

round out täydentää *I would like to round down my education.* Haluaisin täydentää koulutustani.

round up *1* kerätä yhteen, ajaa yhteen *They use dogs to round up the sheep.* Lampaat ajetaan yhteen koirien avulla. *2* tehdä joukkopidätys, pidättää suuri joukko *The police rounded up suspects.* Poliisi pidätti suuren joukon epäiltyjä.

1 rout ['raʊt] *s*
put to rout löylyttää täysin, ajaa pakoon *We put the attackers to rout.* Ajoimme hyökkääjät pakoon.

2 rout *v*
rout out kiskoa ylös *Rout her out of the bed.* Kisko hänet ylös sängystä.

route ['ru:t] *s*
  en route matkalla, matkan varrella *One of the bags was lost en route.* Yksi laukuista katosi matkalla.

roving ['rəʊvɪŋ] *a*
  have a roving eye katsella vieraita naisia *Her husband has a roving eye.* Hänen miehensä katselee vieraita naisia.

row ['rəʊ] *s*
  a hard / tough row to hoe vaikea tehtävä, kova työ, tiukka paikka *They have a hard row to hoe to get back to the top.* Heillä on kova työ päästä takaisin huipulle.
  in a row *ark* [yhteen] putkeen, yhtä mittaa, peräkkäin *He ate three pizzas in a row.* Hän söi kolme pizzaa [yhteen] putkeen.

royal ['rɔɪəl] *a*
  a right royal sth oikein kunnon *Tourists can expect a right royal welcome.* Turistit voivat olla varmoja erittäin lämpimästä vastaanotosta. *What a right royal little pickle we have got ourselves into.* Olemmekin sotkeneet itsemme oikein kunnon liemeen.
  royal road helppo tie, oikotie *a royal road to success* oikotie menestykseen

1 rub ['rʌb] *s*
  there is / lies the rub siinä vasta pulmaa kerrakseen, siitäpä kenkä puristaakin *But therein lies the rub: how do you get customers to say yes to your products without appearing pushy?* Miten saada asiakkaat suhtautumaan myönteisesti tuotteisiin vaikuttamatta päällekäyvältä? Se vasta vaikeaa onkin.

2 rub *v*
  not have two X to rub together *ark* ei olla jklla [juuri] lainkaan jtak (erit. rahasta) *He didn't have two beans to rub together.* Hänellä ei ollut pennin hyrrää.

rub along *ark vanh* (br) **1** olla väleissä, tulla toimeen *My brother and I rub along [together] all right.* Veljeni ja minä tulemme toimeen keskenämme aika hyvin. **2** pärjätä, pärjäillä, selviytyä *Oh, don't worry, I'll rub along.* Älä huolehti, kyllä minä pärjään.

rub down 1 sukia *rub down a horse* sukia hevonen **2** hieroa (lihaksia) *The coach rubbed him down after the race.* Valmentaja hieroi häntä kilpailun jälkeen.

rub in sekoittaa [jauhoihin], alustaa [jauhojen] joukkoon (rasvasta) *Sift the flour into a bowl and rub in the fat.* Siivilöi jauhot kulhoon ja alusta rasva joukkoon.

rub off tarttua *Let's hope some of his good luck rubs off on me.* Toivottavasti osa hänen hyvästä onnestaan tarttuu minuunkin.

rub one's nose in it (*myös* rub it in) *ark* muistutella [jatkuvasti] (ikävästä asiasta), kaivella vanhoja *I had made a mistake and my dad could not resist rubbing it in.* Olin tehnyt virheen ja isäni ei voinut olla muistuttamatta siitä jatkuvasti.

rub out *ark* (am, austr) listiä, nitistää, päästää hengestään *The Mafia rubbed him out.* Mafia listi hänet.

rub sb up the wrong way (*am* rub sb the wrong way) *ark* (br) ärsyttää [tahtomattaan], ärsyttää [vahingossa] *They always manage to rub me up the wrong way.* He onnistuvat aina ärsyttämään minua tahtomattaan.

rub shoulders (*am* rub elbows) seurustella, tehdä tuttavuutta *She had rubbed shoulders with the royal family at the party.* Hän oli tehnyt juhlissa tuttavuutta kuningasperheen kanssa.

rub up (yl br) **1** kiillottaa *rub up silver* kiillottaa hopeaa **2** verestää, kohentaa *Try to rub up your memory.* Yritä verestää muistiasi.

rubber

rubber ['rʌbəʳ] *s*
rubber[-]stamp sth hyväksyä jk automaattisesti, olla pelkkä kumileimasin *The Cabinet simply rubber stamped what the Prime Minister wanted to happen.* Hallitus yksinkertaisesti hyväksyi automaattisesti sen, mitä pääministeri halusi tapahtuvan.

Rubicon ['ru:bɪkən]
cross the Rubicon tehdä peruuttamaton päätös, ottaa ratkaiseva askel *We hope that our country has now crossed the Rubicon to political stability.* Toivomme, että maamme on nyt ottanut ratkaisevan askeleen kohti poliittista vakautta.

rude ['ru:d] *a*
a rude awakening *kirjak* havahtua kovaan todellisuuteen *The company faced a rude awakening after discovering its months of research was for naught.* Todellisuus löi yritystä vasten kasvoja, kun se huomasi kuukausien tutkimuksen valuneen hukkaan.

ruffle ['rʌfᵊl] *v*
ruffle sb's feathers suututtaa, ärsyttää, järkyttää (jkta) *He knows how to ruffle my feathers.* Hän tietää, kuinka minut saa suuttumaan / järkyttymään.

ruffled ['rʌfᵊld] *a*
smooth sb's ruffled feathers tyynnytellä, rauhoitella, lepytellä *I tried to smooth his ruffled feathers after the incident.* Yritin rauhoitella häntä välikohtauksen jälkeen.

rug ['rʌg] *s*
cut a rug *vanh* tanssia *Care to cut a rug?* Tanssitaanko?
pull the rug / carpet from under sb['s feet] (*myös* pull the rug out from under sb's feet) vetää matto jkn [jalkojen] alta *They can pull the rug from under his feet anytime they want to.* He voivat lopettaa tukensa hänelle ihan milloin haluavat.

1 rule ['ru:l] *s*
as a rule yleensä, pääsääntöisesti, tavallisesti *Governments, as a rule, do not publicize their human rights violations.* Hallitukset eivät yleensä julkista ihmisoikeusrikkomuksiaan.
make it a rule ottaa tavakseen *My parents have made it a rule to wear bike helmets.* Vanhempani ovat ottaneet tavakseen käyttää pyöräilykypäriä.
rule of thumb nyrkkisääntö *A good rule of thumb is to avoid discussions about politics in the office.* Hyvä nyrkkisääntö on välttää politiikasta puhumista työpaikalla.
run the rule over (br) tarkastella pikaisesti, tutustua nopeasti *His coach will fly to Australia to run the rule over potential training camps.* Hän valmentajansa lentää Australiaan tutustumaan nopeasti mahdollisiin valmennusleireihin.
work to rule olla hidastuslakossa, noudattaa sääntöjä pikkutarkasti *Nurses are continuing to work to rule.* Sairaanhoitajat jatkavat hidastuslakkoaan.

2 rule *v*
rule in ottaa mukaan (laskuihin), ottaa huomioon *We have to rule in the possibility of war.* Meidän täytyy ottaa huomioon sodan mahdollisuus.
rule off erottaa viivalla, rajata [viivalla], vetää viiva [rajaksi] *He ruled off a space for the picture.* Hän rajasi tilan kuvalle.
rule OK *ark leik* olla paras, olla pop *Punk rules OK!* Punk on pop!
rule the roost *ark* olla kukkona tunkiolla, määrätä *Women rule the roost when it comes to household finances.* Naiset määräävät kaapin paikan kodin taloudessa.

rum ['rʌm] *a*
  a rum do / go *vanh* outo tapaus, yllättävä käänne [tapahtumissa] *It was a rum do.* Se oli erittäin yllättävää.

rumble ['rʌmbᵊl] *v*
  rumble on jatkua jatkumistaan, jatkua aina [vaan] (yl. kiistasta) *These arguments rumbled on into 1947.* Nämä kiistat jatkuivat aina vuoteen 1947 saakka.

1 run ['rʌn] *v*
  be running scared (yl am) pelätä [tappiota] *The Democrats are running scared [into the fall elections].* Demokraatit pelkäävät tappiota [syksyn vaaleissa].

  run a fever / a temperature olla kuumeessa *Next morning he ran a temperature but insisted on getting up.* Seuraavana aamuna hänellä oli kuumetta, mutta hän halusi välttämättä nousta sängystä.

  run a mile (from sb / sth) *ark* pötkiä pakoon pelosta *Lou would run a mile if he thought any girl wanted to marry him.* Lou pötkisi oitis pakoon, jos joku tyttö tahtoisi naimisiin hänen kanssaan.

  run a tight ship <johtaa järjestöä t. ajaa asiaa tiukasti ja tehokkaasti> *The company will have to run a tight ship in order to remain competitive against multinational competitors.* Yrityksen on toimittava tiukasti ja tehokkaasti, jotta se pysyy kilpailukykyisenä monikansallisten haastajiensa rinnalla.

  run across (*myös* run against) törmätä [sattumalta], tavata sattumalta, löytää sattumalta *I ran across my old friend Jean in Paris.* Törmäsin Pariisissa sattumalta vanhaan ystävääni Jeaniin. *I just ran across this photo.* Löysin tämän kuvan aivan sattumalta.

  run after *ark 1* tavoitella, juosta perässä (asioista) *Some people are always running after money.* Jotkut ihmiset juoksevat aina rahan perässä. *2* yrittää iskeä, juosta perässä, jahdata (henkilöistä) *My husband doesn't run after other women.* Mieheni ei juokse toisten naisten perässä.

  run along *vanh ark* lähteä, mennä pois *Run along now, children, I'm busy.* Menkäähän nyt, lapset, minulla on kiire.

  run amok riehua, raivota *Here, more noticeably than elsewhere, nature had run amok.* Täällä luonto oli vallannut raivokkaasti elintilaa näkyvämmin kuin muualla.

  run around (*myös* run round) *ark* juosta [kiireisenä] ympäriinsä, juosta [pää kolmantena jalkana] ympäriinsä *I've been running around all week trying to get everything ready.* Olen juossut koko viikon ympäriinsä ja yrittänyt saada kaiken valmiiksi.

  run around after sb / sth *ark* huolehtia, juosta perässä *She spends a lot of time and energy running around after the children.* Hänellä kuluu paljon aikaa ja voimia lasten perässä juoksemiseen.

  run around with (*myös* (am) run with) *vanh ark* kuljeskella, seurustella, pyöriä (joidenkuiden kanssa) *I don't like the gang he's running around with.* En pidä siitä porukasta, jonka kanssa hän pyörii.

  run at hyökätä kohti *He ran at me with a knife.* Hän hyökkäsi minua kohti veitsen kanssa.

  run away 1 karata *Many teenagers run away from home.* Monet teini-ikäiset karkaavat kotoa. *Let's run away together and get married!* Karataan yhdessä ja mennään naimisiin! *2* (*myös* run off) jättää perheensä, lähteä lätkimään *3* vältellä, pakoilla (ikävää asiaa) *Running away from your problems only makes them worse.* Ongelmien pakoilu vain pahentaa niitä.

run away with 1 (*myös* run off with) karata jkn kanssa, lähteä jkn matkaan *My wife ran away with another man.* Vaimoni lähti toisen miehen matkaan. **2** temmata mukaan[sa], tehdä tepposet *Stay calm and don't let your emotions run away with you.* Pysy rauhallisena äläkä anna tunteiden temmata sinua mukaansa. *You're letting your imagination run away with you.* Annat mielikuvituksesi tehdä sinulle tepposet. **3 ark** voittaa helposti, napata helposti (voitto) *They ran away with the championship.* He voittivat mestaruuden helposti. **4 ark** (yl am) (*myös* run off with) viedä [luvatta mukanaan], kähveltää, varastaa *He ran away with all our money.* Hän vei kaikki rahamme. *With his solo, he ran away with the show.* Hän varasti shown soololla.

run away with the idea pitää itsestään selvänä, kuvitella [ilman muuta] *Don't run away with the idea that you don't need to work.* Älä kuvittele, ettei sinun tarvitsisi tehdä työtä.

run before one can walk haukata liian iso pala kerralla, kiirehtiä asioiden edelle *He was a President who started running before he could walk.* Hän oli presidentti, joka kiirehti asioiden edelle.

run by (*myös* run past) **1** kysyä mielipidettä *Before agreeing, he ran the idea by John.* Ennen suostumistaan hän kysyi Johnin mielipidettä ajatuksesta. **2** toistaa *Could you please run those names by me again.* Voisitko toistaa [minulle] vielä ne nimet.

run close olla melkein yhtä hyvä t. suosittu, saada melkein kiinni, voittaa melkein *I ran him close with 49 per cent of the vote.* Olin melkein yhtä suosittu kuin hän 49 prosentilla äänistä.

run down 1 (*yl be run down*) ajaa yli, törmätä (ajoneuvolla jalankulkijaan) *He was run down by a car.* Hän jäi auton alle. **2** silmäillä, tutkia pikaisesti *He ran down the list of candidates.* Hän silmäili ehdokaslistaa. **3** ränsistyä, rapistua *The house had been allowed to run down.* Talon oli annettu ränsistyä. **4 ark** arvostella [ankarasti], sättiä *The press has been running the government down.* Lehdistö on arvostellut hallitusta ankarasti. **5 ark** (*run oneself down*) vähätellä itseään, pyydellä anteeksi olemassaoloaan *You shouldn't run yourself down like that!* Sinun ei pitäisi vähätellä itseäsi tuolla lailla! **6 ark** jäljittää, tavoittaa, löytää (pitkän etsinnän päätteeksi) *Finally, I managed to run him down at an address in London.* Lopulta onnistuin jäljittämään hänet lontoolaiseen osoitteeseen. **7** (br; austr) ajaa alas, lopettaa [vähitellen] *She decided to run the business down.* Hän päätti ajaa yrityksen alas.

run dry ehtyä, olla ammennettu tyhjiin *The intellectual resources haven't run dry yet.* Älyllisiä resursseja ei ole vielä ammennettu tyhjiin.

run for it ark paeta, juosta [pakoon] *Run for it!* Pakene!

run foul of (*myös* (am) run afoul of) olla ristiriidassa, olla vastoin jtak *This runs foul of the law.* Tämä on vastoin lakia.

run in 1 ark pidättää *He was run in by the police.* Poliisi pidätti hänet. **2** (br, austr) ottaa varovasti käyttöön, ajaa sisään *run a system in* ajaa järjestelmä sisään

run in sb's / the family kulkea suvussa, periytyä *Acting runs in our family.* Näytteleminen kulkee meillä suvussa. *Diabetes runs in our family.* Diabetes kulkee meillä suvussa.

run into 1 kolaroida, törmätä *He ran into another car.* Hän törmäsi toiseen autoon. **2** törmätä [sattumalta], tavata sattumalta *Guess who I ran into in town today?* Arvaapa keneen törmäsin tänään kaupungilla? *3* kohdata, joutua (ikävään tilanteeseen) *He ran into trouble in Belfast.* Hän kohtasi ongelmia Belfastissa. *run into danger* joutua vaaraan

run into the sand valua hiekkaan, ei johtaa mihinkään *The diplomatic efforts seem to be running into the sand.* Diplomaattiset ponnistelut näyttävät valuvan hiekkaan.

run late olla myöhässä *They are running late again.* He ovat taas myöhässä.

run low / short käydä vähiin, alkaa loppua, olla vähissä *The company's finances had run low / short.* Yhtiön rahoitus oli käynyt vähiin. *We are running low on / short of time.* Meiltä alkaa loppua aika.

run off *1* häätää, karkottaa, ajaa pois *If they come back, run them off.* Jos he tulevat takaisin, aja heidät pois. *2* monistaa, ottaa kopioita, tulostaa (useita kappaleita) *Run off ten copies of the report.* Ota raportista kymmenen kopiota. *3* kirjoittaa vaivattomasti, kirjoittaa siitä vain *She ran off the poem in a couple of minutes.* Hän kirjoitti runon siitä vain parissa minuutissa.

run off at the mouth ark (am) puhua sivu suu[nsa] *He was nervous, running off at the mouth.* Hän oli hermostunut ja puhui sivu suunsa.

run on *1* (*myös* run upon) pyöriä ympärillä *My thoughts run too much on work.* Ajatukseni pyörivät liikaa työn ympärillä. *2* (am) puhua loputtomasti, vatvoa, jauhaa *I hate people who run on about their problems.* Inhoan ihmisiä, jotka puhuvat loputtomasti ongelmistaan.

run out *1* kelautua auki, purkautua, juosta *Let the line run out.* Anna siiman juosta. *2* levittäytyä, jatkua, työntyä *The rolling prairie runs out to the horizon.* Kumpuileva preeria levittäytyy horisonttiin. *3* loppua,

huveta *He had to come home because his money ran out.* Hänen täytyi palata kotiin, koska hänen rahansa loppuivat. *We're running out of time.* Meiltä loppuu aika. *My patience is about to run out.* Kärsivällisyyteni on loppumassa. *4* mennä umpeen, umpeutua, päättyä (voimassaolosta) *My visa ran out.* Viisumini meni umpeen.

run out of steam (*myös* (am) run out of gas) ark olla puhti poissa, loppua puhti *Greg had the impression that later the joke rather ran out of steam.* Gregistä tuntui, että myöhemmin vitsi menetti makunsa.

run out on ark jättää oman onnensa nojaan, jättää pulaan, hylätä *You can't run out on me like this.* Et voi jättää minua pulaan tällä tavoin.

run over (*myös* run through) kerrata nopeasti, silmäillä, selostaa lyhyesti *I have to run over in my mind what I'm going to say at the meeting.* Minun täytyy kerrata nopeasti mielessäni, mitä aion sanoa kokouksessa. *I ran my eyes over the page.* Silmäilin sivun läpi. *I'll just run over the main points of the theory.* Selostan vain lyhyesti teorian pääkohdat.

run riot villiintyä, riehaantua *Her imagination ran riot when her repeated calls were not answered.* Jäädessään ilman vastausta toistuvista huudoistaan huolimatta, hänen mielikuvituksensa alkoi laukata.

run sb / sth into the ground kuluttaa loppuun *She managed to run her new jogging shoes into the ground in less than six months.* Hänen onnistui kuluttaa uudet lenkkitossunsa puhki alle puolessa vuodessa. *My work is running me into the ground right now.* Palan loppuun työssäni tällä hetkellä.

run sb / sth to earth / ground jäljittää, löytää [vihdoin] *At last, I ran him to earth / ground in the hos-*

pital. Löysin hänet lopulta sairaalasta.

run the show *ark* määrätä kaikesta, olla päällepäsmärinä, pitää ohjat käsissään *The government is running the show now.* Ohjat ovat nyt hallituksen käsissä.

run through *1* harjoitella, käydä läpi *We have to run through this scene again.* Meidän on käytävä tämä kohtaus uudestaan läpi. *2* olla läsnä [kaikkialla], kulkea läpi *This theme runs through the whole book.* Tämä teema on läsnä kaikkialla kirjassa. *An angry murmur ran through the audience.* Vihainen mutina kulki yleisön läpi. *3* tuhlata, törsätä, kuluttaa loppuun *He ran through his money.* Hän tuhlasi [kaikki] rahansa. *4 kirjak* lävistää (miekalla) *He ran him through with his sword.* Hän lävisti miehen miekallaan.

run to *1* olla taipumusta, suuntautua *She runs to fat.* Hänellä on taipumusta lihavuuteen. *His tastes are said to run to opera.* Hänen sanotaan pitävän ennen kaikkea oopperasta. *2* (br, austr) olla varaa *We can't run to a new car.* Meillä ei ole varaa uuteen autoon.

run to fat *ark* lihoa *Australians began to run to fat at an increasing rate a few decades back.* Australialaiset alkoivat lihoa yhä enenevässä määrin pari vuosikymmentä sitten.

run to time pysyä aikataulussa *The first appointments are likely to run to time.* Ensimmäisten tapaamisten kohdalla aikataulu pitänee.

run up *1* nostaa salkoon, vetää salkoon (lippu) *The British flag was run up [the pole].* Britannian lippu nostettiin salkoon. *2* kasata [itselleen], kasautua jklle, saada aikaan (velkaa) *The company ran up debts of £580,000 last year.* Yhtiölle kasautuivat viime vuonna 580 000 punnan velat. *We ran up a huge bill in the restaurant.* Saimme aikaan valtavan laskun ravintolassa. *3* kursia [vauhdilla] kokoon, ommella [nopeasti] *She can run up a dress in a couple of hours.* Hän osaa ommella mekon parissa tunnissa.

run up against sth törmätä, joutua vastakkain, kohdata (negatiivisia asioita) *I hope they won't run up against problems.* Toivottavasti he eivät kohtaa ongelmia. *The company has run up against tough competition.* Yritys on kohdannut tiukkaa kilpailua.

run with *1* jatkaa [eteenpäin], hyväksyä *We have to get more information before we run with the project.* Meidän on saatava lisätietoa ennen kuin jatkamme hanketta. *2* kylpeä, olla peitossa *He was running with sweat.* Hän kylpi hiessä.

run with it *ark* tehdä jk itsenäisesti *Give them an idea for a project and let them run with it.* Anna heille idea projektia varten ja anna heidän edetä itsenäisesti.

2 run *s*

give sb / sth a [good] run for their money antaa tiukka vastus jklle *The Australians gave the French a good run for their money.* Australian joukkue antoi Ranskalle tiukan vastuksen.

have a [good] run for one's money saada vaivanpalkkaa, saada rahoilleen [kunnolla] vastinetta *We had a good run for our money on our holiday in Paris.* Saimme rahoillemme kunnolla vastinetta Pariisin-lomallamme.

hit a home run *ark* onnistua jssak *The manufacturer seems to have hit another home run with the new sport-utility vehicle.* Uudella kaupunkimaasturilla valmistaja näyttää iskeneen jälleen kultasuoneen.

in the long run ajan mittaan, ajan oloon, pitkällä aikavälillä *By paying now rather than waiting, shall I be saving money in the long run?* Säästänkö rahaa pitkällä aikavälillä maksamalla nyt odottamisen sijaan?

in the short run lähiaikoina, lyhyellä aikavälillä *In the short run, the effect may be rather limited.* Vaikutus voi jäädä lyhyellä aikavälillä varsin rajalliseksi.

make a run at sth *ark* havitella jtk *Every man in the plaza had undoubtedly made a run at her.* Jokainen mies aukiolla oli taatusti havitellut häntä.

make a run for it (*myös* run for it) lähteä karkuun, paeta *Has our enemy made a run for it?* Onko vihollisemme paennut?

on the run *1* vauhdissa, lennosta, matkalla *I eat breakfast on the run if I'm late for work.* Syön aamupalan vauhdissa, jos olen myöhässä töistä. *2* kiireinen *He is always on the run.* Hän on aina kiireinen.

run of the mill (*myös* run-of-the-mill) keskiverto, tavallinen *Why stay in a run-of-the-mill hotel?* Miksi yöpyä keskivertohotellissa?

the common / general run (of sth) keskiverto *This newspaper is more informative than the general run of newspapers.* Tämä sanomalehti on keskivertosanomalehtiä informatiivisempi.

runner ['rʌnə^r] *s*

do a runner *ark* (br) häippäistä, livistää, liueta *She did a runner with all their money.* Hän livisti ja vei mukanaan heidän kaikki rahansa.

1 running ['rʌnɪŋ] *s*

do / make [all] the running (br) määrätä tahti, tehdä [kaikki] aloitteet, olla äänessä (enemmän kuin toiset) *Traditionally, men are expected to do all the running at the beginning of a relationship.* Perinteisesti miesten oletetaan tekevän kaikki aloitteet suhteen alussa.

in the running [edelleen] mukana [kilvassa], vahvoilla [kilvassa] *British actors are in the running for Emmy Awards.* Brittinäyttelijät ovat vahvoilla Emmy-palkintojen jaossa.

out of the running [lopullisesti] poissa pelistä, mahdollisuutensa menettänyt *An ankle injury put him out of the running for a professional career.* Nilkkavamma vei häneltä mahdollisuuden ammattilaisuraan.

2 running *a*

a running start hyvä alku *Get a running start to the school year with new textbooks.* Uusilla oppikirjoilla saat kouluvuoden hyvään alkuun.

take a running jump *ark* suksia kuuseen, haistaa paska *I told him to take a running jump.* Käskin hänen suksia kuuseen.

1 rush ['rʌʃ] *v*

fools rush in [where angels fear to tread] olla ajattelematon, toimia ajattelemattomasti t. typerästi *I think that was a case of "fools rush in".* Mielestäni he toimivat ajattelemattomasti siinä asiassa.

rush one's fences (br) hosua turhaan, hätäillä liikaa *The Government have somewhat rushed their fences as regards their proposals on student support.* Hallitus on hosunut turhaan opiskelijoiden tukea koskevissa ehdotuksissaan.

2 rush *s*

a rush of blood [to the head] hetkellinen mielenhäiriö, hulluuskohtaus, järjetön päähänpisto *He must have had a rush of blood [to the head] as he kicked the other man.* Hänen täytyi saada hetkellinen mielenhäiriö, koska hän potkaisi miestä.

not worth a rush *vanh* täysin arvoton *They were slaves, whose lives were not worth a rush.* He olivat orjia, joiden henki oli täysin arvoton.

rustle

rustle ['rʌsl] *v*
 rustle up *ark* väsätä, kyhätä, valmistaa käden käänteessä *Let's see if we can rustle something up for dinner.* Katsotaanpa, saisimmeko väsättyä jotakin illalliseksi.

rut ['rʌt] *s*
 get out of the rut saada uusia tuulia [elämäänsä], päästä suuntautumaan uusille urille *It's easier to get out of the rut if you're looking forward to new challenges.* On helpompaa saada elämäänsä uusia tuulia, jos odottaa uusia haasteita innolla.
 in a rut urautunut, paikoilleen jämähtänyt, leipääntynyt *I had lost the passion for my job and I felt I was [stuck] in a rut.* Olin menettänyt intohimon työhöni ja tunsin jämähtäneeni paikoilleni.

S

sack ['sæk] s
hit the sack *ark* painua pehkuihin *I decided to hit the sack because I could hardly keep my eyes open.* Päätin painua pehkuihin, koska aloin jo nuokkua.

sacred ['seɪkrɪd] a
a sacred cow pyhä lehmä *Multinationals' only interest is in milking the sacred cow of dollardom.* Monikansalliset yritykset ovat pyhittäneet kaiken toimintansa rahan tahkoamiseen.

1 sacrifice ['sækrɪfaɪs] s
make the supreme sacrifice kuolla jnk puolesta *In doing so, he made the supreme sacrifice for his country.* Toimiessaan näin hän kuoli maansa puolesta.

2 sacrifice v
sacrifice in the altar of tuhota jtk jnk saavuttamiseksi, uhrata jtk jnk vuoksi *He is sacrificing the good of the club on the altar of his own vanity.* Hän romuttaa urheiluseuran edun tyydyttääkseen omaa turhamaisuuttaan.

sacrifice oneself uhrautua *He sacrificed himself for the greater good.* Hän uhrautui yhteisen hyvän puolesta.

sad ['sæd] a
sad to say valitettavasti *Sad to say, there's nothing we can do about it.* Valitettavasti emme voi tehdä asialle mitään.

sadder but wiser oppia kantapään kautta *We note, sadder but wiser, that this event proved unsuitable for young children.* Opimme kantapään kautta, että tämä tapahtuma ei sopinutkaan pienille lapsille.

saddle ['sædl] s
be in the saddle olla johdossa *The director hopes to remain in the saddle for a few more years.* Johtaja toivoo pysyvänsä yrityksen johdossa vielä joitakin vuosia.

safe ['seɪf] a
as safe as houses (br, austr) täysin turvassa, täysin varma *Our economy is as safe as houses.* Taloudessamme ei ole riskitekijöitä. *I feel as safe as houses in most neighbourhoods.* Tunnen oloni täysin turvalliseksi suurimmassa osassa kaupunkia.

better safe than sorry parempi katsoa kuin katua *They still recommend the medicine, so, better safe than sorry, we decided to continue taking it.* Lääkeen käyttämistä suositellaan yhä, joten päätimme, että parempi jatkaa sen käyttämistä kuin katua.

play [it] safe ottaa varman päälle *All her life she had played it safe, done what others expected of her.* Hän oli aina ottanut kaiken varman päälle elämässään, tehnyt aina sen, mitä muut häneltä odottivat.

safe and sound vahingoittumaton, ehjä, ehjin nahoin *I am a little nervous and want to return home safe and sound!* Olen hieman hermostu-

safety

nut ja tahdon palata kotiin ehjin nahoin!
to be on the safe side varmuuden vuoksi, kaiken varalta *It is recommended that you contact your doctor to be on the safe side*. On suositeltavaa, että otat varmuuden vuoksi yhteyden lääkäriisi.

safety ['seɪfti] *s*
there's safety in numbers joukossa / laumassa on turvallisempaa

1 sail ['seɪl] *s*
trim one's sails kiristää kukkaronnyörejä *Sometimes you need to trim your sails and trim the budget*. Joskus on syytä olla säästäväinen ja leikata budjettia.
under sail purjeet nostettuina, matkalla *The yacht is very fast under sail or power*. Huvialus on erittäin nopea sekä moottori- että purjekäyttöisenä.

2 sail *v*
sail against the wind <yrittää saavuttaa jtk, vaikka muut vastustavat sitä> *You can always strive after happiness and sail against the wind in order to reach it*. Aina voi tavoitella onnea luovimalla muiden vastustuksen läpi.
sail close to the wind toimia riskirajoilla (melkein laittomasti) *He sails very close to the wind but I wouldn't categorise him as criminal*. Hän toimii riskirajoilla, mutta en luokittelisi häntä rikolliseksi.
sail through sth *ark* selvitä jstak leikiten, suoriutua helposti jstak *I sailed through my exam*. Selvisin kokeesta leikiten.
sail under false colours tekeytyä jksik muuksi *He feels that the waiters can see that he is sailing under false colours*. Hänestä tuntuu siltä kuin tarjoilijat huomaisivat, ettei hän ole se, kuka esittää olevansa.

sailing ['seɪlɪŋ] *s*
be [all] plain / clear sailing sujua kuin tanssi, leikiten *Had you succeeded in your plan, all would have been plain sailing*. Jos suunnitelmasi olisi onnistunut, loppu olisi sujunut leikiten.

sailor ['seɪləʳ] *s*
a good / bad sailor <ihmisestä joka kestää hyvin/huonosti merenkäyntiä> *She is a bad sailor*. Hän tulee helposti merisairaaksi.

sais [se] *v*
je ne sais quoi <miellyttävä mutta vaikeasti kuvailtavissa oleva piirre t. ominaisuus> *I loved my house, but the kitchen lacked a certain je ne sais quoi*. Rakastin taloani, mutta keittiöstä puuttui sitä jotakin.

sake ['seɪk]
for Pete's sake *ark* (yl am) voihan veljet! *How many do you need for Pete's sake?* Voihan veljet, kuinka monet oikein tarvitset?
for the sake of argument väittelyn vuoksi, teoriassa *Let us assume, purely for the sake of argument, that the "Big Bang Theory" is true*. Oletetaan nyt ihan väittelyn vuoksi, että alkuräjähdysteoria olisi totta.

salad ['sæləd] *s*
salad days *vanh* nuori ja kokematon, keltanokka, nuoruuden päivät *It's sad to realize that your salad days are forever behind you*. On surullista todeta, että nuoruuden päivät ovat lopullisesti takana.

sally ['sæli] *v*
sally forth *kirjak* lähteä matkaan *I put the books in my bag and sallied forth*. Laitoin kirjat laukkuuni ja lähdin matkaan.

1 salt ['sɔːlt] *s*
rub salt into the / sb's wound pahentaa tilannetta [entisestään], tuottaa jklle lisää tuskaa *He rubbed*

salt into the wound by adding: 'Your theories don't interest me!' Hän vain pahensi tilannetta lisäämällä: "Sinun teoriasi eivät kiinnosta minua!"

sit above the salt vanh istua pöydän yläpäässä, olla ylempää luokkaa *This is a smart restaurant for those who like to sit above the salt.* Tämä on tyylikäs ravintola niille, jotka haluavat kuulua eliittiin.

sit below the salt vanh istua pöydän alapäässä, olla alempaa luokkaa *The ambassador was forced to sit below the salt.* Suurlähettilään oli pakko ruokailla rahvaan keskuudessa.

take sth with a grain / pinch of salt suhtautua varauksella *You should take what he says with a pinch of salt.* Älä ota hänen puheitaan aivan täydestä.

worth one's salt asiansa osaava *Any doctor worth his salt would recommend it.* Kuka tahansa asiansa osaava lääkäri suosittelisi sitä.

2 salt v

salt away ark panna syrjään (erit. rahaa), panna talteen, säästää (rahaa jtak tarkoitusta varten) *The first step is to salt away as much as possible.* Tärkeintä on säästää niin paljon rahaa kuin mahdollista.

same ['seɪm] a, pron

all / just the same sittenkin, siitä huolimatta, kuitenkin *He is not very reliable, but I like him just the same.* Hän ei ole kovin luotettava, mutta pidän hänestä kuitenkin.

in the same vein (myös along the same line) samaan tapaan, samalla tavalla *It's much in the same vein as their predecessor.* Se on hyvin samantapainen kuin edeltäjänsäkin.

on the same page ajatella samalla tavalla *We're all different and not on the same page.* Olemme kaikki erilaisia ja ajattelemme eri tavalla.

same difference ark aivan sama, sama se *With a beard, without a beard, same difference.* Ei parralla niin väliä.

sand ['sænd] s

be built on sand huteralla pohjalla *If you don't know his or her values, your relationship is built on sand.* Jos et tunne kumppanisi arvoja, suhteenne on huteralla pohjalla.

bury / hide one's head in the sand panna päänsä pensaaseen *If you can't afford to repay debts on time, don't bury your head in the sand.* Jos et pysty maksamaan velkojasi ajoissa, älä pane pääitäsi pensaaseen.

draw a line in the sand vetää raja *The court drew a line in the sand with its recent decision on the inheritance tax.* Viimeisessä päätöksessään oikeus veti rajan perintöveroasiassa.

the sands [of time] are running out aika käy vähiin, loppu häämöttää *The sands of time are running out for him.* Hänen aikansa on käymässä vähiin.

the shifting sands [of sth] jnk pyörteissä *Their account is now lost to the shifting sands of history.* Heidän kuvauksensa on hävinnyt historian pyörteisiin.

sandwich ['sænwɪdʒ, 'sænwɪtʃ] s

be one sandwich short of a picnic ark typerä, hullu *A man obviously one sandwich short of a picnic has now demanded to be heard by the authorities.* Ilmiselvästi mielipuolinen mies on nyt vaatinut viranomaisia kuuntelemaan vaatimuksiaan.

be the meat in the sandwich olla riitelevien osapuolten välissä *Here journalists are the meat in the sandwich between the government and the media owners.* Täällä toimittajat tasapainoilevat riitelevien osa-

sardine

puolten, hallituksen ja mediakeisarien, välissä.

sardine [sɑ:'di:n] *s*
packed like sardines kuin sillit suolassa *Millions of people are packed like sardines on subways.* Miljoonat ihmiset matkustavat metrossa kuin sillit suolassa.

sauce ['sɔ:s] *s*
what is sauce for the goose is sauce for the gander *vanh* mikä sopii yhdelle sopii myös toiselle *On the theory that what is sauce for the goose is sauce for the gander, all children ought to be taught in the same way.* Jos ajatusmallina on se, että mikä sopii yhdelle sopii myös toiselle, niin kaikkia lapsia tulisi opettaa samalla tavalla.

saucer ['sɔ:səʳ] *s*
have eyes like saucers silmät suurina *She was still looking pale with her eyes like saucers.* Hän oli edelleen kalpea ja hänen silmänsä olivat suurina pelosta.

sausage ['sɒsɪdʒ] *s*
not a sausage *ark* (br) ei yhtään mitään *I applied last week, not a sausage yet.* Hain paikkaa viime viikolla, tähän mennessä ei ole kuulunut yhtään mitään.

save ['seɪv] *v*
can't do sth to save one's life *ark* ei osata tehdä jtk, tehdä jtk hyvin huonosti *Christian excelled in several sports but could not swim to save his life.* Christian loisti useissa urheilulajeissa mutta oli surkea uimari.

Save it! *ark* (am) Anna olla! *Save it, I am not interested.* Anna olla, minua ei kiinnosta.

save one's bacon *ark* (yl br) pelastaa oma nahkansa *He's obviously guilty, and obviously trying to save his bacon.* Hän on selvästi syyllinen ja yrittää myös selvästi pelastaa nahkansa.

save one's breath *ark* olla hiljaa, säästää sanansa *Save your breath, Mike!* Säästä sanasi, Mike!

savoir [sævwɑ:] *s*
savoir faire taito, kyky (toimia tilanteen mukaan) *Some very distinguished guests will come here today, so try to behave with a bit of savoir faire.* Tänään tänne tulee eräitä kunniavieraita, joten yritä käyttäytyä heidän arvonsa mukaisesti.

say ['seɪ] *v*
as they say kuten sanotaan *Is it as bad as they say?* Onko se yhtä huono kuin sanotaan?

go without saying olla sanomattakin selvää *It goes without saying...* Sanomattakin on selvää, että...

I say kuulehan, kylläpä *I say, that was an exciting match.* Kylläpä oli jännittävä peli.

I'll say totisesti, toden totta – *Does he drink a lot? – I'll say!* – Juoko hän paljon? – Kyllä vain!

[just] say the word <kehotettaessa jkta pyytämään rohkeasti apua t. palvelusta> *Just say the word and we can start.* Aloitetaan heti, kun haluat.

not say boo *ark* (am) olla sanomatta mitään *Europe didn't say boo about it.* Eurooppa ei hiiskunut siitä mitään.

not to say etten sanoisi *It sounded surprising, not to say odd.* Se kuulosti yllättävältä, etten sanoisi oudolta.

Say cheese! Sano muikku! (pyydettäessä hymyilemään valokuvaa otettaessa)

say one's piece *ark* puhua suunsa puhtaaksi, sanoa suoraan kaikki sanottavansa *I've said my piece now.* Olen nyt sanonut kaiken, mitä minulla on sanottavana.

that is to say nimittäin, toisin sanoen *That is to say, I may have appeared calm, but inside anxiety raged.* Toisin sanoen ehkä näytin tyyneltä, mutta sisimmässäni olin erittäin ahdistunut.

there's a lot to be said for sth jstak on paljon hyvää sanottavaa, jssak on monia hyviä puolia *There's a lot to be said for the freedom that being a freelancer allows.* Freelancerin työnkuvaan kuuluvassa vapaudessa on monia hyviä puolia.

what sb says goes *ark* olla viimeinen sana *She is the boss and what she says goes.* Hän on pomo, ja hänellä on viimeinen sana.

wouldn't say boo to a goose *ark* varoa sanomasta mitään, mikä voisi häiritä jkta, olla liian kiltti *She recalls being so shy she wouldn't say boo to a goose.* Hän muistaa ajan, jolloin ei uskaltanut sanoa kenellekään vastaan.

you can say that again sanopa muuta, aivan totta, juuri niin – *That was close! – You can say that again.* – Olipa lähellä! – Sanopa muuta.

you can say this / that for sb (*myös* I'll say this / that for sb) se on jonkun paras puoli *You can say this for the Brits: they've got grit.* Sisukkuus on brittien paras puoli.

You don't say! eihän, ihanko totta? – *He's back. – You don't say?* – Hän on palannut. – Ihanko totta?

scald ['skɔːld] *v*

like a scalded cat tuli hännän alla *He jumped up like a scalded cat every time the phone rang.* Hän pomppasi ylös kuin tuli hännän alla joka kerta kun puhelin soi.

scale ['skeɪl] *s*

the scales fall from sb's eyes *kirjak* totuus paljastuu jklle *The scales fell from his eyes.* Totuus valkeni hänelle.

scarce ['skeəs] *a*

make oneself scarce *ark* häipyä tiehensä *Our waitress took our order and made herself scarce.* Tarjoilijamme kirjasi tilauksemme ja häipyi tiehensä.

scare ['skeəʳ] *v*

scare the shit out of sb (*myös* scare sb shitless) *alat* (am) pelästyttää jku puolikuoliaaksi, aiheuttaa jklle paskahalvaus

scene ['siːn] *s*

make the scene päästä mukaan kuvioihin *Jerry Lee Lewis made the music scene in 1957 with the song "Whole Lotta Shakin Goin' On".* Jerry Lee Lewis hyppäsi mukaan musiikkiteollisuuteen vuonna 1957 kappaleellaan "Whole Lotta Shakin Goin' On".

not one's scene *ark* jk ei ole jkn heiniä, jk ei ole jkta varten *Dancing in discos isn't my scene.* Diskoissa tanssiminen ei ole minun heiniäni.

scent ['sent] *s*

be on the scent [of sb / sth] olla jkn jäljillä *He was on the scent of something bigger.* Hänellä oli tähtäimessään jotain suurempaa.

put / throw sb off the scent eksyttää jku jäljiltä, pudottaa jku kärryiltä *There were just occasional remarks that threw me off the scent.* Jotkut satunnaiset kommentit pudottivat minut kärryiltä.

scheme ['skiːm] *s*

sb's scheme of things ajatusmalli, ajatusmaailma, ajattelutapa *There's no place for the soul in her scheme of things.* Sielu ei kuulu hänen ajatusmaailmaansa.

the scheme of things yleinen maailmanjärjestys *I was just another tourist with a rucksack, unimportant in the scheme of things.* Olin vain yksi reppumatkalainen lisää, mitätön osanen tätä maailmaa.

school

school ['sku:l] *s*

a school of hard knocks *ark* oppia kantapään kautta *Young people are learning money management skills in the school of hard knocks.* Nuoret oppivat rahankäyttötaitoja kantapään kautta.

a school of thought koulukunta *There are two schools of thought on this matter.* Tässä asiassa on kaksi eri koulukuntaa.

1 score ['skɔ:ʳ] *s*

know the score *ark* tietää säännöt *He knows the score: if he's drunk again he'll lose his job.* Hän tietää säännöt: jos hän on vielä humalassa, hän menettää työpaikkansa.

on that / this score siinä / tässä suhteessa *In fact, Lewis was in no position to reproach his friend on that score.* Itse asiassa Lewis ei pystynyt moittimaan ystäväänsä siinä suhteessa.

pay off old scores maksaa vanhat kalavelat *Some people are trying to pay off old scores against me.* Jotkut henkilöt yrittävät maksaa minulle vanhoja kalavelkoja.

pay off / settle a score tehdä tilit selviksi *We're here to settle a score with you.* Tulimme tänne tekemään tilit selviksi kanssasi.

2 score *v*

score a point / points off / over / against sb *ark* nolata jk, olla fiksumpi *They should not try scoring points over their political rivals, but achieve a solution.* Heidän ei tulisi yrittää nolata poliittisia kilpailijoitaan vaan hakea ratkaisua.

scot-free [ˌskɒt'fri:]

get off scot-free (*myös* escape scott-free) *ark* päästä pälkähästä, selvitä ilman rangaistusta *They escaped scot-free because of lack of evidence.* He pääsivät pälkähästä todisteiden puuttuessa.

scrape ['skreɪp] *v*

scrape [the bottom of] the barrel joutua tyytymään huonoimpaan vaihtoehtoon paremman puutteessa *The party was scraping the barrel for competent politicians.* Puolue joutui tyytymään huonoimpiin vaihtoehtoihin etsiessään päteviä poliitikkoja.

scrape [up] an acquaintance with sb *ark* hieroa ystävyyttä jkn kanssa hyötymistarkoituksessa *He has scraped an acquaintance with various people.* Hän on haalinut ympärilleen useita ihmisiä, joista saattaa olla hänelle hyötyä.

1 scratch ['skrætʃ] *v*

only scratch at the surface [of sth] (*myös* scratch the surface [of sth]) raapaista vain jnk asian pintaa *This book only scratches at the surface of their traditions.* Tämä kirja käsittelee heidän perinteitään vain pintapuolisesti.

scratch along tulla jotenkuten toimeen *We scratch along.* Tulemme jotenkuten toimeen.

scratch for etsiä jtak *He is still scratching for a job.* Hän etsii yhä töitä.

scratch one's head [over sth] miettiä päänsä puhki *Many experts scratched their head at the results.* Monet asiantuntijat miettivät päänsä puhki pähkäillessään tuloksia.

you scratch my back and I'll scratch yours tee minulle palvelus niin minä teen saman sinulle *He scratched the nation's back during the war, and I wonder how the nation is going to scratch his.* Hän teki maalle palveluksen sodan aikana, ja mietin, millainen on vastapalvelus.

2 scratch *s*

be up to scratch *ark* yltää vaaditulle tasolle *He wasn't up to scratch.* Hän ei ollut tarpeeksi hyvä.

from scratch 1 tyhjästä *He would attempt the impossible and set up an airline from scratch in three months.* Hän yrittäisi mahdotonta perustamalla lentoyhtiön tyhjästä kolmessa kuukaudessa. **2** aivan alusta *start from scratch* aloittaa aivan alusta

scream ['skri:m] *v*
scream blue murder (*myös* (am) scream bloody murder) *ark* meuhkata, protestoida jtak vastaan äänekkäästi *She will scream blue murder if she doesn't get what she wants.* Hän nostaa metakan, jollei saa haluamaansa.

1 screw ['skru:] *s*
a turn of the screw *ark* <jokin mikä tekee jstak tilanteesta t. asiasta entistä raskaamman t. hankalamman> *The choice of that particular place for the signing of the treaty is a turn of the screw in the campaign.* Sen paikan valitseminen sopimuksen allekirjoittamiselle tekee kampanjasta entistä raskaamman.
put the screws on *ark* painostaa jkta *Unions have put the screws on the government.* Ammattiliitot ovat painostaneet hallitusta.

2 screw *v*
have one's head screwed on [the right way] *ark* olla kaikki ruuvit tallella, olla maalaisjärkeä *Your friends don't seem to have their heads screwed on.* Kavereillasi ei tunnu olevan kaikki kotona.
screw around *ark* pelleillä, leikkiä *I accidentally dialed a number while screwing around with my mobile phone.* Soitin vahingossa jonnekin leikkiessäni matkapuhelimellani.
screw sb up hermostuttaa, saada jku pois tolaltaan *Don't let them screw you up.* Älä anna heidän hermostuttaa sinua.
screw up 1 *ark* munata, möhliä *Try not to screw up this time.* Yritä olla

munaamatta tällä kertaa. **2** siristää *screw up one's eyes* siristää silmiään **3** vääntyä *Her face screwed up in agony.* Hänen kasvonsa vääntyivät tuskasta.

scrounge ['skraʊndʒ] *s*
be / go on the scrounge [for sth] pummailla jtak, elää pummilla *He is always on the scrounge for a free meal.* Hän on aina pummaamassa ilmaisia aterioita.

scrub ['skrʌb] *v*
scrub round *ark* (br) olla välittämättä jstak, unohtaa jk *Scrub round it next time.* Ole välittämättä siitä seuraavalla kerralla.

scruff ['skrʌf] *s*
by the scruff of sb's / the neck niskaotteella *They were thrown out by the scruff of their necks.* Heidät heitettiin niskaotteella ulos.

scum ['skʌm] *s*
the scum of the earth *ark* yhteiskunnan pohjasakka *He was labelled as a scum of the earth.* Hänet leimattiin yhteiskunnan pohjasakaksi.

sea ['si:] *s*
all / completely at sea aivan ymmällä[än], aivan pihalla *She tried to follow the instructions, but was soon completely at sea.* Hän yritti noudattaa ohjeita, mutta oli pian aivan pihalla.
sea legs merenkäyntiin tottuminen *They lost their sea legs after a couple of bottles of wine.* Parin viinipullon jälkeen heistä tuli maakrapuja.

seal ['si:l] *s*
a seal of approval lopullinen sinetti (hyväksyntä) *a seal of approval for the project* hankkeen hyväksyntä

seam ['si:m] *s*
be bursting / bulging at the seams [with sth] (*myös* be full to bursting

[with sth]) *ark* olla ratkeamispisteessä, olla täynnä jtak *The stadium was full to bursting with spectators.* Stadion oli ratkeamispisteessä väenpaljoudesta. *The place was full to bursting with memories.* Paikka oli täynnä muistoja.

search ['sɜːtʃ] *v*
search me! *ark* en minä tiedä!, mistä minä tietäisin!
search one's heart / soul / conscience *kirjak* tutkiskella sydäntään / sieluaan / omaatuntoaan

season ['siːzᵊn] *s*
a man for all seasons tuhattaituri, joka paikan höylä *Not only a successful businessman but also a renowned artist, he was a man for all seasons.* Hän oli todellinen tuhattaituri, samalla menestyvä liikemies ja kuuluisa taiteilija.
close season on sth (*myös* (am) closed season) metsästyskausi päättynyt *There is no closed season on squirrel hunting.* Virallista oravanmetsästyskautta ei ole olemassa.
in good season *vanh* hyvissä ajoin *Be ready to receive your guests in good season.* Ole valmis vastaanottamaan vieraasi hyvissä ajoin.
in [season] and out of season kaikkina aikoina, ajankohdasta riippumatta *The hotel has same rates in and out of season.* Hotellilla on samat hinnat ajankohdasta riippumatta.
open season on sth / sb *1* metsästyskausi *It's open season on bears.* Karhunmetsästyskausi on alkanut. *2* vapaata riistaa *Let's declare open season on bad bills.* Julistakaamme huonot lakiehdotukset vapaaksi riistaksi (arvostelulle).
the season of goodwill joulunaika *But this is the season of goodwill, so let's be kind.* Mutta joulu on hyvän tahdon aikaa, joten olkaamme ystävällisiä.

[the] season's greetings jouluterveiset (joulukortissa) *I wish "Season's Greetings" to all my readers.* Jouluterveiset kaikille lukijoilleni.

seat ['siːt] *s*
in the hot seat <vastuussa tärkeistä t. vaikeista asioista> *He found himself in the hot seat as citizens demanded to know what had really happened.* Hän joutui ottamaan vastuun vaikeista asioista, kun kansalaiset vaativat totuutta tapahtumista.
take a back seat siirtyä taka-alalle *Sometimes the teacher took a back seat and let the children hold the reins.* Joskus opettaja siirtyi taka-alalle ja antoi lasten ottaa ohjat käsiinsä. *After the accident, all my personal plans had to take a back seat.* Onnettomuuden jälkeen minun piti lykätä kaikkia suunnitelmiani.

second ['sekənd] *num*
be second nature to sb olla jklle kuin toinen luonto, tulla jklle luonnostaan *It is second nature to me to think in terms of mathematical models.* Matemaattinen ajattelu käy minulta kuin luonnostaan.
be second only to sb / sth hävitä jssak vain jklle t. jllek *It was second only to San Gabriel in the wealth.* Se hävisi vauraudessaan vain San Gabrielille.
get one's second wind *ark* saada uutta puhtia *She got her second wind and left the other runners.* Hän sai uutta puhtia ja jätti taakseen muut juoksijat.
have second thoughts tulla toisiin ajatuksiin *She had second thoughts on selling the house.* Hän tuli toisiin ajatuksiin talonsa myymisestä.
second sight selvännäkijän taidot *Am I supposed to have second sight as to his whereabouts?* Pitäiskö minun muka olla selvännäkijä ja tietää hänen olinpaikkansa?

second to none paras kaikista *This programme is second to none for me.* Tämä ohjelma on mielestäni kaikkein paras.

without a second thought ajattelematta asiaa sen pitemmälle, hetkeäkään epäröimättä *He was going to keep the money without a second thought.* Hän aikoi pitää rahat asiaa sen enempää ajattelematta.

see ['si:] *v*

as far as I can see nähdäkseni, mielestäni *No chance at all, as far as I can see.* Nähdäkseni siihen ei ole mitään mahdollisuuksia.

be glad to see the back of sb / sth *ark* (br) olla iloinen päästessään eroon jstk / jksta *They are no doubt glad to see the back of him.* He ovat epäilemättä iloisia päästessään hänestä eroon.

let me see miten se olikaan, hetkinen [vain] *Let me see, you're the actress but the name escapes me.* Hetkinen vain, te olette se näyttelijä, mutta nimi ei tule mieleen.

not see hide nor hair of sb / sth *ark* ei nähdä vilaustakaan jstk / jksta

not see sb for dust lähteä hippulat vinkuen (jstk paikasta) *If anything unexpected happens, you won't see her for dust!* Jos mitään odottamatonta tapahtuu, hän poistuu paikalta hippulat vinkuen.

see a man about a dog *euf* käydä wc:ssä *I've got to see a man about a dog.* Minun täytyy käydä wc:ssä.

see pink elephants nähdä olemattomia humalassa *He used to get so drunk, he would see pink elephants.* Hän joi usein itsensä niin pahaan humalaan, että alkoi nähdä olemattomia.

see sb off *ark* voittaa, lyödä *They saw off Bristol City without too much trouble.* He voittivat Bristol Cityn melkoisen helposti.

see sb right *ark* pitää huoli jksta *They'll see you right.* He pitävät sinusta huolen.

see sb through sth tukea jkta (vaikeana aikana) *She needs her friends to see her through this difficult period.* Hän tarvitsee ystäviensä tukea selvitäkseen tämän vaikean jakson yli.

see sth coming nähdä, aavistaa *Mike didn't even see it coming.* Mike ei osannut aavistaa mitään.

see the colour of sb's money *ark* varmistaa, että jklla on riittävästi rahaa jhk *I want to see the colour of his money before I say the car is his.* Haluan varmistua siitä, että hänellä on tarpeeksi rahaa, ennen kuin luovutan hänelle auton.

see things nähdä olemattomia *She thought she was seeing things.* Hän luuli näkevänsä olemattomia.

see which way the wind blows katsoa ensin mistä tuuli puhaltaa, tunnustella ensin tilannetta *He wanted to see which way the wind blows before taking a stand.* Hän tunnusteli tilannetta, ennen kuin päätti kannastaan.

see your name in lights parrasvaloissa *You've always wanted to see your name in lights, right?* Olet aina halunnut päästä parrasvaloihin, eikö vain?

see your way [clear] to doing sth pystyä tekemään jtk *Could you see your way clear to giving me a raise?* Pystyisitkö antamaan minulle palkankorotuksen?

seed ['si:d] *s*

go / run to seed rupsahtaa, repsahtaa (yl henkilön ulkonäöstä) *He is a middle-aged man gone to seed after the death of his daughter.* Hän on keski-ikäinen mies, joka on päässyt repsahtamaan tyttärensä kuoleman jälkeen.

sell

sell ['sel] *v*

sell oneself saada jku vakuuttuneeksi kyvyistään *a man who sold himself to the world as a champion of democracy* mies joka sai maailman vakuuttuneeksi siitä, että puolustaa demokratiaa

sell sb a bill of goods (am) saada jku uskomaan valhetta *They tried to sell me a bill of goods about a secondhand car.* He yrittivät saada minut ostamaan arvotonta käytettyä autoa.

sell sb down the river *ark* pettää jku, pettää jkn luottamus, tehdä jklle vääryyttä *No one has betrayed us or sold us down the river.* Kukaan ei ole pettänyt luottamustamme tai tehnyt meille vääryyttä.

sell sb / sth short vähätellä, aliarvioida *I do not wish to sell their achievements short.* En halua vähätellä heidän saavutuksiaan. *Don't sell yourself short.* Älä aliarvioi itseäsi.

sell out *ark* pettää jkta, huijata jkta *I figure the bastard sold me out.* Luulenpa, että se paskiainen huijasi minua.

send ['send] *v*

send a chill up / down sb's spine aiheuttaa jklle inhon t. pelon väristyksiä *His words sent a chill up my spine.* Hänen sanansa herättivät minussa pelon väristyksiä.

send a shiver up / down sb's spine aiheuttaa jklle kylmiä väreitä selkäpiihin *Its icy touch sent a shiver up her spine.* Sen jääkylmä kosketus sai kylmät väreet juoksemaan hänen selkäpiitään pitkin.

send away / off for tilata jtak, lähettää jhk jtak varten *I sent away for a video tape over two months ago.* Tilasin videokasetin yli kaksi kuukautta sitten. *The pumps were sent away for repair.* Pumput lähetettiin korjattaviksi.

send sb away with a flea in their ear käskeä vihaisesti jkta häipymään *I was quite offended and sent him away with a flea in his ear.* Loukkaannuin ja käskin hänen häipyä.

send sb down *1* (br) erottaa (koulusta, yliopistosta) *She was sent down after failing her third year exams.* Hänet erotettiin oppilaitoksesta, koska hän ei läpäissyt kolmannen vuosikurssin tenttejä. *2 ark* passittaa vankilaan *He was sent down for ten years for robbing a bank.* Hänet passitettiin vankilaan kymmeneksi vuodeksi pankkiryöstöstä.

send up *1* (am) passittaa vankilaan *The murderer was sent up for 20 years.* Murhaaja passitettiin vankilaan 20 vuodeksi. *2 ark* parodioida *The film sends up the clichés of Hollywood movies.* Elokuva parodioi Hollywood-filmien kliseitä.

sense ['sens] *s*

bring sb to their senses saada jku järkiinsä *I tried to bring her to her senses.* Yritin saada hänet järkiinsä.

come to one's senses tulla järkiinsä

horse sense maalaisjärki *Most of us have the horse sense not to accept such stupid reasoning.* Useimmilla meistä on tarpeeksi maalaisjärkeä olla hyväksymättä niin typeriä perusteluja.

knock / talk some sense into sb *ark* puhua jklle järkeä *Somebody has to knock some sense into him.* Jonkun on puhuttava hänelle järkeä.

take leave of one's senses tulla hulluksi *You must have taken leave of your senses!* Sinun on täytynyt tulla hulluksi!

1 separate ['sepərɪt] *v*

separate the sheep from the goats erottaa jyvät akanoista *They often have problems separating the sheep from the goats in interviews.* Heidän on usein vaikea erottaa jyvät akanoista haastatteluiden perusteella.

2 separate *a*

go your separate ways < käytetään ihmisistä, joiden tiet syystä t. toisesta eroavat> *After graduation we went our separate ways.* Valmistuttuamme yliopistosta tiemme erosivat.

sequitur ['sekvitʊʳ] *s*

a non sequitur ei seurata loogisesti *I never liked his non sequitur lyrics.* En koskaan pitänyt hänen epäloogisesti etenevistä sanoituksistaan.

serve ['sɜːv] *v*

if my memory serves me mikäli muistan oikein *If my memory serves me correctly, we won.* Voitimme, mikäli oikein muistan.

serve his, its, etc. turn *ark* (br) vastata jtk tarkoitusta, kelvata jklle *We'll throw these old carpets away once they've served their turn.* Heitämme nämä vanhat matot pois sitten, kun ne ovat täyttäneet tehtävänsä.

serve out suorittaa jtak loppuun *He has said repeatedly that he will serve out his term.* Hän on toistuvasti sanonut jatkavansa kautensa loppuun.

serve sb right olla jklle oikein *It would serve you right if Jeff walked out on you.* Se olisi sinulle oikein, jos Jeff jättäisi sinut.

serve time *ark* istua linnassa *He's serving time for murder.* Hän istuu linnassa murhasta.

service ['sɜːvɪs] *s*

out of service epäkunnossa *Once again both down-escalators are out of service.* Taas molemmat laskevat liukuportaat ovat epäkunnossa.

press sb into service suostutella t. pakottaa jku tekemään jtk *The crisis pressed him into service to help the wounded.* Kriisi pakotti hänet auttamaan haavoittuneita.

press sth into service käyttää jtk epätavalliseen tarkoitukseen *Military vehicles were pressed into service to support police.* Sotilasajoneuvoja otettiin käyttöön poliisin tueksi.

see service 1 olla [ase]palveluksessa *He saw service in both world wars.* Hän palveli molemmissa maailmansodissa. **2** olla käytössä *The building later saw service as a blacksmith's shop.* Rakennus toimi myöhemmin sepän pajana.

set ['set] *v*

be set against olla jtak vastaan, suhtautua tuomitsevasti, suhtautua kielteisesti *She is set against violence.* Hän suhtautuu tuomitsevasti väkivaltaan.

be set fair 1 kaunis (säästä) *The weather seems to be set fair for the weekend.* Sää näyttää pysyvän kauniina koko viikonlopun. **2** onnistua jssk todennäköisesti *And here was I thinking we were set fair to exceed our £500 target.* Ja minä kun luulin, että tulisimme todennäköisesti ylittämään 500 punnan tavoitteemme.

be set in one's ways olla kaavoihin kangistunut *Without realising it, she had become very set in her ways.* Hänestä oli huomaamattaan tullut kaavoihin kangistunut.

be set on sth olla päättänyt *He was set on going to high school.* Hän oli päättänyt mennä lukioon.

set back 1 viivästyttää, jarruttaa *The Second World War set back Stalin's hopes of rebuilding Moscow.* Toinen maailmansota viivästytti Stalinin haaveita Moskovan uudelleenrakentamisesta. **2** *ark* maksaa, irrota jllak hinnalla *A flight to USA could set you back over 500 euros.* Lento Yhdysvaltoihin voi maksaa yli 500 euroa. *The repair might only set you back $100.* Korjaus irtoaisi ehkä satasella.

set in alkaa, tulla (yl kielteisistä tapahtumista) *We have to put up the tent before the rain sets in.* Meidän on pystytettävä teltta ennen kuin sade alkaa. *Dusk set in.* Tuli hämärä.

set one's heart / hopes on sth iskeä silmänsä jhk *She has set her heart on getting that house.* Hän on iskenyt silmänsä tuohon taloon.

set one's teeth purra hampaansa yhteen *She set her teeth and followed her friend determinedly.* Hän puri hampaansa yhteen ja seurasi ystäväänsä päättäväisesti.

set oneself up as *1* ryhtyä jksik *She set herself up as dentist.* Hän ryhtyi hammaslääkäriksi. *2* esiintyä jnak, olla olevinaan jtak *He sets himself up as an expert.* Hän on olevinaan asiantuntija.

set out one's stall osoittaa päättäväisyytensä, näyttää kykynsä *We set out our stall at the start of the season.* Osoitimme päättäväisyytemme kauden alussa.

set sb's teeth on edge saada kylmät väreet kulkemaan pitkin selkäpiitä, ärsyttää *The noise really set my teeth on edge.* Ääni sai kylmät väreet kulkemaan pitkin selkääni. *Just thinking about it sets my teeth on edge.* Pelkkä asian ajatteleminen saa minut ärsyyntyneeksi.

set the wheels in motion panna pyörät pyörimään, panna jk hanke alulle *They set the wheels in motion for a pilot scheme.* He aloittivat kokeellisen hankkeen.

set to panna toimeksi, ryhtyä työhön *We set to and tidied up the whole house.* Panimme toimeksi ja siivosimme koko talon.

set up *ark* lavastaa syylliseksi *Maybe he tried to set us up.* Ehkä hän yritti lavastaa meidät syyllisiksi.

settle ['setl] *v*

settle a score / an account [with sb] (*myös* settle an old score) tasata tilit jkn kanssa *She settled an old score with the man by beating him.* Hän tasasi tilit miehen kanssa voittamalla tämän.

seven ['sevn] *num*

the seven year itch *ark* <halu löytää uusi kumppani haalistuneen avioliiton takia> *We've been together eight years now, so we're over the seven year itch.* Olemme olleet naimisissa kahdeksan vuotta, joten tuskin kumpikaan meistä haikailee vieraiden perään.

sew ['səʊ] *v*

sew up *ark* lyödä jk lukkoon, varmistaa [jnk voitto ym.] *The deal was sewn up.* Sopimus lyötiin lukkoon. *They had the match sewn up by half-time.* He olivat varmistaneet ottelun voiton jo puoliaikaan mennessä.

shade ['ʃeɪd] *s*

a shade *ark* hiukan, aavistuksen verran *I think it's a shade warmer today.* Tänään on mielestäni hiukan lämpimämpää. *a shade too intelligent* aavistuksen verran liian älykäs

put sb / sth in the shade *ark* jättää jku varjoonsa *You put him in the shade for much of the season.* Hän jäi sinun varjoosi suurimman osan kaudesta.

shades of sb / sth *ark* muistua mieleen *There are shades of my childhood in little Jody.* Pikku-Jody saa minut muistelemaan lapsuuttani. *My sister has always been impatient. Shades of my mother.* Sisareni on aina ollut kärsimätön. Ihan niin kuin äitini.

shadow ['ʃædəʊ] *s*

be frightened / nervous / scared of one's own shadow pelätä omaa varjoaan, olla arka t. säikky

five o'clock shadow *ark* orastava sänki *His five o'clock shadow implies a sort of rustic charm.* Hänen

orastava sänkensä antaa hänelle jonkin sortin maalaischarmia.
in / under the shadow of *1* jkn varjossa *He was tired of living in his father's shadow.* Hän oli kyllästynyt elämään isänsä varjossa. *2* hyvin lähellä *The lake is in the shadow of the mountain.* Järvi on vuoren juurella.
without / beyond a shadow of doubt ilman epäilyksen häivääkään *Today she has proven beyond a shadow of doubt that she has lost it.* Tänään hän on todistanut ilman epäilyksen häivääkään tulleensa hulluksi.

shaft [ˈʃɑːft] *s*
  get the shaft *ark* (am) mennä halpaan *The management got the goldmine and the average investor got the shaft.* Keskivertosijoittajat menivät halpaan, ja johto kääri voitot päältä.
  give the shaft *ark* (am) panna jkta halvalla *I think farmers have been given the shaft by politicians.* Olen sitä mieltä, että poliitikot ovat panneet maanviljelijöitä halvalla.

shaggy [ˈʃægi] *a*
  a shaggy-dog story *ark* <pitkä ja älytön vitsi t. tarina> *I enjoy telling my own shaggy dog stories, which really are true!* Minusta on hauskaa kertoa omia älyttömiä tarinoitani, jotka ovat muuten tosia!

1 shake [ˈʃeɪk] *v*
  more ... than one can shake a stick at *ark* paljon jtak *They have played in more bands than one can shake a stick at.* He ovat soittaneet vaikka kuinka monessa yhtyeessä.
  shake a leg *ark* pistää vauhtia *Tell them to shake a leg!* Käske heidän pistää vauhtia!
  shake down *1* asettua aloilleen, tottua, sopeutua *It's going to take a while for them to shake down in their new surroundings.* Heiltä kestää hetken sopeutua uuteen ympäristöön. *2 ark* (am) kiristää jkta *They planned to shake down local businesses for protection money.* He suunnittelivat kiristävänsä paikallisilta yrityksiltä suojelurahaa.
  shake in one's shoes / boots vapista pelosta *She'll be shaking in her shoes at the sight of you.* Hän tulee vapisemaan pelosta nähdessään sinut.
  shake like a jelly / leaf vapista pelosta, vapista kuin haavan lehti *I shook like a jelly and ran.* Vapisin pelosta ja pinkaisin juoksuun.
  shake off *1* päästä [eroon] jstak *I'm trying to shake off smoking.* Yritän päästä eroon tupakoinnista. *2* karistaa [kannoiltaan] *The gangsters managed to shake off the police.* Gangsterit onnistuivat karistamaan poliisit kannoiltaan. *3* toipua *Tony is struggling to shake off a knee problem.* Tony kamppailee toipuakseen polvivammasta.
  shake on *ark* lyödä kättä päälle *They shook on the deal.* He löivät kättä päälle sopimuksen merkiksi.
  shake out karistaa [mielestä] *It is time to shake out old attitudes.* On aika karistaa vanhat asenteet mielistä.
  shake up mullistaa, panna uuteen uskoon (esim. organisaatiosta, järjestelmästä) *The Prime Minister has vowed to shake up the system.* Pääministeri on vannonut panevansa järjestelmän uuteen uskoon.

2 shake *s*
  a fair shake *ark* (yl am) kunnon mahdollisuus, reilu kohtelu *I don't think they give a lot of bands a fair shake.* En usko, että he antavat kovinkaan monille bändeille kunnon mahdollisuutta.
  in two shakes *ark* pian, hetkessä *Mary was in bed in two shakes.* Mary oli hetkessä sängyssä.

no great shakes *ark* ei kovin hääppöinen, ei häävi *He's no great shakes as a dancer.* Hän ei ole kovin häävi tanssija.

shall [ˈʃəl] v

never the twain shall meet *kirjak* <kaksi ihmistä t. asiaa ovat niin erilaisia, etteivät voi olla yhtä aikaa olemassa t. päästä yhteisymmärrykseen> *For some of us, work is work, life is life and never the twain shall meet.* Joillekin meistä työ ja elämä ovat kaksi toisensa poissulkevaa asiaa.

Shall I be mother? *ark leik* (br, austr) tarjoilenko? *Shall I be mother? Milk? Sugar?* Tarjoilenko (sinulle)? Maitoa? Sokeria?

shame [ˈʃeɪm] s

put sb to shame saattaa jku häpeään, jättää jku varjoonsa *The other lads in the gym put me to shame.* Muut kundit salilla jättävät minut täysin varjoonsa.

shanks [ˈʃæŋks] s

[on] Shank's pony *ark* (br) jalan *I had to come back on Shanks's pony.* Minun piti palata jalan.

1 shape [ˈʃeɪp] s

bent out of shape *ark* hyvin vihainen t. järkyttynyt *I can take ridicule without getting all bent out of shape.* Kestän pilkkaa raivostumatta.

come in all shapes and sizes olla joka lähtöön, olla kaikennäköisiä ja -kokoisia *Pasta comes in all shapes and sizes.* Pastaa on kaikennäköistä ja -kokoista.

get into shape hankkiutua [hyvään] kuntoon (urheilemalla) *Get into shape for your honeymoon with the minimum of effort.* Hankkiudu helposti hyvään kuntoon häämatkaasi varten.

give shape to sth ilmaista t. selittää jtk *We use stories to give shape to our experiences.* Kerromme tarinoita ilmaistaksemme kokemuksiamme.

lick / knock / whip sb / sth into shape panna kuntoon, panna ojennukseen *His successor did not have enough time to lick the company into shape.* Hänen seuraajallaan ei ollut riittävästi aikaa panna yritystä kuntoon. *I am not your mother, but I'm going to knock you into shape.* En ole äitisi, mutta aion panna sinut ojennukseen.

not in any way, shape, or form (*myös* not in any shape or form) ei missään muodossa, ei millään tavalla, ei missään tapauksessa *This is not in any way, shape, or form meant to be a criticism.* Tämä ei nyt missään tapauksessa ole tarkoitettu kriittiseksi kommentiksi.

the shape of things to come enne tulevasta, tulevaisuuden juttu *Internet shopping is the shape of things to come.* Ostosten tekeminen Internetissä on tulevaisuuden juttu.

2 shape v

shape up *1* päästä [hyvään] kuntoon *I need to slim down and shape up.* Minun täytyy laihtua ja päästä hyvään kuntoon. *2* ryhdistäytyä *You should shape up.* Sinun pitäisi ryhdistäytyä.

shape up or ship out ryhdistäydy tai saat lähteä (us työpaikasta) *That's just not good enough any more – shape up or ship out.* Tuo ei enää kelpaa – ryhdistäydy tai saat lähteä.

share [ˈʃeə^r] v

share and share alike jakaa yhtä suuriin osuuksiin *Mom told the children to share and share alike with their candy.* Äiti käski lasten jakaa makeiset tasan. *I give the said property to my daughters to be divided amongst them share and share alike.* Annan edellä mainitun omaisuuden tyttärilleni jaettavaksi yhtä suuriin osuuksiin.

share in osallistua *Everyone must share in the work.* Jokaisen on osallistuttava työhön.

sharp [ˈʃɑːp] *a*

be [at] the sharp end [of sth] *ark* (br) saada tehtäväkseen vaikein osa jostakin *He was at the sharp end of the operation.* Hänen osanaan oli toiminnan vaikein alue.

have [got] a sharp tongue *ark* olla terävä kieli, olla pisteliäs ilmaisutyyli *She had a sharp tongue and many enemies.* Hänellä oli terävä kieli ja paljon vihamiehiä.

sharp practice <nokkelaa mutta epärehellistä toimintaa> *Why have we all become so cynical that we accept sharp practice from sellers?* Miksi meistä kaikista on tullut niin kyynisiä, että hyväksymme myyjien vilunkipelin?

the sharpest tool in the shed / box (*myös* the sharpest knife in the drawer) jku jlla on terävä pää, terävä-älyinen *He's not the sharpest tool in the shed.* Hän ei ole kovin terävä-älyinen.

shave [ˈʃeɪv] *s*

close shave vähältä piti, oli täpärällä *He had a close shave when he almost fell off the ladder.* Vähältä piti, ettei hän pudonnut tikkailta.

she [ˈʃiː, ʃi] *pron*

she'll be apples *ark* (austr) älä huoli (kaikki sujuu hyvin) *A few more weeks and she'll be apples.* Älä huoli, pari viikkoa vielä, ja kaikki sujuu hyvin.

sheep [ˈʃiːp] *s*

a / the black sheep [of the family] [perheen] musta lammas *The black sheep of the family may be an attractive person, with a courage to be different.* Perheen musta lammas voi olla viehättävä henkilö, jolla on rohkeutta olla erilainen.

count sheep laskea lampaita *Count sheep if you can't get to sleep.* Laske lampaita, jos et muuten saa unta.

do sth like sheep seurata sokeasti *They always follow his orders like sheep.* He noudattavat aina hänen käskyjään sokeasti.

make sheep's eyes at sb *vanh* katsoa jkta ihaillen *Does he make sheep's eyes at you?* Katsooko hän sinua ihaillen?

sheet [ˈʃiːt] *s*

a scandal sheet *ark* (am, austr) juorulehti t. juorupalsta *The company's balance sheet has become a scandal sheet.* Yrityksen tase on kuin juorulehden skandaalipalsta.

[be] three sheets to the wind *vanh* juovuksissa *My boss burbles like he's three sheets to the wind.* Pomoni mutisee kuin olisi kännissä kuin käki.

shelf [ˈʃelf] *s*

a shelf life *ark* käyttöikä, kesto *It's a debate that probably has a fairly short shelf life.* Se on väittely, joka tuskin pysyy tuoreena kauan.

off the shelf *ark* suoraan kaupan hyllyltä *It is not the sort of thing that can be bought off the shelf – it has to be purpose-built.* Sellaista tavaraa ei saa suoraan kaupan hyllyltä – se rakennetaan toivomusten mukaiseksi.

on the shelf 1 *ark* hyllytettynä, hylättynä, ei huolittu *He was left on the shelf.* Kukaan ei huolinut häntä.
2 jäädä vanhaksipiiaksi *Her worst fear was ending up on the shelf.* Hänen pahin pelkonsa oli vanhaksipiiaksi jääminen.

put sb on the shelf *ark* loukkaantua, joutua sivuun (us urheilussa) *Doctors put him on the shelf for three months.* Lääkärit määräsivät hänelle kolmen kuukauden sairaslomaan.

put sth on the shelf *ark* lykätä, pitkittää *Due to the actor's busy*

shell

schedule, the project has been put on the shelf for now. Hanke on toistaiseksi jäädytetty näyttelijän kiireisen aikataulun vuoksi.

1 shell [ˈʃel] *s*

a shell game *ark* (am) huijaus (yl liittyen jnk piilottamiseen) *UN inspectors say the country has played a shell game with its weapons.* YK:n tarkastajien mukaan kyseinen valtio on piilotellut aseita.

come out of your shell *ark* lämmetä (ihmisestä) *I am amazed at how he has come out of his shell since starting school.* Hämmästyttävää, miten hänestä on tullut vähemmän ujo ja paljon ystävällisempi koulun alettua.

go / crawl / retire / retreat into one's shell vetäytyä kuoreensa *He retreated into his shell and didn't talk to anyone.* Hän vetäytyi kuoreensa eikä puhunut kenellekään.

2 shell *v*

shell out *ark* pulittaa, maksaa *The shop-owner refused to shell out protection money.* Kaupan omistaja kieltäytyi pulittamasta suojelurahoja.

1 shift [ˈʃɪft] *s*

make shift tulla toimeen *We'll have to make shift with what we have.* Meidän on tultava toimeen sillä, mitä meillä on.

the graveyard shift *ark* yövuoro *Some workers are better suited to working the graveyard shift than others.* Joillekin työntekijöille yövuoro sopii paremmin kuin toisille.

2 shift *v*

shift for oneself tulla toimeen omillaan *From then on they had to shift for themselves.* Siitä eteenpäin heidän oli tultava toimeen omillaan.

shift one's ground muuttaa mieltään *Alexander appeared to have shifted his ground.* Alexander näytti muuttaneen mieltään.

1 shine [ˈʃaɪn] *s*

take a shine to *ark* ihastua *Maxwell took a shine to this hat and asked me to get him one identical to it.* Maxwell ihastui tähän hattuun ja käski minun hankkia hänelle samanlaisen.

2 shine *v*

think the sun shines out [of] sb's arse / backside *alat* (br, austr) <rakastaa t. kunnioittaa jkta sokeasti> *Its amazing how folk think the sun shines out his arse.* On ihmeellistä, miten ihmiset palvovat häntä sokeasti.

shingle [ˈʃɪŋgl] *s*

hang out one's shingle (am) alkaa harjoittaa jtak ammattia *Louise hung out her shingle as a lawyer.* Louise ryhtyi lakimieheksi.

ship [ˈʃɪp] *s*

a sinking ship uppoava laiva *They have fled like rats from a sinking ship.* He ovat paenneet kuin rotat uppoavasta laivasta. *The principal recently quit and the school is a sinking ship.* Koulu on kuin uppoava laiva – rehtorikin on jo jättänyt sen.

[be] like ships that pass in the night tavata ohimennen (sattumalta) *Family members can indeed feel like ships that pass in the night.* Perheenjäsenistä voi tuntua siltä, että he tapaavat toisiaan sattumalta, ohimennen.

spoil the ship for a ha'porth of tar (*myös* spoil the ship for a ha'pennyworth of tar) <pilata jtk hyvää kitsastelemalla jnk pienen mutta tärkeän seikan osalta> *After spending so much time to bring the house up to standard, I'm not going to spoil the ship for the sake of a ha'porth of tar.* Olen kunnostanut taloa niin kauan, että en aio enää kitsastella yksityiskohdissa ja pilata kokonaisuutta.

when sb's ship comes in / home *ark* kun jkta onnistaa, kun jku saa rahaa *One day, when my ship comes in, I'm going to buy a Ferrari.* Jonain päivänä, kun minua onnistaa, aion ostaa Ferrarin.

shirt [ˈʃɜːt] *s*

a hair shirt itsekidutus *I don't feel the need to wear a hair-shirt in order to feel the weight of the current situation.* En mielestäni ole itsekidutuksen tarpeessa nykyisen tilanteen pahentamiseksi.

a stuffed shirt *ark* vanhanaikainen ja vakava henkilö, kalkkis *He is like a stuffed shirt when it comes to having any fun.* Hänenlaisensa juron tylsimyksen kanssa on mahdotonta pitää hauskaa.

keep one's shirt on *ark* olla hikeentymättä, pysyä nahoissaan *Try to keep your shirt on.* Koeta pysyä nahoissasi.

lose one's shirt *ark* menettää kaiken omaisuutensa *He lost his shirt gambling.* Hän menetti koko omaisuutensa uhkapeleissä.

put one's shirt on *ark* panna kaikki likoon jkn t. jnk puolesta *I wouldn't bet against it, but I wouldn't put my shirt on it either.* En löisi vetoa sitä vastaan, mutta en panisi myöskään kaikkea likoon sen puolesta.

the shirt off one's back *ark* kaikki mahdollinen *I lost the shirt off my back in the stock market.* Hävisin pörssissä vaatteetkin päältäni.

1 shit [ˈʃɪt] *s*

be up shit creek [without a paddle] *alat* olla kusessa *If we get stopped, we're up shit creek.* Jos meidät pysäytetään, olemme kusessa.

have / get sb's shit together *alat* <olla t. tulla tehokkaaksi ja järjestelmällisesti> *If you've been in the university longer than six years, get your shit together.* Jos olet opiskellut yliopistossa yli kuusi vuotta, on aika tehostaa opiskelua.

hot shit *alat* jku t. jk on erittäin hyvä t. hyvää *This record is hot shit in Japan right now.* Tämä levy on juuri nyt erittäin suosittu Japanissa.

in the shit *alat* kusessa, liemessä *He was right in the shit for smoking on school premises.* Hän oli liemessä poltettuaan koulun alueella.

no shit *alat* älä helvetissä, ihanko totta – *I think I'm pissed.* – *No shit, Sherlock!* – Taidan olla kännissä. – Ihanko totta, neropatti.

not give a shit *alat* ei välittää paskaakaan *Nobody gives a shit about you and your research.* Kukaan ei välitä paskaakaan sinusta ja tutkimuksestasi.

not know shit *alat* ei tietää paskaakaan *They don't know shit about what they're selling.* He eivät tiedä paskaakaan siitä, mitä myyvät.

shit for brains *alat* (yl am) nuija, idiootti *The boys were already calling each other shit-for-brains and such.* Pojat nimittelivät jo toisiaan nuijiksi ja muiksi vastaaviksi.

shit happens *alat* sellaista sattuu *The only thing we know for sure is that shit happens.* Ainoa varma asia on se, että kaikenlaista sattuu ja tapahtuu.

tough shit *alat* huono tuuri, ei mahda mitään *If they don't love me for what I am that's just tough shit!* Jos he eivät rakasta minua sellaisena kuin olen, niin ei mahda mitään!

[when] the shit hits the fan *alat* <jkn pahat teot selviävät jklle> *Now the shit will really hit the fan with him.* Nyt hänen pahat tekonsa todella tulevat esille.

2 shit *v*

be shitting bricks *alat* olla paska jäykkänä (pelokkaasta henkilöstä) *When my parachute didn't open, I was shitting bricks!* Kun laskuvarjoni ei avautunut, olin paska jäykkänä!

shit oneself *alat* pelätä [kuollakseen] *I couldn't turn my lights on, because I was shitting myself!* En voinut sytyttää valoja, koska pelkäsin kuollakseni!

shithouse ['ʃɪthaʊs] *s*
be built like a brick shithouse *alat* olla leveä kuin ladon ovi, olla helvetinmoinen kaappi (vantterasta, lihaksikkaasta henkilöstä) *He's not as tall as me but built like a brick shithouse.* Hän ei ole yhtä pitkä kuin minä, mutta hän on leveä kuin ladon ovi.

1 shiver ['ʃɪvəʳ] *s*
give sb the shivers puistattaa jkta *His laugh gives me the shivers.* Hänen naurunsa puistattaa minua.

send a shiver / shivers down sb's spine karmaista jkn selkäpiitä *The emptiness there sent shivers down my spine.* Paikan tyhjyys karmaisi selkäpiitäni.

2 shiver *v*
shiver my timbers herran pieksut (leik kirous) *Shiver my timbers if I'm going to let them get away!* Herran pieksut sentään, en aio päästää heitä karkuun!

shock ['ʃɒk] *s*
shock horror! *ark* sensaatio!, hui kauhistus! (leik huudahdus) *Her affair was the latest shock-horror to hit the headlines.* Hänen suhteensa oli viimeisin otsikoihin päätynyt sensaatio.

short sharp shock nopea ja tehokas rangaistus, ojennus, kovistelu *I think you need a short sharp shock.* Taidat olla ojennuksen tarpeessa.

shoe ['ʃuː] *s*
be in sb's shoes olla jonkun housuissa *I wouldn't like to be in your shoes now.* Enpä nyt haluaisi olla sinun housuissasi.

drop the other shoe *ark* (am) saattaa jk asia päätökseen ja päättää samalla jännittynyt odotus *I waited for her to drop the other shoe – reveal who I really was to everyone present.* Odotin jännittyneenä paljastaisiko hän nyt oikean henkilöllisyyteni kaikille läsnäolijoille.

that's another pair of shoes *ark* se on ihan eri juttu *But as for the quality, that's another pair of shoes.* Mutta mitä laatuun tulee, se onkin ihan eri juttu.

wait for the other shoe to drop *ark* (am) odottaa mitä tuleman pitää, varautua pahimpaan *All we can do now is wait for the other shoe to drop.* Emme voi nyt tehdä muuta kuin odottaa mitä tuleman pitää.

shoestring ['ʃuːstrɪŋ] *s*
on a shoestring budget niukalla t. tiukalla budjetilla *The film was produced on shoestring budget.* Elokuva tuotettiin tiukalla budjetilla.

shoot ['ʃuːt] *v*
shoot a line *ark* (br) puhua palturia, liioitella *Martin was shooting a line, but nobody believed him.* Martin puhui palturia, mutta kukaan ei uskonut häntä.

shoot down tyrmätä, murskata *The proposal was shot down by a vote of 28–14.* Ehdotus tyrmättiin äänin 28–14.

shoot for the moon <pyydettäessä jklta sitä, mitä haluaa kaikkein eniten> *Shoot for the moon and ask them to pay your bills.* Pyydä heiltä sitä, mitä eniten toivot: että he maksaisivat laskusi.

shoot from the hip *ark* toimia vaistomaisesti, mölyttää *Her tendency to shoot from the hip can cause problems for the party.* Hänen tapansa mölyttää asioita voi aiheuttaa ongelmia puolueelle.

shoot it out *ark* ratkaista asia lopullisesti, ratkaista asein *I'd love to save the taxpayers some money and shoot it out with you.* Säästäisin mieluusti veronmaksajien rahoja ratkaisemalla asian kanssasi asein.

shoot one's mouth off *ark* laverrella, puhua sivu suunsa *Don't make a fool of yourself by shooting your mouth off.* Älä tee itsestäsi pelleä puhumalla sivu suun.

shoot oneself in the foot *ark* tehdä hallaa itselleen *He has succeeded only in shooting himself in the foot.* Hän on onnistunut vain tekemään hallaa itselleen.

shoot sb / sth down [in flames] tyrmätä, murskata *This war movie got a huge amount of publicity but the reviewers shot it down in flames.* Tämä sotaelokuva sai suunnattomasti julkisuutta, mutta arvostelijat murskasivat sen täysin.

shoot straight *ark* (am) olla rehellinen *He will shoot straight with you at every turn.* Hän on rehellinen kanssasi kaiken aikaa.

shoot the breeze (*myös* shoot the bull) *ark* (yl am) jutustella, rupatella *I shot the breeze with the guy sitting next to me.* Jutustelin vieressäni istuvan tyypin kanssa.

shoot the lights *ark* ajaa punaisia päin *Maybe he shot the lights because it was raining hard.* Ehkä hän ajoi punaisia päin rankkasateen vuoksi.

shoot the works *ark* (am) kuluttaa kaikki rahansa jhk *Billy shot the works on his car.* Billy kulutti kaikki rahansa autoonsa.

shoot through *ark* (austr) häipyä, lähteä lipettiin *We looked for Diana but she had shot through.* Etsimme Dianaa, mutta hän oli häipynyt.

shoot up venähtää, kasvaa roimasti (erit. lapsesta) *I shot up to my current height when I was ten.* Venähdin nykyiseen mittaani ollessani kymmenen.

shoot your bolt *ark* antaa kaikkensa *Don't shoot your bolt by disciplining your child all the time.* Älä kuluta kaikkea energiaasi rankaisemalla lastasi joka asiasta.

shooting ['ʃu:tɪŋ] *a*
the whole shooting match *ark* koko homma *I'm staying home until the whole shooting match is over.* Pysyn kotona, kunnes koko homma on ohi.

1 shop ['ʃɒp] *s*
all over the shop (*myös* (am) all over the lot) *ark 1* joka puolella, joka paikasta *These little turtles were all over the shop.* Niitä pikku kilpikonnia oli joka paikassa. *2* epäjärjestyksessä, sekasortoinen *England were all over the shop as Slovakia claimed a first half advantage.* Englannin jalkapallojoukkue oli sekasorron vallassa Slovakian siirryttyä johtoon ensimmäisellä puoliajalla.

come to the right / wrong shop *1* tulla oikeaan / väärään paikkaan *If it's money you want, you've come to the wrong shop.* Jos olet rahan perässä, niin olet tullut väärään paikkaan. *2* tulla oikean / väärän henkilön puheille *You came to the right shop for mercy.* Minulta sinun pitääkin tulla armoa anelemaan.

on the shop floor *ark* rivityöntekijöiden keskuudessa *There is a strong sense of competence on the shop floor.* Rivityöntekijöiden keskuudessa vallitsee voimakas pätevyyden tunne.

set up shop ryhtyä jksik *Ernest set up shop as a photographer.* Ernest ryhtyi valokuvaajaksi.

talk shop puhua [vain] työasioista *I'm not meaning to talk shop but I thought you might be interested.* Aikomukseni ei ole puhua vain työasioista, mutta ajattelin, että saattaisit olla kiinnostunut.

2 shop *v*
shop around vertailla hintoja *It pays to shop around for the best deal.* Hintojen vertaileminen kannattaa.

short [ˈʃɔːt] *a*

be caught short (*myös* be taken short) *1* joutua huonoon asemaan, joutua pulaan *Sunderland was caught short when Thierry Henry scored a second goal for Arsenal.* Sunderland oli pulassa Thierry Henryn tehtyä Arsenalille toisen maalin. *2 ark* tulla kiire vessaan *I was caught short in the middle of Ikea, miles from the nearest WC.* Minulle tuli kiire vessaan kesken Ikea-reissun, vieläpä ollessani hyvin kaukana lähimmästä vessasta.

bring / pull sb up short keskeyttää, havahduttaa *Her comments pulled me up short.* Hänen kommenttinsa havahduttivat minut.

by a short head täpärästi *We did manage to win by a short head.* Onnistuimme voittamaan täpärästi.

come short jäädä riittämättömäksi, ei yltää jhk *He came short of his own expectations.* Hän ei täyttänyt omia odotuksiaan.

for short lyhyemmin *I'm Michael, Mike for short.* Olen Michael, lyhyemmin Mike.

get / have sb by the short and curlies *ark* olla jku otteessaan, pitää jkta pihdeissään *Death had them all by the short and curlies.* Kuolema piti heitä kaikkia pihdeissään.

go short [of sth] olla pulaa jstak, tinkiä jstak (yl ruoasta), elää puutteessa *We often went short of food.* Meillä oli usein pulaa ruoasta.

in short lyhyesti [sanottuna], suoraan sanoen *In short, her friendly ways made us forget that she was the Queen of England.* Lyhyesti sanottuna hänen ystävällisyytensä sai meidät unohtamaan, että hän oli Englannin kuningatar.

in short order (yl am) pian, nopeasti *A decision will have to be made in short order.* Päätös on tehtävä pian.

make short work of tehdä selvää jälkeä *He made short work of his opponents.* Hän teki selvää jälkeä vastustajistaan.

nothing / little short of lähes, lähestulkoon *This is nothing short of a disaster.* Tämä on lähestulkoon katastrofi.

short and sweet [lyhyt ja] ytimekäs, mukavan lyhyt *His comments were short and sweet.* Hänen kommenttinsa olivat lyhyitä ja ytimekkäitä.

short for lyhennys, lyhenne *The word 'pub' is short for 'public house'.* Sana "pub" on lyhennys sanasta "public house".

short of *1* ennen (paikasta), päässä (etäisyydestä t. ajasta) *It stopped a few yards short of the trap.* Se pysähtyi muutamaa jaardia ennen ansaa. *He was just two years short of his pensionable age when he died.* Hän oli kuollessaan vain kahden vuoden päässä eläkeiästä. *2* vajaa, vajanainen *Dollar is just short of five marks.* Dollari on arvoltaan vähän vajaat viisi markkaa. *3* paitsi *We did everything short of stealing to get the money.* Teimme kaikkemme paitsi varastimme saadaksemme rahat.

short of breath hengästynyt *She was so short of breath that it was an effort to speak.* Hän oli niin hengästynyt, että pystyi tuskin puhumaan.

stop short of vähällä tehdä jtak, päätyä miltei tekemään jtak *They stopped short of rejecting the idea altogether.* He olivat vähällä hylätä koko idean.

the short end of the stick lyhyempi korsi *We sure got the short end of the stick in terms of funding.* Mitä rahoitukseen tulee, me vedimme totisesti lyhyemmän korren.

1 shot [ˈʃɒt] *s*

a big shot *ark* (yl am) iso tekijä *He is a big shot in the oil and gas industry.* Hän on iso tekijä öljy- ja kaasuteollisuudessa.

shoulder

a cheap shot epäreilu arvostelu *He took a cheap shot at the Vice President for having a homosexual daughter.* Hän arvosteli epäreilusti varapresidenttiä tämän homoseksuaalisesta tyttärestä.

a shot in the arm *ark* piristysruiske, piristyspilleri *Hiring Igor was a long needed shot on the arm for the company.* Igorin palkkaaminen oli kauan kaivattu piristysruiske yritykselle.

call the shots *ark* määrätä, tehdä tärkeät päätökset *Society is so used to calling the shots when it comes to death.* Yhteiskunta on kovin tottunut tekemään tärkeät kuolemaan liittyvät päätökset.

call your shot *ark* (am) paljastaa aikeensa *They called their shot, the US has no reason to complain.* He paljastivat aikeensa, joten USA:lla ei ole syytä valittaa.

[fire] a [warning] shot across sb's bows [ampua] varoituslaukaus *SARS is a shot across our bows. But it's not the only player in the park.* SARS (tartuntatauti) on kuin varoituslaukaus. Mutta muitakin vaarallisia tauteja on liikkeellä.

give it one's best shot *ark* yrittää parhaansa *If you don't intend giving it your best shot, why play it at all?* Jos et aio yrittää parastasi, miksi edes osallistua?

like a shot *ark* kuin ammuttuna, oikopäätä *The boy was off like a shot.* Poika lähti kuin ammuttuna.

one shot (*myös* one-shot) *ark* (am) <vain kerran tapahtuva> *They are offering you a one-shot deal.* He tarjoavat sinulle tätä sopimusta vain kerran.

parting shot viimeiset sanat – *Kissing him was like eating a dirt sandwich. That was her parting shot in the relationship.* – Hänen suutelemisensa on kuin hiekkakakkua söisi. Nämä olivat hänen viimeiset sanansa suhteesta.

2 shot *v imp, pp*

be / get shot of sb / sth *ark* (br) päästä eroon jksta / jstk *Isn't it high time we got shot of the Monarchy completely?* Eikö olisi korkea aika päästä kokonaan eroon kuningasperheestä?

shot through with sth jnk läpitunkema *There are rumours that the system is shot through with corruption.* Huhujen mukaan järjestelmä on korruption läpitunkema.

shot to pieces (*myös* shot to hell) *ark* riekaleina, murskana *Her nerves were shot to pieces.* Hänen hermonsa olivat riekaleina.

shotgun [ˈʃɒtgʌn] *s*

a shotgun wedding <hätäisesti järjestetyt häät raskauden vuoksi> *Shakespeare married Anne Hathaway in 1582, presumably in a shotgun wedding.* Shakespeare meni naimisiin Anne Hathawayn kanssa 1582, luultavasti Annen raskauden vuoksi.

shoulder [ˈʃəʊldəʳ] *s*

a shoulder to cry on lohduttaja *Sometimes we all need a shoulder to cry on.* Jokainen tarvitsee ihmisen, jolta voi saada lohdutusta suruihinsa.

be looking over one's shoulders olla varuillaan, vilkuilla sivuilleen *She is constantly looking over her shoulders.* Hän on aina varuillaan.

have a good head on your shoulders olla fiksu *She's young, but has a good head on her shoulders.* Hän on nuori mutta fiksu.

put one's shoulder to the wheel työskennellä tarmokkaasti, alkaa paiskia töitä *It is time for everybody to put their shoulder to the wheel.* Kaikkien on aika alkaa paiskia töitä.

shoulder to shoulder rinta rinnan, vierekkäin *Bars and restaurants stand shoulder to shoulder on that* *street.* Sillä kadulla on baareja ja ravintoloita vieri vieressä.

square your shoulders olla päättäväinen ja peloton, sisuuntua *Square your shoulders and look him in the eye.* Näytä olevasi peloton ja katso häntä silmiin.

1 shout ['ʃaʊt] *v*

shout down vaientaa (jkn puhe huudolla) *I tried to make a defence, but I was shouted down.* Yritin puolustautua, mutta minut vainnettiin huutamalla.

shout sth from the rooftops kuuluttaa jstak kaikille, toitottaa jstak koko maailmalle *It's time we shouted our message from the rooftops.* On aika antaa kaikkien kuulla viestimme.

shout the odds *ark* kailottaa, julistaa *You don't really have to shout the odds about it.* Sinun ei tosiaan tarvitse kailottaa siitä kaikille.

2 shout *s*

give sb a shout *1 ark* kertoa jklle *Give me a shout when you're finished and we'll have coffee.* Kerro minulle, kun olet valmis, niin mennään kahville. *2 ark* soittaa jklle (puhelimella) *I'll give you a shout tomorrow.* Soitan sinulle huomenna.

in with a shout olla hyvät mahdollisuudet *Jason is still in with a shout of winning the title.* Jasonilla on yhä hyvät mahdollisuudet voittaa mestaruus.

1 shove ['ʃʌv] *v*

shove around *ark* komennella jkta, pompottaa jkta *Nobody wants to be shoved around.* Kukaan ei pidä komentelusta.

shove it *ark* (yl am) ei käy, en suostu *Take this job and shove it!* Kerronko, minne voit tunkea tämän työn!

shove off *ark* häipyä, häippäistä, lueta [paikalta] *He just shoved off and disappeared.* Hän vain liukeni paikalta ja katosi.

shove up / over (br) siirtyä, tehdä tilaa jklle *Shove over, will you.* Teepä vähän tilaa.

2 shove *s*

if / when push comes to shove *ark* jos käy oikein kehnosti, jos oikein hullusti käy *If push comes to shove we'll just have to sell the house.* Jos käy oikein kehnosti, meidän ei auta muu kuin myydä talo.

1 show ['ʃəʊ] *s*

bad / poor show! *ark vanh* huono juttu!

for show näön vuoksi *She attended the meetings only for show.* Hän kävi kokouksissa vain näön vuoksi.

get the show on the road *ark* pistää homma pyörimään *Now let's get this show on the road.* No niin, eiköhän pistetä homma pyörimään.

give the [whole] show away paljastaa kaikki *I can't tell you too much at this stage as it'll give the show away.* En voi kertoa sinulle paljoa tässä vaiheessa, koska se paljastaisi kaiken.

good show! *ark vanh* hyvä juttu!

make a show of tehdä jstak [suuri] numero, olla olevinaan jtak *Whenever there are visitors, the boss makes a show of being kind to the employees.* Aina kun tulee vieraita, pomo tekee ison numeron siitä, kuinka kiltti hän on työntekijöille.

put on a show teeskennellä *As a defence mechanism, we put on a show of superiority.* Puolustusmekanisminamme on paremmuuden teeskenteleminen.

run the show määrätä kaikesta, olla ohjat käsissä *Somebody had to run the show.* Jonkun oli otettava ohjat käsiinsä.

show of hands äänestys käsiä nostamalla *The European Parliament usually votes by show of hands.* Europarlamentissa äänestetään yleensä käsiä nostamalla.

show pony ark <henkilö, joka näyttää esiintyvän hyvin mutta jolla ei ole oikeasti kykyjä> *She is a show pony, as she seems to only be in this film to boost its credibility.* Hän on kuin näyttelykappale, sillä hänen ainoa tehtävänsä elokuvassa tuntuu olevan sen uskottavuuden pönkittäminen.

stand a show ark pärjätä, olla mahdollisuuksia *I'd go somewhere where I'd stand a show.* Menisin jonnekin, jossa minulla on mahdollisuuksia.

steal the show varastaa koko show, viedä kaikki huomio *Eric stole the show with a marvellous performance.* Eric varasti koko shown loistavalla suorituksellaan.

sth just / only goes to show that / how siitä näkee kuinka, se osoittaa kuinka *This latest scandal only goes to show that we can't necessarily trust the scientists.* Tämä viimeisin skandaali osoittaa, että emme välttämättä voi luottaa tiedemiehiin.

2 show *v*

have sth to show for olla [näkyviä] tuloksia jstak *They have nothing to show for their work.* Heillä ei ole mitään näkyviä tuloksia työstään.

I'll show you! Vielä minä teille näytän!

it just goes to show that (*myös* it just shows that) siitä näkee että, se on hyvä esimerkki jstak *It just goes to show that you can't believe all you read.* Se on hyvä esimerkki siitä, ettei pidä uskoa kaikkea lukemaansa.

Show a leg! vanh (br) Ylös sängystä!

show off ark pöyhkeillä, tärkeillä, rehennellä *Larry's always showing off with his knowledge.* Larry aina tärkeilee tiedoillaan.

show one's face (*myös* show one's head) näyttää naamaansa *Don't you dare show your face here again!* Uskallakin näyttää naamaasi enää täällä!

show one's hand (*myös* show one's cards) paljastaa korttinsa (aikeensa) *Mary was careful not to show her hand too soon.* Mary varoi paljastamasta korttejaan liian aikaisin.

show one's teeth (br) näyttää olevansa tosissaan *In dealing with them you have to show your teeth.* Heidän kanssaan toimiessasi sinun on näytettävä, että olet tosissasi.

show oneself näyttäytyä *How do you have the nerve to show yourself here?* Kuinka sinä julkeat näyttäytyä täällä?

show [sb] a clean pair of heels jättää muut jälkeensä *He showed all others a clean pair of heels in a 60-metre chase for the line.* Hän jätti kaikki muut jälkeensä 60 metrin mittaisessa loppukirissä.

show sb / sth up *1* paljastaa, tuoda esiin *This scandal shows him up for what kind of a person he really is.* Tämä skandaali paljastaa, millainen henkilö hän oikeasti on. *This study showed up some fascinating differences.* Tämä tutkimus toi esiin joitakin kiehtovia eroavuuksia. *2* ark nolata *He showed me up in front of everybody.* Hän nolasi minut kaikkien edessä.

show sb the door osoittaa ovea jklle, käskeä jku ulos *They politely showed her the door.* He osoittivat hänelle kohteliaasti ovea.

show the way *1* näyttää tietä *The guide will show the way to the bus.* Opas näyttää tietä linja-autolle. *2* näyttää mallia *Alan shows the way for other students.* Alan näyttää mallia muille opiskelijoille.

show up ark ilmaantua, tulla [paikalle] *Did everyone you invited show up?* Tulivatko kaikki, jotka kutsuit?

shrink

that will show sb *ark* siitäs sai! *If you want to insult an American, call him a cowboy, that will show him!* Jos haluat solvata amerikkalaista, kutsu häntä karjapaimeneksi, siitäpähän saa!

shrink ['ʃrɪŋk] *v*
  shrink from [doing] sth kaihtaa, epäröidä *I don't shrink from my responsibilities.* En kaihda vastuutani. *The guards won't shrink from using their guns.* Vartijat eivät epäröi käyttää aseitaan.
  shrink into oneself vetäytyä kuoreensa *She shrank into herself, and then gave a tiny shrug.* Hän vetäytyi kuoreensa ja kohautti sitten hieman olkapäitään.

shrinking ['ʃrɪŋkɪŋ] *a*
  a shrinking violet *ark leik* ujo ja arka hiirulainen *It was totally humiliating for a shrinking violet like me.* Se oli todella nöyryyttävää kaltaiselleni ujolle ja aralle hiirulaiselle.

1 shuffle ['ʃʌfᵊl] *s*
  lost in the shuffle *ark* (am, austr) jäädä liian vähälle huomiolle *Is your ad getting lost in the shuffle?* Eikö mainoksesi saa tarpeeksi huomiota?

2 shuffle *v*
  shuffle sth into <pukea ylleen vaivalloisesti> *He shuffled his feet into slippers and slipped a bathrobe on.* Hän tunki jalkansa tohveleihin ja vetäisi kylpytakin ylleen.
  shuffle sth off kiemurrella irti jstak, sysätä syrjään, karistaa niskoiltaan *He did very little, other than shuffle the responsibility off on to somebody else.* Hän ei tehnyt juuri muuta kuin sysäsi vastuun jonkun muun harteille.
  shuffle through selata *Denholm shuffled through the papers.* Denholm selasi paperit läpi.

shut ['ʃʌt] *v*
  be / get shut of päästä eroon jstak *He decided to get shut of Eleanor as quickly as possible.* Hän päätti hankkiutua eroon Eleanorista niin pian kuin mahdollista.
  shut in ympäröidä, saartaa *The village is shut in by the mountains on either side.* Kylä on molemmin puolin vuorten ympäröimä.
  Shut it! *ark* Suu kiinni!, Suu suppuun!, Ole / olkaa hiljaa!
  shut one's eyes to sth olla [tahallaan] välittämättä jstak *We shut our eyes to the poverty that exists around us.* Suljemme tahallaan silmämme meitä ympäröivältä köyhyydeltä.
  shut out torjua mielestään, sulkea pois *She shut out memories of James.* Hän torjui mielestään muistot Jamesista. *She shut me out of her life.* Hän sulki minut pois elämästään.
  shut up *1* olla hiljaa, tukkia suunsa *Shut up and listen!* Ole hiljaa ja kuuntele! *2* ei puhua jstak, pitää suunsa kiinni jstak *I wish you'd shut up about John.* Toivon, ettet puhuisi Johnista. *3* vaientaa, tukkia jkn suu *His wife tried to shut him up by offering him sweets.* Hänen vaimonsa yritti tukkia hänen suunsa tarjoamalla hänelle karamelleja.
  shut up shop *ark* (br) panna pillit pussiin *We might just as well shut up shop.* Voisimme oikeastaan panna pillit pussiin.

shutter ['ʃʌtər] *s*
  bring / put down the shutters <lopettaa jnk ajatteleminen> *His sister's words caused a click in his mind that brought down the shutters to keep her out.* Hänen sisarensa sanat saivat hänet torjumaan tämän mielestään.
  put up the shutters panna lappu luukulle, sulkea liike, lopettaa liike

More than 70,000 shopkeepers have been forced to put up the shutters in the past year. Yli 70 000 kauppiasta on joutunut panemaan lapun luukulle viime vuoden aikana.

1 shy [ˈʃaɪ] *v*
shy away from sth vältellä jtak, kaihtaa jtak *I shy away from hugs.* Kaihdan halauksia.

2 shy *a*
shy of sth puuttua, olla liian vähän jtak *He was 50 votes shy of winning a seat.* Häneltä puuttui 50 ääntä edustajanpaikan saamiseksi.

sick [ˈsɪk] *a*
as sick as a dog *ark* todella sairas *I was as sick as a dog.* Olin todella sairas.
as sick as a parrot *ark* todella pettynyt *If I was to break my leg tomorrow I'd be as sick as a parrot.* Jos murtaisin jalkani huomenna, olisin todella pettynyt.
be / feel sick at heart *kirjak* olla hyvin onneton t. pettynyt *I felt sick at heart for I thought of my absent husband.* Olin hyvin onneton, sillä ajattelin miestäni, joka on poissa.
be off sick olla sairauslomalla
be sick (br) oksentaa *He was sick in the flower bed.* Hän oksensi kukkapenkkiin.
be sick and tired of sth (*myös* be sick to death of) *ark* olla kyllästynyt jhk, saada tarpeekseen jstak *I'm sick and tired of listening to your lies.* Olen saanut tarpeekseni valheistasi.
be worried sick *ark* olla huolesta suunniltaan, olla todella huolestunut *Your father and I are worried sick about you.* Isäsi ja minä olemme sinusta todella huolissamme.
make sb sick *ark* raivostuttaa jkta *Your arrogance makes me sick.* Ylimielisyytesi raivostuttaa minua.

on the sick *ark* (br) olla sairauslomalla *I think he's on the sick.* Luulen, että hän on sairauslomalla.
sick to one's stomach pahoinvoiva *I felt sick to my stomach reading that filth.* Sen töryn lukeminen sai minut voimaan pahoin.
take sick (am) sairastua *The baby took sick when he was two weeks old.* Vauva sairastui kahden viikon ikäisenä.

1 side [ˈsaɪd] *s*
be on the ... side melko, -hko, puoleinen (yhdysadjektiivin jälkiosana) *These shoes are a little on the tight side.* Nämä kengät ovat vähän tiukahkot. *on the young side* nuorenpuoleinen
be [on] the right side of olla nuorempi kuin, olla alle *I don't know her exact age, but I'm sure she's on the right side of forty.* En tiedä hänen tarkkaa ikäänsä, mutta olen varma, että hän on alle nelikymppinen.
be [on] the wrong side of olla vanhempi kuin, olla yli *He's wrinkly and on the wrong side of 60.* Hän on kurttuinen ja yli kuusikymppinen.
by / at sb's side jkn rinnalla, jkn tukena *His daughter was by his side.* Hänen tyttärensä oli hänen rinnallaan.
have sth on one's side (*myös* sth is on one's side) apunaan, jkn puolella *The law is on our side.* Meillä on laki puolellamme. *Whose side are you on?* Kenen puolella oikein olet?
let the side down (br) olla pettymys, tuottaa jklle pettymys (esim. kollegoille t. ystäville) *He's a talented player who will not let the side down.* Hän on lahjakas pelaaja, joka ei tuota joukkueelle pettymystä.
my / the other / the same / ... side of the fence minun, toisella, samalla jne. puolella *We're all on the same side of the fence, government, con-*

side 514

sumers and providers. Hallitus, kuluttajat ja hankkijat – olemme kaikki samalla puolella. *I have chosen my side of the fence on this issue.* Olen valinnut puoleni tässä asiassa.

on the side *1* työn ohessa, siinä sivussa *ways of making money on the side* keinoja tehdä rahaa työn ohessa *2* salassa *Did you know that he had a mistress on the side?* Tiesitkö, että hänellä oli salainen rakastajatar? *3* (am) lisäksi, lisukkeena *Burger is served with fries on the side.* Hampurilaisen lisukkeena tarjoillaan ranskalaisia.

[on] this side of the grave kirjak [jkn] elinaikana *She saw it was the one person she did not want to meet this side of the grave.* Hän näki juuri sen ainoan henkilön, jota ei halunnut enää tässä elämässä kohdata.

pass by on the other side (br, austr) sivuuttaa avuntarpeessa oleva *We are still trying to pass by on the other side of this crisis.* Yritämme edelleenkin sivuuttaa tämän kriisin uhrit.

take sides asettua jkn puolelle, ottaa kantaa *I'm not going to take sides in this dispute.* En aio asettua kenenkään puolelle tässä riidassa.

this side of *1* ennen (jtak tiettyä ajankohtaa, kellonaikaa t. tapahtumaa), alle (iästä) *this side of the election* ennen vaaleja, *William was a chunky man, just this side of fifty.* William oli pyylevä, hieman alle viisikymppinen mies. *2* ark ulkopuolella, tällä puolen (superlatiivi-ilmauksissa kuvaamassa rinnastusta jhk malliesimerkkiin) *the best pizza this side of Italy* parasta pitsaa Italian ulkopuolella

2 side *v*

side against sb / sth liittoutua jkta vastaan, olla jkta vastaan *I originally sided against him.* Asetuin alunperin häntä vastaan.

side with sb / sth olla jonkun puolella, olla samaa mieltä jkn kanssa *I live at home and have to side with my parents.* Asun kotona ja joudun olemaan samaa mieltä vanhempieni kanssa.

sideline ['saɪdlaɪn] *s*

waiting on the sidelines olla valmiina toimimaan, odottaa tilaisuuttaan *Investors are waiting on the sidelines to spend or invest.* Sijoittajat ovat valmiina kuluttamaan tai sijoittamaan.

siege ['siːdʒ] *s*

under siege kritiikin t. painostuksen kohteena *He lived and worked under siege for his political views.* Hän eli ja työskenteli painostuksen kohteena poliittisten kantojensa vuoksi.

1 sieve ['sɪv] *v*

sieve sth through käydä läpi, tutkia yksityiskohtaisesti *We had to sieve through hundreds of pages.* Meidän piti käydä läpi satoja sivuja.

2 sieve *s*

have [got] a memory like a sieve (*myös* have [got] a mind like a sieve) ark olla hatara muisti *I've got a memory like a sieve! I can't remember a thing!* Muistini on hatara, mikään ei pysy päässäni!

sigh ['saɪ] *v*

sigh for kirjak haikailla, kaivata *He sighed for the days gone by.* Hän haikaili menneitä aikoja.

sight ['saɪt] *s*

a sight for sore eyes tervetullut näky, mukava yllätys *This information was a sight for sore eyes, after a day of hopeless web searching.* Tämä tieto oli mukava yllätys koko päivän kestäneen epätoivoisen nettikahlauksen jälkeen.

a sight to behold vaikuttava näky *The Milky Way is a sight to behold* *this July*. Linnunrata näyttää vaikuttavalta tämän vuoden heinäkuussa.

in one's sights (*myös* within one's sights) jkn tähtäimessä *He has victory in his sights*. Hänellä on voitto tähtäimessään.

in sight lähellä jtak *The end of the journey was in sight*. Matkan loppu häämötti.

in the sight of sb jkn silmissä, jkn mielestä *These two phenomena are equal in our sight, but not in reality*. Nämä kaksi ilmiötä ovat todellisuudessa erilaisia mutta silmissämme samanlaisia.

keep sight [of] pitää mielessä *Once you have decided on a specific goal, keep that in sight*. Kun olet päättänyt, mikä on tavoitteesi, pidä se mielessä.

lose sight of unohtaa *We must not lose sight of our main object*. Emme saa unohtaa päätavoitettamme.

on sight (*myös* at sight) suoralta kädeltä, välittömästi (heti, kun jk on nähty) *We were told to shoot on sight*. Meidän käskettiin ampua suoralta kädeltä.

out of sight, out of mind kun on poissa silmistä, on poissa sydämestä *Some men really seem to think of women as "out of sight, out of mind"*. Jotkut miehet tuntuvat ajattelevan naisista logiikalla "kun on poissa silmistä, on poissa sydämestä".

raise / lower one's sights nostaa / laskea tavoitteitaan *We must raise our sights high*. Meidän on nostettava tavoitteemme korkealle.

set one's sights on sth tähdätä jhk, tavoitella jtak, asettaa tähtäimensä jhk *Katherine set her sights on a teaching career*. Katherine tähtäsi opettajan uraan.

sight unseen sika säkissä *You run a risk when you buy things sight unseen over the Internet*. Sitä ottaa riskin ostaessaan jotakin kuin sian säkissä Internetin välityksellä.

sign

1 sign ['saɪn] *s*

[be] a sign of the times olla ajan hengen mukaista *It is a sign of the times that many people cannot tell the difference between information and knowledge*. Ajan henki on se, että monet eivät osaa erottaa tietoa informaatiosta.

2 sign *v*

sign away / over luopua jstak, luovuttaa (virallisesti) *sign away one's rights* luopua oikeuksistaan

sign for kuitata [vastaanotetuksi] (lähetyksestä) *Will you sign for this?* Kuittaatko tämän vastaanotetuksi?

sign in kirjoittautua (yl hotelliin), merkitä läsnäolevaksi *He signed in yesterday*. Hän kirjoittautui sisään eilen.

sign off *1* päättää, lopettaa (kirjeestä, televisiolähetyksestä ym.) *She signs off her diary on an optimistic note*. Hän lopettaa päiväkirjansa optimistiseen sävyyn. *2* antaa jklle sairaslomaa *The doctor signed him off for six months*. Lääkäri antoi hänelle kuusi kuukautta sairaslomaa. *3 ark* (am) lähteä [töistä] (kotiin) *I will sign off for today*. Lopettelen työt tältä päivältä.

sign off on sth *ark* (am) suostua, myöntyä *He hasn't signed off on the plan yet*. Hän ei ole vielä myöntynyt suunnitelmaan.

sign out *1* ilmoittaa lähtevänsä jstak (yl hotellista), merkitä jku poissaolevaksi, kuitata jku lähteneeksi *to sign out of the hotel* kirjoittautua ulos hotellista *2* kuitata jk lainatuksi t. saaduksi, merkitä jk lainatuksi *Don't forget to sign out the keys in the office before you leave*. Muista kuitata avaimet lainatuiksi toimistossa ennen kuin lähdet.

sign up *1* kirjoittautua, ilmoittautua (esim. kurssille) *I signed myself up for a new project*. Ilmoittauduin

signal

mukaan uuteen projektiin. *2* lyödä lukkoon *The company has already signed up a few orders prior to the official release of the product.* Yritys on jo lyönyt lukkoon joitakin tilauksia ennen tuotteen virallista julkistamista.

signed, sealed and delivered (*myös* signed and sealed) *1* täysin valmiina, lopullisesti vahvistettu *Until everything was signed, sealed, and delivered, we did not want to make the announcement.* Emme halunneet antaa lausuntoa, ennen kuin kaikki oli täysin valmiina. *2* peli oli pelattu *The match seemed all but signed, sealed and delivered to the other side.* Ottelu oli lähes menetetty vastajoukkueelle.

signal ['sɪgnᵊl] *s*

be the signal for sth päästää jk valloilleen, panna jk alkuun *Her death was the signal for unfounded rumours.* Hänen kuolemansa päästi valloilleen perättömät huhut.

smoke signals merkki tulevasta, enne *Smoke signals from the Pentagon say big changes may be coming.* Pentagonista tihkuneet tiedot enteilevät suuria muutoksia.

silence ['saɪləns] *s*

silence gives consent vaikeneminen on myöntymisen merkki *Silence gives consent, is the rule of business life.* Liike-elämän sääntö kuuluu: vaikeneminen on myöntymisen merkki.

silence is golden vaikeneminen on kultaa *Good sports announcers know that sometimes silence is golden.* Hyvät urheiluselostajat tietävät, milloin on parasta pysyä vaiti.

silent ['saɪlənt] *a*

the silent treatment mykkäkoulu, puhumattomuus *After a fight, she gives me the silent treatment for days.* Riidan jälkeen hän pitää mykkäkoulua monta päivää.

silk ['sɪlk] *s*

make a silk purse out of a sow's ear <saada jtk hyvää aikaan huonoista materiaaleista> *You must invest in good quality. You cannot make a silk purse out of a sow's ear.* Laatuun on panostettava, koska huonoista materiaaleista ei saa mitään hyvää aikaan.

silly ['sɪli] *a*

the silly season (br) kesäaika (kesäaika, jolloin sanomalehdet raportoivat arkipäiväisistä asioista uutisten puutteen vuoksi) *We are well and truly into the "silly season" when rumours fly around like mosquitoes.* Nyt se on todella alkanut, nimittäin kesäaika, jolloin huhut lentelevät siellä täällä kuin kärpäset.

silver ['sɪlvəʳ] *a*

be born with a silver spoon in one's mouth syntyä hopealusikka suussa *He certainly wasn't born with a silver spoon in his mouth, but needs one now.* Hän ei tosiaankaan syntynyt rikkaaseen perheeseen ja tarvitseekin nyt rahaa.

every cloud has a silver lining jokaisella pilvellä on hopeareunus *I found a better job, which goes to show that every cloud has a silver lining.* Löysin paremman työpaikan, mikä oli asian lohdullinen puoli.

on a silver plate hyvin helposti, ilmaiseksi, kuin tarjottimella *A leak of this kind simply hands to the opposition a weapon on a silver plate.* Tämän tapainen vuoto vain antaa opposition käsiin aseen ilmaiseksi.

silver-tongued kaunopuheinen, vakuuttava *As a silver-tongued lawyer he has milked doctors and hospitals of millions of dollars.* Hän on lypsänyt sairaaloilta ja lääkäreiltä miljoonia dollareita kaunopuheisuutensa avulla.

simmer ['sɪməʳ] *v*
   simmer down *ark* laantua (vihasta ym.), rauhoittua *'Simmer down,' he said calmly.* "Rauhoitu", hän sanoi levollisesti.

sin ['sɪn] *s*
   as ugly as sin syntisen ruma *From a design point of view, this car is as ugly as sin.* Muotoilun osalta tämä auto on suorastaan syntisen ruma.
   for my sins *leik* (br, austr) tehdä jtak hyvittääkseen pahat tekonsa *I watched the Eurovision last year for my sins.* Katsoin euroviisut viime vuonna hyvittääkseni pahat tekoni.
   live in sin *vanh, leik* elää synnissä (elää avoliitossa) *Living in sin is not so thoroughly modern a trend as you might think.* Avoliitossa eläminen ei ole niin täysin moderni ja trendikäs ilmiö kuin voisi luulla.

sincerely [sɪn'sɪəʳli] *adv*
   yours sincerely (*myös* (am) sincerely yours) Teidän, Parhain terveisin (kirjeen lopussa)

sine ['sɪni] *prep*
   sine qua non *kirjak* välttämätön edellytys *Her leadership was the sine qua non of the organization's success.* Hänen johtajuutensa oli järjestön menestyksen välttämätön edellytys.

sinew ['sɪnju:] *s*
   sinews of war (yl br) sotatarvikerahat (aseisiin, ammuksiin yms. sodan aikana tarvittavat rahat) *There is a growing inconsistency between producing the funds to maintain the sinews of war and the welfare state at home.* Sotimiseen tarvittavien varojen tuottamisen ja hyvinvointiyhteiskunnan ylläpitämisen välillä on alati kasvava ristiriita.

sing ['sɪŋ] *v*
   all singing, all dancing *ark* (br) kaikkeen pystyvä (laitteesta, jossa on paljon vaikuttavia toimintoja) *The software firm claims to have developed the latest all singing, all dancing application.* Ohjelmistoyritys väittää taas kehittäneensä kaikkeen pystyvän sovelluksen.
   sing a different tune / song olla toinen ääni kellossa, muuttaa mieltään *Many of them expected him to sing a different tune.* Monet heistä odottivat hänen muuttaneen mieltään.
   sing the same tune (*myös* sing from the same hymn / song sheet) olla yhtä mieltä, puhua samoin sanoin, vetää yhtä köyttä (julkisuudessa) *In the last presidential elections all sang the same tune, promising economic stability.* Viime presidentinvaaleissa kaikki lupasivat samoin sanoin vakaata taloutta.
   singing the blues *ark* valittaa *Automakers are singing the blues because of high oil prices.* Autonvalmistajat valittavat öljyn korkeaa hintaa.

single ['sɪŋgl] *v*
   single out valita, erottaa *It would be wrong to single out any individual as a scapegoat.* Olisi väärin valita joku yksi henkilö syntipukiksi. *His individual style singles him out from the rest.* Hänen yksilöllinen tyylinsä erottaa hänet muista.

sink ['sɪŋk] *v*
   a / that sinking feeling paha aavistus *I have a sinking feeling that nothing will change.* Minulla on paha aavistus, ettei mikään muutu.
   sink in mennä perille (ymmärtää) *It took a while to sink in.* Kesti hetken ennen kuin asia valkeni minulle.
   sink like a stone <ei saada tukea, huomiota t. kiinnostusta> *The TV show sank like a stone due to poor timing.* TV-ohjelma jäi vaille huomiota huonon ajoituksen vuoksi.

sink or swim menköön syteen tai saveen, jättää jku oman onnensa nojaan *Sink or swim, I'm going to try.* Aion kyllä yrittää, meni syteen tai saveen. *We were left to sink or swim.* Meidät jätettiin oman onnemme nojaan.

sink to such depths vaipua niin alas *I could hardly believe that advertising would ever sink to such depths.* En olisi uskonut, että mainosalalla oltaisiin vaivuttu niin alas.

sink your differences unohtaa erimielisyytensä *It has been hard for European nations to sink their differences on foreign policy.* Euroopan maiden on ollut vaikea unohtaa erimielisyytensä ulkopolitiikassa.

sit ['sɪt] *v*

not sit well with sb ei hyväksyä jtk, ei sopia jklle *The idea of profiting from disaster just doesn't sit well with most Americans.* Suurin osa yhdysvaltalaisista ei hyväksy katastrofista hyötymistä.

sit at sb's feet olla jkn oppilas, seurata jkta *He studied in Venice with Gabrieli and returned years later to sit at the feet of Monteverdi.* Hän opiskeli Venetsiassa Gabrielin johdolla ja palasi vuosia myöhemmin Monteverdin oppilaaksi.

sit back istua kädet ristissä, olla tekemättä mitään *We can't just sit back and pretend nothing happened.* Emme voi vain istua kädet ristissä ja teeskennellä, että mitään ei tapahtunut.

sit by olla välittämättä, katsella sivusta *We can no longer just sit by and watch this tragedy.* Emme voi enää vain katsella sivusta tätä murhenäytelmää.

sit for sb olla mallina *I asked her to sit for me.* Pyysin häntä malliksesi.

sit [heavy] on the stomach (ruoasta) sulaa hitaasti *The food was horrid, and sat on the stomach for hours.* Ruoka oli kamalaa ja suli erittäin hitaasti.

sit in olla läsnä (ottamatta osaa), olla kuunteluoppilaana *Will they permit you to sit in a few classes?* Antavatko he sinun olla kuunteluoppilaana muutamilla tunneilla?

sit in for sb toimia jkn sijaisena *Harold often sat in for Fred as Editor.* Harold toimi usein Fredin sijaisena päätoimittajana.

sit on one's hands olla tekemättä mitään, pyöritellä peukaloitaan *They want us to do all the dirty work while they sit on their hands.* He haluavat meidän tekevän kaiken likaisen työn, sillä aikaa kun he itse pyörittelevät peukaloitaan.

sit on sb's tail ajaa kiinni jkn takavaloissa (yl aikeissa ohittaa) *Lines of irritated drivers sit on our tail.* Ärsyyntyneiden kuskien letka ajaa kiinni takavaloissamme.

sit on sth pantata, pitää jtak hallussaan *He had been sitting on the document.* Hän oli pantannut asiakirjaa.

sit out odottaa jnk loppua *We must sit this one out.* Meidän täytyy odottaa, että tämä loppuu.

sit tight odottaa kärsivällisesti *Just sit tight while we get everything ready!* Odota kärsivällisesti, kun me laitamme kaiken valmiiksi.

sit up valvoa, pysytellä hereillä

sit up [and take notice] *ark* havahtua, herätä huomaamaan jtak *Both films caused critics to sit up and take notice of her talent.* Molemmat elokuvat saivat kriitikot huomaamaan hänen lahjakkuutensa.

situ [sɪtʊ] *s*

in situ <alkuperäisessä t. oikeassa paikassa> *She looked round once to see if her guests were all in situ.* Hän katsoi kerran ympärilleen nähdäkseen, istuivatko kaikki vieraat oikeilla paikoillaan.

six ['sɪks] *num*
  at sixes and sevens *ark* hämmennyksissä, sekaisin (ei tietää mitä tehdä) *The government is at sixes and sevens over the issue.* Hallitus on asiassa aivan sekaisin.
  deep-six sb / sth *ark* päästä jksta / jstk eroon *We can always deep-six the project and start a new one.* Mehän voimme hankkiutua eroon tästä projektista ja aloittaa uuden.
  hit / knock sb for six *ark* (br) yllättää *The defeat hit him for six.* Tappio yllätti hänet täysin. *Many companies were knocked for six by the recession.* Taantuma yllätti monet yritykset täysin.
  six feet under *ark* kuollut ja kuopattu *He could have reported us, but now he's six feet under, so we're safe.* Hän olisi voinut ilmiantaa meidät, mutta hän on mullan alla, joten olemme turvassa.
  six of one and half a dozen of the other se ja sama (käytetään ilmaisemaan sitä, että kahden vaihtoehdon välillä ei ole mitään eroa) *With regard to military expenditure, the two candidates are six of one and half a dozen of the other.* Sotilasmenoista puhuttaessa näiden kahden ehdokkaan mielipiteissä ei ole mitään eroa.

1 size ['saɪz] *s*
  that's about the size of it *ark* näin on asianlaita, kyllä vain *My depression comes and goes, that's about the size of it.* Näin on asianlaita – masennukseni tulee ja menee.
  try sth for size (*myös* (am) try sth on for size) *ark* kokeilla, puntaroida jtk ideaa *She even tried being a solo artist on for size with one album.* Hän kokeili jopa sooloartistina esiintymistä yhden levyn verran.

2 size *v*
  size up *ark* arvioida, punnita *Finland's economy is being sized up in the EU.* Euroopan unionissa arvioidaan tarkasti Suomen talouselämää. *John was sizing her up from head to toe.* John punnitsi häntä katseellaan kiireestä kantapäähän.

1 skate ['skeɪt] *s*
  get one's skates on *ark* (br) kiirehtiä, pistää töpinäksi *Get your skates on and answer this question.* Vauhtia nyt ja vastaa tähän kysymykseen.

2 skate *v*
  skate over / round / around sth kiertää, välttää, vältellä (yl hankalasta asiasta puhumista) *Most of us skated around these problems.* Suurin osa meistä välti puhumasta näistä ongelmista.

skeleton ['skelɪtən] *s*
  a skeleton in the cupboard (*myös* (am) a skeleton in the closet) luuranko kaapissa *The pain of his relentless need to win was his skeleton in the closet.* Heltymättömän voitonhalun aiheuttama tuska oli hänen häpeällinen salaisuutensa.
  skeleton staff minimihenkilökunta *Aid agencies said the casualty units were being run by a skeleton staff.* Avustusjärjestöjen mukaan tapaturma-asemilla työskenteli vain minimihenkilökunta.

skid ['skɪd] *s*
  hit the skids *ark* kääntyä [jyrkkään] laskuun, joutua syöksykierteeseen *Their marriage collapsed when his career hit the skids.* Heidän avioliittonsa sortui, kun hänen uransa joutui syöksykierteeseen.
  on the skids *ark* tuhoon tuomittu *The skateboard park plan is on the skids.* Suunnitelma rullalautapuistosta on tuhoon tuomittu.
  put the skids under sb / sth *ark* (br, austr) <saada jku t. jk todennäköisesti epäonnistumaan> *The ruling class tried to put the skids under their campaign.* Hallitseva väestön-

osa yritti saada heidän kampanjansa epäonnistumaan.

skid row *ark* (am) slummi *What happens on skid row is not especially relevant to most people in the city.* Valtaosalle kaupungin asukkaista slummin tapahtumilla ei ole suurta merkitystä.

1 skin ['skɪn] *s*

be [all] brothers / sisters under the skin sisimmältään hengenheimolaisia *We are sisters under the skin with a common goal in mind.* Olemme hengenheimolaisia, joilla on sama päämäärä.

be skin and bone olla luuta ja nahkaa *She is nothing but skin and bone.* Hän on pelkkää luuta ja nahkaa.

by the skin of one's teeth nipin napin, niukin naukin *Scraping through exams by the skin of one's teeth is a long and dishonourable student tradition.* Kokeista läpi pääseminen nipin napin on pitkään jatkunut ja häpeällinen opiskelijaperinne.

get under sb's skin *ark* **1** käydä jkn hermoille, ärsyttää jotakuta *It was his sheer arrogance which got under my skin.* Hänen häpeilemätön pöyhkeytensä todella ärsytti minua. **2** tehdä suuri vaikutus jkhun, valloittaa *You've got under my skin like no other woman I've ever met.* Sinä olet tehnyt minuun suuremman vaikutuksen kuin kukaan muu tapaamani nainen.

have a thick skin olla paksunahkainen, olla arvostelua kestävä *You must have a thick skin to be a politician.* Poliitikon täytyy olla paksunahkainen.

have a thin skin olla herkkähipiäinen, ei kestää arvostelua *You sure have a thin skin when it comes to sarcasm.* Olet todella herkkähipiäinen sarkasmin suhteen.

it's no skin off my nose *ark* ei se minua haittaa, se on minulle ihan sama *It's no skin off my nose if he doesn't accept the invitation.* Ei se minua haittaa, jos hän ei ota kutsua vastaan.

under the skin pohjimmiltaan, sisimmältään *While identical in appearance, they were totally different under the skin.* Pinnalta samanlaiset mutta sisimmässään aivan erilaiset.

2 skin *v*

there's more than one way to skin a cat konstit on monet, sanoi akka, kun kissalla pöytää pyyhki (läh) *Just as there's more than one way to skin a cat, there is more than one way to make money.* Konstit on monet, myös rahanteossa.

skull ['skʌl] *s*

out of one's skull *ark* **1** tärähtänyt, hullu *He does look totally out of his skull in that scene.* Hän näyttää aivan tärähtäneeltä siinä kohtauksessa. **2** kännissä *When one is drunk out of his skull all one wants to do is sleep.* Lähes sammumispisteessä ollessa ei muuta tahdo kuin nukkua.

sky ['skaɪ] *s*

out of a clear blue sky (*myös* out of the blue) [kuin salama] kirkkaalta taivaalta, aivan yllättäen *He argued that the London bombings had not come out of the "clear blue sky".* Hän väitti, etteivät Lontoon pommi-iskut tulleet kuin salama kirkkaalta taivaalta.

the sky is the limit tie on auki taivaita myöten, vain taivas on rajana *The sky is the limit as to how strong these storms will actually get.* Vain taivas on rajana sille, miten voimakkaaksi nämä myrskyt voivat yltyä.

to the skies maasta taivaisiin *Robert was praising Angela to the skies.* Robert ylisti Angelaa maasta taivaisiin.

slack ['slæk] *s*

cut sb some slack *ark* (am, austr) antaa armon käydä oikeudesta, suhtautua jhk tavallista lempeämmin *I will cut this disc some slack in the ratings.* Annan armon käydä oikeudesta tämän levyn arvostelun kohdalla.

take up the slack (*myös* pick up the slack) tehostaa toimintaa *After sleep deprivation some brain areas pick up the slack.* Univajauksen jälkeen tietyt aivoalueet tehostavat toimintaansa.

slag ['slæg] *v*

slag sb off *ark* (br) sättiä jkta, haukkua jkta *He's always slagging me off.* Hän on aina sättimässä minua.

slap ['slæp] *s*

[a bit of] slap and tickle *ark* kuhertelu *All Walter thought about at that time was slap and tickle in the grass.* Walterin mielen täytti sillä hetkellä vain kuhertelu ruohikolla.

slap in the face isku vasten kasvoja *A slap in the face that erased what little faith in the system they had left.* Karvas pettymys, joka murensi sen vähän uskon, joka heillä oli järjestelmää kohtaan.

slap on the back onnittelu, kiitos, läimäytys olalle *They deserve a hearty slap on the back for the organisation of this year's festival.* He ansaitsevat kunnon kiitokset tämänvuotisen festivaalin järjestämisestä.

slap on the wrist näpäytys *Instead of a proper punishment they just gave him a slap on the wrist.* He antoivat hänelle näpäytyksen kunnon tuomion sijaan.

slate ['sleɪt] *s*

[put sth] on the slate (*myös* on one's slate) (yl br) laskuun, piikkiin *Put it on my slate.* Laita se minun piikkiini.

1 sleep ['sli:p] *s*

be able to do sth in one's sleep *ark* pystyä tekemään jtak unissaan *It's so easy I could do it in my sleep.* Se on niin helppoa, että pystyisin siihen unissanikin.

put sth to sleep lopettaa (eläin) *We had to put our dog to sleep because he had internal injuries.* Meidän piti lopettaa koiramme, koska sillä oli sisäisiä vammoja.

the sleep of the just vanhurskaan uni (sikeä ja levollinen uni) *Occupy the moral high ground by day and sleep the sleep of the just by night.* Saavuta moraalinen ylemmyys päivin ja nuku vanhurskaan unta öin.

2 sleep *v*

sleep like a log nukkua kuin tukki *Maybe it was the wine but I slept like a log.* Nukuin sikeästi, lieneekö viinillä ollut osuutta asiaan.

sleep on it *ark* jättää asia hautumaan yön yli, nukkua yön yli (päätöstä tehtäessä) *Although she said she would sleep on it, she was virtually certain to resign.* Vaikka hän sanoi jättävänsä asian hautumaan yön yli, hänen eronsa oli lähes varma.

sleep with one eye open nukkua koiranunta *He sleeps with one eye open so nobody can sneak up on him.* Hän nukkuu koiranunta, joten häntä ei voi yllättää.

sleep with sb maata jkn kanssa, olla [seksi]suhde jkn kanssa *I know you've been sleeping with my husband.* Tiedän, että olet maannut mieheni kanssa.

sleeve ['sli:v] *s*

roll up one's sleeves kääriä hihat (ryhtyäkseen töihin) *It's time to roll up our sleeves after the hurricane.* Hurrikaanin laannuttua on aika valmistautua siivousurakkaan.

up one's sleeve olla jtak takataskussaan *He had still a trick or two up his sleeve.* Hänellä oli vielä temppu tai pari takataskussaan.

sleight

sleight ['sleɪt] *s*
  sleight of hand silmänkääntötemppu, huijaus *The entire theory rests on statistical sleight of hand.* Koko teoria perustuu tilastotemppuihin.

1 slice ['slaɪs] *v*
  any way you slice it (*myös* slice it where you like) *ark* katsoipa asiaa miltä puolelta hyvänsä *Any way you slice it, you're wrong.* Oli miten oli, olet väärässä.

2 slice *s*
  a slice of life kurkistus jkn elämään *The book is just a brief slice of her life.* Kirja suo pienen kurkistuksen hänen elämäänsä.

sling ['slɪŋ] *v*
  sling beer *ark* (am) työskennellä baarimikkona *I used to sling beer in a pub in London.* Työskentelin ennen baarimikkona Lontoossa.

  sling your hook *ark* (br) ala kalppia, antaa heittää *If you dont like it then sling your hook!* Jos et pidä siitä, niin antaa heittää!

  slings and arrows *kirjak* (br) koettelemukset, vastoinkäymiset *Sufficient capital must be available to meet the slings and arrows of business life!* Liike-elämän vastoinkäymisten varalle tarvitaan riittävä määrä pääomaa!

1 slip ['slɪp] *v*
  let sth slip lipsauttaa, päästää suustaan, sanoa vahingossa *Eventually someone let the secret slip.* Lopulta joku lipsautti salaisuuden.

  let sth slip through one's fingers päästää jtak käsistään, päästää sivu suun *We won't let this opportunity slip through our fingers.* Emme jätä tätä tilaisuutta käyttämättä.

  slip on a banana skin *ark* tehdä typerä virhe *The team slipped on the banana skin and were felled 2-1 by Leyton Orient.* Joukkue teki typerän virheen ja hävisi Leyton Orientille 2-1.

  slip sb's mind (*myös* slip sb's memory) unohtua, unohtaa, päästä unohtumaan *It slipped my mind.* Unohdin sen täysin.

2 slip *s*
  give sb the slip *ark* livahtaa karkuun jklta *He managed to give the police the slip at every turn.* Hänen onnistui livahtaa karkuun poliisilta joka käänteessä.

  slip of the pen / tongue lipsahdus (kirjoituksessa / puheessa) *Was it a slip of the tongue? Or was it the truth?* Oliko se lipsahdus vai totuus?

  there's many a slip 'twixt cup and lip älä nuolaise ennen kuin tipahtaa (läh) *History shows us that there's many a slip 'twixt cup and lip when it comes to the overthrow of tyranny.* Historia opettaa meille, että hirmuvallan murskaamisessa ei kannata nuolaista ennen kuin tipahtaa.

slippery ['slɪpəri] *a*
  [as] slippery as an eel <epärehellinen ja hyvä välttelemään vastauksia> *He was a master criminal, as slippery as an eel when it came to evidence.* Hän oli mestaririkollinen, jolta ei saatu mitään vastauksia todistusaineistoksi.

  slippery slope syöksykierre (huono tilanne, joka johtaa jhk epätoivottavaan) *She realises he is on the slippery slope towards a life of crime.* Hän tajuaa olevansa syöksykierteessä rikoksen poluille.

slog ['slɒg] *v*
  slog it out *ark* (br) kilpailla, ottaa toisistaan mittaa *The channels slog it out to increase viewership.* TV-kanavat ottavat toisistaan mittaa katsojamäärien lisäämiseksi.

slope ['sləʊp] *v*
  slope off *ark* hiipiä, luikkia [tiehensä] *Quietly the wolves sloped off*

into the woods. Sudet luikkivat hiljaa metsään.

slot ['slɒt] *v*
slot in / into sopeutua *Employers look for someone who will slot into the office culture.* Työnantajat etsivät henkilöä, joka sopeutuu helposti toimiston tapoihin.

slouch ['slaʊtʃ] *v*
no slouch ei hassumpi, taitava *He's no slouch at golf.* Hän ei ole hassumpi golfissa.

slough ['slʌf] *v*
slough off päästä (eroon jstak), luoda nahkansa *He was able to slough off the weight of the past and begin again.* Hän pääsi menneisyyden painosta ja pystyi aloittamaan uudelleen.

slow ['sləʊ] *a*
be in the slow lane edetä hidasta vauhtia jnk asian suhteen *Scotland is expected to remain in the slow lane of economic recovery.* Skotlannin talouden uskotaan elpyvän hitaasti.
be slow on the draw hitaasti reagoiva *Why have they been slow on the draw in response to his death?* Miksi he ovat reagoineet hitaasti hänen kuolemaansa?

slug ['slʌg] *v*
slug it out tapella, selvittää asia nyrkein *If the Europeans want to slug it out over fermented grapes and old cheese, they're welcome to.* Jos eurooppalaiset haluavat selvittää käyneitä rypäleitä ja vanhaa juustoa koskevan kiistansa nyrkein, niin siitä vaan.

slum ['slʌm] *v*
slum it *ark* elää köyhästi *Do you want to live it large or slum it?* Haluatko elää koreasti vai köyhästi?

sly ['slaɪ] *a*
on the sly *ark* salaa *We continued to meet on the sly.* Jatkoimme toistemme tapaamista salaa.

smack ['smæk] *v*
smack your lips hieroa käsiään tyytyväisenä *Lawyers are smacking their lips at the prospects of suing the company.* Lakimiehet odottavat innolla mahdollisuutta haastaa yhtiö.

small ['smɔ:l] *a*
feel small olla nolona, tuntea itsensä mitättömäksi t. typeräksi *Our own flaws are prone to leave us feeling small.* Omat puutteemme altistavat meitä nolostumaan.
in a small way hieman *You contribute to the victory in a small way by...* Edesautat voittoa hieman sinäkin, kun...
look small näyttää mitättömältä (ihmisestä), näyttää typerältä *They made her look small.* He saivat hänet näyttämään typerältä.
small fry vaaraton, mitätön *The company is a small fry compared to its competition.* Yritys on pikkutekijä verrattaessa sen kilpailijoihin.
small potatoes (*myös* small beer) *ark* pikkuseikka *It is small potatoes compared with...* Se on pikkuseikka siihen verrattuna, että...
small wonder ei ihme (ei juurikaan yllättävästä asiasta) *Small wonder she looked like a ghost!* Ei ihme, että hän näytti ihan haamulta!

smart ['smɑ:t] *a*
the smart money *ark 1* sisäpiirin tietoa *The smart money says prices will fall.* Sisäpiirin tietojen mukaan hinnat laskevat. *2* <liike-elämässä menestyvien käyttämä raha> *The smart money is coming back to Asia.* Sijoitusnerojen raha on palaamassa Aasiaan.

smell

smell ['smel] *v*
  pass the smell test *ark* moraalisesti hyväksyttävä, uskottava *His explanation just doesn't pass the smell test.* Hänen selityksensä ei ole uskottava.
  smell a rat haistaa palaneen käryä *I only began to smell a rat when he couldn't come up with the documents.* Aloin haistaa palaneen käryä vasta kun hänellä ei ollut näyttää tarvittavia asiakirjoja.

smile ['smaɪl] *v*
  come up smiling olla toiveikas *She comes up smiling no matter what the circumstances.* Hän on aina toiveikas olosuhteista huolimatta.

1 smoke ['sməʊk] *s*
  from smoke [in]to smother ojasta allikkoon *When she entered the bar it was like coming from smoke to smother.* Hän joutuikin ojasta allikkoon astuessaan baariin.
  go up in smoke *1* palaa poroksi *Priceless manuscripts went up in smoke.* Korvaamattomia käsikirjoituksia paloi poroksi. *2* haihtua savuna ilmaan *Don't let your health go up in smoke.* Älä anna tupakan viedä terveyttäsi.
  no smoke without fire (*myös* where there's smoke there's fire) ei savua ilman tulta *He was never found guilty. Yet, no smoke without fire.* Häntä ei koskaan tuomittu, mutta syytteissä oli varmasti jotain perää.
  smoke and mirrors (yl am) <temppu, jolla viedään huomio pois jstkn kiusallisesta asiasta> *They are relying on smoke and mirrors instead of real accomplishments.* He yrittävät peitellä saavutusten puutetta.

2 smoke *v*
  smoke like a chimney polttaa kuin korsteeni (polttaa tupakkaa ketjussa) *She smokes like a chimney and drinks like a fish.* Hän polttaa ketjussa ja juo kuin sieni.

smoke sb out savustaa, paljastaa *They smoked him out.* Hänet paljastettiin.

smooth ['smuːð] *v*
  smooth sth away lievittää, häivyttää *Once politicians with regional accents worked hard to smooth them away.* Aikoinaan murteella puhuvat poliitikot yrittivät häivyttää murteensa.
  smooth sth over sovitella, lievittää, helpottaa *They tried to smooth over the disagreements.* He yrittivät sovitella erimielisyyksiä.
  smooth the way / path tasoittaa tietä *a critical election that may at last smooth the way for democracy* ratkaisevat vaalit, jotka voivat vihdoinkin helpottaa demokratian juurtumista

snail ['sneɪl] *s*
  at a snail's pace *ark* etanan vauhtia, hitaasti kuin etana *She drove at a snail's pace.* Hän ajoi etanan vauhtia.
  snail mail posti (rinnastettuna sähköpostiin)

snake ['sneɪk] *s*
  a snake in the grass <ystäväksi tekeytyvä epärehellinen henkilö>, aavistamaton vaara *My employer's turned out to be a snake in the grass, taking advantage of us.* Työnantajani paljastui selkäänpuukottajaksi, joka on käyttänyt meitä hyväkseen.
  snake oil ihmelääke, huiputus *Dietary supplements are mostly snake oil.* Lisäravintoaineet ovat pitkälti huiputusta.

1 snap ['snæp] *v*
  Snap to it! (*myös* Snap it up!) *ark* Pidä kiirettä! *Snap to it with the work.* Pidä kiirettä työsi kanssa.
  snap your fingers osoittaa välinpitämättömyyttä *He snapped his fin-*

gers at the world. Hän vähät välitti maailmasta.

snap out of it *ark* piristyä, rauhoittua *Snap out of it!* Piristy jo!

snap sth up tarttua (esim. tarjoukseen), napata *The painting was snapped up for a thousand pounds at auction.* Maalaus napattiin huutokaupassa tuhannella punnalla.

2 snap *s*

a cold snap lyhyt kylmä jakso *The recent cold snap has threatened the crop.* Äskettäinen lyhyt kylmä jakso uhkaa satoa.

in a snap *ark* (am) hetkessä, pian, saman tien *Dinner is ready in a snap!* Päivällinen on pian valmis!

snappy ['snæpi] *a*

make it snappy *ark* kiirehtiä, pitää kiirettä *We'd better make it snappy.* Meidän olisi syytä kiirehtiä.

sneeze ['sni:z] *v*

not to be sneezed at *ark* ei sovi t. kannata väheksyä *The experience is not to be sneezed at.* Kokemusta ei kannata väheksyä.

when A sneezes, B catches a cold <A:n ongelma aiheuttaa B:lle vakavia seurauksia> *When one country sneezes, the rest of the world catches a cold.* Jos yksi valtio on vaikeuksissa, muu maailma saa tuntea sen nahoissaan.

sniff ['snɪf] *v*

not a sniff *ark* ei mitään mahdollisuutta *None of the bands playing tonight have a sniff of a record deal.* Yhdelläkään tänään soittavista yhtyeistä ei ole mahdollisuutta levytyssopimukseen.

not get a sniff of sth *ark* ei saada yhtään, ei päästä käsiksi jhk *We didn't get a sniff of the sun all morning!* Aurinko ei näyttäytynyt koko aamuna!

sniff [a]round *ark* piirittää (yrittää päästä käsiksi), olla kiinnostunut *All the head-hunters were sniffing around him.* Kaikki kykyjenetsijät piirittivät häntä.

sniff at sb / sth väheksyä, nyrpistää nenäänsä jllek, tuhahtaa jllek *This achievement is not to be sniffed at.* Tätä saavutusta ei pidä väheksyä.

snook ['snu:k]

cock a snook *ark* (br) näyttää pitkää nenää jollekulle *This column likes to cock a snook at convention.* Tämä palsta vähät välittää yleisistä käytännöistä.

1 snow ['snəʊ] *v*

be snowed in / up olla lumen saartama *We couldn't open any doors. We were snowed in.* Emme saaneet yhtäkään ovea avattua. Olimme lumen saartamia.

be snowed under hukkua työn paljouteen *I've been snowed under by reports from over 200 organisations.* Olen hukkumassa yli 200 järjestöltä tulleisiin raportteihin.

2 snow *s*

a snow job *ark* (am) <yrittää huijata jkta kehumalla t. valehtelemalla> *The salesman tried to do a snow job on me but I didn't believe him.* Myyntimies yritti sumuttaa minua ostamaan jotain, mutten uskonut häntä.

as pure as the driven snow moraalisesti hyvä *When you're pure as the driven snow, you don't have to worry about that.* Kun olet moraalisesti hyvä ihminen, ei sinun tarvitse moisesta huolehtia.

snowball ['snəʊbɔ:l] *s*

a snowball's chance in hell *ark* ei mitään mahdollisuuksia *He doesn't stand a snowball's chance in hell in this country.* Hänellä ei ole mitään mahdollisuuksia pärjätä tässä maassa.

snuff

1 snuff ['snʌf] *v*
snuff it *ark* (br) kuolla, heittää veivinsä *Their cat snuffed it last Friday.* Heidän kissansa heitti veivinsä viime perjantaina.

2 snuff *s*
up to snuff *1 ark* vaadittavalla tasolla *Their services are not up to snuff.* Heidän palvelunsa eivät ole vaadittavalla tasolla. *2* hyvässä kunnossa *Carlo hadn't felt up to snuff all the summer.* Carlo ei ollut tuntenut itseään hyväkuntoiseksi koko kesänä.

soak ['səʊk] *v*
soaked to the skin läpimärkä *We had no umbrellas so we got soaked to the skin in the pouring rain.* Meillä ei ollut sateenvarjoja, joten kastuimme läpimäriksi kaatosateessa.

soak sth up *1* imeä itseensä *to soak up the atmosphere* imeä itseensä paikan tunnelmaa, *to soak up the sun* kylpeä auringossa *2 ark* imeä, kuluttaa *The photocopier soaked up all the power.* Kopiokone imi kaiken virran.

sob ['sɒb] *v*
sob your heart out *ark* itkeä vollottaa *She sobbed her heart out for everything she'd lost.* Hän itkeä vollotti kaiken kadottamansa perään.

sober ['səʊbəʳ] *a*
[as] sober as a judge vesiselvä *He was very ill, but as sober as a judge.* Hän oli kovin kipeä, mutta vesiselvä.

1 sock ['sɒk] *s*
knock sb's socks off (*myös* blow sb's socks off) *ark* lyödä jku ällikällä, tehdä jkhun vaikutus *He stuck this demo on the turntable and it just blew my socks off.* Hän laittoi tämän demon levylautaselle, ja se löi minut aivan ällikällä.

pull one's socks up *ark* ryhdistäytyä *She needs to pull her socks up if she wants to continue working here.* Hänen pitää ryhdistäytyä, jos hän haluaa jatkaa työskentelemistä täällä.

put a sock in it! *ark* (br) ole hiljaa!

work your socks off *ark* paiskia kovasti töitä *I'll be working my socks off to encourage you.* Aion tehdä kaikkeni, jotta tuntisit olosi luottavaiseksi.

2 sock *v*
sock away *ark* (am) panna säästöön *I'm trying to sock away some money every month.* Yritän panna säästöön vähän rahaa joka kuukausi.

sock in (am) peittää, verhota (säästä) *The valley was socked in with clouds.* Laakso oli pilvien verhoama.

sock it to sb *ark leik* näyttää jollekulle [taivaan merkit], tehdä suuri vaikutus jkhun *Let's sock it to them!* Näytetään niille!

sod ['sɒd] *s*
sod all *alat* (br) ei lainkaan, ei yhtään mitään, ei höykäsen pölähdystä *He knows sod all about football.* Hän ei tiedä höykäsen pölähdystä jalkapallosta.

Sod's Law *leik* (br) Murphyn laki *It's Sod's Law that you're out there, miles from anywhere, and nature calls!* On Myrphyn laki, että luonto kutsuu juuri kun olet jossain, missä ei ole vessaa lähimaillakaan!

sod this for a lark *alat* (br) paskan marjat *Sod this for a lark – I'm off to the pub.* Paskan marjat, minä lähden pubiin.

soft ['sɒft] *a*
have a soft spot for sth olla heikkona jhk *Fabia has a soft spot for dogs.* Fabia on heikkona koiriin.

soft in the head *halv, ark* typerä, hullu *He's gone soft in the head since we* *broke up.* Hän on tullut hulluksi sen jälkeen, kun meillä meni poikki.

soldier ['səʊldʒəʳ] *v*
soldier on *ark* jatkaa sinnikkäästi *She did not look convinced, but I soldiered on.* Hän ei näyttänyt vakuuttuneelta, mutta minä jatkoin sinnikkäästi.

solid ['sɒlɪd] *a*
solid as a rock vakaa kuin kallio, luotettava *Our marriage is solid as a rock.* Avioliittomme on vakaalla pohjalla.

some ['sʌm, səm] *a, pron*
and then some *ark* ja vielä vähän päälle *This game has a little of everything and then some.* Tässä pelissä on pikkuisen kaikkea ja vielä vähän päälle.
some such samantapainen t. -tyyppinen *They wanted their names on the list or some such thing.* He halusivat nimensä listaan, tai jotain sinne päin.

something ['sʌmθɪŋ] *pron*
quite something (*myös* really something) *ark* jo jotakin, jotakin erityistä (jstak huomattavasta t. vaikuttavasta) *He really was quite something!* Hän oli todellakin jotakin erityistä!
something else epätavallinen, erikoinen *They think they are something else but they are really just like all the rest of us.* He luulevat olevansa jollain tavalla erikoisia mutta ovat oikeasti ihan samanlaisia kuin muutkin.

somewhere ['sʌmʰweəʳ] *adv*
get somewhere *ark* päästä eteenpäin, edistyä *I want to get somewhere. I don't want to be a crook or thief all my life.* Haluan päästä eteenpäin. En halua olla roisto tai varas koko elämääni.

son ['sʌn] *s*
a / the prodigal son tuhlaajapoika
a / the son of a bitch *alat* paskiainen
a / the son of a gun *leik ark* (am) kelmi, hunsvotti
sb's favourite son *ark* suosikki (yl poliitikko) *He is not the favourite son of the nation.* Hän ei ole kansakunnan suosikki.

song ['sɒŋ] *s*
be on song *ark* (br) soittaa tai pelata hyvin *The midfielders were certainly on song.* Keskikenttäpelaajat vasta olivatkin pelivireessä.
for a song *ark* pilkkahintaan *He got it for a song in good condition.* Hän sai sen hyväkuntoisena ja pilkkahintaan.
a song and dance *ark* touhotus, meteli *make a song and dance about something* nostaa meteli jstak

sop ['sɒp] *v*
sop up imeä, kuivata *Sop up excess oil with a paper towel.* Kuivaa ylimääräinen öljy paperipyyhkeellä.

sore ['sɔːʳ] *a*
stand out like a sore thumb (*myös* stick out like a sore thumb) *ark* pistää silmään, herättää huomiota *That actor sticks out like a sore thumb in this film.* Tuo näyttelijä pistää silmään tässä elokuvassa.

sort ['sɔːt] *s*
It takes all sorts [to make a world]. Meitä on moneen junaan. *It takes all sorts to make a world, and we should all be celebrating our differences.* Meitä on moneen junaan, ja meidän tulisi olla iloisia erilaisuudestamme.
out of sorts *1* huonovointinen *You look quite out of sorts.* Näytät melko huonovointiselta. *2* pahalla tuulella *She was particularly out of sorts with the world this morning.* Hän oli erityisen pahalla tuulella tänä aamuna.

sort of (*myös* kind of) *ark* jollain tapaa, joten kuten, tavallaan – *Are you moving there? – Sort of.* – Oletko muuttamassa sinne? – Tavallaan.

soul ['səʊl] *s*

be the soul of sth kuvastaa täydellisesti jtk hyvää *When it came to talking about money, he was the soul of discretion.* Hän oli itse hienotunteisuus rahasta puhuttaessa.

good for the soul *leik* <on hyväksi mutta tuntuu epämiellyttävältä> *For me walking was good for the soul, but bad for knees and dignity.* Minulle käveleminen teki hyvää, mutta kävi polvien ja itsetunnon päälle.

like a lost soul päämäärättömästi *He's walking round like a lost soul.* Hän kävelee siellä täällä päämäärättömästi.

sound ['saʊnd] *s*

like / love the sound of your own voice <puhua liikaa, usein kuuntelematta muita> *She loved the sound of her own voice and just seemed to go on and on forever.* Hän ei koskaan kuunnellut muita vaan puhua pälpätti ummet ja lammet.

like the sound of sth vaikuttaa hyvältä *They liked the sound of my suggestions.* Heidän mielestään ehdotukseni vaikuttivat hyviltä.

soup ['su:p] *s*

in the soup *ark* liemessä *If we don't finish our project on time, we'll be in the soup.* Joudumme liemeen, ellemme saa hankettamme päätökseen ajoissa.

sour ['saʊəʳ] *a*

go / turn sour epäonnistua, mennä mönkään *The great dream had turned sour.* Suuri unelma oli mennyt mönkään.

sour grapes happamia, sanoi kettu pihlajanmarjoista *It may sound like sour grapes but I assure you I feel no bitterness, merely disappointed.* Tämä voi vaikuttaa kateudelta, mutta voin vakuuttaa, etten ole katkera, pettynyt vain.

sow ['səʊ] *v*

sow the seed[s] of sth kylvää jnk siemen, panna alulle *They are sowing the seeds of suspicion.* He kylvävät epäilyksen siemeniä.

sow your wild oats hurjastella (niin kauan kuin on nuori) *Go ahead, sow your wild oats! You'll settle down later.* Anna palaa, hurjastele vielä kun olet nuori. Asetut aloilleen sitten vanhempana.

space ['speɪs] *v*

be spaced out *ark* olla sekaisin, olla pilvessä

spade ['speɪd] *s*

call a spade a spade *ark* puhua asioista niiden oikeilla nimillä, olla suorapuheinen *Many have the idea of Finns, above all, being people who call a spade a spade.* Monet pitävät suomalaisia ennen kaikkea suorapuheisina.

in spades *ark* runsain mitoin *Snowboards were built for steeps and we have them in spades.* Lumilaudat on tehty jyrkänteitä varten, ja niitähän meiltä löytyy vaikka millä mitalla.

1 spare ['speəʳ] *a*

a spare tyre (*myös* (am) spare tire) *leik ark* vatsamakkarat *He's going on a diet to lose his spare tire.* Hän aloittaa dieetin karistaakseen vatsamakkarat.

go spare *ark* (br) saada [raivo]kohtaus, tulla hulluksi *Mom went spare when she heard the news.* Äiti sai raivokohtauksen kuullessaan uutisen.

2 spare *v*

don't spare the horses *ark* (yl austr) pidä kiirettä *Then step on it, and don't spare the horses!* Eli kaasu pohjaan, äläkä turhia aikaile!

spare the rod and spoil the child
joka vitsaa säästää, se lastaan vihaa

spark ['spɑ:k] *s*
  spark out *ark* (br) tajuton *knock sb spark out* lyödä jku tajuttomaksi
  spark plug <ryhmän ideanikkari ja kannustava voima> *Will is the spark plug in our team.* Will on ryhmämme ideanikkari.
  sparks fly ottaa yhteen (sanallisesti), käydä kuumana *They let the sparks fly every now and then.* He käyvät aina välillä kuumana.

spate ['speɪt] *s*
  in [full] spate täydessä vauhdissa, täydessä käynnissä (ihmisestä t. toiminnasta) *Within two minutes Ruth was fast asleep and Janet still in full spate.* Kahdessa minuutissa Ruth oli unessa ja Janet yhä täydessä vauhdissa.

speak ['spi:k] *v*
  nothing to speak of ei mitään erityistä *The customer service was nothing to speak of.* Asiakaspalvelussa ei ollut mitään kehumista.
  speak one's mind kertoa suoraan oma mielipiteensä *He's a politician who speaks his mind.* Hän on poliitikko, joka sanoo rohkeasti oman mielipiteensä.
  speak up for puolustaa (asettua jonkun puolelle) *Elizabeth is learning to speak up for herself.* Elizabeth oppii puolustamaan itseään.
  speak volumes about / for sb / sth kertoa paljon jksta / jstk *Though he said nothing, his expression spoke volumes.* Vaikka hän pysyi vaiti, hänen ilmeensä oli paljon puhuva. *Our success with the software speaks volumes for its quality.* Ohjelmistomme menestys puhuu sen laadun puolesta.
  speak your mind puhua suoraan *Lisa spoke her mind about her troubled childhood.* Lisa puhui suoraan vaikeasta lapsuudestaan.

spec ['spek]
  do sth on spec *ark* (br) tehdä jtak tuuriinsa luottaen, tehdä jtak erityisesti valmistautumatta *All the tickets were sold, so I went to the theatre on spec.* Kaikki liput oli myyty, joten menin teatteriin onneeni luottaen.

spectacle ['spektək³l] *s*
  make a spectacle of oneself tehdä itsensä naurunalaiseksi *She frequently made a spectacle of herself by wearing outrageous outfits.* Hän saattoi itsensä usein naurunalaiseksi näyttäytymällä pöyristyttävissä asuissa.

speed ['spi:d] *s*
  up to speed [on sth] ajan tasalla (ihmisestä) *He was well informed, probably more up to speed than I was.* Hän oli hyvin perillä asioista, todennäköisesti paremmin ajan tasalla kuin minä.

1 spell ['spel] *v*
  spell out selittää [juurta jaksain] *How many times do I have to spell it out?* Kuinka monta kertaa minun pitää se selittää?

2 spell *s*
  [be] under sb's spell jkn lumoissa *They each fall utterly under his spell and promise to obey him in everything.* He kaikki vaipuvat täysin hänen lumoihinsa ja lupaavat totella häntä kaikessa.

spend ['spend] *v*
  spend a penny *ark euf* (br) heittää vettä, virtsata *It was a terrible place to need to spend a penny in a hurry.* Se oli kamala paikka heittää vettä kiireessä.

spike ['spaɪk] *v*
  spike sb's guns (br) tehdä jkn suunnitelmat tyhjiksi *But he has spiked their guns by stating categorically that he will not do that.*

spill

Hän on tehnyt heidän suunnitelmansa tyhjiksi julistamalla, ettei tee sitä mistään hinnasta.

1 spill ['spɪl] s
take a spill *ark* pudota (jkn selästä) *Mike took a spill on his bike the other day.* Mike putosi pyöränsä selästä taannoin.

2 spill s
spill one's guts *ark* (yl am) purkaa tunteitaan *That was when he phoned my friend and spilled his guts out.* Silloin hän soitti ystävälleni ja purki tälle tunteitaan.
spill the beans *ark* paljastaa [salaisuus] *But will she spill the beans on her real age to his boyfriend?* Mutta aikooko hän paljastaa todellisen ikänsä poikaystävälleen?

1 spin ['spɪn] s
in a [flat] spin *ark* paniikissa *The company was sent into a flat spin as the truth came pouring out.* Yritys ajautui kaaokseen totuuden tultua julki.

2 spin v
spin [sb] a yarn / tale selitellä, sepitellä tarinoita, syöttää pajunköyttä *I should have seen that he had spun me a tale.* Olisi pitänyt tajuta, että hän oli syöttänyt minulle pajunköyttä.
spin your wheels *ark* tuhlata aikaa tehottomalla toiminnalla *Some believe the president has been spinning his wheels on a trip to Asia.* Joidenkin mielestä presidentti on tuhlannut aikaansa tehottomaan Aasian-matkaan.

spirit ['spɪrɪt] s
[do sth] as / if / when the spirit moves one tehdä jtak oman mielensä mukaan t. silloin kun tuntuu siltä *When the spirit moved her, she would work through the night.* Hän saattoi halutessaan työskennellä läpi yön.

enter into the spirit of sth ottaa osaa jhk innokkaasti, eläytyä *Everyone who took part entered into the spirit of the event.* Kaikki osallistujat olivat innokkaina mukana tapahtumassa.
that's the spirit *ark* niin sitä pitää *They donated a large sum of money. That's the spirit!* He lahjoittivat suuren määrän rahaa. Niin sitä pitää!
the spirit is willing but the flesh is weak henki on altis, mutta liha on heikko *The Spirit is willing but the flesh is weak. My body isn't keeping up with my motivation to do things.* Ruumiini ei pysy motivaationi perässä. Henki on altis, mutta liha on heikko.

spit ['spɪt] v
be spitting in / into the wind <tuhlata aikaansa mahdottoman tavoittelemiseen> *They are spitting into the wind if they think it will change anyone's mind.* He tuhlaavat aikaansa, jos he luulevat sen muuttavan kenenkään mieltä.
be the spitting image of (*myös* be the [dead] spit of) olla [ihan] ilmetty, näyttää jklta *She's the spitting image of her mum.* Hän on ihan ilmetty äitinsä!
be within spitting distance *ark* olla kivenheiton päässä jstk *The flat's within spitting distance of the office.* Asunto on kivenheiton päässä työpaikastani.
spit nails (*myös* (br) spit blood / venom, (austr) spit tacks) raivota, raivostua *It makes me spit nails to see him get away with his crimes.* Se, että hän pääse kuin koira veräjästä rikoksineen, saa minut näkemään punaista. *I will spit nails at her if she does that.* Annan hänen kuulla kuniansa, jos hän tekee niin.

spite ['spaɪt] s
[do sth] in spite of oneself [tehdä jtak] tahtomattaan *Sandison smiled*

in spite of himself. Sandison hymyili tahtomattaan.

1 splash ['splæʃ] *s*
make a splash *ark* herättää kohua, aiheuttaa hälyä *At the tender age of 22, she made a splash with her debut CD.* Herkässä 22-vuoden iässä hän herätti kohua esikoisalbumillaan.

2 splash *v*
splash [money] out *ark* (br) tuhlata, panna paljon rahaa jhk *We really splashed out on our new car.* Tuhlasimme todella paljon rahaa uuteen autoomme.

splice ['splaɪs] *v*
get / be spliced *ark* mennä naimisiin, käydä vihillä *They got spliced last winter.* He menivät naimisiin viime talvena.

split ['splɪt] *v*
split hairs halkoa hiuksia, saivarrella *Let's not split hairs over this matter.* Eipäs nyt saivarrella tässä asiassa.
split one's sides [laughing / with laughter] nauraa katketakseen *I don't exactly remember splitting my sides at the humor of the book.* En muistaakseni nauranut katketakseni kirjan huumorille.
split the difference tulla vastaan puolitiehen, päätyä kompromissiin *They split the difference and agreed on some location in between.* He päätyivät kompromissiin ja päättivät tavata jossain puolivälissä.
split up erota, hajota *I split up with my girlfriend last week.* Erosin tyttöystävästäni viime viikolla. *The band split up some time ago.* Yhtye hajosi jonkin aikaa sitten.

spoil ['spɔɪl] *v*
be spoiling for sth olla kova hinku *She was spoiling for a fight.* Hänellä oli kova hinku tapella.

be spoilt for choice olla runsaudenpula, olla liikaa valinnanvaraa *You really are spoilt for choice for beautiful beaches in these parts.* Näillä main upeista hiekkarannoista on suorastaan runsaudenpula.

spoke ['spəʊk] *s*
put a spoke in sb's wheel heitellä kapuloita jkn rattaisiin *The President has put a spoke in the government's wheel.* Presidentti on vaikeuttanut hallituksen asettamien tavoitteiden saavuttamista.

spoken ['spəʊkən] *v pp*
be spoken for olla varattu *You concentrate your attention on men who are already spoken for.* Sinä kiinnität huomiosi aina miehiin, jotka ovat jo varattuja. *All rooms were spoken for.* Kaikki huoneet olivat varattuja.

spoon ['spu:n] *s*
be spoon-fed antaa liikaa tietoa t. apua *I respect that, as students, we weren't spoon-fed.* Arvostin sitä, ettei meitä opiskelijoita väheksytty ja ettei kaikkea näytetty kädestä pitäen.

sport ['spɔ:t] *s*
in sport pilanpäiten, huvin vuoksi *If I ever taunted you, I did it in sport.* Jos piikittelin sinua, tein sen pilanpäiten.
make sport of *vanh* pilkata, tehdä pilkkaa *We never make sport of religion.* Me emme koskaan tee pilkkaa uskonnosta.

spot ['spɒt] *s*
glued / rooted to the spot *ark* paikoilleen jähmettynyt *Curiosity and fear, however, kept me glued to the spot.* Uteliaisuus ja pelko kuitenkin saivat minut jähmettymään paikoilleni.
hit the spot *ark* tulla tarpeeseen, sopia kuin valettu *The Saturday night dinner really hit the spot.* Lauan-

spout

tain illallinen tuli todella tarpeeseen.

in a spot *ark* pinteessä *The Company also got in a spot of trouble for stock-inflating accounting.* Yhtiö joutui myös pinteeseen osakkeenarvoa paisuttaneen tilinpidon johdosta.

Johnny on the spot (*myös* Johnny-on-the-spot) *ark* <oitis valmis tekemään jtk, etenkin auttamaan> *Fortunately there was a Johnny-on-the-spot with a fire extinguisher.* Onneksi paikalla oli mies, joka oli oitis valmis auttamaan vaahtosammuttimen kanssa.

on the spot heti paikalla, saman tien *I was offered a job on the spot.* Minulle tarjottiin työtä heti paikalla.

put sb on the spot panna jku kovan paikan eteen *She put the Minister on the spot by asking difficult questions.* Hän pani ministerin kovan paikan eteen vaikeilla kysymyksillään.

spout ['spaʊt] *s*

up the spout *ark* (br) *1* pilalla, mennyttä, hyödytön *This evening seems to be going up the spout.* Tämä ilta tuntuu menevän mönkään. *2* paksuna (raskaana olevasta naisesta) *Between you and me, lads, she's up the spout.* Ihan näin meidän kesken, kaverit, hän on paksuna.

sprat ['spræt] *s*

[be] a sprat to catch a mackerel *ark* viehe, jolla kalastellaan isompaa saalista *The free version is useless, and just a 'sprat to catch a mackerel', to lure in those who will pay for the full version.* Ohjelmiston ilmainen versio on käyttökelvoton, ja sillä vain houkutellaan niitä, jotka ovat valmiita maksamaan täydestä versiosta.

spread ['spred] *v*

spread like wildfire levitä kulovalkean tavoin *This story has spread like wildfire across the town.* Tarina on levinnyt kulovalkean tavoin läpi kaupungin.

spread one's wings kokeilla siipiensä kantavuutta, itsenäistyä *She was ready to spread her wings.* Hän oli valmis kokeilemaan siipiensä kantavuutta.

spread yourself too thin olla liian monta rautaa tulessa *I cannot spend quality time on my projects if I am spreading myself too thin.* En voi keskittyä tarpeeksi hankkeisiini, jos yritän tehdä liian monta asiaa yhtä aikaa.

1 spring ['sprɪŋ] *v*

spring for sth *ark* (am; austr) maksaa *She offered to spring for the dinner.* Hän tarjoutui maksamaan illallisen.

spring into action käynnistyä, herätä henkiin *United Nations agencies sprang into action in Indonesia after the tsunami.* YK:n järjestöt kiirehtivät avustustoimensa käyntiin Indonesiassa tsunamin jälkeen.

spring sth on sb kertoa yllättäen, pamauttaa, paukauttaa, laukaista *She sprang the news on her parents.* Hän pamautti uutisen vanhemmilleen. *spring a surprise on someone* yllättää jku

spring to life herätä henkiin *The volcano sprang to life in 1943.* Tulivuori heräsi henkiin vuonna 1943.

spring up versoa, syntyä, ilmestyä, pulpahtaa [esiin] *New towns sprang up.* Syntyi uusia kaupunkeja.

2 spring *s*

be no spring chicken *leik* ei olla enää nuori *I don't know how old she is but she is definitely no spring chicken.* En tiedä, kuinka vanha hän on, mutta ei todellakaan mikään pentu enää.

spur ['spɜːʳ] s

earn / win your spurs *kirjak* ansaita kannuksensa *He's earned his spurs in the UK now, too.* Hän on ansainnut asemansa myös Isossa-Britanniassa.

on the spur of the moment hetken mielijohteesta *These are not ideas I came up with on the spur of the moment.* Nämä ideat eivät juolahtaneet mieleeni hetken mielijohteesta.

spy ['spaɪ] v

spy out the land ottaa selvää jstak, tunnustella maaperää t. tilannetta *I arrived early deliberately to spy out the land* Saavuin paikalle tarkoituksella etuajassa tunnustellakseni tilannetta.

1 square ['skweəʳ] s

back to square one (*myös* back at square one) *ark* lähtöpisteessä, palata lähtöruutuun *The murder hunt team are now back at square one after having arrested and released 27 men.* Murharyhmä on taas lähtöpisteessä pidätettyään ja vapautettuaan 27 miestä.

on the square *ark* reilu, reilusti, rehellinen, rehellisesti *How do you know the seller's on the square?* Mistä tiedät, onko myyjällä puhtaat jauhot pussissa?

out of square vinossa, väärässä asennossa *I think that painting is out of square.* Mielestäni tuo taulu on vinossa.

2 square v

square sth with *1* sovittaa, sopia yhteen *to square dreams with reality* sovittaa unelmat yhteen todellisuuden kanssa *2* selvittää *to square things with someone* selvittää asiat jonkun kanssa

square the circle yrittää mahdottomia *But rather than trying to square the circle, it seems worthwhile to...* Sen sijaan, että yritämme mahdottomia, meidän kannattaa....

square up (*am* square off) olla nyrkit pystyssä, valmistautua ottamaan mittaa jstak *I squared up to him but only on the spur of the moment.* Olin hetken mielijohteesta nyrkit pystyssä häntä vastaan.

square up to kohdata jtak pelottomasti *Square up to your problems, don't try to escape them.* Älä yritä paeta ongelmiasi, vaan kohtaa ne pelottomasti.

squeal ['skwiːl] v

squeal like a stuck pig huutaa kuin pistetty sika *He must have hit a nerve, since they started squealing like a stuck pig.* Hän osui taatusti arkaan paikkaan, sillä he nostivat asiasta hirvittävän äläkän.

squeeze ['skwiːz] v

put the squeeze on sb / sth *ark* ajaa ahtaalle, vaikuttaa jkn toimintaan *The strong run in oil in the last few months will put the squeeze on the economy.* Viimeksi kuluneiden kuukausien öljyn hinnan nousu ajaa talouden ahtaalle.

squeeze sb dry puristaa jksta kaiken liikenevän (tieto, rahat ym.) *He squeezed me dry of energy.* Hän puristi minusta kaiken energian.

squeeze sb / sth in mahduttaa, olla aikaa jllek *She may be able to squeeze you in, if you play your cards right.* Hänellä saattaa olla aikaa sinulle, jos pelaat korttisi oikein.

squirrel ['skwɪrəl] v

squirrel away hamstrata, kerätä [säästöön t. varastoon] (yl rahasta) *to squirrel away money* laittaa rahaa säästöön

1 stab ['stæb] v

stab sb in the back pettää jku, puukottaa jkta selkään *I gave her my trust and she stabbed me in the back.* Luotin häneen, mutta hän pettikin minut.

2 stab s

a stab in the dark umpimähkäinen arvaus, hihasta vedetty vastaus, sattumanvarainen yritys *I'll take a stab in the dark by saying that I think this could be the best one.* Umpimähkäinen arvaukseni on, että tämä voisi olla paras.

stable ['steɪbᵊl] s

close / shut the stable door after the horse has bolted ryhtyä varotoimiin liian myöhään *Our efforts in the intensive care unit are often akin to closing the stable door after the horse has bolted.* Ponnistelumme teho-osastolla ovat usein turhia, koska vahinko on jo tapahtunut.

stack ['stæk] v

be stacked against olla jkta vastaan (mahdollisuuksista, olosuhteista ym) *The odds were stacked against him.* Hänellä ei ollut paljonkaan mahdollisuuksia.

be stacked in favour of olla jkn puolella *Conditions were heavily stacked in favour of the Americans.* Olosuhteet olivat selvästi amerikkalaisten puolella.

stack the deck (am) (*myös* (br) stack the cards) *ark* peukaloida korttipakkaa, vetää naruista *His younger brother was stacking the deck in his favor.* Pikkuveli veteli naruista isoveljensä eduksi.

stack up *1 ark* (yl am) olla verrattavissa jhk, kestää vertailu, verrata *Your products stack up against those of your competitors.* Teidän tuotteenne kestävät vertailun kilpailijoidenne tuotteiden kanssa. *2* pitää paikkansa *The case doesn't really stack up.* Juttu ei oikein pidä paikkaansa.

staff ['stɑːf] s

the staff of life *kirjak* perusravinto (yl leipää) *Bread has been regarded throughout history as the staff of life.* Leipää on pidetty läpi historian yhtenä elämän peruspilareista.

stage ['steɪdʒ] s

set the stage for valmistaa tietä jklle t. jllek *This trend will set the stage for higher earnings.* Tämä suuntaus valmistaa tietä korkeammille tuloille.

stage whisper <sanoa jtk niin, että muutkin kuin puhuteltava kuulevat> *Sometimes they say very cruel remarks in a stage whisper.* Joskus he tekevät viiltäviä huomautuksia tahallaan niin, että muut kuulevat.

1 stake ['steɪk] s

at stake olla kyseessä *The issue at stake is the relationship between literature and ideology.* Kysymys on kirjallisuuden ja ideologian suhteesta.

go to the stake for sth <puolustaa tekoaan t. mielipidettään riskeistä huolimatta> *I wouldn't go to the stake for that.* En olisi valmis uhraamaan kaikkea puolustaakseni sitä.

pull up stakes (am) muuttaa (asumaan muualle) *She had recently pulled up stakes in the Midwest to settle in Silicon Valley.* Hän oli hiljattain muuttanut keskilännestä ja asettautunut Piilaaksoon.

2 stake v

stake out a / one's claim to sb / sth varata itselleen, vaatia omakseen *They staked out a claim to the novel.* Hän varasi romaanin itselleen.

stalk ['stɔːk] v

a stalking horse tekosyy, hämäys *The leaf may act as a stalking horse as the fish pursues its prey.* Kala käyttää ehkä lehteä hämäystarkoituksessa jahdatessaan saalista.

stall ['stɔːl] s

set out one's stall tehdä kantansa selväksi (jssak asiassa) *In the media* *sector, she has set out her stall competently.* Hän on tehnyt kantansa selväksi media-alalla asiantuntevasti.

1 stamp ['stæmp] *v*

stamp out sth lopettaa, sammuttaa, tehdä loppu jstak *I can say that the police are definitely trying to stamp out racism.* Voin sanoa, että poliisit todellakin yrittävät tehdä lopun rasismista.

2 stamp *s*

fit / write sth on the back of a postage stamp tietää jstak hyvin vähän *My knowledge of women would fit on the back of a postage stamp.* En oikeastaan tiedä naisista hölkäsen pöläystä.

stand ['stænd] *v*

stand alone olla omaa luokkaansa *One man stands alone.* Yksi miehistä on ylitse muiden.

stand on ceremony käyttäytyä virallisesti t. jäykästi *And please don't stand on ceremony with me.* Älä turhaan ole noin virallinen.

stand on one's own [two] feet seistä omilla jaloillaan, selviytyä omin voimin *He is likely to experience difficulties in standing on his own two feet.* Omin voimin selviytyminen tulee luultavasti olemaan vaikeaa hänelle.

stand one's ground *1* pitää kiinni kannastaan, pitää pintansa, pitää puolensa *She stood her ground on her decisions.* Hän piti kiinni päätöksistään. *2* pysyä (paikallaan) *She stood her ground, while some others ran.* Hän pysyi paikallaan, kun muutamat muut pinkaisivat juoksuun.

stand sb in good stead olla hyödyllinen jklle *This will stand me in good stead for later in life.* Tästä on minulle hyötyä myöhemmin elämässä.

stand sb up *ark* tehdä jklle oharit *He stood me up.* Hän teki minulle oharit.

stand tall seisoa ryhdikkäänä (oman asiansa puolesta) *She stood tall in the face of the unsympathetic media.* Hän kohtasi ryhdikkäänä ja asiaansa uskoen vihamielisen median pyörityksen.

stand the test of time säilyttää suosionsa pitkänkin ajan jälkeen *Their work has stood the test of time.* Heidän työnsä on suosittua vielä pitkän ajan jälkeenkin.

stand up for sb / oneself puolustaa jkta t. itseään *You have to learn to stand up for yourself.* Sinun on opittava puolustamaan itseäsi.

standard ['stændəd] *s*

raise one's standard (*myös* raise the standard) tarttua aseisiin, nousta vastarintaan *They raised their standard in 1856 and were defeated.* He tarttuivat aseisiin 1856 ja kärsivät tappion.

star ['stɑːʳ] *s*

be star struck <käytetään henkilöstä, johon julkkikset tekevät syvän vaikutuksen> *I wouldn't say that I ever get star struck with anyone.* Julkkikset eivät tee minuun suurtakaan vaikutusta.

see stars nähdä tähtiä *He hit me so hard I saw stars.* Hän iski minua niin kovaa, että näin tähtiä.

stars in one's eyes toiveikas, innokas *He had been selected from hundreds of applicants with stars in their eyes.* Hänet oli valittu satojen toiveikkaiden hakijoiden joukosta.

to be written in the stars olla kohtalona *I guess you could say it was written in the stars that I'd find myself teaching one day.* Kaipa sitä voi kutsua kohtaloksi, että minä päätyisin opettajaksi jossain vaiheessa.

starch

starch ['stɑːtʃ] *s*
take the starch out of sb *1* (am) nöyryyttää jkta *Why are you always trying to take the starch out of us?* Miksi yrität aina nöyryyttää meitä? *2* viedä voimat jklta *Business travel can take the starch out of the most self-assured corporate titan.* Liikematkailu voi viedä voimat jopa kaikkein itsevarmimmalta yritysjohtajalta.

stare ['steəʳ] *v*
stare sb in the face *ark* olla jkn nenän edessä *The answer had been staring him in the face all along.* Vastaus oli ollut hänen nenänsä edessä koko ajan.
stare sth in the face katsoa jtak [suoraan] silmiin t. silmästä silmään, olla silmätysten jnk kanssa *He had stared death in the face.* Hän oli katsonut kuolemaa silmästä silmään.

start ['stɑːt] *v*
start something / anything *ark* aloittaa riita t. tappelu *Please don't start anything with him.* Älä viitsi alkaa tapella hänen kanssaan.

starve ['stɑːv] *v*
be starved of sth olla jnk puutteessa, olla kipeästi jnk tarpeessa *The car was starved of petrol.* Auto oli bensan puutteessa.

state ['steɪt] *s*
get into a state *ark* hermostua *I really got into a state about it.* Hermostuin asiasta ihan tosissani.
state of the art uusimpien suuntausten mukainen, uusinta teknologiaa hyödyntävä *state of the art research* uusimpien suuntausten mukainen tutkimus
the state of play (br, austr) asiaintila, asiainlaita *One of the reasons for the state of play is property pricing.* Kiinteistöjen hinnoittelu on yksi nykyiseen asiainlaitaan johtaneista syistä.

stay ['steɪ] *v*
stay put *ark* pysyä paikoillaan, ei lähteä minnekään *We were told to stay put.* Meitä käskettiin jäämään paikoillemme.
stay the course jatkaa jtak, viedä jk loppuun asti *He stayed the course and the rest is history.* Hän jatkoi sitkeästi eteenpäin ja loppu onkin historiaa.

stead ['sted]
stand sth in good stead olla jklle suureksi hyödyksi *Education will stand you in good stead.* Koulutuksesta tulee olemaan sinulle paljon hyötyä.

1 steady ['stedi] *a*
go steady *ark* seurustella vakituisesti *Michelle and I have been going steady for about six months now.* Michelle ja minä olemme seurustelleet vakituisesti jo puoli vuotta.
go steady on sth *ark* (*myös* (am) go easy on sth) ei käyttää liikaa jtk *Go steady on the alcohol, a few drinks is fine, but getting drunk isn't!* Käytä alkoholia kohtuudella, muutaman drinkin juominen käy, humaltuminen ei!

2 steady *interj*
steady on! (br) Rauhoitu! *Steady on man, have a beer, take it easy!* Rauhoitu nyt, kaveri, ota olut ja ota rennosti!

steal ['stiːl] *v*
steal sb blind *ark* kyniä jku putipuhtaaksi, huiputtaa jkta perusteellisesti *The politicians steal us blind.* Poliitikot huiputtavat meitä perusteellisesti.
steal sb's heart voittaa t. valloittaa jkn sydän *Lisa met a young musician who stole her heart.* Lisa menetti sydämensä tapaamalleen nuorelle muusikolle.

steal sb's thunder varastaa jkn ajatus t. idea *Chris stole my thunder with all the intelligent things I was going to say.* Chris varasti kaikki älykkäät kommentit suustani.

steal the show varastaa koko show, vetää kaikkien huomio puoleensa *She stole the show at the conference and received a standing ovation.* Hän veti kaikkien huomion puoleensa konferenssissa, ja osallistujat osoittivat hänelle suosiotaan seisten.

1 steam ['sti:m] *s*

have steam coming out of one's ears *ark* kihistä raivosta *She was so mad that you could see steam coming out of her ears.* Hänestä näki ihan selvästi, miten hän kihisi raivosta.

let off steam *ark* päästää liiat höyryt ulos, purkaa liikoja paineita *Apparently you are just interested in letting off steam by calling names.* Ilmeisesti haluat vain purkaa liikoja paineita haukkumalla.

pick up steam (*myös* get up steam) lisätä höyryä, päästä vauhtiin, saada puhtia *The economy picked up steam in May.* Talous lisäsi höyryä toukokuussa.

run out of steam *ark* olla puhti poissa, loppua puhti *Today the protest ran out of steam.* Tänään mielenosoitukseen osallistuneilta loppui puhti.

under one's own steam omin avuin, omin neuvoin *Children have to do their learning under their own steam and at their own pace.* Lasten on opittava omin avuin ja omassa tahdissa.

2 steam *v*

get steamed up hikeentyä, pihistä kiukusta *to steam up about nothing* hikeentyä tyhjästä

steer ['stɪəʳ] *v*

steer clear of sb / sth välttää, väistää, karttaa *The company steered clear of financial scandal.* Yritys vältti rahaskandaalin.

1 stem ['stem] *s*

from stem to stern (am) läpikotaisin, kauttaaltaan *I cleaned my place from stem to stern.* Siivosin aivan koko kämppäni.

2 stem *v*

stem the tide [of sth] pysäyttää jnk negatiivisen asian kasvu t. lisääntyminen *They have been unable to stem the tide of violence.* He eivät ole kyenneet lopettamaan väkivaltaisuuksia.

1 step ['step] *s*

be a / one step ahead of sb olla yhden askeleen edellä jksta, olla hieman jkta edistyneempi (kehityksestä ym.) *Hackers stay one step ahead of whatever the company releases.* Hakkerit ovat aina yhtiön julkaisuja yhden askeleen edellä.

break step sotkeutua tahdissa, seota askelissa[an] (kävelijöistä ym.) *Very soon, the weakest broke step, and lagged.* Hyvin pian heikoin sekosi askelissaan ja jäi jälkeen.

fall into step alkaa kulkea samassa tahdissa (kävelijöistä ym.) *The two men fell into step together.* Miehet alkoivat astua yhtä jalkaa.

follow / tread in sb's [foot]steps seurata jkn jalanjälkiä, jatkaa jkn työtä [ym.] *Many adventurers are eager to follow in the footsteps of the famous explorers.* Monet seikkailijat ovat innokkaita seuraamaan kuuluisien tutkimusmatkailijoiden jalanjälkiä.

in step *1* [samassa] tahdissa, yhtä jalkaa (kävelijöistä ym.) *The soldiers were walking in step.* Sotilaat kävelivät yhtä jalkaa. *2* [samassa] tahdissa, samoilla linjoilla *The sale of video recorders seems to grow in step with unemployment.* Videonauhureiden myynti näyttää kasva-

step 538

van samassa tahdissa työttömyyden kanssa.

one step forward, two steps back <jokaisen edistysaskeleen kohdalla tapahtuu jotain pahaa, joten lopputulos on entistä huonompi> *Each solution seems to create more problems than it solves, so it's one step forward, two steps back.* Jokainen ratkaisu tuntuu vain synnyttävän lisää ongelmia, joten tässä edetään vain vähän ja sitten tulee rankasti takapakkia.

out of step *1* epätahdissa, eri tahdissa (kävelijöistä ym.) *She always seems to be walking out of step with everyone else.* Hän tuntuu aina kävelevän eri tahdissa kuin muut. *2* eri linjoilla [kuin muut] *He said the country was out of step with the progress being made in the region.* Hän sanoi maan olevan eri linjoilla kuin yleinen kehitys alueella.

step by step askel askeleelta, askelittain, vähitellen *Visitors can watch the production of the famous cheese step by step.* Vierailijat voivat seurata kuuluisan juuston jokaista valmistusvaihetta.

watch / mind one's step *ark* varoa, olla varovainen *You should watch your step around these areas.* Sinun pitäisi olla varovainen täällä päin.

2 step *v*

step aside / down vetäytyä [syrjään t. sivuun], väistyä *He decided to step aside as chairman.* Hän päätti vetäytyä sivuun puheenjohtajan tehtävästä.

step back vetäytyä jstak (tilapäisesti), ottaa etäisyyttä jhk, pysähtyä harkitsemaan jtak *Step back from problems and analyse what's going on.* Ota ongelmiin etäisyyttä ja analysoi meneillään olevia tapahtumia.

step forward tarjota apuaan, tarjoutua [tekemään jtak] *An Australian company has stepped forward to sponsor the team.* Australialainen yritys on tarjoutunut sponsoroimaan joukkuetta.

step in puuttua asiaan, sekaantua asioihin *It is time for the government to step in.* Valtiovallan on aika puuttua asiaan.

step into sb's shoes astua jkn tilalle, astua jkn saappaisiin, jatkaa jkn työtä [ym.] *He's going to be hard to replace, but we've got some people who can step into his shoes.* Häntä on vaikea korvata, mutta meillä on joitain ehdokkaita jatkamaan hänen työtään.

Step on it! *ark* Nappi lautaan!, Kaasua!

step out *ark* (yl am) tapailla jkta, käydä treffeillä [jkn kanssa]

step out on sb pettää jkta, olla uskoton jklle (aviopuolisosta, seurustelukumppanista ym.)

step up lisätä, vauhdittaa, tehostaa *Security's now been stepped up.* Turvatoimia on nyt tehostettu.

stern ['stɜːn] *a*

be made of sterner stuff olla sitkeää tekoa *He is made of sterner stuff than his critics.* Hän on sitkeämpää tekoa kuin arvostelijansa.

1 stew ['stjuː] *s*

in a stew hyvin huolestunut, hermostunut, suunniltaan *be in a stew over something* olla hermostunut jstak

2 stew *v*

stew in one's own juice kiehua omassa liemessään *There is a high cost to letting these countries stew in their own juice.* Jos nämä maat jätetään oman onnensa nojaan, se koituu kaikille kalliiksi.

1 stick ['stɪk] *s*

a stick to beat sb with lyömäase jkta vastaan *This report is being used as a stick to beat teachers with.* Tätä raporttia käytetään lyömäaseena opettajia vastaan.

be as thin as a stick langanlaiha *Don't get me wrong, I'm not as thin as a stick!* Älä ymmärrä minua väärin, en ole langanlaiha!

get [hold of] the wrong end of the stick ymmärtää asia väärin *The company explained that the stories were misleading and that someone simply got the wrong end of the stick.* Yritys selitti, että kyseessä oli harhaanjohtavista huhuista ja että joku oli yksinkertaisesti ymmärtänyt asian väärin.

get / take stick from sb *ark* (br) saada keppiä jklta *I took a lot of stick from mates when I started this job.* Ystäväni kritisoivat minua ankarasti aloittaessani tässä työssä.

out in the sticks *ark* maaseudulla, landella *We live out in the sticks.* Me asumme maalla.

sticks and stones may break my bones [but words will never hurt me] ei haukku haavaa tee *the Western society espouses beliefs such as "sticks and stones may break my bones."* Länsimaissa uskotaan siihen, ettei haukku haavaa tee.

up sticks muuttaa *Will IT workers up sticks and move themselves and their businesses abroad?* Muuttavatko it-työntekijät yrityksineen kaikkineen ulkomaille?

up the stick *ark* (br) raskaana *I think she's up the stick again!* Hän taitaa olla taas raskaana!

2 stick *v*

mud sticks *ark* (br, austr) tahraantunut maine pysyy *The court cleared him of fraud, but mud sticks.* Oikeus ei todennut häntä syylliseksi petokseen, mutta hänen maineensa on pysyvästi tahrattu.

stick 'em up! *ark* kädet ylös! *This is a robbery! Stick 'em up!* Tämä on ryöstö! Kädet ylös!

stick in one's throat (*myös* stick in one's craw) **1** ärsyttää *The thing that sticks in your throat is that we were successful and you were not.* Teitä ärsyttää se, että me onnistuimme ja te ette. **2** juuttua kurkkuun (sanoista) *I longed to call out to him to help me, but his name stuck in my throat.* Halusin huutaa häntä apuun, mutta hänen nimensä juuttui kurkkuuni.

stick it out *ark* kestää loppuun asti, sietää jtak *It starts out a little boring, but you must stick it out as the ending is hilarious.* Alku on jokseenkin tylsä, mutta sinun pitää katsoa (elokuva) loppuun asti, sillä loppu on ratkiriemukas.

stick one's neck out panna päänsä peliin *It seems unlikely that anyone will stick their neck out to force change.* Vaikuttaa epätodennäköiseltä, että kukaan panee päätänsä peliin muutoksen aikaan saamiseksi.

sticky ['stɪki] *a*

be [batting] on a sticky wicket *ark* (br, austr) joutua kiipeliin, pahaan pulaan *He is batting on a sticky wicket with the economic situation.* Hän on joutunut pahaan pulaan taloudellisen tilanteen vuoksi.

sticky fingers *ark* taipumus varastella *Someone at that restaurant has sticky fingers.* Jollakulla siinä ravintolassa on tapana varastella.

stiff ['stɪf] *a*

stiff as a board / poker *ark* jäykkä kuin seiväs / hiilihanko *I'm stiff as a board and want to stretch my legs.* Tunnen olevani jäykkänä kuin seiväs – haluan oikoa jalkojani.

[keep] a stiff upper lip [pitää] naama peruslukemilla, olla osoittamatta tunteita *He found it hard to keep a stiff upper lip at all times.* Hänestä oli vaikea pitää naama peruslukemilla kaiken aikaa.

1 still ['stɪl] *a*

still waters run deep syvissä vesissä isot kalat kutevat *But just as still waters run deep, there was much more to Mr. Price than met the eye.*

Aivan kuten isot kalat kutevat tyynessä vedessä, herra Pricekaan ei ollut niin yksinkertainen kuin miltä näytti.

the still small voice omantunnon ääni *Perhaps the voice you hear may be the still small voice.* Ehkäpä kuulet omantuntosi äänen.

2 still *adv*

still and all *ark* joka tapauksessa *Still and all, I think that they did a very good job.* He tekivät joka tapauksessa mielestäni erittäin hyvää työtä.

1 sting ['stɪŋ] *s*

a sting in the tail ikävä puoli, ikävä loppu *There's a sting in the tail of this tale.* Tässä tarinassa on ikävä loppu.

take the sting out of sth viedä terä jltk, helpottaa ikävää tilannetta *Preparation can take the sting out of almost any hardship.* Valmistautuminen helpottaa miltei minkä tahansa vastoinkäymisen kohtaamista.

2 sting ['stɪŋ] *v*

sting sb into sth yllyttää, ärsyttää, saada tekemään jtak *This stung Minton into action.* Tämä sai Mintonin liikkeelle.

stink ['stɪŋk] *s*

kick up / make / create / raise a stink [about sth] *ark* nostaa mekkala, protestoida julkisesti *She created a stink about the lack of recycling facilities in the town.* Hän nosti mekkalan puutteellisesta roskien kierrätysjärjestelmästä kaupungissa.

stir ['stɜːʳ] *v*

stir the / your blood kiihottaa, yllyttää *The mere mention of that name is enough to stir my blood.* Pelkkä tuon nimen mainitseminen saa minut kiihdyksiin.

stitch ['stɪtʃ] *s*

a stitch in time saves nine parasta korjata vika ajoissa, vitkastelu koituu haitaksi *If you have an idea for your essay, start writing today. A stitch in time saves nine.* Jos sinulla on idea kirjoitelmaasi varten, ala kirjoittaa heti, sillä vitkastelusta ei ole muuta kuin harmia.

be in stitches *ark* nauraa katketakseen *The entire theatre was in stitches watching his performance.* Koko teatteri nauroi katketakseen hänen roolisuoritukselleen.

not wear a stitch ei olla rihman kiertämääkään yllään *He wasn't wearing a stich under the robe.* Hän oli alasti kylpytakkinsa alla.

stock ['stɒk] *s*

a laughing stock naurunaihe, pilan kohde *If word of this leaks out, I'll be the laughing stock of the whole school!* Jos muut saavat vihiä tästä, minusta tulee koko koulun naurunaihe.

on the stocks työn alla, valmisteltavana *This book is currently on the stocks.* Tämä kirja on tällä hetkellä työn alla.

put stock in luottaa, uskoa jhk *You didn't strike me as the kind of man who would put much stock in stereotypes.* Et vaikuttanut sellaiselta mieheltä, joka liiemmin uskoo stereotypioihin.

take stock arvioida, tutkiskella *to take stock of the situation* arvioida tilannetta

stomach ['stʌmək] *s*

a strong stomach hyvä sietokyky *It takes a strong stomach to buck the trend.* Trendiä päin puskemiseen tarvitaan hyvää sietokykyä.

an army marches on its stomach armeija marssii vatsallaan *Just as an army marches on its stomach, so, too, does a film crew.* Armeija marssii vatsallaan, ja niin myös elokuvan työryhmä.

have no stomach [for sth] ei olla rohkeutta *They have no stomach for* *another war.* Heillä ei ole rohkeutta kohdata uutta sotaa.

make sb's stomach turn (*myös* turn sb's stomach) kuvottaa jkta, saada jku voimaan pahoin *I had to stop reading the book a few times because it made my stomach turn.* Minun piti keskeyttää muutamassa kohdassa kirjan lukeminen, koska se sai minut voimaan pahoin.

1 stone ['stəʊn] *s*

a rolling stone [gathers no moss] *vanh* juureton henkilö *He was a bit of a rolling stone before he married.* Hän oli aina liikkeellä, ennen kuin asettautui paikoilleen mennessään naimisiin.

a stone's throw kivenheiton päässä jstak *The house is a stone's throw from the beach.* Talo on kivenheiton päässä rannasta.

be written in stone (*myös* be engraved in stone / be set in stone) olla kiveen hakattu *Anything can change, nothing is written in stone.* Mikä tahansa voi muuttua, mitään ei ole hakattu kiveen.

cast / throw the first stone heittää ensimmäinen kivi *We are not the best qualified to throw the first stone at their conceptions.* Emme ole kaikkein pätevimpiä tuomitsemaan ensimmäisinä heidän käsityksiään.

get blood out of a stone äärimmäisen hankalaa *We decided not to sue because you can't get blood out of a stone.* Me päätimme olla nostamatta kannetta, koska se olisi äärimmäisen hankalaa.

leave no stone unturned ei jättää kiveäkään kääntämättä, yrittää kaikkia keinoja, tehdä kaikkensa *He pledged the government would "leave no stone unturned" in their investigation.* Hän vannoi, ettei hallitus jättäisi kiveäkään kääntämättä tutkimuksissaan.

2 stone *v*

stone me! (*myös* stone the crows!) (br) johan on!, hyvänen aika! *Stone me, what a find.* Jopas jotakin, onpas löytö.

stool ['stu:l] *s*

a stool pigeon *ark* vasikka *Are you a stool-pigeon for the cops?* Toimitko poliisin vasikkana?

fall between two stools (yl br) jäädä lehdellä soittelemaan *No patient should be allowed to fall between two stools.* Yhtäkään potilasta ei saisi jättää lehdelle soittelemaan.

1 stop ['stɒp] *v*

stop at nothing ei häikäillä, ei kaihtaa keinoja *They will stop at nothing to silence their critics.* He eivät kaihda keinoja kriitikkojensa vaimentamisessa.

stop on a dime *ark* pysähtyä kuin seinään *The song stopped on a dime.* Laulu katkesi äkisti. *My bike stopped on a dime.* Pyöräni pysähtyi kuin seinään.

stop up *ark* (br) valvoa, olla jalkeilla *We just stopped up all night.* Me vain valvoimme läpi yön.

2 stop *s*

pull out all the stops tehdä kaikkensa *They pulled out all the stops for this movie!* He antoivat kaikkensa tämän elokuvan puolesta!

store ['stɔ:ʳ] *s*

in store odottaa (olla valmiina jonkun varalla) *There is a surprise in store for her.* Häntä odottaa yllätys.

set store by (*myös* lay store by / put store by) arvostaa, pitää tärkeänä *He sets great store by traditional values.* Hän arvostaa perinteisiä arvoja.

storm ['stɔ:m] *s*

be in the eye of the storm olla myrskyn silmässä, keskeisellä paikalla kiistassa tms. *Our teachers*

story

stand strong in the eye of the storm when the raging winds of accusations whirl around them. Opettajamme pysyvät lujina keskellä syytöksien myrskyä.

dance / sing / talk up a storm *ark* tehdä jtk tarmokkaasti *Our dog normally barks up a storm at even the slightest commotion outside.* Koiramme haukkuu raivokkaasti pienimmällekin ulkoa kantautuvalle metakalle. *He walked around the room, talking up a storm and gesticulating wildly.* Hän käveli ympäri huonetta puhuen kiihtyneesti ja elehtien villisti.

storm in a teacup (yl br) myrsky vesilasissa *Will the funding crisis be another storm in a teacup?* Räiskyvätkö tunteet taas turhan päiten, tällä kertaa rahoituskriisin johdosta?

take sth by storm valloittaa hetkessä *The new band took America by storm.* Uusi yhtye valloitti Amerikan hetkessä.

the lull / calm before the storm tyyntä myrskyn edellä *The preteen years are the calm before the storm of the more tumultuous teen years.* Esipuberteetti-ikä on tyyntä aikaa verrattuna teini-iän myrskyihin.

weather the storm [of sth] (*myös* ride out the storm [of sth]) selviytyä *We shall ride out the storm with your backing.* Selviydymme sinun tuellasi.

story ['stɔːri] *s*

a different story eri tilanne t. asia *He might be very popular in your country, but it's a different story here in France.* Hän on varmasti kovin suosittu maassasi, toisin kuin täällä Ranskassa.

a likely story tekosyy, huono selitys *Oh, so she's just a friend? A likely story if ever I heard one.* Vai että olette vain ystäviä. Tuo on huonoin tekosyy, minkä olen ikinä kuullut.

end of story *ark* siinä kaikki, se siitä *I tripped and fell and hurt my arm. End of story.* Kompastuin, kaaduin ja satutin käteni. Siinä kaikki.

it's / that's the story of my life *leik ark* minulle käy aina samalla tavalla *She said she just wanted us to be friends. That's the story of my life.* Hän sanoi, että haluaa meidän olevan vain ystäviä. Miksi minulle aina käy näin!?

sb's side of the story jonkun näkemys, käsitys *She had made up her mind without hearing his side of the story.* Hän oli tehnyt päätöksensä miehen näkemystä kuulematta.

to cut a long story short *ark* lyhyesti sanottuna *To cut a long story short my land lady is driving me crazy!* Lyhyesti sanottuna vuokraemäntäni saa minut hulluksi!

stow ['stəʊ] *v*

stow away matkustaa jssak jäniksenä *He stowed away on a ship bound for India.* Hän matkusti jäniksenä Intiaan matkalla olevassa laivassa.

Stow it! *ark* (yl br) Lopeta!, Turpa tukkoon! *Stow it, you two!* Nyt lopetatte molemmat!

1 straight ['streɪt] *a*

keep on the straight and narrow pysytellä kaidalla tiellä *It was difficult for him to stay on the straight and narrow in a town that invited trouble.* Hänen oli vaikea pysytellä kaidalla tiellä paikassa, jossa oli helppoa joutua vaikeuksiin.

straight as a die 1 *ark* rehellinen *He was always straight as a die when it came to business.* Hän oli aina rehellinen liikeasioissa. **2** luotisuoraan *The road cut straight as a die through the fields.* Tie kulki luotisuoraan peltojen läpi.

straight as an arrow viivasuora *His cheekbones were high, his nose straight as an arrow.* Hänellä oli korkeat poskipäät ja viivasuora nenä.

straight face vakava ilme *to keep a straight face* pysyä vakavana

2 straight *adv*

couldn't lie straight in bed erittäin epärehellinen *This Minister couldn't lie straight in bed and is an embarrassment to all* tämä ministeri on erittäin epärehellinen ja on häpeäksi meille kaikille

go straight ryhtyä rehelliseksi *She has gone straight since that brush with the law.* Hän on ryhtynyt rehelliseksi otettuaan yhteen lain kanssa.

straight away heti [kättelyssä], suoraa päätä, oikopäätä *this often means starting treatment straight away* tämä tarkoittaa usein sitä, että hoito pitää aloittaa heti

straight from the shoulder *ark* suoraan, rehellisesti *can't anyone answer my questions straight from the shoulder?* eikö kukaan voi vastata kysymyksiini kiertelemättä?

straight off / out empimättä, heti paikalla *I should have said it straight off.* Minun olisi pitänyt sanoa se empimättä.

straight up *ark 1* (br) rehellisesti *What ever happened to being straight up about something?* Mihin rehellisyys on oikein kadonnut? *2* (yl am) raakana, ilman jäitä (alkoholijuomasta) *He ordered two double vodkas straight up.* Hän tilasi kaksi tuplavodkaa ilman jäitä.

strange ['streɪndʒ] *a*

be / make / seem strange bedfellows <kaksi asiaa t. ihmistä ei näytä kuuluvan yhteen> *The words quiet and airliner may seem strange bedfellows. But it is an area the industry is taking increasingly seriously.* Sanoilla hiljainen ja liikennelentokone ei ehkä tunnu heti olevan mitään yhteistä. Mutta lentokoneteollisuus suhtautuu hiljaisuuteen yhä vakavammin.

strange to say kummallista [kyllä] *Strange to say, I was not disappointed.* Kummallista kyllä, en ollut pettynyt.

stranger ['streɪndʒə(r)] *s*

be a stranger to sth ei tuntea jtak *I am a stranger to fear.* En tunne pelkoa.

strap ['stræp] *v*

be strapped for sth *ark* olla jkn puutteessa *Students are so strapped for money that they would apply for anything.* Opiskelijat ovat niin rahan tarpeessa, että hakevat mitä työtä hyvänsä. *Working parents are increasingly strapped for time to spend time with the family.* Työssä käyvillä vanhemmilla on niukasti aikaa perheelle.

straw ['strɔ:] *s*

a man of straw (yl br) heikko (ihmisestä) *He once accused me of being a man of straw.* Hän syytti minua kerran heikoksi.

clutch / catch / grasp at straws tarttua [viimeiseen] oljenkorteen *the government is clutching at straws as it tries to make a case for war* hallitus tarttuu viimeiseen oljenkorteen yrittäessään perustella sotaretkeään

straw in the wind merkki, enne *The latest straw in the wind is a pick-up in sales.* Viimeisin merkki on myynnin elpyminen.

straw man *1* <yl tekaistu henkilöllisyys, jota käytetään rikoksessa> *He used straw men for those transactions because he was deeply in debt.* Hän käytti tekaistuja henkilöllisyyksiä siirtäessään rahaa, koska oli niin pahoissa veloissa. *2* (*myös* **man of straw**) keinotekoinen kiista t. vihollinen *In the end the neo-Catholicism is just a man of straw created to guarantee rhetorical vic-*

tory. Loppujen lopuksi uusi-katolilaisuus on vain keinotekoinen vihollinen, jolla varmistetaan retorinen voitto.

the final / last straw (*myös* be the straw that breaks the camel's back) viimeinen pisara *For him allowing the ordination of women was the last straw.* Naispappeuden salliminen oli hänelle viimeinen pisara.

the short straw lyhyempi korsi *He drew the short straw and had to drive the others home.* Hän veti lyhyemmän korren ja joutui viemään muut kotiin.

streak ['stri:k] s

like a streak [of lightning] *ark* viivana, salamannopeasti *The shark took off like a streak.* Hai ui pois salamannopeasti.

stream ['stri:m] s

be / come on stream alkaa toimimaan, ottaa käyttöön (yl kone, tehdas tms.) *There are another three or four mines ready to come on stream.* Lisäksi tuotanto käynnistetään kolmessa tai neljässä muussa kaivoksessa.

go / swim against the stream (*myös* go / swim against the tide) omaa tietään *There have been a few scholars who have swum against the stream.* Muutama tutkija on kulkenut omaa tietään.

go / swim with the stream (*myös* go / swim with the tide) virran mukana (muiden mukana) *Parties in the centre and on the right have mostly gone with the stream.* Oikeisto- ja keskustapuolueet ovat suurimmaksi osaksi myötäilleet yleistä mielipidettä.

street ['stri:t] s

a two-way street *ark* (yl am) molemminpuolinen ponnistelu *It will have to be a two-way street, in which both listen and adapt.* Vaaditaan molemminpuolisia ponnisteluja. Kummankin osapuolen on kuunneltava ja sopeuduttava.

be in Queer Street *vanh leik* (br) olla paljon velkaa t. taloudellisissa vaikeuksissa *If they agree to supply at lower prices chances are they will end up in Queer Street.* Jos he myöntyvät toimittamaan tavaraa alempaan hintaan, on mahdollista, että he ajautuvat velkoihin.

not in the same street as *ark* (br) ei painia samassa sarjassa, olla paljon huonompi *They are a strong side but not in the same street as Man City.* Se on kova (jalkapallo)joukkue mutta painii ihan eri sarjassa kuin Manchester City.

on easy street *vanh ark* (yl br) rikas *He will be on easy street when he retires.* Hän tulee olemaan rikas jäädessään eläkkeelle.

[right] up one's street (*myös* yl am be right up one's alley) jkn omaa alaa, jkn heiniä *This job is right up my street.* Tämä työ on juuri minun alaani.

streets ahead paljon parempi *He is streets ahead of the others.* Hän on paljon parempi muita.

the man / woman / person in / on the street kadunmies, tavallinen kansalainen *That's what this campaign strategy is all about, taking the message out to the people in the street.* Siinähän tässä kampanjastrategiassa on oikeastaan kyse, viestin välittämisestä kadunmiehelle.

strength ['streŋθ] s

a tower / pillar of strength jkn tukena, tuki ja turva *From the outset of their marriage, Elizabeth was a tower of strength to her husband.* Elizabeth oli miehensä tuki ja turva heidän avioliittonsa alusta asti.

on the strength of jnk perusteella *It would be unwise to draw firm conclusions on the strength of the results of a single survey.* Olisi hölmöä tehdä lopullisia johtopäätöksiä yksittäisen tutkimuksen tulosten perusteella.

1 stretch ['stretʃ] *v*

stretch a point *1* liioitella *You should always appear to be truthful – even when you are really stretching a point.* Sinun pitäisi aina vaikuttaa rehelliseltä, jopa silloin kun todella liioittelet asioita. *2* joustaa, tehdä poikkeus jkn kohdalla *Perhaps the policemen were anxious to stretch a point in favor of the ladies.* Ehkä poliisimiehet olivat halukkaita tekemään poikkeuksen naisten kohdalla.

strech one's legs jaloitella (oltuaan pitkään paikallaan) *I stretched my legs and walked up and down the stairs a few times.* Jaloittelin kävelemällä portaita ylös ja alas muutaman kerran.

2 stretch *s*

at a stretch yhteen menoon, yhtä kyytiä *Most seven year olds sleep for about ten hours at a stretch.* Useimmat seitsenvuotiaat nukkuvat noin kymmenen tuntia yhteen menoon.

at full stretch kaikin voimin, täyttä vauhtia, täydellä teholla *The factory is operating at full stretch.* Tehdas toimii täydellä teholla.

home stretch *ark* pitkän uurastuksen loppusuora *I've been working on the project for two months, but I'm in the home stretch now.* Olen työskennellyt tämän hankkeen kimpussa kaksi kuukautta, mutta olen jo loppusuoralla.

not by any stretch of the imagination (*myös* by no stretch of the imagination) ei parhaalla tahdollakaan, ei missään tapauksessa *The program isn't perfect by any stretch of the imagination.* Ohjelma ei missään tapauksessa ole täydellinen.

stride ['straɪd] *s*

get into one's stride (*myös* (am) hit one's stride) päästä vauhtiin, saada rytmistä kiinni *The work had scarcely got into its stride before it was interrupted by the outbreak of the rebellion.* Työ oli tuskin päässyt vauhtiin, kun kapinan puhkeaminen keskeytti sen.

[match] sb stride for stride yltää samalle tasolle jkn kanssa *The company intends to match its rival stride for stride.* Yhtiö aikoo yltää samalle tasolle kilpailijansa kanssa.

put sb off their stride saada jku pois tolaltaan, saada jku raiteiltaan, rikkoa jkn rytmi *Even an earthquake 70 kilometres north of Athens failed to knock organisers off their stride.* Edes 70 km Ateenan pohjoispuolella sattunut maanjäristys ei saanut järjestelyjä pois raiteiltaan.

take sth in [one's] stride (*myös* am take sth in stride) suhtautua tyynesti jhk *She sees some pretty gruesome sights, but takes it in her stride.* Hän joutuu näkemään aika karmeita asioita mutta suhtautuu niihin tyynesti.

strike ['straɪk] *v*

strike a blow against / at sth vastustaa jtak, yrittää vahingoittaa jtak *They are striking a blow against the stereotypes of Arab women being weak and defenceless.* He vastustavat kaavamaisia käsityksiä heikoista ja puolustuskyvyttömistä arabinaisista.

strike a blow for sth tukea jtak, edistää jtak (asiaa, aatetta ym), taistella jnk puolesta *He sincerely believed he was striking a blow for freedom.* Hän uskoi vilpittömästi taistelevansa vapauden puolesta.

strike a pose / an attitude poseerata, ottaa jk asento *Striking a dramatic pose she announced that she was terribly ashamed.* Dramaattisesti poseeraten hän ilmoitti olevansa erittäin häpeissään.

strike gold osua oikeaan, osua kultasuoneen, rikastua *He believes the* *team has struck gold by signing the goal hero.* Hän uskoo joukkueen osuneen kultasuoneen allekirjoittaessaan sopimuksen kyseisen maalitykin kanssa.

strike it lucky *ark* onnistaa [yllättäen] *The town has struck it lucky for the second time with a major lotto win.* Kaupunkia on onnistanut yllättäen, kun se voitti jo toisen suuren lottopotin.

strike it rich [äkki]rikastua *Do you believe striking it rich in life would bring you happiness?* Uskotko äkkirikastumisen takaavan sinulle onnellisuuden elämässäsi?

strike while the iron is hot takoa silloin kun rauta on kuumaa *Fans are advised to strike while the iron is hot and order this book immediately.* Faneja kehotetaan käyttämään tilaisuutta hyväkseen ja tilaamaan tämä kirja heti.

1 string ['strɪŋ] *s*

have / keep sb on a string pitää jkta vallassaan, olla jku talutusnuorassa *She has devised an effective way of keeping his husband on a string while her demands are met.* Hän on kehittänyt tehokkaan keinon pitää miehensä talutusnuorassa samalla kun tämä suostuu hänen vaatimuksiinsa.

How long is a piece of string? *ark* (yl br, austr) mahdotonta arvioida – *How long does it take to learn a foreign language? – How long is a piece of string?* – Kauanko vieraan kielen oppimiseen menee aikaa? – Mahdotonta arvioida.

no strings attached ilman ehtoja *Donations will not come without strings attached.* Lahjoituksia ei anneta ilman ehtoja.

2 string *v*

be strung out 1 olla hermostunut, olla kireä *Some of us became rather strung out on the war I think.* Mielestäni joistain meistä tuli aika kireitä sodan johdosta. **2 ark** (am) olla humalassa, olla pilvessä *He's almost definitely strung out on something.* Olen lähes varma, että hän on juonut tai nauttinut huumeita.

be strung up (br) olla hermostunut, olla kireä *They are so strung up about what their children can and cannot do.* He ovat hirveän kireitä sen suhteen, mitä heidän lapsensa saavat ja eivät saa tehdä.

string out 1 venyttää, pitkittää *string out negotiations* pitkittää neuvotteluja **2** muodostaa jono t. rivi, levittäytyä ketjuksi *The soldiers were strung out in a line.* Sotilaat olivat muodostaneet rivin.

stroke ['strəʊk] *s*

at the stroke of a pen siinä silmänräpäyksessä, kertaheitolla *The decision made thousands of people unemployed at the stroke of a pen.* Päätös jätti kertaheitolla tuhansia ihmisiä työttömiksi.

[it's] different strokes for different folks *ark* (yl am) eri ihmiset tarvitsevat eri asioita t. pitävät eri asioista *This film may not be for everyone – as they say, different strokes for different folks.* Tämä elokuva ei ehkä vetoa kaikkiin – kuten sanotaan, kaikkia ei voi miellyttää.

not do a stroke [of work] *ark* ei panna tikkua ristiin *He didn't do a stroke of work at home.* Hän ei pannut kotonaan tikkua ristiin.

strong ['strɒŋ] *a*

be as strong as an ox / bull olla vahva kuin härkä *He's strong as an ox with half an ox's brains.* Hän on vahva kuin härkä, mutta tyhmä kuin saapas.

come on strong 1 *ark* mennä liian pitkälle, olla hyökkäävä *He comes on strong sometimes.* Hän menee toisinaan liian pitkälle. **2** parantaa asemiaan *This company has come on strong in the last few years.* Tämä yritys on parantanut asemiaan muutamien viime vuosien aikana.

strut ['strʌt] *v*
strut one's stuff *ark* mahtailla, esittää leveillen, leveillä *He got up to strut his stuff on the dance-floor.* Hän nousi ylös leveilläkseen tanssilattialla.

stubborn ['stʌbən] *a*
[as] stubborn as a mule itsepäinen kuin muuli *My dad is stubborn as a mule about health issues.* Isäni on hirveän itsepäinen terveysasioissa.

stuck ['stʌk] *v*
be stuck for olla jnk puutteessa, olla jnk tarpeessa *to be stuck for words* olla sanaton
be stuck in a groove *ark* kangistua kaavoihin *She was in danger of being, like a tram, stuck in a groove.* Hän oli vaarassa kangistua kulkemaan samaa reittiä pitkin samoja kiskoja, kuin raitiovaunu konsanaan.
be stuck on sb *ark* olla pihkassa jkhun *I tolerated her because I was stuck on her.* Siedin hänen oikkujaan, koska olin pihkassa häneen
get stuck in[to] *ark* (br) käydä käsiksi (esim. työhön, ongelmaan), panna töpinäksi *We told them what to do and they got stuck in straightaway.* Me sanoimme heille, mitä pitää tehdä, ja he panivat heti töpinäksi.

study ['stʌdi] *s*
in a brown study ajatuksiinsa vaipuneena *He seems lost in a brown study.* Hän näyttää vaipuneen ajatuksiinsa täysin.

1 stuff ['stʌf] *s*
do one's stuff *ark* tehdä mitä pitääkin, näyttää mihin pystyy *As a player, you get told what to do and you do your stuff.* Pelaajana sinulle sanotaan, mitä sinun pitää tehdä, ja näytät, mihin pystyt.

know one's stuff *ark* osata asiansa *She knows her stuff, she is one of best lecturers I've known.* Hän on todella asiantunteva, yksi parhaista tuntemistani luennoitsijoista.

not give a stuff *ark* (br, austr) ei välittää vähääkään *I don't give a stuff for either political party.* En välitä yhtään kummastakaan puolueesta.

that's the stuff niin sitä pitää, mainiota *− Do you like this kind of music? − Yeah, that's the stuff!* − Pidätkö tämän tapaisesta musiikista? − Kyllä, tämä on mainiota!

the hard stuff *leik ark* alkoholi *He didn't touch a drop of the hard stuff!* Hän ei juonut tippaakaan alkoholia!

2 stuff *v*
be stuffed up olla tukkoinen, olla nenä tukossa (flunssaisena) *I have allergies and I hate being stuffed up, so I need to blow my nose quite often.* Minulla on allergioita ja vihaan tukkoisuutta, joten minun pitää niistää aika usein.

get stuffed *ark* (br) haista paska *And the poor get stuffed again.* Ja köyhille haistatellaan paskat taas.

stuff your face *halv ark* ahmia *As well as stuffing our faces with more calories, our increasingly sedentary society is apparently to blame for obesity.* Lihavuuden taustalla on yhä suuremman kalorimäärän ahmimisen lisäksi istumisen ympärillä pyörivä yhteiskunta.

stuffing ['stʌfɪŋ] *s*
knock / take the stuffing out of sb masentaa jku, panna jku matalaksi *9/11 knocked the stuffing out of many industries.* Syyskuun yhdennentoista terrori-iskut panivat monta toimialaa matalaksi.

stumble ['stʌmbᵊl] *v*
stumble across / on / upon löytää (sattumalta), törmätä *I stumbled on a magnificent old chest.* Törmäsin upeaan vanhaan arkkuun.

stunt

stunt ['stʌnt] *s*
pull a stunt *ark* tehdä [typerä] temppu *If they pulled a stunt like that, I'd be all over them.* Jos he tekisivät tuollaisen tempun, kävisin heti heidän kimpuunsa.

such ['sʌtʃ] *a, adv, pron*
... and such *ark* ja sen sellainen *I taught them cooking and cleaning and such.* Opetin heille ruoanlaittoa ja siivousta ja sen sellaista.

such as it is *yl iron* millainen se [nyt] sitten onkin, mikä se [nyt] sitten onkin *Our relationship, such as it was, is over.* Suhteemme, tai mikä se sitten olikin, on ohi.

suck ['sʌk] *v*
be sucked in[to] joutua tahtomattaan jhk *They have been sucked into the cycle of violence.* He ovat joutuneet tahtomattaan väkivallan kierteeseen.

give suck *vanh* imettää *They give suck to their young ones.* Ne imettävät jälkeläisiään.

suck dry imeä kuiviin *Responsible companies don't suck their employees dry.* Vastuuntuntoiset yritykset eivät ime työntekijöitään kuiviin.

suck it and see *ark* (br) kokeilla jtak *The only way to answer such questions was to suck it and see.* Sellaisiin kysymyksiin ei löytynyt vastausta muuten kuin kokeilemalla.

suck it up *ark* (am) kestää vastoinkäyminen kunnialla *He took a hard fall but sucked it up and continued riding.* Hän kaatui pahasti mutta jatkoi kunnialla laskemista (lumilaudallaan).

suck up to sb *halv ark* nuoleskella jkta *He is always sucking up to his teachers.* Hän nuoleskelee aina opettajiaan.

teach your grandmother to suck eggs *halv ark* (br, austr) neuvoa asiansa osaavaa *Don't teach your grandmother to suck eggs! I can fix this.* Älä neuvo minua, osaan kyllä korjata tämän!

sucker ['sʌkəʳ] *s*
be a sucker for sth *ark* olla heikkona jhk, ei voi vastustaa jtak *I'm a sucker for all that kind of stuff.* Olen heikkona kaikkeen sellaiseen.

suffer ['sʌfəʳ] *v*
not suffer fools gladly (yl br) ei sietää tyhmiä ihmisiä *He has always had strong opinions and did not suffer fools gladly.* Hänellä on aina ollut vahvat mielipiteet, eikä hän ole sietänyt tyhmiä ihmisiä.

sugar ['ʃʊgəʳ] *s*
sugar daddy *ark* <naisen vanhahko varakas rakastaja> *Some of the girls looked on their dance careers as a route to get a sugar daddy.* Jotkut tytöistä pitivät tanssijan uraansa reittinä hankkia vanhempi varakas rakastaja.

sugar and spice käyttäytyä kiltisti *I have kids and I know they're not all sugar and spice.* Minulla on lapsia, ja tiedän, etteivät ne aina käyttäydy kiltisti.

suit ['sju:t] *v*
suit oneself tehdä mielensä mukaan *Suit yourself!* Tee kuten haluat!

suit sb down to the ground (br) sopia jklle erinomaisesti *Country life suits you down to the ground.* Maalaiselämä sopii sinulle erinomaisesti.

suit sb's book *ark* (br) sopia jklle, käydä jklle *That doesn't suit his book at all.* Se ei sovi hänelle alkuunkaan.

suit the action to the word käydä sanoista tekoihin *Normally I ignore them, but sometimes it's too much and I ask them to suit the action to the word.* Yleensä en välitä heistä, mutta joskus liika on liikaa ja vaadin heitä käymään sanoista tekoihin.

sum ['sʌm] *s*
in sum *kirjak* lyhyesti sanoen, sanalla sanoen *In sum, the book will serve as a unique reference for the subject.* Lyhyesti sanoen kirja toimii ainutlaatuisena hakuteoksena aiheen tiimoilta.

sun ['sʌn] *s*
the sun sets on sth jk päättyy *The sun is setting on traditional media.* Perinteisen median aika alkaa olla ohi.
under the sun auringon alla, maailmassa *There's nothing new under the sun.* Ei mitään uutta auringon alla.

Sunday ['sʌndeɪ, 'sʌndi] *s*
your Sunday best pyhävaatteet *I had decked out in my Sunday best to meet my mother.* Olin pukeutunut pyhävaatteisiini mennessäni tapaamaan äitiäni.

sundry ['sʌndri] *a*
all and sundry joka iikka, koko konkkaronkka *He had found a much larger place than usual and invited all and sundry to join them.* Hän oli löytänyt tavallista suuremman paikan ja kutsunut koko konkkaronkan mukaan.

supper ['sʌpəʳ] *s*
sing for one's supper tehdä työtä palkkansa eteen *You have to sing for your supper in this world.* Tässä maailmassa pitää tehdä työtä palkkansa eteen.

supply [sə'plaɪ] *s*
in short supply vähissä *Food is in short supply.* Ruoka on vähissä.
on supply sijaisena, sijaisopettajana *I thought maybe the pupils' behaviour was bad because I was on supply.* Ajattelin, että ehkä oppilaat käyttäytyvät huonosti, koska olen sijainen.

supreme [suː'priːm, sjuː'priːm] *a*
the Supreme Being Jumala *Ken believed in the Supreme Being, but said he would never pray for help if he got into trouble.* Ken uskoi Jumalaan mutta sanoi, ettei koskaan rukoilisi pulaan joutuessaan.

sure ['ʃɔːʳ] *a*
[as] sure as eggs [is eggs] *vanh* (br, austr) takuuvarmasti *She knew as sure as eggs was eggs that Kate had finally caught herself a man.* Hän tiesi takuuvarmasti, että Kate oli vihdoin saanut itselleen miehen.
sure enough *ark* aivan oikein, totta tosiaan *She said she would come, and sure enough she came.* Hän sanoi tulevansa, ja hän totta tosiaan tuli.
to be sure 1 tietenkin, tietenkään *To be sure he may disagree, but...* Tietenkin hän voi olla eri mieltä, mutta... **2** totta tosiaan, tosiaankin, totta viekööm *To be sure, it is a satire on chivalric romances as well as a wonderful adventure story.* Kyseessä on tosiaankin niin satiiri ritariromaaneista kuin upea seikkailukertomuskin.

surface ['sɜːfɪs] *s*
below / beneath the surface pinnan alla *She was trying to act cool, but beneath the surface she was a bundle of nerves.* Hän yritti näyttää tyyneltä, mutta pinnan alla hän oli äärimmäisen hermostunut. *Beneath the surface of this polished world there is trouble.* Tämän kiiltokuvamaailman pinnan alla levottomuudet kytevät.
on the surface päällisin puolin *Without reference to quality, this economic growth may look good on the surface.* Jos laatua ei oteta huomioon, tämä talouskasvu voi vaikuttaa lupaavalta päällisin puolin.

survival

survival [sə'vaɪvᵊl] s
  the survival of the fittest luonnonvalinta (vahvimman eloonjääminen) *The inequalities between rich and poor in the world are largely the result of the survival of the fittest.* Rikkaiden ja köyhien välinen eriarvoisuus maailmassa johtuu pitkälti vahvimman eloonjäämisen raadollisuudesta.

1 swallow ['swɒləʊ] v

  hard to swallow *ark* **1** vaikea uskoa *We found her excuse hard to swallow.* Meidän oli vaikea uskoa hänen selitystään. **2** vaikea hyväksyä *This compromise was hard to swallow.* Tätä kompromissia oli vaikea hyväksyä.

  swallow your pride niellä ylpeytensä *She admits that it is very hard for her to swallow her pride and ask for help.* Hän myöntää, että hänen on hyvin vaikea niellä ylpeytensä ja pyytää apua.

  wish the ground would swallow you up toivoa, että maa nielisi *The Australian keeper must have wished the ground would swallow him up and take him all the way home!* Australialainen maalivahti varmasti toivoi, että maa nielisi hänet ja päästäisi ulos kotimaassa.

2 swallow s

  one swallow does not make a summer ei yksi pääsky kesää tee *Just as one swallow does not make a summer, most generalisations require a lot of evidence to become commonly accepted.* Samoin kuin ei yksi pääsky kesää tee, ei myöskään yleistyksistä tule yleisesti hyväksyttyjä ilman runsasta todistusaineistoa.

swathe ['sweɪð] s

  cut a swathe through tehdä tuhojaan *The storm cut a swathe through northern England.* Myrsky teki tuhojaan Pohjois-Englannissa.

  cut a wide swathe (am) herättää huomiota, tehdä suuri vaikutus *Decades of coups cut a wide swathe of anti-military sentiment across the nation.* Vuosikymmenten sotilaskaappaukset jättivät syvät jäljet kansan armeijanvastaiseen asenteeseen.

sway ['sweɪ] s

  hold sway hallita, vallita *Their family is holding sway over this town.* Heidän perheensä hallitsee tätä kaupunkia. *Completely different ideas hold sway here.* Täällä vallitsevat aivan toisenlaiset käsitykset.

swear ['sweəʳ] v

  swear blind (*am* swear up and down) *ark* (br) vannoa, vakuuttaa *I could swear blind I've seen that man somewhere before.* Voisin vannoa, että olen nähnyt tuon miehen jossain aikaisemmin.

  swear like a trooper *ark* kiroilla kuin merimies *Swearing like a trooper is not appropriate behaviour at a dinner party but it's practically obligatory in a football stadium.* Häpeilemätön kiroilu ei ole sopivaa käytöstä illalliskutsuilla mutta lähes pakollista jalkapallostadionilla.

  swear up and down *ark* vakuuttaa sinisilmäisesti *He swore up and down that he had never heard of it.* Hän vakuutti käsi sydämellä, ettei ollut koskaan kuullutkaan siitä.

1 sweat ['swet] s

  break [a] sweat *ark* raataa, hikoilla *We are all breaking a sweat trying to play our new song.* Teemme paljon töitä sen eteen, että saisimme uuden kappaleemme soitetuksi.

  cold sweat tuskanhiki *The very thought made me break out in cold sweat.* Pelkkä ajatuskin sai tuskanhien nousemaan otsalleni.

  no sweat *ark* ei [mitään] hätää *I can pull it off, no sweat.* Saan sen kyllä tehdyksi, ei hätää.

2 sweat v

don't sweat it ark (am) älä hermoile *If this sounds like you, don't sweat it.* Jos tunnistat itsesi tästä kuvauksesta, älä hermostu.

sweat blood ark 1 raataa [niska limassa] *If I respect my coach, I'm willing to sweat blood for him.* Jos kunnioitan valmentajaani, olen valmis raatamaan niska limassa hänen vuokseen. 2 harv olla hermona *We sweated blood as we waited for the police to come.* Odotimme poliisin tuloa hermostuneesti.

sweat buckets hikoilla voimakkaasti *I was sweating buckets under my plastic rain jacket.* Hikoilin voimakkaasti sadetakkini alla.

sweat bullets ark (am) olla hermostunut *I sweat bullets for days before an important presentation.* Jännitän tärkeää esiintymistäni jo päiviä etukäteen.

sweat it out ark 1 odottaa hermostuneena *They can do little but sweat it out.* He eivät voi tehdä juuri muuta kuin odottaa hermostuneena. 2 raataa, hikoilla *sweat it out in the gym* raataa salilla

sweat the small stuff ark (am) murehtia pikkuasioita *Don't sweat the small stuff, but pay attention to it.* Älä murehdi pikkuasioita mutta älä myöskään sivuuta niitä.

sweep ['swi:p] v

sweep sth away / aside pyyhkäistä jtak pois, häivyttää *She swept the thought aside.* Hän pyyhkäisi ajatuksen mielestään.

sweep the board puhdistaa pöytä (voittaa kaikki sillä kertaa mahdollinen) *Australia swept the board in the last cricket World Cup.* Australia voitti kaiken mahdollisen viimeisissä kriketin maailmanmestaruuskisoissa.

sweet ['swi:t] a

be sweet on sb / sth olla heikkona jkhun / jhk *Hong Kong buyers are still sweet on digitoys.* Hong Kongin kuluttajat ovat edelleen heikkoina digitaalivempaimiin.

have a sweet tooth for sth ei voi vastustaa jtk *My cousin has a sweet tooth for alcohol.* Serkkuni ei voi vastustaa alkoholia.

keep sb sweet ark pitää jku tyytyväisenä *John is just keeping her sweet until the money comes through.* John vain pitää hänet tyytyväisenä, kunnes on saanut rahansa.

one's own sweet way omalla tavallaan, oman päänsä mukaan *She just carries on her own sweet way as if nothing had ever happened.* Hän vain jatkaa omalla tavallaan, kuin mitään ei olisi ikinä tapahtunut.

sweet dreams kauniita unia *I believe in wishing sweet dreams.* Uskon kauniiden unien toivottamiseen.

sweet Fanny Adams (*myös* sweet FA) ark (br) ei tuon taivaallista *He knows Sweet Fanny Adams about wine!* Eihän hän tiedä tuon taivaallista viineistä!

sweetness ['swi:tnəs] s

all sweetness and light pelkkää hymyä (henkilöstä), onnea ja autuutta (tilanteesta) *She's all sweetness and light when Mike's around.* Hän on pelkkää hymyä, kun Mike on lähettyvillä. *Life with her was not all sweetness and light.* Elämä hänen kanssaan ei ollut pelkkää onnea ja autuutta.

1 swim ['swɪm] v

swim against the tide uida vastavirtaan (uhmata yleistä mielipidettä) *Are we swimming against the tide of the international economic change?* Uimmeko kenties vastavirtaan kansainvälisessä talousmuutoksessa?

swim

swim with the tide mennä virran mukana *We have to swim with the tide if we don't want to be left behind.* Meidän pitää mukautua ja mennä virran mukana, ellemme halua jäädä jälkeen.

2 swim *s*

in[to] the swim [of things] ark menossa mukana *I think she's glad to be in the swim of things.* Mielestäni hän on tyytyväinen siihen, että on menossa mukana.

out of the swim ark kaikesta syrjässä *The number of people out of the swim has grown so huge.* Yhteiskunnasta syrjäytyneitä on aivan valtavasti.

1 swing ['swɪŋ] *v*

swing into action ark aloittaa jkn tekeminen nopeasti *Various groups have swung into action to help the victims of the devastating earthquake.* Monet järjestöt ovat käynnistäneet nopeasti toimintaansa auttaakseen tuhoisan maanjäristyksen uhreja.

swing the lead ark (br, austr) tekeytyä sairaaksi (etenkin työnteon välttämiseksi), pitää rokulia *Do you feel that his excuse is valid, or is he just swinging the lead?* Luuletko, että hänen selityksensä on perusteltu, vai pitääkö hän vain rokulia?

2 swing *s*

get [back] into the swing of ark päästä jhk sisälle, päästä vauhtiin jssak *The work isn't easy, but when you get into the swing of it...* Työ ei ole helppoa, mutta kun siihen pääsee sisälle niin...

go with a swing ark sujua mukavasti *The party is going with a swing.* Juhlat sujuvat mukavasti.

in full swing iso remmi päällä, täydessä vauhdissa (esim. tapahtumista) *At around 11pm, the party was in full swing.* Juhlat olivat täydessä vaihdissa noin kello 11 illalla.

swings and roundabouts (br) yhtä paljon menetettävää kuin voitettavaa *The situation is swings and rondabouts.* Meillä on yhtä paljon menetettävää kuin voitettavaa.

1 switch ['swɪtʃ] *s*

asleep at the switch olla tarkkaamaton t. poissaoleva *To be alive and well in a democracy means that we, the People, do not fall asleep at the switch.* Demokratiassa eläminen tietoisesti ja oikein tarkoittaa sitä, että me kansalaiset pysymme jatkuvasti tarkkaavaisina.

2 switch *v*

switch off lakata seuraamasta / kuuntelemasta / ajattelemasta jtak *She just switches off when you try to talk to her.* Hän vain lakkaa kuuntelemasta, jos hänelle yrittää puhua.

sword ['sɔːd] *s*

a two-edged sword kaksiteräinen miekka *Love is a two-edged sword – it enriches our lives, but the other edge of the sword makes it difficult to get and very difficult to keep.* Rakkaus on kuin kaksiteräinen miekka – se rikastaa elämäämme, mutta toisaalta sitä on vaikea saavuttaa ja hyvin vaikea säilyttää.

beat / turn swords into ploughshares kirjak takoa miekat auroiksi *If we are to solve these problems, we need programmes to help our young men beat their swords into ploughshares.* Jos aiomme ratkaista nämä ongelmat, tarvitsemme ohjelmia auttamaan nuoria miehiämme takomaan miekkansa auroiksi.

he who lives by the sword dies by the sword kirjak joka miekkaan tarttuu se miekkaan hukkuu

put to the sword kirjak surmata *The entire population was put to the sword or driven from the islands.* Koko väestö surmattiin tai ajettiin saarilta pois.

the pen is mightier than the sword *kirjak* kynä on miekkaa mahtavampi *Persuasion is far more powerful than coercion, just as the pen is mightier than the sword.* Suostuttelu on pakottamista huomattavasti tehokkaampaa, aivan kuin kynä on miekkaa mahtavampi.

system ['sɪstəm] *s*
all systems go *ark leik* kaikki valmiina, aloitetaan *It's all systems go for his comeback on Sunday.* Kaikki on valmiina hänen paluutaan varten sunnuntaina.

beat the system *ark* saada haluamansa (noudattamatta tavanomaisia sääntöjä) *She always has some plan that she thinks will help her beat the system.* Hänellä on aina joku suunnitelma, jolla hän luulee saavansa haluamansa.

get sth out of one's system päästä eroon (jstak riippuvuudesta) *He wanted to get boxing out of his system.* Hän halusi päästä eroon nyrkkeilystä.

T

t [ˈtiː] *s*

to a T täydellisesti, viimeisen päälle *Mary's dress suits her personality to a T.* Maryn puku sopii täydellisesti hänen persoonallisuuteensa.

tab [ˈtæb] *s*

keep [close] tabs on *ark* seurata, tarkkailla *US Intelligence kept tabs on his every move.* Yhdysvaltojen tiedustelupalvelu seurasi hänen jokaista liikettään.

pick up the bill / tab for sth *ark* maksaa lasku *We will pick up the tab for your hotel.* Me maksamme hotellilaskusi.

table [ˈteɪbᵊl] *s*

come / bring to the bargaining/ peace table tulla / tuoda jku neuvottelupöytään / rauhanneuvotteluihin *The union expects that it will also be returning to the bargaining table.* Myös liitto arvelee palaavansa neuvottelupöytään.

drink sb under the table *ark* juoda jku pöydän alle *Trying to drink him under the table after heated arguing had been a bad idea.* Oli huono idea yrittää juoda hänet pöydän alle kiivaan väittelyn jälkeen.

on the table (br) käsiteltävänä (ehdotuksesta ym.) *We are fully apprised of the proposals that will be on the table.* Olemme täysin tietoisia käsiteltävänä olevista esityksistä.

turn the tables maksaa samalla mitalla *He was confident enough to attempt turning the tables on his inquisitor.* Hän oli tarpeeksi itsevarma yrittääkseen maksaa samalla mitalla kuulustelijalleen.

under the table *ark* (am, austr) pimeästi (rahamaksusta) *Assuming that she is being paid under the table, is there any way to prove it?* Onko mitään keinoa todistaa, että hänelle maksetaan pimeästi?

tablet [ˈtæblɪt] *s*

not be written / set in tablets of stone ei olla kiveen kirjoitettu, olla muutettavissa *The political aims of the centre are not written on tablets of stone.* Keskustan poliittiset tavoitteet eivät ole kiveen kirjoitettuja.

1 tack [ˈtæk] *s*

be [as] sharp as a tack *ark* (am) jkn äly leikkaa kuin partaveitsi *At 87 she is still as sharp as a tack.* 87 vuoden iässä hänen älynsä leikkaa vieläkin kuin partaveitsi.

2 tack *v*

tack on lisätä *'And', she tacked on, 'I hope that I shall never see any of you again.'* "Ja", hän lisäsi, "toivon, että en koskaan enää näe ketään teistä uudelleen." *There were a few poems tacked on at the end of the book.* Kirjan loppuun oli lisätty joitakin runoja.

tackle [ˈtækᵊl] *v*

tackle sb about sth *ark* ottaa puheeksi *You never tackled me about it before.* Et ottanut asiaa koskaan ennen puheeksi.

tact ['tækt] *s*
the soul of tact mitä tahdikkain ihminen *The receptionist will have to be the soul of tact.* Vastaanottovirkailijan täytyy olla mitä tahdikkain ihminen.

tag ['tæg] *v*
tag along *ark* seurata jkn kintereillä, roikkua jkn perässä *Nicole tagged along with her, as she always had done.* Nicole roikkui hänen perässään niin kuin aina.

1 tail ['teɪl] *s*
be like a dog with two tails *ark* olla onnensa kukkuloilla *My brother was like a dog with two tails when his girlfriend agreed to marry him.* Veljeni oli onnensa kukkuloilla, kun hänen tyttöystävänsä vastasi myönteisesti hänen kosintaansa.

be on sb's tail *ark* roikkua jkn perässä (yl autoilijasta) *That driver's been on my tail for many miles.* Tuo kuski on roikkunut perässäni mailikaupalla.

chase one's [own] tail *ark* haaskata aikaansa *It seems the security service are chasing their own tail, trying to frame innocent people.* Vaikuttaa siltä, että turvallisuusviranomaiset haaskaavat aikaansa yrittäen lavastaa viattomia ihmisiä syyllisiksi.

get off your tail *ark* (am) lopettaa laiskotteleminen *Get off your tail and help your mother!* Lopeta laiskotteleminen ja mene auttamaan äitiäsi!

keep your tail up *ark* pysyä hyvällä tuulella *Keep your tail up, whatever may come.* Pysy hyvällä tuulella vastoinkäymisistä huolimatta.

on sb's coat-tails jkn avulla *You can carry yourself instead of riding on the coat tails of others.* Tulet toimeen omillasi sen sijaan, että muut auttavat sinua.

the tail [is] wagging the dog (*myös* let the tail wag the dog) <tilanteen vähiten tärkeä asia vaikuttaa liikaa kaikkein tärkeimpään asiaan> *This was a case of the tail wagging the dog – a hundred dollar piece of software was selling a two thousand dollar computer.* Tässä tapauksessa kuorrutus oli kakkua tärkeämpi – sadan dollarin ohjelmistolla myytiin kahden tuhannen dollarin tietokonetta.

twist sb's tail *ark* ärsyttää jkta *That was just his way of twisting my tail.* Se oli vain hänen tapansa ärsyttää minua.

with one's tail between one's legs *ark* häntä koipien välissä *She came back from London with her tail between her legs.* Hän palasi Lontoosta häntä koipien välissä.

2 tail *v*
tail away (*myös* tail off) **1** vähetä, pienentyä *With Europe in recession and the weather very cold, visitors tailed off.* Koska Eurooppa oli lamassa ja säät olivat hyvin kylmät, vierailijoiden määrä väheni. **2** häipyä, vaimeta (äänestä) *Her voice tailed off.* Hänen äänensä häipyi.

tail back (br) ruuhkautua (liikenteestä) *to prevent traffic tailing back onto a motorway* ehkäistä liikenteen ruuhkautumista moottoritiellä

tail end [,teɪl'end] *s*
[at] the tail end [of sth] jkn loppupäässä, loppuosassa *Yesterday I witnessed the tail end of an argument between my parents.* Eilen kuulin vanhempieni välisen riidan loppuosan.

tail-end Charlie peränpitäjä *He acted as tail-end Charlie, sweeping the course for any rubbish.* Hän oli peränpitäjänä puhdistaen kilparadan roskista.

1 take ['teɪk] *v*

have what it takes *ark* olla rahkeita, olla kanttia *Are you sure you have what it takes to be the world champion?* Oletko varma, että sinulla riittää rahkeita maailmanmestariksi?

take after muistuttaa, olla jkn kaltainen *She takes after her mother in appearance.* Hän muistuttaa ulkonäöltään äitiään.

take against (br) ei pitää jksta, tuntea vastenmielisyyttä jkta kohtaan *I'd rather taken against the woman.* En pitänyt naisesta paljonkaan.

take apart *1* tehdä selvää jksta, nujertaa jku *I'll take you apart with my bare hands.* Nujerran sinut paljain käsin. *2* hajottaa, purkaa osiin *3* kritisoida ankarasti, arvostella *The press started taking him apart.* Lehdistö alkoi kritisoida häntä ankarasti.

take away from heikentää, vähentää (yl viehätysvoimaa, menestystä t. vaikutusta) *Her vanity didn't take away from her.* Hänen turhamaisuutensa ei vähentänyt hänen viehätysvoimaansa.

take back *1* perua (sanansa, puheensa) *Take back what you said about him!* Peru se mitä sanoit hänestä! *2* palauttaa mieleen, muistuttaa *The aroma took me back to that sunny day.* Tuoksu palautti mieleeni sen aurinkoisen päivän.

take down kirjoittaa muistiin, ottaa ylös *You don't have to take down every word that a lecturer says.* Sinun ei tarvitse kirjoittaa muistiin luennoitsijan jokaista sanaa.

take for luulla, olettaa, pitää jnak *I never took you for a fool.* En koskaan pitänyt sinua typeryksenä.

take in *1* sisältää, käsitellä *The book takes in the art of Picasso and Dalí.* Kirja käsittelee Picasson ja Dalín taidetta. *2* suuntautua, viedä jhk *This route takes in all the major summits on the ridge.* Tämä reitti vie kaikille vuoristojonon korkeimmille huipuille. *3* ottaa luokseen asumaan *The Smiths had taken him in.* Smithit ottivat hänet luokseen asumaan. *4* käsittää, omaksua *He instantly took in that I brought bad news.* Hän käsitti välittömästi, että minulla oli huonoja uutisia. *5* pettää, petkuttaa *The locals take in gullible Western tourists.* Paikalliset petkuttavat hyväuskoisia länsimaalaisia turisteja. *6* kaventaa (vaatekappaletta) *7* katsella *From time to time I took in little details of his face.* Toisinaan katselin hänen kasvojensa pieniä yksityiskohtia. *8* käydä katsomassa (tapahtuma t. esitys) *Mike took in the show one night.* Mike kävi katsomassa esityksen eräänä iltana. *9* mennä halpaan, antaa pettää itseään *Don't be taken in!* Älä mene halpaan! *I was taken in by his sincerity.* Annoin hänen vilpittömyytensä pettää itseni. *10* hyväksyä (tosiseikka) *I wasn't taken in by John's idea.* En hyväksynyt Johnin ajatusta.

take it olettaa *I take it it's too late to go and see her.* Oletan, että on liian myöhä mennä katsomaan häntä.

take it from here / there jatkaa tästä / siitä *He loved the idea and took it from there.* Hän piti ideasta ja jatkoi sen työstämistä.

take it from me *ark* usko[kaa] pois *Take it from me, things will get better.* Usko pois, asiat ovat paranemaan päin.

take off *1* päästä vauhtiin, lähteä nousuun *Kylie's singing career really took off that year.* Kylien lauluura lähti todella nousuun sinä vuonna. *2* lähteä [liikkeelle], häipyä *We took off for the hills.* Lähdimme kukkuloita kohti.

take on otella, kilpailla (jtak vastaan), mitellä voimiaan (jkn kanssa) *I am ready to take on the world!* Olen valmis mittelemään voimiani koko maailman kanssa!

take it out *1* (~ *of*) näännyttää jku, uuvuttaa jku *The search had taken it out of me.* Etsintä oli näännyttänyt minut *2* (~ *on*) purkaa pahaa mieltään t. tuultaan jkhun *I was upset and taking it out on you.* Olin poissa tolaltani ja purin pahaa mieltäni sinuun.

take sb out *ark* viedä (yl ravintolaan t. elokuviin) *Let me take you out to dinner.* Anna minun viedä sinut ravintolaan illalliselle.

take sb out of himself piristää jkta *Try to take her out of herself every now and then by suggesting trying new things.* Yritä piristää häntä ja saada hänet unohtamaan ongelmansa aina välillä ehdottamalla uusien asioiden kokeilemista.

take sb / sth in hand *1* aloittaa jnk tekeminen *The roof was taken in hand to be repaired.* Katon korjaaminen otettiin tehtäväksi. *2* ottaa huomaansa *I was so horrified by his condition that I took him in hand.* Olin niin kauhistunut hänen kunnostaan, että otin hänet huomaani.

take sth as read pitää itsestäänselvyytenä *The WTO took it as read that opening up markets would benefit us all.* WTO (Maailmankauppajärjestö) piti itsestäänselvyytenä, että markkinoiden avaaminen hyödyttäisi kaikkia.

take the biscuit / bun / cake olla kaiken huippu *His last comment really took the biscuit.* Hänen viimeinen huomautuksensa oli kaiken huippu.

take to *1* ihastua, mieltyä *Billy did not take to Beatrice.* Billy ei ihastunut Beatriceen. *2* alkaa harrastaa, alkaa tehdä *Do you know why Matthew took to the bottle?* Tiedätkö, miksi Matthew alkoi juoda? *3* paeta, lähteä *The young men should take to the hills.* Nuorukaisten tulisi paeta kukkuloille. *The protesters had started taking to the streets.* Mielenosoittajat olivat lähteneet kaduille. *4* tottua, sopeutua *Some immigrants take to life in the West better than others.* Toiset siirtolaiset sopeutuvat elämään lännessä paremmin kuin toiset.

take up with seurustella, olla tekemisissä *She's taken up with a man old enough to be her father.* Hän seurustelee miehen kanssa, joka voisi olla ikänsä puolesta hänen isänsä.

2 take *s*

be on the take *ark* ottaa lahjuksia *A long list of companies, we are now told, were on the take.* Nyt on tullut julkisuuteen, että useat yritykset ovat ottaneet lahjuksia.

tale ['teɪl] *s*

a tall tale (*myös* a tall story) kalajuttu, taru *Is there a tall story about your house and its previous occupants?* Liittyykö taloosi ja sen entisiin asukkaisiin joku uskomaton tarina?

tell tales *1* kannella, kieliä *No child should be forced to tell tales on another child.* Lasta ei saisi pakottaa kantelemaan toisesta lapsesta. *2* kertoa perättömiä asioita, panetella *She's been telling tales behind my back!* Hän on panetellut minua selkäni takana!

thereby / therein hangs a tale *leik* (br, austr) se onkin melkoinen tarina, se onkin pitkä juttu *But thereby hangs a tale, and one of considerable length, to which you will have to listen.* Mutta siinäpä onkin tarinaa kerrakseen, ja sinun pitää kuunnella se.

1 talk ['tɔːk] *v*

be [a fine] one to talk (*myös* can talk) ei olla varaa puhua, ei olla yhtään parempi *You're a fine one to talk about brainwashing – mindlessly ingesting trash from the Internet.* Sinulla ei ole varaa puhua aivopesusta, kun itse nielet kaiken Internetistä löytämäsi roskan.

talk

be the drink talking *ark* sanoa jtak vain koska on juovuksissa *That's the drink talking!* Sanot noin vain, koska olet juovuksissa!

[can] talk the legs off an iron pot *ark* (austr) puhua paljon *A nice lady, but she could talk the legs off an iron pot.* Mukava rouva, mutta kova puhumaan.

talk a blue streak *ark* (am) puhua nopeasti ja tauotta *He talked a blue streak about the sad ruin that was his life.* Hän suolsi nopean ja taukoamattoman ryöpyn surkeasta elämäntilanteestaan.

talk about *ark* siinäpä vasta *Talk about a fairy godmother!* Siinäpä vasta hyvä haltiatar!

talk back vastata röyhkeästi *Don't talk back to your father like that, young lady!* Älä vastaa isällesi noin röyhkeästi, nuori nainen!

talk down (yl am) vähätellä *Stop talking down Britain!* Lopeta Britannian vähätteleminen!

talk down to sb puhua jklle alentuvasti *Try not to talk down to your students.* Yritä olla puhumatta oppilaillesi alentuvasti.

talk one's head off *ark* puhua tauotta *For the whole trip, she talked her head off about other people.* Hän puhui koko matkan ajan tauotta muista ihmisistä.

talk the bark off a tree puhua lakkaamatta *What if Lily is in one of her moods to talk the bark off a tree?* Mitä jos Lily on taas sillä päällä, että puhuu ummet ja lammet?

talk the hind leg off a donkey *ark* (br) puhua lakkaamatta *The old couple across the street always talk the hind leg off a donkey when we meet, but they're sweet.* Tien toisella puolella asuva vanha pariskunta puhuu aina lakkaamatta, kun satun tapaamaan heidät, mutta he ovat suloisia.

talk through one's hat (*myös* (br) talk through one's arse, (am) talk through one's ass) *ark* puhua puuta heinää, puhua läpiä päähänsä *Surely Mr Taylor is talking through his hat by implying that the painting was a fake.* Herra Taylor puhuu varmasti puuta heinää väittäessään, että maalaus oli väärennös.

talk to a brick wall *ark* ei suostua ottamaan puhetta kuuleviin korviinsa *Reasoning with her was like talking to a brick wall sometimes.* Hän osasi joskus olla kovakorvainen eikä kuunnellut perustelujani.

talk up kehua, korostaa *The organisation tried to talk up the importance of medical research.* Järjestö yritti korostaa lääketieteellisen tutkimuksen merkitystä.

2 talk *s*

be all talk vain kerskua *You're all talk, Martin!* Sinä vain kerskut, Martin!

the talk of the town päivän puheenaihe *His generosity became the talk of the town.* Hänen anteliaisuudestaan tuli päivän puheenaihe.

tall [´tɔːl] *a*

a tall order vaikea tehtävä, mahdoton suoritus *Breaking a habit is a tall order.* Uusille tavoille opettelu on todella vaikea tehtävä.

stand tall (yl am) seistä selkä suorassa ja leuka pystyssä (ylpeänä ja vahvana) *Stand tall and be proud.* Seiso ylpeänä ja selkä suorassa.

walk tall *1* kulkea t. kävellä pää pystyssä *Walk tall towards the microphone.* Kävele mikrofonia kohti pää pystyssä. *2* kulkea pystypäin, olla ylpeä itsestään *Labour needs to walk tall in a world of challenges.* Työväenpuolueen tulee kulkea pystypäin haasteiden täyttämässä maailmassa.

tangent [´tændʒənt] *s*

fly off at / on a tangent (*myös* go off at / on a tangent) poiketa asiasta (yllättäen) *The conversation went*

off at a tangent. Keskustelu poikkesi yllättäen uusille urille.

tangle ['tæŋgl] *v*
tangle with sb *ark* riidellä, tapella, ottaa yhteen jnk kanssa *I gather you've tangled with Potter before.* Olen ymmärtänyt, että olet ottanut yhteen Potterin kanssa aikaisemminkin.

tangled ['tæŋgld] *a*
a tangled web monimutkainen tilanne, sekava vyyhti *The tangled web of their relationship was getting to breaking-point.* Heidän monimutkainen suhteensa oli katkeamispisteessä.

tango ['tæŋgəʊ] *v*
it takes two to tango riitaan tarvitaan aina kaksi osapuolta *However, as it takes two to tango, it takes two to make peace.* Koska kuitenkin riitaan tarvitaan aina kaksi, tarvitaan rauhan tekoonkin kaksi.

1 tank ['tæŋk] *v*
tank up ryypätä, vetää pää täyteen

2 tank *s*
be built like a tank lujatekoinen kuin tankki *Contrary to a misconception about rugby, you don't have to be built like a tank to make the team.* Vastoin rugbyyn liittyvää harhakäsitystä, pelaajan ei tarvitse olla iso kuin ladon ovi päästäkseen joukkueeseen.

1 tap ['tæp] *v*
tap into *1* hyödyntää, käyttää hyväksi *Another alternative is for the smaller firm to tap into the growth of the older population.* Toinen vaihtoehto pienelle yritykselle on hyödyntää iäkkään väestön kasvanutta määrää. *2* päästä käsiksi, ottaa yhteyttä *Records sell better than books, and publishers want to tap into that larger market.* Levyt myyvät paremmin kuin kirjat, ja kus-

tantajat haluavat päästä käsiksi noihin suuriin markkinoihin. *Have you got any contacts that you could tap into fast?* Onko sinulla yhteyshenkilöitä, joihin voit ottaa nopeasti yhteyttä? *3* tarttua jhk (ongelmaan ym.), käsitellä jtak *When he complained of violence on TV he tapped into a real public concern.* Kun hän valitti väkivallasta televisiossa, hän tarttui todella yleiseen huolenaiheeseen.

2 tap *s*
[be] on tap *ark* saatavilla, käytettävissä *Specially trained staff are on tap from 9 am to 9 pm each day.* Erityiskoulutuksen saanut henkilökunta on käytettävissä aamuyhdeksästä iltayhdeksään joka päivä.

1 tape ['teɪp] *v*
have [got] sb / sth taped *ark* (br) tuntea jku läpikotaisin, tietää mikä jku on miehiään *I may have only spoken to him twice, but I've got him taped.* Vaikka olen puhunut hänen kanssaan vain kahdesti, tunnen hänet läpikotaisin.

2 tape *s*
red tape raskas byrokratia *Relief supplies earmarked for that area have been held up by red tape.* Sille alueelle varatut pelastusaputarvikkeet ovat jääneet byrokratian hampaisiin.

1 tar ['tɑːʳ] *s*
beat / knock the tar out of sb *1 ark* (am) lyödä jkta kovaa ja toistuvasti, rökittää *I threw my drink on him and he beat the tar out of me!* Heitin drinkkini hänen päälleen, ja hän veteli minua turpaan! *2* voittaa ylivoimaisesti *The only comment on the golf I will make is that my wife beat the tar out of me.* Ainoa kommenttini golfinpeluusta on se, että vaimoni voitti minut siinä ylivoimaisesti.

2 tar v

tar and feather kieritellä tervassa ja höyhenissä *Presumed traitors were tarred and feathered.* Pettureina pidetyt kieriteltiin tervassa ja höyhenissä.

tar with the same brush yleistää, pitää jkta samanlaisena *Don't tar everybody with the same brush!* Älä yleistä! *They're all tarred with the same brush.* He kaikki ovat samaa maata.

target ['tɑ:gɪt] s

be off target olla hakoteillä, olla väärässä *I'll make another guess and you can tell me whether I'm right or way off target.* Arvaan uudestaan, ja voit sanoa, olenko oikeassa vai pahasti hakoteillä.

be on target *1* olla oikeassa, osua naulan kantaan *I had to admit that she was right on target.* Minun täytyy myöntää, että hän oli aivan oikeassa. *2* edistyä aikataulun mukaisesti *The new police station is on target for a June opening.* Uusi poliisiasema edistyy aikataulun mukaisesti kesäkuun avajaisiin.

task ['tɑ:sk] s

take / bring / hold sb to task moittia, kritisoida, nuhdella *I am going to take you to task for leaving my party so early.* Aion nuhdella sinua siitä, että lähdit juhlistani niin aikaisin.

1 taste ['teɪst] s

leave a bad / bitter / nasty taste in sb's mouth jäädä paha maku suuhun (jstak), jäädä ikävä muisto (jstak) *What some people said at the time left a bad taste in my mouth.* Minulle jäi paha maku suuhun siitä, mitä jotkut ihmiset sanoivat silloin.

there's no accounting for taste makuasioista ei voi kiistellä *Some people collect strange things. But, there's no accounting for taste.* Jotkut ihmiset keräävät kummallisia esineitä. Mutta makuasioista ei voi kiistellä.

2 taste v

taste blood päästä voiton makuun *Having tasted blood in this election, they may cast their votes in the general election.* Päästyään voiton makuun näissä vaaleissa he ehkä äänestävät valtiollisissa vaaleissa.

tattoo [tə'tu:] s

beat a tattoo hakata, jyskyttää *George felt his heart begin to beat a tattoo.* George tunsi, kuinka hänen sydämensä alkoi hakata.

tea ['ti:] s

not for all the tea in China *ark* ei vaikka mikä olisi, ei kerta kaikkiaan *He won't stay in a hotel for all the tea in China.* Hän ei suostu asumaan hotellissa vaikka mikä olisi.

tear ['teəʳ] v

tear apart *1* tutkia läpikotaisin (paikkoja hajottamalla) *The police tore the house apart.* Poliisi tutki talon läpikotaisin. *2* syyttää, arvostella ankarasti *People who objected to the Inquisition were torn apart as heretics.* Inkvisitiota vastustavia ihmisiä syytettiin harhaoppisuudesta.

tear away *1* pitää erossa, pakottaa lähtemään, irrottaa *She was not able to tear her gaze away from his dark eyes.* Hän ei voinut irrottaa katsettaan miehen tummista silmistä. *2* (*tear oneself away*) pysytellä erossa, pystyä lähtemään *She just couldn't tear herself away from her new boyfriend.* Hän ei vain malttanut pysytellä erossa uudesta poikaystävästään.

tear into *ark 1* käydä jonkun kimppuun, hyökätä *It was the day Hitler tore into Belgium and the Netherlands.* Sinä päivänä Hitler hyökkäsi Belgiaan ja Alankomaihin. *2* syyttää ankarasti, soimata *Olga tore into Helmut about the disgrace she* *would suffer.* Olga soimasi Helmutia häpeästä, jonka hän joutuisi kokemaan. **3** alkaa tehdä jtak suurella innolla *Jay tore into the poem, words flowing like wine from an oak cask.* Jay alkoi kirjoittaa runoa suurella innolla, ja sanat pulppusivat kuin viini tammitynnyristä.

tear one's hair out *ark* raastaa hiuksiaan epätoivosta *She is still tearing her hair out trying to get the computer up and running.* Hän raastaa edelleen hiuksiaan epätoivosta yrittäessään saada tietokonetta toimimaan kunnolla.

tear sb off a strip (*myös* tear a strip off sb) *ark* (br) läksyttää jkta, antaa jkn kuulla kunniansa *I hope you tore him off a strip when he came home.* Toivottavasti annoit hänen kuulla kunniansa, kun hän tuli kotiin.

tear sb / sth to shreds / pieces haukkua perin pohjin, haukkua lyttyyn *The party's manifesto was torn to shreds.* Puolueen ohjelmajulistus haukuttiin perin pohjin.

tear sb's heart out pahoittaa jkn mieli, tehdä jku surulliseksi *It tears my heart out whenever I hear of a mining tragedy.* Kaivosonnettomuudet saavat minut aina surulliseksi.

tear up 1 repiä kappaleiksi, repiä riekaleiksi *He tore the pages up into pieces.* Hän repi sivut kappaleiksi. **2** purkaa, rikkoa (sopimus) *The dictator suddenly tore up the agreement between the countries.* Diktaattori rikkoi yllättäen maiden välillä olleen sopimuksen. **3** tuhota, hajottaa *The hurricane was tearing up buildings.* Pyörremyrsky tuhosi rakennuksia.

that's torn it *ark* kaikki on pilalla, suunnitelmat menivät pieleen *Aunt Lilly will be coming down for the weekend. That's torn it!* Lilly-täti on tulossa kylään viikonlopuksi. Kaikki on pilalla!

tee ['ti:] *v*
  be teed off *ark* olla kiukkuinen *Even then I was teed off with him.* Olin vieläkin kiukkuinen hänelle.

teem ['ti:m] *v*
  teem with vilistä, kuhista, olla täynnä jtak *The place was teeming with tourists.* Paikalla oli turisteja vilisemällä.

teeth ['ti:θ] *s*
  [do sth] in the teeth of danger [tehdä jtak] vaarankin uhalla t. vaaraa uhmaten *all the cool courage that he had displayed in the teeth of danger* se rohkeus, jota hän oli osoittanut vaaran uhatessa
  get / sink one's teeth into sth paneutua, syventyä *She would like to have a hobby she could really get her teeth into.* Hän haluaisi löytää harrastuksen, johon hän voisi todella paneutua.
  have teeth *ark* (br) olla tehokas ja vaikutusvaltainen (yrityksestä, laista ym.) *It's like any other law that doesn't have teeth.* Se on samanlainen kuin muutkin tehottomat lait.

telephone ['telɪfəʊn] *s*
  be on the telephone (br) omistaa puhelin *You really should be on the telephone.* Sinun pitäisi todellakin omistaa puhelin.

tell ['tel] *v*
  as far as one can tell näyttää jksta jltak, tietääkseen *As far as he could tell no one was following him.* Hänestä näytti siltä, että kukaan ei seurannut häntä.
  can't tell your arse from your elbow *alat* täysi tumpelo *It's no good asking him to organize anything – he can't tell his arse from his elbow.* Häntä nyt on ihan turha pyytää järjestämään mitään – hyvä kun kotiinsa löytää yöllä.

I'll tell you sth / one thing kuule, tiedätkös mitä *I'll tell you something, I'm scared.* Tiedätkös mitä? Minä pelkään.

[I'll] tell you what *ark* kuule, hei *Tell you what, I'll ask Mum and ring you back.* Kuule, minä kysyn äidiltä ja soitan sinulle takaisin.

sth tells me [that] minusta tuntuu siltä että, minulla on sellainen tunne että *Something tells me it's going to be a very interesting evening.* Minusta tuntuu siltä, että illasta tulee hyvin mielenkiintoinen.

tell against sb / sth *kirjak* (br) olla haitaksi jklle *The lack of training told against the team.* Valmennuksen puute oli haitaksi joukkueelle.

tell apart erottaa (toisistaan) *They are identical twins, and I can't tell them apart.* He ovat kaksosia, enkä erota heitä toisistaan.

tell it like it is sanoa kaunistelematta, puhua asioista suoraan *You asked that we continue to tell it like it is.* Pyysit meitä puhumaan jatkossakin suoraan.

tell its own tale / story paljastaa totuus *The worried expression on Helen's face told its own tale.* Helenin kasvojen huolestunut ilme paljasti totuuden.

tell me about it *iron ark* tiedän kyllä *Your husband watches a lot of football. – Tell me about it!* Aviomiehesi katselee paljon jalkapallo-otteluita. – Tiedän kyllä!

tell me another (*myös* am tell me another one) *ark* älä huijaa, en usko, puhu pukille – *I caught a fish this big the other day. – Tell me another, will you? I bet you were dreaming.* – Sain tuossa taannoin näin ison kalan. – Älä huijaa. Taisit saada sen unissasi.

tell on sb *ark* kannella, kieliä *Jimmy always tells on his sister.* Jimmy kantelee aina sisarestaan.

tell porkies *ark leik* (br) puhua pötyä, läpiä päähänsä *He is telling porkies about his magic powers.* Hän puhuu läpiä päähänsä taikakyvyistään.

tell sb off läksyttää, nuhdella *I told her off for not telling us she was ill.* Nuhtelin häntä siitä, ettei hän ollut kertonut meille olevansa sairas. *Caroline was told off by her parents for coming home late at night.* Carolinen vanhemmat nuhtelivat häntä siitä, että hän tuli kotiin myöhään illalla.

tell sb where to get off antaa jkn kuulla kunniansa, läksyttää jkta *He was fired after telling his boss where to get off.* Hänet erotettiin sen jälkeen, kun hän oli antanut pomonsa kuulla kunniansa.

tell tales out of school <kertoa ryhmän t. järjestön asioita ulkopuolisille> *You don't want us telling tales out of school, do you?* Et varmaankaan halua meidän vuotavan järjestön asioita ulkopuolisille?

tell the time katsoa kelloa *Her hand was shaking so much that she could not tell the time.* Hänen kätensä vapisi niin paljon, ettei hän pystynyt katsomaan kelloa.

there's no telling vaikea sanoa, on mahdotonta tietää *There is no telling how Dad will react.* On mahdotonta tietää, miten isä reagoi.

you're telling me *1* tiedän kyllä – *Pete seems to be drinking quite heavily. – You're telling me!* – Vaikuttaa siltä, että Pete juo aika paljon. – Tiedän kyllä! *2* älä muuta sano, olen samaa mieltä – *Ann's brother is the most boring person I know! – You're telling me!* – Annin veli on ikävystyttävin ihminen, jonka tunnen! – Älä muuta sano!

1 temper ['tempə^r] *s*

fly into a temper kiivastua, raivostua *Mary has a natural tendency to fly into a temper.* Marylla on luontainen taipumus kiivastua.

have a short temper olla äkkipikainen, olla kiivasluonteinen *I am known to have a short temper.* Olen tunnettu äkkipikaisuudestani.

out of temper kiukkuinen, äkäinen *I was out of temper with myself.* Olin kiukkuinen itselleni.

temper, temper älä hermostu, rauhoitu – *Get out!* – *Temper, temper.* – Häivy! – Älä nyt hermostu.

tempers flare (*myös* tempers fray) tunteet kuohuvat, tunteet nousevat pintaan *Tempers flared as the results were declared.* Tunteet kuohuivat, kun tulokset julistettiin.

2 temper *v*

justice is tempered with mercy antaa armon käydä oikeudesta *The president's pardons demonstrated that his justice was tempered with mercy.* Presidentin suomat armahdukset osoittivat, että hän antoi armon käydä oikeudesta.

temperature ['temprɪtʃər] *s*

be running a temperature olla kuumetta *She's got a bad cold and she's running a temperature.* Hänellä on paha flunssa ja kuumetta.

raise / lower the temperature lisätä / vähentää jkn tilanteen kiihtymystä *Her words raised the temperature of the debate to fever pitch.* Hänen kommenttinsa kiristivät väittelyn tunnelman äärimmilleen. *The party signalled for months that it wanted to lower the political temperature surrounding social security.* Puolue viestitti kuukausien ajan, että se haluaa vähentää poliittista jännitystä sosiaaliturvakysymysten osalta.

tempt ['tempt] *v*

tempt fate (*myös* temp providence) uhmata kohtaloa, koettaa onneaan *John felt he would be tempting providence to allow himself to love again.* Johnista tuntui, että hän uhmaisi kohtaloaan, jos antaisi itsensä rakastua uudelleen.

ten ['ten] *num*

ten out of ten täydellinen suoritus, täysin oikeassa (myös ironinen) – *I see you have dyed your hair.* – *Ten out of ten for observation.* – Olet näköjään värjännyt hiuksesi. – Aivan!

ten to one aivan varmasti *Ten to one the woman he is meeting tonight is Victoria.* Se nainen, jonka hän tapaa tänään, on aivan varmasti Victoria.

tender ['tendər] *a*

at a tender age nuorella iällä *Tennis players start at a more tender age these days.* Tenniksen pelaajat aloittavat nykyisin entistä nuoremmalla iällä.

tenterhook ['tentəhʊk] *s*

be on tenterhooks olla kuin tulisilla hiilillä, tuskin malttaa odottaa *Larry was on tenterhooks each time the phone rang.* Larry oli kuin tulisilla hiilillä aina kun puhelin soi.

term ['tɜːm] *s*

come to terms [with] *1* oppia elämään jnk asian kanssa, oppia hyväksymään jk *I've come to terms with my height.* Olen oppinut hyväksymään pituuteni. *2* päästä sopimukseen t. yksimielisyyteen [jkn kanssa] *They came to terms in a surprisingly quick meeting last Monday.* He pääsivät yksimielisyyteen yllättävän lyhyessä kokouksessa viime maanantaina.

do sth on sb's / one's [own] terms tehdä jtk jkn / omilla ehdoilla *I am confident I will accomplish my goals on my own terms.* Luotan siihen, että saavutan tavoitteeni omilla ehdoillani.

in terms of sth jkn suhteen *Ineffective decisions could be costly in terms of time.* Tehottomat päätökset voivat tulla kalliiksi ajassa mitattuina.

think in terms of sth harkita jtk, ajatella jtk *We are thinking in terms* *of how we want to do it.* Olemme ajatelleet sitä, miten haluamme tehdä sen.

territory ['teritəri] *s*
go / come with the territory kuulua asiaan, olla tavallista (jssak tilanteessa) *In England unpredictable weather comes with the territory.* Englannissa arvaamaton sää kuuluu asiaan.

virgin territory aivan uusi toimialue *The channel is moving into virgin territory by producing documentaries.* TV-kanava tekee uuden aluevaltauksen tuottamalla dokumenttiohjelmia.

1 test ['test] *s*
a litmus test of / for sth jkn koetinkivi *One of the uses of this scandal will be to act as a litmus test for intellectual honesty for liberals.* Yksi tämän skandaalin hyödyistä on se, että se toimii vapaamielisten älyllisen rehellisyyden koetinkivenä.

stand the test of time olla yhä ajankohtainen, säilyttää suosionsa *The film has stood the test of time.* Elokuva on yhä ajankohtainen.

the acid test koetinkivi, tulikoe *Trade relations will be the real acid test of his abilities.* Kauppasuhteiden hoitaminen tulee olemaan hänen kykyjensä todellinen koetinkivi.

2 test *v*
test the water[s] koettaa kepillä jäätä, ottaa alustavasti selvää jstak, tunnustella tilannetta *His arguments are testing the waters of public opinion.* Hän tunnustelee yleistä mielipidettä väitteillään.

tête ['teit] *s, adj, adv*
tête-à-tête kahdenkeskinen (keskustelu), kahden kesken *I am compelled to have a tete-a-tete with you on the subject.* Minun on pakko käydä kahdenkeskinen keskustelu kanssasi aiheesta.

thank ['θæŋk] *v*
I will thank you [not] to do sth pyydän sinua tekemään jtak *I will thank you not to speak of my son.* Pyydän sinua olemaan puhumatta pojastani.

thank one's lucky stars kiittää onneaan *You should be thanking your lucky stars you're alive at all.* Sinun pitäisi kiittää onneasi siitä, että olet ylipäätään hengissä.

thanks ['θæŋks] *s*
no thanks to *iron* ilman jkn apua, jstak huolimatta *They managed to get the project finished. No thanks to you!* He onnistuivat saamaan projektin päätökseen. Ilman sinun apuasi!

that ['ðæt] *pron*
and that's that *ark* ja sillä hyvä *I've made up my mind and that's that!* Olen tehnyt päätökseni ja sillä hyvä!

Don't give me that! *ark* Älä selitä! Turha selitellä. – *I promise I'll come tomorrow. – Don't give me that!* – Lupaan tulla huomenna. – Turha selitellä!

Get a load of that [sth]! *ark* Katsopas tuota [...]! Näitkö tuon [...]!? *Would you get a load of that look on his face?* Näitkö mikä ilme hänen naamallaan oli?

that is [to say] se on, toisin sanoen *About this time – that is to say, in the 15th century – Spain became a unified country.* Tuona ajanjaksona – toisin sanoen 1400-luvulla – Espanjasta tuli yhtenäinen valtio.

that's a good one *iron ark* jopas jotakin, ihanko totta – *I'm so tired. – That's a good one. You've done nothing all day!* – Olen hirveän väsynyt. – Ihanko totta. Ethän sinä ole tehnyt mitään koko päivänä!

that's about it *ark* pitää paikkansa, näin on – *You mean you don't want to go to my parents' place? – That's about it.* – Siis tarkoitatko, ettet halua lähteä vanhempieni luo? – Pitää paikkansa.

that said kuitenkin, siitä huolimatta *Kate is an intelligent child. That said, she is always causing trouble at school.* Kate on hyvin älykäs lapsi. Kuitenkin hän aiheuttaa jatkuvasti vaikeuksia koulussa.

then ['ðen] *adv*

but then [again] mutta toisaalta *I like a shower but then again I do like the chance to have a bath.* Pidän suihkusta, mutta toisaalta käyn mielelläni myös kylvyssä.

then and there siinä samassa, heti paikalla *The problem cannot be resolved then and there.* Ongelmaa ei voida ratkaista siinä samassa.

1 there ['ðeə^r] *adv*

be not all / quite there *ark* ei ajatella selkeästi (etenkin johtuen jnk aineen vaikutuksesta) *Sometimes it seems as if he's not all there.* Ihan kuin hän ei aina kykenisi ajattelemaan selkeästi.

be there for sb olla jkn tukena, auttaa jkta *She was there for me when I needed her.* Hän oli tukenani silloin, kun minä tarvitsin häntä.

have been there before tuntea tilanne, olla kokemusta asiasta *Here are some helpful tips from mothers who've been there before.* Tässä on hyödyllisiä neuvoja kokeneilta äideiltä.

there and then (*myös* then and there) heti [paikalla], siinä samassa *I gave up the job there and then and headed for Brazil.* Luovuin työstä heti ja suuntasin matkani Brasiliaan.

there it is asia nyt vain on niin, siitä ei pääse mihinkään, siitä ei pääse yli eikä ympäri *This may be a very pessimistic analysis, but there it is.* Tämä saattaa olla hieman pessimistinen analyysi, mutta siitä ei pääse yli eikä ympäri.

there you are (*myös* there you go) *ark* [tässä,] ole hyvä, [tässä,] olkaa hyvä (ojennettaessa jklle jtak) *There you are, your very own office!* Ole hyvä, ikioma toimistosi.

there you go again ja taas sama juttu, siinä sitä taas ollaan, joko taas *There you go again, jumping to conclusions.* Ja taas sama juttu, teet liian hätäisiä päätelmiä.

You've got me there. *ark* Enpä tiedä., Ei hajuakaan. (vastauksena pulmalliseen kysymykseen)

2 there *interj*

so there *ark* siinäs kuulit *I'll never marry you, so there!* En mene koskaan kanssasi naimisiin, siinäs kuulit!

there, there *vanh* no no, rauhoitu *There, there. Everything is going to be just fine.* No no, rauhoitu. Kaikki tulee olemaan hyvin.

thick ['θɪk] *a*

a thick ear korvapuusti, korvatillikka *My mother would have given me a thick ear for lying.* Äitini olisi antanut minulle korvatillikan valehtelemisesta.

[as] thick as thieves *ark* kuin paita ja peppu, erottamattomat ystävykset *Then they'd be as thick as thieves again.* Sitten heistä tulisi taas erottamattomat ystävykset.

[as] thick as two short planks *halv* tyhmä kuin saapas *Like I said, she's thick as two short planks but she's useful.* Kuten sanoin, hän on tyhmä kuin saapas mutta hyödyllinen.

have a thick head *ark* (br) kärsiä päänsärystä *Numerous bottles of beers meant a bit of a thick head this morning.* Edellisiltana nautitut oluet aiheuttivat hieman päänsärkyä tänä aamuna.

thin

in the thick of keskellä *During the run up to the elections she was in the thick of yet another controversy.* Vaalien kynnyksellä hän joutui jälleen keskelle kiistaa.

lay it on thick *ark* liioitella *He was laying it on a bit thick about the value of his mobile phone.* Hän vähän liioitteli kännykkänsä arvoa.

thick and fast tiheää tahtia, kiivasta vauhtia *The ideas have come thick and fast.* Ideoita on tullut kiivaaseen tahtiin.

through thick and thin sekä hyvinä että huonoina aikoina *Madeline supports her husband through thick and thin.* Madeline tukee aviomiestään sekä hyvinä että huonoina aikoina.

1 thin ['θɪn] *a*

from thin air tyhjästä *The woman emerged, seemingly from thin air.* Nainen ilmestyi ikään kuin tyhjästä.

have a thin time olla kurjat oltavat, olla tukalassa asemassa *Compared to the service today, students living off campus had a thin time.* Nykypäivän palvelutasoon verrattuna kampusalueen ulkopuolella asuvat opiskelijat olivat tukalassa asemassa.

into thin air näkymättömiin *The car vanished into thin air.* Auto katosi näkymättömiin.

thin on top kaljuuntumassa oleva *He is going a bit thin on top.* Hänellä on orastava kalju.

2 thin *v*

thin down vähentää *The company must thin down the workforce.* Yrityksen täytyy vähentää työvoimaa.

thing ['θɪŋ] *s*

a thing of the past ollutta ja mennyttä *Village schools will soon become a thing of past.* Kyläkoulut ovat kohta ollutta ja mennyttä.

a thing or two paljon *She knows a thing or two about gardening.* Hän tietää paljon puutarhanhoidosta.

be all things to all men / people *1* olla kaikille mieliksi *He tries to be all things to all people by avoiding taking a clear position on anything.* Hän yrittää olla kaikille mieliksi välttelemällä ottamasta selkeää kantaa missään asiassa. *2* olla sovellettavissa moneen eri tarkoitukseen *From many runs on it I formed the opinion that this car could be all things to all men.* Kokeiltuani tätä autoa kattavasti tulin siihen johtopäätökseen, että se sopii moneen eri tarkoitukseen.

be on to a good thing olla onnellisessa asemassa, olla asiat hyvin *I know I'm on to a good thing with George.* Tiedän, että minulla on asiat hyvin Georgen kanssa.

do things for sb *ark* olla tunteita herättävä vaikutus jklle *That movie just does things for me.* Se elokuva yksinkertaisesti herättää voimakkaita tunteita minussa.

for one thing ensiksikin *It's stupid, for one thing, and for another it can get you into trouble.* Ensiksikin se on tyhmää, ja toiseksi saatat joutua vaikeuksiin sen vuoksi.

have a thing about / for *ark 1* olla hulluna jhk *She has always had a thing about hats.* Hän on aina ollut hulluna hattuihin. *2* inhota *He's got this thing about ties.* Hän inhoaa solmioita.

have [got] another thing coming erehtyä pahan kerran *If you think we're going to stand for this kind of behaviour, you have another thing coming!* Jos luulet, että me siedämme tällaista käytöstä, erehdyt pahan kerran!

in all things *kirjak* kaikessa *Moderation in all things.* Kohtuus kaikessa.

[just] one of those things *ark* sellaista sattuu *It's not her fault, it was* *just one of those things*. Ei se hänen vikansa ole, sellaista vain sattuu.

make a thing of / about *ark* tehdä jstak [suuri] numero *She made a thing of announcing that we were planning a trip to Spain.* Hän teki numeron siitä, että suunnittelimme Espanjan-matkaa.

[quite] the thing muoti-ilmiö, sopiva asia *That restaurant is quite the thing now.* Kaikki käyvät nyt siinä ravintolassa. *It wouldn't be quite the thing to go to the party in raincoat and wellies!* Ei olisi kovin sopivaa mennä juhliin sadetakissa ja kumisaappaissa!

see / hear things nähdä / kuulla olemattomia *She thought she was seeing things.* Hän luuli näkevänsä olemattomia.

the done thing sopivaa *It was not the done thing.* Se ei ollut sopivaa.

there is only one thing for it on vain yksi mahdollisuus *There was only one thing for it – she would have to go and ask John.* Oli vain yksi mahdollisuus – hänen täytyisi mennä kysymään Johnilta.

things that go bump in the night *leik ark* aavemaiset t. yliluonnolliset äänet ja asiat *It was one of those books that uses an assortment of things that go bump in the night to heighten reader tension.* Kyseessä oli yksi niistä kirjoista, joissa käytetään yliluonnollisia asioita jännityksen lisäämiseen.

think ['θɪŋk] *v*

I thought as much niin arvelinkin *– This tea is cold. – I thought as much. – Tee on kylmää. – Niin arvelinkin.*

not think much of ei pitää kovinkaan paljon *I never thought much of Shakespeare.* En koskaan pitänyt kovinkaan paljon Shakespearesta.

think a lot (*myös* think highly of) arvostaa *Your grandfather thought a lot of you.* Isoisäsi arvosti sinua.

think better of tulla toisiin ajatuksiin, olla tekemättä jtak *I was tempted to follow the email link but thought better of it.* Sähköpostissa olevan linkin avaaminen houkutteli, mutta tulin toisiin ajatuksiin.

think nothing of ei pitää minään, väheksyä *Mr Reeves thinks nothing of such an idea.* Herra Reeves ei pidä sellaista ajatusta minään.

think out of the box (*myös* think outside the box) *ark* ajatella uudella, luovalla tavalla *A little thinking out of the box could provide the solution you seek.* Ajatustavan muuttaminen uuteen, luovaan suuntaan voisi tuoda etsimäsi ratkaisun.

think up *ark* keksiä *Who thought up your dog's name?* Kuka keksi koiranne nimen?

third ['θɜːd] *num*

[give sb] the third degree *ark* kolmannen asteen kuulustelu *His mother gave him the third degree when he came home late last night.* Hänen äitinsä kuulusteli häntä tiukasti, kun hän pääsi kotiin viime yönä.

third time lucky (*myös* am third time is the charm) *ark* kolmas kerta toden sanoo *After two successive defeats the team made it third time lucky today with an emphatic win.* Kolmas kerta toden sanoo – kahden peräkkäisen häviön jälkeen joukkue voitti tänään selvästi.

thorn ['θɔːn] *s*

on thorns kuin tulisilla hiilillä *He must have been waiting on thorns for a chance to see me.* Hän odotti varmaankin tilaisuutta nähdä minut kuin tulisilla hiilillä.

thorn in one's side / flesh piikki jkn lihassa *Unveiling embarrassing stories, the newspaper became a thorn in the government's side.* Paljastamalla kiusallisia juttuja sanomalehdestä tuli piikki hallituksen lihassa.

thought

thought ['θɔːt] *s*
a thought vähän, hieman *I was a thought happier.* Olin hieman onnellisempi.

give sth a / another / some thought ajatella jtak, miettiä jtak *He never gave a thought to his child.* Hän ei koskaan ajatellut lastaan.

give sth a second thought harkita, miettiä perusteellisesti *I didn't even give the matter a second thought.* En edes ajatellut asiaa sen kummemmin.

have second thoughts tulla toisiin ajatuksiin, katua jtak *Shannon began to have second thoughts about the trip.* Shannon oli alkanut tulla toisiin ajatuksiin matkan suhteen.

on second thought tarkemmin ajatellen *On second thought, this album is extremely good.* Tarkemmin ajatellen tämä albumi on äärimmäisen hyvä.

thrall ['θrɔːl] *s*
have / hold sb in thrall pitää jkta vallassaan *It was physical addiction that held them in thrall.* Kyseessä oli fyysinen riippuvuus, joka piti heitä vallassaan.

thread ['θred] *s*
a common / connecting thread yhteinen tekijä, yhteinen piirre *Humour was a common thread linking all these movies.* Huumori oli kaikkia näitä elokuvia yhdistävä piirre.

hang by a thread olla hiuskarvan varassa *His life is hanging by a thread.* Hänen elämänsä on hiuskarvan varassa.

lose the thread pudota kärryiltä *I lost the thread of this discussion.* Putosin kärryiltä keskustelussa.

pick up the threads of sth päästä uudestaan jnk makuun, jatkaa jnk tekemistä *Wayne began to pick up the threads of normal life.* Wayne pääsi jälleen tavallisen elämän makuun.

threshold ['θreʃʰəʊld] *s*
a boredom threshold taipumus kyllästyä *I love challenges and admit that I have a low boredom threshold.* Rakastan haasteita ja myönnän, että kyllästyn helposti.

thrill ['θrɪl] *s*
thrills and spills jännitys (jännittävät asiat t. tilanteet) *Children of all ages will want to experience thrills and spills of watersports.* Kaikenikäiset lapset haluavat kokea vesiurheilun jännityksen.

thrilled ['θrɪld] *a*
thrilled to bits / pieces / death haltioissaan, onnesta sekaisin *Vicky was thrilled to bits that the dog had been found.* Vicky oli onnesta sekaisin siksi, että koira oli löytynyt.

throat ['θrəʊt] *s*
be at each other's throats olla toistensa kurkussa kiinni, olla riidoissa *We were at each other's throats constantly.* Olimme jatkuvasti riidoissa.

go for the throat iskeä jkta arkaan paikkaan *They have now decided to go for the throat of their political opponents.* He ovat nyt päättäneet iskeä poliittisia vastustajiaan arkaan paikkaan.

grab / take / hold you by the throat kiinnittää jkn täysi huomio, vallata jkn tunteet *There is one movie that grabs me by the throat every time the theme music sweeps up.* On yksi elokuva, joka saa minut täysin valtaansa jo tunnusmusiikin alkaessa soida.

lie in one's throat valehdella karkeasti *He dared to lie in his throat to us.* Hän rohkeni valehdella meille päin naamaa.

ram / force / shove / thrust sth down sb's throat tyrkyttää jtak jklle *The citizens had propaganda rammed down their throats.* Kansalaisille tyrkytettiin propagandaa.

take sth by the throat käydä jhk kunnolla käsiksi *You need experts who can grab a problem by the throat and kill it.* Tarvitset asiantuntijoita, jotka kykenevät käymään ongelmiin kunnolla käsiksi ja ratkaisemaan ne.

throes ['θrəʊz] *s*
be in the throes of sth olla t. kitua jnk kourissa, olla jssak [yl tuskallisessa] tilassa *The country was in the throes of civil war.* Maa oli sisällissodan kourissa.

throttle ['θrɒtl] *s*
at / on full throttle täyttä vauhtia, täydellä teholla *The campaign continues at full throttle.* Kampanja jatkuu täydellä teholla.

through ['θru:] *a*
be through with *1* olla kyllästynyt jhk, olla saanut tarpeekseen jstak, olla luopunut jstak *I'm through with men.* Olen saanut tarpeekseni miehistä. *2* <ei enää käytä t. tehdä jtak> *Are you through with the hairdryer?* Etkö enää käytä hiustenkuivainta? *3* olla pannut välit poikki (seurustelusuhteesta ym.) *I've told Mike that I'm through with him.* Olen kertonut Mikelle, että meidän juttumme on ohi.

throw ['θrəʊ] *v*
throw a fit (*myös* throw a tantrum) saada kiukunpuuska, raivostua *She threw a fit when she received the bill.* Hän raivostui saadessaan laskun.

throw a party järjestää juhlat *Throwing a party is very stressful.* Juhlien järjestäminen on hyvin stressaavaa.

throw a punch lyödä, iskeä *He drew back as the opponent threw a punch.* Hän väisti taaksepäin vastustajan lyödessä.

throw a shadow heittää varjo, varjostaa *The lamp threw shadows on his face.* Lamppu heitti varjoja hänen kasvoilleen.

throw dust in sb's eyes sahata silmään, petkuttaa *They tried to throw dust in the eyes of the world in an attempt to conceal the disaster.* He yrittivät sahata maailmaa silmään koittamalla peitellä suuronnettomuutta.

throw good money after bad joutua ojasta allikkoon *Consumers are being forced to throw good money after bad with price rises.* Kuluttajat pakotetaan ojasta allikkoon hinnannousuilla.

throw in saada kaupanpäällisiksi, sisältyä hintaan *Do we get breakfast thrown in?* Sisältyykö aamiainen hintaan?

throw in the towel (*myös* throw in the sponge) heittää pyyhe kehään, luovuttaa *I don't want to throw in the towel on this job yet.* En halua luovuttaa vielä tämän työpaikan suhteen.

throw light valaista, heijastaa valoa *A chandelier threw its bright light over the white walls.* Kattokruunu valaisi kirkkaasti valkoisia seiniä.

throw one's hand in *ark* luovuttaa *If we are going to play that, I shall throw my hand in.* Jos alamme pelaamaan tuota, niin luovutan.

throw oneself at *ark* tyrkyttää itseään jklle (seksuaalisesti) *She's throwing herself at George.* Hän suorastaan tyrkyttää itseään Georgelle.

throw oneself into heittäytyä jhk, keskittyä jhk [täysin] *A new mother will often throw herself fully into motherhood.* Tuoreet äidit keskittyvät usein vain äitiyteen.

throw oneself on sb's mercy anoa armoa, anella anteeksipyyntöä *It would be beneath my dignity to throw myself on their mercy.* Anteeksipyynnön aneleminen heiltä ei olisi arvoni mukaista.

throw together *ark* kyhätä kokoon *throw together a meal* kyhätä kokoon ateria

throw up *ark* **1** oksentaa **2** nostattaa *throw up a cloud of dust* nostattaa pölypilvi **3** pystyttää (kiireesti) *Grey concrete buildings had been thrown up.* Harmaita rakennuksia oli pystytetty kiireesti. **4** (br) synnyttää, tuottaa *The war threw up many heroes.* Sota synnytti monia sankareita. **5** luopua *We are throwing up the chance to have our say.* Luovumme tilaisuudesta päästä sanomaan oma mielipiteemme.

thud ['θʌd] *s*
with a thud hetkessä, samassa *His words brought Paula back to reality with a thud.* Hänen sanansa toivat Paulan hetkessä takaisin todellisuuteen.

1 thumb ['θʌm] *s*
be all thumbs (*myös* be all fingers and thumbs) olla peukalo keskellä kämmentä *He's all thumbs when it comes to a camera.* Hän on ihan onneton kameran käsittelijä.

give the thumbs down *ark* hylätä jk *Voters gave the thumbs down to the restoration plan.* Äänestäjät hylkäsivät restaurointisuunnitelman.

give the thumbs up *ark* hyväksyä jk, antaa hyväksyntä jllek *They are finally giving the thumbs-up for the concert.* He ovat vihdoinkin antamassa hyväksyntänsä konsertin järjestämiselle.

suck one's thumb nuolla näppejään *Now he's left sucking his thumb wondering what hit him.* Nyt hänet jätettiin nuolemaan näppejään ja miettimään, kuka hänen kimppuunsa hyökkäsi.

under one's thumb jkn peukalon alla, jkn vallassa *My friend Pete is certainly under his wife's thumb.* Ystäväni Pete on kiistatta vaimonsa tossun alla.

2 thumb *v*
thumb one's nose at *ark* nyrpistää nenäänsä jklle, viis veisata jstak *Is he thumbing his nose at the media circus?* Kaihtaako hän mediasirkusta osana älykästä suunnitelmaa?

thunder ['θʌndə^r] *s*
by thunder *vanh* totisesti, totta tosiaan *It's my last word, by thunder!* Se on totisesti viimeinen sanani!
have a face like thunder näyttää raivostuneelta *When he came back he had a face like thunder.* Hän näytti raivostuneelta palatessaan.
what in thunder... *ark* mitä helkkaria... *I began to wonder what in thunder he was saying.* Aloin miettiä, mitä helkkaria hän oikein horisi.

thunderbolt ['θʌndəbəʊlt] *s*
like a thunderbolt kuin salama kirkkaalta taivaalta *The news hit us like a thunderbolt.* Uutinen tuli meille kuin salama kirkkaalta taivaalta.

1 tick ['tɪk] *v*
tick along edistyä, edetä *Things had been ticking along nicely between them.* Heidän välillään oli tapahtunut edistystä.

tick off *ark* **1** (br) nuhdella, haukkua *His mum ticked him off for smoking.* Hänen äitinsä nuhteli häntä tupakanpoltosta. **2** (am) suututtaa *He ticks me off.* Hän suututtaa minua.

what makes sb tick *ark* mikä innostaa t. motivoi jkta *I'd like to know what it is that makes you tick.* Haluaisin tietää, mikä sinua oikein motivoi.

2 tick *s*
[as] tight as a tick *ark* **1** aivan täynnä *The job market is as tight as a tick.* Työmarkkinat ovat ratketa liitoksistaan. **2** kännissä kuin käki *By the time we got to our destination I usually would be as tight as a tick.* Olin

yleensä kännissä kuin käki siihen mennessä, kun pääsimme määränpäähämme.
on tick luotolla *We can always get it on tick.* Ainahan voimme ostaa sen luotolla.

ticket ['tıkıt] *s*
a one-way ticket to sth johtaa varmasti jhk (yl epämieluisasta tilanteesta) *I was convinced that the result of this war would be a one-way ticket to hell for the people.* Olin vakuuttunut, että tämän sodan lopputulos johtaisi taatusti maanpäälliseen helvettiin kansan kannalta.
big ticket *ark* (am, austr) erittäin kallis *It's difficult to convince a very poor person to buy a big-ticket item.* On vaikeaa saada rutiköyhä ihminen vakuuttuneeksi jonkun erittäin kalliin tuotteen ostamisesta.
just the ticket *vanh* (br) ihanteellinen vaihtoehto, täydellinen ratkaisu *This car could be just the ticket for a small family.* Tämä auto saattaa olla ihanteellinen vaihtoehto pienelle perheelle.
the hot ticket *ark* (am) jku t. jk on erittäin suosittua *I suspect these caps will be the hot ticket in the future.* Uskon, että nämä lakit tulevat olemaan erittäin suosittuja tulevaisuudessa.
write one's own ticket sanella ehdot *Many people basically wrote their own ticket in regards to job title, salary, benefits, etc.* Monet ihmiset oikeastaan sanelivat ehdot koskien omaa työnimikettään, palkkaa, työetuja jne.

tickle ['tıkᵊl] *v*
be tickled pink (*myös* be tickled to death) olla onnensa kukkuloilla, olla kuin seitsemännessä taivaassa *He was tickled pink when the teacher posted the grades outside the classroom.* Hän oli pakahtua onnesta, kun opettaja laittoi arvosanat näkyville luokkahuoneen ulkopuolelle.
tickle sb's fancy kiinnostaa jkta *Here are a couple of anecdotes that might tickle your fancy.* Tässä on pari tarinaa, jotka saattavat kiinnostaa sinua.
tickle the ivories *ark vanh* (yl am) pimputtaa pianoa *There's always someone tickling the ivories in that bar.* Siinä baarissa on aina joku pimputtamassa pianoa.

1 tide ['taɪd] *s*
stem the tide [of] pitää puoliaan (jtk vastaan), torjua, ehkäistä *Efforts are ongoing to develop a vaccine that may stem the tide of a pandemic.* Pandemian torjuvan rokotteen kehittämiseksi ponnistellaan herkeämättä.
the turn of the tide käännekohta *Many historians mark that battle as the turn of the tide in the war.* Monet historioitsijat pitävät sitä taisteluna sodan käännekohtana.

2 tide *v*
tide over auttaa eteenpäin *Lend me some money to tide me over.* Lainaa minulle vähän rahaa, jotta selviän eteenpäin.

1 tie ['taɪ] *v*
tie up the loose ends viimeistellä *The gas pipeline project is a complex one and it is crucial that work to tie up the loose ends begins.* Kaasuputkihanke on monimutkainen, ja on ratkaisevaa, että viimeistelytyö päästäisiin aloittamaan.

2 tie *s*
the old school tie hyvä veli -järjestelmä *It is safe to say the old school tie has bitten the dust in that school.* Voidaan sanoa, että hyvä veli -järjestelmä on kadonnut siitä koulusta.

tiger

tiger ['taɪgəʳ] *s*
be riding a tiger olla pulassa, ottaa riskejä *They are riding a tiger, know it, and currently have no way to climb off.* He ovat pulassa ja he tietävät sen, mutta nykyisellään he eivät kykene ratkaisemaan ongelmiaan.
have a tiger by the tail joutua pulaan *He now has a tiger by the tail and I wonder whether he can survive.* Hän on joutunut pulaan nyt, ja ihmettelen vain, selviääkö hän siitä.

tight ['taɪt] *a*
a tight corner / spot / place *ark* tukala tilanne *He had been in many tight spots during his life.* Hän oli ollut elämänsä aikana monessa tukalassa tilanteessa.
it's a tight squeeze jssak on ahdasta [ja tukalaa] (alaltaan t. tilavuudeltaan liian pienestä paikasta) *If you all move to Tom's house, it will be a tight squeeze for you all.* Jos te kaikki muutatte Tomin luo, niin teillä tulee olemaan siellä varsin ahdasta.
run a tight ship pitää ohjat tiukasti käsissään *With that previous goverment spending lots of money, this one has to run a tight ship.* Koska edellinen hallitus kulutti niin paljon rahaa, nykyisen hallituksen täytyy pitää budjetin ohjat tiukasti käsissään.

tightrope ['taɪtrəʊp] *s*
walk / tread a tightrope (*myös* live on a tightrope) tasapainoilla, joutua ahtaalle *He's walking a tightrope between the office and home.* Hän tasapainoilee toimiston ja kodin välillä. *The events left the Romanians treading a financial tightrope.* Tapahtumien vuoksi romanialaiset joutuivat taloudellisesti ahtaalle.

tile ['taɪl] *s*
on the tiles *ark* (br) aamuun asti juhlien *It won't be the first time he's spent a night on the tiles!* Eipä ole ensimmäinen kerta, kun hän on juhlinut aamuun asti!

till ['tɪl] *s*
have one's fingers in the till *ark* (yl br) varastaa työpaikaltaan *They were caught with their fingers in the till.* Heidät saatiin kiinni työnantajaltaan varastamisesta.

1 tilt ['tɪlt] *v*
tilt at windmills taistella tuulimyllyjä vastaan *The proposal is tilting at windmills, as it's concerned with appearance more than reality.* Ehdotuksessa taistellaan tuulimyllyjä vastaan, sillä se painottaa vaikutelmaa ennemminkin kuin todellisuutta.

2 tilt *s*
[at] full tilt täydellä vauhdilla, täyttä vauhtia *Sheila ran full tilt into his arms.* Sheila juoksi täyttä vauhtia hänen syliinsä.

timber ['tɪmbəʳ] *s*
Timber! Puu kaatuu!

time ['taɪm] *s*
at times silloin tällöin, toisinaan *You sound just like my wife at times.* Kuulostat toisinaan aivan vaimoltani.
behind the times ajastaan jäljessä, vanhanaikainen *Susan is frightened of seeming behind the times.* Susan pelkää vaikuttavansa vanhanaikaiselta.
do / serve time *ark* istua vankilassa *You are unlikely to do time if you get caught.* Et luultavasti joudu vankilaan, vaikka jäisitkin kiinni.
give sb the time of day olla ystävällinen jkta kohtaan *Her father doesn't give me the time of day.* Hänen isänsä ei ole ystävällinen minua kohtaan.

have a lot of time for *ark* pitää jksta / jstak *I have a lot of time for him.* Pidän hänestä.

have no time for sb / sth (*myös* not have much time for sb / sth) *ark* ei pitää jksta / jstak *Personally, I don't have much time for psychologists.* En itse oikein pidä psykologeista.

have the time of one's life pitää hauskaa, olla hauskaa *We had the time of our lives on our holiday to Greece!* Meillä oli hirveän hauskaa Kreikan-lomallamme.

in time *1* ajan mittaan, vähitellen *Work will ease the pain, in time, believe me.* Usko minua, työ vähentää tuskaa ajan mittaan. *2* tahdissa *She was swaying in time with the music.* Hän huojui musiikin tahdissa.

keep time pysyä tahdissa (soitettaessa) *The pianist cannot keep time with the rest of the band.* Pianisti ei pysy tahdissa bändin kanssa.

make good time edetä hyvää vauhtia (matkasta) *It was 20 miles each way, but we made good time.* Matkaa oli 30 kilometriä suuntaan, mutta etenimme hyvää vauhtia.

not before time (br) jo oli aikakin – *Jack is back.* – *Not before time!* – Jack on palannut. – Jo oli aikakin!

pass the time of day vaihtaa muutama sana *Ronan passed the time of day with Mary.* Ronan vaihtoi muutaman sanan Maryn kanssa.

stuck in a time warp jämähtää paikoilleen *A new report claims the Scottish education system is stuck in a "time warp."* Uusi selonteko väittää skottilaisen koulutusjärjestelmän jämähtäneen paikoilleen.

time flies aika lentää *Time seems to fly when you are having fun.* Aika kuluu kuin siivillä hauskaa pidettäessä.

time is money aika on rahaa *Time is money in the States, but in Italy you would say time is life.* Aika on rahaa Yhdysvalloissa, mutta Italiassa sanottaisiin ajan olevan kaikkein tärkeintä elämässä.

timekeeper ['taɪmkiːpəʳ] *s*

a bad timekeeper myöhästelijä *He will probably throw me out for being a bad timekeeper.* Hän luultavasti heittää minut ulos, koska olen myöhässä.

a good timekeeper täsmällinen henkilö *She is a hard worker, a good timekeeper and pleasant to work with.* Hän on ahkera, täsmällinen ja hänen kanssaan on mukava työskennellä.

tin ['tɪn] *s*

have a tin ear *ark* (yl am) olla epämusikaalinen, ei olla sävelkorvaa *Do you think anyone in the band has a tin ear?* Luuletko, että jollakulla bändin jäsenellä ei ole sävelkorvaa?

tinker ['tɪŋkər] *s*

not give a tinker's cuss / damn *ark* ei välittää tippaakaan *I don't give a tinker's damn if you believe me or not.* En välitä tippaakaan siitä, uskotko minua vai et.

1 tip ['tɪp] *s*

be on the tip of one's tongue olla jklla kielen kärjellä *Her name was right on the tip of my tongue and I just couldn't remember it.* Hänen nimensä oli aivan kieleni kärjellä, mutta en kyennyt muistamaan sitä.

2 tip *v*

tip down (br) sataa kaatamalla *It wasn't tipping down with rain anymore.* Enää ei satanut vettä kaatamalla.

tip the scales in favour of / against (*myös* tip the balance) ratkaista asia jkn eduksi / jkta vastaan *An enthusiastic attitude may tip the scales in your favour in a job interview.* Innokas asenne saattaa ratkaista asian eduksesi työhaastattelussa.

tip your hand (am) paljastaa korttinsa, kertoa muille suunnitelmistaan *She is careful not to tip her hand as to where her true interest lies.* Hän varoo paljastamasta todellisia pyrkimyksiään.

tipple ['tɪpl] *v*
tipple down sataa kaatamalla *Outside the rain is tippling down.* Ulkona sataa kaatamalla.

tired ['taɪəd] *a*
tired and emotional *euf leik* (br, austr) juovuksissa *You know him: he'll never confess to being tanked up but, only to being a bit tired and emotional.* Kyllähän sinä hänet tunnet: ei hän tunnusta olleensa kännissä, hieman hiprakassa vain.

tissue ['tɪʃuː] *s*
tissue of lies *kirjak* valheiden verkko *You have spun me a whole tissue of lies, of course.* Olet tietysti kutonut minulle valheiden verkon.

tit ['tɪt] *s*
get on sb's tits *ark halv* (br) käydä jkn hermoille *What's making that noise? It's really starting to get on my tits.* Mistä tuo meteli oikein tulee? Se alkaa todella käydä hermoilleni.

tit for tat *ark* kostaa samalla mitalla *I forgot to buy her a present last Christmas and so she didn't buy me one now. It was just tit for tat.* Unohdin ostaa hänelle joululahjan viime vuonna, ja nyt hän ei ostanut minulle lahjaa. Hän vain kosti samalla mitalla.

toast ['təʊst] *s*
have sb on toast *ark* (br) olla jku armoillaan *I knew I had him on toast.* Tiesin, että hän oli armoillani.

1 toe ['təʊ] *s*
dig one's toes in pysyä kannassaan *My wife dug her toes in on that one.* Vaimoni pysyi kannassaan siinä asiassa.

on one's toes varuillaan, valppaana *We all have to keep on our toes when she's around.* Meidän kaikkien täytyy olla varuillamme, kun hän on lähettyvillä.

toe to toe vastakkain *They just stood toe to toe and hit each other.* He vain seisoivat vastakkain ja löivät toisiaan.

2 toe *v*
toe the line mukautua, totella, noudattaa (jtak linjaa) *He was known to be a strong party man who toed the line.* Hänet tunnettiin puolueeseen sitoutuneena miehenä, joka noudatti yhteistä linjaa.

toffee ['tɒfi] *s*
can't do sth for toffee *ark* ei osaa tehdä jtk lainkaan, ei olla lainkaan jkn lahjoja *She is a gorgeous woman, pity she can't act for toffee.* Hän on upea nainen, sääli vain, ettei hänellä ole näyttelijän lahjoja nimeksikään.

toffee-nosed *ark halv* (br) leuhka, omahyväinen *The generalization about all Oxford students being toffee-nosed irritates me.* Minua ärsyttää se yleinen käsitys, että kaikki Oxfordin yliopistossa opiskelevat ovat leuhkoja.

toilet ['tɔɪlət] *s*
go down the toilet ['tɔɪlɪt] *ark* kariutua, mennä hukkaan *His career went down the toilet.* Hänen uransa kariutui.

go in the toilet *ark* mennä huonoon jamaan *Why is the music industry going in the toilet?* Miksi musiikkiteollisuus on mennyt huonoon jamaan?

token ['təʊkən] *s*
by the same token samasta syystä, yhtä lailla *There is a hint of genius in the insane and, by the same token,*

originality demands a degree of lunacy. Mielenvikaisissa on ripaus neroutta, ja yhtä lailla omaperäisyys vaatii tiettyä hulluutta.

toll ['tǝʊl] *s*
take its toll (*myös* take a heavy toll) vaatia veronsa, verottaa, saada hupenemaan *Age is taking its toll.* Ikä vaatii veronsa. *The strain of the recent months has taken its toll on him.* Viime kuukausien rasitus on saanut hänen voimansa hupenemaan.

Tom [tɒm] *s*
every / any Tom, Dick and / or Harry kuka hyvänsä *I don't want any Tom, Dick and Harry seeing it.* En halua joka iikan näkevän sitä.

1 tomorrow [tǝ'mɒrǝʊ] *adv*
tomorrow week (br) huomisesta viikon päästä *And your holiday starts tomorrow week?* Ja lomasi siis alkaa huomisesta viikon päästä?

2 tomorrow *s*
let tomorrow take care of itself se on sitten sen ajan murhe *Just live for today and let tomorrow take care of itself.* Elä vain päivä kerrallaan ja huolehdi murheista joskus myöhemmin.
like there was no tomorrow (*myös* as if there was no tomorrow) kuin viimeistä päivää *She always gulped her food down like there was no tomorrow.* Hän hotki aina ruokansa kuin viimeistä päivää.

tone ['tǝʊn] *v*
tone in with (yl br) sointua, sopia [yhteen] (väristä) *The blue hat toned in with my dress and jacket.* Sininen hattu sopi yhteen mekkoni ja jakkuni kanssa.
tone sth down *1* lieventää, pehmentää, siistiä [sanojaan ym.] *He later has toned down his comments.* Hän pehmensi lausuntojaan myöhemmin. *2* laimentaa, ohentaa (väriä ym.)

tongue ['tʌŋ] *s*
a silver tongue hyvä puhetaito, kaunopuheisuus *Don't allow yourself to be persuaded by Lotta's silver tongue!* Älä anna Lotan taivutella sinua kaunopuheisuudellaan!
get one's tongue round pystyä ääntämään jtak, pystyä sanomaan jtak *She found it difficult to get her tongue round unfamiliar words.* Hänen oli vaikea ääntää vieraita sanoja.
lose one's tongue kissa vei jkn kielen, mennä sanattomaksi *Lost your tongue?* Veikö kissa kielesi?
trip / roll off the tongue olla helppo ääntää *It was not a name that tripped off the tongue.* Se ei ollut nimi, joka olisi ollut helppo ääntää.
[with] tongue in cheek leikkimielisesti, ironisella otteella *My songs are not done tongue in cheek.* En ole tehnyt laulujani kieli poskella.

tool ['tu:l] *s*
down tools *1 ark* lopettaa työskenteleminen (yl siltä päivältä) *We decided to down tools as the problem was clearly fixed.* Päätimme lopettaa työskentelyn, koska ongelma oli selvästi korjattu. *2 ark* mennä lakkoon *Rumour has it that everybody has agreed to down tools, at noon today.* Huhujen mukaan kaikki ovat päättäneet ryhtyä työnseisaukseen alkaen tänään puoleltapäivin.
the tools of the / one's trade työssä vaadittavat taidot *Skilled teachers of drama give pupils the tools of the trade.* Hyvät näytelmätaiteen opettajat opettavat oppilaille kaikki työssä vaadittavat taidot.

tooth ['tu:θ] *s*
fight tooth and nail taistella kynsin hampain *They fought tooth and nail against their oppressors.* He taistelivat kynsin hampain sortajiaan vastaan.

top 576

1 top ['tɒp] *s*

at the top of one's voice kurkku suorana *He was shouting at the top of his voice.* Hän huusi kurkku suorana.

come top olla paras *He came top of the class in many subjects.* Hän oli monissa aineissa luokkansa paras.

from the top *ark* alusta lähtien *I want to hear the whole story. Take it from the top.* Haluan kuulla koko tarinan. Aloita alusta.

from top to bottom alusta loppuun, perin juurin, läpikotaisin *We have cleaned the house from top to bottom.* Siivosimme talon perin juurin.

from top to toe päästä varpaisiin, kiireestä kantapäähän *Mother washed Joey from top to toe.* Äiti pesi Joeyn päästä varpaisiin.

get on top of käydä ylivoimaiseksi jklle *Do you ever feel that life is getting on top of you?* Tuntuuko sinusta koskaan siltä, kuin elämä olisi käymässä sinulle ylivoimaiseksi?

on top johdossa, voitolla *He is confident that the team can come out on top.* Hän on varma siitä, että joukkue pystyy voittamaan.

on top of *1* jnk lisäksi *He was drunkdriving on top of everything else.* Kaiken muun lisäksi hän ajoi humalassa. *2* jkn tasalla, perillä jstak *I want to stay on top of things.* Haluan pysyä asioiden tasalla. *3* vieri vieressä, lähellä jkta *The car was almost on top of me.* Auto ajoi melkein päälleni.

on top of the world kuin seitsemännessä taivaassa, hyvin onnellinen *Giving birth to her third child, Sophia had reason to feel she was on top of the world.* Sophialla oli syytä olla hyvin onnellinen, sillä hän synnytti kolmatta lastaan.

over the top *ark* (yl br) liioiteltu, ylenpalttinen *The film reviews were a bit over the top.* Elokuva-arvostelut olivat hiukan liioiteltuja. *Americans love to go over the top.* Amerikkalaiset rakastavat liioittelua.

the top and bottom of *ark* (br) jnk ydin, jnk keskeinen sisältö *That's the top and bottom of it.* Se on asian ydin.

the top of the tree (yl uran t. ammatin) huippu, kerma *Prior to the war the bakers were at the top of the tree of tradesmen.* Ennen sotaa leipurit olivat liikkeenharjoittajien kermaa.

2 top *a*

top dog *ark* muita parempi t. voimakkaampi *Sharks are top dog in the oceans!* Hait ovat merten kuninkaita!

top dollar (am) kallis hinta *I'm paying top dollar and I expect the best.* Maksan korkean hinnan ja odotan saavani parhaan tuotteen.

top flight <urheilun t. työpaikan korkein taso, kärkipää, huippu> *An average Belgian player in the top flight earns seven times as much as we do.* Tavallinen pelaaja Belgian ylimmällä sarjatasolla tienaa seitsemän kertaa enemmän kuin me.

3 top *v*

to top it all [off] kaiken kukkuraksi *Derek was a very successful businessman. And to top it all, he was gorgeous.* Derek oli erittäin menestyksekäs liikemies. Ja kaiken kukkuraksi hän oli komea.

top off kruunata, olla jnk kohokohta *Her dress was topped off with a dramatic black hat.* Dramaattinen musta hattu kruunasi hänen pukunsa.

top out saavuttaa (maksiminopeus t. -määrä) *The engine tops out at 125mph.* Koneen maksiminopeus on 125 mailia tunnissa.

top drawer ['tɒp'drɔːr] *s*

be out of the top drawer *1* olla ensiluokkainen *I can say with confidence that the shop is right out of* *the top drawer.* Voin vakuuttaa, että kauppa on aivan ensiluokkainen. **2** kuulua yläluokkaan *She is a gem of a girl, straight out of the top drawer.* Hän on todellinen helmi, suoraan yläluokasta.

torch ['tɔːtʃ] s

carry a torch for olla salaa ihastunut jkhun *Ike has been carrying a torch for your aunt for years.* Ike on ollut vuosikausia salaa ihastunut tätiisi.

carry the torch vaalia jtak, näyttää hyvää esimerkkiä *Britain must carry the torch of freedom and toleration.* Britannian on vaalittava vapauden ja suvaitsevaisuuden aatteita.

put to the torch (*myös* put a torch to) polttaa, sytyttää jk tuleen *Our house was put to the torch during the riots.* Talomme poltettiin levottomuuksien aikana.

1 toss ['tɒs] v

toss about pyöriskellä, heittelehtiä (vuoteessa unettomana)

toss off 1 ryypätä (kerralla tyhjäksi) **2** hutaista, kyhätä *I tossed off a couple of articles a month.* Kyhäsin muutaman artikkelin kuukaudessa.

2 toss s

not give / care a toss ark (br) vähät välittää *I don't give a toss about it.* En välitä siitä vähääkään.

totem pole ['təʊtəmpəʊl] s

low on the totem pole ark vähiten tärkeä *As far as the band was concerned, he was the low man on the totem pole.* Häntä pidettiin bändin vähiten tärkeänä jäsenenä. *In her family, literature lay pretty low on the totem pole of education.* Hänen perheessään kirjallisuutta pidetään opetuksen vähiten tärkeimpänä osa-alueena.

1 touch ['tʌtʃ] v

touch for ark (br) lainata jklta jtak, pyytää jklta jtak lainaksi *He tried to touch me for ten pounds.* Hän yritti lainata minulta kymmentä puntaa.

touch off synnyttää, käynnistää, saada aikaan *The storm touched off tornadoes.* Myrsky synnytti pyörremyrskyjä. *The President's statement touched off an international scandal.* Presidentin lausunto sai aikaan kansainvälisen skandaalin.

touch up retusoida, parannella *Connie was touching up her lipstick.* Connie paranteli huulipunaansa. *The flagstaffs were being touched up with paint.* Lipputankoja paranneltiin maalilla.

2 touch s

a soft touch (*myös* an easy touch) ark helppo uhri (helposti taivuteltavissa t. voitettavissa oleva ihminen) *You've always been a soft touch, but now it's time to wise up.* Olet aina ollut helppo uhri, mutta nyt sinun on aika viisastua.

a touch of the sun auringonpistos *Are you sure you haven't caught a touch of the sun?* Oletko varma, ettet ole saanut auringonpistosta?

kick sth into touch ark (br) peruuttaa jtk suunniteltua *EU software patents have been kicked into touch, again.* Suunnitellut EU:n ohjelmistopatentit on jälleen peruttu.

touch and go ark täpärä tilanne, olla epävarmaa *For a while it was touch and go whether the record would be made.* Levyn julkaiseminen oli jonkin aikaa epävarmaa.

tough ['tʌf] a

as tough as old boots äärimmäisen sisukas, todella sitkeä *Don't let her age and seeming fragility fool you, she's as tough as old boots.* Älä anna hänen ikänsä ja näennäisen haurautensa hämätä sinua, hän on äärimmäisen sisukas.

it's tough at the top *leik* huipulla tuulee *It's tough at the top in showbusiness and even tougher at the bottom!* Viihdealan huipulla tuulee, mutta pohjalla se vasta myrskyisää onkin!

tough shit (*myös* tough titty) *iron alat* ei voisi vähempää kiinnostaa, en välitä paskan vertaa – *I'm shattered. – Tough shit!* – Olen aivan poikki. – Ei voisi vähempää kiinnostaa!

tour ['tʊəʳ] *s*

a tour de force taidonnäyte, voimannäyte *The book is a tour de force of contemporary scientific writing.* Kirja on nykyaikaisen tiedekirjallisuuden voimannäyte.

tow ['təʊ] *s*

in tow *ark* vanavedessä, perässä *Mike came in with his wife and kids in tow.* Mike tuli sisään vaimo ja lapset perässään.

town ['taʊn] *s*

on the town ulkona juhlimassa (yl öisin) *a night on the town* kaupungilla juhlien vietetty yö

go to town panostaa, ottaa kaikki irti *They go to town on the story.* He ottivat tarinasta kaiken irti.

trace ['treɪs] *s*

kick over the traces ei pysyä aisoissa, rikkoa rajoja *As a teenager, I was kicking over the traces.* Kun olin teini-ikäinen, rikoin rajoja.

track ['træk] *s*

have the inside track *ark* (yl am) nauttia hyvistä suhteista jhk henkilöön, olla erikoisasemassa *He was a friend of the boss and so had the inside track for that job.* Hän oli pomon ystävä, joten hän oli erikoisasemassa (muihin nähden) hakiessaan kyseistä työpaikkaa.

keep track of seurata, pitää lukua, pitää silmällä *She hadn't been keeping track of the conversation.* Hän ei ollut seurannut keskustelua.

lose track of menettää jnk taju, menettää tuntuma jhk, seota laskuissa, kadottaa jk *I lost track of time.* Menetin ajantajuni. *Hollywood had lost track of what people really wanted.* Hollywood oli menettänyt tuntuman siihen, mitä ihmiset todella halusivat.

make tracks *ark* häipyä *Well, I must be making tracks.* No, minun pitääkin tästä lähteä.

off the track harhaan, hakoteille *It was clear that Renny deliberately tried to put us off the track.* Oli selvää, että Renny yritti tahallaan johtaa meitä harhaan.

on the right track oikeilla jäljillä, hyvässä jamassa *The company got back on the right track after a few difficult years.* Yritys on taas kilpailukykyinen muutaman vaikean vuoden jälkeen.

on the wrong track väärillä jäljillä, huonossa jamassa *A majority of the people think the country is on the wrong track.* Suurin osa kansalaisista on sitä mieltä, että maa on huonossa jamassa.

on track hyvällä mallilla, oikealla raiteilla, [hyvässä] kunnossa *The development project is on track.* Kehitysprojekti on hyvällä mallilla.

the wrong side of the tracks *ark* köyhä kaupunginosa *I though he was a tough guy who had lived on the wrong side of the tracks.* Luulin hänen olevan köyhän kaupunginosan kovis.

track record tausta, ansioluettelo (yl uralla) *She has a good track record in teaching.* Hänellä on vahva ammattitausta opettajana.

trade ['treɪd] *v*

trade on sth käyttää hyväkseen *He trades on his friendship with the President.* Hän käyttää hyväkseen ystävyyttään presidentin kanssa.

1 trail ['treɪl] *v*
trail one's coat *vanh* haastaa riitaa *I remember on one occasion trailing my coat.* Muistan haastaneeni riitaa kerran.

2 trail *s*
blaze a trail *1* raivata tie *We blazed a trail through the woods.* Raivasimme tien läpi metsän. *2* olla tiennäyttäjä, raivata uusia uria *His architectural style blazed a trail for a hundred years.* Hänen arkkitehtuurinen tyylinsä oli tiennäyttäjä satoja vuosia.

1 train ['treɪn] *s*
in the train of / in sb's train *1* jnk mukana, jnk seurauksena *We are witnessing social unrest following in the train of wars.* Olemme todistamassa sotien seurauksena syntyvää yhteiskunnallista levottomuutta. *2* jnk / jkn jäljessä, jnk / jkn perässä *And in the train of the rich and famous came the journalists.* Ja rikkaiden ja kuuluisien kintereillä tulivat toimittajat.

in train (yl br) käynnissä *The investigation is already in train.* Tutkimus on jo käynnissä.

the gravy train *kirj* helppo rahanlähde, ylipalkattu työ *You're practically guaranteed to be on the gravy train in just a couple of years.* Sinä tulet lähes varmasti saamaan ylipalkattua työtä parin vuoden kuluttua.

2 train *v*
train on suunnata, kohdistaa *Simon's eyes were trained on the road ahead.* Simonin silmät olivat kohdistetut edessä olevaan tiehen. *The video camera had been trained on the entrance door.* Videokamera oli kohdistettu sisäänkäyntiin.

transport ['trænspɔːt] *s*
in transport[s] of *kirjak* (tunneaallon, tunteen) vallassa *I was yelling in transport of pleasure as he crossed the finishing line.* Huusin ilon vallassa, kun hän ylitti maaliviivan.

trap ['træp] *s*
fall into the trap of erehtyä tekemään jtak *It's very easy to fall into the trap of feeling guilty.* On helppo erehtyä tuntemaan syyllisyyttä.

travel ['trævl] *v*
travel well *1* kestää hyvin matkustusta (tavaroista t. ihmisistä) *His suit had travelled well.* Hänen pukunsa oli kestänyt hyvin matkustusta. *2* olla käyttökelpoinen t. toimia myös muissa maissa *Accordion music travels well.* Haitarimusiikki toimii myös muissa maissa.

tread ['tred] *v*
tread a fine line tasapainotella *to tread a fine line between pleasing the president and annoying the prime minister* tasapainotella presidentin miellyttämisen ja pääministerin ärsyttämisen välillä

tread down pakottaa *We were trodden down into conformity.* Meidät pakotettiin myöntymään.

tread on sb's toes *ark* astua jonkun varpaille *We were careful not to tread on the military's toes by addressing this issue.* Varoimme astumasta armeijan varpaille tarttumalla aiheeseen.

tread water polkea paikallaan *The band is merely treading water.* Yhtye polkee vain paikallaan.

treasure ['treʒərʳ] *s*
a treasure trove of sth jnk asian aarreaitta, arvokas jnk asian lähde *Their studio is a real treasure trove of art and talent.* Heidän ateljeensa on oikea taiteen ja lahjakkuuden aarreaitta.

1 treat ['triːt] *v*
treat sb like dirt kohdella jkta huonosti *Everyone knows he treated his*

treat

wife like dirt. Kaikki tietävät, että hän kohteli vaimoaan huonosti.

treat sb like royalty pitää kuin kukkaa kämmenellä, kohdella oikein hyvin *The hotel treats its visitors like royalty.* Hotelli pitää vieraitaan kuin kukkaa kämmenellä.

2 treat *s*

a Dutch treat <tilanne, jossa kaksi t. useampi henkilö sopivat jakavansa kustannukset (yl aterioista)> *We held a Dutch treat meeting in the restaurant.* Järjestimme kokouksen ravintolassa, ja jaoimme laskun keskenämme.

a treat *1 ark* (br) hyvin, moitteettomasti *My speech went down a treat with the audience.* Yleisö otti puheeni hyvin vastaan. *2* (br) upeannäköinen *Don't he look a treat!* Eikö hän näytäkin upealta!

be sb's treat *ark* mennä jkn piikkiin, olla jkn kustantama *Last night's meal was his treat.* Hän kustansi eilisillan päivällisen.

tree ['tri:] *s*

be out of one's tree (br) hullu, omituinen *He definitely sounds a bit out of his tree.* Hän todellakin kuulostaa tärähtäneeltä.

[can't see] the wood from the trees (*myös* (am) [can't see] the forest from the trees) ei nähdä metsää puilta *It's easy to get so absorbed in this project that you reach a point where you can't see the wood from the trees.* Tähän hankkeeseen on helppo uppoutua siinä määrin, ettei enää näe metsää puilta.

up a tree *ark* kiipelissä, pinteessä *Everybody in the story, rich or poor, is up a tree.* Kaikki tarinan henkilöt ovat pinteessä, varallisuuteen katsomatta.

trespass ['trespəs] *v*

trespass [up]on sth käyttää jtak väärin, käyttää hyväkseen *I really must not trespass on his hospitality.* En saa käyttää hyväkseni hänen vieraanvaraisuuttaan.

trice ['traɪs] *s*

in a trice hetkessä, tuossa tuokiossa, käden käänteessä *In a trice everyone was by her desk.* Tuossa tuokiossa kaikki olivat hänen pöytänsä luona.

trick ['trɪk] *s*

a trick of the light näköharha, kuvitelma *I ignored it as a trick of the light and continued working.* Jätin sen huomiotta, sillä pidin sitä näköharhana, ja jatkoin työskentelemistä.

do the trick *ark* tepsiä, tehota *The campaign did the trick, and he was elected President.* Kampanja tehosi, ja hänet äänestettiin presidentiksi.

every trick in the book *ark* kaikki mahdolliset keinot *Companies are using every trick in the book to stay one step in front of their competitors.* Yritykset koettavat kaikkia mahdollisia keinoja pysyäkseen kilpailijoittensa edellä.

How's tricks? *vanh, ark* Kuis hurisee? *Hi, Jack, how's tricks?* Terve mieheen, Jack, mitäs kuuluu?

play a trick on pilailla jkn kustannuksella, huijata jkta *He realized that Harry had played a trick on him.* Hän tajusi, että Harry oli pilaillut hänen kustannuksellaan. *Were his eyes playing tricks on him?* Valehtelivatko hänen silmänsä?

the oldest trick in the book *ark* vanha konsti, vanha juoni *It's the oldest trick in the book – creating the enemies you need.* Kyseessä on ikivanha juoni – hyödyllisten vihollisten luominen.

the tricks of the trade (*mon*) ammattisalaisuudet *The old tailor taught his son the tricks of the trade.* Vanha räätäli opetti ammattisalaisuudet pojalleen.

trick or treat (am) karkki tai kepponen (lasten Halloween-iltana lausuma repliikki heidän kiertäessään ovelta ovelle)

trigger ['trɪgəʳ] s
be too quick on the trigger toimia harkitsemattomasti, toimia hätäisesti *I'm sorry for being a bit too quick on the trigger.* Olen pahoillani, että toimin hätäisesti.
trigger happy rämäpäinen, vastuuton *He's a trigger happy redneck with no intelligence whatsoever.* Hän on vastuuton juntti vailla järjen hiventäkään.

trimming ['trɪmɪŋ] s
all the trimmings kaikki lisukkeet, kaikki kommervenkit *We had turkey with all the trimmings.* Söimme kalkkunaa kaikkien lisukkeiden kera. *Don't you want a big wedding with all the trimings?* Etkö halua suuria häitä kaikkine kommervenkkeineen?

trip ['trɪp] v
trip off the tongue olla helppo lausua, jku jonka kieli taipuu sanomaan helposti *The horse's name doesn't trip off the tongue.* Kieli ei oikein taivu sanomaan hevosen nimeä.
trip the light fantastic *leik* panna jalalla koreasti, karkeloida *We walked confidently into the party and soon were tripping the light fantastic to every song.* Astelimme itsevarmoina juhliin ja pian panimme jalalla koreasti joka kappaleen tahtiin.

trolley ['trɒli] s
off one's trolley *ark* (br) hullu, järjiltään *Are you off your trolley?* Oletko järjiltäsi?

1 trot ['trɒt] v
trot out *ark 1* hokea, jauhaa *The same excuses are trotted out again.* Samoja selityksiä hoetaan taas. **2** laittaa jku hoitamaan edustustehtäviä, tuoda jku julkisuuden valokeilaan

2 trot s
on the trot *ark 1* (br) peräkkäin, yhteen menoon *They won six matches on the trot.* He voittivat kuusi ottelua peräkkäin. **2** juoksussa, lennossa, menossa *I've been on the trot all day.* Olen ollut juoksussa koko päivän.

trouble ['trʌbᵊl] s
ask for trouble *ark* kerjätä hankaluuksia *Guys like that simply ask for trouble.* Tuollaiset miehet aivan kerjäävät hankaluuksia.
a trouble shared is a trouble halved puhuminen auttaa *On the basis that a trouble shared is a trouble halved, I will share some of my troubles with you.* Koska puhuminen auttaa, kerron teille muutamia huoliani.

trousers ['traʊzəz] s
wear the trousers määrätä kaapin paikka *It's fairly apparent who wears the trousers in this household.* On kohtuullisen selvää, kuka määrää kaapin paikan tässä talossa.

trout ['traʊt] s
old trout *ark halv* vanha noita-akka *You old trout!* Mokomakin vanha noita-akka!

truck ['trʌk] s
have / want no truck with sb /sth ei olla mitään tekemistä jnk kanssa, ei olla missään tekemisissä jkn kanssa *We will have no truck with Sinn Fein.* Emme aio olla missään tekemisissä Sinn Feinin kanssa.

true ['tru:] a
true blue täysin uskollinen *You can count on her support – she's true blue.* Voitte luottaa hänen tukeensa, hän on täysin uskollinen.
true to form / type tavoilleen uskollisena, kuten odottaa saattaa *True to form they disagreed on the subject.* Kuten odottaa saattaa, he olivat asiasta eri mieltä.

true to life todenmukainen *This story is true to life.* Tämä tarina on todenmukainen.

truly ['truːli] *adv*
yours truly *1 kirjak* ystävällisin terveisin (virallisen kirjeen lopussa) *Yours truly, John Smith* Ystävällisin terveisin John Smith *2 leik ark* allekirjoittanut, meikäläinen *We all went to a bar to celebrate yours truly's birthday.* Menimme kaikki baariin juhlimaan allekirjoittaneen syntymäpäivää.

1 trump ['trʌmp] *s*
come up trumps (*myös* turn up trumps) (yl br) menestyä odotettua paremmin *Doubts remain about the euro's ability to come up trumps against the US dollar.* Epäilyt euron menestymisestä odotettua paremmin dollaria vastaan eivät ole hälvenneet.

2 trump *v*
trump sth up tekaista, sepittää *The charges have been trumped up.* Syytteet on tekaistu.

trumpet ['trʌmpɪt] *s*
blow one's own trumpet kehuskella, rehennellä *He was unashamedly blowing his own trumpet.* Hän rehenteli häpeilemättä.
sound the trumpet mainostaa, toitottaa jtk *He has been sounding the trumpet for global warming for over a decade.* Jo yli kymmenen vuotta hän on toitottanut maapallon lämpenevän.

trundle ['trʌndl] *v*
trundle out *ark* toistaa, hokea *He still trundles out clichés.* Hän hokee yhä kliseitä.

1 trust ['trʌst] *s*
take sb on trust luottaa sokeasti *Don't take people on trust.* Älä luota ihmisiin sokeasti.

2 trust *v*
I wouldn't trust sb as far as I could throw them *ark* en luota jkhun lainkaan *They are certainly wonderful dogs, but around small children I wouldn't trust them as far as I could throw them.* Ne ovat todella upeita koiria, mutta en luottaisi niihin lainkaan lasten ollessa kuvioissa.
not trust sb an inch *ark* (br, austr) ei luottaa jkhun lainkaan *We can't trust him an inch!* Emme voi luottaa häneen alkuunkaan!
trust sb to olla tyypillistä jklle että *Trust you to arrive just as I'm having a bath!* Tyypillistä, että tulet juuri silloin kun olen kylvyssä!

truth ['truːθ] *s*
a grain of truth totuuden siemen *I'm trying to find a grain of truth in this web of lies.* Yritän löytää totuuden siemenen tästä valheiden verkosta.
a home truth ikävä tosiasia (yl henkilöstä) *I learned a few home truths about myself.* Kohtasin muutaman ikävän tosiasian itsestäni.

try ['traɪ] *v*
try it on [with sb] *ark* (br) *1* lähennellä *A man was trying it on with my wife.* Joku mies yritti lähennellä vaimoani. *2* pelleillä [jkn kustannuksella], koetella jkn kärsivällisyyttä *3* [yrittää] huijata jkta *Don't try it on with me!* Älä yritä huijata!
try me koeta jos uskallat *You think you can beat me? Try me!* Luuletko päihittäväsi minut? Koeta jos uskallat!
try one's hand at sth kokeilla jtak *He was interested in trying his hand at oil-painting.* Hän oli innostunut kokeilemaan öljymaalausta.
try sth [on] for size kokeilla jtak *Try this coat on for size.* Kokeile tätä takkia.

tube ['tjuːb] *s*
go down the tube[s] (yl am) mennä myttyyn, kuivua kokoon *The coun-*

try's chances of development went down the tube. Maan kehitysmahdollisuudet kuivuivat kokoon.

1 tuck ['tʌk] *s*

a nip and [a] tuck <pieni muutos jnk tilanteen parantamiseksi> *Women are not the only ones considering a nip and tuck to enhance their appearance.* Naiset eivät ole ainoita, jotka miettivät pientä kauneusleikkausta ulkonäkönsä parantamiseksi.

be nip and tuck *ark* olla tasoissa *The teams are nip and tuck.* Joukkueet ovat aivan tasoissa

2 tuck *v*

tuck away *1* panna jtak piiloon, panna jtak talteen *He kept the diary tucked away in a desk drawer.* Hän piti päiväkirjan piilossa pöytälaatikossa. *2 (be tucked away)* olla jnk kätkössä, sijaita syrjäisellä paikalla *The house was tucked away in the woods.* Talo oli metsän kätkössä. *3 ark* (br) ahmaista, [syödä] hotkia

tuck in *1* peitellä vuoteeseen (yl lapsesta) *(myös* tuck up) *2 ark* käydä käsiksi (ruoasta), [alkaa] syödä t. hotkia *The ice creams came and we tucked in.* Saimme jäätelöt ja kävimme käsiksi.

tuck into *1 ark* käydä käsiksi (ruoasta), [alkaa] syödä t. hotkia *She tucked into her lunch.* Hän kävi käsiksi lounaaseensa. *2* peitellä vuoteeseen (yl lapsesta) *Phoebe tucked Maggie into bed.* Phoebe peitteli Maggien vuoteeseen.

tuck up peitellä vuoteeseen (yl lapsesta) *Aunt Margaret tucked Victoria up in bed.* Margaret-täti peitteli Victorian vuoteeseen.

1 tune ['tju:n] *s*

change your tune *halv* pyörtää päätöksensä, muuttaa käytöstään (yl edun saavuttamiseksi) *He spoke out against abortions, but changed his tune, when he got involved in politics.* Hän vastusti aborttia, mutta pyörsi sanansa ryhdyttyään poliitikoksi.

in tune with sb sopusoinnussa jnk kanssa, yhteisymmärryksessä jnk kanssa *We must provide training in tune with local needs.* Meidän täytyy tarjota koulutusta, joka on sopusoinnussa paikallisten tarpeiden kanssa. *We were totally in tune with one another.* Ymmärsimme toisiamme täydellisesti.

out of tune with sb ristiriidassa jnk kanssa *Your views are completely out of tune with the realities of modern Britain.* Mielipiteesi ovat täydellisessä ristiriidassa Britannian nykytodellisuuden kanssa.

to the tune of jnk verran (rahamäärästä) *The project made a profit to the tune of hundred thousand dollars.* Projekti tuotti voittoa sadan tuhannen dollarin verran.

2 tune *v*

be tuned in [to] *ark* ymmärtää jtak, tulla tietoiseksi jstak *They've tuned in to customer needs.* He ymmärtävät asiakkaiden tarpeita.

tune out lakata kuuntelemasta, olla kiinnittämättä huomiota

tune up valmistautua, treenata *Bob is tuning up for the finals.* Bob treenaa loppukilpailuja varten.

turkey ['tɜ:ki] *s*

a turkey shoot (am) murskatappio (sodasta) *The army suffered no casualties in the attack, and soldiers called it a turkey shoot.* Armeija ei kärsinyt yhtään miestappioita hyökkäyksessä, ja sotilaat kutsuivat sitä vihollisen murskatappioksi.

like turkeys voting for [an early] Christmas *leik* (br, austr) <hyväksyä tilanne, josta koituu itselle harmia> *Tightening fiscal policy when your economy is slowing down is like turkeys voting for Christmas.* Veropolitiikan kiristäminen talouden vauhdin hidastuessa on kuin sahaisi tieten omaa oksaansa.

talk turkey *ark* (am) puhua asiaa, keskustella vakavasti *Let's talk turkey!* Puhutaanpa asiaa!

1 turn ['tɜ:n] *v*
not know which way / where to turn ei tietää mitä tehdä, olla hukassa *I felt hopeless, didn't know which way to turn.* Olin epätoivoinen enkä tiennyt, mitä tehdä.

turn a / the corner päästä pahimman [vaiheen] yli *The area didn't escape the national recession but appears to have turned the corner.* Alue ei säästynyt maata koettelevalta lamalta, mutta näyttää päässeen pahimman yli.

turn down *1* kääntää pienemmälle, alentaa (esim. ääntä, lämpöä) *Turn the heat down.* Käännä lämpöä pienemmälle. *2* torjua, olla hyväksymättä (esim. jkn hakemusta) *I turned the offer down.* Torjuin tarjouksen. *The authorities turned him down on medical grounds.* Viranomaiset hylkäsivät hänen hakemuksensa lääketieteellisin perustein.

turn in *1* antaa ilmi *I turned her in to the police.* Tein hänestä ilmoituksen poliisille. *2* ilmoittautua poliisille, antautua *I turned myself in.* Ilmoittauduin poliisille [vapaaehtoisesti]. *3* tehdä tulos (yl hyvä), onnistua [hyvin] *The company turned in sales of over $6.4 million.* Yhtiö ylsi yli 6,4 miljoonan dollarin myyntiin. *4 ark* mennä nukkumaan *5* (yl am) jättää, luovuttaa (esim. raportti, hakemus) *We have to turn the report in tomorrow.* Meidän täytyy jättää raportti huomenna.

turn off *1 ark* saada menettämään mielenkiinto *A poor teacher turned me off French for good.* Huono opettaja sai minut menettämään lopullisesti mielenkiintoni ranskaan. *2 ark* olla vastenmielinen (seksuaalisesti), viedä [seksi]halut *He turns me off.* Hän on minusta vastenmielinen.

turn on *1* tekeytyä, alkaa esittää jtak *She turned the kindness on.* Hän heittäytyi ystävälliseksi. *When he turned on the charm the ladies loved him.* Kun hän ryhtyi hurmuriksi, naiset suorastaan rakastivat häntä. *2* hyökätä, käydä kimppuun (fyysisesti t. sanoin) (*myös* turn upon) *He turned on me and accused me of lying.* Hän kävi kimppuuni syyttäen minua valehtelusta. *3* riippua, olla riippuvainen (*myös* turn upon) *It turns on what he decides.* Se riippuu siitä mikä hänen päätöksensä on. *4* keskittyä, pyöriä jnk ympärillä *The discussion turned on the economy.* Keskustelu pyöri talouden ympärillä. *5 ark* saada kiinnostumaan, kiehtoa *He turned me on to drugs.* Hän sai minut sekaantumaan huumeisiin. *What is it about this book that turns you on?* Mikä sinua niin kiehtoo tässä kirjassa? *6 ark* kiihottaa, sytyttää (seksuaalisesti)

turn out *1* päättyä, sujua (jllak tavalla) *Everything turned out fine.* Kaikki meni hyvin. *2* käydä ilmi, osoittautua *It turned out that he was already married.* Kävi ilmi, että hän oli jo naimisissa. *turn out wrong* osoittautua vääräksi *3* häätää *They turned us out of our home.* Meidät häädettiin kodistamme. *4* kumota, tyhjentää *He turned the contents of the bag out onto the table.* Hän kumosi laukun sisällön pöydälle. *5* ilmaantua [paikalle], tulla (osallistumaan, katsomaan) *Thousands of people turned out for the fireworks.* Tuhannet ihmiset tulivat katsomaan ilotulitusta. *6* (*yl* be turned out) pukea, vaatettaa *She is always smartly turned out.* Hän on aina pukeutunut tyylikkäästi. *7* (br) järjestellä, siivota (järjestellen) *I've turned out all the cupboards.* Olen järjestellyt uudestaan kaikki kaapit.

turn over *1* käynnistää *He turned the engine over.* Hän käynnisti moottorin. **2** käynnistyä, käydä [tasaisesti] *The engine wouldn't turn over.* Moottori ei suostunut käynnistymään / käymään tasaisesti. **3** kääntää [ympäri] *I turned the picture over.* Käänsin kuvan ympäri. *Can I turn over [the page]?* Voinko kääntää sivua? **4** kääntyä [ympäri] *He turned over and went to sleep.* Hän kääntyi toiselle kyljelle ja nukahti. **5** siirtää, luovuttaa (eteenpäin) *I'd like to turn the business over to my son when I retire.* Haluaisin siirtää liiketoiminnan pojalleni, kun jään eläkkeelle. *The shoplifters were turned over to the police.* Myymälävarkaat luovutettiin poliisille. **6** muuttaa (toiseksi t. toisenlaiseksi), muuntaa (eri käyttöön) *We turned the house over to a restaurant.* Muutimme talon ravintolaksi. **7** pohtia, pyöritellä (mielessään) *I turned the problem over in my mind in many ways.* Pohdiskelin ongelmaa monelta kantilta. **8** *ark* varastaa, vohkia *Who turned over the money?* Kuka vei rahat?

turn over a new leaf aloittaa uusi elämä, kääntää uusi sivu elämässään *I'm actually trying to turn over a new leaf with her.* Itse asiassa yritän aloittaa uuden elämän hänen kanssaan.

turn round 1 saada menestymään *She has turned this company round.* Hän on saanut yhtiön taas menestymään. **2** alkaa menestyä, kääntyä parempaan päin *The economy has turned round.* Talous on kääntynyt nousuun.

turn round and do sth *ark* <tehdä yllättäen jtak yl negatiivista> *I was only trying to help, but she turned round and shouted at me to get lost.* Yritin vain auttaa, mutta hän alkoikin huutaa ja käski minun häipyä.

turn sb's stomach saada jku voimaan pahoin *This movie turns my stomach.* Tämä elokuva saa minut voimaan pahoin.

turn sth over in one's mind pohtia jtak perusteellisesti *As she turned the possibilities over in her mind, they all seemed pointless.* Pohdittuaan perusteellisesti vaihtoehtoja ne kaikki tuntuivat turhilta.

turn tail *ark* [kääntyä ympäri ja] luikkia pakoon *Don't turn tail and run, just learn from your mistakes.* Älä luiki pakoon, vaan opi virheistäsi.

turn the tide kääntää [tapahtumien] kulku *That battle turned the tide of war.* Se taistelu käänsi sodan kulun.

turn to 1 kääntyä (jkn puoleen) *Who can I turn to for help?* Kenen puoleen voin kääntyä saadakseni apua? **2** turvautua (erit. jhk vaaralliseen) *She shouldn't turn to drugs for solace.* Hänen ei pitäisi etsiä lohdutusta huumeista.

turn up 1 löytää, saada selville *The police never turned anything up.* Poliisit eivät koskaan saaneet selville mitään. **2** ilmetä, selvitä *Call me if something new turns up.* Soita minulle, jos jotain uutta ilmenee. **3** putkahtaa [esiin], löytyä *His glasses turned up just when he needed them.* Hänen silmälasinsa putkahtivat esiin juuri kun hän tarvitsi niitä. *Eventually the missing documents turned up.* Lopulta puuttuvat asiakirjat löytyivät. **4** ilmestyä [paikalle], saapua *He turned up late.* Hän tuli myöhässä. **5** lyhentää (helmaa) *I had to turn up these trousers.* Jouduin lyhentämään näitä housuja.

turn up like a bad penny *vanh* tulla kuokkimaan *Whenever he wants money he turns up like a bad penny.* Aina kun hän haluaa rahaa, hän ilmestyy silloin, kun vähiten häntä kaipaan.

2 turn *s*

a good turn palvelus, hyvä teko *do somebody a good turn* tehdä jklle palvelus, *That was my good turn for the day!* Se oli päivän hyvä tekoni!

at every turn joka käänteessä, joka tilanteessa, jatkuvasti *They thwarted our attempts at every turn.* He tekivät yrityksemme tyhjiksi joka käänteessä.

cooked / done to a turn *vanh* juuri sopivan kypsäksi keitetty / paistettu *The kebabs are cooked to a turn.* Kebabit on paistettu juuri sopivan kypsiksi.

on the turn pilaantumassa *meat on the turn* pilaantumassa oleva liha

one good turn deserves another hyvät teot palkitaan, hyvään vastataan hyvällä *One good turn deserves another, and I was quick to help my friend.* Hyvään vastataan hyvällä, ja niinpä autoinkin pian ystävääni.

speak / talk out of [one's] turn puhua sivu suunsa *If you lived there, you didn't speak out of your turn when an injustice was done.* Siellä asuvat eivät puhuneet sivu suunsa, kun epäoikeudenmukaisuuksia tapahtui.

turn and turn about (yl br) toinen toisensa perään, vuorotellen *They worked turn and turn about.* He työskentelivät vuorotellen [yhtä pitkän ajan].

turn of mind mielenlaatu, (henkilön) luonne *He was of an emotional turn of mind.* Hänellä oli tunteellinen mielenlaatu. *a practical turn of mind* käytännöllinen luonne

turn of speed nopeus *have a good turn of speed* olla nopea

turn-up ['tɜ:nʌp] *s*

turn-up for the book[s] *ark* jymyyllätys, todellinen yllätys *It would be a turn up for the book if George had stopped drinking.* Olisi todellinen yllätys, jos George olisi lopettanut juomisen.

turtle ['tɜ:tl] *s*

turn turtle (veneestä) kellahtaa [nurin] *Some types of vessel are much more likely to turn turtle than others* jotkut laivat kellahtavat nurin paljon todennäköisemmin kuin toiset.

tweedledum [twi:d°ldʌm] *s*

tweedledum and tweedledee kuin kaksi marjaa, kuin paita ja peppu *The two parties are now perceived as tweedledum and tweedledee, with little to distinguish the one from the other.* Yleisesti ottaen puolueiden ajatellaan olevan kuin paita ja peppu, joita ei juuri toisistaan erota.

twice ['twaɪs] *adv*

twice over kaksin kerroin, uudestaan, toisenkin kerran *He was truly a pioneer twice over.* Hän oli uranuurtaja kahdella tavalla.

twiddle ['twɪdl] *v*

twiddle one's thumbs pyöritellä peukaloitaan *You'll just have to sit there and twiddle your thumbs as usual.* Sinun pitää vain istua siinä ja pyöritellä peukaloitasi, kuten normaalistikin.

twinkling ['twɪŋklɪŋ] *s*

in a / the twinkling of an eye silmänräpäyksessä, käden käänteessä *I'm sure he'd solve this in a twinkling of an eye.* Olen vakuuttunut siitä, että hän ratkaisisi tämän käden käänteessä.

1 twist ['twɪst] *v*

twist in the wind jäädä auki / epävarmaksi *An entire generation of children is being left to twist in the wind.* Kokonainen sukupolvi lapsia jätetään epävarmaan tilanteeseen.

twist sb's arm *ark* (kuv) vääntää jkn kättä, painostaa jkta *We're going to twist their arm for a better deal.* Aiomme painostaa heitä tekemään paremman tarjouksen.

2 twist s

be / go round the twist tulla hulluksi, mennä päästään sekaisin *Without his job he'd probably go round the twist.* Ilman uutta työtään hän tulisi varmasti hulluksi.

in a twist hermona *The news has me in a bit of a twist.* Olen vähän hermona kuultuani uutiset.

twist of fate kohtalon oikku *by / in a twist of fate* kohtalon oikusta

twists and turns mutkikas tapahtumaketju, mutkikkaat olosuhteet *The book explains the twists and turns that led to the company's bankruptcy.* Kirjassa selitetään mutkikasta tapahtumaketjua, joka johti yrityksen konkurssiin.

twitter ['twɪtəʳ] s

in / of a twitter hermostuneesti, jännittyneesti *He is all of a twitter because his betrothed has just let it on that she is pregnant.* Hän on hermona, koska hänen kihlattunsa on juuri myöntänyt olevansa raskaana.

two ['tu:] s

for two cents *ark* (am, austr) haluta tehdä jtk (yl jtk epämiellyttävää jklle) *For two cents I'd give you a thrashing.* Vetelisin sinua turpaan oikein mielelläni.

in two kahtia, halki *to tear a piece of paper in two* repiä paperi kahtia

put two and two together tehdä oikea / oma johtopäätös *It didn't take long to put two and two together, and realise what we had in our hands.* Teimme aika pian oikean johtopäätöksen ja ymmärsimme, mikä loistava mahdollisuus meille tarjoutui.

that makes two of us sittenhän meitä on kaksi (samassa tilanteessa) *– I have no idea how to use this. – Well, that makes two of us.* – Minulla ei ole hajuakaan, miten käyttää tätä. – No, sittenhän meitä on kaksi.

two can play at that game pilkka sattuu omaan nilkkaan, huonoon kohteluun voi vastata samalla mitalla *It was a clever trick, I admit, but two can play at that game. I'll try his trick on him.* Se oli näppärä temppu, myönnetään, mutta pilkka sattuu omaan nilkkaan. Annan hänen maistaa omaa temppuaan.

two heads are better than one ei kysyvä tieltä eksy, kannattaa kysyä jkn toisenkin mielipidettä *When it comes to solving problems, two heads are better than one.* Kannattaa kysyä neuvoa muiltakin, jos haluaa ratkoa ongelmia.

two's company, three's a crowd kolmas pyörä on liikaa *I want to go there only with you! Two's company, three's a crowd.* Haluan mennä sinne vain sinun kanssasi! Kolmas pyörä on liikaa.

twopence ['tʌpəns] s (myös tuppence)

not care / give twopence vähät välittää, ei välittää tippaakaan *I don't care twopence for her.* En välitä hänestä tippaakaan.

two-way [,tu:'weɪ] a

a two-way street kahden kauppa, molempien osapuolten panostusta vaativa asia *Love is a two-way street.* Rakkaus on antamista ja ottamista.

ugly [ˈʌgli] *a*
an ugly customer *ark* hankala tapaus, pelottava ilmestys *I guess he was an ugly customer when he was roused.* Voidaan sanoa, että hän oli ärsytettynä hankala tapaus.
an ugly duckling ruma ankanpoikanen *She is an ugly duckling rapidly turning into a beautiful swan.* Hän on ruma ankanpoikanen, josta on kovaa vauhtia tulossa kaunis joutsen.

umbilical cord [ʌm,bɪlɪklˈkɔːd] *s*
cut one's umbilical cord katkaista napanuoransa *The country has cut its umbilical cord to the United States.* Maa on katkaissut napanuoransa Yhdysvaltoihin.

uncertain [ʌnˈsɜːtᵊn] *a*
in no uncertain terms varsin selväsanaisesti *Ben had found them scruffy, and had said so in no uncertain terms.* Ben piti heitä rähjäisinä, ja sanoi sen heille varsin selväsanaisesti.

uncle [ˈʌŋkᵊl] *s*
cry uncle (*myös* say uncle) *ark* (am) tunnustaa hävinneensä, luovuttaa *I'm about ready to cry uncle on this one.* Olen viittä vaille valmis luovuttamaan tässä asiassa.
I'll be a monkey's uncle. *vanh* No jopas jotakin. *I'll be a monkey's uncle if they get it done before the month closes.* Jos he saavat sen tehtyä ennen kuun loppua, niin minä olen paavi.

Uncle Tom Cobley and all *ark* (br) koko joukko *Now here they were: in-laws, out-of-laws, Uncle Tom Cobley and All.* Nyt kaikki olivat paikalla: nykyiset appivanhemmat, entiset appivanhemmat, koko joukko.

unheard [ʌnˈhɜːd] *a*
go unheard kaikua kuuroille korville *His words went unheard.* Hänen sanansa kaikuivat kuuroille korville.

unison [ˈjuːnɪsᵊn] *s*
in unison *1* yhteen ääneen, samaan aikaan *'Yes,' they said in unison.* "Kyllä", he sanoivat yhteen ääneen. *2* yhteisymmärryksessä, sopusoinnussa [jnk kanssa] *He saw his poetic creativity as stemming from being in unison with his surroundings.* Hän mielsi runollisen luovuutensa kumpuavan itsensäja ympäristönsä välisestä sopusoinnusta.

unstick [,ʌnˈstɪk] *v*
come / get unstuck *ark* (br) epäonnistua *This expensive, complex hybrid will come unstuck.* Tämä kallis, monimutkainen hybridi tulee epäonnistumaan.

unwashed [,ʌnˈwɒʃt] *a*
the [great] unwashed rahvas, kansan syvät rivit *This measure keeps the great unwashed from stirring in their sleep.* Tämän toimenpiteen avulla kansan syvät rivit pidetään älyllisessä horrostilassa.

1 up [ˈʌp] *adv, prep, s*
it is all up with *ark* kaikki on lopussa *If my husband goes to Rome then it is all up with me.* Jos mieheni menee Roomaan, kaikki on lopussa minun osaltani.

on the up and up *ark 1* (br) kasvattaa suosiotaan, tulla suositummaksi, kehittymässä hyvään suuntaan *Tea is on the up and up.* Tee kasvattaa suosiotaan. *2* (yl am) rehellinen, luotettava *Why should we believe that she is on the up and up?* Miksi meidän pitäisi uskoa, että hän on luotettava?

something is up *ark* jotain on tekeillä, jokin on vialla. *She knew something is up because of the swelling around my left eye.* Hän tiesi jonkin olevan vialla, koska vasen silmäni oli turvoksissa.

up against *ark* sietää, kohdata, olla kasvotusten *Do you know what teachers are up against today?* Tiedätkö mitä opettajat joutuvat nykyisin sietämään? *She was up against a great challenge.* Hän joutui kohtaamaan suuren haasteen.

up against it *ark* koville *He plays better when he is up against it.* Hän pelaa paremmin joutuessaan koville.

up and about jalkeilla *I was soon up and about, hobbling with a stick.* Olin pian jalkeilla ja nilkutin kepin kanssa.

up and doing työn touhussa *When Ernest came downstairs Ruth was already up and doing.* Kun Ernest tuli alakertaan, Ruth oli jo työn touhussa.

up and down *1* ympäri, pitkin ja poikin, ristiin rastiin *The princess attended hundreds of events up and down the country.* Prinsessa osallistui satoihin tapahtumiin ympäri maaseutua. *2* ylä- ja alamäkeä *Our relationship was up and down.* Suhteemme oli yhtä ylä- ja alamäkeä.

up and running toimintakunnossa *The computer is now up and running again.* Tietokone on nyt jälleen toimintakunnossa.

up for *1* saatavilla jhk *She put her house up for sale.* Hän laittoi talonsa myyntiin. *2* jssak tilanteessa, jssak vaiheessa *to be up for election* olla ehdokkaana vaaleissa, *His contract is up for renewal in August.* Hänen sopimuksensa on katkolla elokuussa.

up for it heti valmiina *Roger was up for it, as always.* Roger oli heti valmiina, kuten aina.

up hill and down dale ylös ja alas, pitkin ja poikin *He led me up hill and down dale till my feet were dropping off.* Hän kuljetti minua pitkin ja poikin, kunnes jalkani olivat ihan poikki.

up on perillä jstak *I am well up on the latest methods.* Olen hyvin perillä uusimmista menetelmistä.

up to *1* jopa *It could be up to three months before they're done.* Voi viedä jopa kolme kuukautta, ennen kuin he ovat valmiita. *2* kykenevä, riittävä, tarpeeksi hyvä, sopiva *They were not up to running the business without him.* He eivät kyenneet hoitamaan yritystä ilman häntä. *3* jkn asia, velvollisuus *It was up to him to make it right.* Oli hänen asiansa korjata tilanne. *4 ark* puuhaillut *Mother knew what he had been up to.* Äiti tiesi, mitä hän oli puuhaillut.

up top *ark* (br) älliä päässä, äly, järki *He wished he had more up top.* Hän toivoi, että hänellä olisi enemmän älliä päässä.

up yours *ark alat* haista paska *Up yours, you little bastards.* Haistakaa paska, senkin kusipäät.

what's up? *ark* mitä on tekeillä?, mikä hätänä? *What's up? Why are you crying?* Mikä hätänä? Miksi itket?

what's up with sb / sth *ark* mikä jtk / jkta vaivaa *What's up with him, anyway? He sure left quick.* Mikä häntä oikein vaivaa? Hän lähti aika vauhdilla.

2 up *v*

up with *ark* (yl am) poimia, nostaa *The boy ups with a stone.* Poika poimii kiven.

upgrade ['ʌpgreɪd] *s*

on the upgrade nousussa *Dancing River is a tip, but Stay Awake could be on the upgrade.* Dancing River on pelin perushevosia, mutta Stay Awake saattaa olla nousussa.

1 upper ['ʌpəʳ] *a*

have / gain the upper hand olla yliote, saada yliote *The Japanese gained the upper hand, particularly in memory chips.* Japani sai yliotteen, erityisesti muistisirujen osalta.

the upper crust *s ark* hienosto, yläluokka *It is the upper crust who have seen quantum leaps in their earnings during this period of globlisation.* Tänä globalisaation aikana merkittävät tulonnousut ovat kohdistuneet yläluokkaan.

2 upper *s*

on one's uppers *ark* olla puilla paljailla *I spent out when I bought Rose Cottage, so I'm on my uppers.* Käytin kaikki rahani Ruusuhuvilan ostamiseen, joten olen puilla paljailla.

upset [ʌp'set] *v*

upset the / sb's apple cart sekoittaa pakkaa, heitellä kapuloita rattaisiin, pilata suunnitelmat *The rise of Linux over the past half decade has upset the apple cart of operating systems.* Linuxin nousu viimeisten 25 vuoden aikana on sekoittanut käyttöjärjestelmien markkinoita.

upshot ['ʌpʃɒt] *s*

in the upshot viime kädessä *In the upshot, the Minister's speech was appreciated by the audience.* Viime kädessä yleisö arvosti ministerin puhetta.

uptake ['ʌpteɪk] *s*

be quick on the uptake *ark* nopeaälyinen *He is quick on the uptake and understands most theories very quickly.* Hän on nopeaälyinen ja ymmärtää useimmat teoriat hyvin nopeasti.

be slow on the uptake *ark* hidasälyinen *I have to admit to being slow on the uptake with new software.* Minun pitää tunnustaa olevani jokseenkin hidasälyinen uusien ohjelmistojen suhteen.

us [əs, ʌs] *pron*

us and them (*myös* them and us) *ark* me ja ne [muut] (tilanteesta jossa kahdella ryhmällä on vihamieliset välit) *The abyss between us and them is even greater than before.* Kuilu meidän ja muiden välillä on jopa suurempi kuin aikaisemmin.

1 use ['ju:z] *v*

be / get used to olla tottunut jhk, tottua, totutella, kotiutua *I am getting used to sleeping on a hard mattress.* Alan jo tottua kovalla patjalla nukkumiseen.

one could use sth *ark* jk olisi tarpeen, jk tekisi terää *I could use some sleep.* Minun pitäisi saada vähän nukuttua. *You look like you could use a drink* Näytät siltä, että drinkki tekisi terää.

used to 1 olla tapana *People used to visit that place.* Ihmisillä oli tapana käydä siellä. **2** oli ennen *He used to be a professor.* Hän oli ennen professori.

use your head (*myös* use your loaf) *ark* ajattele nyt tarkkaan

2 use ['ju:s] s

be of use [to sb] *kirjak* olla hyödyllinen jklle *We believe that such a process can be of use to us.* Uskomme, että tämän kaltaisesta prosessista saattaa olla meille hyötyä.

have no use for *ark* inhota, ei kaivata *We have no use for people like him.* Meillä ei kaivata hänen kaltaisiaan.

it's no use [doing sth] jk ei ole kannattavaa, jtak ei kannata tehdä *It's no use of trying.* Ei kannata edes yrittää.

make use of sb / sth ottaa kaikki hyöty irti jstak *Make full use of today's technology.* Ota kaikki hyöty irti tämän päivän teknologiasta.

put sth to good use käyttää hyödykseen jtak *I was able to put my language skills to good use.* Pystyin käyttämään hyväkseni kielitaitoani.

use and wont *kirjak* maan tapa *They have changed their use and wont by adopting the ideas of others.* He ovat muuttaneet maansa tapoja omaksumalla ajatuksia muilta.

usher ['ʌʃəʳ] v

usher in tuoda tullessaan, olla alkuna *His defeat ushered in a fearsome era of repression.* Hänen tappionsa toi tullessaan hirmuisen sortokauden.

utmost ['ʌtməʊst] s

do one's utmost tehdä parhaansa *Dan was doing his utmost to be helpful.* Dan teki parhaansa ollakseen avuksi.

V

vacuum ['vækjʊəm] s
in a vacuum irrotettuna asiayhteydestään, erillään muusta maailmasta *Politics does not occur in a vacuum*. Politiikkaa ei tehdä erillään muusta maailmasta.

vain ['veɪn] a
take sb's name in vain leik puhua jksta epäkunnioittavasti *There he goes, taking my name in vain again*. Taas hän puhuu minusta jotakin pahaa selkäni takana.

value ['vælju:] s
a value judgement (*myös* (am yl) **a value judgment**) halv arvoarvostelma *He is expressing personal, political opinions based on value judgement instead of scientific facts*. Hän esittää henkilökohtaisia ja poliittisia mielipiteitä, jotka eivät perustu tieteellisiin tosiasioihin, vaan hänen arvoihinsa.

value for money hintansa arvoinen *This cruise offers the best value for your money*. Tämä risteily on parasta vastinetta rahoillesi.

variation [ˌveərɪ'eɪʃ°n] s
variations on the theme of sth eri tapoja tehdä t. sanoa sama asia *Five variations on the theme of cracking into new markets*. Viisi eri tapaa murtautua uusille markkina-alueille.

variety [və'raɪɪti] s
garden-variety (am, austr) tuiki tavallinen *If you have caught just a garden variety cold, antibiotics won't help you*. Jos olet saanut ihan tavallisen nuhan, turha etsiä parannusta antibiooteista.

variety is the spice of life vaihtelu virkistää *Variety is the spice of life, so try lots of different kinds of food*. Vaihtelu virkistää, joten kokeile paljon erilaisia ruokia.

veil ['veɪl] s
beyond the veil tuonpuoleisessa *At best the mind of man can only speculate on what awaits us beyond the veil*. Parhaimmillaan voimme vain arvuutella, mikä meitä tuonpuoleisessa odottaa.

do sth under the veil of sth tehdä jtk jnk varjolla *I'm surprised that people can make such statements under the veil of religion*. Olen yllättynyt, että ihmiset väittävät moisia asioita uskontoon vedoten.

draw a veil over vaieta jstak, olla puhumatta jstak *Let's draw a veil over yesterday*. Ei puhuta eilisestä.

lift the veil paljastaa *The invasion lifted the veil on the real face of power in the country*. Miehityssota paljasti maan todelliset sisäiset valtasuhteet.

take the veil alkaa nunnaksi, mennä luostariin *She took the veil without any reason – it was a mere caprice*. Hän alkoi nunnaksi ilman mitään syytä – päätös oli pelkkä oikku.

vengeance ['vendʒəns] s
with a vengeance ark julmetusti, korkojen kera, toden teolla, tosissaan *The infection returned with a*

vengeance. Tulehdus uusiutui pahana.

vent ['vent] *s*
give [full] vent to sth *kirjak 1* päästää (laskea ilmoille, päästää suustaan) *She gave vent to unconvincing cries of sorrow.* Hän päästi suustaan epäaitoja suruvalituksia. *2* purkaa tunteitaan *She decided to give vent to her frustration regarding this issue in a magazine.* Hän päätti purkaa aiheen tuomaa turhautuneisuutta lehden sivuilla.

venture ['ventʃəʳ] *v*
nothing ventured, nothing gained ei voita mitään jollei mitään uskalla *There is no guarantee that your script will become a book one day, but nothing ventured, nothing gained.* Et voi luottaa siihen, että käsikirjoituksestasi todella tehdään jonain päivänä kirja, mutta yrittänyttä ei laiteta.

verge ['vɜ:dʒ] *s*
on the verge of jnk partaalla *Is the country on the verge of a crisis?* Onko maa kriisin partaalla?

vested ['vestɪd] *a*
have [got] a vested interest [in sth] olla oma etu kyseessä, hyötyä jstk *Employees have a vested interest in telling the truth in job interviews.* On työntekijöiden oman edun mukaista puhua totuudenmukaisesti työhaastatteluissa.

victim ['vɪktɪm] *s*
fall victim to sth joutua jnk uhriksi, kuolla jhk *Females are more likely to fall victim to violence in their homes.* Naiset joutuvat todennäköisemmin väkivallan uhriksi kotonaan. *He fell victim to AIDS.* Hän kuoli AIDSiin.

view ['vju:] *s*
in view *kirjak* mielessä, tähtäimessä, näköpiirissä *He had only one objective in view.* Hänellä oli mielessään vain yksi tavoite.
in view of sth jtak huomioon ottaen, jstak syystä, jnk seurauksena *In view of the death of Rhoda, old suspicions were aroused.* Rhodan kuoleman seurauksena vanhat epäluulot nousivat pintaan.
with a view to tarkoituksenaan, aikomuksenaan *with a view to forming a broad-based government* tarkoituksenaan muodostaa laajapohjainen hallitus

villain ['vɪlən] *s*
the villain of the piece *ark* syypää, kaiken pahan alku ja juuri *He is still seething about being dragged into the debate and left to look the villain of the piece.* Hän kihisee vieläkin kiukusta, koska hänet on vedetty mukaan väittelyyn ja saatu näyttämään syypäältä.

violence ['vaɪələns] *s*
do violence to tehdä väkivaltaa jllek, vääristää jk (merkitystä ym.) *Their accusations are doing violence to his intentions.* Heidän syytöksensä vääristävät hänen tarkoitusperiään.

violet ['vaɪəlɪt] *s*
a shrinking violet ujo, arka *I wouldn't describe him as a shrinking violet.* En sanoisi häntä ollenkaan ujoksi. *She's no shrinking violet.* Hän ei ole alkuunkaan arka.

viper ['vaɪpəʳ] *s*
viper in one's bosom kyy povellaan *Her idol has turned suddenly into a viper in her bosom.* Hänen palvonnan kohteensa on yllättäen kääntynyt häntä vastaan.

virtue ['vɜ:tʃu:, vɜ:tju:] *s*
by virtue of sth jnk nojalla, jnk johdosta, jnk takia *by virtue of his office* viran puolesta, *The immigrants are strangers by virtue of their cul-*

ture. Maahanmuuttajat ovat muukalaisia kulttuurinsa takia.
make a virtue of sth kääntää jk asia omaksi edukseen *to make a virtue of necessity* tehdä välttämättömyydestä hyve

vis [vi:z] *prep*
vis-à-vis *kirjak* suhteen (jnk suhteen), verrattuna, vastapäinen *We are well placed vis-a-vis our competitors in Europe.* Olemme hyvissä asemissa verrattuna eurooppalaisiin kilpailijoihimme.

vision ['vɪʒ³n] *s*
tunnel vision kapea-alainen näkökanta, (henkilön) rajoittuneisuus *Britain's monetary policy suffers from tunnel vision.* Ison-Britannian rahapolitiikka on kovin kapea-alaista.

visit ['vɪzɪt] *s*
a flying visit pikavierailu *I made a flying visit to my parents' house.* Tein pikavierailun vanhempieni luokse.

voice ['vɔɪs] *s*
a voice [crying] in the wilderness kuuroille korville kaikuva mielipide t. varoitus *We're really just a voice crying in the wilderness.* Viestimme kaikuu kuuroille korville.

find one's voice saada suunsa auki *Heart in his throat, Michael could barely find his voice.* Michaelin sydän oli kurkussa, ja hän tuskin sai avattua suutansa.
give voice to tuoda julki, ilmaista *They never gave voice to their pain.* He eivät koskaan ilmaisseet kärsimystään.
with one voice yksimielisesti, kuin yhdestä suusta *The government speaks with one voice on this matter.* Hallitus on yksimielinen asiasta.

volte [vɒlt] *s*
a volte-face *kirjak* täyskäännös *What is there behind the sudden volte-face of the American position?* Mikä onkaan saanut yhdysvaltalaiset muuttamaan kantaansa täysin?

vote ['vəʊt] *v*
vote with one's feet äänestää jaloillaan *Two million refugees voted with their feet for the future of their country.* Kaksi miljoonaa pakolaista on palannut kotimaahansa uskoen sen tulevaisuuteen.

vouch ['vaʊtʃ] *v*
vouch for mennä takuuseen jstak, taata *The Constable will vouch for us.* Konstaapeli voi mennä takuuseen meistä.

wad ['wɒd] s

shoot one's wad *1 ark* tuhlata kaikki rahansa *It seems they have shot their wad on advertising.* Näyttää siltä, että he ovat tuhlanneet kaikki rahansa mainostamiseen. *2* panna kaikki peliin, satsata kaikki energiansa *The president shot his wad on his health care reform plan in the mid-90s.* Presidentti pani kaikki peliin terveydenhuollon uudistussuunnitelmansa puolesta 90-luvun puolivälissä.

wade ['weɪd] v

wade in[to] *ark 1* puuttua, sekaantua jhk *'I really hate it when men think they have to wade in to rescue me,'* Sue said. "Vihaan sitä kun miehet kuvittelevat, että heidän täytyy puuttua asiaan ja pelastaa minut", Sue sanoi. *2* käydä käsiksi *John waded into Frank angrily.* John kävi vihaisesti käsiksi Frankiin.

waffle ['wɒfəl] v

waffle on (br) höpöttää, jaaritella *He waffled on about it for hours.* Hän jaaritteli siitä tuntikausia.

wag ['wæg] v

how the world wags *vanh* miten menee *So tell me how the world wags?* Kerropa minulle, miten menee?

set tongues wagging saada huhut liikkeelle, antaa aihetta puheisiin *His behaviour has set tongues wagging.* Hänen käytöksensä on antanut aihetta puheisiin.

wagon ['wægən] s (myös waggon)

fix sb's wagon *ark* tehdä selvää jksta *I'll dock his pay and that will fix his wagon.* Leikkaan hänen palkkaansa – se tekee selvää hänestä.

off the [water-]wagon *ark* ratketa ryyppäämään *I've had a rough week and I've fallen off the wagon.* Minulla on ollut rankka viikko ja olen ratkennut ryyppäämään.

on the [water-]wagon *ark* kuivilla, alkoholista eroon päässyt *I had promised to give him back his job if he remained on the water wagon for one year.* Olin luvannut antaa takaisin hänen työpaikkansa, jos hän pysyisi kuivilla vuoden.

wait ['weɪt] v

wait behind jäädä paikalle (toisten lähdettyä) *He asked her to wait behind after the meeting.* Hän pyysi naista jäämään paikalle kokouksen jälkeen.

wait for it *ark* (br) arvatkaapa (jutun huipennuksen edellä) *He wants to be – wait for it – a rock star.* Arvatkaapa, miksi hän haluaa – rokkitähdeksi.

wait in (br) odottaa kotona *I waited in all day for her.* Odotin häntä kotona koko päivän.

wait on passata, palvella *My husband waited on me hand and foot.* Mieheni oli aina passaamassa minua.

wait on sb hand and foot antaa täyspalvelua jklle *He expected his wife to wait on him hand and foot.*

Hän odotti vaimoltaan täyspalvelua.

wait out odottaa (jnk loppumista) *We have to wait out the storm.* Meidän täytyy odottaa rauhassa myrskyn loppumista.

wait up valvoa *Don't wait up for me.* Älä jää valvomaan minun takiani.

1 wake ['weɪk] *v*

a wake-up call *ark* (am, austr) hälytyskello *The gas crisis was a wake-up call for Europeans.* Kaasukriisi sai eurooppalaiset havahtumaan vaaralliseen tulevaisuudennäkymään.

wake the dead *leik* kova (äänestä) *My new alarm clock would wake the dead.* Uusi herätyskelloni herättäisi kuolleetkin (äänellään).

Wake up and smell the coffee! *ark* Havahdu jo todellisuuteen! *This government should wake up and smell the coffee.* Tämän hallituksen pitäisi jo havahtua todellisuuteen.

wake up to sth havahtua, herätä huomaamaan jtak *Wake up to the reality!* Havahdu jo todellisuuteen!

2 wake *s*

in one's wake jälkeensä, perässä, jnk vanavedessä *The storm left a trail of devastation in its wake.* Myrsky jätti jälkeensä valtavaa tuhoa. *In his wake came a group of kids.* Häntä seurasi lapsilauma.

in the wake of sth jnk jälkeen, jnk seurauksena *His records have sold massively in the wake of the concert.* Hänen levyjään on myyty valtavasti konsertin jälkeen.

1 walk ['wɔːk] *v*

walk all over sb *ark 1* kävellä jkn yli, sivuuttaa jk olankohautuksella *Don't let him walk all over you!* Älä anna hänen kävellä ylitsesi! *2* rökittää, voittaa ylivoimaisesti *Last year, they walked all over us during warmups.* Viime vuonna he rökittivät meidät harjoitusotteluissa.

walk away unohtaa jk, kääntää selkänsä jllek *You can't just walk away from the problem!* Et voi noin vain kääntää selkääsi tälle ongelmalle!

walk away with *ark* pölliä, pihistää *Someone must have walked off with my purse.* Jonkun on täytynyt pölliä lompakkoni.

walk before one can run nousta tyvestä puuhun, aloittaa oppiminen [ym.] perusasioista *He hopes it will become a big chain but prefers to walk before he can run.* Hän toivoo, että siitä kehittyy iso ketju, mutta haluaa aloittaa vaatimattomasti.

walk in on sb saapua jhk yllättäen, yllättää jku [tekemässä jtak] *She walked in on Simon kissing Kate.* Hän yllätti Simonin suutelemasta Katea.

walk it *ark* voittaa ylivoimaisesti, saada murskavoitto *Don't forget we "should" have walked it against them as well.* Älkää unohtako, että meidän piti saada murskavoitto heistäkin.

walk on eggshells varoa sanojaan, olla varpaillaan jkn takia *It's like walking on eggshells with him.* Hänen takiaan saa olla koko ajan varpaillaan.

walk one's talk (yl am) toimia sanojensa mukaisesti, olla sanojensa mittainen *Dennis walks his talk regarding service to the customer.* Dennis on sanojensa mittainen asiakaspalvelun suhteen.

walk out *1* erota, lähteä kävelemään (työpaikasta) *2* mennä lakkoon, marssia ulos työpaikalta *3* jättää, häipyä [omille teilleen] *His wife walked out on him.* Hänen vaimonsa jätti hänet.

walk sb off their feet kävelyttää jku väsyksiin *I think some of us were afraid Mr. Evans would walk us off our feet again.* Minusta tuntuu, että jotkut meistä pelkäsivät herra Evansin kävelyttävän meidät taas väsyksiin.

walk sb through sth (yl am) selittää jtak jklle [perusteellisesti], käydä jtak läpi jkn kanssa *Okay, let's walk this through.* Hyvä on, käydäänpä tämä läpi perusteellisesti.

walk the streets kulkea vapaasti [kaupungin kaduilla] *Given his violent past, he should not have been permitted to walk the streets.* Ottaen huomioon hänen väkivaltaisen menneisyytensä, häntä ei olisi saanut päästää kulkemaan vapaana kaduille.

walk the walk *ark* olla sanojensa mittainen *They will be watching if he can walk the walk.* He seuraavat, pystyykö hän toimimaan sanojensa mukaisesti.

walk the wards *vanh* olla harjoittelijana sairaalassa, hankkia kokemusta lääkärin ammatista *She attended lectures and walked the wards at the same time.* Hän kävi luennoilla ja oli harjoittelijana sairaalassa samaan aikaan.

2 walk *s*

Take a walk! *ark* Ala vetää! *I don't need your advice, so take a walk!* En kaipaa neuvojasi, joten suksi kuuseen!

walk of life elämänala, [sosiaalinen] tausta, [yhteiskunnallinen] asema *We get students from every walk of life.* Meillä on opiskelijoita kaikilta elämänaloilta.

win in a walk (am) voittaa ylivoimaisesti, saada murskavoitto *We expect our candidate to win the election in a walk with 45% of the vote.* Odotamme ehdokkaamme voittavan vaalit ylivoimaisesti 45 %:n äänisaaliilla.

walkabout ['wɔ:kəbaʊt] *s*

go [on a] / do a walkabout mennä tervehtimään väkijoukkoa *Residents told reporters that the president had done a walkabout among them on Wednesday.* Asukkaat kertoivat toimittajille, että presidentti oli käynyt tervehtimässä heitä keskiviikkona.

go [on a] walkabout *leik* hukkua, kadota, hävitä *Her dogs have gone on walkabout again.* Hänen koiransa ovat kadonneet jälleen.

wall ['wɔ:l] *s*

drive sb up the wall *ark* saada hyppimään seinille *His behaviour drives his mother up the wall.* Hänen käytöksensä saa hänen äitinsä hyppimään seinille.

go to the wall *ark* **1** mennä nurin, joutua puille paljaille *The company has finally gone to the wall.* Yhtiö on viimeinkin mennyt nurin. **2** kannattaa, tukea jtak t. jkta hinnalla millä hyvänsä *Find an attorney who can go to the wall with you.* Etsi asianajaja, joka kykenee tukemaan sinua hinnalla millä hyvänsä.

hit the wall uupua, uuvahtaa *The runner hit the wall in the last lap.* Juoksija uupui täysin viimeisellä kierroksella.

off the wall *ark* (am) **1** tärähtänyt, kahjo *I always thought she was a bit off the wall, if you know what I mean.* Minusta hän on aina ollut vähän kahjo, tiedäthän. **2** raivoissaan *He was off the wall about the article.* Hän oli raivoissaan artikkelista. **3** tuulesta temmattu, perusteeton *The accusation is off the wall.* Syytös on tuulesta temmattu.

walls have ears seinilläkin on korvat *The walls had ears in the restaurant, so it wasn't wise to discuss too much.* Ravintolan seinilläkin oli korvat, joten ei ollut viisasta keskustella siellä liikaa.

wand ['wɒnd] *s*

a magic wand helppo tapa ratkaista ongelma *There is no magic wand to bring an end to hostilities.*

want

Vihamielisyyksien juurimiseksi ei ole helppoa oikotietä.

wave a [magic] wand [and do sth] ratkaista ongelma vaivatta *In developing countries, we know we can't just wave a magic wand and change conditions.* Me tiedämme, ettemme voi ratkaista kaikkia kehitysmaiden ongelmia kädenkäänteessä ja parantaa näiden maiden oloja.

want ['wɒnt] *s*

for [the] want of sth jnk puutteessa *for want of a better solution* paremman ratkaisun puutteessa

in want of sth *kirjak* jnk tarpeessa *in want of food* ravinnon tarpeessa

war ['wɔːʳ] *s*

a war of words sanasota *The war of words over the affair intensified.* Sanasota asiasta kiihtyi.

have been in the wars *ark* (br, austr) olla loukkaantunut (fyysisesti) *You've got a cut on your leg. You really have been in the wars!* Sinullahan on haava jalassa. Oletpa sinä tosissaan loukkaantunut.

ward ['wɔːd] *v*

ward off torjua, vastustaa jtak *Dress appropriately to ward off the mosquitos.* Pukeudu asianmukaisesti, niin hyttyset pysyvät loitolla.

1 warm ['wɔːm] *a*

[as] warm as toast ihanan lämmin, mukavan lämmin *It was freezing outside, but we were warm as toast in front of the fire.* Ulkona oli jäätävän kylmä, mutta meillä oli mukavan lämmin tulen äärellä.

2 warm *v*

warm the cockles [of sb's heart] (br) saada jku iloiseksi, lämmittää jkn sydäntä *This news has warmed my cockles, which were in danger of freezing.* Tämä uutinen todella lämmitti sydäntäni, jota on kylmänyt viime aikoina.

warn ['wɔːn] *v*

be warned muista, ota huomioon *Be warned: this is not a risk-free operation.* Muista, että tämä ei ole riskitön leikkaus.

warn off ajaa jku pois, ajaa jku tiehensä *The guard warned the boys off.* Vartija ajoi pojat pois.

warpath ['wɔːpɑːθ]

on the warpath *ark* sotajalalla, riitaa haastamassa *The last thing I need at the moment is an outraged girlfriend on the warpath.* En todellakaan halua tähän väliin riitaa haastavaa tyttöystävää.

wart ['wɔːt] *s*

warts and all *ark* kaikkine puutteineen, sellaisena kuin jku on *I loves him, warts and all.* Rakastan häntä sellaisena kuin hän on.

wary ['weəri] *a*

keep a wary eye on sb / sth pitää jtak visusti silmällä *The tourism industry is keeping a wary eye on the spread of bird flu.* Matkailuala pitää lintuinfluenssan leviämistä visusti silmällä.

1 wash ['wɒʃ] *v*

sth won't / doesn't wash [with sb] jk (selitys ym.) ei kelpaa jklle *I'm sorry, but the "we're broke" argument won't wash with me.* Olen pahoillani, mutta minähän en niele väitettänne, että olisitte puilla paljailla.

wash down with sth huuhtoa alas *He ate a huge meal washed down with wine.* Hän söi valtavan aterian ja huuhtoi sen alas viinillä.

wash one's dirty linen / laundry in public *ark* pestä likapyykkinsä julkisesti *It's unfortunate that she has chosen to wash her dirty linen in public through the press.* On valitettavaa, että hän on päättänyt pestä likapyykkinsä julkisesti lehtien sivuilla.

wash one's hands *euf* käydä vessassa *I felt the need to wash my hands, having been outside all day long.* Minulla oli vessahätä oltuani koko päivän ulkona.
wash one's hands of pestä kätensä jstak *He wanted to wash his hands of the whole project.* Hän halusi pestä kätensä koko projektista.
wash one's mouth out [with soap] siivota suunsa *'Wash your mouth out,' she ordered.* "Siivoa suusi", hän määräsi.
wash out 1 peruuttaa, keskeyttää (sateen vuoksi) *The match was washed out.* Peli peruutettiin sateen vuoksi. **2** rikkoa (tulvasta, sateesta) *The road was washed out in the flood.* Tulva rikkoi tien.
wash up (yl br) tiskata *I'd better wash up the breakfast things.* Minun olisi parasta tiskata aamiaisastiat.

2 wash *s*
come out in the wash *ark* **1** paljastua, tulla ilmi *Her relationship with the minister would come out in the wash.* Hänen ja ministerin suhde paljastuisi. **2** järjestyä, käydä hyvin *Don't worry, it will all come out in the wash.* Älä ole huolissasi, kaikki järjestyy kyllä.

1 waste ['weɪst] *v*
waste not, want not joka säästää saadessaan sillä on ottaa tarvitessaan *I just hate to throw out good food – waste not, want not.* Vihaan kelvollisen ruoan pois heittämistä – säästäväisyys takaa riittoisuuden.

2 waste *s*
lay waste to sth (*myös* lay something to waste) *vanh* tuhota jtak, hävittää jtak *towns laid waste by the war* sodan tuhoamat kaupungit
waste of space *ark* turhanpäiväinen tyyppi t. juttu, turha tyyppi t. juttu *He's a drunken waste of space.* Hän on täysin turhanpäiväinen juoppo.

1 watch ['wɒtʃ] *v*
just watch usko pois, saatpa nähdä *I'll find the bastard. Just watch.* Kyllä minä sen paskiaisen löydän. Usko pois.
like watching grass grow kiviäkin kiinnostaa, äärimmäisen tylsää *Watching poker is like watching grass grow.* Pokerin peluun seuraaminen on tappavan tylsää.
watch one's back / step olla varovainen *You'd better watch your back for my brother.* Sinun on parasta olla varuillasi veljeni varalta.
watch the time vahtia kelloa *Watch the time, we don't want to be late.* Vahdi kelloa, ettemme myöhästy.
watch this space lisätietoja tulossa lähiaikoina *I have plans for my career. Watch this space.* Minulla on uusia urasuunnitelmia. Kerron niistä lähiaikoina.

2 watch *s*
be on the watch odottaa valppaana, vahtia valppaana *The Navy was on the watch for German submarines.* Merivoimat odottivat valppaana saksalaisia sukellusveneitä.

water ['wɔːtəʳ] *s*
... and water vesitettyä..., laimeata... *When a poet chose Tennyson as his model, the result was always Tennyson and water.* Kun runoilija otti mallia Tennysonista, tulos oli aina Tennysonia vesitettynä.
[as] weak as water surkean heikko, erittäin laimea *I still feel as weak as water.* Oloni on vieläkin äärimmäisen hutera.
blow sth / sb out of the water *ark* tuhota jk / jku täysin *He's confidence had been blown clean out of the water.* Hänen itseluottamuksensa oli saanut todella kovan kolauksen.
like water kosolti, kasapäin *He spends money like water.* Hän käyttää kosolti rahaa.

wave

make water vuotaa *Captain, the ship is making water.* Kapteeni, laivassa on vuoto.

of the first water *1* erinomainen, virheetön (timantista, helmestä) *She has matured into a musical diamond of the first water.* Hänestä on kypsynyt erinomainen musiikillinen helmi. *2* äärimmäisen, todella *He is a bore of the first water.* Hän on todella tylsä tyyppi.

the water of life viski *She soon realised the contents of the bottle: the water of life.* Hän oivalsi pian pullon sisältävän viskiä.

water under the bridge (*am* water over the dam) ollutta ja mennyttä *Don't mention it, it's water under the bridge.* Ei sillä väliä, se on ollutta ja mennyttä.

1 wave ['weɪv] *v*

wave aside sivuuttaa jk, olla piittaamatta jstak, viitata jllek kintaalla *Molly waved aside his admiration.* Molly ei piitannut miehen ihailusta.

wave down viittoa pysähtymään (ajoneuvosta)

2 wave *s*

catch the wave *ark* (am, austr) hyödyntää jnk suosiota *The company is taking some big steps toward catching the Internet wave.* Yritys ottaa suuria askelia kohti Internetin suosion hyödyntämistä.

make waves *ark* aiheuttaa hankaluuksia, järkyttää vallitsevaa tilaa *The new generation of leaders are making waves for the economy* uusi johtajasukupolvi järkyttää taloudessa vallitsevia käytäntöjä.

wavelength ['weɪvleŋθ] *s*

be on the same wavelength / different wavelengths olla samalla / eri aaltopituudella *We're on the same wavelength, so it makes communication very easy.* Olemme samalla aaltopituudella, joten kommunikointi on todella helppoa. *They are on different wavelengths, so anticipate problems concerning values.* He ovat eri aaltopituudella, joten voit odottaa arvopulmia.

1 wax ['wæks] *v*

wax and wane *kirjak* kasvaa ja [sitten] pienentyä, voimistua ja heikentyä *the symptoms may wax and wane in strength* oireet voivat voimistua ja heikentyä

wax lyrical puhua jstk innostuneesti *Respected journalists wax lyrical about the band.* Arvostetut toimittajat suitsuttavat yhtyettä.

2 wax *s*

be like wax in sb's hands olla kuin vahaa jkn käsissä *He had language mould like wax in his hands.* Hän käytti kieltä sulavasti kuin vahaa käsissään konsanaan.

way ['weɪ] *s*

across the way (*myös* (br) over the way) *ark* vastapäätä, kadun toisella puolella *They live across the way.* He asuvat kadun toisella puolella.

Be on your way! *ark* Mene matkoihisi! *Take what you need and be on your way!* Ota mitä tarvitset ja mene matkoihisi!

be under way olla meneillään *Something is under way.* Jotain on meneillään.

by a long way pitkälti, ehdottomasti *It was the best performance so far, by a long way.* Se oli tähän mennessä ehdottomasti paras esitys.

by the way *ark* muuten *By the way, I'm applying for a traineeship with you.* Muuten, haen harjoittelupaikkaa firmasta, jossa työskentelet.

come one's way tulla eteen *Take advantage of opportunities that come your way.* Käytä sinulle tarjoutuvat tilaisuudet.

cut both / two ways *ark* vaikuttaa kahdella tavalla (yl hyvällä ja huonolla) *The Internet cuts both ways*

– *it is a medium for spreading both information and misinformation.* Internet vaikuttaa kahdella tavalla – se toimii sekä oikean että väärän tiedon levityskanavana.

find a way keksiä keino jhk *I need to find a way to get rid of him.* Minun täytyy keksiä, miten pääsen hänestä eroon.

find one's way löytää / osata perille *I couldn't find my way back to the hotel.* En löytänyt takaisin hotellille.

get / have one's [own] way saada tahtonsa läpi *They'll find that they are not going to have their way on everything.* He huomaavat, etteivät tule saamaan tahtoansa läpi kaikessa.

give way romahtaa (rakenteesta ym.) *The roof gave way under the weight of a heavy overnight snowfall.* Katto romahti yöllä sataneen runsaan lumen painosta.

give way to sth 1 vaihtua jksik *Then dense forests give way to green fields.* Sitten sankat metsät vaihtuvat vihreiksi niityiksi. *Hurt gave way to anger.* Loukkaantumisen tunne vaihtui kiukuksi. **2** antaa periksi jllek *She gave way to a burst of tears.* Hän antoi itkun tulla. **3** (br) väistää, antaa tietä *That car was supposed to give way to me.* Tuon auton olisi pitänyt antaa tietä minulle.

go a long way päästä pitkälle, menestyä *That young woman will go a long way.* Tuo nuori nainen pääsee vielä pitkälle.

go all the way 1 viedä päätökseen, loppuun asti *She is prepared to go all the way with legal action.* Hän on valmis viemään oikeustoimenpiteet loppuun asti. **2** *ark* mennä loppuun asti (yhdynnästä) *She's not fully prepared to go all the way yet.* Hän ei ole vielä valmis menemään loppuun asti.

go one's way mennä jkn mielen mukaan, olla suotuisa *Quite frankly, things didn't go my way.* Totta puhuen asiat eivät menneet mieleni mukaan.

go out of one's way nähdä erityistä vaivaa (jnk hyväksi) *Our hosts went out of their way to make us feel welcome.* Isäntämme näkivät erityistä vaivaa saadakseen meidät tuntemaan olomme tervetulleeksi.

have a way of olla kyky *Wives have a way of noticing such things.* Vaimoilla on kyky havaita sellaiset asiat.

have a way with osata käsitellä jtak [hyvin], olla hyvä jssak *He has a way with words.* Hänellä on sana hallussaan.

have a way with one olla hurmaava *She has a way with men and uses it to her advantage.* Hän on hurmaava miesten seurassa, ja käyttää sitä hyväkseen.

have come a long way on päässyt pitkälle *Mr Jenic has come a long way since he came to England as a refugee.* Mr Jenic tuli Englantiin pakolaisena, mutta on sen jälkeen päässyt pitkälle.

have it your [own] way tee kuten haluat (vihaisesti sanottuna) *All right, don't listen to me and have it your own way.* Hyvä on, älä kuuntele minua ja tee kuten haluat.

in more ways than one monessa mielessä *You are wrong, in more ways than one.* Olet monessa mielessä väärässä.

in no way ei millään muotoa, ei missään tapauksessa *He's a solid actor but in no way is he a superstar.* Hän on hyvä näyttelijä mutta ei missään tapauksessa mikään supertähti.

in sth's / sb's [own] way omalla tavallaan *It is a well-made film in its way.* Se on omalla tavallaan hyvin tehty elokuva.

in the way of sth mitä jhk tulee *We have little in the way of ideas.* Meillä on ideat vähissä.

know one's way around / about olla perillä jstak, tuntea *I'm not an idiot, I know my way about computers.* En ole mikään idiootti, tunnen kyllä tietokoneet.

lead the way olla edelläkävijä *He leads the way in analyzing animal behaviour.* Hän on edelläkävijä eläinten käytöksen tutkimuksessa.

look the other way katsoa sormien läpi *If you try to look the other way on this, guilt will overcome you.* Jos yrität katsoa tätä asiaa läpi sormien, tulet tuntemaan syyllisyyttä.

lose one's way menettää otteensa *The president has lost his way on domestic issues.* Presidentti on menettänyt otteensa sisäpolitiikkaan.

on one's / the way out *1* katoamassa, poistumassa, lopettamassa *He is rumoured to be on the way out of professional boxing.* Huhutaan, että hän lopettelee uraansa ammattinyrkkeilijänä. *2* ark kuoleman portilla *Sounds like he is on the way out.* Kuulostaa siltä, että hän on kuolemaisillaan.

out of the way *1* poissa käsistä, valmis, selvä *The presidential election is finally out of the way.* Presidentinvaalit ovat viimeinkin ratkenneet. *2* kaukana *a great hotel, although slightly out of the way from the beach* loistava hotelli, vaikkakin hieman kaukana rannasta

pick your way kävellä varovasti ja hitaasti *I picked my way through the overgrown brush.* Kävelin varovasti villiintyneen pensaston läpi.

to one's way of thinking jonkun mielestä *He is a bit thin, to my way of thinking.* Minun mielestäni hän on aika hintelä.

you can't have it both ways kaikkea ei voi saada *They can't have it both ways in court.* He eivät voi saada kaikkea oikeusteitse.

way to go ark (am) hyvin tehty *Way to go! You have every reason to be proud.* Hyvin tehty! Sinulla on hyvä syy olla ylpeä itsestäsi.

ways and means keinot *There are ways and means to defend ourselves.* On olemassa keinoja puolustaa itseämme.

wayside ['weɪsaɪd] *s*

fall by the wayside *1* pudota kelkasta, pudota kärryiltä *A lot of students fall by the wayside during their first year at university.* Monet opiskelijat putoavat kärryiltä ensimmäisen yliopistovuotensa aikana. *2* lopettaa toimintansa, menettää merkityksensä *A host of online travel companies have fallen by the wayside.* Suuri joukko Internet-matkatoimistoja on lopettanut toimintansa. *3* lopettaa jnk käyttäminen t. tekeminen *In the People's Republic of China, many of old ways have fallen by the wayside.* Kiinan kansantasavallassa on luovuttu monista vanhoista tavoista.

go by the wayside joutua sivuun, jäädyttää *With such a tough budget, many programs had to go by the wayside.* Moni ohjelma oli pakko jäädyttää niin tiukan budjetin takia.

weak ['wiːk] *a*

the weak link heikoin lenkki *A patio door could be the weak link in your domestic security chain.* Pation ovi saattaa olla kotinne turvallisuuden heikoin lenkki.

weak at the knees jalat alta, heikoksi *The sight of her made me weak at the knees.* Minulta meinasi mennä jalat alta, kun näin hänet.

1 wear ['weəʳ] *v*

wear down väsyttää, pehmittää *The stress at work is starting to wear him down.* Jatkuva työstressi alkaa käydä hänen voimilleen.

wear off haihtua, hälvetä (tunteista) *His excitement has started to*

wear off. Hänen innostuksensa on alkanut haihtua.

wear on kulua (ajasta) *As the winter wore on, supplies of coal became scarce.* Talven kuluessa hiilivarannot vähenivät.

wear out *ark* väsyttää perin pohjin, ajaa loppuun *He wore himself out totally.* Hän ajoi itsensä täysin loppuun.

wear thin *1* käydä vähiin *My patience is wearing thin.* Kärsivällisyyteni on käymässä vähiin. *2* alkaa käydä tylsäksi, ei mennä enää läpi *The joke is wearing thin.* Tuo vitsi alkaa olla aika kulunut.

2 wear *s*

wear and tear kuluminen (käytöstä johtuva) *Joints suffer from general wear and tear.* Käytöstä johtuva kulutus vaivaa niveliä.

weasel ['wi:zl] *s*

weasel words *ark* (yl am) hämäys, kiertely ja kaartelu *The professor has seen plenty of weasel words in thirty years of grading student papers.* Professori on nähnyt paljon kiertelyä ja kaartelua korjattuaan opiskelijoiden kirjoitelmia 30 vuoden ajan.

weather ['weðə^r] *s*

keep a / one's weather eye on sth pitää jtak visusti silmällä, seurata tapahtumien [ym.] kehittymistä *The site keeps a weather eye on environmental issues.* Sivusto seuraa ympäristöasioiden kehittymistä.

make heavy weather of sth *ark* (br) tehdä jk turhan vaikeaksi, liioitella jnk vaikeutta *You tend to make heavy weather of life.* Sinulla on tapana tehdä elämäsi turhan vaikeaksi.

under the weather *ark* huonovointinen *It's nothing serious, I'm just a bit under the weather.* Ei se ole mitään vakavaa, olen vain hieman huonovointinen.

weave ['wi:v] *v*

get weaving *ark* (yl br) käydä töihin, pistää töpinäksi *Turn your computer on. Let's get weaving.* Käynnistä tietokoneesi. Käydään töihin käsiksi.

wedge ['wedʒ] *s*

drive a wedge iskeä kiilaa jhk, aiheuttaa särö jhk (henkilöiden välisestä suhteesta ym.) *He was trying to drive a wedge between us.* Hän yritti pilata välimme.

the thin end of the wedge *ark* (jnk ikävän toiminnan ym.) alku, [kaiken] pahan alku ja juuri *I think these changes are the thin end of the wedge.* Pelkäänpä, että alamäki alkaa näistä muutoksista.

wee ['wi:] *a*

the wee [small] hours pikkutunnit *I got home in the wee hours of the morning.* Tulin kotiin vasta aamun pikkutunneilla.

weigh ['weɪ] *v*

weigh a ton *ark* olla erittäin painava *My bag weighs a ton.* Laukkuni tuntuu olevan kiviä täynnä.

weigh in *ark* esittää, heittää [esiin] (yl ajatuksista, kommenteista), puuttua jhk *I'd like to weigh in with some comments.* Haluaisin esittää muutaman kommentin.

weigh one's words punnita sanojaan *I have weighed my words carefully so that nobody will misunderstand me.* Olen miettinyt tarkkaan, mitä sanon, jottei kukaan ymmärtäisi minua väärin.

weight ['weɪt] *s*

a dead weight taakka, hidaste, riippakivi *Our industries have become a dead weight on our economy.* Toimialamme hidastavat talouskasvuamme.

be a weight off one's mind kivi putoaa sydämeltä, taakka putoaa harteilta *Her letter took a weight off* *my mind.* Kivi putosi sydämeltäni hänen kirjeensä myötä.

[do sth by] weight of numbers joukkovoima(lla) *The iron fence was pulled down by weight of numbers.* Rauta-aita kaadettiin joukkovoimalla.

the weight of the world raskas taakka (vastuusta, huolista) *He carries the weight of the world on his shoulders.* Hänellä on raskas taakka harteillaan.

throw one's weight about / around tärkeillä, olla kukkona tunkiolla *He is only throwing his weight around in an effort to feel important.* Hän on kukkona tunkiolla yrittäessään tuntea olonsa tärkeäksi.

throw one's weight behind käyttää vaikutusvaltaansa jnk hyväksi, kannattaa jtak täysin *Feminists threw their weight behind her campaign.* Feministit asettuivat hänen kampanjansa taakse.

worth one's weight in gold kullanarvoinen *Local knowledge is worth its weight in gold.* Paikallistuntemus on kullanarvoista.

welcome ['welkəm] *a*

be welcome to *yl iron* saada pitää jtak hyvänään, voida ihan vapaasti tehdä jtak *The job is all yours and you're welcome to it.* Työ on sinun, pidä hyvänäsi vaan.

lay / put / roll out the welcome mat [for sb] ottaa jku lämpimästi vastaan *The town has rolled out the welcome mat for the band.* Kylä on ottanut bändin lämpimästi vastaan.

1 well ['wel] *adv*

as well one might / may kuten arvata saattaa *Sue believed him, as well she might.* Sue uskoi häntä, kuten arvata saattaa.

be well away *ark* (br) **1** olla hyvässä vauhdissa *If we got Terry to do that we'd be well away.* Jos saisimme Terryn tekemään sen, niin pääsisimme nopeasti hyvään vauhtiin. **2** umpitunnelissa, sikeässä unessa *She started to nod and soon she was well away.* Hän alkoi pilkkiä ja oli kohta sikeässä unessa.

be well off olla rikas *Her parents are rather well off with decent jobs.* Hänen vanhempansa ovat aika varakkaita ja heillä on hyvät työpaikat.

be well up on / in tietää paljon jstak *I'm not very well up on wines.* En oikeastaan tiedä paljoa viineistä.

do well by sb olla antelias jkta kohtaan *I'm sure my mother thought she was doing well by us.* Olen varma, että äitini luuli olevansa antelias meitä kohtaan.

do well for oneself menestyä, kukoistaa *He wants to win and do well for himself.* Hän haluaa voittaa ja menestyä.

2 well *a*

[all] well and good hyvä niin, voi olla *If he agrees, well and good.* Jos hän suostuu, hyvä niin. *That is all well and good, but where are we going to find the time?* Voi olla, mutta onko meillä siihen aikaa?

leave / let well alone (*am* leave / let well enough alone) antaa asian olla *He decided to leave well alone and omitted the part about Miss Havisham.* Hän päätti antaa asian olla ja jätti kertomatta neiti Havishamista.

west ['west] *adv*

go west *ark euf* (br) **1** poistua elävien kirjoista *He went west in a plane crash.* Hän poistui elävien kirjoista lento-onnettomuudessa. **2** mennä mönkään, mennä päin mäntyä *Our eating healthily plan went west.* Suunnitelmamme syödä terveellisesti meni mönkään.

1 wet ['wet] *a*

[still] wet behind the ears *ark* olla vielä nuori ja lapsellinen, korvantaustat eivät ole vielä kuivuneet *He* *is wet behind his ears.* Hän on vielä nuori ja lapsellinen.

2 wet *v*

wet one's whistle *vanh* ottaa ryyppy, kostuttaa kurkkuaan *The pub was a great place to wet your whistle.* Pubi oli oiva paikka kostuttaa kurkkuaan.

wet the baby's head ottaa ryyppy vauvan syntymän kunniaksi *Well, let's wet the baby's head, shall we?* No, eiköhän oteta ryyppy perheenlisäyksen kunniaksi.

whack ['wæk] *s*

have / take a whack at sth *ark* yrittää jtak, kokeilla jtak *Let me take a whack at explaining it in plain language.* Anna minun yrittää selittää se selkokielellä.

out of whack *ark* **1** rikki, epäkunnossa *My computer is out of whack again.* Tietokoneeni on jälleen hajalla. **2** yhteensopimaton, erilainen, eri suhteessa *Our prices are seriously out of whack with the rest of the country.* Meillä päin hinnat ovat suhteettoman korkeat muuhun maahan verrattaessa. **3** huonossa kunnossa, huonovointinen, sekaisin *My entire life was out of whack.* Koko elämäni oli sekaisin.

top whack (yl br) **1** *ark* huippunopeus *What's the top whack of your bike?* Mikä on moottoripyöräsi huippunopeus? *She ran past me at top whack.* Hän juoksi minun ohitseni niin lujaa kuin kintuistaan pääsi. **2** enimmäishinta *If you go to that shop, you'll pay top whack.* Jos menet siihen kauppaan, maksat itsesi kipeäksi.

whale ['weɪl] *s*

a whale of a ... huippu-, loisto-, aikamoinen *That is a whale of a story.* Onpa aikamoinen tarina.

have a whale of a time *ark* olla huippukivaa, olla aivan mahtavaa *We had a whale of a time in New York!* Matkamme New Yorkiin oli aivan mahtava!

what ['wɒt] *pron, adv*

and / or what have you *ark* ja niin edelleen, ja muuta sellaista *bacon, eggs, and what have you* pekonia, munia ja muuta sellaista

and what not *ark* ja sen sellaista, ja muuta sellaista *I don't want to hear excuses and what not.* Älä sepitä verukkeita ja sen sellaisia.

give sb / get what for *ark* (br) rangaista jkta / tulla rangaistuksi *I hope she has the strength of will to give what for to them.* Toivon häneltä löytyvän luonteenlujuutta rankaisemaan heitä.

tell you what *ark* minäpä keksin, minulla on idea *Tell you what. I'll ask around and ring you back.* Minäpä keksin. Käyn kyselemässä asiasta ja soitan sinulle uudestaan.

what say *ark* mitäs jos *What say about a nice, quiet park?* Mitäs jos mentäisiin johonkin kivaan, rauhalliseen puistoon?

what with takia, johdosta *What with the fog and the dark, it was frightening.* Siellä sumun ja pimeän keskellä oli niin pelottavaa.

what's more *ark* sitä paitsi, [sen] lisäksi *What's more, there is a major problem with parking.* Lisäksi [autojen] pysäköinti on vaikea ongelma.

what's what *ark* mikä on hyödyllistä, tarpeen t. tärkeää *I will soon teach him what's what.* Minä opetan hänelle nopeasti kaiken tarpeellisen.

whatever [wɒt'evəʳ] *pron, adv, konj*

or whatever *ark* tai jota[k]in, tai muu sellainen *She likes him because he's handsome, tall, or whatever.* Tyttö pitää hänestä, koska hän on pitkä ja komea tai jotakin. *You can use the box for socks, underwear, or whatever.* Voit käyttää laatikkoa sukille, alusvaatteille tms.

wheel

whatever floats your boat *ark* tee niin kuin sinusta hyvältä tuntuu *That's quite a lot for a TV but whatever floats your boat.* Se on aika kallis TV, mutta teet niin kuin haluat.

1 wheel ['wi:l] *s*
on sb's wheels jkn perässä, jkn kannoilla *I didn't think I could stay on his wheels.* En uskonut pysyväni hänen kannoillaan.

on wheels *ark* (br) sutjakasti, sujuvasti *The business is running on wheels.* Liiketoiminta sujuu sutjakasti.

the wheels are turning jtk alkaa tapahtua *Now perhaps the wheels of progress are turning in a new direction.* Ehkä nyt muutos uuteen suuntaan käynnistyy.

wheels within wheels monisäikeinen, monimutkainen *There are wheels within wheels in this society.* Tämä on monimutkainen yhteiskunta.

2 wheel *v*
wheel and deal keinotella, junailla *He learnt early on how to wheel and deal in order to survive.* Hän oppi varhain junailemaan asiansa pysyäkseen hengissä

wherever [weər'evəʳ] *adv, konj*
or wherever *ark* tai jossa[k]in, tai jonnekin [sinne päin] *He moved to Liverpool, or wherever.* Hän muutti Liverpooliin tai jonnekin sinne päin.

whet ['wet] *v*
whet sb's appetite saada jku syttymään [jllek asialle], herättää kiinnostus t. uteliaisuus, saada jku innostumaan jstak *I never forgot the painting that whet my appetite for art.* En koskaan unohtanut sitä taulua, joka herätti kiinnostukseni taidetta kohtaan.

while ['waɪl] *s*
be worth [one's] while kannattaa, maksaa vaivan *It's always worth your while to invest in a stout umbrella!* Aina kannattaa panna rahaa jämäkkään sateenvarjoon!

whimper ['wɪmpəʳ] *s*
not with a bang but a whimper *(myös* with a whimper rather than a bang) vähin äänin, vaivihkaa, kuin varkain *His career ended not with a bang, but with a whimper.* Hänen uransa hiipui hiljalleen.

whip ['wɪp] *s*
crack the whip kiristää jkn työtahtia (yl uhkailemalla) *Workplace violence is due to employers cracking the whip too hard.* Työpaikkaväkivalta johtuu siitä, että työnantajat ovat kiristäneet työtahtia liiaksi.

give sb a fair crack of the whip antaa jklle tilaisuus tehdä jtk *He should be given a fair crack of the whip to turn things around.* Hänelle pitäisi antaa tilaisuus saattaa asiat oikeille raiteille.

have the whip hand olla niskan päällä *Giant corporations have the whip hand in the new world economy* jättiläismäiset yhtymät ovat niskan päälle uudessa maailmantaloudessa

whirl ['wɜ:l] *s*
give sth a whirl *ark* kokeilla jtak (uudesta harrastuksesta ym.) *Before her acting career, Lisa gave singing a whirl.* Lisa kokeili laulamista ennen kuin hänestä tuli näyttelijä.

whirlwind ['wɜ:lwɪnd] *s*
Sow the wind and reap the whirlwind. Joka tuulta kylvää, se myrskyä niittää. *They have sown the error and will hopefully reap the whirlwind of the consequences.* He ovat tehneet virheen ja joutuvat toivottavasti vastuuseen sen seurauksista.

whisker ['wɪskəʳ] *s*
  have [grown] whiskers *ark* olla vanha, olla iänikuinen (yl tarinasta) *Your joke is so old, it has grown whiskers.* Vitsisi parasta ennen -päiväys on umpeutunut aikoja sitten.
  within a whisker [of] juuri ja juuri, täpärästi *The two firms are within a whisker of agreeing on a deal.* Yhtiöt ovat melkein päässeet sopimukseen.

1 whistle ['wɪsl] *s*
  as clean as a whistle *ark 1* nuhteeton, puhdas kuin pulmunen (ihmisestä) *Our city government has never been as clean as a whistle.* Kaupunginhallituksemme ei ole koskaan ollut nuhteeton *2* putipuhdas, äärimmäisen siisti *Her house is always as clean as a whistle.* Hänen talonsa on aina aivan putipuhdas.
  blow the whistle on *ark* kannella jksta, kieliä jksta, ilmiantaa jku *He blew the whistle on his boss.* Hän ilmiantoi pomonsa.

2 whistle *v*
  one can whistle for it *ark* (br) aina sopii toivoa (käytetään, kun jkin ei todennäköisesti tapahdu) *He can whistle for it and so can everybody else.* Ainahan sitä sopii toivoa.
  whistle in the dark yrittää pysyä tyynenä, yrittää olla muina miehinä t. naisina *I know they are desperate and just whistling in the dark.* Tiedän, että he ovat epätoivoisia ja yrittävät vain olla muina miehinä.
  whistle in the wind taistella tuulimyllyjä vastaan, yrittää turhaan *He felt his organisation had been whistling in the wind.* Hänestä tuntui, että hänen järjestönsä oli taistellut tuulimyllyjä vastaan.

whit ['wɪt] *s*
  every whit *vanh* aivan, täysin, kokonaan *These fields of study are every whit as interesting as those.* Nämä tutkimusalueet ovat aivan yhtä kiinnostavia kuin nuokin.
  not a / one whit *vanh* ei laisinkaan, ei alkuunkaan *Publicity changed her personality not one whit.* Julkisuus ei muuttanut hänen persoonallisuuttaan laisinkaan.

white ['waɪt] *a*
  a white elephant *1* ylettömän kalliiksi tuleva *This toll road is likely to be a white elephant.* Tämä maksullinen tie tulee olemaan järjettömän kallis. *2* hyödytön hanke *an ambitious experiment likely to prove a white elephant* kunnianhimoinen ja luultavasti hyödytön koe
  [as] white as a sheet kalpea kuin lakana *I turned white as a sheet after watching the tape.* Valahdin kalpeaksi kuin lakana katsottuani videon.
  bleed sb / sth white imeä jku kuiviin *Will Australians continue to trust our politicians as the war bleeds us white?* Aiommeko me australialaiset uskoa vastaisuudessakin poliitikkojamme samalla kun sotamenot imevät meidät kuiviin?
  lily-white täysin rehellinen *The British Army was hardly lily-white in its conduct either.* Iso-Britannian armeijankaan toiminta ei ollut täysin rehellistä.
  whiter than white [moraalisesti] tahraton, puhtoistakin puhtoisempi *He is a whiter-than-white hero.* Hän on puhtoistakin puhtoisempi sankari.

whittle ['wɪtl] *v*
  whittle away nakertaa, vähentää *The government's proposals whittle away at the welfare state.* Hallituksen esitykset nakertavat hyvinvointivaltion perustuksia.
  whittle down karsia, supistaa *Employees have been whittled down to 50.* Työntekijöiden määrä on karsittu viiteenkymmeneen.

whizz ['wɪz] v (*myös* whiz)
whizz through tehdä t. hoitaa jk nopeasti *Mary would whizz through her chores and then go shopping.* Marylla oli tapana tehdä askareensa nopeasti ja mennä sitten ostoksille.

1 whole ['həʊl] s
as a whole ylipäänsä, yleensä ottaen, kokonaisuutena *The project as a whole is too ambitious.* Projekti on ylipäänsä liian kunnianhimoinen.
on the whole ylimalkaan, ylipäänsä, kaiken kaikkiaan *We are doing a reasonably good job on the whole.* Teemme kaiken kaikkiaan kohtuullisen hyvää työtä.

2 whole a
the whole ball of wax *ark* (am) koko hoito *We only wanted a plane ticket, but the travel agent wanted to sell us the whole ball of wax.* Me halusimme vain lentolipun, mutta matkatoimistovirkailija halusi myydä meille koko matkan hotelleineen päivineen.
the whole nine yards *ark* (am) kaikki mahdollinen, hela hoito *Send in the army, the navy, the air force, the whole nine yards.* Lähettäkää sinne armeija, laivasto, ilmavoimat, kaikki mahdollinen.

whoopee [wʊ'piː] s
make whoopee *ark vanh* 1 muhinoida, lemmiskellä *the strangest place she'd ever had the urge to make whoopee* kummallisin paikka, jossa hän oli koskaan halunnut lemmiskellä 2 pitää lystiä, hurvitella *City officials are enjoying making whoopee with taxpayers' money.* Kaupungin viranomaiset nauttivat huvittelemisesta veronmaksajain rahoilla.

why ['waɪ] s
the whys and wherefores syyt [ja selitykset], perustelut *Some demanded government response to the whys and wherefores of the attacks.* Jotkut vaativat hallitukselta vastausta hyökkäyksien syihin.

wick ['wɪk] s
get on one's wick *ark* (br) ärsyttää, käydä hermoille *He is beginning to get on my wick.* Hän alkaa käydä hermoilleni.

1 wide ['waɪd] a
be wide of the mark olla hakoteillä, olla pielessä, olla väärässä t. harhassa *The weather forecast was a little wide of the mark.* Sääennustus osui kyllä hieman harhaan.

2 wide adv
broke to the wide *ark* aivan auki, pennitön *He is broke to the wide, unable even to pay the rent.* Hän on aivan auki, ei pysty maksamaan edes vuokraansa.
wide open 1 auki, ratkaisematta *The championship is wide open.* Kuka tahansa [kilpailijoista] voi voittaa mestaruuden. 2 alttiina jllek, suojattomana, otollista [maaperää] jllek *The country is wide open to corruption.* Se valtio on otollista maaperää korruptiolle.

wiggle ['wɪgl] s
get a wiggle on *ark* (am) pistää vauhtia, pistää töpinäksi *Get a wiggle on and get back here straightaway.* Pistä vauhtia ja tule heti takaisin tänne.

1 wild ['waɪld] a
not in one's wildest dreams *ark* ei ikipäivänä, ei ikimaailmassa *Never in my wildest dreams did I think I'd end up in Hollywood.* En ikimaailmassa kuvitellut päätyväni Hollywoodiin.
run wild 1 ajelehtia kenenkään huolehtimatta, elää oman onnensa nojassa (lapsista ym.) *Their eight-year-old daughter is just left to run wild.* Heidän kahdeksanvuotias tyttärensä on jätetty kasvamaan oman on-

nensa nojassa. **2** lentää, laukata [vapaasti] (mielikuvituksesta ym.), kuohua (tunteista ym.) *Shelley allowed her imagination to run wild.* Shelley antoi mielikuvituksensa lentää.

wild and woolly moukkamainen, epähieno *The band has a reputation for being a bit wild and woolly.* Bändillä on hieman moukkamainen maine.

2 wild *s*

in the wild vapaana, luonnonvaraisena, luonnossa *How many tigers live in the wild?* Kuinka paljon tiikereitä elää luonnonvaraisina?

wildfire ['waɪldfaɪəʳ] *s*

spread like wildfire levitä kulovalkean tavoin (huhusta ym.) *The news of his marriage spread like wildfire through the town.* Uutiset hänen naimisiinmenostaan levisivät kulovalkean tavoin läpi kylän.

will ['wɪl] *s*

at will mielin määrin, miten t. milloin haluaa, mielivaltaisesti *He hires and fires at will.* Hän palkkaa ja erottaa työntekijöitä täysin mielivaltaisesti.

Where there's a will there's a way! Luja tahto vie läpi harmaan kiven! *All that is required is the will, and where there's a will there's a way.* Muuta ei tarvitakaan kuin tahto, ja se vie vaikka läpi harmaan kiven.

with the best will in the world [ei] parhaalla tahdollakaan, vaikka kuinka yrittäisi *Even with the best will in the world, we could not do it.* Emme parhaalla tahdollakaan pystyisi tekemään sitä.

willy ['wɪli] *s* (*myös* willie)

give sb the willies *ark* puistattaa jkta *Seeing a spider gives me the willies.* Hämähäkin näkeminen puistattaa minua.

willy-nilly 1 väkisin (vastoin tahtoa) **2** häthätää (kiireesti) *Both countries were entangled with one another willy-nilly.* Molemmat maat olivat kietoutuneet toisiinsa vastoin tahtoaan.

win ['wɪn] *v*

win / earn one's spurs *ark* ansaita kannuksensa *Musically, the band has earned their spurs with nonstop touring.* Musiikillisesti bändi on ansainnut kannuksensa yhtäjaksoisella esiintymismatkallaan.

win hands down voittaa leikitellen, voittaa lapsellisen helposti *He won yesterday's debate hands down.* Hän voitti eilisen väittelyn leikiten.

win or lose kävi miten kävi *Win or lose, Labour campaign workers will celebrate at party headquarters.* Kävi miten kävi, työväenpuolueen aktivistit aikovat juhlia puolueen päämajassa.

win sb's heart saada jku rakastamaan itseään *Michael really tried to win her heart on our trip.* Michael todella yritti saada hänet rakastamaan itseään matkamme aikana.

win the day viedä voitto *Fortunately, I was quicker and managed to win the day.* Onneksi olin nopeampi ja onnistuin viemään voiton.

You can't win. *ark* Ei voi mitään., Sille et mahda mitään. *You can't win. Just pay them.* Sille ei voi mitään. Paras kun vain maksat heille.

You win. *ark* Hyvä on., Luovutan. *Ok, you win. Let's go home.* Hyvä on, luovutan. Lähdetään kotiin.

wind ['wɪnd] *s*

between wind and water haavoittuvassa asemassa, arassa kohdassa, arkaan kohtaan *That sure caught me between wind and water.* Tuo kyllä osui arkaan paikkaan.

get / have the wind up *ark* pelästyä, huolestua, hätääntyä *It certainly got the wind up her!* Se todella sai hänet huolestumaan!

window

get wind of *ark* saada vihiä jstak *The press has gotten wind of the phone's release date*. Lehdistö on saanut vihiä puhelimen julkistuspäivästä.

get your second wind saada uutta puhtia *The teams get their second wind at halftime*. Joukkueet saavat uutta puhtia väliajalta.

in the wind lähellä, likellä, tapahtumassa, ilmassa *Changes are in the wind*. Tiedossa on muutoksia.

into the wind vastatuuleen *I walked into the fierce wind, bent almost in half*. Kävelin hirmuiseen vastatuuleen lähes kaksinkerroin kumartuneena.

It's an ill wind that blows nobody any good. Ei niin pahaa, ettei jotain hyvääkin.

put the wind up sb *ark* (br) pelästyttää jku, hätäännyttää, huolestuttaa *They paid someone to put the wind up her*. He palkkasivat jonkun pelästyttämään hänet.

raise the wind (br) saada (kerätä) tarvittavat rahat *We are helping the paralyzed boy's parents to raise the wind*. Autamme halvaantuneen pojan vanhempia keräämään tarvittavat rahat.

run like the wind juosta hyvin nopeasti *I ran like the wind to work this morning*. Juoksin tänä aamuna töihin pää kolmantena jalkana.

take the wind out of one's sails lannistaa jku, turhauttaa jku *The police tried to take the wind out of the demonstrators' sails*. Poliisi yritti lannistaa mielenosoittajat.

to the [four] winds taivaan tuuliin *All papers scattered to the four winds*. Kaikki paperit levisivät taivaan tuuliin.

which way the wind is blowing (*myös* how the wind is blowing) mistä tuuli puhaltaa *We should see which way the wind's blowing before we make any decisions*. Meidän pitää nähdä, mihin suuntaan tilanne kehittyy, ennen kuin teemme päätöksiä.

window ['wındəʊ] s

go / be thrown out [of] the window *ark* unohtua, lentää romukoppaan *Sense went out the window*. Järkikulta lensi romukoppaan.

window of opportunity otollinen hetki, sopiva tilaisuus *We now have a window of opportunity to resolve the problem*. Meillä on nyt sopiva tilaisuus ratkaista ongelma.

window of vulnerability heikko kohta *Land-based missiles are a window of vulnerability in their defence*. Maastalaukaistavat ohjukset ovat heidän puolustuksensa heikko kohta.

windows of the soul sielun peili (yl silmistä) *Eyes are the windows of the soul and reflect our inner issues*. Silmät ovat sielumme peili ja heijastavat sisäistä maailmaamme.

1 wine ['waın] s

new wine in old bottles uutta viiniä vanhoihin leileihin *The band is just putting new vine in old bottles*. Yhtyeen musiikki ei tarjoa mitään uutta.

good wine needs no bush hyvä tavara löytää aina ostajan *Good wine needs no bush, and their wine is good*. Hyvä tavara löytää aina ostajan, ja heidän tavaransa – viini – on hyvää.

2 wine v

wine and dine kestitä *Our hosts wanted to wine and dine us*. Isäntämme halusivat kestitä meitä.

1 wing ['wıŋ] s

be on the wing *kirjak* lentää (linnusta, hyönteisestä ym.) *Disease-carrying mosquitoes are on the wing in late summer*. Tautia kantavat hyttyset lentävät aktiivisesti loppukesästä.

clip sb's wings leikata jklta siivet, rajoittaa jkn [toiminta]vapautta [ym.] *A dogmatic education can clip our wings.* Ahdasmielinen koulutus voi rajoittaa meitä.

on a wing and a prayer <tehdä jtk pelkän toivon varassa (yl onnistuminen epätodennäköistä)> *Governments can't operate on a wing and a prayer.* Hallitukset eivät voi toimia pelkän toivon varassa.

on wings <iloa ilmaisemassa> *'I'm on wings,' she said after receiving the Oscar.* "Minähän suorastaan leijun ilmassa", hän sanoi Oscar-patsaan saatuaan.

spread / stretch / try one's wings koetella siipiään, koetella siipiensä kantavuutta *He decided to try his wings in the corporate world.* Hän päätti kokeilla mahdollisuuksiaan yritysmaailmassa.

take sb under one's wing ottaa jku siipiensä suojaan *We'll take you under our wing!* Me tulemme tukemaan ja suojelemaan sinua!

take wing *kirjak* pyrähtää lentoon, lähteä lentoon *The bird of hope in her breast took wing.* Toivo hänen sydämessään heräsi ja pyrähti lentoon.

wait in the wings kulisseissa, olla valmiina [odottamassa tilaisuutta] *Other firms are waiting in the wings, ready to step in with their own bids.* Muut yritykset odottavat tilaisuutta omien tarjoustensa tekemiseen.

2 wing *v*

wing it *ark* tehdä jtak lonkalta, improvisoida *I'll just have to wing it with my answer.* Minun täytyy yksinkertaisesti heittää vastaukseni lonkalta.

1 wink ['wɪŋk] *v*

as easy as winking *ark* leikiten, suitsait sukkelaan *The installation is as easy as winking.* Asennus sujuu leikiten.

2 wink *s*

in the wink of an eye / in a wink silmänräpäyksessä *This film swaps from jokes to drama in the wink of an eye.* Tässä elokuvassa siirrytään vitsikkyydestä draamaan silmänräpäyksessä.

not sleep a wink / not get a wink of sleep *ark* ei nukkua silmänräpäystäkään *I did not sleep a wink last night for worrying about you.* En nukkunut yöllä silmänräpäystäkään, kun olin niin huolissani sinusta.

tip sb the wink *vanh* (br, austr) antaa vinkki jklle salassa *He tipped me the wink about the prices.* Hän antoi minulle salaa vinkin koskien hintoja.

winner ['wɪnə^r] *s*

be on [to] a winner olla matkalla maineeseen, tulla menestymään *I believe they are onto a winner with that show.* Uskon, että tuo show tuo heille menestystä.

wipe ['waɪp] *v*

wipe off poistaa jtak jstak, tuhota jtak jstak, vähentää jtak jstak *Billions of pounds were wiped off shares yesterday as the pound slumped again.* Osakkeiden arvo laski eilen miljardeja puntia, kun punta romahti jälleen.

wipe out *1 ark* tuhota jk [täysin], hävittää jk [täysin] *The whole village was wiped out in the fighting.* Koko kylä hävitettiin taistelussa maan tasalle. *2* tappaa jku, ottaa jklta nirri pois *3* uuvuttaa jku, näännyttää jku, viedä jksta mehut *4* kaatua (surffaajasta t. lumilautailijasta) *5* (am) pudota jnk kyydistä, menettää jnk hallinta (ajoneuvosta)

wipe the floor with sb *ark* antaa jklle kunnolla päihin, rökittää jku [perusteellisesti] *They think they are going to wipe the floor with me.* He luulevat rökittävänsä minut perusteellisesti.

wipe the slate clean aloittaa puhtaalta pöydältä *This is a rare opportunity to wipe the slate clean.* Tämä on harvinainen tilaisuus aloittaa puhtaalta pöydältä.

wipe the smile off sb's face *ark* saada jkn hymy hyytymään *I'll give him a big surprise that will wipe the smile off his face.* Aion tuottaa hänelle jymy-yllätyksen, joka saa hänen hymynsä hyytymään.

wire ['waɪəʳ] *s*

a live wire *ark* aktiivinen ja eläväinen henkilö *She's such a live wire.* Hän on oikea ilopilleri.

down to the wire viime hetkeen asti, vasta viime hetkellä (tilanteen ratkeamisesta ym.) *The title fight went down to the wire.* Taistelu mestaruudesta ratkesi vasta viime hetkellä.

get your wires crossed mennä sukset ristiin *I got my wires crossed and called his home phone instead of his work phone.* Minulla meni pasmat sekaisin ja soitin hänen kotinumeroonsa työnumeron sijaan.

under the wire (am) viime hetkellä *Sorry for coming in under the wire.* Anteeksi, että tulen näin viime hetkellä.

wisdom ['wɪzdəm] *s*

cut one's wisdom teeth *vanh* järkiintyä, viisastua, jättää nuoruuden villitykset *I've cut my wisdom teeth.* Olen jättänyt nuoruuden hömpötykset taakseni.

in sb's wisdom *iron* kaikessa viisaudessaan *In their wisdom they decided to end the project.* Kaikessa viisaudessaan he päättivät lopettaa projektin.

wise ['waɪz] *a*

get wise to sth *ark* tiedostaa jk, päästä perille jstak *He has got wise to the value of the vase.* Maljakon arvo on selvinnyt hänelle.

put wise to selittää, selvittää jklle, kertoa jklle *I had fortunately been put wise to the decision by John.* John oli onneksi kertonut minulle päätöksestä.

wish ['wɪʃ] *s*

the wish is father to the thought ihminen uskoo mitä toivoo *The wish is father to the thought, and that is why nothing is easier than self-deceit.* Ihminen uskoo mitä toivoo, ja siksi itsepetokseen sortuminen on niin helppoa.

wisp ['wɪsp] *s*

a wisp of a ... [hento] -nen, -heilakka, pikku [tyttö ym.] (henkilöstä) *a wisp of a girl* hento tyttönen

wit ['wɪt] *s*

be at one's wit's end olisi hyvät neuvot kalliit, olla keinot vähissä *I was at my wit's end as to how to help my son.* Minulla oli keinot vähissä poikani auttamiseksi.

be frightened / scared out of one's wits pelästyä pahanpäiväisesti t. kuoliaaksi *Her husband was scared out of his wits by the accident.* Onnettomuus sai hänen miehensä pelästymään pahanpäiväisesti

gather / collect one's wits koota ajatuksensa, pysytellä rauhallisena *After collecting her wits she stomped off in anger.* Koottuaan ajatuksensa hän marssi pois suutuspäissään.

have / keep one's wits about one olla valppaana, pitää päänsä kylmänä *Keep your wits about you, no matter what you see or hear.* Pitäkää päänne kylmänä huolimatta siitä, mitä näette tai kuulette.

live by one's wits hankkia leipänsä kepulikonsteilla *He was forced to live by his wits since the death of his parents.* Hänen oli pakko hankkia elantonsa kepulikonstein vanhempiensa kuoleman jälkeen.

pit one's wits against sb ottaa mittaa jksta (tietokilpailussa ym.), kilpailla nokkeluudessa jkn kanssa *We want to pit our wits against the best players.* Haluamme ottaa mittaa parhaista pelaajista.

with ['wɪð] *prep*
 be with sb ark ark olla t. pysyä kärryillä *I'm not with you.* En nyt pysynyt kärryillä.
 with it ark 1 aikaansa seuraava, trendikäs (yl henkilöstä) *He's a looser who thinks he's really with it.* Hän on surkimus, joka luulee olevansa trendikäs. 2 täydessä terässä *I'm really not with it today.* En todellakaan ole täydessä terässä tänään.
 with that siinä vaiheessa, sen [kommentin ym.] jälkeen *With that, she left.* Sen jälkeen hän lähti.

wither ['wɪðəʳ] *v*
 wither on the vine kirjak hiipua vähitellen *Our social protection systems are not doomed to wither on the vine.* Sosiaaliturvajärjestelmämme eivät tule hiipumaan vähitellen.

woe [wəʊ] *s*
 woe betide sb (*myös* woe to sb) auta armias sitä, joka... *Woe betide anyone not paying attention!* Auta armias sitä, joka ei kuuntele tarkasti!

1 wolf ['wʊlf] *s*
 a lone wolf yksinäinen susi *Elwood was something of a lone wolf in everything he did.* Elwood teki aina kaikki asiat yksin ja omalla tavallaan.
 a wolf in sheep's clothing susi lammasten vaatteissa *The government is but a wolf in sheep's clothing when it comes to tobacco issues.* Hallitus on pelkkä susi lammasten vaatteissa tupakkaa koskevissa asioissa.
 cry wolf antaa väärä hälytys, huutaa apua pilanpäiten *Euro-sceptics are crying wolf over the EU Constitution.* Euroskeptikot varoittavat ihmisiä väärin perustein EU:n perustuslaista.
 have / hold a wolf by the ears olla pinteessä, olla epätoivoisessa tilanteessa *They are beginning to feel like they have a wolf by the ears.* Heistä alkaa tuntua, että he ovat pinteessä.
 keep the wolf from the door ark pitää perhe leivässä *I have to have two jobs to keep the wolf from the door.* Minun täytyy tehdä kahta työtä pitääkseni perheen leivässä.
 throw sb to the wolves syöstä jku suden suuhun, jättää jku oman onnensa nojaan *Don't worry, I won't throw you to the wolves.* Älä huoli, en aio jättää sinua oman onnesi nojaan.

2 wolf *v*
 wolf down ark ahmia, hotkia, hotkaista *He wolfed down his breakfast.* Hän hotkaisi aamupalansa.

woman ['wʊmən] *s*
 woman of letters oppinut nainen, kirjallisuuden ystävä, [nais]kirjailija *She was a remarkable novelist, poet, and woman-of-letters.* Hän oli merkittävä novellikirjailija, runoilija ja kirjallisuuden ystävä.

womb ['wu:m] *s*
 in the womb of time 1 aikojen alussa *when life was yet in the womb of time* aikojen alussa elämän vasta itäessä 2 (vielä) tulevaisuuden peitossa *There seems to me to be a destiny in the womb of time.* Kohtalo on vielä tulevaisuuden peitossa.

wonder ['wʌndəʳ] *s*
 a nine-days' wonder (*myös* seven-day / one-day wonder) tähdenlento, hetken huuma *The singer was determined to prove that he was no seven-day wonder.* Laulaja oli päättänyt todistaa, että hän ei ole mikään tähdenlento.

wood

wood ['wʊd] s

don't halloo till you're out of the wood[s] *vanh* älä iloitse liian aikaisin *Don't halloo till you're out of the wood, this wine is sold out everywhere.* Älä iloitse liian aikaisin, tämä viini on joka puolella loppuunmyyty.

out of the wood[s] *ark* selville vesille, selvillä vesillä, [asiat] järjestyksessä *Are they out of the woods now with the election of a new president?* Ovatko he selvillä vesillä nyt uuden presidentin valinnan myötä?

touch wood (*am* knock on wood) koputtaa puuta *I've just been lucky so far, touch wood.* Minulla on vain ollut onnea tähän asti – täytyy koputtaa puuta.

wooden ['wʊdn] adj

get / take the wooden spoon jäädä peränpitäjäksi, jäädä hännänhuipuksi *We got the wooden spoon in the hockey tournament.* Me jäimme hännänhuipuksi jääkiekkoturnauksessa.

woodshed ['wʊdʃed] s

sth nasty in the woodshed *ark* (br) luuranko kaapissa *She saw something nasty in the woodshed and can't get over it.* Hän näki luurangon kaapissa eikä ole pystynyt toipumaan siitä.

take sb to the woodshed *ark* (am) rangaista jkta [salassa] *Will he go unpunished or will the Congress take him to the woodshed?* Päästetäänkö hänet kuin koira veräjästä, vai rankaiseeko kongressi häntä salassa?

woodwork ['wʊdwɜːk] s

blend / fade into the woodwork käyttäytyä herättämättä huomiota, kadota tai piiloutua, unohtua huomiota herättämättä *We won't allow this issue to fade into the woodwork.* Emme anna tämän kysymyksen jäädä unohduksiin.

come / crawl out of the woodwork *halv* ilmaantua [kuin tyhjästä] (yl jstak epämiellyttävästä) *People came out of the woodwork to condemn what I do.* Ihmisiä ryömi joka kiven alta tuomitsemaan tekojani.

wool ['wʊl] s

dyed-in-the-wool piintynyt, pesunkestävä, läpikotaisin *I have long been a dyed-in-the-wool fan of the band.* Olen pitkään ollut bändin pesunkestävä fani.

pull the wool over sb's eyes hämätä, heittää sumua jkn silmään *Don't let them pull the wool over your eyes with jargon.* Älä anna heidän hämätä itseäsi kapulakielellään.

1 word ['wɜːd] s

a dirty word kamala asia *Some people consider modern art a dirty word.* Joidenkin mielestä moderni taide on aivan kamalaa.

a man of his words / a woman of her words sanansa / sanojensa mittainen mies t. nainen

at a word heti paikalla *We are ready to leave at a word.* Olemme valmiita lähtemään vaikka heti paikalla.

be as good as one's word olla sanansa / sanojensa mittainen *She was as good as her word on any matter.* Hän oli sanojensa mittainen kaikissa asioissa.

be better than one's word tehdä enemmän kuin on luvannut, ylittää antamansa odotukset *I'm happy to report that he has been better than his word.* Voin ilokseni todeta, että hän on ylittänyt antamansa odotukset.

break one's word rikkoa lupauksensa *He broke his word to me.* Hän rikkoi minulle antamansa lupauksen.

from the word go alusta lähtien, heti kättelyssä *The film is formulaic from the word go.* Tämä elokuva etenee ennalta-arvattavasti alusta lähtien.

give one's word antaa sanansa, luvata *Seymour gave his word Quinn would do it.* Seymour lupasi, että Quinn tekisi sen.

go back on your word rikkoa lupauksensa *The company went back on their word to give the employees a salary increase.* Yritys rikkoi lupauksensa antaa työntekijöilleen palkankorotuksen.

hang on sb's every word kuunnella jkta tarkkaavaisena *Can't you see John is pretending to hang on her every word.* Etkö huomaa, että John vain teeskentelee kuuntelevansa häntä tarkkaavaisena.

hard words break no bones ei sanoista tarvitse pelästyä *I don't take any count of what he says, and I always think hard words break no bones.* En lotkauta korvaani hänen sanoilleen ja ajattelen aina, ettei sanoista tarvitse pelästyä.

have a word in sb's ear puhua jkn kanssa (yl salassa varoittaakseen jkta jstak) *Don't worry, I've had a word in his ear.* Älä huoli, olen puhunut hänen kanssaan kahden kesken.

have a word with sb vaihtaa muutama sana jkn kanssa *I got the colleague's address and went to have a word with him.* Sain kollegani osoitteen ja menin vaihtamaan muutaman sanan hänen kanssaan.

in a word sanalla sanoen, suoraan sanottuna *The game's graphics are, in a word, bad.* Pelin grafiikka on suoraan sanottuna surkeaa.

in words of one syllable käyttäen hyvin yksinkertaista kieltä, vääntäen rautalangasta *Everything has to be explained to them in words of one syllable.* Heille täytyy vääntää kaikki rautalangasta.

keep one's word pitää sanansa *How do I know you'll keep your word and release them?* Mistä tie-

dän, että pidät sanasi ja vapautat heidät?

lost for words mykistynyt, sanaton *For once in her life, she was lost for words.* Hän oli kerrankin sanaton.

mark my words sano minun sanoneen *Mark my words, nothing good will ever come from this.* Sano minun sanoneen, tästä ei seuraa mitään hyvää.

never have a good / bad word to say ei ole koskaan mitään hyvää / pahaa sanottavaa *He never has a good word to say about anything.* Hänellä ei ole koskaan mistään mitään hyvää sanottavaa.

not in so many words epäsuorasti, ei suoraan, ei selvästi, ei varsinaisesti – *She said that? – Not in so many words.* – Sanoiko hän niin? – No ei ihan suoraan.

On / upon my word! Hyvänen aika!, Herranjestas! *Upon my word, he's jealous!* Hyvänen aika, hänhän on mustasukkainen!

pass the word pistää sana kiertämään *We hope you pass the word about this contest.* Toivomme, että pistät sanan kilpailusta kiertämään.

put sth into words pukea jk sanoiksi *Robert put into words what everyone was thinking.* Robert puki sanoiksi sen, mitä kaikki ajattelivat.

put words into sb's mouth *1* panna jklle sanoja suuhun *Stop trying to put words into my mouth!* Älä yritäkään panna sanoja minun suuhuni! *2* vääristellä jkn sanomisia *Do not put words into my mouth! I never said that.* Älä vääristele sanomisiani! En koskaan sanonut noin.

say the word antaa [aloitus]merkki, sanoa vain [niin] (jku tekee jtak) *Just say the word, and we'll go.* Sinun tarvitsee vain sanoa, niin lähdemme saman tien.

take sb at his / her word ottaa jkn sanat todesta, ottaa jkn sanat kirjaimellisesti *I took her at her word* and found a place where we would be able to do nothing but relax. Otin hänen sanansa kirjaimellisesti ja löysin meille paikan, jossa emme voisi tehdä muuta kuin rentoutua.

take sb's word for it usko pois, luottaa jkn sanaan *I am not a bad man, take my word for it*. En ole paha mies, usko pois.

take the words out of sb's mouth viedä jklta sanat suusta *My friend took the words out of my mouth by asking for a glass of water*. Ystäväni vei sanat suustani pyytäessään lasin vettä.

the last word viimeistä huutoa, kaiken huippu *his performance is the last word in elegance* hänen esiintymisensä on tyylikkyyden huippu

the last word [on sth] viimeinen sana *He always has to have the last word in any argument*. Riideltäessä hänen täytyy aina saada sanoa viimeinen sana.

the word on the street huhu, suusta suuhun kiertävä tieto *This was a trap, according to the word on the street*. Huhujen mukaan tämä oli ansa.

true to one's word sanansa mittainen *Andy remained true to his word and bought us all a pint*. Andy oli sanansa mittainen ja osti meille kaikille tuopit.

waste words puhua kuuroille korville *Don't bother, you're just wasting words*. Älä vaivaudu, puhut kuuroille korville.

weigh one's words / each word punnita sanansa *She seemed to weigh her words, then smiled thoughtfully and started speaking*. Hän näytti punnitsevan sanojaan, hymyili sitten mietteliäästi ja alkoi puhua.

word of mouth suullisesti [leviävä tieto], suusanallisesti, suusta suuhun *Their fame spread by word of mouth*. Heidän maineensa kulki suusta suuhun.

words fail me sanat eivät riitä kertomaan, olen aivan sanaton, en tiedä mitä sanoa *Words fail me in describing my anger at her arrogance*. Sanat eivät riitä kuvaamaan vihaani hänen ylimielisyyttään kohtaan.

2 word *v*

word up *ark* kuunnella, olla [pelkkänä] korvana

1 work ['wɜ:k] *s*

all work and no play [makes Jack a dull boy] <pelkkä työntekoon keskittyminen ei ole terveellistä, vaan pitää myös rentoutua> *All work and no play is no way to live*. Pelkkä työssä puurtaminen ei ole oikea tapa elää.

be at work vaikuttamassa jhk *There are two factors at work here*. Tähän vaikuttaa kaksi tekijää.

donkey work (*myös* (am) grunt work) *ark* kovaa ja tylsää työtä *A lot of what the students do is donkey work*. Opiskelijat tekevät paljon tylsää työtä.

give sb the works *ark 1* kertoa jklle kaikki, uskoutua jklle *Malcolm gave me the works, all of it, from start to finish*. Malcolm kertoi minulle aivan kaiken, alusta loppuun. *2* panna jku lujille, kohdella jkta kaltoin *He gave me the works in his criticism*. Hän pani minut lujille kritiikissään. *3* kaikki hienoudet *The pilot gave me the works*. Lentäjä suoritti kaikki temput mielikseni.

have your work cut out [to do sth] olla työsarkaa, olla kova työ [jnk tekemisessä] *Gwen has her work cut out trying to convince him otherwise*. Gwenillä on täysi työ saada hänet toisiin aatoksiin.

in the works (yl am) suunnitteilla, tekeillä *There's bachelor party in the works*. Polttarit ovat suunnitteilla.

make hard work of sth olla vaikeaa, tehdä jk vaikeaksi *He's really making hard work of that ironing*.

work

Hänelle silittäminen näyttää olevan todella haastavaa.

make light / short work of sth olla helppoa, tehdä jk helpoksi *The band is making light work of getting the crowd going.* Bändille ei tuota vaikeuksia temmata yleisö mukaansa.

put / throw a spanner in the works (*myös* (am) put / throw a monkey wrench in the works) panna / heittää kapuloita rattaisiin *Why are you throwing a spanner in the works of your father's plan?* Miksi vaikeutat jatkuvasti isäsi suunnitelmaa?

2 work *v*

work a treat *ark* (br) olla tehokas tai onnistunut (asiasta) *If you want to get rid of that wine stain, put some salt on it, it works a treat.* Jos haluat päästä tuosta viinitahrasta eroon, laita vähän suolaa sen päälle, se toimii aina.

work all the hours God sends paiskia töitä niska limassa *I am not going to work all the hours God sends because I have a family and a life.* En aio raataa itseäni loppuun, koska minulla on perhe ja elämä.

work against / for olla vahingoksi / eduksi jklle *Can your age work for you?* Voikohan iästäsi olla sinulle etua?

work like a dog / slave / Trojan raataa niska limassa *He may work like a Trojan but he feels the rewards are worth it.* Ehkä hän raataa niska limassa, mutta toisaalta hänen mielestään palkkiot ovat sen arvoisia.

work off *1* maksaa jk työnteolla *We decided that you should work off your debts.* Päätimme, että sinun pitäisi maksaa velkasi työnteolla. *2* purkaa jtak jhk *I'll work my anger off by cleaning the house.* Puran kiukku[a]ni talon siivoamiseen.

work on taivutella jkta, yrittää vaikuttaa jkhun *I'll work on him and try to bring him round.* Minä taivut-

telen häntä ja yritän saada hänet muuttamaan mielensä.

work one's ass / butt off *ark* raataa niska limassa *My parents worked their ass off to make my life better than theirs.* Vanhempani raatoivat niska limassa tehdäkseen elämästäni paremman kuin omansa.

work one's magic / charm[s] *1* lumota, saada jku haltioihinsa *You must work your magic on these clients.* Sinun on lumottava nämä asiakkaat. *2* tehdä tehtävänsä *The alcohol worked its magic on our brains.* Alkoholi teki tehtävänsä.

work one's way raivata tiensä *He worked his way through the bushes.* Hän raivasi tiensä pensaiden läpi. *He worked his way to the top.* Hän raivasi tiensä huipulle.

work one's way through university / college rahoittaa [yliopisto-]opintonsa työnteolla *I worked my way through university studies with a range of jobs.* Rahoitin yliopisto-opintoni työskentelemällä eri työpaikoissa.

work out *1* saada aikaan, neuvotella, sopia jstak, suunnitella *They try to work out an agreement.* He yrittävät saada aikaan sopimuksen. *2* ratkaista, saada selville, selvittää *Mom has worked out our plan.* Äiti on saanut selville meidän suunnitelmamme. *The police have worked out the course of events.* Poliisi on selvittänyt tapahtumien kulun. *3* laskea (laskutoimituksista) *We have worked out average charges.* Olemme laskeneet keskimääräisen veloituksen. *4* osoittautua (hinnaltaan, summaltaan jksik), nousta (jhk summaan) *The cost worked out at $550.* Kustannukset nousivat 550 dollariin. *5* käydä, onnistua, toimia, järjestyä *Things didn't work out as they should have.* Ei käynyt niin kuin piti. *6* treenata, harjoitella *He used to work out at a gym.* Hänellä oli tapana käydä salilla [treenaa-

work

massa]. **7** ymmärtää *I could never work him out.* En ikinä onnistunut ymmärtämään häntä. **8** (*yl be worked out*) käyttää loppuun *The mine has been worked out.* Kaivos on käytetty loppuun.

work over *ark* hakata, mukiloida *Do you know why Joe was worked over?* Tiedätkö, miksi Joe hakattiin?

work through käsitellä, käydä läpi (tunteista, ongelmista ym.) *It takes time to work through grief.* Surun käsitteleminen vie aikaa.

work up 1 kerätä, koota, hankkia, päästä (jhk tilaan) *Jack worked up [the] courage / nerve to ask Jane to marry him.* Jack keräsi rohkeutta pyytääkseen Janea vaimokseen. *Boy, have I worked up an appetite!* Voi pojat, herättipäs se ruokahalun! *to work up a sweat* päästä hikeen [esim. juoksemalla] **2** laatia *I worked up an essay.* Laadin esseen.

work up to 1 valmistautua (jhk hankalaan tilanteeseen) *He worked [himself] up to telling Sarah the bad news.* Hän valmistautui kertomaan Sarahille huonot uutiset. **2** lisätä (vähitellen) *Begin with a few push-ups, and then work to twenty.* Aloita muutamalla punnerruksella, ja lisää määrää vähitellen kahteenkymmeneen.

work your fingers to the bone *ark* raataa niska limassa *I work my fingers to the bone every day for you, and I never hear a word of thanks!* Puurran itseni puhki joka päivä sinun tähtesi, enkä koskaan saa osakseni kiitoksen sanaa!

work your way up edetä uralla t. kisassa *He worked his way up the corporate ladder.* Hän eteni urallaan ja nousi yrityksen hierarkiassa.

work yourself / sb to death *ark* rataa niska limassa / saada jku työskentelemään niska limassa *Good luck and try not to work yourself to death.* Onnea ja yritä nyt olla raatamatta itseäsi uuvuksiin.

world ['wɜ:ld] *s*

a world of difference eri planeetoilta, jk on aivan eri asia kuin *There is a world of difference between me and my boss.* Minä ja pomoni olemme aivan eri planeetoilta.

be / mean a world to sb *ark* olla jklle kaikki kaikessa *She means a world to me.* Hän on minulle kaikki kaikessa.

be not long for this world ei elää enää pitkään, ei olla paljon elinaikaa jäljellä *I'm afraid he is not long for this world.* Valitettavasti hänellä ei ole paljon elinaikaa jäljellä.

bring sb into the world synnyttää, saattaa jku maailmaan *You have brought him into the world, but neglected him.* Olet saattanut hänet tähän maailmaan mutta lyönyt häntä laimin.

carry the world before one päästä etenemään nopeasti, menestyä *Some people carry the world before them by the mere force of will.* Jotkut ihmiset menestyvät pelkällä tahdonvoimalla.

come into the world syntyä, tulla maailmaan *She came into the world in a rush.* Hänellä oli kiire tulla maailmaan.

do sb a / the world of good tehdä jklle hyvää *A vacation will do her a world of good.* Loma tekee hänelle hyvää.

have [got] the world at your feet olla äärimmäisen menestynyt ja ihailtu *This teenage sensation has the world at her feet.* Tästä teinisensaatiosta on tullut äärimmäisen suosittu.

in the world ihmeessä, kummassa *Why in the world did you do that?* Miksi ihmeessä teit sen?

look for all the world like näyttää ihan jltak t. jklta *She looked for all the world like Jane Russell.* Hän näytti ihan Jane Russellilta.

not for [all] the world ei mistään hinnasta *I wouldn't miss the play for all the world.* En jättäisi näytelmää näkemättä mistään hinnasta.

out of this world *ark* taivaallinen, upea, mieletön *This dessert is out of this world!* Tämä jälkiruoka on taivaallista!

the best of both worlds ihanneratkaisu, yhdistelmä [joidenkin] parhaista puolista *Working and looking after children part-time gives me the best of both worlds.* Osa-aikainen työskentely ja osa-aikainen lastenhoito on minulle ihanneratkaisu.

the next world / the world to come tuonpuoleinen *First of all, I don't believe in the world to come.* Ensinnäkin en usko tuonpuoleiseen.

the world and his wife (br) kaikki maailman ihmiset *It seemed that all the world and his wife were in Madrid.* Nähtävästi kaikki maailman ihmiset olivat Madridissa.

the world over kaikkialla *She was famous the world over.* Hänet tunnettiin kaikkialla.

the worst of both worlds huono ratkaisu, yhdistelmä [joidenkin] huonoimmista puolista *Farmers have the worst of both worlds: low prices for their products, and no guarantee they'll be able to sell them.* Maanviljelijät ovat viheliäisessä tilanteessa: heidän tuotteistaan maksetaan vähän, eikä tavaran kaupaksi menosta ole takuita.

think the world of sb *ark* välittää valtavasti jksta, arvostaa jkta valtavasti *She thinks the world of our mother.* Hän välittää valtavasti äidistämme.

[think] the world owes you a living *halv* luulla yhteiskunnan elättävän jkn, saada helposti rahaa *She thinks the world owes her a living just because she's attractive.* Hän luulee saavansa ulkonäkönsä perusteella tukun työtarjouksia.

worlds apart eri planeetalta *They are worlds apart from each other.* He ovat aivan eri planeetoilta.

worm ['wɜ:m] *s*

a worm's eye view (br, austr) ymmärtää tai tuntea pieni osa jstk (yl. pahin osa) *His story gives us a worm's-eye view of the war.* Hänen tarinansa tarjoaa meille pienen osan sodan rumasta puolesta.

the worm has turned tilanne on muuttunut *The worm has turned for house prices.* Asuntojen hinnat ovat muuttuneet.

the worm turns *ark* <käytetään henkilöstä, joka luonteestaan poiketen menettää malttinsa t. sanoo jklle vastaan> *The worm turns, she is no longer a mouse.* Hän ei ole enää mikään hiirulainen vaan on alkanut ottaa ohjat käsiinsä.

worried ['wʌrɪd] *a*

be worried sick *ark* olla erittäin huolestunut *She was worried sick that I wasn't eating properly.* Hän oli kovin huolestunut siitä, etten syönyt kunnolla.

worry ['wʌri] *v*

not to worry *ark* ei syytä huoleen, älä välitä *Not to worry. No harm done.* Ei syytä huoleen. Ei käynyt kuinkaan.

1 worse ['wɜ:s] *a*

be worse off pärjätä huonommin kuin aikaisemmin *My mother was worse off after being diagnosed.* Äitini voi huonommin diagnoosin jälkeen.

for better or worse kävi miten kävi, oli miten oli *For better or worse, she had no choice.* Kävi miten kävi, hänellä ei ollut valinnanvaraa.

none the worse for *1* hyvin selvinneenä jstak *Despite the weather we are none the worse for the journey.* Säästä huolimatta selvisimme hyvin matkasta. *2* eikä yhtään huonompi t. hullumpi *The skirt was perhaps a little too short, but none the worse for that.* Hame oli ehkä hieman liian lyhyt, muttei silti yhtään hullumpi.

2 worse *s*
the worse for sth <hyvin huonossa kunnossa jstak syystä> *the worse for wear* kulumisen takia hyvin huonossa kunnossa, *He was somewhat the worse for drink.* Hän oli kohtalaisen päissään.

worst ['wɜːst] *s*
give sb the worst of it voittaa, murskata jku *I was confident our team would give them the worst of it.* Olin luottavainen sen suhteen, että joukkueemme voittaisi heidät.
get / have the worst of it olla huonoimmassa asemassa, kärsiä eniten jstak *The poor will get the worst of it if the war continues.* Köyhät kärsivät eniten sodan pitkittyessä.

worth ['wɜːθ] *a*
for all it is worth niin paljon / pitkälle kuin mahdollista *Exploit the system for all it is worth.* Hyödynnä järjestelmää niin paljon kuin mahdollista.
for all one is worth *ark* kaikin voimin, henkensä edestä, täysillä *He pulled for all he's worth.* Hän veti kaikin voimin.
for what it's worth mitä hyötyä siitä / niistä sitten onkin *Here's the picture, for what it's worth.* Tässä se kuva on, mitä hyötyä siitä sitten onkin.
make it worth sb's while *ark* hyvittää jk jklle, korvata jk jklle (us. rahallisesti) *I promise I'll make this worth your while.* Lupaan korvata tämän sinulle.

wound ['wuːnd] *s*
lick one's wounds nuolla haavojaan *The team is still licking its wounds after the disaster.* Joukkue nuolee yhä haavojaan katastrofaalisen tappion jälkeen.
[re]open old wounds repiä auki vanhat haavat *In her innocent curiosity, Cissie had opened old wounds.* Cissien viaton uteliaisuus oli repinyt auki vanhat haavat.

1 wrap ['ræp] *v*
be wrapped up olla vajonnut jhk, olla uppoutunut jhk *He's too wrapped up in his work to bother about his wife.* Hän on liian uppoutunut työhönsä piitatakseen vaimostaan.
wrap up *1* kääriä [paperiin ym.], paketoida *I've wrapped up her birthday gift.* Olen paketoinut hänen syntymäpäivälahjansa. *2* pukeutua lämpimästi, pukea jku lämpimästi *Wrap up warm!* Pukeudu lämpimästi! *He wrapped up in a thick woollen sweater.* Hän pukeutui paksuun villapaitaan. *3 ark* päättää jk, saada jk valmiiksi, saavuttaa jtak

2 wrap *s*
It's / that's a wrap! *ark* Selvän teki!, Valmista tuli! *That's a wrap, let's go home people.* Valmista tuli, eiköhän kaikki lähdetä kotiin.
under wraps salassa, pimennossa *The plan has to be kept under wraps, Newman.* Suunnitelma on pidettävä salassa, Newman.

wrench ['rentʃ] *s*
throw a [monkey] wrench in the works (am) panna t. heittää kapuloita rattaisiin *Her pregnancy throws a monkey wrench in the works.* Hänen raskautensa mutkistaa asioita.

wriggle ['rɪgl] *v*
wriggle out of kiemurrella, [yrittää] päästä eroon jstak, luikerrella jstak *It's so typical of him to try and wriggle out of the situation.* On niin tyypillistä, että hän yrittää kiemurrella tilanteesta.

wrong

wring ['rɪŋ] *v*
wring from / out of puristaa jksta jtak, kiskoa jksta jtak [irti] (totuudesta ym.) *They managed to wring the truth out of him.* He onnistuivat puristamaan hänestä totuuden.
wring one's hands väännellä [epätoivoisena] käsiään *Scores of companies wring their hands as their clients fade.* Monet yritykset ovat epätoivoisia asiakkaidensa kadotessa.
wring out vääntää jk kuivaksi, puristaa vettä jstak *You'll have to wring out the cloth and hang it up.* Sinun täytyy vääntää rievusta vedet ja ripustaa se kuivumaan.

wringer ['rɪŋər] *s*
be put through the wringer / mangle (*myös* go through the wringer) *ark* joutua kokemaan kovia, joutua lujille *The young princes have already been through the wringer over revelations in the books.* Nuoret prinssit ovat jo joutuneet lujille kirjoissa olevien paljastusten takia.

writ ['rɪt] *v pp*
writ large *kirjak 1* ilmiselvä, selvä *Disappointment was writ large on his face.* Pettymys paistoi kauas hänen kasvoiltaan. *2* jk korostetussa t. liioitellussa muodossa, suurempi versio jstak *It was political courage writ large.* Kyseessä oli korostettu poliittinen rohkeus.

write ['raɪt] *v*
[and] that's all she wrote (am) ja se siitä *She just packed her things and that's all she wrote.* Hän vain pakkasi kamansa ja se siitä.
be / have sth written all over one / one's face jk paistaa jksta, paistaa jkn kasvoilta *Something had happened, it was written all over her face.* Jotakin oli tapahtunut, ja se paistoi hänen kasvoiltaan.
be nothing to write home about ei olla muita kummempi, ei olla mitenkään erikoinen – *Great work!* – *It's nothing to write home about.* – Hienoa työtä! – Ei se nyt mitään erikoista ole.
write off *1* sivuuttaa *They wrote him off as a daydreamer.* Hänet sivuutettiin haaveilijana. *2* romuttaa (ajoneuvo) *She wrote off another car.* Hän romutti toisenkin auton.

writing ['raɪtɪŋ] *s*
in writing kirjallisena *Make the complaint in writing.* Tehkää valitus kirjallisena.
the writing is on the wall *ark* merkit ovat selvät (pahaenteisesti) *Camcorders are getting smaller each year, and the writing is on the wall for tape media.* Videokamerat ovat vuosi vuodelta pienempiä, ja peli on selvä nauhatallenteiden osalta.

1 wrong ['rɒŋ] *a*
get [hold of] the wrong end of the stick ymmärtää jk väärin *People, who think the song is about ecstasy, have got the wrong end of the stick.* Ne jotka luulevat, että laulussa puhutaan ekstaasista, ovat ymmärtäneet väärin.
get in wrong with sb *ark* (am) joutua jkn epäsuosioon *We got in wrong with the hotel keepers.* Jouduimme hotellin omistajien epäsuosioon.
go down the wrong way mennä väärään kurkkuun (ruoasta ym.) *My coffee went down the wrong way and I started coughing.* Kahvi meni väärään kurkkuun, ja aloin yskiä.

2 wrong *s*
two wrongs don't make a right vääryyttä ei voi korjata [toisella] vääryydellä *Execution cannot be defended, two wrongs don't make a right.* Teloittamista ei voida puolustella, vääryyttä ei voi korjata toisella vääryydellä.

Y

yard [ˈjɑːd] s
by the yard <suurissa määrissä> *This theme has inspired books by the yard.* Tästä teemasta on kirjoitettu kirjoja hyllykaupalla.

yards of sth <suuria määriä> *yards and yards of rope* metrikaupalla köyttä

yarn [ˈjɑːn] s
spin a yarn sepittää [yl valheellinen] tarina, tekaista juttu *He spun a yarn about their adventures again.* Hän sepitti taas jonkun tarinan heidän seikkailuistaan.

yawn [ˈjɔːn] v
yawn one's head off *ark* haukotella niin että leuat ovat mennä sijoiltaan *This movie made me yawn my head off.* Tylsistyin lähes kuoliaaksi tämän elokuvan parissa.

year [ˈjɪəʳ] s
from / since the year dot (*myös am* **since the year one**) *ark* kauan aikaa sitten *She has been with the company since the year dot.* Hän on ollut yrityksessä töissä iät ajat.

not / never in a million years *ark* ei ikinä, ei kuuna päivänä *Never in a million years will I speak to her again!* En kuuna päivänä puhu hänelle enää!

put years on sb *ark* vanhentaa jkta *The breakup of his marriage put years on him.* Avioero vanhensi häntä.

take years off sb *ark* nuorentaa jkta *I think her hair takes years off her.* Mielestäni kampaus nuorentaa häntä.

yellow [ˈjeləʊ] a
a yellow streak *halv, ark* helposti säikähtävä, pelkuruus *Jack had a yellow streak in him.* Jack säikkyi helposti.

yellow-bellied *vanh* arka *They are accusing everyone else of being yellow-bellied.* He syyttävät kaikkia muita arkuudesta.

yesterday [ˈjestədeɪ, ˈjestədi] s
a yesterday's man eilispäivän tähti, unohdettu suuruus (erit. poliitikosta, jonka ura on jo kääntynyt laskuun) *This is his last chance to prove he's not yesterday's man.* Tämä on hänen viimeinen tilaisuutensa osoittaa, ettei hän ole mikään hiipunut tähti.

not born yesterday ei eilisen teeren poika, vanha tekijä *Don't even try, I was not born yesterday.* Älä edes yritä, minä en ole eilisen teeren poika.

you [ˈjuː, jʊ] pron
you and yours *ark* sinä, perheesi ja lähimmät ystäväsi *May you and yours have a wonderful Christmas.* Hyvää joulua sinulle ja lähipiirillesi.

young [ˈjʌŋ] a
young at heart mieleltään nuori *The years passed, but Jim stayed young at heart.* Vuodet vierivät, mutta Jim pysyi mieleltään nuorena.

you're only young once kerranhan sitä vain eletään

with young raskaana (eläimestä) *Relocating an animal with young is not a good solution.* Tiineen eläimen uudelleensijoittaminen ei ole hyvä ratkaisu.

Z

z [ˈzed] *s*
   to catch a few / some Z's *ark* (yl am) nukkua *I'm tired. I'm going to catch some Z's.* Olen väsynyt. Menen nukkumaan.

zero [ˈzɪərəʊ] *v*
   zero in on sth *1* tähdätä jk jhk, kohdistaa jk jhk (aseesta, kamerasta ym.) *2* keskittyä jhk, syventyä jhk

zone [ˈzəʊn] *v*
   zone out *ark* (am) *1* nukahtaa *2* harhautua (ajatuksista t. keskittymiskyvystä) *She zoned out for a minute and missed what the boss was saying.* Hänen ajatuksensa harhautuivat hetkeksi, ja pomon sanat menivät ohi korvien.